Dr. Bernhard Bellinger

ALLGEMEINWISSEN

in Fragen und Antworten

Was man wissen sollte

und

was nett zu wissen wäre

2007

1. Auflage 2007
Verlag der Goethe Buchhandlung, Düsseldorf
Druck: Hüren Druckerei PrintPark, Neuss
ISBN: 978-3-924331-29-0

Dieses Buch können Sie im Internet bestellen unter:
www.bellinger-allgemeinwissen.de

Meinem Sohn Daniel Bellinger gewidmet

V O R W O R T

Was ist *Allgemeinwissen* und welchen Nutzen bringt es?

Das nachfolgende Buch entstand mehr aus einem Spiel zwischen meinem Sohn Daniel und mir. Ich habe ihm den Inhalt dieses Buches als Quiz vermittelt. Zunächst habe ich die Kapitel geschrieben und ihm dann jede Woche maximal drei Seiten gegeben, zu denen ich am Wochenende 10 Fragen stellte. Konnte mein Sohn 8 Fragen sinngemäß richtig beantworten, bekam er einen kleinen Zuschlag zum Taschengeld. Deshalb habe ich dieses Buch auch meinem Sohn gewidmet, weil es ohne ihn nicht entstanden und so weit gediehen wäre.

Um die Sache unterhaltsam zu gestalten, bestehen die Kapitel im Wesentlichen aus zwei Elementen: Zum einen vermitteln sie das, was man zu Begriffen als Basiswissen kennen sollte. Zum anderen enthalten sie Unterhaltsames rund um den Begriff. Dementsprechend versucht dieses Buch, unterhaltsam zu bilden.

Das nachfolgende Buch versteht Allgemeinwissen als den Sockel eines gebildeten Menschen. Der Nutzen des Allgemeinwissens liegt darin, das Leben um sich herum besser zu verstehen, Zusammenhänge zu erkennen und sich das Schöne dieser Welt über das Erkennen zu erschließen.

Bernhard Bellinger

„Gebrauchsanleitung“

Dieses Buch versucht, unterhaltsam zu bilden. Dementsprechend möchte ich anregen, es nicht einfach von vorne nach hinten zu lesen. Aus dem Echo der Leser weiß ich, dass es viel mehr Freude bereitet, entweder ein Kapitel gezielt anzusteuern oder das Buch willkürlich aufzuschlagen und zu blättern, bis ein spannendes Kapitel oder eine interessierende Frage kommt. Die Fragen sind in sich abgeschlossen, auch wenn sie aus der vorangehenden Frage weiterführen. Damit eignet sich dieses Buch auch für Wartezeiten, Pausen und als Bettlektüre. Sinn des Buches ist, „nebenbei“ sein Allgemeinwissen zu vervielfachen.

Viele Kapitel entstanden unterrichtsbegleitend zur Schulzeit meiner Kinder Daniel und Linda. Insbesondere bei Geschichte, Erdkunde, Kunst und Religion ermöglicht dieses Buch bewusst einen raschen Überblick über Fakten und Zusammenhänge von Einzelthemen.

Die Kapitelfolge ist bewusst willkürlich, um ein abwechslungsreiches Bildungs-Lesebuch zu schaffen.

Anekdoten und Kuriositäten zu einem Begriff stehen regelmäßig am Ende des Kapitels, die Basisinformationen regelmäßig am Anfang.

Das Schreiben an diesem Buch war und ist für mich ein dynamischer Prozess. Die einzelnen Kapitel des Buches werden also von mir permanent angepasst und fortgeschrieben.

Für Änderungs- und Ergänzungswünsche bin ich deshalb dankbar.

Viel Spaß beim Lesen!

Geographie und Geschichte der Länder

Europa

Asien

Tierwelt

Pflanzenwelt

Chemie

Physik

Politische Themen

Persönlichkeiten

Geschichtliche Themen

Religionen

Philosophie

Bauwerke

Kunst und Kultur

Verschiedenes

Marco Polo

1. In welchem Jahrhundert bereiste Marco Polo den Orient und China? *(Ende des 13. Jahrhunderts. Marco Polo [1254-1324] trat die Reise als Siebzehnjähriger 1271 an. Umstritten ist gleichwohl, ob Marco Polo tatsächlich in China war: Bei ihm fehlen Berichte über die Chinesische Mauer [er hätte sie nach seinem Reisebericht mindestens zweimal überwinden müssen], die Buchdruckkunst, die Sitte des Teetrinkens und des Essens mit Stäbchen. Marco Polo taucht daneben auch nicht in chinesischen Quellen seiner Zeit auf. Deshalb spricht einiges dafür, dass er nur fremde Reiseberichte zusammengefasst und als eigene Reise ausgegeben hat. Gleichwohl haben seine Schilderungen die Kartographie des Mittelalters ermöglicht.)*

2. Wie hieß der Vater von Marco Polo, dessen zweite Reise das war, auf die er seinen Sohn mitnahm? *(Niccolo Polo.)*

3. Wer war damals Herrscher in China? *(Kublai Khan [1215-1294]. Unter ihm erreichte das mongolische Reich seine größte Ausdehnung. „Khan" war die Bezeichnung der vom Heer gewählten mongolischen Herrscher.)*

4. Was ist „Xanadu"? *(„Xanadu" war der Hit des Jahres 1980 und Titelmelodie des gleichnamigen Films, erzählte aber nur wenig über den sagenhaften Ort. Auch Orson Welles [1915-1985] verwandte den Begriff in seinem 1941 gedrehten Film „Citizen Kane". Der Protagonist zieht sich dort auf ein Schloss gleichen Namens zurück und stirbt dort. Ursprünglich ist „Xanadu" aber der Name des mongolischen Herrscherpalastes unter Kublai Khan. Das Besondere an dieser Residenz: Sie konnte jederzeit ab- und an anderer Stelle wieder aufgebaut werden.)*

5. Wessen Enkel war Kublai Khan (1215-1294)? *(Er war der Enkel ☞Dschingis Khans.)*

6. Aus welcher Stadt stammt Marco Polo? *(Venedig, das damals eine selbständige Republik, eine der größten Seefahrernationen und die reichste Handelsmacht der westlichen Welt war.)*

7. Hatten die Polos Pässe bei sich? *(Ja: Kublai Khan hatte den Polos Pässe mitgegeben: 30 x 8 cm groß aus purem ☞Gold. Eingraviert waren die Befehle Kublai Khans, dass unter Androhung der Todesstrafe dem Inhaber des Passes Nahrung, Unterkunft und Transportmittel zur Verfügung zu stellen seien.)*

8. Womit bezahlte man in China? *(Mit Papiergeld. Die Polos kannten aus Europa nur Gold- und Silbermünzen. Papiergeld wurde in Europa erst viele Jahrhunderte später eingeführt.)*

9. Kublai Khan hatte Niccolo Polo gebeten, zur Einführung des Christentums in China 100 Mönche aus Rom mitzubringen. Wie viele Mönche gab der Papst den Polos mit, wie viele kamen davon in China an? *(Der Papst gab zwei Mönche mit, die beide wieder umkehrten, bevor sie China erreicht hatten: Der neue Papst war erst gewählt, als die Polos schon wieder auf dem Weg nach China waren und im Heiligen Land [heute: Israel] Station machten. Papst Gregor gab ihnen einen freundlichen Brief für Kublai Khan mit und beauftragte die beiden obersten Mönche im Heiligen Land, die Polos nach Kathai [mongolischer Name für China] zu begleiten. Da sich die Kunde verbreitete, dass ein Mamelucken-Heer [die Mamelucken waren ein kriegerisches Volk im muslimischen Ägypten und das einzige, das je ein mongolisches Invasionsheer zurückgeschlagen hat] die Reisenden gefährden würde, weigerten sich die Mönche, weiter mitzuziehen.)*

10. Wie lange war Marco Polo unterwegs *(24 Jahre. In China blieb er bis 1292.)*

11. Was waren die „Seidenstraßen"? *(Die „Seidenstraßen" [so von Ferdinand von Richthofen benannt] waren seit ca. 100 v. Chr. ein Karawanenstraßensystem im Altertum, das China über Zentralasien mit den Mittelmeer- und Schwarzmeerküsten verband. Die Seidenstraßen dienten vor allem dem Transport von Luxusgütern: ☞Seide, Wolle, ☞Gold und ☞Silber. Nach dem Zerfall des ☞Römischen Reiches wurden sie kaum noch benutzt. Marco Polos Reiseberichte hatten auch eine wirtschaftliche Dimension: Europa war von China durch das ☞islamische Weltreich weitgehend abgeschnitten und trieb über die ☞Araber Handel mit China. Man suchte nach seinen Berichten deshalb nach Wegen, mit China direkt Handel zu treiben unter Umgehung der mit den Christen verfeindeten Araber.)*

12. Wie kam es zur Aufzeichnung der Reiseberichte (Titel der Veröffentlichung: „Die Reisen des Venezianers Marco Polo") des Marco Polo? *(Beim Seekrieg zwischen den Republiken Venedig und Genua geriet Marco Polo 1298-1299 in genuesische Gefangenschaft. Dort diktierte er einem Mitgefangenen seine Erinnerungen. Im Original hieß das Buch „Beschreibung der Welt". Marco Polo dürfte sich bei den Genuesen nicht in einer üblichen Haft befunden haben, es war wohl eher eine Ehrenhaft. Erstaunlich ist, dass dieses Buch, das ja ein Italiener einem Italiener diktierte, in französischer Sprache geschrieben wurde. Man vermutet, dass Genueser Behörden außerordentlich an dem Buch interessiert waren, Marco Polo seinen Inhalt aber geheim zu halten wünschte. Seine Reiseberichte regten 160 Jahre später ☞Kolumbus an, eine Seepassage nach Kathai zu suchen, indem er nach Westen segelte. Er trug das Buch des Marco Polo bei sich und fügte in sein Exemplar viele Randbemerkungen ein. Polo hatte eigentlich den Seeweg um Afrika vorgeschlagen, auf dem später Vasco da ☞Gama erfolgreich war.)*

13. Glaubte man Marco Polo seine Geschichten? *(Teils, teils: Als Marco Polo am 09.01.1324 starb, beschwor ihn ein Priester am Sterbebett, sich von den heillosen Lügengeschichten loszusagen. Das lehnte Marco Polo mit der Bemerkung ab, er habe nicht einmal die Hälfte der Wahrheit erzählt.)*

Odysseus

1. Woher stammte Odysseus? *(Aus Ithaka, einer der ionischen Inseln vor der westlichen Küste Griechenlands.)*

2. Welcher griechische Dichter hat das Schicksal des Odysseus zum Gegenstand seiner Werke gemacht? *(☞Homer, lebte zwischen 750 und 650 v. Chr.).*

3. Das Werk dieses großen griechischen Dichters gliedert sich für Odysseus in die „Ilias" und die „Odyssee". Wovon berichtet die „Ilias", wovon die „Odyssee"? *(Die „Ilias" beschreibt den Kampf der Griechen gegen die Trojaner [konkret das 10. Kriegsjahr], endet aber vor der Eroberung der Stadt ☞Troja. Die „Odyssee" berichtet von den 10-jährigen Irrfahrten des Odysseus, die sich an die Eroberung Trojas anschließen, sowie seine Heimkehr nach Ithaka. Die „Odyssee" ist ungefähr eine Generation nach der „Ilias" geschrieben worden, stammt also wahrscheinlich in Wirklichkeit nicht von Homer).*

4. In welchem Versmaß sind Ilias und Odyssee geschrieben? *(Im Hexameter [= sechs Versfüße]. Die Anzahl der Versfüße pro Zeile nennt man Metrum. Ein Hexameter hat also sechs Versfüße pro Zeile. Odyssee und Ilias sind im sogenannten daktylischen Versmaß geschrieben. Daktylisch kommt vom griechischen Wort Daktylos [= Finger], das Versmaß ist also den Gliedern eines Fingers nachempfunden: lang-kurz-kurz, wobei die Betonung auf dem langen Wortteil liegt.)*

5. Nenne einige Orte von Odysseus Irrfahrt! *(Nordafrika, Tunesien, Gibraltar, Sizilien, italienisches Festland, Korsika, Korfu.)*

6. Wie hieß die Frau, wie der Sohn des Odysseus? *(Die Frau hieß Penelope, der Sohn Telemachos.)*

7. Welchem griechischen Gott, mit dem er sich überworfen hatte, „verdankte" Odysseus letztlich seine Irrfahrten? *(Poseidon [Meeresgott].)*

8. Zog Odysseus gern in den Krieg gegen Troja? *(Nein, im Gegenteil, er versuchte, sich zu drücken: Odysseus hatte selbst um die schöne Helena geworben, aber „nur" deren Kusine Penelope abgekriegt. Unter den Helena-Freiern hatte Odysseus damals die summarische Verpflichtung durchgesetzt, dem Sieger in allen Nöten beizustehen. Als Menelaos dann Helena geheiratet hatte und Paris sie nach Troja entführte, reklamierte Menelaos den Treueschwur und Odysseus stellte sich erst mal wahnsinnig, um bei Frau und Kind bleiben zu können. Er streute Salz in die Ackerfurchen und begann zu pflügen. Das half ihm aber nichts, weil man ihn durchschaute, und so zog er notgedrungen mit in den Krieg.)*

9. Was hatte es mit der Zauberin Kirke (Von ihr stammt heute das Wort „bezirzen") auf sich? *(Kirke, eine Tochter des Sonnengottes Helios, war eine schöne Zauberin, die sich auf der Insel Aiaia niedergelassen hatte. Sie hatte sich zum Hobby gemacht, zufällig auf der Insel landende Fremde in Tiere zu verwandeln. Odysseus, der auch auf Aiaia auftauchte, konnte der Macht der Zauberin dank eines gegen jeden Zauber schützenden Krauts, das er von Hermes erhalten hatte, aber widerstehen und zwang sie, seine in Schweine verwandelten Freunde in Menschen zurückzuverwandeln.)*

10. Hatte der einjährige Aufenthalt des Odysseus bei Kirke „Spätfolgen"? *(Odysseus hatte auch Kirke „bezirzt" und sie mit einem Sohn unterm Herzen zurückgelassen. Er hieß Telegonos [„Der von einem aus der Ferne Gezeugte"] und zog Jahre später aus, seinen Vater zu suchen. Er fand ihn auch tatsächlich, erkannte ihn aber nicht und tötete ihn. Nun gab es zwei Mütter ohne Mann, und so traf man die vertrackte Regelung, dass jeder Stiefsohn seine Stiefmutter heiratete: Telemachos die Kirke und Telegonos die Penelope.)*

11. Mit welcher List, die Odysseus empfahl, wurde Troja (heißt auch: Ilion, daher „Ilias") bezwungen? *(Odysseus empfahl, ein großes hölzernes Pferd mit einem Hohlraum im Bauch zu bauen. Die Griechen taten dann so, als wenn sie von der langjährigen Belagerung entnervt mit den Schiffen in See stächen. Die Trojaner brachten das Pferd in die Stadt Troja. Nachts stieg dann Odysseus mit 30 Gefährten aus dem Pferd heraus. Sie öffneten das Stadttor und ließen die Griechen in die Stadt, die die von der Siegesfeier betrunkenen Trojaner umbrachten. Deshalb steht ein trojanisches Pferd heute als Synonym für ein Geschenk, das dem Empfänger Verderben bringt).*

12. Was ist ein Mentor? *(Unter einem Mentor verstehen wir heute einen erfahrenen Berater, Lehrer, Erzieher. Zurück geht der Begriff auf einen griechischen Heros [halb Mensch, halb Gott] aus Ithaka, einen Jugendfreund des Odysseus. Dieser vertraute ihm bei der Abfahrt nach Troja den Schutz seines Hauses an. In der Gestalt des Mentor begleitete dann Athene als Lehrer und Erzieher den Telemachos, den Sohn des Odysseus, nach Pylos.)*

Schallwellen

1. Wie entstehen Schallwellen? *(Schallwellen entstehen durch die Schwingung eines Körpers.)*

2. Wie pflanzen sich Schallwellen fort? *(Schallwellen pflanzen sich durch einen „Träger" fort. Dieser Träger ist im Allgemeinen die Luft.)*

3. Kann Schall sich im luftleeren Raum entwickeln? *(Nein, im luftleeren Raum fehlt es an einem Träger.)*

4. Was hat es mit der Schallmauer bei Flugzeugen auf sich? *(Schallwellen breiten sich in der Luft mit einer Geschwindigkeit von 1.060 bis 1.228 km/h aus. Unterhalb dieser Geschwindigkeit laufen die Schallwellen vor dem Flugzeug her. Erreicht das Flugzeug die Schallgeschwindigkeit, befindet sich das Flugzeug in einer Ansammlung sehr starker Schwingungen, die es heftig schütteln. Durchbricht das Flugzeug die Schallmauer, können sich die von ihm ausgehenden Schallwellen in einem starken Knall bemerkbar machen. Fliegt das Flugzeug schneller als der Schall, bleiben die Schallwellen hinter dem Flugzeug zurück. Am 14.10.1947 wurde mit einer Geschwindigkeit von 1.630 km/h erstmals mit einem Flugzeug die Schallmauer durchbrochen.)*

5. Was bedeutet „Mach 2"? *(Die Geschwindigkeit von Überschallflugzeugen wird in Mach angegeben. Mach 2 bedeutet doppelte Schallgeschwindigkeit.)*

6. Breiten sich Schallwellen in der Luft oder im Wasser schneller aus? *(Im Wasser: Dort bewegt sich ein Laut mit einer Geschwindigkeit von 1.425 m/sek., während die Geschwindigkeit in der Luft nur 340 m/sek. Beträgt.)*

Karl der Große

1. Wann lebte Karl der Große? *(742 bis 814 n. Chr. Mit 72 Jahren [er starb von Gicht und Rheuma geplagt] wurde er deutlich älter als der Durchschnitt. Mit reichlich 1,90 m überragte er die meisten seiner Zeitgenossen. Karl der Große war überdurchschnittlich gebildet für einen Herrscher, sprach Latein wie seine Muttersprache und sammelte Künstler und Gelehrte um sich. Er konnte sogar schreiben, für damalige Verhältnisse eine echte Ausnahme.)*

2. Wer war der Vater Karls des Großen? *(Der fränkische König Pippin.)*

3. Beschreibe ungefähr den Umfang des Reichs Karls des Großen nach heutigen Länderbezeichnungen! *(Frankreich, Benelux, Schweiz, Deutschland [Alte Bundesländer], West- und Mittel-Österreich, nördliche Hälfte Italiens.)*

4. Wer krönte König Karl mit der römischen Kaiserkrone zum Kaiser? *(Papst Leo III. beim Weihnachtsgottesdienst am 25.12.800 in der Peterskirche in ☞Rom. Hierüber war Karl der Große verärgert, weil der Papst als sein Schützling eigentlich eindeutig unter ihm stand. Daneben befürchtete Karl der Große Konflikte mit dem oströmischen ☞Byzanz, die auch prompt folgten und erst nach 12 Jahren vertraglich beigelegt werden konnten.)*

5. Wo hielt Karl der Große Hof? *(In der Kaiserpfalz in Aachen. Die Thermalquellen der Stadt und die Nähe zur stets unruhigen sächsischen Provinz mögen der Grund gewe-*

sen sein, warum sich Karl der Große hier bevorzugt aufhielt. In Aachen ist er auch gestorben, im Münster von Aachen befindet sich sein Grab.)

6. War Karl der Große wirklich groß? *(Ja: Im Aachener Domschatz befindet sich eine teils vergoldete Büste Karls des Großen. Im Kopfteil steckt ein Gefäß mit Glasdeckel, das ein Stück von Karls des Großen Schädel aufbewahrt. Aus dem Schädel und seinen Gebeinen haben Pathologen abgeleitet, dass Karl der Große ungefähr 1,80 m groß gewesen sein muss, für damalige Verhältnisse eine beachtliche Größe.)*

7. Konnte Karl der Große schreiben und lesen? *(Ja, er lernte beides aber erst als Mann. Zu Karls Zeiten galt die Kunst des Schreibens und Lesens nämlich als unmännlich.)*

Sonnensystem

1. Wie heißen die neun Planeten unseres Sonnensystems in der Reihenfolge der Entfernung von der Sonne? *(Merkur, Venus, ☞Erde, Mars, Jupiter, Saturn, Uranus, Neptun, Pluto.)*

2. Wie alt ist das Universum? *(Exakt 13,7 Milliarden Jahre mit einer Ungenauigkeit von 1 %. Diese genaue Aussage verdankt die Menschheit dem NASA-Satelliten MAP, der 12 Monate lang die kosmische Hintergrundstrahlung, das Echo des Urknalls beobachtete.)*

3. Wie weit ist die ☞Sonne von der Erde entfernt? *(149 Mio. km.)*

4. Was ist ein „Lichtjahr"? *(Ein Lichtjahr ist die Entfernung, die das Licht in einem Jahr zurücklegt. Die Lichtgeschwindigkeit beträgt 300.000 km pro Sekunde. Ein Lichtjahr ist dementsprechend 9,46 Billionen km lang.)*

5. Was ist eine „Supernova"? *(Wenn ein Stern seinen atomaren Brennstoff [vor allem Helium] aufgebraucht hat, bricht er binnen Sekunden zusammen und wird zu einem sog. Neutronenstern. Dabei wird ein gewaltiger Energiestoß frei, der sich in einem Strahlungsausbruch entlädt. Dabei kann ein Stern so hell leuchten wie die hundert Milliarden anderen Sterne der Milchstraße zusammengenommen. Von der Erde aus gesehen erscheint dann für ein paar Minuten ein „neuer Stern". Deshalb nannte man die Erscheinung „Nova" [lateinisch = „neu"].)*

6. Wer ist der größte Planet unseres Sonnensystems? *(Da die Sonne kein Planet ist, ist es der Jupiter. Die Sonne hat ca. 333.000 Erdmassen und macht damit 99,9 % der Gesamtmasse des Sonnesystems aus. Die Planeten haben zusammen ca. 446,7 Erdmassen, der Jupiter als größter Planet davon allein rund 70 %. Er hat einen Durchmesser von 142.984 km, die Erde nur einen von 12.756 km. Zweitgrößter Pla-*

net ist der Saturn mit einem Durchmesser von 120.000 km. Kleinster Planet ist der Pluto mit einem Durchmesser von 2.300 km.)

7. Warum gibt es auf der Venus kein Leben? *(Weil sie zu nahe an der Sonne ist. Auf der Venus herrschen Temperaturen um 470° C. Sie wurde zwischen 1978 und 1994 von Raumsonden erforscht, die mit Radargeräten bestückt waren. Dabei entdeckte man viele Vulkane und Lavaströme.)*

8. Gibt es wohl einen Marsmenschen? *(Nein, jedenfalls nicht in der Form, wie wir uns Lebewesen vorstellen. Amerikaner und Russen haben den Mars, der wegen seiner roten Färbung auch der „rote Planet" genannt wird, erforscht und festgestellt, dass dort kein Lebewesen existiert. Früher muss es auf dem Mars große Flüsse gegeben haben. Damals hatte er auch eine dichtere Lufthülle als heute, weshalb es vor Jahrmilliarden dort einfache Lebensformen gegeben haben kann. Als der Mars dann aber den größten Teil seiner Lufthülle verlor, konnte sich Leben jedenfalls nicht mehr halten.)*

9. Was charakterisiert den Saturn? *(Der Saturn wird charakterisiert durch seine Ringe, die aus Milliarden von Bruchstücken [Gesteinsbrocken, feinster Staub und Eisteilchen] eines Satelliten bestehen, der ihm zu nahe gekommen ist, angezogen wurde und zerbarst. Von der Erde aus kann man deutlich drei Ringe erkennen. Als 1981 die Raumsonde Voyager 2 ganz nah am Saturn vorbeiflog, stellte man aber fest, dass diese Ringe so vielfach unterteilt sind, dass das gesamte System aus mehr als 1.000 Ringen besteht, die wie eine Schallplatte auf einer Ebene liegen und über 100.000 km in den Weltraum hineinragen. Dabei ist dieser Ring mit 1 km sehr dünn Der Saturn hat auch noch elf Satelliten. Einer davon ist größer als unser ☞Mond.)*

10. Wie verhält sich unser Sonnesystem zu unserer Milchstraße? *(Unser Sonnensystem ist ein Teil unseres Milchstraßensystems [☞Himmelskörper].)*

Bund der Hanse

1. Welche Hansestädte gibt es heute noch in Deutschland? *(Hamburg, Lübeck, Bremen, Rostock [Sie blieben nach dem ☞30-jährigen Krieg 1648 übrig].)*

2. Was war die Hanse? *(Die Hanse war eine Gemeinschaft von Kaufleuten, die überörtlich Handel trieben, insbesondere mit in- und ausländischen Städten. Der Ursprung der Hanse ist belegt mit der „Gildehalle" der Kölner Kaufleute in London 1157.)*

3. Von wann bis wann florierte die Hanse? *(Vom 14. bis 17. Jahrhundert. Dabei betrieb sie den Güteraustausch zwischen Ost- und Westeuropa. Hauptprodukt dieses Handels war der ☞ Hering. Zur Hauptfangzeit des Herings [11.08.-09.10.] steuerten die*

Hanseflotten die Südküste Schonens an, um den dänischen Fischern ihre riesigen Frachten abzukaufen. Man schätzt, dass damals jährlich 100.000 Tonnen Hering von der Hanse nach ganz Europa exportiert wurden. Bedeutungslos wurde die Hanse durch den ☞30-jährigen Krieg.)

4. Gehörten Magdeburg und Köln zur Hanse? *(Ja, zur Hanse gehörten nicht nur Hafenstädte.)*

5. Warum sagt man „hänseln"? *(Das hat nichts mit dem Vornamen Hans zu tun: Da das Aufnahmeritual für zukünftige Hansekaufleute ebenso drastisch wie peinlich war, wurde es schon bald im Volksmund „hänseln" genannt.)*

Erde

1. Wie alt ist die Erde? *(Sie ist vor rund 4,6 Mrd. Jahren aus einer mit hoher Geschwindigkeit rotierenden Staub- und Gaswolke entstanden.)*

2. Wo steht die Erde in unserem Sonnensystem? *(Sie ist nach Merkur und Venus der dritte und fünftgrößte Planet unseres Sonnensystems.)*

3. Ist die Erde eine Kugel? *(Nein: Sie ist ein sog. „abgeplattetes Rotationsellipsoid", also an den Polen etwas abgeplattet und am Äquator etwas ausgebuchtet. Am Äquator ist deshalb der Meeresspiegel 21 km mehr vom Mittelpunkt der Erde entfernt als am Nordpol.)*

4. Wie viele Nordpole hat die Erde? *(Zwei: Den geographischen, der den nördlichsten Punkt der Erde bildet, und einen magnetischen, der etwas abseits liegt und nach dem sich unser Kompass richtet.)*

5. Wieviele Tage braucht die Erde, um die Sonne zu umrunden? *(365 Tage.)*

6. Wie groß ist die Erdoberfläche? *(Ca. 510 Mio. km^2. Davon sind rund 70 % Wasserfläche und die restlichen 30 % Land.)*

7. Wie kam das Wasser auf die Erde? *(Nach einer Theorie sollen zur Zeit der Entstehung der Planeten einige gewaltige Kometen das Wasser auf einmal gebracht haben. Nach den Forschungen von Geophysikern der Uni von Iowa [USA] bringen hingegen permanent kleine Kometen das Wasser. Nach ihren Beobachtungen stürzen pro Minute 20 kleine Kometen mit einem Gewicht von 20 bis 40 Tonnen in unsere Erdatmosphäre und schmelzen. Dabei setzen sie Wasser frei. Nach dieser Theorie sind alle Ozeane über 4,5 Milliarden Jahre so entstanden.)*

8. Wie schwer ist die Erde? *(Einschließlich Atmosphäre 5.974 Trillionen Tonnen bei einem Volumen von 1.083.319.780.000 km³.)*

9. Wie groß ist ungefähr der Durchmesser der Erde? *(12.756 km.)*

10. Gab es auf der Erde von Beginn an fünf Kontinente? *(Nein: Vor rund 200 Millionen Jahren gab es einen einzigen Superkontinent, den man Pangaea [griechisch: „die ganze Erde"] nennt. Durch die Fliehkraft der Erde, die bei ihrer Rotation entsteht, brach der riesige Urkontinent auseinander, und die heutigen Kontinente drifteten ab.)*

11. Wie dick ist die Erdkruste? *(Ca. 40 km, darunter folgt der Erdmantel und in rund 2.900 km Tiefe der Erdkern.)*

12. Woraus besteht das Erdinnere? *(Die Erde hat einen flüssigen Kern, dessen Durchmesser etwas mehr als den halben Erddurchmesser beträgt. Je tiefer man in das Erdinnere eindringt, umso heißer wird es. Die Hitze stammt wahrscheinlich von radioaktivem Material, das in der Substanz des Erdinneren eingelagert ist. Der Erdkern besteht wahrscheinlich aus Nickeleisen.)*

13. Wie viel Eis gibt es auf der Erde? *(Rund ein Zehntel der Erde ist von Eis bedeckt. ¾ des gesamten Süßwassers der Erde liegen in Form von Eis auf der Erde.)*

14. Wieviel von der Erdoberfläche wird bewohnt? *(Von der gesamten Landfläche gelten 91 % als bewohnbar.)*

15. Welchen Umfang hat der Äquator? *(40.765,94 km. Dementsprechend beträgt der Durchmesser der Erde 12.713 km.)*

16. Was ist der höchste, was der tiefste Punkt der Erdoberfläche? *(Die höchste Landerhebung ist der Mount Everest [☛Himalaya] mit 8.846 m über dem Meeresspiegel, die größte bekannte ozeanische Tiefe die Witjastiefe im Marianengraben [Pazifischer Ozean] mit 11.034 m unter dem Meeresspiegel.)*

17. Wie heißen die drei größten Wüsten der Erde? *(Die ☛Sahara in Afrika mit 8 Mio. km², die Wüste ☛Gobi in Asien mit 2 Mio. km² und die Kalahari in Afrika mit 550.000 km².)*

18. Wie heißen die vier längsten Flüsse der Erde? *(Nil in Afrika mit 6.671 km, Mississippi-Missouri in den USA mit 6.420 km, Amazonas in Südamerika mit 6.437 km und der Jangtsekiang in China mit 5.472 km.)*

19. Wie heißen die vier größten Seen der Erde? *(Kaspisches Meer in Russland mit 371.000 km², Oberer See an der Grenze zwischen USA und Kanada mit 82.103 km², Viktoria See in Afrika [Tansania] mit 69.484 km² und der Aral-See in Russland mit 64.501 km². Der größte deutsche See, der Bodensee, ist dagegen verschwindend klein mit seinen 539 km².)*

20. Wie heißen die vier größten Inseln der Welt? *(Grönland mit 2.175.600 km^2, Neuguinea mit 771.900 km^2, Borneo mit 737.018 km^2 und Madagaskar mit 595.790 km^2. Größte deutsche Insel ist Rügen in der Ostsee mit 926 km^2.)*

21. Seit wann gibt es Menschen auf der Erde? *(Seit ungefähr 600.000 Jahren, erforscht sind aber nur ca. 4.000 bis 5.000 Jahre.)*

22. Wieviele Bewohner hat die Erde? *(Im Jahr 2000 waren es geschätzt ca. 6 Milliarden Menschen.)*

23. Warum ist der Himmel blau? *(Die Farbe des Himmels geht zurück auf die Gasmoleküle der Luft. Das Licht der Sonne enthält alle Farben eines Regenbogens. Jede Farbe hat dabei eine eigene Wellenlänge. Blau und Violett haben die kürzesten Wellenlängen und werden deshalb von den Gasmolekülen abgelenkt, so dass sie ständig ihre Richtung ändern. Deshalb erscheint uns der Himmel blau.)*

24. Warum hat die Erde ein Magnetfeld? *(Der Kern der Erde besteht zum Großteil aus festem Eisen, der umgeben ist von einer äußeren Schale flüssigen Eisens. Die Metalle strömen aus dem flüssigen Kern nach oben, kühlen dort ab und sinken wieder hinab. Durch die Erdrotation fließen die Metallströme in schraubenförmigen Bahnen. Diese Bewegungen lösen eine Stromquelle aus, die das Magnetfeld der Erde erzeugt. Das Feld reicht mehr als 60.000 km in den Weltraum und lenkt dadurch schädliche Strahlung von der Erde ab.)*

Revolutionen in Europa 1848

1. Hoffmann von Fallersleben hat 1841 auf Helgoland das Deutschlandlied gedichtet. Was steckt hinter der Passage „Einigkeit und Recht und Freiheit"? *(Die europäischen Staaten mit Ausnahme Frankreichs [nach der ☞Französischen Revolution von 1789 liberalisiert] waren zersplittert in kleine Fürstentümer. Hinter dem Wort „Einigkeit" verbirgt sich dementsprechend das Ziel, unter Aufgabe der kleinen Fürstentümer einen einheitlichen Nationalstaat zu bilden. Hinter dem Wort „Recht" stand die Hoffnung auf ein Rechtsstaatsprinzip, also die Aufhebung der Willkürherrschaft der Fürsten. Hinter dem Ziel „Freiheit" stand die Hoffnung auf Freiheit im Handeln und Denken.)*

2. Wie endeten die Revolutionen in Europa 1848? *(Sie wurden niedergeschlagen.)*

Gutenberg

1. Wer war Johannes Gutenberg? *(Gutenberg hieß eigentlich Gensfleisch, wurde aber Gutenberg genannt [sein Vater besaß mit seiner Frau in Mainz den Hof „Zum Gutenberg“ und benannte die Familie danach]. Er erfand den Buchdruck mittels Metallstempeln, auf denen Buchstaben saßen. Bis zum Buchdruck mussten Bücher [meist von Mönchen] einzeln handschriftlich abgeschrieben werden, weshalb sie ein Vermögen kosteten [die Werke des römischen Dichters Livius kosteten z.B. ein ganzes Weingut].)*

2. Wann lebte Gutenberg? *(1400 bis 1468.)*

3. Welches ist das bekannteste Werk von Gutenberg? *(Die Bibel – „Sacra Biblia". 48 von ursprünglich 180 Exemplaren sind bisher gefunden worden.)*

4. Was gilt als Geburtsstunde der Buchdruckerkunst? *(Das früheste uns bekannte Druckerzeugnis ist Gutenbergs sogenanntes „Fragment vom Weltgericht“. Es ist ein Papierblättchen mit einem Text aus deutschen Versen als Gedicht, das vom jüngsten Gericht handelt. Dieses Bruchstück muss um 1445 entstanden sein. Gutenberg hat nicht nur die Bibel gedruckt, sondern auch die ersten Kalender und vor allem Ablasszettel.)*

5. Wovon lebte Gutenberg? *(Gutenberg wohnte als Mann mit Mainzer Bürgerrecht in der Stadt Strassburg. Dort lebte er in einer Vorstadtbehausung recht und schlecht von der Rente seiner Vaterstadt Mainz. Verbrieft ist, dass er jährlich etwa 2.000 Liter Wein einlagerte und auf eigene Rechnung Freunde und Geschäftspartner bewirtete. Als Mainz mit den Renten ziemlich weit hinten war, hat Gutenberg die Stadt erfolgreich vor Gericht verklagt.)*

6. Wo verbrachte Gutenberg seinen Lebensabend? *(Arm und kränkelnd kehrte Gutenberg nach Mainz zurück, wo ihn der Erzbischof trotz aller früheren Querelen aufnahm und ihm freie Kleidung und Nahrung für die letzten Lebensjahre zur Verfügung stellte. Gutenberg wurde auch von der Zahlung von Abgaben befreit. Beerdigt wurde er in der Mainzer Franziskanerkirche. Als diese Kirche 1742 abgerissen wurde, verschwand auch Gutenbergs Grab.)*

7. Fand Gutenberg während seines Lebens Anerkennung für sein Werk? *(Nein, er war hoch verschuldet und starb arm.)*

Wikinger

1. Wo ist die Heimat der Wikinger? *(Skandinavien.)*

2. Wann lebten die Wikinger? *(6. bis 11. Jahrhundert.)*

3. Was war der Einzugsbereich der Wikinger? *(England, gesamtes Westeuropa bis Spanien, um Spanien herum in den Mittelmeerraum, alle Ostseestaaten einschließlich Russland, über Island und Grönland 500 Jahre vor ☞Kolumbus auch Amerika.)*

4. Wer waren die Wikinger? *(Die Wikinger waren in erster Linie kriegerische Seefahrer, die über das Meer Küstenstädte und -gebiete angriffen und ausplünderten. Die Wikinger werden vielfach auch Normannen [„Nordmänner"] genannt. Später plünderten sie Gebiete nicht nur aus, sondern eroberten und beherrschten sie auch.)*

5. Nenne die berühmtesten Götter der Wikinger! *(Wotan [höchster Gott], Thor [Gott des Donners, sein Zeichen war der Hammer. Nach ihm ist der Donnerstag benannt].)*

6. Welcher Wikinger entdeckte wann Nordamerika? *(Leif Eriksson [der Sohn des legendären „Erik des Roten“] um 1000. In einem Sturm war sein Boot, das eigentlich Grönland ansteuerte, vom Kurs abgekommen und nach Neufundland getrieben worden.)*

Gold

1. Gold bezeichnet man als Edelmetall. Warum? *(Weil es an der Luft nicht oxydiert und von den meisten Säuren nicht angegriffen wird.)*

2. Was bezeichnet „Karat" bei Gold? *(Karat gibt den Reinheitsgrad von Gold an. Um Gold zu härten, legiert man es mit ☞Kupfer oder ☞Silber oder auch mit beiden Metallen. 24 Karat bedeutet, dass es sich um reines Gold handelt; 18 Karat bedeutet, dass die Legierung 75 % Gold enthält. Die in Goldschmuck eingeprägte Zahl (z. B. 585) bezeichnet den Feingehalt. Sie gibt also an, wie viel Milligramm reines Gold in einem Gramm der Legierung enthalten sind.)*

3. Wann und wo war der sog. „Goldrausch"? *(Der Goldrausch entstand 1848 in Kalifornien [in der Nähe von San Francisco], als der Amerikaner James Marshall zufällig größere Goldklumpen in der Nähe des Flusses Sacramento fand, was sich sehr schnell herumsprach.)*

4. Nenne die vier Länder mit dem größten Goldvorkommen! *(Süd-Afrika, Russland, Kanada, USA.)*

5. Welche Beziehung hatte der sagenhafte König Midas zu Gold? *(Midas war der König von Phrygien, den die Götter mit unermesslichem Reichtum, aber auch mit einer noch unermesslicheren Habgier ausgestattet hatten. Eines Tages fand er in seinem Garten einen völlig betrunkenen, fetten, älteren Herrn, der nicht wusste, wie er da hineingeraten sei. Midas brachte ihn in sein Schloss und bald stellte sich nach einer Ausnüchterung des älteren Herrn heraus, dass er Silenos war, der Freund und Erzieher des Gottes der Rebe, also des Dionysos. Midas brachte Dionysos den Silenos also zurück und der bedankte sich mit der Aufforderung: „Wünsch dir was!“ Der habgierige Midas wünschte sich prompt, dass alles zu Gold werde, was er berühre, vergass dabei aber, dass das nun auch für Nahrung, ja sogar für eigene Körperteile galt. So bat er Dionysos, ihn von der schrecklichen Gabe zu befreien. Der ließ ihn zur Erlösung im Fluss Paktolos baden, der seitdem Gold führte.)*

Gezeiten

1. Was versteht man unter Gezeiten? *(Massenbewegungen der Atmosphäre, des Erdkörpers und insbesondere des Meeres.)*

2. Wodurch werden die Gezeiten des Meeres verursacht? *(Durch das Zusammenwirken von Schwer- und Fliehkräften, die bei der Bewegung des Mondes um die ☞Erde und bei der Bewegung der Erde um die ☞Sonne entstehen. Nicht nur der ☞Mond ist also für Ebbe und Flut ursächlich, sondern auch die Sonne.)*

Pyramiden Mittelamerikas

1. Was unterscheidet die Pyramiden Mittelamerikas von den ☞Pyramiden Ägyptens? *(Die Ägypter bauten die Pyramiden mit geraden Kanten und geraden Flächen. Bei ihnen dienten sie als Grabmäler. Die Pyramiden der Indianer in Mittelamerika sind stufig gebaut und haben Treppenaufgänge. Sie waren „Götterberge", auf denen den Göttern geopfert wurde. Nur von der Mayapyramide in Palenque ist bekannt, dass sie auch eine Grabkammer hatte.)*

2. Wo steht die größte Pyramide der Welt? *(Die Pyramide in Cholula de Rivadabia in Mexiko [auch: Sonnenpyramide von Teotihuacán genannt] ist die größte Pyramide*

der Welt. Sie ist 62 m hoch mit einer Grundfläche von 160.000 qm. Sie entstand zur Zeit von Christi Geburt. Die ältesten ägyptischen Pyramiden sind rund 3000 Jahre älter.)

3. Was opferten die Priester auf den Pyramiden? *(Sie opferten Menschen aus Angst, die Sonne würde am nächsten Tag nicht mehr aufgehen. Man glaubte, nur die Nahrung menschlicher Herzen könne der Sonne wieder Lebenskraft geben. Die Priester schnitten dazu den Opfern bei lebendigem Leib die Herzen heraus.)*

Ozeane

1. Nenne die drei Ozeane! *(Pazifik [auch: Stiller Ozean], Atlantik, Indischer Ozean.)*
2. Wieviel Prozent der Erdoberfläche nehmen die Ozeane ein? *(71 %, daher die Bezeichnung „blauer Planet".)*
3. Woher kommen die Namen der Ozeane? *(Der Pazifik wurde von ☞Magellan so [„Mar Pacifico"] benannt, weil während seiner Überfahrt in den Jahren 1520/1521 zufällig ruhige See herrschte. Ansonsten ist der Pazifik das Weltmeer mit den stärksten Stürmen überhaupt. Der Atlantik erhielt seinen Namen nach dem sagenhaften, angeblich untergegangenen Kontinent Atlantis jenseits des Atlas-Gebirges. Der Indische Ozean verdankt seinen Namen der Tatsache, dass er in seinem Nordteil den indischen Subkontinent umschließt).*
4. Welcher Ozean ist der Größte? *(Mit Abstand der Pazifische Ozean mit einer Fläche von 179.680.000 km². Der Atlantik hat eine Fläche von 106.200.000 km², der Indische Ozean noch eine Fläche von rund 75.000.000 km²).*
5. Welches ist das tiefste Meer? *(Der Pazifik: Die tiefste Stelle ist der Marianen-Graben mit 11.034 m Tiefe.)*
6. Wie viel vom Erdölaufkommen der Welt liegt unter den Ozeanen? *(Rund 1/3. Erdölförderung im Meer wird als Off-Shore bezeichnet. Inzwischen gibt es ca. 1.500 Off-Shore-Bohrtürme.)*
7. Was ist ein „Tsunami"? *(Tsunami [aus dem Japanischen = „Große Welle im Hafen"] ist der Begriff für eine Flutwelle, die von Erdbeben, Erdrutschen oder Vulkanen unter der Wasseroberfläche verursacht wird. Eine solche Welle kann sich mit bis zu 720 km pro Stunde ausbreiten und einen gesamten Ozean erfassen. An den Küsten können die Wellen bis zu 30 m hoch werden. Die schlimmsten Tsunami-Katastrophen waren 1883 beim Ausbruch des Vulkans Krakatau und am 26.12.2004 im Indischen Ozean. Der Tsunami in 2004 geht auf ein Seebeben vor Sumatra zurück. Die Flutwelle ver-*

wüstete vor allem die östlichen Küstenregionen. 35.000 – 39.000 Menschen wurden getötet oder vermisst.)

8. Gehören Nordsee und Ostsee zu einem Ozean? *(Ja, zu den Ozeanen rechnet man auch deren Nebenmeere. Nordsee und Ostsee gehören zu dem Atlantik als Nebenmeere.)*

9. Zu welchem Ozean gehört das Polarmeer? *(Es wird dem Atlantischen Ozean zugeordnet.)*

10. Warum erscheint uns das Meer blau? *(Eine Farbe entsteht durch das, was wir nicht sehen. Sie hängt von der Wellenlänge des Lichtes ab. Gegenstände erscheinen uns in der Farbe, die von dem Gegenstand reflektiert werden. Klares Wasser setzt sich physikalisch so zusammen, dass es vor allem blaues Licht zurückwirft. Gelbes, rotes und grünes Licht werden verschluckt.)*

11. Warum ist Meerwasser salzig? *(Meerwasser hat einen durchschnittlichen Salzgehalt [Salinität] von 3,5 % Massenanteil. Der Gesamtsalzgehalt schwankt je nach Meer: Während der Salzgehalt in der Ostsee nur 0,2 bis 2 % beträgt, liegt der Wert beim Toten Meer bei bis zu 8 %. Die Salze werden permanent aus den Steinen und Gesteinsschichten des Festlandes durch Regen und Schmelzwasser ausgewaschen - also vor allem durch Flüsse und Bäche ins Meer getragen. Bei der Verdunstung von Meerwasser steigt das Salz nicht mit auf, bleibt also im Meer und führt zu einer erhöhten Konzentration. Trotzdem wird Salz dem Meer auch wieder entzogen: Teilweise wird es am Festland abgelagert, vor allem aber in den Poren der Sedimente auf dem Meeresboden eingeschlossen.)*

Euklid

1. Wer war Euklid? *(Euklid war ein griechischer Mathematiker, der ca. 365-300 v. Chr. lebte.)*

2. Mit welchem Gebiet befasste sich Euklid? (*Vor allem mit der Geometrie.*)

3. Was hat Euklid berühmt gemacht? *(Euklid hat das erste grundlegende Lehrbuch der Geometrie verfasst, das aus 13 Büchern besteht. Die ersten sechs sind der Planimetrie [ebene Geometrie] gewidmet, vier weitere der Arithmetik und die letzten drei der körperlichen Geometrie. Daneben hat Euklid auch noch Schriften verfasst mit Studien zur Optik, zu Kegelschnitten, zur Musiktheorie und über Grundelemente der Astronomie.)*

4. Wo auf der Welt waren zuerst namhafte Kenntnisse in der Geometrie nachweisbar? *(In Ägypten: Schon 1.800 v. Chr. wurde im ☞Nildelta Land vermessen [Geometrie heißt wörtlich: „Erdmessung"]. Wie Herodot [5. Jahrhundert vor Christus] berichtet, erhielt durch geometrische Berechnung der Flächen jeder Bauer ein Grundstück von gleicher Größe.)*

Pompeji

1. Was ist Pompeji? *(Pompeji ist eine Stadt in Italien [südlich von Neapel] am Fuße des Vulkans Vesuv.)*

2. Was hat die Stadt Pompeji berühmt gemacht? *(Der Ausbruch des ☞Vulkans Vesuv 79 n. Chr. Es handelte sich um einen zweiten Ausbruch nach 62 n. Chr. Bei diesem zweiten Ausbruch kamen rund 2.000 der 20.000 Bewohner Pompejis ums Leben. Pompeji wurde nicht mehr aufgebaut und erst 1748 begann man mit den ersten Ausgrabungen. Durch die Asche-Schicht des Vulkan-Ausbruchs ist die verschüttete Stadt mit Amphitheater, Tempeln, Markthallen, Gerichtsgebäude, Basilika und Thermen einschließlich der Bewohner praktisch konserviert worden. Deshalb ist diese besterhaltene Stadt des Altertums heute Anschauungsobjekt für das römische Leben zur damaligen Zeit.)*

Mond

1. Wie groß ist der Mond? *(Der Mond hat einen Durchmesser von 3.476 km, ist also ein bisschen größer als ein Viertel der Erde [Durchmesser rund 12.700 km]. Er ist aber 81-mal leichter als die Erde, weil er im Gegensatz zu ihr keinen Metallkern hat.)*

2. Wie weit ist der Mond von der Erde entfernt? *(Nur 384.300 km, womit er der erdnächste Planet ist.)*

3. Wie alt ist der Mond? *(Mond und Erde entstanden vor etwa viereinhalb Milliarden Jahren, wohl auch am gleichen Ort. Wahrscheinlich ist der Mond ein Stück aus der Erde, das bei einer Kollision mit Riesenmeteoriten aus der Erde herausgeschlagen wurde.)*

4. Warum kann man die Oberfläche des Mondes mit einem Fernrohr so genau erkennen? *(Der Mond hat keine Lufthülle.)*

5. Wie groß sind die Krater auf dem Mond? *(Sie haben bis zu 200 km Durchmesser. Es gibt davon viele Millionen auf dem Mond. Hintergrund ist, dass der Mond keine Atmosphäre hat, in der die Brocken aus dem Weltall verglühen könnten. Sie stürzen also mit unverminderter Kraft auf die Mondoberfläche.)*

6. Was sind die „Mondmeere"? *(Mit bloßem Auge erkennt man auf dem Mond helle und dunkle Flecken. Die dunklen Flecken sind Ebenen aus dunklem Lavagestein, die seit 300 Jahren „Meere" heißen, weil die damaligen Astronomen die Flecken für Meere hielten. Die hellen Stellen sind Gebirgsketten, denen man die Namen irdischer Gebirge gab. So gibt es z.B. die Mondalpen und die Mondappenninen.)*

7. Wie sind die Temperaturen auf dem Mond? *(Im von der Sonnen beschienenen Teil 100 °C heiß, im Schatten 100 °C kalt.)*

8. Was ist „Vollmond"? *(Der Vollmond beschreibt die Konstellation von ☞Sonne, ☞Erde und Mond: Bei Vollmond steht die Erde zwischen Sonne und Mond. Die von der Sonne beleuchtete Seite des Mondes erscheint am Nachthimmel. Dass der Mond kein selbstleuchtendes Gestirn ist, fand schon Anaxagoras [im 5. Jahrhundert v. Chr.] heraus, der auch die Mondphasen und die Mondfinsternis richtig erklärte. Bei der Mondfinsternis steht die Erde mitten zwischen Sonne und Mond, womit der Mond im Schatten der Erde vom Licht der Sonne abgeschnitten ist.)*

9. Wann war die erste Mondlandung? *(Am 20. Juli 1969. Die Amerikaner schafften es mit dem Apolloprogramm. Die Astronauten Armstrong und Aldrin landeten mit einer Mondfähre auf dem Mond, Collins blieb mit dem Raumschiff [eine Saturn V-Rakete] in der Mondumlaufbahn. Als Armstrong seinen Fuß auf den Mond setzte, sagte er: „Dies ist ein kleiner Schritt für einen Menschen, aber ein großer Sprung für die Menschheit!")*

10. Kann man den Fußabdruck des amerikanischen Astronauten Armstrong heute noch auf dem Mond sehen? *(Ja: Auf dem Mond gibt es nämlich weder Luft, Wind noch Wasser, die diesen Fußabdruck verwischen könnten.)*

11. Waren die Amerikaner die ersten Menschen im All? *(Nein: Der Russe Alexej Leonow verließ am 18.03.1965 für 24 Minuten die Raumkapsel „Woschod 2". Das sollte sich als waghalsig entpuppen: Im luftleeren All schwoll der Raumanzug durch den Sauerstoff so stark an, dass Leonow fast nicht mehr durch die Luke ins Raumschiff gepasst hätte. Überhaupt waren die Russen bei der Weltraumfahrt am Anfang führend: Im Oktober 1957 schossen sie die erste mehrstufige Trägerrakete Sputnik 1 mit dem ersten künstlichen Satelliten ins Weltall. Nur wenige Wochen später folgte Sputnik 2 mit der Hündin Laika, dem ersten Lebewesen im All. 1961 umkreiste der Russe Jurij Gagarin als erster Mensch mit dem Raumschiff Wostok 1 einmal die Erde. 1986 brachten die Russen die Weltraumstation Mir [=„Frieden"]. in eine Umlaufbahn. Sie war bis 2001 in Betrieb. Seit 1998 betreiben Amerikaner und Russen die ISS als gemeinsame internationale Raumstation.)*

12. Was war das erste Lebewesen im Weltraum? *(Ein russischer Hund namens „Laika". Er startete am 03.11.1957 und starb auf dem Rückweg zur Erde.)*

13. Wem gehört der Mond? *(Wenn man dem Amerikaner Dennis Hope, einem ehemaligen Autoverkäufer, heute Millionär, glauben darf: Ihm! Er berief sich 1980 auf ein altes Gesetz aus der Pionierzeit der USA [Homestead Act], das es jedem US-Bürger erlaubte, herrenloses Land als Eigentum zu reklamieren. Erhebt acht Jahre lang niemand Einspruch, gehört einem das Grundstück. Hope informierte von seiner Eintragung die Regierungen der USA und der Sowjetunion, die ihn ignorierten. Als die acht Jahre rum waren, begann Hope erfolgreich, den Mond zu verscherbeln. Inzwischen hat er rund 100 Mio. Hektar Mondfläche verkauft. Den Erwerbern stellt er eine Besitzurkunde aus. Vor Gericht würden die damit aber wenig ausrichten können: Der internationale Raumfahrtvertrag von 1967 verbietet in Artikel 2 jeder Nation, sich irgendeinen Himmelskörper anzueignen. Die USA gehen gleichwohl nicht gegen Hope vor. Er zahlt nämlich horrende Steuern…)*

Pflanzenwurzeln

1. Was nehmen Pflanzenwurzeln auf? *(Wasser und Nährstoffe für die Pflanze.)*

2. Wie nehmen Pflanzenwurzeln Wasser auf? *(Wasser dringt zusammen mit den Nährstoffen durch die Oberhautzellen der Wurzelhaare und jungen Wurzelspitzen in die Pflanze ein. Diesen Vorgang nennt man Osmose [von griechisch „Osmos" = Stoß, Durchdringung].)*

Wolken

1. Wodurch entstehen Wolken? *(Wolken entstehen, wenn feuchtwarme Luft auf kalte Luftmassen trifft. Dann kondensiert ein Teil der Feuchtigkeit als Wolken aus.)*

2. Wie groß ist ein Wolkentropfen? *(Wolkentröpfchen haben Durchmesser zwischen 0,005 und 0,05 mm.)*

3. Was sind Wolkenstockwerke? *(In der Troposphäre [darunter versteht man jenen Bereich der Atmosphäre, in dem die Mehrzahl der meteorologischen Erscheinungen auftritt] gibt es drei Wolkenstockwerke. In unseren Breiten reicht das untere Stockwerk bis zu einer Höhe von 2 km, das mittlere von 2 - 7 km und das obere von 5 - 13 km.*

Im oberen Stockwerk ist die Cirruswolke [faserig, im Sonnenlicht zart schimmernd], im unteren Stockwerk ist die Cumuluswolke [weiße Haufen-Wolke] vertreten. Die Einteilung der Wolken geht zurück auf den Londoner Apotheker Luke Howard, der 1803 die Grundtypen Cirrus, Cumulus und Stratus [durchgehend graue Wolkenschicht] einführte.)

4. Wo endet die Atmosphäre? *(Die Atmosphäre, die Lufthülle der Erde, geht in 300 bis 400 km Höhe allmählich in den Weltraum über. Die Gase in den untersten 20 km werden von der Schwerkraft der Erde dort festgehalten.)*

5. Wie viel Wasser hängt in einer Cumulus-Wolke? *(Eine typische Quellwolke ist 1.000 m breit und lang sowie 500 m hoch. In diesem Raum speichert sie 250 t Wasser, was ausreichen würde, um 1.800 Badewannen zu füllen. Gewitterwolken enthalten locker sogar 100.000 t Wasser. In der Spitze erreichen Gewitterwolken bei einer Höhe von 10 km sogar eine Wasermenge von bis zu 2,1 Mio. Tonnen. Von den gespeicherten Wassermengen fallen aber nur rund 10 % als Regen auf die Erde. Der Rest bleibt in der Atmosphäre.)*

6. Wie entsteht Regen? *(Niederschläge treten dann auf, wenn die Wolkenteilchen so angewachsen sind, dass sie von der aufsteigenden Luftströmung nicht mehr getragen werden können.)*

7. Wie entstehen Hagelkörner? *(Wenn Regentropfen durch sehr kalte Luftschichten fallen, gefrieren sie zu festen Kugeln. Hagelkörner entstehen hoch oben in turbulenten Gewitterwolken: Sie geraten abwechselnd in Abwinde und Aufwinde, werden dabei immer größer und fallen schließlich als Hagelkörner auf die Erde.)*

8. Wie entsteht ein Kondensstreifen? *(Wenn ein Flugzeug durch eine Atmosphäre mit einer Temperatur von ca. -40°C fliegt, bildet der Treibstoff eines Flugzeugs einen Kondensstreifen. In trockener Luft löst sich dieser Streifen schnell wieder auf. In feuchter Luft kann er sich sogar Stunden halten und am Himmel ausbreiten. Er ist dann ein Schlechtwettervorbote.)*

Seeräuber und Korsaren

1. Wer war Sir Francis ☞Drake? *(Sir Francis Drake war ein englischer Kapitän, der u.a. als Seeräuber in der Karibik umherzog.)*

2. Sir Francis Drake verfügte über einen „Kaperbrief". Was war das? *(Die damalige englische Königin Elisabeth I. war daran interessiert, dass Seeräuber die spanische Kolonialmacht bekämpften und schädigten. Sie gab deshalb bestimmten Kapitänen „Kaperbriefe", in denen ihrem Besitzer die Erlaubnis zur Seeräuberei für England amtlich*

bestätigt wurde. Mit diesen Kaperbriefen raubten englische Kaperschiffe spanische Schiffe aus und plünderten Küstenstädte.)

3. Wie verhielt sich Frankreich? *(Auch Frankreich entsandte im 17. und 18. Jahrhundert Seeräuber, die auch „Korsaren" genannt wurden. Zu den bekanntesten gehört Robert Surcouf.)*

4. Was war Tortuga? *(Tortuga war eine Insel in der Karibik, die ein bekannter Schlupfwinkel Seeräuber unterschiedlicher Nationalitäten war. Sie taucht deshalb auch immer wieder in Spielfilmen über die damaligen Korsaren auf. Tortuga heißt übersetzt „Schildkröteninsel", was darauf zurückgeht, dass sich diese Insel für Seeräuber ausgesprochen eignete: Sie hatte nämlich nur einen Zugang und ansonsten unüberwindliche Steilküsten nach allen Seiten.)*

5. Wer bekam was aus der Beute der Seeräuber? *(Die Piraten schlossen regelrechte Verträge mit ihren Kapitänen. Auf diese Verträge wurde geschworen. Im Allgemeinen erhielt der Kapitän nur zwei bis sechs Mal soviel wie ein gewöhnliches Besatzungsmitglied. Wer schwer verwundet war, bekam eine Extraprämie. Konnte man ein fremdes Schiff durch Verrat kapern, erhielt der Verräter ein Drittel der Beute [sog. „Prise"].)*

6. Wer hatte auf einem Piratenschiff das Sagen? *(Eigentlich alle: Die Mannschaft setzte vor jeder Reise die Regeln fest, an die sich alle halten mussten, auch der Kapitän. Er wurde von der gesamten Crew gewählt und konnte von ihr auch jederzeit abgesetzt werden, wenn man mit ihm nicht mehr zufrieden war. Nur bei Gefechten oder Verfolgungsjagden hatte der Kapitän das alleinige Kommando.)*

7. Gab es schon zu Zeiten des alten Roms Piraten? *(Ja, sogar reichlich: Als sie die Getreideversorgung Roms gefährdeten, wurde der römische Feldherr Pompeius [*106, †48 v. Chr.] mit weitreichenden Vollmachten ausgestattet und zum Oberbefehlshaber über das gesamte Mittelmeer ernannt. Mit 500 Kriegsschiffen, 120.000 Soldaten und 5.000 Reitern [Die Menge war auch nötig: Wenn man dem griechischen Geschichtsschreiber Plutarch glauben darf, verfügten die Piraten über mehr als 1.000 Schiffe.] zog er los und säuberte in 40 Tagen das westliche Mittelmeer. Danach knöpfte er sich Kleinasien vor. Nach rund vier Monaten war die Aktion beendet. Die dabei überlebenden 20.000 Piraten wurden entweder hingerichtet oder als Bauern angesiedelt.)*

8. Wer war Störtebecker? *(Er war Deutschlands berühmtester Seeräuber. Sein Name steht für „Stürz den Becher", da seine Gefangenen entweder Lösegeld zahlen oder seinen großen Becher in einem Zug austrinken mussten. Letzteres gelang nur einem einzigen Mann. Bei seiner Hinrichtung soll Störtebecker 1401 mit abgeschlagenem Kopf noch an elf seiner Männer vorbeigelaufen sein und sie so gerettet haben, bis der Henker ihm ein Bein stellte.)*

9. Gibt es heute noch Piraten? *(Ja, insbesondere im Indischen Ozean vor Sri Lanka, den Gewässern vor Somalia, dem Jemen, Ecuador, Ozeaniens oder der Straße von*

Taiwan. Im Jahr 2000 registrierte das International Maritime Bureau [IMB], eine Organisation von Banken, Versicherungen und Reedern, 469 Piratenangriffe.)

Empirestil

1. Was bezeichnet man als „Empire“? *(Als Empire bezeichnet man die Stilrichtung, die sich in Frankreich und dem unter französischer Herrschaft stehenden Norditalien zu der Zeit ☞Napoleon Bonapartes als Kaiser, also während der Jahre 1804 bis 1815, ausbildete.)*
2. Was charakterisiert den Empirestil? (*Der Empirestil orientierte sich an griechisch-römischen Vorbildern.)*
3. Warum förderte Napoleon den Empirestil? *(Napoleon träumte von einem Weltreich und wünschte deshalb einen Stil, der sich eng an den Klassizismus der römischen Kaiserzeit anschloss.)*
4. Was hat der Triumphbogen in ☞Paris mit dem Empirestil zu tun? *(Der Triumphbogen in Paris wurde dem Bogen des Septimius Severus in Rom nachgebildet, greift also dessen Baustil auf.)*

Verdi

1. Wer war Verdi? *(Giuseppe Verdi lebte in der zweiten Hälfte des 19. Jahrhunderts und war der überragende italienische Opern-Komponist jenes Jahrhunderts.)*
2. Was sind Verdi's bekannteste Opern? *(Nabucco, Rigoletto, La Traviata, Don Carlos, Aida, Othello, Falstaff.)*
3. Wie kam es zur Komposition der Oper Aida? *(Verdi war zu seiner Zeit sehr bekannt und erhielt auch aus anderen Ländern Aufträge zur Komposition von Opern. Für die Eröffnung des ☞Suezkanals wurde ihm der Auftrag zur Oper Aida erteilt.)*
4. Wie lebte Verdi? *(Verdi wurde berühmt durch seine Oper Nabucco, die in der Mailänder Oper [Scala] aufgeführt wurde. Diese Oper war nicht nur musikalisch ein Meisterwerk, sondern von Verdi's glühendem Patriotismus geprägt. Die Oper behandelt das Schicksal der ☞Juden in der babylonischen Gefangenschaft. Der „Gefangenenchor“*

ist ein berühmter Teil dieser Oper. Das Mailänder Publikum sah in dem Stück eine Parallele zur Lage des italienischen Volkes, da damals ein Großteil Italiens unter österreichischer Herrschaft stand. Verdi komponierte weiter patriotisch geprägte Opern, bis sich Italien 1859 von der österreichischen Herrschaft befreien konnte. Danach komponierte Verdi keine politisch interpretierbaren Opern mehr. Da Verdi die Einigungsbewegung unterstützt hatte, wurde er 1861 Mitglied des ersten italienischen Nationalparlaments. Nach dem Tod seiner ersten Frau 1840 und seiner beiden Kinder wurde 1842 Nabucco uraufgeführt. Nach seiner letzten Oper „Un giorno die regno", die total floppte, hatte Verdi eigentlich keine Aufträge für Opern mehr annehmen wollen. Da sandte ihm der Intendant der Scala ein Libretto, das ein anderer Komponist angelehnt hatte. Es enthielt die Verse des so berühmt gewordenen Gefangenenchores. Der Text berührte Verdis patriotische Seele und entfachte seine Kompositionslust. Die weibliche Hauptrolle in Nabucco sang die berühmte Giuseppina Strepponi. In sie verliebte sich Verdi und heiratete sie 1859.)

5. Wie heißt die Hymne der Oper Nabucco? *(„Va´, pensiero, sull´alli dorate" [„Flieg, Gedanke, auf goldenen Flügeln!"]. Diese Hymne der Hoffnung lässt übrigens die holländische Fußballmannschaft von Ajax Amsterdam über den Stadionlautsprecher abspielen, wenn sie den Platz betritt. Als Verdi 1901 an einem Schlaganfall starb, sang ein 900 Mann starker Chor zu seinen Ehren diese Hymne.)*

Edelsteine

1. Nenne einige Edelsteine! *(Diamant, Rubin, Saphir, Smaragd, Aquamarin, Granat.)*

2. Welcher Edelstein gilt als der wertvollste? *(Der Diamant. Er besteht aus purem, kristallinem Kohlenstoff.)*

3. Was ist ein Brillant? *(Der Brillant ist ein geschliffener Diamant.)*

4. Was bedeutet Karat bei Edelsteinen? *(Bei Edelsteinen bedeutet ein Karat eine Gewichteinheit, nämlich 0,2 Gramm.)*

Cortez

1. Wer war Hernando Cortez? (*Hernando Cortez war ein spanischer Adliger, der als Generalkapitän an der Atlantikküste Mexikos landete und Anfang des 16. Jahrhun-*

derts das Reich der Azteken eroberte. Cortez war zunächst als verarmter spanischer Adliger als Pflanzer in die Neue Welt nach Kuba umgezogen und hatte dort ein Vermögen gemacht.)

2. Wie wurde Cortez von den Azteken empfangen? *(Cortez kämpfte sich mit einer Truppe von nur 550 Mann von der Küste bis zur Hauptstadt [dem heutigen Mexiko-City] durch. Der Herrscher der Azteken hätte mit seinen hunterttausend schwer bewaffneten Kriegern Cortez mit seinen rund sechshundertsechzig Kriegern leicht vernichten können. Die Azteken sahen in den weißhäutigen Fremdlingen die Nachfahren eines ihrer Götter, der nach einer Legende einst ausgewandert war und dessen Rückkehr sie erwarteten. Weil die Azteken nicht wussten, ob die Eindringlinge selbst Götter seien, empfingen sie sie also freundlich.)*

3. Wer war Montezuma? *(Montezuma war der damalige Herrscher der Azteken, der Cortez so freundlich aufnahm. Cortez ließ ihn jedoch im Königspalast in Ketten legen und beutete das Land aus. Montezuma starb nach einem Jahr Gefangenschaft. Er wurde bei dem Versuch, zwischen Spaniern und Azteken zu vermitteln, durch Steinwürfe seiner eigenen Untertanen tödlich verletzt.)*

4. Welche Bedeutung hatte Cortez für Mexiko? *(Cortez unterwarf Mexiko und gliederte es in das spanische Reich ein. Deshalb wird heute in Mexiko spanisch gesprochen und ist die Religion Spaniens dort am verbreitetsten.)*

Hieroglyphen

1. Was sind „Hieroglyphen“? *(Die Ägypter übernahmen wahrscheinlich von den Sumerern die Keilschrift und entwickelten sie weiter. Als die Griechen später die Schrift kennen lernten, konnten sie sie nicht entziffern. Deshalb nannten sie sie ehrfurchtsvoll Hieroglyphen, was übersetzt „heilige Schriftzeichen" bedeutet. Als Hieroglyphen bezeichnet man also eine Bilderschrift, die besonders im alten Ägypten üblich war.)*

2. Wie alt ist die ägyptische Schrift? *(Älteste Zeugnisse stammen aus der Zeit um 3000 v.Chr. als Bilderschrift.)*

3. Worauf schrieben die Ägypter ihre Hieroglyphen? *(Sie ritzten sie in Stein oder schrieben sie auf Papyrus.)*

4. Wie stellten die Ägypter Papyrus her? *(An den Ufern des Nils wächst eine Papyrusstaude. Das Mark dieser Staude wurde in dünne Streifen geschnitten. Daraus wurden dann über kreuz zwei Schichten gelegt, die aufeinander geklopft wurden. Dabei wirkte der Pflanzensaft als Klebstoff. Es entstanden glatte Blätter, die man beschriften und rollen konnte.)*

5. Wie kam es zur Entzifferung der Hieroglyphen? *(1798 landete ein französisches Heer unter ☞Napoleons Führung in Ägypten. Napoleon wollte über die Herrschaft Ägyptens Englands Vormachtstellung im Mittelmeer und Indien durchbrechen, hatte aber auch einhundertfünfundsiebzig Gelehrte dabei, die die Kulturschätze des alten Ägyptens erkunden und erforschen sollten. Die militärische Expedition scheiterte zwar nach drei Jahren, dafür war aber eine enorme wissenschaftliche Ausbeute angefallen. Darunter war der „Stein von Rosette", auf dem der gleiche Text zuerst in Hieroglyphenschrift, dann in demotischer Schrift und schließlich in griechischer Schrift aufgetragen war. Über die bekannte griechische Schrift konnte man die anderen beiden Texte erschließen. Das gelang in 23jähriger Arbeit dem Franzosen Jean-Francois Champillion. Der Stein von Rosette ist heute im Britischen Museum in ☞London zu besichtigen.)*

Kolumbus

1. Wer war Christoph Kolumbus? *(Christoph Kolumbus [1451-1506] stammte aus Genua, war gelernter Wollweber und lebte seit 1476 [schon als 14-Jähriger ging er als Schiffsjunge zur See] in Lissabon [Portugal], bekam dort aber keine Unterstützung für seine Expedition nach Indien. Der portugiesische König setzte zur Prüfung einen Ausschuss ein, der zu dem Ergebnis kam: „Der Italiener ist verrückt." Auch die spanische Königin Isabella von Kastilien lehnte erst ab. Kolumbus drohte aber, die Franzosen um Unterstützung zu bitten, und ritt [womöglich nur zum Schein] nach Frankreich. Als er in den Pyrenäen gerade französischen Boden betreten hatte, erreichte ihn ein Reitertrupp der spanischen Königin mit der Botschaft, dass sie seine Pläne verwirklichen werde. Damit hatte sein bereits acht Jahre währendes Betteln an den europäischen Königshäusern um Finanzierung der Fahrt endlich Erfolg. Also wurde er spanischer Kapitän, der im Auftrage des spanischen Königshauses einen Seeweg nach Indien suchen sollte. Christoph Kolumbus wird insbesondere mit der Entdeckung Amerikas in Verbindung gebracht, obwohl rund 500 Jahre vor ihm die ☞Wikinger [unter Leif Erikson] Amerika schon erreicht hatten.)*

2. Wann „entdeckte" Kolumbus Amerika? *(1492.)*

3. Wo landete Kolumbus auf dem amerikanischen Festland bei seiner ersten Reise? *(Er landete gar nicht auf dem Festland! Bei der ersten Reise kam er auf einer der Bahama-Inseln an, die er „San Salvador" [= „Heiliger Erlöser"] nannte. Er glaubte, sich auf einer der Japan vorgelagerten Inseln zu befinden. Kolumbus segelte dann fast drei Monate lang zwischen den Westindischen Inseln hin und her und entdeckte als größte von ihnen Kuba, danach Haiti. Diese Inseln heißen noch heute die „Westindischen Inseln" als Unterschied zu „Ostindien", dem wirklichen Indien. Deshalb wurde er bei seiner Heimkehr nach Spanien auch zum „Vizekönig von Indien" ernannt. Erst bei*

seiner dritten Reise entdeckte er das [südamerikanische] Festland, als er bei der Mündung des Orinoko [Venezuela] landete. Auf der Ostküste Nordamerikas landete nicht er, sondern 1497 zuerst der Engländer John Cabot, weshalb die Engländer diesen Teil Amerikas als ihren Besitz betrachteten.)

4. Wie hießen die Schiffe, mit denen Kolumbus auf Entdeckungsfahrt ging? *(Kolumbus fuhr mit drei Schiffen los, von denen das größte der Dreimaster „Santa Maria“ [25 m lang, 8 m breit, 2 m Tiefgang, schaffte bis zu 260 km pro Tag] war, die er selbst leitete. Sie hatte 39 Mann Besatzung. Zu ihrem Bau hatte man mindestens 1.000 Bäume benötigt. Die anderen beiden kleineren Schiffe hießen „Pinta“ und „Nina“. Insgesamt hatte er 100 Mann dabei. Das war wirklich herzlich wenig: Vasco da ☞Gama brach 1497 mit vier Schiffen und 168 Mann, ☞Magellan 1519 mit fünf Schiffen und 234 Mann Besatzung auf.)*

5. Warum segelte Kolumbus als Erster nach Westen? *(Kolumbus war einem Fehler aufgesessen: Der Florentiner Mathematiker Paolo dal Pozzo Toscanelli [1397 – 1482] hatte die Arbeiten des ☞Ptolemäus studiert und kam wie dieser zu der Überzeugung, dass die Erde eine Kugel sei. Daraus schloss er, dass man Indien auch erreichen müsste, wenn man statt nach Osten nach Westen segele. Unter Indien verstand man damals nicht nur das heutige Indien, sondern den ganzen Fernen Osten einschließlich China und Japan. Da man damals vom amerikanischen Kontinent nichts ahnte, berechnete Toscanelli den Seeweg nach Asien, indem er den Umfang der Erdkugel sowie die Ausbreitung Europas und Asiens berechnete. Dabei verrechnete er sich bei der Ausdehnung Asiens gewaltig und ermittelte einen kürzeren Seeweg bis zur Landung. Diese Karte wurde dem portugiesischen König Alfons V. vorgelegt. Er war jedoch der Meinung, dass ein christlicher Seefahrer eine solche Reise nicht wagen solle, und schenkte der Karte keine weitere Bedeutung. 20 Jahre später hörte Kolumbus von der Karte, studierte sie, vertraute ihr und machte sich auf den vorgezeichneten Weg. Hätte Kolumbus die tatsächliche Entfernung von Portugal nach China gekannt, wäre er nie nach Westen gesegelt.)*

6. Die Schiffe hatten auch Dolmetscher an Bord, die etwas Chinesisch und Japanisch beherrschten, warum? *(Kolumbus suchte hinter Indien auch nach den sagenhaft reichen Ländern Cipangu und Kathai, die wir heute als Japan und China kennen. Kolumbus war auf der Suche nach dem Reichtum, von dem ☞Marco Polo in seinem Reisewerk berichtet hatte. An Bord war neben dem Schiffseigner und dem Kontrolleur der Königin zudem auch ein Hebräisch-Übersetzer, da man in Asien auch noch die „verlorenen Stämme Israels“ vermutete.)*

7. Wie lange brauchte Kolumbus bei seiner ersten Reise von der Abfahrt bis zur Ankunft? *(Kolumbus fuhr am 03.08.1492 im Hafen von Palus [heutiges Südspanien westlich von Gibraltar] los und kam auf der Bahama-Insel am 12. Oktober 1492 an.)*

8. Kam Kolumbus mit der Santa Maria zurück? *(Nein. Am 25. Dezember 1492 lief die Santa Maria auf ein Korallenriff bei Haiti auf und sank. Kolumbus ließ deren Besatzung kurzerhand auf den Westindischen Inseln zurück und fuhr auf der Pinta weiter.)*

9. Wo liegt Kolumbus begraben? (*Seit 1902 in der Kathedrale Santa Maria von Sevilla in Südspanien. Personifikationen der alten spanischen Reiche tragen den Sarg, so dass er den Boden nicht berührt, da Kolumbus nicht in spanischer Erde bestattet sein wollte. Die Kathedrale von Sevilla ist nach der „Basilika Notre-Dame de la Paix“ in Yamoussoukro, der Hauptstadt der Elfenbeinküste, mit einer Grundfläche von 30.000 m^2, dem ☛Petersdom und der Londoner Saint Paul's Cathedrale die viertgrößte Kirche der Welt. Kolumbus starb übrigens einsam und verlassen in einer elenden Herberge in Valladolid [Spanien].)*

10. Wie kam es zum Namen „Amerika“? *(Zu den Zeiten des Kolumbus nahm der aus Florenz stammende Amerigo ☛Vespucci an mehreren Entdeckungsfahrten spanischer Kapitäne teil [1497 und 1504]. Über seine Reisen schrieb Vespucci Briefe, die in einer in lateinischer Sprache herausgegebenen Sammlung veröffentlicht wurden. Hier wurde Vespucci als „Americus Vespuccius" bezeichnet mit dem Zusatz, dass man den neuen Erdteil nach ihm als seinem Entdecker benennen solle. Das war zwar historisch falsch. Vespucci wurde jedoch daraufhin in Deutschland als Entdecker Amerikas bezeichnet. Nach seinem Tod übernahmen deutschsprachige Gelehrte für den neuen Kontinent den Begriff Amerika. Dem schlossen sich schließlich die anderen Länder Europas an.)*

11. Wie kam es zum „Ei des Kolumbus“? *(Bei einem Bankett, das vom Kardinal Medoza zu Ehren des Kolumbus gegeben wurde, behauptete der Kardinal, eigentlich sei es keine große Kunst gewesen, den neuen Erdteil zu entdecken. Das hätte jeder gekonnt. Daraufhin fragte Kolumbus die Runde, wer ein Ei auf einer seiner Spitzen zum Stehen bringen könne. Alle versuchten es vergeblich. Da nahm Kolumbus ein Ei und stellte es mit einem leichten Aufschlag, der eine Seite leicht eindrückte, auf die Spitze und bemerkte schmunzelnd: „Darauf hätte eigentlich auch jeder kommen können.“)*

12. Woher kommt der Tabak? *(Als Kolumbus auf den Westindischen Inseln landete, sah er, wie die Indianer durch einen Halter, den sie in ihre Nasenlöcher schoben, „Rauch tranken“. Diesen Halter nannten die Indianer „tabaco“. Die Spanier hielten das für den Namen der Pflanze. So kam der Tabak zu seiner Bezeichnung.)*

Galileo Galilei

1. Wer war Galileo Galilei? *(Galilei war Professor der Mathematik und betrieb auch astronomische Forschungen.)*

2. Wann lebte Galilei? *(Galilei wurde am 15.02.1564 als Sohn eines bekannten Musikers geboren und starb am 08.01.1642 in der Nähe von Florenz, wo er auch begraben liegt [ein Jahr darauf wurde ☛Isaac Newton geboren, der Galileis naturwissen-*

schaftliche Entdeckungen auf ihren ersten Höhepunkt führen sollte. Galileis Trägheitsprinzip ist der Vorläufer von Newtons erstem Bewegungsgesetz].)

3. Für welchen Satz wurde Galilei berühmt? *(Galilei hatte herausgefunden, dass sich die ☞Erde um die ☞Sonne dreht [das hatte rund 500 Jahre vor ihm schon Kopernikus festgestellt und in seinem Werk niedergeschrieben. Auch seine Theorie war von der Kirche verdammt und danach praktisch vergessen worden], was gegen die damalige kirchliche Lehre verstieß. Er musste sich deshalb das erste Mal 1616 in Rom vor der Inquisition [dem höchsten kirchlichen Gericht in Glaubenssachen] einer Verhandlung unterziehen und den Eid schwören: „Ich schwöre ab, verfluche und verwünsche mit redlichem Herzen und nicht erheucheltem Glauben alle diese Irrtümer und Ketzereien...", dass sich die Erde um die Sonne bewege. Später wurde erzählt, Galilei habe danach mit dem Fuß aufgestampft und ausgerufen: „Und sie bewegt sich doch!" Für diesen Satz wurde Galilei berühmt.)*

4. Hatte Galilei ein Fernrohr? *(Ja. Galilei erfuhr, dass in Holland ein Wissenschaftler ein Fernrohr erfunden habe und baute es sofort nach den Informationen nach. Damit beobachtete er als Erster umfassend den Himmel. Dabei sah er, dass der ☞Mond Gebirge hat wie die Erde, dass er nicht von selbst leuchtet, sondern von der Sonne angestrahlt wird, und dass die Sonne Flecken zeigte, die sich bewegten und damit verrieten, dass die Sonne sich dreht.)*

5. Wie lebte Galilei? *(Nach der ersten Verhandlung vor der Inquisition schwor er seinen Theorien ab, war darüber aber sehr unglücklich. Deshalb veröffentlichte er 1632 ein Buch, das die Theorien des Kopernikus erneut für richtig erklärte. Daraufhin musste er sich 1633 ein zweites Mal vor der Inquisition verantworten und widerrief aus Angst vor der Folter seine Theorien erneut. Zur Strafe [Galilei hatte Glück, dass er nicht gefoltert oder sogar getötet wurde] musste er den Rest seines Lebens als Gefangener in seinem Haus verbringen, durfte nicht mehr experimentieren und auch keine Bücher mehr schreiben. Galilei tat aber beides trotzdem. Erst 1835 strich die katholische Kirche seine Bücher vom Index [Liste der für Katholiken verbotenen Bücher]. 1992 wurde Galileo von Papst Johannes Paul II. öffentlich rehabilitiert.)*

Erdöl

1. Was ist Erdöl? *(Erdöl ist ein Rohstoff, Energieträger. Mit Erdöl wird etwa ein Drittel des weltweiten kommerziellen Energieverbrauchs gedeckt.)*

2. Wie entstand Erdöl? *(Vor Millionen Jahren lagerten sich auf dem Grund der Meere in riesigen Schichten die verschiedenartigsten Materialien ab: Sand, Schlamm, von den Flüssen angeschwemmte Baumstämme und Tierleichen, ferner die Überreste von Meerestieren und Pflanzen sowie Milliarden tierischer Mikroorganismen. Aus den or-*

ganischen Zerfallsprodukten bildete sich im Laufe der Zeit ein Faulschlamm, dessen Bestandteile allmählich verfielen und sich vollständig verwandelten. Aus dem Schlamm wurde eine dickflüssige Masse, das Rohöl.)

3. Warum ist ein Fass („Barrel") das Rohöl-Maß? *(Der Eisenbahnschaffner Edwin L. Drake hatte 1859 im US-Staat Pennsylvania einen hölzernen Bohrturm errichtet und in nur 20 m Tiefe Erdöl gefunden. Bald war das ganze Tal voll mit Bohrtürmen. Für den Transport benutzten die Ölförderer Holzfässer, sog. „barrels". Die Fabriken stellten davon 600 Stück pro Tag her, aber mit unterschiedlichen Maßen, was für den schnellen Handel unpraktisch war. Da einigten sich die Ölhändler und die „barellmakers" schließlich auf eine verbindliche Einheitsgröße, die auch die Walfänger damals benutzten: 42 Gallonen oder 159 Liter sollten in ein Fass passen. Dieses Maß gilt bis heute.)*

4. Was wird aus Erdöl hergestellt? *(Kraftstoff für Fahrzeuge, Heizöl, synthetische Produkte [z.B. Parfüm, Arzneimittel, Kunststoffe, chemische Textilfasern, Farbstoffe und Kunstdünger].)*

5. Was ist „Petroleum"? *(Eigentlich nur ein anderes Wort für Erdöl [vom lateinischen petra = der Stein und oleum = Öl, also „Steinöl"]. Der kanadische Arzt und Geologe Abraham Gessner erwarb 1852 ein Patent auf die Herstellung eines relativ sauber brennenden, preisgünstigen Lampenbrennstoffs aus Rohöl: Es wurde „Petroleum" genannt.)*

6. Was ist die Petrochemie? *(Zweig der technischen Chemie, die sich ausschließlich mit den Umwandlungsverfahren von Erdöl und ☞Erdgas befasst.)*

7. Welche Länder sind in Erdölförderung, -import und -verbrauch führend? *(Saudi-Arabien [1994: 403 Mio. Tonnen], USA [393 Mio. Tonnen] und Russland [311 Mio. Tonnen]. Am meisten exportierten 1992 Saudi-Arabien [330 Mio. Tonnen], Russland [142 Mio. Tonnen] und der Iran [126 Mio. Tonnen]. Die drei größten Importeure sind die USA [306 Mio. Tonnen], Japan [208 Mio. Tonnen] und Deutschland [99 Mio. Tonnen]. Vom weltweiten Verbrauch entfallen 27 % auf Nordamerika und 20 % auf Westeuropa.)*

8. Was ist „Rohöl"? *(Unbehandeltes Erdöl.)*

9. Wie lange reichen die Erdölreserven noch? *(Nach verschiedenen Studien höchstens bis 2040. Die ☞Kohle bleibt dann als Übergangslösung, wenn nicht andere Energiequellen genutzt werden.)*

10. Was ist eine „Offshorebohrung"? *(Von „Offshorebohrungen" [„off shore" = „vor der Küste"] spricht man, wenn Ölfelder unter dem Meeresspiegel mit schwimmenden oder am Meeresboden feststehenden Bohrinseln erschlossen werden. Weltweit werden heute mehr als ein Drittel des Erdöls „offshore" gefördert.)*

11. Was macht eine Raffinerie? *(Dort wird das Rohöl mit Chemikalien und Wärme behandelt, um Wasser und Feststoffe zu entfernen und das Erdgas abzutrennen.)*

12. Was bedeutet das Wort „Benzin"? *(Der Begriff Benzin stammt ab vom arabischen Wort „luban dschawi", was „Weihrauch aus Java" bedeutet. Der Begriff wanderte durch Handelsbeziehungen nach Europa und wurde in Spanien zu benjuì. Daraus entwickelte sich das deutsche Wort Benzol. 1833 erfand der englische Chemiker Michael Faraday ein Herstellungsverfahren von Benzin. Er nannte es allerdings bicarbure d'hydrogène in der damals herrschenden Wissenschaftssprache Französisch.)*

Die größten Gebirge

1. Wie heißt der höchste Berg der Erde? *(Es ist der Mount Everest [☞Himalaya] mit 8.848 m in Nepal.)*

2. Was ist der höchste Berg in West-Europa? *(Es ist der Mont Blanc mit 4.807 m in den Alpen an der Grenze zwischen Frankreich, Italien und der Schweiz. Bereits in einer lateinischen Handschrift, die 1091 in Chamonix in Savoyen verfasst wurde, findet sich ein Hinweis auf den heutigen französischen Namen „Weißer Berg". Dort hieß es: „rupes, qui vocatur alba" [= „Fels, der als weiß bezeichnet wird"]. Das Mont-Blanc-Massiv ist 60 km lang, 8-15 km breit und erstreckt sich über eine Fläche von ca. 650 km^2. Der Gipfel des Mont Blanc liegt, wenn auch nur knapp, ganz auf französischem Gebiet. Als Erster bestieg der französische Arzt Michel Paccard mit einem Einheimischen namens Jacques Balmat aus Chamonix am 08.08.1786 den Gipfel des Mont Blanc.)*

3. Wie entstanden die Alpen? *(Wie alle großen Gebirgsketten sind auch die Alpen durch den Zusammenstoß von zwei Kontinentalplatten entstanden. Im Laufe von Millionen Jahren schob sich die Platte, die den afrikanischen Kontinent trägt, gegen die eurasische Platte. Unter dem gewaltigen Druck falteten sich die Gesteinsschichten zu den Alpen auf.)*

Schwimmen – Schweben – Sinken

1. Warum kann ein Schiff aus Stahl auf Wasser schwimmen? *(Die Antwort gibt das Prinzip des ☞Archimedes: Ein in Flüssigkeit getauchter Körper verliert soviel von seinem Gewicht, wie die von ihm verdrängte Flüssigkeitsmenge wiegt. Da bei einem*

Schiff der Innenraum hohl ist und damit „nichts“ wiegt, ist bei einem Schiff insgesamt das durchschnittliche Gewicht pro Kubikmeter niedriger als das von Wasser. Deshalb kann ein Schiff auf dem Wasser schwimmen.)

2. Wie funktioniert das Tauchen beim Unterseeboot? *(Ein Unterseeboot hat Tauchtanks, die es fluten [mit Wasser füllen] kann. Bezogen auf den Gesamtkörper des U-Bootes steigt damit das Gewicht und das U-Boot sinkt. Wenn das U-Boot wieder auftauchen will, werden die Tauchtanks mit Pressluft wieder ausgeblasen. Das Durchschnittsgewicht pro Kubikmeter des Bootes ist dann wieder leichter als Wasser und das U-Boot steigt.)*

Paris

1. Woher hat Paris seinen Namen? *(Viele französische Städte haben ihren Namen aus der Zeit der Kelten. Paris hat seinen Namen von dem keltischen Stamm der Parisii.)*

2. Was ist das Wahrzeichen von Paris, der Hauptstadt Frankreichs? *(Der Eiffelturm. Er wurde 1889 gebaut und ist 300 Meter hoch. Bei seinem Bau verwendete man 2.500.000 Stahlträger. Der Eiffelturm wurde als himmelstürmendes Symbol der neuen Zeit anlässlich einer Weltausstellung erbaut. Er war sogar eigentlich nur für die Dauer der Weltausstellung geplant. Da er mit seiner Höhe aber ein idealer Sender ist, retteten ihn Rundfunk und Telegrafie vor dem Abriss. Beim Eiffelturm werden jährlich 3 Mio. Besucher gezählt.)*

3. An welchem Fluß liegt Paris? *(Paris liegt an der Seine. Anmerkung: In einem Schlager heißt es: „Kalkutta liegt am Ganges, Paris liegt an der Seine...", das stimmt aber nicht: Kalkutta liegt gar nicht am Ganges, sondern am Hugli, einem Seitenarm des Ganges. Auf dem Stadtgebiet und den unmittelbaren Vororten legt die Seine eine Strecke von 40 km zurück.)*

4. Was ist der Louvre? *(Der Louvre gehört zu den bekanntesten Museen der Welt und lockt jährlich mehr als 5 Mio. Besucher an. Er war um 1200 als Festung erbaut worden und diente im 14. Jahrhundert als Residenz Karls des V. Auch in dem darauffolgenden Jahrhundert wohnten hier die französischen Könige. Zum Museum des Adels wurde der Louvre, als ☞Ludwig der XIV. dem stickigen Paris den Rücken kehrte und Versailles in Auftrag gab. Nach dem Umzug des Hofstaates 1682 wurden im Louvre Ateliers und Wohnungen für Maler und Bildhauer eingerichtet. Außerdem wurden Teile der königlichen Bildersammlung hier aufbewahrt. Langsam entwickelte sich dann der Louvre zum Museum. Als öffentliches Museum wurde er 1793 eröffnet und machte den königlichen Kunstbesitz als Nationalbesitz allen Bürgern zugänglich. Mitterand gelang es schließlich 1989, das Finanzministerium aus dem Gelände des Louvre zu vertreiben [durch einen Neubau des Finanzministeriums]. Heute ist der Louvre das*

größte Museum der Welt mit ca. 60.000 qm Ausstellungsfläche. Zu den berühmtesten Gemälden des Louvre gehört die „Mona Lisa" von ☞Leonardo da Vinci, die übrigens gerade nicht die Person Mona Lisa abbildet, sondern die Herzogin Isabella von Aragonien. Insoweit handelte es sich um ein Versehen, weil man das Bild mit einem anderen Bild da Vincis verwechselte, das er tatsächlich von einer Mona Lisa malte. Dieses Bild ist verschollen und zeigte ausdrucksvolle Augenbrauen, die bei der „Mona Lisa“ im Louvre fehlen, wie der italienische Kunsthistoriker Giorgio Vasari 30 Jahre nach da Vincis Tod berichtete. Da er aber von einem wunderschönen Porträt berichtete, hielt man das Porträt der Herzogin fälschlich für das der Mona Lisa.)

5. In der Verfilmung des Weltbestsellers „The Da Vinci Code. Sakrileg“ spielt die steinerne Pyramide unter der Glaspyramide im Louvre in ☞Paris eine bedeutende Rolle. Was ist in ihr tatsächlich verborgen? *(Der Film ist spektakulärer als die Realität: In der steinernen Pyramide befinden sich ein Wischmopp, ein Eimer und Allzweckreiniger – die kleine Pyramide dient nämlich als Besenkammer.)*

6. Welche berühmte französische Persönlichkeit liegt im Invalidendom von 1676 in Paris begraben? *(☞Napoleon I. Außerdem befindet sich dort ein Militärmuseum.)*

7. Warum wurden die Boulevards in Paris im 19. Jahrhundert so breit angelegt? *(Man wollte damit u.a. den Bau von Barrikaden durch Revolutionäre erschweren. Die berühmte Avenue des Champs-Elysées ist 70 m breit und 2 km lang. Die breiteste Straße ist aber die Avenue Foch mit 120 m.)*

8. Welche Bedeutung hat die Säule auf dem Place Vendôme? *(Die Säule ist der Trajanssäule in ☞Rom nachgebaut und wurde unter ☞Napoleon I. aus den 1.200 Kanonen gegossen, die er in der Schlacht bei Austerlitz erbeutete.)*

9. Was hat die Kanalisation von Paris weltweit berühmt gemacht? *(Sie diente als Schlupfwinkel für das fiktive „Phantom der Oper“.)*

10. Wie heißt die berühmte Universität in Paris? *(Sorbonne. Der Name der Pariser Universität geht auf den Gründer eines theologischen Kollegs zurück, Robert de Sorbonne, der schon 1253 ein Internat für arme Theologiestudenten gegründet hatte. Diese Räume übernahm die Universität. Die Sorbonne teilt sich mit der Universität von Bologna den Ruhm, Standort der ersten richtigen Universität gewesen zu sein. Auch wenn die Gründungsjahre nicht genau bekannt sind, ist doch sicher, dass beide im 12. Jahrhundert errichtet wurden.)*

11. Wie viele Einwohner hat Paris? *(2,2 Mio., Groß-Paris mit Trabantenstädten 12 Millionen.)*

12. Paris ist Sitz der UNESCO. Was ist die UNESCO? *(United Nations Educational, Scientific and Culture Organization = Organisation der ☞Vereinten Nationen für Erziehung, Wissenschaft und Kultur.)*

13. Was ist der Montmartre? *(Paris ist in 20 Verwaltungsbezirke eingeteilt [Arrondissements], die wiederum in vier Viertel [Quartiers] unterteilt sind. Der Montmartre ist ein Arrondissement im Norden von Paris mit dem Quartier Latin. Das Quartier Latin heißt „Lateinisches Viertel", weil früher in diesem Gebiet der Universität die Vorlesungen in Latein gehalten wurden, der Sprache, die von den Studenten und ihren Magistern aus ganz Europa beherrscht wurde. Der Montmartre ist berühmt als Künstlerstadtteil. Hier malten Toulouse-Lautrec, Vincent van Gogh, Renoir, Picasso und viele andere. Die berühmte Kuppelkirche Sacré-Cœur steht ebenfalls in diesem Stadtteil.)*

14. Wie heißt die U-Bahn in Paris? *(Métro [Abkürzung von „Métropolitain"] mit einem Netz von 216 km.)*

15. Was ist der Elysée-Palast? *(Der Elysée-Palast ist seit 1837 der offizielle Amtssitz des französischen Staatspräsidenten.)*

16. Was haben der Eiffelturm und die Freiheitsstatue von ☞New York gemeinsam? *(Beide haben denselben Architekten: Gustave Eiffel. Die Freiheitsstatue ist nämlich ein Geschenk der französischen Demokraten an das amerikanische Volk.)*

17. Wie heißt die berühmte Kathedrale in Paris? *(Notre Dame. Sie wurde erbaut ab ca. 1160, als Paris gerade Hauptstadt des Königreichs geworden war. Deshalb war das Bestreben, die gewaltigste Kirche überhaupt zu bauen. Die Türme sind 68 m hoch. Berühmt ist die Kirche u.a. für ein prachtvolles Rosettenfenster mit einem Durchmesser von rd. 9,5 m. Am 2. Dezember 1804 krönte sich hier Napoleon I. zum „Kaiser der Franzosen" selbst. Weniger feierlich ging es im Alltag der Kathedrale im 15. und 16. Jahrhundert zu. Damals waren die Seitenschiffe abgetrennt und Prostituierte gingen dort ihren Geschäften nach.)*

18. Was ist die „Bastille"? *(Die Bastille war ein Staatsgefängnis, in das im 18. Jahrhundert auf Befehl des Königs jeder ohne Gerichtsverhandlung landen konnte. Berühmte Gefangene der Bastille waren u.a. Voltaire und de Sade. Die Erstürmung der Bastille am 14. Juli 1789 gilt als Auftakt der ☞Französischen Revolution. Auf dem Place de la Bastille ist heute nur noch der Grundriss im Pflaster zu sehen. Historisch richtiger ist übrigens, dass die Bastille nie erstürmt, sondern übergeben wurde. Es gab nur ein kleines Scharmützel mit kaum einem Dutzend Toten, für die damaligen Verhältnisse ein eher ruhiger Nachmittag. Die Wachmannschaft bestand aus ein paar Dutzend Invaliden, die am 14.07.1789 auf weniger als zehn Personen aufpassten.)*

19. Was ist das „Moulin Rouge" (zu Deutsch: „Rote Mühle")? *(Es ist ein Ballhaus, das 1889 eröffnet wurde. Das „Moulin Rouge" war die zweite Heimat des Malers Henry de Toulouse Lautrec, dessen Bilder weltberühmt wurden. Hier wurde der Can-Can zum Vergnügen der Pariser getanzt.)*

20. Was hat das Metermaß mit Paris zu tun? *(Als Längenmaß wurde der Meter 1795 durch Beschluss der französischen Nationalversammlung festgelegt. Man einigte sich darauf, dass ein Meter genau dem zehnmillionsten Teil einer gedachten Linie entsprechen sollte, die vom Äquator quer durch Paris zum Nordpol verläuft.)*

21. Wann gab es das erste Adressbuch? *(Das erste allgemeine Adressbuch veröffentlichte 1691 in Paris der Apotheker Blegny.)*

22. Woher kommt der Begriff „Marotte“? *(Ursprünglich war Marotte ein karnevalistischer Begriff. Die Narrenzunft im mittelalterlichen Paris trug kleine Zepter mit einer Marienfigur [franz.: „Marotte“]. Später nannte man das Narrenzepter selbst so. Daraus wurde: Wer ein Narrenzepter trägt, hat einen Spleen – eine Marotte.)*

Robert Koch

1. Wer war Robert Koch? *(Robert Koch war ein Arzt, der Art, Wirkung und Herkunft der Bazillen erforschte. Robert Koch entdeckte zuerst den Milzbrand-Bazillus.)*

2. Was ist ein Bazillus? *(Koch sah unter dem Mikroskop bei der Untersuchung von Tieren, die an Milzbrand eingegangen waren, winzig kleine Stäbchen. Stäbchen heißt lateinisch: Bazillus, griechisch: Bakterie. Der Bazillus ist also der unter dem Mikroskop als Stäbchen sichtbare Krankheitserreger.)*

3. Wo lebte Koch? *(Koch war zunächst Landarzt in Posen, wurde wegen seiner bakteriologischen Forschung aber berühmt und später Professor in Berlin, wo es heute noch das Robert-Koch-Institut für bakteriologische Forschung gibt.)*

4. Wann lebte Koch? *(Robert Koch wurde am 11. Dezember 1843 geboren und starb am 27. Mai 1910.)*

5. Erwarb Koch für seine Forschungen zu den Infektionskrankheiten Ruhm? *(Ja, er erhielt 1905 sogar den ☞Nobelpreis für Medizin für seine „Untersuchungen und Entdeckungen auf dem Gebiet der Tuberkulose".)*

6. Was hat Robert Koch mit weißen Mäusen zu tun? *(Koch kam auf die Idee, weiße Mäuse für Versuche mit bakteriellen Erregern einzusetzen. Mit ihnen führte er Testreihen durch, um die Wirkung von Bakterien zu ermitteln.)*

Thermen im Alten Rom

1. Was ist eine „Therme“? *(Eine Therme ist eine Warmbadeanstalt. Der Name kommt vom griechischen „thermos" = warm.)*

2. Was ist ein „Aquädukt“? *(Ein ☞Aquädukt ist eine Wasserleitungsbrücke. Mit solchen Aquädukten wurden die Thermen mit Wasser versorgt.)*

3. Wie viele Thermen gab es im alten Rom? *(Im alten Rom gab es zuletzt elf Thermen.)*

4. Wie groß waren diese Thermen? *(Sie waren größer als unsere heutigen Schwimmbäder. Die zwei größten waren ca. 350 x 350 m groß.)*

5. Was hat die Laokoon-Gruppe mit den Thermen zu tun? (*In den Thermen des Titus fand man die berühmte Laokoon-Gruppe [bedeutende Marmorgruppe, die die Strafe des Laokoon und seiner beiden Söhne darstellt. Nach dem griechischen Mythos war Laokoon ein Priester, der die ☞Trojaner vor dem berühmten hölzernen Pferd warnte. Zur Strafe oder auch als Vorzeichen für den bevorstehenden Untergang Trojas wurden er und seine beiden Söhne, als sie dem Poseidon opferten, von zwei Seeschlangen getötet. Die Trojaner sahen darin ein göttliches Zeichen, dass ihre Warnung unrichtig sei und zogen das Holzpferd mit den Griechen in die Stadt. Die Laokoon-Gruppe befindet sich heute im Vatikan].)*

Eisberge

1. Wie entsteht ein Eisberg? *(Eisberge können auf unterschiedliche Weise entstehen: In den Polarzonen entstehen sie dadurch, dass sich Gletschermassen durch die Bildung von neu hinzukommenden Schneemassen bewegen und am Rand Gletscherteile als riesige Blöcke vom Festland losgerissen werden. Diese in das Meer abdriftenden Teile des Gletschers schwimmen dann als Eisberge davon. Man sagt dann: Der Gletscher hat „gekalbt", weil er einen Eisberg geboren hat. Eisberge können sich auch dadurch bilden, dass von den Strömungen Eisschollen über- und untereinander geschoben und zu gewaltigen Massen aufgetürmt werden.)*

2. Wo sind die meisten Eisberge anzutreffen? *(An den Ost- und Südrändern Grönlands und in der Antarktis.)*

3 Wie groß war der größte Eisberg, den man bis jetzt in der Antarktis angetroffen hat? *(Er war 600 m hoch und 160 km lang.)*

4. Sprichwörtlich redet man von der „Spitze des Eisbergs". Was steckt dahinter? (*Bei einem Eisberg sieht man oberhalb der Wasseroberfläche durchschnittlich nur 10 – 30 % des gesamten Eisberges. Den größten Teil sieht man also nicht. Von der Spitze des Eisberges spricht man, wenn man etwas sieht, den größten [unangenehmen] Teil aber noch im Verborgenen vermutet.)*

Habsburger

1. Wer waren die Habsburger? *(Die Habsburger waren ein Herrschaftshaus, das aus der nordwestlichen Schweiz stammt. Graf Rudolf wurde 1273 von den großen Fürsten des Reiches zum deutschen König gewählt, weil er sich mit ihrer Macht nicht vergleichen konnte. Rudolf I. nutzte diese Chance, um Österreich zu erwerben. Später kamen im Laufe der Zeit Böhmen, Ungarn, Burgund und die Niederlande, große Teile Italiens, dann auch noch Spanien mitsamt seinen Kolonien hinzu.)*

2. Wann war die Blütezeit der Habsburger? *(Sie begann mit Rudolf I. 1273. Über 300 Jahre bis 1806 stellten die Habsburger den deutschen Kaiser. Als österreichische Kaiser [seit 1804] haben die Habsburger in der europäischen Politik bis zum Ausgang des I. Weltkrieges eine bestimmende Rolle gespielt.)*

3. Wer war die berühmteste Habsburgerin? *(Es war Maria-Theresia, die als Kaiserin von 1740 bis 1780 Österreich regierte.)*

4. Was ist ein „Maria-Theresien-Taler"? *(Es ist der zwischen 1741 und 1780 mit dem Bild und dem Titel der Kaiserin Maria-Theresia geprägte Konventionstaler Österreichs und der Nebenländer. Eigentlich ist er seit 1858 außer Kurs. Er erreichte als Handelsmünze das größte Verbreitungsgebiet [von Ost-Afrika bis Zentral-Asien]. Bis 1977 wurden durch Nachprägungen insgesamt 335.000.000 Stück in Umlauf gebracht. Das machte den Maria-Theresien-Taler zur am längsten einheitlich ausgeprägten Münze der Münzgeschichte.)*

London

1. Was ist London? *(London ist die Hauptstadt Großbritanniens.)*

2. An welchem Fluss liegt London? *(London liegt an der Themse.)*

3. Wie viele Einwohner hat London? *(Inner London 2,7 Mio, Greater London 7,1 Mio. In der City von London arbeiten zwar 1 Mio. Menschen, es wohnen dort aber nur 50.000.)*

4. Wann ist London entstanden? *(43 n. Chr. besetzten die Legionäre des römischen Kaisers Claudius einen Teil Britanniens. Dort stand damals eine keltische Siedlung. Die Römer nahmen diese Siedlung ein und tauften sie „Londinium“. 442 zogen die Römer wieder ab.)*

5. Wie heißt das Wachsfigurenkabinett in London? *(„Madame Tussaud's“. Es wurde 1835 eröffnet. Neben den populären Wachsfiguren aus Geschichte, Politik und Showbusiness finden sich dort auch Darstellungen makabrer Episoden der britischen Geschichte.)*

6. Was ist die Downing-Street Nr. 10? *(Sie ist die offizielle Residenz des Premierministers von Großbritannien, derzeit also von Blair. Die unauffällige Fassade ist eine bewusste Irreführung über die dahinter verborgene Eleganz. Es gibt übrigens eine Verbindungstür zum Haus Nr. 11, dem Haus des Finanzministers. Blair hat mit seiner Familie die weitaus größere Wohnung in Nr. 11 bezogen. In der Nr. 10 wohnt derzeit in Wirklichkeit der Finanzminister Jordan Brown, ein Junggeselle.)*

7. Wieviele Flughäfen hat London, wie heißt der größte? *(London hat fünf Flughäfen, der größte ist Heathrow Airport. Zweitgrößter Flughafen ist Gatwick [Charter].)*

8. Was ist Westminster Abbey? *(Es ist die Krönungskirche und Begräbnisstätte der englischen Könige [auch Oliver ☞Cromwell wurde hier begraben, der England als Lordprotector von 1653-1658 regierte, ohne König zu sein]. Sie wurde im 11. Jahrhundert erbaut.)*

9. Was ist der Buckingham Palace? *(Der Buckingham Palace ist eine der drei Staatsresidenzen der Queen. Der Buckingham Palace wurde zwischen 1702 und 1705 erbaut und hat 600 Zimmer. Davon entfallen 13 auf die Privatgemächer der Königin. Jeden Tag um 11.30 Uhr wird die Wachablösung zelebriert.)*

10. Wie heißt das berühmteste Kaufhaus in London? (*Harrods. Das Kaufhaus hat 230 Abteilungen und existiert seit 1849. 1983 wurde es von dem Ägypter Mohammed Al Fayed gekauft.)*

11. Was ist der „Speaker's Corner“? *(Eine Rednerecke im Hyde-Park [verbunden mit dem Kensington Garden die größte Grünanlage Londons]. Der Speaker's Corner geht auf ein Gesetz von 1872 zurück, das Versammlungen und freie Meinungsäußerungen erlaubt.)*

12. Was ist die Saint Pauls Cathedral? *(Eine Kirche in London. Mit ihrem Bau wurde 1675 begonnen. Sie gehört heute zu den drei größten Kathedralen der Welt).*

13. Was ist der „Stock Exchange"? *(Die Börse von London. Sie ist nach Tokio und ☞New York die drittgrößte Wertpapier-Börse der Welt.)*

14. Was ist das Wahrzeichen von London? *(Die Tower-Bridge, die als Klappbrücke 1894 eröffnet wurde [viktorianische Gotik].)*

15. Was ist ein „Beefeater"? *(Die Beefeater sind das königliche Wachpersonal, insbesondere im Tower von London. Dort erzählen sie den Touristen von der Geschichte Londons).*

16. Was ist der „Piccadilly Circus"?*(Ein beliebter Platz im Herzen Londons. Er verdankt seinen Namen übrigens einem Schneider namens Baker, der im 17. Jahrhundert mit modischen Zierkragen, sog. Piccadillis, ein Vermögen verdiente. Mit seinem Geld erbaute er die „Piccadilly Hall", eine schöne Stadtresidenz, und schon bald hieß der ganze Stadtteil so. In diesem Stadtteil wurde der Piccadilly Circus Anfang des 20. Jahrhunderts gebaut.)*

17. Was ist die „BBC"? *(BBC ist die Abkürzung für British Broadcasting Corporation. Die britische Sendeanstalt mit Sitz in London strahlte schon nach dem 1. Weltkrieg Nachrichten in Echtzeit aus und lieferte 1936 das erste Fernsehprogramm der Welt. Die BBC machte dabei den Big Ben im Westminster weltberühmt, da sie seinen Glockenschlag zur Erkennungsmelodie machte.)*

18. Wie kam die weltberühmte Versicherung Lloyd´s aus London zu ihrem Namen? *(Im 17. Jahrhundert entstand in London eine Aktiengesellschaft nach der anderen. Ganz London war vom Aktienfieber befallen. Viele Börsenmakler und Unternehmer unterhielten kein eigenes Büro, sondern inserierten in Zeitungen, in welchen Kaffeehäusern sie zu welchen Geschäftszeiten ihren Handel abwickelten. Ein solches Café war auch das „Lloyd´s", in dem sich Reeder trafen, um Versicherungen für ihre Schiffe zu akquirieren. Die bizarrste aller Firmengründungen trug den Namen „Gesellschaft für die Durchführung eines sehr vorteilhaften Geschäfts, von dem aber niemand wissen darf, was es ist". Der Gründer versprach den Aktionären per Inserat sagenhafte 100 % Gewinn pro Jahr. Dann hielt er von morgens 9 Uhr bis nachmittags 15 Uhr ein Büro auf, sammelte 2.000 Pfund ein [damals verdiente ein Steinmetz pro Jahr 50 Pfund, ein gut situierter Händler 200 bis 400 Pfund], verschwand am gleichen Tag mit einem Schiff Richtung Kontinent und ward nie wieder gesehen.)*

19. Was war „Old Bailey"? *(Das Old Bailey war das Strafgericht Londons, das es dort schon zu Beginn des 19. Jahrhunderts gab. Einfache Bürger wurden gehängt, nur die Elite wurde geköpft. Der Henker Calcraft, der 1830 im Amt war, soff sich vor den Hinrichtungen regelmäßig einen an und war dafür bekannt, beim Hängen die Fallhöhen falsch zu berechnen. Mehr als einmal musste er sich auf den Rücken des Gehängten klammern, damit dessen Genick durch das zusätzliche Gewicht tatsächlich brach.)*

20. Wann wurde die Londoner U-Bahn gebaut? *(Die Londoner U-Bahn ist die älteste der Welt. Mit ihrem Bau wurde bereits 1860 begonnen.)*

21. Wo stand die erste Ampel der Welt? *(In London: Am Trafalgar Square wurde 1868 versuchsweise die erste Ampel der Welt installiert. Sie hatte Signalarme mit roten und grünen Gaslaternen.)*

22. Was ist Scotland Yard? *(Scotland Yard ist die Londoner Kriminalpolizei, die 1829 mit dem Ziel gegründet wurde, eine schlagkräftige, völlig neue Polizeitruppe aufzubauen. Obwohl Scotland Yard einen vorzüglichen Ruf genießt, konnte auch diese Behörde das Rätsel um die Identität des berüchtigten Mörders „Jack the Ripper", der im Spätsommer 1888 in London sechs Prostituierte ermordete, nicht auflösen. Den sensationellen Postraub vom August 1963 klärte sie hingegen sehr schnell auf. Bei diesem Postraub erbeuteten 16 Männer ohne Waffengewalt Geld im Wert von heute mehr als 50 Mio. Euro, nachdem sie den Zug durch ein Haltesignal zum Stehen gebracht hatten. Bereits drei Tage nach dem großen Coup verhaftete die Polizei die ersten Täter. Nacheinander wurden bis auf vier alle gefasst. Ronald Biggs, der Mann mit dem größten Beuteanteil, entkam 1965 aus der Haft und setzte sich nach Brasilien ab. Krank nach zwei überlebten Schlaganfällen kam er 2001 freiwillig nach Großbritannien zurück und stellte sich den Behörden.)*

Der 30-jährige Krieg

1. Wann war der 30-jährige Krieg? *(1618 bis 1648.)*

2. Womit begann der 30-jährige Krieg? *(Mit dem „Prager Fenstersturz": Die böhmischen Protestanten hatten sich empört, weil der katholische König Ferdinand II., ein überzeugter katholischer Jesuit, zwei protestantische Kirchen hatte abreißen lassen. Dies verstieß gegen den Majestätsbrief Rudolf II. von 1609, der dem böhmischen Adel Religionsfreiheit zugesichert hatte. Ferdinand II. hatte 1617 diesen Majestätsbrief widerrufen. Die Schutzherren der Lutheraner verfassten eine Protestnote an Kaiser Matthias und ließen sie nach Prag bringen. Der Kaiser weilte aber gerade in Ungarn, wies den Protest in Unkenntnis der Lage zurück und verbot alle weiteren Versammlungen der Protestanten. Die empörten Protestanten sprachen daraufhin in der Prager Burg vor und beschuldigten die kaiserlichen Statthalter, den Kaiser absichtlich falsch informiert zu haben. Das Wortgefecht endete damit, dass die Protestanten zwei kaiserliche Räte und einen Geheimschreiber aus dem Fenster der Prager Burg warfen. Obwohl sie aus 20 m tief stürzten und auch noch auf sie geschossen wurde, geschah den drei Beamten nichts [der wahrscheinlichste Grund dafür dürfte gewesen sein, dass sich unter dem Fenster ein Misthaufen befand und die Statthalter besonders dicke Kleidung trugen]. Der Prager Fenstersturz löste aber den Dreißigjährigen Krieg aus. Er zeichnete sich schon zehn Jahre vorher ab, als sich 1608 die evangelische „Union" und ein Jahr später die katholische „Liga" bildeten, die die konfessionelle Spaltung in Militärbündnissen verfestigten.)*

3. War der 30-jährige Krieg ein einziger Krieg? *(Nein, in Wirklichkeit waren es vier Kriege: Von 1618 bis 1623 der Böhmisch-Pfälzische Krieg, von 1625 – 1629 der Dänisch-Niedersächsische Krieg, von 1630 bis 1635 der Schwedische Krieg und von 1635 bis 1648 der Schwedisch-Französische Krieg.)*

4. Wer war Wallenstein (1583-1634)? *(Wallenstein war kaiserlicher Generalissimus. Er wurde 1583 in Böhmen geboren als Sohn des Adligen Wilhelm von Waldstein. Wie daraus Wallenstein wurde, ist unbekannt. Wahrscheinlich war es der Fehler eines Schreibers. Wallenstein unterschrieb immer nur mit seinen Initialen, womit der Schreibfehler nie korrigiert wurde. Ortsbedingt war Wallenstein protestantisch erzogen worden, konvertierte aber zu den Katholiken, da er sich dort mehr Aufstiegsmöglichkeiten versprach. Dementsprechend kämpfte er für die Festigung der politischen Macht des katholischen Kaisers Ferdinand II. Da das 17. Jahrhundert keine stehenden Heere kannte, war Kriegführen ein Beruf. Wallenstein verkörperte in jener Zeit den Typ Söldnerführer, der als Unternehmer den Krieg als Geschäft betrieb. Er stellte auf eigene Kosten ein Heer von 50.000 Mann auf und erhielt im Gegenzug die Vollmacht, in den eroberten Gebieten diese Truppen vor Ort zu versorgen. Das war zu jener Zeit durchaus üblich: Man plünderte schlicht und einfach die Region aus nach dem Grundsatz „Der Krieg muss den Krieg ernähren“. Weil durch die Truppenbewegungen so viele Menschen – Soldaten wie Flüchtlinge – unterwegs waren, konnte sich die Pest so weiträumig verbreiten und wütete in Deutschland von 1634 – 1640. Wallenstein war als General sehr erfolgreich, was ihm viele Neider eintrug. 1630 musste Kaiser Ferdinand II. seinen General opfern und setzte ihn ab. Als der zum protestantischen Lager zählende schwedische König Adolf aber auf europäischem Boden Sieg um Sieg errang, wurde Wallenstein als General zurückgerufen und drängte König Adolf tatsächlich zurück, der 1632 in der Schlacht bei Lützen fiel. Da Wallenstein gleichzeitig mit den Schweden, Brandenburg und Sachsen über den Frieden (und wohl auch seine Dienste) verhandelte, bezichtigte ihn ein kaiserliches Patent vom 24.01.1634 des Verrats und befahl, ihn tot oder lebendig zu fangen. Daraufhin wurde Wallenstein am 25.02.1634 in Eger vom irischen Hauptmann Devereux erstochen.)*

5. Was beendete den 30-jährigen Krieg? *(Der „Westfälische Friede", der am 24. Oktober 1648 zu Münster und Osnabrück geschlossen wurde. Der Friedensvertrag umfasst sechs Bände im Druck. Der „Westfälische Friede" sortierte die Machtbereiche in Europa neu. Protestantische und katholische Religion wurden gleichgestellt. Von der deutschen Bevölkerung überlebte nur ein Drittel den 30-jährigen Krieg!)*

6. Hieß der 30-jährige Krieg auch zu seiner Zeit so? *(Nein: Damals nannte man ihn Deutscher Bürgerkrieg.)*

7. Was haben Krawatten mit dem 30-jährigen Krieg zu tun? *(In ihm trugen die kroatischen Soldaten auf spezielle Weise geknotete Halstücher. Nach ihren Trägern nannte man sie Croaten. Daraus entwickelte sich eine Mode auch unter den friedlichen Bürgern. Aus den Croaten wurden dann Krawatten.)*

Johann Wolfgang von Goethe

1. Wer war Johann Wolfgang von Goethe (1749 – 1832)? *(Goethe ist einer der bedeutendsten, wenn nicht der bedeutendste Dichter Deutschlands. Er war sich seiner europaweiten Berühmtheit übrigens sehr wohl bewusst, wenn er nicht nur viele bedeutende Schriftsteller und Gelehrte, sondern auch Könige empfing.)*

2. Förderte Goethes Vater die Ausbildung seines Sohnes? *(Ja, sogar sehr: Schon als Kind musste Goethe mehrere Sprachen pauken, erhielt Unterricht in den Naturwissenschaften und lernte Reiten, Fechten, Tanzen, Musizieren und Zeichnen.)*

3. Was hat Goethe studiert? *(Auf Wunsch seines Vaters [selbst promovierter Jurist] begann Goethe 1765 ein Jura-Studium in Leipzig. Parallel studierte er Philosophie, Literatur und Medizin. Er erlitt jedoch einen „Blutsturz" und kehrte 1768 zur Genesung nach Frankfurt zurück. Wieder gesund ging er 1770 nach Straßburg, wo er sein Examen 1771 erfolgreich ablegte und im gleichen Jahr promovierte.)*

4. Arbeitete Goethe als Rechtsanwalt? *(Goethe kehrte nach seinem Examen 1771 als Rechtsanwalt [„Lizentiat der Rechte"] nach Frankfurt zurück. Er führte nur 28 Prozesse, in denen er weniger durch Verhandlungsgeschick als durch wortreiche Beiträge auffiel. Die juristischen Geschäfte erledigte aber weiterhin sein Vater, der selbst Jurist war und dank eines ererbten Vermögens in Frankfurt als Privatmann leben konnte. Goethe arbeitete allenfalls nebenbei als Jurist und konzentrierte sich auf seine literarische Arbeit.)*

5. Wo wohnte Goethe den größten Teil seines Lebens? *(Von 1775 bis zu seinem Tod in Weimar. Hintergrund dürfte gewesen sein, dass ihm Frankfurt eine Ratsherrenstelle erst 1792 anbot. Goethe war befreundet mit dem Herzog Karl August von Sachsen-Weimar-Eisenach, der ihn in den Ministerrat holte. Goethe war in dem kleinen Herzogtum zuständig für den Wegebau, die Finanzen und das kleine Heer. Diese Arbeit brachte ihm Anerkennung: 1779 den Geheimratstitel und 1782 das Adelsdiplom [„von"]. Bei der Lösung der im Herzogtum Sachsen-Weimar-Eisenach [100.000 Einwohner] anstehenden Probleme entwickelt sich ein Vertrauensverhältnis zum Fürsten. Goethe notierte 1777 in seinem Tagebuch: „Herzog wird mir immer näher und näher … Regen und rauher Wind rückt die Schafe zusammen.")*

6. Wann besuchte Goethe Italien? *(Goethe hatte sich in Charlotte von Stein verguckt, die ihn wie kein Anderer bildete, anzog und abwies. Vor der unglücklichen Liebe floh er 1786 nach Rom und kehrte erst 1788 nach Weimar zurück. In Italien tauschte er sich mit anderen Dichtern, Künstlern und Naturforschern aus [Goethe hatte bei seinen biologischen Forschungen 1784 den Zwischenkieferknochen entdeckt, das letzte fehlende Glied in der Abstammungslehre] und kehrte als gereifte Persönlichkeit zurück. In Italien vollendete Goethe seinen „Egmont", schrieb den „Torquato Tasso" und den „Faust" Teil I. Der Egmont war dem Helden des niederländischen Befreiungskampfes*

nachempfunden. Seine Erlebnisse hielt er in seiner „Italienischen Reise“ fest, ein auch heute noch amüsant zu lesendes Buch.)

7. War Goethe „nur“ Dichter? *(Nein, er war umfassend gebildet: In Straßburg trieb er Anatomie, in Weimar Botanik, Mineralogie, Geologie, Osteologie und Optik. Am Ende seines Lebens war Goethe der Auffassung, seine Theorien zum Farbspektrum seien wesentlich bedeutender als alle seine literarischen Werke.)*

8. Hatte Goethe eine eigene Familie? *(1772 arbeitete Goethe als Praktikant am Reichskammergericht in Wetzlar. In Weimar verliebte er sich in Charlotte von Stein, die Braut des mit ihm befreundeten Juristen Kestner. Diese unerfüllte Liebe inspirierte ihn zu seinem ersten Roman „Die Leiden des jungen Werther“ [1774]. Das Werk wurde in alle europäischen Sprachen übersetzt und machte ihn auf einen Schlag berühmt. 1775 hatte sich Goethe erstmals verlobt, musste die Verbindung auf Druck beider Eltern aber wieder lösen, nachdem er sich aus Furcht vor der engen Beziehung zunächst in die Alpen verdrückt hatte. Die Eltern der Braut [Lili Schönemann] hatten sich eine bessere Partie erhofft, Goethes Eltern wollten keine Verbindung mit einer calvinistischen Familie. Ungebrochen blieb seine allerdings nicht erhörte Liebe zu Charlotte von Stein. Über 1.600 Briefe und „Zettelgens“ schrieb er ihr, obwohl [oder gerade weil] sie ihn stets auf Distanz hielt. Schließlich erkannte Goethe die Sinnlosigkeit seiner Bemühungen und setzte sich nach Italien ab. Hier fertigte er mehr als 800 Zeichnungen, erkannte aber auch, dass er nur ein begabter Dilettant blieb. Nach der Rückkehr von seiner Italienreise strafte ihn Charlotte wegen seiner heimlichen Flucht nun mit eisiger Kälte ab. Goethe [inzwischen 40 Jahre alt] verguckt sich in die 17 Jahre jüngere Näherin Christiane Vulpius. Goethe heiratete sie noch im gleichen Jahr 1788 allerdings ohne geistlichen Segen. Die Liebschaft ohne kirchlichen Segen wurde zum Skandal, als Christiane ihm 1789 seinen Sohn August gebar. Die Ehe wurde aber erst 1808 kirchlich legalisiert. Zu diesem Schritt entschloss sich Goethe, weil Christiane ihm beim Einmarsch der Franzosen in Weimar 1806 das Leben rettete: Als eine Horde betrunkener französischer Soldaten sein Haus stürmen wollte, drängte Christiane sie resolut heraus. Das imponierte Goethe mächtig. Aus dieser Ehe stammten fünf Kinder, von denen nur sein Sohn Julius August Walther überlebte. Beide starben aber vor ihm: Christiane 1816, sein Sohn 1830.)*

9. Was bezeichnet man als „Sturm und Drang“? *(„Sturm und Drang“ ist die Bezeichnung für eine geistige Bewegung in Deutschland im letzten Drittel des 18. Jahrhunderts. Der Name geht auf das gleichnamige Drama von Klinger zurück. Politisch wirkungslos war der Sturm und Drang eine literarische Revolution der jugendlichen, dichterischen Avantgarde [=Vorkämpfer einer Idee und/oder Richtung]. Der Beginn des literarischen Sturm und Drang wird gemeinhin angesetzt mit einem Treffen Goethes und Herders 1770 in Straßburg.)*

10. Wie stand Goethe zur Französischen Revolution, in deren Zeit er lebte? *(Goethe war politisch erzkonservativ und lehnte diese Revolution als das „schrecklichste aller Ereignisse“ ab. Napoleon, der Goethe 1808 in Erfurt empfing, machte auf ihn einen „dämonischen“ Eindruck.)*

11. Mit welchem großen deutschen Dichter seiner Zeit war Goethe gut befreundet? *(Seit 1794 mit ☞Schiller, der im benachbarten Jena Geschichtsprofessor geworden war. Beide entwickelten im geistigen Austausch einen eigenen Stil, der als „Weimarer Klassik“ zur Epochenbezeichnung der deutschen Literaturgeschichte wurde. Als Schmonzette wird berichtet, Schiller habe Goethe besuchen wollen, diesen aber nicht angetroffen. Auf seinem Pult fand Schiller ein angebrochenes Gedicht: „Er saß an ihres Bettes Rand und spielte mit den Flechten.“ Schiller setzte hinzu: „Das tat er mit der linken Hand, was tat er mit der rechten?“ Anm.: Goethe war nach dem Tod seiner Frau 1816 für seine wechselnden Liebschaften zu deutlich jüngeren Frauen bekannt.)*

12. Welches ist Goethes berühmtestes Werk? *(Der „Faust" Teile I und II, dessen II. Teil er erst 1831 im Jahr vor seinem Tod abschloss.)*

13. Was ist eine „Gretchenfrage“? *(Das Gretchen richtet im „Faust“ an Faust die Frage: „Nun sag, Heinrich, wie hast du´s mit der Religion?“. Heute bezeichnet man als Gretchenfrage eine Frage, die eine heikle, oft auf das Gewissen bezogene Problematik anschneidet.)*

14. Welche Redewendungen aus dem „Faust“ sind heute noch verbreitet? *(Goethes „Faust“ wurde und wird in gebildeten Kreisen immer wieder zitiert, weshalb es eine Fülle gebräuchlich gewordener Redewendungen daraus gibt, z.B. die zwei Seelen, die ach in meiner Brust schlagen / des Pudels Kern / was man schwarz auf weiß besitzt, kann man getrost nach Hause tragen / graue Theorie / Namen sind Schall und Rauch / die Botschaft hör ich wohl, allein mir fehlt der Glaube / Das ist der Weisheit letzter Schluss.)*

Rotes Kreuz

1. Wer „erfand“ das „Rote Kreuz"? *(Die Idee hierzu wurde am 24.06.1859 in der Schlacht von Solferino geboren, bei der sich 400.000 Soldaten (Italiener, Sarden und Franzosen auf der einen und Österreicher auf der anderen Seite) gegenüberstanden. Der Genfer Kaufmann Henri Dunant wurde Zeuge der Qualen von Verwundeten beider Lager [er war eigentlich aus rein geschäftlichen Gründen dem französischen Kaiser Napoleon III. hinterhergereist, um die erste sich bietende Gelegenheit zu nutzen, ihm eine Denkschrift zu übergeben und dabei um Konzessionen für seine geschäftlichen Unternehmungen zu bitten]. Dunant half den Verwundeten ohne Ansehen der Nation und organisierte weitere Hilfe, was zur Losung dieser Tage führte: „Tutti fratelli“ [= „Alle sind Brüder“]. Nach Genf zurückgekehrt, schrieb er ein aufwühlendes Buch mit dem Titel „Erinnerung an Solferino", das er an alle Regierungen Europas sandte. Das löste am 08.08.1863 eine Konferenz in Genf aus. Kurz davor hatte Dunant mit Freunden das „Internationale Komitee vom Roten Kreuz" aus der Taufe gehoben.)*

2. Wie kam es zum Zeichen des Roten Kreuzes? *(Das Rote Kreuz ist die Umkehrung der Schweizer Flagge und huldigt auf diesem Wege dem Geburtsland und seinem Gründer.)*

3. Hat das Rote Kreuz weltweit ein rotes Kreuz als Zeichen? *(Nein: Die Moslems bedienen sich anstelle des roten Kreuzes des roten Halbmondes und die Iraner als einzige des roten Löwen mit der roten Sonne.)*

4. Welchen Grundsätzen ist das Rote Kreuz verpflichtet? *(Es gibt fünf Grundsätze: Die Rot-Kreuz-Arbeit soll neutral und unparteiisch, im tiefsten Sinne menschlich sein, sie soll freiwillig sein und unabhängig geleistet werden.)*

5. Wie lebte der Gründer des Roten Kreuzes? *(Henri Dunant war Sohn eines Geschäftsmanns und folgte ihm in diesem Beruf nach. Er widmete sich dann der Rote-Kreuz-Arbeit dermaßen intensiv, dass seine geschäftlichen Unternehmen bankrott gingen. Er wurde deshalb aus der Genfer Gesellschaft ausgestoßen und zog nach ☞Paris um, um sich dort eine neue Existenz aufzubauen. Auch das scheiterte. Daraufhin mietete er sich im Alter von 59 Jahren im Appenzeller Land in einer kleinen Pension ein. Ein Journalist machte publik, wie Dunant lebte. Er wurde dann für seine Verdienste gewürdigt und erhielt 1901 den ☞Nobelpreis für Frieden. 1910 starb Dunant im Alter von 82 Jahren.)*

Neandertaler/Cromagnon-Mensch

1. Wer waren Neandertaler und Cromagnon-Mensch? *(Es handelt sich um Menschen aus der Eiszeit. Sie wurden nach ihren Fundorten in Deutschland und Frankreich benannt. Der Neandertaler, der vor etwa 100.000 Jahren lebte, ist aber wahrscheinlich kein Vorfahre des Menschen, sondern gehört zu einem Nebenstrang, der ausgestorben ist. Der Cromagnon-Mensch hingegen ist ein Vorfahre des Menschen und wurde wegen seiner Höhlenmalereien berühmt. Der älteste in Europa bekannte Mensch ist aber der Heidelberger Urmensch, dessen Kieferknochen 1907 bei Heidelberg gefunden wurde. Er hat vor rund 500.000 Jahren gelebt und gleicht auffallend Skelettfunden bei Peking und Java.)*

2. Was war der „Peking-Mensch"? *(Der „Peking-Mensch" wurde in China 1927 entdeckt. Die Fundstätte ist heute ein UNESCO-Welterbe. Der „Peking-Mensch" lebte vor 230.000 bis 130.000 Jahren. Er besaß einfache Steinwerkzeuge und kannte den Gebrauch des Feuers.)*

Pierre und Marie Curie

1. Welche neuen Elemente entdeckten die Eheleute Pierre und Marie Curie? *(Sie entdeckten 1898 Polonium [Marie Curie stammte aus Polen und benannte das neu gefundene Element deshalb nach ihrem Heimatland] und Radium.)*

2. Wann gelang es Marie Curie erstmals, Radium als Element rein darzustellen. Warum war die Entdeckung des neuen Elementes so wichtig? *(1910 gelang es Marie Curie erstmals, Radium als Element rein darzustellen. Radium ist zwei Millionenmal stärker radioaktiv als Uran.)*

3. Wurden die Eheleute Curie für ihre Entdeckung geehrt? *(Ja, 1903 bekamen sie beide den ☞Nobelpreis für Physik. Das brachte ihnen finanzielle Erleichterung: Sie konnten Apparate kaufen, und Marie Curie leistete sich den ersten Luxus ihres Lebens: ein Badezimmer. Sie ist übrigens der erste Mensch, der zwei Nobelpreise erhielt [der zweite und bislang letzte war Linus Pauling, der 1954 den Nobelpreis für Chemie und 1962 den Friedensnobelpreis erhielt]. Da sie den Nobelpreis für Physik kein zweites Mal erhalten konnte, erhielt sie 1911 den Nobelpreis für Chemie.)*

4. Wie starben die Eheleute Curie? *(Pierre Curie wurde 1906 von einem Pferdewagen überfahren, Marie Curie starb an den Folgen der Strahlungen des Radiums.)*

5. Wie hoch ist das Vorkommen an Radium insgesamt auf der Welt? *(Geschätzt ca. 760 Gramm!)*

Ludwig XIV.

1. Wer war Ludwig XIV. (1638 – 1715)? *(Ludwig XIV. war ein großer französischer König [1643 – 1715]. Unter seiner Herrschaft erfuhren Kunst und Kultur in Frankreich eine Blütezeit.)*

2. Welchen Beinamen hatte Ludwig XIV? *(„Sonnenkönig" [„Roi Soleil“].)*

3. Wo residierte Ludwig XIV.? *(Nach 1682 im Schloss Versailles, das ca. 20 km von ☞Paris entfernt liegt. Zur Zeit Ludwig des XIV. wohnten im Versailler Schloss bis zu 10.000 Menschen.)*

4. Woher nahm Ludwig XIV. das viele Geld für seine Prachtherrschaft? *(Er griff einfach in die Staatskasse. Sein Generalkontrolleur der Finanzen, Jean-Baptiste Colbert, ver-*

schaffte ihm immer neue Einnahmen, um die Ausgaben zu decken. Er machte den Fürstenstaat zum Unternehmen, die königlichen Manufakturen [gewerbliche Großbetriebe] deckten in erster Linie den Luxusbedarf der oberen Stände und den Rüstungsbedarf des Königs. Es wurde aber auch kräftig exportiert. Die immer exzessiver von Colbert betriebene Steuerpolitik saugte jedoch das Land aus und belastete Gewerbetreibende und vor allem die armen Bauern über das erträgliche Maß. Als Ludwig XIV. endlich tot war, wurden in den Provinzen Dankgottesdienste abgehalten.)

5. Für welche Staatsform steht Ludwig XIV.? *(Unter ihm entwickelte sich die als Absolutismus [„absolutus legibus“ = „losgelöst von den Gesetzen“] bezeichnete Staatsform: Der Monarch verkörperte die unbeschränkte Herrschergewalt. Er kümmerte sich um alle Staatsangelegenheiten, unterstützt von Ministern, die er selbst ernannte. Zwar ließ er sich von ihnen beraten, traf aber alle Entscheidungen selbst. Deshalb war sein Leitsatz: „L'État c'est moi“ [„Der Staat bin ich.“].)*

6. Wie ging Ludwig XIV. mit den Hugenotten um? *(1685 hob er das Edikt von Nantes auf, das den Hugenotten [frz. „eyguenets“, entstellt aus „Eidgenossen“. Bezeichnung für die französischen Protestanten] Religionsfreiheit und Schutz zugesichert hatte, und stellte sie den katholischen Untertanen gleich. Daraufhin zogen 200.000 Hugenotten aus Frankreich [u.a. nach Brandenburg] aus, was die französische Wirtschaft beträchtlich schwächte und mit den Kosten der zahlreichen Kriege Frankreich am Ende von Ludwigs Regierungszeit dem Staatsbankrott nahebrachte. Die damit verbundenen, immer höher werdenden Steuern bereiteten den Boden für die ☞Französische Revolution [1789-1792].)*

7. Wie war Ludwig XIV. bei seinen Zeitgenossen angesehen? *(Das Theater um ihn war blendend inszeniert und dauerte ja immerhin 45 Jahre lang. Gleichwohl wusste die Intelligenz schon, was sie da vor sich hatte. So schrieb der bekannte Kulturhistoriker Egon Friedell über ihn: „Der unumschränkte Herrscher ist im Grunde nicht mehr als eine große Puppe, die von gewissen, hierzu ausgewählten Personen angekleidet, umgekleidet, gefüttert, spazieren gefahren und zu Bett gebracht wird.“ Daneben war er mit der größte Esser in seinem Königreich. Einmal verzehrte er während einer Mahlzeit vier Teller unterschiedlicher Suppen, einen ganzen Fasan, ein Rebhuhn, eine Schüssel Salat, zwei mächtige Schnitten Schinken, Hammel in Knoblauchsuppe, einen Teller Gebäck und dazu noch Früchte und harte Eier. Bei der Sezierung seiner Leiche erstaunte vor allem der Magen und die Gedärme, die „die gewöhnliche Länge und Größe um das Doppelte übertrafen“. Daher hatte der König ein so starker und gleichmäßiger Esser sein können.“ Auch seine Dienerschaft war großzügig gewählt und bestand aus 198 Personen, unter anderem 12 Mantelträgern, 2 Flinten-Trägern, 8 Rasierern, 8 Tapezierern, 2 Nachtstuhlträgern, 9 Möbelträgern und einem Abtreiber.)*

Aluminium

1. Was ist Aluminium? *(Aluminium ist ein Metall.)*

2. Wie kommt Aluminium in der Natur vor? *(Aluminium kommt nicht als reiner Stoff vor, ist aber nach Sauerstoff und Silicium das in Form zahlreicher Verbindungen in der Erdkruste am reichlichsten vorhandene Element.)*

3. Woraus wird Aluminium am häufigsten gewonnen? *(Aus Bauxit [benannt nach dem Fundort Les Baux in der Provence], einem Ton-Erde-Hydrat mit ca. 50 – 60 % Aluminiumoxid und 20 – 30 % Eisenoxid. Bauxit gibt es praktisch auf der ganzen Welt, am häufigsten in Australien.)*

4. Welche Eigenschaften hat Aluminium? *(Aluminium ist silberweiß, härter als Zinn, aber weicher als Zink und lässt sich zu feinem Draht, Blech und feinster Folie verarbeiten [Silberpapier für Verpackungszwecke, z. B. Zigaretten und Schokolade]. Sein Schmelzpunkt liegt bei 660 Grad. Aluminium leitet Wärme doppelt so stark wie Eisen [weshalb es als Grundstoff für Kochtöpfe verwendet wird]. Außerdem ist Aluminium ein sehr guter elektrischer Leiter.)*

Kosaken

1. Was bezeichnet man als „Kosaken"? *(Die Kosaken waren früher eine tatarische Volksgruppe mit kriegerischer Ausrichtung. Insbesondere stellten sie Kavallerieregimenter. Entsprechend den großen Flüssen, an denen sie lebten, bezeichnet man sie als Donkosaken oder Kubankosaken. Eigentlich liegt ihre bedeutsamste Periode in der Zeit vom 14. Jahrhundert bis zur Revolution von 1917 [sie kämpften mehrheitlich gegen die Rote Armee und verloren deshalb nach deren Sieg praktisch ihre alten Rechte.]. 1992 unterzeichnete Boris Jelzin einen Erlass, der die Kosaken rehabilitierte und ihnen den Status als ethnische Gruppe zusicherte [um sie danach als Streitkräfte zum Schutz der russischen Grenzen einzubinden].)*

2. Woher kommt der Name „Kosake"? *(Im Türkischen und Tatarischen heißt „Kazak" „freier, unabhängiger Mensch". Die Kosaken waren die Männer, die der Hauptgruppe voranritten. Sie zeichneten sich durch besonderen Mut aus, waren schnell, beweglich und mußten einen hervorragenden Ortssinn besitzen.)*

3. Wo ist das Kerngebiet der Kosaken? (*In der Ukraine und Russland nördlich des Schwarzen Meeres.)*

Cervantes

1. Wer war Cervantes? *(Miguel de Cervantes Saavedra war ein großer spanischer Dichter, der 1547 in Kastilien geboren wurde und 1616 starb.)*

2. Für welches Werk wurde Cervantes berühmt? *(Für den „Don Quijote" [kompletter Romantitel: „Der sinnreiche Junker Don Quijote von der Mancha"], dessen Hauptfigur „der Ritter von der traurigen Gestalt" ist. Der Don Quijote besteht aus zwei Teilen. Den zweiten Teil schrieb Cervantes kurz vor seinem Tod, nachdem ihm der erste Teil Erfolg und Geld [das er aber sofort verplemperte, soweit vom Gewinn etwas übrig blieb, den vor allem Verlag und Drucker unter sich aufteilten] eingebracht hatte. Der Don Quijote war ursprünglich als Satire auf die damals grassierenden Ritterromane gedacht, weitete sich aber zu einem lebendigen Panorama des zeitgenössischen Spanien aus. Hauptfiguren sind der Landedelmann Don Quijote und sein Diener Sancho Pansa, der den Prototyp des bodenständigen und doch gewitzten spanischen Bauern darstellte. Die Schicht des Don Quijote war durch die Einführung neuer Waffen bedeutungslos geworden. Unter dem Einfluss der in den Ritterbüchern verherrlichten Klischeevorstellungen beschließt Don Quijote, ein abenteuerliches und tugendsames Heldenleben zu führen. Das zentrale Motiv des Romans ist der Konflikt von Ideal und Wirklichkeit, in dem Don Quijote zunächst eine lächerliche Figur abgibt, später jedoch zusehends Züge eines integren, weisen Narren gewinnt. Der „Don Quijote" ist in alle modernen Sprachen übersetzt worden und in rund 700 Ausgaben erschienen.)*

3. Wie lebte Cervantes? *(Cervantes war nur ein kleiner Adeliger, ein „Hidalgo". Damit zählte er im damaligen Spanien zum Mittelstand und lebte meist in armseligen Verhältnissen. Sein Vater, ebenfalls ein verarmter Kleinadeliger, schlug sich als Wundarzt durchs Leben. Cervantes hatte zwar wohl eine gute Schule besucht, es aber sonst zu nichts gebracht. Er studierte in Salamanca und ☞Madrid zunächst Theologie, dann die Schönen Wissenschaften und ging 1569 nach Italien, wo er als Kammerdiener eines Kardinals arbeitete. 1570 ging er zur spanisch-neapolitanischen Armee, die dem Vordringen der Türken im Mittelmeerraum Einhalt gebieten sollte. 1571 nahm er an der Seeschlacht von ☞Lepanto teil. Dort schlug er sich ganz ordentlich, was ihm eine großartige Empfehlung an den König eintrug, die ihm einen höheren Rang und eine bessere Besoldung eintragen sollte. In der Schlacht wurde er aber auch schwer verletzt und seine linke Hand verstümmelt. Auf dem Rückweg nach Spanien geriet er 1575 allerdings in die Hände algerischer Seeräuber. Die glaubten wegen des Empfehlungsschreibens, eine wichtige Persönlichkeit vor sich zu haben. Das war zwar vorteilhaft, weil er deshalb sorgsam behandelt wurde, gleichzeitig aber auch schlecht, da für ihn ein völlig realitätsfernes Lösegeld aufgerufen wurde. Die Seeräuber verkauften ihn in Algier als Sklaven. Sein Bruder, der gleichzeitig mit ihm in Gefangenschaft kam, war relativ rasch wieder frei. Nach 5 ½ Jahren gelang es seiner Familie jedoch erst, Miguel aus der Gefangenschaft freizukaufen, wobei die Familie sich völlig verschuldete. Cervantes war fünf Jahre in Gefangenschaft, ver-*

suchte dreimal vergeblich zu fliehen, bis er losgekauft wurde. In die Heimat zurückgekehrt, ging er sofort wieder in sein altes Regiment und beteiligte sich an zwei weiteren Feldzügen. Nachdem er sich in anderen Berufen [z.B. als Steuereintreiber] erfolglos versucht hatte, betätigte er sich als Schriftsteller. Als 1597 eine Bank Bankrott machte, der er Staatsgelder anvertraut hatte, wurde er ins Gefängnis geworfen, wo er mit den Arbeiten an seinem Roman begann.)

Philipp II. von Makedonien

1. Wer war Philipp II. von Makedonien (382-336 v. Chr.)? *(Er war König von Makedonien und ist der Vater ☞Alexander des Großen. Philipp II. war ein durchaus kriegerischer König. Makedonien und Griechenland lagen häufig im Krieg miteinander. In seiner Jugend war Philipp von 367 – 365 als Geisel nach Theben [damals vorherrschende Macht in Griechenland] gekommen, wo er griechische Bildung und Heereswesen studieren konnte.)*

2. Was ist eine „Phalanx“? (*Die Phalanx ist eine Schlachtordnung, bei der die Krieger in dichter Formation anrücken und ihre Speere sämtlich nach vorne ausrichten. Philipp hatte diese Formation in Theben gesehen und setzte sie bei seinen Kriegen ein. Unter Phalanx versteht man heute im übertragenen Sinn eine geschlossene starke Front.)*

3. Was ist eine „Philippika“? *(Eine „Philippika“ ist eine leidenschaftlich tadelnde Rede. Der Athener Demosthenes [obwohl ein Stotterer einer der berühmtesten Redner des Altertums] tadelte 351 vor Christus seine Mitbürger, dass sie Philipp II. nicht sinnvoll bekämpfen würden. Immer wieder hielt Demosthenes diese Reden. Nach dem Mann, gegen den sie gerichtet waren, bezeichnet man diese Reden als „Philippiken". Angestachelt von Demosthenes verbündeten sich die Athener dann wirklich mit Theben gegen Philipp II. - und verloren 338 in der Schlacht von Chaironeia.)*

Die Brüder Montgolfier

1. Was haben die Brüder Montgolfier erfunden? *(Die Brüder Joseph-Michel und Jacques-Étienne Montgolfier erfanden einen Heißluftballon, den sie am 19.09.1783 in Versailles steigen ließen.)*

2. Wer waren die ersten Fahrgäste in der Erfindung der Brüder Montgolfier? *(Sie hängten unter den Ballon einen Korb, in den sie einen Hammel, einen Hahn und eine Ente setzten.)*

3. Welcher Mensch traute sich als erster in den fliegenden Warmluftballon? *(Es war keiner der Brüder der Mongolfier, sondern ein Apotheker.)*

Rittertum

1. Wie entstand das Rittertum? *(Es entstand ungefähr im 8. Jahrhundert aus der Umwandlung der fränkischen Heeresverfassung: Die Kämpfe zu Fuß wurden von Reiterheeren abgelöst, womit sich ein berufsmäßiger Kriegerstand entwickelte.)*

2. Wann war die Blütezeit des Rittertums? *(Im 12. und 13. Jahrhundert nach Christus.)*

3. Wie wurde man zum Ritter erzogen? *(Mit sieben Jahren wurde der zum Ritter bestimmte Knabe an den Hof eines Fürsten oder Ritters gesandt, dem er als „Edelknabe" diente. Wenn er das 14. Lebensjahr erreicht hatte, wurde er zum Knappen erhoben und musste sich einer strengen Erziehung unterwerfen. Hatte der Edelknappe die Knappschaft erfolgreich bestanden, wurde er gewöhnlich mit 21 Jahren in einer feierlichen Zeremonie zum Ritter geschlagen. Beim Ritterschlag gab der den Ritterschlag Erteilende dem jungen Mann mit der flachen Seite des Schwertes entweder einen Schlag an den Hals oder zwei Schläge auf die Schultern und einen dritten an den Hals.)*

4. Was waren die Symbole der Ritterschaft? *(Pferd und Waffen, vor allem das Schwert. Sie durften einem Ritter auch dann nicht abgenommen werden, wenn sein sonstiger Besitz schuldenhalber eingezogen wurde.)*

Friedrich der Große

1. Wer war „Friedrich der Große“ (1712-1786)? *(Friedrich II., „Der Große" [auch der „Alte Fritz“ genannt] war König von Preußen von 1740 – 1786, ein hervorragender Feldherr.)*

2. Wie verlief die Kindheit Friedrichs des Großen? *(Hart: Sein Vater war Friedrich Wilhelm I., der den Beinamen „Soldatenkönig" trug. Mit diesem Vater war nicht gut Kir-*

schenessen: Hatte er das Gefühl, dass sein Sohn vom Pfad der Tugend abweiche, verprügelte er ihn vor den Augen der gesamten Dienerschaft. Anders die Mutter: Sophie Dorothea war mit dem englischen Königshaus verwandt und liebte die schönen Künste. Von ihr erbte Friedrich der Große u.a. die Liebe zur Literatur, war aber auch musisch hoch begabt [er spielte Flöte und komponierte]. Als er wegen der permanenten Querelen mit seinem Vater nach England fliehen wollte, wurde der Versuch entdeckt und von seinem Vater drakonisch bestraft: Sein an der Flucht beteiligter Freund H. H. von Katte wurde hingerichtet und Friedrich in Küstrin in Festungshaft genommen. Sein Vater suchte dann eine Frau für Friedrich aus [Elisabeth Christine von Braunschweig-Bevern], mit der sich Friedrich erzwungenermaßen verlobte, was die Festungshaft beendete. Fortan unterwarf sich Friedrich den Wünschen seines Vaters, mit dem er sich schließlich aussöhnte. Um seine ihm intellektuell arg unterlegene Frau machte Friedrich aber einen Bogen und verbrachte große Teile seines Lebens bei der Truppe. Dementsprechend blieb die Ehe auch kinderlos.)

3. Worin liegt die Bedeutung Friedrich des Großen? *(Friedrich der Große beerbte seinen Vater. Als er Preußen übernahm, war es - gemessen an europäischen Machtverhältnissen - relativ schwach. Friedrich der Große verleibte sich gegen den Widerstand von ☞Maria-Theresia, der damaligen Herrscherin des mächtigen Habsburger Reichs, in den beiden Schlesischen Kriegen [1740-42 und 1744/45] Schlesien ein. Die im ☞30-jährigen Krieg gebeutelten Deutschen freuten sich über den damit einhergehenden Sieg über Frankreich und sahen in Friedrich dem Großen einen Nationalhelden. Das hat in Deutschland eigentlich zu seiner Anerkennung geführt.)*

4. Wie taktierte Maria-Theresia gegen Friedrich den Großen? *(Ausgesprochen clever. Sie bekämpfte mit Frankreich und Russland Friedrich den Großen, der 1756 den Siebenjährigen Krieg begonnen hatte. Friedrich der Große hatte als Verbündeten nur England, was aber eigentlich nur eine finanzielle Unterstützung war, die aber nicht ausreichte. Deshalb plünderte Friedrich der Große gegen alle Normen seiner Zeit das von ihm besetzte Sachsen gnadenlos aus, womit er den Krieg durchstand. Obwohl zeitweise fast das gesamte Preußen von den Kriegsgegnern besetzt war, gab Friedrich der Große nie auf. Er hätte aber garantiert die Auseinandersetzung mit Maria-Theresia verloren, wenn ihm nicht das Glück geholfen hätte. Als es am schlechtesten um ihn stand, starb die Zarin Elisabeth und die russischen Nachfolger setzten den Krieg gegen Preußen nicht fort, sondern schlossen 1762 mit ihm Frieden. Frankreich war schlecht organisiert und konnte deshalb seine Macht nicht zur Geltung bringen. Österreich allein war zu schwach, um Preußen zu besiegen, und schloss deshalb 1763 mit ihm den Frieden von Hubertusburg, der ihm den Vorkriegszustand beließ. Das rettete Friedrich den Großen.)*

5. Wo residierte Friedrich der Große? *(Im Schloss Sanssouci [zu Deutsch: „sorgenfrei"] in der Nähe von Potsdam. Dass dieses Schloss einen französischen Namen trug, war bezeichnend. Friedrich der Große war der französischen Kultur sehr verbunden, sprach, schrieb und dichtete französisch. Sein Deutsch war mangelhaft. Der von seinen Taten beflügelte ☞Goethe interessierte ihn nicht. Der große französische Schriftsteller Voltaire hatte von 1750 - 1753 eine Wohnung im Berliner Schloss und bezog als Kammerherr ein stattliches Gehalt von Friedrich dem Großen.)*

Äpyptische Obelisken

1. Was ist ein Obelisk? *(Der Begriff Obelisk kommt aus dem Griechischen und bedeutet die Verkleinerung des Wortes „Obelos", also wörtlich „Bratspießchen". Der Obelisk, bzw. das Obelisken-Paar ist eine charakteristische Ausdrucksform altägyptischer Architektur. Der Grundriss ist quadratisch, der Pfeiler verjüngt sich nach oben und wird in seiner Spitze von dem sogenannten „Pyramideon" gekrönt. Die Oberfläche des Pyramideons war mit einem strahlenden, wertvollen Material wie ☞Gold oder ☞Silber überzogen. Ursprünglich war der Obelisk wohl ein Steinfetisch. Das Pyramideon galt als Ruheplatz des Sonnengottes [☞Götter des Alten Ägypten]. Als Material für den Obelisken wurden vor allem Rosengranit und dunkelgrauer Basalt verwendet.)*

2. Wo stehen die berühmtesten Obelisken? *(Ursprünglich standen sie alle in Ägypten. Von den Eroberern Ägyptens wurden sie jedoch als Triumphzeichen mitgenommen. Dabei versanken viele bei dem Transport zu den Ländern der Eroberer. Berühmt ist der Obelisk von Luxor wegen seiner fein ausgemeißelten ☞Hieroglyphen. Andere Obelisken finden sich in Rom, Istanbul, Kleinasien, ☞New York und ☞London. Die Beiden von New York und London sind Zwillinge und werden „Cleopatras Nadeln" genannt.)*

Robert Peary

1. Wer war Robert Peary? *(Robert Peary war ein amerikanischer Marine-Ingenieur, der als erster Mensch den Nordpol erreicht hat. Dort hisste er die amerikanische Flagge.)*

2. Wie lange versuchte Robert Peary, den Nordpol zu erreichen? *(Er unternahm 1886 den ersten Vorstoß in die Antarktis. Erst 1909 erreichte er den Nordpol. Nach den ersten gescheiterten Versuchen erkannte Peary, dass er den Nordpol nur mit Hilfe der ☞Eskimos erreichen würde. Deshalb freundete er sich mit ihnen an, baute dann Zwischenlager und verschaffte sich damit die Möglichkeit, über die Stationen immer wieder über frische Menschen sowie Hunde zu verfügen und Lebensmittel aufzunehmen. In Amerika war der Jubel groß. Nach seiner Rückkehr wurde er zum Admiral ernannt.)*

David Livingstone

1. Wer war David Livingstone? *(Livingstone wurde 1813 in Schottland geboren. Nach Abschluss des Medizin- und Theologiestudiums wurde er protestantischer Pastor und kam als Missionar nach Südafrika.)*

2. Was hat Livingstone „entdeckt"? *(Livingstone kämpfte sich von Südafrika in das Innere Afrikas vor und versuchte, dem Lauf des Sambesi bis zu seiner Mündung zu folgen. Dabei entdeckte er ein gewaltiges Wasserfallsystem mit einer Breite von 1,5 km und einem Wasserfallsturz von 120 m. Kein Europäer vor ihm hatte diesen Wasserfall gesehen. Zu Ehren der damaligen englischen Königin nannte Livingstone die Fälle „Victoriafälle".)*

3. Wie starb Livingstone? *(Livingstone war beseelt von der Idee, die Quelle des Nils zu finden und den Sklavenhandel zu bekämpfen. Bei einer entsprechenden Expedition erkrankte er an Sumpffieber und starb 1873, ohne die Nilquellen je erreicht zu haben. Sein Leichnam wurde nach ☞London zurückgebracht und im Westminster Abbey beigesetzt.)*

Thomas Alva Edison

1. Wer war Edison? *(Edison ist ein amerikanischer Erfinder, der von 1847 - 1931 lebte.)*

2. Was sind die berühmtesten Erfindungen Edisons? *(Edison wurden rund 1600 Patente erteilt! Seine ersten Experimente machte er als Elfjähriger, seine letzten mit 84 Jahren. Zu seinen größten Erfindungen gehörte zunächst der Telegraf, dann eine elektrische Gegensprechanlage und schließlich die Glühbirne [Edison schuf auch das gesamte dazugehörige System vom Kraftwerk über die Leitungssysteme bis zu Fassung und Steckdose].)*

3. Welche Schulbildung hatte Edison? *(Eigentlich gar keine: Edison wurde schon nach drei Monaten wieder aus der Volksschule genommen. Danach unterrichtete ihn nur noch seine Mutter, eine frühere kanadische Lehrerin. Edison besuchte zeitlebens keine Schule mehr, sondern erwarb sich sein umfangreiches Wissen ausschließlich durch unermüdliche Lektüre von Fachliteratur.)*

4. Was für ein Mensch war Edison? *(Er war sicher eine faszinierende Persönlichkeit. Bezeichnend ist ein Eintrag in ein Gästebuch, bei dem es vier Spalten gab, von denen die vierte Spalte [nach Name, Adresse und Beruf] die Überschrift trug: „Interes-*

siert sich für:". Edison trug ein: „Alles". Das entsprach seinem Naturell. Er war immer neugierig und produzierte auf den unterschiedlichsten Gebieten ein Patent nach dem anderen. Schon mit zwölf Jahren musste er zum Unterhalt der Familie [er war das letzte von sieben Kindern] beitragen, indem er in einem Güterwagen Getränke, Obst u.ä. an die Reisenden verkaufte. Edison machte sogar das professionell, ließ sich von den Telegraphisten der Bahn mit Neuigkeiten versorgen und gab als 15-Jähriger eine Zeitung im Zug heraus, die mehr als 300 Leser hatte. In den Pausen experimentierte er in einem Waggon, in dem er sich ein Labor eingerichtet hatte. Bei seiner zweiten Hochzeit 1884 zeigte er seinen Gästen seine mit allen technischen Raffinessen ausgerüsteten Laboratorien und Werkstätten, wobei sein Blick auf ein unvollendetes Experiment fiel. Edison vergaß Frau und Gäste und setzte seine Arbeit fort. Die Hochzeit wurde ohne ihn weitergefeiert, man kannte ihn so. In New York setzte Edison seine Patente auch selbst um und beschäftigte bei seinem Tod in seinen Labors und Fabriken mehrere tausend Menschen.)

Römisches Reich

1. Wann wurde das Römische Reich (Imperium Romanum) gegründet? *(Nach römischer Überlieferung wurde das Reich am 21.04.753 v. Chr. [Merkvers: 7-5-3 kroch Rom aus dem Ei] gegründet.)*

2. Wie hieß der bekannteste Dichter des alten Roms? *(Vergil, der 70 – 19 v. Chr. lebte. In seinem berühmtesten Werk „Aeneis" schilderte er die Irrfahrt des Trojaners Äneas nach der Eroberung ☞Trojas durch die Griechen.)*

3. Wie schildert Vergil die Geschichte des Äneas bis zur Gründung Roms? *(Vergil schrieb die Aeneis als Versepos im Auftrag des Kaisers Augustus. Dieser wollte, dass seine Untertanen stolz auf eine ruhmreiche Vergangenheit seien. Vergil sollte deshalb ein Epos über die Gründung Roms schreiben. Da die Römer Griechenland sehr bewunderten, ging Vergil noch hinter die Geschichte von Romulus und Remus zurück und knüpfte an den Trojanischen Krieg an. Parallelen zu Homer sind unübersehbar: Die ersten sechs Gesänge der Aeneis schildern die siebenjährige Irrfahrt des Äneas und entsprechen damit der ersten Hälfte der Odyssee. Die letzten sechs Gesänge der Aeneis, die vom Krieg mit den Rutulern berichten, gleichen der Ilias. Die Story im Zeitraffer: Als Troja von den Griechen geplündert wird, gelingt es Äneas mit Hilfe seiner Mutter Aphrodite, seinen Vater Anchises und seinen Sohn Ascanius aus der brennenden Stadt zu retten. Auf seiner Flucht prophezeien ihm die Götter, dass er ein neues Geschlecht an einem ferneren Ort gründen werde. Auf Kreta erfährt er, dass der Ort in Italien sei. Im Ionischen Meer [liegt zwischen dem Peloponnes und Sizilien] kündigen ihm Harpyien [Vögel mit Frauenköpfen] an, er werde mit den Seinen dort eine Stadt gründen, wo sie auch die Tische äßen. Äneas segelt um Sizilien herum, wird von einem Sturm nach Karthago verschlagen, kehrt trotz einer Lieb-*

schaft mit der Königin Dido auf Weisung Merkurs nach Italien zurück und fährt die Westküste hoch. Bei Cumae landet er und steigt in die Unterwelt hinab, wo ihm erneut bedeutet wird, dass er ein ruhmreiches Volk begründen werde. Er segelt weiter die Küste hinauf und fährt an der Tibermündung ein Stück ins Landesinnere. Dort nahmen sie ein Mahl ein, bei dem sie vor Hunger auch die Weizenfladen aßen, auf die sie ihr Essen gelegt hatten. Da rief der Sohn des Äneas: „Wir verzehren ja sogar die Tische!“ Äneas sah die Prophezeiung als erfüllt an und machte sich ans Werk, eine Stadt zu gründen. Der dort ansässige König Latinus empfing ihn freundlich und versprach ihm seine Tochter Lavinia zur Frau. Das schmeckte nun aber Turnus nicht, dem König der benachbarten Rutuler, der Lavinia ebenfalls zur Frau wollte. Es kam zum Krieg und dabei zum Zweikampf zwischen Äneas und Turnus, den Äneas glücklich gewann. Der Krieg war zu Ende. Äneas heirate Lavinia und gründete eine Stadt, die er Lavinium nannte. Dort stand später Rom.)

4. Wann war das Römische Reich am größten? *(Unter Trajan [98-117 n. Chr.] erstreckte sich das Römische Reich über alle Länder des weiteren Mittelmeerraumes, reichte weit in den europäischen Kontinent, umfasste auch England und dehnte sich im Osten bis zum Persischen Golf und Kaspischen Meer aus. ☞Rom war damals bekannt als „caput mundi“ [= „Haupt der Welt“].)*

5. Wann endete das Römische Reich? *(Das Römische Reich teilte sich nach dem Tod Theodosius´ 395 n. Chr. in Weströmisches und Oströmisches Reich auf. Das Weströmische Reich endete 476 mit der Absetzung des Kaisers Romulus Augustus durch den germanischen Heerführer Odoaker. Die Germanen erkannten aber schnell die Vorzüge der römischen Kultur und übernahmen deshalb das römische Recht und andere römische Einrichtungen. So kam es, dass die römische Kultur trotz des Untergangs Westroms erhalten blieb.)*

6. Was waren im Römischen Reich „Konsuln“? *(Die Konsuln waren zwei einander gleichgestellte Männer, die das höchste Staatsamt bekleideten. Sie wurden von einer Volksversammlung gewählt und übten die Macht abwechselnd während je eines Monates aus. Die Amtszeit von einem Jahr konnte höchstens um ein weiteres Jahr verlängert werden.)*

7. Wer waren die „Senatoren“? *(Die Senatoren waren die eigentlichen Herrscher Roms, die höchste Regierungsbehörde der damaligen Zeit. Sie entschieden über Krieg und Frieden, schlossen Friedensverträge, kontrollierten die Staatsausgaben und achteten darauf, dass die Bürger gewissenhaft die religiösen Vorschriften und Riten befolgten. Ursprünglich konnte Senator nur werden, wer zur patrizischen Aristokratie [dem reichen Adel] gehörte. Später erhielten auch Plebejer [Angehörige des niederen Volkes] Zugang zu diesem hohen Staatsamt.)*

8. Was war die „Kurie“? *(Es war das Gebäude, in dem sich der Senat auf dem Forum traf. Die Türen dieses Gebäudes mussten während der Versammlung offen bleiben. Den Bürgern war es allerdings nicht erlaubt, das Gebäude zu betreten.)*

9. Welcher römische Kaiser gilt als besonders grausam? *(Caligula. Er wurde von Wahnvorstellungen geplagt, die ihn schließlich veranlassten, sein Pferd zum Senator zu ernennen.)*

10. Welcher römische Kaiser ließ sich als erster zum Christentum bekehren? *(Kaiser Konstantin empfing 337 die Taufe und erhielt ein christliches Begräbnis als 13. Apostel. Aber schon 320 nahm er das Kreuz als Symbol an, weil er 312 in einem Kampf vor Rom glaubte, mit Hilfe des Kreuzes gewonnen zu haben.)*

11. Wie viele Soldaten umfasste eine römische Legion? *(Bis zum 2. ☞punischen Krieg gegen ☞Hannibal bestand eine Legion aus 4.200 Mann. Später erhöhte man die Zahl auf bis zu 6.000 Mann. Eine Legion bestand aus zehn Kohorten, dreißig Manipeln und sechzig Centurien.)*

12. Wie wurden die Legionäre in Feldzügen medizinisch versorgt? *(Solange Rom Republik war, gab es keinen eigenen Ärztestand. Barbiere, Schuhmacher oder Bäcker übten die Medizin gelegentlich als Nebenberuf aus. Alle römischen Legionäre führten deshalb Verbandszeug mit sich und wurden in einer Art „Ersten Hilfe" ausgebildet. So kann man auf der Trajanssäule in ☞Rom abgebildet sehen, wie Verletzte noch auf dem Schlachtfeld verbunden werden.)*

13. Bis zu welchem Alter bestand im Römischen Reich Wehrpflicht? *(Das reguläre Heer bildeten Bürger im Alter von 17 bis 45 Jahren.)*

14. Welche Bedeutung hatte das Marsfeld in Rom? *(Es war nach dem Kriegsgott Mars benannt und war demnach Schauplatz der militärischen Ausbildung der Soldaten. Die Bürger Roms konnten der Ausbildung zusehen, was die jungen Männer anspornen sollte.)*

15. Wer hatte den Oberbefehl über die Legionen? *(Der Konsul. Jede Legion wurde von sechs Militärtribunen befehligt, die sich im Oberkommando ablösten.)*

16. Wie wurde man im Römischen Reich Sklave? *(Vorrangig als Besiegter nach einem Krieg. Die Verlierer wurden in der Antike entweder getötet oder versklavt. Der Sklave wurde dabei zunächst Eigentum des Staates, der einige für öffentliche Aufgaben behielt und den Rest an die römischen Bürger verkaufte. Zu Sklaven wurden aber auch Deserteure, die sich dem Kriegsdienst entziehen wollten, und diejenigen, die ihre Schulden nicht bezahlen konnten. Sie wurden zu Sklaven ihres Gläubigers. Im ersten Jahrhundert v. Chr. gab es im Römischen Reich ungefähr zwei Mio. Sklaven. Sklaven griechischer Abstammung waren sogar als Ärzte oder Lehrer tätig.)*

17. Wer war Spartacus? *(Spartacus war ein aus Thrakien stammender Sklave, der es zum Gladiator gebracht hatte. Mit anderen Sklaven bereitete er zwei Jahre lang einen Sklavenaufstand vor, der unter seiner Führung 73 v. Chr. ausbrach und erst 71 v. Chr. von den Römern unter Crassus blutig niedergeschlagen werden konnte. Dazwischen folgten bis zu 70.000 Sklaven Spartacus und schlugen ein römisches Heer nach dem anderen. Zeitweilig hielten sie ganz Süditalien besetzt und verheerten es.*

Nach der Niederwerfung des Aufstandes schlugen die Sieger längs der Via Appia zwischen Rom und Capua 6.000 Sklaven ans Kreuz zur Warnung für alle anderen Sklaven.)

18. Woher kommt die Bezeichnung „Klient“, die man heute für den Auftraggeber eines Rechtsanwalts benutzt? *(Sie kommt aus dem römischen Sklaventum: Ein Herr konnte seinen Sklaven auch freilassen. Das erklärte er entweder vor dem Magistrat der Stadt oder ließ bei der Aufstellung der Bürgerrolle den Namen des Sklaven unter die Namen der freien Bürger setzen. Der freigelassene Sklave hatte zwar nicht die gleichen Rechte wie ein frei geborener Bürger und blieb weiterhin von seinem früheren Herrn abhängig. Wegen dieses Abhängigkeitsverhältnisses nannte man ihn „Klient“ [lat.: „höriger Bürger“]. Aber er durfte über das Geld frei verfügen, das er mit seiner Arbeit verdiente.)*

19. Woher kommt die Bezeichnung „Mandant“? *(Aus dem Lateinischen. Es war die Bezeichnung für den „Auftraggeber“ eines Rechtsanwaltes.)*

20. Wer erfand die Ferien? *(Die Römer: „Feriae“ nannten sie Feiertage, an denen man den Göttern huldigte. In der lutheranischen Zeit bürgerte sich der Begriff Ferien für geschäftsfreie Tage ein und im 18. Jahrhundert für die schulfreie Zeit.)*

21. Was ist ein „Pyrrhus-Sieg“? *(Als „Pyrrhus-Sieg“ bezeichnet man einen Sieg, der in Wahrheit wegen zu hoher Opfer eine Niederlage ist. Pyrrhus [319 – 272 v. Chr.] war der König der Molosser in Epirus und fiel 280 v. Chr. in Italien mit 25.000 Soldaten ein. Er besiegte die Römer zwar, musste dabei aber so dramatische Verluste hinnehmen, dass er nach der Schlacht rief: „Noch einen solchen Sieg, und wir sind verloren!“ 278 – 276 führte er auf Sizilien gegen Karthago Krieg und kehrte dann nach Italien zurück. Inzwischen war seine Streitmacht so dezimiert, dass er 275 von den Römern bei Benevent geschlagen wurde. Er eroberte dann 274 zwar noch Makedonien zurück, war aber bei seiner Rückkehr nach Epirus so geschwächt, dass er schließlich bei einem Straßenkampf in Argos 272 ums Leben kam.)*

22. Was war das „Zwölftafelgesetz“? *(Das „Zwölftafelgesetz“ [Lex duodecim tabularum] legte um 450 v. Chr. erstmals schriftlich auf zwölf ehernen Tafeln das Römische Recht nieder. Es enthielt zivil-, straf- und prozessrechtliche Vorschriften. Seine politische Bedeutung lag darin, dass das Volk damit Zugang zum Rechtswissen erhielt. Die Tafeln gingen 387 v. Chr. beim Sturm der Gallier auf Rom verloren. Durch verschiedene Schriftsteller sind aber Bruchstücke ihres Inhalts überliefert.)*

23. Welchen Hintergrund hatte der Ausruf „Vae victis!“ und welche Bedeutung hatte er damals und heute noch? *(Nördlich der Alpen hatten sich Ende des 4. Jahrhunderts v. Chr. die Kelten angesiedelt und zogen um 400 v. Chr. über die Alpen Richtung Süden, um Beute zu machen. Das Römische Reich kriegte den ersten Zusammenstoß irgendwie nicht mit, weil er von den ☞Etruskern in Norditalien abgefangen wurde. Aber die Kelten rückten pausenlos von Norden nach. Am 18.07.387 v.Chr. trafen die Heere der Kelten mit 30.000 Mann und Römer mit 10.000 Mann aufeinander. Die Kelten schlugen die Römer vernichtend und zogen brandschatzend auf Rom zu. Da*

die Stadt nicht zu verteidigen war, öffneten die Römer die Stadttore und zogen sich mit den wesentlichen Schätzen auf den Kapitolsfelsen zurück. Die Kelten wüteten in der Stadt, belagerten den Felsen aber erfolglos. Auch ein nächtlicher Versuch, den Felsen zu erstürmen, scheiterte am Geschnatter der heiligen Gänse, die den Tempel der Juno Moneta bewachten und die Angreifer verrieten. Schließlich hatten die Kelten nach rund sieben Monaten genug, zumal sich in Rom Seuchen ausbreiteten. So kam es zu dem Handel, dass sich die Kelten gegen ein Lösegeld von 1000 Pfund Gold aus der Stadt zurückziehen sollten. Als die Römer beanstandeten, dass die Kelten mit falschen Gewichten das Lösegeld abwiegen würden, warf der keltische Heerführer Brennus höhnisch noch sein Schwert auf die Waagschale, um klarzumachen, dass er als Sieger allein das Sagen hatte und rief „Vae victis!" [„Wehe den Besiegten!"]. Noch heute ist die Redewendung gebräuchlich für unfaire Bedingungen, die ein Besiegter schlucken muss.)

24. Woran erinnert das Hermannsdenkmal bei Detmold? *(An die sog. „Schlacht im Teutoburger Wald" zwischen den Germanen unter dem Cherusker Arminius und den Römern unter Varus, die im September 9 n. Chr. für die Römer vernichtend ausging und sie alle drei beteiligten Legionen kostete. Arminius hatte fünf Jahre im römischen Heer gedient und sich das Bürgerrecht und sogar den Ritterrang erworben. Er war zunächst im römischen Heer mitmarschiert und führte die Römer in einen Hinterhalt, in dem sie gnadenlos abgeschlachtet wurden. Als der römische Feldherr Varus die Aussichtslosigkeit seiner Lage erkannte, stürzte er sich mit seinen verbliebenen Offizieren ins Schwert. Arminius ließ den Toten enthaupten und schickte seinen Kopf als Trophäe an Marbod, den König der Markomannen, um ihn für ein Bündnis gegen Rom zu gewinnen. Der schickte den Kopf weiter an den damaligen römischen Kaiser Augustus, den die schreckliche Nachricht umwarf. Er zerriss sich die Kleider, schlug mit der Stirn immer wieder gegen den Türpfosten und rief: „Quinctilius Varus, gib mir meine Legionen wieder!". Damit waren seine Expansionspläne östlich des Rheins in Germanien gescheitert und die römischen Truppen wurden dort abgezogen. Die 17., 18. und 19. Legion galten seit der Schlacht als verflucht und wurden nie mehr neu aufgestellt.- Die Schlacht fand übrigens nicht im heutigen „Teutoburger Wald" statt. Die Römer schrieben zwar von einem „saltus Teutoburgiensis". Dieser hat aber nichts mit dem heutigen Teutoburger Wald zu tun, der seinen Namen erst 1669 vom Paderborner Bischof Ferdinand von Fürstenberg im Wege einer Umbenennung erhielt. Tatsächlich fand die Schlacht nach neusten Erkenntnissen wohl bei Kalkriese statt, das etwa 20 km nördlich von Osnabrück liegt. Das nach 37 Jahren Bauzeit 1875 fertiggestellte und von Kaiser Wilhelm I. feierlich eingeweihte Hermannsdenkmal steht also versehentlich an der falschen Stelle.)*

25. War „insula" im Römischen Reich nur das Wort für eine Insel? *(Nein: Als insula wurden insbesondere im alten Rom die großen, mehrstöckigen Gebäude bezeichnet. Der Begriff ging darauf zurück, dass diese Wohnblöcke an allen vier Seiten von Straßen gesäumt wurden. In Rom gab es von diesem Typ rund 46.000 Häuser. Sie hatten bis zu sechs Stockwerke. Weil es zum Sport geworden war, sich beim Hausbau in der Höhe zu übertrumpfen, erließ Augustus wegen der sich häufenden Einstürze der „Hochhäuser" ein Gesetz, das den Bau von Häusern untersagte, die mehr als 20 m hoch waren.)*

26. Wie hießen in Rom die Privathäuser? *(Domus. Sie waren aber in der Minderzahl. Im Rom um 350 n. Chr. gab es nur 1.800 Häuser vom Typ domus.)*

27. Warum hieß der zentrale Raum im domus „atrium“? *(Der römische domus entwickelte sich aus der einräumigen Hütte. In ihrer Mitte stand in ältester Zeit der Herd. Man ließ zwar im Dach eine Öffnung, um den Rauch abziehen zu lassen. Das verhinderte aber nicht, dass der Russ den Raum schwarz färbte. Deshalb nannte man ihn atrium nach dem lateinischen Wort für schwarz [ater].)*

28. Worauf geht die italienische Bezeichnung villagio für Dorf zurück? *(Das römische Landhaus, das größer war als ein domus, hieß villa. Es hatte Wirtschaftsgebäude, Bäder und wurde in der Regel von einer Mauer umgeben. Wegen der Größe der villa wurde daraus später die italienische Bezeichnung für Dorf.)*

29. Wann gab es die ersten Berufs-Feuerwehren? *(Die erste Berufs-Feuerwehr schuf der römische Politiker und Milliardär Crassus [53 v. Chr. gestorben]. Er unterhielt eine Truppe mit 600 Mann. Brannte ein Haus, verhandelte er mit dem Inhaber, kaufte es diesem für einen Spottpreis ab und ließ es erst dann löschen.)*

30. Wo wurden die ersten Lebensversicherungen abgeschlossen? *(Im antiken Rom: Dort gab es „Beerdigungsvereine“, die die Bestattungskosten ihrer Mitglieder übernahmen und die überlebenden Verwandten finanziell unterstützten. Später versicherten in den USA die weißen Herren das Leben ihrer Sklaven. In Deutschland gibt es seit 1827 Lebensversicherungen.)*

31. Warum ist die weiße Fahne ein Zeichen für ein Friedensangebot? *(Die weiße Fahne wurde als Friedenssymbol 1907 in der Haager Landkriegsordnung juristisch festgelegt. Gebräuchlich in dieser Funktion war sie schon im Römischen Reich: Bereits der römische Geschichtsschreiber Tacitus berichtete 109 n. Chr., dass römische Legionen eine weiße Fahne als Zeichen der Kapitulation benutzten. Im Mittelalter diente die weiße Fahne zum Schutz der Boten, die Nachrichten ins feindliche Lager brachten. Die weiße Fahne als „leere“, sog. „Parlamentärsflagge“, unterschied den Träger von den Kämpfern, die auf ihren Fahnen die Wappen ihrer Herren führten.)*

32. Was haben die alten Römer mit unserem Brauch zu tun, dass Kellner beim Einschenken von Wein die linke Hand auf den Rücken legen? *(Dieser Brauch geht auf das alte Rom zurück: Den Weinsklaven band man die linke Hand auf den Rücken, damit sie ihrem Herrn beim Einschenken mit der anderen Hand kein Gift ins Glas mischen konnten.)*

33. Woher kommt das Wort „Lasagne“? *(Zunächst übernahmen die alten Römer das griechische Wort lasanon [=Nachttopf] für ihre Kochtöpfe und machten daraus lasagna. Weil die Römer immer schon gerne Auflauf aus geschichteten Nudelplatten mit Hackfleisch und Soße kochten, hieß das im Topf gekochte Gericht irgendwann einfach [Nacht-]Topf.)*

34. Was sind Penaten? *(Penaten nannte man im alten Rom die Schutzgötter des Hauses. 1904 rührte der Rhöndorfer Drogist Max Riese die erste Wundschutzcreme für Babys zusammen und benannte sie nach den römischen Schutzgöttern. Damit wurde der Begriff weltberühmt.)*

35. Worauf geht die Redewendung „unter aller Kanone" zurück? *(Die Redewendung hat nichts mit Waffen zu tun. Im alten Rom gab es in den Schulen einen Zensurenkanon von 1 bis 5. Wer „sub omni canone" [=unter allem Kanon] benotet wurde, war ein miserabler Schüler.)*

36. Wie kamen Asterix und Obelix zu ihren Namen? *(Dem Zeichner Uderzo und dem Texter Goscinny fielen trotz aller Anstrengungen keine originellen Namen für ihre Titelhelden ein. Als sie über der Schreibmaschinentastatur brüteten, kam die Erleuchtung: Das Sternchen auf der Tastatur heißt Asteriskus, der Balken Obeliskus. Die Comic-Helden waren getauft.)*

Kaiser und Reich

1. Was war das „Heilige Römische Reich Deutscher Nation"? *(Es war das ungewöhnlichste Gebilde der bisherigen Weltgeschichte. Es gab dieses Kaiserreich seit 962. Auch das Reich ☞Karls des Großen, der 800 zum Kaiser gekrönt wurde, wird gedanklich da schon mitgezählt. Die Bezeichnung „Heiliges Römisches Reich" bürgerte sich im 13. Jahrhundert ein, der Zusatz „Deutscher Nation" erst um 1500. Dieses Reich ging vom heutigen Norden Deutschlands bis nach Mittelitalien, im Westen bis nach Frankreich hinein [Lothringen], im Osten bis an die heutigen Grenzen Polens und Ungarns.)*

2. Wie kam es zum Ende des „Heiligen Römischen Reiches Deutscher Nation"? *(Als ☞Napoleon 1806 den „Rheinbund" gründete, war dies das Ende des „Heiligen Römischen Reiches Deutscher Nation".)*

Japan

1. Was ist Japan? *(Japan ist ein Inselstaat in Ostasien.)*

2. Wie kam es zum Namen Japan? *(Der Name geht auf ☞Marco Polo zurück: Er gab die chinesische Bezeichnung Jim-pen-kuo für Japan mit Cipangu wieder, hat Japan*

aber nie selbst gesehen. Dementsprechend ungenau sind seine Schilderungen Japans.)

3. Wie entstanden diese Inseln? *(Die Inseln Japans sind die Gipfel einer riesigen Bergkette, die einst zum asiatischen Kontinent gehörte und sich während des Känozoikums vom asiatischen Festland zu lösen begann.)*

4. Aus wie vielen Inseln besteht Japan? *(Japan besteht im Wesentlichen aus den vier folgenden Hauptinseln: Hokkaido, Honshu und den kleineren Inseln Shikoku und Kyushu. Diese vier Inseln haben eine Fläche von 362.000 km^2 [zum Vergleich: die BRD ist 357.000 km^2 groß]. Insgesamt umfasst Japan fast 4.000 Inseln mit einer Gesamtfläche von 377.729 qkm.)*

5. Wo steht die längste Hängebrücke der Welt? *(Es ist nicht die Golden-Gate-Bridge mit 1.280 m in San Francisco, sondern die Akashi-Kayko-Brücke mit 1.991 m zwischen der japanischen Hafenstadt Kobe und der Insel Awaji, die 1998 fertiggestellt wurde. Bis zum Jahr 2011 soll aber eine 3.370 m lange Hängebrücke über die Straße von Messina führen, die Italiens Festland mit Sizilien verbinden wird.)*

6. Wie viele Einwohner hat Japan? *(127,6 Millionen Menschen.)*

7. Wie heißt der höchste Berg Japans? *(Fudschijama mit 3.776 m und einem Krater von 600 m Durchmesser. Er ist der „heilige Berg“ der Japaner und der bekannteste der 165 ☞Vulkane auf Japan, von denen noch 59 aktiv sind.)*

8. Was ist die Hauptstadt von Japan, wie viele Einwohner hat sie? *(Tokio mit 8 Millionen Einwohnern. Tokio heißt eigentlich To-kio, was „Hauptstadt des Ostens“ bedeutet. Seit 1869 ist Tokio, das damit Kioto ablöste, die Hauptstadt Japans. Da Tokio 1923 durch ein Erdbeben fast völlig und im ☞2. Weltkrieg von amerikanischen Bombardierungen stark zerstört wurde, verfügt die Stadt über eine relativ moderne Baustruktur.)*

9. Welche Religionen sind in Japan am stärksten vertreten? *(Shintoismus [Religion, die auf Ahnenkult und Verehrung von Naturgöttern basiert] und ☞Buddhismus. Auf das ☞Christentum entfallen lediglich 4 % der Bevölkerung. Charakteristisch für die Japaner ist, dass sie sich häufig mehreren Religionen verbunden fühlen. So bekennen sich 80 % der Shintoisten auch zum Buddhismus. Der Shintoismus war in der zweiten Hälfte des 19. Jahrhunderts die Staatsreligion, wobei dem Kaiser als Gott geopfert wurde. Die alliierten Besatzungsmächte haben den Shintoismus in dieser Form 1946 abgeschafft, und Kaiser Hirohito musste öffentlich auf alle Göttlichkeitsansprüche verzichten. Heute gilt in Japan absolute Religionsfreiheit.)*

10. Seit dem 14. Jahrhundert verwendet Japan eine Flagge, die eine rote Scheibe auf einem weißen Hintergrund zeigt. Was bedeutet das? *(Die rote Scheibe stellt die Sonne dar. Sie erinnert zum einen an den Namen des Landes [„Land der aufgehenden Sonne“]. Daneben verweist sie auf die Anbetung der Sonnengöttin Amaterasu Omikami, der meistverehrten Göttin des Shinto-Buddhismus.)*

11. Auf welche Städte warfen die Amerikaner im 2. Weltkrieg in Japan Atombomben? *(Am 06. August 1945 auf Hiroshima [zu dieser Zeit hatte Hiroshima 400.000 Einwohner. 200.000 starben davon sofort, 120.000 an den Spätfolgen. Hiroshima liegt in der Ebene einer Flussmündung. Deshalb entfaltete die Atombombe dort ihre Wirkung am schrecklichsten] und am 09. August 1945 auf Nagasaki [Nagasaki liegt in hügeligem Gelände. Die Wirkungen der Bombe [72.000 Opfer] waren nicht so katastrophal wie in Hiroshima]. Nach weiteren schweren Bombenangriffen kapitulierte Japan am 02.09. 1945.)*

12. Wie funktionierte die Atombombe von Hiroshima? *(Die Bombe [Die Amerikaner tauften sie „little boy"] funktionierte wie das Abfeuern einer Pistole: Ein gezündeter Treibsatz schoß eine Uran„kugel" in einem 1,8 m langen Lauf in den Urankern. Dort löste sie eine nukleare Kettenreaktion aus. Um die maximale Vernichtung anzurichten, zündete die Bombe 580 m über dem Erdboden.)*

13. Was ist „Kamikaze"? *(Kamikaze ist die Bezeichnung für einen japanischen Flieger im 2. Weltkrieg, der sich mit seinem Bomber auf das feindliche Ziel stürzte und dabei sein eigenes Leben opferte. Wörtlich heißt Kamikaze „göttlicher Wind" und hat einen historischen Hintergrund: Als Kublai Khan mit seinen Invasionstruppen zur Eroberung Japans übersetzen wollte, wurden diese Truppen zweimal [1274 und 1281] von einem Taifun vernichtet. Diesen Taifun bezeichnete man in Japan daraufhin als „göttlichen Wind" = „Kamikaze". Beim ersten Angriff tötete ein japanischer Scharfschütze den mongolischen Feldherrn und ein aufkommender Taifun zwang die Mongolen zur Rückkehr. Beim zweiten Anlauf der Mongolen vernichtete ein Taifun den größten Teil der mongolischen Flotte. Von da an kam die Bezeichnung Kamikaze auf für ein Naturereignis, das die Rettung bringt.)*

14. Was bezeichnet man als „Harakiri"? *(„Harakiri" ist ein ritueller Selbstmord durch Bauch-Aufschlitzen. Dabei unterscheiden die Japaner zwischen Shinju [Selbstmord aus Liebeskummer, insbesondere weil wegen Standesschranken die Verliebten nicht heiraten können] und Seppuku, dem Selbstmord des geschlagenen Kriegers. Seppuku ist seit dem 10. Jahrhundert überliefert. Dabei war üblich, dass der Krieger sich durch Bauchaufschlitzen umbringt und ein Gefolgsmann ihm nach dem Tod den Kopf abschlägt und beseitigt, damit er nicht als Trophäe den Feinden in die Hände fällt.)*

15. Warum entwickelte sich in Japan das Harakiri als ehrenhaftes Ritual? *(Einer der wesentlichen Gründe ist, dass sich in Japan im Gegensatz zu westlich orientierten Ländern im Mittelalter keine Regelungen über die Behandlung von Kriegsgefangenen entwickelt hatten. Für einen japanischen Kriegsgefangenen war der Verlust der Ehre zwangsläufig. Er musste mit Foltern und erniedrigenden Hinrichtungen rechnen, wozu auch das Kreuzigen, Pfählen und das Sieden in kochendem Wasser oder Öl gehörten. Daneben stand die Religion anders als im Christentum [Dort verstößt der Selbstmord gegen das fünfte Gebot „Du sollst nicht töten!"] in Japan einem Selbstmord nicht entgegen: Shintoismus und Buddhismus sehen den Tod nicht als Ende, sondern als natürlichen Bestandteil des ewigen Werdens und Vergehens.)*

16. Sind japanische und chinesische Sprache gleich? *(Nein, sie sind sogar grundverschieden. Sie verwenden lediglich sehr ähnliche Schriftzeichen.)*

17. Einige japanische Lokale heißen „Edo". Was ist „Edo"? *(„Edo" ist der alte Name von Tokio. Edo wurde im 11. Jahrhundert als Fischerdorf gegründet. Daher rührt auch der Name, da Edo „Flusstor" oder „Hafen an der Bucht" bedeutet.)*

18. Was ist eine „Geisha"? *(Sie ist eine seriöse Unterhaltungskünstlerin, die Gäste mit Tanz, Gesang und Spiel unterhält.)*

19. Was ist ein „Samurai"? *(= „Diener". Krieger, schwerttragender Gefolgsmann eines Lehensfürsten, in der Tokugawa-Zeit führender Adel. Das Samuraischwert ist streng genommen ein Säbel, weil es im Gegensatz zum Schwert nur eine geschliffene Klinge hat. Die neue kaiserliche Regierung von 1868 schaffte den Stand der Samurai ab, als sich das Land dem Westen öffnete und modernisierte.)*

20. Was ist ein „Shogun"? *(„Shogun" ist der Titel des Oberbefehlshabers, seit 1192 erblich. Bis 1868 waren die Shogune die wirklichen Machthaber Japans.)*

21. Was ist eine „Pagode"? *(Ein Bauwerk mit schlanker Spitze, die aus einer Lotosblüte wächst. Sie trägt neun Bronzeringe, die die neun Buddhas des Paradieses symbolisieren, meist mit 3, 5, 7, 9, oder 13 Geschossen zur Aufbewahrung von Reliquien.)*

22. Was ist Ikebana? *(Kein Land der Welt hat eine so große Vorliebe für Blumen wie Japan. In japanischen Spezialschulen wird Ikebana gelehrt, die Kunst, Blumen in Schalen und Vasen anzuordnen.)*

23. Was sind „Sumori"? *(„Sumori" ist der Plural von Sumo-Ringer. Sumo ist eine der ältesten japanischen Kampfsportarten, die in Japan sehr beliebt und angesehen ist. Sumoringer wiegen selten weniger als 130 kg und sind bis zu 200 kg schwer. In der Sportart gibt es keine Gewichtsklassen. Sumoringer gibt es nachweislich seit 23 v. Chr. Manchmal wurden ganze Schlachten vermieden, bzw. entschieden, indem man zwei Sumoringer gegeneinander antreten ließ.)*

24. Hat sich Japan immer schon den anderen Nationen geöffnet? *(Nein: Japan, das keine gemeinsame Grenze mit Nachbarn hat, hatte sich von 1637 bis 1853 nahezu abgeschottet. Nur in Nagasaki war ein Hafen geöffnet. Auch bis weit nach dem Zweiten Weltkrieg galten Ausländer in Japan nicht als Gäste, sondern als Fremde. Das geht auch darauf zurück, dass sich die Japaner gemäß der Shinto-Lehre als Abkömmlinge der Götter verstanden. Heute ist der Umgang mit den Ausländern, die als Gaijin [=Außen-Menschen] bezeichnet werden, aber auf Steigerung der Besucherzahlen ausgerichtet.)*

25. Welches Land verzeichnet die meisten Erdbeben? *(Japan. 10 % der seismischen Aktivitäten auf unserer Erde finden hier statt. Das liegt daran, dass Japan zwischen den tektonischen Platten Asiens, der Philippinen und des Pazifik liegt. 1995 wurde die japanische Stadt Kobe durch ein Erdbeben größtenteils zerstört.)*

26. Worauf sollte man in Japan beim Umgang achten? *(Das Verbeugen des Oberkörpers ist Zeichen der Begrüßung und Wertschätzung. Selbst die Polizisten, die den Verkehr leiten, verbeugen sich am Ende ihrer kurzen Auftritte, auch die Schaffner im Hochgeschwindigkeitszug Shinkansen beim Betreten und Verlassen der Abteile. Allgegenwärtig ist das japanische „Ja“, das dort „Hai“ gesprochen wird. Lautstarke Äußerungen in Gesellschaft gelten ebenso als schlechtes Benehmen wie – insbesondere beim Essen – das Putzen der Nase [Hochziehen ist perfekt!].)*

Asien, Halbinseln und Inseln

1. Welche großen Halbinseln gibt es in Asien? *(Die beiden größten Halbinseln der Welt sind Arabien und Indien. Weitere Halbinseln sind der asiatische Teil der Türkei [auch Kleinasien oder Anatolien genannt] und „Hinterindien" [dazu gehören Vietnam, Laos, Kambodscha und ein Teil von Thailand sowie im Süden Malaysia und Singapur]. Zu den kleineren Halbinseln gehört insbesondere Korea.)*

2. Was sind die „Kurilen“? *(Die Kurilen sind ein 1.200 km langer Inselbogen zwischen Kamtschatka [Russland] und Japan. Bis 1945 gehörten sie zu Japan, seither gehören sie zu Russland und bilden Stützpunkte für den ☞Walfang im Bering-Meer.)*

3. Was sind die größten Inseln Asiens? *(Flächenmäßig zunächst Indonesien. Zu Indonesien gehört insbesondere eine der größten Inseln der Welt, nämlich Borneo mit 737.000 Quadratkilometer. Weiter gehören hierzu die Philippinen. Weitere größere Inseln sind die japanischen Inseln sowie Formosa [chinesisch: Taiwan]).*

Vereinte Nationen (UNO)

1. Was war der „Völkerbund"? *(Der Völkerbund ist der Vorläufer der Vereinten Nationen. Nach dem Ende des 1. Weltkrieges setzte der damalige amerikanische Präsident Thomas Woodrow Wilson die Bildung eines Völkerbundes durch. Es sollte eine Organisation zur Erhaltung des Weltfriedens und zur Beachtung der Regeln des Völkerrechtes, in deren Satzung das Kriegsverbot den Hauptpunkt bildete, sein mit dem Sitz [ab 1920] in Genf. Amerika trat dem Völkerbund aber nicht bei. Hitler erklärte 1933 Deutschlands Austritt aus dem Völkerbund, Mussolini folgte 1937. Daraufhin war der Völkerbund zur Wirkungslosigkeit verurteilt.)*

2. Was sind die „Vereinten Nationen"? *(Es handelt sich um eine Organisation aller Staaten [daher auch der Name „UNO" = „United Nations Organization"]. 1996 gehörten ihr 185 Mitgliedsstaaten an).*

3. Wie kam es zum Namen „United Nations"? *(Seit 1942 nannten sich die alliierten Mächte [Kriegsgegner Deutschlands, Italiens und Japans] „United Nations". In ihren Kriegskonferenzen war immer auch die Rede von einer Weltorganisation, die den künftigen Frieden dauerhaft machen sollte. Auf eine solche Organisation haben sich schon 1941 der amerikanische Präsident Roosevelt und der englische Premierminister Churchill in der „Atlantik-Charta" verständigt [„Atlantik-Charta", weil die Konferenz auf einem Kriegsschiff, der HMS „Prince of Wales" im Atlantik stattfand].)*

4. Was steht in der Charta der Vereinten Nationen? *(Im ersten Artikel der Charta ist niedergelegt, dass die angeschlossenen Nationen den Frieden wahren, freundschaftliche Beziehungen zwischen den Völkern fördern und dazu beitragen wollen, internationale, wirtschaftliche und soziale Fragen zu lösen. Hier steht auch die Achtung der Menschenrechte und der menschlichen Freiheit. Der zweite Artikel regelt die Gleichheit der Mitgliedsnationen mit der Maßgabe, dass internationale Streitigkeiten durch friedliche Mittel, nicht durch Gewalt beigelegt werden sollen. Mitgliedsnationen dürfen nicht mit militärischer Macht den Zielen und Handlungen der Vereinten Nationen Widerstand leisten. Die anderen Artikel befassen sich mit der Organisation der Vereinten Nationen.)*

5. Was ist das Hauptorgan der Vereinten Nationen? *(Die Vollversammlung, die aber nur Empfehlungen aussprechen kann, also keine Exekutivgewalt hat.)*

6. Was ist der „Sicherheitsrat" der UNO? *(Der Sicherheitsrat ist das zentrale Organ zur Sicherung des Friedens und tagt ständig. Er hat 15 Mitglieder, von denen 5 ständige Mitglieder sind: USA, Russland, Großbritannien, Frankreich und China. Neben den ständigen Mitgliedern im Sicherheitsrat gibt es 10 nichtständige Mitglieder. Beschlüsse des Sicherheitsrates kommen nur zustande, wenn 9 Ja-Stimmen abgegeben werden, unter denen alle 5 ständige Mitglieder sein müssen. Deshalb spricht man vom „Veto-Recht" der Großmächte im Sicherheitsrat.)*

7. Wo ist der Sitz der UNO? *(Hauptsitz ist ☞New York. Daneben werden Sitze in Genf, Wien und Nairobi unterhalten.)*

8. Hat die UNO ein Gericht? *(Ja, den „Internationalen Gerichtshof" in Den Haag [Holland]. Ihm können die Mitgliedsstaaten Fälle vorlegen. Die UN-Mitglieder behalten sich jedoch das Recht vor zu entscheiden, ob sie den Spruch des Gerichtes als bindend ansehen. Das schränkt die Wirkung dieses Gerichts empfindlich ein.)*

Geysire

1. Was ist ein Geysir? *(Eine heiße Springquelle, die stoßweise Wasserdampf und Wasser als Fontäne ausstößt.)*

2. Woher kommt der Begriff Geysir? *(Erstmals wurde diese Bezeichnung 1294 vom Bischof Brynjólfur Sveinsson bei der Beschreibung des isländischen Großen Geysirs in Haukadalur verwandt.)*

3. Wo kommen Geysire vor? *(In jungvulkanischen Gebieten. Bekannt sind Geysire auf Island. Einer der bekanntesten Geysire, der „Old Faithful" befindet sich im Yellowstone-Park in den USA. Er bricht alle 30 bis 90 Minuten aus mit einer Säule zwischen 38 und 52 m Höhe.)*

4. Wie kommt es zum Ausstoß der Fontäne beim Geysir? *(Voraussetzung für die Entstehung von Geysiren [= „Hervorsprudler"] sind mit der Oberfläche durch ein Röhrensystem verbundene Hohlräume im Gestein, in denen sich Grundwasser sammelt, das durch Wärme ☞vulkanischen Ursprungs erhitzt wird. Wird das Wasser über den Siedepunkt erhitzt, sammelt sich Wasserdampf an, der einen Überdruck aufbaut. Wenn sich dieser Überdruck durch das Röhrensystem entlädt, reißt er das heiße Wasser mit an die Oberfläche.)*

Karthago

1. Wo liegt Karthago? *(In der Nähe des heutigen Tunis, also in Tunesien.)*

2. Wie entstand Karthago? *(Die ☞Phönizier gründeten es um 814 v. Chr. als Handelsniederlassung. Die Stadt lag für den Handel im Mittelmeerraum ausgesprochen günstig und war Ausgangspunkt der besten Seewege nach dem Westen. Die Stadt blühte rasch auf und wurde ungeheuer reich. Etwa um 600 v. Chr. beherrschte sie mit einer starken Kriegsflotte das gesamte westliche Mittelmeer. Jahrhundertelang kämpfe Karthago mit den Griechen um den Besitz von Sizilien.)*

3. Wie kam Karthago zu seinem Namen? *(Die Phönizierin Elissa [auch Dido genannt] floh wegen eines Ränkespieles ihres Bruders Pygmalion gegen sie aus Tyros [heute im Libanon] an die nordafrikanische Küste und landete in der Bucht von Tunis. Der dort herrschende libysche Fürst Jarbas gestattete ihr, ein Stück Land zu besiedeln, das so groß war eine Ochsenhaut. Die kluge Elissa schnitt die Ochsenhaut in hauchdünne Streifen und umgab damit die Hügelkuppe Byrsa, die das künftige Zentrum*

Karthagos werden sollte. Den Ort nannte sie „Qart hadasht“, was phönizisch „neue Stadt“ bedeutete. Daraus bildete sich der griechisch-römische Name Karthago.)

4. Wie kamen die alten Römer mit Karthago klar? *(Nachdem Rom seine Herrschaft auf Unteritalien ausgedehnt hatte, war der Kampf mit Karthago um die Herrschaft im Mittelmeerraum unausweichlich. Der römische Senator Cato fing deshalb jede seiner zahlreichen Reden mit dem Satz an: „Ceterum censeo Carthaginem esse delendam". [„Im übrigen bin ich dafür, dass Karthago zerstört werden muss"]. Es kam dann zu den ☛punischen Kriegen [die Römer nannten die Karthager Punier als Abwandlung des Wortes Phoenizier]. Der letzte punische Krieg führte zur völligen Zerstörung von Karthago.)*

5. Wie hieß der große karthagische Feldherr, der im zweiten punischen Krieg das römische Reich hart am Rande einer Niederlage hatte? *(☛Hannibal, der mit afrikanischen Elefanten über Spanien und die Alpen bis nach Italien zog, es aber letztlich nicht eroberte.)*

Ameisen

1. Ameisen bezeichnet man als Mitglieder einer Familie sozialer Insekten, warum? *(Soziale Insekten sind dadurch gekennzeichnet, dass sie in organisierten Staaten leben. Das gilt insbesondere für die Ameisen. Im Gegensatz zu Bienen und Wespen, bei denen es auch einzeln lebende Arten gibt, leben die Ameisenarten grundsätzlich sozial.)*

2. Was kennzeichnet einen Ameisenhaufen? *(Der Ameisenhaufen steht auf dem meist unterirdischen Nest der Ameisen. Das Nestinnere hat regelrechte Stockwerke, Querverbindungen und Einzelkammern.)*

3. Wer macht was im Ameisenstaat? *(Die Königinnen, die 15 - 25 Jahre alt werden, sind fruchtbare Weibchen, deren einzige Aufgabe es ist, ihr Leben lang Eier zu legen. Sie werden aber nur ein einziges Mal auf dem Hochzeitsflug befruchtet. Den Samen aus der Befruchtung speichern sie in einer Vorratsblase ihres Körpers. Arbeiterinnen, die nicht älter als fünf Jahre werden, Futter sammeln, die Brut betreuen und alle Hausarbeiten im Nest verrichten sowie die Soldaten, die den Ameisenstaat verteidigen [dabei nehmen manche Arten sogar junge Ameisen aus fremden Nestern als Sklaven mit], sind unfruchtbare Weibchen. Männliche Ameisen gibt es deutlich weniger. Ihre Aufgabe ist ausschließlich, die Königinnen zu befruchten. Es gibt auch Ameisensorten, die Landwirtschaft betreiben, in denen sie Pflanzen und Tiere züchten. So hält sich die „Viehzüchter-Ameise" Blattläuse, die sie, wie der Mensch seine Milchkühe, melkt. Die Blattläuse geben zwar keine Milch, scheiden aber Zuckersaft aus. Andere Ameisen bauen Pilzkulturen an.)*

4. Wieviele Ameisen leben in einem Nest? *(In einem Nest können wenige hundert bis zu zwanzig Millionen Ameisen leben, in der Mehrzahl sind es Arbeiterinnen.)*

5. Woran erkennen Ameisen, dass sie zum selben Ameisenstaat gehören? *(Am Geruch: Jede Kolonie hat einen spezifischen Geruch.)*

6. Haben Ameisen Flügel? *(Zunächst sind Männchen und Weibchen geflügelt und verlassen zum Hochzeitsflug das Nest. Nach der Paarung wirft das Weibchen seine Flügel ab, kehrt zu seinem Nest zurück, dringt in eine andere Kolonie ein oder gründet einen neuen Staat. Das Männchen ist nach der Befruchtung auf sich allein gestellt und stirbt auch kurz danach.)*

7. Wie orientieren sich Ameisen? *(Ameisen orientieren sich anhand des Sonnenstandes, aber auch an Landmarken. Insbesondere in der Dunkelheit orientieren sie sich anhand von Duftstraßen, die sie mit Hilfe ihrer Duftdrüsen angelegt haben.)*

8. Was machen die australischen Ameisen, um sich in der Wüste besser fortbewegen zu können? *(Sie bauen regelrechte Straßen, indem sie Sandkörner mit dem Saft einer Pflanze verkleben.)*

9. Wie fangen Ameisenbären Ameisen? *(Zunächst öffnet der Ameisenbär mit seinen scharfen Krallen den Ameisenhaufen. Dann steckt er seine Schnauze tief hinein. Mit seiner langen, klebrigen Zunge leckt er die Ameisen auf. Pro Tag verspeist ein Ameisenbär bis zu 30.000 Ameisen.)*

10. Warum stecken sich Vögel Ameisen ins Gefieder? *(Milben, Läuse, Flöhe und Lausfliegen machen Vögeln das Leben schwer. Insbesondere Singvögel wie Lerchen, Stare und Drosseln schützen sich mit Ameisensäure gegen die unwillkommenen Gäste: Die Dämpfe der Ameisensäure töten oder vertreiben nämlich die ungebetenen Gäste. Die Vögel nehmen dazu Ameisen in den Schnabel und bestreichen damit ihr Gefieder, stecken die Ameisen sogar lebend ins Gefieder oder legen sich kurze Zeit auf einen Ameisenhaufen.)*

Blitz

1. Wie entsteht ein Blitz? *(Eine Gewitterwolke lädt sich positiv und negativ auf. Grundsätzlich sind die oberen Wolkenteile positiv, die unteren negativ geladen. Wenn eine Wolke über der ☞Erde schwebt, verschiebt sie die Ladung der Erdoberfläche. Ist die untere Wolkenschicht negativ, so wird die Erde darunter positiv geladen und umgekehrt. Auf diesem Weg entsteht zwischen Wolke und Erdoberfläche ein starkes Spannungsgefälle, in dem sich ein elektrisches Feld bildet. Weil die Luft ein sehr*

schlechter Leiter ist, braucht das Feld eine bestimmte Stärke, bis die Gasteilchen der Luft elektrisch leitend wirken. Es baut sich dann schrittweise ein leitender Kanal auf, in dem zuerst eine Führungsentladung erfolgt. Diese erste Entladung hat eine Stromstärke von rund 1000 Ampere. Sobald im Kanal die Vorentladung auf dem Boden angelangt ist, folgt die Hauptentladung mit Stromstärken von mehr als 100.000 Ampere. Diese Hauptentladung nehmen wir als Blitz wahr.)

2. Warum sind Blitze gezackt? *(Blitze nehmen wie ein Bach den Weg des geringsten Widerstandes. Der Weg des Blitzes kennzeichnet also die Route mit dem geringsten Luftwiderstand.)*

3. Gibt es auch Blitze in einer Wolke? *(Ja. Der Ausgleich entgegengesetzter Ladungen kann auch innerhalb der Wolke erfolgen [Wolkenblitze]. Man spricht dann auch von Wetterleuchten. Dabei ist kein Donner hörbar.)*

4. Haben Blitze eine große Energiemenge, die es lohnen würde, sie „einzufangen"? *(Nein: Die Formel für Energie lautet: Kraft mal Zeit. Da ein Blitz nur Millisekunden andauert, hat er trotz ein paar Millionen Volt nur die Energie von zwei bis drei Megajoules. Ein einziger Liter Benzin hat dagegen ein Potenzial von rd. 34 Megajoules.)*

5. Wie entsteht Donner? *(Der Blitz erzeugt sehr hohe Temperaturen, die sich den auf der Sonnenoberfläche herrschenden Temperaturen nähern können. Dadurch wird die Luft im und um den Entladungskanal plötzlich ausgedehnt, d.h. in starke Schwingungen versetzt. Diesen Vorgang hört man bis zu einer Entfernung von etwa 10 km als Donner. Die Entfernung eines Blitzeinschlags kann man durch den Donner zurückrechnen, dadurch also auch z.B. die Entfernung zum Kern eines Gewitters. Den Blitz sehen wir schneller, weil sich Licht schneller ausbreitet als Schall. ☞Schallwellen pflanzen sich pro Sekunde mit 332 m fort. Liegt zwischen dem Sehen des Blitzes und dem Hören des Donners also eine Zeitspanne von 9 Sekunden, ist das Gewitter rund 3 km entfernt. Rund 40 % aller Blitze gehen aber lautlos über die Bühne.)*

6. Ist der Rat „Vor Eichen sollst du weichen, Buchen sollst du suchen!" richtig? *(Nein, der Rat ist Unsinn. Die Wahrscheinlichkeit für einen Blitzeinschlag hängt nicht von der Art des Baumes, sondern seiner Höhe ab. Der Blitz sucht sich übrigens nur in einer eng begrenzten Fläche den höchsten Punkt. Auf einem großen, von Bäumen umsäumten Feld kann ein Mensch für den Blitz den höchsten Punkt und damit Einschlagpunkt darstellen.)*

7. Was ist ein Faradayscher Käfig? *(Er ist eine geerdete metallische Abschirmung bzw. Umhüllung eines Raumes [z.B. Auto, Bahn]. Dies liefert den besten Blitzschutz, weil durch den Mantel der Abschirmung der Blitz in die Erde wie bei einem Blitzableiter geleitet wird. Faraday [1791-1867] hat übrigens auch den Bunsenbrenner erfunden. Da Wilhelm Bunsen [1811-1899] Professor war und den Brenner später verbesserte, wurde er aber nach ihm benannt.)*

Albert Einstein

1. Wer war Albert Einstein? *(Der bedeutendste Physiker des letzten Jahrhunderts, 14.3.1879 - 18.4.1955. Einsteins Eltern waren Schweizer. Er wurde jedoch in Deutschland geboren.)*

2. Welche Berufe schlug Einstein zunächst ein? *(Einstein tat sich in der Schule und im Studium schwer, waren Ende des 19. Jahrhunderts Gehorchen und Auswendiglernen höchste Prinzipien. Beides lag Einstein nicht. An der Eidgenössischen Hochschule in Zürich lässt ihn sein Dozent die gesamte Diplomarbeit noch einmal abschreiben, weil Einstein das falsche Papier benutzt hatte. Nach dem Studium wurde er zuerst Lehrer für Mathematik und Physik, fand aber keine Anstellung. Deshalb arbeitete er als Angestellter beim Eidgenössischen Patentamt in Bern. Das ließ ihm Zeit für seine Forschungen. Bekannt wurde Einstein mit seinem 1905 veröffentlichten Aufsatz „Spezielle Relativitätstheorie". 1911 erhielt er seine erste ordentliche Professur an der Universität Prag, die einen exzellenten Ruf genoss. 1916 veröffentlichte er eine weitere grundlegende Arbeit, in der er seine „Allgemeine Relativitätstheorie" darstellte als Erweiterung der ersten Arbeit. Von 1914 – 1933 arbeitete er als Professor für Physik an der Universität in Berlin. Weil Einstein in seinem Leben so oft fotografiert wurde, gab er als Beruf mal schmunzelnd „Fotomodell" an.)*

3. Was ist das Kernstück von Einsteins Werken? *(Die Feststellung, dass die Lichtgeschwindigkeit konstant ist. Daraus leiten sich seine beiden berühmtesten Ergebnisse der Relativitätstheorie ab: Die Äquivalenz von Masse und Energie, ausgedrückt in der Gleichung $E = mc^2$ [wobei E für Energie, m für Masse und c für Lichtgeschwindigkeit stehen], und das Gesetz, dass sich nichts schneller als mit Lichtgeschwindigkeit fortbewegen kann.)*

4. Was bezeichnet man als Einsteins „Zwillingsparadox"? *(Nach der Relativitätstheorie trägt jeder Körper sein individuelles Zeitmaß mit sich herum, das im Allgemeinen mit den Zeitmaßen anderer Individuen nicht übereinstimmt. Hinzu kommt, dass die Größe der Schwerkraft, der ein Körper ausgesetzt ist, wesentlichen Einfluss auf seinen Zeitrahmen hat. Das hat folgende Konsequenz: Wenn ein Zwilling eine ausgedehnte Reise durch das Weltall [mit geringer Schwerkrafteinwirkung] macht und der andere Zwilling auf der Erde bleibt, kommt der Raumfahrtzwilling viel jünger zurück als sein Bruder.)*

5. Welchen Preis erhielt Einstein für seine wissenschaftlichen Arbeiten? *(1921 erhielt er den Nobelpreis für Physik, aber nicht für die Relativitätstheorie, sondern für die Entdeckung von 1905, dass Licht sowohl Welle als auch Teilchen ist.)*

6. Wie viele Ehrendoktortitel erhielt Einstein? *(Den ersten erhielt er 1909 von der Uni Genf, 24 weitere folgten im Laufe seines Lebens.)*

7. Warum verließ Einstein Deutschland? *(Einstein stammte aus einer jüdischen Familie. Sein Vater hatte sich als Freidenker vom jüdischen Glauben losgesagt. Einstein fühlte sich den ethischen Forderungen des Judentums zwar verbunden, lehnte aber die Befolgung der jüdischen Gebote ab. Als er sich öffentlich gegen das Naziregime bekannte, wurde sein Haus zerstört, sein Eigentum beschlagnahmt und eine hohe Belohnung auf seine Ergreifung ausgesetzt. Einstein blieb deshalb bei einer Vortragsreihe in die USA dort und wurde Professor an der Universität von Princeton. 1940 erwarb er die amerikanische Staatsbürgerschaft.)*

8. War Einstein verheiratet? *(Ja, sogar zweimal: Zuerst war er seit 1903 mit Mileva Maric verheiratet, die 1914, als Einstein nach Berlin wechselte, mit seinen Söhnen Hans-Albert und Eduard in Zürich zurückblieb. Das Paar hatte sich auseindergelebt, ließ sich 1919 scheiden, blieb sich aber gewogen. Als Einstein den Nobelpreis erhielt, überwies er die Geldprämie an Mileva und seine Kinder. 1919 heiratete Einstein seine Cousine Elsa, die besser zu ihm passte und bis zu ihrem Tod 1936 bei ihm blieb.)*

9. Wie sah Einstein den Krieg? *(Einstein antwortete auf diese Frage: „Ich kann Ihnen nicht sagen, mit welchen Waffen im dritten Weltkrieg gekämpft wird. Ich kann Ihnen jedoch sagen, mit welchen Waffen man im vierten Weltkrieg kämpft: Mit Keulen und Stöcken." Das entsprach seiner grundsätzlichen Abneigung zum Militarismus, zu dem er einmal erklärte: „Wer Freude daran empfindet, im Gleichschritt nach der Musik zu marschieren, hat sein Gehirn aus Versehen bekommen.")*

10. Hat sich Einstein in politischen Ämtern engagiert? *(Nein, obwohl ihm 1952 sogar das Amt des israelischen Präsidenten angeboten worden war, da er stets die Gründung eines jüdischen Staats Israel unterstützt hatte, auch durch Geldsammeln. Er lehnte jedoch mit der Begründung ab, für die Politik sei er zu naiv. In Wirklichkeit interessierte ihn Physik aber einfach mehr: „Gleichungen sind mir wichtiger, denn Politik ist für die Gegenwart, eine Gleichung hingegen für die Ewigkeit.")*

11. Wie sah Einstein Universum und menschliche Dummheit? *(Von ihm stammt das nette Zitat: „Zwei Dinge sind unendlich: Das Universum und die menschliche Dummheit. Aber beim Universum bin ich mir nicht ganz sicher.")*

Französische Revolution

1. Von wann bis wann war die Französische Revolution? *(Sie begann am 14. Juli [deshalb heute Nationalfeiertag in Frankreich] 1789 und dauerte an bis 1799.)*

2. Was war der „Ballhausschwur"? *(König Ludwig XVI. [1754-1793] stand 1786 vor einem Staatsbankrott. Die Hälfte der jährlichen Staatseinnahmen ging für die Bedienung der Schulden drauf. Um die Zahlungsfähigkeit des französischen Staats wieder-*

herzustellen, wollte er die ohnehin schon zu hohen Steuern erneut erhöhen. Dazu berief er am 08.08.1788 die Generalstände für den Mai 1789 ein, deren Zustimmung er für die Steuererhöhung brauchte. Am 16.08.1788 stellte die Staatskasse vorläufig ihre Zahlungen ein, erhob aber weiter alle Abgaben. Im Juni 1789 kamen die Vertreter des dritten Standes [Erster Stand: Klerus. Zweiter Stand: Adel. Dritter Stand: Bürgertum] zusammen, konstituierten am 17.06.1789 aus den Generalständen heraus mit einigen Geistlichen eine Nationalversammlung [Assemblée nationale], beschlossen, der alleinigen Macht des Adels ein Ende zu setzen, und erklärten sich schließlich zur Vertretung der Nation. Am 20.06.1789 schworen sie sich nach dem Vorbild ihres Präsidenten Jean-Sylvain Bailly in einem schmucklosen Ballhaus in Versailles, solange zusammenzubleiben, bis ihre Rechte anerkannt würden. Ludwig XVI. erkannte die Nationalversammlung unter dem Druck der Pariser am 27.06.1789 an. Dadurch kam es schließlich am 09.07.1789 zur verfassungsgebenden Nationalversammlung. Sie verkündete am 27.08.1789 die „Menschenrechte", beseitigte alle Standesvorrechte, zog zur Behebung des Staatsbankrotts auf Vorschlag des Bischofs von Autun das Vermögen der Kirche ein und schuf das neue Verwaltungssystem der Départements.)

3. Welche Bedeutung spielt die „Bastille" in der Französischen Revolution? *(Am 14. Juli 1789 „stürmte" das französische Volk die Bastille [die Bastille war das verhasste Staatsgefängnis in ☞Paris.]. Das gilt als Beginn der französischen Revolution.- Historisch richtiger ist, dass die Bastille nie erstürmt, sondern von ihrem Gefängnisleiter Gouverneur Bernard-René de Launay [der trotz der Zusage freien Geleits kurz nach der Übergabe auf dem Weg zum Rathaus von einem Bajonettstich und einem Schuss getötet und danach von einem Koch geköpft wurde. Dieser Koch steckte den Kopf des Gouverneurs auf eine Pike, trug ihn triumphierend durch die Straßen und gab ihn schließlich gegen Quittung bei einem Wächter des Kriminalgerichts ab.] am 14.07.1789 gegen 17 Uhr übergeben wurde. Die Übergabe war nur logisch, weil die Bastille keine eigene Wasserversorgung und nur Vorräte für zwei Tage hatte. Außerdem hatte der Gouverneur aus dem nahe gelegenen Arsenal 20 Zentner Schießpulver [das die sich gerade massiv bewaffnenden Aufständischen dringend brauchten] in die Bastille schleppen lassen, was man mitgekriegt hatte. Es gab nur ein kleines Scharmützel mit rund einem Dutzend Toten, für die damaligen Verhältnisse ein eher ruhiger Nachmittag. Die Wachmannschaft bestand aus 32 Schweizer Füsilieren sowie 82 Veteranen und Invaliden, die am 14.7.1789 auf sieben Personen aufpassten: Vier Fälscher, zwei Wahnsinnige – einer hielt sich für Julius ☞Cäsar – und einen Adligen, den seine eigene Familie wegen sexueller Ausschweifungen hatte inhaftieren lassen [Ein achter Gefangener war fünf Tage vorher verlegt worden: der Marquis de Sade. Auch er saß wegen seiner sexuellen Vorlieben auf Bitten seiner Verwandtschaft. Durch ein Ofenrohr flehte er die Bürger draußen an, die Gefangenen vor einem Massaker durch den Gouverneur zu bewahren. Da war nix dran. De Launay hatte aber schon genug um die Ohren und ließ den Spinner in eine Irrenanstalt schaffen.]. Die Bastille war unter Karl V. als militärisches Bollwerk erbaut worden. ☞Richelieu wandelte das mehrgeschossige, achttürmige Gebäude in ein Staatsgefängnis um. Seit dem 17. Jahrhundert hatten die Gefangenen dort das Recht, sich eigene Möbel, Bedienstete und Mahlzeiten kommen zu lassen. Wer vermögend war, konnte sich seine Weinvorräte und seine Bibliothek nachkommen lassen. Gleichwohl war die Bastille verhasst, weil man hier aufgrund einer königlichen Anordnung [Lettres de cachet]*

willkürlich einsaß und das Ende der Haft von einem ebenso willkürlichen königlichen Brief abhing. So hatte auch Voltaire 1717/18 und 1726 hier eingesessen. Die Bastille wurde 1790 geschliffen. Ihre Umrisse sind auf der Place de la Bastille nachgezeichnet.)

4. Was notierte Ludwig XVI. am Abend des 14.07.1789 in sein Tagebuch? *(Er war enttäuscht, dass an diesem Tag seine geliebte Jagd ausgefallen war. Stets trug er in sein Tagebuch ein, was er tagsüber geschossen hatte. Heute war er nicht zum Schuss gekommen. Deshalb hat sein Tagebuch für den 14.07.1789 nur einen Eintrag: „Rien" [= „Nichts"].)*

5. Unter welchem Motto stand die Französische Revolution? *(„Freiheit, Gleichheit, Eigentum". Verbreitet ist der Irrglaube, das Motto sei „Freiheit, Gleichheit, Brüderlichkeit" [„Liberté, Egalité, Fraternité"] gewesen. Aber erst unter Napoleon III. wurde diese Parole mehr als 50 Jahre nach der Französischen Revolution als Devise der französischen Republik ausgegeben. In der Erklärung der Bürger- und Menschenrechte vom 26.08.1789 kommt das Wort „fraternité" sogar nicht ein Mal vor. Das Wort „Brüderlichkeit" ist übrigens kein altes deutsches Wort, sondern wurde vom Braunschweiger Schriftsteller und Sprachforscher Heinrich Campe 1801 bei der Übersetzung als deutsches Wort für „fraternité" erfunden [zusammen mit „Feingefühl" für „tact", „Minderheit" für „minorité" und „Streitgespräch" für „debatte"].)*

6. Wer waren die „Jakobiner", wer die „Girondisten"? *(Die Jakobiner waren eine politische Bewegung mit radikal-politischem Charakter. Ursprünglich tagten sie im Bretonischen Club, zogen dann aber in ein Jakobinerkloster um. Danach nannte man ihre Mitglieder „Jakobiner". Die Girondisten gehörten zu den Jakobinern, waren aber gemäßigt. Sie stammten in der Regel aus den Industriezentren der Provinz und erhielten ihren Namen nach dem Departement Gironde. Die Jakobiner verlangten nach einem Blutbad auf dem Marsfeld am 17. Juli 1791 [Sprengung der antimonarchistischen Kundgebung durch die Nationalgarde] die Schaffung einer Republik bei Abschaffung der Monarchie.)*

7. Die französische Nationalhymne heißt „Marseillaise". Wie kam sie zu ihrem Namen? *(Als Österreich und Preußen ein antifranzösisches Bündnis schlossen und der französische König Gegenmaßnahmen sabotierte, marschierte eine Abordnung radikaler Marseiller nach Paris, um die Revolution zu verteidigen. Auf dem langen Weg sangen sie ein Revolutionslied, das durch den Marsch den Namen „Marseillaise" erhielt [„Allons enfants de la patriiie, le jour de gloire est arrivé – Auf geht´s Kinder des Vaterlaandes, der Tag des Ruhms ist nunmehr da!"].)*

8. Wer war ☞Robespierre? *(Maximilien de Robespierre war der Jakobinerführer, der den Wohlfahrtsausschuss als maßgebliches Exekutivorgan der Republik dominierte. Robespierre erstickte durch extreme Maßnahmen eine laufende Gegenrevolution im Keim. Dazu gehörte insbesondere die Einrichtung eines Revolutionstribunals zur Aburteilung politisch missliebiger Personen. Das erste prominente Opfer dieses Tribunals war die ehemalige Königin Marie Antoinette. Der „Wohlfahrtsausschuss" proklamierte den Terror [la terreur] als Herrschaftsprinzip. Dazu erklärte Robespierre: „Der*

Terror ist nichts anderes als sofortige, strenge, unbeugsame Gerechtigkeit. Er ist also Ausfluss der Tugend". Robespierre wurde aber später von dem von ihm ausgelösten Terror selbst eingeholt: Am 26. Juli 1794 wurde er durch einen Gegenkomplott Fouchés gestürzt, inhaftiert [dort versuchte er einen Selbstmord, schoss sich aber in den Kiefer] und am folgenden Tag hingerichtet. Das war nicht ungewöhnlich, weil bei den Tribunalen eine Verteidigung nicht zugelassen war und die Hinrichtung regelmäßig am nächsten oder übernächsten Tag erfolgte. Das galt auch für die Provinzen. So wurden in Nantes zwei- bis dreitausend Menschen einfach in der Loire ertränkt. Nach Robespierres Hinrichtung schickte man gleich noch 70 seiner Anhänger ebenfalls auf die Guillotine.)

9. Wer war Joseph Fouché? *(Fouché lebte von 1759-1820. Während der Französischen Revolution wandte er sich der Politik zu und wurde in den Nationalkonvent gewählt. Dort stimmte er mit den Jakobinern für die Hinrichtung König Ludwigs XVI. [Todesurteil mit einer Stimme Mehrheit! Angeblich gab Fouché seine Stimme gezielt als letzter ab, um die Machtverhältnisse vorher erkennen zu können]. Als Repräsentant der Revolutionsregierung ließ er in Lyon über 1600 Menschen hinrichten. Daraufhin wollte ihn Robespierre stürzen, Fouché organisierte aber einen Gegenkomplott, der zur Hinrichtung Robespierres führte. Als Polizeiminister von Paris erfuhr er von den Plänen Napoleons zur Machtübernahme, unterstützte ihn und wurde von Napoleon im Amt gelassen. Nach Napoleons erzwungener Abdankung schloss sich Fouché Ludwig XVII. an. Als ☞Napoleon aus dem Exil zurückkehrte, wurde Fouché erneut sein Polizeiminister, hielt seine Kontakte zu Napoleons Gegnern aber aufrecht und intrigierte gegen Napoleon. Nach Napoleons Niederlage bei Waterloo nahm Fouché Napoleons erneute Abdankung entgegen und war nun Polizeiminister unter König Ludwig XVIII. Jetzt holte ihn aber die Vergangenheit ein: Wegen der Rolle, die er im Prozess und bei der Hinrichtung König Ludwigs XVI. gespielt hatte, wurde er als Königsmörder ins Exil geschickt. Fouché gilt deshalb in Frankreich als Prototyp desjenigen, der seine politische Gesinnung je nach den Machtverhältnissen wechselt.)*

10. Wann wurde in der Französischen Revolution die Monarchie abgeschafft? *(Erst am 21.09.1792 durch den aus allgemeinen Wahlen hervorgegangenen Nationalkonvent. Dass die königliche Familie mit den ausländischen Mächten wie z.B. Österreich gegen das neue Regime paktierte und am 21.06.1791 versucht hatte zu fliehen, hat die Entwicklung beschleunigt.)*

11. Wie erging es der französischen Königsfamilie während der Französischen Revolution? *(Ludwig XVI., ein beleibter König mit der fleischigen Nase der Bourbonen, war eine schwache, wenig entschlussfreudige Person. Ganz gegen die Gewohnheiten der Bourbonen hatte er nicht mal eine Mätresse. In seiner Freizeit frönte er der Jagd und mangels Talent mit mehr als mäßigem Erfolg in einer Werkstatt unter der Bibliothek seinem Hobby als Schlosser. Seine Frau Marie-Antoinette [Tochter der berühmten österreichischen Herrscherin ☞Maria Theresia, ohne deren politischen Weitblick auch nur entfernt geerbt zu haben] war beim Volk wegen ihrer weltfremden Arroganz und Verschwendungssucht [Für eine Festnacht im September 1777 gab sie 400.000 Livres aus, was der Jahresmiete von 570 Luxuswohnungen in Paris entsprach] verhasst. Auf die Beschwerde, das Volk hungere, da es kein Brot zu essen habe, antwortete*

sie: „Dann sollen sie halt Kuchen essen." Im September 1789 musste der König auf Aufforderung des Volkes von Versailles [liegt ca. 10 km vor Paris] nach Paris in die Tuilerien ziehen. Da dürfte ihm schon nichts Gutes geschwant haben. Der recht lange Zug, in dem die Kutschen des Königs fuhren, endete nämlich mit Revolutionären, die auf ihren Spießen die abgeschlagenen Köpfe der umgebrachten Palastwachen zur Schau trugen. Anfang 1791 versuchten der König und seine Frau, sich nachts unter den Decknamen Monsieur und Madame Korff nach Belgien zu verdrücken. Kurz vor der Grenze wurden sie aber von Bauern aufgegriffen und nach Paris zurückgebracht. Nach dem Sturm auf die Tuilerien [10.08.1792] wurde Marie-Antoinette mit ihrem Mann im Temple inhaftiert, am 14.10.1793 zum Tode verurteilt [die Anklage lautete auf Bereicherung am Volksvermögen und sexuelle Belästigung ihres Sohnes] und am 16.10.1793 in adlig fester Haltung hingerichtet. Ludwig XVI. war bereits am 21.01.1793 wegen Hochverrats auf der Guillotine geköpft worden, nachdem man in einer Truhe Geheimdokumente gefunden hatte, die seine Konspiration mit den Gegnern Frankreichs belegten.)

12. Die Französische Revolution beendete das Zeitalter des Absolutismus (1598-1789) in Frankreich. Was steht hinter dem Begriff Absolutismus? *(Der Begriff Absolutismus steht für „absolutus legibus" = „losgelöst von den Gesetzen". Er bezeichnet folgende Staatsform: Der Monarch verkörperte die unbeschränkte Herrschergewalt. Er kümmerte sich um alle Staatsangelegenheiten, unterstützt von Ministern, die er selbst ernannte. Von ihnen ließ er sich zwar beraten, traf aber alle Entscheidungen selbst. Deshalb war der Leitsatz ☞Ludwig XIV.: „L'État c'est moi" [„Der Staat bin ich."].)*

13. Wodurch endete die Französische Revolution? *(Am 9.11.1799 setzte der korsische Artilleriegeneral ☞Napoleon Bonaparte in einem Staatsstreich das Direktorium ab, erließ am 24.12.1799 die Konsulatsverfassung und wurde selbst Erster Konsul. Damit war die Revolution innenpolitisch am Ende. Ihr Gedankengut wurde jedoch durch die Koalitionskriege und die napoleonischen Kriege in weite Teile Europas getragen.)*

14. Welche Beziehung besteht zwischen den Farben der französischen Nationalflagge (sog. Trikolore; blau-weiß-rot) und der französischen Revolution? *(Die Unruhen in Paris veranlassten die provisorische revolutionäre Regierung, eine Bürgermiliz ins Leben zu rufen, die sog. Nationalgarde. Die blau-weiß-rote Kokarde [rosettenförmiges Zeichen an Uniformen] dieser Nationalgarde war Vorbild für die neue Nationalflagge, die an die Stelle der weißen Standarte der Bourbonen trat. Zur Kokarde als Erkennungszeichen kam es, weil die Zeit zu knapp war, um Uniformen zu schneidern. Blau und Rot waren die Farben der Stadt Paris.)*

15. Was haben unsere heutigen Bezeichnungen für Parteien und Politiker mit „rechts" und „links" mit der französischen Revolution zu tun? *(Während der Französischen Revolution ließen sich die verschiedenen politischen Gruppierungen in der Nationalversammlung erstmals immer auf den gleichen Sitzplätzen nieder. Ganz rechts aus der Sicht des Parlamentspräsidenten saßen die Nationalen, daneben die Konservativen, in der Mitte die Bürgerlichen und links die Progressiven, links außen die Radikaldemokraten, später die Sozialisten und Kommunisten. Der Großteil der parlamentari-*

schen Regierungssysteme hat dieses Links-Rechts-Schema im Laufe des 19. Jahrhunderts übernommen.)

Aristoteles

1. Wer war Aristoteles? *(Aristoteles [322 - 384 v. Chr.] war ein griechischer Philosoph und Wissenschaftler, der zusammen mit ☞Platon und ☞Sokrates zu den berühmtesten Philosophen des Altertums zählt.)*

2. Welche Beziehung besteht zwischen Aristoteles und ☞Alexander dem Großen? *(Aristoteles war der Erzieher Alexander des Großen. Als dieser nach der Ermordung seines Vaters ☞Philpp II. von Makedonien 336 v. Chr. König wurde, ging Aristoteles von Makedonien nach ☞Athen zurück, wurde aber von Alexander dem Großen unterstützt.)*

3. Was ist ein „Lyzeum?“ *(In Deutschland ist das eine veraltete Bezeichnung für eine höhere Mädchenschule [Gymnasium]. Der Begriff geht aber auf Aristoteles zurück: Aristoteles hatte in Athen eine Schule eingerichtet, die „Lyzeum“ genannt wurde wegen ihrer Nachbarschaft zum Tempel des Apollon Lykeios. Hier unterrichtete er junge Männer in Philosophie und Logik, Geometrie, Physik, Botanik, Zoologie, Astronomie und Politik.)*

4. Was war neu an Aristoteles´ Denkweise? *(Die Logik: Er führte den Grundsatz ein, dass man beim Erkennen der Natur nur auf Erfahrungen und Tatsachen aufbauen darf. Für Spekulationen, die göttliches oder dämonisches Eingreifen einbeziehen, war im logischen System des Aristoteles kein Raum. In seinen vier Büchern der „Meteorologica“ beschrieb er als erster Meteorologe athmosphärische Erscheinungen und Erkenntnisse über Wetterphänomene.)*

5. Aristoteles bezeichnete in seiner Staatslehre den Menschen als „zóon politikón“. Was meinte er damit? *(Nach Aristoteles ist der Mensch von Natur aus ein „staatenbildendes Wesen“ [=„zóon politikón“], das nach gesellschaftlichem Zusammenschluss strebt.)*

6. Aristoteles löste für einen Teil seiner Werke den Begriff „Metaphysik“ aus. Was verband man damit? *(Sein logisches System nannte er zunächst „Erste Philosophie“. Später bekam es die Bezeichnung „Metaphysik“ [= „nach der Physik“], weil es in einer Ausgabe seiner Werke auf die physikalischen Schriften folgte. Heute versteht man unter Metaphysik eine philosophische Disziplin oder Lehre, die das hinter der sinnlich erfahrbaren Welt Liegende, die letzten Gründe und Zusammenhänge des Seins behandelt.)*

7. Wie kennzeichnete Aristoteles einen „Weisheitsliebenden“ (= Philosoph)? *(1. Er weiß alles, soweit es möglich ist. Kein Mensch kann alles in dem Sinne wissen, dass er jede wissbare Einzelheit wüsste. 2. Der Weise vermag, das Schwierige zu erkennen, und das, was für die Menschen nicht leicht zu durchschauen ist. 3. Der Weise ist genauer. Er begnügt sich nicht mit dem Ungefähr der gemeinen Einsicht. 4. Er ist mehr fähig zu lehren, weil er Einsicht wirklich besitzt. 5. Er will die Einsicht um der Einsicht Willen. Er stellt sich nicht in den Dienst von etwas anderem. 6. Er ist eher Herrschender als Dienender. Die minder Weisen hätten ihm zu folgen und nicht er ihnen.)*

8. Was hat Aristoteles mit einem „Kater“ zu tun? *(Er hat den Begriff ausgelöst: Durch eine falsche biologische Sicht war er der Meinung, eine zu kalte Umgebung des Gehirns führe wie in der Natur zum Niederschlag so beim Menschen zum Schnupfen, also zum katarrhus [kata = herab, rhus = Fluss]. Wenn nun in Auerbachs Keller zu viel gesoffen worden war, kam die Ausrede aus sächsischem Hals als „Kater“ heraus und wurde damit zum Begriff für die lästigen Folgen des Besäufnisses.)*

Demokratie

1. Was bedeutet das Wort „Demokratie“ von seinem griechischen Ursprung her? *(Wörtlich übersetzt bedeutet es: „Volksherrschaft“. Demokratie ist die Bezeichnung für eine Vielzahl von politischen Ordnungen, in denen sich die Herrschaft auf den Willen des Volkes beruft und dem Volk rechenschaftspflichtig ist.)*

2. Wie charakterisierte der amerikanische Präsident Abraham ☞Lincoln den Begriff Demokratie? *(Er prägte bei der Einweihung des Nationalfriedhofs in Gettysburg 1863 die verbreitete Kurzformel: „Regierung des Volkes durch das Volk und für das Volk“.)*

3. Zur Demokratie gehören bestimmte Prinzipien. Was ist das „Rechtsstaatsprinzip“? *(Rechtsstaatsprinzip bedeutet, dass die Handlungen der Regierung mit der Verfassung und den Gesetzen übereinstimmen müssen.)*

4. Was bedeutet „Mehrheitsprinzip“? *(Die Handlungen der Regierung müssen dem Mehrheitswillen folgen.)*

5. Was bedeutet „Gewaltenteilung“? *(Gewaltenteilung bedeutet das Vorhandensein von Institutionen des Verfassungsstaates und die Unabhängigkeit der Gerichte. Man unterscheidet Legislative [Gesetzgebung], Exekutive [Verwaltung, die Gesetze umsetzt] und Judikative [Gerichtsbarkeit, die die Einhaltung der Gesetze kontrolliert und für den Bürger kontrollierbar macht]. In einer Demokratie müssen Exekutive, Legislative und Judikative voneinander unabhängig sein. Eine Demokratie fehlt dementsprechend, wenn alle drei Organe von einer Stelle zentral dirigiert werden können.)*

6. Was ist der Unterschied zwischen „direkter“ und „repräsentativer“ Demokratie? *(Bei der direkten Demokratie übt das Volk in Gestalt von Volksversammlungen die Staatsgewalt unmittelbar [direkt] aus. Es entscheidet durch Plebiszite über alle Gesetze und politischen Maßnahmen. Die Amtsträger sind weisungsgebunden [imperatives Mandat]. Das Volk übt auch die richterliche Gewalt unmittelbar aus. Im Gegensatz dazu übt das Volk bei der repräsentativen Demokratie die Gewalt mittelbar [indirekt] über die „Abgeordneten“ aus, die frei, geheim und in allgemeiner Wahl ernannt werden. Diese Abgeordneten üben ihr Mandat in eigener Verantwortung aus [„freies Mandat“].)*

7. Wann wurde in ☞Athen erstmals das demokratische Prinzip der Gewaltenteilung eingeführt? *(Mit den Reformen des Kleisthenes 509-507 v. Chr. Diese Reformen brachten gleiche Rechte vor dem Gesetz, Gewaltenteilung, Kontrolle der Macht und Ahndung von Gesetzesverstößen. Dieses Modell wird als „attische Demokratie“ bezeichnet und gilt als Vorbild der modernen Demokratie. Dazu gehörte auch das „Ostrakismos“ [Scherbengericht], das mindestens einmal pro Jahr stattfand. Die Bürger konnten mit Stimmzetteln aus Tonscheiben einen Politiker verbannen. Das passierte, wenn sein Name 6.000 Mal auf den Tonscherben gezählt wurde.)*

8. Was ist die „Magna Charta“? *(Die Magna Charta wurde 1215 in England von König Johann ohne Land unterzeichnet und bildet das Vorbild späterer demokratischer Verfassungen in Europa. Die Magna Charta umfasste 63 Artikel, von denen die wichtigsten lauteten: „Kein freier Mann soll gefangengesetzt, seiner Güter beraubt oder sonst geschädigt werden, außer aufgrund eines Urteils von Richtern seinesgleichen und nach den Landesgesetzen.“ „Außerordentliche Gelderhebungen bedürfen der Einwilligung einer allgemeinen Reichsversammlung.“)*

9. Wann wurde die amerikanische Verfassung unterzeichnet? *(1787 von ☞Washington. Die Verfassung schrieb die Gewaltenteilung in Legislative, Exekutive und Judikative fest.)*

10. Seit wann gibt es das allgemeine Wahlrecht? *(Seit 1788 für erwachsene Männer ab 21 Jahren [außer schwarze Sklaven] in den USA, seit 1917 für Männer und Frauen in Russland, ab 1918 in Großbritannien für Frauen über dreißig [1928 auf 21 abgesenkt], in Deutschland durch die Novemberrevolution 1918 für Männer und Frauen [davor galt das preußische Dreiklassenwahlrecht: Nur Männer waren wahlberechtigt, wobei die Stimmen unterschiedlich zählten, je nach bezahlten Steuern]. Erst 1971 wurde in der Schweiz das Frauenwahlrecht eingeführt.)*

11. Wie sah Rathenau (1876-1922, Reichsaußenminister zur Zeit der Weimarer Republik) die Demokratie? *(Treffend mit der Bemerkung: „Demokratie ist Volksherrschaft nur in den Händen eines politischen Volkes, in den Händen eines unerzogenen und unpolitischen Volkes ist sie Vereinsmeierei und kleinbürgerlicher Stammtischkram.“)*

Titanic

1. Was war die Titanic? *(Ein britischer Luxusdampfer, der größte seiner Zeit.)*

2. Wann versank die Titanic? *(Auf ihrer Jungfernfahrt in der Nacht vom 14. auf den 15. April 1912 lief die Titanic auf einen Eisberg auf und versank.)*

3. Wie viele Menschen kamen bei der Katastrophe um? *(Von den 2.220 an Bord befindlichen Menschen kamen 1.513 ums Leben.)*

4. Warum kam das in der Nähe befindliche Schiff „Californian“ nicht zu Hilfe? *(Deren Bordfunker hatte dienstfrei und war schlafen gegangen.)*

5. Die Titanic wollte in 6 Tagen von Southampton nach ☞New York übersetzen, um das „Blaue Band“ zu erringen. Was war das „Blaue Band“? *(Das „Blaue Band“ war die Auszeichnung für die schnellste Überquerung des Nordatlantiks.)*

6. Welche neuen Vorschriften löste der Untergang der Titanic aus? *(Seit dem Untergang der Titanic wurde Pflicht, dass auf jedem Schiff für jede Person ein Platz in einem Rettungsboot vorhanden sein und das Einsteigen in ein Rettungsboot durchexerziert werden muss. Weiterhin wurde auf See eine ganztägige Funkwache eingeführt und eine internationale Eispatrouille eingerichtet.)*

7. Woher kommt der Notruf „Mayday“? *(Abstürzende Flugzeuge und sinkende Schiffe setzen diesen Notruf ab. Er kommt aber nicht aus dem Englischen, sondern geht auf das fanzösische „M´aidez!“ zurück, das „Helft mir!“ bedeutet.)*

8. Wie teuer war der Film „Titanic“? *(Mit 250 Mio. $ [statt geplanter 110 Mio. $] war er der bis dahin teuerste Film aller Zeiten. Allein das Filmstudio an der Westküste Mexikos mit einem Wasserbecken, das so groß war wie fünf Fußballfelder, verschlang 20 Mio. $. Der Film wurde unter größten finanziellen Problemen fertig, spielte dann aber nicht nur 11 Oscars, sondern vor allem rund zwei Mrd. € ein.)*

Cannae

1. Was war Cannae? *(Cannae bezeichnet den Ort einer großen Schlacht, die am 02. August 216 v. Chr. bei Cannae im süditalienischen Apulien stattfand.)*

2. Wer kämpfte gegen wen? *(Es kämpften die Römer unter den beiden Konsuln Paulus und Varro gegen die ☞Karthager unter ☞Hannibal.)*

3. Wie verlief die Schlacht, wer gewann? *(Auf Seiten der Römer standen 80.000 Mann, auf Seiten der Karthager 35.000 Mann Fußvolk und 10.000 Reiter, wobei Hannibal mindestens 4.000 Reiter mehr hatte als die Römer. Hannibal wählte den Schlachtort mit Bedacht aus. Nachdem klar war, dass es zu einer offenen Feldschlacht kam [als Hannibal schon fast ganz Italien unter Kontrolle hatte, sahen die römischen Konsuln keine andere Wahl mehr als eine Feldschlacht], positionierte Hannibal seine Truppen so, dass den angreifenden Römern die Morgensonne in die Augen schien und ihnen scharfer Wind Staub ins Gesicht blies. Hannibal setzte seine Reiterei sehr geschickt ein und schlug die römische Reiterei in die Flucht. Das vorrückende römische Fußvolk wurde komplett umzingelt und von der Reiterei der Karthager von hinten angegriffen. Die Schlacht ging dann so aus, dass die Römer 45.000 Mann Fußvolk verloren, 2.700 Reiter, 80 Senatoren, 29 Tribunen und zwei Pro-Konsuln. Auch Konsul Paulus fiel, Konsul Varro konnte fliehen. Hannibal errang damit seinen größten Sieg.)*

Linné

1. Wer war Carl von Linné (1707 bis 1778)? *(Linné war ein schwedischer Botaniker.)*

2. Für welche Leistung wurde Linné berühmt? *(Linné hatte eigentlich Medizin studiert und arbeitete auch eine Zeit lang als Arzt in Stockholm. 1741 wurde er Professor an der Universität Uppsala, wechselte aber schon im laufenden Jahr auf eigenen Antrag zur Botanik über. 1757 wurde er geadelt und erhielt den Namen Carl von Linné. Berühmt wurde Linné, weil er in der Botanik ein Ordnungssystem einführte und später auch in der Zoologie. Er gab jeder Pflanze und jedem Tier einen lateinischen Namen. Die Namensgebung erfolgt mit zwei Namen [binominale Nomenklatur] wie sie noch heute von Zoologen und Botanikern angewendet wird: Ein Artname, der die Art [species] festlegt, und ein Name für die Gattung [genus], die alle Arten vereint, die in engsten Verwandtschaftsbeziehungen zueinander stehen. Beispiel: Linné nannte den Haussperling „Passer Domesticus" [„passer" ist das lateinische Wort für Sperling] und den Feldsperling „Passer Montanus". Diese Namen werden heute noch verwendet und alle Naturwissenschaftler verstehen sie, unabhängig von ihrer Sprache.)*

Dschingis Khan

1. Wer war Dschingis Khan (1162 oder 1167 bis 1227)? *(Dschingis Khan war der Herrscher eines riesigen Reiches, ausgehend von der Mongolei. 1206 wurde er zum Kaiser aller Mongolen gewählt und legte sich selbst den Titel Dschingis Khan [chinesisch „chêng-sze" = „edler Krieger" und türkisch „Khan" = „Herr"] zu. Eigentlich hieß er „Termudjin", was „Schmied" bedeutete. Diesen Namen bekam er nach einem gefangenen Feind.)*

2. Wie groß war das Reich des Dschingis Khan? *(Ausgangspunkt seiner Eroberungen war die Mongolei. Dort hatte er auch seine Hauptstadt, Karakorum. Diese Hauptstadt lag auf einer einsamen, sandigen Hochfläche. Dschingis Khan wählte sie als Hauptstadt, weil er in dieser Gegend geboren war. Zum Bau der Stadt forderte er aus dem unterworfenen Xixia 30.000 Handwerker an. Doch erst unter seinem Sohn Ögödei [herrschte von 1227 – 1242 und war ein starker Trinker] wurde Karakorum erbaut und blühte auf. Dschingis Khan war ein so erfolgreicher Herrscher, dass es ihm gelang, ein großes diszipliniertes Heer aufzustellen, dessen Siegeszüge bis nach Europa führten. Von Dschingis Khan nicht erobert wurde Süd-China, das sein Enkel Kublai Khan später erobern sollte.)*

3. Bestand das Heer Dschingis Khans nur aus Mongolen? *(Nein: Die eroberten Städte und Staaten mussten Dschingis Kahn nicht nur Tribut zahlen, sondern ihm auch Krieger stellen. Als er 1258 Bagdad in Schutt und Asche legte, kämpften in diesem Heer auch Armenier, Perser und Georgier.)*

4. Warum war sein Heer so erfolgreich? *(Der politische Grund war, dass seine größten Feinde keine stabilen Machtverhältnisse im Inneren hatten. Außerdem gab es nur wenige größere Reiche, dafür aber [z.B. in Russland] viele kleine Fürstentümer, die sich gegen eine große Streitmacht nicht erfolgreich wehren konnten. Ein weiterer Grund war die Wendigkeit der mongolischen Krieger. Sie waren exzellente Reiter und Bogenschützen. So führte ein Reiter bis zu drei Köcher voll mit Pfeilen bei sich. Einige dieser Pfeile waren so konstruiert, dass sie im Flug Pfeiftöne von sich gaben, was die Gegner einschüchterte. Jeder seiner 70.000 berittenen Krieger konnte bis zu sechs Pfeile pro Minute abschießen und zwar im vollen Galopp sowohl nach vorne wie auch rückwärts. Letzteres war wichtig, da es zur Standardtaktik der Mongolen gehörte, nach einem Angriff einen Rückzug vorzutäuschen. Der Gegner setzte dann euphorisch nach und wurde von den mongolischen Reitern in einen Kessel gezogen, wo er mit Pfeilen überschüttet wurde.)*

5. Kämpften in seinem berittenen Heer Frauen? *(Nein, aber sie waren bei den Schlachten dabei. Sie hatten die Aufgabe, verwundete Feinde zu erschlagen und die Pfeile auf dem Schlachtfeld einzusammeln.)*

6. War Dschingis Khan ein Barbar? *(Er konnte zwar weder lesen noch schreiben, war aber ein sehr geschickter, scharfsinniger Politiker mit großem Organisationstalent und umfassenden militärischen Kenntnissen. Er wusste den Wert der Bildung zu schätzen und lud an seinen Hof ausländische [insbesondere chinesische, muselmanische und persische] Gelehrte, damit sie die Mongolen unterrichteten. Dazu gründete er eine regelrechte Hofschule, in der er Staatsbeamte ausbilden ließ. Aus den eroberten Ländern ließ Dschingis Khan Handwerker und Künstler nach Karakorum kommen. Da die Mongolen überwiegend weder lesen noch schreiben konnten, übernahm er die Schrift der Uiguren, seiner fortschrittlichen Nachbarn, die sich ihm unterworfen hatten. Auch in der Wahl seiner Befehlshaber war Dschingis Khan ausgesprochen klug. So setzte er eines Tages einen Befehlshaber ab, den der längste Marsch nicht ermüdete und der auch bei bohrendem Hunger oder quälendem Durst den Schritt nicht verlangsamte. Er sagte: „Dieser Mann taugt nicht zum Befehlshaber. Er glaubt, seine Soldaten könnten Strapazen und Entbehrungen ebenso gut ertragen wie er. Nie wird er seine Leute richtig einschätzen.“ Gegen seine Feinde war Dschingis Khan allerdings von ungezügelter Grausamkeit. Massenhinrichtungen waren an der Tagesordnung. Dschingis Khan führte dabei den Vernichtungskrieg ein: Gegnerische Heere wurden eingekesselt. Waren sie besiegt, wurden keine Gefangenen gemacht, sondern der Feind bis auf den letzten Mann niedergemetzelt.)*

7. Wie schützte sich Dschingis Khan vor einer Revolte? *(Wegen der Vielzahl der von ihm unterworfenen Stämme, die ihm Krieger stellen mussten, lebte Dschingis Khan in ständiger Angst vor einer Revolte. Zu seinem Schutz stellte er deshalb eine 10.000 Mann starke Leibwache zusammen und hielt Angehörige der mächtigen Familien als Geiseln an seinem Hof.)*

8. Hatte Dschingis Khan eine sorglose Jugend? *(Im Gegenteil. Sein Vater Jesügei, ein unbedeutender Häuptling, war von tatarischen Stammesleuten aus Rache vergiftet worden, da er sie einst beraubt hatte. Er hinterließ zwei Witwen mit sieben Kindern. Da war Dschingis Khan gerade mal neun Jahre alt. Der Stamm wollte sie nicht haben und verstieß sie. Die Restfamilie lebte fortan von Fischen, Murmeltieren und Steppenratten, die sie jagte, und bekämpfte sich auch noch untereinander. Mit 14 Jahren ermordete Temudjin gemeinsam mit einem Bruder einen älteren Halbbruder, weil der ihnen einen Fisch weggenommen hatte. Später rächte Dschinigis Khan den Tod seines Vaters, indem er die Tartaren niederschlug. Gnadenlos brachte er alle um außer den jüngsten männlichen Stammesmitgliedern, die mit den Frauen versklavt wurden. Danach gab es den Stamm der Tartaren nicht mehr. In Europa sprach man noch weiter von Tataren, meinte aber die Mongolen.)*

9. War Dschingis Khan verheiratet? *(Ja, sogar schon sehr früh. Als er kaum verheiratet war, näherte sich eine Horde berittener Räuber, die Merkit. Temudjin packte Verwandte und Habseligkeiten auf die Pferde und flüchtete. Seine Frau Börte aber ließ er zurück. In der Chronik heißt es dazu: „Für Börte fehlte ein Pferd.“ Obwohl Dschingis gestand, große Angst vor der Räubern gehabt zu haben, nutzten er und zwei Freunde ihren Vorsprung, um Krieger um sich zu sammeln. Mit ihnen vernichtete er die Bande der Merkit und befreite seine Frau. Damit begann seine militärische Karriere. Mit der Treue hielt es Dschingis Khan aber nicht besonders. Er schwängerte systematisch die*

schönsten Frauen unterworfener Völker und hinterließ deshalb eine geradezu irrsinnige Zahl an Kindern.)

10. Woher haben wir Kenntnisse über Dschingis Khans „privates" Leben? *(Es war wohl sein Sohn Ögödei, der eine Familienchronik in Auftrag gab, die zu anderen Quellen passt und mit Dschingis Khan nicht nur positiv umsprang. Daraus schließt man, dass diese Chronik realistisch ist.)*

11. Wer war Dschingis Khans größter Feind? *(Nach dem Feldzug gegen die Merkit schloss sich Temudjin mit dem Clan seines Schwurbruders Dschamucha zusammen, zerstritt sich aber schon bald mit ihm. Ein Vierteljahrhundert bekämpften sie sich bis aufs Blut. Nachdem sich Temudjin zum Khan aller Mongolen hatte wählen lassen, erklärte Dschamucha sich zum Oberkhan und kochte 70 von Temudschins Leuten in Kesseln zu Tode. Als Dschamuchas Leute nach ihrer Niederlage ihren Herrn an Temudjin auslieferten, ließ dieser aber nicht etwa Dschamucha hinrichten, sondern dessen Verräter. Er hasste nämlich nichts so sehr wie Illoyalität. Dschamucha bot er einen Platz an seiner Seite an. Der aber zog eine ehrenvolle Hinrichtung und Bestattung vor - und bekam beides.)*

12. Warum trugen seine reitenden Krieger ein Seidenwams? *(Dschingis Khan hatte durch Zufall festgestellt, dass die sehr reißfeste Seide einen Krieger, der von einem Pfeil getroffen wird, schützt. Man konnte nämlich die Pfeilspitze mit dem Seidenhemd herausziehen. Die Seidenwamse boten damit auch bei vergifteten Pfeilen einen gewissen Schutz.)*

13. Wie hielt es Dschingis Khan mit der Religion? *(Er war wirklich tolerant und gewährte Religionsfreiheit. In seinem Reich konnten auch Christen und Buddhisten ihrer Religion nachgehen. Dschingis Khan selbst betete zum Himmel, der höchsten Gottheit der Mongolen.)*

14. Wo liegt Dschingis Khan begraben? *(Unklar ist, woran er starb. Zu Beginn seines letzten Feldzugs stürzte er bei der Jagd vom Pferd und zog sich schwere Verletzungen zu. Vielleicht ist er aber auch an Typhus gestorben. Seine Grabstätte ist unbekannt, liegt aber wahrscheinlich in der östlichen Mongolei auf dem Berg Burchan Chaldun. Das Grab wurde mit zahllosen Schätzen als Beigaben bestückt, u.a. mit 40 Jungfrauen „von mondgleicher Schönheit" und 40 Pferden. Nach seiner Beerdigung brachte man seine Bestatter direkt um, damit sie den Ort nicht verraten konnten, und ließ Hunderte von Pferden den Boden der Gegend so zertrampeln, dass keine Spur der Beerdigung mehr zu sehen war.)*

James Cook

1. Wer war James Cook? *(James Cook [1728 bis 1779] war ein englischer Seefahrer, der als erster die Südsee, den Stillen Ozean mit Australien, Tasmanien und Neuseeland gründlich erforschte. Schon mit 13 Jahren heuerte er als Matrose auf einem Schiff an und fiel dort durch seinen Ehrgeiz auf, da er in jeder freien Minute Mathematik, Geometrie und Astronomie büffelte.)*

2. Wie kam James Cook zu einem Schiff für die Erforschung des Stillen Ozeanes? *(Man wußte damals, dass 1769 ein Venus-Durchgang [die Bahn des Planeten Venus kreuzt die Bahn der ☞Sonne] stattfinden würde und wollte von verschiedenen Punkten der ☞Erde diesen Vorgang beobachten. Dafür stellten die Engländer Cook ein Schiff zur Verfügung, die „Endeavour“ [=„Bemühung“. 1993 nannten die Amerikaner eine Raumfähre ebenso]. Eigentlich ging es da für England um etwas anderes. Man hatte von holländischen Forschern gehört, dass im Stillen Ozean große Inseln lägen, insbesondere das „Terra Australis incognita" [=„Unbekanntes Südland“]. Alle Länder waren bestrebt, sich diesen möglichen neuen Kontinent anzueignen. Dabei ging man damals davon aus, dass es einen riesigen Südkontinent geben müsse, von dem Australien nur einen Teil darstelle. Schon der griechische Astronom Claudius ☞Ptolemäus nahm nämlich an, eine solche Landmasse sei erforderlich, um die großen Erdteile auf der nördlichen Halbkugel auszubalancieren.)*

3. Wieviele Forschungsreisen unternahm James Cook? *(Drei: Cook beobachtete die Venus zunächst von Tahiti aus. Von dort aus segelte er nach Neuseeland und vermaß das Küstengebiet Neuseelands, wobei er feststellte, dass das Land aus zwei Inseln bestand. Von dort segelte er nach Australien. Nachdem er dort die Küstenregionen erforscht hatte, segelte er um die Spitze von Südafrika [Kap der guten Hoffnung, auch „Kap Hoorn“genannt] herum nach England zurück. Die zweite Seereise unternahm er mit dem Schiff „Resolution". Hierbei schnitt er 1773 den südlichen Polarkreis und bewies, dass es ein gewaltiges Südland gab. Zur dritten Reise brach Cook 1776 auf. Diesmal fuhr er an der Nordküste Kanadas entlang, um eine Durchfahrt zwischen dem Atlantischen und dem Stillen Ozean zu suchen. Über Tahiti kam er nach Hawaii, von dort zur Küste Alaskas. Danach erforschte er die Behringstraße. 1779 landete er bei der Umkehr auf Hawaii. Bei dem Versuch, dort einen Streit zwischen den Eingeborenen und seiner Besatzung zu schlichten, wurde er von den Eingeborenen umgebracht und als „Gott Lono“ rituell verspeist.)*

4. Was ist die „Behringstraße“? *(Das Gewässer, das Asien von Nord-Amerika trennt. Die engste Stelle der Behringstraße ist 64 km breit.)*

5. Was ist der „Skorbut“? *(Skorbut ist eine Krankheit, die durch einen lang anhaltenden Mangel an ☞Vitamin C entsteht. Skorbut war die typische Seefahrerkrankheit in der Zeit von Cook. Zu seiner Zeit war die Ursache des Skorbuts noch nicht bekannt. Da bei langen Seefahrten regelmäßig Skorbut bei den Besatzungsmitgliedern auftrat,*

versuchte es Cook damit, die Seeleute mit möglichst viel frischen Nahrungsmitteln [auch Kräutern] auszustatten und die Unterkünfte der Besatzung tadellos sauber zu halten – mit Erfolg. Das ermöglichte Cook, so langwierige Seefahrten durchzuführen. Die Holländer wussten das schon früher und verwandten schon seit Jahrhunderten Zitrusfrüchte im Einsatz gegen den Skorbut.)

6. *Was war die „Botany Bay"? (Eine große Bucht an der Ostküste Australiens. Cook nannte sie wegen ihres Pflanzenreichtums „Botany Bay". Die Engländer gründeten kurz darauf dort eine Strafkolonie. Etwas nördlich davon liegt Sydney [ist nicht die Hauptstadt Australiens, sondern Canberra].)*

Kolosseum

1. Was ist das Kolosseum? (*Das Kolosseum [eröffnet 80 n. Chr.] ist das größte Amphitheater der Antike, das Schauplatz von Gladiatorenkämpfen und anderen Schauspielen war.)*

2. Wo steht das Kolosseum? (*In Rom.)*

3. Wie groß war das Kolosseum? *(187 m lang, 156 m breit, 48 m hoch mit fünf Stockwerken, von denen das erste zum Schutz vor den kämpfenden Tieren fünf Meter über dem Arenaboden lag. Die Arena selbst war sieben Meter unterkellert.)*

4. Wer stellte das Kolosseum fertig? *(Vespasian [69-79 n. Chr.], römischer Kaiser aus der Dynastie der Flavier, begann 72 n. Chr. mit dem Bau, sein Sohn Titus stellte es 80 n. Chr. fertig. Bei der Einweihung des Kolosseums dauerten die Kampfspiele 100 Tage.)*

5. Wie wurden die Baukosten für das Kolosseum finanziert? *(Mit der von Vespasian eingeführten Latrinensteuer. Als sein Sohn ihm wegen dieser Steuer Vorhaltungen machte, antwortete Vespasian mit dem berühmten Satz: „Pecunia non olet!" [= „Geld stinkt nicht!"])*

6. Was hat Beton mit dem Kolosseum zu tun? *(Kaum zu glauben, aber wahr: Die Römer bauten das Kolosseum mit einer bahnbrechenden Erfindung, die sie „opus caementitium" [opus = Werk, caementitium = Zuschlagstoff] nannten. Sie gaben Bruchstein als Bindemittel gebrannten Kalk bei, was die Herstellung von Bauwerken mit außergewöhnlich hoher Druckfestigkeit erlaubte. Das Mauerwerk entspricht unserem heutigen Beton. Der französische Gärtner Joseph Monier kam später aus der Beobachtung der Natur auf die Idee, die Bruchfestigkeit von Beton dadurch zu erhöhen, dass er dem Gitternetz von Fasern in Blättern folgend 1848 seine Pflanzkübel aus Beton mit Ei-*

sendrähten verstärkte, bevor er den Beton in die Form goss: So entstand der Stahlbeton und das nach ihm benannte Monier-Eisen.)

7. Wieviele Zuschauer hatten im Kolosseum Platz? *(56.000. Dabei war das Kolosseum so konstruiert, dass alle Zuschauer es in weniger als 10 Minuten verlassen konnten.)*

8. Was wurde im Kolosseum geboten? *(Gladiatorenkämpfe, Raubtierkämpfe [an einem Tag wurden z. B. über 5.000 Bären abgeschlachtet] und Seeschlachten mit kleinen Booten. Dazu wurde die ganze Arena unter Wasser gesetzt. Die letzten Gladiatorenkämpfe fanden 405 n. Chr. statt.)*

9. Seit wann gab es Gladiatorenkämpfe? *(Die Wiege der Gladiatorenkämpfe steht in Kampanien, das einst die ☞Etrusker beherrschten. Dort sind Belege gefunden worden, die Gladiatorenkämpfe schon zwischen 370 und 340 v. Chr. beweisen. Später übernahmen die Römer diesen Brauch von den Etruskern.)*

10. Was bedeutet das Wort „Gladiator"? *(Wörtlich übersetzt heißt es „Kurzschwertträger". Der Gladius war ein kurzes, zweischneidiges Schwert, die Standardwaffe der römischen Legionäre. Die Gladiatoren waren aber Showkämpfer und benutzten dieses Schwert so gut wie nie. Die guten Gladiatoren wurden wie Popstars verehrt und traten maximal drei Mal pro Jahr zum Kampf in der Arena an. Sie durften auch mal einen Kampf verlieren, ohne gleich getötet zu werden. Ihre medizinische Versorgung war ausgezeichnet und ihre Lebenserwartung kaum niedriger als die eines normalen römischen Bürgers.)*

11. Gab es nur männliche Gladiatoren? *(Nein, es gab auch Gladiatorinnen. Kaiser Septimus Severus verbot aber 200 n. Chr. den Einsatz weiblicher Gladiatoren endgültig.)*

12. In historischen Filmen zur römischen Zeit gilt bei Gladiatorenkämpfen der nach unten weisende Daumen als Aufforderung an den Gladiator, den unterlegenen Kämpfer zu töten, wenn das Volk es wollte und es dem Cäsar gefiel. Ist das richtig wiedergegeben? *(Nein: Wie in den Satiren des Juvenal [*60, † 128] nachzulesen ist, war das Richten des Daumens gegen die Brust das Zeichen, den Besiegten zu töten. Der zum Boden gerichtete Daumen war hingegen die Aufforderung an den Sieger, die Waffe zu senken.)*

13. Wie verfuhr man mit einem getöteten Gladiator? *(Aufseher, die gemäß der griechischen Mythologie als Charon [Fährmann der Toten] gekleidet waren, trugen seine Leiche davon. Danach deckte man sein Blut mit Sand ab – schon war die Arena frei für den nächsten Kampf.)*

14. Woher hat das Kolosseum seinen Namen? *(Ursprünglich hieß es „Flavisches Amphitheater". Im Mittelalter nannte man das Gebäude Kolosseum, allerdings nicht wegen seiner außerordentlichen Größe, sondern wegen der 40 m hohen bronzenen Kolossalstatue des Kaisers Nero, die ursprünglich an dieser Stelle stand, aber dem Bau hatte weichen müssen.)*

15. Was bedeutet „panem et circenses“? *(Wörtlich: „Brot und Spiele“. Zitat des römischen Schriftstellers Juvenal [60-140 n. Chr.], der damit die Anspruchshaltung seiner Mitbürger bezeichnete, die keine politischen Interessen hatten, sondern nur Lebensmittel und Unterhaltung durch Zirkusspiele von der Regierung verlangten. „Brot und Spiele“ ist eine übliche Umschreibung für eine Regierungspolitik, die nur auf kurzfristige Popularitätserfolge zielt. Panem – also Brot – gab es auch nicht etwa umsonst für alle, sondern seit dem 2. Jahrhundert v. Chr. für die armen Familien, aber auch nicht für alle armen Familien. Ihre Zahl war begrenzt und man rückte im Losverfahren nach.)*

16. Was hat der ☞Petersdom mit dem Kolosseum zu tun? *(Nachdem das Christentum 1380 n. Chr. zur Staatsreligion wurde, verloren die Gladiatorenkämpfe an Bedeutung, womit auch das Kolosseum als Veranstaltungsstätte herunterkam. Schließlich diente es als bequemer Steinbruch, aus dem man sich zur Errichtung neuer Bauten Marmor und Travertin holte. Aus den Steinen des Kolosseums wurde teilweise auch der Petersdom erbaut. Der Sand für den Boden in der Arena wurde aus Ägypten importiert.)*

17. Was ist Marmor? *(Marmor ist ein kleinkristallines Gestein, das durch Hitze und Druck im Erdinneren aus Kalkstein enstand. Hauptsächlicher Bestandteil ist Kalziumkarbonat. Der berühmte weiße Marmor aus Carrera in den Apenninen in Italien hat einen Kalziumkarbonatgehalt von 99 %. Farbiger Marmor hat Beimischungen von Aluminium-, Eisen- und Magnesiumsilikaten. Der Kalziumkarbonat-Anteil fällt hier auf bis zu 28 %.)*

Abraham Lincoln

1. Wer war Abraham Lincoln? *(Er war der 16. Präsident der Vereinigten Staaten von Amerika, wurde am 12.02.1809 geboren und starb am 14.04.1865 durch ein Attentat.)*

2. Was waren die ☞„Sezessionskriege“? *(Als Sezessionskriege bezeichnet man den amerikanischen Bürgerkrieg von 1861 bis 1865. Es war der Krieg zwischen den Vereinigten Staaten von Amerika [USA, die Union] und elf aus der Union ausgetretenen Südstaaten, die sich als Konföderierte Staaten von Amerika (CFA, die Konföderation) zusammengeschlossen hatten. Dieser amerikanische Bürgerkrieg war der erste moderne Massenkrieg. Mit der Kapitulation der Südstaaten wurde die Nationaleinheit der USA wiederhergestellt. Lincoln war zur damaligen Zeit Präsident der USA.)*

3. Was haben die Sezessionskriege und Lincoln mit der ☞Sklaverei zu tun? *(Lincoln war Gegner der Sklaverei und hat als Präsident deren Abschaffung verfügt. Das wichtigste Ergebnis des äußerst erbittert geführten Sezessionskrieges, bei dem 620.000 Soldaten starben, war die Abschaffung der Sklaverei. Fast 4 Millionen schwarze Sklaven erlangten mit Kriegsende rechtliche Freiheit. Wegen seiner Einstellung zur Sklaverei nannte man Lincoln auch einen „schwarzen Republikaner“.)*

4. Welche berufliche Ausbildung hatte Lincoln? *(Lincoln hatte eigentlich nur ein einziges Jahr die Volksschule besucht, später hat er sich als Eisenbahnarbeiter, Kaufmann und Postmeister versucht. Er bildete sich aber durch umfangreiche Lektüre selbst weiter und konnte schließlich Jura studieren und eine Rechtsanwaltszulassung erhalten. Anm.: Die Mehrzahl der amerikanischen Präsidenten hat Jura studiert.)*

5. Welcher Partei gehörte Lincoln an? *(In den Nordstaaten war damals gerade die Republikanische Partei gegründet worden, deren Ziel die Abschaffung der Sklaverei war. Ihr schloss sich Lincoln 1856 an.)*

6. Wann verfügte Lincoln die völlige Abschaffung der Sklaverei? *(Richtig erst 1865. In den Geschichtsbüchern ist mitunter nachzulesen, dass er 1863 eine Proklamation erließ, wonach im ganzen Land sämtliche Sklaven frei seien. Die Sklaverei sei ein für allemal aufgehoben. Richtig hingegen ist, dass Lincoln zunächst 1861 im ersten Anlauf nur den Sklaven die Freiheit gab, die für die Union [Nordstaaten] kämpften. Dann verfügte er am 01.01.1863, dass in den Südstaaten alle Sklaven frei seien. Mit dieser Proklamation wollte er vor allem die Südstaaten im Sezessionskrieg treffen, weil die Freiheit der Sklaven dort enorme Probleme bereitete, die die Südstaaten in diesem laufenden Krieg schwächen mussten. Tatsächlich hat Lincoln in einigen Nordstaaten [insbesondere den Grenzstaaten] die Sklaverei damals nicht parallel abgeschafft. Vielmehr erhielt die amerikanische Verfassung erst am 31.01.1865 einen Zusatz mit dem Verbot der Sklaverei. Da war der Krieg gegen die Südstaaten aber praktisch schon gewonnen. Der Zusatz wurde auch erst nach Kriegsende im Dezember 1865 ratifiziert. Russland war da etwas schneller: Dort erließ Zar Alexander II. 1861 ein Dekret, das die Leibeigenschaft abschaffte.)*

7. Wie oft wurde Lincoln zum Präsidenten wiedergewählt? *(Einmal.)*

8. Wie starb Lincoln? *(Er wurde am 14.04.1865 wenige Tage nach Kriegsende während einer Theateraufführung in Washington von einem fanatischen Südstaatler ermordet.)*

Perlenfischerei

1. Wo wird Perlenfischerei betrieben? *(Perlenfischer tauchen nach Perlen-erzeugenden Muscheln. Diese kommen in tropischen Meeren vor, also in Ozeanien, Japan, in der Karibik, Tahiti, Rotes Meer und Persischer Golf, Sri Lanka [früheres Ceylon].)*

2. Wie sind Perlenfischer ausgerüstet? *(Das hängt von der Entwicklung ihres Landes ab. In Japan sind die Perlenfischer modern mit Taucheranzügen ausgerüstet. Im Persischen Golf wird auch heute noch mit kurzer Hose, einem Korb oder einem Netz und einer Schutzbrille getaucht. Auch in Indien fischt man heute noch so.)*

3. Werden Perlenfischer alt? *(Ein Perlentaucher taucht durchschnittlich dreißig- bis vierzigmal pro Tag in Tiefen bis zu 30 m. Dadurch werden Herz und Lunge so stark strapaziert, dass Perlentaucher durchschnittlich 30, höchstens 40 Jahre alt werden.)*

4. Wie kam es zu Zuchtperlen? *(Schon vor langer Zeit kamen die Chinesen auf die Idee, zwischen Schale und Mantel einer bestimmten Flussperlmuschel kleine ☞Buddha-Figürchen aus Zinn zu schieben. Nach einer bestimmten Zeit wurden sie, von einer Perlmuttschicht bedeckt, wieder herausgeholt und dienten als Schmuck. Dieses Verfahren regte zu Beginn unseres Jahrhunderts einen Japaner zu Versuchen an, Zuchtperlen zu erzeugen. Dazu steckte er winzige Perlmuttstückchen in die tieferen Schichten des Mantels einer lebenden Muschel. Sie bildet dann eine Perle, die von echten Perlen mit bloßem Auge nicht zu unterscheiden war. Es dauert allerdings mindestens sieben Jahre, bis auf diese Weise eine brauchbare Perle entsteht. Hauptproduzent ist auch heute noch Japan.)*

5. Wozu dienten Perlen in der Frühzeit? *(Da sie wenig Platz beanspruchten, dienten sie in der Frühzeit als Zahlungsmittel oder Tauschobjekte. Perlen sind bereits für die Steinzeit nachgewiesen, für viele Naturvölker als Schmuck.)*

Glas

1. Woraus besteht Glas? *(Glas ist im allgemeinen Sinn ein Schmelzprodukt aus Quarzsand (Siliciumdioxyd) mit anderen oxydischen Beimengungen.)*

2. Wie lange wird Glas schon hergestellt? *(Glas wurde bereits 2000 v. Chr. erzeugt.)*

3. Bei welchen Temperaturen schmilzt Glas? *(Je nach Zusammensetzung kann Glas bereits bei einer Temperatur von 500° C, aber auch erst bei 1.650° C schmelzen.)*

4. Wie wird dem Glas Form gegeben? *(Im Wesentlichen gibt es als Verarbeitungsmethoden Gießen, Blasen, Ziehen und Walzen. Beim Gießen wird Glas in eine Form gegossen. Dieses Verfahren wird z. B. bei Fernsehbildröhren angewandt. Die Glasbläserei ist eine Entdeckung der ☞Phönizier im 2. Jahrhundert v. Chr. Wenn Glas aufgeblasen wird, kann es in jede beliebige Form gebracht werden. Beim Ziehen wird Glas direkt am Ofen zu den verschiedensten Objekten gezogen, insbesondere zu Röhrenplatten, Fasern und Stäben. Beim Walzen [insbesondere Spiegel] gießt man die Glasschmelze auf eine glatte Oberfläche, streicht das Rohprodukt glatt und poliert es anschließend.)*

5. Wo ist in Europa die berühmteste Glasherstellung? *(Auf der Insel Murano vor Venedig. In Venedig wurde Glas bereits ab dem 10. Jahrhundert erzeugt. Die Glasindustrie*

auf der Insel Murano beherrschte den europäischen Markt bis um 1700. Heute steht dort ein weltbekanntes Museum für Glas.)

Dolomiten

1. Was sind die Dolomiten? *(Ein Gebirge in Norditalien, Teil der Ostalpen.)*

2. Warum heißen die Dolomiten so? *(Weil das Gebirge hauptsächlich aus Dolomit, einer Gesteinsart, besteht.)*

3. Wie heißt der bekannteste Wintersportort in den Dolomiten? *(Cortina d'Ampezzo.)*

4. Was charakterisiert die Dolomiten? *(Die Dolomiten kennzeichnet, dass dort achtzehn Gipfeln mit Höhen über 3.000 Metern und 41 Gletscher vorhanden sind. Höchster Berg ist die Marmolada mit einer Höhe von 3.343 Metern.)*

Spartacus

1. Wer war Spartacus? *(Ein in Thrakien geborener römischer Sklave und Gladiator.)*

2. Was machte Spartacus berühmt? *(Er war der Anführer eines großen Sklavenaufstandes gegen die Römer in Italien 73 bis 71 v. Chr. 73 v. Chr. floh er mit anderen Gladiatoren aus einer Gladiatorenschule in Capua. Er vereinte zahlreiche entflohene Sklaven unter seiner Führung und schlug 73 v. Chr. in der Gegend des Vesuv ein römisches Heer. Schließlich befehligte Spartacus 40.000 Mann und schlug nacheinander die Heere zweier Konsuln vernichtend.)*

3. Wie endete der Sklavenaufstand? *(Der neue römische Oberbefehlshaber Crassus schlug 71 v. Chr. Spartacus und seine Truppen. Spartacus fiel in dieser Schlacht. Crassus nahm 6.000 Spartacus-Anhänger gefangen und kreuzigte sie entlang der Via Appia [Straße, die nach Rom führt].)*

Lappland

1. Was ist Lappland und wo liegt es? *(Lappland ist eine Region, die sich über die nördlichen Teile von Norwegen, Schweden, Finnland und die Kola-Halbinsel von Russland erstreckt. Der Großteil Lapplands liegt nördlich des nördlichen Polarkreises.)*

2. Wie leben die Lappen? *(Rund ein Drittel der Lappen sind Nomaden. Sie leben im Winter im Landesinneren, im Sommer an der Küste. Hauptgewerbe ist die Rentierzucht, die Fleisch und Bekleidung liefert. Daneben sind Jagd und Fischerei verbreitet.)*

3. Was sind „Nomaden"? *(Der Begriff „Nomaden" kommt aus dem Griechischen und bedeutet „Wanderhirten". Nomaden ziehen mit ihren Viehherden von einem Weideplatz zum nächsten und hinterlassen dabei abgefressene Flächen.)*

4. Wie groß ist Lappland? *(Die Fläche Lapplands beträgt 388.350 km² [zum Vergleich: die BRD ist 357.000 km² groß].)*

New York

1. Wie viele Einwohner hat New York? (*7,3 Mio., im gesamten Ballungsraum von New York sind es 18 Mio.)*

2. Wie groß ist New York? (*785 qkm.)*

3. An welchem Fluss liegt New York? *(New York liegt im Mündungsgebiet des Hudson River.)*

4. Wie heißen die 5 „Boroughs" (Bezirke) von New York? *(Bronx, Manhattan, Staten Island, Brooklyn und Queens.)*

5. Wie heißt die Börse von New York und wie heißt die Straße, in der sie liegt? *(Sie heißt Stock Exchange, ist die größte Börse der Welt und liegt in der Wall Street, die als Synonym für die Börse von New York gebarucht wird. Die Börse wurde 1792 unter einer Platane in der Wall Street gegründet.)*

6. Was war der „Schwarze Freitag"? *(Ein Börsenkrach 1929. Er leitete in den USA und weltweit eine wirtschaftliche Talfahrt ein. Der „Schwarze Freitag" ist eigentlich ein Donnerstag: Am 24.10.1929 [Donnerstag] kam es zu einem Börsenkrach [genauer:*

einem Bankenkrach mit einem Börsenkrach im Gefolge] als Folge des durch Aktienspekulation aufgeblähten Kreditmarktes. Da die Aktienkurse in den USA seit 1927 merklich gestiegen waren, war es allgemein üblich geworden, sich Geld zu leihen, um Aktien zu kaufen. Die massive Nachfrage führte aber zu Kursen, die keinen Realitätsbezug zum wahren Wert der ☞Aktien mehr hatten. Nach der Kurskatastrophe vom Donnerstag schlossen am „Schwarzen Freitag“ die Börse für mehrere Tage und alle Banken. Da war das Kind aber schon in den Brunnen gefallen. Dieser Börsenkrach halbierte von 1929 bis 1932 die Industrieproduktion in den USA und führte 15 Mio. Amerikaner [im Gegensatz zu Deutschland ohne soziale Absicherung] in die Arbeitslosigkeit [1987 gab es dann den „Schwarzen Montag" an der Wall Street mit Kurseinbrüchen von über 30 % des Gesamtwertes aller gehandelten Aktien].- Den ersten „Börsenkrach“ gab es übrigens 1636/37 in Holland: Die Werte von Tulpen stiegen in kurzer Zeit ins Unermessliche und führten zu einem regelrechten Terminhandel, bei dem auf zukünftige Preise spekuliert wurde. Dieser Terminhandel wurde um die Jahreswende 1636/37 zu einem rauschartigen Boom und im Frühjahr 1637 brach nach völliger Überhitzung der inzwischen unrealistisch gewordenen Preise alles in sich zusammen. Tausende Holländer wurden dabei ruiniert.)

7. Gehörte Manhattan schon immer zu New York? *(Nein, Peter Minuit, der Gouverneur der Siedlung „Nieuw Amsterdam" kaufte 1626 den Indianern Manhattan mit Glasperlen, Knöpfen und ähnlichem Tand für umgerechnet rund 24 Dollar ab.)*

8. Wer war Peter Stuyvesant? *(Er war Gouverneur von Nieuw Amsterdam und übergab im Krieg mit den Engländern diesen 1664 kampflos die Stadt. Die Engländer benannten die Stadt in New York um.)*

9. New York nennt sich selbst „Big Apple“, warum? *(Der Ausdruck kommt aus der Jazzer-Sprache. New York war in den 20er und 30er Jahren das Mekka der Jazzmusiker, in deren Kreisen der Spruch kursierte: „Es hängen viele Äpfel am Baum, aber wenn du in New York spielen kannst, hast du den größten Apfel".)*

10. Was ist der „Broadway“? *(Der Broadway ist Synonym für die Theatermeile in New York. Hier laufen u.a. die international bekanntesten und teuersten Musical-Produktionen.)*

11. Wo steht die Freiheitsstatue? *(Die Freiheitsstatue steht auf Liberty Island, also nicht in New York, sondern im Bundesstaat New Jersey. Die 46 m hohe Statue ist ein Geschenk der Franzosen an Amerika aus Begeisterung für die amerikanische Revolution. Das Gerüst im Inneren der Freiheitsstatue konstruierte Gustav Eiffel, die übrige Arbeit stammt vom Bildhauer Auguste Bartholdi. Enthüllt wurde die Freiheitsstatue am 28.10.1886. Die Sache hatte sich verzögert: Die Franzosen hatten ihr Geschenk an die Bedingung geknüpft, dass die New Yorker ein würdiges Podest für die Lady schaffen sollten. Dieses Podest war letztlich so teuer wie die gesamte Freiheitsstatue ansonsten selbst. Als die Einzelteile der Freiheitsstatue in New York ankamen, fehlten immer noch 100.000 Dollar für den Sockel. Die peinliche Situation rettete Joseph Pulitzer. Er spekulierte darauf, dass sich die kleinen Leute gern namentlich in der Zeitung lesen würden und versprach namentliche Nennung für jeden Spender. Obwohl*

die einzelnen Spenden fast ausschließlich unter einem Dollar lagen, hatte Pulitzer nach rund 6 Monaten das Geld zusammen und die Auflage seines Blattes empfindlich gesteigert.)

12. Was ist eine „Chinatown“? *(Chinatowns gibt es in mehreren amerikanischen Großstädten, auch in New York. Sie bezeichnen das Stadtviertel, in dem fast ausschließlich Chinesen und Taiwanesen leben, auch die Chinesen, die Hongkong nach der Rückgabe an China verlassen haben. In Chinatown in New York leben ca. 150.000 Menschen. Entstanden sind die Chinatowns an der Ostküste der USA aus Zuwanderungen von Chinesen von der Westküste, wo die ersten Chinatowns entstanden. Als dort wirtschaftlich der Niedergang kam und die Chinesen mehr und mehr verfolgt wurden, zogen sie nach Osten, um dort neue Arbeit in ihrer Gemeinschaft zu finden.)*

13. Was ist das „Empire State Building”? *(Ein Bürohaus in New York mit einer Höhe von 381 m. Bis 1973 war es das höchste Gebäude der Welt. Beachtlich ist die Bauzeit: Es wurden nur 9 Monate für die Fertigstellung benötigt.)*

14. Was ist der „Madison Square Garden“? *(Der Madison Square Garden ist eine weltbekannte Arena in New York für sportliche und musikalische Großveranstaltungen.)*

15. Was ist das „Macy's“? *(Es ist das größte Kaufhaus der Welt in New York.)*

16. Was ist „Harlem“? *(Harlem ist ein Viertel in New York, heute Inbegriff des schwarzamerikanischen Ghettos und Symbol für Unterdrückung und Widerstand. Eigentlich war Harlem konzipiert als bürgerliches Viertel für die weiße Mittelklasse. Da sich Bodenspekulanten aber verspekuliert hatten, standen viele Häuser leer. Ein schwarzer Immobilienhändler kaufte diese Immobilien auf und vermietete sie vorzugsweise an Schwarze, was sukzessive zum kompletten Wegzug der Weißen aus diesem Stadtviertel führte.)*

17. Was ist die Broken-Window-Theorie? *(Diese Theorie [zu deutsch etwa „Glasbruchtheorie“] wurde 1982 vom Politologen James Wilson und Kriminologen George Kelling vorgestellt. Danach können erste Anzeichen von Verwahrlosung mittelfristig ganze Stadtteile ruinieren. Der spätere New Yorker Bürgermeister Rudolph Giuliani griff diese Theorie auf mit dem Slogan „Zero Tolerance“ [= Null Toleranz] und ging nach seinem Wahlsieg rigoros gegen Schwarzfahrer, öffentliches Trinken und öffentliches Urinieren vor. Auch die Graffiti-Sprayer hatten nichts mehr zu lachen. Tatsächlich fiel seit seiner Wahl die Kriminalitätsrate kontinuierlich und längst aufgegebene Stadtteile wurden wieder bewohnbar und sicher.)*

18. Was ist der „Central Park“? *(Die „grüne Lunge" Manhattans. Den Park gibt es seit 1853, als die Stadt einen 4 km langen schmalen Streifen kaufte mit einer Gesamtfläche von 340 ha.)*

Isaac Newton

1. Wer war Isaac Newton (1642-1727)? *(Ein englischer Mathematiker und Physiker. Newton gilt als der Begründer der klassischen theoretischen Physik und damit der exakten Naturwissenschaften. Er liegt neben anderen britischen Persönlichkeiten im Westminster-Abbey in ☞London begraben.)*

2. Wie verlief Newtons Jugend? *(Newton wurde in der englischen Grafschaft Lincolnshire als Sohn eines Bauern geboren. Sein Vater war Analphabet und starb schon vor Newtons Geburt. Seine eher unglückliche Jugendzeit wendete sich zum Guten, als er – ein wenig älter als seine Mitschüler – nach Cambridge wechselte, wo er Jura und Philosophie studierte. Als die Universität zwei Jahre wegen der Pest geschlossen wurde, ging Newton nach Lincolnshire zurück und begann mit eigenen mathematischen und physikalischen Forschungen, eigentlich philosophisch ausgerichtet.)*

3. Wie heißt Newtons Hauptwerk? *(Es heißt „Philosophiae naturalis principia mathematica" [=„Mathematische Prinzipien der Naturphilosophie"]. Dies Werk enthält seine Theorie der Schwerkraft und die Gesetze der Bewegung. Dabei ging Newton im Gegensatz zu seinem Zeitgenossen Descartes nicht rationalistisch und deduktiv, sondern empirisch [praktisch versuchend] und induktiv vor. Seine Erfolge verhalfen lange Zeit der Empirik zur Vorherrschaft über die rationalistische Philosophie. Gleichwohl wusste Newton, was er den anderen zu verdanken hatte: „Wenn ich etwas weiter sah als andere, so deshalb, weil ich auf den Schultern von Riesen stand.")*

4. Für welche Entdeckung wurde Newton berühmt? *(Für das Gesetz der universellen Gravitation. Danach stehen alle Körper im Weltraum und auf der ☞Erde unter der Wirkung einer Kraft, der sogenannten Schwerkraft. Klassisches Beispiel: Der Apfel fällt vom Ast des Baumes auf den Boden der Erde. Das universelle Gesetz der Gravitation ermöglichte Newton, sämtliche Planetenbewungen vorauszuberechnen, die Gezeiten, sowie die Bewegungen des Mondes und der Kometen. Newton war ausgegangen von ☞Galileis Gesetzen des freien Falls. Er steht aber auch für die Infinitesimalrechnung [Differential- und Integralrechnung].)*

5. Was entdeckte Newton bei seinen Forschungen zur Optik? *(Er entdeckte, dass Sonnenlicht eine heterogene Verschmelzung verschiedener Strahlen ist, wobei jeder Strahl eine andere Farbe verkörpert. Wird das Bündel durch Reflektionen und Brechungen in seine Bestandteile aufgespalten, entstehen die einzelnen Farben getrennt. Newton veranschaulichte diese Theorie, indem er einen Strahl des Sonnenlichtes mit einem Prisma zerlegte und dadurch die einzelnen Farben nachwies. In seinem Werk „Optik" befasste er sich aber auch noch mit Spekulationen zur Mechanik, der Religion und der Moral.)*

6. Wie bleibt Kaffee mit Milch länger heiß? *(Wenn man die Milch gleich zu Beginn dazuschüttet. Das Phänomen beschreibt das Newtonsche Abkühlungsgesetz: Die Ge-*

schwindigkeit der Temperaturänderung verhält sich proportional zur Temperaturdifferenz der Stoffe. Der heiße Kaffee kühlt sich in kalter Umgebung also schneller ab. Schüttet man die Milch erst nach fünf Minuten hinzu, drückt das die Temperatur noch mal sehr stark.)

Araber

1. Wer wird als „Araber" bezeichnet? *(Araber ist die Eigenbezeichnung der historischen und gegenwärtigen Einwohner der arabischen Halbinsel, die oft auch auf die Völker ausgeweitet wird, die hinsichtlich Abstammung, Sprache, Religion und Kultur eng mit ihnen verwandt sind. Im engeren Sinne sind Araber damit die Einwohner Saudi-Arabiens, Syriens, Jemens, Jordaniens, Libanons, Iraks, Ägyptens und in den Staaten des Maghreb [Westen der arabischen Welt: Marokko, Algerien, Tunesien, bisweilen wird auch Libyen einbezogen].)*

2. Welche Sprache sprechen die Araber? *(Arabisch. Es gibt jedoch so viele Dialekte, dass sich Araber verschiedener Regionen untereinander nur schwer verstehen.)*

3. Was ist die Religion der Araber? *(Der ☞Islam bildet als gemeinsame Religion ein einigendes Band zwischen den verschiedenen arabischen Völkern. Sprache und Religion finden ihren gemeinsamen Ausdruck im Koran [Heilige Schrift des Islam]. Rund 8 Prozent der Araber sind aber Christen.)*

4. Was sind Beduinen? *(Beduinen sind nomadische Araber, die ☞Kamele züchten und als Bewacher der Karawanenwege bekannt sind.)*

5. Wer war ☞Mohammed, welche Bedeutung hatte er für das arabische Reich? *(Mohammed wurde 570 n. Chr. in Mekka geboren und ist der Begründer des Islams. Er forderte seine Anhänger auf, fremde Länder zu erobern und die Menschen zum Islam zu bekehren, notfalls mit Gewalt [„Das Schwert ist der Schlüssel zum Paradies!"]. Sein Schwiegervater und Nachfolger, der Kalif [„Kalif" kommt vom arabischen „Chalif" = Stellvertreter, Nachfolger. Kalifen haben keine Funktion als geistliches Oberhaupt im Islam.] Abu Bekr begann mit der Durchführung dieser Aufgabe. Im 8. Jahrhundert n. Chr. war das Araberreich am größten: Es umfaßte Persien, Armenien, Arabien, Nordafrika, Spanien und Portugal. Die Araber wollten eigentlich Europa unterwerfen, kamen aber weder an ☞Konstantinopel [heute Istanbul] noch hinter den Pyrenäen an Frankreich [dort scheiterten sie an ☞Karl Martell] vorbei. Im 11. Jahrhundert schwand die Macht der Araber unter dem Ansturm der Türken.)*

6. Was ist ein „Kadi", woher kommt der Begriff? *(„Kadi" ist die Bezeichnung für einen Richter. Der Begriff kommt aus dem Arabischen: Der Kalif Omar setzte in den besetz-*

ten Gebieten einen Kadi ein, der dafür zu sorgen hatte, dass die arabischen Gesetze befolgt wurden.)

7. Welche Bedeutung hatten die Araber für die Verbreitung der griechischen Kultur in Westeuropa? *(Die Araber waren sehr gebildet und fremden Kulturen gegenüber aufgeschlossen. In der Universität von Alexandria in Ägypten wurden viele griechische Werke ins Arabische übersetzt. Nachdem die Völkerwanderung die griechische Kultur verdrängt hatte, kehrte sie über die Araber nach Westeuropa zurück.)*

8. Was führten die Araber nach Europa ein? *(Die Araber beherrschten Sizilien von 827 bis 1091. Sie machten Palermo zu einer Großstadt und blühendem Handelszentrum. Auf diesem Wege und über das von ihnen lange besetzte Spanien brachten sie Apfelsinen, Baumwolle, Maulbeerbäume, Zuckerrohr und Datteln nach Europa. Sie ersetzten das umständliche römische Ziffernsystem durch die bis heute gebräuchlichen arabischen Zahlen. Auch viele Worte stammen aus dem Arabischen, z.B. Magazin, Tarif, Karaffe, Arsenal, Admiral, Kaffee, Orange [im Arabischen narang, im Spanischen noch heute naranja], Almanach, Algebra und ☞Gibraltar.)*

9. Welche Bedeutung haben die unterschiedlichen Farben der Kopftücher der männlichen Araber? *(Die Araber tragen viereckige Stücke aus weißer Baumwolle, die vom Kopfring gehalten werden, der aus Kamel- oder Ziegenhaar gedreht wird. Die unterschiedlichen Farben haben eine feste Bedeutung: Rot-weiße Tücher kennzeichnen Männer aus monarchistischen Staaten wie Kuweit oder Saudi-Arabien, schwarzweiße stehen für eine präsidiale Verfassung wie Ägypten oder Palästina. Gemeinsam ist ihnen, dass ihr Träger noch keinen „Hadsch" [die für jeden Muslim gläubige Pflicht, nach Mekka zu pilgern] unternommen hat. Nur Männer mit weißen Kopfbedeckungen haben diese Pilgerfahrt bereits absolviert.)*

10. Was ist Al-Dschasira? *(Al-Dschasira ist ein arabisch-sprachiger Fernsehsender, der immer mehr zum arabischen Nachrichtenkanal aufsteigt. Eigentümer ist der Emir von Katar, Scheich Hamar bin Khalifa Al-Thani. Er machte 1996 140 Mio. $ für die Gründung des unabhängigen Senders locker und nannte ihn Al-Dschasira [= „Die Insel"] als Gegengewicht zu den übrigen regimetreuen Programmen in der Region. Begünstigt wurde der Emir von einem Flop: Eigentlich hatten die Engländer einen arabischen Ableger der BBC geplant. Als sich das Projekt zerschlug, waren im arabischen Markt 250 Mitarbeiter verfügbar, die nach westlichem Nachrichtenniveau ausgebildet waren. Al-Dschasira stellte die Hälfte von ihnen ein und brachte es bald auf 45 Mio. Zuschauer. Das Design des Senders stammt übrigens nicht aus dem arabischen Raum, sondern von einer in München ansässigen Design-Firma [Velvet], die auf Medien-Design spezialisiert ist und u.a. auch SAT 1 und VOX betreut.)*

Lehnswesen

1. Was ist „Feudalismus“? *(Feudalismus ist die Bezeichnung für die hoch- und spätmittelalterliche Gesellschaftsordnung, die davon geprägt ist, dass der Monarch eine freie, adelige Oberschicht durch das Lehnsrecht mit Grundherrschaften und verschiedenen Hoheitsrechten ausstattete.)*

2. Wie funktionierte das „Lehnswesen“? *(Die lehnsrechtlich bestimmte Gesellschaft war streng hierarchisch gegliedert. An der Spitze stand der König. Er gab Land, Ämter oder Rechte, die Erträge abwarfen, zur dauernden Nutzung an ☞Ritter oder mächtige Grundbesitzer. Diese schuldeten im Gegenzug dem König im Bedarfsfall ein gut ausgerüstetes Reiterheer aus Berufskriegern.)*

3. Was ist ein „Vasall“? *(Vasall ist im Lehnswesen die Bezeichnung für den Lehnsnehmer. Vasall ist das keltische Wort für „Diener". Der Vasall ist seinem Herrn gegenüber zu Treue, Gehorsam und Dienstleistung verpflichtet. Die Treuepflicht besteht im Lehnswesen wechselseitig zwischen Lehnsherr und Vasall.)*

4. Was bedeutet das „Jus primae noctis“ („Recht der ersten Nacht“)? *(Den Feudalherren des Mittelalters wird dieses Recht angedichtet, die Braut eines Leibeigenen in der Hochzeitsnacht entjungfern zu dürfen. Heute sind sich Historiker einig, dass es ein solches verbrieftes Recht im Mittelalter nicht gab. Möglich ist, dass mittelalterliche Texte einfach nur falsch übersetzt wurden, indem man aus den finanziellen Abgaben der Leibeigenen auf eine parallel erlaubte sexuelle Ausbeutung schloss.)*

Wein

1. Was ist Wein? *(Wein ist ein aus dem Saft der Weinbeeren durch alkoholische Gärung gewonnenes Getränk.)*

2. Wie wird Wein hergestellt? *(Frisch geerntete [„gelesene“, „geherbstete"] Trauben werden gepresst. Der gewonnene Saft [Most] enthält gärbaren Zucker und natürliche ☞Hefe. Sie bringen die Gärung in Gang. Der Gärungsprozess endet, wenn entweder aller Zucker vergoren ist oder die Alkoholkonzentration so hoch ist, dass die Hefe abgetötet wird.)*

3. Was ist der Unterschied in der Herstellung von Weißwein und Rotwein? *(Traubensaft ist grundsätzlich farblos, auch derjenige der meisten roten Rebsorten. Bei der Herstellung von Weißwein werden die ausgepressten Schalen und Stiele [Maische] vor der*

Gärung entfernt. Es entsteht dann grundsätzlich Weißwein. Bei der Herstellung von Rotwein belässt man die Schalen der roten Weinbeeren nach dem Pressen im Most und lässt sie mitgären. Dabei gehen die Farbstoffe der Schalen in den Wein über.)

4. Wie entstehen Sekt oder Prosecco? *(Bei diesen Schaumweinen wird eine zweite Gärung an die erste Gärung angeschlossen. Man gibt noch Zucker und Hefe zu und füllt den Wein für die zweite Gärung in einen luftdichten Behälter. Der berühmteste Schaumwein ist der Champagner. Der Name ist geschützt und darf nur verwendet werden, wenn der Schaumwein aus der französischen Landschaft Champagne stammt.)*

5. Woher kommt der Begriff „Sekt“? *(Irgendwann zwischen 1820 und 1830 kehrte der gefeierte Hofschauspieler Ludwig Devrient in Berlin nach der Vorstellung im Weinhaus „Lutter & Wegner“ ein, um dort sein Lieblingsgetränk, den gerade in Mode kommenden deutschen Schaumwein, zu bestellen. Noch ganz in seiner Glanzrolle [er gab den Falstaff aus dem Shakespeare-Stück „Henry IV.“] dröhnte er einen Satz seiner Rolle als Bestellung durchs Lokal: „a cup of sack!“ Unter „sack“ verstanden die Briten zwar einen Sherry, der Kellner brachte aber den gewünschten Schaumwein. Das Wort machte bald die Runde, und im Wege der „stillen Post“ wurde aus „sack“ dann „Sekt“.)*

6. Wer hat den Champagner erfunden? *(Der blinde Benediktiner-Mönch Dom Pierre Pérignon [1638-1715]. Er trat mit 15 Jahren ins Kloster ein und wurde später wegen seines ausgezeichneten Geruchs- und Geschmackssinns Kellermeister. Dabei vervollkommnete er die Flaschengärung von Champagner und sorgte für die alles entscheidenden Blasen. Der Weinproduzent Moët et Chandon ehrte seine Leistung später dadurch, dass er seinen besten Champagner nach ihm benannte.)*

7. Was heißt „brut“ beim Champagner? *(Die Bezeichnung „brut“ gibt den Zuckergehalt von Champagner an. Champagner „extra-brut“ [=extraherb] hat zwischen 0 und 6 Gramm Zucker je Liter, „brut“ unter 15 Gramm, „extra dry“ 12 bis 20 Gramm, „sec“ [=trocken] 17 bis 35 Gramm, „demi-sec“ 35 bis 50 Gramm und „doux“ [=mild] mehr als 50 Gramm. Zu „brut nature“ wird keine Dosierung angegeben: Er hat 0 bis 3 Gramm Zucker.)*

8. Gibt es Champagner nur in normalen und Magnum-Flaschen? *(Nein: Magnum hat 1,5 l Inhalt, Doppelmagnum 3 l, Jeroboam 4 l [benannt nach einem israelitischen König], Methusalem 4,5 l [benannt nach dem 969 Jahre alten Greis aus der Bibel] und Nebukadnezar 15 l [benannt nach einem babylonischen König].)*

9. Warum heißt junger Wein „Federweißer“? *(Federweißer ist in Gärung befindlicher Traubenmost. Der junge Most ist süß [je länger er gärt, umso trockener wird ein Wein]. Weil der gärende Most eine weißliche Farbe hat und die Hefeteilchen darin wie kleine Federn schweben, nennt man ihn „Federweißer“.)*

10. Woher kommen die bekanntesten Tischweine Europas? *(Aus Frankreich kommen Bordeaux und Burgunder, aus Deutschland aus den Flusstälern von Rhein und Mosel Weine und aus Italien der Chianti aus der Toskana.)*

11. Woher kommt der Beaujolais? *(Aus der gleichnamigen französischen Region, die einen Teil des Burgund bildet und nördlich vob Lyon liegt. Besonders bekannt ist der „Beaujolais primeur", der erste Wein eines Jahrgangs.)*

12. Was sind „Dessertweine"? *(Dessertweine, die man auch Süßweine oder Liköre nennt, werden durch Zusatz von Äthylalkohol hergestellt. Daher haben sie einen höheren Alkoholgehalt als normale Tischweine. Am bekanntesten sind Sherry und Portwein. Sherry wird meist als Aperitif getrunken, während der Port nach dem Essen serviert wird. Der Portwein kommt aus Portugal. Im Tal des Flusses Douro, an dessen Mündung die Stadt Porto [=Hafen] liegt, wächst die Traube, die für den berühmten Portwein verwendet wird.)*

13. Wie kam der Sherry zu seinem Namen? *(Er ist nach der spanischen Stadt Jerez de la Frontera benannt. Die Spanier exportierten den Wein schon im 12. Jahrhundert nach England, von wo sie im Gegenzug Wolle bezogen. Da stand Jerez aber noch unter maurischer Herrschaft und hieß deshalb arabisch Sherish.)*

14. Schützt Rotwein vor Krebs? *(Viele Krebsmedikamente enthalten Apoptose [eigenes Selbstmordprogramm der Tumorzellen]. In vielen Tumorzellen ist diese Apoptose blockiert. Ein Forscherteam der Universität Ulm fand heraus, dass der Naturstoff Resveratrol, der vor allem in Rotwein, Weintrauben und Erdnüssen vorkommt, diese Resistenz von Tumorzellen gegen Krebsbehandlungen aufheben kann. Die Ulmer Forscher entdeckten, dass Resveratrol das apoptosehemmende Protein Survivin außer Kraft setzt. Offen ist bislang, ob der gegenüber den Deutschen erhöhte Rotwein-Konsum der Franzosen der Grund dafür ist, dass dort weniger Krebserkrankungen auftreten als in Deutschland [„French Paradox"].)*

15. Warum macht Rotwein müde? *(Forscher der Universität Mailand fanden heraus, dass in den Trauben mehrerer Rebsorten [insbesondere Nebbiolo, Cabernet Sauvignon und Croatina] Spuren des Hormons Melatonin enthalten sind, das im menschlichen Organismus wie ein Schlafmittel wirkt. Produziert wird das körpereigene Melatonin beim Menschen in der Zirbeldrüse und reguliert den Tages- und Nachtrhythmus. Melatonin konnte auch in Johanniskraut und Sauerkirschen nachgewiesen werden. Rotwein wirkt – in Maßen getrunken – entzündungshemmend, hilft gegen Asthma und Arthritis, beugt Alzheimer vor und stärkt Herz und Kreislauf.)*

16. Warum legen Kellner beim Einschenken von Wein die linke Hand auf den Rücken? *(Dieser Brauch geht auf das alte Rom zurück: Den Weinsklaven band man die linke Hand auf den Rücken, damit sie ihrem Herrn beim Einschenken mit der anderen Hand kein Gift ins Glas mischen konnten.)*

17. Was bedeutet „in vino veritas“? *(Das römische Sprichwort steht für „im Wein liegt Wahrheit“, da Angeheiterte oft Dinge preisgeben, die sie nüchtern nie aussprechen würden.)*

Napoleon

1. Wer war Napoleon (1769-1821)? *(Napoleon war von 1804 - 1814/15 Kaiser der Franzosen.)*

2. Was machte Napoleon berühmt? *(Zum einen seine Feldzüge, mit denen er Frankreich zur größten europäischen Macht aufsteigen ließ, zum anderen der Code Civil [auch: Code Napoléon], mit dem das erste moderne Bürgerliche Gesetzbuch in weiten Teilen Europas Verbreitung fand.)*

3. War Napoleon belesen? *(Ja, sogar sehr: Auf allen Reisen und Feldzügen führte er eine Bibliothek von 100 Büchern mit sich [u.a. die Bibel, Homer [den hatte auch ☞Alexander der Große auf seinen Feldzügen dabei], Plutarch [griechischer Philosoph und Schriftsteller], Voltaires Zaire und Goethes Werther. Auch der Koran war ihm vertraut.]. Sein Bibliothekar musste ihm alle literarischen Neuheiten ins Feld schicken.)*

4. Wieso wurde Napoleon bereits mit 25 Jahren Brigade-General? *(Nachdem Napoleon Korsika verlassen hatte, ging er zunächst nach Südfrankreich, wo er ein Batallionskommando bei Toulon erhielt. Diesen französischen Kriegshafen hielten die Briten mit ihrer überlegenen Flotte besetzt. Napoleon erkannte mit seinem militärischen Genie jedoch die zwei Punkte, die der französischen Revolutionsarmee die Überlegenheit über die Engländer bringen mussten, und eroberte sie. Daraufhin mussten die Briten den Hafen aufgeben, was zur Rückeroberung von Toulon führte und zu einem Wendepunkt in den Kämpfen der Jahre 1793/94.)*

5. Was waren Napoleons größte Erfolge? *(Durch sein auffälliges militärisches Talent war er mit 16 Artillerieleutnant und bereits mit 24 Jahren Brigade-General. 1795 schlug er einen Aufstand des Volks von ☞Paris gegen die Revolutionsregierung nieder, was ihm in der folgenden Nacht die Position des Oberbefehlshabers der Heimattruppen eintrug. Zunächst schlug er 1796 Österreich und dessen Verbündeten und vergrößerte dabei Frankreichs Staatsgebiet. Mit einem Expeditionskorps gegen Ägypten erlitt er Schiffbruch im wahrsten Sinne des Wortes. Die französische Flotte wurde nämlich vom englischen Admiral Horatio ☞Nelson bei Abukir vernichtend geschlagen. Napoleon kehrte nach Frankreich zurück, ohne dabei an Ansehen zu leiden. Am 9./10. November 1799 setzte er sich mit einem Staatsstreich an die Regierungsspitze und krönte sich am 2.12.1804 in der Kathedrale Notre-Dame in ☞Paris zum erblichen Kaiser der Franzosen und 1805 in Mailand zum König von Italien. Im Juni 1800 gewann er mit der Schlacht von Marengo das zweitemal gegen Österreich und baute*

das französische Staatsgebiet weiter aus. 1805 schlug er in der Drei-Kaiser-Schlacht bei Austerlitz Österreicher und Russen vernichtend, 1806 die vereinten Preußen und Russen in der Doppelschlacht von Jena und Auerstedt und erlangte damit die uneingeschränkte Vorherrschaft in Mitteleuropa. Wieder baute Napoleon das Herrschaftsgebiet von Frankreich aus. 1807 und 1808 eroberte er Portugal und Spanien, was jedoch ein empfindlicher Aderlass für die Truppen war, die 300.000 Mann verloren. Außerdem war der Krieg extrem teuer, weshalb die Truppen letztlich 1813 aus Spanien abzogen. 1809 schlug Napoleon noch einmal die Österreicher und vergrößerte das Staatsgebiet Frankreichs wiederum. Bis 1811 reichen Napoleons Erfolge.)

6. Wie verstand sich Napoleon mit ☞Robespierre? *(Napoleon war mit Robespierre befreundet – und das war bekannt. Als Robespierre im Juli 1794 gestürzt wurde, wurde Napoleon postwendend aus der Armee ausgeschlossen. Erst eine breit angelegte Intrige mit der Einheirat in die mächtige Clique des Robespierre-Gegners Barras brachte Napoleon wieder nach oben. Dafür heiratete er Josephine Beauharnais, eine zwar schöne, aber auch nicht mehr ganz junge Frau aus dem Kreis um Barras, und erhielt den Oberbefehl über die Truppen, die wegen der Unruhen in Paris zum Schutz der Nationalversammlung zusammengezogen worden waren. Mit rücksichtslosem Feuer in die Reihen der Gegenrevolutionäre holte Napoleon den Sieg und war fortan wieder militärisch und politisch im Geschäft.)*

7. Was löste Napoleons Niedergang aus? *(Der 1812 von Napoleon eingeleitete Feldzug nach Russland. Napoleon hatte gegen seinen Erzfeind England eine Kontinentalsperre verhängt, die der russische Zar offen durchbrach. Deshalb wollte Napoleon „London in Moskau" besiegen. Historisches Kuriosum am Rande: England hatte 1811 eine Missernte, und Frankreichs Bauern wollten ihre Getreideüberschüsse loswerden. Napoleon brauchte Geld für den Russlandfeldzug. So machte er mit England seinen Feind zum Kunden, indem er trotz Kontinentalsperre sein Getreide an England verkaufte. Mit 700.000 Mann aus neun Nationen überschritt er im Juni 1812 den Njemen. Napoleon besetzte zwar das von den Russen verlassene ☞Moskau. Die Russen hatten aber alles verbrannt und damit das französische Heer versorgungslos gestellt. In Moskau hatte Napoleon einen Monat auf Verhandlungen mit Zar Alexander gewartet, der jedoch nicht kam. Im plötzlich früh und sehr streng einsetzenden Winter musste Napoleon sich nach Frankreich zurückziehen. Die größte Katastrophe traf die Armee beim Überqueren der Beresina. Hier mussten die Franzosen über zwei schmale Pionierbrücken und wurden dabei von den Russen überfallen. Eine schreckliche Panik brach aus: Nur 30.000 Mann konnten sich über den Fluss retten. Mit 700.000 Mann war er in diesen Krieg gezogen, nur 15.000 Mann kamen letztlich zurück. Sein Befehl zum Rückzug kam zu spät. Der verlorene Krieg mit den empfindlichen Verlusten gegen Russland nahm Napoleon den Nimbus der Unbesiegbarkeit in Europa. Preußen verbündete sich mit Russland, England, Schweden und Österreich schlossen sich an. Gegen sie verlor er bei der Völkerschlacht bei Leipzig 1813 vernichtend. Am 31. März 1814 zogen die Verbündeten Frankreichs mit dem preußischen General Blücher in Paris ein, Napoleon musste am 6.4.1814 abdanken.)*

8. Wo blieb Napoleon nach der Abdankung von 1814? *(Ihm wurde die Insel Elba als Fürstentum zugesprochen. Dorthin musste er sich zurückziehen. Seinen Kaisertitel durfte Napoleon zunächst behalten.)*

9. Blieb Napoleon auf der Insel Elba? *(Nein: Nach seiner Abdankung machten die Bourbonen den Fehler, die alten absolutistischen Zustände wiederherstellen zu wollen. Das brachte das französische Volk gegen den neuen Kaiser auf. Napoleon wurde von mehreren Abordnungen gebeten zurückzukehren. Am 26.2.1815 stach er mit sechs kleinen Schiffen und einigen hundert Soldaten heimlich in See. Am 1. März landete er an der französischen Küste, marschierte in einem wahren Triumphzug auf Paris zu und bekam seinen alten Rang zurück.)*

10. Was ist die „Herrschaft der hundert Tage"? *(Napoleon blieb bei seiner Rückkehr von Elba nur hundert Tage an der Macht. Als die Feinde Napoleons von seiner Rückkehr hörten, lehnten sie Verhandlungen mit ihm ab und schickten 600.000 Mann gegen ihn los. Napoleon brachte es nur auf 400.000 Mann und wurde bei Waterloo am 18.6.1815 vernichtend geschlagen. Am 22.6. musste er ein zweitesmal abdanken. Heute misst man Regierungen an den „hundert Tagen" hinsichtlich Erfolg oder Misserfolg. Die ersten hundert Tage gelten noch heute als eine Art Probezeit für neue Regierungen.)*

11. Wohin wurde Napoleon nach seiner zweiten Abdankung verbannt? *(Auf die Insel St. Helena. Dort verbrachte Napoleon noch 6 Jahre und starb am 5.5.1821 an einem Krebsleiden. 1840 wurden seine sterblichen Überreste im Pariser Invalidendom beigesetzt.)*

12. War Napoleon verheiratet? *(Ja, sogar zweimal. 1796 heiratete er Joséphine de Beauharnais. Diese Heirat mit einer Aristokratin eröffnete ihm den angestrebten Zugang zur herrschenden Gesellschaftsschicht, die er für seine Karriere brauchte. 1810 heiratete er die Habsburgerin Marie Louise, die Tochter des österreichischen Königs Franz I., nachdem er sich von Joséphine hatte scheiden lassen. Auch diese Heirat war eine politische Heirat, mit der er Österreich in Zukunft von antinapoleonischen Koalitionen fernhalten wollte. Nach Napoleons erster Abdankung 1814 wurden seine Frau und sein Sohn von seinem Schwiegervater, Franz I., in Gewahrsam genommen. Napoleon sah die beiden niemals wieder.)*

13. Welche Bedeutung hatte Napoleon für Europa? *(Napoleon ist nicht nur für die enorm verlustreichen Kriege in Mitteleuropa über mehrere Jahre verantwortlich. Durch seine Neuordnung des französischen Staatswesens setzte er aber auch das Ideengut der ☞Französischen Revolution in Gesetze um, die den französischen Bürgern Gleichheit vor dem Gesetz und Religionsfreiheit zusicherten. Sein Code Civil, der 1804 verkündet wurde, wurde das modernste Zivilrecht Europas. Dieser "Code civil" war schon im Jahre 1791 beschlossen worden. 1800 lag davon aber immer noch nichts vor, weshalb Napoleon die Arbeiten an sich zog und bis 1807 vollendete. Dabei diktierte er ganze Gesetze oft selbst. Den Wert dieses neuen Bürgerlichen Gesetzbuches erkannte Napoleon völlig richtig mit seiner Feststellung auf Sankt Helena: „Mein eigentlicher Ruhm besteht nicht darin, dass ich 60 Schlachten gewonnen, sondern dass ich*

Frankreich den Code Civil gegeben habe". Mit seinen Kriegen brachte er dieses Ideengut nach ganz Europa und löste damit außerhalb Frankreichs die Freiheitsbewegungen in der Mitte des 19. Jahrhunderts aus.)

14. Was hat Napoleon mit dem Triumphbogen am Ende der Avenue des Champs-Elysées in Paris zu tun? *(Er ließ ihn 1806 zu Ehren seiner Siege und seiner Soldaten errichten. Er enthält an der Innenseite die Namen der 172 Schlachten Napoleons und seiner 600 Generäle.)*

15. Wo wurde Napoleon geboren? *(Auf Korsika als zweites von acht Kindern. Da Napoleon mit 1,66 m nicht besonders groß gewachsen war, brachte ihm das den Beinamen „der kleine Korse" ein. Sein Vater, ein korsischer Advokat aus niederem Adel, gab ihn als Zehnjährigen in eine Militärschule. Napoleon musste die französische Sprache erst erlernen. In seiner Jugend hatte er sich übrigens der korsischen Unabhängigkeitsbewegung angeschlossen und die Franzosen zunächst bekämpft. Mit 24 Jahren wechselte er dann aber die Fronten und trat in die französische Armee ein. Deshalb sprach Napoleon zeitlebens französisch mit fremdem Akzent.)*

16. Wenn ein junger Mann von der Bundeswehr eingezogen wird, spricht man davon, dass er zum „Barras" muss. Woher kommt die Bezeichnung „Barras" für den Wehrdienst? *(Als Napoleons Truppen die Soldaten ausgingen, warb man landesweit auf Plakaten um Freiwillige. Unterzeichnet war das Plakat vom damaligen Heeres-Anwerber Graf Barras [1755-1829]. Sein Name wurde zum Synonym für einen Dienst beim Militär.)*

17. Was hat Napoleon mit unserem Wort „Fisimatenten" zu tun? *(Napoleons Soldaten forderten bei ihrem Marsch durch Europa einheimische Frauen auf: „Visite ma tente" [französisch: „Besuche mein Zelt"]. Besorgte Mütter ermahnten deshalb ihre Töchter: „Mach bloß keine Fisimatenten!")*

18. Welcher Verwandte Napoleons folgte ihm auf den Kaiserthron der Franzosen? *(Napoleon III. [1808-1873], ein Neffe Napoleons [er war der Sohn eines Bruders und einer Stieftochter von Napoleon]. Nach Napoleons Tod 1821 auf Elba und dem Tod von Napoleons Sohn 1832 wurde er das Oberhaupt der Familie Bonaparte. Wegen der Popularität des Namens Napoleon gelang es ihm nach mehreren vergeblichen Anläufen, die ihn auch ins Exil in die Vereinigten Staaten, in Festungshaft [aus der er als Maurer verkleidet fliehen konnte] und nach England verschlugen, 1848 zum Präsidenten der Republiuk gewählt zu werden. Da dieses Amt auf vier Jahre befristet war, Napoleon III. aber an der Macht bleiben wollte, riß er durch einen Staatsstreich am 02.12.1851 die absolute Macht an sich und ließ sich am 21.11.1852 zum erblichen französischen Kaiser wählen. Fortan nannte er sich Napoleon III. In der Folgezeit betrieb er erfolgreich eine Expansionspolitik, isolierte sich damit aber in Europa. Durch diplomatische Ungeschicklichkeiten, die ☛Bismarck leidlich ausnutzte, kam Napoleon III. schließlich nicht umhin, Preußen den Krieg zu erklären, den er am 02.09.1870 in der Schlacht bei Sedan verlor. Die Deutschen setzten ihn bis zum März 1871 auf Schloß Wilhelmshöhe bei Kassel gefangen. Nach seiner Freilassung ging Napoleon III. wieder nach England, wo er am 09.01.1873 in Chislehurst bei London starb.)*

Tut-ench-Amun

1. Wer war Tut-ench-Amun? *(Ein ägyptischer König [ca. 1352-1325 v. Chr.- Die Jahresangaben zu ihm schwanken stark]. Nach neusten Forschungen starb er wahrscheinlich an Wundbrand, nachdem er sich kurz vor seinem Tod einen komplizierten offenen Oberschenkelbruch zugezogen hatte.)*

2. War Tut-ench-Amun ein Pharao? *(Nein: Der Titel Pharao entstand erst in der ägyptischen Spätzeit. Tut-ench-Amuns Titel waren z.B. „Herr der beiden Länder“ [... des Horus = Ägypten] und „Sohn des Sonnengottes Ra“. Der Begriff Pharao geht auf das ägyptische Wort „peraa“ [= „großes Haus“] zurück und war ursprünglich die Bezeichnung für den königlichen Palast im alten Ägypten. Aus Respekt vor dem König und dem ihm innewohnenden Gott war es im alten Ägypten streng verboten, ihn bei seinem Namen zu nennen. Der ägyptische König Thutmosis III., der ab 1468 v. Chr. herrschte, wurde als erster Pharao genannt. Der Pharao galt als Sohn des Osiris, des Gottes der Unterwelt. Er war deshalb Vermittler zwischen Menschen und Göttern und das religiöse und weltliche Oberhaupt Ägyptens.)*

3. Wie alt war Tut-ench-Amun, als er an die Macht kam? *(Neun Jahre. Trotzdem brachte seine Regierungszeit Ägypten Frieden.)*

4. Was war die Hauptstadt Ägyptens unter Tut-ench-Amun? *(Theben.)*

5. Tut-ench-Amuns Grab wurde 1922 vom englischen Archäologen Howard Carper unversehrt entdeckt. Warum war es Grabräubern nicht zum Opfer gefallen? *(Sein Grab liegt im „Tal der Könige“. Dort liegen die Grabanlagen fast aller Könige des „Neuen Reichs“. Zwei Jahrhunderte nach Tut-ench-Amun ließ König Ramses VI. oberhalb des Grabs von Tut-ench-Amuns sein eigenes Felsengrab anlegen. Den dabei anfallenden Schutt häuften die Arbeiter vor dem Eingang des Grabs Tut-ench-Amuns auf, weshalb es nicht entdeckt und geplündert werden konnte.)*

6. Was fand man im Grab Tut-ench-Amuns? *(Einen Sarkophag, in dem sich ein aus reinem 24-karätigem Gold gefertigter Mumiensarg befand. Die Mumie war mit einer goldenen Gesichtsmaske bedeckt. An jedem Finger steckte ein goldener Ring mit einem Skarabäus geschmückt, in dem der Name des Königs eingraviert war. All diese Schätze sind im Ägyptischen Museum in Kairo zu bewundern. Aus Gründen der Pietät beließ man die Mumie aber in ihrer Grabstätte. In der Grabkammer fand man auch einen Thronsessel und verschiedene Einrichtungsgegenstände. Insgesamt fand man mehr als 5.000 Einzelstücke in der Grabkammer.)*

7. Was steckt hinter dem Glauben an den „Fluch des Pharao“? *(Der Begriff entstand 1923 nach der Öffnung des Grabs Tut-ench-Amuns. An den Wänden seiner Grabkammer entzifferte man folgende Inschrift: „Auf schnellen Flügeln wird der Tod zu dem kommen, der den Tod des Königs stört.“ Drei Wochen nach der Graböffnung*

starb der reiche Brite Lord Carnavon, der die Ausgrabung finanziert hatte, an den Folgen einer Blutvergiftung. Von da ab wurde jeder weitere Tod des Archäologenteams als Folge des „Fluchs des Pharaos" gedeutet.)

8. Was ist ein „Sarkophag"? *(„Sarkophag" bedeutet „Fleisch verzehrend". Im Altertum wurden Särge mit Alaunschiefer ausgelegt, damit die Leichen innerhalb von 40 Tagen verwesten. Später wurde die Bezeichnung Sarkophag auf alle Steinsärge übertragen.)*

9. Welche Bedeutung hatte der Skarabäus im alten Ägypten? *(Der Skarabäus [Käfer] war eine Beigabe in den Sarg für das Totengericht: Nach dem Glauben der Ägypter wurde ein Toter von Anubis [hundsköpfiger Gott] in die „Halle der Wahrheit" geführt und hielt dort eine Verteidigungsrede, in der er seine Unschuld beteuerte. Nach dieser Rede und einem Kreuzverhör durch die Dämonen legte Anubis das Herz des Toten auf eine Waagschale. Auf die andere Waagschale wurde ein Figürchen gelegt, das die Göttin der Wahrheit darstellte. Blieb die Waage im Gleichgewicht, durfte der Mensch in das Totenreich eingehen. Bestand er die Prüfung hingegen nicht, wurde er von einem krokodilköpfigen Ungeheuer verschlungen. Der Herzskarabäus nun konnte statt des Herzens vom Toten auf die Waage gelegt werden: Er enthielt ein Verzeichnis aller guten Taten, verschwieg aber alle Sünden. Ein Toter mit Skarabäus hatte also beim Totengericht nichts zu befürchten.)*

10. Ist Tut-ench-Amun mit Nofretete (Frau des ägyptischen Königs Echnaton, berühmt durch die bemalte Kalksteinbüste, die in den Staatlichen Museen von Berlin ausgestellt ist) verwandt? *(Ja, sie ist seine Schwiegermutter.)*

USA

1. Was sind die USA (=United States of America)? *(Eine präsidiale Republik mit bundesstaatlicher Verfassung in Nordamerika. Die USA sind 9.629.047 km^2 groß [zum Vergleich: die Fläche der BRD beträgt 356.733 km^2]. Die Ausdehnung der USA umfasst von Norden nach Süden ca. 3.500 km und von Westen nach Osten ca. 4.500 km. Alaska ist mit 1.530.000 km^2 der größte, Hawaii [wurde 1959 der 50. Staat der USA] mit 16.729 km^2 der kleinste Bundesstaat der USA.)*

2. Wie viele Bundesstaaten umfassen die USA? *(50. Hinzu kommt der District of Columbia mit eingeschränkter Selbstverwaltung. Übersee-, bzw. Außengebiete der USA sind Puerto Rico, Amerikanisch-Samoa, Guam und die amerikanischen Jungferninseln.)*

3. Wie viele Einwohner haben die USA? *(1790 waren es noch 3,9 Mio., 1900 schon 76 Mio., 2005 sogar 297 Mio. Einwohner.)*

4. Was sind die „Stars and Stripes“? *(Ein Synonym für die us-amerikanische Nationalflagge. Oben links befinden sich auf blauem Grund 50 Sterne [stars], die die 50 amerikanischen Bundesstaaten symbolisieren. Den Rest der Fahne nehmen 13 abwechselnd rote und weiße horizontale Streifen [stripes] ein, die für die 13 Kolonien stehen, die sich zuerst zu einem unabhängigen Staatenbund zusammenschlossen. Der blaue Hintergrund der Sterne steht für Loyalität, Ergebenheit, Freundschaft, Gerechtigkeit und Wahrheit, bei den Streifen Rot für Mut, Eifer und Leidenschaft, Weiß für Reinheit des Geistes und rechtschaffenes Verhalten. Die Flagge der USA ist aus der Flagge des Staates Texas als Vorbild hervorgegangen, die einen Stern trug [Lone Star-Flagge] und die drei Farben mit der selben Bedeutung führte.)*

5. Wie kam der Bundesstaat Virginia zu seinem Namen? *(Als der Engländer Sir Walter Raleigh bei der Kolonialisierung Amerikas 1587 eine größere Siedlergruppe an Land gehen ließ, nannte er die Gegend „Virginia“ zu Ehren der damals regierenden Königin Elisabeth I., die „jungfräuliche Königin“ genannt wurde.)*

6. Wie heißt die Währung der USA? *(1 US-Dollar = 100 Cents. Münzen sind: 1 Cent [Penny], 5 Cents [Nickel], 10 Cents [Dime], 25 Cents [Quarter], 50 Cents [halber Dollar].)*

7. Warum wurde der US-Dollar zu einer internationalen Leitwährung? *(Gegen Ende des ☞2. Weltkrieges wurde auf der Konferenz von „Bretton Woods“ die Schaffung eines möglichst stabilen Währungssystems beschlossen. Dabei sollte der Dollar als Leitwährung fungieren. Er wurde von den anderen Staaten insbesondere deshalb akzeptiert, weil er durch Gold abgesichert war. Die USA garantierten nämlich, 35 Dollar gegen eine Unze Feingold einzutauschen. In den 1970er-Jahren haben die USA dieses Versprechen dann allerdings aufgekündigt, was schließlich in eine längerfristige Weltwirtschaftskrise mündete.)*

8. Wie heißt die Hauptstadt der USA? *(Washington D.C. im District of Columbia. Größte Stadt der USA ist aber ☞New York.)*

9. Wie heißen die größten Städte der USA? *(New York, Los Angeles [mit der Filmmetropole Hollywood, der weltgrößten Filmproduktionszentrale], Chicago, Philadelphia, San Diego, Houston, Detroit, Dallas und Phoenix. An der Ostküste sind Boston und Washington über eine Strecke von rund 800 km schon so zusammengewachsen, das man den Großraum „Boswash“ nennt. Hier wohnen mit 40 Mio. Einwohnern rund 1/6 der Bevölkerung der USA.)*

10. Welches ist das größte Stromsystem der USA? *(Das von Mississippi und Missouri mit einer Gesamtlänge von 6.240 km. Ca. 64 % des jährlichen Wasserfrachtaufkommens der USA wird über den Mississippi und seine Nebenflüsse abgewickelt. Der Mississippi-Missouri ist nach dem Nil der zweitlängste Fluss der Welt.)*

11. Wie heißt die größte Gebirgskette in Nordamerika? (☞*Rocky Mountains im Westen Nordamerikas. Höchster Berg der USA und Nordamerikas ist der Mt. McKinley in Alaska mit 6.198 m.)*

12. Wie heißen die größten Wasserfälle der USA? (☞*Niagarafälle.)*

13. Gibt es in den USA noch Bisons? *(Um 1800 gab es rund 40 Mio. Bisons, 100 Jahre später nur noch etwa 1000. Durch gesetzlichen Artenschutz hat sich der Bestand auf heute rund 200.000 Tiere erholt.)*

14. Was ist das Wappentier der USA? *(Ein Weißkopfseeadler. Die rechte Klaue des Adlers hält einen Olivenzweig, in der linken steckt ein Bündel Pfeile. In Friedenszeiten guckt der Adler nach rechts, also zum Ölzweig, in Kriegszeiten jedoch zu den Pfeilen.)*

15. Wie viele Einwohner haben die USA? *(Ca. 275 Mio. [2000]. 74 % der Bevölkerung sind Weiße, 13 % Schwarze, 10 % Hispanics, 2 % asiatischer Abstammung und 1 % indianischer Abstammung. In den Städten ist der Anteil der Schwarzen regelmäßig höher.)*

16. Wie gehen die USA mit den Schwarzen um? *(Englische Kolonisten verschleppten Ende des 17. Jahrhunderts schwarze Sklaven aus Afrika in die amerikanischen Kolonien, weil europäische Arbeitskräfte ihnen beim Tabakanbau zu teuer wurden. Bis 1954 herrschte in den meisten Südstaaten noch Rassentrennung in den Schulen. 1954 erklärte der Oberste Gerichtshof diese Praxis für gesetzwidrig. 1955 führte Pfarrer Martin Luther King einen Boykott an, der die Rassentrennung beim Transport in Bussen im Südstaat Alabama beendete. Mit gleichen Protesten wurde die Rassentrennung in Gaststätten und anderen öffentlichen Einrichtungen erfolgreich bekämpft. Erst 1957 verabschiedete der Kongress das Bürgerrechtsgesetz und setzte einen Ausschuss ein, der die Gleichbehandlung von Schwarzen und Weißen überprüfen sollte.)*

17. Wer war Martin Luther King jr. (1929 bis 1968)? *(Martin Luther King war ein schwarzer Theologe und Baptisten-Pfarrer, der seit 1957 Vorsitzender der Bewegung für den gewaltlosen Widerstand [„Southern Christian Leadership Conference"] war. Er kämpfte vehement für eine freie und auf Gleichheit beruhende Gesellschaft. Dafür erhielt er 1964 den Friedensnobelpreis. King, der mehrfach inhaftiert wurde, galt in seiner Zeit als Hassfigur aller Rassisten. Nach mehreren erfolglosen Mordanschlägen wurde er am 14. April 1968 auf dem Balkon des Lorraine-Motel in Memphis/Tennessee erschossen. An seiner Beerdigung nahmen 50.000 Menschen teil. Berühmt ist er für seine Rede „I have a dream".)*

18. Was ist der Ku-Klux-Klan? *(Der erste Ku-Klux-Klan wurde 1866 in Tennessee als Geheimbund gegründet mit fester Hierarchie, ordensähnlichem Ritual und der ihn kennzeichnenden weißen Kapuzentracht. Dieser Klan wollte die koloniale Lebensform der Südstaaten erhalten und richtete sich mit Gewalt [Brandstiftungen, Auspeitschungen und Fememorde] gegen Schwarze und Republikaner. Er wurde 1869 als nationale*

Organisation aufgelöst und 1882 für verfassungswidrig erklärt. 1915 wurde in Atlanta [ebenfalls Südstaat] ein neuer Ku-Klux-Klan gegründet, der eine amerikanisch-nationale Ausrichtung hatte und Minderheiten [Katholiken, Schwarze, Juden, Iren], aber auch Intellektuelle verfolgte. Er brachte es 1920 auf mehr als 4 Mio. Anhänger, wurde aber letztlich vom gesellschaftlichen Umbruch in den USA überholt. Heute ist er eine nationalistische, militante Gruppierung mit nur noch einigen Tausend Mitgliedern.)

19. Wie behandeln die USA die Indianer? *(Die Indianer stellten die Urbevölkerung der USA. Vor frühestens ca. 30.000 Jahren kamen sie während der Eiszeit über die Landbrücke von Asien nach Nordamerika. Ende des 15. Jahrhunderts lebten ca. 3-5 Mio. Indianer in Nordamerika. Die Bezeichnug „Rothäute“ kam auf, weil sich viele Indianer ihre Haut färbten. Die natürliche Hautfarbe der Indianer ist hingegen ein helles bis dunkles Braun. Als die Europäer Anfang des 17. Jahrhunderts Nordamerika für sich erschlossen, wurden sie von den Indianern freundlich empfangen, die ihnen Mais, Tabak, Truthähne und andere Produkte ihrer Felder und Wälder schenkten. Beim Thanksgiving Day, den die Amerikaner Ende November als Erntedankfest feiern, werden in Erinnerung daran Truthahn, Süßkartoffeln, Maisbrot und Sumpfpreiselbeeren serviert, alles ursprünglich Produkte indianischer Landwirtschaft. Die Weißen dankten die Freundlichkeit der Urbevölkerung aber schlecht. Sie drängten sie auf dem Kontinent immer weiter zurück und betrieben Ende des 19. Jahrhunderts gezielten Völkermord an den Indianern: Bundestruppen brachten planmäßig ganze Dörfer und Stämme und Dörfer um. Gleichzeitig rottete man die Büffel so gut wie aus, die die natürliche Lebensgrundlage der Indianer darstellten. Die Indianer errangen nur einen großen Sieg am 25.06.1876 am Little Bighorn, bei dem Sioux und Cheyenne unter Crazy Horse und Sitting Bull 250 Soldaten und Offiziere unter General Custer in einen Hinterhalt lockten und allesamt töteten. Der Kampfschauplatz liegt heute in einem Indianer-Reservat. Die Indianer erhielten erst 1924 die staatsbürgerlichen Rechte. Die meisten Indianer wohnen in den mehr als 250 Reservaten. Bis heute haben nur ca. 1,4 Mio. Vollblutindianer überlebt, von denen ca. 400.000 in Reservaten leben. Die USA geben jährlich drei Milliarden Steuergelder für die Indianer in den Reservaten aus.)*

20. Welche Religion ist in den USA am verbreitetsten? *(Das ☞Christentum. 25 % sind katholisch. Zu den protestantischen Kirchen gehören die Baptisten [19,4 %], die Methodisten [8 %], die Presbyterianer [2,8 %], die Pfingstbewegung [1,8 %] und die Episkopalisten [1,7 %]. Von den Nichtchristen kommen die ☞Juden mit 2 % auf Platz 2.)*

21. Wie heißen die bekanntesten Universitäten der USA? *(Harvard University, College of William and Mary [benannt nach der englischen Königsfamilie Wilhelm III. und seiner Frau Maria II., die 1689 den Thron bestiegen], Yale University, Universität von Pennsylvania, Princeton University, Columbia University, Brown University, Rutgers University und Dartmouth College wurden zwischen der Mitte des 17. und 18. Jahrhunderts gegründet. Später kamen noch Stanford und Berkeley hinzu.)*

22. Wie heißen die berühmtesten Museen der USA? *(Das Museum Of Modern Art und das Guggenheim Museum, beide in New York.)*

23. Wie alt ist die Verfassung der USA? *(Sie wurde 1787 von einem Konvent entworfen, bis Juni 1788 von der erforderlichen Zweidrittelmehrheit der Einzelstaaten ratifiziert und trat 1789 in Kraft. Mit dem 19. Zusatz zur Verfassung wurde 1920 das Frauenwahlrecht eingeführt.)*

24. Was sind die „Bill of Rights"? *(Die ersten zehn Verfassungsergänzungen, die 1791 aufgenommen wurden. Sie regeln die Rechte des Bürgers gegen Eingriffe des Staates [also einen Grundrechtskatalog], insbesondere Rede-, Religions-, Presse- und Versammlungsfreiheit sowie Prozessuales.)*

25. Wie oft kann ein Präsident in den USA wiedergewählt werden? *(Infolge eines Verfassungszusatzes von 1951 kann er nur zwei Amtszeiten regieren, also einmal wiedergewählt werden. Roosevelt hatte es als Letzter noch auf vier Amtszeiten gebracht, starb aber während seiner vierten Regierungszeit. Bis heute gehörte ein Präsident der USA stets entweder der Demokratischen oder Republikanischen Partei an.)*

26. Wer war der erste Präsident der USA? *(☞ George Washington von 1789-1797.)*

27. Unter welchem Präsidenten wurde in den USA die Sklaverei abgeschafft? *(Unter ☞Abraham Lincoln 1865.)*

28. Was ist die CIA? *(Die CIA [Central Intelligence Agency] ist der Auslands-Geheimdienst [für den Inlandsgeheimdienst ist das FBI zuständig, das auch die Schwerkriminalität im Land als eigene Behörde verfolgt] der USA. Er wurde 1947 mit dem Nationalen Sicherheitsrat gegründet. Dieser Geheimdienst beschafft nicht nur Informationen, sondern unterstützt ausländische Gruppen bei der Erreichung von Zielen, die die USA als erstrebenswert ansehen. Dazu gehören auch finanzielle Hilfen. Da die CIA immer wieder in Skandale verwickelt war, wurde sie 1975 vom Kongress und Weißen Haus gründlich durchleuchtet. Dabei stellte sich heraus, dass die CIA an illegalen inländischen Spionageaktionen und versuchten Mordanschlägen im Ausland beteiligt war. Seit 1980 untersteht die CIA deshalb einer verschärften Kontrolle durch den Kongress. Trotzdem kam 1986 heraus, dass die CIA illegal Waffen an den Iran verkauft und mit den Erlösen daraus die Rebellen in Nicaragua [Contras] unterstützt hatte.)*

29. Was ist das Pentagon? *(Das Pentagon [aus dem Griechischen = Fünfeck] ist das Hauptquartier des US-Verteidigungsministeriums in Virginia [Arlington]. Es wurde 1943 erbaut auf einer Grundfläche von 11,74 Hektar und ist mit 40.000 Mitarbeitern das größte Bürogebäude der Welt.)*

30. Wer ist an der Gesetzgebung in den USA zu beteiligen? *(Die Gesetzgebungshoheit liegt in den USA beim Kongress, der aus zwei Kammern besteht, dem Senat und dem Repräsentantenhaus. In den Senat entsendet jeder Bundesstaat zwei Senatoren,*

womit dort 100 Senatoren sitzen. Das Repräsentantenhaus wird nach der Einwohnerzahl der Einzelstaaten bestückt und hat 435 Abgeordnete.)

31. Gibt es in den USA einen Wehrdienst? *(Nein, die USA haben eine Freiwilligenarmee mit einer Stärke von 1,5 Mio. Soldaten. Seit 1973 dienen dort auch Frauen.)*

32. Warum bezeichnet man die Amerikaner als „Yankees“? *(Die Holländer, die sich bereits 1614 als erste weiße Einwanderer im Gebiet von Connecticut niederließen, nannten die 20 Jahre später dort auftauchenden Engländer spöttisch „Jan Kees“ [Johann Käse]. Daraus wurde später Yankees.)*

33. Was sind die wichtigsten Rohstoffe der USA? *(Erdöl, Erdgas und Steinkohle. Der Anteil der USA an der Weltproduktion beträgt bei Erdgas 24 %, bei ☞Erdöl 13 % und bei Steinkohle 23 %. Die USA haben den größten Energieverbrauch der Welt und müssen seit 1947 Öl importieren.)*

34. Auf welchem Staatsgebiet liegt der Panamakanal? *(Er lag bis 1999 auf US-Territorium mitten in Panama. Heute gehört er Panama. Zunächst hatten 1881 Franzosen versucht, den Kanal dort zu ziehen, da es sich um die schmalste Stelle Mittelamerikas handelt. Die Arbeiten erwiesen sich als schwieriger, als man gedacht hatte. Auch Eiffel wurde hinzugezogen, aber das Projekt scheiterte mit einem Finanzskandal. 1903 nahm der Franzose Bunau-Varilla die Pläne wieder auf. Er unterstützte die Bildung einer von Kolumbien unabhängigen Republik Panama, die sich bald unter amerikanischen Schutz stellte und dafür den USA einen quer durchs Land laufenden Gebietsstreifen abtrat: die Kanalzone zu beiden Seiten des begonnenen Durchstichs. 50.000 Arbeiter brachten das Werk ab 1906 unter amerikanischer Leitung zu Ende. Am 03.08.1910 fuhr die Christobal als erstes Schiff durch den 81,6 km langen Kanal, der der Schiffahrt einen Umweg von rund 15.000 km um Südamerika erspart. Die offizielle Einweihung erfolgte aber erst 1914. Der Bau des Kanals durch die USA hatte auch militärische Gründe: Die Pazifikflotte konnte so schnell in den Atlantik verlegt werden und umgekehrt.)*

35. Wie viele Liter Wasser sind nötig, um ein Schiff durch den Panama-Kanal zu schleusen? *(Ungefähr 200 Mio. Liter. Diese Mengen Wasser [pro Tag 8,4 Milliarden Liter] bezieht der Panama-Kanal vom künstlich angelegten Gatun-Stausee, der von Süßwasser gespeist wird.)*

36. Welche europäischen Staaten betrieben wann die Kolonisierung Nordamerikas? *(1497 überquerte der Engländer John Cabot den Atlantik und landete an der Ostküste Nordamerikas. Deshalb sahen die Engländer diesen Teil Amerikas als ihren Besitz an. Die Kolonisierung Nordamerikas durch die Europäer begann aber erst in der zweiten Hälfte des 16. Jahrhunderts. Zunächst eigneten sich die Spanier und Franzosen große Gebiete im Süden Nordamerikas an. Es folgten die Holländer, die an der Ostküste die Kolonie Neu-Holland [später Neu-Amsterdam, das heutige New York] gründeten. England begann nach der Vernichtung der spanischen Armada [Bezeichnung der spanischen Flotte, vgl. Spanien] 1588 erst zu Beginn des 17. Jahrhunderts mit ernsthaften Bemühungen zur Erschließung des neuen Kontinents. Die*

Franzosen versuchten, von Süden aus Nordamerika in ihren Besitz zu bringen, nachdem sie schon im 16. Jahrhundert Kanada beansprucht und zum Teil besetzt hatten. Als die Franzosen das Mississippi-Gebiet erobert hatten, nannte der entsprechende Feldherr das Gebiet zu Ehren seines Königs ☞Ludwigs XIV. „Louisiana". So wurde langsam die gesamte Ostküste von den europäischen Staaten besiedelt und unter ihnen aufgeteilt.)

37. Engländer und Franzosen kämpften in Nordamerika um die Vorherrschaft. Letztlich gewannen die Engländer. Wie kam es dazu? *(Die Engländer profitierten davon, dass sich die Auswanderer aus vielen europäischen Ländern ihnen anschlossen und sie beim Kampf gegen die Franzosen unterstützten. Das englische Mutterland gewährte den 13 englischen Kolonien weitgehende Selbständigkeit. Das machte sie für die Auswanderer attraktiv.)*

38. Was war die „Mayflower"? *(„Mayflower" ist der Name eines Schiffes, mit dem 101 Puritaner [Pilgrimfathers" = „Pilgerväter". Sie schlossen am 21.11.1620 miteinander einen Vertrag („Compact": Der Mayflower-Vertrag ist die erste geschriebene amerikanische Verfassung) über ihre Verfassung als kirchliche und politische Gemeinde, was strikte Strenggläubigkeit einschloss] 1620 nach Amerika segelten, nachdem sie sich von der Kirche von England losgesagt hatten. Das Schiff landete in Massachusetts. Die Puritaner gründeten in Plymouth eine Kolonie.)*

39. Wie kam es zum Bruch der englischen Kolonien mit dem Mutterland? *(England führte zwei Kriege, um die Herrschaft über Nordamerika zu erringen. England war gegen Frankreich im Siebenjährigen Krieg erfolgreich und erhielt durch den Frieden von ☞Paris 1763 von den Franzosen Kanada und Louisiana östlich des Mississippi sowie 1783 von den Spaniern Florida. Daraufhin beschloss die englische Krone, die Kolonien in Amerika wieder enger an das Mutterland zu binden und straffer zu kontrollieren. Um die enormen Kriegskosten wieder hereinzubringen, wurden den englischen Kolonien neue Steuern auferlegt. Dagegen rebellierten die Siedler. England entsandte daraufhin Truppen, was eine kriegerische Eskalation des Konfliktes auslöste.)*

40. Was war die „Boston Tea Party"? *(Eine Aktion einer Gruppe Bostoner Bürger am 16.12.1773, mit der die englischen Kolonisten gewaltsam gegen die britische Steuer auf importierten ☞Tee protestierten. England hatte in dem schwelenden Konflikt fast alle Steuern auf Importe in die amerikanische Kolonien aufgehoben. Die Abgaben für Tee wurden jedoch beibehalten, um das prinzipielle Recht des britischen Parlaments auf Besteuerung der Kolonien zu dokumentieren. Aus Protest gegen diese Teesteuer [die amerikanischen Kolonisten mit 2,5 Mio. Einwohnern saßen nicht im Parlament von Großbritannien mit 6,5 Mio. Einwohnern. Deshalb ihre Parole: „no taxation without representation"] wollten die Bürger von Boston nicht zulassen, dass drei britische Schiffe mit 342 Kisten Tee an Bord im Bostoner Hafen entladen würden. Der königliche Gouverneur wollte umgekehrt die Teeschiffe jedoch nicht nach England zurückkehren lassen, bevor der Zoll bezahlt war. Daraufhin verkleidete sich eine Gruppe Bostoner Bürger als Indianer, enterte die Schiffe und warf die Teekisten in den Bostoner Hafen. Da sich die Bostoner Verwaltung weigerte, den Tee zu bezahlen, schlossen die Briten daraufhin den Hafen von Boston. Die Publizierung der Bos-*

toner Tea Party verschärfte den Konflikt zwischen den Kolonien und dem Mutterland Großbritannien. Dieser Konflikt eskalierte drei Jahre später im nordamerikanischen Unabhängigkeitskrieg.)

41. Wie kam es zum Unabhängigkeitskrieg, wann war er? *(Die starre Haltung des Mutterlandes brachte die 13 britischen Kolonien dazu, einen „Kontinental-Kongress" zusammenzurufen, um den Widerstand gegen die englische Krone zu organisieren und ein eigenes Heer aufzustellen. Im Frühjahr 1775 kam es zu ersten Zusammenstößen zwischen englischen und amerikanischen Truppen. Letztere waren unter ☞George Washington [wurde später 1. Präsident der USA] erfolgreich. Gestärkt durch die Erfolge billigte der Kontinental-Kongress am 04. Juli 1776 [heute amerikanischer Nationalfeiertag] die von Thomas Jefferson [1800 wurde er 3. Präsident der USA] entworfene Unabhängigkeitserklärung, mit der sich die Kolonien endgültig von England lossagten und zu den Vereinigten Staaten von Amerika zusammenschlossen. Die USA gaben sich eine neue Fahne mit 13 [7 roten und 6 weißen] Streifen und 13 weißen Sternen auf blauem Grund, die die 13 Einzelstaaten symbolisierten. Amerika behielt diese Fahne bei. Auch heute noch symbolisieren die Sterne in der Flagge die amerikanischen Bundesstaaten. Die Amerikaner waren weiter unter Washington mit ihren Truppen erfolgreich. Benjamin Franklin gewann in Europa die Unterstützung der Franzosen, die ein Expeditionskorps unter Lafayette entsandten. Der ehemalige preußische General von Steuben [die jährliche Steuben-Parade in New York verdankt ihm ihren Namen] organisierte das amerikanische Heer. 1783 musste England den amerikanischen Kolonien die Unabhängigkeit gewähren, behielt aber Kanada.)*
42. Wie kam es zu „Uncle Sam" als Bezeichnung für die amerikanische Obrigkeit? *(Im amerikanischen Unabhängigkeitskrieg wurden die amerikanischen Streitkräfte von einem geschäftstüchtigen Lebensmittelhändler beliefert, der seine Fässer mit „U.S. Am." für United States of America kennzeichnete. Daraus machten die Soldaten den Uncle (Onkel) Sam.)*

43. Wie kam es zur Ausweitung der USA auf das heutige Staatsgebiet? *(Die USA kauften zunächst den Franzosen 1803 das westliche Louisiana ab. 1845 wurde Texas, das sich 1836 von Mexiko getrennt hatte, in die Union aufgenommen. Das führte zum Krieg gegen Mexiko, das 1848 Kalifornien, Nevada, Utah, Arizona und Neu-Mexiko an die USA abtreten musste, womit die USA ihre heutige Südgrenze erreichten. 1867 kauften die USA den Russen Alaska ab und gliederten später noch einige Pazifik-Inseln an. So führten 1893 amerikanische Zuckerrohrpflanzer einen Aufstand auf Hawaii an, der den Sturz der dortigen Monarchie und die Annexion der Inseln durch die USA auslösten. Nach dem Spanisch-Amerikanischen Krieg, den die USA gewannen, kauften die USA den Spaniern die Philippinen für 20 Mio. US-Dollar ab. Heute haben die USA 50 Bundesstaaten.)*

44. Wann war der „amerikanische Goldrausch"? *(1848 wurde in Kalifornien Gold gefunden. Ein Jahr später zogen Tausende von Einwanderern an die Westküste, um dort ihr Glück zu suchen. Für die Indianer war das fatal: Siedler und Indianerstämme bekämpften sich grausam. Obwohl die Indianer 1876 am Little Big Horn einen grandio-*

sen Sieg erringen konnten, verloren sie letztlich den ungleichen Kampf gegen die Weißen vernichtend.)

45. Was haben die Jeans mit dem amerikanischen Goldrausch zu tun? *(Der aus Deutschland stammende Levi Strauss schneiderte um 1873 die Nietenhosen für die Goldgräber von San Francisco. Die Hosen wurden nach dem Stoff benannt, aus dem sie gefertigt wurden: Jeans hieß nämlich eine geköperte Baumwollfaser.)*

46. Was besagt die Monroe-Doktrin? *(James Monroe war amerikanischer Präsident und vertrat 1823 die These, dass die USA jeden Versuch einer europäischen Macht, politischen Einfluss auf dem amerikanischen Kontinent zu erlangen, als Gefährdung ihrer eigenen Sicherheit und ihres Friedens betrachten müssten. Mit dieser Doktrin wurde im Spanisch-Amerikanischen Krieg die Ablösung der spanischen Kolonialmacht in Mittelamerika und im Pazifik gerechtfertigt. Auch bei der Kuba-Krise stützten sich die Amerikaner auf diese Doktrin.)*

47. Wer war John Davis Rockefeller (1839-1937)? *(Ein amerikanischer Unternehmer, der angeblich als Tellerwäscher anfing und später der reichste Mann der Welt wurde. Mit 20 Jahren gründete er eine Produktenhandlung, der er 1863 eine Erdölraffinerie angliederte. 1870 errichtete er mit einem Kapital von 1 Mio. US-$ die Standard Oil Co. of Ohio in Cleveland. 1882 organisierte er den Standard Oil Trust, der mit fragwürdigen Geschäftspraktiken bald 95 % des Raffineriegeschäfts der USA kontrollierte und Beteiligungen an Eisenerzminen sowie Industrieunternehmen besaß. Die übermächtige Gesellschaft wurde 1892 aufgrund des Sherman Act von 1890 aufgelöst, als den USA die Machtfülle Rockefellers unheimlich wurde. Von seinem Geld wurde auch die Gründung der University of Chicago 1890 finanziert. Die Rockefeller-Stiftung [engl.: foundation] wurde von ihm 1913 mit 500 Mio. US-$ gegründet. Sie gehört zu den größten Siftungen der Welt.)*

48. Was war die Prohibition? *(Im Januar 1919 wurde auf Betreiben konservativer Gruppen per 18. Verfassungszusatz Herstellung, Transport und Verkauf von Alkohol in den USA verboten. Das löste in den USA die Hausbrennerei und organisierte Kriminalität [u.a. Al Capone] aus. Die Prohibition war damit fataler Wegbereiter der Mafia in den USA. 1933 wurde die Prohibition per 21. Verfassungszusatz wieder aufgehoben. Hintergrund war vor allem, dass die USA wegen der Weltwirtschaftskrise auf die Steuereinnahmen aus dem Alkoholkonsum zugreifen können wollten.)*

49. Was bezeichnet man in den USA als „McCarthy-Ära"? *(Nach dem Koreakrieg von 1950-1953 herrschte in den USA eine übersteigerte Angst vor kommunistischer Unterwanderung. Nachdem Präsident Truman 1947 ein Gesetz zur politischen Überprüfung von Regierungsbediensteten erlassen hatte, wurde 1950 vom Kongress sogar das McCarran-Gesetz zur inneren Sicherheit verabschiedet. Danach untersuchte ein ständiger Kontrollausschuss für subversive Handlungen die kommunistischen Aktivitäten in den USA. U.a. konnte jeder Person die Einreise in die USA verweigert werden, die jemals Mitglied in einer kommunistischen Partei gewesen war. Der in diesem Zusammenhang besonders aktive Senator Joseph R. McCarthy gab dieser Ära ihren Namen. Viele Personen wurden von ihm zu Unrecht verdächtigt und ihrer Ar-*

beitsmöglichkeiten beraubt. Auch Charlie Chaplin geriet in sein Visier und verließ verärgert die USA.)

50. Wer war John F. Kennedy (1917-1963)? *(Kennedy wurde 1960 mit 43 Jahren der jüngste Präsident der USA. Es war der erste Wahlkampf in den USA, der teilweise im Fernsehen stattfand, wobei Kennedy eine bessere Figur machte als sein republikanischer Kontrahent Nixon. Er setzte sich vehement für die Bürgerrechte ein, auch für die Überwindung der Rassentrennung. Daneben forderte Kennedy die Bürger auf, nicht zu erwarten, dass der Staat sie versorge, sondern sich zu fragen, was sie selbst für die Gemeinschaft tun könnten. Im Rahmen des Kalten Krieges mit Russland, das Einfluss in Kuba gewann, befahl er im April 1961 zur Unterstützung der Exilkubaner die Invasion in der Schweinebucht auf Kuba, die aber misslang: Die CIA hatte 1960 1500 in Miami lebende kubanische Flüchtlinge angeworben, die einen Überraschungsangriff auf Castros Kuba unternehmen sollten. Sie wurden auf Guatemala ausgebildet und landeten mit Luftunterstützung durch B-26-Bomber am 17.04.1961 in der kubanischen Schweinebucht. Das Unterfangen endete in einem Fiasko, denn bis auf 150 Mann wurde die gesamte Streitmacht binnen drei Tagen getötet oder gefangengenommen. Kennedy war blamiert und die Russen begannen 1962, auf Kuba sowjetische Raketen zu stationieren. Kennedy intervenierte und verlangte ultimativ den Abzug der Raketen. Es kam zur sog. „Kubakrise". Kennedy verhängte eine Seeblockade über Kuba und die Welt stand vor einem atomar geführten 3. Weltkrieg. In letzter Sekunde lenkte am 28.10.1962 Chruschtschow als sowjetischer Präsident ein.- In Kennedys Zeit fällt auch die Demonstration von rund 250.000 Menschen in Washington D.C. am 28.08.1963 für Rassengleichheit. Pfarrer Martin Luther King [wurde am 04.04.1968 in Memphis ermordet] hielt dabei eine berühmt gewordene Rede [„I have a dream ..."]. Bekannt ist in Deutschland Kennedys Besuch in Berlin 1963 nach dem Bau der Mauer mit seinem Solidarität bekundenden Satz: „Ich bin ein Berliner". Am 22.11.1963 wurde Kennedy in Dallas [Texas] ermordet, angeblich von Lee Harvey Oswald, der wiederum postwendend am 24.11.1963 von dem Nachtclubbesitzer Jack Ruby umgebracht wurde. Eine eingesetzte Kommission kam 1964 zum Ergebnis, Oswald sei der Mörder gewesen [sog. „Warren-Report" nach dem Vorsitzenden Richter Earl Warren]. Ein Sonderausschuss des Kongresses revidierte 1979 dies Ergebnis und kam zum Schluss, dass es mindestens zwei Attentäter gegeben haben muss und hinter dem Attentat eine Verschwörung stand, an der CIA, FBI, Mafia, Fidel Castro und Exilkubaner beteiligt gewesen sein könnten.)*

51. Welche Bedeutung hatte der Vietnamkrieg (vgl. ☞ Vietnam) für die USA? *(Unter Kennedy schlidderten die USA in den Vietnamkrieg, dessen „amerikanische Phase" offiziell von 1964-1973 dauerte. Es war der erste von den Amerikanern nicht gewonnene Krieg, der allein 57.000 Amerikaner das Leben kostete. Noch heute bildet dieser Krieg für die USA ein Trauma und schreckt die amerikanische Bevölkerung von Auslandseinsätzen ab.)*

52. Was war die Watergate-Affäre? *(Als Nixon [Republikaner] im Januar 1973 zum zweiten Mal zum Präsidenten gewählt worden war, stellte sich heraus, dass im Wahlkampfhauptquartier der Demokraten im Watergate-Gebäudekomplex in Washington D.C. eine illegale Abhöranlage installiert worden war. Als immer mehr Beweise auf-*

tauchten, dass Nixon in den Einbruch und die nachfolgenden Vertuschungsversuche verwickelt war, erklärte er am 09.08.1974 seinen Rücktritt, um einem förmlichen Amtsenthebungsverfahren vorzubeugen. Zu einem Verfahren gegen ihn kam es aber nie, weil sein Nachfolger Gerald R. Ford eine Amnestie seines Vorgängers für jede Straftat in dessen Amtszeit anordnete.)

53. Wofür steht Camp David? *(Camp David bei Washington D.C. ist der Ort, an dem der amerikanische Präsident Jimmy Carter mit den Regierungschefs von Ägypten [Anwar el Sadat] und Israel [Menachem Begin] Rahmenvereinbarungen traf, die im März 1979 in einen Friedensvertrag zwischen diesen Nationen mündeten. Sadat und Begin erhielten für ihre Bemühungen um eine friedliche Beilegung des Nahostkonfliktes 1978 den Friedensnobelpreis. Der glückliche Ausgang der Verhandlungen kann getrost als Zangengeburt bezeichnet werden: Am 09.11.1977 hatte Sadat im ägyptischen Fernsehen erklärt, er sei sogar bereit nach Israel zu fliegen, um ohne einen erneuten Krieg mit Israel Frieden zu schließen. Am 19.11.1977 landete er auf eine Einladung Israels in Jerusalem und forderte am 20.11.1977 in der Knesset ein umfassendes Friedensabkommen, in dem sich Israel verpflichten müsse, alle seit dem Krieg von 1967 besetzten arabischen Gebiete zu räumen und das Selbstbestimmungsrecht der Palästinenser in einem eigenen Staat anzuerkennen. Es kam zu keiner Einigung. Am 25.12.1977 stattete Begin einen Gegenbesuch im ägyptischen Ismalia ab – ebenfalls ohne Annäherung. Da hatte Rosalyn, die Frau des amerikanischen Präsidenten Jimmy Carter, die Idee, Sadat und Begin außerhalb ihrer Sphären in die USA zu Verhandlungen einzuladen. Carter führte den Wunsch aus, indem er beide zu fünftägigen Verhandlungen nach Camp David einlud. Da Sadat und Begin überhaupt nicht miteinander konnten, pendelte Carter zwischen ihren Quartieren hin und her und erreichte, dass Begin bereit war, den Sinai an die Ägypter zurückzugeben. Am 13. Tag der Verhandlungen wurde ein entsprechender Vorvertrag geschlossen, am 26.03.1979 das endgültige Abkommen in Washington unterzeichnet. Sadat zog sich dadurch aber in der islamischen Welt Hass zu und wurde am 06.10.1981 in Kairo von islamistischen Fanatikern erschossen.)*

54. Welcher amerikanische Filmschauspieler brachte es bis zum Präsidenten? *(Der Republikaner Ronald Reagan [1911-2004]. Zuerst gewann er die Gouverneurswahl von Kalifornien, wo er 1970 wiedergewählt wurde. Auf die Frage nach seinem ersten Wahlsieg, was er in seiner Amtszeit zu tun gedenke, antwortete er in der für ihn typischen Art: „Ich weiß nicht. Ich habe noch nie einen Gouverneur gespielt." 1981-1989 war er für zwei Amtszeiten amerikanischer Präsident.)*

55. Was war die Lewinsky-Affäre? *(Monika Lewinsky war eine Praktikantin im Weißen Haus zur Amtszeit von Clinton. Als Clinton versuchte, eine außereheliche sexuelle Beziehung zu ihr zu vertuschen, kam es zu einer Untersuchung, die von Sonderermittler Kenneth Starr geleitet wurde. Clinton überstand 1999 mit knapper Mehrheit das Amtsenthebungsverfahren [Impeachment].)*

56. Welche Bedeutung hat der 11.09.2001 für die Amerikaner? *(Am 11.09.2001 flogen Terroristen in die beiden Türme des World Trade Center in New York, die dabei völlig zerstört wurden. Mit jeweils 419,7 m Höhe und 110 Stockwerken war das 1973 eröff-*

nete Bauwerk ein Symbol der kapitalistischen westlichen Welt, vor allem der USA. Dort arbeiteten ca. 50.000 Menschen. Die tägliche Besucherzahl lag bei 80.000. Das World Trade Center hatte sogar eine eigene Postleitzahl. Eine dritte entführte Maschine flog ins Pentagon, eine vierte wurde beim wahrscheinlichen Anflug auf das Weiße Haus von den Passagieren zum Absturz gebracht. Bei den Anschlägen kamen 3.000 Menschen ums Leben. Bis heute halten sich wegen diverser Ungereimtheiten hartnäckig die Gerüchte, dass amerikanische Geheimdienste die Anschläge zumindest kannten, wenn nicht sogar selbst initiiert haben, um den USA einen Vorwand zu geben, militärisch gegen islamische Staaten [2001 Krieg in Afghanistan, 2003 Krieg im Irak] vorzugehen.)

57. Das in den USA beliebte Grillvergnügen wird dort „Barbecue" genannt. Worauf geht der Begriff zurück? *(Die französischen Trapper grillten im 17. Jahrhundert ganze Bisons. Weil sie wirklich das ganze Tier auf den Rost legten, nannten sie dieses Grillen „barbe-á-queue" = „vom Bart bis zum Schwanz".)*

58. Warum heißt eine bestimmte mit einem Zuckerguss überzognene Gebäckart bei uns „Amerikaner"? *(Früher wurden diese Teilchen mit Hirschhornsalz gebacken, das wissenschaftlich Amonium-Hydrogen-Carbonat heißt. Deshalb gaben die Bäcker dem Teilchen den Spitznamen „Amoniakaner". Für die Kunden war das Wort zu kompliziert. Deshalb wurde daraus ein „Amerikaner".)*

Kartoffel

1. Wie kam die Kartoffel zu uns? *(Die Kartoffel stammt aus den peruanischen Anden, wo sie von den Indianern als Hauptnahrungsmittel angebaut wurde. Zu Beginn des 16. Jahrhunderts wurde sie von spanischen Entdeckern nach Europa gebracht, dort zunächst als Zierpflanze gehalten und ab dem 17. Jahrhundert als Nahrungsmittel [zunächst nur für den Adel] verwandt. Im frühen 18. Jahrhundert kam sie dann nach Nordamerika.)*

2. Wie kam die Kartoffel zu ihrem Namen? *(Der Name Kartoffel leitet sich vom italienischen „Tartuffulo" ab, da die Entdecker der Kartoffel sie für eine Trüffelart hielten.)*

3. Enthält die Kartoffel ☞Vitamine? *(Ja: Die Kartoffel ist reich an Askorbinsäure [Vitamin C] und an Vitaminen des B-Komplexes. Dagegen enthält sie weder Vitamin A noch Vitamin D.)*

4. Was ist der Hauptbestandteil der Kartoffel? *(Etwa 78 % sind Wasser. Ca. 80-88 % des Trockengewichts sind Stärke [kohlenhydrathaltig]. Als Stärkequelle dient die Kartoffel u.a. zur Herstellung auch von Wodka.)*

5. Wann wird die Kartoffel gesät, wann geerntet? *(Von März bis Anfang Mai „gelegt", von Juli bis Oktober geerntet.)*

Karl Martell

1. Wer war Karl Martell (um 688 – 741)? *(Karl Martell [„der Hammer"] war Hausmeier [„Majordomus": Ursprünglich war das die Bezeichnung nur für den Aufseher über die königliche Dienerschaft, jetzt aber für den höchsten Beamten im Staat, der schließlich Adel und Könige seiner Herrschaft unterwarf] aus dem Geschlecht der Karolinger. Er war Begründer der karolingischen Dynastie und des Frankenreiches.)*

2. Wessen Opa war Martell? *(Karls des Großen, unter dem das Frankenreich Weltgeltung erlangte.)*

3. Was machte Martell berühmt? *(Am 17.10.732 besiegte er die spanischen Mauren [☞Araber], die immer wieder in Frankreich einfielen, in der Schlacht bei Tours und Poitiers. Hätte er die Schlacht nicht gewonnen, hätte den Arabern ganz Europa offengestanden. 739 vertrieb er die Mauren auch aus dem Rhone-Tal.)*

4. Mit welcher Heeresform kämpfte Martell? *(Mit einer schweren gepanzerten Reiterei. Damit begründete Martell in Frankreich das ☞Lehnswesen. Bei Tours rannten die Araber einen ganzen Tag gegen diese Formation [riesiges Quadrat, auf allen Seiten dichte Schilde und Speerspitzen] an. Am nächsten Tag waren sie zur Überraschung der ☞Franken einfach alle weg: Sie hatten sich hinter die Pyrenäen zurückgezogen.)*

Minoische Kultur

1. Was versteht man unter der minoischen (auch: kretisch-minoischen) Kultur? *(Eine Kultur, die auf der Insel Kreta entstand in einem Zeitraum von ca. 3000 – 3100 v. Chr. Auf ihrem Höhepunkt entstand der Palast in Knossos auf Kreta. Der englische Archäologe Sir Arthur Evans entdeckte ihn und benannte die Kultur nach dem König Minos.)*

2. Wer war Minos? *(Nach der griechischen Mythologie der legendäre König von Kreta. Minos war der Sohn des Zeus [griechischer Göttervater, der auf Kreta geboren worden sein soll] und der Prinzessin Europa [Zeus hatte sie in der Gestalt eines imposanten Stiers auf seinen Rücken gelockt und nach Kreta entführt].)*

3. Woher kommt die Bezeichnung „Labyrinth"? *(Labrys war die griechische Bezeichnung für eine Doppelaxt. Diese Waffe diente in der minoischen Kultur als Opfergerät und Zahlungsmittel. Deshalb schmückte sie auch einen Palast des Minos, der deshalb Labyrinth = „Haus der Doppeläxte" genannt wurde. Weil dieser Palast so verwinkelt war, wurde Labyrinth zum Begriff für einen Irrgarten. Den Palast hatte sich Minos von dem Erfinder und Baumeister Dädalos errichten lassen. Dieser schuf den Irrgarten aus Stein, aus dem keiner herausfinden konnte, der ihn betrat.)*

4. Was ist ein Minotaurus? *(Griechisch: Stier des Minos. In der griechischen Mythologie ist er ein Ungeheuer mit Stierkopf und Menschenleib.)*

5. Wie kam es zum Minotaurus? *(Minos wollte wissen, ob seine Herrschaft über Kreta sicher sei. Deshalb bat er Poseidon um einen Stier als Zeichen, dass ihm die Götter gewogen seien, und versprach, diesen Stier postwendend Poseidon zu opfern. Poseidon schickte Minos daraufhin einen wunderschönen, weißen Stier aus den Fluten. Minos aber opferte den Stier nicht, sondern ließ ihn heimlich zur königlichen Herde schaffen. Zur Rache ließ Poseidon mit Hilfe von Aphrodite die Frau des Minos, Pasiphae [selbst eine Tochter des Sonnengottes Helios], sich in den Stier verlieben. Der Stier wollte aber nichts von ihr wissen. So bat Pasiphae Dädalos um Hilfe, der ihr eine hohle Kuh aus Holz baute, in der sie sich versteckte und von dem weißen Stier begattet wurde. Aus dieser Verbindung ging der Minotaurus hervor.)*

6. Wie reagierte Minos auf den Minotaurus? *(Minos blieb die Missgeburt nicht verborgen. Er warf ihn ins Labyrinth und Dädalos zur Strafe ins Gefängnis.)*

7. Wovon ernährte sich der Minotaurus? *(Minos´ geliebter Sohn Androgeos hatte in Athen an sportlichen Wettkämpfen teilgenommen und gewann unbezwingbar den Fünfkampf. Seine Rivalen reagierten wenig sportlich und erschlugen ihn. Da Kreta damals mächtiger als Athen war, ließ Minos seine Flotte Athen schlagen. Zur Sühne musste Athen alle neun Jahre sieben Jünglinge und sieben Jungfrauen nach Kreta schicken, wo sie im Labyrinth vom Minotaurus verschlungen wurden. Auch dazwischen wurde der Minotaurus mit Menschenopfern gefüttert.)*

8. Wie erging es in der griechischen Mythologie dem Minotaurus? *(Der griechische Held Theseus war dazu bestimmt, dem Minotaurus ein Ende zu machen. Theseus, Sohn des griechischen Königs Aigeos, bot seinem Vater an, mit den Opfern nach Kreta zu segeln, um den Minotaurus zu töten. Als er in Kreta angekommen war, verliebte sich die Minos-Tochter Ariadne in Theseus und half ihm dabei, den Minotaurus zu töten. Sie gab ihm ein Wunderschwert und ein Garnknäuel, um aus dem Labyrinth zurückzufinden. Theseus befestigte am Eingang des Labyrinths einen Faden und ging ins Labyrinth. Die beiden Wächter am Eingang des Labyrinths sahen weder Schwert noch Wollknäuel, da sie durch einen Vorfall in der Luft abgelenkt waren: Dädalos hatte im Gefängnis für sich und seinen Sohn Ikarus ein Fluggerät aus Wachs und Federn gebastelt und flog gerade aus dem Gefängnis heraus durch die Luft, um von der Insel zu fliehen. Theseus spürte inzwischen den Minotaurus auf, tötete ihn und ging über den Faden zum Ausgang zurück. Dann floh er mit Ariadne von Kreta.)*

9. Wie erging es Ariadne und Theseus nach dem Ende des Minotaurus? *(Theseus hatte versprochen, Ariadne mit nach Athen zu nehmen, hielt aber unterwegs auf der Insel Naxos an und ließ sie dort zurück. Statt ihrer nahm er ihre jüngere Schwester Phaidra mit, die er auch heiratete. Ariadne blieb aber auch nicht allein, sondern wurde die Gattin des Gottes des Rebensaftes, also des Dionysos. Theseus fuhr verliebt nach Hause und führte aus Versehen schwarze Segel statt der weißen, die für den Erfolgsfall verabredet waren. Sein Vater Aigaios sah das schwarze Segel und stürzte sich vor Trauer über den vermeintlichen Tod seines Sohnes ins Meer, das seitdem das ägäische Meer heißt. Deshalb wurde Theseus bei seiner Ankunft dann postwendend König von Athen.)*

10. Warum war Kreta in dieser Zeit so mächtig? *(Die zentrale Lage im Mittelmeer bescherte der Insel zahlreiche Seeverbindungen mit Ländern des vorderen Orients, Kleinasiens und Griechenlands. Mit dem wirtschaftlichen Aufschwung ging eine Blüte der Kultur einher. Auffallend ist zum Beispiel, dass allen großen Palästen auf Kreta Befestigungsanlagen und Verteidigungsmauern fehlten. Daraus schließt man, dass das Meer ein natürlicher Schutzwall für die ganze Insel war. Der Umstand ist aber auch Zeuge dafur, dass der Herrscher im Inland so angesehen war, dass er sich vor Übergriffen der einheimischen Bevölkerung nicht fürchten musste.)*

11. Wie kam es zur Zerstörung des Palastes von Knossos? *(Der Palast von Knossos wurde mehrere Male zerstört, zunächst durch einen Krieg oder ein Erdbeben. Später wurde ein verheerender Vulkanausbruch auf der Insel Santorin nördlich von Kreta mit seiner gewaltigen Flutwelle für den Grund der Zerstörung gehalten, die ca. 1450 v. Chr. stattgefunden haben muss. Neuere Forschungen zeigen, dass diese These falsch ist: Mit der C-14-Analyse stellte man das Datum des Vulkanausbruchs von Santorin um 1650 v. Chr. fest. Im ewigen Eis von Grönland fand man hierfür die Bestätigung: Der Eispanzer Grönlands ist 3.200 m dick und besteht aus Eisschichten, die Jahr für Jahr aus Schneefall entstehen, der in der Tiefe zu Eis gepresst wird. Die Wissenschaftler können heute zu jeder Eisschicht ungefähr ihr Entstehungsjahr definieren. Also schaute man bei 1650 v. Chr. nach und fand in der Eisschicht von 1644 v. Chr. Schwefelsäure, die mit der Asche beim Ausbruch des Vulkans von Santorin in die Stratosphäre geschleudert und auch auf Grönland herabgeregnet war. Also dürfte Knossos bei kriegerischen Auseinandersetzungen zerstört worden sein.)*

12. Wie funktioniert die C-14-Analyse? *(Alle Pflanzen und Tiere nehmen zu Lebzeiten den aus dem Weltall kommenden radiaktiven Kohlenstoff [Chemisches Zeichen: C] 14 durch den Stoffwechsel auf. Im Moment des Todes beginnen die radioaktiven Teilchen zu zerfallen. Die Zerfallsdauer ist genau bekannt. Gibt es also genügend toten organischen Stoff, kann ein Wissenschaftler den Todeszeitpunkt genau bestimmen.)*

13. Was hat die Freskotechnik mit den Minoern zu tun? *(Sie haben diese Technik erfunden, bei der die Farben auf frisch verputzte, noch feuchte Wände aufgetragen werden. Beim Trocknen dringen die Farbpigmente tief in den Wandputz ein und produzieren ein widerstandsfähiges Gemälde.)*

Ozeanien

1. Was bezeichnet man als „Ozeanien"? *(Ozeanien ist die Bezeichnung für die Inseln im Pazifischen Ozean zwischen den Philippinen und Neu-Guinea [das nicht dazu gezählt wird] einerseits und dem amerikanischen Kontinent andererseits.)*

2. Welche Inseln gehören zu Ozeanien? *(u.a. Australien, Tasmanien, Neuseeland, Fidji, West-Samoa.)*

3. Viele Inseln in Ozeanien sind Korallen-Inseln. Wie entstehen sie? *(Steinkorallen sind kolonienbildende Nesseltiere, die sich zu großen Gemeinschaften zusammenschließen. Sie hinterlassen ein Kalkskelett. Diese Gebilde wachsen im seichten Wasser bis zur Wasseroberfläche empor. Vom Meer angeschwemmte organische Abfallstoffe [Schlamm, Sand, Steine, abgestorbene Tiere usw.] verdichten dieses Gebilde zu einem massiven Untergrund, auf dem sich dann auch Pflanzen ansiedeln können.)*

4. Welche drei Hauptformen von Korallenriffen unterscheidet man? *(1: Saumriffe: Sie liegen in der Höhe der Küste und sind stellenweise mit ihr verwachsen. 2: Wallriffe [Barrier-Riffe]. Sie liegen parallel zum Ufer, sind von diesem aber durch einen breiteren Meeresstreifen getrennt. Das berühmte Große Barrier-Riff an der Küste von Queensland [Australien] ist etwa 2.000 km lang. 3: Atolle [Lagunen- oder Kranzriffe]: Dies sind niedrige, schmale, ovale und ausgebuchtete, selten kreisrunde Inseln, die eine bis zu 150 Meter tiefe Lagune einschließen.)*

5. Was bezeichnet man als Archipel? *(Inselgruppen im Meer.)*

Tee

1. Woraus wird Tee gemacht? *(Tee wird aus den getrockneten Blättern des Teestrauches zubereitet. Dieser Strauch wächst wild mehr als 20 Meter hoch. Teesträucher werden jedoch für die Ernte auf einer Höhe von 1 – 3 Metern gehalten.)*

2. Wo werden Teesträucher angebaut und die Teeblätter geerntet? *(Haupterzeugerländer sind Indien, Sri Lanka, Russland, Indonesien und Japan.)*

3. Seit wann trinkt man Tee? *(Die Teepflanze wurde wahrscheinlich seit dem 28. Jahrhundert v. Chr. kultiviert. Nach Europa kam der Tee zu Beginn des 16. Jahrhunderts durch die ☞Araber. In England wurde er 1657 eingeführt, in Mitteleuropa ist er erst seit dem 19. Jahrhundert verbreitet.)*

4. Wonach richten sich die Handelsbezeichnungen des Tees? *(Maßgeblich ist das Alter der Blätter und die Trocknungsart: Für Orange-Pekoe werden die jüngsten Blätter verarbeitet. Der Broken Orange-Pekoe wird aus durch das Rollen vor der Fermentierung zerbrochenen Blättern hergestellt. Für Grünen Tee werden die Blätter unmittelbar nach dem Pflücken als Ganzes getrocknet. Beim Schwarzen Tee trocknet man die geernteten Blätter auf etwa die Hälfte ihres Gewichtes und lässt sie dann fermentieren. Die bekanntesten Schwarzteesorten sind Darjeeling und Orange-Pekoe.)*

5. Wie kam die Teesorte „Earl Grey" zu ihrem Namen? *(Der „Earl Grey" ist mit 20 % der Spitzenreiter des aromatisierten Tees, der in Deutschland verkauft wird. Sein Namensgeber ist der frühere britische Außenminister Edward Grey, Earl of Falladon [1862-1933]. Er verlangte so nachhaltig nach diesem mit Bergamotte [orangenähnliche Frucht] versetzten Tee, dass dieser noch heute seinen Namen trägt.)*

6. Was ist im Teebeutel? *(Aus der Herstellung der Broken Teas bleiben Blatt- und Stielreste übrig. Diese ergeben die Füllung der Teebeutel.)*

7. Wer erfand den Teebeutel? *(Man sollte es nicht glauben - ein Deutscher: Adolf Rambold bastelte 1929 aus Manilahanf den ersten Teebeutel.)*

8. Was ist der Unterschied zwischen grünem und schwarzem Tee? *(Beide stammen von der gleichen Strauchart. Beim grünen Tee werden die Blätter nur getrocknet, beim schwarzen Tee leicht gegärt.)*

9. Was macht das Aroma des Tees aus? *(In den Blättern des Tees sind viele lösliche Stoffe enthalten. Diese Stoffe gehen beim Aufguss mit kochendem Wasser zu 30 – 45 % in den Aufguss über und wirken auf den menschlichen Organismus in verschiedener Weise: Sie regen das ☞Nervensystem an, steigern den Blutdruck und fördern die ☞Verdauung.)*

10. Im Tee ist neben Tein auch Coffein enthalten. Was enthält mehr Coffein: Tee oder ☞Kaffee? *(Tee enthält mehr Coffein: Beim Tee beträgt der Coffein-Gehalt durchschnittlich 3,3 %, beim Kaffee nur 1,3 %.)*

11. Was geben die unterschiedlichen Länder dem Tee als Zusatz bei? *(In Großbritannien liebt man Tee mit Milch und Zucker, in Russland Tee mit Zitrone, in Tibet mit Salz und ranziger Butter.)*

12. Was ist Mate? *(Mate ist ein „Teekesselchen": Das Wort steht sowohl für eine Teesorte als auch für das Gefäß, aus dem der Tee getrunken wird. Der Tee Mate ist das Nationalgetränk Paraguays.)*

Amundsen

1. Wer war Roald Amundsen (1872-1928)? *(Ein norwegischer Polarforscher.)*

2. Was hat Amundsen berühmt gemacht? *(Am 14.12.1911 erreichte er mit seiner Expedition als Erster vor dem Briten Robert ☞Scott den Südpol. Später überflog er als erster mit dem amerikanischen Forscher Lincoln Ellsworth und dem italienischen Forscher und Ingenieur Umberto Nobile mit einem lenkbaren Luftschiff den Nordpol. Außerdem gelang ihm als erstem mit einem Schiff die Durchquerung der sogenannten „Nordwest-Passage" (Durchfahrt vom Atlantik zwischen Grönland und Labrador, dann an der Küste Kanadas entlang und schließlich durch die Beringstraße [zwischen Alaska und Asien] in den Pazifik).*

3. Wie starb Amundsen? *(Eigentlich tragisch: Nach der Überquerung des Nordpols kam es zwischen Amundsen und Nobile zum Streit, welchem Land der Verdienst der ersten Luftüberquerung zustand. Das war 1926. 1928 verunglückte Nobile mit seinem Luftschiff Italia bei einem Polarflug. Amundsen, der schon im Ruhestand war, beteiligte sich an der Bergungsaktion. Nobile wurde letztendlich gerettet, Amundsen aber stürzte bei der Bergungsaktion mit einem der Rettungsflugzeuge ab und blieb verschollen.)*

Vasco da Gama

1. Wer war Vasco da Gama (1469-1524)? *(Ein portugiesischer Entdecker und Seefahrer.)*

2. Was hat Vasco da Gama als erster geschafft? *(Er war der erste Europäer, der auf dem Seeweg um die Südspitze Afrikas herum Indien [Westindien] erreichte. Vor ihm hatte es der Portugiese Bartholomeo Diaz schon geschafft, die Südspitze Afrikas zu umschiffen. Wegen der schrecklichen Stürme dort nannte Diaz die Südspitze „Kap der Stürme" und kehrte kurz nach der Umrundung nach Portugal zurück. Der portugiesische König Johann II. benannte es jedoch wegen der frohen Erwartungen in den Indienhandel in „Kap der guten Hoffnung" um. Diaz war auf Wunsch des portugiesischen Königs Mitglied der Besatzung Vasco da Gamas, verließ die Expedition aber frühzeitig bei den kapverdischen Inseln.)*

3. Wie lange brauchte Vasco da Gama für diese Entdeckungsreise? *(Vom 09.07.1497 – 20.05.1498. Er fuhr bei seiner ersten Fahrt mit vier Schiffen und 168 Mann Besatzung los. Zurück kam er nach Portugal mit zwei Schiffen und 55 Mann.)*

4. Was machte Indien für Europa so interessant? *(Vor allem der Handel mit Gewürzen [Zimt, Muskat, Pfeffer, Ingwer].)*

5. Wo starb Vasco da Gama? *(In Südwestindien. Der portugiesische König hatte ihn zum Vizekönig ernannt. Vasco da Gama schuf mit radikaler Härte in Indien die Grundlagen für die portugiesische Hegemonie [Vorherrschaft] im Indischen Ozean. Das Ganze war dadurch begünstigt, dass die Spanier durch die Entdeckungen des ☞Kolumbus ganz auf Amerika fixiert waren.)*

Völkerwanderung

1. Was versteht man unter der Völkerwanderung? *(Den Wegzug ganzer germanischer Völker vor allem Richtung Westen und Süden zwischen dem 2. und 6. Jahrhundert n. Chr.)*

2. Was löste die Völkerwanderung aus? *(Der Zug der hunnischen Krieger aus den Steppen Asiens nach Europa in der zweiten Hälfte des 4. Jahrhunderts n. Chr. löste die eigentliche Völkerwanderung aus, aber auch klimatische Bedingungen und Landnot.)*

3. Welche Volksstämme gingen von wo nach wo auf Wanderung? *(Die Angeln von Dänemark und die norddeutschen Sachsen nach Britannien: Die ☞Franken von Deutschland nach Frankreich [Gallien]. Die Ostgoten vom Schwarzen Meer nach Norditalien. Die Westgoten aus Osteuropa nach Griechenland, Italien und Spanien. Die Langobarden von Mitteleuropa [nördlich der Donau] nach Norditalien. Die Wandalen [ursprünglich in Jütland – heute Dänemark – beheimatet] vom heutigen Polen über Deutschland, Gallien, Spanien und Nordafrika nach Süditalien.)*

4. Was charakterisierte die Wandalen? *(Sie plünderten und mordeten [z.B. belagerten und eroberten sie 455 Rom] derart zügellos, dass man noch heute blinde Zerstörungswut als „Vandalismus“ bezeichnet. Diese Bezeichnung geht auf den Bischof der französischen Stadt Blois, Henri Grégoire [1750-1831] zurück wegen der sinnlosen Zerstörung von Kunstwerken während der Französischen Revolution. In Rom verhielten sich die Wandalen für damalige Verhältnisse eigentlich recht zurückhaltend: Auf Bitten des Papstes richteten sie kein größeres Gemetzel unter der Bevölkerung an, plünderten die Stadt aber zwei Wochen lang systematisch aus. Sogar das goldene Dach des Jupitertempels ließen sie mitgehen. Trotzdem tat Grégoire ihnen unrecht: Was die Wandalen in Rom nicht mitnahmen, ließen sie nämlich gerade unversehrt zurück.)*

Akropolis

1. Was ist eine „Akropolis"? *(griechisch: akros = höchste und polis = Stadt. Im antiken Griechenland also jede Burg oder Festung an der höchstgelegenen Stelle einer Stadt. Später war es die Bezeichnung für eine Kultstätte mit Tempeln und öffentlichen Gebäuden.)*

2. Welche Akropolis ist die berühmteste? *(Die Akropolis von ☞Athen.)*

3. Was sind die wichtigsten Bestandteile der Akropolis in Athen? *(Der dorische Parthenon-Tempel [der „jungfräulichen Athene" = „Athene Parthenos" geweiht. Die Göttin Athene ist die Schutzgöttin Athens], die Propyläen [gewaltiger Torbau aus Marmor, Haupteingang. Äußere Säulen dorisch, innere ionisch], das Erechtheion [ionischer Tempel, Heiligtum der Athene Polias und des Poseidon Erechtheus. Im Mittelalter als Kirche, danach von den Türken als Harem genutzt] und der Tempel der Athene Nike [= „Siegreiche Athene"].)*

4. Wann entstand die Akropolis in Athen, wie wurde ihr Bau finanziert? *(Unter der Herrschaft des Perikles im 5. Jahrhundert v. Chr. Der wesentliche Teil der Akropolis wurde in nur 40 Jahren erbaut. Perikles bediente sich zur Finanzierung in der Kasse des Attisch-Delischen Seebundes, die mit fadenscheiniger Begründung nach Athen geholt worden war.)*

5. Wann wurde der Parthenon zerstört? *(Der Parthenon-Tempel fiel der Zerstörung nicht im Altertum zum Opfer. Vielmehr belagerte 1687 ein von einem venezianischen General befehligtes Söldnerheer die von den Türken besetzte Akropolis. Die Türken hatten im Parthenon ein Pulvermagazin eingerichtet. Eine Kanonenkugel der Belagerer durchschlug das Dach des Parthenon und löste eine Explosion aus, die den Parthenon in einen Trümmerhaufen verwandelte. Danach bedienten sich die Reisenden im 18. Jahrhundert, als Westeuropa antiken Baustil chic fand. Im großen Stil räumte dann zur Empörung seiner gebildeten Zeitgenossen der britische Lord Elgin [von 1799 bis 1803 britischer Botschafter in ☞Konstantinopel] ab, indem er mit Zustimmung des Sultans jahrelang bis zu 400 Arbeiter mit der Demontage der Monumente beschäftigte, die er verhökerte [damit wurde er aber nicht reich, weil seine Kosten höher waren als die Erlöse]. Ein großer Teil davon landete im Britischen Museum von ☞London als „Elgin Marbles". Die Engländer verweigerten die Rückgabe an Griechenland mit der Begründung, in Athen wären diese Kunstschätze vom Smog inzwischen bis zur Unkenntlichkeit entstellt. Tatsächlich befinden sich die am besten erhaltenen Stücke des Parthenon nicht in Athen, sondern in London. Da auch Fluglärm der Akropolis schadet, wurde inzwischen das Überfliegen mit Militärmaschinen verboten.)*

Sahara

1. Was ist die Sahara? *(Eine riesige Wüste in Nordafrika.)*

2. Woher kommt der Name „Sahara"? *(Die Araber gaben der Wüste im Mittelalter den Namen „es-sahara", was „wüste Ebene" bedeutet. Ein arabisches Sprichtwort besagt: „Die Sahara ist der Garten Allahs, aus dem er alles überflüssige menschliche und tierische Leben entfernt hat, damit es einen Ort gebe, wo er in Frieden wandeln könne.")*

3. Wie groß ist die Sahara? *(Die Sahara ist mit 9,1 Mio. km^2 [fast so groß wie Europa] die größte Wüste der ☞Erde. Sie reicht im Westen bis zum Atlantik, im Osten bis zum Roten Meer und dem Sinai, ist bis zu 2.000 km breit und 6.000 km lang. Im Norden wird die Sahara vom Atlasgebirge, im Süden von der Sahelzone und dem Nigertal begrenzt.)*

4. War die Sahara immer schon eine Wüste? *(Nein, während der Eiszeit in Europa war sie eine fruchtbare Zone. Mit dem Klimawechsel am Ende der Eiszeit verließen die Bauern das Land, das versteppte.)*

5. Was sind „Oasen"? *(Oasen [griechisch: „bewohnter Ort"] sind fruchtbare Zonen in der Wüste. Sie werden aus Quellen, unterirdischen Flüssen [z.B. aus dem Atlasgebirge oder anderen Gebirgen] oder Stellen mit hohem Grundwasserspiegel mit Wasser gespeist.)*

6. Besteht die Sahara nur aus einer Sandwüste? *(Nein: Der größte Teil der Sahara besteht aus einer Stein- und Geröllwüste. Die Sanddünenwüste, in der Sanddünen zu Bergen werden mit Höhen bis zu 100 m, machen nur rund 10 % der Wüste aus. Die Sanddünen wandern vom ☞Wind getrieben und können Ortschaften und Oasen unter sich begraben.)*

7. Was ist der „Wendekreis des Krebses"? *(Ein Breitengrad [23,5° nördlich des Äquators], der die Wüste ungefähr halbiert. In diesem Breitengrad befinden sich die Zonen hohen Luftdrucks, die Trockenheit auslösen. Deshalb finden sich die meisten großen Wüsten in der Nähe der Wendekreise. Die Sahara setzt sich auf diesem Wendekreis also in Arabien, Syrien, Persien und Indien fort.)*

8. Was ist ein „Wadi"? *(Ein Trockenflussbett in der Sahara.)*

9. Warum haben Zebras Streifen? *(Die Streifen dienen in den afrikanischen Steppen als Tarnung: In der flimmernd heißen Luft lösen sich die Zebras vor dem Hintergrund praktisch auf. Die Streifen nutzen die Zebramütter übrigens wie einen natürlichen Barcode zum Erkennen ihrer Fohlen.)*

10. Beim Filmklassiker „Lawrence von Arabien“ versinkt wie in ähnlichen, anderen Filmen ein Mensch im Treibsand. Ist das in der Wüste ein realistisches Risiko? *(Nein: In der Wüste kann es durch Verwehungen mal Löcher im Sand geben. Der Mensch sinkt aber regelmäßig nur maximal 30 cm ein. Tiefer wird er auch deshalb nicht nach unten gezogen, weil sein spezifisches Gewicht kleiner ist als das des Sandes.)*

11. Welche Wüsten sind nach der Sahara die beiden größten auf der Erde? *(Die arabische Halbinsel und die Wüste ☞Gobi in Mittelasien [erstreckt sich über die Mongolei und China]. In Afrika gibt es noch zwei Wüsten, nämlich die Kalahari im Süden und einen relativ schmalen Streifen an der Südwestküste, die Namib.)*

Aquädukte

1. Was ist ein „Aquädukt“? *(Eine künstlich angelegte, oberirdisch verlaufende Steinbrücke zum Transport von Wasser. Regelmäßig sind solche der Römerzeit gemeint.)*

2. Wie sahen Aquädukte aus? *(Sie waren bis zu 85 km lang, auf Bogenstellungen [bis zu 60 m hoch] gelagert und hatten Wasserkanäle [meistens rundum geschlossen; 0,50 – 1,20 m breit und 1,30 – 2 m hoch. Diese Wasserröhren nannten die Römer „canalis“].)*

3. Wie viele Aquädukte versorgten Rom? *(Etwa 20, die täglich rund 7 Mio. Hektoliter Wasser lieferten. Das war auch nötig, weil das Wasser permanent aus den Leitungen lief: Es gab nämlich noch keine Wasserhähne!)*

4. Haben die Römer die Aquädukte als erste erfunden? *(Nein: In Asien [Indien, ☞Mesopotamien und China] tauchten sie zuerst auf.)*

5. Gibt es heute noch Aquädukte zur Wasserversorgung? *(Ja: Noch heute werden große Städte durch Aquädukt-Systeme mit Wasser versorgt, z.B. ☞New York City, Los Angeles, Glasgow, Marseille und Wien. Das größte aktuelle Aquädukt-System der Welt versorgt Südkalifornien mit Wasser aus dem Colorado. Das Wasser wird dabei über 389 km transportiert mit einer Kapazität von täglich 3,7 Mio. Kubikmeter Wasser. Los Angeles wird über eine eigene Wasserquelle aus der Sierra Nevada über 544 km Länge versorgt mit einer Kapazität von 15 Mio. Kubikmeter Wasser pro Tag.)*

Suezkanal

1. Was ist der Suezkanal? *(Ein schleusenloser Schiffahrtskanal, der das Mittelmeer mit dem Golf von Suez [an ihn schließt sich das Rote Meer an] verbindet. Der Kanal stellt eine kürzere Verbindung für die Schiffe Europas und Amerikas dar, die mit Südostasien und der Ostküste Afrikas verkehren wollen.)*

2. Wie sind die Maße des Suezkanals? *(Er ist etwa 195 km lang, mindestens 60 m breit und hat bis zu 20 m Tiefgang.)*

3. Wann wurde der Suezkanal gebaut? *(Von 1859 bis 1869. Die Idee mit dem Kanal hatten schon die Pharaonen. 1300 v. Chr. wurden Nildelta und Bitterseen erstmals miteinander verbunden. 776 n. Chr. schlossen ihn die Kalifen, damit die „Ungläubigen“ [nicht dem ☞Islam Angehörenden] nicht so leicht zu ihrem Land kämen.)*

4. Wem „gehört“ der Suezkanal? *(Zuerst gehörte er einer ägyptischen Gesellschaft, die allerdings von Franzosen und Ägyptern finanziell getragen wurde. Dann kaufte England alle Anteile und beherrschte den Suezkanal praktisch bis zum Juni 1956. Danach übernahm Ägypten den Kanal.)*

Kaffee

1. Wie wird Kaffee angebaut? *(Er wächst als Baum oder Strauch mit einer Höhe bis zu 6 m, wird aber für Erntezwecke auf 2 m gestutzt. Ein Kaffeebaum bleibt bis zu 20 Jahre fruchtbar bei durchschnittlich drei Ernten pro Jahr. Die Kaffeebohne ist der Samen in der Frucht des Baumes.)*

2. Wie wurde der Kaffee entdeckt? *(Per Zufall vor einigen Jahrhunderten in Arabien in der Nähe des Roten Meers. Die ☞Araber pflegten schon früh, aus ungebrannten Kaffeebohnen einen Aufguss zu machen. Der Rest der Ernte wurde leicht geröstet, um die Haltbarkeit zu steigern. Aus Versehen stark angebrannte Bohnen wurden aus Sparsamkeit trotzdem aufgegossen und ergaben einen besseren Geschmack. Von da ab wurde Kaffee nur noch geröstet zubereitet.)*

3. Wie kam der Kaffee nach Europa? *(Durch die Venezianer aus ihrem Handel mit den Arabern zu Beginn des 17. Jahrhunderts.)*

4. Woher kommt heute vor allem der Kaffee? *(Aus Südamerika [Brasilien ist mit Abstand Hauptlieferant], das 2/3 des gesamten Weltbedarfs deckt.)*

5. Bei wieviel Grad wird Kaffee geröstet? *(Je nach Kaffeesorte zwischen 193 und 205 Grad.)*

6. Wodurch wirkt Kaffee anregend? *(Durch den Wirkstoff Coffein. Er regt das vegetative Nervensystem an und beschleunigt deshalb alle Funktionen unseres Organismus. Pulsfrequenz und Blutdruck steigen. Reichlicher Kaffeegenuss soll übrigens den Cholesterinspiegel erhöhen.)*

7. Wirken große Mengen Kaffee umso anregender? *(Nein: Große Mengen Kaffee lösen im zentralen Nervensystem einen eigenen, alarmierenden Reiz aus, der den Körper automatisch gegensteuern lässt. Die Körperfunktionen werden wieder heruntergefahren.)*

8. Wer führt auf der Welt im Prokopfverbrauch an Kaffee? *(Deutschland, das auch nach den USA [und vor Frankreich und Italien] zweitgrößter Importeur ist.)*

9. Was ist „Muckefuck"? *(Als Muckefuck wird Kaffee-Ersatz bezeichnet, meist aus Getreide oder Malz. Der Begriff „Muckefuck" kommt vom französischen mocca faux = falscher Mokka. Nach dem deutsch-französischen Krieg 1870-1871 deutschten preußische Soldaten den Begriff ein. Später entstand in Deutschland der Begriff „Blümchenkaffee". Da man nach dem 1. Weltkrieg mit dem teuren Kaffee haushalten musste, war er meist so dünn, dass man durch den Kaffee die auf den Boden der Porzellantasse gemalten Blümchen erkennen konnte.)*

10. Wie bleibt Kaffee mit Milch länger heiß? *(Wenn man die Milch gleich zu Beginn dazuschüttet. Das Phänomen beschreibt das Newtonsche Abkühlungsgesetz: Die Geschwindigkeit der Temperaturänderung verhält sich proportional zur Temperaturdifferenz der Stoffe. Der heiße Kaffee kühlt sich in kalter Umgebung also schneller ab. Schüttet man die Milch erst nach fünf Minuten hinzu, drückt das die Temperatur noch mal sehr stark.)*

Deutschland, Erdkunde und allgemein

1. Was ist Deutschland? *(Die Bundesrepublik Deutschland ist ein mitteleuropäischer Staat, der im Norden an Dänemark, im Osten an Polen und die Tschechische Republik, im Süden an Österreich und die Schweiz, im Westen an Frankreich, Luxemburg, Belgien und die Niederlande grenzt. Deutschland hat eine Fläche von 357.026 km^2. Damit ist es der sechstgrößte Flächenstaat Europas nach dem europäischen Teil Russlands, der Ukraine, Frankreich, Spanien und Schweden.)*

2. Wie viele Einwohner hat Deutschland? *(Deutschland hatte 2003 rund 82,5 Millionen Einwohner. Damit ist Deutschland nach dem europäischen Teil Russlands der bevölkerungsreichste Staat Europas.)*

3. Wie heißt die Hauptstadt Deutschlands? *(Seit 1991 wieder Berlin. Von 1949-1990 war die deutsche Hauptstadt Bonn. Der Regierungssitz wurde aber erst 1999 nach Berlin verlegt.)*

4. Was zeigt die deutsche Flagge, worauf geht sie zurück? *(Die deutsche Flagge zeigt die Farben Schwarz–Rot–Gold in Streifen von oben nach unten. Mitunter ist in der Mitte der Bundesadler abgebildet. Die Flagge geht mit diesen Farben zurück auf die Gründung der „Allgemeinen Deutschen Burschenschaft" in Jena 1818. Die Studenten wählten diese Farben in der irrigen Ansicht, es handele sich dabei um die Farben des Heiligen Römischen Reiches Deutscher Nation. Dessen Fahne bestand aber aus einem weißen Kreuz auf rotem Grund als Zeichen des christlichen Charakters des Imperiums. Lediglich das goldene Banner des Heiligen Römischen Reiches zierte ein schwarzer Adler, den man im 14. Jahrhundert erstmals mit roten Krallen und einem roten Schnabel [bis heute gültig] versah. In der Märzrevolution 1848 wurden die Farben Schwarz-Rot-Gold als Bundesfarben gehandelt. Als die Fürsten ihre Macht zurückeroberten, verschwand das neue Zusammengehörigkeitssymbol wieder. Erst in der Weimarer Republik wurde es 1919 in die Verfassung aufgenommen. Hitler schaffte Schwarz-Rot-Gold ab und ersetzte es durch die Hakenkreuzflagge. Mit dem Grundgesetz [Art. 22] kam Schwarz-Rot-Gold dann wieder zurück.)*

5. Die Deutschen gelten als „Volk der Dichter und Denker". Wer sind die berühmtesten davon? *(Johann Wolfgang von ☞Goethe, Friedrich ☞Schiller, Immanuel ☞Kant, Johann Gottlieb Fichte, Friedrich Wilhelm Hegel, Gottholt Ephraim ☞Lessing, Johann Gottfried Herder und Arthur Schopenhauer. Viele von ihnen lebten und wirkten in Weimar, dem europäischen Geisteszentrum des späten 18. und frühen 19. Jahrhunderts und waren damit Namensgeber einer bürgerlichen Kulturepoche.)*

6. Was ist das Wahrzeichen Berlins? *(Das Brandenburger Tor. Es wurde 1791 als westliches Zolltor in der Stadtmauer dem Verkehr übergeben. Friedrich Wilhelm I. [der Vater ☞Friedrichs des Großen] ließ diese Stadtmauer zwischen 1734 und 1738 errichten, zuerst mit einem kargen Tor. Das Tor in seiner heutigen Form wurde nach dem Abriss des alten Tors dort errichtet. Der Architekt Langhans ließ sich dabei von den Propyläen in ☞Athen inspirieren. Drei Jahre später wurde die von Schadow entworfene Quadriga [Kampfwagen, von vier Pferden gezogen], die wie das Tor den „Triumph des Friedens" symbolisieren soll, aufgesetzt. Allen anderslautenden Behauptungen zum Trotz schauten die geflügelte Siegesgöttin und das Gespann stets nach Osten. Napoleon verschleppte die Quadriga 1806 nach Paris. 1814 wurde sie nach seiner Niederlage aber wieder nach Berlin zurückgebracht. Das letzte erhaltene Stadttor Berlins war seit dem Bau der Mauer weiträumig abgesperrt und wurde damit zum Mahnmal der deutschen Teilung. Hinter dem Brandenburger Tor liegt die 1,5 km lange Prachtstraße Unter den Linden. Sie wurde im 17. Jahrhundert als kurfürstlicher Reitweg vom Stadtschloss zum Jagdrevier im Tiergarten angelegt. Auch der Kurfürstendamm war ursprünglich ein Reitweg des Kurfürsten.)*

7. Wie heißen die 16 Bundesländer Deutschlands und ihre Hauptstädte von Norden nach Süden? *(Schleswig-Holstein mit Kiel, Mecklenburg-Vorpommern mit Schwerin, Hamburg [Stadtstaat], Niedersachsen mit Hannover, Bremen [Stadtstaat], Brandenburg mit Potsdam, Berlin [Stadtstaat], Nordrhein-Westfalen mit Düsseldorf, Hessen mit Wiesbaden, Thüringen mit Erfurt, Sachsen mit Dresden, Sachsen-Anhalt mit Magdeburg, Rheinland-Pfalz mit Mainz, Bayern mit München, Saarland mit Saarbrücken, Baden-Württemberg mit Stuttgart. Das bevölkerungsreichste Bundesland ist NRW mit rund 18 Mio. Einwohnern.)*

8. Wie groß ist die maximale Ausdehnung Deutschlands? *(Von Norden nach Süden 876 Kilometer, von Westen nach Osten 640 Kilometer.)*

9. Wie heißen die vier längsten deutschen Flüsse? *(Auf deutschem Staatsgebiet der Rhein mit 865 km Länge [insgesamt 1.320 km lang], die Elbe mit 783 km [1.165 km], die Donau mit 647 km [2.852 km] und der Main mit 524 km [komplett in der BRD].)*

10. Wie heißen die höchsten Gipfel in Deutschland? *(In den Alpen die Zugspitze [2.963 m], der Watzmann [2.713 m] und die Mädelegabel [2.645 m], der Feldberg [1493 m] im Schwarzwald sowie der Brocken [1.142 m] im Harz.)*

11. Wo liegen die größten deutschen Inseln? *(In der Ostsee mit Rügen [926 km^2], Usedom [deutscher Anteil 373 km^2] und Fehmarn [185,4 km^2]. Die größte Nordsee-Insel ist Sylt mit 99,2 km^2. Helgoland hingegen ist nur rund 1,6 km^2 groß.)*

12. Was sind die größten deutschen Binnenseen? *(Der Bodensee mit 538 km^2, von denen 305 km^2 zu Deutschland gehören, der Chiemsee im Alpenvorland mit 82 km^2 und der Starnberger See mit 57 km^2.)*

13. Was ist der größte deutsche Binnensee? *(Der Bodensee mit einer Fläche von 305 km^2.)*

14. Wie groß ist der Waldanteil der bundesdeutschen Fläche? *(29 %.)*

15. Seit wann gehört Helgoland zu Deutschland? *(Die Felseninsel Helgoland in der „Deutschen Bucht" war 1714 dänisch, 1814 britisch und gehört seit 1890 zu Deutschland.)*

16. Worauf geht das kontinuierliche Wachstum der Bevölkerungszahl der BRD nach dem 2. Weltkrieg zurück? *(Nach dem 2. Weltkrieg setzte zunächst ein Geburtenüberschuss ein. Dann setzte eine Flüchtlingswelle nach Deutschland ein. Bis 1953 kamen etwa 10,6 Millionen Heimatvertriebene und Flüchtlinge aus den ehemaligen deutschen Ostgebieten und den angrenzenden Staaten Ost- und Südosteuropas in die BRD. In den 60er-Jahren zog die starke deutsche Konjunktur ausländische Arbeitskräfte als Zuwanderer nach Deutschland. Von 1988 – 1997 kamen allein 1,7 Mio. Russlanddeutsche in die BRD.)*

17. Wie viele Einwohner haben die zehn größten deutschen Städte? *(Berlin 3,5 Mio., Hamburg 1,7 Mio., München 1,3 Mio., Köln 1,0 Mio., Frankfurt 0,65 Mio., Essen 0,61 Mio., Dortmund 0,6 Mio., Stuttgart 0,59 Mio., Düsseldorf 0,57 Mio., Bremen 0,55 Mio.)*

18. Wie hoch ist der Ausländeranteil der deutschen Bevölkerung? *(Ende 2001 wohnten 7,3 Mio. Ausländer in der BRD, was 8,9 % der Gesamtbevölkerung entsprach. Den größten Anteil daran hatten die Türken, die 2,5 % der Gesamtbevölkerung stellen. Der Ausländeranteil ist in den neuen Bundesländern wesentlich geringer als in den alten. Etwa 66 % aller Ausländer wohnen in Baden-Württemberg, Bayern, Hessen und NRW.)*

19. Wie hoch ist der Anteil der Einpersonen-Haushalte an den Privathaushalten der BRD? *(2001 wurden 38,5 Mio. Privathaushalte ermittelt, von denen 36,6 % Einpersonen-Haushalte waren. Ihre Zahl nimmt permanent zu.)*

20. Welche Religion ist in der BRD führend? *(Der evangelischen und katholischen Kirche gehören jeweils rund 26 Mio. der Bevölkerung an. Die größte nicht-christliche Religionsgemeinschaft bildet der Islam mit rund 3,3 Mio. Muslimen überwiegend türkischer Herkunft. Die jüdischen Kultusgemeinden haben rund 105.000 Mitglieder, was rund 0,1 % der Bevölkerung entspricht. Die buddhistischen Zentren haben rund 200.000 Mitglieder, von denen rund die Hälfte deutsche Buddhisten sind. Weiter gibt es in Deutschland ca. 100.000 Hindus. Rund 20 % der Bevölkerung gehören nach eigenen Angaben gemäß der Umfrage des statistischen Bundesamtes von 1993 keiner Religionsgemeinschaft* an.)

21. Wie heißen die einflussreichsten, überregional erscheinenden Zeitungen in Deutschland? *(Die Frankfurter Allgemeine Zeitung [FAZ] mit einer Auflage von 405.000 werktags und 521.000 samstags, die Süddeutsche Zeitung [380.000/536.000], die Frankfurter Rundschau [80.000/255.000], die Welt [210.000/224.000]. Auflagenstärkste Zeitung ist aber die Bild mit rund 4,5 Mio. Lesern täglich. Von den 15 in Deutschland erscheinenden fremdsprachigen Zeitungen ist die auflagenstärkste die türkische Zeitung Hürrieyet mit einer Auflagenstärke von 97.000 Stück.)*

22. Wo liegt Deutschland mit seinem Brutto-Inlandsprodukt (BIP) weltweit? *(Mit einem BIP je Einwohner von [2000] 24.600 US-$ lag Deutschland an fünfter Stelle nach der Wirtschaftskraft, gemessen am gesamten BIP 2001 mit 2.063 Mrd. DM hinter den USA und Japan sogar an dritter Stelle der OECD-Staaten.)*

23. Was verbinden wir mit dem „Volkswagen“ (VW)? *(Anfang der 1930er-Jahre erhielt Ferdinand Porsche den Auftrag, ein preiswertes Auto für jeden Bürger zu entwickeln. 1938 wurde der Prototyp des so genannten KdF-Wagens [Kraft durch Freude, eine Organisation der Nationalsozialisten] mit luftgekühltem Heckmotor der Öffentlichkeit vorgestellt, der aber erst nach dem 2. Weltkrieg in Produktion ging. Produziert wurde in dem eigens hierfür gebauten Volkswagenwerk in der 1938 gegründeten Stadt Wolfsburg in der Nähe von Hannover. Der VW wurde zum Symbol des deutschen Wirtschaftswunders, zum Motor der westdeutschen Automobilindustrie und zum*

Kultauto einer Generation, die Originalität dem Luxus vorzog. 1972 überrundete der Käfer mit 15 Mio. verkauften Autos das bis dahin erfolgreichste Auto „Tin Lizzy" von Henry ☞Ford. Der letzte Käfer war in Deutschland bereits 1978 vom Band gerollt. In Brasilien wurde die Produktion aber fortgesetzt.)

24. Wann fand die deutsche Wiedervereinigung statt? *(Am 03.10.1990, der deshalb heute Nationalfeiertag ist.)*

25. Welche Bedeutung hat die Landwirtschaft in Deutschland? *(In Deutschland waren 2001 rund 1,4 Mio. Personen [2,8 % aller Erwerbstätigen] in der Landwirtschaft beschäftigt. Die Zahl der Beschäftigten in der ostdeutschen Landwirtschaft hat sich 1989 bis 1994 um 80 % von 850.000 auf 170.000 verringert. Von der landwirtschaftlich genutzten Fläche von 17 Mio. Hektar entfallen rund 69 % auf Ackerland und 30 % auf Grünland. Dabei wird das Ackerland hauptsächlich für den Anbau von Getreide genutzt. Die Getreideernte Deutschlands lag 1994 weltweit an elfter Stelle und innerhalb der EU an zweiter Stelle nach Frankreich. Bei der Kartoffelproduktion ist Deutschland in der EU führend. Nur im Hopfenanbau hat Deutschland weltweit eine herausragende Stellung. Mit einem Viertel der gesamten Welterzeugung liegt Deutschland auf Platz zwei hinter den USA. In der Landwirtschaft bildet die Erzeugung hochwertiger tierischer Veredlungsprodukte in Deutschland den Schwerpunkt. Unter den EU-Staaten steht Deutschland in der Milchproduktion an der ersten Stelle und bei der Fleischproduktion an zweiter Stelle hinter Frankreich. Deutschland kann dementsprechend rund 90 % des Nahrungsmittelbedarfs aus heimischer Produktion eindecken.)*

26. Ist Deutschland mit Bodenschätzen gesegnet? *(Nein: Deutschland gehört eindeutig zu den rohstoffarmen Ländern. Ausnahmen stellen lediglich die ergiebigen Lagerstätten von Braunkohle, Steinkohle und Salz dar. So verfügt Deutschland nach Russland und den USA über die drittgrößten wirtschaftlich nutzbaren Braunkohlevorkommen der Erde, die rund 11 % der Weltvorräte insgesamt ausmachen.)*

27. Ist Deutschland im Schwerpunkt eher ein Land des produzierenden Gewerbes oder der Dienstleistung? *(Deutschland bewegt sich zu auf eine Dienstleistungsgesellschaft. Der Anteil des Waren produzierenden Gewerbes an der Bruttowertschöpfung sank im früheren Bundesgebiet von 1985 mit 52 % auf 33,3 % in 1995. Gleichzeitig sank die Zahl der im produzierenden Gewerbe beschäftigten Erwerbstätigen von 1991 bis 1995 von 14,4 Mio. auf 12,4 Mio. Personen. Aus Produktionskostengründen werden seit Anfang der Neunziger-Jahre Arbeitsplätze von Deutschland ins Ausland verlagert. Deutsche Unternehmen investierten von 1990 bis 1994 117 Mrd. DM im Ausland und nur knapp 38 Mrd. DM im Inland. Seit 1994 ist die Bruttowertschöpfung der Dienstleistungsunternehmen im Inland höher als die des produzierenden Gewerbes.)*

28. In welchem Bereich sind in Deutschland die meisten Erwerbstätigen beschäftigt? *(2000 waren im Dienstleistungssektor 64,2 % aller Erwerbstätigen beschäftigt mit einem Beitrag von rund 69 % an der Bruttowertschöpfung.)*

29. Ist Deutschland eher ein Import- oder ein Exportland? *(Deutschland ist eindeutig ein Exportland. Die deutsche Industrie ist stark exportorientiert. Der Anteil des Auslandsumsatzes am Gesamtumsatz lag 1995 in den alten Bundesländern bei rund 30 % und rund 12 % in den neuen Bundesländern. Exportorientiert sind in Deutschland insbesondere Automobil-, Luft- und Raumfahrtindustrie, Maschinenbau, Papierindustrie und chemische Industrie. 2000 war Deutschland hinter den USA die zweitgrößte Exportnation mit einem Umsatz von 551 Mrd. $.)*

30. Ist der Tourismus in Deutschland ein wesentlicher Wirtschaftszweig? *(Eindeutig ja. In diesem Wirtschaftszweig wurden 1995 rund 200 Mrd. DM erwirtschaftet und 2,0 Mio. Arbeitsplätze beansprucht. Damit liegt Deutschland im internationalen Vergleich hinter Frankreich, den USA und Spanien an vierter Stelle.)*

31. Ist die Außenhandelsbilanz der BRD positiv oder negativ? *(Durch den Zusammenbruch der osteuropäischen Exportmärkte und den Anstieg des Importbedarfs der neuen Bundesländer ging der positive Handelsbilanzsaldo von 1989 mit 135 Mrd. DM auf rund 22 Mrd. DM in 1991 zurück, erholte sich aber bis 1995 wieder auf rund 93 Mrd. DM. Dabei ist allerdings das alte Bundesgebiet am Außenhandel mit rund 98 % beteiligt [1994].)*

32. Welche bedeutenden Erfindungen stammen von Deutschen? *(Airbag [1971 von Mercedes erfunden], Aspirin [Felix Hoffmann 1897], Auto [Carl Friedrich Benz und Gottlieb Daimler 1886], Buchdruck [Johannes ☞Gutenberg 1440], Computer [Konrad Zuse 1941 mit seiner Rechenmaschine Z3], Dieselmotor [Rudolf ☞Diesel 1890], Dübel [Artur Fischer 1958], Fernsehen [Manfred von Dardenne 1930], Glühbirne [Heinrich Göbel 1854], Hubschrauber [Heinrich Focke 1936], Jeans [Levi Strauss 1873 patentiert], Kaffeefilter [Melitta Bentz 1908], Kernspaltung [Otto Hahn, Fritz Strassmann und Lise Meitner 1938], Mensch ärgere dich nicht [Josef Schmidt 1907], MP_3-Format [Forscher des Fraunhofer-Instituts 1987], Papierrohstoff [Friedrich Gottlob Keller 1843], Periodensystem [Julius Lothar Meyer 1864 – heute umfasst dieses System 118 chemische Elemente], die Pille [Schering AG 1961], Plattenspieler [Emil Berliner 1887], Röntgentechnik [Wilhelm Conrad Röntgen 1895], Scanner [Rudolf Hell 1951], Straßenbahn [Werner von Siemens 1881], Teebeutel [Adolf Rambold 1929 aus Manilahanf], Telefon [Philipp Reis 1859 – der erste übermittelte Satz lautete: „Das Pferd frisst keinen Gurkensalat"], Thermosflasche [Reinhold Burger 1903], Tonband [Fritz Pfleumer 1928], Zahnpasta [Ottomar Heinsius 1907, angerührt aus Pulver, Mundwasser und ätherischen Ölen] und die Zündkerze [Robert Bosch 1902].)*

Die Franken

1. Wer waren die Franken? *(Ein zunächst westgermanischer Stammesverband, der später in das nordöstliche Gallien einwanderte und dort eine dominierende Rolle spielen sollte.)*

2. Wer waren die drei berühmtesten Franken? *(1. König Chlodwig, der die Römer aus Gallien vertrieb und den Franken damit ein eigenes Land gab. – 2. Karl ☞Martell, der das Reich der Franken nach Osten ausdehnte und die Mauren von der Eroberung Europas abhielt.- 3. ☞Karl der Große, unter dem das Frankenreich das mächtigste in Europa wurde.)*

Alfred Nobel

1. Wer war Alfred Nobel? *(Ein schwedischer Chemiker und Industrieller [1833-1896].)*

2. Welche Erfindung machte Nobel reich und berühmt? *(Nobel erfand das Dynamit [Dynamit kommt vom griechischen dynamis = Kraft]. Vorher stellte er in seinen Fabriken Nitroglyzerin her. Dabei passierten viele Unfälle. Bei einem kam der Bruder Nobels um. 1867 kam Nobel auf die Idee, Nitroglyzerin von Kieselgur aufsaugen zu lassen. Das machte es stabil und ließ es mit einem Zünder zur Explosion bringen. Damit war das Dynamit erfunden. Nobel brachte es auf rund 100 Patente und hatte Fabriken in fast allen europäischen Ländern.)*

3. Was ist der Nobelpreis und wofür wird er verliehen? *(Eine Auszeichnung, die seit 1901 am Todestag Nobels [10.12.] verliehen wird in den Bereichen Physik, Chemie, Physiologie, Medizin, Literatur und Weltfrieden [Friedens-Nobelpreis]. 1968 stiftete die Schwedische Reichsbank zusätzlich den Nobelpreis für Wirtschaftswissenschaften. Zu den ersten Nobelpreisträgern gehörten Wilhelm Conrad Röntgen [Physik], der Entdecker der nach ihm benannten Strahlen, und Henry Dunant [Erhaltung des Friedens], der Begründer des ☞Roten Kreuzes.)*

4. Woraus wird der Nobelpreis finanziert? *(Nobel, der unverheiratet und kinderlos starb, hinterließ sein Vermögen einer Stiftung [Nobel-Stiftung], die seit 1901 die Nobelpreise aus den Zinserträgen des Fonds finanziert [Das Vermögen der Nobel-Stiftung wird auf ca. 400 Mio. € geschätzt]. Dahinter steckte auch ein bißchen Nobels schlechtes Gewissen: Mit Dynamit und dem von ihm erfundenen, rauchlosen Pulver wurden Kriege geführt, was unzähligen Menschen den Tod brachte. Deshalb lag Nobel der Friedenspreis so am Herzen.)*

5. Wer schlägt die Kandidaten für Nobelpreise vor? *(Das regeln die Statuten der Nobel-Stiftung: Kandidaten dürfen vorgeschlagen werden von ehemaligen Nobelpreisträgern, Mitgliedern des Nobelkomitees, Professoren ausgewählter Universitäten und Schriftstellerverbänden. Nur die Kandidaten für den Friedensnobelpreis werden von Parlamentariern und Regierungsmitgliedern der schwedischen Regierung vorgeschlagen. Der Friedensnobelpreis ist mit rund einer Mio. € dotiert, die aus Gewinnen der Nobel-Stiftung bedient werden.)*

Michelangelo

1. Wer war Michelangelo (06.03.1475-18.02.1564)? *(Michelangelo ist einer der berühmtesten Künstler aller Zeiten. Er war Maler, Bildhauer, Baumeister und Dichter.)*

2. Wie verbrachte Michelangelo seine Jugend? *(Da Michelangelo's Eltern relativ arm waren, wurde er schon als Kind in die Betreuung der Frau eines Steinmetzen gegeben. Mit sieben Jahren kam er in die Schule, schwänzte dort allerdings häufiger, weil er in den Werkstätten der Künstler arbeiten wollte. Mit dreizehn Jahren wurde er dann per Vertrag für drei Jahre in einer Werkstatt aufgenommen. Mit fünfzehn Jahren verließ Michelangelo die Werkstatt aber wieder, weil er dort nichts mehr lernen konnte und sich nur noch langweilte.)*

3. Michelangelo lebte zunächst in Florenz. Florenz war in dieser Zeit wirtschaftlich und kulturell ein Zentrum Europas. Warum? *(In Florenz war der Sitz der Medici, eine der reichsten Adelsfamilien des Mittelalters. Florenz liegt im fruchtbarsten Teil Italiens, nicht weit entfernt vom Meer. Die Stadt war damit natürliches Handelszentrum. Gleichwohl war es eine Zweiklassengesellschaft: Richtig reich waren nur die Adelsfamilien und die Kaufleute, die meisten Florentiner hingegen waren arm. In der Geschichte war es schon immer so, dass dort Kultur gefördert wird, wo viel Geld ist. Deshalb war in Florenz auch der kulturelle Mittelpunkt dieser Zeit. Michelangelo ertrug die wirtschaftliche Abhängigkeit von seinen hochgestellten Auftraggebern nur mit Widerwillen und stellte sich beim Kampf um die Republik Florenz [1528 - 1530] gegen die Medici.)*

4. Michelangelo lebte in der Zeit der ✎Renaissance. Was bedeutet dieser Begriff? *(Mit Renaissance [= „Wiedergeburt"] bezeichnet man die Zeit der Wiederentdeckung von Kunst und Kultur der klassischen [das Adjektiv „classicus“ bezeichnete im Lateinischen Bürger der ersten Steuerklasse] Antike, also der griechischen und römischen Zeit.)*

5. Michelangelo wandte sich mit fünfzehn Jahren der Bildhauerei zu. Sein Gönner war der Großherzog Lorenzo de' Medici. Wie verlief diese Zeit? *(Michelangelo war ein be-*

gnadeter Bildbauer, weshalb sich sein Talent rasch herumsprach. Das trug ihm auch Neider ein. Sein Freund und Mitschüler Pietro Torrigiano war so eifersüchtig, dass er ihm mit der Faust ins Gesicht schlug. Seitdem hatte Michelangelo eine Boxernase. Am Hofe Lorenzos schuf er seine ersten bildhauerischen Werke. Als Lorenzo 1492 starb, war Michelangelo gerade siebzehn Jahre alt. Er wechselte dann in das Kloster San Spirito in Florenz und half bei der Untersuchung und beim Aufschneiden der Verstorbenen. Hier sammelte er anatomische Kenntnisse, die seine späteren Arbeiten prägen sollten.)

6. Mit einundzwanzig Jahren wurde Michelangelo vom Papst nach Rom gerufen und schuf seine größten Meisterwerke. Warum zog es Michelangelo nach Rom? *(Da Michelangelo selbst arm war, brauchte er als Bildhauer Marmor. Marmor war schon damals sehr teuer und wurde aus den Steinbrüchen von Carrara geschnitten und nach Rom transportiert. Die Kirche war immer schon sehr reich, weshalb Michelangelo klar war, dass er sich der Bildhauerei mit Marmor nur widmen konnte unter dem Dach der Kirche.)*

7. Michelangelo schuf in Rom [1498 - 1500] die „Pietà". Was ist die „Pietà"? *(Die Pietà [italienisch: Mitleid] zeigt Maria, die den Leichnam Christi auf dem Schoß hält. Die Pietà ist ein wahres Meisterwerk, bei dem man glauben könnte, die Falten des aus Marmor geschliffenen Mantels seien federleicht. Nach dem Aufstellen der Pietà in der Peterskirche in Rom glaubte niemand, dass so ein junger Mann dieses wundervolle Werk habe schaffen können. Deshalb schlich er sich nachts in die Peterskirche und meißelte seinen Namen in die Schärpe der Maria ein. Insgesamt gibt es drei Pietàs von Michelangelo. Die zweite Pietà gefiel ihm nicht, weshalb er dort das Bein des Leichnams Christi abschlug und die dritte Pietà vollendete er nicht.)*

8. Nach dem Abschluss der Pietà ging Michelangelo 1501 wieder nach Florenz und schuf bis 1504 die Skulptur des David. Was hat es damit auf sich? *(Die politischen Führer der Florentiner Republik wollten den wiedergewonnenen Frieden feiern und beauftragten Michelangelo, eine Statue des bekannten biblischen Helden David zu schaffen. Die Statue aus Marmor ist 4,34 m hoch und schmückte damals den wichtigsten Platz in Florenz. Heute steht sie im Museum der Kunstakademie in Florenz. Dieser David erinnert an antike griechische Statuen. Der Davidskopf wird heute noch wegen seiner unvergänglichen Schönheit als Büste in allen Ländern der Welt verkauft.)*

9. 1505 wurde Michelangelo wieder nach Rom gerufen. Was wollte Papst Julius II. von ihm? *(Dieser etwas selbstherrliche Papst wünschte sich ein Grabmal mit über vierzig Statuen aus allerfeinstem Marmor. Sein Grab sollte so großartig werden wie die Grabpyramiden der Pharaonen im alten Ägypten. Nachdem dann Michelangelo lange Zeit in Carrara verbracht hatte, änderte der Papst seine Meinung und beschloss, zunächst die Peterskirche neu zu bauen. Michelangelo entwarf dann die Kuppel des ☞Petersdoms, der größtenteils nach seinen Plänen nach seinem Tod fertiggestellt wurde. Das Grabmal wurde nach dem Tod des Papstes 1513 in deutlich reduzierter Variante realisiert.)*

10. Was ist die „Sixtinische Kapelle“? *(Sie war schon 1473 als Teil des Vatikans gebaut worden und diente zunächst als päpstliche Hauskapelle, aber auch als Versammlungsort bei der Wahl eines neuen Papstes. Papst Julius fand die Dekoration der Kapelle zu altmodisch und langweilig. Die Decke war ursprünglich mit winzigen goldenen Sternchen auf einem einheitlichen blauen Hintergrund bemalt. Deshalb gab der Papst Michelangelo den Auftrag, die Decke völlig neu malerisch zu gestalten. Die Decke der Sixtinischen Kapelle misst 40 x 14 m. Michelangelo füllte die Fläche mit 282 Figuren. Insgesamt arbeitete er vier Jahre und fünf Monate an dieser Deckenmalerei. Dargestellt ist die Schöpfungsgeschichte der Welt [= Genesis], wie sie in der Bibel beschrieben ist. Zu den bekanntesten Ausschnitten gehört die biblische Erzählung vom Sündenfall und der Vertreibung von Adam und Eva aus dem Paradies. Bei der letzten Restaurierung der Sixtinischen Kapelle wurden die Fresken vorher mit Computern und Spektrometern genau analysiert. Dabei stellte man fest, dass frühere Restauratoren versucht hatten, die Deckenmalereien mit Brot und Retsina zu reinigen.)*

11. Die Technik, in der Michelangelo malte, nennt man „Freskomalerei". Was versteht man darunter? *(Das italienische Wort fresco bedeutet „frisch". Bei dieser Technik wird die Farbe direkt auf die Wand der Decke aufgetragen. Dabei werden nur Farben verwandt, die aus im Boden vorkommenden, zerriebenen Mineralen hergestellt werden. Das entsprechende Pulver wird mit destilliertem Wasser verrührt und auf die frisch verputzte Wand aufgetragen, die noch feucht sein muss. Dieser Verputz aus Gips enthält Kalk. Dieser vermischt sich mit dem Wasser der Farbe, was zu einer chemischen Reaktion führt. Die Farbe wird also Teil des Verputzes. Mit einem feuchten Lappen kann man ein Fresko also nicht wegwischen. Die Freskomalerei ist nur in südlichen Ländern verbreitet, da sie grundsätzlich trockene Wände voraussetzt. Deshalb wurden in den nordischen Ländern Wandteppiche und bemalte Stoffrollen vorgezogen.)*

12. 1536 kehrte Michelangelo noch einmal in die Sixtinische Kapelle zurück. Er hatte den Auftrag, auf der Rückwand der Sixtinischen Kapelle das „Jüngste Gericht" zu malen. Wie fiel das Werk, an dem er fünf Jahre arbeitete, aus? *(Düster! So heiter und spannungsvoll die Deckenmalereien in der Sixtinischen Kapelle waren, so düster und bedrückend wurde das Jüngste Gericht. Diese Malerei ist ein Spiegelbild von Michelangelos Gemütswelt in dieser Zeit. Er litt sehr unter seiner Einsamkeit bis ins hohe Alter.)*

13. 1564 starb Michelangelo mit neunundachtzig Jahren in Rom. Wurde er dort auch beerdigt? *(Nein. Michelangelo hatte sich immer gewünscht, in seiner Heimatstadt Florenz begraben zu werden. Da sein Neffe fürchtete, dass die Römer die Überführung nicht erlauben würden, wickelte er den Leichnam in ein Kleiderbündel ein und fuhr ihn mit einem Wagen nach Florenz. Dort wurde Michelangelo in der Kirche Santa Croce begraben.)*

Asien, Flüsse

1. Wie heißen die größten Flüsse Asiens? *(Der längste Fluss ist der Jangtsekiang mit einer Länge von rund 6.300 km [fünfmal so lang wie der Rhein, der es auf 1.320 km bringt]. Er entspringt im Tibet und mündet in den Pazifischen Ozean. Der Zweitlängste befindet sich ebenfalls in China, der Hoangho mit einer Gesamtlänge von rund 4.800 km. Der drittlängste Fluss ist der Amur mit einer Länge von rund 2.900 km. Über eine Strecke von 1.900 km bildet er die [umstrittene] Grenze zwischen Russland und China. Bekannt ist auch der Mekong mit einer Länge von 4.200 km. Er entspringt im Hochland von Tibet und bildet die Grenze zwischen mehreren Ländern, unter anderem zwischen Laos und Thailand. Er mündet in das Türkei, durchquert anschließend Syrien und fließt dann durch den Irak, wo er schließlich in den persischen Golf mündet. Der Euphrat hat eine Gesamtlänge von rund 2.700 km. In Indien sind die größten Flüsse der Indus mit einer Länge von rund 3.200 km, und der Ganges [Kalkutta liegt trotz des entsprechenden Volksliedes nicht am Ganges] mit einer Länge von rund 2.700 km.).*

2. Was ist der längste Fluss der Welt? *(Der Nil mit einer Gesamtlänge von rund 6.700 km).*

Thermometer

1. Was ist ein Thermometer? *(Ein Gerät zur Messung der Temperatur.)*

2. Welche Flüssigkeit befindet sich im Thermometer? *(Regelmäßig Quecksilber, aber auch Alkohol kann zur Messung von Temperaturen eingesetzt werden.)*

3. Wer hat das Thermometer erfunden? *(Die Erfindung wird ☞Galileo zugeschrieben. Das moderne Alkohol- und das Quecksilberthermometer wurden von dem deutschen Physiker Gabriel Fahrenheit erfunden, der auch die erste weithin anerkannte und nach ihm benannte Temperaturskala aufstellte. Er setzte den Gefrierpunkt des Wassers bei normalem Luftdruck auf 32° Fahrenheit und den Siedepunkt auf 212° Fahrenheit fest. Der schwedische Astronom Anders Celsius entwickelte eine Skala, bei der der Gefrierpunkt bei 0° C und der Siedepunkt bei 100° C liegen. Die Celsius-Skala wird in den meisten Ländern der Welt angewendet. Die Fahrenheit-Skala überwiegt in den angelsächsischen Ländern.)*

4. Kann man mit einem Quecksilber-Thermometer alle Temperaturen messen? *(Nein. Zur Messung von Temperaturen zwischen -46 und -150° Celsius verwendet man Ni-*

ckel-, Mangan- oder Kobalt-Oxide. Bei höheren Temperaturen nimmt man andere Metalle. Platin kann z.B. bis zu 930°Celsius verwendet werden.)

Mesopotamien

1. Was war Mesopotamien? *(Das antike „Zweistromland" zwischen Euphrat und Tigris [griechisch: mesos = zwischen, mitten und potamos = Fluss]. Beide Flüsse münden nach ihrer Vereinigung in den Persischen Golf. Heute liegt Mesopotamien also im heutigen Irak und Ostsyrien. Mesopotamien war so fruchtbar, weil Euphrat und Tigris dort die gleiche Wirkung hatten wie der Nil in Ägypten.)*

2. Wie alt sind die mesopotamischen Reiche? *(Seit ca. 8000 v. Chr. sind dort schon ausgebildete Ackerbau- und Viehzuchtkulturen nachgewiesen, seit 4000 v. Chr. größere Städte.)*

3. Welche Völker regierten Mesopotamien? *(Die Sumerer haben das erste Reich in Mesopotamien mit der Hauptstadt Ur am Euphrat gegründet. Es folgten die Akkader, die von den ☞Hethitern und später den Assyrern [sie regierten von ihrer Hauptstadt Ninive aus] abgelöst wurden. Zuletzt unterwarf sich der Perserkönig Kyros das Gebiet.)*

4. Was sind die bekanntesten Städte Mesopotamiens? *(Ur, Assur und ☞Babylon.)*

5. Wer waren die bekanntesten Herrscher über Mesopotamien? *(Hammurabi [großer Staatsmann und Feldherr], Nebukadnezar und Kyros.)*

6. Was sind die ☞ „Hängenden Gärten der Semiramis"? *(Nebukadnezar ließ sie für seine Gattin anlegen. Sie sind eines der ☞Sieben Weltwunder.)*

7. Seit wann wird Käse hergestellt? *(Seit etwa 5.000 Jahren. Der erste Käse wurde in Mesopotamien hergestellt. Es war Ziegenkäse, da die Kuh noch nicht domestiziert war. Die ersten Käse waren aus Sauermilch und entstanden durch Gerinnung mit Schimmelpilzen. Käse sollte eine weltweiter Erfolg werden, da er eine Möglichkeit ist, Milch haltbar zu machen.)*

Barometer

1. Was ist ein „Barometer“? *(Ein Gerät zur Messung des Luftdruckes, d. h. der Kraft, die durch das Gewicht der Luft in der Atmosphäre auf eine Flächeneinheit ausgeübt wird.)*

2. Wie funktioniert ein Barometer? *(Da eine Luftsäule eine Flüssigkeitssäule im Gleichgewicht hält, kann der Luftdruck durch die Höhe dieser Flüssigkeitssäule ermittelt werden. Gemessen wird regelmäßig mit Quecksilber.)*

3. Welche Bedeutung hat ein Barometer für Wettervorhersagen? *(Genaue Wettervorhersagen lassen sich nur aus Aufzeichnungen der Größe, Form und Bewegungen von Luftmassen ableiten. Man misst deshalb gleichzeitig an getrennten Beobachtungspunkten mit Barometern. Das Barometer ist also Grundlage für Wettervorhersagen.)*

Wiener Kongress

1. Was war der „Wiener Kongress“? *(Eine Versammlung der europäischen Herrscher, um nach den napoleonischen Kriegen Europa neu zu ordnen. Der Kongress fand von September 1814 bis Juni 1815 in Wien statt [er wurde unterbrochen, als ☞Napoleon im März 1815 für die „Herrschaft der Hundert Tage“ von Elba nach ☞Paris zurückkehrte, am 18. Juni aber bei der Schlacht von Waterloo vernichtend geschlagen wurde].)*

2. Wer waren die wichtigsten Teilnehmer? *(Zar Alexander I. von Russland, Fürst von ☞Metternich [österreichischer Staatskanzler und Vorsitzender des Kongresses], Fürst von Hardenberg für Preußen, der Herzog von Wellington [Sieger von Waterloo] für England und Talleyrand für Frankreich [der übrigens mit Geschick eine beachtliche Rolle spielte].)*

3. Was war das Ergebnis des Wiener Kongresses? *(Frankreich verlor alle von Napoleon eroberten Gebiete. Das wichtigste Ergebnis war die Herstellung eines Gleichgewichts der europäischen Mächte, was Europa fast 40 Jahre Frieden eintrug. Der Wiener Kongress fasste übrigens auch einen Beschluss zur Ächtung des ☞Sklavenhandels.)*

4. Warum war ein geflügeltes Wort jener Zeit „Der Kongress tanzt"? *(Am Wiener Kongress nahmen 450 Diplomaten mit zahlreichem Gefolge teil. Um alle bei Laune zu halten, veranstaltete Österreich glänzende Feste. Wegen der zähen Verhandlungen prägte der teilnehmende Fürst von Ligne den Ausspruch: „Der Kongress tanzt, aber es geht nicht weiter.")*

Osterinseln

1. Wo liegen die Osterinseln? *(Im Südpazifik zwischen Südamerika und Ozeanien. Sie gehören zu Chile.)*

2. Wie kamen die Osterinseln zu ihrem Namen? *(Sie erhielten ihn vom niederländischen Forscher Jakob Roggeven, der am Ostersonntag 1722 dort als erster Europäer landete.)*

3. Wodurch wurden die Osterinseln berühmt? *(Ihre Bewohner schufen eine eigene Kultur, die sich durch Megalithbauten [Megalith = großer, roher Steinblock vorgeschichtlicher Grabbauten] auszeichnet. Auf den terrassenförmigen Grabanlagen [Ahus] stehen mehrere Reihen monumentaler Statuen. Heute gibt es noch etwa 100 Statuen, die zwischen drei und zwölf Meter hoch sind. Sie bestehen aus weichem Vulkangestein und stellen Oberkörper mit überdimensionalen Köpfen dar, die als Göttersitze gedeutet werden.)*

4. Welche Bedeutung haben die Statuen? *(Die „Moais" genannten Büsten und Figuren stehen teils auf Terrassen, teils sind sie bis über Leibesmitte eingegraben. Nach dem Glauben der damals herrschenden „Langohrmenschen" waren sie Säulenheilige, die mit magischer Blickrichtung auf ihre Ansiedlungen sahen, um sie vor Dämonen zu schützen, vor allem aber vor den von ihnen unterdrückten „Kurzohrmenschen". Diese befreiten sich wahrscheinlich um 1840 aus der Fron. Seither liegen viele Moais auf der Nase, damit sie nicht mehr „sehen" und die „Kurzohrmenschen" in Schach halten können.)*

Wind

1. Wie entsteht Wind? *(Durch horizontale Unterschiede des atmosphärischen Drucks, der hauptsächlich auf Temperaturunterschieden beruht. Vor allem unterschiedliche*

Temperaturen zwischen den Oberflächen von Land und Wasser lösen Winde aus. Das löst nachts Winde seewärts und tagsüber landwärts aus.)

2. Was ist ein „Monsun“? *(Ein Wind, der im jahreszeitlichen Wechsel seine Richtung ändert und überwiegend im Indischen Ozean auftritt. Er wird regelmäßig von schweren Regenfällen begleitet und ist dadurch das bestimmende Klimaereignis dieser Region.)*

3. Was ist der „Schirokko“? *(Ein heißer, trockener, staubführender Südwind, der aus der ☞Sahara über das Mittelmeer vor allem Italien feuchtes, schwüles und regnerisches Wetter beschert.)*

4. Was ist ein „Hurrikan“? *(Ein tropischer Wirbelsturm, der in äquatornahen Regionen über dem Meer entsteht, vor allem in der Karibik und im Bereich des Golfs von Mexiko. Der Hurrikan bringt insbesondere in den Küstenregionen immense Schäden. Das Wort Hurrikan stammt aus der Sprache der Maya, wo „huracan“ „der Einbeinige“ bedeutet und einen Sturm- und Feuergott bezeichnet. Hurracan wird mit einem Bein dargestellt, das andere Bein ist eine Schlange. In seiner Stirn steckt eine Axt [Symbol für Gewitter], und er raucht eine Zigarre [Symbol für Feuer].)*

5. Was ist ein „Föhn“? *(Warmer, trockener Fallwind, der hinter den Alpen [z. B. München] ins Flachland fällt und wetterfühligen Menschen körperliche und psychische Beschwerden bereitet.)*

6. Was ist ein „Tornado“? *(Ein wandernder Wirbelsturm, der vor allem im Südosten Nordamerikas auftritt. Er wird durch aufgesogenen Staub und Kondensation von Wassertröpfchen als schlauchförmiger Wirbel sichtbar. Der Tornado zieht schwere Verwüstungen [ausgelöst durch extremen Unterdruck im Zentrum, auch „Auge“ genannt, des Sturms] nach sich, weil er von allen Stürmen mit der höchsten Geschwindigkeit [bis zu 800 km] wütet.)*

7. Was ist ein „Zyklon“? *(Ein Tiefdruckgebiet, das Stürme auslöst, insbesondere Hurrikane und Taifune. Die meisten Todesopfer aus Windstürmen löste 1970 ein Zyklon in Bangladesh mit 300.000 Toten aus.)*

8. Was ist ein „Passat“? *(Der Wind, der bodennah zwischen Äquator und dem 30. Breitengrad weht.)*

9. Was ist ein „Taifun“? *(Ein tropischer Wirbelsturm, der im Pazifik und Indischen Ozean auftritt, vor allem zwischen Juli und November.)*

10. Was ist „El Niño“? *(„El Niño“, wie Christkind auf Spanisch heißt, ist ein Klimaphänomen: Im Stillen Ozean entstehen ¾ aller Wolken auf der Erde. El Niño beginnt damit, dass sich dort das Oberflächenwasser um bis zu 12 °C stärker als sonst erwärmt. In der Folge ändern sich die Luftdruckverhältnisse im Pazifik und schwächen die Passatwinde. Die Fläche des erwärmten Wassers weitet sich bedrohlich aus und kann so groß werden wie das Gebiet der gesamten USA. Nun dreht sich die Meereszirkulation*

um. Die Wolken ziehen nicht mehr Richtung Südostasien, wohin sie sonst den Monsun bringen, sondern wandern Richtung Amerika zurück: Die Folge sind Dürrekatastrophen in Australien, Neuseeland und Südostasien und Überschwemmungen an den Küsten Nord- und Südamerikas. Die Zufuhr nährstoffreichen Tiefenwassers wird durch den kalten Humboldtstrom unterbrochen, was die biologische Nahrungskette empfindlich stört. Die sonst reichlich vorhandenen Fischschwärme wandern in planktonreicheres Gebiet ab, was die peruanische Fischerei regelmäßig fast zusammenbrechen lässt. Tausende von Seevögeln verhungern.)

11. Was ist ein „Jetstream"? *(Die in einem schmalen Gürtel konzentrierten Westwinde in einer Höhe zwischen 10 und 20 km. Dort werden Geschwindigkeiten bis zu 550 km gemessen [in Bodennähe war die höchste gemessene Geschwindigkeit 362 km].)*

12. Was ist die Beaufort-Skala? *(Eine 17-teilige Skala, mit der in Schiffahrt und Meteorologie Windgeschwindigkeiten klassifiziert werden.)*

Homer

1. Wer war Homer? *(Nach der Überlieferung ein griechischer Dichter, der Verfasser der beiden wichtigsten altgriechischen Epen, der „Ilias" und der „Odyssee".)*

2. Hat Homer wirklich gelebt (sog. „Homerische Frage")? *(Homers historische Existenz ist nicht belegt. „Homer" ist auch kein Name, sondern heißt einfach wörtlich übersetzt „Sammler". Überwiegend wird davon ausgegangen, dass er in Smyrna geboren wurde und im ionisch-äolischen Kleinasien [heutige Türkei] lebte. Insbesondere ist offen, ob tatsächlich Ilias und Odyssee von ein und demselben Dichter stammen. Dagegen spricht, dass zu der Zeit, als Homer gelebt haben soll [ca. 8. Jahrhundert v. Chr.], die Schrift noch nicht allgemein verbreitet gewesen war und deshalb ein einzelner Mensch unmöglich zwei so umfangreiche Werke hätte verfassen können. Dies erst recht auf dem Hintergrund, dass Homer nach allen Schilderungen als Waise in großer Armut aufwuchs und später erblindete. Diese Blindheit besagt aber nichts über seine Existenz. Im Altertum stellte man sich Dichter und Sänger nämlich gern als blind vor als Ausdruck des Gegensatzes zwischen äußerer Dunkelheit und innerer Erleuchtung. Hinzu kommt, dass in den beiden Werken Waffen- oder Kultbräuche nebeneinander auftreten, die aus verschiedenen Kulturschichten stammen. Es lassen sich unerklärliche Widersprüche und Brüche feststellen. Auch enthalten die Werke in sich geschlossene Einheiten, die später zu einem größeren Werk zusammengefasst worden sein könnten. Heutiger Stand ist, dass Ilias und Odyssee wohl nicht von einem Dichter verfasst wurden, sondern von zwei oder mehreren.)*

3. Worum geht es in der „Ilias"? *(Die „Ilias" [Namensgeber ist die Stadt ☞Troja mit ihrem griechischen Namen „Ilion"] ist das ältere Werk [wohl 8. Jahrhundert v. Chr.] und*

spielt im letzten Jahr des ☞trojanischen Krieges, konkret in den letzten 49 Tagen. Der griechische Held Achill hat den griechischen Heerführer Agamemnon zunächst unterstützt und stand erfolgreich auf der Seite der Griechen. Von Agamemnon gekränkt zog er sich zurück, ließ jedoch zu, dass sein Freund Patroklos an seiner Stelle die Truppen anführte. Patroklos fiel im Kampf, woraufhin Achill wieder an die Seite der Griechen trat und den trojanischen Heerführer Hektor, einen Sohn des trojanischen Königs Priamos, im Zweikampf tötete. Die „Ilias" endet mit den Totenfeierlichkeiten für Hektor, nachdem Achill Priamos den Leichnam seines Sohnes zur Bestattung überlassen hat, weil er sich mit dem trojanischen König angesichts des Todes und des schmerzlichen Verlustes seines Sohnes verbunden fühlte. Kennzeichnend für die „Ilias" ist die Darstellung von aus Leidenschaft resultierenden Handlungen, die zu unlösbaren Konflikten führen. Die ☞Götter werden auch mit menschlichen Eigenschaften dargestellt.)

4. Worum geht es in der „Odyssee"? *(Die „Odyssee" [wohl um 700 v. Chr. entstanden] besteht wie die „Ilias" aus 24 Büchern und umfasst einen Handlungszeitraum von zehn Jahren, beschreibt aber nur 40 Tage. Sie beschreibt die Irrfahrten des griechischen Helden ☞Odysseus nach dem Ende des trojanischen Krieges bis zu seiner Rückkehr zu seiner Gattin Penelope. Nach den Irrfahrten quer durch Staaten des Mittelmeeres kehrt er nach Ithaka zurück, wo seine Frau von prassenden Freiern umworben wird. Er versichert sich dort zunächst der Treue seiner Dienerschaft und nimmt mit seinem Sohn Telemachos dann blutige Rache an den Freiern. Anders als die „Ilias" ist die „Odyssee" von Moral getragen.)*

5. Wie umfangreich sind die Werke Homers? *(Die Ilias umfasst rund 16.000 Verse, die Odyssee immerhin noch 12.000 Verse).*

6. In welchem Versmaß sind Ilias und Odyssee geschrieben? *(Im Hexameter. Hexa steht griechisch für die Zahl sechs. Die Anzahl der Versfüße pro Zeile nennt man Metrum. Ein Hexameter hat also sechs Versfüße pro Zeile. Odyssee und Ilias sind im sogenannten daktylischen Versmaß geschrieben. Daktylisch kommt vom griechischen Wort Daktylos [= Finger], das Versmaß ist also den Gliedern eines Fingers nachempfunden: lang-kurz-kurz, wobei die Betonung auf dem langen Wortteil liegt.)*

7. Welche Bedeutung haben Ilias und Odyssee für das Abendland? *(Die Ilias ist die erste, die Odyssee die zweitälteste erhaltene Dichtung des abendländischen Kulturkreises. Ab dem 6. Jahrhundert waren Ilias und Odyssee Schullektüre. Platon hielt die Epen übrigens noch für ungeeignet zur Jugenderziehung.)*

Russland

1. Was ist Russland? *(Die Russische Förderation ist ein Staat in Osteuropa und Asien, der mit 17.075.400 km² [zum Vergleich: Die BRD ist 357.000 m²groß] kontinentale Ausmaße hat und doppelt so groß ist wie die USA. Russland erstreckt sich von Ostsee und Schwarzem Meer im Westen über Osteuropa und Sibirien bis zum Pazifik.)*

2. Wie heißt die Hauptstadt Russlands? *(☞Moskau. Zwischenzeitlich war St. Petersburg [1914-1924 hieß die Stadt Petrograd, 1924-1991 Leningrad] von 1712-1918 Hauptstadt Russlands, da Zar Peter der Große die Residenz in die von ihm neu gegründete Stadt verlegt hatte. Moskau hat heute rund 10 Mio. Einwohner.)*

3. Wie viele Einwohner hat Russland? *(Ca. 144,2 Mio.)*

4. Wann entstand Russland und worauf geht der Name Russland zurück? *(Der russischen Überlieferung zufolge wird das Jahr 862 n.Chr. als Gründungsjahr des russischen Reiches angesehen. Auf dem Territorium siedelten zerstrittene Slawen, die ihre Stammeskonflikte dadurch lösten, dass sie freiwillig einen fremden Fürsten zur Vereinigung beriefen. Die Wahl fiel mit Rurik auf einen Skandinavier. Zwei weitere Skandinavier erlangten die Macht über den Staat Kiew. Die Skandinavier hießen bei den Slawen „Rus". Das führte zum Namen „Russen".)*

5. Was ist der Ural? *(Der Ural ist ein Faltgebirge, dessen Gesteinsschichten zwischen den den beiden alten Festlandskernen Europas und Asiens entstanden, weshalb er geografisch die Ostgrenze Europas bildet. Er ist ca 2.500 km lang und durchschnittlich 150 km breit. Sein höchster Punkt ist der Narodnaja mit 1894 m.)*

6. Was ist der Kaukasus? *(Der Kaukasus ist ebenfalls ein Faltgebirge und liegt im Südwesten Russlands zwischen Schwarzem und Kaspischem Meer. Der Kaukasus ist ca. 1.200 km lang und druchschnittlich 150 km breit. Sein Punkt ist der erloschene Vulkan Elbrus mit 5633 m.)*

7. Was ist Sibirien? *(Als Sibirien wird das russische Gebiet zwischen dem Ural und dem Atlantik bezeichnet. Der Name leitet sich ab von der alten Stadt Sibir bei Tobolsk, die vor 4 Jahrhunderten ein wichtiges Handelszentrum war. Sibirien ist mit rund 10 Mio. km² größer als ganz Europa. In mehr als einem Drittel des Gebiets herrschen an mehr als 240 Tagen im Jahr Temperaturen unter 0°C, und in einem weiteren Drittel gibt es zwischen 210 und 240 Frosttage pro Jahr. Mit 17.000 km hat Sibirien die größte Küstenlänge aller Länder der Welt. Aber die Küsten sind die meiste Zeit des Jahres durch Eis blockiert, da sie am nördlichen Polarmeer liegen.)*

8. Welche berühmte Eisenbahn durchzieht Russland? *(Die Transsibirische Eisenbahn, kurz „Transsib" genannt. Mit 9.289 km ist sie die längste durchgehende Verbindung der Welt. Russland baute die Eisenbahnstrecke, um in Sibirien an Einfluss zu gewin-*

nen und sein Staatsgebiet besser verteidigen zu können. 1891 begann in Wladiwostok an der Ostküste Russlands der Bau der Magistrale. Erst 1916 war die Strecke durchgehend befahrbar. Heute dauert eine Fahrt von Moskau über Irkutsk bis Wladiwostok knapp acht Tage und Nächte. Dabei werden acht Zeitzonen durchquert, während im Zug immer die Moskauer Zeit gilt.)

9. Was ist die Tundra? *(Die Tundra ist das Gebiet in Nordsibirien, das fast das ganze Jahr über mit Eis und Schnee bedeckt ist. Es ist von riesigen Flussmündungen durchzogen, die meistens vereist sind und in der wärmeren Jahreszeit riesige Sümpfe entstehen lassen. Die Tundra ist nur bedeckt von Moos, Flechten und in geschützten Lagen von verkrüppelten Zwergbäumen.)*

10. Was ist die Taiga? *(Wenn man aus der Tundra Richtung Süden fährt, wandelt sich Sibirien in eine Waldlandschaft, die Taiga. Die sibirische Taiga ist mit ca. 8 Mio. km^2 der größte Wald der Erde. In ihm leben Bären, Wölfe, Zobel, Füchse, Hermelinwiesel, Marder, Otter, Elche und auch Rentiere. Südlich der Taiga wird das Land zur Steppe, die bis zu den großen Gebirgsketten des Altais reicht, die die Südgrenze Sibiriens bilden.)*

11. Was war das Reich der „Goldenen Horde"? *(1223 fielen die Mongolen unter ☞Dschingis Khan in die russischen Fürstentümer ein. 1240 nahmen sie unter Batu Khan [Enkel des Dschingis Khan] Kiew ein und gründeten das Reich der „Goldenen Horde" [So genannt wegen der goldenen Deckplatten des Herrscherzeltes. „Horde“ kommt vom mongolischen „ordo“ und bedeutet „Lager“.], das praktisch unabhängig vom Mongolenreich war, mit der Hauptstadt Sarei. Russland war fortan unter dieser Herrschaft, bis Iwan der III. 1480 die Herrschaft der Mongolen beendete und einen russischen Zentralstaat gründete.)*

12. Wer sind die „Tataren“? *(Als „Tataren“ bezeichnet man seit der Herrschaft der „Goldenen Horde“ das Gemisch aus mongolischen und türkischen Völkern, das sich nach den Eroberungen des Dschingis Khan in den besetzten Gebieten entwickelte.)*

13. Wann entstand ☞Moskau, was löste seinen Aufstieg aus? *(Moskau wurde 1147 gegründet. Der Aufstieg Moskaus wurde begünstigt durch seine geografische Lage in der Mitte Russlands und an den Haupthandelsstraßen. Nachdem ☞Konstantinopel 1453 an die Osmanen fiel, erklärte die russisch-orthodoxe Kirche Moskau zum „dritten Rom“ und Zentrum des orthodoxen Christentums.)*

14. Wer war ☞„Iwan der Schreckliche" (1530-1584)? *(„Iwan der Schreckliche“ war Iwan IV., der mit 14 Jahren den Thron bestieg und sich als erster Herrscher formell zum Zaren von Russland krönen ließ. Er heiratete Anastasia Romanowna, ein Mitglied der Familie Romanowa. Wegen seiner Grausamkeit bei der Verfolgung seiner Gegner, die er foltern, hinrichten oder ins Exil schicken ließ, wurde er „der Schreckliche“ genannt. Schon als junger Monarch quälte er Tiere und warf Hunde von Dächern. 1570 griff er Nowgorod an und ließ in einem fünfwöchigen Gemetzel Tausende von Menschen töten. Er führte aber auch die Tradition der russischen Monarchie ein, ausländische Fachleute ins Land zu holen.)*

15. Wer waren die Romanows? *(Die Romanows waren eine Zarenfamilie, die von 1613 bis 1917 in Russland regierte.)*

16. Wer war „Peter der Große" (1672-1725)? *(Peter I., „der Große", übernahm 1682 das Zarenreich und führte Russland zur europäischen Großmacht. Er setzte eine Reformation Russlands nach westlichem Muster durch. In Albert Lortzings [1801-1851] Oper „Zar und Zimmermann" ist Peter der Große deshalb die Titelfigur, die in Holland inkognito [unerkannt] das Handwerk der Zimmerleute [vor allem im Schiffbau] erlernen will [historisch übrigens absolut korrekt!]. Peter der Große ersetzte den Zarentitel durch die lateinische Konzeption des Kaisertitels und wurde 1721 offiziell zum Kaiser ausgerufen.)*

17. Wie entstand Sankt Petersburg? *(Peter der Große fing 1703 mit dem Bau seiner neuen Hauptstadt Sankt Petersburg [liegt am östlichen Ende des finnischen Meerbusens, also an der Ostsee] an und zog 1714 von Moskau dorthin um. Von 1924 [im Gefolge der russischen Revolution und Abkehr vom Zarentum] – 1991 trug die Stadt den Namen Leningrad.)*

18. Wer war ☞„Katharina die Große" (1729-1796)? *(Katharina II., „die Große", griff als Kaiserin die Politik Peters des Großen auf und verfolgte die Verwestlichung Russlands weiter. Gleichzeitig betrieb sie mit Erfolg die militärische Ausweitung Russlands. Sie war hochgebildet und hatte zudem mehrere Liebhaber, u.a. die leitenden Minister Fürst Potemkin und Graf Orlow.)*

19. *Was sind „Potemkinsche Dörfer?" (Etwas nur Vorgetäuschtes, aber nicht wirklich Existierendes: Fürst Potemkin [1739-1791] eroberte die Krim und sollte sie kolonisieren. Als Katharina die Große eine Besichtigungsreise zur Krim machte, soll Potemkin an ihrem Reiseweg nur gemalte Häuserfassaden aufgestellt haben, um einen Wohlstand vorzutäuschen, den es noch nicht gab.)*

20. *Was war die Politik der „verbrannten Erde" im Krieg mit Napoleon 1812? (Die Russen ließen ☞Napoleon am 14.09.1812 ohne Gegenwehr in Moskau einmarschieren, setzten aber vorher die Stadt in Brand. Napoleon musste durch ein verwüstetes Land den Rückmarsch antreten, was ihm die Versorgung seiner Truppen unmöglich machte. In diesem Umfeld wurde die französische Truppe beim Rückzug auf einen Bruchteil dezimiert [zum Begriff „dezimieren" ☞Sparta].)*

21. *Wer war Rasputin? (Grigorij Jefimowitsch Rasputin [1872-1916] war ein sibirischer, religiös fanatischer Mönch, der Kaiser Nikolaus II. beriet. Insbesondere beherrschte er die Frau Nikolaus II. und erlangte immer mehr Einfluss auf die politischen und militärischen Entscheidungen. Vom Volk aber wurde er abgelehnt. Rasputin war durch seine negative Einflussnahme auf die Politik mitverantwortlich für die Oktoberrevolution 1917.)*

22. Wie starb Rasputin? *(Er wurde im Dezember 1916 von Aristokraten, darunter auch Mitgliedern der Kaiserfamilie ermordet. Die Verschwörer luden ihn zu einem Mitter-*

nachtstee im Haus des Fürsten Jussupow ein. Dort trank Rasputin enorme Mengen vergifteten und mit Schlafmitteln versetzten Weins, zeigte zum Entsetzen Jussupows aber keinerlei Wirkung. Der holte daraufhin eine Pistole und erschoss den Verhassten. Nun schlugen seine Widersacher brutal auf ihn und kastrierten ihn. Einer der Verschwörer war Arzt und erklärte Rasputin für tot. Jussupow hatte aber ein ungutes Gefühl und schüttelte Rasputin, der prompt die Augen öffnete und Jussupow an den Schultern packte. Der riss sich los und hastete mit den anderen die Treppe hinauf. Rasputin kroch hinter ihnen die Treppe hoch. Jetzt wurde noch zweimal auf ihn geschossen und erneut brutal eingeprügelt. Danach fesselte man ihm die Hände und warf ihn in einen zugefrorenen Fluss, in den man ein Eisloch geschlagen hatte. Das eiskalte Wasser brachte Rasputin wieder zu Bewusstsein, und er kämpfte mit der Handfessel. Zwei Tage später fand man seine Leiche. Eine Hand hatte er noch befreien können. Er war schließlich ertrunken, wie man aus seinen mit Wasser gefüllten Lungen schließen konnte.)

23. Was ist die „Duma"? *(Nach dem russisch-japanischen Krieg [1904 - 1905], den Russland vernichtend verlor, kam es 1905 zur ersten sozialistischen Revolution in Russland. Der Kaiser gab den Aufständen nach und ließ eine Volksvertretung mit parlamentarischen Rechten zu, die Reichs- bzw. Staatsduma. Die Duma ist also das erste Parlament Russlands mit gesetzgebender Funktion. Der Aufstand dauerte aber an und wurde erst 1906 völlig niedergeschlagen.)*

24. Was war die „Oktoberrevolution"? *(Die Oktoberrevolution war eine Revolution in Russland, die zum Ende des Zarentums führte. An die Macht kam der ☞Kommunist Lenin, der die erste Sowjetregierung bildete. Die Oktoberrevolution war nach unserer Zeitrechnung am 7./8. November 1917, heißt aber Oktoberrevolution, weil nach dem damaligen russischen Kalender der 25./26. Oktober war. An die Spitze der Oktoberrevolution, die von Sankt Petersburg ausging [als Industriestandort prädestiniert wegen der unzufriedenen Arbeiter], setzte sich Lenin [1870-1924] und wurde erster Führer Sowjetrusslands. Die Bolschewiken verhafteten Nikolaus II. und seine Familie und verbannten sie nach Sibirien, wo sie 1918 ermordet wurden.)*

25. Wer war Stalin? *(Stalin [1879-1953] war nach Lenins Tod 1924 dessen Nachfolger als Präsident der Sowjetunion. Im Zuge seiner „Säuberungsaktionen" ließ er von 1936 bis 1938 Millionen von Menschen internieren und umbringen. Er siegte mit den Aliierten im 2. Weltkrieg und vergrößerte dabei das Gebiet der Sowjetunion, indem er u.a. den Osten Polens, das im 2. Weltkrieg ja eigentlich nicht verloren hatte, für Russland beanspruchte. Im Gegenzug bekam Polen zur Entschädigung den Osten des unterlegenen Deutschlands. Stalin, Sohn eines Schusters, hieß eigentlich Dschugaschwili und legte sich den Namen Stalin [= der „Stählerne"] selbst zu. Er trat den Bolschewiki unter Lenin 1903 bei und beteiligte sich 1907 an einem Banküberfall in Tiflis, um Geld für die Parteikasse zu „enteignen". Ab 1913 war er Redakteur der Parteizeitung „Prawda" [=„Wahrheit"]. Nach Lenins Tod schaltete er alle Konkurrenten im Kampf um die Macht aus, wobei er wenig zimperlich vorging. 1929 erließ er den ersten „Fünfjahresplan", der begleitet wurde von teilweise brutaler Zwangskollektivierung [Kollektivierung = Überführung privater Produktionsmittel in Gemeinwirtschaften] in der Landwirtschaft. Die UdSSR stieg unter ihm in den Kreis der Industriemächte auf.)*

26. *Welche Bedeutung hatte Stalingrad im 2. Weltkrieg? (Die Schlacht um Stalingrad war eine der wichtigsten Schlachten des 2. Weltkriegs. Die deutsche 6. Armee nahm ab Ende August 1942 mit ihren rund 280.000 Soldaten 2/3 der Stadt Stalingrad ein, wurde aber von einer russischen Gegenoffensive eingekesselt. Ende Januar/Anfang Februar 1943 kapitulierten die deutsche Truppen. 150.000 deutsche Soldaten fielen in der Schlacht. Von den ungefähr 90.000 Kriegsgefangenen kehrten nur rund 6.000 nach Deutschland zurück.)*

27. Was war der „Kalte Krieg"? *(Als „Kalter Krieg“ wird die Zeit nach dem 2. Weltkrieg bezeichnet, in der die UdSSR und USA sich ohne militärische Gewalt bekämpften. Nachdem die KPdSU 1990 auf ihr Machtmonopol verzichtet hatte, kam es zum Verfall der UdSSR. Das beendete den Kalten Krieg zwischen Russland und den USA.)*

28. Was war der „Warschauer Pakt"? *(Der „Warschauer Pakt“ war ein östliches Verteidigungsbündnis unter der Führung Russlands, wobei Mitglieder im übrigen Albanien, Bulgarien, die DDR, Polen, Rumänien, die Tschechoslowakei und Ungarn waren.)*

29. Wer war Michael Gorbatschow und wofür stehen die von ihm ins Zentrum seiner Politik gestellten Begriffe „Glasnost“ und „Perestroika“? *(Gorbatschow war Präsident von Russland. Er läutete Reformen in der UdSSR ein. Gorbatschow war der Überzeugung, dass der ☞Kommunismus nur durch mehr Offenheit („Glasnost") und einen wirtschaftlichen Umbau („Perestroika") gerettet werden könne. Diese Reformen verfehlten jedoch ihr Ziel. Nachdem Gorbatschow deutlich gemacht hatte, dass er in Ost-Europa nicht militärisch intervenieren würde, brach der Ostblock als kommunistisches Bündnis auseinander. Das brachte im August 1991 Boris Jelzin an die Macht, der Ende 1991 die kommunistische Partei der Sowjet-Union verbot. Im Dezember 1991 kam es zur Auflösung der Sowjetunion, nachdem sich zuvor die drei baltischen Staaten Estland, Lettland und Litauen für unabhängig erklärt hatten.)*

30. Wer wurde Nachfolger Gorbatschows? *(Am 10. Juli 1991 wurde Boris Jelzín Nachfolger Gorbatschows. Er ist der erste demokratisch gewählte Präsident Russlands.)*

Expressionismus

1. Was ist der Expressionismus? *(Als „Expressionismus“ bezeichnet man Stilrichtungen in der bildenden Kunst sowie in der Literatur. Der Begriff geht zurück auf das lateinische Wort expressio = Ausdruck.)*

2. Was versteht man unter Expressionismus in der bildenden Kunst? *(Dort steht die Bezeichnung für jede Kunstrichtung, die eine spezifisch subjektive Ausdruckssteigerung mit bildnerischen Mitteln zu erreichen sucht. Im engeren Sinne versteht man unter*

Expressionismus eine in der ersten Hälfte des 20. Jahrhunderts vor allem in der deutschen Kunst vorherrschende Stilrichtung.)

3. Woran erkennt man ein expressionistisches Bild? *(Ein expressionistisches Bild wird getragen von einer ausgeprägt subjektiven, gegen alte Maltraditionen gerichteten Tendenz. Farben und Formen werden nicht eingesetzt, um die Wirklichkeit möglichst getreu wiederzugeben, sondern als Ausdrucksträger verwendet, die seelische Momente im Werk akzentuieren sollen. Diese Wirkung wird dadurch gesteigert, dass die Gegenstände deformiert und flächig dargestellt werden. Darin ähneln diese Werke den Plastiken der Naturvölker.)*

4. Welche berühmten Maler haben im Stil des Expressionismus gearbeitet? *(Vorläufer waren Gauguin, van Gogh und Toulouse-Lautrec. In Deutschland wird der Beginn des Expressionismus angesetzt mit der Gründung der Dresdener Malervereinigung „Brücke". Zur Brücke gehörten neben den Gründungsmitgliedern Kirchner, Heckel und Schmidt-Rottluff auch Nolde. Auch frühe Werke von Künstlern des „Blauen Reiters" in München zählen zum Expressionismus. [Zu den „Blauen Reitern" gehörten insbesondere an bekannteren Künstlern Kandinsky, Marc und Macke.] Von den französischen Expressionisten ist Chagall am bekanntesten.)*

Ptolemäus

1. Wer war Ptolemäus? *(Ein Astronom und Mathematiker [100 – 160 n. Chr.], geboren wahrscheinlich in Griechenland, hat aber die meiste Zeit seines Lebens in Alexandria in Ägypten gelebt.)*

2. Was war das „ptolemäische System"? *(Ptolemäus vertrat eine Theorie, wonach die ☞Erde der Mittelpunkt des Universums sei [sog. „geozentrisches Weltsystem"]. Dazu verfasste Ptolemäus ein 13-bändiges Werk zur Sternenkunde. Diese Theorie hielt 14 Jahrhunderte, bis Kopernikus sie als falsch erkannte. Kopernikus mit seinem „kopernikanischen System" entwickelte später die zutreffende Theorie, dass die ☞Sonne im Mittelpunkt des Sonnensystems steht [sog. „heliozentrisches System"].)*

3. Was brachte Ptolemäus der Geographie? *(Er war der erste, der die Welt nach dem Wissensstand seiner Zeit kartierte, und zwar mit einem Gradnetz von geographischen Breiten und Längen. Seine falsche Berechnung der über den Atlantik führenden Strecke zwischen Europa und Asien veranlasste Kolumbus, Indien westwärts segelnd zu suchen.)*

Reis

1. Was ist Reis? *(Reis [botanische Bezeichnung: Oryza Sativa] gehört zur Familie der Gräser. Reis ist eine Nahrungspflanze und für rund die halbe Erdbevölkerung Hauptnahrungsmittel. 95 % der Welt-Reisernten stammen aus Asien.)*

2. Reis wird im Allgemeinen in seichtem, stehendem Wasser angebaut, warum? *(Reis ist eigentlich keine Wasserpflanze, sondern wächst auch auf normalen Feldern. Das Wasser gibt ihm aber nicht nur Feuchtigkeit, sondern verhilft ihm auch zu gleichbleibender Temperatur. Das ist für den Reis von großer Bedeutung, weil er gegen große und schnelle Temperaturschwankungen sehr empfindlich ist. Die Unterschiede zwischen den Tag- und Nachttemperaturen in der Luft mit rund 10° schlagen sich im Wasser nur mit Temperaturunterschieden von 2° nieder.)*

3. Wie läuft der Reisanbau ab? *(Zunächst wird der Reis in Beeten ausgesät. Nach einem Monat werden die Jungpflanzen herausgezogen und von Hand in einem anderen Feld ausgepflanzt. Ist der Reis erntereif, wird das Wasser aus dem Feld abgelassen und der Reis mit Sicheln und Sensen geschnitten. In Europa, Amerika und Australien sät und erntet man mit Mschinen.)*

4. Wie viele Reissamen trägt eine Reispflanze? *(Die Blüte des Reises steht in Rispen, die je nach Sorte 40 – 400 Samen- oder Reiskörner erzeugen.)*

5. Gibt es mehrere Reissorten? *(Ja, der Reis ist ausgesprochen sortenreich. Allein in Indien gibt es mehr als 1.000 verschiedene Reissorten.)*

6. Werden auf einem Reisfeld gleiche oder unterschiedliche Sorten angebaut? *(Unterschiedliche: Die Vielfalt macht es Erregern nämlich fast unmöglich sich anzupassen. In den Testregionen sank der Pilzbefall dabei so enorm, dass auf den Einsatz von chemischen Schädlingsbekämpfungsmitteln verzichtet werden konnte. Auf „Mischfeldern“ wird durchschnittlich 89 % mehr geerntet als in den Monokulturen.)*

7. Wie lange wird Reis schon angebaut? *(Im Norden Thailands gibt es Funde, wonach Reis dort bereits um 6000 v. Chr. angebaut wurde.)*

8. Ein bekanntes Reisgericht ist Nasi Goreng. Was bedeutet „Nasi“? *(„Nasi“ ist das malaiische Wort für „gekochter Reis“.)*

9. Was setzen die Chinesen statt Schädlingsbekämpfungsmitteln beim Reisanbau ein? *(Enten. Eine Ente frisst durchschnittlich pro Stunde 200 Insekten. Daneben ergänzt sie den Speiseplan der chinesischen Reisbauern.)*

Niederlande

1. Was sind die Niederlande? *(Das Königreich Niederlande ist ein westeuropäischer Staat mit einer Fläche von 41.526 km² [zum Vergleich: Die BRD ist 357.000 m²groß].)*

2. Wie heißt die Hauptstadt der Niederlande? *(Seit 1814 Amsterdam, das rund 700.000 Einwohner hat. Die Stadt ist auf zahllosen, tief in den Untergrund gerammten Holzpfählen erbaut, da sie auf einem morastigen Boden an der Amstelmündung entstand. Der 1257 an der Amstel errichtete Damm, der der Stadt den Namen gab, war die Initialzündung für die Gründung der Stadt. Amsterdam steht auf rund 90 Inseln. Die Kanäle haben eine Länge von 85 km und werden von 350 Brücken überspannt, weshalb Amsterdam auch das „Venedig des Nordens" genannt wird.)*

3. Welche berühmten Museen beherbergt Amsterdam? *(Das Reichsmuseum [Rijksmuseum] mit ☞Rembrandts Nachtwache und das Van-Gogh-Museum.)*

4. Was sind die Grachten in Amsterdam? *(Die Grachten sind das Kanalsystem in Amsterdam, das über 100 km lang ist und für 3000 Wohnboote einen Liegeplatz abgibt. Nachts wird in das Kanalsystem Frischwasser eingeleitet.)*

5. Warum sind die Häuser in Amsterdam an der Straßenfront so schmal gebaut? *(Früher wurde die Steuer in Holland nach den Außenmaßen der Vorderfront und der Türbreite bemessen. Da bauten die sparsamen Kaufleute die Häuser schmal, aber in die Tiefe gehend.)*

6. Wie heißt der Flughafen von Amsterdam? *(Schiphol. Er liegt rund sieben km außerhalb der Stadt und mehrere Meter unter dem Meeresspiegel, was für viele holländische Städte gilt.)*

7. Welcher Hafen ist der größte Europas? *(Rotterdam. Die Deutschen zerbombten im 2. Weltkrieg das Stadtzentrum fast vollständig. Die Holländer bauten es nach dem Krieg moderner und großzügiger wieder auf. Hier ist der größte Erdöl-Umschlagplatz Europas.)*

8. Wie viele Einwohner haben die Niederlande? *(Rund 16,3 Mio.)*

9. Welche Religion ist in den Niederlanden am verbreitetsten? *(Das Christentum: 33 % sind Katholiken, 23 % Protestanten.)*

10. Warum haben die Niederländer eine hohe Identifikation mit ihrem Königshaus, das sie als Staatsspitze bislang nie in Frage stellten? *(Neben dem hohen Sympathiewert der königlichen Familie hat das auch historische Gründe: Die Königinnen und Könige sind Nachfahren des Prinzen Wilhelm I. von Oranien, der von 1572 – 1581 den*

Kampf um politische und religiöse Freiheit in Holland anführte. Das Königshaus wird deshalb als Garant der Unabhängigkeit gesehen.)

11. Welcher ist der höchste Berg der Niederlande? *(Der Vaalser Berg mit 322 m.)*

12. Warum gibt es in Holland so viele Windmühlen? *(Die Windmühlen, die in Holland im 17. Jahrhundert aufkamen, haben eine jahrhundertealte Funktion: Da das niederlänsische Marschland zumeist unter dem Niveau des Meeresspiegels liegt, hat es keinen natürlichen Abfluss. Deshalb muss das ganze Jahr über der Wasserstand reguliert werden, damit die Felder nicht bis zur Oberfläche durchnässen und als Ackerland unbrauchbar werden. Dafür ist das Land von einem Netzwerk aus Kanälen, Gräben und Dämmen durchzogen. Die Flügel der Windmühlen treiben in Holland eine archimedische Schraube an, die am Fuss der Windmühle in den Boden führt und Wasser nach oben transportiert, wo es kontrolliert verwendet und kanalisiert wird. Gleichzeitig nutzt man die gewonnene Energie, um Getreide zu mahlen. Heute erfüllen weitgehend elektrische Pumpen diese Funktion. Inzwischen ist in Holland ungefähr die Hälfte des Landes trockengelegt und wird als Ackerland genutzt. Dort waren früher Sümpfe, Moore und seichte Flussmündungen.)*

13. Wie viele Einwanderer gibt es in den Niederlanden? *(Aus den ehemaligen Kolonien Surinam [Nordwesten Südamerikas] und Indonesien stammen die meisten Einwanderer, die heute rund 1 % der Bevölkerung ausmachen. Deshalb gibt es auch so viele Restaurants dieser Bevölkerungsgruppen in den Niederlanden.)*

14. Wann entstanden die Niederlande? *(1579 vereinigten sich die sieben nördlichen Provinzen Holland, Seeland, Utrecht, Geldern, Overijssel, Friesland und Groningen, um im Kampf gegen die sie seit dem Beginn des 16. Jahrhunderts beherrschenden Spanier stärker zu sein. 1581 gaben sie sich den Namen „Republik der Vereinigten Niederlande“.)*

15. Wie lange währte der Unabhängigkeitskrieg der Niederlande gegen Spanien? *(Er dauerte von 1568-1648. England [Spanien hatte den Niederlanden den Handel mit England untersagt] unterstützte die Rebellen gegen die Spanier. 1588 zerstörten die Engländer in einer neuntätigen Seeschlacht die spanische Armada, was die Vormachtstellung der Spanier beendete. Die „Armada“ war die Bezeichnung der spanischen Flotte. Eigentlich war sie der englischen Flotte haushoch überlegen. Die englischen Schiffe waren aber schneller und verfügten über weitreichende Kanonen, deren Feuer die Armada auseinandertrieb. Sie geriet dabei in einen Sturm, der sie zum größten Teil vernichtete. Der Vertrag von Münster im Jahre 1648 brachte der Niederländischen Republik die Unabhängigkeit.)*

16. Welche Bedeutung hatte der Herzog von Alba für die Niederlande? *(Als Karl V. seinem Sohn ☞Philipp II. von Spanien den Thron übergab, kam es zur Eskalation mit den Niederlanden. Philipp II. war gebürtiger Spanier und hatte mit der nördlichen Provinz Niederlande [war ohne territoriale Verbindung mit Spanien eine „Außenstation“] wenig im Sinn, insbesondere belegte er das Gebiet mit drakonischen Steuern. Diese tyrannische Herrschaft löste den Unabhängigkeitskrieg aus. Philipp II. schickte den*

Spanier Fernando Alvarez de Toledo, den Herzog von Alba, in die Niederlande, um für Ordnung zu sorgen. Der griff mit blutiger Härte durch und machte sich mit restriktiver Politik und Inquisition [Prozess gegen „Ketzer“ durch von der Kirche bestellte Richter] sechs Jahre lang Feinde, was zum offenen Aufstand führte. Albas „Blutrat“ verurteilte etwa 18.000 Menschen, ließ sie hinrichten und ihr Hab und Gut beschlagnahmen. Alba taucht deshalb in ☞Goethes Trauerspiel „Egmont“ [den hatte Alba hinrichten lassen] und in ☞Schillers Drama „Don Carlos“ auf. Wegen des niederländischen Aufstandes berief Philipp II. den Herzog von Alba 1573 zurück.)

17. Früher gehörte zu den Niederlanden auch Belgien. Wie kam es zum Auseinanderbrechen der Gebiete? *(Der nördliche Teil der früheren Niederlande folgte mit dem Calvinismus [benannt nach dem französischen Kirchenreformator Johannes Calvin] einer protestantischen Glaubensrichtung, das Gebiet des heutigen Belgiens blieb im Wesentlichen katholisch. In der Zeit der spanischen Herrschaft führte dies im nördlichen Holland zur schärferen Auseinandersetzung mit Spanien, während sich das südlich davon gelegene Belgien in eine andere Richtung entwickelte.)*

18. Nach der Unabhängigkeit 1648 erreichten die Niederlande im 17. Jahrhundert ihre Blütezeit. Was führte dazu? *(Die Niederlande hatten nach ihrer Unabhängigkeit vor allem eine gute geografische Ausgangslage, die die Niederlande zur wichtigsten Wirtschafts- und Seemacht aufsteigen ließ. Die holländische Handelsflotte umfasste damals 16.000 Schiffe und war damit größer als die englische und französische zusammen. Amsterdam stieg zum Finanzzentrum des europäischen Kontinents auf. Die Niederlande wurden auch kulturell zum Zentrum Europas.)*

19. Was durchbrach die niederländische Vormachtstellung? *(Die wirtschaftliche Rivalität mit England als zweitgrößter Seefahrernation mündete unweigerlich in die beiden englisch-niederländischen Kriege [1652-1654 und 1664-1667]. Im Ergebnis wurden die Niederlande auf den Weltmeeren von England und auf dem Festland von Frankreich überflügelt.)*

20. Welche Bedeutung hatte ☞Napoleon für die Niederlande und Belgien? *(Napoleon machte das Gebiet 1806 zunächst zum Königreich Holland, um es dann 1810 Frankreich einzuverleiben. Das nutzten die Engländer, um sich die niederländischen Kolonien anzueignen. Auf dem ☞Wiener Kongress 1815 wurde die Unabhängigkeit der Niederlande wiederhergestellt und Belgien wieder ein Teil der Niederlande. Das war allerdings wenig glücklich, weil sich Belgien in Politik, Tradition, Religion, Sprache und Wirtschaft selbständig in eine andere Richtung entwickelt hatte. 1830 rebellierten die Belgier und wurden wieder selbständig.)*

21. Die Niederlande haben als Staatsform eine „konstitutionelle Monarchie“. Was kennzeichnet diese Staatsform? *(Bei der konstitutionellen Staatsform steht der Monarch [König] nur symbolisch an der Spitze des Staates und hat vor allem repräsentative Aufgaben, während die wesentliche Macht beim Parlament liegt. Konstitutionelle Monarchien haben heute außerdem Großbritannien, Norwegen, Schweden und Belgien. Die Niederlande haben seit 1848 eine Verfassung, die Grundlage der heutigen ☞Demokratie ist.)*

22. Auf wessen Seite standen die Niederländer in den beiden Weltkriegen des 20. Jahrhunderts? *(Sie erklärten in beiden Weltkriegen ihre Neutralität, wurden im 2. Weltkrieg aber trotzdem von den Deutschen besetzt. Dabei zerstörten die Deutschen mit Luftangriffen den Grossteil der Hafenstadt Rotterdam.)*

23. Woher kommt der Begriff Mannequin? *(Er kommt vom holländischen „Mannekijn“ und bedeutet eigentlich „Männchen“. Holländische Maler und Bildhauer des späten Mittelalters nannten so hölzerne Gliederpuppen, die ihnen als Modell dienten. Die Franzosen machten daraus Mannequin und bezeichneten zunächst nur die Schneider- und Schaufensterpuppen so. Erst im 19. Jahrhundert wurde der Begriff für „lebende Puppen“ gebräuchlich.)*

Buddhismus

1. Der Buddhismus zählt zu den Weltreligionen (Der Begriff „Religion“ stammt vom lateinischen re-ligare (binden, bzw. wieder verbinden) ab, beschreibt also die Bindung der Menschen an Gott]. Weltreligionen sind die religiösen Gruppen, die weltweit die meisten Anhänger haben. Welche fünf Religionen gehören zu den Weltreligionen? *(Am verbreitetsten ist das Christentum mit rund 2 Mrd. Anhängern. An zweiter Stelle folgt der ☞Islam mit 1 Mrd. Moslems, die vorwiegend im mittleren Osten und in Nord- und Westafrika leben. An dritter Stelle liegen die ☞Hindus mit 750 Mio., vor allem in Südostasien. Allein in Indien leben rund 650 Mio. Hindus. An vierter Stelle liegt der Buddhismus mit 300 Mio. Anhängern. Zum ☞Judentum bekennen sich ungefähr 14,5 Mio. Menschen.)*

2. Wer war Buddha? *(Buddha ist der Gründer des Buddhismus. Er lebte ungefähr von 560 bis 480 vor Christus und wurde in Nepal geboren. Sein Geburtsname war Siddharta [heißt wörtlich: „Der das Ziel erreicht hat“] Gautama [Hermann Hesses Roman „Siddharta" beschreibt sein Leben. Hesses Darstellung der Entwicklung Buddhas als Mensch lässt sich auf die Kurzformel bringen: Vom „man“ zum „ich“, vom „ich“ zum „selbst“]. Siddharta war der Sohn eines Brahmanen [Fürstenklasse].)*

3. Am Mai-Vollmondtag begießen die Buddhisten einen weißen Elefanten aus Pappmaché mit Tee, warum? *(Dem buddhistischen Glauben nach regnete es an dem Tag, an dem Buddha geboren wurde, Tee vom Himmel. Den Vollmondtag feiern die Buddhisten als seinen Geburtstag und gleichzeitig als Neujahrstag. Der weiße Elefant stellt ein Symbol des Buddhas dar.)*

4. Wie kam Siddharta Gautama zum Buddhismus? *(Siddharta verließ das Fürstenhaus seines Vaters [auch Frau und Kind] im Alter von 29 Jahren, lebte dann als Bettler und*

Asket. Als ihn auch das in seiner Entwicklung als Mensch nicht voranbrachte, meditierte er sieben Jahre lang, bis er unter einem Pappelfeigenbaum die Erleuchtung erfuhr über das Wesen der Welt. Unter diesem Baum saß er 49 Tage. An dieser Stelle steht seit 526 der 55 m [zusammen mit der 8 m hohen Plattform sogar 63 m] hohe Mahabodhi-Tempel. Über die Meditation [sinnende Betrachtung, religiöse Versenkung] fand Siddharta zur Weisheit, insbesondere zum „achtfachen Pfad", der für den Buddhismus das ist, was die zehn Gebote für das Christentum sind. Wegen der auffallenden Ähnlichkeit gibt es Theorien, wonach Jesus während der in der Bibel klaffenden Lücke eines langen Lebensabschnittes im Bereich des Buddhismus war und einen Teil der Lehre übernahm.)

5. Was bedeutet Buddha wörtlich übersetzt? *(„Bodhi" bedeutet im Sanskrit „Erleuchtung". „Buddha" heißt wörtlich der „Erleuchtete".)*

6. Wie wurde Siddharta geboren? *(In den Legenden um Buddha findet sich auch die von Empfängnis und Geburt, die erstaunlich der unbefleckten Empfängnis bei Jesus gleicht: Danach soll der „Meister der Götter und der Menschen“ vom Himmel herabgestiegen und als junger, weißer Elefant mit sechs Stoßzähnen zur rechten Seite in den Leib seiner Mutter eingedrungen sein. Nie habe sie so etwas Schönes gesehen und gehört, nie eine solche Wonne empfunden.)*

7. Was ist ein „Stupa“? *(Der Stupa [Sanskrit = „oberer Teil des Kopfes“] ist ein halbkugelförmiger oder turmartiger Tempel, in dem Reliquien des Buddha aufbewahrt werden. In Asien gibt es Hunderte davon. In Yangon, der Hauptstadt Myanmars, steht ein über 100 m hoher Stupa, da die wechselnden Herrscher im ehemaligen Burma im Laufe von fast 2000 Jahren immer neue Aufbauten draufsetzten. Dieser Stupa gilt als das größte buddhistische Denkmal der Welt.)*

8. Welche Regeln gelten im „achtfachen Pfad"? *(1. Die rechte [richtige] Rede. 2. Rechtes Handeln. 3. Der rechte Lebenserwerb [seinen Lebensunterhalt so verdienen, dass man anderen nicht schadet]. 4. Die rechte Anstrengung [um böse Gedanken zu unterdrücken]. 5. Die rechte Aufmerksamkeit [sich immer richtig zu verhalten]. 6. Die rechte Konzentration [für die Meditation]. 7. Die rechte Erkenntnis [um die Welt wirklich zu sehen]. 8. Das rechte Denken [Mitleid und Hilfsbereitschaft führen zu guten Taten]. Die Jünger Buddhas setzten die ersten beiden Pfade in fünf Kardinalgebote um: Nicht zu töten, nicht zu stehlen, nicht zu lügen, nicht die Ehe zu brechen und keine berauschenden Getränke zu genießen.)*

9. Wie lauten die fünf grundlegenden Sittengesetze des Buddhismus? *(1. Das Leben zu achten, also nicht zu töten. 2. Nicht zu stehlen. 3. Nicht zu lügen, auch dann nicht, wenn es Vorteile brächte. 4. Seine Frau zu respektieren und keinen Ehebruch zu begehen. 5. Keine Drogen und keinen Alkohol zu sich zu nehmen.)*

10. Ist der Buddhismus eine Religion, die auf notfalls gewaltsame Verbreitung angelegt ist? *(Nein: Die buddhistische Ethik steht im Dienst der Selbsterlösung. Daran knüpft sich die Forderung nach Gewaltlosigkeit [Ahisma]. Ihrem Ursprung nach ist der Buddhismus übrigens eigentlich keine Religion, sondern eine Philosophie. Erst Buddhas*

Nachfolger haben daraus eine Religion entwickelt. Gleichwohl gibt es im Buddhismus keine Götter, keine ewige Ursubstanz und keine unsterbliche Seele. Die Welt hat weder Anfang noch Ende, alles ist vergänglich. Nur wer das durchschaut und nichts festhalten will, kann den Weg ins „Nirvana“, die seelige „Leere“ finden, die jenseits alles Vorstellbaren und Benennbaren liegt.)

11. Was ist das „Nirvana"? *(Das „Nirvana" [Sanskrit: Eröschen, Verwehen] ist das Ziel des achtfachen Pfades. Solange die Gier den Menschen bewegt, kommt seine Seele nicht zur Ruhe. Er muss immer wieder neu geboren werden, bis die Gier erlischt. Dieses Verlöschen der Gier heißt „Nirvana", die „ewige Befreiung vom Schmerz der Existenz“. Die Seele wird befreit und findet ihre Ruhe. Nirvana ist also die Befreiung von der Wiedergeburt [des Brahmanismus].)*

12. Ist Buddha ein Gott? *(Der Buddhismus lehnt in seiner ursprünglichen Form alle Vorstellungen von Gott und Göttern oder gottähnlichen Wesen ab. Buddha ist dementsprechend kein Gott, sondern nur eine Art Vorbild und Führer. Nach den Lehren des Buddhismus muss jeder Mensch seine Erlösung in sich selbst suchen. Im Kern lehnt der Buddhismus Götterbilder ab, wie eine uralte Parabel des Buddhismus lehrt: Ein König ließ Blindgeborene einen Elefanten betasten. Da sie den Elefanten an den unterschiedlichsten Stellen anfassten, beschrieb jeder den Elefanten anders, und sie gerieten untereinander in Streit, wie das Tier nun aussehe. Auch die Hindus erzählen diese Parabel um aufzuzeigen, wie unsinnig der Streit der Menschen über ihre Götterbilder ist.)*

13. Wer ist der Dalai Lama? *(Der Dalai Lama [= Ozean der Weisheit] ist das Oberhaupt der tibetischen Buddhisten. Er gilt als die Wiedergeburt von Chenresi, des Bodhisattva des Erbarmens [das ist jemand, der die Erleuchtung gefunden hat, aber freiwillig nicht ins Nirvana eingeht, bevor auch alle anderen Lebewesen soweit sind]. Der derzeitige Dalai Lama ist die vierzehnte Wiedergeburt. Als der 13. Dalai Lama 1933 starb, suchten hohe Würdenträger in ganz Tibet nach der Wiedergeburt von Chenresi. In einem Dorf fanden sie 1936 den dreijährigen Sohn einer Bauernfamilie, der nach einer Reihe von Prüfungen als die gesuchte Reinkarnation erkannt und für die Nachfolge auf dem Löwenthron in Lhasa erzogen wurde. Seit 1959 lebt er im Exil in Indien, weil Tibet von China gewaltsam erobert und besetzt wurde. Seit seiner Flucht aus dem Tibet kämpft er gewaltfrei um die Wiedererlangung der Freiheit für sein Volk. Dafür erhielt er 1989 den Friedensnobelpreis.)*

14. Was ist „Karma"? *(Dem buddhistischen Prinzip der Seelenwanderung folgt das Karma-Gesetz. Das Karma umfasst das Handeln einer Person und dessen ethische Folgen. Die Taten führen zur Wiedergeburt, wobei gute Taten belohnt und böse Taten bestraft werden. Glück und Unglück sind dementsprechend kein Zufall, sondern eine universelle Gerechtigkeit. Die Lehre vom Karma ist auch Grundlage im Hinduismus.)*

15. Was ist der Zen-Buddhismus? *(Der Zen ist eine der wichtigsten buddhistischen Sekten. Er propagiert die Versenkung und Meditation als Weg zur Erleuchtung. Die praktische Übung und persönliche Erleuchtung wird der Lehre und dem Studium der Schriften vorgezogen.)*

16. Woran erkennt man einen Buddhisten, der im Kloster lebt? *(Die frömmsten Anhänger Buddhas leben in der Ordensgemeinschaft der Sangha. Ihre Mitglieder sind erkennbar an den geschorenen Köpfen und einer Robe aus ungenähtem, orange gefärbtem Tuch.)*

17. Warum bilden bei vielen Buddha-Statuen Daumen und Zeigefinger einen Kreis? *(Der Kreis symbolisiert das Rad der Lehre. Das Rad bedeutet dabei die Unausweichlichkeit des Seins [„Dharmacakra"], seine acht Speichen symbolisieren den „Achtfachen Pfad". Wegen dieser Symbolik findet sich das Rad auch auf der Flagge Indiens.)*

18. Warum hat Buddha auf den meisten Statuen eine knotenartige Erhöhung über dem Scheitel, lang gezogene Ohrläppchen und eine Locke zwischen den Augenbrauen? *(Die knotenartige Erhöhung soll seine geistige Potenz symbolisieren. Die lang gezogenen Ohrläppchen stammen von schweren goldenen Ohrringen und sind deshalb Zeichen seiner fürstlichen Herkunft. Die Locke zwischen den Augenbrauen ist die Andeutung eines mystischen Weisheitsauges.)*

19. Hat Buddha seine Lehren niedergeschrieben? *(Nein. Wie Jesus und Mohammed schrieb er nichts auf. Seine Anhänger verbreiteten seine Lehren, die erst Jahrhunderte später aufgeschrieben wurden.)*

20. Wo steht die größte Bronze-Buddha-Statue der Welt? *(Auf Lantau Island [Insel neben ☞Hongkong]. Sie ist 23 m hoch und steht auf einem 10 m hohen Steinsockel.)*

21. Was ist ein wesentlicher Unterschied zwischen Hinduisten und Buddhisten? *(Beide Religionen glauben an den Kreislauf der Wiedergeburt. Die Hindus glauben aber, dass die Seele unsterblich ist und durch schlechte Taten verurteilt wird, in einer schlechteren Lebensform wiedergeboren zu werden, z.B. auch als Tier. Für Buddha hingegen ist auch die Seele sterblich, womit sich die Frage stellt, was da wiedergeboren wird.)*

Ohr

1. Das Ohr ist das Organ des Gehörs und des Gleichgewichtssinns. Welche Teile des Ohres unterscheidet man? *(Drei Teile: Außen-, Mittel und Innenohr. Das Außenohr reicht bis zum Trommelfell. Die Ohrmuscheln dienen dem Auffangen von ☞Schallwellen. Hinter dem Trommelfell beginnt das Innenohr mit einem Mechanismus, der die Schallwellen zum Innenohr weiterleitet. Das Innenohr ist jener Teil des Schläfenknochens, in dem Gehör und Gleichgewichtssinn liegen.)*

2. Wie hören wir? *(Die Ohrmuschel fängt die Schallwellen ein. Schallwellen sind im Grunde Luftdruckveränderungen, die das Trommelfell in Schwingungen versetzen. Diese Schallwellen werden als Signale an den Gehörnerv übertragen, der die Informationen an das Gehirn weiterleitet.)*

3. Wo liegt das Hörzentrum? *(Es ist auf einen bestimmten Teil der Gehirnrinde beschränkt. Die Fasern der Hörnerven führen zur Hörsphäre in der Hirnrinde. Jeder Ton spricht nur eine bestimmte Zelle an, weshalb wir zwischen verschiedenen Tönen unterscheiden können.)*

4. Was ist „Seelentaubheit"? *(Wird das akustische Sprachzentrum im Gehirn zerstört, können wir zwar hören, verstehen das Gehörte aber nicht mehr. Diesen Zustand nennt man „Seelentaubheit".)*

5. Wo sitzt der Gleichgewichtssinn? *(Die Bogengänge und der Vorhof des Innenohres dienen dem Gleichgewichtssinn. Hier liegen kleine Härchen, die auf Lageveränderungen des Kopfes reagieren.)*

6. Was ist ein „Tinnitus"? *(Eine Ohrkrankheit, bei der der Betroffene ständig Ohrgeräusche wahrnimmt.)*

7. Wofür ist der HNO-Arzt zuständig? *(Der Hals-Nasen-Ohren [HNO]-Arzt ist zuständig für die Funktion des Nasen- und Rachenraumes, des Gehörs und des Gleichgewichtssinnes.)*

8. *Was löst die* Seekrankheit mit Brechreiz aus? *(Bei der Seekrankheit schwappt Flüssigkeit gleichzeitig durch drei Bogengänge des Ohres, und das führt zu widersprüchlichen Nervenimpulsen an das Gehirn, was eine Störung des Gleichgewichts und Übelkeit auslöst.*

Afrika, negride Bevölkerung

1. In welche drei großen Rassen unterscheidet man die Weltbevölkerung? *(Europide, Negride und Mongolide [Weiße, Schwarze und Gelbe]. Europide und Mongolide Gruppen stellen je rund 2 Milliarden Menschen der Weltbevölkerung, die Negriden nur rund 600 Millionen Menschen.)*

2. Was ist der Unterschied zwischen Weißafrika und Schwarzafrika? (*Als Schwarzafrika bezeichnet man den afrikanischen Kontinent südlich der ☞Sahara. Nördlich der Sahara liegt Weißafrika, das von mediterranen und orientalischen Völkern bewohnt wird.)*

3. Was sind die „Watussi“? *(Ein Negerstamm, der in Ostafrika [Uganda], Ruanda und Burundi zu finden ist. Die Watussi sind groß und schlank.)*

4. Was sind die „Pygmäen“? *(Pygmäen sind kleine Menschen. Das Wort leitet sich vom griechischen pygmaios ab, was „eine Faust lang“ bedeutet. Tatsächlich erreichen die Männer dort nur Körpergrößen von 1,30 m bis 1,45 m. Die Pygmäen leben auf einer steinzeitlichen Kulturstufe. Weder fertigen sie gewebte Stoffe, noch bearbeiten sie Metall. Die Frauen sammeln die Früchte des Waldes ein, die Männer gehen auf die Jagd.)*

5. Wer sind die ☞ „Zulus“? *(Ein sehr bekannter Stamm der Bantu-Neger, auch Zulu-Kaffer genannt. Sie leben in der Republik Südafrika.)*

6. Wer sind die „Hottentotten“? *(Die Hottentotten sind ein Volksstamm, der in Südwestafrika, Angola und der Kalahari-Wüste lebt. Im Gegensatz zu den Negern sind sie hellhäutig und schlitzäugig.)*

7. Was bezeichnet man als „Kannibalismus“? *(Menschenfresserei [der Begriff ist abgeleitet von dem Wort „Canibales“, der spanischen Bezeichnung für die Ureinwohner der Karibik, denen man nachsagte, Menschenfresser zu sein]. Hintergrund des Kannibalismus ist nicht so sehr Hunger, sondern der bei primitiven Völkern verbreitete Glaube, dass man die Eigenschaften eines Körpers durch dessen Verzehr übertragen könne, oder Rache, weil der Geist des verzehrten Körpers des Feindes keine Heimstatt finden kann.)*

8. Unter den schwarzen Bevölkerungen ist der Glaube an Zauber weit verbreitet. Was ist der Unterschied zwischen „weißer" und „schwarzer" Magie? *(„Weiße“ Magie soll vor Bösem schützen, „schwarze“ Magie Schaden zufügen.)*

Grönland

1. Wo liegt Grönland? *(Zwischen dem Nordpolarmeer und dem nördlichen Atlantik.)*

2. Ist Grönland groß? *(Grönland ist mit einer Fläche von rd. 2,2 Mio. km^2 die größte Insel der Welt.)*

3. Ist Grönland politisch ein eigener Staat? *(Nein: Es gehört zu Dänemark [in dessen Parlament es zwei Abgeordnete entsendet], ist aber nach innen völlig autonom.)*

4. Wie ist das Klima auf Grönland? *(Durchschnittlich sehr kalt: 85 % der Insel sind von Eis bedeckt. Damit hat Grönland nach der Antarktis die zweitgrößte zusammenhängende Eismasse der Welt.)*

5. Wie kam Grönland zu seinem Namen? *(Grönland bedeutet „Grünes Land“, was wenig passt, da die Insel ja weitgehend schneebedeckt ist. Erik der Rote gab im 10. Jahrhundert der Insel den irreführenden Namen, um Siedler aus dem klimatisch günstigeren Island anzulocken – ein frühes Beispiel irreführender Werbung.)*

6. Wie viele Einwohner hat Grönland? *(Ca. 55.000. Von ihnen leben 80 % in Städten oder stadtähnlichen Siedlungen, vorwiegend an der wärmeren Westküste.)*

7. Gehört Grönland zur NATO? *(Ja, über Dänemark. Die USA unterhalten hier in Thule einen großen strategischen Flughafen, rund 1.500 km vom Nordpol entfernt.)*

8. Wovon leben die Grönländer? *(Vor allem vom Fischfang.)*

9. In Grönland gibt es viele Gletscher. Bewegen die sich? *(Ja: Die Maximalgeschwindigkeit einiger Gletscher beträgt 30 m pro Tag!)*

10. Grönland hat viele ☞Fjorde. Was ist ein Fjord? *(Ein sehr tief eingeschnittenes Tal mit steilen Wänden, das von Gletschern der Eiszeit wie ein Trog ausgehobelt wurde. Fjorde sind also untergegangene Flusstäler. Nach dem Ende der Eiszeit drang das Meer ein. Fjorde sind in regelmäßig langgestreckt. Die meisten Fjorde gibt es in Norwegen [Fjord ist ein norwegisches Wort]. Der größte Fjord von Norwegen erstreckt sich 204 km ins Landesinnere und ist bis zu 1308 m tief!)*

Archimedes

1. Wer war Archimedes (287-212 v. Chr.)? *(Ein bedeutender griechischer Mathematiker und Physiker.)*

2. Wo lebte Archimedes? *(Vorwiegend in Syrakus [Sizilien], eine Zeit lang aber auch in Alexandria [Ägypten].)*

3. Welche Erfindungen werden Archimedes zugeschrieben? *(Hebelgesetze und Flaschenzug, die Erfindung einer Wasserschnecke zum Transport von Wasser auf höhere Flächen, die Berechnung der Flächen und Volumina krummliniger Flächen und Körper. Die größte Bekanntheit erlangte Archimedes jedoch für das Gesetz der Hydrostatik, das als Archimedisches Prinzip bekannt ist [Taucht man Körper in Wasser ein, kann man über das verdrängte Wasser nicht nur ihr Volumen, sondern auch das Gewicht pro Volumen berechnen. Archimedes wies im Auftrag seines Königs Hieron damit nach, dass der Hofjuwelier eine Krone nicht aus reinem ☞Gold, sondern unter massiver Beimengung von ☞Silber gefertigt hatte]. Archimedes hat auch den Näherungswert von π berechnet.)*

4. Wie starb Archimedes? *(Im 2. ☞Punischen Krieg besetzten die Römer Syrakus. Archimedes saß auf dem Boden des Marktplatzes und malte geometrische Figuren in den Sand. Einem hinzutretenden, betrunkenen römischen Soldat soll er gesagt haben: „Noli perturbare circulos meos“ [„Störe mir meine Kreise nicht!“]. Darauf zog dieser sein Schwert und erschlug Archimedes, obwohl die römischen Soldaten ausdrückliche Weisung hatten, ihm nichts anzutun.)*

5. Was heißt „Heureka“? *(Griechisch: „Ich hab´s gefunden!“ Als Archimedes beim Sitzen in der Badewanne die Relation zwischen verdrängtem Wasser und Körpervolumen erkannte, rannte er angeblich nackt auf die Strasse und rief „Heureka, heureka“.)*

Indien

1. Was ist Indien? *(Die Republik Indien ist ein Staat in Asien mit einer Fläche von 3.287.263 km^2 [zum Vergleich: Die BRD ist 357.000 m^2 groß].)*

2. Wie viele Einwohner hat Indien? *(Rund 1.088,06 Mio.. Damit ist Indien nach China das zweitbevölkerungsreichste Land der Erde. 35 % der Bevölkerung sind unter 15 Jahre alt. Indien hat damit nur einen Anteil von 2,3 % der festen Erdoberfläche, beheimatet aber rund 16 % der Weltbevölkerung. Schätzungsweise die Hälfte der Inder lebt unter dem Existenzminimum.)*

3. Wie heißt die Hauptstadt von Indien? *(Neu-Dehli mit 9,5 Mio. Einwohnern. Die Stadt wurde unter Schahdschahan im 17. Jahrhundert die Hauptstadt des Reichs der Großmoguln. Er machte Dehli zur größten Stadt im Norden Indiens. Hier stand auch der sagenhafte Pfauenthron, geschmückt mit Smaragden, Rubinen, Saphiren und Perlen von unschätzbarem Wert. Das Reich der Großmoguln verfiel jedoch bald. 1739 plünderten die Perser die Stadt und nahmen den Pfauenthron mit. Die Engländer machten 1773 Kalkutta zur Haupstadt Indiens. Sie waren es auch, die unter König Georg V. Dehli 1911 wieder zur Hauptstadt bestimmten.)*

4. An welchem Fluss liegt die indische Stadt Kalkutta? *(In einem Schlager heißt es zwar: „Kalkutta liegt am Ganges, Paris liegt an der Seine...". Das stimmt aber nicht: Kalkutta liegt gar nicht am Ganges, sondern am Hugli, einem Mündungsarm des Ganges. Kalkutta erhielt seinen Namen nach dem Ort Kalighat, der an einem kleinen, in den Hugli mündenden Fluss lag und einen Tempel der schrecklichen Hindugöttin Kali [„die Schwarze“] besaß.)*

5. Welche National-Sprache spricht man in Indien? *(Hindi, das aber nur von 1/3 der Inder gesprochen wird. Weitere 13 Sprachen wurden durch die indische Verfassung als*

offizielle Regionalsprachen anerkannt. Daneben gibt es noch ca. 1.000 Sprachen und Dialekte.)

6. Welche Religion ist in Indien am verbreitetsten? *(Der ☞Hinduismus mit 80 %. Es folgen die Muslime mit 11 % sowie die Christen und Sikhs mit jeweils 2 %.)*

7. Warum tragen viele Inderinnen ein Stirnmal? *(Das hat einen religiösen Hintergrund: Der rote Punkt [sog. Tilaka, auch Tschitraka] auf der Mitte der Stirn signalisierte früher die Zugehörigkeit zur Religionsgemeinschaft der Hindus. Tempelbrahmanen tupften den Gläubigen einen Punkt aus gefärbtem Reispuder auf die Stirnmitte, den Sitz des Stirn-Chakras, wenn sie den Göttern ein Opfer gebracht hatten. Der Punkt sollte signalisieren, dass die Götter das Opfer angenommen hatten.)*

8. Welche Bedeutung hat der Ganges in Indien? *(Der Fluss Ganges ist das größte Heiligtum im Hinduismus, die Mutter allen Lebens, dessen Quell und Ziel. Nach hinduistischer Mythologie soll der Ganges einst dem Fuße Vishnus und der Stirn des Gottes Shiva entsprungen sein. Zum wichtigsten Pilgerziel am Ganges zählt Benares, die Stadt der 1500 Tempel. Sie zu besuchen und das heilige Wasser des Ganges zu berühren, stellt für einen Hindu das größte irdische Glück dar. Übertroffen werden kann dies nur von einer Totenverbrennung auf den Ghats, den Treppenstufen zum Ganges, die seine Seele vom Körper befreit und den Zyklus von Geburt, Tod und Wiedergeburt durchbricht. Die 52 Ghats ermöglichen über eine Strecke von acht Kilometern den Zugang zum Ganges. Sie sind nach Badetreppen für Einwohner sowie Pilger und Verbrennungstreppen für die Toten getrennt. Um die Stadt Benares verläuft ein rund 58 km langer Pilgerweg. Wer ihn zurücklegt [wofür man etwa sechs Tage braucht, da zahlreiche Schreine und Tempel besucht werden müssen], ist von allen Sünden befreit.)*

9. Welche Aufgabe hat die Kaste der „doam"? *(Sie haben die Verantwortung für die Scheiterhaufen. Nach der indischen Mythologie verlor einst Satis, die Gattin Shivas, einen Ohrring, den Priester der obersten Kaste [Brahmanen] fanden, ihr aber nicht zurückgaben. Zur Strafe verbannte Shiva sie in eine niedere Kaste, die „doam", und übertrug ihnen die Sorge für die Scheiterhaufen.)*

10. Verbrennen alle Inder ihre Toten? *(Nein: In Bombay gibt es die „Türme des Schweigens" auf der Halbinsel Malabar. Hier legen die Parsen [Iraner, die im 8. Jahrhundert aus Persien einwanderten und den alten iranischen Lichtkult pflegen] ihre Toten aus, um sie von den Geiern fressen zu lassen, damit Erde und Feuer nicht entheiligt werden.)*

11. Warum gibt es in Indien „Heilige Kühe"? *(Die Hindus glauben an Seelenwanderung, was Tiere, besonders die Kühe einschließt, die von den Hindus religiös verehrt werden. Diese Verehrung der Kühe begann schon vor ca. 3500 Jahren. In den Erzählungen Krishnas wird bereits die Heiligkeit der Kühe hervorgehoben.)*

12. Wer ist Krishna? *(Krishna [Sanskrit: „Der Dunkle", „der Blauschwarze"] ist die populärste Gottheit im Hinduismus. Seine mythischen Taten in der Umgebung von Mathu-*

ra zählen zu den beliebtesten Themen der indischen Kunst, wobei er stets mit dunkelblauer Hautfarbe und Pfauenfedern dargestellt wird. Häufige Themen der Malereien sind seine Liebesspiele mit Hirtenfrauen.)

13. Wann beginnt die Geschichte Indiens? *(Die Hochkultur der Indus entstand etwa 2500 bis 1750 v. Chr.)*

14. Zu den Ursprüngen der indischen Geschichte wird die „vedische" Zeit gezählt. Was charakterisiert sie? *(Die Veden [Einzahl: Der Veda = „Wissen"] sind eine Sammlung heiliger Schriften aus der Zeit um 1200 v. Chr. Sie enthalten die für diese Zeit maßgebliche soziale Ordnung, Religion und Kultur: Die Stammesräte setzten sich nach demokratischen Prinzipien zusammen, die soziale Stellung der Frau war höher als die des Mannes, und die Ehe galt als heilig. Der Veda folgt dem System des Hinduismus.)*

15. Was ist „Sanskrit"? *(Sanskrit [vom indischen „samskrta" = „geregelt, genormt"] ist die klassische Literatur- und Gelehrtensprache Indiens und die heilige Sprache der Brahmanen. Den Beginn des klassischen Sanskrits markiert die von Panini im 5. Jahrhundert v. Chr. erarbeitete Grammatik, die als wissenschaftlich fundierteste Grammatik gilt, die vor dem 19. Jahrhundert verfasst wurde. Gegenüber dem umgangssprachlichen Indisch nahm das hochsprachliche Sanskrit die Stellung ein, die Latein im abendländischen Kulturkreis besaß.)*

16. Was hat die Potenzpille Viagra mit dem Sanskrit zu tun? *(Die Potenzpille für Männer erhielt ihre Bezeichnung durch eine Wortschöpfung des Herstellers Pfizer: Abgeleitet wurde der Name vom lateinischen vigor [= Stärke], den mächtigen Niagarafällen und dem Begriff Vyaghera, der im Sanskrit für Tiger steht.)*

17. Was ist „Ayurveda"? *(„Ayus" heißt im Sanskrit „Leben" und „veda" „Wissen". Ayurveda ist folglich die „Wissenschaft vom Leben". Sie wird in Asien, vor allem in Indien, seit mehr als 2000 Jahren praktiziert. Grundidee: Der Mensch besteht aus fünf Elementen: Erde, Wasser, Feuer, Luft und Raum. Diese Elemente wirken im menschlichen Körper in Form von drei Energien, den „Doshas" Vata, Pitta und Kapha. Jeder Mensch kommt mit einem bestimmten Mix dieser Energien auf die Welt. Bleibt dieser Mix konstant, bleibt der Mensch gesund, gerät das Verhältnis aus dem Gleichgewicht, wird man krank. Bei der Therapie wird das Verhältnis der Doshas bestimmt und wieder ins Gleichgewicht gebracht.)*

18. Was ist das „Kamasutra"? *(Der indische Eremit Mallanaga Vatsyayana schrieb im vierten Jahrhundert in Sanskrit auf, was nach altindischen Überlieferungen von Prajapati, einem Schöpfergott, verkündet worden war: Es war ein philosophisches Werk über die Liebe, das Angenehme [„Kama"], neben dem Streben nach dem Guten [„Dharma"] und dem Nützlichen [„Artha"] eines der drei obersten hinduistischen Lebensziele. Da „Sutra" Handlungsanweisungen sind, entstand das Wort „Kamasutra". Weil es im Hinduismus keine Tabus gibt und die sexuelle Liebe dort nicht nur der Fortpflanzung dient, wurden liebende Paare ohne jegliche Scham beschrieben. Das*

Kamasutra wurde erstmals vom britischen Weltenbummler Sir Richard Francis Burton [er hat auch „Tausend und eine Nacht" übersetzt] 1883 aus dem Sanskrit übersetzt.)

19. Welchen Einfluss hatte ☞Alexander der Große auf die politische Entwicklung Indiens? *(Er fiel 326 v. Chr. zunächst in den Westen Indiens erfolgreich ein, zog sich aber wieder zurück. Vor ihm war das Land in zahlreiche Herrschaftsgebiete zerstückelt. Das nach seinem Rückzug entstehende Machtvakuum wurde von dem Maurya-König Candragupta genutzt, um sein Herrschaftsgebiet nach Westen auszuweiten.)*

20. Wie kam es zum Kastensystem in Indien, welche vier erblichen Kasten gab es? *(Dem Niedergang der Maurya-Dynastie folgte die Sunga-Dynastie [184-72 v. Chr.]. Sie brachte die Verfolgung und den Niedergang des ☞Buddhismus, anschließend den Sieg der Hindu-Brahmanen [Priester]. Sie führten das Kastensystem ein. Die erste Kaste in der Rangfolge war die Priesterklasse mit der Bezeichnung „Brahmanen" [„irdische Götter"]. Zur zweiten Kaste gehörten die Krieger, zur dritten die Bauern und Händler, zur vierten die Arbeiter, geboren, um den anderen drei Kasten, vor allem den Brahmanen, zu dienen. Weit unter der vierten Klasse und außerhalb der Gesellschaftsordnung standen die Kastenlosen [die „Unberührbaren"], die für die niedrigsten und unangenehmsten Arbeiten zuständig waren. Zu ihnen kamen auch noch die Ausgestoßenen [„Parias"] hinzu, die wegen religiöser oder sozialer Vergehen aus ihrer Kaste ausgestoßen worden waren. Jede Kaste ist wieder mehrfach untergliedert. In die Kastenzugehörigkeit wird man hineingeboren. Erst die indische Verfassung von 1949 schaffte die Kaste der Unberührbaren und damit die Diskriminierung von rd. 40 Mio. Indern ab.)*

21. Von 1525 – 1739 war Indien ein Mogulreich. Was bezeichnet der Begriff „Mogul"? *(Mogul war eine muslimische Dynastie mongolischer [„Mogul" heißt eigentlich „Mongole"] Herkunft, die in Indien ab 1525 ein Großreich errichtete. In der Blütezeit mit politischer und kultureller Bedeutung umfasste das Reich auch Afghanistan und Bengalen. In die Zeit des Mogulreiches fällt auch die indisch-sarazenische [Sarazenen waren Nordaraber. Im Mittelalter bezeichnete man allgemein alle ☞Araber und muslimische Völker als Sarazenen. Die Muslime in Nordwestafrika und Spanien hingegen bezeichnet man als Mauren.] Architektur, deren berühmtestes Bauwerk das Tai Mahal ist. Ein persischer Herrscher beendet das Mogulreich 1739. Das Mogulreich kam zwar als lockerer Staatenbund wieder zurück, erreichte aber seine Machtfülle nicht mehr wieder und ging 1858 völlig unter, als Indien britische Kolonie wurde. Der letzte Mogulfürst starb 1862 elend im britischen Exil in Rangun.- Heute steht „Mogul" als Bezeichnung für eine mächtige Person.)*

22. Was ist das Taj Mahal (auch: Tadsch Mahal)? *(Eine monumentale Grabanlage in Agra [ca. 200 km südlich von Indiens Hauptstadt Delhi] im späten Mogul-Stil. Agra war die Hauptstadt der Moguln, bis Schahdschahan die Residenz nach Dehli verlegte. Agra ist noch heute Verkehrsknotenpunkt und Handelszentrum. Das Taj Mahal wurde als Mausoleum für die früh verstorbene Lieblingsfrau Mumtaz-i Mahal des Mogulkaisers Schahdschahan 1630-1648 erbaut. 20.000 Arbeiter waren mit der Errichtung beschäftigt. Das riesige Bauwerk besteht aus weißem Marmor, aus mehreren Einzelgebäuden [z.B. Moscheen] und wird von einer 73 m hohen Kuppel gekrönt. Das*

Taj Mahal ist das wohl bekannteste Wahrzeichen Indiens und ein großartiges Beispiel für die indisch-islamische Mischkultur.)

23. Wann begann die europäische Kolonialära in Indien? *(1498 mit der Landung Vasco da Gamas [1469-1524] an der Malabarküste, was die portugiesische Vorherrschaft im Indischen Ozean einleitete. Ein weiterer portugiesischer Seefahrer, Alfonso de Albuquerque, eroberte Goa und machte es zum wichtigsten portugiesischen Stützpunkt. Beide Eroberungen lagen auf der Westseite Indiens.)*

24. Was war die „Britische Ostindische Kompanie“? *(1600 gründeten englische Kaufleute die „East India Company“ und gründeten ein lockeres Netz von Handelsniederlassungen in Indien. Nach der beherrschenden Einflussnahme Großbritanniens in Indien erhielt die Company dort Herrschaftsrechte und das Monopol für den englischen Indien- und Chinahandel. Die Ostindische Kompanie gründete 1639 die Stadt Madras, erwarb 1661 die Stadt Bombay [heute mit rd. 12 Mio. Einwohnern die größte Stadt Indiens] von den Portugiesen und gründete 1690 die Stadt Kalkutta. 1773 wurde die Kompanie vom britischen Parlament zu einer halboffiziellen britischen Regierungsbehörde ernannt. 1813 verlor sie das Handelsmonopol für Indien, 1853 wurde sie aufgelöst [wohl weil ihre Macht langsam beängstigend für das Mutterland wurde] und ihre Besitzungen in Indien in britische Kolonien umgewandelt. Im 19. Jahrhundert besetzten die Briten rund 60 % Indiens.)*

25. Was war der „Indische Nationalkongress“? *(Die Fremdherrschaft der Briten löste in Indien den Widerstand der Bevölkerung aus. Die einflussreichste Vereinigung mit dem Ziel, die britische Herrschaft zu beenden, war der 1885 gegründete „Indische Nationalkongress“ [Indian National Congress = INC], der von vielen prominenten Hindus und Muslimen unterstützt wurde. Mahatma Gandhi wurde 1920 Führer der INC.)*

26. Wer war Mahatma Gandhi (1869-1948)? *(Ein indischer, hinduistischer Sozial- und Religionsreformer. Als Sohn eines indischen Großkaufmanns und Ministers studierte er in London von 1888 – 1891 Jura. Dann arbeitete er zunächst in Indien als Rechtsanwalt. 1893 ging er für eine indische Firma nach Südafrika, wo er sich erfolgreich für die Rechte der dort 150.000 lebenden Inder engagierte, was ihm in Südafrika einige Gefängnisstrafen eintrug. 1914 kehrte Gandhi nach Indien zurück und setzte sich für die Unabhängigkeit Indiens ein. Er hieß eigentlich Mohandas Karamchand Gandhi, wurde aber von seinen Bewunderern „Mahatma“ [Sanskrit: „große Seele“] genannt und von einem religiösen hinduistischen Fanatiker ermordet, weil er sich für die Aussöhnung zwischen Hindus und Moslems einsetzte. Gandhi gilt als Befreier Indiens von der britischen Fremdherrschaft. Sein Ziel, Hindus und Moslems in einem Staat zu einen, hat er aber verfehlt, da 1947 die Teilung in Indien und Pakistan erfolgte.)*

27. Wie überwand Gandhi die britische Herrschaft? *(Er rief das Volk zum „passiven Widerstand“ auf [1920]: Boykott britischer Waren, Rechtsprechung und Bildungseinrichtungen, die Nichtteilnahme am politischen Leben und die Ablehnung britischer Titel, die an Inder verliehen wurden. 1922 wurde Gandhi das erste, 1942 [-1944] das letzte Mal von den Briten inhaftiert. Der 15.08.1947 ist der offizielle indische Unabhängigkeitstag.)*

28. Indien und Pakistan waren früher ein Staatsgebiet. Wie kam es zur Spaltung? *(Die Spaltung hat einen religiösen Hintergrund: Die Spannungen zwischen den Muslimen und Hindus in Indien brachten 1938 die Forderung der Muslime nach einem eigenen Staat Pakistan, was die Hindus kategorisch ablehnten. Als die Briten 1947 bekanntgaben, die Herrschaft über Indien abzugeben [eine Einigung der verfeindeten Strömungen auf eine Verfassung war noch nicht in Sicht! Die Verfassung kam erst am 26.11.1949 zustande], drohte ein blutiger Bürgerkrieg. Vorsichtshalber beschlossen die Briten noch rasch die Teilung in Indien und Pakistan, wobei die Grenzen nach Religionen bestimmt wurden: Die vorwiegend von Hindus bewohnten Gebiete wurden Indien zugeschlagen, die mit einer Muslimenmehrheit Pakistan. Dabei war das heutige Staatsgebiet Indiens nur zu rund 55 % direkt von den Briten verwaltet worden. Die restlichen 45 % wurden von sage und schreibe 562 Fürsten verwaltet, die durch Sonderverträge an die britische Krone gebunden waren. Die Aufteilung zwischen Indien und Pakistan führte zu einer Völkerwanderung der Minderheiten, an der allein im September 1947 mehr als 4 Mio. Menschen beteiligt waren, die massiv von Partisanen angegriffen wurden. Die Spannungen dauern unverändert an. Der Konflikt entzündet sich immer wieder um die indischen Bundesstaaten Jammuh und Kaschmir, in denen mehrheitlich Moslems leben. Die Eingliederung in Indien erfolgte, da dem Fürstentum Kaschmir ein hinduistischer Maharaja vorstand. Separatisten versuchen bislang erfolglos, durch Terrorakte [wohl unterstützt von Pakistan] diese Bundesstaaten an das moslemische Pakistan anzugliedern.)*

29. Liefern Schafe aus Kaschmir die weltberühmte Kaschmirwolle? *(Nein, diese Wolle wird nicht von Schafen, sondern den Ziegen im Kaschmir produziert.)*

30. Wer sind die „Sikhs“? *(Die Sikhs sind eine antimuslimisch eingestellte Volksgruppe, von denen 2 Mio. unter die Herrschaft Pakistans gerieten. Sie emigrierten zum größten Teil nach Indien und siedelten sich im Nordwesten Indiens im Bundesstaat Punjab an, wo derzeit rund 16 Mio. Sikhs leben. Als sie von den Hindus einen eigenen Sikh-Staat verlangten, kam es zu Spannungen zwischen den Religionsanhängern. Die indische Regierung unter Indira Gandhi setzte daraufhin Truppen gegen die Sikhs ein. Frau Gandhi wurde deshalb von zwei ihrer Sikh-Leibwächter 1984 ermordet.)*

31. Wie entstand Bangladesh? *(Bangladesh war 1947 mit Pakistan zu einem Staat verbunden, lag aber als Ostpakistan tausende Kilometer von Westpakistan entfernt. Mit der militärischen Hilfe von Indien spaltete sich Ostpakistan 1971 von Westpakistan ab und erlangte als Staat Bangladesh die Unabhängigkeit. Bangladesh liegt im Mündungsgebiet von Ganges und Brahmaputra und wird deshalb immer wieder von verheerenden Flutkatastrophen heimgesucht.)*

32. Welche Bedeutung hat das Rad in der Mitte der indischen Nationalflagge? *(Das Rad [Cakra] ist das Hauptelement der Flagge. Es ist die Spitze der alten asokischen Säule in Sarnath. Die Bedeutung liegt im ☞Buddhismus: Danach bedeutet das Rad die Unausweichlichkeit des Seins [„Dharmacakra“], das Rad des Gesetzes.)*

33. Mit welchem Kontinent war Indien vor 200 Mio. Jahren verbunden, bevor es sich an Asien angliederte? *(Mit der ☞Antarktis. Indien spaltete sich von der Antarktis ab und verschob sich um 7000 km. Dabei traf es mit Asien zusammen und bildete beim Zusammenstoß das ☞Himalajagebirge.)*

34. Was hat Indien mit „Mondamin“ zu tun? *(Nach der indischen Mythologie fiel der Gott Mondamin im Kampf mit Hiawatha, dem Sohn des Westwindes. Durch ein Wunder verwandelte sich der Gott in ein Leben spendendes Maisfeld. Deshalb bekam das Maisstärkemehl den Namen Mondamin.)*

Trojanischer Krieg

1. Was war Troja? *(Eine Stadt an der Küste Kleinasiens [heute im Nordwesten der Türkei in der Nähe der Dardanellen], die der berühmte Schauplatz des trojanischen Krieges war zwischen den Griechen unter Agamemnon und den Trojanern unter Priamos. Der Stadtname geht auf Tros und seinen Sohn Ilios, Vorfahren des Königs Priamos zurück.)*

2. Wer machte Troja berühmt? *(☞Homer mit seinem Werk „Ilias“, das in Versform vom trojanischen Krieg berichtet.)*

3. Wie kam es zum trojanischen Krieg? *(Zu Paris, dem Sohn des trojanischen Königs Priamos, kam der Götterbote Hermes mit einem goldenen Apfel und erzählte ihm, die Göttinnen Aphrodite, Pallas [= das Mädchen] Athene und Hera könnten sich nicht einigen, welche von ihnen die schönste sei. Er möge das durch Übergabe des Apfels, der die Aufschrift „Der Schönsten“ trug, an die Schönste entscheiden. Paris entschied sich für Aphrodite, die ihm die schönste Frau auf Erden, Helena [aus einem Seitensprung des Göttervaters Zeus hervorgegangen], zum Weib dafür versprochen hatte [Hera hatte ihm Macht, Athene Kriegsruhm versprochen]. Die Sache hatte nur einen Haken: Helena war mit dem spartanischen König Menelaos verheiratet. Paris segelte daraufhin nach ☞Sparta, war Gast des Menelaos und nutzte eine Abwesenheit des Königs, um Helena nach Troja zu entführen. Da bei den Griechen das Gastrecht heilig war, empörten sich alle Griechen über Paris und begleiteten Menelaos in den Krieg gegen Troja. Der Apfel kam von der Göttin der Zwietracht, Eris, die den Streit zwischen den Göttinnen heraufbeschworen hatte. Noch heute sprechen wir von einem „Zankapfel“, der auf diese Geschichte zurückgeht. Menelaos hatte sich während des zehnjährigen Krieges gegen Troja die übelsten Strafen für sein untreues Weib ausgedacht. Als sie ihm dann aber in all ihrer Schönheit gegenüberstand, vergaß er alles und nahm sie als seine Frau wieder mit nach Hause.)*

4. Wer war Nestor? *(Nestor war der greise König von Pylos, der auf Seiten der Griechen den Feldzug mitmachte. Der Name wurde sprichwörtlich für den Ältesten in einer Gruppe, auch den Dienstältesten.)*

5. Worum geht es in der „Ilias"? *(Die „Ilias" [Namensgeber ist die Stadt Troja mit ihrem griechischen Namen „Ilion", ist das ältere Werk und spielt im letzten Jahr des trojanischen Krieges, konkret in den letzten 49 Tagen. Der griechische Held Achill hatte den griechischen Heerführer Agamemnon zunächst unterstützt und erfolgreich auf der Seite der Griechen gestanden. Von Agamemnon gekränkt, zog er sich zurück, ließ jedoch zu, dass sein Freund Patroklos an seiner Stelle die Truppen anführte. Patroklos fiel im Kampf, woraufhin Achill wieder an die Seite der Griechen trat und den trojanischen Heerführer Hektor, einen Sohn des trojanischen Königs Priamos, im Zweikampf tötete. Die „Ilias" endet mit den Totenfeierlichkeiten für Hektor, nachdem Achill Priamos den Leichnam seines Sohnes zur Bestattung überlassen hat, weil er sich mit dem trojanischen König angesichts des Todes und des schmerzlichen Verlustes seines Sohnes verbunden fühlte. Kennzeichnend für die „Ilias" ist die Darstellung von aus Leidenschaft resultierenden Handlungen, die zu unlösbaren Konflikten führen. Die Götter werden auch mit menschlichen Eigenschaften dargestellt.)*

6. Wie starb Achilles im trojanischen Krieg? *(Achilles war am ganzen Körper unverwundbar bis auf seine Ferse [Seine Mutter Thetis hatte ihn in den Unterweltfluss Styx [Fluss der Unterwelt] getaucht, um ihn unverwundbar und damit unsterblich zu machen. Da sie ihn dabei an der Ferse festhielt, tauchte diese Stelle nicht ein und blieb verletzbar.]. Diese traf Paris mit einem von Apoll gelenkten, vergifteten Pfeil und tötete damit Achilles. Deshalb spricht man heute von einer „Achillesferse", wenn man den verwundbaren Punkt eines Menschen bezeichnen will.)*

7. Mit welcher List, die Odysseus empfahl, wurde Troja (heißt auch: Ilion, daher „Ilias") bezwungen? *(☞Odysseus empfahl, ein großes hölzernes Pferd mit einem Hohlraum im Bauch zu bauen. Die Griechen taten dann so, als wenn sie - von der langjährigen Belagerung entnervt - mit den Schiffen in See stachen. Die Trojaner brachten das Pferd in die Stadt Troja. Nachts stieg dann Odysseus mit 30 Gefährten aus dem Pferd heraus. Sie öffneten das Stadttor und ließen die Griechen in die Stadt, die die von der Siegesfeier betrunkenen Trojaner umbrachten. Deshalb steht ein trojanisches Pferd heute als Synonym für ein Geschenk, das dem Empfänger Verderben bringt.)*

8. Wer war Kassandra und was war ihr Schicksal? *(Die attraktive Kassandra war eine trojanische Seherin [Tochter des trojanischen Königs Priamos und seiner Frau Hekabe, also Schwester des Paris und des Hektor] und hatte das Werben des griechischen Gottes Apollo nicht erhört. Vorschnell hatte der verliebte Gott ihr als Liebesbeweis die Sehergabe verliehen. Als er dann abblitzte, modifizierte er sein Geschenk um eine verhängnisvolle Klausel: Kassandra konnte nur noch Unheil vorhersehen - das aber mit dem Schicksal, dass ihr niemand dabei Glauben schenken würde. Als Kassandra nach dem Fall Troja's im Tempel der Athene Schutz suchte, wurde sie von Ajax am Altar vergewaltigt. Agamemnon nahm sie als Sklavin mit nach Hause, wo sie und Agamemnon vom Liebhaber Aigisthos seiner Gattin Klytämnestra umge-*

bracht wurden. Orest, der Sohn des Agamemnon, rächte später diese Tat. Heute bezeichnet man jemanden als Kassandra, wenn er Unheil vorhersagt.)

9. Wer war Laokoon? *(Laokoon war ein trojanischer Priester, der die Trojaner davor warnte, das Pferd in die Stadt zu holen. Deshalb schleuderte er gegen das Pferd einen Speer – aber es tat sich nichts. Die unschlüssigen Trojaner forderten ihn deshalb auf, Poseidon ein Opfer zu bringen. Dabei wurde Laokoon mit seinen Söhnen von zwei Schlangen erwürgt, die Poseidon geschickt hatte. Die Trojaner deuteten das als Bestrafung des Laokoon und zogen zu ihrem Unheil das Pferd in die Stadt. Bildhauer von Rhodos schufen daraus im ersten Jahrhundert n. Chr. eine 1,84 m hohe Marmorgruppe, die heute in der Vatikanischen Sammlung in Rom zu bewundern ist.)*

10. Was waren die Amazonen? *(Sie waren ein griechischer Volksstamm kriegerischer Frauen unter der Führung einer Königin. Sie gelten als Töchter des Kriegsgottes Ares. Männer duldeten sie in ihrem Staat nur zur Zeugung der Nachkommenschaft, wobei sie nur einmal im Jahr Geschlechtsverkehr hatten. Kam ein Junge als Neugeborener, wurde er fortgeschickt, weil man nur die Mädchen aufzog, um sie zu Kriegerinnen auszubilden. Um beim Bogenschießen nicht behindert zu sein, schnitten sie sich die rechte Brust ab oder brannten sie aus. Die Amazonen kämpften auch im trojanischen Krieg, wo auch Achill gegen sie kämpfte.)*

11. Wer grub Troja aus? *(Der deutsche Archäologe Heinrich Schliemann [1822-1890] war schon als Kind von Homers Werk fasziniert und begann 1871 mit den Ausgrabungen, nachdem er als Kaufmann in Russland und Kalifornien ein großes Vermögen gemacht hatte. Er fand aber nicht das homerische Troja, das er eigentlich suchte. Insgesamt wurden neun Siedlungen festgestellt, da Troja neunmal gebaut und wiederaufgebaut wurde. Schliemann entdeckte die Siedlungen I – V, die Siedlung VI war wohl der historische Schauplatz des trojanischen Krieges.)*

Henry Ford

1. Wer war Henry Ford (1863-1947)? *(Ein amerikanischer Industrieller, der vor allem durch seine Pionierleistungen in der Automobilindustrie bekannt wurde. Er hinterließ ein geschätztes Privatvermögen zwischen 500 und 700 Mio. US-Dollar. Den größten Teil vermachte er der Ford-Foundation, einer gemeinnützigen Stiftung. Erst mit 82 Jahren übergab er das Unternehmen an seinen Enkel. Zwei Jahre später starb er.)*

2. Wie erlangte Ford seine Vormachtstellung in der Automobilproduktion? *(Er führte dort die Fliessbandproduktion ein, die es schon in anderen Industriezweigen gab. Durch Verdoppelung des in den USA damals üblichen Standardindustrielohns von 2,50 auf 5 Dollar und Einräumung der kürzesten Arbeitszeiten baute er die Personalfluktuation deutlich ab, senkte damit seine Produktionskosten und wurde zum größten Automo-*

bilproduzenten der Welt. Sein „Modell T“ ist mit 15 Mio. verkauften Stück zwischen 1908 und 1927 hinter dem Volkswagen mit über 20 Mio. das meistverkaufte Auto der Welt. Noch häufiger [30 Mio. Mal] wurde der Toyota Corolla verkauft. Er hat aber mehrfach die Form und den Antrieb gewechselt.)

3. Wodurch verlor Ford diese Vormachtstellung wieder? *(Ford erkannte zu spät, dass zum Industriestandard geworden war, jährlich ein neues Modell herauszubringen. Er zog in den dreißiger Jahren nach, konnte die Führungsposition aber nicht mehr zurückerlangen.)*

Moskau

1. Was ist Moskau? *(Die Hauptstadt Russlands, bis 1991 Hauptstadt der Union der Sozialistischen Sowjetrepubliken. Moskau ist traditionell die „Heilige Mutter“ der Russen und ihr wirtschaftliches [Moskaus Fabriken produzieren fast 1/6 des gesamten Produktionsumfangs Russlands], religiöses [1325 verlegte der Metropolit der Russisch-Orthodoxen Kirche seinen Sitz nach Moskau und machte die Stadt damit zum religiösen Mittelpunkt], kulturelles und politisches Zentrum.)*

2. Wie viele Einwohner hat Moskau? *(Ca. 8,7 Mio. Im Großraum leben ca. 12,4 Mio. Einwohner. Damit ist Moskau die viertgrößte Stadt der Welt.)*

3. An welchem Fluss liegt Moskau? *(An der Moskwa, die Namensgeber ist. Moskau ist deshalb auch Binnenhafen.)*

4. Was ist der „Kreml“? *(Der Regierungssitz Russlands, der mit 28 ha Fläche auf einem Hügel rund 40 m über der Moskva liegt. Von ihm führen die Strassen [bis zu siebenspurig; ungerade Anzahl, weil die mittlere Spur Behördenfahrzeugen vorbehalten ist] sternenförmig in alle Richtungen aus der Stadt. Er grenzt an den „Roten Platz“, das Zentrum des radialen Straßensystems. Der „Kreml“ [Bezeichnung griechischen Ursprungs = „Festung, Burg“] war Ausgangspunkt der Stadtgründung im 12. Jahrhundert. Den Kreml als Palastanlage charakterisiert seine 2235 m lange Backsteinmauer, die Iwan III. von italienischen Baumeistern 1462 – 1505 errichten ließ. Italienische Baumeister errichteten mit Ausnahme der Verkündungskirche alle Kirchen innerhalb des Kremls. Die rutschigen Kuppeln des Kreml lockten übrigens Krähen an, die sie als Rutschbahn benutzten. Da sie mit ihren Krallen aber die Goldblätter beschädigten, verjagten die Moskauer sie durch den Einsatz von gezähmten Falken.)*

5. Was ist der „Rote Platz“? *(Der Platz in der Mitte Moskaus, an den der Kreml grenzt. Er ist 60.000 m² groß. An ihm liegt auch das Lenin-Mausoleum aus rotem Granit. Der „Rote Platz“ heißt auf Russisch „Krasnaja Ploschadj“. „Krasnaja“ bedeutet „rot“, aber im Altrussischen auch „schön“. Der Rote Platz war schon zur Zarenzeit Platz politi-*

scher Demonstrationen, Aufstände und Hinrichtungen. Zum 1. Mai finden hier traditionell Militäraufmärsche statt.)

6. Was ist die „Gum"? *(Das größte Kaufhaus Russlands, das in Moskau neben dem Roten Platz gegenüber vom Kreml liegt. Es wurde 1883 erbaut und beherbergt heute auch westliche Firmen [z.B. Karstadt].)*

7. Hat Moskau eine U-Bahn? *(Ja, die „Metro" [1935 eröffnet] mit über 100 Stationen. Sie wird gerühmt, die schnellste und billigste U-Bahn der Welt zu sein.)*

8. Wie heißt das berühmteste Theater Moskaus? *(Bolschoitheater mit dem Ballett-Ensemble. Es hat Platz für 2300 Besucher. Unter Moskauern gilt eine Eintrittskarte als begehrtes Geschenk, da so schwer an sie heranzukommen ist.)*

Maximilien de Robespierre

1. Wer war Maximilien de Robespierre (1758-1794)? *(Ein französischer Politiker, der in der Zeit der ☞Französischen Revolution lebte. Er war zunächst Anwalt, ging dann beim Ausbruch der Französischen Revolution in die Politik auf Seiten der Revolutionäre und führte dort die Jakobiner, später die radikale Bergpartei [benannt nach ihren Sitzen auf den höher gelegenen Bänken] an.)*

2. Was war der „Wohlfahrtsausschuss"? *(Am 21.01.1793 wurde der französische König Ludwig XVI. auf maßgebliches Drängen Robespierres enthauptet. Im April 1793 übernahm der Wohlfahrtsausschuss die Macht über Frankreich. Robespierre riss dort die Macht an sich, nachdem zunächst Georges Jacques Danton [ihn ließ Robespierre im April 1794 wegen zu großer Milde als „verdächtig" hinrichten] den Ausschuss geleitet hatte.)*

3. In welchem großen Werk deutscher Literatur spielt die Hinrichtung Dantons eine Rolle? *(In Georg Büchners [1813-1837] Drama „Dantons Tod". Büchner verarbeitet hier seine Enttäuschung über den Ausgang der Französischen Revolution mit seinem Glauben an einen historischen Fatalismus. An seine Braut schrieb Büchner [fast wortgleich im Drama]: „Der Einzelne nur Schaum auf der Welle, die Größe ein bloßer Zufall, die Herrschaft des Genies ein Puppenspiel, ein lächerliches Ringen gegen ein ehernes Gesetz, es zu erkennen das höchste, es zu beherrschen unmöglich ... Was ist das, was in uns lügt, mordet, stiehlt?")*

4. Was kennzeichnete die Politik Robespierres? *(Er erließ das sog. „Gesetz gegen die Verdächtigen", auf dessen Basis jeder durch einfache Denunziation [Verleumdung] zum Tode verurteilt werden konnte, ohne einen Anwalt gestellt zu bekommen oder Zeugen anzuhören. Robespierre machte von diesem Gesetz reichlich Gebrauch. In*

weniger als 2 Monaten starben 1736 Menschen in ☞Paris so auf dem Schafott. Mit dem Namen Robespierre verbindet man deshalb die willkürliche Schreckensherrschaft [La Terreur] während der französischen Revolution.)

5. Wie starb Robespierre? *(Freunde und Mitarbeiter Robespierres beschlich die Furcht, ihm zum Opfer zu fallen. Sie verschworen sich deshalb gegen ihn, ließen ihn durch Beschluss des Konvents gefangennehmen und am darauf folgenden Tag auch direkt auf dem Platz der Revolution [heute: Place de la Concorde] durch die Guillotine [Fallbeil] hinrichten.)*

Baumriesen

1. Welcher Baum wächst am höchsten? *(Der Eukalyptus-Baum, der über 100 m hoch wird. Er wuchs ursprünglich nur in Australien und Tasmanien.)*

2. Welcher Baum ist vom Volumen her der größte? *(Der Mammutbaum. Der größte steht im Sequoia-Nationalpark in Kalifornien. Er hat am Boden einen Umfang von 31 m, einen Durchmesser von rd. 10 m und eine Höhe von 83 m. Sein Alter schätzt man auf ca. 4000 Jahre.- Ähnlich massig ist der Affenbrotbaum, der im tropischen Afrika wächst.)*

3. Warum sind Bäume rund? *(Die Natur hat die für einen Baum beste Form gewählt. Ein runder [oft auch ovaler] Stamm gibt äußeren Einflüssen wie Stürmen, Kälte, Hitze, Trockenheit und Schädlingen die geringste Angriffsfläche. Die damit kleinste Oberfläche minimiert auch den Wasserverlust durch Verdunstung.)*

4. Was sind die ältesten Bäume der Welt? *(Die über 3.000 Jahre alten Grannenkiefern, die Botaniker in den White Mountains von Kalifornien entdeckten. Da die Winter dort eisig kalt und die Sommer glühend heiß mit großer Dürre sind, tickt die innere Uhr dieser Bäume im Schneckentempo.)*

5. Welcher Baum hat die längsten Wurzeln? *(Der Feigenbaum: Seine bis zu 120 m langen Wurzeln treibt er nicht nur in die Tiefe sondern auch in die Breite.)*

6. Was ist der Unterschied zwischen Pfahl- und Flach- oder Brettwurzlern? *(Bäume mit Pfahlwurzeln treiben diese pfahlartig tief ins Erdreich. Flach- oder Brettwurzler haben sie unter der Erdoberfläche. Da Kiefer auf Sandböden wachsen, haben sie Pfahlwurzeln, die sie bis zu sieben Meter in den Boden treiben, um an Wasser zu kommen.)*

7. Wie entsteht Bernstein? *(Bernstein entstand vor vielen Millionen Jahren aus Baumharz. Wurde eine Kiefer verletzt, floss dort Harz aus der Rinde. Später versanken die Wälder in großen Sumpfgebieten. Dabei wurde das Harz weggespült und von ande-*

ren Stoffen zugedeckt. Das war die Bedingung für die Entstehung von Bernstein, da Harz an der freien Luft schnell zerfällt. Die über ihm liegenden Schichten pressten das Harz zu Bernstein.)

8. Was hat der Brennerpass mit Bernstein zu tun? *(Der Brennerpass hat seinen Namen daher, dass früher über diesen Pass der Bernsteinhandel lief. Bernstein heißt auch „Brennstein", da er brennen kann. So entstand der Name Brenner. Im Griechischen heißt der Bernstein „Elektron". Da er sich durch Reibung elektrisch auflädt, gab er auch der Elektrizität den Namen.)*

Götter des alten Ägypten

1. Wer war „Ra"? *(Im alten Ägypten der Sonnengott und Herrscher der Welt. Seine Hauptsymbole sind die Sonnenscheibe und der ☞Obelisk.)*

2. Wer war „Anubis"? *(Ein Totengott in Menschengestalt, jedoch mit Schakalkopf, Schützer der Totenstätte. Er führt die Toten in die „Halle der Wahrheit" und bediente dort die Waage, die über den Zutritt ins Totenreich entschied. Auch der Gott der Mumifizierung. Seit dem 4. Jahrtausend v. Chr. waren religiöse Vorstellungen in Ägypten greifbar, zuerst in Gestalt von Tieren und Fetischen, seit etwa 3000 v. Chr. auch in Menschengestalt. Der alte tierische Aspekt blieb aber erhalten und wurde bevorzugt an die Stelle des Kopfes gesetzt.)*

3. Wer war „Osiris"? *(Fruchtbarkeitsgott, Gemahl der Isis. Herrscher der Unterwelt und Oberster Richter des Totengerichts. Nach der ägyptischen Mythologie wird Osiris von seinem bösen Bruder Seth ermordet, der seine Leiche zerstückelte und zerstreute. I-sis sammelte die Überreste und belebte sie für kurze Zeit wieder. Dadurch konnte sie ihren Sohn Horus empfangen. Dieser rächte den Tod seines Vaters, brachte Seth um und bestieg danach den Thron.)*

4. Wer war „Isis"? *(Schwester und Frau des Osiris, Mutter des Horus. Im Mittelmeerraum Universalgöttin, in Ägypten Göttin der Fruchtbarkeit und der Mutterschaft.)*

5. Wer war „Horus"? *(Gott des Himmels, des Lichtes und der Güte, der als Falke oder falkenköpfig dargestellt wurde.)*

6. Welche Rolle spielten die Könige? *(Die Könige waren Mittler zwischen Göttern und Menschen und wurden schließlich selbst mit Göttern identifiziert. Aus der strengen Dreiteilung Götter – Könige – Menschen folgte, dass zwar Könige mit Göttern abgebildet werden durften, nicht aber Menschen mit Göttern. Auch die Darstellung eines Menschen in den Tempeln war verboten.)*

7. Welche Bedeutung hatte der Herzskarabäus [Käfer], der noch heute in Ägypten als Talisman verkauft wird? *(Er konnte einem Toten mit ins Grab gegeben werden. Beim Totengericht konnte der Tote den Skarabäus statt seines Herzen auf die Waage legen. Auf dem Skarabäus waren nur die guten Taten, nicht aber die Sünden des Toten verzeichnet, weshalb er beim Totengericht nichts zu befürchten hatte.)*

8. Mumifizierten die alten Ägypter nur Menschen? *(Nein: Im späten Neuen Reich [1552-1070 v. Chr.] wurde vergöttlichte „Weise" und heilige Tiere Gegenstand der religiösen Verehrung, z.B. Katzen, Ibisse und Krokodile. Sie wurden nach ihrem Tod wie Menschen mumifiziert und auf Friedhöfen bestattet.)*

Großbritannien

1. Was ist Großbritannien? *(Ein Inselstaat in Westeuropa mit einer Fläche von 242.900 km^2 [zum Vergleich: Die BRD ist 357.000 m^2 groß]. Großbritannien ist eine parlamentarische Monarchie.)*

2. Wie heißt die Hauptstadt Großbritanniens? *(☞London. Die Hauptstadt hat 7 Mio. Einwohner.)*

3. Wie viele Einwohner hat Großbritannien? *(Rund 59,55 Mio.)*

4. Wo ist die Entfernung zwischen Großbritannien und dem europäischen Festland am geringsten? *(In der Straße von Dover beträgt sie nur 34 km. Deshalb wurde dort auch der Kanaltunnel gebaut.)*

5. Was ist der Eurotunnel? (*Mit dem Eurotunnel wurde ein fast 200 Jahre bestehender Plan verwirklicht, den Ärmelkanal zwischen Großbritannien und Frankreich zu untertunneln. Nach sechseinhalb Jahren Bauzeit wurde er 1994 offiziell eingeweiht mit einer Länge von 49,4 km. Die beiden jeweils eingleisigen Tunnelröhren und der zusätzliche Servicetunnel verlaufen durchschnittlich 40 Meter tief unter dem Meeresboden. Dieser Tunnel kann in 35 Minuten durchfahren werden, wobei die Kraftfahrzeuge im Huckepackverkehr in Shuttlezügen zwischen Folkestone und Calais transportiert werden.)*

6. Wie kam es zum Namen „Briten"? *(Cäsar versuchte 55 v. Chr. das Inselreich zu unterwerfen, musste aber bei seinem ersten Anlauf unverrichteter Dinge zurückkehren, da sich die Inselbewohner seinem Zugriff entzogen. Cäsar nannte sie nach einem keltischen Stamm im heutigen Sussex „Briten".)*

7. Wann beginnt offiziell die Geschichte Englands? *(Um 449 n. Chr. mit der Eroberung Großbritanniens durch die Angelsachsen.)*

8. Woher hat „England“ seinen Namen? *(Die Angelsachsen nannten das Land „Angel-Land“ oder „England“.)*

9. Gab es König Artus und die „Tafelrunde“ wirklich? *(Wohl ja: Ein um 680 entstandenes Geschichtswerk nennt Artus als „dux bellorum“ [=„Führer der Kriege“]. Mit herausragenden Rittern [die stammen allerdings aus verschiedenen Jahrhunderten!] soll er in einer Tafelrunde [kreisrunder Tisch, um Rangstreitigkeiten unter den Teilnehmern zu vermeiden] getagt und gespeist haben. Artus ist in der Runde nach der Artussage „primus inter pares“ [=„Erster unter Gleichen“], womit dem Ideal der Gleichberechtigung gefolgt wurde, was Grundlage parlamentarischen Denkens ist. Dieses Ideal war in England so anerkannt, dass es erster europäischer Staat mit ☞demokratischer Verfassung wurde.)*

10. Wie lange gibt es schon die Grundsteuer in England? *(Schon seit 991 n. Chr. Sie gilt als Zeichen der ausgereiftesten Verwaltung Englands im Europa jener Zeit. Kein anderes Land Westeuropas wäre in der Lage gewesen, eine solche Steuer festzulegen und einzutreiben.)*

11. Wann kamen die Normannen an die Macht, was bedeutete das? *(1066 brachte Wilhelm I., „der Eroberer“, mit seinen beiden Söhnen England unter seine Herrschaft. Dadurch erhielt England eine neue französische Adelsschicht und eine neue Struktur in Politik und Gesellschaft. Die Normannen beherrschten England 400 Jahre lang. Sie förderten das Gewohnheitsrecht in der Rechtsprechung und führten Geschworenengerichte ein. Die Normannen beherrschten parallel Gebiete Frankreichs [rund die Hälfte].)*

12. Wer war „Richard I. ☞Löwenherz“? *(Ein englischer König, der aber nur knapp ein Jahr seiner Regierungszeit [1189-1199] überhaupt in England verbrachte. Den Rest der Zeit war er bei den Kreuzzügen, wo er in Gefangenschaft geriet. Seine Regierung in England beschaffte das Geld für die Kreuzzüge und auch sein Lösegeld.)*

13. Was ist die „Magna Charta“? *(Die Magna Charta wurde 1215 in England von König „Johann ohne Land“ unterzeichnet und bildet das Vorbild späterer demokratischer Verfassungen in Europa. Die Magna Charta umfasste 63 Artikel, von denen die wichtigsten lauteten: „Kein freier Mann soll gefangengesetzt, seiner Güter beraubt oder sonst geschädigt werden, außer aufgrund eines Urteils von Richtern seinesgleichen und nach den Landesgesetzen.“ „Außerordentliche Gelderhebungen bedürfen der Einwilligung einer allgemeinen Reichsversammlung.“)*

14. Wie kam es zur anglikanischen Kirche? *(Der englische König Heinrich VIII. [1509-1547] war verheiratet, bekam von seiner ersten Frau zwar sechs Kinder, aber keinen Sohn als Thronfolger. Da er unbedingt einen Sohn haben wollte, verliebte er sich in Anne Boleyn und bat den Papst über den englischen Kardinal Wolsey um Zustimmung zu seiner Scheidung. Der lehnte ab. Daraufhin schmiss Heinrich VIII. Wolsey raus, rief das Reformationsparlament ein, ließ die anglikanische Kirche gründen und wurde ihr Oberhaupt. So konnte er 1533 Boleyn heiraten. Sie gebar allerdings auch*

„nur" eine Tochter. Heinrich VIII. ließ Boleyn deshalb wegen angeblichen Ehebruchs enthaupten. Mit seiner dritten Frau kam Heinrich zum ersehnten Sohn Eduard [Herrscher von 1547-1553, starb bereits im Alter von 16 Jahren]. Mit seinen weiteren drei Frauen hatte Heinrich VIII. keine Kinder mehr. Die Tochter, die Heinrich VIII. von Boleyn geschenkt bekam, wurde die berühmte Königin ☞Elisabeth I. [Herrscherin von 1558-1603], die England zur europäischen Großmacht führte und die Seemacht Englands begründete. Heute hat die englische Staatskirche, die Church of England ca. 27 Mio. Mitglieder.)

15. *Wie kam es zur Seemacht Englands? (Unter Elisabeth I. überfielen englische Korsaren [u.a. der ☞Seeräuber ☞Drake] spanische Schiffe. Da Spanien wusste, dass die Korsaren die Übergriffe mit heimlicher Duldung der englischen Königin verübten, erklärte Spanien England den Krieg. Noch bevor die spanische Flotte [sog. „Unbesiegbare Armada"] aus ihrem Heimathafen Cadiz auslaufen konnte, drang Drake tollkühn mit einigen Korsarenschiffen in den Hafen ein und zerstörte einen Teil der spanischen Flotte. Ein Jahr später traf die Armada 1588 im Ärmelkanal auf die englische Flotte. Dabei zerstörten die Engländer in einer neuntätigen Seeschlacht die spanische Armada, was die Vormachtstellung der Spanier beendete. Eigentlich war die Armada der englischen Flotte haushoch überlegen. Die englischen Schiffe waren aber schneller und verfügten über weitreichende Kanonen, deren Feuer die Armada auseinandertrieb. Sie geriet dabei in einen Sturm, der sie zum größten Teil vernichtete.)*

16. Wie kam es zum Begriff „Commonwealth"? *(Am Ende des Englischen Bürgerkriegs verblieb 1649 nach einer Säuberung ein Rumpfparlament, das Monarchie und Oberhaus abschaffte. Oliver ☞Cromwell wurde bis 1658 Alleinherrscher Englands und benannte das Land „Commonwealth of England". Später wurde 1931 mit dem Westminster-Statut das „Commonwealth of Nations" neuer Name für das vormalige „British Empire". Das Commonwealth ist heute eine freie Vereinigung von 48 Staaten, wobei die britische Königin auch Staatsoberhaupt in 17 dieser Staaten ist.)*

17. Was ist die „Habeas-Corpus-Akte"? *(Die „Habeas-Corpus-Akte" [lateinisch: „Du mögest den Körper haben"] ist ein englisches Gesetz von 1679, das erstmals Schutz gegen willkürliche Verhaftung und ein rasches Verhör des Beschuldigten gewährleistete. Innerhalb von drei Tagen musste fortan über die Rechtmäßigkeit der Verhaftung entschieden werden. Das Gesetz ist historische Grundlage des Artikels 104 des deutschen Grundgesetzes, wonach ein Inhaftierter am Tag nach der Verhaftung einem Richter vorzuführen ist.)*

18. Wie kam England zur konstitutionellen Monarchie? *(1688 riefen die maßgeblichen Schichten im Land Wilhelm III. von Oranien nach England, nachdem sie den alten, unbeliebten König vertrieben hatten. Wilhelm III. gewährte im Jahr seiner Thronbesteigung im Gegenzug die „Declaration of Rights", durch die die Macht der Krone beschränkt und die Befugnisse des Parlaments erweitert wurden. Damit wurde England zur ersten konstitutionellen [verfassungsmäßigen] Monarchie.)*

19. Wann ging England im Königreich Großbritannien auf? *(1707 durch den „Act of Union", mit dem sich England und Schottland zusammenschlossen.)*

20. Woher kam der Name Schottland? *(Von den Skoten, einem wilden, keltischen Volk, das schon zur Römerzeit bis ins frühe Mittelalter existierte. Ursprünglich lebten die Skoten in Irland, zogen dann aber in den Norden der britischen Insel. Die Römer konnten die wilden Skoten nicht unterwerfen und bauten zwei Grenzwälle gegen sie, die man heute noch besichtigen kann.)*

21. Wer war Robin Hood? *(Landläufig denkt man da an einen grün gekleideten Bogenschützen, der den Sherwood Forest unsicher machte und den verschlagenen Sheriff von Nottingham bekämpfte. Der Legende nach heiratet er am Ende mit dem Segen von König Richard Löwenherz die Maid Marian. – In Wirklichkeit war Robin Hood ein notorischer Verbrecher, der wohl im 14. Jahrhundert in den Wäldern hauste, frommen Mönchen grausam die Kehle durchschnitt und die Beute aus seinen Überfällen in die eigene Tasche steckte. Gleichwohl war dieser Robin Hood als Outlaw beliebt. Immer häufiger bekamen Gesetzlose den Namen „Robin Hood" verliehen, um zu verdeutlichen, dass es sich um gefährliche, aber beim Volk beliebte Kriminelle handelte. Mit der Erfindung des Buchdrucks wurden Robins Abenteuer schließlich zum Allgemeingut. 1450 bis 1500 erschienen in rascher Reihenfolge die Balladen „Robin Hood und der Mönch", „Robin Hood und der Sheriff", „Robin Hood und der Töpfer" sowie ein „Bericht über die Taten von Robin Hood". Diese Erzählungen lösten die Legende von Robin Hood aus, da in ihnen diese Figur eine immer konkretere Gestalt annahm. Den Sheriff der Stadt Nottingham gab es erst ab 1449, also definitiv nicht zu Lebzeiten des historischen Robin Hood. Historisch verbrieft ist, dass der König Robin alle Verbrechen vergab und ihm sogar eine Stelle als Bogenschütze an seinem Hof anbot. Das nahm Robin an, war vom ruhigen Leben am Hofe aber bald genervt und zog sich nach 15 Monaten wieder zurück in den Sherwood Forest. Hier trieb er weitere 22 Jahre als Outlaw sein Unwesen, bis ihn das Schicksal ereilte. Als er sich wegen einer Krankheit in die Obhut einer verwandten Nonne begab, ließ diese ihn während eines Aderlasses zu Tode bluten. Um das Andenken an ihn für immer auszulöschen, verscharrte sie seine Leiche in einem unbekannten Grab.)*

22. Wer war Thomas Cook? *(Er war der Gründer des weltweit ersten Reisebüros. Am 05.07.1841 veranstaltete Thomas Cook die erste Pauschalreise in England. Dabei organisierte er eine Gesellschaftsfahrt mit der Bahn „von Leicester ins zehn Meilen entfernte Loughborough, Hin- und Rückfahrt mit Tee, Rosinenbrötchen und Blasmusik für einen Schilling". Sensationelle 570 Personen nahmen das Angebot an. Daraufhin gründete Cook 1845 sein erstes Reisebüro. Dabei waren Reiseziele zunächst Orte in England, später konnte man bei ihm auch vom Tagesausflug bis zur Weltreise alles buchen. Länder wie die Schweiz oder Ägypten verdanken ihren touristischen Aufstieg zu einem wesentlichen Teil diesem Reisebüro.)*

23. Was hat Großbritannien mit dem sprichwörtlichen „roten Faden" zu tun? *(Der „rote Faden" stammt aus der britischen Kriegsmarine. Dort werden die Taue mit einem roten Faden [red tape] durchwoben. Man kann den Faden nicht entfernen, ohne das Tau zu zerstören. So sichert die britische Krtiegsmarine ihr Eigentum.)*

Kakao

1. Was ist Kakao? *(Das Pulver aus dem Samen des Kakaobaumes. Das durch Vermischen mit heißer Milch und Wasser entstehende Getränk wird ebenso genannt.)*

2. Hat Kakao einen hohen Nährwert? *(Ja: Er enthält bis zu 20 % Eiweiß, 40 % Kohlenhydrate und 40 % Fett.)*

3. Wer liefert Kakao? *(Etwa 2/3 der gesamten Weltproduktion kommen aus Afrika: Ghana, Elfenbeinküste, Nigeria und Kamerun sind die führenden afrikanischen Kakaoproduzenten. Der größte übrige Rest kommt aus Südamerika, vor allem aus Brasilien und Ecuador. Der Kakaobaum wächst also im Äquatorialgebiet. Im Erzeugerland Mexiko war die Schokolade in spanischen Zeiten ein Luxusgegenstand. Die Geistlichkeit sah die Schokolade wegen ihres süßen Geschmacks als gefährlich für das Seelenheil an und verbot Priestern und Nonnen, Schokolade auch nur zu berühren.)*

4. Wie sieht die Kakaofrucht aus? *(Der Kakaobaum ist etwa 6 m hoch. Am Stamm selbst wächst die Frucht, die 18-30 cm groß wird und einer Melone oder Gurke von der Form her ähnelt.)*

Inka

1. Wer waren die „Inka"? *(„Inka" ist der spanische Name für ein Quechua sprechendes indianisches Volk in den Anden [Gebirge am Westrand Südamerikas]. Ursprünglich war „Inka" die Bezeichnung der Herrscher, später der Untertanen.)*

2. Wann hatte das Inka-Reich seine größte Ausdehnung? *(Von 1493-1525 erstreckte es sich über eine Länge von 3.500 km und eine Breite von etwa 800 km.)*

3. Wie war der Inka-Staat strukturiert? *(Hierarchisch: An der Spitze stand der Inka, dahinter kamen die königliche Familie und der Hochadel, dann die Staatsbeamten und der niedere Adel, zuletzt die große Masse der Handwerker und Bauern.)*

4. Hatten die Inkas ein Schriftsystem? *(Nein: Die Aufzeichnungen erfolgten mit Hilfe der Quipus, Bündel verschiedenfarbiger Schnüre, die nach einem bestimmten Codesystem miteinander verknotet wurden. Deshalb übermittelten die Inka Botschaften über Stafettenläufer, die ihre Botschaft mündlich weitergaben.)*

5. Was führte zum Untergang des Inka-Reiches? *(Während eines Thronfolgestreites landete 1532 der spanische Abenteurer und Entdecker Francisco Pizarro [1475-1541], der uneheliche Sohn eines spanischen Hauptmanns, mit einer kleinen Truppe von rund 183 Mann und 37 Pferden an der Küste Südamerikas. Die Inka hielten die hellhäutigen Spanier für zurückgekehrte Inka-Götter und leisteten keinen Widerstand. Die Spanier eroberten deshalb die Hauptstadt Cuzco in den peruanischen Anden, zerschlugen das Herrschaftssystem der Inka und plünderten das Land aus. Eigentlich hätte Pizarro das nicht schaffen dürfen: Der Inka-Herrscher Atahualpa hatte eine riesige Armee, die aber aus unerklärlichen Gründen nicht eingriff, als Pizarro ihn mit einer List in seine Gewalt brachte. Atahualpa bot für seine Freilassung als Lösegeld einen großen Raum voll goldener Gefäße und Gerätschaften und zwei weitere gefüllt mit Silber an. Die spanischen Konquistadoren nahmen das Angebot an und bekamen die Beute auch. Das hielt Pizarro aber nicht davon ab, Atahualpa in einem Schauprozess wegen angeblicher Verschwörung gegen Spanien zu verurteilen und hinzurichten.)*

Konfuzius

1. Wer war Konfuzius? *(Konfuzius [eigentlich hieß er K'ung-fu-tzu [=„Meister Kong"]. Die europäischen Missionare prägten die lateinische Form seines Namens] war ein chinesischer Philosoph, der 551-479 v. Chr. lebte. Er ist Begründer des nach ihm benannten Konfuzianismus und eine der einflussreichsten Persönlichkeiten in der Geschichte Chinas.)*

2. Schrieb Konfuzius seine Thesen selbst nieder? *(Im Wesentlichen nein. Vielmehr trugen seine Schüler seine Thesen schriftlich zusammen in Lun-yu [Gespräche].)*

3. Welche fünf Tugenden stehen im Zentrum seiner Lehren? *(Pietät, Loyalität, Rechtlichkeit, Zuverlässigkeit und Bescheidenheit.)*

4. Was war sein Hauptziel? *(Die Schaffung von Harmonie in Familie, Gesellschaft und Staat war Hauptziel seines Sittengesetzes [„Li"].)*

5. Was ist das Schlüsselwort der konfuzianischen Ethik? *(„Jen", das unterschiedlich als „Liebe", „Güte", „Menschlichkeit" und „Menschenliebe" übersetzt wurde.)*

6. Was hat Konfuzius mit dem Sprichwort „Was du nicht willst, dass man dir tu', das füg auch keinem andern zu" zu tun? *(Es stammt von ihm als goldene Regel.)*

7. Welche beiden philosophischen Grundrichtungen zum Menschen wurden im Konfuzianismus vertreten? *(Sein bedeutendster Schüler Mencius vertrat die Ansicht, der Mensch sei von Natur aus gütig. Diese Güte könne aber durch schädliche Einflüsse*

verloren gehen. Sein Schüler Xunzi war hingegen der Meinung, der Mensch sei von Geburt an schlecht, könne aber durch moralische Erziehung verbessert werden.)

8. Warum waren Konfuzius' Thesen in China über Jahrhunderte verbreitet? *(Auf ihrer Grundlage erfolgten die Prüfungen für die Aufnahme in den Staatsdienst. Wer sich dort bewarb, wurde nach dem Umfang seiner klassischen Literaturbildung ausgesucht und eingestellt.)*

9. Ist der Konfuzianismus eine Releigion? *(Nein, er hat sich nie mit Kirchen oder Priestern institutionalisiert. Er ist vielmehr eine Philosophie.)*

10. War Konfuzius in der Politik tätig? *(Ja. Im Staat Lu war er zunächst Justizminister und später Kanzler. Unter ihm blühte das Land auf. Sogar die Steuern wurden von ihm gesenkt. Wegen der Widerstände am Hof trat er aber mit 55 Jahren von seinem Amt zurück und ging in China 12 Jahre vergeblich auf Wanderschaft, um einen Herrscher zu finden, der bereit wäre, eine Regierung nach seinen Grundsätzen aufzubauen.)*

11. Warum wurde Konfuzius schon zu Lebzeiten außerordentlich verehrt? *(Vermutlich spielte die traditionelle chinesische Überlieferung eine Rolle, wonach alle 500 Jahre eine bedeutende Persönlichkeit erwartet wurde, die den Staat moralisch erneuerte. Man hielt ihn für diese Person.)*

Silber

1. Was ist Silber? *(Ein weißes, glänzendes metallisches Element. Das chemische Zeichen ist Ag nach dem lateinischen Namen argentum. Der Schmelzpunkt liegt bei 960,8 °C, der Siedepunkt bei 2170 °C.)*

2. Ist Silber ein guter Leiter? *(Ja, mit seiner Wärme- und elektrischen Leitfähigkeit übertrifft Silber jedes andere Element.)*

3. Ist Silber leicht zu verarbeiten? *(Ja: Nach ☞Gold ist Silber das geschmeidigste und dehnbarste Metall. Es lässt sich zu zweitausendstel mm dünnen Blechen aushämmern. Sogenannte Filigrandrähte wiegen bei einer Länge bis zu fast 2 km etwa 1 Gramm.)*

4. Wer sind die Hauptförderländer von Silber? *(Mexico, USA, Peru, ehemalige Sowjetunion.)*

5. Silber bezeichnet man als „Edelmetall", warum? *(Weil es an Luft bei normalen Temperaturen nicht oxydiert.)*

6. Was bedeutet bei Silber der Stempelabdruck „800“? *(Dass es sich um eine Legierung handelt, bei der von 1000 Teilen Legierung 800 auf den Silberanteil entfallen.)*

Andersen

1. Wer war Christian Andersen? *(Ein dänischer Schriftsteller [1805-1875], der durch seine Märchenerzählungen bekannt wurde. Eigentlich wollte er Sänger, Tänzer oder Schauspieler werden, war dafür aber zu unbegabt.)*

2. Was sind seine bekanntesten Erzählungen? *(„Das hässliche Entlein“, „Des Kaisers neue Kleider“, „Die Schneekönigin“, „Die Prinzessin auf der Erbse“ und „Die kleine Meerjungfrau“ [sie ist als Figur ein Wahrzeichen von Kopenhagen und wurde zu Ehren Andersens an der Einfahrt zu Kopenhagens Hafen positioniert].)*

Eskimos

1. Was sind „Eskimos“? *(Als Eskimos bezeichnet man die Bewohner vor allem der nordamerikanischen Küste und der Küstengebiete Grönlands.)*

2. Was bedeutet „Eskimo“? *(Eigentlich ist „Eskimo“ ein Schimpfwort, weil es „Rohfleischesser“ bedeutet. Die Eskimos selbst nennen sich „Inuit“, was „Menschen“ oder „Bewohner“ bedeutet.)*

3. Zu welcher Rasse gehören die Eskimos? *(Sie sind Mongolide, kamen aus Asien über die Behringstraße nach Nordamerika.)*

4. Wie nennt man das Boot der Eskimos? *(„Kajak“. Sein Gerippe besteht aus Holz und ist so mit Leder von Tieren überzogen, dass nur eine schmale Öffnung als Einstieg für den Insassen verbleibt.)*

5. Wie nennt man die Behausung der Eskimos? *(„Iglu“. Die Iglus werden aus Eisblöcken errichtet. Nach Süden bleibt eine Öffnung als Tür frei. Erhellt wird der Wohnraum durch Talglampen.)*

6. Wovon leben die Eskimos? *(Vor allem von den Tieren des Meeres [Robben, Wale und Walrosse], aber auch von der Jagd auf wilde Rentiere, Eisbären und Moschusochsen.)*

Neuseeland

1. Wo liegt Neuseeland? *(Genau auf der anderen Seite des Globus. Die Neuseeländer sind also unsere Antipoden [=„Gegenfüßler"].)*

2. Woraus besteht Neuseeland? *(Aus zwei großen [Nordinsel und Südinsel] Inseln und vielen kleinen Inseln. Neuseeland ist insgesamt rund 270.534 km² groß [zum Vergleich: Die BRD ist 357.000 m² groß].)*

3. Wie viele Einwohner hat Neuseeland? *(Ca. 4.1 Mio.)*

4. Wie kam Neuseeland zu seinem Namen? *(Entdeckt wurde Neuseeland 1642 von dem holländischen Seefahrer Abel Tasman. Er vergab den Namen „Land der Generalstaaten". Die holländischen Geografen tauften das Land nach der niederländischen Provinz Zeeland um in „Neuseeland". 1769 landete der britische Seefahrer ☞James Cook auf Neuseeland und beanspruchte die Inseln für Großbritannien.)*

5. Wie heisst die Hauptstadt von Neuseeland? *(Wellington [liegt an der Südspitze der Nordinsel und hat 184.000 Einwohner].)*

6. Wie ist das Klima auf Neuseeland? *(Sehr gesund: Wärme und reichlich Niederschläge bescheren dem Land eine üppige Vegetation.)*

7. Was sind die „Maori"? *(Ein polynesisches Volk, die ersten Siedler auf Neuseeland [etwa 600 n. Chr.]. Die Europäer kamen in den zwanziger Jahren des 19. Jahrhunderts.)*

8. Was hat Neuseeland mit der Bezeichnung „Kiwi" zu tun? *(1845 entdeckte man die Kiwi-Frucht in einem Flusswald am chinesischen Strom Jangtse. 1906 exportierten die Chinesen diese Pflanze nach Neuseeland unter dem Namen Actinidia sinensis. In Neuseeland wurde die Kiwi in Plantagen angebaut und kam in den 50-er Jahren des 20. Jahrhunderts nach Europa. Um das Lieferland weltweit bekannt zu machen, gaben die Neuseeländer ihm den Namen des neuseeländischen Wappentiers: Kiwi.)*

Attila

1. Wer war Attila (406-453)? *(Attila war ein König der Hunnen [seit 433, nachdem er seinen Bruder, mit dem er sich zunächst die Herrschaft nach dem Tod seines Onkels teilen musste, umgebracht hatte].)*

2. Wie lebten die Hunnen unter Attila? *(Sie waren ein mongolisches, kriegerisches Reitervolk, das wiederholt in das Römische Reich einfiel. Sie gründeten keine Städte oder Dörfer, sondern zogen umher. Ging ihnen die Nahrung aus, überfielen sie den nächsten Ort.)*

3. Wie kamen die „Hunnen" zu ihrem Namen? *(Fragte man die Hunnen nach ihrem Stamm, antworteten sie „Hiung". Danach bekamen sie ihren Namen.)*

4. Wie groß war das Hunnenheer unter Attila? *(Mehr als 500.000 Reiter.)*

5. Was hatte Attila mit Papst Leo I. zu tun? *(Angeblich soll Papst Leo I. Attila entgegengezogen sein, als dieser mit seinem Heer auf Rom loszog, und ihn mit Würde und Weisheit zur Umkehr bewegt haben. Richtiger dürfte sein, dass in Rom die Pest herrschte und der oströmische Kaiser mit seinem Heer im Anmarsch war. Heute weiß man, dass sich Attila damals bereits auf dem Rückzug befand. Sein Heer war von Krankheiten ausgezehrt und nur noch bemüht, die Beute aus den norditalienischen Städten sicher ins Stammland nach Ungarn zu bringen. Heute geht man davon aus, dass Papst Leo I. Attila in Mantua aufsuchte, um ihm bestimmte Gefangene abzukaufen.)*

6. Wie starb Attila? *(Nach seiner Hochzeitsfeier mit der Germanin Ildiko. Er soll eine so gewaltige Menge gegessen und getrunken haben, dass ihn in der Nacht der Schlag traf. Attila wurde mit Bergen von Kostbarkeiten beerdigt. Sein Grab ist aber bis heute nicht gefunden worden. Vorsorglich hatte man die Bestatter umgebracht, damit der Standort des Grabes für alle Zeit unbekannt bleibe. Nach seinem Tod zerfiel das riesige Hunnenreich rasch.)*

Niagarafälle

1. Was sind die Niagarafälle? *(Sehr große Wasserfälle im Osten Nordamerikas zwischen Erie- und Ontariosee, zwischen denen ein Höhenunterschied von rund 100 m herrscht.)*

2. In welchem Land sind die Niagarafälle? *(Die Flussmitte des Niagara [40 km langer Fluss zwischen Ontario- und Eriesee] bildet die Grenze zwischen den USA und Kanada. Der größere Teil der Niagarafälle [er heißt „Horseshoe" = „Hufeisen" wegen seiner Form] ist auf kanadischem, der kleinere auf amerikanischem Staatsgebiet.)*

3. Wie kamen die Niagarafälle zu ihrem Namen? *(Irokesen führten Franzosen erstmalig zu den Fällen, die sie „Niagara" nannten, was auf Irokesisch „Donnerndes Wasser" bedeutet.)*

4. Wieviel Wasser rauscht pro Sekunde den Wasserfall hinunter? *(Ca. 5,5 Mio. Liter!)*

5. Was hat die Potenzpille Viagra mit den Niagarafällen zu tun? *(Die Potenzpille für Männer erhielt ihre Bezeichnung durch eine Wortschöpfung des Herstellers Pfizer: Abgeleitet wurde der Name vom lateinischen vigor [= Stärke], den mächtigen Niagarafällen und dem Begriff Vyaghera, der im Sanskrit für Tiger steht.)*

William Shakespeare

1. Wer war Shakespeare (23.04.1554 – 23.04.1616)? *(Ein englischer Schriftsteller, Schauspieler und Dichter. Er gehört zu den bedeutendsten Dramatikern der Weltliteratur. Zu den vier größten Dichtern der Menschheit zählt man Shakespeare, Homer, Dante und Goethe. Sein Vater war ein Handschuhmacher, der es als Analphabet zu Wohlstand und sogar zum Bürgermeisteramt brachte. Shakespeare war das dritte von acht Kindern, der erste Sohn. Um 1586 ging Shakespeare nach London, lernte das Theater „von der Pike auf" und arbeitete als Schauspieler und Bühnenautor. 1594 trat er vor der Königin [Elisabeth I.] auf. Shakespeare verdiente gut und beteiligte sich um 1600 am Globe-Theater. Diese Beteiligung verkaufte er um 1610 und zog sich in die Abgeschiedenheit des heimatlichen Stratford zurück)*

2. Was sind seine bedeutendsten Komödien? *(„Der Widerspenstigen Zähmung", „Die lustigen Weiber von Windsor", „Viel Lärm um Nichts", „Der Kaufmann von Venedig", „Was Ihr wollt", „Ende gut, alles gut" und „Wie es Euch gefällt".)*

3. Was sind seine bedeutendsten Tragödien? *(„Romeo und Julia" [schildert die Probleme eines Liebespaars des mittelalterlichen Veronas, deren Eltern verfeindet sind], „Hamlet" [den Voltaire 1768 verriss mit dem Kommentar: „Man könnte meinen, dass dieses Stück das Werk eines betrunkenen Wilden ist!"] „Othello" [schildert die perfide Manipulation des gutmütigen, aber eifersüchtigen Othello durch seinen vermeintlichen Freund Jago, weshalb er schließlich seine schuldlose Geliebte Desdemona ermordet], „König Lear", „Macbeth".)*

4. Hatte Shakespeare studiert? *(Er hat weder in Oxford noch in Cambridge studiert. Sein Französisch war lausig [„Je suis le gentilhomme de bonne maison"], seine Bildung über den außerenglischen Raum eher mäßig: In seinen Stücken liegt Padua in der Lombardei, Böhmen am Meer, ist Delphi eine russische Insel, die Bürger des antiken Ephesos reden von Amerika, und 1214 zielen Kanonen auf Angers. Shakespeare hatte gleichwohl ein starkes Selbstbewusstsein: Sein Testament unterschrieb er mit „Gentleman".)*

5. War Shakespeare wohlhabend? *(Ende November 1582 heiratete Shakespeare mit gerade 18 ½ Jahren die acht Jahre ältere Anne Hathaway mit einer Sonderlizenz und verkürztem Aufgebot. In die Ehe dürfte er eher gestolpert sein, da man damals durchschnittlich mit 28 heiratete. Hintergrund dürfte gewesen sein, dass schon ein Kind unterwegs war. Es wurde nämlich am 26.05.1583 getauft. Aus der Ehe gingen drei Kinder hervor: Erst Susanna und dann die Zwillinge Hamnet und Judith. Aber er verließ seine Familie und geht nach London, ohne jemals Anstalten zu machen, seine Familie zu sich nach London zu holen. Während das stattliche Elternhaus von Anne bis heute erhalten geblieben ist, wurde Shakespeares Haus trotz seines herrschaftlichen Charakters im 18. Jahrhundert abgerissen, weil dem Eigentümer der Touristenrummel um das Haus auf die Nerven ging. Shakespeare liefert mit stoischer Gleichmäßigkeit zwei Dramen pro Jahr und passt auf sein Geld auf. Um 1596 ist er soweit, dass er sein Geld anlegen kann. 1599 wird er Teilhaber des neu errichteten Theaters „Globe“. Während er sein immer größer werdendes Einkommen in Grund und Immobilien anlegt, ist er bei sich selbst knauserig: Er wohnte in billigen Vierteln zur Miete und richtete sich mit einem Hausrat im bescheidenen Wert von insgesamt fünf Pfund ein.)*

Konstantinopel

1. Was war Konstantinopel? *(Die Hauptstadt des Byzantinischen [=Oströmischen] Reichs und das bedeutendste Handelszentrum zwischen Osten und Westen. Es hieß davor auch Byzanz, das Konstantin der Große 324 zu seiner Hauptstadt machte. Wie Rom war auch Konstantinopel auf sieben Hügeln erbaut. Konstantinopel wurde früher die „Goldene Stadt“ genannt, woran noch heute das „Goldene Horn“ erinnert, eine rund sechs km lange Bucht am Südwestende des Bosporus. Diesen Namen verdankte die Stadt den vergoldeten Kuppeln ihrer rund 500 Kirchen und den versilberten Dächern der Paläste. Konstantinopel gehört zu den am häufigsten belagerten Städten der Welt. Darin erinnern noch heute die mächtigen Stadtmauern, die von den Türken erbaut wurden. Zweimal wurde die Stadt erobert: 1204 von den Kreuzrittern, die die Stadt zerstörten und plünderten, und 1453 von den Osmanen [Türken]. Bis 1923 war es Hauptstadt der heutigen Türkei.)*

2. Wo lag Konstantinopel? *(Genau da, wo heute Istanbul liegt, also im Nordwesten der Türkei, konkret zu beiden Seiten des Bosporus, der Meerenge, die Europa von Asien trennt.)*

3. Was ist die „Hagia Sophia“? *(Die „Hagia Sophia“ [=„Kirche der Heiligen Weisheit“] ist eine Kirche in Istanbul, die unter Kaiser Justinian von 532 bis 537 als christliche Kirche erbaut wurde. Ihre Kuppel ist beeindruckende 40 m hoch. Im Inneren findet man herrliche Mosaiken. 1453, als Konstantinopel erobert wurde, wurde die Kirche in eine Moschee umgewandelt, wobei die vier Minarette hinzugefügt wurden. Heute ist sie ein Museum. Sie ist ein Wahrzeichen Istanbuls.)*

Katharina die Große

1. Wer war Katharina II., die Große (1729-1796)? *(Katharina war Zarin in Russland von 1762-1796.)*

2. Wie kam Katharina die Große auf den Zarenthron? *(Eigentlich kam sie aus Stettin und war eine Fürstentochter. Mit 16 Jahren wurde sie mit dem russischen Thronfolger Zar Peter III. verheiratet, den sie allerdings wenig mochte [in ihren Memoiren schrieb sie später: „Der Großherzog war mir gleichgültig, nicht aber die Krone von Russland."]. Als Peter III. am 05.01.1762 den Thron übernahm, fackelte Katharina nicht lange, sondern ließ ihren Mann am 09.07.1762 durch Gardeoffiziere stürzen und sich selbst zur Zarin ausrufen. Am 17.07.1762 wurde ihr Mann mit ihrer Billigung ermordet.)*

3. Welche Bedeutung hatte Katharina die Große für Russland? *(Sie war hoch gebildet, ehrgeizig und etablierte Russland als europäische Großmacht. Unter ihr entwickelte sich der Hof in Sankt Petersburg zu einem kulturellen Mittelpunkt.)*

4. Hatte Katharina die Große viele Liebschaften? *(Und ob! Nach ihren Angaben war ihr Mann Zar Peter III. zu ihrem Leidwesen impotent. Als sie die Macht übernommen hatte, ging sie ausgiebig ihren sexuellen Gelüsten nach. Wen sie für eine Liebschaft ausersehen hatte, musste sich zuerst vom kaiserlichen Leibarzt untersuchen lassen. Danach kostete die Gräfin Bruce den Günstling vor, ob seine sexuelle Leistungsfähigkeit den Ansprüchen der Zarin genügen könnte. Erst danach kam er ins Schlafzimmer der Zarin. 13 ihrer Liebhaber sind namentlich überliefert, sämtlich mit hohen Posten am Hof.)*

China

1. Was ist China? *(Die Volksrepublik China im Osten Asiens ist nach Russland und Kanada der flächenmäßig drittgrößte Staat der Erde. China ist 9,6 Mio km^2 groß [zum Vergleich: die BRD ist 357.000 km^2 groß]. Damit ist China nach Rusland und Kanada der drittgrößte Flächenstaat.)*

2. Wie heißt die Hauptstadt von China? *(Peking, in der Landessprache Beijing [= „Nördliche Hauptstadt"]. Heute leben in Peking rd. 10,8 Mio. Einwohner. Derzeit hat China schon rund 40 Millionenstädte. Von den 20 schmutzigsten Städten der Welt liegen allein 16 in China. 400.000 Chinesen sterben jährlich an Abgasen.)*

3. Wann entstand Peking? *(1. Ansiedelungen reichen in das 12. Jahrhundert vor Chr. zurück. Unter den frühen Ming-Kaisern wurde Peking zwischen 1368 und 1420 zerstört und danach wieder aufgebaut. Der auf der früheren Anlage basierende Stadtentwurf war als ein Abbild des Kosmos konzipiert: Nach konfuzianischer Lehre stellte man sich die Erde quadratisch vor. Deshalb bestand die Stadt aus drei ineinander gestellten rechteckigen Bezirken: Kaiserstadt, Innere Stadt, Äußere Stadt.)*

4. Was ist in Peking die „Verbotene Stadt"? *(Es ist keine Stadt im eigentlichen Sinne, sondern auf einer Fläche von 720.000 m^2 eine riesige Palastanlage aus der Kaiserzeit. Der Palast beherbergt 9000 Räume und ist seit 1924 als Museum der Öffentlichkeit zugänglich. Die verbotene Stadt umgibt eine 12 m hohe Mauer. Die „Verbotene Stadt" heißt so, weil sie dem Volk bis zum Ende der Kaiserzeit nicht zugänglich war. Sie ist mit ihren über 9.000 Räumen die größte Palastanlage der Welt.)*

5. Wie viele Einwohner hat China? *(China ist mit 1,3 Milliarden Menschen das bevölkerungsreichste Land der Erde. Es beheimatet rund ¼ der Weltbevölkerung. Die chinesischen Planer erfuhren erst bei der Volkszählung von 1982 den Umfang der Bevölkerungsexplosion. Seitdem versucht das Land gegenzusteuern mit der propagierten Ein-Kind-Familie, die durch eine „Geburtenrechtszuteilung" erzwungen werden soll.)*

6. Unser Alphabet hat 25 Buchstaben. Wie viele Zeichen hat die chinesische Schrift? *(Ca. 50.000. Sie bauen sich aus knapp 1.000 einfacheren, zum Teil auch allein verwendeten Elementen auf. Dabei bedeutet jedes Zeichen ein Wort. Für den täglichen Gebrauch genügen jedoch 2.000 bis 4.000 Zeichen.)*

7. Was ist der höchste Berg Chinas? *(Der Mount Everest [☞Himalaya] mit 8.846 m.)*

8. Wie viele Soldaten hat China unter Waffen? *(In China gilt eine 3-4-jährige Wehrpflicht. Die Streitkräfte umfassen rund 3,6 Mio. Soldaten, davon rd. 2,9 Mio. in der Armee.)*

9. Wie alt ist in China der Brauch mit Stäbchen zu essen? *(Kunstvoll lackierte Essstäbchen fand man in Gräbern, die rund 2000 Jahre alt sind.)*

10. Trinkt man in China Kaffee und Milch? *(Nein, beides ist fast unbekannt. Man trinkt Tee, der gewöhnlich in Gläsern serviert wird. Im Tibet und der Mongolei hingegen bestehen Gerichte auch aus Milchprodukten.)*

11. Ist Reis überall in China die Hauptgetreideart? *(Nein, nur im Süden, wo er die stärkste Verbreitung hat. Im Norden Chinas werden Weizen und Mais angebaut, weshalb dort Nudeln statt Reis gegessen werden. Nudeln sind übrigens keine italienische Erfindung. Vielmehr haben Chinesen schon vor rund 4000 Jahren die ersten Nudeln gekocht. Sie fertigten den Teig aus Kartoffeln und Bohnen. Araber brachten die Nudeln später nach Europa.)*

12. Wie heißt Chinas bekanntester Philosoph? *(☞Konfuzius.)*

13. Was ist der Jangtsekiang? *(Der drittlängste Fluss der Erde, der als „Äquator Chinas" bezeichnet wird, da er den nudelessenden Norden vom reisessenden Süden trennt. Der Jangtsekiang [Chinesisch: Chang Jiang = „Langer Fluss"] ist 6.300 km lang. Der Fluss ist bis zu 182,8 m tief, was ihn zum tiefsten Fluss der Welt macht.)*

14. Welche chinesische Stadt liegt am Flussdelta des Jangtsekiang? *(Shanghai [=„Über den See"], das mit 7,8 Mio. [18 Mio. im Großraum] Einwohnern Chinas zweitgrößte Stadt ist. Die Stadt ist Chinas wichtigster Hafen und sein bedeutendstes Industriezentrum. Weltgrößte Stadt ist das realtiv unbekannte Chongqing, das im Hinterland am Zusammenfluss von Yangtze und Jialing liegt und mit eingemeindeten Vororten 31 Mio. Einwohner zählt.)*

15. Wann beginnt die Geschichte Chinas? *(Der Homo erectus, der in der Nähe von Peking gefunden wurde, lebte vor rund 460.000 Jahren. ☞Reis wird im östlichen China seit 5.500 v. Chr. angebaut. Die ersten Dynastien beginnen 1994 v. Chr.)*

16. Wie kam China zu seinem Namen? *(Namensgeber ist wahrscheinlich das Qin-Reich im Westen Chinas. 221 v. Chr. ließ sich sein Herrscher Zheng zum „Ersten erlauchten Kaiser" ausrufen. Die Chinesen selbst bezeichnen ihr Land als „Reich der Mitte". Sie dachten früher, es läge in der Mitte der Erde, die sie sich als flache Scheibe vorstellten. Zheng kam übrigens als 13-Jähriger 247 v. Chr. auf den Thron und führte zwischen 230 und 221 v. Chr. so unerbittlich Feldzüge, dass er alle Staaten um sich herum schlug. Er liegt begraben in der Grabstätte 35 km nordöstlich von Xian, die wegen der dort ausgegrabenen Terrakotta-Armee [mehrere Tausend mühselig wieder zusammengesetzte, lebensgroße Soldaten] weltberühmt wurde. Beachtlich ist dabei der historische Fortschritt, dass nicht die leibhaftigen Untertanen des Kaisers mit ins Grab gehen mussten, sondern stellvertretend tönerne Nachbildungen.)*

17. Die chinesische Geschichte wird vor allem von Dynastien geprägt. Was bezeichnet man als „Dynastie"? *(Der Begriff „Dynastie" kommt aus dem Griechischen [dynasteia] und bedeutet Macht, Herrschaft. Dynastie wird aber auch gebraucht als Begriff für ein Herrschergeschlecht, ein Herrschaftshaus. Die chinesischen Dynastien sind gekennzeichnet von erblicher Thronfolge und hierarchischen Strukturen: Kaiser – König – militärischer Adel – Bauern und Sklaven.)*

18. Wie lange beherrschten Dynastien China? *(Die erste historisch belegte Dynastie ist die Shang-Dynastie [1766-1050 v. Chr.], die letzte war die Mandschu- oder Qing-Dynastie [1644-1912].)*

19. Wann wurde die ☞chinesische Mauer gebaut, wie lang war sie? *(Sie wurde während der Qin-Dynastie vor allem von 221 – 204 v. Chr. gebaut. Die Hauptmauer erreichte eine Länge von 2.400 km [zum Vergleich: das ist ungefähr das Vierfache der Entfernung Hamburg – München]. Die chinesische Mauer ist durchschnittlich 6 m breit und 7,6 m hoch. Alle 180 m kommt ein Wachturm mit einer Höhe von ca. 12 m. Vor allem in der Zeit der Ming-Dynastie wurde die Chinesische Mauer ausgebessert und erweitert, wobei die älteren Lehm- und Erdwälle durch Mauerwerk ersetzt wurden. Die Chi-*

nesische Mauer diente als Schutz gegen Angriffe durch Nomaden aus den nördlichen Steppen.)

20. Wann beherrschte ☞Dschingis Khan China? *(1215 n. Chr. eroberte er Peking und dehnte sein Reich im Norden aus. Sein Enkel Kublai Khan unterwarf 1279 auch den Süden Chinas.)*

21. Herrschten Kublai Khan und seine Erben als Dynastie? *(Ja, sie wurden von den Chinesen unter dem Namen Dynastie Yüan [1279-1368] als legitime Dynastie betrachtet.)*

22. Unter Kublai Khan öffnete sich China mit ausgezeichneten Handelswegen der westlichen Welt. Wer war der bekannteste Reisende, den es von Europa nach China führte? *(☞Marco Polo, der mit seinem Reisebericht China und seinen Reichtum Europa näher brachte.)*

23. Was waren die „Opiumkriege"? *(China trieb nur widerwillig mit den westlichen Ländern Handel, u.a. mit Großbritannien, das große Mengen ☞Tee einkaufte, wobei China nur ☞Silber als Zahlungsmittel akzeptierte. Der gesamte Handel wurde über Kanton abgewickelt. Als China aus diesem Handel einen für Großbritannien zu großen Überschuss erzielte, begannen die Briten, durch die britische Ostindische Kompanie [vgl. ☞Indien], die das Handelsmonopol für China besaß, Opium gegen Silber aus Indien nach China zu liefern und etablierten diesen Handel bis 1800. Das belastete die Qing-Regierung schwer, da die steuerliche und moralische Grundlage des Kaiserreiches untergraben wurde. Deshalb verbot die Mandschu-Regierung 1800 den Opiumhandel, der aber weiter florierte. Als 1833 das Handelsmonopol der englischen Ostindischen Kompanie fiel, stieg die Zahl der ausländischen Kaufleute rasant an und der Opiumhandel erreichte seinen Höhepunkt. 1839 konfiszierten die Chinesen große Mengen Opium und verbrannten 20.291 Kisten in Kanton. Es handelte sich zwar nicht um englisches Opium, aber die von den Chinesen festgenommenen Kaufleute waren Engländer. Das führte zum ersten Opiumkrieg zwischen China und England, den England gewann. Im Frieden von Nanking 1842 ließ sich Großbritannien Handelsvorzüge einräumen und Hongkong [zu deutsch „duftender Sund"] „auf ewige Zeiten" abtreten. Da dies den Briten nicht genügte, kam es zum 2. Opiumkrieg [1856-1860, auch Lorchakrieg genannt], bei dem die Briten mit den Franzosen bis nach Peking vorstießen und den berühmten Sommerpalast niederbrannten. Die folgenden Friedensverträge von 1858 und 1860 traten Kowloon [= „Neun Drachen" nach der Form der rundum aufragenden Hügel] und Hongkong endgültig an Großbritannien ab. Außerdem ließ sich Großbritannien den Opiumhandel legalisieren. Russland nutzte die Schwäche Chinas, um das linke Ufer des Flusses Amur zu besetzen, was später mit China immer wieder zu Grenzkonflikten führen sollte. 1984 schlossen die britische und die chinesische Regierung einen Vertrag, wonach Hongkong am 30.06.1997 an China zurückfällt, seine kapitalistische Wirtschaft über 50 Jahre aber weiterhin garantiert bekommt. Am 01. Juli 1997 haben dann chinesische Truppen die Macht in Hongkong übernommen und sind in die alten britischen Kasernen eingezogen.)*

24. Was war die „Taiping-Rebellion“? *(Ein gewaltiger Volksaufstand von 1850-1866. In der stärksten Phase hatten die Aufständischen 1 Mio. aktive Anhänger. Nach der Kontrolle Südchinas drangen sie in den Norden Chinas ein, machten Nanking zu ihrer Hauptstadt und bedrohten Peking und Shanghai. Erst während der sechziger und siebziger Jahre konnte der Aufstand niedergeschlagen werden, nachdem sich die europäischen Mächte auf die Seite der Qing-Regierung geschlagen hatten aus Angst um den Bestand ihrer Verträge und mit ihren Truppen die Taiping niederkämpften.)*

25. Was war der „Boxeraufstand“? *(Ein Aufstand des chinesischen Geheimbundes der Boxer, die sich selbst Yi-he-tuan [„Schutzverband für Gerechtigkeit und Eintracht“] nannten, 1900 in China. Hintergrund des Aufstandes war der Unmut der Chinesen über die wirtschaftliche und politische Ausbeutung Chinas durch die Westmächte und Japan. Die desolate Wirtschaftslage Chinas verschärfte die Unruhen. Die erniedrigende Niederlage gegen Großbritannien in den Opiumkriegen war ebenfalls ein Grund des Aufstandes. Die Aufständischen erreichten Peking und ermordeten im Gesandtschaftsviertel den deutschen Gesandten Klemens Freiherr von Ketteler. Das war der Beginn des sog. Boxeraufstandes. Die chinesische Kaiserwitwe Cixi erklärte den Westmächten den Krieg. Diese schickten daraufhin ein Expeditionskorps aus britischen, französischen, japanischen, russischen, deutschen, österreichisch-ungarischen und amerikanischen Streitkräften, das Peking am 16.08.1900 besetzte. Im Friedensvertrag vom September 1901 [sog. „Boxerprotokoll“] verpflichtete sich China zur Zahlung von 450 Millionen Silberdollar über einen Zeitraum von 40 Jahren. Ausländische Truppen durften zum Schutz der Gesandtschaften in Peking bleiben. Außerdem wurde ein freier Korridor von Peking zur Küste eingerichtet. Weiter musste Peking eine Sühnemission nach Deutschland entsenden.)*

26. Wer waren Chiang Kai-shek und die „Kuomintang“? *(Nach dem Ende des ersten Weltkrieges, in dem die Westmächte China gegen Japan nicht geschützt hatten, orientierten sich starke Strömungen in China am russischen Modell des ☞Kommunismus. In die Kuomintang, eine 1912 neu gebildete Nationalpartei, traten ab 1923 vermehrt Kommunisten ein. Chiang Kai-shek setzte sich 1925 an ihre Spitze und versuchte, China von den imperialistischen Ländern zu befreien. Parallel organisierte sich 1921 in Shanghai eine chinesische kommunistische Partei, unter deren Gründungsmitgliedern sich Mao Tse-Tung befand. Chiang Kai-shek bekämpfte und verbot zunächst die kommunistische Partei und erreichte 1928 die formelle Einheit Chinas. Von da ab stützte er sich auf die Klasse der Besitzenden und auf die ausländischen Vertragsmächte. 1937 ging er mit den Kommunisten ein Zweckbündnis gegen die Japaner ein. Nach dem 2. Weltkrieg brach die Auseinandersetzung aber wieder um so heftiger aus, in der Chiang Kai-shek schließlich Mao unterlag und sich mit dem Rest seiner Streitkräfte nach Taiwan zurückzog.)*

27. Wer war Mao Tse-Tung (1893-1976)? *(Mao Tse-Tung, der kurz Mao genannt wurde, war ein chinesischer Politiker, Vorsitzender der kommunistischen Partei Chinas und Gründer der Volksrepublik China. Als seine Truppen von Chiang Kai-shek zunächst geschlagen wurden, waren sie 1934-1935 gezwungen, sich im sog. „Langen Marsch“ 12.500 km nach Norden zurückzuziehen. Beim Kampf gegen Japan im 2. Weltkrieg kamen seine Truppen wieder zum Einsatz und gewannen Stück für Stück Macht und*

Ansehen im Land. Nach dem zweiten Weltkrieg kam es 1946 in China zum Bürgerkrieg, den Mao gegen Chiang Kai-shek gewann, der nach Taiwan floh. Mao rief 1949 die Volksrepublik China aus und übernahm das Amt des Vorsitzenden der „Zentralen Volksregierung". Danach säuberte Mao zuerst das Land von seinen Feinden und sog. Gegnern des Kommunismus. Zwischen Oktober 1949 und Oktober 1950 wurden so zwischen ein und zwei Mio. Menschen als „Konterrevolutionäre" hingerichtet. Mao leitete den Bruch mit der Sowjetunion ein, zu dem es 1960 nach seinem Rücktritt 1959 als Staatspräsident [den Parteivorsitz behielt er aber] kam. 1966-1969 betrieb er die „Große Proletarische Kulturrevolution", bei der er den Parteiapparat entmachtete und seine innerparteilichen Gegner ausschaltete. Um sich selbst als den „Großen Vorsitzenden" schuf er einen Personenkult und veröffentlichte seine Gedanken und Sprüche im „Roten Buch" [sog. „Mao-Bibel"], das weltweit große Verbreitung fand.)

28. Am 16. Juli feiern die Chinesen jedes Jahr den „Nationalen Tag des Bades", warum? *(Am 16. Juli 1966 besuchte Mao die Provinz Hunan, um einen Schwimmwettbewerb zu besuchen. Plötzlich überkam den 73-jährigen Mao die Lust, im Jangtse ein Bad zu nehmen. Seine Mitarbeiter suchten eine ungefährliche Stelle, an der Mao dann publicityträchtig in die Fluten tauchte und seine Fitness demonstrierte. Das Bild ging um die Welt. Seit diesem Tag gehen in China am 16. Juli die Familien zum Schwimmen.)*

29. Wie kam Mao dazu, in die Politik zu gehen? *(1918 war er Bibliothekar an der Bibliothek der Pekinger Universität. Als man ihn bei der Beföderung überging, war er darüber so enttäuscht, dass er beschloss, sich auf einem anderen Feld zu versuchen. Er engagierte sich politisch und wurde dabei zum Vorsitzenden der Kommunistischen Partei Chinas.)*

30. Die chinesische Flagge zeigt seit 1949 einen großen und vier kleine gelbe Sterne auf rotem Grund. Welche Bedeutung hat das? *(Rot ist die Farbe der kommunistischen Revolution. Der große Stern ist das Zeichen der kommunistischen Partei, die vier kleinen repräsentieren die Arbeiter, Bauern, das Bürgertum und die patriotischen Kapitalisten [!], die zusammen beim Aufbau des Kommunismus mitwirken.)*

31. Was ist der Tibet? *(Der Tibet ist ein autonomes Gebiet in China. Als Tibet wird auch ein Hochland bezeichnet. Der weitaus größte Teil des autonomen Gebietes Tibet mit seinen 2,5 Mio. Einwohnern gehört zu diesem Hochland, das mit rund 2 Mio. km² und einer mittleren Höhe von 4.500 Metern ü. M. das größte, geschlossenste und höchstgelegene Hochland der Erde ist. Im 7. Jahrhundert drang der Buddhismus in den Tibet ein und wurde hier zum Lamaismus umgeformt. Seit dem 15. Jahrhundert bildete sich die Gelugpa-Schule heraus, deren Oberhaupt seit 1578 den Titel Dalai-Lama trägt. Diese Schule schaffte es, bis 1642 ihre Herrschaft über den Tibet durchzusetzen. 1720 geriet Tibet dann unter ein chinesisches Protektorat. Nachdem sich Tibet von 1911 bis 1950 verselbständigt hatte, wurde es 1950/51 von China besetzt. China erschloss den Tibet durch den Bau strategisch wichtiger Fernstraßen und die Anlage von Flugplätzen. China marschierte 1959 mit seiner Roten Armee ein und übernahm die Macht. Damals und während der Kulturrevolution brachten die Chinesen 1,2 Mio. Tibeter um und plünderten das Land systematisch aus. Die Chinesen betrieben dabei*

eine repressive Politik gegen die einheimische tibetische Bevölkerung. Die meisten lamaistischen Klöster und Tempel wurden von den Chinesen zerstört.)

32. Wie heißt die Hauptstadt, die „heilige Stadt" Tibets? *(Lhasa, das rund 3.600 m über dem Meeresspiegel liegt. Über ihr tront die Palastburg Potala, die bis 1959 der Sitz des Dalai Lama war. Der Potala ist das schönste Bauwerk in Tibet, hat eine Breite von 274 und der Pilgerweg rundum misst etwa acht Kilometer. Fünf Dächer der Palastanlage sind mit Gold überzogen.)*

33. Was ist der Dalai-Lama? *(Der Dalai-Lama [= „Weltmeerpriester"] wird als politischer Herrscher des Tibet angesehen. Der jetzige Dalai-Lama, Tenzin Gyatso, ist das 14. Oberhaupt. Er floh beim chinesischen Einmarsch 1959 aus dem Tibet und lebt heute in Nordindien. 1989 erhielt er den Friedensnobelpreis für seinen Versuch, Tibet gewaltfrei von China zu lösen.)*

34. Wie wird man Dalai-Lama? *(Nach dem Lamaismus geht der Geist eines Dalai-Lama bei seinem Tod in den Körper eines neugeborenen Jungen ein. Mönche suchen dann im ganzen Land nach einem Knaben, der in der Todesstunde des Dalai Lama geboren wurde. Ist der Junge gefunden, wird er der neue Dalai-Lama mit der Verkündung durch die Mönche. Der jetzige Dalai-Lama nahm diese Stellung dementsprechend schon mit zwei Jahren ein.)*

35. Wer waren die „Boatpeople"? *(China hatte 1979 einen militärischen Konflikt mit Vietnam, das in Kambodscha einmarschiert war und dort die chinafreundliche Regierung stürzte. China revanchierte sich mit einem Einmarsch in Vietnam, zog die Truppen aber nach einem Monat im März 1979 schon wieder zurück. Daraufhin zwang Vietnam die chinesische Minderheit, das Land zu verlassen. China hatte aber wegen des großen Ansturms der chinesischen Flüchtlinge aus Vietnam schon 1978 seine Grenzen geschlossen. Den Hunderttausenden Chinesen in Vietnam blieb deshalb nichts anderes übrig, als auf häufig überladenen, unsicheren Booten Vietnam über das Meer zu verlassen. Diese Flüchtlinge nannte man „Boatpeople".)*

36. Wie reagierte die chinesische Führung 1989 auf die Bürgerproteste? *(Der Besuch des sowjetischen Staatspräsidenten Gorbatschow im Mai 1989 in Peking ermutigte Studenten zu einer Demonstrationswelle für mehr Demokratie und Selbstbestimmung. Die chinesische Regierung schlug in der Nacht vom 3. auf den 4. Juni 1989 die Demonstration blutig nieder [sog. Tiananmen-Massaker", benannt nach dem „Tor des himmlischen Friedens", das den mit 40 ha größten öffentlichen Platz der Welt südlich des Kaiserpalastes abschließt]. Auf dem von den Demonstranten besetzten „Platz des himmlischen Friedens" in Peking fuhren Panzer auf. Mindestens 400 Zivilisten wurden vom Militär getötet. Nach einer Studie von amnesty international wurden 1996 in China mehr Menschen zum Tode verurteilt und hingerichtet als in der gesamten restlichen Welt zusammen.)*

37. Warum haben chinesische Häuser oft ein geschwungenes Dach? *(Das geschwungene Dach erinnerte an die Zeit, in der die Chinesen Nomaden waren und in Zelten lebten.)*

38. Wer machte das erste Papier? *(Die Chinesen. Sicher ist, dass sie um 60 v. Chr. schon Papier hatten. Die Chinesen hüteten aber das Geheimnis der Papiermacherei sorgsam. Erst um 600 gelangte ihr Wissen nach Japan. Durch chinesische Kriegsgefangene, die von den Arabern um 750 nach Samarkand [heute in Usbekistan] verschleppt wurden, kam es über Bagdad, Damaskus und Kairo nach Westen. Mit den Eroberungszügen der Araber erreichte die Papiermacherkunst dann über Nordafrika das von den Mauren besetzte Spanien, wo es seit etwa 1150 hergestellt wird.)*

39. Was ist das älteste Brettspiel der Welt? *(Das Brettspiel namens Go, das in China bis ins Jahr 3000 v. Chr. nachweisbar ist. Go wird noch heute gespielt. Dabei treten zwei Feldherren gegeneinander an, die auf einem Territorium abwechselnd Wächter und Palisaden setzen. Wer geschickter anordnet, ist der Sieger.)*

40. Wie kam es zur Erfindung der Glückskekse? *(Als China im 13. Jahrhundert von den Mongolen besetzt wurde, planten die Einwohner Pekings einen Aufstand. Um beim Informationsaustausch nicht erwischt zu werden, versteckten sie die Zettel mit den Botschaften in Keksen. Diese Tradition hat sich als Glücksbringer bis heute gehalten.)*

41. Ist Chop Suey ein typisch chinesisches Gericht? *(Nein: Chop Suey ist in China praktisch unbekannt. Es wurde im 19. Jahrhundert als „Gericht nach chinesischer Art" in den USA erfunden. Von dort trat dieses Gericht seinen Siegeszug durch die chinesischen Restaurants in aller Welt an – nur nicht in China.)*

Mythologie im alten Griechenland

1. Was versteht man unter „Mythologie"? *(Die alten Völker verehrten viele Götter, über die in Sagen erzählt wurde. In diesen Sagen haben die Götter menschliche Züge. Die Gesamtheit dieser Göttersagen nennt man Mythologie [aus dem Griechischen: mythos = Sage, logos = Rede].)*

2. Was versteht man unter „Polytheismus"? *(Polytheismus [aus dem Griechischen: polys = viel, theos = Gott] ist der Glaube an eine Vielzahl von Göttern. Alle alten Völker mit Ausnahme der Juden waren Polytheisten.)*

3. Welche Bedeutung hatte der Olymp in der alten griechischen Religion? *(Auf dem Gipfel des Olymp [höchster Berg Griechenlands] hatten die Götter ihren Wohnsitz.)*

4. Was war das „Orakel von Delphi"? *(Die alten Griechen waren überzeugt, dass alle Ereignisse vom Willen der Götter abhingen. Deshalb versuchte man vor einer wichtigen Entscheidung herauszubekommen, wie die Götter dazu standen. Insbesondere das Orakel von Delphi [am Fuße des Berges Parnaß] im Apollo-Tempel wurde dazu*

befragt [Orakel: aus dem Lateinischen: oraculum = Sprechstätte, besonders die, an der ein Gott spricht]. Das Orakel von Delphi war das berühmteste und reichste Heiligtum der ganzen antiken Welt. Dort holte man sich Rat bei neu zu begründenden Kulten, aber auch bei politischen Entscheidungen. Im Allerheiligsten des Tempels verkündete die Pythia [die Wahrsagerin] auf einem Dreifuß sitzend die Antwort des Gottes Apoll auf die Fragen der Ratsuchenden. Dabei stand dieser Dreifuß auf einer Erdspalte, aus der Dämpfe aufstiegen. Die Pythia war nicht nur durch die Dämpfe verzückt, sondern auch durch den Trank aus der Kastalischen Quelle oder das Kauen von Lorbeerblättern. Die Priester nahmen die Botschaft der Pythia entgegen und brachten die Orakelsprüche in eine metrische, häufig kunstvolle sprachliche Form. Die an der „Sitte der Väter" orientierten Antworten wurden von den Griechen als ethisch verbindlich angesehen. Auf einer Säule im Apollon-Tempel waren verschiedene Maxime eingemeißelt. Ihre berühmteste ist „Erkenne dich selbst!")

5. Wer war Kronos? *(In der griechischen Götterwelt herrschten am Anfang Uranos [Himmel] und Gaia [Erde]. Sie setzten als Kinder die Titanen in die Welt, deren Jüngster und Machthungrigster Kronos war. Der entmannte seinen Vater mit einer Sichel, die ihm seine Mutter zugesteckt hatte, und riss die Herrschaft des Uranos an sich. Kronos ehelichte die Rheia, die ihm fünf Kinder schenkte, die Kronos roh und ohne Beilagen jeweils sofort verzehrte aus Angst, sie könnten mit ihm das Gleiche machen, was er seinem Vater angetan hatte. Beim sechsten Kind [das war Zeus] schob ihm Rheia einen in Windeln gewickelten Stein unter und ließ Zeus von Nymphen [griechisch: „Junge Frau"] aufziehen. Als Zeus herangewachsen war, gab man dem senilen Kronos ein Brechmittel und hervor kamen die fünf verschlungenen Geschwister des Zeus Poseidon, Hades, Hera, Demeter und Hestia.)*

6. Wer waren die Titanen? *(Die Titanen waren die kraftstrotzenden Kinder der Gaia und des Uranos. Nachdem sie ihren Vater gestürzt hatten, übernahm Kronos das Regiment. Als er fest im Sattel saß, warf er seine Geschwister in den Tartaros [Unterwelt].)*

7. Welche sind die wichtigsten griechischen Götter, welchen römischen Göttern entsprechen sie? *(Höchster Gott ist der Göttervater Zeus [im Römischen entspricht ihm Juppiter]. Seine Frau [und Schwester] ist Hera [Juno]. Apollo [Apollo] ist der Gott des Lichtes und der Künste, Hephaistos [Vulkanus] der Gott des Feuers, Hermes [Merkur] der Götterbote, Poseidon [Neptun] der Gott des Meeres, Aphrodite [Venus] die Göttin der Schönheit und der Liebe, Ares [Mars] der Kriegsgott, Dionysos [Bacchus] der Gott des ☞Weins und Athena [Minerva] die Göttin des Krieges und des Friedens sowie der Weisheit und Beschützerin ☞Athens.)*

8. Wofür stand die Göttin Athena? *(Athena war die Göttin des Krieges und des Friedens, insbesondere aber auch der Weisheit. Ihre Geburt verlief wie einige bei Zeus spektakulär: Zeus wollte sich mit Metis, der Göttin der Klugheit, ehelich verbinden. Die ahnte nichts Gutes dabei und verwandelte sich in allerlei Pflanzen und Tiere, um dem Werbenden auszuweichen. Schließlich erwischte er sie aber doch und schwängerte sie. Da prophezeite ihm seine Großmutter Gaia [die Erde], das zu erwartende Kind werde der zukünftige Herr des Himmels sein, womit der machtbewusste Zeus sich über-*

haupt nicht anfreunden konnte. Er machte mit Metis das, was sein Vater Kronos mit seinen ersten fünf Kindern gemacht hatte – er verschluckte sie mit Haut und Haaren. Nun übertrug sich aber die Schwangerschaft auf ihn und brachte ihm unerträgliche Kopfschmerzen. Es gab nur eine Rettung: Der Schmiedegott Hephaistos griff zur Axt und spaltete Zeus den Schädel. Heraus sprang das Mädchen Athena in Wehr und Waffen. Die Weisheit war geboren.- Daneben war Athena auch die Schutzgöttin Athens. Ihre Lieblingslandschaft war Attika, mit der auch Poseidon liebäugelte. Die Götter entschieden, dass Attika dem gehören solle, der dem Land den wertvollsten Besitz bieten könne. Poseidon haute flugs seinen Dreizack in einen Felsen und eine Quelle sprang hervor. Athena aber setzte einen Samen in die Erde, aus dem ein Ölbaum entspross. Attika gehörte ihr, der Ölbaum wurde ihr geheiligt und die Hauptstadt Attikas wurde nach ihr benannt.)

9. Wofür war Poseidon zuständig? *(Die Söhne des Kronos teilten die Welt unter sich auf: Zeus bekam den Himmel, Hades die Unterwelt und Poseidon den Ozean, der nach seinem Onkel und Vorgänger Okeanos benannt wurde.)*

10. Wer war Hades? *(Hades war der Gott der Unterwelt. Dabei steht das Wort Hades aber auch für die Unterwelt selbst. Im Kampf mit Herakles wurde Hades verletzt. Hades wurde daneben bekannt für den Raub seiner Nichte Persephone [Tochter des Zeus und der Demeter], die ihm von Zeus als Frau versprochen worden war. Weil Persephone im Hades etwas gegessen hatte, konnte Zeus sie nicht für immer zurückholen. Ein Drittel des Jahres musste sie im Hades verbringen. Der wichtigste Fluss im Hades war der Styx [„hassenswert“]. Beim Styx schworen die Götter ihre bindendsten Eide.)*

11. Was ist ein Obolos? *(Das Wort stammt aus dem Griechischen und heißt eigentlich „Bratspießchen“. Diese eisernen Spieße waren bis in das 7. Jahrhundert das gültige Zahlungsmittel in Griechenland. Erst König Pheidon ersetzte die schweren Spieße gegen kleine, handliche Münzen, die den Namen Obolos behielten. Heute steht der Obolos für eine kleine Geldspende. Auch in der griechischen Mythologie spielte der Obolos eine Rolle: Charon war in der Unterwelt der Fährmann, der die Toten über den Grenzfluss Styx ins Totenreich fuhr, Unbestattete aber zurückwies [mit der Problematik befasst sich auch die griechische Tragödie „Antigone“ von Sophokles]. Eine dem Toten in den Mund gelegte Münze [Obolos] galt als Fährgeld.)*

12. Wer war Aphrodite? *(Sie war die Göttin der Schönheit und Liebe und verheiratet mit dem hinkenden Schmiedegott Hephaistos, den sie mit dem stattlichen Kriegsgott Ares betrog. Aus diesem Verhältnis stammt Eros, der Gott der Liebe, den sich die Griechen – wie die Römer ihren Amor – mit Pfeil und Bogen vorstellten. Den Narkissos, der eine Nymphe verschmähte, verdammte sie dazu, nur sich selbst zu lieben. Er verzehrte sich in unstillbarer Sehnsucht nach sich selbst, bis er in die nach ihm benannte Narzisse verwandelt wurde.)*

13. Wie kam Dionysos zur Welt? *(Zeus hatte bei seinen zahllosen Liebesausflügen Semele, die Tochter des thebanischen Königs geschwängert. Die wollte nun den Vater ihres zukünftigen Kindes häufiger sehen, was dem überhaupt nicht in den Kram pass-*

te. Kurzerhand ließ er sie im Glanz seiner göttlichen Herrlichkeit verbrennen. Den Sohn entnahm er ihr und ließ ihn die restlichen drei Monate in seinem Schenkel reifen. Dann gab er das Kind zur Erzeihung den Nymphen [von denen Zeus als Kind selbst aufgepäppelt worden war] und dem dickbäuchigen Silenos, einem berühmten Saufaus, was seine Wirkung auf Dionysos nicht verfehlte.)

14. Was sind „Argusaugen"? *(Hera hatte Zeus mit seiner Geliebten Io erwischt und diese deshalb aus Wut in eine Kuh verwandelt. Um aufzupassen, dass Zeus nicht rückfällig würde, beauftragte sie den hundertäugigen Riesen Argos mit der Bewachung der Io. Heute spricht man von Argusaugen, wenn jemand eine Sache scharf und argwöhnisch beobachtet.)*

15. Was ist die „Büchse der Pandora"? *(Zeus erschuf mit Pandora eine Frau von ungewöhnlicher Schönheit, um die Menschheit zu strafen. Der Göttervater schickte sie mit einem Krug [so ist es jedenfalls bei Hesiod nachzulesen. Später machte man eine Büchse daraus], der alle Plagen der Menschheit enthielt, zu Epimetheus [= „Der Nachbedenkende"], dem Bruder des Prometheus [= „Der Vorherbedenkende"], der ihn vergeblich vor Pandora warnte. Epimetheus verliebte sich in Pandora und heiratete sie. Dann hatte er nichts Eiligeres im Kopf, als den Krug zu öffnen, worauf sich alle Leiden über die Menschheit ergossen. Den Prometheus, der den Menschen etwas vom himmlischen Feuer gestohlen hatte, bestrafte Zeus, indem er ihn an einen Felsen im Kaukasus schmiedete. Dort hackte ihm ein Adler jeden Tag die Leber aus, die nachts wieder nachwuchs. Erst Herakles befreite ihn von dieser Qual.)*

16. Was ist eine „Hydra"? *(Die Hydra war ein vielköpfiges, schlangenartiges Ungeheuer. Wie der griechische Dichter Hesiod berichtet, sollte der griechische Held Herakles sie töten, verzweifelte aber fast daran, weil an der Stelle jedes abgeschlagenen Kopfes zwei neue nachwuchsen. Ioalos gab ihm den Rat, die Wunden sofort auszubrennen. Mit diesem Trick konnte Herakles die Hydra dann besiegen.)*

17. Wer war Ödipus? *(Kurzfassung: Sohn tötet Vater und heiratet danach seine Mutter.- Langfassung: Dem König Laios von Theben weissagt das Orakel von Delphi, sein künftiger Sohn werde ihn töten. Als seine Frau Iokaste einen Sohn gebärt, lässt er ihn im Gebirge aussetzen und vorher noch die Knöchel durchbohren. Aber das Schicksal nimmt seinen Lauf: Ödipus wird vom König von Korinth adoptiert, der ihm wegen seiner Füsse den berühmt gewordenen Namen Oidipos [= „Schwellfuß"] gibt. Auch Ödipus besucht das Orakel und erfährt, dass er seinen Vater töten werde. Ödipus glaubt, das sei sein geliebter Adoptivvater, und beschließt, auf Wanderschaft zu gehen. Unterwegs erschlägt er seinen wirklichen Vater, dessen Wagenlenker ihn beleidigt hatte. Ödipus wandert weiter. Vor Theben kampiert dann die Sphynx, eine Frau mit Löwenkörper und Adlerflügeln. Sie stellt jedem Vorübergehenden eine Frage und verspeist ihn bei falscher Antwort. Ödipus weiß aber die richtige Antwort, und da stürzt sich die Sphinx in den nächsten Abgrund. Ganz Theben ist happy und da inzwischen bekannt wurde, dass der König unterwegs getötet worden war, gab man halt dem Befreier der Stadt die Witwe des Königs zur Frau. Vier Söhne entspringen diesem Ehebund. Dann kommt die Pest über Theben und das in dieser Not angerufene Orakel teilt mit, Apoll zürne den Thebanern, da der Mord an Laios nicht gerächt worden sei. Ödipus leitet*

die Ermittlungen als König selbst, stößt schließlich auf sich selbst und verurteilt sich dazu, geblendet zu werden. Iokaste hängt sich auf, und die Söhne treiben den blinden Vater aus der Stadt.)

18. Wer war Orpheus? *(Orpheus war ein begnadeter Sänger und Zitherspieler. Wo er spielte und sang, geriet alles in Verzückung, selbst die Tierwelt versammelte sich in völligem Frieden um ihn, um ihm zu lauschen. Berühmt ist Orpheus aber für folgende Geschichte: Als seine Frau Eurydike durch einen Schlangenbiss starb, wagte Orpheus mit Zither den Weg in die Unterwelt, um seine Gattin zurückzuerbitten. Alle waren von seinem herrlichen Gesang bezaubert, und so gab Hades ihm seine Frau zur Rückkehr in die Oberwelt, aber unter einer Bedingung: Wenn Orpheus sich auf dem Rückweg nach ihr umdrehe, bevor er die Erde erreiche, sei sie unwiederbringlich verloren. Das Ende ist bekannt: Orpheus drehte sich um, und Eurydike war für immer dahin.)*

19. Wer war Tantalos? *(Tantalos war der mächtigste unter den irdischen Herrschern. Ihn luden die Götter an ihre Tafel ein. Tantalos wollte damit natürlich bei seinen Freunden angeben und nahm heimlich etwas Ambrosia aus der Götterküche mit. Damit nicht genug: Um die Allwissenheit der Götter auf die Probe zu stellen, tötete er seinen Sohn Pelops und setzte ihn den Göttern als Braten vor. Diese durchschauten das natürlich, setzten den Sohn wieder zusammen, bestraften aber den Vater hart. Er musste postwendend in den Tartaros, wo er seither die berühmten Tantalos-Qualen erleidet: Mit ewigem Hunger und Durst muss er bis zum Kinn im Wasser stehen, während unerreichbar über ihm die saftigsten Früchte baumeln.)*

20. Wer war Herakles? *(Herakles war der Sohn des Zeus und der Alkmene. Eigentlich hieß er Alkeides. Das delphische Orakel verlieh ihm später den Namen Herakles [= „durch Hera berühmt"], da er seinen Ruhm Zeus´ Frau Hera verdankte, die stocksauer über den neuerlichen Seitensprung ihres Gatten war und Herakles das Leben schwer machte. Sie setzte durch, dass er zwölf Jahre seinem boshaften Verwandten Eurystheus dienen musste, der ihm zwölf scheinbar unlösbare Aufgaben stellte, die Herakles aber sämtlich mit Kraft, Geschick und Intelligenz bewältigte. Hera schaltete aber auch andere Götter ein, um Herakles zu bekämpfen: So bat sie Hypnos, den Gott des Schlafes, der der Sohn der Nachtgöttin Nyx und der Bruder des Todesgottes Thanatos war, Zeus in den Schlaf zu lullen, damit sie Herakles besser angreifen konnte. Hypnos tat ihr den Gefallen nur sehr selten, da er fürchtete, von Zeus im Zorn mit einem Blitzschlag bestraft zu werden. Der Sohn des Hypnos war übrigens Morpheus, der Gott der Träume.)*

21. Was sind die „Musen"? *(Musen sind die neun Töchter des Zeus, die er mit Mnemosyne [vergöttlichte Personifizierung des Gedächtnisses] hatte. Bei den Griechen waren alle Musen Schutzgöttinnen der geistigen und künstlerischen Wissenschaften sowie Berufe. Am bekanntesten sind Thalia [für die Komödie, weshalb einige Theater „Thalia-Theater" heißen] und Urania [für die Sternenkunde].)*

22. Wer waren die drei Grazien? *(Die drei Grazien sind uns vor allem durch die Werke Boticellis, Rubens und Canova bekannt. Sie werden nackt dargestellt, wobei eine*

dem Betrachter stets den Rücken zukehrt. Sie verkörpern Schönheit und Lebensfreude. Aglaia [der Glanz], Euphrosyne [Frohsinn] und Thalia [die Blühende] sind nach der griechischen Mythologie [dort heißen sie Chariten] Töchter des Göttervaters Zeus und der Meeresnymphe Euronyme. Die drei Grazien stehen nicht für erotische Sinnlichkeit, sondern für geistige Genüsse, für die Freude, die aus der Kunst resultiert.)

23. Was ist „Pegasus“? *(Pegasus ist in der griechischen Mythologie ein geflügeltes Pferd. Unter dem Aufstampfen seines Hufs entsprang eine Quelle am Berg Helikon, dem Kultort der Musen. Wer aus der Quelle trank, wurde zum Dichter. Deshalb steht Pegasus heute noch als Symbol der Dichtkunst.)*

24. Was ist ein „Phönix“? *(Der Phönix ist ein sagenhafter Vogel der Antike. Bei den Griechen ist er Sinnbild des aus dem Tode neu entstehenden Lebens. Nach einer römischen Sage verbrennt er sich selbst, um dann aus seiner Asche wieder aufzuerstehen.)*

25. Wer war Äskulap? *(Äskulap - sein griechischer Name war Asklepios – war der Gott der Heilkunde und wurde damit auch zum Schutzgott der Apotheker. Er war der Sohn des Apoll und des irdischen Mädchens Koronis, also ein „Fehltritt“ Apolls, der damit auf den Spuren seines Vaters Zeus die Irdischen schwängerte. Noch während der Schwangerschaft betrog ihn Koronis, was Apoll so erzürnte, dass er sie mit einem tödlichen Pfeil bestrafte. Bis dahin waren alle Raben weiß. Da aber ein Rabe die Botschaft vom Treuebruch überbrachte, mussten die Raben fortan Trauer tragen und wurden schwarz. Apoll entnahm den kleinen Asklepios dem Schoß der Mutter und übergab ihn einem Zentauren zur Ausbildung, was hervorragend klappte.)*

26. Was machte Sisyphos berühmt? *(Sisyphos musste im Hades eine Strafe absitzen. Er war dazu verdammt, einen schweren Steinblock einen Berg hinaufzurollen, der dort aber immer kurz vor dem Gipfel wieder herunterstürzte. Eine sprichwörtliche „Sisyphos-Arbeit“ ist also eine solche, bei der man trotz empfindlicher Anstrengungen letztlich erfolglos immer wieder von vorn anfangen muss. Sisyphos war übrigens ein ganz cleverer: Als Thanatos, der Tod, an seine Tür klopfte, um ihn in das Reich der Schatten zu holen, lud Sisyphos ihn auf einen Drink ein und band ihn dabei so an seinen Stuhl fest, dass er sich nicht von der Stelle bewegen konnte. Ares befreite den Tod aus dieser misslichen Lage und der ließ Sisyphos erst mal in Ruhe. Beim nächsten Mal schickte der Tod Sisyphos eine garantiert tödliche Krankheit auf den Hals. Der schlaue Sisyphos verbot auf dem Sterbelager seiner Frau, ihn zu beerdigen, und bat im Hades um Heimaturlaub für das unterbliebene Begräbnis. Das klappte, aber Sisyphos dachte nicht daran, zum Hades zurückzukehren, sondern zog es vor, in seinen noch frischen Leichnam zurückzuschlüpfen und einfach weiterzuleben. Dann wurde ihm aber seine Geschwätzigkeit zum Verhängnis: Zeus hatte mal wieder ein Liebesabenteuer mit einer Irdischen, und Sisyphos hatte nichts Dümmeres im Kopf, als dem Vater der Verführten den Namen des Verführers zu stecken. Das brachte nun Zeus erhebliche Unannehmlichkeiten, der sich daraufhin die Strafe mit dem immerwährend herunterrollenden Stein ausdachte.)*

Fjorde

1. Was ist ein Fjord? *(Ein sehr tief eingeschnittenes Tal mit steilen Wänden, das von Gletschern der Eiszeit wie ein Trog ausgehobelt wurde. Fjorde sind also untergegangene Flusstäler. Nach dem Ende der Eiszeit drang das Meer ein. Fjorde sind in der Regel langgestreckt. Die meisten Fjorde gibt es in Norwegen [Fjord ist ein norwegisches Wort]. Der größte Fjord von Norwegen erstreckt sich 204 km ins Landesinnere und ist bis zu 1308 m tief!)*

2. Wo gibt es Fjorde? *(Überall auf der Welt in Gegenden, die früher vergletschert waren oder noch sind: z.B. Norwegen, Island, Grönland, Alaska, Chile, Neuseeland.)*

Richelieu

1. Wer war Richelieu? *(Armand-Jean du Plessis, Herzog von Richelieu [1585-1642] war französischer Kardinal und Staatsmann, der für den Absolutismus [alle Macht liegt uneingeschränkt ohne Kontrollorgane beim Monarchen] als Herrschaftsform eintrat.)*

2. Was machte Richelieu so mächtig? *(Neben Intelligenz, eisernem Willen und gründlicher Bildung vor allem der Umstand, dass er unter einem schwachen französischen König [Ludwig XIII.] die eigentlichen Fäden der Macht in Frankreich zog.)*

3. Welche Bedeutung hatte Richelieu für Frankreich? *(Im ☞30-jährigen Krieg unterstützte er massiv die deutschen Protestanten und verhinderte so den Sieg der Katholiken, die von den ☞Habsburgern und Spanien unterstützt waren. Damit blieb das Gleichgewicht in Europa bestehen. In Frankreich förderte er die absolute Monarchie und etablierte Frankreich als europäische Führungsmacht.)*

4. Richelieu nahm aus Angst vor Vergiftungen nie etwas zu sich, bevor es von Vorkostern geprüft worden war. Wen benutzte Richelieu als Vorkoster? *(Katzen.)*

5. Wer war der Kapuzinermönch Pére Joseph? *(Er war ein fähiger Berater Richelieus. Das brachte ihm den Spitznamen „Graue Eminenz" ein. Noch heute nennt man hochkarätige Berater im Hintergrund mit Einfluss „Graue Eminenz".)*

Kilimandscharo

1. Was ist der Kilimandscharo? *(Der höchste Berg Afrikas [5.895 m]. Er ist aus drei Vulkanen zusammengewachsen. Der zentrale Krater des Kibo hat einen Durchmesser von 2 km und ist 300 m tief. Kilimandscharo heißt „glänzender Berg".)*

2. Wo liegt der Kilimandscharo? *(Im Nordosten Tansanias, in der Nähe der Grenze zu Kenia. Das eigentlich Besondere ist, dass er nur 300 km südlich des Äquators liegt und eine Eiskuppe trägt.)*

Dante Alighieri

1. Wer war Dante Alighieri? *(Ein italienischer Dichter [1265-1321], der sich nicht nur mit Literatur, sondern auch mit allen Zweigen der damaligen Wissenschaft beschäftigte. So behandelte er theologische, philosophische und poetische Themen ebenso wie Astronomie, Physik und Politik.)*

2. Welches Werk machte Dante berühmt? *(Das Gedichtepos „La divina Commedia" [„Die göttliche Komödie"]. Dante nannte sein Buch nur „Kömödie", der Dichter Boccaccio setzte später „göttlich" hinzu. Das Werk umfasste 14.233 Verse [durchgehend in Terzinen = Strophen aus drei elfsilbigen jambischen Versen] und war in italienischer Volkssprache statt in Latein [damals üblich] verfasst. Das Buch umfasste drei Kapitel: „Inferno" [Hölle], „Purgatorio" [Fegefeuer] und „Paradiso" [Paradies].)*

3. Was schildert er in diesem Werk? *(Die aufsteigende Reise des Dichters durch die Hölle, das Fegefeuer und das Paradies. Über dem Höllentor steht die Inschrift: „Lasst alle Hoffnung fahren, die ihr eintretet." Auf seiner Reise begegnen ihm berühmte Persönlichkeiten der Geschichte und Mythologie, z.B. ☞Odysseus, Judas, Petrus, Vergil [war als Dichter sein Vorbild].)*

4. Welche Wirkung hatte dieses Werk? *(Bis ins 15. Jahrhundert richteten viele italienische Universitäten Lehrstühle für das Studium der Divina Commedia ein. Das Buch wurde in über 25 Sprachen übersetzt. In rund 400 italienischen Ausgaben finden sich u.a. von ☞Michelangelo und Botticelli Illustrationen.)*

5. Fasste Dante seine Bildung in einem Werk zusammen? *(Ja, er brachte das Werk aber nicht zu Ende. Dante arbeitete an einer 15-bändigen Enzyklopädie, in der alle Fragen der Physik, Philosophie, Politik und Astronomie abgehandelt werden sollten. Er gab dem Werk den Titel „Convivo", weil es ein „Bankett des Wissens" werden soll-*

te. Da er aus Überzeugung in Italienisch schrieb, fing er sich prompt die Kritik der konservativen Akademiker ein, die ausschließlich die lateinische Sprache solcher Werke würdig fanden. Dante schaffte wegen seiner Vertreibung aus Florenz leider nur vier Bände.)

6. Wo lebte, wo starb Dante? *(Dantes Vater war ein Grundstücksmakler und Geldverleiher aus kleinem Adel in Florenz. Das ermöglichte Dante eine ausgezeichnete Ausbildung, womit er für die humanistische Intelligenz der Renaissance zum Vorbild ihres Strebens nach Unabhängigkeit wurde. Florenz war am Ende des 13. Jahrhunderts mit rund 70.000 Einwohnern die fünftgrößte Stadt Europas, nur übertroffen von Paris, Venedig, Mailand und Neapel. Dante lebte zunächst in Florenz [war damals Stadtrepublik, also politisch selbständig], wo er sich für die Unabhängigkeit dieser Stadt vom Papsttum einsetzte. Papst Bonifaz VIII. veranlasste, dass Dante deshalb aus Florenz verbannt und während einer Reise sogar zum Tod verurteilt wurde. So blieb er von 1301 bis zu seinem Tod, also 20 Jahre, im Exil, obwohl er Florenz über alles liebte. Dante starb in Ravenna, wo er auch begraben liegt. Die Florentiner versuchten fünfmal, seinen Leichnam nach Florenz zu holen, einmal sogar mit einer von Michelangelo unterschriebenen Eingabe an den Papst. Der stimmte zwar zu, die Florentiner fanden aber nur ein leeres Grab, weil die Mönche in Ravenna den Leichnam versteckt hatten. Auf seinem Grabstein in Ravenna stehen die Verse: „Hier ruh' ich, Dante, verschlossen, vom Vaterlande vertrieben, den Florenz, seine Mutter, nur wenig verstanden zu lieben.“ Das in Florenz in der Kirche Santa Croce für Dante gebaute Grab ist deshalb leer.)*

Perserkriege

1. Was versteht man unter den „Perserkriegen“? *(Die kriegerischen Auseinandersetzungen zwischen Persern und Griechen 500/490 bis 479 v. Chr.)*

2. Was war die Schlacht bei Marathon? *(Die Entscheidungsschlacht 490 v. Chr. im 1. Perserzug, bei dem die Perser unter ihrem König Dareios I. von den Athenern unter Miltiades geschlagen wurden. Marathon ist ein Dorf im antiken Griechenland in einer Ebene knapp 40 km vor ☞Athen. Nachdem die Griechen bei Marathon gesiegt hatten, schickten sie ihren besten Läufer Philippides nach Athen, um von dem Sieg zu berichten und die Athener vor der persischen Flotte zu warnen, die von Marathon aus in See gestochen war und versuchte, Athen vor den Truppen des Miltiades zu erreichen. Miltiades kam aber vor ihnen an, woraufhin sich die Perser zurückzogen. Philippides brach nach seiner Botschaft [„Freuet euch, wir haben gesiegt!“] auf dem Markt in Athen tot zusammen.)*

3. Warum geht der olympische Marathonlauf über 42.195 m? *(Ursprünglich ging der Marathonlauf wegen seiner historischen Vorlage auch nur über 25 Meilen oder 39 km.*

Bei der Olympiade 1908 in London wurde die Strecke auf 42.195 m verlängert, weil das englische Königshaus von Schloss Windsor aus bequem zugucken wollte, und dafür war die Originalstrecke halt zu kurz. Seit 1924 wurde die neue Länge verbindlich.)

4. Was war die Schlacht bei den Thermopylen? *(Die Entscheidungsschlacht 480 v. Chr. im 2. Perserzug. Die Thermopylen [griechisch thermopylai = warme Tore – warm wegen der dortigen heißen Schwefelquellen, Tore, weil es sich um einen Pass handelte] sind ein enger Küstenpass in Mittelgriechenland, durch den die einzige leicht passierbare Straße von Nord- nach Mittelgriechenland führte. Hier [am schmalen Küstenstreifen] gewannen die Perser unter ihrem König Xerxes gegen die vom Spartanerkönig Leonidas geführten Griechen, zogen nach Athen weiter und zerstörten die leere Stadt. Die Schlacht bei den Thermopylen hatte den Athenern nämlich Zeit verschafft, die sie nutzten, um die Stadt zu verlassen und sich auf zwei Inseln vor Athen, Salamis und Ägina, zurückzuziehen. Die kriegerischen Auseinandersetzungen dauerten an, bis die Griechen unter ☞Themistokles in der Schlacht von Salamis die Perser schlugen [40.000 Griechen gegen 150.000 Perser. Es war die größte Schlacht in den Perserkriegen] und etwa zur gleichen Zeit ihre Flotte zerstörten. Vorausgegangen war die Befragung des Orakels von Delphi, das vermeldet hatte: „Göttliches Salamis, bald ein Grab für die Söhne der Mütter...“ Den entsetzten Athenern erklärte Themistokles, damit könnten nur die Söhne der Perser gemeint sein. Sonst hätte der Gott die Insel doch nicht als „göttliche“ angeredet.– Der Überlieferung nach forderte Xerxes bei den Thermopylen den Leonidas auf, sich zu ergeben und die Waffen abzuliefern. Leonidas antwortete einfach: „Hole sie dir!“. Xerxes antwortete : „Wir sind so zahlreich, dass unsere Pfeile die Sonne verdunkeln werden.“ Das stimmte, weil rund 170.000 Perser rund 7000 Griechen gegenüberstanden. Leonidas soll geantwortet haben: „Um so besser: Dann können wir im Schatten kämpfen!“ Die Griechen verloren, weil Ephialtes, ein Thessalier, den Persern einen Pfad über die Berge verriet, der es ihnen ermöglichte, die Griechen von hinten zu überfallen. Bei den Thermopylen wurde ein Gedenkstein an die Schlacht errichtet mit der Aufschrift: „Wanderer, kommst du nach Sparta, verkündige dort, du habest uns hier liegen sehen, wie das Gesetz es befahl.“ [Übersetzung nach Schiller])*
5. Leonidas war ein Spartaner. Was charakterisierte die ☞Spartaner? *(Harte militärische Disziplin in Ausbildung und Lebensführung. Die Kinder wurden mit sieben Jahren von ihren Eltern getrennt. Die schwachen Kinder wurden im Gebirge ausgesetzt, wo sie in der Regel umkamen. Die starken Kinder wurden militärisch zur äußersten Selbstgenügsamkeit mit der Bereitschaft zum Opfertod gedrillt. Deshalb verfügten die Spartaner über eine extrem kampfstarke Truppe und übernahmen im Krieg gegen die Perser die Führung der Griechen.)*

Zinn

1. Was ist Zinn? *(Ein metallisches Element mit dem Symbol Sn [von der lateinischen Bezeichnung stannum].)*

2. Wie nennt man eine Legierung aus Zinn und ☞Kupfer? *(Bronze.)*

3. Wofür wird Zinn verwendet? *(In der ausgewalzten Form als Weißblech dient es als Schutzschicht. Zinn wird auch verwendet als Lot oder Lötmetall [Zinn und Blei]. Mit Titan legiert kommt es in der Weltraumtechnik zum Einsatz.)*

4. Warum verwendet man Weißblech in Konservendosen? *(In gewöhnlichen Eisenblechdosen konservierte Lebensmittel würden durch ihren Säuregehalt die Umwandung rasch zerstören und ungenießbar werden. Weißblech aus Zinn ist gegen verdünnte Säuren relativ unanfällig und bietet einen absolut luftundurchlässigen Schutz. Diese Folien verwendet man auch zur Verpackung von Nahrungsmitteln, die Fett enthalten [Butter, Käse, Schokolade], damit das Fett nicht ranzig wird.)*

5. „Rostet" Zinn? *(Nein, Zinn oxydiert nicht an der Luft.)*

6. Wer sind die größten Zinnproduzenten? *(Malaysia, Brasilien, Indonesien, Thailand, Bolivien und Australien.)*

Pasteur

1. Wer war Louis Pasteur (1822-1895)? *(Pasteur war ein französischer Chemiker und Biologe, der die Wissenschaft der Mikrobiologie begründete und damit die Grundlage für die Asepsis [Keimfreiheit von Wunden, Instrumenten und Verbandsstoffen] und Antisepsis [Vernichtung von Krankheitskeimen mit chemischen Mitteln] in der Chirurgie schuf. Er war Professor in Dijon, Straßburg, Lille und zuletzt ☞Paris. Ab 1874 erhielt er für seine Arbeiten eine Staatspension.)*

2. Was versteht man unter Pasteurisierung? *(Den Prozess, bei dem Milch vor dem Abfüllen unter Druck auf hohe Temperatur erhitzt wird. Dabei sterben die Bakterien ab, die Milchsäure produzieren und damit die Milch rasch ungenießbar machen. Pasteur hatte herausgefunden, dass Fäulnis und Gärung von Mikroben erzeugt werden, die selbst wieder von Mikroben „geboren" werden. Pasteur entdeckte bei den weiteren Experimenten, dass diese Mikroben nicht hitzebeständig sind.)*

3. Wogegen erfand Pasteur Impfstoffe? *(Am bekanntesten ist sein Impfstoff gegen Tollwut. Diese revolutionäre Erfindung gegen eine bis dahin unheilbare und tödliche Erkrankung, die durch den Biss eines tollwütigen Tieres ausgelöst wird, brachte ihm Ruhm und ein eigenes Institut. Das Pasteur- Institut steht heute noch in Paris und ist eines der bedeutendsten Zentren der Erforschung ansteckender Krankheiten. Außerdem erfand er einen Impfstoff gegen Milzbrand [tödliche Viehkrankheit].)*

4. Wo liegt Pasteur begraben? *(In einer Gruft im Pasteur-Institut in Paris. Vor seinem Portal steht Pasteurs Denkmal. Mit 46 Jahren erlitt Pasteur seinen ersten Schlaganfall, 1895 starb er an den Folgen des zweiten, ein Schatten seiner selbst, unfähig zu gehen, zu denken oder zu sprechen. Zu seiner Beisetzung kam sogar der Zar von Russland.)*

Gehirn

1. Was ist das Gehirn? *(Ein Teil des Zentralnervensystems, der bei Wirbeltieren im Schädel liegt. Das Gehirn des Menschen wiegt ca. 1,3 kg und besteht aus ca. 10 Milliarden Nervenzellen. Pro Sekunden führt es bis zu 20 Billiarden [=10^{15}] Rechenoperationen durch. Die Speicherkapazität des Gehirns liegt bei 30 Mio. Gigabyte. Es ist die Steuerzentrale für Bewegungen, Schlaf, Hunger, Durst. Im Gehirn entstehen auch die Gefühle wie Freude, Liebe, Angst und Trauer.)*

2. Aus welchen drei Teilen besteht das Gehirn? *(Aus Großhirn, Kleinhirn und Hirnstamm.)*

3. Wofür ist das Großhirn zuständig? *(Das Großhirn macht etwa 85 % der gesamten Gehirnmasse aus. Durch eine Längsfurche ist es in eine linke und eine rechte Hälfte geteilt. Der in der Stirn liegende Teil ist der Sitz des Bewusstseins, der Intelligenz und des Gedächtnisses. Die Gehirnhälften arbeiten „spiegelverkehrt". In der rechten Gehirnhälfte wird die linke Körperhälfte gesteuert und umgekehrt läuft es bei der linken Gehirnhälfte. Bei den meisten Menschen ist die linke Gehirnhälfte dominant. Das korrespondiert mit der Tatsache, dass die meisten Menschen Rechtshänder sind. Das Großhirn ist zuständig für Denken, Fühlen und Bewegen.)*

4. Wofür ist das Kleinhirn zuständig? *(Das Kleinhirn liegt im hinteren Teil des Schädels unter dem Großhirn und besteht ebenfalls aus zwei Hälften. Es ist zuständig für die Koordination von Bewegungen und das Gleichgewicht. Alle motorischen Tätigkeiten werden von hier gesteuert.)*

5. Ein Teil des Hirnstamms ist der Hypothalamus. Wofür ist er zuständig? *(Er liegt in der Mitte der Gehirnunterseite und ist für die Triebkräfte des Menschen zuständig, also für Essen, Trinken, Temperaturregulation, Schlafen, Gefühle und Sexualität.)*

6. Wie entsteht ein Gehirntumor? *(Durch anormale Wucherungen gesunden Gehirngewebes.)*

7. Was geschieht bei einem Schlaganfall? *(Ein Schlaganfall entsteht, wenn im Gehirn eine größere Arterie blockiert wird. Nach einem schweren Schlaganfall kommt es häufig zu einer halbseitigen Lähmung.)*

8. Was ist ein „Bypass“? *(Kann man ein Blutgerinnsel, das Ursache des Schlaganfalls war, nicht entfernen, umgeht man die verschlossene Arterie mit einem künstlichen Blutgefäß, einem „Bypass“.)*

9. Was ist ein „EEG“? *(Das EEG [Abkürzung für Elektroenzephalogramm] ist eine Aufzeichnung über die elektrische Nervenzellenaktivität im Gehirn. Das Auftreten der Null-Linie im EEG gilt unter Juristen als Zeitpunkt, ab dem ein Mensch als tot einzustufen ist.)*

10. Wie lange braucht das Gehirn, um zu registrieren, dass der Magen voll ist? *(Es dauert erstaunliche 10 Minuten, bis die Hirnregion Hypothalamus ein Sättigungsgefühl auslöst.)*

Romantik

1. Was bezeichnet man als Romantik? *(Die Romantik im weiteren Sinne kennzeichnet eine zum Gefühlvollen, Wunderbaren, Märchenhaften und Phantastischen neigende Weltauffassung und Darstellung. Im engeren Sinne ist Romantik eine geistes- und stilgeschichtliche Epoche, die man zeitlich zwischen 1790 und 1830 ansiedelt. Obwohl die Romantik eine gesamteuropäische Bewegung war, lag ihr Zentrum in Deutschland, auch in der deutschen Literatur.)*

2. Worauf geht der Begriff „Romantik“ zurück? *(Ursprung ist das altfranzösische Wort „Romanz“, das zunächst die in der „Lingua Romana“, der Volkssprache, verfasste Schriften allgemein umschrieb. Schriftstücke in Vers oder Prosa wurden dann später als „Roman“ bezeichnet. Da Romane fabulöse, abenteuerliche und wunderbare Themen bevorzugten, erhielt der Begriff „romantic“ erstmals 1650 in England die Bedeutung „unwirklich“. Der Begriff Romantik wurde übrigens von den Gegnern geprägt, die an dieser Stilrichtung das Irrationale und Überspannte kritisierten.)*

3. Welcher berühmte Schriftsteller gilt als einer der Wegbereiter der Romantik? *(Der französische Naturphilosoph Jean-Jacques Rousseau. Er verwandte den Begriff „Romantik" als Ausdruck der Einheit von landschaftlichen und seelischen Qualitäten.)*

4. Was kennzeichnet die Romantik in der Malerei? *(Die Malerei übernahm die Idee der Romantik in der reinsten Form, indem sie auf das literarische Ideengut der Zeit einging und es bildhaft darstellte. Auch die romantische Malerei war der Vergangenheit zugetan, sah aber in der Darstellung der Landschaft einen unmittelbaren Ausdruck des Erlebens einer romantischen Welt. Am perfektesten kommt dies in den Werken von Caspar David Friedrich zum Ausdruck.)*

5. Welche berühmten Maler schufen ihre Werke im Stil der Romantik? *(In Deutschland stehen Caspar David Friedrichs [1774-1840] und Philipp Otto Runge [1777-1810] für diesen Stil, in England William Turner und in Frankreich Eugéne Delacroix sowie Théodore Géricault.)*

Torricelli

1. Wer war Evangelista Torricelli (1608-1647)? *(Ein italienischer Mathematiker und Physiker. Von 1641 – 1642 war er der Sekretär Galileo ☞Galileis. Nach seinem Tod trat er dessen Stelle als Hofmathematiker an der Universität in Florenz an.)*

2. Was hat Torricelli erfunden? *(Das Barometer [Gerät zur Messung des Luftdrucks].)*

Baumwolle

1. Was ist Baumwolle? *(Eine pflanzliche Naturfaser, Ausgangsmaterial zur Herstellung von Textilien. Wichtigster Grund für ihre häufige Verwendung ist, dass sich Baumwolle sehr leicht zu Garn verspinnen lässt.)*

2. Wer sind die Haupterzeugerländer für Baumwolle? *(China, USA [vor allem Texas], Indien, Brasilien. Baumwolle braucht in der Wachstumsphase feuchtes, tropisches Klima, während der Erntezeit aber Hitze ohne Niederschlag. Deshalb ist Europa als Anbaugebiet praktisch uninteressant.)*

3. Wie lange wird Baumwolle schon angepflanzt und genutzt? *(In Indien seit mindestens 5000 Jahren.)*

4. Wie wird Baumwolle angepflanzt? *(Es handelt sich um einen Baum oder Strauch aus der Gattung der Malven. Nach der Blüte entwickelt sich eine ovale Fruchtkapsel, die bei der Reife aufspringt und einen Busch weißer Samenhaare freigibt. Die Länge dieser Fasern liegt zwischen 1,3 bis 6 cm. Die Industriestaaten ernten maschinell, während in den ärmeren Länder noch Baumwolle „gepflückt"wird.)*

Lepanto

1. Worum ging es bei der Seeschlacht von Lepanto (07.10.1571)? *(Bei der Seeschlacht von Lepanto zwischen der türkischen Flotte und der Flotte der Spanier, Venezianer und des Papstes [sog. „Heilige Liga", weil der Papst sie ins Leben gerufen hatte] ging es um den Kampf zwischen dem ☞Islam und dem ☞Christentum um die Macht im Mittelmeerraum und Westeuropa. Am Ende siegte die „Heilige Liga", was den ersten großen Sieg der Christen über das Osmanische Reich bedeutete. In der Seeschlacht starben rund 30.000 Türken und 10.000 Christen. Es war die letzte Seeschlacht mit Galeeren, danach wurden die Seeschlachten mit Segelschiffen geführt.)*

2. Wie kam es zu dieser Schlacht? *(Ausgangspunkt waren Differenzen zwischen der mächtigen italienischen Hafenstadt Venedig und der Türkei. Venedig hatte vom türkischen Sultan in Istanbul das Handelsmonopol für das Osmanische Reich erhalten und annektierte 1489 die Insel Zypern. Als in der Türkei Selim II. seinem Vater Suleiman II. „dem Prächtigen" auf den Thron folgte, war für ihn untragbar, dass Christen Zypern besetzt hielten. Er schickte Venedig ein Ultimatum, entweder die Insel freiwillig zu räumen oder die gewaltsame Einnahme der Insel durch die türkische Flotte zu erwarten. Venedig wies die Forderung empört zurück, worauf ein türkisches Geschwader 1570 einen Angriff auf Zypern startete. Sofort suchten die Venezianer Bundesgenossen, die sie in Spanien und dem Papst fanden. Spanien ging es weniger um Zypern, aber Philipp II. hatte Interesse an den Küsten-Gebieten Nord-Afrikas, was sich nur über eine Schwächung der türkischen Mittelmeerflotte erreichen ließ. Der Papst koordinierte dann die Bildung einer gemeinsamen Flotte, die sich vor Sizilien traf. Dort sammelten sich mehr als 300 Segelschiffe, 30.000 Soldaten, 50.000 Ruderer und Matrosen. Diese Flotte wurde auf Wunsch des Papstes dem Oberkommando des Spaniers Don Juan d´Austria [einem Sohn Karl V. und der Regensburger Bürgerstochter Barbara Blomberg, also einem Halbbruder Philipp II.] unterstellt.)*

3. Wo liegt Lepanto und warum fand die Schlacht dort statt? *(Lepanto war ein türkischer Stützpunkt mitten am Golf von Korinth. Nachdem die türkische Flotte Nikosia und Famagusta auf Zypern furchtbar verwüstet hatte, war sie um den Peleponnes herum gesegelt und hatte als nächstes Korfu vor dem westlichen griechischen Festland verwüstet. Das hatte Don Juan d´Austria mitgekriegt und segelte der türkischen Flotte hinterher. Bei Lepanto standen sich die Flotten dann erstmals gegenüber: Die Chris-*

ten mit 192 Galeeren, sechs mächtige Galeassen [allein ihre Mannschaft bestand aus 1.000 Soldaten und 450 Ruderer; dazu war jede Galeasse mit hundertachtzig Geschützen bestückt] und etwa 100 leichten Booten, die Türken hatten aber eine deutlich größere Flotte vor Ort.)

4. Wie kam es zur Niederlage der Türken in dieser Seeschlacht? *(Beide Flotten hatten Flaggschiffe, die Bordwand an Bordwand direkt gegeneinander kämpften. Als die türkischen Elitetruppen die Oberhand zu gewinnen drohten, ließ der christliche Führer der Flotte, Don Juan d´Austria [ein Sohn Karl V.] die Galeerensklaven seines Flaggschiffs von ihren Ketten befreien und versprach ihnen die Freiheit, wenn sie tapfer kämpften. Als nun die Christen die Oberhand zu gewinnen drohten, tat der türkische Oberbefehlshaber Ali Pascha das gleiche. Seine Rechnung ging aber nicht auf, weil die Galeerensklaven bei ihm fast ausschließlich Christen [in der Schlacht wurden durch den Sieg 15.000 christliche Galeerensklaven befreit] waren und prompt die Türken angriffen. Eine Kugel traf Ali Pascha tödlich. Die Spanier enterten sein Schiff und ein Soldat schnitt ihm den Kopf ab, den er auf eine Lanze steckte und den Kämpfenden zeigte. Das demoralisierte die Türken und ermutigte die Christen. Der Fall des türkischen Flaggschiffs bedeutete deshalb den Anfang des Sieges für die Christen.)*

5. Welche Opfer hatten die beiden Flotten? *(Während die christliche Flotte nur etwa 8.000 Mann und 15 Schiffe verloren hatte, hatte die türkische Flotte 130 von den Christen gekaperte und 94 verbrannte und gesunkene Galeeren zu beklagen. 25.000 Türken fielen in der Schlacht, 1.500 gerieten in Gefangenschaft.)*

6. Welche Folgen hatte die Seeschlacht bei Lepanto? *(Die türkische Flotte wurde rasch von den leistungsstarken osmanischen Werften auf den alten Stand gebracht. Aber sie hatte den Nimbus der Unbesiegbarkeit verloren. Venedig hatte in der Schlacht bedeutende Persönlichkeiten und einen wichtigen Teil seiner Flotte verloren. In diese Machtlücke stießen die Engländer nach, die fortan Handel im Mittelmeer trieben. Bald folgten die Holländer. Zuvor war der Handel im Mittelmeerraum den Anliegern vorbehalten gewesen. Venedig sah seine Macht schwinden und schloss mit dem Osmanischen Reich wenige Monate nach Lepanto einen Separatfrieden – doch Zypern, um das es zunächst eigentlich gegangen war, blieb türkisch. Da Spanien die türkische Bedrohung erst einmal beendet hatte, konnte es sich jetzt den Kampf gegen England und die Niederlande aufnehmen. Da Juan de Austria aber durch Lepanto in Spanien populärer geworden war, als dies Philipp II. lieb war, gab er das Oberkommando der Armada beim Seekampf gegen die Engländer seinem Halbbruder nicht. Diese Seeschlacht sollten später die Engländer gewinnen.)*

Maulwurf

1. Warum heißt der Maulwurf so? *(Er wirft kein Maul, sondern „Mull", die lockere Erde seiner Hügel.)*

2. Wie viel frisst der Maulwurf am Tag? *(Er ist ein Vielfraß, der pro Tag mindestens soviel frisst, wie er selber wiegt, häufig sogar das Doppelte oder Dreifache. Ist er vollgefressen, schläft er zu jeder Tageszeit. Spätestens nach sechs Stunden weckt ihn aber wieder der Hunger und er geht erneut auf Jagd. Er frisst vor allem Insekten und Regenwürmer.)*

3. Hält der Maulwurf einen Winterschlaf? *(Nein: Er gräbt sich bei tieferen Temperaturen einfach tiefer ein und legt sich im Winter in seinem Nest einen Notvorrat an Regenwürmern [Hunderte!] an. Damit die Würmer nicht fliehen können, beißt er ihnen die ersten zwei bis fünf Kopfringe ab.)*

4. Wie wohnt der Maulwurf? *(Er hat unterirdisch ein Hauptnest, das mit Gras und Blättern ausgekleidet ist. Von ihm gehen die Maulwurfsgänge ab, u.a. zur Speisekammer mit den Würmern. Erreicht ein senkrechter Gang die Erdoberfläche, entsteht der typische Maulwurfshügel.)*

5. Kann der Maulwurf gut sehen? *(Nein, er sieht sogar sehr schlecht. Seine Schnauze und sein Stummelschwanz sind aber sehr berührungsempfindlich. Mit ihnen kann er vorwärts wie rückwärts Wege und Futter ertasten.)*

6. Kommt der Maulwurf unterirdisch schnell voran? *(Und ob: Er gräbt mit seinen bis zu 18 cm Körperlänge unterirdisch mit der Geschwindigkeit eines langsam gehenden Menschen.)*

7. Ist der Maulwurf ein Herdentier? *(Nein, nur zur Paarung treffen sich Weibchen und Männchen, ansonsten ist der Maulwurf ein Einzelgänger. Trifft er beim Graben auf das Gangsystem eines anderen Maulwurfs, entbrennt sofort ein Kampf auf Leben und Tod. Regelmäßig frisst der siegreiche Maulwurf den anderen auf.)*

Lavoisier

1. Wer war Antoine Laurent de Lavoisier (1743-1794)? *(Lavoisier war ein französischer Chemiker, der durch seine Elementaranalysen einer der Begründer der modernen Chemie wurde.)*

2. Wie definierte Lavoisier ein chemisches Element? *(Als einfache Substanz, die durch keine bekannte Methode der chemischen Analyse aufgespalten werden kann.)*

3. Was besagt das von Lavoisier entdeckte „Gesetz der Erhaltung der Masse“? *(Die Stoffmenge am Ende einer chemischen Reaktion ist gleich der anfangs eingesetzten, auch wenn der Stoff bei der chemischen Reaktion seinen Zustand verändert. Kurz gesagt: Bei einer chemischen Reaktion geht nichts verloren und nichts kommt hinzu. Lavoisier untersuchte in diesem Zusammenhang die Zusammensetzung von Wasser und nannte die Bausteine Wasserstoff und Sauerstoff.)*

4. Wie starb Lavoisier? *(Lavoisier war zwar mit Leib und Seele Chemiker. Um seinen Lebensunterhalt bestreiten zu können, arbeitete er aber noch als Steuereinnehmer. In der Zeit der ☛Französischen Revolution wurde er von Neidern mit falschen Vorwürfen der Unterschlagung denunziert und durch die Guillotine am 08.05.1794 hingerichtet. Seine Freunde wiesen bei der Verhandlung verzweifelt auf seine wissenschaftlichen Verdienste für Frankreich hin. Den Vorsitzenden des Tribunals beeindruckte das wenig. Mit den Worten „Die Republik braucht keine Wissenschaftler“ verkündete er das Todesurteil.)*

Delfine

1. Wie werden Delfine biologisch eingeordnet? *(Delfine gehören zur Ordnung der Zahnwale aus der Ordnung der ☛Wale. Sie sind meerbewohnende Säugetiere.)*

2. Wie groß werden Delfine? *(Zwischen ein und neun Metern. Die häufigste Art, der graue „Große Tümmler“ [sein Gesamtbestand wird auf ca. 5 Mio. Tiere geschätzt], wird bis drei Meter lang und ist bis zu 350 kg schwer.)*

3. Wie atmet ein Delfin? *(Delfine atmen wie die anderen Wale durch eine Atemöffnung, die sich oben auf ihrem Kopf befindet. Beim Auftauchen öffnen sie diese Klappe, die sie unter Wasser verschlossen halten. Der Delfin taucht etwa alle zwei Minuten zum Luftholen auf. Durch ein spezielles Blutgefäßsystem und besonders anpassungsfähige Lungen kann der Delfin über 300 m tief tauchen.)*

4. Wie schnell kann ein Delfin schwimmen? *(Er kann längere Zeit 30 km/h schwimmen und kurze Zeit auf bis zu 40 km/h beschleunigen. Dabei kommt die Geschwindigkeit von der Schwanzflosse, die anderen Flossen dienen nur zur Stabilisierung.)*

5. Bei Seefahrten kann man Delfine beobachten, die in hohem Bogen über das Wasser springen. Warum tun sie das? *(Der Delfin holt sich bei diesem kurzen Gleitflug über*

dem Waser die Luft, die er zum Atmen braucht, ohne dabei sein Schwimmtempo zu verringern.)

6. Können Delfine „sprechen“? *(Delfine geben zwei Arten von Lauten von sich. Zum einen haben sie ein Echolotsystem [dem der Fledermäuse vergleichbar], bei dem sie aus dem Kehlkopf rund 300 mal pro Sekunde Laute ausstoßen und über das Echo Gegenstände orten, u.a. auch Netze und vor allem Gegenstände, die sie umschwimmen, oder fressbare Beute. Daneben haben sie Laute für die Kommunikation untereinander, also eine Form von Sprache.)*

7. Sind Delfine „intelligent“? *(Ja, sie haben nahezu den Intelligenzgrad von Menschenaffen und können Probleme lösen.)*

Kommunismus

1. Welches Gesellschaftsmodell verfolgt der Kommunismus? *(Kommunismus kommt vom lateinischen Wort „communis" = „gemeinsam". Deshalb ist der Kommunismus ein Gesellschaftsmodell, dessen Kernaussage die Abschaffung des Privateigentums und dessen Überführung in Gemeineigentum ist.)*

2. Auf welche Kurzformel brachte Marx den Unterschied zwischen Kapitalismus, Sozialismus und Kommunismus? *(Kapitalismus = Jedem nach seiner Macht [Denkansatz von Protagoras], Sozialismus = Jedem nach seiner Leistung [Denkansatz von Thomas von Aquin], Kommunismus = Jedem nach seinem Bedürfnis [Denkansatz von Epikur – Kein Zufall, zu ihm hatte Marx promoviert.].*

3. War der griechische Philosoph ☞Platon ein Kommunist? *(Genau genommen: Ja! Die Vorstellung, dass das Privateigentum ein Hindernis für eine gerechte Gesellschaft darstelle, hat auch ihn schon veranlasst, das Konzept einer Gesellschaft zu entwickeln, in dem es Privateigentum nicht gibt.)*

4. Wer sind die berühmtesten „Vordenker" des Kommunismus? *(Friedrich Engels und Karl Marx. In dem 1848 erschienen „Kommunistischen Manifest" haben Sie den Begriff des Kommunismus definiert.)*

5. Woraus stammt der berühmte kommunistische Schlachtruf „Proletarier aller Länder, vereinigt euch!“ *(Es ist der Schlusssatz des Kommunistischen Manifests.)*

6. Wer war Lenin? *(Wladimir Iljitsch Lenin war ein russischer Kommunist, der aus der sozialdemokratischen Arbeiterpartei Russlands (=„Bolschewiki") hervorging. Lenin war Sohn eines Adeligen, hatte Jura studiert und war zunächst Rechtsanwalt in Sankt Petersburg. Als er in Russland einen „Kampfbund zur Befreiung der Arbeiterklasse"*

gründete, wurde er 1897 für drei Jahre nach Sibirien verbannt. Nach seiner Verbannungszeit emigrierte Lenin nach West-Europa. Die russische Revolution 1905 brachte Lenin nicht ans Ziel, weshalb er erneut nach West-Europa emigrierte. Dort schrieb er 1916 sein bekanntestes Werk „Der Imperialismus als höchstes Stadium des Kapitalismus". Ab Mai 1912 gab er von Krakau aus die Zeitung „Prawda" [„Wahrheit"], das Organ der Bolschewiki heraus. Nach der Februar-Revolution in Russland 1917 und nach einem im Juni 1917 gescheiterten Arbeiter- und Soldatenaufstand tauchte Lenin erneut in Finnland unter. Am 25. Oktober 1917 [Zeitrechnung nach dem russischen Kalender] übernahmen die Bolschewiki in einem von Trotzkij [er wurde 1940 im mexikanischen Exil von einem sowjetischen Agenten mit einem Eispickel ermordet] organisierten Aufstand [dem Beginn der „Oktoberrevolution"] die Macht. Lenin wurde de facto zum Regierungschef gewählt. Mit Trotzkij und Stalin schaffte Lenin ein diktatorisches Regime, die „Diktatur des Proletariats". Lenin starb 1924 an seinem zweiten Schlaganfall. Bei seiner Trauerfeier präsentierte sich Stalin erstmals öffentlich als Führer der Partei und übernahm die Macht.)

7. Welche Beziehung hatte Trotzkij zum Militär? *(Er ist der Gründer der Roten Armee.)*

8. Welches Wirtschaftssystem verfolgt der Kommunismus? *(Den Kommunismus kennzeichnet die Verstaatlichung der wichtigsten Mittel der Produktion, eine zentral gelenkte Planwirtschaft und die Kollektivierung der Landwirtschaft.)*

9. Wer hat in China den Kommunismus durchgesetzt? *(Die chinesische kommunistische Partei wurde seit 1931 angeführt von Mao Tse-tung [1893-1976]. Nachdem seine Streitkräfte von Chiang Kai-shek vernichtend geschlagen wurden, zog er sich auf das Land zurück, organisierte die Bauernpartei neu, spaltete sich vom sowjetischen Einfluss ab und brachte von der Mandschurai aus 1949 ganz China unter seine Kontrolle.)*

10. Welche Bedeutung hatte Michail Gorbatschow für den Sowjet-Kommunismus? *(Er läutete Reformen in der UdSSR ein. Gorbatschow war der Überzeugung, dass der Kommunismus nur durch mehr Offenheit („Glasnost") und einen wirtschaftlichen Umbau („Perestroika") gerettet werden könne. Diese Reformen verfehlten jedoch ihr Ziel. Nachdem Gorbatschow deutlich gemacht hatte, dass er in Ost-Europa nicht militärisch intervenieren würde, brach der Ostblock als kommunistisches Bündnis auseinander. Es brachte im August 1991 Boris Jelzin an die Macht, der Ende 1991 die kommunistische Partei der Sowjet-Union verbot.)*

Kapitalismus

1. Was kennzeichnet den Kapitalismus? *(Kapitalismus ist ein Wirtschaftssystem, das sich durch Angebot und Nachfrage selbst reguliert. Es fehlt also an einer zentralen*

staatlichen Planungsinstanz. Beim Kapitalismus setzt der Staat nur Rahmenbedingungen.)

2. Woraus hat sich der Kapitalismus entwickelt? *(Der Kapitalismus entstand aus der Abschaffung des Feudalismus. Damit ging einher das Privateigentum an Produktionsmitteln und die Steuerung der Wirtschaft durch den Markt.)*

3. Steht Kapitalismus im Widerspruch zur allgemeinen Wohlfahrt? *(Nach Adam Smith nicht: Er behauptet in seinem Klassiker zur kapitalistischen Theorie, dass der Kapitalismus zwar individuelles Gewinnstreben fördere, dies aber nicht einen Gegensatz zur allgemeinen Wohlfahrt darstelle. Es sei vielmehr im Gegenteil unabdingbare Voraussetzung für den Wohlstand einer Nation. Smith lehnte daher jede staatliche Einflussnahme und Lenkung ab.)*

4. Was ist „soziale Marktwirtschaft"? *(Bei der reinen Form des Kapitalismus können soziale Verteilungsprobleme auftreten. Die soziale Marktwirtschaft bereinigt diese Problem durch sozialpolitische Eingriffe.)*

5. Wie hat Karl Marx den Kapitalismus gesehen? *(Marx hat als Verfechter kommunistischer Thesen den Kapitalismus abgelehnt. Für ihn führt die Verfügungsmacht über die Produktionsmittel durch die Unternehmer zur Ausbeutung der Arbeiterklasse [Proletariat]. Nach der marxistischen Lehre führt der kapitalistische Produktionsprozess zu Armut, Arbeitslosigkeit und Gesundheitsschädigungen, damit zur Eskalation durch Klassenkampf. Marx sah als zwangsläufig die Aufhebung des Kapitalismus durch die Arbeiterklasse und den Übergang in eine sozialistische Wirtschaftsform an.)*

Frankreich

1. Was ist Frankreich? *(Die Republik Frankreich ist mit 543.998 km^2 der flächenmäßig größte westeuropäischer Staat [zum Vergleich: die BRD ist 357.000 km^2 groß]. Hinzu kommen die überseeischen Départements Guadeloupe, Französisch Guyana, Martinique, Réunion, Saint-Pierre-et-Miquelon und Mayotte [Mahoré] sowie die Überseeterritorien Neukaledonien, Französich-Polynesien, Wallis und Futuna. Frankreich hat als Staatsform ein Zweikammernparlament [Nationalversammlung und Senat].)*

2. Wie heißt die Hauptstadt Frankreichs? *(☞Paris.)*

3. Wie viele Einwohner hat Frankreich? *(Ca. 59,64 Mio.)*

4. Welche Religion ist in Frankreich am verbreitetsten? *(74 % der Franzosen sind Katholiken, 6 % Muslime.)*

5. Wie heißt der höchste Berg Frankreichs? *(Mont Blanc mit 4810 m. Damit ist er gleichzeitig der höchste Berg Europas. Er wurde am 08.08.1786 durch Jaques Balmat und Michel Paccard erstmals bestiegen.)*

6. Wie heißen Frankreichs bedeutendsten Flüsse? *(Loire, Garonne, Rhône und Seine.)*

7. Wann wurde Frankreich besiedelt? *(Ungefähr 50.000 – 8.000 v. Chr.)*

8. Julius Caesar unterwarf 58-51 v. Chr. das auf dem heutigen französischen Gebiet liegende Gallien. Wie heißt das von ihm hierüber verfasste Buch? *(„De bello Gallico".)*

9. Von 448-751 n. Chr. herrschten in Frankreich die „Merowinger". Woher haben sie ihren Namen? *(Nach dem Gründer dieses Königsgeschlechts Merowech.)*

10. Was machte den Merowinger ☞Karl Martell berühmt? *(Am 17.10.732 besiegte er die spanischen Mauren [☞Araber], die immer wieder in Frankreich einfielen, in der Schlacht bei Tours und Poitiers. Hätte er die Schlacht nicht gewonnen, hätte den Arabern ganz Europa offengestanden. 739 vertrieb er die Mauren auch aus dem Rhone-Tal.)*

11. Welche Bedeutung hat Frankreich für die Kunstrichtung ☞Gotik? (*Die Gotik ist als Kunstrichtung ab 1130 in der Île de France entstanden und war damit die erste gegenüber der Antike eigenständige Stilepoche der abendländischen Kunst. Der erste frühgotische Bau ist die um 1130 begonnene Abteikirche Saint-Denis nördlich von Paris. Berühmt ist weiter als klassischer hochgotischer Bau der Neubau der Kathedrale von Chartres [nach 1194].)*

12. 1309 wurde der Papstsitz von Rom nach Avignon verlegt. Wie kam es dazu? *(Philipp IV., der Schöne, war in Frankreich König geworden. Er versuchte, Flandern [gehört heute zu Belgien] zu unterwerfen, was nicht nur fehlschlug, sondern auch noch reichlich teuer wurde. Um die marode Staatskasse zu sanieren, besteuerte er als erster den Klerus, was Papst Bonifatius VIII. gegen ihn aufbrachte. Philipp drang militärisch in Italien ein, wohl um den Papst festzunehmen und nach Frankreich zu bringen. Der altersschwache Papst starb aber vorher. Philipp machte daraufhin seinen Einfluss geltend: Es wurde mit Klemens V. ein Franzose zum Papst gewählt, der den Sitz des Papsttums nach Frankreich verlegte und Philipp von jedem Vorwurf gegen Papst Bonifatius freisprach. Philipp der Schöne war auch ansonsten ein geldgieriger Bursche: Er ließ die Juden des Landes verweisen und zog ihren Besitz ein.)*

13. Worum ging es beim ☞„100-jährigen Krieg" (1337-1453)? *(Es ging um die Machtansprüche auf Frankreich zwischen französischen und englischen Königsfamilien. Neben den kriegerischen Auseinandersetzungen kam 1348 die Beulenpest über Frankreich und tötete ein Drittel der Bevölkerung. Im 14. Jahrhundert kam die Pest noch sieben Mal über Frankreich.)*

14. Wer war Jeanne d‘ Arc? *(Sie war eine Bauerntochter, die bis zum Hof des französischen Königs Karl VII. vordrang und die Erlaubnis bekam, die französischen Truppen gegen die Engländer zu führen. Dabei befreite sie die von den Engländern belagerte Stadt Orléans [deshalb der Beiname „Jungfrau von Orléans“]. Der Krieg schleppte sich zwar noch 20 weitere Jahre hin. Jeanne d‘ Arc hatte den Franzosen nach all ihren Niederlagen aber das Selbstvertrauen wiedergegeben. Schließlich verloren die Engländer den 100-jährigen Krieg und mussten alle Festlandbesitzungen preisgeben.)*

15. Was war die „Bartholomäusnacht“ vom 23. zum 24. August 1572? *(Frankreich war damals überwiegend katholisch, der Protestantismus in der französischen Form des Calvinismus gewann aber viele Anhänger. In der Zeit religiöser Spannungen überfielen Anhänger der römisch-katholischen Kirche eine Versammlung der Hugenotten [frz. „eyguenets“, entstellt aus „Eidgenossen“. Bezeichnung für die französischen Protestanten] und töteten in der sog. „Bartholomäusnacht“ [auch als „Pariser Bluthochzeit“ bezeichnet, obwohl das Massaker gleichzeitig in vielen französischen Städten stattfand] rund 5.000 – 10.000 von ihnen und ihren Führern. Das brachte die französischen Protestanten in einen unversöhnlichen Widerspruch zur französischen Krone, von der die Blutnacht ausging. Das am 13.04.1598 vom französischen König Heinrich IV. erlassene Edikt von Nantes gewährte den Hugenotten dann zwar ziehmliche Gleichberechtigung, verbannte sie aber aus bestimmten Städten, u.a. Paris.)*

16. Wer waren die „Bourbonen“? *(Ein französisches Königshaus, das von 1589 – 1848 mit Unterbrechungen den französischen König stellte. Heinrich IV. gehörte zu den Bourbonen und brachte dem Land unter seiner Herrschaft wirtschaftliche Blüte in Frieden, was ihn zum beliebtesten französischen König machen sollte.)*

17. Wer war ☞Ludwig XIV.? *(Ludwig XIV.[1638 – 1715] war ein großer französischer König [1643 – 1715]. Unter seiner Herrschaft erfuhren Kunst und Kultur in Frankreich eine Blütezeit.)*

18. Welchen Beinamen hatte Ludwig XIV? *(„Sonnenkönig" [„Roi Soleil“].)*

19. Von wann bis wann war die ☞Französische Revolution? *(Sie begann am 14. Juli [deshalb heute Nationalfeiertag in Frankreich] 1789 und ging bis 1799.)*

20. Wer war ☞Napoleon? *(Napoleon [1769 - 1821] war von 1804 - 1814/15 Kaiser der Franzosen.)*

21. Wann war der Deutsch-Französische Krieg? *(1870/1871. Der preußische Ministerpräsident Otto von ☞Bismarck hatte eine Kriegserklärung Frankreichs provoziert [Anlass war die Frage der spanischen Thronfolge]. Frankreich war Preußen und den anderen Truppen Deutschlands aber hoffnungslos unterlegen. Die Armee Napoleons I-II. [ein Neffe Napoleons] kapitulierte am 02.09.1870 bei Sedan. Der Krieg ging aber weiter. Im Januar 1871 kapitulierte die französische Regierung. Deutschland erhielt als Kriegsbeute Elsass, ein Drittel Lothringens und Reparationen in Höhe von fünf Milliarden Francs.)*

22. Was war die „Dreyfus-Affäre“? *(1894 wurde Alfred Dreyfus [1859-1935], ein französischer Hauptmann jüdischen Glaubens, von einem französischen Militärgericht wegen angeblicher Spionage für Deutschland verurteilt zu lebenslanger Haft auf der Teufelsinsel, der berüchtigten Gefängnisinsel vor Französisch-Guayana. Das fragwürdige Urteil spaltete Frankreich in zwei Lager und brachte es an den Rand eines Bürgerkriegs. Schließlich wurde der Prozess 1899 wieder aufgerollt und Dreyfus vom Heer erneut für schuldig befunden. Der französische Präsident begnadigte ihn allerdings noch im gleichen Jahr. Seinen militärischen Rang erhielt Dreyfus aber erst 1906 zurück. Folge der Dreyfus-Affäre war in Frankreich die Schließung von rund 1.500 katholischen Schulen, die Abschaffung des Religionsunterrichtes in den Schulen und 1905 die Trennung von Kirche und Staat.)*

23. Wie erging es Frankreich im 1. Weltkrieg? *(Frankreich war nach der Niederlage im Deutsch-Französischen Krieg zunächst völlig ohne Verbündete, hatte aber bis 1907 geschafft, mit England und Russland ein Bündnis [sog. „Triplentente“. Gegenstück war die „Tripelallianz“, bestehend aus Deutschland, Österreich-Ungarn und Italien] für den Fall eines Angriffs von Deutschland oder Österreich-Ungarn zu schließen. Der 1. Weltkrieg wurde ausgelöst durch die Ermordung des österreichisch-ungarischen Thronfolgers Erzherzog Franz Ferdinand am 28.06.1914 in Sarajewo durch einen bosnischen Studenten, der die Kriegserklärungen folgten. Kriegsgefahr bestand aber permanent schon seit 1905. Der 1. Weltkrieg forderte in Frankreich viele Opfer und ist gekennzeichnet von Stellungskämpfen, bei denen sich die Truppen in Schützengräben eingruben und bei Vorstößen nur wenige Meter Raum gewannen. Allein bei der Verteidigung der Stadt Verdun starben 1916 rund 270.000 französische Soldaten. 1918 traten die USA in den Weltkrieg auf Seiten der Franzosen und ihrer Verbündeter ein. Das zwang Deutschland am 11.11.1918 zum Waffenstillstand und am 28.06.1919 in einen Friedensvertrag, dessen für Deutschland katastrophaler und demütigender Inhalt letztlich den 2. Weltkrieg auslösen sollte. Frankreich gehört also zu den Siegermächten des 1. Weltkriegs.)*

24. Wie erging es Frankreich im 2. Weltkrieg? *(Nach dem Einmarsch Deutschlands in Polen erklärte Frankreich gemeinsam mit England am 03.09.1939 Deutschland den Krieg. Deutschland überrannte zunächst Holland, Belgien und anschließend Frankreich, wobei sich die französische Armee auflöste. Die neue französische Vichy-Regierung kollaborierte mit den Deutschen. In England rief der französische General Charles de Gaulle [er leitete die französische Regierung von der Befreiung ☞Paris bis zum Januar 1946. Kuriosum am Rande: Die Amerikaner befreiten Paris am 25.08.1944, De Gaulle zog am 26.08.1944 in Paris ein, war also bei der Befreiung nicht dabei] alle französischen Soldaten und Seeleute auf, an der Seite der Engländer den Krieg gegen Deutschland fortzusetzen. Der französische Widerstand [„Résistance“] akzeptierte ihn als Führer gegen Deutschland und die Vichy-Regierung. Im Juni 1944 landeten die Alliierten in der Normandie und begannen, Frankreich von den deutschen Besatzungstruppen zu befreien. Frankreich gehörte also auch im 2. Weltkrieg zu den Siegermächten.)*

25. Was war die Vichy-Regierung? *(Eine französische Regierung während des 2. Weltkriegs. Als Deutschland in Frankreich erfolgreich einmarschiert war, kam es am 22.06.1940 zu einem Waffenstillstand. Im unbesetzten Frankreich errichtete der französische Marschall [=General] Philippe Pétain ein autoritäres Regime mit Sitz in Vichy, was dieser Regierung den Namen verschaffte. Da sie mit Deutschland zusammenarbeitete und seit 1942 an der Deportation von Juden vor allem nach Auschwitz mitwirkte, nahm der Widerstand in Frankreich gegen die Vichy-Regierung zu. Gleichzeitig wuchs die Bedeutung der Résistance, für die de Gaulle in London eine Exilregierung des „Freien Frankreichs" gründete. Die Vichy-Regierung blieb zur Befreiung Frankreichs durch die Allierten an der Macht und wurde erst am 25.08.1944 durch eine provisorische Regierung unter de Gaulle ersetzt.)*

26. Von wann bis wann war Charles de Gaulle (1890-1970) Präsident Frankreichs, was prägte seine Regierungszeit? *(De Gaulle kam während des Krieges Frankreichs gegen die Unabhängigkeitsbemühungen seiner Kolonie Algerien an die Macht, als ein militärischer Staatsstreich drohte. Er war von 1958 – 1969 französischer Präsident und starb 1970. Da er den Algerienkrieg militärisch nicht gewinnen konnte, entließ er Algerien 1962 in die Unabhängigkeit. De Gaulle verfolgte einen Kurs französischer außenpolitischer Unabhängigkeit: Dazu gehörte, dass er alle Truppen aus der NATO abzog und sich mit den Deutschen auf die Europäische Wirtschaftsgemeinschaft [EWG] konzentrierte. De Gaulle steht auch für die Aussöhnung Frankreichs mit Deutschland über seine Freundschaft mit dem ersten deutschen Bundeskanzler Adenauer. 1962 schloss er mit Adenauer den deutsch-französischen Freundschaftsvertrag.)*

27. Wie heißen die berühmtesten ☞Weine aus Frankreich? *(Einen weltweit excellenten Ruf genießen die Champagner-, Burgunder- und Bordeauxjahrgänge. In Frankreich regelt ein strenges Weingesetz u.a., dass sich Champagner nur nennen darf, was nicht nur aus einem bestimmten Anbaugebiet stammt, sondern sogar von bestimmten Weinbergen. Diese drei besten Weine stammen aus den kühleren Gegenden Frankreichs, da eine zu hohe Sonneneinstrahlung nur zu einer mittelmäßigen Weinqualität führt.)*

28. Was ist ein „Château"? *(Das französische Wort für Weingut. Der überwiegende Teil der französischen Weine wird aber nicht in den châteaux produziert, sondern von Winzergenossenschaften hergestellt und vertrieben.)*

29. Was ist Nouvelle Cuisine? *(Die Franzosen stehen für eine exzellente Küche. Einer der bekanntesten Köche ist Paul Bocuse, der in der Nähe von Lyon wohnt. Er kreierte in den 1970er Jahren in Frankreich die Nouvelle Cuisine, die gekennzeichnet ist davon, dass neben der Frische der Zutaten eine möglichst knappe Garzeit sowie die Beigabe leichter Soßen in den Mittelpunkt gestellt werden, um den Eigengeschmack der Zutaten besser hervorzuheben. Bei den Franzosen sind sieben Gänge für eine Mahlzeit über mehrere Stunden keine Seltenheit. Regelmäßig gehören zu einem französischen Essen Vorspeise, Hauptgang, Käse oder Dessert. Für die klassische französische Küche sind charakteristisch frische Zutaten, Butter, Crême fraîche, reichlich Kräuter und Gewürze.)*

30. Was ist Lourdes? *(Lourdes ist eine Pilgerstätte in Frankreich, die jährlich von rund 2 Mio. Pilgern aufgesucht wird. Von Februar bis Juli 1858 hatte hier die 14-jährige Bernadette Soubirous in einer Grotte 18-mal die Erscheinung einer „Dame“, die sich als die „Unbefleckte Empfängnis“ zu erkennen gab und zu Gebet, Umkehr und Frömmigkeitsübungen an diesem Ort aufforderte. Am 25.02.1858 entsprang dort eine bis heute nicht versiegte Quelle, die als wunderkräftig gilt. Tausende von Heilungen wurden im Laufe der vergangenen Jahrzehnte gemeldet, von denen etwa ein Zehntel nach Prüfung durch eigens dafür eingesetzte Kommissionen aus Medizinern, Theologen und Bischöfen kirchlich anerkannt wurden.)*

31. Wie hält es Frankreich mit der Kernenergie? *(Anders als Deutschland setzt Frankreich politisch gewollt auf die Kernenergie. 75 % der in Kraftwerken installierten Leistung entfallen auf Kernkraftwerke. Damit ist Frankreich der weltweit größte Erzeuger von Kernkraft je Einwohner. Inzwischen werden fast 80 % des nationalen Strombedarfs durch Kernkraftwerke gedeckt.)*

32. Wo liegt die höchste Düne Europas? *(Die höchste Düne Europas, die über 100 Meter hohe „Dune de Pilat“ liegt bei Arcachon in einer Gegend, die sich zwischen der Girondemündung und dem Golf von Biskaya erstreckt. Die über 200 km lange geradlinige Küste des Landes wird von einem bis zu 100 Meter breiten Dünengürtel begleitet.)*

33. Was ist eine Silhouette? *(Ein Umriss, der sich dunkel vom Hintergrund abhebt. Das Fremdwort erinnert im Spott an den französischen Finanzminister Etienne de Silhouette [1709-1767]. Aus Geiz hängte er an die Wände in seinem Schloss statt Gemälden nur selbst gemachte Scherenschnitte. Wegen unpopulärer Sparmaßnahmen verlor er nach nur einem Jahr den Ministerposten.)*

Mexiko

1. Wo liegt die Republik Mexiko? *(In Nordamerika bis nach Mittelamerika. Im Norden grenzt es an die USA, im Osten an die Karibik und den Golf von Mexiko, im Westen an den Pazifik, im Süden an Guatemala und Belize. Mexiko ist 1.964.375 km^2 groß [zum Vergleich: die BRD ist 357.000 km^2 groß].)*

2. Wie viele Einwohner hat Mexiko? *(Rund 106,2 Mio. [1996], wobei die Bevölkerungszahl rasant wächst.)*

3. Wie heißt die Hauptstadt von Mexiko? *(Mexico-City mit ca. 9 Mio. Einwohnern.)*

4. Wie lang ist die Regierungszeit mexikanischer Präsidenten? *(Sechs Jahre unter Ausschluss einer Wiederwahl. Nach der mexikanischen Verfassung ernennt der Präsident die Gouverneure der 31 Bundesstaaten und des Bundesdestriktes der Hauptstadt Mexico-Stadt. Da mit ihm jedes Mal die Minister und die höheren Beamten wechseln, gelingt es nie, in die mexikanische Verwaltung Kontinuität zu bekommen.)*

5. Welche Religion ist in Mexiko am verbreitetsten? *(90 % sind Katholiken, 5 % Protestanten.)*

6. Was ist der Popocatépetl? *(Der Popocatépetl ist ein Vulkan am Rand des Hochlands in Mexiko, 70 km südöstlich von Mexico-City. Mit 5452 m ist er nach dem Citlaltépetl [5700 m] der zweithöchste Berg des Landes und ☞ein Vulkan. Seit 1997 zeigt er verstärkt Eruptionen. Beachtlich als Vulkan ist auch der mexikanische El Chinchónal, der 1982 größere Aschenmengen herausschleuderte als der mehr beachtete Mount St. Helens in den USA.)*

7. Wer waren die „Maya“? *(Eine alte Kultur indianischen Ursprungs in Mexiko [und Guatemala, Belize und Honduras], die ungefähr 1500 v. Chr. beginnt und ihren Höhepunkt ca. im 6. Jahrhundert n. Chr. erreichte. Die Maya verfügten über eine Art ☞Hieroglyphenschrift, mathematische Kenntnisse, astronomisches Wissen und einen ☞Kalender. Dieser Kalender rechnete mit 365 Tagen bei 28 oder 18 Monaten. Er war der genaueste Kalender der Welt bis zur Einführung des gregorianischen Kalenders im 16. Jahrhundert in Europa. Die Maya wanderten weiter, da sie keinen Pflug kannten und die Felder deshalb von den Ernten ausgelaugt wurden. Waren die neuen Felder von den Städten zu weit weg, zogen die Städte in neue Gebiete um. Die Mayas errichteten riesige Bauten mit Mustern und unheimlichen Masken. Noch heute stellen die Maya die Mehrheit der bäuerlichen Bevölkerung in ihren früheren Gebieten. Die Maya-Kultur ging ca. 1000 n. Chr. zu Ende.)*

8. Wer waren die „Azteken“? *(Ein Stammesverbund [nach dem führenden Stamm auch „Mexica“ genannt], der sich 1325 n. Chr. in einem Sumpfgebiet am Texcoco-See niederließ und eine Siedlung gründete. Der Legende nach würden die Azteken in einem Sumpfgebiet eine mächtige Kultur gründen, und zwar genau dort, wo sie einen auf einem Felsen wachsenden Kaktus sehen würden, auf dem ein Adler eine Schlange frisst [deshalb befinden sich in Anspielung auf diese Legende auf mexikanischen Geldscheinen und in der Nationalflagge Kaktus, Adler und Schlange]. Da die Priester dort dieses Schauspiel sahen, ließen sich die Azteken am Texcoco-See nieder und bauten im Vertrauen auf eine große Zukunft ihre Kultur auf. Die Azteken weiteten ihr Herrschaftsgebiet aus und waren im 15. Jahrhundert die führende Macht in Mexiko. Nun vergrößerten sich ihr Reichtum und ihre Macht und die Azteken bauten riesige Städte und Pyramiden. Als die Spanier kamen, besaßen die Azteken Papier und wertvollen Goldschmuck, den ihnen die spanischen Eroberer wegnahmen.)*

9. Was opferten die Priester der Azteken auf den ☞Pyramiden? *(Sie opferten Menschen aus Angst, die Sonne würde am nächsten Tag nicht mehr aufgehen. Man glaubte, nur die Nahrung menschlicher Herzen könne der Sonne wieder Lebenskraft geben. Die*

Priester schnitten dazu den Opfern bei lebendigem Leib die Herzen heraus. Beim Frühlingsfest zog man dem Opfer die Haut ab, die sich dann der Priester überstreifte.)

10. Wer eroberte Mexiko (damals Reich der Azteken) 1519 für die Spanier? *(Hernando ☞Cortez [1485-1547]. Mit den Beutezügen der Spanier, die vor allem an der Ausbeutung der Silbererze interessiert waren, verfiel das Reich der Azteken rasch. Cortez ging nicht gerade zimperlich mit den Kultstätten der Azteken um: Auf dem zerstörten Palast Montezumas [1467-1520] baute Cortez seinen Regierungspalast, auf der abgerissenen Hauptpyramide eine Kathedrale.)*

11. Wann errang Mexiko die Unabhängigkeit? *(1821.)*

12. Was war der „Mexikanische Krieg"? *(Der Krieg zwischen den USA und Mexiko von 1846 – 1848. Im Friedensvertrag bekamen die siegreichen USA ihre heutigen Bundesstaaten Arizona, Kalifornien, Colorado, New Mexico, Nevada, Utah und Wyoming zugesprochen und der Rio Grande wurde als Grenzfluss zwischen den Staaten bestimmt.)*

13. Woher stammt die Tomate? *(Als die Spanier im 15. Jahrhundert nach Mexiko kamen, sahen sie, dass die Indianer eine Pflanze anbauten, die sie „tomatl" nannten. Daraufhin brachten die Spanier den Samen nach Europa.)*

Sonne

1. Was ist die Sonne? *(Ein Stern, astronomisch gesehen von durchschnittlicher Größe und durchschnittlichem Alter. Die Sonne ist eine Gaskugel mit einer von innen nach außen abnehmenden Dichte.)*

2. Woraus besteht die Sonne chemisch? *(Zu rund 78 % aus Wasserstoff und 20 % aus Helium. Wegen der hohen Temperatur gehen die Elemente praktisch keine Verbindung zu Molekülen ein, sondern bleiben Atome.)*

3. Woher nimmt die Sonne ihre gigantische Energie, mit der sie scheint? *(Bei den riesigen Temperaturen im Kern der Sonne werden die Wasserstoffatome veranlasst, miteinander zu verschmelzen. Dabei entsteht Helium, und riesige Mengen an Energie werden freigesetzt. Dabei produziert die Sonne in einer Sekunde soviel Energie wie 400 Milliarden Kraftwerke.)*

4. Welche Temperaturen herrschen auf der Sonne? *(Zum Glück für uns ist die Hitze der äußeren Schicht deutlich niedriger als die Temperatur im Innern: Auf der Sonnenoberfläche beträgt die Temperatur rund 6.000° C, zum Inneren hin werden es rund*

16-20 Mio. ° C. Bei einer Temperatur von 1 Mio. ° C auf der Sonnenoberfläche würde auf der Erdoberfläche praktisch jede Substanz sofort verdampfen.)

5. Wie alt ist die Sonne? *(Sie ist mit dem gesamten Planetensystem vor ca. 4,6 Milliarden Jahren entstanden.)*

6. Wie lange wird die Sonne noch scheinen? *(Noch weitere rund 5 Milliarden Jahre. Dann wird sie sich zu ungeheurer Größe aufblähen und alles Leben auf der Erde vernichten, da sie Merkur, Venus und die Erde verschlucken wird. Danach wird sie in sich zusammenfallen und ein dicht gepackter weißer Zwerg sein.)*

7. Was sind „Sonnenflecken"? *(Ausgedehnte, scheinbar schwarze Flecke auf der Sonne, die man seit rd. 400 Jahren beobachtet. In Wirklichkeit handelt es sich um etwas kühlere Flecken auf der Sonnenoberfläche, die aber noch 4500° C heiß sind. Gleichwohl sind sie als Lichtquelle für die Erde einige hundert Mal heller als der Vollmond, der ja nicht aus eigener Kraft scheint.)*

8. Was sind „Protuberanzen"? *(Riesige flammenartige Gebilde aus leuchtenden Gasen, die aus Wasserstoff und Helium bestehen. Sie werden von der Sonne ins Weltall ausgestoßen, sind bis zu 25.000° C heiß, fallen aber meist nach wenigen Stunden in sich zusammen. Ändert sich das Magnetfeld der Sonne, können sie sich auch ganz von der Sonne lösen. Bei diesen Massenauswürfen werden bis zu 100 Mrd. Tonnen Sonnenmaterial ins All geschleudert mit einer Geschwindigkeit von rund 1.000 km/s. Die dabei auftretende Energie entspricht jener von mehreren Mrd. thermonuklearen Sprengköpfen.)*

9. Wie groß ist der durchschnittliche Abstand der Sonne von der ☞Erde? *(rd. 150.000.000 km.)*

10. Welche Bedeutung hat die Sonne für die Erde? *(Mit ihrer Strahlung bestimmt sie den Wärmehaushalt der Erde, damit Klima und Wetter. Daneben ist die Sonnenenergie Enegiequelle für das irdische Leben.)*

11. Warum haben wir auf der Erdoberfläche so große Mengen an Wasser in den Ozeanen? *(Das ist genau genommen purer Zufall: Es hängt zusammen mit der Entfernung der Erde von der Sonne: Befände sich die Erde näher an der Sonne, würde das Wasser verdampfen. Wären wir weiter von der Sonne entfernt, wären alle Wasserflächen Eis. Diese Ozeane sind auch der Grund für das Leben auf der Erde. Die Ozeane boten nämlich Schutz vor den energiereichen UV-Strahlen der Sonne, die das Wasser nur bis in wenige Meter Tiefe durchdringen konnten. Dadurch bildete sich in den unteren Schichten des Wassers die Ursuppe, aus der später das Leben auf der Erde entstand. Vor etwa 750 bis 580 Mio. Jahren war die Erde aber schon einmal so stark abgekühlt, dass es auf der Oberfläche nur noch in der Nähe des Äquators flüssiges Wasser gab.)*

12. Wie schnell ist Licht? *(Licht pflanzt sich in einer Sekunde rd. 300.000 km fort. Das Licht der Sonne braucht also 8 Minuten und 18 Sekunden bis zur Erde. Wir sehen die*

Sonne deshalb immer etwas hinter dem Standort, den sie tatsächlich gerade einnimmt.)

13. Wie lange braucht die Energie aus dem Inneren der Sonne, bis sie auf der Erde als Licht ankommt? *(Die Energie, die im Inneren der Sonne entsteht, benötigt rund 170.000 Jahre, um an die Oberfläche der Sonne zu kommen. Das Licht, das wir heute auf der Erde wahrnehmen, ist also älter als der Neandertaler.)*

14. Wie hoch ist die Leuchtkraft der Sonne? *(Gigantisch! 3.847 x 10^{26} Watt.)*

15. Wie ist das Größenverhältnis zwischen Sonne und Erde? *(Der Sonnendurchmesser beträgt das 109-fache des Erddurchmessers. Die Sonne wiegt ungefähr das 333.000-fache der Erde.)*

16. Warum singen Vögel vor allem am Morgen und Abend? *(Es kommt uns nur so vor: Vögel singen den ganzen Tag gleich viel. Die Sonnenstrahlung bewirkt tagsüber thermische Strömungen, die Vogelgesang weniger hörbar macht und sogar verschlucken kann.)*

Richard Löwenherz

1. Wer war „Richard I. Löwenherz“? *(Ein englischer König, der aber nur knapp ein Jahr seiner Regierungszeit [1189-1199] überhaupt in England verbrachte. Den Rest der Zeit war er bei den ☞Kreuzzügen, wo er in Gefangenschaft geriet. Seine Regierung in England beschaffte das Geld für die Kreuzzüge und auch sein Lösegeld. Wegen seiner Tapferkeit und seines Mutes bekam Richard I. den Beinamen „Löwenherz“.)*

2. Neben Richard I. nahmen Philipp II. August von Frankreich und der deutsche Kaiser Barbarossa am 3. Kreuzzug teil. Warum kam Barbarossa dann doch nicht zum Einsatz? *(Er ertrank auf dem Hinweg ins Heilige Land.)*

3. Wann und wie starb Richard I.? *(Richard befand sich auf einem Feldzug in der Normandie [Frankreich], als ihm berichtet wurde, dass einer seiner Vasallen [☞Lehnswesen] auf dem Feld in der Nähe seiner Burg eine angeblich sehr wertvolle Goldmünze gefunden habe. Richard Löwenherz beanspruchte als Feudalherr die Münze, biss bei dem Vasallen aber auf Granit. Daraufhin belagerte Richard I. dessen Burg, wurde aber am 4. Tag der Belagerung am 6.4.1199 beim Ritt auf die Burg von einem Bogenschützen tödlich getroffen.)*

4. Wo liegt Richard Löwenherz begraben? *(Teils, teils in Frankreich! Seine sterbliche Hülle liegt in Fontevrault begraben, sein Herz wurde in Rouen bestattet.)*

Belgien

1. Was ist Belgien? *(Das Königreich Belgien ist ein westeuropäischer Staat mit einer Fläche von 30.528 km^2 [zum Vergleich: die BRD ist 357.000 km^2 groß] und 10,4 Mio. Einwohnern.*

2. Woher hat Belgien seinen Namen? *(Von den Belgen, einem keltischen Stamm der Antike.)*

3. Wie heißt die Hauptstadt Belgiens? *(Brüssel mit 953.000 Einwohnern in der Region. Die Stadt Brüssel hat eigentlich nur rund 134.000 Einwohner.)*

4. Wofür ist die einwohnerreichste Stadt Belgiens Antwerpen bekannt? *(Antwerpen ist nach Rotterdam die zweitgrößte Hafenstadt Europas. Die 1531 eröffnete Antwerpener Börse ist die älteste der Welt. Heute besitzt Antwerpen eine Diamantenbörse und gilt für Schmuck- und Industriediamanten in der Welt als größtes Umschlagszentrum.)*

5. Wie viele Einwohner hat Belgien? *(Ca. 10 Mio.)*

6. Welche Sprachen werden in Belgien gesprochen? *(Eine eigene belgische Sprache gibt es nicht. Offizielle Amtssprachen sind Niederländisch, Französisch und Deutsch.)*

7. Welche Religion ist in Belgien am verbreitetsten? *(86 % der Bevölkerung sind katholisch.)*

8. Was umfasste Belgien, als Cäsar es ab 57 n. Chr. unterwarf und „Gallia Belgica" nannte? *(Das heutige Belgien, Nordfrankreich, Niederlande und einen Teil der Schweiz. Die Eroberung durch die Römer hinterließ tiefe Spuren in Belgien: Das Volk übernahm nämlich römische Sitten und bildete eine romanische Sprache heraus [die der heutigen Wallonen].)*

9. Wo blieb Belgien im Reich ☞Karls des Großen (742-814 n. Chr.)? *(Es war Bestandteil seines Reiches.)*

10. Seit wann ist Belgien unabhängig? *(Das Gebiet Belgiens stand nacheinander unter spanischer, österreichischer, französischer und holländischer Herrschaft. Der nördliche Teil der früheren Niederlande folgte mit dem Calvinismus [benannt nach dem französischen Kirchenreformator Johannes Calvin] einer protestantischen Glaubensrichtung, das Gebiet des heutigen Belgiens blieb im Wesentlichen katholisch. In der Zeit der spanischen Herrschaft führte dies im nördlichen Holland zur schärferen Auseinandersetzung mit Spanien, während sich das südlich davon gelegene Belgien in eine andere Richtung entwickelte. Deshalb wollten die Belgier nicht zu Holland gehören und riefen 1830 ihre Unabhängigkeit aus, die von Holland erst 1839 anerkannt wurde.)*

11. Wie ging Deutschland mit Belgien in den beiden Weltkriegen um? *(Obwohl die europäischen Mächte einschließlich Deutschland 1831 „für alle Zeiten" die belgische Neutralität anerkannt hatten, wurde Belgien in beiden Weltkriegen von Deutschland überfallen und besetzt.)*

12. Wer sind die „Wallonen", wer die „Flamen"? *(Als „Wallonen" bezeichnet man die Belgier im Süden, die Französisch sprechen. In den nördlichen Provinzen leben die „Flamen", die Holländisch sprechen. In der Hauptstadt Brüssel spricht man beide Sprachen, da die Sprachgrenze in ost-westlicher Richtung südlich der Stadt verläuft. Wallonen und Flamen rivalisieren in Belgien mit nationalistischen Tendenzen.)*

13. Was hat die Romanfigur des Kommissars Maigret mit Belgien zu tun? *(Maigret ist eine Romanfigur, die von Georges Simenon geschaffen wurde, der in Belgien geboren wurde. Er war einer der produktivsten und erfolgreichsten Schriftsteller des 20. Jahrhunderts. Allein über 80 mal ließ er in Romanen seinen wortkargen, Bier, Wein und Calvados konsumierenden sowie ständig Pfeife rauchenden Kommissar aus Paris mit psychologisch geschulter Intuition und großem Einfühlungsvermögen auf Verbrecherjagd gehen. Seine Romane machten ihn zum Multimillionär. 1972 zog er sich aus der literarischen Masseproduktion zurück und starb 1989 in Lausanne in der Schweiz.)*

Chile

1. Wo liegt die Republik Chile? *(Im Südwesten Südamerikas. Chile grenzt im Norden an Peru, im Osten an Bolivien und Argentinien und im Westen und Süden an den Pazifik. Chile ist 756.096 km^2 groß [zum Vergleich: die BRD ist 357.000 km^2 groß].)*

2. Wie heißt die Hauptstadt von Chile? *(Santiago mit rd. 5,5 Mio. Einwohnern. Chile insgesamt hat rund 16 Mio. Einwohner.)*

3. Wie viele Einwohner hat Chile? *(Ca. 16 Mio.)*

4. Welcher markante Gebirgszug prägt Chiles Landschaft? *(Die ☞Anden.)*

5. Was sind „Mestizen"? *(Als „Mestizen" bezeichnet man Mischlinge aus Indianern und Weißen, in Indonesien die Mischlinge aus Weißen und Malaien.)*

6. Welche Sprache spricht man in Chile? *(Spanisch.)*

7. Welche Religion überwiegt in Chile? *(81 % der Bevölkerung sind römisch-katholisch.)*

8. Wer war der erste Europäer, der chilenischen Boden betrat? *(Fernao de Magalhães [☞Magellan] im Jahre 1520 n. Chr., nach dem die Magellanstraße benannt wurde. Er setzte nämlich seine Reise in den Pazifik auf einer Wasserstraße fort zwischen Feuerland und der Südspitze Chiles.)*

9. Wann erlangte Chile die Unabhängigkeit von Spanien? *(1810.)*

10. Wie ist das Klima in Chile? *(Im Norden herrscht Tropen- und Wüstenklima. In der Nähe der peruanischen Grenze liegt das wohl niederschlagsärmste Gebiet der Welt, in dem manchmal bis zu fünf Jahre kein Tropfen fällt. Im Süden bildet Feuerland den tiefsten Punkt fast mit Polarklima. Dort sind auch Gletscher und ☞Fjorde.)*

11. Wie kam „Feuerland" an der Südspitze Chiles zu seinem Namen? *(Eigentlich heißt es „Land der Feuer" [= Tierra del Fuego]. So nannte ☞Magellan die Inselgruppe, als er 1520 hier vorbeikam. Er glaubte nämlich, Vulkanfeuer zu sehen. In Wirklichkeit handelte es sich aber nur um Brände, die die Inselbewohner auf den Felsklippen angezündet hatten. Heute gibt es nur noch rund 500 Feuerländer, weil die Europäer bei der Missionierung Krankheiten einschleppten, die sich seuchenartig verbreiteten und die Urbevölkerung fast auslöschten.)*

Admiral Nelson

1. Wer war Horatio Nelson? *(Der wohl bekannteste britische Admiral [1758-1805].)*

2. Wie verlief Nelsons militärische Laufbahn? *(Nelson ging schon mit 12 Jahren zur Marine. 1779 nahm er als Kommandant einer Fregatte am nordamerikanischen Unabhängigkeitskrieg teil. Nelson wurde besonders berühmt für seine Siege im Krieg mit Frankreich. Aber der Krieg zeichnete ihn auch. 1797 durchschlug eine Musketenkugel sein rechtes Handgelenk; sein rechter Arm musste amputiert werden. Vier Jahre vorher war er durch eine Verwundung schon auf einem Auge blind geworden. 1798 schlug er die französische Flotte in der Bucht von Abukir vor Ägypten, was ☞Napoleons Plan, Ägypten zu erobern, scheitern ließ. Sein größter Sieg war aber der gegen die verbündete französisch-spanische Flotte bei Trafalgar [in der Nähe von Cádiz] am 21.10.1805. Er gewann die Seeschlacht, die er von seinem Flaggschiff Victory aus leitete, fiel aber auch dabei. In dieser Schlacht gewann die perfekt gedrillte englische Flotte mit 27 Linienschiffen bald die Oberhand über die spanisch-französische Flotte mit 33 Linienschiffen. Darauf gingen die Franzosen dazu über, mit Scharfschützen die feindlichen Seeoffiziere auszuschalten. Ob es Eitelkeit oder Todessehnsucht war, die Nelson veranlasste, in seiner goldglänzenden Paradeuniform auf dem Oberdeck der Victory zu erscheinen, ist ungeklärt. Um 13.15 Uhr traf ihn eine Kugel schwer, um 16.30 starb er an den Folgen der Verwundung.)*

3. Was geschah mit Nelsons Leiche nach der Schlacht von Trafalgar? *(Nelsons Leiche wurde in einem Fass Rum konserviert und fand in der Krypta von St. Paul´s in London ihre letzte Ruhestätte.)*

4. Was erinnert in ☞London an die Schlacht von Trafalgar? *(Der Trafalgar Square. Dort steht eine 51 m hohe korinthische Säule mit einer Steinstatue, die Nelson in Uniform zeigt. Die Höhe der Nelson-Säule entspricht übrigens genau der Länge des Hauptmastes der HMS Victory.)*

5. War Nelson verheiratet? *(Nelson heiratete 1787 eine Arztwitwe, Frances Nisbet. Die Ehe blieb kinderlos, zumal sich Nelson bald umorientieren sollte.)*

6. Wie hieß die berühmte Geliebte Nelsons? *(1793 lernte Nelson Lady Hamilton kennen, die Ehefrau des britischen Botschafters Sir Hamilton in Neapel. Nach dem Sieg bei Abukir zog Nelson am 22.09.1798 im Triumph in Neapel ein. Spätestens jetzt funkte es zwischen ihm und Lady Hamilton, die es als Tochter eines Schmiedes geschafft hatte, als Mätresse in die höchste Gesellschaft aufzusteigen. Sie wurde Nelsons Geliebte. Ihretwegen trennte er sich 1800 von seiner Frau. Die britische Admiralität war über diese Affäre alles andere als amused. Gleichwohl stieg Nelson weiter in der englischen Marine auf.)*

7. Was wurde aus Lady Hamilton nach Nelsons Tod? *(Das war Nelsons posthume Niederlage. In seinem Testament hatte er verfügt: „Ich hinterlasse also Lady Emily Hamilton meinem König und meinem Land als Vermächtnis.“ Die schlugen das Vermächtnis aber aus, indem sie es einfach ignorierten. Während Nelsons Bruder William eine Pension von 5.000 Pfund pro Jahr und seine Witwe Frances immerhin noch eine jährliche Rente von 2.000 Pfund erhielten [damals lag der Monatssold eines Kapitäns gerade mal bei 33 Pfund], ging Lady Hamilton leer aus. Sie starb 1815 völlig verarmt an den Folgen ihres Alkoholismus.)*

Spanien

1. Was ist Spanien? *(Das Königreich Spanien ist ein Land in Südwesteuropa mit einer Fläche von 506.030 km^2 [zum Vergleich: die BRD ist 357.000 km^2 groß]. Damit ist Spanien hinter Russland und Frankreich der flächenmäßig drittgrößte Staat in Europa.)*

2. Wie kam Spanien zu seinem Namen? *(Als die ☞Phönizier nach Spanien kamen, um dort Handel zu treiben, fanden sie unzählige Kaninchen vor. Deshalb nannten sie das Land „Schephania“, was „Land der Kaninchen“ bedeutet. Die Römer nannten das Land dann Hispania.)*

3. Wie viele Einwohner hat Spanien? *(Ca. 43,98 Mio.)*

4. Wie heißt die Hauptstadt von Spanien? *(☞Madrid mit 3,1 Mio. Einwohnern.)*

5. Welche Religion ist in Spanien am verbreitetsten? *(95 % der Bewohner sind Katholiken.)*

6. Was sind die Balearen? *(Eine 5.014 km² große Inselgruppe im westlichen Mittelmeer, zu der Mallorca [mit der von den Römern gegründeten Hauptstadt Palma. Die Windmühlen gehen auf die Mauren zurück.], Menorca, Ibiza [einem einstmaligen Seeräuber-Schlupfwinkel] und Formentera sowie über hundert kleine unbewohnte Felseninseln gehören.)*

7. Was sind die Kanaren? *(Eine 7.242 km² große Inselgruppe, die zu Spanien gehört, obwohl sie nord-westlich von Afrika liegt. Zu den Kanaren gehören die Inseln Teneriffa [der dortige Vulkangipfel Pico de Teide ist mit 3.718 m der höchste Berg Spaniens], Fuerteventura, Gran Canaria, La Palma, Gomera und Hierro sowie viele weitere kleine Inseln. Die Kanaren sind ☞vulkanischen Ursprungs und wuchsen im Tertiär aus den Tiefen des Atlantiks empor. Auf Lanzarote explodierte 1730 die Erde sechs Jahre lang und deckte ¼ der Insel mit Kratern und Magma zu. Jahrelang war die Sonne nicht zu sehen.)*

8. Warum spricht man bei Spanien von der „Iberischen Halbinsel“? *(Um 2500 v. Chr. wurde die spanische Urbevölkerung von den Iberern verdrängt, die aus Nordafrika kamen. Sie gaben dem Gebiet den Namen.)*

9. Wer waren die „Mauren“? *(Muslimische ☞Araber, die 711 n. Chr. aus Nordwestafrika kamen und auch nach Spanien eindrangen. Zuerst erhielt der zum Islam bekehrte Berberführer Tarik von dem Kalifen Walid I. den Befehl, nach Spanien bei der Meerenge von Gibraltar überzusetzen. Tarik kam mit 7.000 Berbern und 300 Arabern herüber und wurde postwendend vom Westgotenkönig Roderich mit einem großen Heer bekämpft. In einer drei Tage dauernden Schlacht gewannen die Mauren und rieben das westgotische Heer völlig auf. Als Walid die Siegesnachricht erhielt, schickte er seine gesamte Streitmacht nach Spanien und unterwarf die iberische Halbinsel in weniger als zwei Jahren. Die Mauren führten die muslimische Religion ein, zwangen aber die Andersgläubigen nicht zum Eintritt in ihre Religion [Muslime mussten nämlich keine Steuern zahlen, aber Christen]. Die Mauren unterstellten das Land der Herrschaft des Kalifen von Damaskus, führten den Anbau von ☞Orangen, Zitronen, Pfirsichen, Datteln, Bananen, ☞Reis, Spinat, Zucker, und ☞Baumwolle ein und errichteten viele Bauten, für die der arabische Ornamentenreichtum typisch ist. Ihre berühmtesten Bauwerke sind die große Moschee in Córdoba [in Cordoba errichteten die Araber wie in anderen größeren Städten öffentliche Bibliotheken, wobei die in Cordoba fast 500.000 Handschriften beherbergte], die Alhambra in Grenada und der Alcazar [kommt vom arabischen „al Kasr“ = Burg, Palast] von Sevilla. Die Mauren herrschten in Spanien rund 500 Jahre. Ihr Vormarsch über die Pyrenäen, um Mitteleuropa zu unterwerfen, wurde von Karl ☞Martell gestoppt.)*

10. Wie kam Spanien zur Bezeichnung „Katalanien"? *(Im 5. Jahrhundert n. Chr. drangen Barbarenstämme in Spanien ein. Als letzte drangen die Westgoten ein, die das Land Gotalanien nannten, woraus Katalanien wurde.)*

11. Wer war „El Cid" (1040-1099)? *(Einer der bekanntesten spanischen Freiheitskämpfer, der mithalf, die Mauren aus Spanien zu vertreiben [sog. „Reconquista" = „Rückeroberung"]. Eigentlich hieß er Rodrigo Diaz, bekam für seine Heldentaten aber den Namen „El Cid".)*

12. Unter Karl V. war Spanien am größten und mächtigsten. Er sagte einmal : „Die Sonne geht in meinem Staat nicht unter!" Stimmte das? *(Ja: Zu seinem Reich gehörten nicht nur Spanien, die Niederlande, Luxemburg und die österreichischen Erblande, sondern auch das von ☞Cortez 1519-1521 eroberte Mexiko und das von Pizarro 1531-1533 eingenommene Peru.)*

13. Warum kommt uns Unbekanntes „spanisch" vor? *(Die Redewendung geht auf Karl V. zurück. Er war bereits seit 1516 spanischer König, als er 1530 Kaiser des Heiligen Römischen Reiches Deutscher Nation wurde. Deshalb brachte er spanische Traditionen mit in die deutschsprachigen Gebiete und ließ Mitteilungen in Spanisch schreiben, was dort auf wenig Gegenliebe stieß. Neben den spanischen Sitten führte er auch noch die dort vorherrschende höfische Sprache ein. Die Anreden „Ihr", „Euch" oder „Eure Majestät" sind sämtlich Eindeutschungen aus dem Spanischen und gehen auf diese Zeit zurück. Da die Deutschen die iberischen Sitten, Moden und Gebräuche nicht verstanden, wurde zum geflügelten Wort: „Das kommt mir spanisch vor!" Der erste literarische Beleg für diese Redensart findet sich in Grimmelhausens „Simplicissimus", dem bedeutendsten deutschen Roman des 17. Jahrhunderts. Dort heißt es über einen kroatischen Obristen: „Bei diesem Herrn kam mir alles widerwärtig und fast spanisch vor."- In Spanien und den meisten europäischen Ländern sagt man übrigens in der gleichen Situation „Me parece chino" [= „Das kommt mir chinesisch vor."].)*

14. Was war die spanische „Armada"? *(Die „Armada" war die Bezeichnung der spanischen Flotte. Spanien hatte im 16. Jahrhundert zunächst die größte Flotte in Europa. 1588 zerstörten die Engländer aber in einer neuntätigen Seeschlacht die spanische Armada, was die Vormachtstellung der Spanier beendete [eigentlich war die spanische der englischen Flotte haushoch überlegen. Die englischen Schiffe waren aber schneller und verfügten über weitreichende Kanonen, deren Feuer die Armada auseinandertrieb. Sie geriet dabei in einen Sturm, der sie zum größten Teil vernichtete].)*

15. Wer war Francisco Franco (1892-1975)? *(Ein Führer im spanischen Bürgerkrieg [1936-1939], der später Staatsoberhaupt wurde. Im Bürgerkrieg standen sich die von Franco geführten [und von Hitlerdeutschland unterstützten] Nationalisten und die von der UdSSR unterstützten Loyalisten gegenüber. Auf der Seite der Loyalisten kämpften auch internationale Brigaden mit Freiwilligen aus Europa und Amerika [Hemingways (1899-1961) Buch „Wem die Stunde schlägt" (1940: Originaltitel „For Whom the Ring Tolls") berichtet von diesem Bürgerkrieg. Hemingway kämpfte im spanischen Bürgerkrieg übrigens selbst auf Seiten der Loyalisten]. Nachdem Franco die Staats-*

macht an sich gebracht hatte, ging er unerbittlich gegen seine früheren Feinde vor. In den ersten vier Jahren nach dem Bürgerkrieg ließ er 37.000 von ihnen hinrichten. Franco herrschte als Diktator, schaffte es aber, Spanien aus dem 2. Weltkrieg herauszuhalten [auch im 1. Weltkrieg blieb Spanien neutral].)

16. Zu Pablo Picassos bekanntesten Gemälden gehört „Guernica". Was ist der historische Hintergrund dieses monumentalen Bildes? *(Franco hatte Mühe, den gebirgigen Norden Spaniens im Bürgerkrieg zu unterwerfen. Die Deutschen halfen ihm mit Luftangriffen, u.a. auf die Stadt Guernica, die im Baskenland bei Bilbao liegt. Bei dem Luftangriff starben 1645 Menschen in Guernica.)*

17. Was ist die „ETA"? *(„ETA" ist die Abkürzung für das baskische „Euzkadi Ta Azkatasuna" [= „Baskenland und Freiheit"]. Die ETA ist eine 1959 gegründete baskische Untergrundorganisation, die zunächst gegen Franco für ein unabhängiges Baskenland kämpfte. Die Guerillabewegung der ETA [„ETA militar"] ist bekannt und gefürchtet für ihre Terroranschläge, von denen auch eigentlich unbeteiligte Zivilpersonen betroffen werden.)*

18. Wie lange gibt es den Stierkampf (corrida) in Spanien und Portugal schon? *(Es gibt ihn schon mehr als 2000 Jahre: In vorchristlicher Zeit waren Rinderkulte im östlichen Mittelmeergebiet sehr verbreitet, u.a. auf Kreta. Von den ☞ Phöniziern wurden die Rinderkulte nach Spanien gebracht. Andererseits brachten die Kelten vom Norden her ihren kriegerischen Stierkult mit. Beide Traditionen verschmolzen im Stierkampf. Caesar war vom Stierkampf begeistert und führte ihn in Rom ein. Dazu ließ er Stiere und Stierkämpfer aus Spanien kommen.)*

19. Was ist der Unterschied zwischen einem Torero und einem Matador? *(Als Torero bezeichnet man alle Stierkämpfer, also auch die berittenen Kämpfer [picadores] und die banderilleros, die mit bebänderten Pfeilen, welche sie dem Stier in den Nacken stoßen, das Tier reizen und ermüden sollen. Der Matador schließlich ist der Torero, der den Stier am Schluss des Kampfes mit dem Degen tötet, den er dem Stier zwischen den Schulterblättern in den Nacken stößt. Ein Stier kommt übrigens nie zweimal in die Arena: Wenn ein Stier seinen ersten Kampf überlebt, hat er so viel gelernt, dass er beim nächsten Kampf für die Toreros zu gefährlich würde. Deshalb ist in Spanien gesetzlich vorgeschrieben, dass der den Kampf überlebende Stier geschlachtet werden muss.)*

20. Was sind Tapas? *(Tapas sind kleine Appetithäppchen, die den Hunger nicht stillen, sondern anregen sollen. Der Ursprung der Tapas liegt erstaunliche 700 Jahre zurück: Alfons X., den man nicht umsonst den Weisen nannte, hatte angeordnet, dass in den Soldatenkneipen auf jedes Glas ein Deckel [tapa] gehöre, auf den ein Stück Brot oder ein kleiner Imbiss gelegt werden müsse. Erst wenn der uniformierte Soldat dies gegessen habe, dürfe er trinken. Daraus entwickelte sich diese Vorspeise zu einem Teil spanischer Lebensart.)*

21. Was ist Flamenco? *(Flamenco ist ein Tanz vor allem im spanisch-sprachigen Raum, der durch Stampfen, Klatschen oder mit Kastagnettenspiel rhythmisch akzentuiert*

wird. Seinen Ursprung hat der Flamenco bei der Einwanderung der Gitanos nach Spanien im 15. Jahrhundert. Als Ausdruck ihrer leidvollen Erfahrung wurde der Flamenco für sie zum Lebensstil. Bei ihnen standen jedoch der Gesang und dessen Inhalt im Vordergrund, während der Tanz nur die Funktion der Begleitung und Illustration hatte. Die Texte waren dabei überwiegend bezogen auf leidvolle Erfahrung, Liebesschmerz und eine pessimistische Weltsicht.)

22. Was sind Gitanos? *(Die etwa 500.000 Gitanos [Zigeuner] sind eine Minderheit in Spanien. Die Gitanos stammen ursprünglich aus Nordindien und wanderten im 15. Jahrhundert ein, vor allem nach Andalusien. In ihrer Sprache, dem Caló, mischen sich Elemente des indischen Sanskrit, des Spanischen und anderen Sprachen.)*

Gibraltar

1. Was ist Gibraltar? *(Gibraltar ist eine Halbinsel an der Südostküste Spaniens, 6 km^2 groß und britische Kolonie. Die Fläche wird fast vollständig von einem riesigen Kalksteinmassiv eingenommen, dem 426 m hohen „Felsen von Gibraltar“. In der Antike bezeichnete man den Felsen zusammen mit dem Berg Abyle bei Ceuta an der afrikanischen Küste als die „Säulen des Herkules“, da man glaubte, der Halbgott habe damit den Graben markieren wollen, den er zwischen Europa und Afrika gezogen habe.)*

2. Welche Sprachen spricht man auf Gibraltar? *(Giannito, eine spanische Mundart mit britischen Lehnwörtern.)*

3. Welche Religion ist auf Gibraltar führend? *(85 % der Bevölkerung sind Christen.)*

4. Wie viele Einwohner hat Gibraltar? *(Ca. 28.000.)*

5. Wer ist der größte Arbeitgeber auf Gibraltar? *(Über 50 % der Bevölkerung stehen in zivilen und militärischen Diensten der britischen und NATO-Marine- und Luftstreitkräfte. Wichtige Einnahmequellen sind der Fremdenverkehr mit rund 4 Mio. Gästen pro Jahr und der Verkauf von Briefmarken.)*

6. Worauf geht der Name Gibraltar zurück? *(711 n.Chr. setzten die Araber unter Tarik Ibn Sijad von Afrika nach Spanien über. Zur Sicherung des Übergangs legten sie ein Kastell an. Sie nannten den Felsen Djebel al-Tarik = Felsen des Tarik. Daraus leitet sich der heutige Name Gibraltar ab. Die Araber waren es auch, die 1160 eine Stadt mit Moscheen, Palästen, Wasserleitungen und Befestigungsanlagen schufen.)*

7. Warum wurde Gibraltar britische Kolonie? *(Gibraltar war von 711 n. Chr. bis ins 15. Jahrhundert umkämpft zwischen Spanien und den Mauren. Ab dem Anfang des 16.*

Jahrhunderts kam England als Seemacht auf. 1704 eroberte eine Streitmacht aus 2000 Engländern und Holländern im Namen des Erzherzogs von Österreich Gibraltar. Der englische Kommandant überlegte es sich dann aber anders und hisste auf dem Felsen die Flagge Englands. Nachdem er darauf noch einer französisch-spanischen Belagerung standgehalten hatte, erlebte er 1714 die Anerkennung Gibraltars als englischen Besitz.)

8. Warum war Gibraltar stets so begehrt? *(Gibraltar liegt an der bis zu 14 km schmalen Meerenge zwischen Mittelmeer und Atlantik, kontrolliert also die Durchfahrt. Deshalb legten die Engländer hier einen Marinestützpunkt an, der im 2. Weltkrieg als Kommandozentrale die Invasion in Afrika leitete.)*

9. Welche Bedeutung haben die Affen auf dem Felsen von Gibraltar? *(Nach der Legende dauert die britische Herrschaft über Gibraltar nur solange, wie die aus Nordafrika stammenden Berberaffen [in Europa kommen sie ansonsten nirgends vor] den Felsen bevölkern. Wie ernst die Briten die Legende nehmen, zeigt ein Brief, den Churchill im September 1944 an seinen Kolonialminister schrieb: „Der Bestand an Affen in Gibraltar sollte 24 nicht unterschreiten ... Um diese Zahl frühestmöglich zu erreichen und sie danach aufrechtzuerhalten, sollte jede Anstrengung unternommen werden.“ Noch heute stocken die Briten die Berberaffen mit Beständen aus Nordafrika auf.)*

Vitamine

1. Was sind Vitamine? *(Organische Verbindungen, die der Körper in kleinen Mengen für den Stoffwechsel, zur Aufrechterhaltung der Gesundheit und für das Wachstum benötigt.)*

2. Welche Vitamine gibt es? *(A, B, C, D, E und K.)*

3. Worin kommt Vitamin A vor, welche Wirkung hat es? *(Vitamin A kommt vor allem im Gemüse und ☞Kartoffeln vor. Es hält insbesondere die Gesundheit der Haut, Knochen und Zähne aufrecht und ist für unser Sehvermögen wichtig.)*

4. Worin kommt Vitamin B vor, welche Wirkung hat es? *(Es gibt Vitamin B_1, B_2, B_3, B_6, B_{12} und andere B-Vitamine. Vitamin B kommt vor allem vor in ☞Hefe, ☞Leber, Nüssen, Getreide und Eiern. B_3 senkt den Cholesterinspiegel, B_6 ist für die Bildung der roten Blutkörperchen notwendig. Vitamin B ist insgesamt wichtig für den Kohlenhydratstoffwechsel.)*

5. Worin kommt Vitamin C vor, welche Wirkung hat es? *(Vitamin C kommt vor allem in Zitrusfrüchten [z.B. Zitronen und Apfelsinen], aber auch in Gemüse [z.B. Broccoli, Spinat, Tomaten, Petersilie] vor. Vitamin C ist erforderlich für die Bildung von Kolla-*

gen, einem Protein, das bei der Bildung von Knochen und Zähnen von Bedeutung ist. Bei Mangel an Vitamin C kann Skorbut [Folge: Haar- und Zahnausfall, schwere Darmerkrankungen] als Krankheit eine Folge sein.)

6. Worin kommt Vitamin D vor, welche Wirkung hat es? *(Vitamin D kommt vor allem im Lebertran, in Fischen und im Eigelb vor. Es ist wichtig für den Einbau des Calciums in den Knochen.)*

7. Worin kommt Vitamin E vor, welche Wirkung hat es? *(Vitamin E kommt vor allem in pflanzlichen Ölen, Erdnüssen, grünem Salat und Eigelb vor. Vitamin E ist wichtig für die Muskelgewebe. Außerdem ist es an der Bildung von roten Blutkörperchen beteiligt und wichtig für den Aufbau und die Funktion von ☞Nerven.)*

8. Worin kommt Vitamin K vor, welche Wirkung hat es? *(Vitamin K kommt vor allem in Fischleber und Blauen Luzernen vor, aber auch in grünem Blattgemüse und Eigelb. Es unterstützt die normale Blutgerinnung.)*

Sudan

1. Was ist der Sudan? *(Die Republik Sudan ist ein Staat in Nordostafrika und das größte Land auf dem afrikanischen Kontinent. Der Sudan hat die höchsten Temperaturen in Afrika. Der Sudan ist 2.505.813 km^2 groß [zum Vergleich: die BRD ist 357.000 km^2 groß])*

2. Wie heißt die Hauptstadt des Sudan? *(Khartum mit rd. 7 Mio. Einwohnern.)*

3. Wie viele Einwohner hat der Sudan? *(Ca. 35 Mio.)*

4. Woraus besteht die Bevölkerung des Sudan? *(Überwiegend aus ☞Arabern, die dem ☞Islam angehören [ca. 75 % der Bevölkerung].)*

5. Der Sudan ist ein Agrarland. Was wird vor allem angebaut? *(☞Baumwolle. Viehzucht wird vor allem von Nomaden betrieben.)*

Brasilien

1. Wo liegt die Republik Brasilien? *(In Südamerika. Brasilien ist das größte Land Südamerikas und das fünftgrößte der Welt [nach Russland, China, Kanada und den USA]. Brasilien ist mit 8.547.404 km^2 fast so groß wie Europa mit seiner Fläche von 10,5 Mio. km^2. Brasilien hat rd. 182,5 Mio. Einwohner.)*

2. Woher kommt der Name „Brasilien“? *(Der italienische Seefahrer Amerigo ☞Vespucci brachte von seiner Entdeckungsreise, die er für den portugiesischen Hof 1501 durchführte, eine Ladung kostbares rotfärbendes Brasilholz mit, das die Färbereien in Portugal dringend benötigten. Davon leitet sich der Name Brasilien ab.)*

3. Wie heißt die Hauptstadt von Brasilien? *(Brasilia mit rd. 2 Mio. Einwohnern. Brasilia wurde erst 1957 gebaut, um die überbevölkerte ehemalige Hauptstadt Rio de Janeiro zu entlasten und das Landesinnere zu entwickeln.)*

4. Was sind die beiden größten Städte Brasiliens? *(Die größte Stadt ist Sao Paulo [wichtigster Industriestandort Brasiliens] mit fast 10 Mio. Einwohnern. Die zweitgrößte Stadt ist Rio de Janeiro mit rd. 5,6 Mio. Einwohnern. Rio ist eine Hafenstadt am Atlantik.)*

5. Wie kam Rio de Janeiro zu seinem Namen? *(Durch einen Irrtum: Es ist nämlich nach einem Fluss benannt, den es gar nicht gibt. Am 01.01.1502 lief der in portugiesischen Diensten stehende Amerigo Vespucci in die Bucht von Guanabara ein, wo Rio später entstand. Er hielt die Bucht für die Mündung eines großen Flusses. Da Vespucci alle geographischen Entdeckungen nach den Heiligen benannte, deren Namenstag auf den Tag der Entdeckung fiel, benannte er den Fluss nach dem Heiligen Stephan „São Estebão do Rio de Janeiro“ [= „Heiliger Stephan vom Januarfluss“].)*

6. Wofür ist Rio de Janeiro bekannt? *(Vor allem für seine gigantischen, farbenfrohen Karnevalsfeiern. Wahrscheinlich kommt das Wort Karneval aus dem mittelalterlichen „carne vale“ = „Fleisch lebe wohl“, da der Karnval in der vorösterlichen Zeit liegt, also vor der Fastenzeit, in der Fleisch zu den verbotenen Genüssen gehört. Rio lebt zu einem wesentlichen Teil vom Tourismus. Die bekanntesten Strände von Rio heißen Copacabana und Ipanema. Die berühmtesten Wahrzeichen von Rio sind der Zuckerhut auf der Halbinsel in der Guanabara-Bucht und die 38 m hohe und tausend Tonnen schwere Christusstatue auf dem 742 hohen Corcovado-Berg. Außerdem ist Rio für seine weltberühmten Strände Flamengo, Botafogo, Leblon und Copacabana bekannt. Copacabana ist dabei eigentlich gar nicht der Strand, vielmehr heißt so der Stadtteil Rio de Janeiros, der hier im Südosten der Stadt liegt. Der wohl weltberühmteste Strand ist fünf Kilometer lang und an keiner Stelle schmaler als 100 Meter.)*

7. Was kennzeichnet das Flussgebiet des Amazonas, des größten Flusses in Brasilien und Südamerika? *(Der Amazonas ist rd. 6.500 km lang, vor allem aber auch sehr breit [bis zu 5 km]. An der Mündung zum Atlantik ist der Amazonas über 250 km breit.*

Durch seine vielen Flussarme bildet er das Amazonasbecken, das mit 7 Mio. km² [damit größtes Flusssystem der Welt] rund zwei Drittel der Gesamtfläche Brasiliens einnimmt. Der größte Teil dieses Beckens ist von tropischem Regenwald bedeckt. Nach starkem Regen kann sich der Pegelstand des Amazonas um bis zu 15 m erhöhen und die Flussbreite verdoppeln.)

8. Woher hat der „Amazonas" seinen Namen? *(Die Flussindianer nannten ihren Strom „Amaçunu", was „lärmende Wasserwolken" heißt. Im 16. Jahrhundert befuhr der spanische Konquistador Orellana den Amazonas und gab ihm angeblich den Namen, aber mit gänzlich anderer Begründung: Er berichtete, von unbehaarten Indianern angegriffen worden zu sein, die er für Frauen hielt. In Anlehnung an die griechische Mythologie [Amazonen = kriegerische Frauen] sei er zur Namensgebung „Amazonas" inspiriert worden.)*

9. Wie viel Süßwasser führt der Amazonas dem Atlantik zu? *(Pro Sekunde die gewaltige Menge von 120.000 m³. Damit ist der Amazonas der wasserreichste Fluss der Erde [Zum Vergleich: Der Nil als längster Fluss der Welt gibt pro Sekunde nur 2.000 m³ an das Mittelmmer und der Mississippi 18.000 m³ an den Golf von Mexiko ab.]. Als 1499 Amerigo ☞Vespucci die Küste Südamerikas erforschen wollte, fiel bei der Anreise noch auf hoher See ein Matrose ins Wasser. Als man ihn an Bord gehievt hatte, rief er „Es dulce! El aqua es dulce!" [„Es ist süß! Das Wasser ist süß!"]. Man lachte ihn dafür aus, da kein Land in Sicht war. Ein ins Wasser gelassener Eimer bestätigte aber die Richtigkeit der Botschaft. Das lag daran, dass der Amazonas wegen dieser gewaltigen Wassermenge, die er an den Atlantik abgibt, noch mehr als hundert km vor der Küste das Salzwasser verdrängt.)*

10. Warum ist der tropische Regenwald immergrün? *(Weil es hier weder Frost noch Trockenheit gibt, die in den anderen Gebieten der Erde das jahreszeitliche Wachstum der Pflanzen steuern.)*

11. Welche Sprache spricht man in Brasilien? *(Im Unterschied zu den anderen lateinamerikanischen Staaten spricht man in Brasilien nicht Spanisch, sondern Portugiesisch. Das hat historische Gründe: Brasilien gehörte früher lange zu Portugal. Als ☞Napoleon Portugal besetzte, floh die portugiesische Regierung nach Brasilien und Rio de Janeiro wurde vorübergehend sogar die Hauptstadt des gesamten portugiesischen Reiches.)*

12. Gab es in Brasilien ☞Sklaven? *(Ja: Erst wurden von den Einwanderern die Indianer versklavt. Als viele von ihnen als Sklaven starben, holte man aus Afrika über Korsaren Neger-Sklaven. 1888 wurde in Brasilien die Sklaverei abgeschafft. Zum Vergleich: In Russland wurde die Sklaverei 1861, in den USA über die Verfassung 1865 beseitigt.)*

13. Welcher Religion gehören die meisten Brasilianer an? *(Der römisch-katholischen Konfession.)*

14. In Brasilien leben verschiedene Rassen. Was sind „Mestizen", was „Mulatten"? *(„Mestizen" sind Mischlinge zwischen Weißen und Indianern, „Mulatten" Mischlinge zwischen Weißen und Negern.)*

15. Was zeigt die brasilianische Flagge? *(Auf grünem Hintergrund ist eine gelbe Raute abgebildet, in der sich eine Weltkugel mit einem Sternenhimmel und einem Spruchband befindet. Das Grün steht für die Wälder, das Gelb für die Rohstoffe. Das Spruchband mit der Aufschrift „Ordnung und Fortschritt" symbolisiert den Äquator. Der Sternenhimmel ist der über Rio de Janeiro am Morgen des 15.11.1889, dem Tag, als Brasilien zur unabhängigen Republik ausgerufen wurde. Die insgesamt 27 Sterne stehen gleichzeitig für die 26 brasilianischen Bundesstaaten zuzüglich eines Sternes für den Bundesdistrikt der Hauptstadt.)*

Mohammed

1. Wer war Mohammed (570-632 n. Chr.)? *(Mohammed [eigentlich hieß er Abul Kasim Muhammad Ibn Abd Allah. „Muhammad" heißt „der Gepriesene".] ist der Gründer des ☞Islam. Er forderte seine Anhänger auf, fremde Länder zu erobern und die Menschen zum Islam zu bekehren, notfalls mit Gewalt [„Das Schwert ist der Schlüssel zum Paradies!"].)*

2. Wie heißt der Geburtsort Mohammeds? *(Mekka.)*

3. Was ist der „Koran"? *(Da Mohammed nach der Lehre des Islam der Prophet Allahs ist, hat er dessen Lehre im Koran [arabisch: „Das Vorgetragene"] niedergelegt. Der Koran ist also das heilige Buch des Islam, vergleichbar der Bibel bei den Christen. Der Koran wurde erst nach Mohammeds Tod von seinem Nachfolger Abu Bekr zusammengestellt [Mohammed selbst konnte nicht schreiben, sondern diktierte seine Berichte über ihm erteilte Offenbarungen einem Schreiber]. Er ist keine in sich geschlossene Darstellung, sondern eine Aneinanderreihung von Offenbarungen in 114 Kapiteln [„Suren"].)*

4. Hat Mohammed Allah „erfunden"? *(Nein, Allah wurde schon seit Jahrhunderten in der Kaaba verehrt, wenn auch auf verschwommene Weise. Die Beduinen hatten hier aber 360 Götzenbilder aufgestellt, über denen Allahs Bild thronte.)*

5. Was ist die „Kaaba"? *(Die Kaaba [arabisch: „Würfel"] ist das wichtigste Heiligtum des Islam. Sie ist aus Stein, 12 m lang, 10 m breit und 15 m hoch. Das Gebäude ist innen leer und fensterlos. Der betende Moslem richtet sich der Kaaba zu, die in Mekka [Saudi-Arabien] steht. Der Moslem soll mindestens einmal im Leben nach Mekka pilgern und die Kaaba dabei siebenmal umrunden. An der südöstlichen Ecke der immer schwarz verschleierten Kaaba befindet sich ein als heilig geltender, schwarzer, ein-*

gemauerter Meteorit, der Abraham und seinem Sohn vom Erzengel Gabriel übergeben worden sein soll.)

6. Wo lebte Mohammed den größten Teil seines Lebens? *(Nicht in Mekka, sondern in Medina, wohin er auswandern musste, weil die Bewohner von Mekka in der Mehrheit seine Lehren massiv ablehnten. Das hatte eher touristische Hintergründe: Mohammed verkündete die Lehre von nur einem Gott [=Monotheismus]. Die in Mekka stehende Kaaba wurde aber von den drei Götter anbetenden ☞Arabern besucht, was der Stadt beträchtliche Einnahmen brachte. Aus Angst, Mohammed könne die andersgläubigen Pilger verschrecken, zwangen die Räte von Mekka Mohammed, die Stadt zu verlassen. Mohammed ging daraufhin nach Jathrib, das sich deshalb in Medina [= „Stadt des Propheten“] umbenannte. Die Muslime zählen nicht wie wir von Christi Geburt an, sondern von der Auswanderung [„Hedschra“] Mohammeds am 16. Juli 622 nach Medina an. Für sie ist unser Jahr 622 das Jahr 1. In Medina kam Mohammed übrigens aus dem einfachen Grund besser an, weil es dort eine große ☞jüdische Gemeinde gab, denen seine Lehre einfach weniger fremd vorkam.)*

7. Wie verlief Mohammeds Leben? *(Sein Vater starb schon vor seiner Geburt, seine Mutter starb, als er sechs Jahre alt war. Sie hinterließen ihm nur eine Erbschaft von fünf Kamelen und eine einzige äthiopische Sklavin. Mohammed lernte dann das Handwerk eines Karawanenführers, wobei er andere Kulturen und Religionen kennenlernte. Als er Syrien besuchte, wurde er dort von jüdischen und christlichen Gelehrten als der Prophet erkannt, der ihnen in ihren Schriften angekündigt war. Im Alter von 25 lernte er die reiche Kaufmannswitwe Chadidscha kennen und heiratete sie. Als Witwenpreis musste er zwölf Unzen Gold und 20 Kamele zahlen. Ein Onkel war eingesprungen und hatte diesen Preis bezahlt. Mit Chadischa hatte Mohammed zwei oder drei früh verstorbene Söhne und vier Töchter, u.a. Fatima [von ihr stammen seine einzigen Nachfahren ab]. 632 unternahm Mohammed seine letzte Pilgerfahrt von Medina nach Mekka [Hadsch] und starb kurz nach seiner Rückkehr in Medina, wo er auch begraben wurde, in seinem Wohnhaus, um das die zweitwichtigste Moschee des Islam errichtet wurde. Mohammed hinterließ einen Harem von neun Frauen und vier Konkubinen.)*

8. Wie sah Mohammed aus? *(Das ist nicht überliefert. Der Koran verbietet seine Abbildung, weshalb Mohammed auf allen Bildern gesichtslos dargestellt wird. Im Topkapi-Museum in Istanbul werden Erinnerungen an ihn aufbewahrt: Sein grüner Mantel, sein Schwert und seine Fahne, daneben auch Schreine mit seinem Fußabdruck, einem Zahn und einem Barthaar.)*

9. Was haben Chemie und Algebra Europas mit dem Islam zu tun? *(Al-Gebra und Al-Chemie wurden aus dem Islam überliefert, woraus in Europa die neue Welt der Naturwissenschaften entstand.)*

Alexander der Große

1. Wer war Alexander der Große (356-323 v. Chr.)? *(Ein makedonischer König, der Sohn des Königs ☞Philipp II. von Makedonien, nach dessen Ermordung 336 er selbst König wurde, und dessen Gattin Olympia. Alexander der Große war ein großer Feldherr [einen „titanischen Menschen" hat man ihn genannt, einen „Zermalmer"], der sein Reich zum größten der Antike ausbaute. Er eroberte Griechenland, nach der Überschreitung des Hellespont im Jahre 334 v. Chr. mit 37.500 Makedoniern und 7.000 Griechen [danach sah er seine Heimat nie wieder] dann Persien, Ägypten [stand davor unter persischer Herrschaft], ☞Mesopotamien und Indien [Feldzug von 327-325]. Alexander der Große versuchte [letztlich langfristig vergeblich], Griechen und Perser trotz ihrer unterschiedlichen Kultur zu vermischen.)*

2. Wer war 342-340 der Lehrer Alexander des Großen? *(Der griechische Philosoph ☞Aristoteles, der ihn gründlich in Rhetorik und Literatur ausbildete. Dabei soll die Illias von ☞Homer sein Lieblingsbuch gewesen sein, das er mit Anmerkungen von Aristoteles versehen mit sich führte. Die Buchrolle mit der Geschichte des trojanischen Krieges lag auf seinen Feldzügen in einem Kästchen immer unter seinem Kopfkissen. Deshalb zog Alexander mit 22 Jahren los, um ein neuer Achill zu werden. Als er das asiatische Festland betrat, warf er – wie Protesilaos in der Illias – einen Speer auf das Land als Symbol der Inbesitznahme.)*

3. Wer war Bukephalos? *(Als Alexander 14 Jahre alt war, bot ein gewisser Philonikos ein wildes Pferd zu einem stolzen Preis am Hofe von Philipp II. an. Da es seinen Stallmeistern zu wild war, befahl Philipp II., das Pferd Philonikos zurückzugeben. Alexander hatte zugesehen und gab zu bedenken: „Welch schönes Pferd verliert man da, bloß weil man es aus Mangel an Mut und Geschicklichkeit nicht zu behandeln weiß." Und dann bat er seinen Vater, es auch einmal versuchen zu dürfen. Er drehte das Pferd mit dem Kopf zur Sonne, da er bemerkt hatte, dass es sich vor seinem eigenen Schatten fürchtete. Er sprach dann auf das Pferd ein, bestieg es und ritt es im ersten Anlauf zu. Sein Vater war davon so begeistert, dass er zu seinem Sohn sagte: „Mein Sohn, suche dir ein Königreich, das deiner würdig ist, denn eines Tages wird Makedonien für dich zu klein sein." Dieses Pferd hieß Bukephalos, was im Griechischen „Stierkopf" bedeutet, und wurde von Alexander auf seinen Feldzügen geritten.)*

4. Was hatte Alexander der Große mit dem „Gordischen Knoten" zu tun? *(Der „Gordische Knoten" verdankt seinen Namen dem Ort Gordion in Phrygien [heute in der Türkei gelegen]. Dort stand der uralte Wagen des Königs Midas, bei dem ein kunstvoller Knoten den Wagen mit dem Joch verband. Nach der griechischen Mythologie war demjenigen die Herrschaft über Asien verheißen, der den Gordischen Knoten lösen würde. Viele versuchten es, keinem gelang es. Auch Alexander versuchte es zunächst vergeblich, zog dann sein Schwert, schlug den Knoten damit einfach durch und wurde tatsächlich Herr über weite Teile Asiens.)*

5. Was bedeutet der Merkvers „3-3-3 bei Issos Keilerei“? *(Alexander der Große besiegte 333 das Heer der ☞Perser unter Dareios III. bei Issos, einer alten Seestadt am Golf von Iskenderun [heute an der östlichsten Mittelmeerküste der Türkei]. Kurz danach [331] besiegte er bei Gaugamela unweit des Tigris das letzte Aufgebot des Perserkönigs. Eigentlich war es ein Kampf David gegen Goliath, da das Heer des Dareius rund 1 Mio. Krieger umfasste. Zu Alexanders Glück traten sie aber nie geschlossen gegen ihn an.)*

6. War Alexander der Große ein Feind der Perser? *(Nicht wirklich: Nachdem er Dareios geschlagen hatte [dieser wurde auf der Flucht von seinem Satrapen Bessos ermordet], versuchte er, Griechen und Perser ethnisch, kulturell und politisch zu verschmelzen. Er selbst heiratete bei einer Massenhochzeit zwischen Griechen und Persern 324 in Susa zwei Töchter des Dareios, obwohl er seit 327 mit der Baktrerin Roxane verheiratet war. Seine Soldaten erhielten einheimische Frauen. Damit waren nicht alle Makedonen einverstanden, was zu Opposition und Verschwörungen führte. In diesem Zusammenhang ließ Alexander seine engen Vertrauten Philotas, Parmenion und Kallisthenes [er war sein Hofhistoriograph] hinrichten.)*

7. Welche Beziehung hat Alexander der Große zu Alexandria (liegt in der Nähe von Kairo in Ägypten)? *(Alexandria ist eine von ihm 331 an der Mündung des Nils gegründete Stadt. Dort liegt Alexander der Große auch begraben. Alexandria beherbergte die größte Bücherei des Altertums, die bei einem Brand zerstört wurde. Alexander der Große gründete übrigens viele Städte mit den Namen Alexandria entlang seiner Siegeszüge und Versorgungsstraßen.)*

8. War Alexander der Große auch ein Pharao? *(Nachdem Ägypten von Alexander dem Großen kampflos eingenommen worden war, ließ er sich in Memphis die Pharaonenkrone aufsetzen und gründete Alexandria. Beim Besuch des Ammonorakles der Oase Siwa begrüßte ihn der Priester als Sohn des Zeus. Von da ab propagierte Alexander seine Zeussohnschaft.)*

9. Was antwortete Diogenes Alexander dem Großen, als dieser ihm einen Wunsch freistellte? *(„Geh mir aus der Sonne!“ Diogenes lebte extrem bescheiden in einer Tonne und verachtete Geld als Wurzel allen Übels: Je weniger materielle Güter ein Mensch besitze, umso besser könne er leben. Diese Geschichte mit Alexander ereignete sich in Korinth, wohin es Diogenes, der aus Sinope am Schwarzen Meer stammte, verschlagen hatte. Bei einer Seereise fiel er in die Hände von Piraten, die ihn auf einem Sklavenmarkt in Kreta an einen Korinther verkauften, der ihn zum Erzieher seiner Söhne machte.)*

10. War Diogenes ein „Zyniker“? *(Ja: Er gehörte einer Philosophenschule an, die von Antisthenes, einem Schüler des ☞Sokrates gegründet worden war. Wegen ihrer Bedürfnislosigkeit nannten sie sich die „Hündischen“, was auf Griechisch „Kyniker“ hieß. Heute versteht man unter einem Zyniker einen bissigen Spötter über die Wertgefühle anderer.)*

11. Wie starb Alexander der Große? *(Bei seinen Eroberungszügen war Alexander bis nach Indien gekommen. Eine Meuterei seiner erschöpften Soldaten zwang ihn zum Rückzug. Nach hemmungslosen Gelagen, die 43 Tote im Umkreis Alexanders wegen übermäßigen Trinkens zur Folge hatten, erkrankte Alexander selbst an einem Fieber, das vermutlich durch Typhus ausgelöst wurde, und starb in ☞Babylon am 13. Juni 323, wie man aus astronomischen Berechnungen weiß. Nach seinem Tod verfiel sein Weltreich in den Kämpfen der Diadochen rasch in mehrere Reiche, da er versäumt hatte, seine Nachfolge zu regeln. Alexander hatte zwar viele Kinder hinterlassen, aber keinen legitimen Erben. Gleichwohl hatte die Gründung von mehr als 70 Städten griechische Sprache und Kultur tief nach Asien und Nordostafrika verbreitet, woraus sich eine hellenistische „Weltkultur“ entwickeln konnte. Dies wurde begünstigt durch das Alexandergeld, das Alexander in seinem Herrschaftsbereich als einheitliche Währung einführte.)*

12. Was bezeichnet man als Diadochen? *(Der Begriff stammt aus dem Griechischen und bedeutet sinngemäß „Nachfolger“. Als Diadochen bezeichnet man die Feldherrn Alexanders, die nach seinem Tod sein Weltreich unter sich aufteilten. Das führte zu den Diadochenkämpfen um die Ausdehnung dieser Reiche, die erst 281 v. Chr. endeten. Heute spricht man sprichwörtlich von Diadochenkämpfen, wenn um die Nachfolge einer großen Persönlichkeit gestritten wird.)*

13. Was war Alexander der Große für ein Mensch? *(Einerseits war er ein genialer Feldherr und brillanter Taktiker. Andererseits war er auch von rücksichtsloser Brutalität. Der Tod seines Vaters geschah wohl zumindest mit seinem Wissen, da er um sein Erbe fürchtete. Nach der Übernahme der Herrschaft tötete er als erstes mögliche Konkurrenten. Als sich Theben gegen die makedonische Besatzung erhob, ließ er die Stadt im Sturm nehmen, dem Boden gleich machen, 6.000 Einwohner töten und verkaufte den Rest in die Sklaverei. Tyrus ging es drei Jahre später nicht besser. Als er ihren Widerstand gebrochen hatte, ließ er 2.000 Überlebende entlang der Küste ans Kreuz schlagen und der Rest getötet oder in die Sklaverei verkauft. Außerdem war Alexander sehr jähzornig, was in Kombination mit Alkoholexzessen [er übte ritualisiertes Trinken in Männerbünden ein] für viele, auch gute Freunde zur tödlichen Mischung wurde. So brachte er in einem Zechgelage Kleitos um, der ihm das Leben gerettet hatte. Alexander wurde sofort von Reue, Schmerz und Verzweiflung ergriffen. Drei Tage wachte er neben dem Leichnam des Freundes, ohne zu schlafen, essen oder zu sprechen. Dabei pflegte er zu führenden Makedonen auch durchaus intime Freundschaften.)*

Türkei

1. Was ist die Türkei? *(Die Republik Türkei ist ein Staat mit einer Fläche von insgesamt 779.452 km^2 [zum Vergleich: die BRD ist 357.000 km^2 groß].)*

2. Auf welchem Kontinent liegt die Türkei? *(Sie liegt auf zwei Kontinenten: Mit 23.600 km² liegt sie in Europa [nördlich des Bosporus], mit dem Rest in Asien.)*

3. Wie heißt die Hauptstadt der Türkei? *(Ankara mit 3,2 Mio. Einwohnern. Die Hauptstadt liegt in Mittelanatolien, etwa 360 km östlich von Istanbul. Früher hieß die Stadt Angora. Atatürk wählte Ankara trotz seiner unwirtlichen Umgebung und nur rund 40.000 Einwohner bewusst als neue Hauptstadt aus, da sie für ihn wichtige Vorteile gegenüber Istanbul bot: Dort waren die fremden Einflüsse groß und die Stadt in Traditionen fest verwurzelt. In Ankara schuf Atatürk die nationale Armee, mit deren Hilfe er 1922 die Türkei befreite.)*

4. Was ist die größte Stadt der Türkei? *(Istanbul, das mit Europa und Asien auf zwei Erdteilen liegt, mit 8,0 Mio. Einwohnern. Früher hieß Istanbul ☞Byzanz und ☞Konstantinopel. Istanbaul liegt an der Meerenge Bosporus und verbindet die Kontinente Europa und Asien. Baustein des Stadtnamens ist Stambul, der älteste Teil der Stadt, der durch die Galata- und die Atatürk-Brücke mit den Wohnvierteln verbunden ist. Zweitgrößte Stadt ist Ankara, drittgrößte Stadt Izmir, das frühere Smyrna, mit 2,1 Mio. Einwohnern.)*

5. Was ist die „Hagia Sophia"? *(Die „Hagia Sophia" [=„Kirche der Heiligen Weisheit"] ist eine Kirche in Istanbul, die unter Kaiser Justinian von 532 bis 537 als christliche Kirche erbaut wurde. Ihre Kuppel ist beeindruckende 40 m hoch. Im Inneren findet man herrliche Mosaiken. 1453, als Konstantinopel erobert wurde, wurde die Kirche in eine Moschee umgewandelt, wobei die vier Minarette hinzugefügt wurden. Heute ist sie ein Museum. Sie ist ein Wahrzeichen Istanbuls.)*

6. Was ist das Besondere an der Blauen Moschee in Istanbul? *(Nicht nur die Pracht ihres pompösen Innenraums. Sie hat als einzige Moschee weltweit sechs Minarette.)*

7. Wie heißt der große Bazar in Istanbul? *(Der Gedeckte Bazar heißt auf Türkisch „Kapali Carsi". Er beherbergt 4.000 Geschäfte und ist damit weltweit der größte Bazar.)*

8. Wie viele Einwohner hat die Türkei? *(Ca.73,6 Mio.)*

9. Welche Religion ist in der Türkei am verbreitetsten? *(Der Islam, dem über 98 % angehören.)*

10. Sind die Türken Araber? *(Nein: Die Türken stellen eine eigene Bevölkerungsgruppe dar. Nur 1,4 % der Türken sind Araber.)*

11. Was ist Ephesos? *(Ephesos ist eine der besterhaltenen griechisch-römischen Städte an der Westküste der Türkei etwas südlich von Izmir. Unter den Römern war Ephesus Hauptstadt der Provinz Asia. Ephesos beheimatete nach Alexandria die zweitgrößte Bücherei der Antike. Ihre Bestände wurden im Rahmen der wechselseitigen Eroberungen verfeuert. In Ephesos steht mit dem Artemistempel auch eines der ☞sieben Weltwunder. Ephesos war nicht nur der Mittelpunkt des ost-westlichen Handels, son-*

dern auch das Ziel Tausender von Pilgern, da hier ein Tempel der Diana stand, die ursprünglich eine orientalische Göttin war, die von den Griechen übernommen wurde.)

12. Wofür ist Pergamon berühmt? *(Pergamon war früher die Hauptstadt der römischen Provinz „Asia propria“. Damals war die Stadt ungeheuer reich und ein geistiges Zentrum des Nahen Ostens. Hier wurde das Papier erfunden, das noch heute den Namen der Stadt trägt: Pergament.)*

13. Was ist Pamukkale? *(Pamukkale sind Kalksinterterrassen bei Hierapolis [westliche Türkei, Inland], die von der Unesco zum Weltnaturerbe erklärt worden sind. Heiße kalkhaltige Quellen spenden das Wasser, das über Terrassen den Berg hinab fließt und auf den einzelnen Terassenflächen weiße Ablagerungen von Kalziumkarbonat erzeugt. Da die umliegenden Hotels die Thermalquellen für ihre Pools benutzen, werden die Kalksinterassen nicht mehr mit genug Quellwasser überspült und damit ihr Abbau forciert.)*

14. Wann entstand die erste Hochkultur in der Türkei? *(Die ☞Hethiter entwickelten ca. 1900 – 1200 v. Chr. die erste Hochkultur in der Türkei.)*

15. Gehörte die Türkei früher zum Perserreich? *(Ja: Von der Mitte des 6. Jahrhunderts – 333 v. Chr. gehörte die Türkei zum Perserreich. Dann eroberte ☞Alexander der Große die Türkei.)*

16. Gehörte die Türkei früher zum Römischen Reich? *(Ja: Im 2. und 1. Jahrhundert v. Chr. eroberten die Römer die Türkei.)*

17. Die Türkei wurde ab dem 14. Jahrhundert nach Chr. als „Osmanisches Reich“ bezeichnet, warum? *(Weil um das Jahr 1300 herum ein Turkmene namens Osman I. Ghasi ein Reich begründete, das man nach ihm benannte. Seitdem hießen die Herrscher des Reiches Sultane.)*

18. Wann war das Osmanische Reich am größten, was gehörte zu ihm? *(Es war 1682 am größten. Damals gehörten zum Osmanischen Reich praktisch ganz Nordafrika, Ägypten und die arabischen Staaten, die Gebiete um das gesamte Schwarze Meer herum, die Balkanstaaten und Griechenland.)*

19. Welche Auswirkungen hatte der 1. Weltkrieg auf die Türkei? *(Die Türkei kämpfte mit den Mittelmächten [dazu gehörten Deutschland, Österreich und Ungarn], war also Kriegsverlierer. Das löste das Ende des Osmanischen Reiches aus, weil die europäischen Großmächte sich dessen Gebiete einverleibten. An die Stelle des Osmanischen Reiches trat am 01.11.1922 die Republik der Türkei.)*

20. Wer war Mustafa Kemal Atatürk? *(Der General Mustafa Kemal [1881-1938] organisierte 1919 den nationalen Widerstand gegen die Zerstückelung seines Landes und schlug die Griechen, die mit Zustimmung der Alliierten Westanatolien besetzt hatten. Nach dem Ausrufen der Republik 1922 wurde Kemal zum Präsidenten gewählt und*

nahm 1934 den Namen „Atatürk“ [=„Vater der Türken“] an. Atatürk betrieb die Modernisierung des Landes, pflegte den Nationalstolz der Türken, setzte die Trennung von religiösen muslimischen Einrichtungen und Staatsgeschäften durch, führte die staatliche Lenkung der wichtigsten Wirtschaftszweige ein und setzte diplomatische Beziehungen mit früheren Gegnern und ehemaligen Gebieten durch. Insgesamt machte Atatürk die Türkei zu einem europäisch ausgerichteten, modernen Staat.)

21. Wie verhielt sich die Türkei im 2. Weltkrieg? *(Nach der schlechten Erfahrung im 1. Weltkrieg blieb die Türkei im 2. Weltkrieg so lange wie möglich neutral, wartete den wahrscheinlichen Ausgang des Krieges ab und erklärte erst im Februar 1945 Deutschland und Japan den Krieg, der zu diesem Zeitpunkt praktisch schon gelaufen war.)*

22. Welchem Bündnis schloss sich die Türkei nach dem 2. Weltkrieg an? *(Da die UdSSR versuchte, die Kontrolle über die Türkei zu erlangen, um freien Zugang für seine Schiffe zum Mittelmeer zu erreichen, schloss sich die Türkei aus Angst davor lieber der NATO, die von den USA beherrscht wurde, an, zumal die USA im Gegenzug der Türkei wirtschaftliche Hilfe gewährten.)*

23. Was ist die „PKK“? *(Eine kurdische Organisation in der Türkei. Die ☞Kurden sind in der Türkei eine Minderheit, sind aber nicht auf das türkische Gebiet beschränkt. Vielmehr ist ihr Stammland das Grenzgebiet zwischen der Türkei, Irak und Iran [Kurdistan]. Die Gesamtzahl der Kurden wird auf ca. 25 Mio. geschätzt, wovon mehr als die Hälfte in der Türkei leben. Die Kurden sprechen mit Kurdisch eine eigene Sprache. Nach dem 1. Weltkrieg war am 10.08.1920 im Friedensvertrag von Sèvres der Türkei mit den Alliierten den Kurden ein unabhängiger Staat zugesichert worden, was aber bis heute nicht umgesetzt wurde. Die PKK [=Arbeiterpartei Kurdistans] kämpft für Autonomie und Selbstverwaltung in der Türkei, aber auch im Iran und Irak. Da sie dabei auch Terroranschläge verübt und ihren Kampf teilweise auf deutschem Boden austrug, ist sie in Deutschland 1993 verboten worden.)*

24. Was ist Anatolien? *(Als Anatolien bezeichnet man den asiatischen Teil der Türkei.)*

25. Wie heißt der höchste Berg der Türkei? *(Ararat mit 5137 m Höhe. Er ist ein erloschener Vulkan. Hier soll Noah nach der Sintflut mit seiner Arche aufgesetzt haben.)*

26. Eine beliebte Touristenattraktion in der Türkei ist der Bauchtanz. Wie alt ist dieser Tanz? *(Der Bauchtanz ist der älteste bekannte Tanz der Welt. Malereien aus der Zeit 5.000 v. Chr. zeigen schon typische bis heute benutzte Tanzposen. Damals wurde der Bauchtanz als ritueller Tanz gepflegt, z.B. als Fruchtbarkeitstanz oder zum Erntedank.)*

27. Ein beliebtes türkisches Gericht ist der Döner. Was bedeutet das Wort? *(Das Wort bedeutet übersetzt schlicht und einfach „er dreht sich“. Schon im 18. Jahrhundert berichteten Türkei-Besucher lobend von seinem Geschmack.)*

28. Wenn wir davon reden, etwas sei „getürkt“, hat das was mit den Türken zu tun? *(Nein: Im Schwyzerdütsch heißen Manöver, in denen die Soldaten eine überraschende Situation meistern müssen, Türgg. Daraus entwickelte sich „einen Türken bauen“, wenn etwas Nachgestelltes als Original ausgegeben wurde.)*

Polynesien

1. Was ist Polynesien? *(Als Polynesien [vom Griechischen polys = viel und nesos = Insel] bezeichnet man die Inselgruppen, die im Stillen Ozean [Pazifik] zwischen Nord- und Südamerika, Australien und Asien verstreut liegen. Es sind viele hundert Inseln, die z. T. aus erloschenen ☞Vulkanen und Korallenriffen bestehen.)*

2. Welche Inselgruppe ist die bekannteste Polynesiens? *(Hawaii.)*

3. Wovon ernähren sich dich die Polynesier? *(Im Wesentlichen vom Fischfang, dem Anbau von Taro [einer stärkehaltigen Krautpflanze] und Süßkartoffeln, dem Ernten von Kokosnüssen und Obst sowie der ☞Schweinezucht. Früher gab es auch rituellen Kannibalismus.)*

4. Was ist ein „Tabu“? *(Das Tabu ist ein Begriff aus dem Polynesischen, den wir in unseren Sprachraum übernommen haben. Mit Tabu wird all das bezeichnet, was in einer Gesellschaft verboten ist.)*

Weizen

1. Zu welcher Pflanzengruppe gehört Weizen? *(Weizen gehört wie alle Getreidesorten zur Pflanzengruppe der Gräser.)*

2. Was enthalten alle Getreidesorten als Bestandteil? *(Hauptsächlich Stärke.)*

3. Wie lange gibt es Weizen schon? *(Schon rund 6000 v. Chr. wurde aus Weizenmehl Brot gebacken.)*

4. Wird überall auf der Welt der gleiche Weizen angebaut? *(Nein, Weizen wird speziell für Regionen gezüchtet, also z.B. winterfester Weizen zum Anbau in Russland, dürreresistenter Weizen für heiße Gebiete.)*

5. Was wird aus Weizen hergestellt? *(In erster Linie Brot und Gebäck, aber auch Bier, Whisky und industrieller Alkohol.)*

6. Wer ist größter Weizenproduzent der Welt? *(Russland, gefolgt von China und den USA.)*

Deutschland, Staat und Recht

1. Von wann stammt das Deutsche Grundgesetz? *(Das Deutsche Grundgesetz wurde am 08.05.1949 vom Parlamentarischen Rat beschlossen und am 23.05.1949 verkündet.)*

2. Dürfen die Grundrechte des Grundgesetzes geändert werden? *(Im Gegensatz zu allen anderen Artikeln des Grundgesetzes, die mit einer 2/3-Mehrheit geändert werden dürfen, dürfen die Grundrechte nicht geändert werden.)*

3. Wer darf in Deutschland wählen? *(Bei den Wahlen zum Bundestag und zu den Landtagen alle deutschen Staatsangehörigen, gemäß Artikel 28 Absatz 1 GG bei Kommunalwahlen auch EU-Ausländer.)*

4. Nach welchem Wahlsystem werden in der BRD die Bundestagsabgeordneten gewählt? *(Nach dem Hare-Niemeyer-Verfahren: Die Zahl der für eine im Bundestag vertretene Partei abgegebenen Stimmen wird mit der Gesamtzahl der Abgeordnetensitze multipliziert, und das Produkt durch die Gesamtzahl aller Stimmen dividiert. Jede Partei erhält so viele Sitze, wie ganze Zahlen auf sie entfallen. Von dieser Zahl werden die Direktmandate [= Wahlkreis gewonnen, also direkt in den Bundestag gewählt] abgezogen und der Rest nach der Liste der Parteien besetzt.)*

5. Seit wann ist das Deutschland-Lied die National-Hymne Deutschlands? *(Im September 1922 wurde das „Deutschland-Lied", auch „Lied der Deutschen" oder „Hoffmann-Haydn'sches Lied" genannt, die Nationalhymne der Weimarer Republik. Heinrich Hoffmann von Fallersleben hatte den Text schon 1841 gedichtet. Die Melodie des Deutschland-Liedes entspricht der früheren österreichischen Kaiserhymne „Gott erhalte Franz, den Kaiser" von Josef Haydn. Von 1933 bis 1945 sang man nur die erste Strophe des Deutschland-Liedes. Die Alliierten verboten nach dem Ende des zweiten Weltkrieges vorübergehend das Deutschland-Lied. Konrad Adenauer bat 1952 den Bundespräsidenten Theodor Heuss, das Hoffmann-Haydn'sche Lied als Nationalhymne anzuerkennen. Dem stimmte Heuss zu. So wurde das Deutschland-Lied – jedoch nur die dritte Strophe – zur Nationalhymne.)*

6. Wird der Bundeskanzler vom Volk oder vom Parlament gewählt? *(Bundeskanzler kann nur werden, wer die absolute Mehrheit im Bundestag bei der Abstimmung er-*

ringt. Dementsprechend kann ein Bundeskanzler umgekehrt nur gestürzt werden durch ein konstruktives Misstrauensvotum, bei dem ein Nachfolger ebenfalls mit der absoluten Mehrheit gewählt wird.)

7. Was versteht man unter Immunität? *(Unter parlamentarischer Immunität versteht man die Unabhängigkeit eines Abgeordneten. Er darf strafrechtlich nur verfolgt werden, wenn durch den Bundestag vorher seine Immunität aufgehoben worden ist.)*

8. Wer wählt die Minister? *(Die Minister werden nicht gewählt, womit der Bundestag auch kein direktes Mitwirkungsrecht bei der Ernennung und Entlassung von Bundesministern hat. Insoweit hat die ausschließliche Bestimmungsbefugnis der Bundeskanzler.)*

9. In Deutschland gilt das Gewaltenteilungsprinzip. Was bedeutet das? *(Die Gesetzgebung [Legislative] ist an die Verfassung gebunden, die vollziehende Gewalt [Exekutive] und Rechtsprechung [Judikative] sind an Verfassung und Gesetz gebunden. Diese drei Gewalten sind voneinander unabhängig, kontrollieren sich also gegenseitig. Die Bündelung der Befugnisse in einer Hand – wie unter Hitler – ist in Deutschland verfassungsrechtlich unmöglich.)*

10. Gibt es in Deutschland noch die Todesstrafe? *(Nein, die Todesstrafe ist in Deutschland gemäß Artikel 102 GG abgeschafft.)*

11. Wie heißen die obersten Verfassungsorgane in der BRD? *(Bundestag, Bundesrat, Bundesregierung, Bundespräsident und Bundesverfassungsgericht. Den Urteilen des Bundesverfassungsgerichtes kommt Gesetzesrang zu.)*

12. Von wem werden die Richter des Bundesverfassungsgerichtes gewählt? *(Die Verfassungsrichter werden je zur Hälfte vom Bundestag und vom Bundesrat gewählt.)*

13. Werden die Bundesratsmitglieder gewählt? *(Nein, die Mitglieder des Bundesrates werden nicht gewählt, sondern von den Landesregierungen in den Bundesrat entsandt. Die Anzahl der Mitglieder des Bundesrates je Bundesland richten sich nach Größe und Bevölkerungsanzahl. Dabei hat jedes Bundesland mindestens drei Stimmen. Länder mit mehr als zwei Millionen Einwohnern haben vier Stimmen, Länder mit mehr als sechs Millionen Einwohnern haben fünf Stimmen.)*

14. Welche Parteien nehmen in Deutschland an den Bundestagswahlen teil? *(CDU, CSU, SPD, FDP, Bündnis 90/Die Grünen, PDS.)*

15. Wann ist der deutsche Nationalfeiertag? *(Amt 03.10. [Tag der Deutschen Einheit]. Das Datum fällt zusammen mit der Wiedervereinigung der Alten und Neuen Bundesländer.)*

16. Wann nach dem zweiten Weltkrieg hat Deutschland seine Unabhängigkeit zurückerlangt? *(Die BRD erhielt am 05.05.1955 wieder die Stellung eines souveränen Staates.)*

17. Seit wann gehört Helgoland zu Deutschland? *(Die Felseninsel Helgoland in der „Deutschen Bucht" war 1714 dänisch, 1814 britisch und gehört seit 1890 zu Deutschland.)*

18. Wie alt war Adenauer, als er das erste Mal zum Bundeskanzler gewählt wurde? *(Konrad Adenauer war 73 Jahre alt, als er zum Bundeskanzler gewählt wurde. Er starb 1967 im Alter von 92 Jahren. Adenauer war vom 15.09.1949 bis zum 11.10.1963 Bundeskanzler. Am Schluss wurde er mitten in der vierten Wahlperiode von Ludwig Ehrhard abgelöst.)*

19. Was versteht man unter einem Hammelsprung? *(Der Hammelsprung ist ein Abstimmungsverfahren im Parlament, bei dem die Abgeordneten, die für Ja, Nein oder Stimmenthaltung votieren, durch verschiedene Türen den Plenarsaal betreten. Die Bezeichnung geht zurück auf ein Intarsienbild in einer Abstimmungstür im ehemaligen Berliner Reichstag und heutigen Bundestag: Es zeigt den blinden Polyphem aus der Odyssee, während er seine Hammel zählt. Unter ihren Bäuchen hingen ☞Odysseus und seine Gefährten, die so aus der Gefangenschaft des Riesen entkamen.)*

Kupfer

1. Was ist Kupfer? *(Ein Metall mit dem chemischen Zeichen „Cu" [nach dem lateinischen „cuprum"].)*

2. Kupfer gehört zu den Metallen, die der Mensch als erste nutzte. Warum? *(Kupfer kommt in der Natur „gediegen" [also nicht mit anderen chemischen Elementen verbunden] vor. Man muss es also nicht erst aus Verbindungen lösen, sondern kann es direkt formen. Hinzu kommt, dass Kupfer relativ weich, also formbar ist. Der Mensch fand auch bald heraus, dass man durch Beimengen von Zinn das Metall härten konnte.)*

3. Wie nennt man die Legierung von Kupfer und ☞Zinn? *(Bronze. Da diese Legierung 2000 Jahre lang der wichtigste Grundstoff für Geräte und Schmuck war, benannte man die entsprechende Zeit danach als „Bronzezeit".)*

4. Welche Eigenschaften hat Kupfer? *(Nach ☞Silber hat es die beste Leitfähigkeit für Wärme und Elektrizität und ist sehr korrosionsbeständig [rostet also wie Edelmetalle nicht, weshalb es auch für Münzen verwendet wird].)*

5. Wie nennt man die Legierung von Kupfer und ☞Zink? *(Messing.)*

San Marino

1. Was ist San Marino? *(Die kleinste [61,39 km²] Republik der Welt. San Marino hat rund 30.500 Einwohner.)*

2. Wo liegt San Marino? *(Auf der Apenninhalbinsel, umgeben vom italienischen Staatsgebiet, etwa 11 km südwestlich von Rimini.)*

3. Wie ist die Amtssprache von San Marino? *(Italienisch.)*

4. Hat San Marino eigenes Geld und eigene Briefmarken? *(Ja. Briefmarken seit 1877, die mit dem Fremdenverkehr die Haupteinnahmequellen [60 %] der Republik darstellen.)*

5. Was ist die Hauptstadt von San Marino? *(San Marino mit rund 4.500 Einwohnern.)*

6. Wie kam San Marino zu seinem Namen? *(Anfang des 4. Jahrhunderts n. Chr. wurde die Republik von flüchtenden Christen gegründet. Einer von ihnen war der Steinmetz Marinus, der zum Namensgeber wurde.)*

7. Hat San Marino eine Armee? *(Ja, aber die kleinste der Welt, da sie nur aus 11 Soldaten besteht.)*

Kreuzzüge

1. Was bezeichnet man als „Kreuzzüge“? *(Kriegszüge der Christen des Abendlandes gegen die Muslime, vor allem auf Initiative des Papstes. Primär ging es um die Befreiung Jerusalems und des Heiligen Landes von den „Ungläubigen“ ab 1095. Aber auch das von den muslimischen Mauren besetzte Spanien war Objekt eines Kreuzzuges.)*

2. Wie kam es zum Namen „Kreuzzug“? *(Die Teilnehmer trugen ein rotes Kreuz auf weißem Grund als Zeichen.)*

3. Wie kam es zum ersten Kreuzzug? *(Der erste Kreuzzug wurde aus der Not zweier Männer geboren: 1071 hatten die seldschukischen Türken Anatolien erobert, was den byzantinischen Kaiser Alexios herbe traf: Anatolien war nämlich ein Land, das reich an Lebensmitteln und Rekruten war und hohe Steuern eintrug. Um es zurückzuerobern brauchte Alexios erfahrene Söldner, um die er Papst Urban II. bat. Der freute*

sich über die Anfrage, weil sie ihn als Oberhaupt der westlichen Christenheit bestätigte und damit sein Prestige erhöhte, das vom römischen Kaiser und einem Gegenpapst in Frage gestellt wurde. Also zeigte er sich mit einer großen Werbekampagne hilfsbereit. Sein Aufruf wurde dadurch so erfolgreich, dass sich nicht nur gut gerüstete Ritter auf den Weg machten, sondern auch der Mob der unteren Schichten, der plündernd durch Deutschland, Ungarn und über den Balkan nach Byzanz zog.)

4. Wie viele Kreuzzüge gab es? *(Sieben von 1096 - 1270.)*

5. Wie viele Menschen starben bei den Kreuzzügen? *(5 Mio. Menschen fanden bei den Kreuzzügen den Tod.)*

6. Wie endeten die Kreuzzüge? *(Den ersten gewannen die Christen und metzelten die Türken und ☞Juden nach der Einnahme von Jerusalem erbarmungslos nieder. Den zweiten verloren sie. Am dritten nahmen der deutsche König Barbarossa, der französische König Philipp II. August und der englische König Richard I. ☞Löwenherz teil. Barbarossa ertrank beim Baden in dem Fluss Saleph an der Südküste Kleinasiens. Sein Heer löste sich auf. Sein Ziel – die Befreiung Jerusalems – erreichte der dritte Kreuzzug nicht. Die letzten Kreuzzüge brachten keinen endgültigen Sieg über die Türken.)*

7. Warum folgten so viele Menschen dem Aufruf zum Kreuzzug? *(Papst Urban II. hatte den Teilnehmern die Tilgung ihrer Sühnenschuld in Aussicht gestellt. Aber auch wirtschaftliche Gründe [Aussicht auf Beute und Macht] waren neben religiösen Motiven Grund zur Teilnahme.)*

Petersdom

1. Was ist der Petersdom? *(Die zweitgrößte Kirche der Christenheit und Hauptkirche des Papstes. Der Petersdom gilt mit seiner überbauten Grundfläche von 15.000 m^2 als weltweit größter Kirchenbau. Noch größer ist seit 1989 aber die „Basilika Notre-Dame de la Paix“ in Yamoussoukro, der Hauptstadt der Elfenbeinküste mit einer Grundfläche von 30.000 m^2. Das weltweit größte sakrale Bauwerk ist der Angkor-Wat-Tempel in Kambodscha, der mit Nebengebäuden eine Fläche von mehr als einer Mio. m^2 bedeckt.)*

2. Wo steht der Petersdom? *(In Rom.)*

3. Wie kam der Petersdom zu seinem Namen? *(Er ist die Grabkirche des Apostels Petrus, der zwischen 64 und 67 n. Chr. auf Befehl Neros ans Kreuz geschlagen und dort begraben wurde, wo heute der Petersdom steht. Die sterblichen Überreste des heiligen Petrus liegen jetzt offiziell in einer Krypta unter dem Hauptaltar begraben. Das*

Grab von Petrus ist mindestens seit dem 2. Jahrhundert auf dem Vatikans-Hügel neben dem Circus des Caligula und Nero verehrt worden. Über dem Grab ließ um 320 Kaiser Konstantin eine Kirche erbauen, den Vorgänger-Bau des heutigen Petersdoms. Zwar lässt sich heute die Stelle definieren, die bereits im zweiten Jahrhundert als Grab von Petrus gegolten hat. Ob er dort aber tatsächlich begraben liegt oder es sich nur um ein Scheingrab handelt, ist bis heute ungeklärt.)

4. Wie viele Menschen kann der Petersdom aufnehmen? *(60.000 – 80.000 Menschen. Er hat eine Innenfläche von 15.160 m² [Zum Vergleich: Der Kölner Dom hat eine Fläche von 6.166 m²].)*

5. Wie lange dauerte der Bau des heutigen Petersdoms? *(Von 1506 - 1626. Früher stand dort seit dem 2. Jahrhundert n. Chr. ein Sakralbau. Kaiser Konstantin ließ 349 eine erst große Basilika erbauen. Als dieser Bau im 15. Jahrhundert einzustürzen drohte, legte Papst Julius II. 1506 den Grundstein für eine neue Kirche.)*

6. Wie wurde der Bau des Petersdoms finanziert? *(Mit Ablassbriefen, dem sog. „Peterskirchen-Ablass" von 1506, die in Deutschland durch den Dominikanermönch Johannes Tetzel verkauft wurden. Diesen Ablass konnte man im Unterschied zu anderen Ablässen auch post mortem [= nach dem Tod] erwerben. Außerdem mussten die Sünder dabei ihre Taten nicht einmal bereuen. Martin ☞Luther verabscheute das als unchristlich und veröffentlichte seine 95 Thesen, was letztlich zur Spaltung der Christen in Katholiken und Protestanten führte.)*

7. Von dem Balkon über dem mittleren Portal spendet der Papst den Segen „Urbi et orbi". Was bedeutet das? *(Der Papst segnet damit die Stadt Rom [urbi] und den Erdkreis [orbi].)*

8. Wer schuf die Kuppel des Petersdoms? *(Die 132,50 hohe Kuppel [entspricht der Höhe eines vierzigstöckigen Hochhauses] geht auf Pläne ☞Michelangelos zurück, der 1547 Bauleiter wurde. Gegen seine Pläne bekam der Zentralbau durch Carlo Maderna die Form eines lateinischen Kreuzes.)*

9. Unter der Kuppel steht der Hauptaltar des Petersdoms. Welche Besonderheit gilt für ihn? *(An diesem Hauptaltar darf nur der Papst die Messe lesen.)*

10. An der Basis der Kuppel läuft eine lateinische Inschrift in großen Buchstabe: „Tu es Petrus et super hanc petram aedificiabo ecclesiam meam et tibi dabo claves Regni Coelorum." Was bedeutet diese Inschrift? *(„Du bist Petrus, der Fels, und auf diesem Felsen will ich meine Kirche bauen, und ich werde dir die Schlüssel des Himmelreiches geben.")*

11. Was sind die bekanntesten Kunstwerke im Petersdom? *(Im rechten Seitenschiff die Pietà von Michelangelo und im Mittelschiff die Bronzestatue des hl. Petrus von Arnolfo di Cambio.)*

Phönizier

1. Was war Phönizien? *(Ein schmaler Landstrich an der Ostküste des Mittelmeers, wo heute der Libanon liegt. Hier ließen sich um 2500 v. Chr. semitisch sprechende Siedler nieder und gründeten Stadtstaaten, von denen die bedeutendsten Tyrus und Sidon wurden.)*

2. Was machte die Phönizier bekannt? *(In der Blütezeit zwischen 1200 und 900 v. Chr. waren die Phönizier die größte Handels- und Seemacht der Antike, die das gesamte Mittelmeer bis zum Atlantik beherrschte. Sie hatten Kolonien [vor allem an der nordafrikanischen und südspanischen Küste sowie auf Sizilien] sowie Handelsniederlassungen und gründeten Städte, z.B. ☞Karthago in Nordafrika. Berühmt waren sie wegen der Produktion der damals sehr begehrten Purpurstoffe. Sie trieben regen Handel, auch ☞Sklavenhandel.)*

3. Wie kamen die Phönizier zu ihrem Namen? *(Es war die Farbe ihres Exportschlagers, des Purpurstoffes: Rot hieß auf Griechisch Phoinos. Danach wurden sie benannt.)*

4. Was ist die bedeutendste Errungenschaft der Phönizier? *(Sie entwickelten schon im 16. Jahrhundert v. Chr. ein Alphabet, das später Grundlage des griechischen und lateinischen Alphabets werden sollte.)*

Sir Francis Drake

1. Wer war Sir Francis Drake (1540 – 1596)? *(Ein englischer Seefahrer und ☞Seeräuber.)*

2. Wie kam Sir Francis Drake zur Seefahrt? *(Bereits mit 12 Jahren heuerte er auf einem Schiff an. Mit 27 hatte er sein erstes Kommando. Mit Zustimmung der britischen Krone bekämpfte er ab 1572 Spanier und Portugiesen.)*

3. Warum wurde Francis Drake 1581 in den Adelsstand („Sir“) erhoben? *(Zum einen gelang ihm als erstem Engländer vom Juli 1579 bis zum September 1580 eine Weltumsegelung. Die englische Königin freute sich aber vor allem über seine Beute, die er bei seinen Auseinandersetzungen mit den Spaniern und Portugiesen mitbrachte und zum Teil bei der Königin abliefern musste.)*

4. Wie starb Sir Francis Drake? *(1595 schickte die englische Königin ihn und den Seefahrer Sir John Hawkins auf eine Expedition zu den Westindischen Inseln. Beide starben in der Karibik an der Ruhr.)*

Bismarck

1. Wer war Bismarck? *(Otto Graf von Bismarck [1815-1898] war ein preußisch-deutscher Staatsmann, geboren in Schönhausen, studierter Jurist, insbesondere war er von 1871-1890 der erste Kanzler des Deutschen Reiches.)*

2. War Bismarck eher Demokrat oder eher nicht? *(Eher nicht: Die ☞Revolution 1848 lehnte er ab und löste nach seiner Ernennung 1862 zum preußischen Ministerpräsidenten als erstes das Abgeordnetenhaus auf, um gegen die Mehrheitsverhältnisse das preußische Heer stärken zu können. Bismarck rechtfertigte das mit seiner „Blut-und-Eisen-Rede“: Die großen Fragen der Zeit [gemeint war die deutsche Einigung] seien nicht mit Reden und Mehrheitsentscheidungen zu erreichen, sondern nur durch „Eisen und Blut“. Schon 1852, als er als Gesandter Preußens nach Frankfurt am Main an den Deutschen Bundestag ging, hatte er seinen Ruf als unliberal weg: Die satirische Zeitschrift „Kladderadatsch“ spottete: „Der Herr von Bismarck-Schönhausen werde dort schön hausen.“)*

3. Was war der „Deutsche Bund“? *(Ein auf dem Wiener Kongress 1815 gegründeter Zusammenschluss deutscher Einzelstaaten zu einem Staatenbund. Österreich war darin Präsidialmacht, was Bismarck immer missfiel. Er strebte eine Gleichstellung Preußens mit Österreich im Deutschen Bund an. Die permanenten Querelen mündeten schließlich 1866 im „Deutschen Krieg“ zwischen Preußen und Österreich, den Preußen mit dem Sieg in der Schlacht von Königgrätz am 03.07.1866 gewann. Das führte zur Auflösung des Deutschen Bundes. Bismarck gründete 1867 flugs den „Norddeutschen Bund“ unter preußischer Führung und wurde Bundeskanzler.)*

4. Was war die „Emser Depesche“, welches politische Ziel verfolgte Bismarck mit ihr? *(Die „Emser Depesche“ war ein Bericht an Bismarck über Gespräche des preußischen Königs mit einem französischen Diplomaten über die spanische Thronkandidatur eines Hohenzollernprinzen. Bismarck kürzte den Bericht, was ihn verschärfte, und veröffentlichte ihn, was Frankreich provozieren musste. Er löste die Kriegserklärung Frankreichs an Preußen und damit den Deutsch-Französischen Krieg von 1870/71 aus. Bismarck spekulierte zutreffend darauf, dass bei einer Kriegserklärung durch Frankreich fast alle deutschen Staaten Preußen zu Hilfe kommen würden. So geschah es, Deutschland gewann den Krieg [wobei es den Franzosen im Friedensvertrag u.a. Elsaß-Lothringen abnahm], und Bismarck nutzte die Gunst der Stunde, das Zusammengehörigkeitsgefühl umzusetzen in die Gründung eines neuen Deutschen Reiches. Der preußische König wurde an dessen Spitze zum Kaiser ausgerufen.)*

5. Welches Amt hatte Bismarck im neuen Deutschen Reich? *(Er war erster Kanzler des Deutschen Reichs [nach der Verfassung der einzige ausschließlich dem Kaiser verantwortliche Minister] und bestimmte in dieser Funktion Innen- und Außenpolitik.)*

6. Was war das „Sozialistengesetz"? *(Das Sozialistengesetz von 1878 verbot alle sozialdemokratischen, sozialistischen und kommunistischen Vereinigungen. Bismarck verfehlte das mit dem Gesetz verfolgte Ziel: Als es 1890 auslief, wurden die Sozialdemokraten auf Anhieb stärkste Fraktion im Reichstag. Bismarck versuchte vergeblich, gegenzusteuern durch die Anfänge einer Sozialgesetzgebung.)*

7. Wie endete Bismarcks politische Karriere? *(Der geltungsbedürftige junge Kaiser Wilhelm II. entließ ihn 1890 wegen unüberbrückbarer Gegensätze. Die Londoner Zeitung „Punch" titelte kurz und prophetisch: „Der Lotse geht von Bord." Bismarck zog sich auf sein Landgut im Sachsenwald zurück, wo er am 30.07.1898 starb.)*

8. Wie war Bismarck privat? *(Thomas Mann hat Bismarck als „hysterischen Koloss" bezeichnet. Das trifft ins Schwarze: So machthungrig Bismarck war, so sensibel war er auch. Seine späteren Briefe an seine Frau offenbaren einen ebenso feinfühligen wie zärtlichen Menschen. Gleichermaßen dünnhäutig war er aber auch im politischen Leben. So litt er darunter, 1859 als Bundestagsgesandter aus Frankfurt abgerufen und nach Petersburg entsandt zu werden, was er als politische Kaltstellung empfand. Prompt wurde er krank, fiel einem Quacksalber in die Hände und hätte fast ein Bein amputiert bekomen müssen. Nach einem längeren Kuraufenthalt in der Heimat musste er nach Petersburg zurück und fing sich eine Lungenentzündung ein, die seine Gesundheit für den Rest des Lebens schwächen sollte. So litt er unter rheumatischen Entzündungen, Gichtanfällen, Magenkrämpfen, Gallenkoliken, Gesichtsneuralgien und vor allem unter Schlaflosigkeit. Erschwerend kam hinzu, dass Bismarck liebte, große Mengen schwerer Speisen mit mehreren Flaschen Wein oder Champagner hinunterzuspülen. Davon wurde er immer dicker und brachte 1879 schließlich 250 Pfund auf die Waage. Bismarck jammerte ständig, was Historiker als Mangel an von ihm ersehnter Zuneigung deuten.)*

9. Wie starb Bismarck? *(Recht erbärmlich: Im Sommer 1897 entdeckte sein Leibarzt in seinem linken Bein erste Anzeichen von Altersbrand. Bismarck bekam gegen die unerträglichen Schmerzen immer größere Dosen Morphium verabreicht. Seine Familie hielt seinen Zustand vor der Öffentlichkeit geheim, da er schon zum nationalen Heros verklärt worden war. So starb er mit dem Mythos des „Eisernen Kanzlers", der er in Wirklichkeit nie war.)*

Uran

1. Was ist Uran? *(Ein chemisches Element [chemisches Zeichen: „U"], radioaktives Metall. Schmelzpunkt: 1132° C, Siedepunkt: 3818° C. Seine Isotope ^{235}U und ^{238}U sind wichtige Kernbrennstoffe.)*

2. Woher hat Uran seinen Namen? *(Der deutsche Chemiker Klaproth entdeckte 1789 Uranoxid und glaubte, ein neues Element entdeckt zu haben. Er benannte es nach dem Planeten Uranus, der 1781 gefunden worden war. Erst 52 Jahre später gelang die Erzeugung reinen Urans durch den Franzosen Péligot. Der französische Physiker Becquerel wies als erster die radioaktiven Eigenschaften nach.)*

3. Wer spaltete als erster einen Urankern? *(1938 Otto Hahn [der nach dem Krieg den Nobelpreis für Chemie des Kriegsjahres 1944 dafür erhielt] und Fritz Strassmann.)*

4. Wofür verwendet man Uran? *(Hauptsächlich zum Bau von Atomwaffen wurde es nach der Entdeckung der Kernspaltung eingesetzt. Erst 1954 gaben die Amerikaner einen Teil ihrer Forschungsergebnisse der Öffentlichkeit preis. Heute wird Uran zum Betrieb von Atomkraftwerken zur Erzeugung von Strom verwendet.)*

5. Was bedeutet „Uran anreichern"? *(Um Uran als Energiespender oder Waffe einsetzen zu können, benötigt man eine bestimmte Sorte Uran, nämlich das Uran-Isotop 235. Nur dieses Isotop ist zu einer nuklearen Kettenreaktion fähig und wird in Kernkraftwerken sowie als Sprengstoff in Atomwaffen eingesetzt. Dies Isotop ist nur zu 0,7 % in natürlichem Uran enthalten, den Rest macht Isotop 238 aus. Unter „Anreichern" versteht man das Entmischen der unterschiedlichen Isotope in einer Zentrifuge oder in einem Diffusionsverfahren.)*

Argentinien

1. Was ist Argentinien? *(Die Argentinische Republik ist ein südamerikanischer Staat mit einer Fläche von 2.780.400 km2 [zum Vergleich: BRD 356.733 km^2]. Argentinien hat rd. 37,9 Mio. Einwohner.)*

2. Wie kam Argentinien zu seinem Namen? *(Die ersten Eroberer vermuteten einen Silberreichtum in dem Land [lat. Argentum = Silber]. Das trug dem Land den Namen ein.)*

3. Wie heißt die Hauptstadt Argentiniens? *(Buenos Aires mit rund 13,8 Mio.. Einwohnern, womit sie nach São Paulo die zweitgrößte Stadt der südlichen Halbkugel ist. Hier wohnt 1/3 der Gesamtbevölkerung Argentiniens, im Großraum von Buenos Aires sogar 50 % der argentinischen Bevölkerung. Die Stadt ist Regierungssitz und das wirtschaftliche Zentrum Argentiniens, da dort der größte Hafen liegt. Buenos Aires liegt zwar rund 200 km vom Atlantik entfernt, ist mit ihm aber durch die gut schiffbare, kilometerbreite Mündung des Rio de la Plata verbunden.)*

4. Wie kam die Stadt zu ihrem Namen? *(1536 gründeten die Spanier unter dem Abenteurer Pedro de Mendoza die Stadt unter dem Namen Nuẹstra Señora Sạnta Marịa dẹl Buẹn Aire. Ihnen gefiel nämlich das Klima gut: Heiße Sommer und milde Winter wechseln sich ab. Daraus wurde Buenos Aires [= „Gute Lüfte"].)*

5. War Buenos Aires immer schon sehr groß? *(Nein: Wie viele andere bedeutende Städte wurde sie als Handelsniederlassung gegründet. Die spanischen Gründer wurden bald von den einheimischen Indianern vertrieben, und so kam es 1580 zur zweiten Gründung. Jetzt verschifften die Spanier Silber aus den Minen im Landesinneren über den Hafen ins Mutterland. 1776 wurde die Siedlung Hauptstadt des Vizekönigreichs Río de la Plata. Erst um die Mitte des 19. Jahrhunderts erlebte die Stadt einen rasanten Aufschwung. Der Hafen gewann nämlich an Bedeutung durch bessere Transportmöglichkeiten und die Entwicklung von Kühlanlagen. Dadurch konnte der steigende Bedarf Europas an Weizen, Mais und Rindfleisch viel umfangreicher aus Argentinien gedeckt werden. Deshalb investierten die Europäer große Summen in die argentinische Industrie. Dadurch wurde die Pampa [Hinterland von Buenos Aires] reich und Buenos Aires gleich mit.)*

6. Was ist die breiteste Straße der Welt? *(Wohl die Avenida 9 de Julio in Buenos Aires mit einer Breite von bis zu 120 m.)*

7. Was hat der Tango mit Buenos Aires zu tun? *(Er wurde hier Ende des 19. Jahrhunderts im vor allem von italienischen Einwanderern bewohnten Stadtteil Boca erfunden.)*

8. Welche Sprache spricht man in Argentinien? *(Wie in allen südamerikanischen Staaten außer Brasilien [portugiesisch] spricht man spanisch [Castellano genannt].)*

9. Welche Religion ist in Argentinien am verbreitetsten? *(92 % der Bevölkerung sind Katholiken.)*

10. Was ist der höchste Berg Amerikas? *(Die höchsten Gipfel der Anden sind meist erloschene, schlafende oder noch aktive Vulkane. Eine Ausnahme davon bildet der Aconcagua, der mit 6.959 Metern höchste Berg Amerikas. Er ist zwar aus vulkanischem Gesteinsmaterial aufgebaut, selbst aber kein Vulkan.)*

11. Welcher europäische Staat erschloss sich das heutige Argentinien? *(Spanien. Der spanische Seefahrer Juan Díaz de Solís entdeckte 1516 die weite Flussmündung*

des Rio de la Plata und beanspruchte das Gebiet für Spanien [Solís wurde im Sommer 1516 von der Lanze eines Indianers getötet.]. Im Februar 1536 gründete Mendoza die erste spanische Kolonie, der er den Namen Ciudad de Nuestra Senora de los Buenos Aires [= „Stadt Unserer Lieben Frau der guten Winde". Die Muttergottes war Schutzpatron der Seeleute von Sevilla. Mit dem Namen wurde für den günstigen Wind auf der Überfahrt von Spanien gedankt] gab. Die Indianer warfen bis 1541 die Spanier aus Buenos Aires wieder raus. Erst 1580 besiedelten die Spanier Buenos Aires neu.)

12. Argentinien ist für seine Rinderzucht bekannt. Wie kam es dazu? *(Die Spanier brachten Mitte des 16. Jahrhunderts zur Besiedlung kleine Rinderherden von Spanien nach Südamerika. Diese Rinderherden vergrößerten sich in der argentinischen Pampa schnell und legten den Grundstock für eine gesunde Landwirtschaft.)*

13. Wann erlangte Argentinien seine Unabhängigkeit? *(Als Spanien von ☞Napoleons Truppen 1810 besetzt wurde, nutzten argentinische Liberale die Chance, sich von Spanien loszusagen und erreichten 1816 die Unabhängigkeit Argentiniens.)*

14. Wie verhielt sich Argentinien in den beiden Weltkriegen? *(Im ersten Weltkrieg blieb Argentinien neutral. Beim zweiten Weltkrieg sympatisierte Argentinien mit Deutschland, blieb aber auch neutral. Erst am 27.03.1945, als der Sieg der Alliierten schon feststand, erklärte Argentinien Deutschland und Japan noch den Krieg.)*

15. Wer war Juan Domingo Peron? *(Ein politischer Führer Argentiniens. Er führte die Peronisten, die als Arbeiterpartei organisiert waren, an und versprach den ärmsten Mitgliedern der Bauern- und Arbeiterklasse [sog. Descamisados = „Hemdlose"] Sozialreformen. Nach dem Wahlsieg 1946 herrschte Peron diktatorisch, verbot und enteignete die unabhängige Tageszeitung La Prensa und ging mit seinen Gegnern nicht gerade zimperlich um. Ohne seine erste Frau Eva [„Evita"] Duarte, einer ebenso schönen wie einflussreichen Frau, die als sein soziales Gewissen galt, wäre Peron wohl kaum zu einer mystischen Figur geworden. Sie wird noch heute von den Armen Argentiniens enthusiastisch verehrt. 1952 starb Evita, und 1955 waren die inneren Spannungen so groß, dass ein Bürgerkrieg ausbrach. Peron dankte ab und ging erst nach Paraguay und dann nach Spanien ins Exil. Nachdem seine Partei erst verboten wurde, gewann sie 1973 die Präsidentschaftswahl. Peron kehrte nach Argentinien zurück und wurde mit mehr als 61 % der Stimmen erneut zum Präsidenten gewählt. Vizepräsidentin wurde seine Frau Isabel de Peron. Peron starb am 01.07.1974 im Alter von 78 Jahren, und seine Frau wurde erstes weibliches Regierungsoberhaupt in einem lateinamerikanischen Staat. Sie war aber unfähig und wurde bereits 1975 von einer Militärjunta abgesetzt.)*

16. Was war der „Falkland-Krieg"? *(Vor Argentinien liegen die Falkland-Inseln, die wirtschaftlich völlig unbedeutend sind. Sie gehören zu Großbritannien. Bei einem Machtwechsel durch Militär in Argentinien besetzten 1982 argentinische Truppen*

die Falkland-Inseln, wurden aber von Großbritannien in einem kurzen Krieg geschlagen und mussten die Inseln wieder räumen.)

Raffael

1. Wer war Raffael (eigentlicher Name: Raffaelo Santi)? *(Raffael [1483-1520] war italienischer Maler und Baumeister. Neben ☞Michelangelo und ☞Leonardo da Vinci war er einer der berühmtesten Künstler der Hochrenaissance.)*

2. Wo lebte Raffael? *(Er war Zeitgenosse von Michelangelo und Leonardo da Vinci, deren Arbeit er in Florenz kennen lernte, wo er von 1504-1508 lebte. Danach ging er nach ☞Rom, um die neuen päpstlichen Gemächer von Papst Julius II. mit Fresken auszustatten. In Rom blieb er bis zu seinem Tod.)*

3. Welchen Einfluss hatte die Zeit in Florenz auf Raffael? *(Hier lernte er die neuen künstlerischen Entwicklungen und die neuen geistigen Strömungen in Wissenschaft und Philosophie kennen. In Florenz studierte er die alten philosophischen Texte und befasste sich mit antiker Mythologie und Kunst.)*

4. Was hat Raffael mit dem ☞Petersdom in Rom zu tun? *(Er war seit 1514 als Nachfolger Bramantes päpstlich ernannter Bauleiter des Petersdoms.)*

5. Welches Motiv herrschte bei Raffael vor? *(Marienbildnisse.)*

6. Wo liegt Raffael begraben? *(Im Pantheon in Rom.)*

Kanada

1. Was ist Kanada? *(Kanada ist ein nordamerikanischer Staat mit einer Fläche von 9.984.670 km^2 [zum Vergleich: Die BRD ist 357.000 m^2 groß]. Damit ist Kanada flächenmäßig nach Russland der zweitgrößte Staat der Erde.)*

2. Wie kam Kanada zu seinem Namen? *(1534 erforschte der französische Seefahrer Jacques Cartier den Sankt-Lorenz-Strom und nahm das Gebiet für Frankreich in Besitz. Dabei fragte er einheimische Indianer nach dem Namen des Landes. Die verstanden die Frage falsch und dachten, er frage sie, wie ihre Ansiedlung heiße. Also*

antworteten sie mit dem irokesischen Wort „kanata", was „Dorf" bedeutet. Cartier übernahm den Namen für das ganze Gebiet.)

3. Wie heißt die Hauptstadt Kanadas? *(Ottawa, das seine Hauptstadteigenschaft mehr einem Zufall verdankt: Die übrigen Bewerber Montreal, Kingston und Toronto konnten sich nicht einigen. Daraufhin entschied 1857 die britische Königin Victoria von England [1819-1901], dass der kleine Ort Ottawa Hauptstadt werden solle. Erst danach wuchs Ottawa zu einer Großstadt mit heute rund 1 Mio. Einwohnern an.)*

4. Wie kam Ottawa zu seinem Namen? *(Ottawa hieß ursprünglich Bytown nach einem englischen Ingenieursobristen John By benannt, der hier eine Farmersiedlung begründete als Ausgangspunkt des von ihm geplanten Kanals zum Ontario-See. Das Städtchen wurde nach dem indianischen Namen des Flusses, an dem es lag, in Ottawa umbenannt. Ottawa bedeutet „Austausch". Jahrhundertelang hatten die in dieser Gegend ansässigen Indianderstämme an dieser Stelle Waren mit den Weißen getauscht.)*

5. Was ist die weltweit zweitgrößte Stadt, in der Französisch gesprochen wird? *(Nach Paris ist es Montreal mit rund 3,5 Mio. Einwohnern, nicht etwa Marseille mit seinen rund 1,5 Mio. Einwohnern. Montreal wurde 1642 von französischen Siedlern gegründet und hieß ursprünglich „Ville Marie de Mont-Royal" nach dem Berg Mont-Royal, um den sich die Stadt gruppiert. Montreal ist die zweitgrößte Stadt Kanadas. Obwohl sie 400 km vom atlantischen Ozean entfernt liegt, hat sie einen der größten Binnenhäfen der Welt.)*

6. Welche Stadt war vor Ottawa die Hauptstadt Kanadas? *(Toronto war von 1855 bis 1859 die Hauptstadt Kanadas. Diese Stadt wurde 1720 von den Franzosen als Handelsniederlassung angelegt. Nachdem sie diesen Stützpunkt 1753 aufgaben, legten die Engländer hier 1793 ein Fort an, das 1834 Toronto genannt wurde. Der Name leitet sich vom Indianischen Tarantou abgeleitet, was für „Treffpunkt" steht. Heute ist Toronto mit rund 4,9 Mio. Einwohnern Kanadas größte Stadt.)*

7. Welche Stadt ist an der Pazifikküste Kanadas die Größte? *(Vancouver mit rund 2 Mio. Einwohnern. Die Stadt wurde 1885 gegründet und nach einem englischen Kapitän [George Vancouver] benannt, der den berühmten Seefahrer James Cook auf seinen Weltreisen begleitet hatte und dann zur Westküste Nordamerikas segelte, um sie zu erforschen.)*

8. Wie viele Einwohner hat Kanada? *(Ca. 31,8 Mio.)*

9. Welche Sprache wird in Kanada gesprochen? *(Mit Englisch, das von 60 % der Bevölkerung gesprochen wird, und Französisch [27 %] gibt es zwei offizielle Landessprachen.)*

10. Wie heißt der wichtigste Strom Kanadas? *(Sankt-Lorenz-Strom. Er ist 1287 km lang und führt vom Atlantik ins Herz des nordamerikanischen Kontinents, also bis zu den großen Seen, an denen u.a. Chicago und Detroit aus den USA liegen.)*

11. Welche Religion ist in Kanada am verbreitetsten? *(Das ☞Christentum: 45 % sind Katholiken, 28 % Protestanten.)*

12. Wo kommen die Ureinwohner Kanadas her? *(Vor etwa 20.000 Jahren aus Asien, konkret aus Sibirien, das damals noch durch eine Landenge mit Nordamerika verbunden war [jetzt ist dort die Beringstraße]. Heute leben in Kanada noch rund 300.000 Indianer, soweit sie als „registered indians" in Stammeslisten geführt werden. Von den rund 100.000 ☞Eskimos [besser als Inuit zu bezeichnen] leben rund 25 % in Kanada.)*

13. Welche Europäer entdeckten später Kanada? *(Zunächst um 1000 n. Chr. der ☞Wikinger Leif Eriksson. Da er nicht nach Hause zurückkehrte, erfuhr man in Europa nichts von Kanada. 1497 kamen die Venezianer Giovanni und Sebastiano Cabato im Dienste Englands nach Kanada. 1501 kamen die Portugiesen, 1534 die Franzosen nach Kanada, um das Land für ihr Heimatland zu beanspruchen. Die Franzosen besiedelten den Osten Kanadas, also die Küstenregion zum Atlantik. Dort gründeten sie u.a 1608 Quebec, was aus dem indianischen „Kebek" abgeleitet ist und „Zusammenfluss der Wasser" bedeutet.)*

14. Wie brachte England im 18. Jahrhundert Kanada unter seine Kontrolle? *(Bei einem Krieg auf zunächst nur europäischem Boden standen sich England und Frankreich in feindlichen Lagern gegenüber. England gehörte zu den Gewinnern und ließ sich im Frieden von Utrecht 1713 von Frankreich kanadische Besitzungen abtreten. Nach dem siebenjährigen Krieg, der 1756 begann, ließ sich England 1763 schließlich ganz Kanada von Frankreich abtreten.)*

15. Als Kanada englische Kolonie war, kam es 1793-1815 zum existentiellen Kampf zwischen dem ☞napoleonischen Frankreich und England. Warum machten die französischen Kanadier keine Anstalten, Frankreich gegen England zu unterstützen? *(Weil England die Kolonie großzügig behandelte, was die Kolonisten zu schätzen wussten. 1774 wurde der Quebec Act erlassen, der den französischen Kolonisten für den Katholizismus Religionsfreiheit einräumte und französisches Recht für die Frankokanadier übernahm. Deshalb standen die Kanadier im Unabhängigkeitskrieg der US-Amerikaner [1775-1783] auf der Seite Englands und wehrten sich erbittert gegen die Versuche der USA, sich Kanada einzuverleiben. Unter anderem hatte England 1791 Kanada eine Verfassung gegeben, die Kanada in zwei Provinzen teilte: das französische Unterkanada und das größtenteils englische Oberkanada. Der Ottawa bildete den Grenzfluss zwischen den Provinzen.)*

16. Wie erlangte Kanada die Unabhängigkeit? *(Bereits 1867 wurden die britischen Kolonien in Kanada vereinigt und ein Gesetz [British North America Act] erlassen, das Kanada als autonomen Bundesstaat proklamierte. Im 1. Weltkrieg kämpfte Kanada mit 500.000 Mann auf Seiten der Alliierten, erlangte damit internationale Anerkennung und konnte 1931 seine völlige Unabhängigkeit von England erreichen. Im 2. Weltkrieg war Kanada bereits selbständig und erklärte Deutschland 1939 den Krieg.)*

Ratten und Mäuse

1. Wie lange gibt es schon Ratten und Mäuse? *(Es gibt sie, seit der Mensch vor rund 8.000 Jahren begann, Ackerbau zu betreiben und entsprechende Vorräte aus der Ernte anzulegen.)*

2. Was taten die Ägypter, um Ratten und Mäuse zu bekämpfen? *(Sie hielten Katzen, die wie heilige Tiere behandelt wurden. Die Katzen wurden nach ihrem Tod deshalb wie Menschen zu Mumien einbalsamiert.)*

3. Wie oft pflanzen sich Ratten und Mäuse fort? *(Mäuse sind im Alter von 10-12 Wochen fortpflanzungsfähig. Ein Pärchen kann im Laufe eines Jahres bis zu dreizehnmal Nachwuchs bekommen mit bis zu 22 Jungen pro Wurf. Mit zwei oder drei Monaten ist eine Ratte schon geschlechtsreif und kann selbst Junge haben.)*

4. Ratten sind Überträger von Krankheiten. Die schlimmste Übertragung war die der tödlichen Beulenpest. Wie funktionierte das? *(Wenn die Ratte stirbt, wird sie von ihren Flöhen verlassen. Die Flöhe wechseln dann z.B. zum Menschen. Ihr Stich überträgt die Pest, nicht der Biss der Ratte.)*

5. Wie groß werden Mäuse und Ratten? *(Die Zwergmaus wird 5,0 bis 7,4 cm [Kopf-Rumpflänge] groß und wiegt nur 5-8 Gramm. Die Riesenmaus, die in den Bergen Südamerikas lebt, wird bis zu 70 cm lang.)*

6. Welches Säugetier ist das kleinste auf der Erde? *(Die in Nord- und Mittelthailand lebende Hummelfledermaus. Dieses erst 1973 entdeckte Tier hat nur eine Gesamtlänge von 3 cm und wiegt knapp 2 Gramm. Es ernährt sich von Insekten wie Läusen und Fliegen, die aber nur wenige Millimeter groß sein dürfen).*

7. Wer ist der natürliche Feind von Mäusen und Ratten? *(Raubtiere und ☞Eulen.)*

8. Ist die Spitzmaus eine Maus? *(Nein, sie gehört zur Ordnung der Insektenfresser und ist mit ☞Maulwürfen und Igeln verwandt. Mäuse hingegen sind durchweg Nagetiere und Vegetarier.)*

Jahreszeiten

. Wie kommt es, dass gleichzeitig auf der einen Erdhalbkugel Winter und auf der anderen Sommer ist? *(Die Erdachse steht nicht parallel zur Achse der ☞Sonne, sondern ist leicht geneigt. Die Erde umkreist die Sonne pro Jahr einmal in einer elipsenförmigen Bahn. Beim sonnennächsten Punkt ist sie 147 Mio. km von der Sonne entfernt, beim sonnenfernsten Punkt 152 Mio. km.)*

2. Ist die Sonne der Erde am nächsten, wenn bei uns Sommer ist? *(Nein: Bei der Sommersonnenwende am 21.Juni ist die Erde im Gegenteil am weitesten von der Sonne entfernt. Die Erde steht jetzt aber so zur Sonne, dass die Strahlen am wenigsten schräg auf unseren Kontinent fallen. Die Strahlen geben durch Konzentration also pro Fläche mehr Wärme ab.)*

Griechisch-orthodoxe Kirche

1. Was ist die griechisch-orthodoxe Kirche? *(Einer der drei Hauptzweige des Christentums [neben Katholiken und Protestanten].)*

2. Was bedeutet „orthodox"? *(Der Begriff kommt aus dem Griechischen und bedeutet „rechtgläubig". Da die orthodoxe Kirche mit ihrer Lehre auf der Bibel aufbaut, versteht sie sich als reine Lehre.)*

3. Wo ist die griechische-orthodoxe Kirche am meisten verbreitet? *(In Osteuropa und Nordasien. Sie hat weltweit rund 250 Mio. Anhänger.)*

4. Hat die griechisch-orthodoxe Kirche einen Mittelpunkt wie Rom bei den Katholiken? *(Nein: Sie ist nicht zentralistisch organisiert, sondern hat mehrere Staats- oder Landeskirchen, die eigene Oberhäupter [mit dem Titel Patriarch, Metropolit oder Erzbischof] haben.)*

7. Wie kam es zur Trennung (sog. „Schisma") der katholischen Kirche von der orthodoxen Kirche? *(1054 kam ein päpstlicher Legat [Bote], Kardinal Humbert, aus Rom und ging während einer Messe in ☞Konstantinopel [heute Istanbul] in der Sophienkirche zum Altar hinauf. Er warf auf den Altar ein Schriftstück, das den Priester und die Gläubigen exkommunizierte. Daraufhin löste sich die Ostkirche von der des Westens. Der Papst gründete seine Vormachtstellung übrigens darauf, dass Jesus zu Petrus gesagt hatte, er sei der Fels, auf dem er seine Kirche bauen wolle. Da Petrus in Rom begraben lag, sei dort der Mittelpunkt der christlichen Kirche. Als dann Kaiser und Senat Konstantinopel zum „neuen Rom" ernannten, sah sich der Patriarch von Konstantinopel als legitimer Oberhirt der Christenheit. Der Entfremdungsprozess setzte aber schon deutlich vor 1054 ein.)*

8. Gibt es in der griechisch-orthodoxen Kirche den Zölibat (Gelöbnis der Ehelosigkeit. Bei katholischen Priestern Pflicht, nicht aber bei evangelischen)? *(Nein: Die Priester dürfen heiraten, Bischöfe sind aber stets unverheiratet.)*

9. Was sind „Ikonen“? *(Ikonen [griechisch eikon = Bild] sind auf Holz gemalte Bilder, die christliche Glaubensinhalte [Biblische Themen, z.B. Christi Auferstehung, Marienverehrung] zum Gegenstand haben. Ikonen gehören zu Objekten der Verehrung [nicht der Anbetung] und sind bei den orthodoxen Christen im Osten sehr beliebt und verbreitet. Die Bilder haben häufig Blattgold als Hintergrund. Die Ikonenmalerei geht bis ins 4. Jahrhundert n. Chr. zurück.)*

Zulu

1. Wer sind die „Zulu"? *(Ein Negerstamm, der in der Republik Südafrika beheimatet ist. Er hat 7,6 Mio. Angehörige, die die Bantusprache [das Zulu] sprechen.)*

2. Wie wohnen Zulu, was ist ein „Kraal“? *(Zulu wohnen in kuppelartigen Hütten, die kreisförmig angeordnet und durch einen Dornenverhau geschützt werden. In der Mitte dieser Hüttenanordnung, die „Kraal“ genannt wird, leben die Rinder, die der Stamm hält.)*

3. Woran erkennt man den Häuptling der Zulu? *(Nur die Häuptlinge und die Königsfamilie dürfen Leoparden- oder Löwenfell tragen. Man erkennt sie auch an ihrem Kopfschmuck.)*

Störche

1. Sind alle Störche Zugvögel? *(Nein, nur die nördlich beheimateten Vögel.)*

2. Was sind die Zugwege der Störche? *(Die östlich der Weser nistenden Störche ziehen nach Südosten über den Bosporus nach Ostafrika. Die Störche westlich der Weser fliegen über Gibraltar und die ☞Sahara nach Mittelafrika bis Ost- und Südafrika. Dabei legen die Störche jährlich bis zu 10.000 km zurück, pro Tag bis zu 200 km. In Deutschland ist der Weißstorch verbreitet. Der Schwarzstorch ist mehr in Osteuropa beheimatet.)*

3. Welche Flügelspannweite hat ein Storch, wie lang wird er? *(Er hat eine Flügelspannweite von 220 cm und wird ca. 130 cm lang [von der Schnabelspitze bis zum Schwanzende].)*

Charles Darwin

1. Wer war Charles Darwin (1809-1882)? *(Ein britischer Naturforscher und Begründer der modernen Evolutionstheorie.)*

2. Wie kam Darwin zu seinen Forschungen? *(Darwins Vater hatte Medizin studiert und daher studierte Darwin das auch. Ihm wurde aber bei einer Operation, die ohne Betäubung durchgeführt wurde, schlecht. Er wechselte deshalb von Edinburgh nach Cambridge, wo er Theologie studierte. Recht begeistert war er davon aber nicht, obwohl er das Examen abgelegt hatte.)*

3. Wann umsegelte Darwin die Welt? *(Von 1831 bis 1836 auf der HMS Beagle. Darwin war 22 Jahre alt und reiste als Freiwilliger bei denkbar spartanischer Unterbringung mit. Die Reise ging um Südafrika herum zu den Galapagos-Inseln und Australien, danach um Südamerika herum und nach England zurück. Darwin [er war fast ständig seekrank] sammelte auf dieser Reise Gesteine, Pflanzen und Tiere aller Art. Seine dabei getroffenen Erkenntnisse bildeten später die Grundlage seiner Abstammungslehre, für die Darwin auch selbst experimentierte; u.a. züchtete er Pinguine, Eidechsen und Bienen.)*

4. Welchen Titel hat Darwins berühmtestes Buch, wovon handelt es? *(Das 1859 veröffentlichte Buch [es war bereits am Tag seines Erscheinens ausverkauft] hieß: „On the origin of species by means of natural selection" [„Der Ursprung der Arten durch natürliche Auslese"]. Es behandelt Darwins Abstammungslehre [Evolutionstheorie]: Die Individuen einer Gattung sind grundsätzlich verschieden. Das Individuum, das an seine Umweltbedingungen am besten angepasst ist, hat die größten Überlebens- und Fortpflanzungschancen, setzt sich also langfristig durch [= These vom Überleben des Tauglichsten]. Darwin vertrat anschaulich die Theorie, dass die Natur darauf angelegt sei, nur den Starken überleben zu lassen, weil sie weder genug Nahrung noch Wasser habe, um alles zu ernähren, was geboren wird: Ein einziges Elefantenpaar würde in 750 Jahre 19 Mio. Elefanten hervorbringen, eine einzige Bakterie an einem Tag sich auf eine Mio. vermehren und am zweiten Tag auf Billionen. Würden sie alle am Leben bleiben, würden sie alles andere Leben um sich herum ersticken. Die Zahl der Lebewesen wird aber durch Krankheit, Stürme, Unfälle, Hungersnöte und natürliche Feinde permanent reduziert, wobei stets nur die Stärksten durch Anpassung überleben [auf diesem Wege der Anpassung wurden z.B. die Zehennägel der Pferde zu Hufen]. Die Anpassungen führen immer wieder zu „Mutationen" [= zufällige, sprunghafte und richtungslose Änderungen der Erbmerkmale], weshalb immer wieder neue Arten entstanden – bis hin zum Menschen, der deshalb aber nicht das letzte Glied in der Entwicklungskette sein muss. Darwin war übrigens nicht der Erfinder der Evolutionstheorie. Vor ihm hatte schon Sir Charles Lyell die bis dahin herrschende Katastrophentheorie widerlegt. Sie besagte, dass Entwicklungen auf Katastrophen und nachfolgende Neuschöpfungen zurückgingen. 1871 erschien Darwins neues Buch „The*

descent of man" [„Die Abstammung des Menschen"], in dem er die Verwandtschaft von Menschen und Menschenaffen darlegte.)

5. Hat Darwin behauptet, dass der Mensch vom Affen abstamme? *(Durch eine Fehlinterpretation seines Buches wurde ihm die Behauptung unterstellt, der Mensch stamme vom Affen ab. Das war für die damalige Zeit untragbar, u.a. da mit der christlichen Schöpfungsgeschichte unvereinbar. Tatsächlich hatte Darwin aber nur behauptet, dass Mensch und Affe gemeinsame Vorfahren hätten.)*

6. Wo liegt Darwin begraben? *(In ☞London im Westminster Abbey, unweit von Isaac ☞Newton.)*

7. War man in Amerika von Darwins Theorien begeistert? *(Im Gegenteil: Das konservativ-christliche Amerika war entrüstet von seinen Ideen und erließ ein Gesetz, das unter Strafe stellte, den Darwinismus vor Schülern auch nur zu erwähnen. 1968 wurde dieses Gesetz wieder aufgehoben.)*

8. Wäre die gesamte Entwicklungsgeschichte (sie umfasst einen Zeitraum von 4 Milliarden Jahren) ein Jahr, wie lange gäbe es dann schon den Menschen? *(Erst ganz kurz: Am 20. Dezember würden die ersten Vögel fliegen, und am 31.12. gegen 20:00 Uhr würde der Mensch als denkendes Säugetier auftauchen. Die modernen Menschenrassen gäbe es aber erst seit vier Minuten vor Mitternacht. Was wir als Geschichte bezeichnen, würde sich in den letzten 30 Sekunden des Jahres ereignet haben.)*

Haut

1. Was ist die Haut? *(Die Haut ist ein Organ. Mit ca. zwei m^2 ist sie das größte Organ des Menschen.)*

2. Welche Sinnesorgane enthält die Haut? *(Die Haut enthält Sinnesorgane für Berührung, Temperatur und Schmerz. Ein cm^2 enthält etwa vier Meter Nerven, 3.000 Fühlzellen und 2.000 Schmerzsensoren.)*

3. Aus welchen zwei Schichten besteht die Haut? *(Aus der äußeren Schicht [Epidermis oder Oberhaut] und der darunterliegenden Schicht [Dermis oder Unterhaut].)*

4. Wie bilden sich Falten in der Haut? *(Kollagen und Elastan stützen unser Bindegewebe und sorgen für straffe und elastische Haut. Ab dem 25. Lebensjahr nimmt die Neubildung dieser Stoffe ab. Unsere Haut wird dünner und verliert ihre Spannkraft. Hinzu kommt, dass das Fett in der Unterhaut mit zunehmendem Alter weniger wird. Damit verliert die Haut ihre Stütze und fällt zusammen. Je älter wir werden, umso langsamer arbeiten unsere Schweiß- und Talgdrüsen, die unsere Haut mit Feuchtig-*

keit versorgen. Da die männliche Haut mehr Fett enthält und durchschnittlich 16 % dicker ist, altert sie langsamer als die weibliche.)

5. Aus wie vielen Zellen besteht die Haut? *(Unsere Haut besteht aus etwa 120 Milliarden Zellen.)*

6. Empfinden wir an allen Stellen des Körpers Wärme und Kälte? *(Nein, nur an bestimmten: Auf der Körperoberfläche haben wir etwa 250.000 Kältepunkte, aber nur etwa 30.000 Wärmepunkte.)*

7. Wie bekämpften die Ägypter ihre Falten? *(Sie behandelten ihre Haut mit Pflanzenextrakten, die leichte Verbrennungen im Gesicht erzeugten: Die Haut pellte sich und darunter kam glatte Haut zum Vorschein.)*

8. Wie oft erneuert sich die Haut? *(Rundum alle 27 Tage.)*

Marokko

1. Wo liegt die Erbmonarchie Marokko? *(In Nordafrika. Das Staatsgebiet grenzt im Norden an das Mittelmeer, im Westen an den Atlantik. Marokko ist 458.730 km^2 groß [zum Vergleich: BRD 356.733 km^2].)*

2. Seit wann ist Marokko unabhängig? *(Seit 1956. Davor war es zuletzt unter französischer und dann spanischer Herrschaft.)*

3. Wie viele Einwohner hat Marokko? *(Ungefähr 31 Mio. In Marokkos Hauptstadt Rabat leben etwa 1,6 Mio. Einwohner.)*

4. Woraus besteht die Bevölkerung Marokkos? *(Vor allem zu ¾ aus Berbern [älteste in Nordwestafrika lebende weiße Bevölkerung], die zweitgrößte Gruppe bilden die ☞Araber.)*

5. Wie heißt die Hauptstadt Marokkos, wie die größte Stadt? *(Die Hauptstadt ist Rabat mit 1,4 Mio. Einwohnern. Größte Stadt ist die Hafenstadt Casablanca mit 3,1 Mio. Einwohnern.)*

6. Welcher Religion gehören die meisten Marokkaner an? *(Dem sunnitischen Zweig des ☞Islam gehören 99 % der Bevölkerung an.)*

Alexander von Humboldt

1. Wer war Alexander Freiherr von Humboldt (1769-1859)? *(Ein deutscher Naturforscher, der ab 1790 zunächst Europa und dann ab 1799 von Spanien aus Amerika bereiste. In Südamerika erforschte er Venezuela, den Fluss Orinoco, Kuba sowie Mexico und kehrte 1804 nach Europa zurück. 1827 hielt er an der Universität von Berlin Vorlesungen. 1829 durchreiste er im Auftrag des Zaren Nikolaus Russland [Ural, den Altai], die chinesische Dsungarei und das Kaspische Meer.)*

2. Was erforschte Alexander von Humboldt? *(Er erforschte eigentlich alles: Nicht nur Geographie, sondern auch Klimakunde, Meeresphysik und Pflanzengeographie, Botanik, Zoologie und Mineralogie. Deshalb war er nach ☞Napoleon der berühmteste Mann seiner Zeit.)*

3. Was wurde nach Alexander von Humboldt benannt? *(Vor allem der „Humboldt-Strom" [kalte Meeresströmung in nördlicher Richtung entlang der Küste von Chile und Peru und dann Richtung Galapagos-Inseln], das Humboldtgebirge in Zentralasien, die Humboldtbai an der kalifornischen Küste und der Humboldtfluss in Nevada.)*

4. Wer war der Bruder Alexander von Humboldts? *(Wilhelm, Freiherr von Humboldt [1767-1835], ein preußischer Politiker, der das preußische Schul- und Universitätswesen nach humanistischen Prinzipien reformierte. Er gründete die Humboldt-Universität in Berlin.)*

Lago Maggiore

1. Was ist der Lago Maggiore? *(Ein See am Südfuß der Alpen.)*

2. In welchem Land liegt der Lago Maggiore? *(4/5 liegen in Italien, der Rest im Schweizer Kanton Tessin.)*

3. Wie groß ist der Lago Maggiore? *(Er ist 65 km lang, bis zu fast 9 km breit, hat eine Fläche von 212 qkm und ist an seiner tiefsten Stelle 372 m tief.)*

4. Wie heißen die bekanntesten Städte am Lago Maggiore? *(Locarno und Ascona [Flughafen], beide liegen in der Schweiz.)*

Hippokrates

1. Wer war Hippokrates (460-377 v. Chr.)? *(Der berühmteste Arzt der Antike.)*

2. Was machte Hippokrates so berühmt? *(Der „Eid des Hippokrates", dem nach Hippokrates alle Ärzte verpflichtet sind. Danach soll der Arzt nur zum Nutzen des Kranken tätig werden dürfen, darf ihn selbst auf dessen Wunsch nicht töten und ist zur Verschwiegenheit verpflichtet. Dieser „Eid" wurde Hippokrates übrigens angedichtet, um ihm mehr Gewicht zu verleihen. Zu seiner Zeit gab es ihn defintiv nicht. Auch die moderne Fassung, das sog. „Genfer Arztgelöbnis" von 1948, lässt große Teile des Ausgangstextes aus, u.a. die Maßgabe, sein Wissen nur „meinen Söhnen, den Söhnen meiner Lehrer und rechtmäßig eingeschriebenen Studenten weiterzugeben.")*

3. Wo wurde er geboren, wo starb Hippokrates? *(Er wurde auf Kos [griechische Mittelmeerinsel] geboren, unternahm zahlreiche Reisen und ließ sich dann wieder auf Kos nieder. Gestorben ist er auf dem griechischen Festland in Larissa.)*

4. Hippokrates lehrte die „Symptomatik". Was verband er damit? *(Die Lehre von den Krankheitserscheinungen. Der Arzt sollte zuerst durch Beobachten die Diagnose [Anzeichen einer Krankheit richtig erkennen] stellen und dann eine Therapie [Behandlung zur Heilung der Krankheit] anordnen. Dank Hippokrates wurde die Medizin eine wirkliche Wissenschaft und befreite sich von der Magie. Hippokrates wandte zur Diagnose auch schon das Behorchen [Auskultation] und Beklopfen [Perkussion] des menschlichen Körpers an.)*

5. In welche vier Temperamentstypen unterteilte Hippokrates die Menschen? *(In Choleriker [reizbar, zornig], Phlegmatiker [ruhig, langsam, schwerfällig], Sanguiniker [lebhaft, temperamentvoll, lebensbejahend] und Melancholiker [zu Schwermut und Depressionen neigend. Wörtlich aus dem Griechischen übersetzt hieße es „schwarzgallig"].)*

6. Was hat die Bezeichnung der Krankheit „Krebs" mit Hippokrates zu tun? *(Er entdeckte bei der Behandlung eines Brustgeschwürs die Ähnlichkeit mit den Beinen des Krebses. Diese Metapher [=bildhafte Übertragung eines Begriffs] hat sich bis heute gehalten.)*

7. Woher kommt der Begriff „Diät"? *(Der Begriff „Diät" geht auf das griechische „diaita" zurück, was „Lebensweise" bedeutet. Seit Hippokrates wird darunter eine spezielle Ernährung über einen gewissen Zeitraum verstanden.)*

Pilze

1. Sind Pilze Pflanzen? *(Nein, sie stellen eine eigene Gruppe dar.)*

2. Wie viele Pilzarten gibt es? *(Etwa 100.000 sind bekannt, man schätzt aber, dass es ca. 1,5 Mio. Pilzarten gibt.)*

3. Wann ist die Hauptfruchtzeit der Pilze? *(Spätsommer und Herbst.)*

Blut

1. Woraus besteht Blut? *(Blut besteht aus Blutzellen und Blutwasser. Das Blutwasser macht ungefähr 55 % aus. Dieses Blutwasser nennen Wissenschaftler Blutplasma.)*

2. Woraus besteht und welche Funktion hat Blutplasma? *(Blutplasma ist eine Flüssigkeit, die chemische Stoffe zwischen den Körperzellen hin- und hertransportiert, insbesondere Nährstoffe, Salze, Vitamine, Hormone und Stoffwechselschlacken. Ohne die Versorgung des Gewebswassers durch Blutplasma mit Nährstoffen würden die Körperzellen verhungern. Würde das Blutplasma nicht gleichzeitig das Gewebswasser permanent reinigen, würden die Körperzellen schon nach kurzer Zeit in ihren eigenen Stoffwechselabfällen umkommen. Der menschliche Körper hat rund 100 Billionen Körperzellen, die im Gewebswasser leben. Würde man diese Körperzellen im Labor am Leben halten wollen, bräuchte man dafür 200.000 l Nährlösung. Der menschliche Körper braucht dafür nur 10 l Gewebswasser, weil das vorbeiströmende Blutplasma die Versorgung mit Nährstoffen und die Reinigung der Zellen übernimmt.)*

3. Wo entstehen im menschlichen Körper die Blutzellen? *(Die meisten Blutzellen entwickeln sich aus den Stammzellen des Knochenmarks, vor allem dort, wo ausreichend rotes Knochenmark vorhanden ist. Erwachsene haben rotes Knochenmark vor allem an dem Schädelknochen, den Wirbeln, den Rippen, dem Becken, dem Brustbein und den Oberschenkeln.)*

4. Wie lange lebt eine Blutzelle? *(Vom Übergang z.B. vom Rückenmark in den Blutkreislauf durchschnittlich ca. 120 Tage. In dieser Zeit legt die Blutzelle rund 1500 km zurück. Normalerweise endet sie in der Milz oder Leber.)*

5. Welche Funktion haben rote Blutkörperchen? *(Rote Blutkörperchen [der wissenschaftliche Name ist Erythrozyten] transportieren den Sauerstoff der Atemluft von den*

Lungen zu den rund 100 Billionen Körperzellen. Entsprechend hoch ist die Zahl der Erythrozyten: 25 Billionen. Da sie nur etwa vier Monate leben, produziert unser Körper täglich mehr als 200 Milliarden rote Blutkörperchen neu. Außerdem sind die roten Blutkörperchen die Träger der Blutgruppeneigenschaften.)

6. Was sind Leukozyten? *(Leukozyten sind weiße Blutkörperchen. Außerdem sind sie so etwas wie die Polizei des Körpers. Alles, was sie im Körper als fremd erkennen, greifen sie an. Dabei scheiden einige Leukozyten sogar Stoffe aus, in denen eingedrungene Bakterien eingehen. Andere Leukozyten fressen den Angreifer einfach auf und verdauen ihn. Dabei sterben auch Leukozyten ab und geben Stoffe frei, die andere Leukozyten anlocken, die die Front der Verteidiger immer dichter werden lassen. Ist die Schlacht geschlagen, räumen die Leukozyten den Kampfplatz wieder auf. Die toten Bakterien, Zelltrümmer und umgekommenen Leukozyten verklumpen zu einer gelben Flüssigkeit, dem Eiter.)*

7. Warum sind Leukozyten bei einer Transplantation gefährlich? *(Leukozyten erkennen das transplantierte Organ als fremd und versuchen sofort, es zu zerstören. Sie sind der Hauptgrund dafür, warum Organverpflanzungen manchmal scheitern. Das ist auch der Grund, warum bei Transplantationen das Immunsystem künstlich heruntergefahren wird.)*

8. Was ist Leukämie? *(Der Begriff kommt aus dem Griechischen: „Leukos" bedeutet „weiß" und „ämie" Blut. Leukämie ist eine Erkrankung, die die weißen Blutkörperchen betrifft. Normalerweise enthält ein mm^3 Blut 6.000 bis 8.000 weiße Blutkörperchen. Wenn die blutbildenden Organe [Knochenmark, Milz, ☞Leber und ☞Lymphdrüsen] durch Störungen anfangen, mehr weiße Blutkörperchen zu bilden, als erforderlich ist, kommt es zur Leukämie. Der Anteil der weißen Blutkörperchen steigt dann auf 10.000 bis zu 1 Mio. Leukämie ist also eigentlich keine Erkrankung des Blutes, sondern der blutbildenden Organe: Das Blut bildet die übermäßige Anzahl der Leukozyten nicht selbst, sondern muss „nur" zu viel im Knochenmark gebildete Blutzellen aufnehmen.)*

9. Was sind Arterien und Venen? *(Arterien sind die Adern, die das Blut vom Herzen weg in den Körper leiten. Venen sind umgekehrt die Adern, die es zum Herzen befördern.)*

10. Wie viel Zeit benötigt ein Blutkörperchen, um vom linken Herzen durch die Aorta und die große Beinschlagader in die kleine Zehe zu schwimmen und von dort ins linke Herz zurückzukehren, für seine Reise? *(Ca. 23 Sekunden.)*

11. Was ist ein „Bluter"? *(Als „Bluter" bezeichnet man Menschen, deren Blut nicht mit der normalen Geschwindigkeit gerinnt, also trocknet. Bei einer Schnittwunde wird das Blut rasch dickflüssiger, dann wird die Wunde von einer roten Gallerte verschlossen. Das liegt daran, dass in der Wunde ein lösliches Eiweiß des Blutplasmas in ein unlösliches, elastisches Fasergespinst [Fibrin] umgewandelt wird, das die vorbeiströmenden Blutzellen einfängt. Der Bluter kann einen der zahlreichen Stoffe, die zur Gerinnung gebildet werden müssen, nicht produzieren und deshalb an einer einfachen Schnittwunde verbluten.)*

12. Ist Blut immer rot? *(Nein: Wenn unser Blut durch die Venen zurück zum Herzen fließt, ist es purpurfarben, fast blau. Bei einer Verletzung führt erst der Kontakt mit Sauerstoff dazu, dass unser Blut rot wird. Beim Borstenwurm ist das Blut übrigens grün, bei der Heuschrecke weiß und bei einigen Seeigelarten sogar orange.)*

13. Ist rotes Fleisch wegen des Blutes rot? *(Nein, der rote Saft bei einem kurz gebratenen Steak ist kein Blut, sondern sog. Myoglobin, ein hellroter Proteinsaft. Nach dem Schlachten bleibt nämlich kein Gramm Blut im Fleisch zurück.)*

14. Welche Blutgruppen gibt es? *(A, B, AB und 0.)*

15. Wie häufig sind welche Blutgruppen? *(A 40 %, B 10 %, AB 5 % und 0 45 %.)*

16. Was bezeichnet man „Agglutinieren“? *(Das Verklumpen von übertragenen Blutkörperchen bei ihrem Vermischen mit einer anderen Blutgruppe. Es löst einen Kreislaufkollaps beim Empfänger aus.)*

17. Was entdeckte der österreichische Bakteriologe Karl Landsteiner 1900? *(Auch das menschliche Blut enthält agglutinierende Stoffe [Agglutine]. Diese Agglutine reagieren nur mit denen von Menschen bestimmter Blutgruppen. Dafür erhielt er 1930 den Nobelpreis für Medizin. Außerdem entdeckte er, dass diese Blutgruppen nach den Regeln der ☞Mendelschen Gesetze vererbt werden.)*

18. Welche Blutgruppen sind optimale Spender, welche optimale Empfänger? *(Optimaler Spender ist die Blutgruppe 0, da sie mit keiner Blutgruppe agglutiniert. Optimaler Empfänger ist die Blutgruppe AB, weil sie keine Agglutine enthält.)*

19. Was bedeutet der „Blutdruck“? *(Blutdruck ist der durch die Herztätigkeit erzeugte Druck des strömenden Blutes in unserem Gefäßsystem. Dieser Druck ist z.B. erforderlich, um unser Blut gegen die Gesetze der Schwerkraft in die Halsschlagadern zu pumpen und unser Gehirn mit Blut zu versorgen. Der Blutdruck ist aber auch nötig, um das Blut durch die Gefäßwände ins Körpergewebe zu drücken.)*

20. Was sind systolischer und diastolischer Blutdruck? *(Die Höhe des Blutdrucks ist unterschiedlich. Der systolische Blutdruck kennzeichnet den höchsten Punkt der Druckkurve, der beim Zusammenziehen des Herzmuskels [Systole] und Auswurf des Blutes entsteht. Der diastolische Blutdruck gibt als Gegenstück den niedrigsten Punkt der Druckkurve an, der beim Erschlaffen des Herzens [Diastole] anfällt. Mit zunehmendem Alter steigen die Blutdruckwerte normalerweise an, sollten aber nicht über 140/90 liegen.)*

21. Was ist „Anämie“? *(Anämie [griechisch: „ohne Blut“] bedeutet Blutarmut und bezeichnet ein Symptom für verschiedene Krankheiten, bei denen man im Blut eine Verminderung von Hämoglobin [roter Blutfarbstoff] feststellt. Teilweise liegt das daran, dass zu wenig Eisen im Blut enthalten ist, teilweise daran, dass das Knochenmark nicht mehr in der Lage ist, die nicht mehr verwendbaren roten Blutkörperchen durch neu gebildete zu ersetzen. Weiter gibt es noch Anämien, die dadurch entstehen, dass die*

im Körper zirkulierenden Blutkörperchen zerstört werden, z.B. von Parasiten wie im Fall der Malaria. Anämische Patienten erkennt man daran, dass sie blass sind, farblose Lippen haben, leicht ermüden und über schlechten Appetit verfügen.)

Eisen

1. Was ist Eisen? *(Ein metallisches Element mit dem Symbol Fe [lateinisch ferrum = Eisen].)*

2. Wie kommt Eisen in der Natur vor? *(Nur extrem selten in reiner Form. Meist findet man es in chemischen Verbindungen, die wir Eisenerze nennen: Magneteisenstein, Eisenkies, Roteisenstein und Spateisenstein. Meist wird Eisenerz da gefördert, wo Kohle zum Verhütten in der Nähe ist. Deshalb ist Europa die Heimat der Eisen- und Stahlindustrie, weil es reich an Eisenerzen und großen Kohlenlagern ist.)*

3. Wie lange verarbeitet der Mensch schon Eisen? *(Aus der Zeit 4.000 v. Chr. sind aus Ägypten ☞Perlen aus oxidiertem Eisen bekannt.)*

4. Was bezeichnet man beim Eisen als „Korrosion"? *(Den Vorgang des Rostens. Die Eisenatome bestehen aus einem positiv geladenen Kern, um den Elektronen schwingen, die der Kern mit einer bestimmten Kraft anzieht. Ein Wassertropfen enthält immer etwas gelösten Sauerstoff, der ein „Elektronenräuber" ist. Da der Sauerstoff eine größere Anziehungskraft auf Elektronen hat, entzieht jedes Sauerstoffatom dem Eisen zwei Elektronen. Dieser Elektronenverlust zerstört das Eisen und verursacht die Korrosion. Beim Rosten verbindet sich Eisen also nicht nur mit Sauerstoff, sondern auch mit Wasserstoff. Da die Rostschicht durchlässig ist, gelangt neue Feuchtigkeit an noch unverändertes Eisen. Auf diesem Weg zerstört die Korrosion langfristig das Eisen komplett.)*

5. Warum schützt eine Zinkschicht (z.B. bei Autoblech) das Eisen vor der Korrosion? *(Auch das Metall Zink wird von sauerstoffhaltigem Wasser „angegriffen". Dadurch bildet sich Zinkoxid, das aber anders als Eisenoxid eine zähe und dichte Schicht darstellt, die isolierend für das Eisen wirkt.)*

6. Bei wie viel Grad schmilzt Eisen, bei wie viel siedet es? *(Es schmilzt bei 1535° C und siedet bei 2750° C.)*

7. Wie arbeitet ein Hochofen? *(Eisenerz wird auf eine bestimmte Korngröße gebracht, mit Zuschlägen vermischt und als „Möller" mit Koks zusammen in den Hochofen eingebracht. Von unten wird auf 1.000 Grad erhitzte Luft eingeblasen. Durch die Verbrennung des Kokses entsteht Kohlenmonoxid, das bei einer Temperatur von*

rund 2.000 Grad dem Erz den Sauerstoff entzieht. Das verbleibende flüssige Eisen läuft unten aus dem Hochofen ab. Dieses Abfließen nennt man Abstich.)

Juden, Geschichte und Religion

1. Wann beginnt die Geschichte des jüdischen Volkes? *(Mehr als 2000 Jahre v. Chr. Der Stamm der Hebräer ließ sich in ☛Mesopotamien nieder, war aber ein Volk von Nomaden. Die Stammesoberhäupter nannte man „Patriarchen“ [= „Erzväter“]. Abraham [hebräisch: „Vater der Menge“], Stammvater des Volkes Israel, führte die Hebräer dann aus Mesopotamien nach Kanaan [so hieß Palästina damals. „Kanaan“ nennen die Juden auch gelobtes Land im Sinne von „das von Gott versprochene Land“]. Abrahams Enkel Jakob nannte sich „Israel“ [= „Kämpfer Gottes“]. Als in Palästina eine große Hungersnot ausbrach, zogen die Israeliten nach Ägypten in das fruchtbare Nildelta.)*

2. Wer war Adam? *(Vom hebräischen Wortstamm her bedeutet Adam „Mensch aus Erde“. Bei den Juden war Adam zunächst der Gattungsname für Mensch oder Menschheit schlechthin, später dann der Eigenname für den ersten Mann und Stammvater des Menschengeschlechtes. Verführt durch die Schlange übertrat er das göttliche Verbot, vom Baum der Erkenntnis zu essen. Deshalb musste er den Garten Eden verlassen und starb mit 930 Jahren. Bei den Christen ist er ebenfalls der Stammvater aller Menschen und auch Stammvater von Jesus in dessen Ahnenreihe. Im Islam wird Adam von Allah aus sandiger Erde und stinkendem Schlamm geschaffen. Dort wird Adam 960 Jahre alt. Eigentlich sollte er 1.000 Jahre alt werden, schenkte davon aber 40 Jahre dem David.)*

3. Wer war Abraham? *(Im Hebräischen heißt Abraham „Vater der Menge“ und gilt bei den Juden als Stammvater des Volkes Israel. Abraham wird von Jahwe berufen und wandert aus seiner Heimat Hur aus, um über Haran nach Kanaan zu gelangen. Seit dem Bundesschluss des Jahwe mit Abraham gilt die Beschneidung als Symbol dieses Bundes. Nach jüdischer Überlieferung starb Abraham im Alter von 175 Jahren. Bei den Christen gilt Abraham als Stammvater des Jesus. Hier ist „Abrahams Schoß“ ein Symbol des Paradieses. Im Islam ist Abraham ein Prophet Allah's. Auch dort stirbt er mit 175 Jahren.)*

4. Ist das Judentum eine frei zugängliche Religionsgemeinschaft? *(Nein: Das Judentum ist eine religiöse und ethnische Gemeinschaft, die sich als Nachkommen der Stammesväter Abraham, Isaak und Jakob verstehen. Die Juden glauben an Jahwe als den einzigen Gott. Durch Moses schloss Jahwe mit seinem Volk Israel einen Bund, der nur für dieses Volk gilt.)*

5. Wer führte die Israeliten aus Ägypten nach Palästina zurück? *(Um 1600 v. Chr. begannen die Ägypter, die Juden zu verfolgen. Daraufhin begann Moses, die Juden in einem 30 Jahre dauernden Marsch nach Palästina zurückzuführen. Auf dem Weg dorthin erhielt er auf dem Berg Sinai [im Süden der Sinai-Halbinsel] die 10 Gebote auf Gesetzestafeln.)*

6. Was wird beim „Pessach-Fest" gefeiert? *(Das Pessach-Fest soll an den Auszug aus Ägypten erinnern. Es beginnt mit dem Sederabend, an dem ein Familienmitglied möglichst spannend die Geschichte erzählt, damit die Zuhörer das Gefühl bekommen, alles miterlebt zu haben.)*

7. Wer war König David? *(Der zweite gemeinsame König [er regierte von 1000 bis 960 v. Chr.] der Israeliten. Er soll schon als Kind den Riesen Goliath, einen angeblich unbezwingbaren Krieger der Philister [Stamm, der sich während des Aufenthalts der Israeliten in Ägypten in Palästina niedergelassen hatte und von den Israeliten deshalb nach deren Rückkehr bekämpft wurde] mit einer Steinschleuder bezwungen haben.)*

8. Wer waren „Krethi und Plethi"? *(Sie waren die Leibwächter des Königs David. Die Krether und Plether gehören zur Elite ihrer Zeit. Viel später wurde daraus der Begriff für Menschen verschiedenen Standes und schließlich eine abfällige Bezeichnung.)*

9. Wer war Davids Sohn? *(Der für seine Weisheit berühmte König Salomon.)*

10. Seit wann werden die Israeliten „Juden" genannt? *(538 v. Chr. eroberte der Perserkönig Kyros das ☞babylonische Reich. Er gestattete den Israeliten, ihren eigenen Gott anzubeten, und erlaubte ihnen aus babylonischer Gefangenschaft die Rückkehr nach Palästina. Seit dieser Zeit werden die Israeliten nach dem Stamm Juda „Juden" genannt.)*

11. Was symbolisiert der neunarmige jüdische Leuchter („Chanukka-Leuchter")? *(Als die Juden 165 v. Chr. griechische Eroberer aus dem Tempel geworfen hatten, galt es den Tempel wieder einzuweihen. Dazu sollte der siebenarmige Leuchter [„Menorah", Symbol der jüdischen Religion] angezündet werden. Dieser Leuchter durfte niemals ausgehen, man hatte aber nur geweihtes Öl für einen Tag. Der Leuchter brannte durch ein Wunder 8 Tage, bis wieder geweihtes Öl beschafft worden war. Der Chanukka-Leuchter hat deshalb 8 Kerzen, die diesen 8 Tagen entsprechen, und eine neunte als Diener zum Entzünden der anderen acht Kerzen.)*

12. Was ist die „Thora"? *(Die Thora [hebräisch: Gesetz] ist einer der drei Hauptteile der Bibel, für die Juden der wichtigste: Er berichtet von der Geschichte des Volkes Israel einschließlich Moses und den zehn Geboten. Deshalb nennt man die Thora auch die „Fünf Bücher Moses". In jeder Synagoge, dem jüdischen Gebets- und Versammlungshaus, wird eine handgeschriebene Thora aufbewahrt und im Laufe eines Jahres einmal komplett vorgelesen.)*

13. Was ist ein „Rabbi"? *(Der Rabbi ist kein Priester, sondern ein Schriftgelehrter, der den Gläubigen erklärt, wie die Gebote der Thora in der Praxis anzuwenden sind. Er ist*

aber auch in der Seelsorge tätig. Der Titel stammt vom aramäischen „Rabbuni“, was „Meister, Gelehrter“ bedeutete. Im Altertum nannte man deshalb die jüdischen Schriftgelehrten so, die sich in Talmud und Torah auskannten. Auch Jesus wird in der Bibel als Rabbi bezeichnete.)

14. Was ist eine „Bar Mizwa“? *(Mit 13 Jahren wird ein jüdischer Junge vollberechtigtes Mitglied der Gemeinde. Das wird mit der Bar Mizwa gefeiert. Dabei liest der Junge auf hebräisch aus der Bibel vor.)*

15. Was ist „koscheres Essen“? *(Die Thora regelt, welches Essen aus religiöser Sicht zum Verzehr geeignet [=koscher] ist: Koscher sind nur die Tiere, die gespaltene Hufe haben und Wiederkäuer sind [also keine Schweine], bei Meerestieren sind nur solche mit Schuppen und Flossen erlaubt [also keine Muscheln].)*

16. Was bezeichnet man als „Schächten“? *(Nach jüdischer Religion ist Blut ein Teil der Seele und darf darum nicht verzehrt werden. Deshalb wird Tieren mit einem sehr scharfen Messer eine Hauptschlagader geöffnet, sodass sie vollständig ausbluten können, bevor sie weiter verarbeitet werden. Auch für die Araber gilt übrigens das Gebot des Schächtens und das Verbot des Verzehrs von Schweinefleisch.)*

17. Was bedeutet „Diaspora“? *(„Diaspora“ ist das Leben von Angehörigen einer Glaubensgemeinschaft als Minderheit unter Andersgläubigen. Es ist für die Juden kennzeichnend.)*

18. Was verbinden die Juden mit Masada? *(Die Festung Masada war eine Sommerresidenz Herodes des Großen am Westufer des Toten Meers. Während des Zelotenaufstandes eroberten die Juden 66 n. Chr. diese Festung. Als in der Nacht des 2. Mai 73 die Rückeroberung der Festung durch die Römer unausweichlich war, brachten sich die dort ausharrenden rund 1000 Juden lieber selbst um, als in römische Gefangenschaft zu gehen. Die Römer fanden nur noch sieben Überlebende – alles Frauen und Kinder. Masada ist das nationale Symbol des israelischen Widerstandswillens gegen Fremdherrschaft und Eroberung.)*

19. Wann erlangte der Staat Israel seine Selbständigkeit? *(1948.)*

Italien

1. Was ist Italien? *(Die Republik Italien ist ein südeuropäischer Staat mit einer Fläche von 301.341 km^2 [zum Vergleich: BRD 356.733 km^2].)*

2. Woher kommt der Name „Italien“? *(Er leitet sich vom altumbrischen Wort „Vitlu“ [= „Vieh“] ab. Ursprünglich hieß nicht die ganze italienische Halbinsel so, sondern nur die äußerste Spitze des „Stiefels“, also der Südteil des heutigen Kalabriens.)*

3. Wie heißt die Hauptstadt Italiens? *(Rom.)*

4. Wann wurde Rom gegründet? *(753 v. Chr. [Merkvers: „7-5-3 kroch Rom aus dem Ei“], der Sage nach von Romulus. Tatsächlich deuten Funde darauf hin, dass schon 1000 v. Chr. Latiner auf den Hügeln von Rom lebten. Zunächst beherrschten die ☞Etrusker Rom, bis Anfang des 5. Jahrhunderts v. Chr. ihre Herrschaft gestürzt und die römische Republik gegründet wurde.)*

5. Wie viele Einwohner hat Italien? *(Ca. 57,9 Mio., wovon 2,65 Mio. Einwohner in der Hauptstadt Rom leben.)*

6. Welche Religion ist in Italien am verbreitetsten? *(83 % der Italiener sind Katholiken.)*

7. Wie heißt der höchste Berg Italiens? *(Mont Blanc de Courmayeur mit 4748 m Höhe.)*

8. Wofür ist Venedig berühmt? *(Venedig ist eine italienische Hafenstadt an der Adria. Die Stadt erstreckt sich über 120 kleine Inseln, die durch mehr als 400 Brücken und rund 160 Kanäle verbunden sind. Der sich durch das Zentrum der Stadt schlängelnde Canale Grande ist von mehr als hundert „palazzi“ gesäumt. Bekannt sind die Rialtobrücke und der „Piazza San Marco“ [Markusplatz] mit dem 832 gegründeten Markusdom, der einen 832 m hohen Glockenturm [„Campanile“] besitzt. Zwischen dem 13. und 15. Jahrhundert beherrschte die Flotte Venedigs das gesamte Mittelmeer.)*

9. Wer waren die Dogen? *(Die Dogen waren früher die Herrscher Venedigs. Eigentlich war ihr Titel „Oberster Richter“. Das ist gleichzeitig der Hintergrund des Namens „Seufzerbrücke“ [„Ponte dei Sospiri“], die vom Dogenpalast zum Gefängnis führte und dem Verurteilten zu Haft oder Hinrichtung führte. ☞Napoleon besetzte 1797 Venedig und stürzte den letzten Dogen.)*

10. Wann war das römische Reich am größten? *(Seit 140 v. Chr. standen Spanien, Südfrankreich, die ganze Apenninhalbinsel bis zu den Alpen, Korsika, Sardinien, Sizilien, das Gebiet um ☞Karthago, die dalmatinische Küste, ganz Griechenland samt Makedonien und die Küste Kleinasiens unter römischer Herrschaft.)*

11. Was führte zum Untergang des Römischen Reiches? *(Im 5. Jahrhundert n. Chr. die ☞Völkerwanderungszeit, die die Germanen nach Italien schwemmte. Das führte zur Zersplitterung des Reiches.)*

12. Wann war die Blütezeit der italienischen Hafenstädte? *(Vom 13. bis 18. Jahrhundert. Zu den mächtigsten Hafenstädten, die als Stadtstaaten organisiert waren, gehörten Venedig, Pisa, Amalfi, Genua und Florenz, wo im 15. Jahrhundert die Medici an die Macht kamen.)*

13. Wer waren die „Medici"? *(Eine florentinische Bankiersfamilie, die vom 15. bis zum Beginn des 18. Jahrhunderts faktisch Florenz, bzw. die Toskana beherrschte. Geldgeschäfte in ganz Europa machten die Medici steinreich, konkret zur reichsten Familie Italiens. Zwei aus der Familie der Medici wurden zu Päpsten gewählt [1513 Papst Leo X. und 1523 Klemens VII.], zwei wurden Königinnen in Frankreich, Katharina von Frankreich [1519-1589, die 30 Jahre lang regierte] und Maria [1573-1642, die Gattin des französischen Königs Heinrich IV., der 1610 verstarb]. Im 18. Jahrhundert schenkten die letzten Medici den Kunstbesitz der Familie der Stadt Florenz. Auf dem Grab der Großherzogin Anna Maria Luisa, mit der 1743 das Geschlecht der Medici ausstarb, steht: „Sie war aus königlichem Stamm".)*

14. Wie wurde Italien nach seiner Zersplitterung und Fremdherrschaft (vor allem unter Österreich) geeint? *(Unter Viktor Emanuel II. wurden die Österreicher mit französischer Hilfe geschlagen. Im Waffenstillstand von Villafranca 1859 erhielt Viktor Emanuel fast ganz Nord- und Mittelitalien. Zwei Jahre später gelang es ihm mit Garibaldis Hilfe, Süditalien und Sizilien hinzuzugewinnen. Am 18.02.1861 wurde Viktor Emanuel zum König von Italien ausgerufen. Als die Franzosen im deutsch-französischen Krieg 1870 unterlagen, nutzte Viktor Emanuel die Chance, in Rom einzumarschieren und das italienische „Risorgimento" [ital.: „Wiedererstehen", „Wiedergeburt"] abzuschließen mit der nationalen Einigung Italiens. Am 17.03.1861 wurde das Königreich Italien ausgerufen mit Viktor Emanuel II. als König.)*

15. Wer war Garibaldi? *(Giuseppe Garibaldi [1807-1882] ist ein italienischer Nationalheld. Er war Vorkämpfer des Risorgimento: Nach einem missglückten Aufstandsversuch gegen den sardinischen König wurde er in Abwesenheit zum Tode verurteilt, floh nach Südamerika und nahm dort an einigen Bürgerkriegen teil. 1848 kehrte er nach Italien zurück, bildete ein Heer von Freiwilligen, kämpfte zunächst gegen die Österreicher, verlor, richtete seine Truppen dann gegen die Franzosen in Rom, kapitulierte erneut und floh wieder aus Italien, diesmal nach ☞New York, wo er amerikanischer Staatsbürger wurde, 1854 kehrte er wieder nach Italien zurück und unterstützte Viktor Emanuel II. von Sardinien, diesmal mit Erfolg: 1860 eroberte Garibaldi Sizilien und danach auf dem Festland das dazugehörige Neapel. Dieser Erfolg über die spanischen Burbonen war der Grundstein für die Einigung Italiens.)*

16. Wer war Benito Mussolini? *(Seit 1922 betrieb Mussolini, der sich selbst „Duce" [„Führer"] nannte, die Umwandlung des demokratischen Italiens [konstitutionelle Monarchie] in eine Diktatur. Mussolini war Führer der faschistischen Partei Italiens. Obwohl Viktor Emanuel 1922 Mussolini nach dessen „Marsch auf Rom" aufforderte, eine neue Regierung zu formen, beließ es Mussolini nicht dabei, sondern schaffte es bis 1939, die Macht seiner Partei zu überantworten. Mussolini verbündete sich nach erster Konfrontation später im 2. Weltkrieg mit Hitler – und verlor mit ihm. Als die Alliierten Italien bombardierten [1943 landeten sie auf Sizilien], kam es im faschistischen Großrat zur Debatte und zum Misstrauensvotum gegen Mussolini. Am 25.07.1943 stellte ihn König Viktor Emanuel unter militärischen Gewahrsam. Deutsche Fallschirmjäger befreiten Mussolini aus dem Gefängnis. Die Alliierten waren in Italien aber schon nicht mehr aufzuhalten. Mussolini wurde auf der Flucht von italienischen Partisanen in der*

Nähe des Comer Sees gefangen genommen und von ihnen am 28.04.1945 hingerichtet.)

17. Ist Italien heute noch Monarchie? *(Nein, die Monarchie wurde 1946 abgeschafft. 1948 trat die demokratisch-republikanische Verfassung in Kraft.)*

18. Seit wann gibt es Lotto? *(Das Lotto stammt aus Genua, wo es 1575 entstand, um die Ratsmitglieder jährlich neu zu bestimmen. Man schrieb dazu 90 Namen auf Zettel und zog dann fünf. Das löste einen regen Wettbetrieb aus. 1643 entstand daraus die Spielform „5 aus 90", genannt „il Lotto" [= „der Anteil"].)*

Niccolo Machiavelli

1. Wer war Niccolo Machiavelli (1469-1527)? *(Ein italienischer Politiker und Historiker.)*

2. Was bezeichnet man als „Machiavellismus"? *(Eine politische Taktik, die sich nicht an der Moral orientiert, sondern den Erfolg hinterlistig unter rücksichtsloser Ausschöpfung aller legalen Mittel sucht.)*

3. Wie lebte Machiavelli? *(Er wurde in Florenz geboren, wo er zunächst auch lebte. Als die Medici 1494 vertrieben wurden, kam eine republikanische Regierung, in deren Dienst Machiavelli trat. Er machte politische Karriere und lernte dabei den Fürsten Cesare Borgia kennen, der seine Besitzungen in Mittelitalien vergrößerte. Borgia inspirierte Machiavelli zu seinem berühmtesten Werk [„Il Principe"]. 1512 kamen die Medici in Florenz wieder an die Macht und Machiavelli verlor alle Ämter, verließ sogar die Stadt. Als die Florentiner die Medici 1527 erneut in die Verbannung schickten, kam Machiavelli nach Florenz zurück in der Hoffnung, seine alten Ämter wiederzubekommen. Er erkrankte jedoch kurz nach seiner Rückkehr und starb.)*

4. Welche These verfolgt Machiavelli in seinem berühmtesten Werk „Il Principe" (1532. Deutsche Fassung: „Lebens- und Regierungs-Maximen eines Fürsten")? *(Ein Fürst soll sich nicht auf Moral konzentrieren, sondern nur nach den Regeln handeln, die politischen Erfolg versprechen. Machiavelli ist damit Vordenker des politischen Realismus.)*

5. Wo liegt Machiavelli begraben? *(In der Kirche Santa Croce [dort liegen auch ☞Michelangelo und ☞Dante begraben] in Florenz. Sein Grabstein trägt die Inschrift: „Tanta nomini nullum per elogium: Nicolaus Machiavelli" [„Kein Epitaph kommt diesem Namen gleich: Niccolo Machiavelli"].)*

Regenwurm

1. Welche Bedeutung hat der Regenwurm für den Boden? *(Der Regenwurm sorgt mit seinen Kanälen für Belüftung und Bewässerung des Bodens. Durch die Auflockerung des Erdreiches erleichtert er darüber hinaus den Wurzeln das Eindringen ins Erdreich.)*

2. Hat der Regenwurm einen Mund? *(Ja, auf der Unterseite des vorderen Endes. Am Kopf hat er weder Augen noch Fühler, in der Haut aber lichtempfindliche Zellen, die ihn vor dem Aufenthalt in der Sonne warnen sollen.)*

3. Wie pflanzt sich der Regenwurm fort? *(Regenwürmer sind Zwitter [jedes Tier hat sowohl männliche als auch weibliche Fortpflanzungsorgane]. Jeder Regenwurm kann deshalb Eier ablegen.)*

Philippinen

1. Was sind die „Philippinen“? *(Eine Republik und Inselgruppe im Pazifik östlich von Vietnam. Das Land besteht aus rund 7000 Inseln. Die Gesamtfläche der Philippinen beträgt rund 300.000 km^2 [entspricht in etwa der Größe der BRD mit 356.733 km^2].)*

2. Wie heißt die Hauptstadt der Philippinen? *(Manila mit 1,6 Mio. Einwohnern [im gesamten Ballungsraum der Hauptstadt leben fast 10 Mio. Menschen].)*

3. Wie viele Einwohner haben die Philippinen? *(Ca. 84,2 Mio.)*

4. Wie sehen die Inseln aus? *(Sie bilden die höchsten Erhebungen einer Gebirgskette, die unter dem Meeresspiegel parallel zur Küste verläuft. Früher [jedenfalls wohl bis vor rund 15.000 Jahren] bestand eine Landbrücke zum asiatischen Festland. Wie in Japan gibt es viele ☞Vulkane [rund 20 sind noch aktiv]. Das Klima ist tropisch, weshalb mehr als ein Drittel des Landes bewaldet ist. Die Philippinen sind übrigens Taifungebiet, was im Zeitraum Juni-Oktober zu teilweise verheerenden Verwüstungen führt.)*

5. Welche Sprache sprechen die Philippinen? *(Filipino, eine eigene Sprache. Englisch ist zweite Amtssprache, spanisch wird nur von einer Minderheit gesprochen.)*

6. Warum heißen die Philippinen so? *(Der erste Europäer war im März 1521 der in spanischen Diensten stehende Fernão de Magalhães [☞Magellan], der die Inseln für*

Spanien besetzen wollte. Die Einheimischen wehrten sich mit Erfolg und Magellan wurde dabei im April 1521 auf der Insel Mactan getötet. Gegen den Widerstand Portugals kamen die Spanier 1542 erneut und nahmen dann 1564 langfristig die Inselgruppe in Besitz. Sie nannten wegen des spanischen Thronfolgers ☞Philipp II. die Inselgruppe Islas Filipinas oder Philippinen.)

7. Welche Religion ist auf den Philippinen führend? *(84 % sind Katholiken, 10 % Protestanten, rund 4 % Muslime.)*

8. Wann wurden die Philippinen unabhängig? *(An die spanische Fremdherrschaft schloss sich 1898 die Eingliederung in die USA nach dem spanisch-amerikanischen Krieg an. Erst 1946 erlangten die Philippinen von den USA ihre Unabhängigkeit.)*

9. Wer war Ferdinand Marcos? *(Er war von 1965 bis 1986 Präsident der Philippinen, der über weite Strecken unumschränkt [über lange Zeit mit Kriegsrecht] herrschte und sich dabei fürchterlich bereicherte an Staatsgeldern, die er auf eigene ausländische Konten transferierte. 1986 musste er fliehen [zunächst nach Hawaii]. Marcos steht dementsprechend für Korruption und Selbstbedienung im Staatsamt.)*

10. Welchen blutigen Volkssport lieben die Philippinen? *(Den Hahnenkampf Sabong: Schätzungen gehen davon aus, dass jährlich 10 Mio. speziell gezüchtete Hähne mit Namen wie „Mike Tyson“ in den Kampfstätten zum Einsatz kommen. Der Kampf zwischen den Hähnen dauert maximal 10 Minuten und endet meist tödlich für mindestens einen der Hähne. Bei der brutalsten Variante wird der verknöcherte harte Sporn an den Füßen der Hähne mit rund vier cm langen Stahlmessern überzogen.)*

Nieren

1. Welche Funktion hat die Niere? *(Sie ist ein paarig angelegtes Organ, das nicht benötigtes Wasser und wasserlösliche Abfallprodukte aus der Ernährung des Menschen über das Blut zugeführt bekommt und über den Harn ausscheiden lässt. Der Harn besteht dementsprechend hauptsächlich aus Wasser, in dem vor allem Harnstoff, das wichtigste Abfallprodukt des Eiweißstoffwechsels, und überschüssiges Kochsalz gelöst sind. Die Nieren regeln deshalb auch den Wasser- und Salzhaushalt des Menschen.)*

2. Wo liegen die Nieren? *(Am hinteren oberen Rand der Bauchhöhle, zu beiden Seiten der Wirbelsäule.)*

3. Was verarbeiten die Nieren pro Tag? *(Pro Tag durchfließen rund 1800 Liter Blut die Niere. In den Nierenkörperchen werden daraus etwa 170 l Flüssigkeit abgesondert, die in den Nierenkanälchen auf 1 - 2 l verringert wird. Dieses Filtrat wird als Harn an*

das Nierenbecken abgegeben und vom Menschen ausgeschieden. Die Gesamtlänge des Röhrensystems beider Nieren beträgt ca. 100 km.)

4. Wie entsteht eine Nierenentzündung? *(Meist ist eine Abkühlung des Körpers durch nasse Kleidung oder Zugluft Ursache einer Nierenentzündung. Auch Medikamente, die in zu starker Dosis eingenommen werden, können eine Nierenentzündung auslösen. Die Hauptgefahr droht dem Patienten vom Herzen. Durch den Anstieg des Blutdrucks wird das Herz so stark belastet, dass es plötzlich versagen kann. Herzversagen und Schüttelkrampf sind nicht selten Ursache eines plötzlichen Todes des an einer Nierenentzündung Erkrankten. Die Nierenentzündung wird mit Antibiotika und eiweißreicher, salzarmer Kost bekämpft.)*

5. Was sind Nierensteine? *(Die sog. Nierensteine entstehen als sehr schmerzhafte Erkrankung, wenn sich die Salze im Harn verfestigen und durch den engen Harnleiter hindurchzwängen. Die Schmerzen dabei bezeichnet man als Koliken.)*

George Washington

1. Wer war George Washington (1732-1799)? *(Er war der erste Präsident der USA von 1789-1797.)*

2. Was war Washington, bevor er in die Politik ging? *(Er war ein reicher Pflanzer aus Virginia. Nachdem er dann noch eine reiche Witwe geheiratet hatte, war er der wohl reichste Mann im damaligen Amerika. Er ging in die Politik und war Mitglied des Parlaments von Virginia.)*

3. Wie verlief Washington´s politische Laufbahn? *(Er wurde 1774 als Abgeordneter zum ersten Nationalkongress in Philadelphia entsandt. 1775 wählte man ihn zum Oberkommandierenden der amerikanischen Truppen im Unabhängigkeitskrieg mit ☞England. 1781 ergaben sich die englischen Truppen in Yorktown. Nachdem 1783 der Friedensvertrag in Versailles den amerikanischen Kolonien die Unabhängigkeit brachte, wurde Washingtons Armee entlassen. Im Anschluss daran wurde 1787 ein Verfassungskonvent berufen, der am 4.3.1789 die amerikanische Verfassung in Kraft setzte. Im April 1789 leistete Washington auf dem Balkon der New Yorker Federal Hall den Eid als erster Präsident. Als die Amerikaner ihn 1797 erneut wählen wollten, lehnte er ab und zog sich ins Privatleben auf seinen Landsitz Mount Vernon in Virginia zurück, wo er 1799 starb und auch begraben wurde.)*

4. Was hat Washington mit dem Kapitol (amerikanisches Parlamentsgebäude) in Washington zu tun? *(Seit 1972 betrieb er den Aufbau der neuen Bundeshauptstadt und bestimmte auch den Standort des Kapitols, mit dessen Bau 1793 begonnen wurde. Erst 1824 wurde es fertiggestellt.)*

Islam

1. Was ist der Islam? *(Eine Weltreligion, die Allah als Gott verehrt: Am verbreitetsten ist das ☞Christentum mit rund 2 Mrd. Anhängern. An zweiter Stelle folgt der ☞Islam als jüngste Weltreligion mit 1 Mrd. Moslems, die vorwiegend im mittleren Osten und in Nord- und Westafrika leben. An dritter Stelle liegen die ☞Hindus mit 750 Mio., vor allem in Südostasien. Allein in Indien leben rund 650 Mio. Hindus. An vierter Stelle liegt der ☞Buddhismus mit 300 Mio. Anhängern. Zum ☞Judentum bekennen sich ungefähr 14,5 Mio. Menschen.)*

2. Was bedeutet das Wort „Allah"? *(Allah kommt vom arabischen Wort al-ilah = der Gott. Im Islam gilt er als einziger Gott, zugleich Schöpfer und Richter, dem Ergebung gebührt. Allah wird im Koran mit 99 Namen beschrieben, den hundertsten, seinen größten Namen, kennt jedoch kein Sterblicher.)*

3. In welchen Ländern leben die meisten Muslime? *(In Indonesien leben 184 Mio., in Pakistan 145 Mio., in Bangladesch 118 Mio., in Indien 115 Mio. In Europa leben in der Türkei 69 Mio., in der BRD „nur" 3,2 Mio. Muslime.)*

4. Wer ist der Begründer des Islam? *(☞Mohammed.)*

5. Was heißt „Islam" wörtlich? *(„Völlige Hingabe an Gott" oder „Unterwerfung unter Gottes Willen". Diese Bezeichnung gab Mohammed der Religion. Islam ist also nicht nur eine Religion, sondern eine Lebensweise.)*

6. Wie nennt man die Angehörigen des Islam? *(Muslim, Moslim oder Moslem. „Mohammedaner" lehnen die Gläubigen als Bezeichnung ab, da Mohammed keine neue Religion geschaffen habe.)*

7. Was bedeutet das Wort „Muslim"? *(Mohammed bezeichnete die Offenbarung im Koran als Scheideinstrument, das die Menschen in diejenigen unterteile, die sich ihr „unterwerfen" [arabisch: muslim] und jene, die sich ihr widersetzen.)*

8. Wann beginnt die islamische Zeitrechnung? *(Die islamische Zeitrechnung beginnt mit der Flucht [arabisch „Hedschra", was eigentlich Bruch bedeutet, nämlich den Bruch mit der alten Stammesorganisation] Mohammeds aus Mekka im Juli 622 n. Chr. Diese islamische Zeitrechnung wird auch heute noch benutzt, aber hauptsächlich für religiöse Zwecke. Dabei wird das Jahr nur mit 354 oder 355 Tagen gezählt, da dem Kalender nicht das Sonnenjahr, sondern das um 11 Tage kürzere Mondjahr zugrundegelegt wird.)*

9. Warum ist im Islam der Halbmond ein verbreitetes Symbol? *(Der Halbmond steht für die Sichel des abnehmenden Mondes, die in der Nacht des 15. Juli 622 am Himmel*

stand, als Mohammed aus Mekka nach Medina floh. Der Halbmond ist damit auch Symbol für den Beginn der neuen Zeitrechnung.)

10. Wie sieht der Islam Jesus? *(Nicht als Gottes Sohn, sondern als bevorzugten Propheten. Gleiches gilt für Johannes.)*

11. Was sind die fünf Säulen des Islam? *(1. Das Bekenntnis zur Einheit Gottes und zur Prophetenschaft Mohammeds [der jedoch Mensch ist]: „Ich bezeuge, dass es keinen Gott gibt außer Allah, und Mohammed ist sein Prophet.“ 2. Das Ritualgebet, das fünfmal am Tag in Richtung der Kaaba in Mekka durchzuführen ist. 3. Das Fasten während des Monats Ramadan [Februar/März]. Es darf im Ramadan [„heißer Monat"; 30-tägiger Fastenmonat] von Sonnenaufgang bis Sonnenuntergang nicht gegessen, getrunken und geraucht werden. 4. Die Wallfahrt [Hadjdj] nach Mekka, die möglichst jeder Moslem einmal in seinem Leben unternehmen soll. 5. Das Geben von Almosen für religiöse und karitative Zwecke.)*

12. Was ist im Islam verboten? *(Der Genuss von Schweinefleisch und Wein sowie das Glücksspiel.)*

13. Was ist der „Koran“? *(Da Mohammed nach der Lehre des Islam der Prophet Allahs ist, hat er dessen Lehre im Koran [arabisch: „Das Vorgetragene“] niedergelegt. Der Koran ist also das heilige Buch des Islam, vergleichbar der Bibel bei den Christen. Der Koran wurde erst nach Mohammeds Tod von seinem Nachfolger Abu Bekr zusammengestellt [Mohammed selbst konnte nicht schreiben, sondern diktierte seine Berichte über ihm durch den Erzengel Gabriel erteilte Offenbarungen einem Schreiber]. Er ist keine in sich geschlossene Darstellung, sondern eine Aneinanderreihung von Offenbarungen in 114 Kapiteln [„Suren“].)*

14. Was ist die „Kaaba“? *(Die Kaaba [arabisch: „Würfel“] ist das wichtigste Heiligtum des Islam. Der betende Moslem richtet sich der Kaaba zu, die in Mekka steht. Der Moslem soll mindestens einmal im Leben nach Mekka pilgern und die Kaaba dabei siebenmal umrunden. An einer Ecke der Kaaba befindet sich ein als heilig geltender Meteorit. Nach der Legende wurde die Kaaba schon von Abraham errichtet.)*

15. Zieht Mekka weltweit die meisten Touristen an? *(Nein: Mekka ist zwar mit rund zwei bis drei Millionen Pilgern pro Jahr der meistbesuchte Ort Vorderasiens. Die meisten Touristen zieht aber Las Vegas an, das es 2004 auf 39 Mio. Touristen brachte.)*

16. Was ist ein „Mufti“? *(Ein staatlicher anerkannter Rechtsgelehrter im Islam.)*

17. Was ist der „Jihad“? *(Der „Heilige Krieg“, der dem Ziel der „Verbesserung der Welt“ dient. Nach der klassischen islamischen Auffassung gibt es drei Gebiete: Das „Gebiet des Islam“, in dem die Muslime herrschen, das „Gebiet des Vertrages“, mit dem die Muslime Verträge haben, die einem Krieg entgegenstehen, und das „Gebiet des Krieges“, also die übrige Welt, die es dem Islam zu unterwerfen gilt.)*

18. Wie viele Frauen darf ein Moslem haben? *(Bis zu vier Frauen. Der Koran mahnt aber auch: „Wenn du befürchtest, nicht allen Frauen gleichermaßen gerecht zu werden, dann heirate nur eine Frau!")*

19. Was ist der Unterschied zwischen den „Sunniten" und den „Schiiten"? *(Beide sind Glaubensrichtungen im Islam, aber besonders im Irak aggressiv gegeneinander: Obwohl für beide der Koran gilt, gibt es unter ihnen seit Mohammeds Tod 632 n. Chr. Streit, wer der rechtmäßige Nachfolger Mohammeds sei. Die Sunniten, zu denen rund 85 % der Muslime gehören, ernannten einen Kalifen, der die Führung der Muslime übernehmen, aber keine göttliche Macht haben solle. Die Schiiten [leben vor allem im Iran und Irak] glauben im Gegensatz zu den Sunniten, dass die Imame, die Nachfahren Mohammeds, und nicht die Kalifen die rechtmäßigen Nachfolger des Propheten Mohammed seien. Der Begriff „Schiiten" ist abgeleitet vom arabischen „schia" [„Partei", „Sekte"]. Die Schiiten gehören zur „Partei" Alis, da sie im Schwiegersohn Mohammeds Schi´ at Ali den ersten Imam sehen. Die Sunniten folgen der „Sunna", dem „Pfad" des Propheten Mohammed.)*

20. Was kennzeichnet eine Moschee? *(Eine Moschee ist eine arabische Kirche. Sie hat einen quadratischen Grundriss und mehrere Räume. Im Hauptraum befindet sich die Gebetsnische [der Mihrab], die die Richtung nach Mekka [Kibla] anzeigt. Jede Moschee hat mindestens eine große und manchmal noch weitere kleine Kuppeln. Außerdem hat sie ein Minarett [Turm], von dem aus der Muezzin [Gebetsrufer] die Gebetsstunden ausruft.)*

21. Gibt es in Moscheen Bilder von Menschen und Tieren? *(Nein, das verbietet der Koran. Deshalb sind die Ornamente in Moscheen umso reichhaltiger.)*

22. Wie steht der Islam zum Sex? *(Grundlage des Rechts in allen islamischen Staaten ist die Scharia [= „Weg zur Quelle"]. Sie besteht aus Ge- und Verboten, die dem Koran und der Sunna [Aufzeichnung über die Taten und Worte Mohammeds] entnommen sind. Prinzipiell verboten sind Sex vor der Ehe, Ehebruch [Im Iran und Nordprovinzen Nigerias steht darauf die Todesstrafe durch Steinigung], Prostitution und Homosexualität.)*

23. Wenn wir uns sehr wohl fühlen, sprechen wir vom „Siebten Himmel". Was hat der Islam damit zu tun? *(Die Redewendung kommt aus dem Islam, bei dem der „Siebte Himmel" der Ort der letzten Verklärung ist.)*

24. Wie tritt man zum Islam über? *(Um zum Islam übertreten zu können, muss man über profunde Kenntnisse des Islam verfügen. Vor dem Übertritt nimmt der Konvertit [= Übertretender] ein Duschbad, um sich von allem Unreinen zu befreien. Danach wird vor zwei muslimischen Zeugen – regelmäßig in arabischer Sprache – das Glaubensbekenntnis [„shahada"] abgelegt. Kenntnisse der arabischen Sprache sind aber nicht zwingend erforderlich, um Muslim zu werden. Die Annahme eines muslimischen Vornamens ist freiwillig, die Beschneidung des Mannes kein Muss.)*

Eratosthenes

1. Wer war Eratosthenes (276-196 v. Chr.)? *(Ein griechischer Mathematiker, Astronom, Geograf und Dichter, der im heutigen Libyen geboren wurde. Er war wegen seiner hohen Bildung so bekannt, dass er zum Vorsteher der Bibliothek von Alexandria [der größten Bibliothek der hellenistischen Welt] ernannt wurde. Außerdem war er Lehrer am Hof der ägyptischen Pharaonen.)*

2. Was machte Eratosthenes berühmt? *(Er berechnete als erster den Umfang der ☞Erde mit sehr großer Genauigkeit [er kam auf 39.700 km. Richtig sind 40.003 km]. Ihm fiel auf, dass die ☞Sonne am 21. Juni 12 Uhr senkrecht über der ägyptischen Stadt Syene [dem heutigen Assuan] stand, zur gleichen Zeit aber in Alexandria mit einem Winkel auftraf. Mit trigonometrischen Berechnungen errechnete Eratosthenes den Erdumfang und auch die Entfernung der Erde zur Sonne. Seine bedeutendste schriftstellerische Leistung war ein dreibändiges Werk, in dem er das geografische Wissen seiner Zeit zusammenfasste.)*

3. Wie starb Eratosthenes? *(Als er im hohen Alter das Augenlicht verlor, starb er freiwillig den Hungertod.)*

Kautschuk

1. Welche Sorten Kautschuk gibt es? *(Vor allem Naturkautschuk und Synthesekautschuk [= künstlich hergestellter Kautschuk, heute verbreiteter].)*

2. Warum heißt „Kautschuk" so? *(Der französische Forscher Charles de la Condamine stellte 1735 fest, dass die Eingeborenen in den Urwäldern Ecuadors Baumsaft durch Schnitte in die Rinde gewannen, mit dem sie wasserdichte Stoffe herstellten, und den Baum „cahutschu" [= „Baum der Tränen"] nannten. Kautschuk heißt dementsprechend „Tränen vom Baum, der weint". Condamine sandte Proben des Stoffs in die Heimat, wo er genau untersucht wurde.)*

3. Was ist Kautschuk? *(Eine Substanz, die bei normaler Temperatur eine gummielastische Eigenschaft besitzt: Zieht man den Stoff auseinander und setzt dann die Kraft wieder ab, kehrt der Körper zu seiner alten Form zurück. Kautschuk dient deshalb vor allem als Rohstoff zur Herstellung von Gummi.)*

4. Natürlicher Kautschuk wird vor allem aus dem Baum Hevea brasiliensis (Kautschukbaum) hergestellt. Woher stammt dieser Baum? *(Aus dem Amazonasgebiet in Brasi-*

lien. Die Engländer schafften trotz strengster brasilianischer Sicherheitsvorkehrungen 1876, 70.000 Hevea-Setzlinge nach England zu schmuggeln. In Ceylon gelang ihnen danach unter strengsten Sicherheitsvorkehrungen der Ersatzanbau. Heute kommen 99 % des Naturkautschuks aus Anbaugebieten in Malaysia und Indonesien.)

5. Wie kam es zur Entdeckung des Kautschuks als Rohstoff für Gummi? *(Schon 1493 entdeckte ☞Kolumbus bei seiner zweiten Amerikareise auf Haiti Eingeborene, die mit elastischen schwarzgrauen Bällen spielten. 1521 brachten die Spanier aus Mexiko die Botschaft mit, dass die Eingeborenen aus dem Stoff wasserdichte Schuhe fertigten und mit fußballgroßen Kautschuk-Bällen kultische Ballspiele veranstalteten.)*

6. Seit wann heißt „Gummi" so? *(Als erster nannte 1601 der Spanier Antonio Tordesillas das aus dem Milchsaft gewonnene Produkt so.)*

7. Wer war Charles Macintosh? *(Ein schottischer Chemiker, der 1823 das Verfahren verbesserte, mit Kautschuk Bekleidung zu imprägnieren. Nach ihm heißt noch heute in England ein wasserdichter Regenmantel „Macintosh".)*

8. Wer war Charles Nelson Goodyear (1800-1860)? *(Ein Amerikaner, der 1839 das Vulkanisierungsverfahren erfand, das durch Verbindung mit Schwefel den Kautschuk jederzeit nicht nur elastischer hält, sondern ihn reißfester, gasdicht, abriebfest und beständig gegen Wärme und elektrischen Strom macht. Damit war die Voraussetzung zum Einsatz als Reifen geschaffen. Goodyear kam wie Dunlop [ein britischer Tierarzt [1840-1921], der 1888 den pneumatischen Gummireifen für das Fahrrad erfand] und Firestone nach Brasilien: Die drei parzellierten großräumig die Amazonasgebiete rund um das Urwaldstädtchen Manaus am Rio Grande, errichteten riesige Gummibaum-Plantagen, gewannen und verwerten Kautschuk für die Gummiproduktion. Reich wurde Goodyear durch seine Erfindung aber nicht. Er verbrachte einiges an Zeit in den Schuldgefängnissen von Philadelphia, New Haven und Boston. Im Gefängnis entdeckte er auch, wie man Gummi vulkanisiert. Als er starb, hinterließ er seiner Familie Schulden in Höhe von 200.000 $.)*

9. Was ist der Unterschied zwischen Sommer- und Winterreifen und welchen Einfluss auf die Profilformen haben Frösche? *(Sommerreifen sind aus härterem, weniger elastischem Gummi. Auf verschneiter Fahrbahn braucht ein Sommerreifen bei Tempo 40 ungefähr 30 m, bis er steht. Der Winterreifen schafft das nach 18 m. Sommerreifen werden ab 7 °C härter und verlieren deshalb an Griffigkeit. Dem Winterreifen ist Naturkautschuk beigemischt, was ihn elastischer macht. Außerdem ist sein Profil eingeschnitten, weshalb sich beim Bremsen die Kanten des Profils aufrichten. Winterreifen gibt es erst seit den 1950er Jahren. Ideengeber für die zahlreichen Profilformen von Winterreifen ist übrigens die Natur: Vorbilder sind die Wabenmuster der Bienen und die Fußsohlen von Fröschen.)*

10. Was ist „Latex"? *(Die Bezeichnung für den Milchsaft der kautschukgebenden Pflanzen.)*

Kalender

1. Wem verdanken wir unseren Kalender mit 12 Monaten? *(Den Römern, konkret der Kalenderreform ☞Cäsars. Früher begann das Jahr im Monat März, weshalb der September der „7. Monat" [septem = sieben] usw. bis Dezember zum 10. Monat war. Die Kalenderreform behielt die alten Namen für September – Dezember aber bei, obwohl sie jetzt nicht mehr passten.)*

2. Warum fängt das Jahr mit dem 1. Januar an? *(Bei den Römern galt eigentlich der 15. März als Jahresbeginn, an dem die neu gewählten Beamten ihren Dienst antraten. 159 v. Chr. wurde der Senator Marcus Fulvius Nibilior zum Konsul gewählt. Er kam aber erst am 1. Januar aus einem Kriegszug zurück, deshalb verlegte man den Jahresanfang kurzerhand auf den 1. Januar – und dabei blieb es bis heute.)*

3. Welchen Hintergrund haben die Namen der Monate Januar bis August? *(Januarius war der Monat des Janus, des Gottes des Anfangs. Der Februarius war der Monat der Reinigung [februare = reinigen]. Der Martius war Mars, dem Kriegsgott gewidmet. Der Aprilis ist der Monat der Knospen [„aperire" = öffnen]. Der Maius war der Fruchtbarkeitsgöttin Maja geweiht. Der Junius war der Göttin Juno [Gattin des Göttervaters Jupiter] gewidmet. Der Julius erhielt seinen Namen nach Julius Cäsar, der August den Namen des Kaisers ☞Augustus.)*

4. Wonach bemisst sich der Tag des Kalenders? *(Er entspricht der Zeit einer Erdumdrehung.)*

5. Wonach bemisst sich ein Jahr des Kalenders? *(Ein Jahr entspricht der Zeit, die die Erde für eine Umrundung der ☞Sonne benötigt.)*

6. Woher kommt der Begriff „Sekunde"? *(„Sekunde" geht zurück auf den lateinischen Begriff „pars minuta secunda" [= „kleinster Teil zweiter Ordnung"]. Ursprünglich war die Sekunde über die Erdrotation bestimmt. Seit 1967 wird sie aus atomaren Messungen abgeleitet.)*

7. Warum hat eine Stunde 60 Minuten? *(Das dürfte auf die Babylonier zurückgehen, deren Zahlensystem auf der Zwölf beruhte. Auch die Einteilung der Minute in 60 Sekunden dürften wir ihnen verdanken. Erst in römischer Zeit finden sich aber Quellen, die diese Zeiteinteilung belegen. Das ist kein Wunder, waren doch damals diese Einteilungen nur von mathematischem Interesse, weil es noch keine Uhren gab. In der ☞Französischen Revolution wurde 1793 ein Versuch unternommen, die Stunde zu 100 Minuten und die Woche mit 10 Tagen zu rechnen. Das scheiterte aber am Widerstand der Bauern, die rasch erkannten, dass es hier um eine Verlängerung ihrer Arbeitszeit bis zum nächsten Sonntag ging.)*

8. Worauf gehen die Einteilung in Wochen, worauf die Namen unserer Wochentage zurück? *(Die Einteilung in Wochen stammt aus dem Orient und wurde von den ☞Juden übernommen, die den 7. Tag aus religiösen Gründen als Ruhetag festsetzten. Die Römer nannten die Wochentage nach den 5 Planeten, die sie mit bloßem Auge erkennen konnten. Diesem Umstand verdanken wir noch die Namen Sonntag und Montag. Der Dienstag hat nichts mit „Dienst“ zu tun, sondern mit Tyr [auch Tiu oder Ziu, der englische Tuesday geht darauf zurück], germanischer Kriegsgott und Sohn Odins [germanischer Göttervater], Mittwoch kennzeichnet tatsächlich die Mitte der Woche. Die Germanen ersetzten Donnerstag [nach Thor, später Donar, dem Gott des Donners] und Freitag [nach Freiya, der Göttin der Liebe, Fruchtbarkeit und Schönheit. Sie war blond, blauäugig und schön. Nach germanischer Darstellung ritt sie auf einem goldborstigen Eber oder fuhr mit einem Katzengespann] durch germanische Götter. Der Samstag kommt aus dem Römischen und ist nach Saturn benannt.)*

9. Was ist der „Julianische“, was der „Gregorianische“ Kalender? *(Der „Julianische Kalender“ ist der, den Julius Cäsär 45 v. Chr. einführte [Darauf geht der Name des Monats Juli zurück]. Er enthält schon 365,25 Tage und sieht Schaltjahre vor. Der von Papst Gregor XIII. 1582 eingeführte gregorianische Kalender bestimmt die Jahresangabe der Schaltjahre [durch 4 teilbare Hundertzahl] genau und ist bis heute der maßgebliche Kalender.)*

10. Warum hat der August 31 Tage? *(Der Monat August ist nach Augustus benannt, dem Adoptivsohn Cäsars, der ihm auf den Thron nachfolgte. Da Cäsar einen Monat mit 31 Tagen bekommen hatte, beanspruchte Augustus das gleiche Recht für sich, zwackte dem Februar einen Tag ab und hing diesen an den 30. August dran.)*

11. Wer begann zuerst, ein Jahr mit 365 Tagen zu zählen? *(Ägyptische Priester führten ca. 2800 v. Chr. das Sonnenjahr mit 365 Tagen ein.)*

12. Wie kam der 1. April als Scherztag zu seiner Bedeutung? *(Der Jahresbeginn wurde früher auf immer neue Daten gesetzt. In Frankreich war der 1. April mehrere Jahrhunderte lang der Jahresanfang, bis er im 17. Jahrhundert auf den 1. Januar gelegt wurde. Wer die Neuerung vergessen hatte, konnte am 1. April herrlich hereingelegt werden. So entstand der Brauch. Die Engländer blieben übrigens bis 1751 beim 25. März als Jahresbeginn.)*

13. Wer führte weltweit zuerst die Sommerzeit ein? *(Deutschland zum 30.04.1916, schaffte sie allerdings drei Jahre später schon wieder ab. Zwischen 1940 und 1949 gab es dann kriegsbedingt erneut eine Sommerzeit. 1947 wurden die Uhren zwischen dem 11.05. und 29.06. während der sog. „Hochsommerzeit“ sogar zwei Stunden vorgestellt. Erst seit 1980 gilt in Deutschland wieder die Sommerzeit. Zum einen wollte man sich den Nachbarländern anpassen. Außerdem gab es dafür wegen der Erdölkrise von 1973 energiepolitische Gründe.)*

Babylon

1. Was war Babylon? *(Eine der wichtigsten Städte des Altertums, die heute nur noch ein Ruinenfeld ist. Die Stadt Babylon wurde Babilu genannt, was „Tor Gottes“ bedeutet.)*

2. Wo lag Babylon? *(In ☞Mesopotamien am Euphrat [heute Staatsgebiet des Irak].)*

3. Warum wurde Babylon eine so mächtige Stadt? *(Ihre Lage an der Haupthandelsroute über Land zwischen Mittelmeer und Persischem Golf war ausschlaggebend. Daneben hatte zu Babylons Blüte auch die Bautätigkeit Nebukadnezars II., des Begründers des neubabylonischen Reiches, beigetragen. Zu Bauarbeiten setzte er die Juden ein, die er nach der Eroberung Jerusalems 586 v. Chr. in die babylonische Gefangenschaft deportiert hatte)*

4. Was waren die ☞„Hängenden Gärten der Semiramis“? *(Sie sind eines der ☞„Sieben Weltwunder“ der Antike. Der babylonische König Nebukadnezar II. legte sie 600 v. Chr. an. Es war eine hohe terrassenförmige Gartenanlage, bei der eine Pumpe Wasser auf die höchste Ebene transportierte und von dort die einzelnen Terrassen versorgte. Eine mächtige Treppe führte von Terrasse zu Terrasse, auf denen Palmen, Obstbäume und Schlingpflanzen angelegt waren. In diesen Gärten herrschte immer kühle Frische. In der ältesten Auflistung der sieben Weltwunder aus dem 2. Jahrhundert v. Chr. sind auch die Mauern von Babylon enthalten.)*

5. Was war der Babylonische Turm? *(Ein siebenstöckiges Gebäude, 90 m hoch mit quadratischem Grundriss [Außenlänge ebenfalls 90 m], das Nebukadnezar II. auf seine endgültige Höhe brachte. Im Alten Testament wird berichtet, die Menschen hätten mit seinem Bau Gott gefrevelt, der daraufhin die Menschen zur Strafe mit unterschiedlichen Sprachen ausstattete [1. Mose 11].)*

6. Was haben die Babylonier mit unseren 60 Minuten und dem Kreis mit 360 ° zu tun? *(Die Babylonier waren hochgebildet. Die babylonischen Priester schufen vor mehr als 4000 Jahren die Grundlagen der Geometrie mit einem System, das auf der Zahl 60 aufbaute.)*

7. Was ist ein „Abakus“? *(Der Abakus [lateinische Bezeichnung nach dem griechischen Abakion] war eine von den Babyloniern erfundene Rechenmaschine. Sie bestand aus einem Rechenbrett, in das für Einer, Zehner, Hunderter u.s.w. jeweils eine Rille gezogen wurde. Wollte man Zahlen addieren, füllte man die entsprechenden Reihen mit der passenden Anzahl Kugeln. Waren in einer Rille 10 Kugeln, nahm man sie heraus und legte dafür eine Kugel in die nächsthöhere Rille.)*

8. Kannten die Babylonier π? *(Nein: Zur Errechnung des Kreisumfangs multiplizierten sie den Durchmesser mit 3 [Die alten Ägypter waren schon auf den Näherungswert 3,14 gekommen.].)*

9. Wer war ☞Hammurabi? *(Einer der bekanntesten babylonischen Könige, der für die von ihm erlassenen Gesetze berühmt wurde.)*

Rocky Mountains

1. Was sind die Rocky Mountains? *(Eine Gebirgskette im Westen Nordamerikas, die zweitgrößte [nach den ☞Anden in Südamerika] der Welt. In den Rocky Mountains gibt es zahlreiche Nationalparks [in denen noch Grizzlybären anzutreffen sind], von denen der Yellowstone-Park mit seinen ☞Geysiren [warme Springquellen] der bekannteste ist.)*

2. Wie lang und breit sind die Rocky Mountains? *(Sie sind 5500 km lang vom Yukon in Alaska bis zum Rio Grande del Norte an der Nordgrenze Mexikos. Im Durchschnitt sind die Rocky Mountains 200 km breit.)*

3. Wie hoch sind die Rocky Mountains? *(Der höchste Berg ist der 6200 m hohe Mount McKinley in Alaska.)*

Leber

1. Was ist die Leber? *(Das größte innere Organ der Wirbeltiere, rötlichbraun gefärbt.)*

2. Wo im Körper liegt die Leber? *(Im Wesentlichen im rechten Teil unseres Brustkorbes.)*

3. Kann ein Mensch ohne Leber leben? *(Nein, er wäre binnen weniger Stunden tot.)*

4. Welche Funktion hat die Leber? *(Die Leber ist ein Stoffwechselorgan. Die Leberzellen werden pro Minute von rund 1,4 l Blut durchströmt. Die Leber entzieht dem Blut Abfall- und Giftstoffe und bereitet sie zum Ausscheiden aus dem Körper auf. Daneben verarbeitet sie Nährstoffe und führt sie dem Organismus zu, wobei sie auch dafür zuständig ist, die richtige Konzentration bestimmter Stoffe im Blut zu gewährleisten.)*

5. Wie schwer ist die Leber? *(Ca. 1,5 kg.)*

6. Was ist „Hepatitis“? *(Eine Leberentzündung [hepar, griechisch für Leber], vor allem hervorgerufen durch eine Virusinfektion. Hintergrund ist, dass sich das Hepatitis-Virus mit Vorliebe in Leberzellen vermehrt.)*

7. Was ist eine „Leberzirrhose“? *(Eine fortgeschrittene Entzündung der Leber, bei der das Lebergewebe nach und nach abstirbt. Meist entsteht die Leberzirrhose durch übermäßigen Alkoholgenuss und falsche Ernährung. Der Patient stirbt dann an Leberversagen.)*

8. Was ist „Gelbsucht“? *(Sie ist Symptom einer Lebererkrankung und entsteht durch die Anhäufung anomal großer Bilirubinmengen im Blut, da die Leber ihre reinigende Funktion nicht mehr erfüllt. Bilirubin ist ein gelblich-rötlicher Gallenfarbstoff, der durch den Abbau von roten Blutkörperchen entsteht. Er wird von der Milz der Leber zugeführt, die wegen ihrer Entzündung ihn aber nicht mehr in der Galle ausscheiden kann. Deshalb tritt vermehrt Gallenfarbstoff in das Blut über und dringt in die Zellen der Haut ein.)*

9. Was ist eine „Säuferleber“? *(Eine normale Leber endet unter der letzten Rippe. Durch falsche Ernährung [insbesondere fettes Essen mit tierischen Fetten, Schokolade und Alkohol] vergrößert sich die Leber und weitet sich unter den rechten Rippenbogen aus. Diese Schwellung kann eine Leberverhärtung auslösen, die die Funktionen der Leber beeinträchtigt, zum Absterben von Leberzellen und letztlich zum Zusammenbrechen der Leberfunktion führen kann. Da alle starken Alkoholiker eine kranke Leber haben, spricht man deshalb von einer „Säuferleber“.)*

10. Was sind und wie entstehen Gallensteine? *(Die Gallenblase ist in die Leber eingebettet. In den Leberzellen entsteht die Galle, eine gelbbraun bis grünliche, stark bitter schmeckende Flüssigkeit. Unser Körper bildet täglich 0,75 Liter von dieser Flüssigkeit, die als Verdauungssaft im Darm bei der Verdauung von Fettstoffen mithilft. Die Galle fließt von der Leber teils durch den Gallengang direkt in den Zwölffingerdarm, teils in die Gallenblase, ein ungefähr birnenfömiges, sackartiges Hohlorgan. Wenn fette Speisen in den Darm gelangen, schüttet die Gallenblase Galle in den Dünndarm aus, wodurch die Fette gelöst und für die Aufnahme durch die Darmwand ins Blut vorbereitet werden. Bei Stoffwechselstörungen kommt es zu Salzbildungen in der Galle, die zu Gallensteinen verklumpen. Versucht die Gallenblase, einen Gallenstein in den Gallengang zu befördern, kommt es zu heftigen Schmerzen, die man als „Gallenkolik“ bezeichnet.)*

Themistokles

1. Wer war Themistokles (525-459 v. Chr.)? *(Ein Staatsmann und Feldherr im antiken ☞Athen, der für deren Sieg in den ☞Perserkriegen über die Perser verantwortlich war, weil er Athen rechtzeitig zur Seemacht umgewandelt hatte. 480 v. Chr. gewann er die Seeschlacht von Salamis vor Athen gegen den Perserkönig Xerxes.)*

2. Warum riet Themistokles den Athenern zum Bau einer Flotte? *(Die Athener fragten wegen des bevorstehenden Ansturms der Perser das Orakel von Delphi um Rat und bekamen zur Antwort: „Die Athener werden ihre Stadt hinter hölzernen Mauern verteidigen." Deshalb riet Themistokles zum Bau einer Flotte und hatte damit Erfolg.)*

3. Wie endete Themistokles, was ist ein „Ostrakismos"? *(Nach seinen glanzvollen Siegen war er zunächst hoch angesehen, zog aber durch seine Prunksucht und Arroganz den Ärger seiner Mitbürger auf sich, die ihn per Ostrakismos [griechisch: ostrakimos = Scherbe. Die Bürger Athens stimmten ab, indem sie den Namen auf Tonscherben ritzten, weshalb das Gericht als Scherbengericht bezeichnet wird] aus Athen verbannten. Er ging daraufhin erst nach Argos, floh aber dann an den Hof von Xerxes´ Sohn Artaxerxes I., als dessen Vasall er später starb.)*

Prinz Eugen

1. Wer war Prinz Eugen (1663-1736)? *(Ein österreichischer Feldherr, einer der fähigsten Heerführer seiner Zeit, u.a bei den ☞Türkenkriegen, was ihm den Beinamen „Türkenbefreier" einbrachte. Ist der eigentliche Begründer der modernen Großmacht Österreich-Ungarn.)*

2. War Prinz Eugen gebürtiger Österreicher? *(Nein, er war gebürtiger Franzose italienischer Abstammung und wollte eigentlich in die französische Armee eintreten, wurde aber von König ☞Ludwig XIV. [ihm war er zu klein und schmächtig] für die geistliche Laufbahn bestimmt. Daraufhin floh er nach Österreich, trat dort in die Armee ein und war sehr erfolgreich – u.a. gegen Frankreich, das später vergeblich versuchte, ihn als Marschall zurückzugewinnen.)*

3. Was hat Prinz Eugen mit dem Schloss Belvedere in Wien zu tun? *(Er ließ es sich bauen und sammelte dort eine großartige Bibliothek. Prinz Eugen war hochgebildet und korrespondierte mit dem Philosophen Leibniz und dem französischen Rechtsgelehrten Montesquieu.)*

Antibiotika

1. Was sind „Antibiotika"? *(Antibiotika sind organische und synthetische Substanzen, die antibakteriell wirken [aus dem Griechischen: „anti" = gegen; „biotikos" = zum Leben gehörend], indem sie bestimmte Mikroorganismen vernichten. Früher bezeichnete man als Antibiotika nur solche organischen Substanzen, die von Bakterien und Schimmelpilzen gebildet wurden und auf andere Organismen toxisch [aus dem Griechischen: giftig] wirkten.)*

2. Gegen welche Krankheiten setzt man Antibiotika vor allem ein? *(Tuberkulose, Cholera, Diphterie, Tetanus, ☞Lungenentzündung, Syphilis, Scharlach.)*

3. Was ist das bekannteste Antibiotikum? *(Penicillin, das 1929 von dem schottischen Bakteriologen Alexander Fleming [1881-1955] erfunden wurde. Er benannte den Stoff nach dem betreffenden Schimmelpilz, der penicillium notatum heißt und Penicillin produziert. Winzige vom Wind mitgewehte Sporen des Pinselschimmels Penicillium notatum hatten sich auf Bakterienkulturen niedergelassen, die Fleming am Fensterrand seines Labors stehen hatte. Fleming erkannte, dass ein Wirkstoff, den der Schimmelpilz absonderte, Bakterien am Wachstum hinderte und sie tötete. Diesen Wirkstoff nannte Fleming „Penicillin".)*

4. Was verhalf Penicillin zum Durchbruch? *(Die Fachpresse registrierte Flemings Veröffentlichungen zwar, zog aber keine Konsequenzen daraus. Fleming ließ sich nicht beirren und züchtete seinen Pilzstamm weiter, um an die Menge zu kommen, die man für ärztliche Versuche am Menschen benötigte. Aber selbst die Menge, die er in jahrelanger Züchtung zusammenbekommen hatte, reichte nicht aus, um einen erkrankten Polizisten, dem das Penicillin offenkundig half, zu Ende zu behandeln. Der Polizist starb, da Fleming keinen Nachschub an Penicillin hatte. Dann kam jedoch der 2. Weltkrieg, und das Interesse an keimtötenden Heilmitteln stieg explosionsartig an. Man erinnerte sich nun an Fleming, studierte den Schimmelpilz in großem Stil und fand einen Weg, ihn in Tauchkulturen zu züchten, die 50.000 Liter groß waren. Damit war die industrielle Produktion gelungen, und das Penicillin eroberte die Welt. Fleming wurde für seine Erfindung 1944 in den Adelsstand erhoben und erhielt 1945 den Nobelpreis für Medizin.)*

5. Was ist ein „Bazillus"? *(☞Koch sah unter dem Mikroskop bei der Untersuchung von Tieren, die an Milzbrand eingegangen waren, winzig kleine Stäbchen. Stäbchen heißt lateinisch: Bazillus, griechisch: Bakterie. Der Bazillus ist also der unter dem Mikroskop als Stäbchen sichtbare Krankheitserreger. Bakterien sind lebende Zellen, die Nahrung aufnehmen, wachsen, sich vermehren und absterben.)*

6. Was sind „Antikörper"? *(Antikörper sind ganz bestimmt geformte Eiweiße des körperlichen Abwehrsystems. Sie können sich an Bakterien festsetzen und sie bekämpfen.)*

7. Warum sind Antibiotika in Deutschland rezeptpflichtig? *(Da Bakterien gegen bestimmte Antibiotika Abwehrmechanismen entwickelt haben [resistent sind], muss der Arzt entscheiden, bei welcher bakteriellen Erkrankung welches Antibiotikum in welcher Konzentration genommen werden soll.)*

Vulkane

1. Was ist ein Vulkan? *(Als Vulkan bezeichnet man eine geologische Bauform, deren über die Erdoberfläche ragender Teil regelmäßig die Form eines Kegels hat und aus erstarrter Lava besteht. Von der Spitze des Vulkans führt der Schlot [Eruptionskanal] ins Erdinnere und stellt die Verbindung zum Magma her.)*

2. Woher kommt der Begriff „Vulkan"? *(Das Wort geht auf die italienische Insel Vulcano zurück. In der römischen Mythologie galt sie als Sitz des römischen Gottes des Feuers Vulcanus.)*

3. Was ist „Magma"? *(Eine glutflüssige, gashaltige Gesteinsschmelze, deren Hauptbestandteile die Oxide von ☞Silizium, ☞Aluminium, ☞Eisen, Mangan, Kalzium, Natrium und Kalium sind. Tritt Magma an die Oberfläche, nennt man es Lava.)*

4. Wie verhält sich die Dampfwolke, die bei einer Eruption entsteht? *(Sie enthält mit vulkanischer Asche vermischte Dämpfe und Gase und ist manchmal so schwer, dass sie nicht aufsteigt, sondern an den Vulkanhängen herabfällt und mit einer Hitze von rund 800° C alles verbrennt. So geschah es auch bei ☞Pompeji [79 n. Chr.] und 1902 auf Martinique, als der Ausbruch des Mont Pelée rund 40.000 Menschenleben [es überlebte nur ein Farbiger, der wegen Mordes in einer unterirdischen Zelle des städtischen Gefängnisses eingesperrt war] kostete.)*

5. Wie viele aktive Vulkane gibt es auf der Welt? *(Rund 500 – 600, wobei die untermeerischen Vulkane nicht mitgezählt werden.)*

6. Wo ist der aktivste Vulkan der Erde? *(Auf Hawaii: Der dortige 1243 m hohe Vulkan Kilauea spuckt seit 1983 pro Jahr durchschnittlich 120 Mio. m^3 Magma an die Oberfläche. Damit wurde schon ein neuer Berg angehäuft, der „Puu Oo" [hawaiianisch für „Hügel des Oo-Vogels". Bis jetzt wurden 100 km^2 von den Lavaströmen bedeckt.)*

7. Wo liegen Vulkane, was ist der „Ring of Fire"? *(Vulkane liegen grundsätzlich an Schwächezonen der Erdkruste, an denen durch das Gegeneinanderdrücken von Gesteinsplatten so viel Druck und Hitze entsteht, dass das Gestein schmilzt. Etwa 2/3 der aktiven Oberflächenvulkane befinden sich rings um den Pazifischen Ozean und werden deshalb „Ring of Fire" genannt. Auf dem Meeresgrund des Pazifik selbst erheben sich ungefähr 30.000 unterseeische Vulkane.)*

8. Was ist die „Straße der Vulkane"? *(Sie ist Bestandteil des Ring of Fire und liegt auf der Panamericana Sud zwischen Otalvo im Norden und Cuenca im Süden. Nirgends auf der Welt reihen sich dermaßen viele und hohe Vulkane aneinander. Alexander von ☞Humboldt gab ihr den Namen, als er sie während seiner Südamerikareise von 1799 bis 1804 erforschte.)*

9. Welche europäischen Vulkane sind am bekanntesten, wo liegen sie? *(Der Ätna als höchster aktiver Vulkan Europas mit einem Durchmesser von 300 m und einer Tiefe von über 800 m [seine Kraterwände fallen fast senkrecht ab] an der Ostküste Siziliens und der Vesuv am Golf von Neapel, dessen Ausbruch 79 n. Chr. Pompeji zerstörte.)*

10. Nenne andere bekannte Vulkane! *(Stromboli auf der nördlichsten der italienischen Inseln im tyrrhenischen Meer, Popocatépetl in Mexiko, Cotopaxi in Ecuador, ☞Kilimandscharo in Tansania und der Mauna Loa auf der Insel Hawaii.)*

11. Welches Land hat die meisten Vulkane? *(Indonesien: es besitzt 155 aktive Vulkane.)*

12. Welche war die schlimmste Vulkankatastrophe der Neuzeit? *(Die auf der indonesischen Insel Sumbawa, als der Tambora am 05.04.1815 explodierte. Der Ausbruch dauerte fünf Tage lang, warf ca. 180 km^3 aus. Da die Auswurfmasse auch ins Meer fiel, löste sie riesige Flutwellen aus, die die Region verwüsteten. Allein auf Sumbawa kostete der Ausbruch 92.000 Menschen das Leben.)*

13. Wann war die schlimmste Vulkankatastrophe der Frühzeit? *(Der Ausbruch des Toba auf Sumatra vor 74.000 Jahren verdunkelte die Erde sechs Jahre lang. Der folgende „vulkanische Winter" hat die Menschen auf 5.000 bis 10.000 Überlebende reduziert.)*

14. Gibt es im Yellowstone Nationalpark (USA) einen Vulkan? *(Ja, und was für einen! Dieser Supervulkan brach in den vergangenen zwei Millionen Jahren etwa alle 600.000 Jahre aus – zuletzt vor 630.000 Jahren. Seine Eruption wäre 2.500-mal so heftig wie 1980 der Ausbruch des Mount St. Helen.)*

Vespucci

1. Wer war Amerigo Vespucci (1454-1512)? *(Ein italienischer Seefahrer. Er wurde in Florenz geboren. Nach einer klassischen Schulbildung ging er nach Sevilla [Südspanien], um dort in einem Unternehmen der Medici [☞Italien, Geschichte] zu arbeiten. Diese Firma, die er später leitete, war darauf spezialisiert, Schiffe für Expeditionen auszustatten, und bereitete ☞Kolumbus´ dritte Reise vor. Vespucci war davon fasziniert*

niert und fuhr – fast 50 Jahre alt – dann selbst zur See. Er hinterließ Bücher und Karten von vier Reisen [jedenfalls zwei haben nachweisbar stattgefunden].)

2. Was entdeckte Vespucci? *(Zunächst 1499 die westindische Insel Trinidad. Auf dieser ersten Fahrt berührte er auch die Küste Brasiliens [weshalb er später behauptete, als Erster Amerika, vor allem Nordamerika - wofür es keine Anhaltspunkte gibt - entdeckt zu haben]. Bis zu einem Gerichtsurteil Mitte des 16. Jahrhunderts, das die Enkel des Kolumbus erstritten, galt Vespucci als Entdecker Amerikas. Bei seiner zweiten Fahrt 1501 [er segelte diesmal von Lissabon kommend unter portugiesischer Flagge] erforschte er intensiver Brasilien und entdeckte als erster, dass es sich nicht um Asien handelte, sondern um einen neuen Kontinent.).*

3. Was hat Amerika mit Vespucci zu tun? *(Über seine Reisen schrieb Vespucci Briefe, die in einer in lateinischer Sprache herausgegebenen Sammlung veröffentlicht wurden. Hier wurde Vespucci als „Americus Vespuccius" bezeichnet mit dem Zusatz, dass man den neuen Erdteil nach ihm als seinem Entdecker benennen solle. Das war zwar historisch falsch. Vespucci wurde jedoch daraufhin in Deutschland als Entdecker Amerikas bezeichnet: 1507 schlug der deutsche Geograf und Kartograf Martin Waldseemüller [der Vespuccis Reiseberichte übersetzte] vor, nach dem Vornamen Vespuccis den neuen Kontinent Amerika zu nennen. Diese Bezeichnung wurde zunächst für Südamerika und 1517 [nachdem Waldseemüller sie auf einer Planisphäre verwendet hatte] auch für Nordamerika gebräuchlich, da sich die anderen Länder Europas der Bezeichnung anschlossen.)*

4. Wie verbrachte Vespucci seinen Lebensabend? *(Er setzte sich in Sevilla zur Ruhe, wurde spanischer Staatsbürger und musste spanische Seefahrer für lange Reisen ausbilden. Das brachte ihm aber so einen kargen Lohn, dass er bei seinem Tod 1512 seine Frau in finanziellen Nöten zurückließ.)*

Vietnam

1. Was ist Vietnam? *(Eine Republik in Südostasien. Sie grenzt im Norden an China, im Westen an Kambodscha und Laos, im Osten und Süden an das Südchinesische Meer. Vietnam hat rund 82,5 Mio. Einwohner [mit einem extrem niedrigen Durchschnittsalter: 39 % der Bevölkerung sind jünger als 15 Jahre] auf einer Fläche von 331.114 km^2 [zum Vergleich: BRD 356.733 km^2]. Die Währung heißt Dong.)*

2. Wie heißt die Hauptstadt von Vietnam? *(Hanoi mit rd. 2,8 Mio. Einwohnern. Größte Stadt ist Ho-Chi-Min-Stadt mit rd. 3,9 Mio. Einwohnern, das früher Saigon hieß. Weitere wichtige Städte sind Haiphong, Da Nang und Hue.)*

3. Welche Sprache spricht man in Vietnam? *(Vietnamesisch.)*

4. Welche Religion ist in Vietnam führend? *(Der Buddhismus.)*

5. Wie ist Vietnam politisch organisiert? *(Die Verfassung von 1992 weist der Kommunistischen Partei eine gesellschaftliche und politische Monopolstellung zu.)*

6. Womit treibt Vietnam Handel? *(Vietnam ist nach Thailand und den USA drittgrößter ☞Reisexporteur der Welt. Daneben exportiert es vor allem ☞Erdöl, Steinkohle, Kleidung, Schuhe, Keramik, Edelsteine und ☞Seide. Sein wichtigster Außenhandelspartner ist Japan.)*

7. Wie kam Vietnam zu seinem Namen? *(Früher gehörte Vietnam zu China. Als die Qin-Dynastie zerfiel, gründete der chinesische Heerführer im Süden sein eigenes Reich und gab ihm den Namen „Nam Viet" [„Land des Südens"].)*

8. Wie erging es Vietnam in der Kolonialzeit? *(Zunächst verleibte sich Frankreich 1862 den Süden Vietnams ein. Ende des 19. Jahrhunderts brachte es nach Angriffen gegen den Norden ganz Vietnam unter seine Kontrolle. 1930 gründete Ho Chi Minh die Kommunistische Partei Indochinas, wie Vietnam damals genannt wurde. Während des 2. Weltkriegs wurde Vietnam von Japan belagert. Daraufhin gründeten die Kommunisten [mit verdeckter Unterstützung der USA] eine Befreiungsfront unter der Bezeichnung „Vietminh". Nach der Kapitulation Japans 1945 erklärten die Vietminh die Unabhängigkeit Vietnams.)*

9. Aus welchen drei Phasen bestand der Vietnamkrieg? *(Die erste Phase ist gekennzeichnet vom Versuch Frankreichs, die Kolonialherrschaft über Vietnam wiederherzustellen [1946-1954]. Die zweite „amerikanische" Phase wird beherrscht vom Konflikt Südvietnams gegen Nordvietnam, bei dem die USA auf Seiten des Südens gegen den Norden in die kriegerischen Auseinandersetzungen eingriffen [1964-1973]. Die dritte Phase des Vietnamkriegs war ein Bürgerkrieg [1974-1975].)*

10. Wie endete die erste Phase des Vietnamkriegs? *(Die Franzosen erlitten 1954 bei Dien Bien Phu eine entscheidende Niederlage und schlossen mit Nordvietnam einen Waffenstillstand, der den 17. Breitengrad als vorläufige Demarkationslinie festsetzte.)*

11. Wie endete die zweite Phase des Vietnamkriegs? *(Die USA traten auf die Seite Südvietnams, um dessen Eroberung durch den kommunistischen Norden zu verhindern. Der kommunistische Norden wurde von China, der UdSSR und den europäischen Ostblockstaaten unterstützt. Ab 1957 begann der südvietnamesische Vietcong [„Vietnamesische Kommunisten") gegen das südvietnamesische Regime und militärische Einrichtungen der USA mit Guerillaaktionen vorzugehen. Als 1964 nordvietnamesische Torpedoboote unter ungeklärten Umständen zwei US-Zerstörer im Golf von Tonking angriffen, begannen die USA unter Präsident Johnson mit systematischen Bombenangriffen auf den Norden Vietnams und bauten ihre Truppenpräsenz bis 1968 auf rd. 543.000 Mann aus. Die amerikanische Kriegführung mit Bombardements ziviler Ziele, dem Einsatz von Napalmbomben sowie einem Entlaubungsmittel [„Agent Orange"] mit katastrophalen ökologischen Folgen, das Massaker der US-*

Soldaten von My Lai an vietnamesischer Zivilbevölkerung und nicht zuletzt die herben Verluste der Amerikaner [57.000 Tote] führten zu nationalen und internationalen Protesten gegen die USA und ihren Einsatz in diesem Krieg. Die USA stiegen daraufhin unter Präsident Nixon aus diesem Krieg mit einem Waffenstillstand am 28.01.1973 aus und zogen bis Ende März 1973 ihre Truppen aus Südvietnam ab.)

12. Woher kommt das Wort „Napalm“? *(Napalm ist ein Brennstoff-Gel, das 1942 an der Harvard-Universität [USA] entwickelt wurde. Es bleibt am getroffenen Ziel haften und brennt dort weiter, selbst auf Wasser. Da das erste Napalm als Gelierungs- und Trennmittel Naphtensäure und Palmitinsäure enthielt, nannte es der Hersteller Dow Chemical Na-Palm.)*

13. Wofür steht My Lai? *(Hier geschah das schlimmste Kriegsverbrechen der USA im Vietnamkrieg: Am 16.03.1968 griffen Amerikaner das Dorf My Lai im Grenzbereich zu Nordvietnam an, weil sie dort Guerillas und Unterstützer des Vietcong erwarteten. Sie massakrierten die gesamte Dorfbevölkerung, die vor allem aus Frauen, Kindern, Säuglingen und Greisen bestand, insgesamt 503 Zivilisten. Danach zündeten sie das Dorf an, um die Greueltat zu vertuschen, die aber aufgedeckt wurde.)*

14. Wie endete die dritte Phase des Vietnamkriegs? *(Er wurde relativ rasch vom überlegenen Norden in zwei Jahren gewonnen. Im Gefolge emigrierten von 1975 – 1982 rd. 1,2 Mio. Vietnamesen, da der Norden im Süden eine gnadenlos brutale Säuberungswelle durchführte.)*

15. Wer waren die „Boat-People“? *(Vietnamesische Flüchtlinge, die versuchten, mit teilweise abenteuerlich kleinen Booten über das Meer aus Vietnam zu entkommen. Viele von ihnen scheiterten bei diesem Versuch und ertranken im Meer.)*

16. Wie sind heute die Beziehungen Vietnams zu den USA? *(Erst 30 Jahre nach Ende des Vietnamkrieges, im Juni 2005, besuchte der vietnamesische Ministerpräsident als vietnamesischer Regierungschef die USA. Heute sind die USA der wichtigste Handelspartner des Landes, obwohl man da eigentlich China vermutet hätte.)*

Nylon

1. Was ist Nylon? *(Ein synthetisches Harz, das häufig für Textilfasern verwendet wird. Nylon hat einen hohen Schmelzpunkt, 251 ° C., und ist zehnmal so elastisch wie ein ☞Baumwollfaden.)*

2. Wer entdeckte Nylon? *(1932 der Amerikaner Carothers im Auftrag von Du Pont.)*

3. Wie bekam Nylon seinen Namen? *(Etwas kurios: Nylon war gedacht als synthetisches Konkurrenzprodukt für Seidenstrümpfe. Da das neue Produkt keine Laufmaschen zog, schlugen die Forscher „no run" als Namen vor. Der passte der Werbeabteilung nicht. Über „Nuron" [durch Vertauschen der Vokalfolge] und „Nulon" (war als Produktname aber schon belegt) kam schließlich „Nylon" heraus.)*

4. Was ist das Rohprodukt für Nylon? *(☞Kohle, ☞Erdöl und andere Kohlenwasserstoffverbindungen.)*

5. Was wird aus Nylon hergestellt? *(Strümpfe, Bekleidungsartikel, Fallschirme, Tennisschlägerbespannungen, Seile, Angelschnüre, Isolierstoffe, Kämme, Maschinenteile, Pinsel, Saiten für Musikinstrumente.)*

Gallischer Krieg

1. Wer führte wann den Gallischen Krieg? *(Die Römer unter Julius Cäsar 58 – 56 v. Chr.)*

2. Worum ging es beim Gallischen Krieg? *(Cäsar verließ 58 v. Chr. Rom, um in die Provinzen zu gehen, deren Verwaltung er sich für fünf Jahre hatte übertragen lassen. Er hoffte, dort den militärischen Ruhm zu erlangen, den er benötigte, um in Rom seinen Konkurrenten Pompejus zu schlagen. Als erstes schlug er die Helvetier, die ins freie Gallien auswandern wollten, und zwang sie, in ihr Land zurückzukehren. Als nächstes besiegte er den Germanenfürsten Arovist, der nach Gallien eindringen wollte und warf ihn hinter den Rhein zurück. Danach unterwarf er die Belgen und schließlich ganz Gallien, das ungefähr dem heutigen Frankreich, Belgien und der Schweiz entspricht.)*

Johann Heinrich Pestalozzi

1. Wer war Johann Heinrich Pestalozzi (1746-1827)? *(Ein Schweizer Pädagoge und Reformer, dessen Lehre den heutigen Volksschulen den Weg bereitete.)*

2. Worum ging es Pestalozzi? *(Pestalozzi war begeistert von den Lehren des französischen Philosophen Jean-Jaques Rousseau und dem Gedankengut der ☞Französischen Revolution. Daraus leitete er das Recht jedes Menschen auf „Emporbildung seiner inneren Kräfte" ab. Für ihn war Erziehung nicht nur Anhäufung von Wissen,*

sondern die Entwicklung menschlicher Fähigkeiten aus der direkten Anschauung und im praktischen Umgang. Mit seiner Forderung nach Bildungseinrichtungen unabhängig von Standesunterschieden legte er den Grundstein für das heutige System der Volksschulen. Zunächst experimentierte Pestalozzi mit einer eigenen Armen-Schule selbst, erlitt aber finanziell Schiffbruch. Als er jedoch seine Theorien veröffentlichte, errang er rasch Anerkennung, bildete aus aller Welt Lehrer aus und bekam die Leitung verschiedener Schulen übertragen.)

Säugetiere

1. Was ist den Säugetieren gemeinsam? *(Nur Säugetiere haben die folgenden 10 Eigenschaften: 1.) Haare, 2.) Milchdrüsen, 3.) eine siebenteilige Halswirbelsäule, 4.) Schweißdrüsen, 5.) Zwerchfell, 6.) Lauterzeugenden Kehlkopf, 7.) Schnecke und Gehörknöchelchen im Ohr, 8.) Lippen, 9.) Nach links abbiegende Körperschlagader und 10.) Einteiliger Unterkiefer.)*

2. Bringen nur Säugetiere ihre Jungen lebend zur Welt? *(Nein: Bei manchen Kriechtieren und Lurchen kommt das in anderer Form auch vor.)*

Sklaverei in Amerika

1. Was ist Sklaverei? *(Sklaverei [vom lateinischen „sklavus“ = Eigenbezeichnung slawischer Völker] bezeichnet die Form menschlicher Knechtschaft. In der Regel wurde die Sklaverei mit Rassenvorurteilen begründet, weshalb mit wenigen Ausnahmen [z.B. in Russland] nur selten Angehörige der eigenen ethnischen Gruppe versklavt wurden.)*

2. Wie kam es zur Sklaverei in Amerika? *(Bereits 1517 erteilte Karl V. flämischen Kaufleuten die Erlaubnis, Sklaven nach Amerika zu verkaufen. Die spanischen Eroberer versklavten im 16. Jahrhundert in Lateinamerika die einheimische Bevölkerung, vor allem Indianer. Diese infizierten sich aber mit den von Europa eingeschleppten Krankheiten und wurden fast völlig ausgelöscht. Daraufhin importierten die Spanier aus Afrika Neger als Sklaven, die für die Arbeit auf Feldern und Plantagen robuster waren. In Nordamerika gingen 1619 die ersten Sklaven in Virginia an Land.)*

3. Welchen Umfang hatte der Sklavenhandel in Amerika? *(In der Hochphase des Sklavenhandels stachen jedes Jahr 192 Schiffe, die zusammen 47.000 Sklaven befördern konnten, von Liverpool, ☞London und Bristol in See. Allein die Engländer verschifften*

von 1680 – 1786 rd. 2,13 Mio. Sklaven nach Nord- und Südamerika. In der Mitte des 19. Jahrhunderts gab es in den USA 4 Mio. Sklaven, von denen nur rd. 50.000 in den Nordstaaten arbeiteten.)

4. Worum geht es in dem Buch „Onkel Toms Hütte“ und welche Wirkung hatte es? *(Es erschien im März 1852 [Autor: Harriet Beecher-Stowe], beschrieb die ebenso fesselnde wie ergreifende Geschichte des Negersklaven Tom, seiner Familie sowie seiner Freunde und geißelte das der Zivilisation unwürdige Unrecht der Sklaverei. Von diesem Buch wurden in einem Jahr mehr als 300.000 Exemplare verkauft, ein für das damalige Amerika unvorstellbarer Rekord. Der aufgeklärte Norden der Vereinigten Staaten lehnte die Sklaverei ab und wählte 1860 ☞Lincoln, der erklärter Feind der Sklaverei war, zum Präsidenten. Der Süden spaltete sich 1861 von der Union ab, um seine Sklaven behalten zu können. Das löste den amerikanischen Bürgerkrieg [sog. Sezessionskrieg] aus, den der Norden im April 1865 gewann. Im Dezember 1865 schaffte eine Verfassungsänderung in den USA die Sklaverei ab.)*

Äthiopien

1. Was ist Äthiopien? *(Eine Republik in Ostafrika, die im Norden an Eritrea, im Nordosten an Djibouti, im Osten und Südosten an Somalia, im Süden an Kenia und im Westen an den Sudan grenzt. Äthiopien ist 1.133.380 km^2 [zum Vergleich: BRD 356.733 km^2] groß, hat rund 70,6 Mio. Einwohner und gehört zu den ärmsten Ländern der Welt.)*

2. Wie heißt die Hauptstadt von Äthiopien? *(Addis Abeba mit rd. 3 Mio. Einwohnern.)*

3. Welche Religion ist in Äthiopien am meisten verbreitet? *(Das ☞Christentum mit rd. 52 %. Dem ☞Islam gehören rd. 31 % der Bevölkerung an.)*

4. Warum ist Äthiopien trotz seiner geografischen Lage nicht überwiegend muslimisch? *(In der Blütezeit des äthiopischen Reiches im 4. Jahrhundert führte der König Ezana das Christentum als Staatsreligion ein. Mit der Ausbreitung des Islam in den Nachbarländern im 7. Jahrhundert wurde Äthiopien von der christlichen Welt abgeschnitten. Im 16. Jahrhundert drang der islamische Emir von Harar in Äthiopien ein und führte einen Vernichtungsfeldzug. Der äthiopische König erkannte rasch die Aussichtslosigkeit seiner Lage und bat über seinen portugiesischen Hofarzt den König von Portugal um Hilfe. Da Portugal damals über eine große Flotte verfügte, schickte der portugiesische König Hilfstruppen unter der Führung von Christoph da Gama, dem Sohn des großen Seefahrers Vasco da ☞Gama. Obwohl die Lage der Äthiopier sich nun zu ihren Gunsten wandelte, geriet da Gama in die Hände des muslimischen Feldherrn [Achmed ibn Ibrahim, genannt der „Linkshänder“], der ihn grausam zu Tode folterte. Wenig später fiel der „Linkshänder“ aber in einer Schlacht gegen die Portugiesen.*

Das beendete den muslimischen Feldzug, und Äthiopien blieb überwiegend christlich.)

5. Welcher Arm eines großen afrikanischen Stroms entspringt in Äthiopien? *(Aus dem Tanasee entspringt der Blaue Nil.)*

6. Wie ist Äthiopien politisch organisiert? *(Äthiopien hat ein föderales Staatssystem mit neun Bundesländern und einem Zweikammersystem. Grundrechte wie Religionsfreiheit und Meinungsfreiheit werden garantiert.)*

7. Welche Bedeutung hat Eritrea für Äthiopien? *(Es war früher Provinz von Äthiopien, ist aber seit 1993 unabhängige Republik. Der von 1962-1992 andauernde Bürgerkrieg hat die Infrastruktur des Landes weitgehend zerstört.)*

8. Womit treibt Äthiopien Handel? *(Hauptausfuhrgut ist ☞Kaffee, von dem die Wirtschaft des Landes abhängig ist. Man nimmt an, dass der Kaffee aus Äthiopien stammt und seinen Namen aus der äthiopischen Region Kaffa ableitet, in der es wild wachsende Kaffeesträucher gibt. Rund 25 % der Bevölkerung arbeiten in der Kaffeeproduktion.)*

9. Wie „alt“ ist Äthiopien? *(Äthiopien gehört zu den Wiegen der Menschheit: Menschliche Überreste wurden hier gefunden, die ein Alter von über 4 Mio. Jahren aufweisen.)*

10. Was hat Äthiopien mit Italien zu tun? *(Äthiopien war von 1936-1941 [unter Mussolini] italienische Kolonie [„Protektorat“].)*

Pythagoras

1. Wer war Pythagoras? *(Ein griechischer Philosoph und Mathematiker, der um 570-500 v. Chr. lebte. Er war übrigens wohl der erste, der behauptete, dass Erde und Weltall kugelförmig seien.)*

2. Wo lebte Pythagoras? *(Die ersten 16 Jahre lebte er auf der griechischen Insel Samos, die damals ein wichtiger Handelsplatz war. Danach unternahm er rund 30 Jahre Reisen, vor allem nach Ägypten und ☞Babylonien, wobei er seit 530 wegen seiner Abneigung gegen den auf Samos herrschenden Polykrates [dieser ließ dort Tempel und Schulen schließen] auf Kroton wohnte, einer griechischen Kolonie im Süden ☞Italiens.)*

3. Wie stand Pythagoras zur Mathematik? *(Von ihm stammt der Satz: „Das Wesen aller Dinge ist die Zahl.“ Gemeint ist damit, dass die Zahlen als Prinzip der Mathematik zugleich Gesetz der Welt und die Verhältnisse der Zahlen Abbild der Harmonie der Welt sind.)*

4. Wie lautet der „Satz des Pythagoras“? *(„$a^2 + b^2 = c^2$“ [= in einem rechtwinkligen Dreieck ist die Summe der Quadrate über den Katheten (Schenkel, die den rechten Winkel bilden) gleich dem Quadrat über der Hypothenuse (Seite, die über dem rechten Winkel liegt)]. Dieser Lehrsatz wird übrigens irrtümlich Pythagoras zugeschrieben: Zu seinen Lebzeiten war Pergament noch nicht erfunden. Man machte Notizen auf kleinen Wachstafeln, die aber nicht überliefert sind. Von Pythagoras selbst gibt es also keine Aufzeichnungen. Was wir über ihn wissen, wurde deutlich später aufgezeichnet und stellt eine Mischung aus Wahrheit und Legende dar. Der griechische Philosoph Proklos [411-485 n. Chr.] schrieb ihm 1000 Jahre später den o.g. Lehrsatz zu, der deshalb so benannt wurde. Nachweislich stammt der Lehrsatz aber aus der Zeit vor Pythagoras.)*

5. Woher kommt der Begriff „Philosoph“? *(Der griechische Philosoph ☞Pythagoras, Mathematiker und Astronom aus Samos, lehnte als erster aus reiner Bescheidenheit den Titel eines „Weisen“ mit der Begründung ab, dass eine solche Bezeichnung, nur Gott allein zustehe. Ein Mensch dürfe sich höchstens „Freund der Weisheit“ nennen. Das ist die sprachliche Wurzel des Begriffes „Philosoph“.)*

Aal

1. Wo werden die Aale geboren? *(Die Aale der Welt haben einen einheitlichen Platz, an dem sie als winzige Larve ihr Dasein beginnen, die Saragossasee im Atlantik südlich der Bermuda-Inseln. Von dort treiben sie drei Jahre nordostwärts mit dem Golfstrom nach Europa oder in einem Jahr nach Nordamerika. Dort angekommen dringen die Aale [sie heißen jetzt Glasaal] in die Flussläufe ein und schwimmen stromaufwärts. Nach 6 (Männchen, wird bis zu 50 cm lang), bzw. 12 (Weibchen, wird bis zu 100 cm lang) Jahren erreichen die Aale die Geschlechtsreife und schwimmen [sie heißen jetzt Blankaal] zum Meer und wieder zur Saragossasee zurück. Dort legen die Weibchen die Eier ab [bis zu 20 Mio.!] und sterben danach.)*

2. Kann man Aale gut angeln? *(Ja: Der Aal ist sehr gefräßig und bevorzugt u.a. Würmer.)*

3. Wie schwimmt der Aal? *(Er erzeugt mit seinem Körper s-förmige Wellen, die das Wasser seitwärts und nach hinten drücken. Beim Rückwärtsschwimmen kehrt er die Richtung der Wellenbewegung um.)*

4. Was ist eine Muräne? *(Ein gefährlicher Fisch, der eine Aal-Art ist. Die Muräne hat eine sehr auffällige Musterung, die die Feinde vor ihrer Gefährlichkeit warnen soll. Sie hat nämlich sehr kräftige Kiefer mit scharfen, nach hinten gerichteten Zähnen. Ein von ihr ergriffenes Beutetier hat praktisch keine Fluchtmöglichkeit. Deshalb versteckt sie*

sich in Felsspalten und wartet geduldig auf ein Beutetier. Andere Muränen graben sich zur Hälfte im Meeresboden ein und schwingen ihren Vorderkörper in der Strömung. Das gaukelt ihren Opfern vor, sie seien eine Meerespflanze.)

Zigeuner

1. Was bezeichnen wir als „Zigeuner"? *(Ein unter der Bezeichnung „Sinti" und „Roma" [= „Stamm, Schwarm"] in kleinen Gruppen über die Welt verstreutes Volk. „Zigeuner" ist eigentlich ein abwertender Begriff. In Spanien heißen sie „Gitanos", in Frankreich „Manouche", in Deutschland [hier leben rund 60.000-70.000] „Sinti"oder „Roma".)*

2. Wo ist der historische Ursprung der Sinti und Roma? *(In Indien: Das stellte man zunächst fest durch einen Vergleich ihrer Sprache mit anderen Sprachen der Welt. Später fand man heraus, dass eine erste Auswanderungswelle im 5. Jahrhundert aus Indien einsetzte und im 11. Jahrhundert eine massive Auswanderung, als muslimische Truppen in das Land eindrangen.)*

3. Wie viele Zigeuner gibt es, wo leben die meisten von ihnen? *(Weltweit etwa 12 Mio., davon in Europa rund 8 Mio., vor allem in den Balkanstaaten Rumänien und Ungarn.)*

Südafrika

1. Was ist Südafrika? *(Eine Republik an der Südspitze Afrikas, die im Osten und Süden an den Indischen Ozean und im Westen an den Atlantik grenzt. Südafrika ist 1.219.090 km^2 [zum Vergleich: BRD 356.733 km^2] groß und hat rd. 46,6 Mio. Einwohner, von denen rd. 75 % Schwarzafrikaner sind, 14 % Weiße. Die größte Gruppe der Schwarzen bilden die ☞Zulus, die rd. 20 % der Gesamtbevölkerung stellen.)*

2. Wie heißt die Hauptstadt Südafrikas? *(Seit 2005 heißt sie Tshwane.)*

3. Wie kam die Hauptstadt Südafrikas zu ihrem früheren Namen Pretoria? *(Der Bure Marthinus Wessel Pretorius entschied sich 1855, auf dem fruchtbaren Land am Flüsschen Apies eine Gemeinde zu gründen. Sein Vater Andries Retorius war 1838 mit einem Sieg über die Zulu unter den Weißen berühmt geworden. Deshalb erschien es seinem Sohn angemessen, die neue Siedlung seinem Vater zu Ehren Pretoria zu nennen.)*

4. Was ist der „Tafelberg“? *(Ein isolierter Gipfel einer Gebirgskette, der unmittelbar südlich von Kapstadt liegt und das Panorama der Stadt prägt.)*

5. Welche Wüsten liegen in Südafrika? *(Im Nordwesten ein Teil der Wüste Kalahari, im Westen ein Teil der Wüste Namib.)*

6. Wie ist das Klima in Südafrika? *(Mild und gemäßigt. Die höchste Durchschnittstemperatur liegt in den Großstädten bei 19 – 24 °C.)*

7. Welche Tiere leben in Südafrika? *(Südafrika ist berühmt für seine Artenvielfalt bei den Tieren. Hier leben auch große Raubtiere wie Löwen, Leoparden, Geparde, Hyänen, Schakale, Wildhunde und Erdwölfe.)*

8. Wie heißt der berühmteste Tierpark in Südafrika? *(„Krüger Nationalpark" an der Grenze zu Moçambique. Dieser Park ist nicht nur wegen seiner über 9.0000 Elefanten eine einzige Superlative. Er wurde 1898 gegründet und ist damit Afrikas ältester Nationalpark. Seine Fläche von 19.485 km² entspricht ungefähr der Fläche von Rheinland-Pfalz. Seine 1.000 km befestigten Straßen verschaffen ihm eine Infrastruktur, die besser ist als des nahe gelegenen, vergleichbar großen Staates Swasiland.)*

9. Wie heißen die größten Städte Südafrikas? *(Kapstadt mit 850.000, Johannesburg mit 720.000, Durban mit 720.000 und die Hauptstadt Tshwane mit 2 Mio. Einwohnern.)*

10. Welche Sprache sprechen die Südafrikaner? *(Es gibt mehrere Amtssprachen, von denen die wichtigste Afrikaans ist, eine Abwandlung des Niederländischen.)*

11. Welcher Religion gehören die meisten Südafrikaner an? *(Rund 80 % sind Christen.)*

12. Was ist „Apartheid“? *(Eine in Südafrika lange betriebene, seit 1950 gesetzlich verankerte Politik strikter Rassentrennung, bei der die Schwarzen massiv benachteiligt wurden. Folge der Apartheid ist noch heute, dass zwar 100 % der Weißen lesen und schreiben können, aber nur unter 50 % der Schwarzen. Über die Hälfte der Schwarzafrikaner lebt unterhalb der Armutsgrenze, nur ein Drittel von ihnen verfügt über einen Stromanschluss. Weiße Farmer besitzen 87 % des Landes. Die Apartheidsgesetze, die die Schwarzen auch von den Wahlen ausschlossen, wurden erst 1991 nach jahrelangem internationalem Druck aufgehoben.)*

13. Wer ist Nelson Mandela? *(Der erste schwarze Präsident Südafrikas. Er wurde 1994 gewählt, nachdem er von 1964-1990 wegen seines Kampfes gegen die Apartheid in Haft saß. Er war Mitglied im Afrikanischen Nationalkongress [ANC [vgl. Indien, Geschichte, „INC"]], der aus den Wahlen 1994 als Sieger hervorging.)*

14. Über welche Bodenschätze verfügt Südafrika? *(Vor allem Diamanten, ☞Kohle und ☞Gold. Die meisten Diamanten kommen heute aus den Diamantenfeldern bei Kimberley, die 1870 entdeckt wurden.)*

15. Welche Bedeutung hat Gold in Südafrika? *(In Südafrika lagern die größten Goldreserven der Erde, rund 1/6 der globalen Förderung stammt von dort. 1884 wurden in der Nähe von Johannesburg die ersten Goldvorkommen entdeckt. Das führte zu einem Goldrausch, weshalb bereits 1895 in Johannesburg mehr als 100.000 Einwohner lebten. Gold wird heute vor allem am Witwatersrand abgebaut, wo sich das reichste Goldvorkommen der Welt befindet, das 1886 entdeckt wurde. Mit Gold werden rd. 30 % der jährlichen Exportgewinne erzielt. Südafrika stellt 50 % der jährlichen Weltproduktion an Gold. Auch bei Platin, Mangan, Chrom und Vanadium ist Südafrika Nummer eins in der Welt beim Vorkommen).*

16. Was war der „Burenkrieg"? *(Der Krieg 1899-1902 zwischen den holland-stämmigen Buren [die ersten Holländer wanderten 1652 ein] und den Briten, die in Südafrika unterschiedliche Regionen beherrschten. Die Briten gewannen diesen Krieg und verleibten den holländischen Teil ihrer Kronkolonie ein.)*

17. Was sind „Hottentotten"? *(1652 kamen Holländer nach Südafrika zum Kap der Guten Hoffnung. Bei ihrer Ankunft stießen sie auf Schwarze, deren Sprache sich wie Stottern anhörte. Deshalb nannten die Holländer sie Hottentotten, was im Holländischen soviel wie „Stotterer" bedeutete. Tatsächlich stotterte dieser Stamm aber nicht, vielmehr bestand seine Sprache aus Schnalzlauten, die dem europäischen Ohr nur wie ein Stottern klang. Die Hottentotten nennen sich selbst „Khoi Khoin", was in ihrer Sprache „Menschen der Menschen" bedeutet.)*

18. Welche Bedeutung hat Aids in Südafrika? *(Aids spiel auf dem gesamten afrikanischen Kontinent eine geradezu katastrophale Rolle. 1975 lag die durchschnittliche Lebenserwartung eines Südafrikaners noch bei rund 54 Jahren und damit im afrikanischen Vergleich recht hoch. Anfang der 1990-er Jahre stieg die durchschnittliche Lebenserwartung sogar auf über 60 Jahre. Durch die Verseuchung des afrikanischen Kontinents mit Aids wird für 2010 in Südafrika nur noch eine durchschnittliche Lebenserwartung von 48 Jahren vorausgesagt, da Südafrika zu den am meisten von HIV bzw. Aids betroffenen Staaten der Welt gehört. Schätzungen der Vereinten Nationen gehen davon aus, dass Aids gegenwärtig die durchschnittliche Lebenserwartung in Südafrika um rund 18 Jahre reduziert. Ende 2003 waren 5,3 Mio. Südafrikaner mit HIV infiziert oder an Aids erkrankt. Vor allem die jungen Menschen sind betroffen: Von den heute 15jährigen wird wahrscheinlich die Hälfte an Aids sterben. In nahezu jeder südafrikanischen Familie gibt es mindestens ein Mitglied, das HIV-infiziert ist).*

Bach

1. Wer war Johann Sebastian Bach (1685-1750)? *(Ein deutscher Komponist, einer der bedeutendsten Vertreter des Spätbarock, Meister der Orgelkunst.)*

2. Wo und wie lebte Bach? *(Er wurde im thüringischen Eisenach geboren, verlor mit neun Jahren die Mutter und mit zehn den Vater. Deshalb nahm ihn sein Bruder Johann Christoph auf und bildete ihn musikalisch aus. Bach lebte dann nach einer Zwischenstation in Weimar von 1723 bis zu seinem Tod in Leipzig. 1707 heiratete er seine Cousine Maria Barbara Bach, nach deren Tod 1720 heiratete er ein Jahr später die musikalisch hochbegabte „fürstliche Sängerin" Anna Magdalena Wilcken, die 16 Jahre jünger als er war. Sie dürfte seine große Liebe gewesen sein. Aus beiden Ehen hatte Bach 20 Kinder [von denen jedoch nur sechs Söhne und vier Töchter groß wurden], von denen vier Söhne ebenfalls namhafte Komponisten wurden. 1750 starb er nach zwei missglückten Augenoperationen blind.)*

3. Bach war „Thomaskantor". Was bedeutete das? *(„Thomaskantor" war die Bezeichnung [bis heute unverändert] des Organisten und Chorleiters an der Thomaskirche in Leipzig. In dieser Funktion war er auch für die kirchliche und weltliche Musikpflege der Stadt Leipzig zuständig, was einschloss, in Erfüllung seiner Amtspflichten laufend neue Kompositionen abzuliefern. Da das Gehalt des Thomaskantors keine großen Sprünge erlaubte, verdiente sich Bach als Organist bei Beerdigungen was dazu. Aus seiner Anstellung als Thomaskantor wird oft geschlossen, er sei vor allem Kirchenmusiker gewesen. Das ist aber falsch: Den 27 Jahren als Thomaskantor stehen mindestens 20 Jahre an weltlichen Fürstenhöfen gegenüber.)*

4. Welche sind Bachs berühmteste Werke? *(Aus der Vokalmusik die Johannespassion, die Matthäuspassion, das Weihnachtsoratorium und die Messe in h-Moll, aus der Instrumentalmusik vor allem die 6 Brandenburgischen Konzerte und Stücke für das „Wohltemperierte Klavier". Zu Bachs Lebzeiten erntete er nicht die verdiente Anerkennung. Keines seiner Konzerte erschien zu seinen Lebzeiten im Druck, womit seine Werke auch keinen nennenswerten Verbreitungsgrad erfahren konnten. Erst zu seinem 100. Todestag erschienen seine Brandenburgischen Konzerte erstmals im Druck.)*

5. Hat Bach Opern und Ballettstücke verfasst? *(Nein, ansonsten hat er alle musikalischen Gattungen seiner Zeit in sein Werk einbezogen.)*

6. Wie starb Bach? *(Bach litt mit zunehmendem Alter an Kurzsichtigkeit. In seinem letzten Lebensjahr war er wohl zuckerkrank und litt am grauen Star. Diesen behandelte man zu seiner Zeit mit dem „Starstich", bei dem man eine Nadel ins Auge stach und darin bewegte. Zur Nachbehandlung trug man u.a. Taubenblut und Vogelkot auf die Wunden rund ums operierte Auge auf. Bach erlitt dabei eine Blutvergiftung und starb an ihr.)*

Andreas Hofer

1. Wer war Andreas Hofer (1767-1810)? *(Ein Tiroler Freiheitskämpfer.)*

2. Gegen wen kämpfte Hofer? *(Gegen die bayrische Armee, da Bayern als Verbündetem von ☞Napoleon Tirol 1805 zugesprochen wurde. Hofer verbündete sich 1809 heimlich mit den Österreichern, den damaligen Gegnern Frankreichs.)*

3. Wie ging Hofers Kampf aus? *(Zunächst war er erfolgreich und vertrieb die Bayern zweimal aus Tirol. Als aber Österreich gegen Frankreich unterlag, konzentrierte Napoleon seine Truppen in Tirol. Hofer musste fliehen, und auf seinen Kopf wurde ein Preis von 1500 Gulden ausgesetzt. Das verleitete einen Bauern, Hofers Versteck zu verraten. Hofer wurde gefangengenommen und am 20.02.1810 von einem französischen Hinrichtungskommando in Mantua [Italien] erschossen.)*

Irland

1. Was ist Irland? *(Eine der britischen Inseln. Nordirland gehört politisch zu Großbritannien, der Rest bildet die selbständige Republik Irland.)*

2. Was ist Ulster? *(Eine der vier historischen Provinzen Irlands. Die Provinzen heißen Connaught [Connacht], Leinster, Munster und Ulster. Ulster kommt eine Sonderrolle zu: Nordirland ist ein Teil der historischen Provinz Ulster, auf das die irische Verfassung bis 1993 einen Anspruch erhob. 15.000 km^2 von Ulster gehören zu Großbritannien, der Rest zu Irland. Während in der Republik Irland 93 % der Bevölkerung Katholiken sind, sind in der Provinz Ulster die Protestanten vorherrschend. Dort kommt es zwischen Katholiken und Protestanten immer wieder zu blutigen Auseinandersetzungen.)*

3. Welche Bedeutung haben die Farben in der Flagge Irlands (Grün-weiß-orange in drei vertikalen Streifen)? *(Das Grün steht für die Katholiken, das Orange für die Protestanten und das Weiß als Symbol für den Frieden zwischen den beiden Bevölkerungsteilen.)*

4. Wie groß ist Irland? *(84.500 km^2, wovon rd. 70.273 km^2 auf die Republik Irland entfallen [zum Vergleich: Bayern ist 70.550 km^2 groß.].)*

5. Wie viele Menschen leben in Irland? *(5,6 Mio., wovon rd. 4 Mio. in der Republik Irland leben.)*

6. Wie heißt die Hauptstadt Irlands? *(Die Hauptstadt der Republik Irland ist Dublin mit rd. 1 Mio. Einwohnern, die Hauptstadt von Nordirland ist Belfast mit rd. 600.000 Einwohnern.)*

7. Was ist die IRA, welche Ziel verfolgt sie? *(Die IRA [Irisch Republikanische Armee] wurde 1919 als katholische nationalistische Terrororganisation gegründet, als England in Nordirland einen irischen Aufstand niederschlug. Sie verfolgt die Vertreibung der Briten aus Irland, kämpft für ein ungeteiltes, unabhängiges Irland, heute also für den Anschluss Nordirlands an die Republik Irland. Irland ist seit 1921 geteilt. Die IRA verübte bis Juli 1997 Terroranschläge auf britische Einrichtungen und Militär.)*

8. Wer erfand das Wort Quiz? *(Der irische Theaterdirektor Daly schloss 1791 eine Wette ab, dass er es hinkriegen würde, binnen eines Tages ein neues Wort in der englischen Sprache einzuführen. Die Wette galt. Daly schrieb daraufhin in Dublin an Mauern und Wände das Wort „Quiz". Keiner konnte was damit anfangen, aber alle sprachen darüber. Die Sache war eben ein Quiz, ein Rätsel, und floss mit dieser Bedeutung in die englische Sprache ein. Daly gewann übrigens seine Wette.)*

Langobarden

Wer waren die Langobarden? *(Ein germanischer Stamm, der um Christi Geburt an der unteren Elbe siedelte, dann nach Ungarn wanderte und im 6. Jahrhundert nach Italien zog. Dort besetzte er die Provinz Lombardei und errichtete das Langobardenreich mit der Hauptstadt Pavia. Im 8. Jahrhundert eroberte ☛Karl der Große das Langobardenreich und vereinigte es mit dem fränkischen Reich.)*

Schnecken

1. Was sind Schnecken? *(Schnecken sind Weichtiere der Klasse Gastropoda [griechisch: Bauchfüßler]. Sie bilden die zweitgrößte Klasse im Tierreich und werden mit rd. 72.000 Arten nur von den Insekten an Artenvielfalt übertroffen. Die meisten Schnecken sind Meeresbewohner.)*

2. Wie groß, bzw. wie klein sind Schnecken? *(Am größten wird eine Meeresschnecke mit 13 kg. Die kleinsten Schnecken kann man mit bloßem Auge kaum erkennen.)*

3. Wie nimmt die Schnecke Nahrung zu sich? *(Sie hat im Mund eine Raspelzunge [Radula], die mit Zähnchen zum Abraspeln der Nahrung bestückt ist.)*

4. Wie lebt die Weinbergschnecke? *(Die Weinbergschnecke hat ein „Haus", in dem sie den Winter in einer Winterstarre überdauert. Dazu verschließt sie die Mündung des Hauses mit einem Deckel aus Kalk und Schleim, der luft-, aber nicht feuchtigkeitsdurchlässig ist. Die Weinbergschnecke bewegt sich wie die meisten Schnecken weitgehend nachts. Tagsüber und nachts wird sie von ihren natürlichen Feinden, den Drosseln [von diesen vor allem tagsüber], Dachsen, Igeln und zahlreichen Käfern [darunter auch vom Glühwürmchen] gefressen. Die Drossel z.B. schnappt sich die Weinbergschnecke mit Haus und zerschlägt dieses an einem Stein, um dann die Schnecke aufzufressen.)*

5. Was hat der „rote Teppich", den man bei Staatsempfängen ausrollt, mit Schnecken zu tun? *(Ursprünglich war der „rote Teppich" der rote Mantel eines besiegten Königs. Der Mantel wurde vor dem Sieger auf dem Boden ausgelegt zur Bezeugung des Respekts. Das „Purpurrot" wurde aus dem Drüsensekret der Purpurschnecke gewonnen. Deshalb war diese Farbe besonders teuer und nur den Monarchen und Kirchenfürsten vorbehalten.)*

Monsun

Was ist ein „Monsun"? *(Der „Monsun" [= „Jahreszeit"] ist ein ☞Wind, der im jahreszeitlichen Wechsel seine Richtung [in der trockenen Jahreszeit bläst er von Norden oder Nordwesten, in der feuchten von Süden oder Südwesten] ändert und überwiegend im Indischen Ozean vorkommt. Er wird regelmäßig von schweren Regenfällen begleitet und ist dadurch das bestimmende Klimaereignis dieser Region. Verzögert sich der Monsun, sind vor allem in Indien und ☞Bangladesh Hungersnöte die Folge.)*

Pakistan

1. Was ist Pakistan? *(Pakistan [amtliche Bezeichnung „Islamische Republik Pakistan"] ist ein Staat in Südasien. Es grenzt im Norden und Nordwesten an Afghanistan, im Osten und Südosten an Indien, im Westen an den Iran.)*

2. Woher kommt Pakistans Name? *(Pakistan gehörte früher zu Indien und stand damit von 1756 bis 1947 unter britischer Herrschaft. Der Dichter und Philosoph Sir Mo-*

hammed Iqbal formulierte als erster 1930 die Idee eines selbständigen muslimischen Staates in Südasien. Hierfür wurde der Name Pakistan gebräuchlich, der sich zusammensetzt aus den Anfangsbuchstaben und Silben der Provinzen ***P****andschab,* ***A****fganien [nordwestliche Grenzprovinz],* ***K****ashmir,* ***I****ndus,* ***S****ind und Belutschis****tan****.)*

3. Wie groß ist Pakistan? *(796.095 km² [zum Vergleich: die BRD ist 357.000 km² groß] mit 155,3 Mio. Einwohnern.)*

4. Wie heißt die Hauptstadt von Pakistan? *(Islamabad, das 1961 entstand und erst 1969 zur Hauptstadt wurde, mit 800.000 Einwohnern. Die größte Stadt ist aber Karachi mit 10 Mio. Einwohnern, gefolgt von Lahore mit 5,2 Mio. Einwohnern.)*

5. Welche Religion ist in Pakistan führend? *(Der Islam, dem 97 % der Bevölkerung angehören. Die meisten davon sind Sunniten. Nur 15 % der Muslime sind Schiiten. Der Islam wird mit seinen Regeln streng befolgt, was auch ein striktes Alkoholverbot in der Öffentlichkeit beinhaltet.)*

6. Wie heißt die Währung von Pakistan? *(Eine Rupie = 100 Paisa.)*

7. Was ist der „Kaschmir-Konflikt“? *(Ein 1965 zwischen Indien und Pakistan offen ausgetragener Krieg um die Herrschaft in der Provinz Kaschmir. Im Kaschmir gehören rd. 80 % der Bevölkerung dem Islam an. Als die Briten 1947 bekanntgaben, die Herrschaft über Indien abzugeben [eine Einigung der verfeindeten Strömungen auf eine Verfassung war noch nicht in Sicht! Die Verfassung kam erst am 26.11.1949 zustande], drohte ein blutiger Bürgerkrieg. Vorsichtshalber beschlossen die Briten noch rasch die Teilung in Indien und Pakistan, wobei die Grenzen nach Religionen bestimmt wurden: Die vorwiegend von Hindus bewohnten Gebiete wurden Indien zugeschlagen, die mit einer Muslimenmehrheit Pakistan. Das führte zu einer Völkerwanderung der Minderheiten, an der allein im September 1947 mehr als 4 Mio. Menschen beteiligt waren, die massiv von Partisanen angegriffen wurden. Die Spannungen dauern unverändert an. In Indien leben heute rund 80 % als Hindus und 11 % als Moslems. Der Konflikt entzündet sich immer wieder um die indischen Bundesstaaten Jammuh und Kaschmir, in denen mehrheitlich Moslems leben. Separatisten versuchen bislang erfolglos, durch Terrorakte [wohl unterstützt von Pakistan] diese Bundesstaaten an das moslemische Pakistan anzugliedern. Eigentlich hätte die Provinz Pakistan zugeschlagen werden müssen. Indien verweigerte sich aber einem entsprechenden, von der UNO vorgeschlagenen Referendum. Heute ist der Kaschmir durch eine Demarkationslinie geteilt: Der Nordteil gehört zu Pakistan, der Süden zu Indien, das diesen Teil 1957 formell annektierte.)*

8. Was ist in Pakistan Nationalsport? *(Kricket: Die Briten führten in ihrer Besatzerzeit dieses Spiel in Pakistan ein. Heute hat jedes größere Dorf in Pakistan ein Kricketfeld. Dementsprechend gehören die Pakistani beim Kricket international zur Weltspitze, ebenso beim Hockey, das ebenfalls die Briten einführten. Umgekehrt nahmen die Briten aus Pakistan das aus Mittelasien stammende Polo [Reiterspiel] mit nach England. Polo kannten die Perser schon im 6. Jahrhundert v. Chr. Von Mogulherrschern*

wurde es in Pakistan eingeführt und war ursprünglich militärisches Training für berittene Einheiten. Bis zu 100 Spieler traten gegeneinander an.)

9. Wo kommen weltweit die meisten Fußbälle her? *(Aus Pakistan: Das Land zählt zu den führenden Herstellern von Sportartikeln. Rund 80 % der Fußbälle, mit denen bei Weltmeisterschaften und großen Turnieren gespielt wird, werden von rund 60.000 Fußballnähern in rund 3.000 Firmen in der Stadt Sialkot hergestellt.)*

Bangladesh

1. Was ist Bangladesh? *(Bangladesh [= „Land der Bengalen"] ist eine Republik in Südasien. Es grenzt im Norden, Osten und Westen an Indien.)*

2. Wie groß ist Bangladesh? *(147.570 km^2 [zum Vergleich: die BRD ist 357.000 km^2 groß] mit 128 Mio. Einwohnern. Bangladesh hat damit [mit Ausnahme der Stadtstaaten wie Singapur] die größte Bevölkerungsdichte der Welt.)*

3. Wie heißt die Hauptstadt von Bangladesh? *(Dhaka mit 3,6 Mio. Einwohnern.)*

4. Seit wann ist Bangladesh selbständig? *(Seit 1971. Am 16.12.1971 kapitulierten die pakistanischen Truppen [Bangladesh gehörte bis dahin zu Pakistan] vor den gemeinsamen Truppen der Inder und Bangladeshs.)*

5. Welches Klima herrscht in Bangladesh? *(Tropisches ☞Monsunklima: Rund 80 % des Regens fallen während der Monsunzeit von Mai bis Mitte Oktober. Der Monsun richtet teilweise verheerende Schäden an [der Wirbelsturm 1970 kostete 500.000 Menschen das Leben und war die größte Naturkatastrophe des 20. Jahrhunderts].)*

6. Welche Sprache spricht man in Bangladesh? *(Amtssprache ist Bengali und wird von 98 % der Bevölkerung gesprochen. Es hat eine eigene, aus dem Sanskrit [vgl. Indien] abgeleitete Schrift.)*

7. Welche Religion ist in Bangladesh am verbreitetsten? *(Zum Islam [vorwiegend Sunniten] bekennen sich rd. 85 % der Bevölkerung.)*

8. Wie heißt die Währung von Bangladesh? *(Ein Taka = 100 Paisa.)*

9. Welche Ströme fließen in Bangladesh? *(Die drei Ströme Ganges, Brahmaputra und Meghna bilden nach dem Amazonas in Brasilien das zweitgrößte Flusssystem der Welt.)*

10. Welche Bedeutung hatte die Jute für Bangladesh? *(Nach Baumwolle ist Jute die wichtigste Faserpflanze. Als die westlichen Länder sich gegen die Entwicklung einer Wegwerfgesellschaft wandten und die Länder der Dritten Welt unterstützen wollten, kam es zum Slogan „Jute statt Plastik“. Deshalb wurden in Deutschland verstärkt Jute-Taschen benutzt. Das machte 1980 die Jute zum wichtigsten Exportgut von Bangladesh, das als Produzent weltweit damit auf Position drei kam. Heute nimmt Jute nur noch 5 % der Anbaufläche von Bangladesh ein, während die Baumwolle inzwischen wieder vorrangig angebaut wird.)*

Verdauungssystem

1. Welche Funktion hat unser Verdauungssystem? *(Es wandelt von uns aufgenommene Nahrungsmittel in Substanzen um, die vom Körper aufgenommen oder ausgeschieden werden.)*

2. Welche Aufgabe hat der Magen? *(Im Magen kommt die Nahrung aus der Speiseröhre an und wird dort mit Magensaft durchsetzt und durchgemischt. Der Magensaft enthält u.a. Salzsäure und einige Enzyme wie Pepsin, Rennin und Lipase. Diese Durchmischung gibt der Magen an den Dünndarm weiter.)*

3. Welche Aufgabe hat der Dünndarm? *(In ihm findet der größte Teil der Verdauung statt. Er produziert einen eigenen Verdauungssaft und beendet die Umsetzung der Nahrung.)*

4. Welche Aufgabe hat die ☞Leber bei der Verdauung? *(Die Leber bildet die Galle, die in Magen und Dünndarm fließt. Fette können ohne Galle nicht verdaut werden.)*

5. Was macht die Darmwand? *(Sie entscheidet, ob eine Substanz ins Körperinnere als Nährstoff abgegeben wird oder vom Körper ausgeschieden werden soll. Die mehrfach gefaltete Darmwand hat eine Fläche von rd. 140 m^2.)*

6. Wie entstehen Durchfall und Verstopfung? *(Den unverdauten Nahrungsresten entzieht der Dickdarm Wasser. Bleibt zuviel Wasser in den Resten enthalten, entsteht Durchfall. Ist die Darmmuskulatur zu wenig aktiv, kommt es zu Verstopfungen.)*

Hannibal

1. Wer war Hannibal (247 – 183 v. Chr.)? *(Ein ☞karthagischer [heute auf tunesischem Gebiet, Nordafrika, gegenüber von Sizilien] Feldherr, der das Römische Reich zunächst äußerst erfolgreich bekämpfte.)*

2. Was heißt Hannibal übersetzt? *(„Günstling der Götter".)*

3. Im Oktober 218 v. Chr. zog Hannibal innerhalb von 15 Tagen über die verschneiten Alpen, wie und warum? *(Nach dem sog. 1. ☞punischen Krieg zwischen Karthago und Rom, den Rom gewann, hatte Rom die Seeherrschaft im Mittelmeer, weil sie die karthagische Flotte weitgehend vernichtet hatte. Der kurze Seeweg von Nordafrika nach Italien war damit für Hannibal nicht gangbar. Spanien gehörte zur Einflusssphäre Karthagos, war nach seinen erfolgreichen Kriegen gegen römische Verbündete dort also natürliches Aufmarschgebiet für Hannibal. Er hörte vom Mythos des Herakles, der seine Herde von Spanien über die Alpen bis nach Italien geführt haben sollte, und erfuhr, dass die Händler diesen „Heraklesweg" als Alpenübergang nutzten. Er zog deshalb mit seiner Armee aus 50.000 – 80.000 Kriegern, 9.000 – 12.000 Reitern und 37 Kriegselefanten [Davon hatte Karthago reichlich: Bei Ausgrabungen fand man in Karthago an der westlichen Stadtmauer Stallungen für 300 Elefanten.] über die Alpen gegen Italien. Bei diesem Marsch verlor er rund die Hälfte seiner Truppen und bis auf einen Elefanten starben oder gingen alle diese Tiere ein. Kurioserweise starb kein Elefant bei der Alpenüberquerung, sondern im kalten Oberitalien vertrugen sie das Klima nicht. Hannibal selbst bekam von der Überanstrengung Fieber und verlor die Sehkraft eines Auges.)*

4. Wie präparierten die Karthager die Elefanten vor einer Schlacht? *(Man malte ihnen den Rüssel, die Stirn und die Ohren mit grellen Farben an, um sie noch fürchterlicher aussehen zu lassen. Brust und Flanken wurden mit schweren Lederdecken gepanzert. Manchmal versah man den Rüssel auch noch mit einer Sichel. Auf dem Rücken trugen die Elefanten einen Turm, in dem bis zu vier Bogenschützen saßen. Vor dem Kampf gab man den Elefanten Reiswein zu trinken, weil sie das angriffslustig machte. Für den Fall, dass ein wildgewordenes Tier sich gegen die eigenen Leute richten sollte, saß ein Inder mit Hammer und Meißel auf dem Nacken des Elefanten, um ihm notfalls den Schädel zu spalten.)*

5. Wer gewann letztlich die Oberhand, die Römer oder Hannibal? *(Zunächst Hannibal, der in ☞Cannae 216 v. Chr. den Römern eine historische, vernichtende Niederlage beibrachte. Da Hannibal aber aus Karthago keinerlei Nachschub erhielt, lief er sich in Italien letztlich an den Römern tot, die ihn aber nicht in Italien besiegten, sondern durch Scipio Africanus zuhause in Karthago, wohin er wegen eines Angriffs der Römer zurückgerufen wurde.)*

6. Was bedeutet der Ausruf „Hannibal ad portas"? *(Nachdem Hannibal Süditalien unter seine Kontrolle gebracht hatte, zog er auf Rom los, was die Römer wegen der drohenden Gefahr zum Ausruf „Hannibal ad portas" [= „Hannibal vor den Toren" Roms] veranlasste. Heute bezeichnet man mit diesem sprichwörtlichen Ausruf ein bevorstehendes Unheil. Hannibal griff Rom aber nicht an, sondern wurde vorher abgedrängt.)*

7. Wie verlief das Leben Hannibals, nachdem er den 2. punischen Krieg (218-201 v. Chr.) verloren hatte? *(Er rüstete nach dem Friedensvertrag sofort für den nächsten Krieg gegen Rom. Dies wurde den Römern verraten, die sofort seine Auslieferung von Karthago verlangten. Hannibal entzog sich dem durch seine Flucht an den Hof des syrischen Königs Antiochos, von wo aus er die Römer zunächst erfolgreich weiter bekämpfte. Nach der Niederlage bei Magnesia floh er weiter zu Prusias in Bithynien im Norden Kleinasiens. Als Rom 183 v. Chr. bei Prusias auf die Auslieferung Hannibals drängte, nahm Hannibal das Gift, das er stets bei sich führte, und brachte sich damit um. Plutarch überlieferte Hannibals letzte Worte: „Es ist nun an der Zeit, die Angst der Römer zu beenden. Sie sind nicht in der Lage, länger auf den Tod eines alten Mannes zu warten, der ihnen so viele Sorgen bereitet hat.")*

Albert Schweitzer

1. Wer war Albert Schweitzer (1875-1965)? *(Ein evangelischer Theologe, Musiker, Philosoph [Studienabschluss mit Promotion] und Missionsarzt [Schweitzer studierte von 1905-1913 in Straßburg Medizin, ebenfalls Abschluss mit Promotion] in Afrika. Letzteres machte ihn weltberühmt. Schweitzer wurde in Kaysersberg [Oberelsaß] als zweites Kind eines Pfarrers geboren, studierte in Straßburg, Paris und Berlin [in Straßburg war er gleichzeitig Professor der Theologie und Student der Medizin].)*

2. Wo in Afrika unterhielt Schweitzer ab 1913 vor allem ein Leprakrankenhaus (Tropenhospital)? *(In Lambarene [heute Gabun, Westküste Mittelafrikas]. Der Name dieses Ortes ist untrennbar mit dem Namen Schweitzers verbunden. Dort wurde Schweitzer auch begraben.)*

3. Was brachte Schweitzer auf die Idee, in Afrika zu helfen? *(Schweitzer propagierte auf seinem theologischen Hintergrund aktive Nächstenliebe, wusste aber zunächst nicht, wie er das für sich am besten umsetzen könnte. Da wurde ihm das Heft einer Missionsgesellschaft mit dem Aufsatz „Was uns am Kongo nottut" zugesandt. Darin stand zu lesen, wie unsäglich die mittelafrikanische Bevölkerung unter Krankheiten und Seuchen zu leiden habe, vor allem unter der Schlafkrankheit. Schweitzer erkannte hier sein Lebensziel und nahm neben seinen beruflichen Pflichten das Medizinstudium auf, das er 1911 im Alter von 36 Jahren abschloss. Zur Vorbereitung seiner Hilfsaktion widmete er sich zunächst noch ein Jahr der Tropenmedizin in Paris. 1913 nahm er mit seiner Frau Abschied von Europa und ging nach Afrika.)*

4. Welche Auswirkungen hatte der ☞1. Weltkrieg für Schweitzer? *(Schweitzer wurde von den Franzosen gleich zu Beginn des Weltkriegs mitgeteilt, dass er sich als Gefangener zu betrachten habe, seine ärztliche Arbeit vorläufig aber weiterführen dürfe. 1917 wurden er und seine Frau nach Frankreich verbracht und dort interniert. In dieser Gefangenschaft erkrankte Schweitzer schwer und war erst 1920 wieder so weit hergestellt, dass er weiterarbeiten konnte. Von 1920 bis 1925 reiste er durch Europa, hielt Vorträge, schrieb Bücher und gab Orgelkonzerte, um Geld für seine Mission einzusammeln. 1925 war er dann so weit, dass er nach Lambarene zurückkehren konnte. Seine alte Spitalbaracke war nicht mehr vorhanden. Schweitzer fing wieder von vorne hatte, hatte aber diesmal mehr Helfer.)*

5. Wie beschrieb sich Schweitzer anlässlich seines 70. Geburtstags selbst? *(„Wollte man meine Seele analysieren, so fände man dort drei gleiche Teile: Ein Drittel Professor, ein Drittel Apotheker, ein Drittel Bauer. Dazu ein paar Tropfen „wilder Mann“.“)*

6. Mit welchem Komponisten befasste sich Schweitzer als Musiker? *(Mit Johann Sebastian Bach, über den er in deutsch [1908] und vorher französisch [1905] ein Buch schrieb. Schweitzer gab auch Orgelkonzerte, u.a. um Geld für sein Hospital einzusammeln. Dabei war er auch musikalisch ein Spätstarter: Sein Klavierlehrer Eugen Münch wäre fast an der mittelmäßigen Begabung seines Schülers verzweifelt. Schon mit neun Jahren vertrat Schweitzer in der Dorfkirche den Organisten mit einem einfachen Choral.)*

7. Mit welchen großen Preisen wurde Schweitzer geehrt? *(Mit dem Friedensnobelpreis 1952, vorher 1951 mit dem Friedenspreis des Deutschen Buchhandels. Der Friedensnobelpreis war damals mit 147.000 Schwedenkronen dotiert. Schweitzer kaufte davon Wellblech, um seine neuen Bauten in Lambarene damit zu decken.)*

8. Was war Schweitzers Losungswort? *(„Ehrfurcht vor dem Leben“. Dazu schrieb Schweitzer, als er von den Franzosen 1917-1918 als Deutscher in Frankreich interniert wurde, ein Buch [„Kulturphilosophie“]. Den letzten Band seiner Kulturphilosophie schrieb Schweitzer, als er 1948 vorübergehend wieder nach Europa zurückkehrte. Diesen Band bezeichnete Schweitzer später als sein „theologisches Testament“.)*

9. Warum ordnete Schweitzer an, dass auf seinem Grabstein unter bestimmten Umständen stehen sollte: „Er war gut bis zum Ende“? *(Der humorvolle Schweitzer hatte dies verfügt für den Fall, dass er von Kannibalen in Afrika verspeist würde.)*

Silizium

1. Was ist Silizium? *(Ein chemisches Element mit dem chemischen Zeichen Si mit dem hohen Schmelzpunkt von 1440° C.)*

2. Kommt Silizium häufig vor? *(Ja, nach Sauerstoff ist es das am häufigsten vorkommende Element der Erde. Kohlenstoff ist das wichtigste Element der organischen, Silizium das wichtigste Element der anorganischen, mineralischen Welt. Gesteine, Lehm, Sand: Alles besteht zu einem beträchtlichen Teil aus Silizium. In der Erdkruste ist Silizium mit 26 % enthalten.)*

3. Wofür wird Silizium verwendet? *(Vor allem für Legierungen [chemische Verbindungen], z.B. in Form von sehr leitfähiger Siliziumbronze als Telefondraht.)*

Himalaya, Karakorum, Pamir

1. Was ist der Himalaya? *(Der Himalaya [Sanskrit (☞ Indien):„Wohnsitz des Schnees"] ist die höchste Gebirgsregion, die sich in Asien über 600.000 km^2 [zum Vergleich: die BRD ist 357.000 km^2 groß] hinzieht, durch Pakistan, Indien, Nepal und Tibet.)*

2. Wie heißt der höchste Berg im Himalaya? *(Im Himalaya befinden sich neun der 14 höchsten Berge [über 8.000 m] der Welt. Der höchste Berg der Welt liegt dort: Es ist der Mount Everest, der erstmals 1953 von dem Neuseeländer Edmund Hillary und dem nepalesischen Sherpa Norkey Tensing bestiegen wurde, mit 8.846 m.)*

3. Wem verdankt der Mount Everest seinen Namen? *(Er wurde nach dem englischen Leiter des Vermessungsamtes, Sir George Everest benannt, unter dessen Leitung die trigonometrische Vermessung der wichtigsten Gipfel des Himalayamassivs von indischen Ebenen und Vorgebirgen aus vorgenommen worden war. Er hatte dabei aber die wirkliche Höhe des Mount Everest, also die über dem Meeresspiegel, unterschätzt.- Der Mount Everest hatte eigentlich schon einen Namen von den Tibetern erhalten: „Tschomolungma" = „Göttin-Mutter der Berge". Die in seiner Nähe wohnenden Menschen sahen den Mount Everest nämlich als Thron der Götter an, die von hier über die Welt herrschen. Insoweit besteht eine Parallele zum Olymp in Griechenland.)*

4. Welche großen Flüsse entspringen im Himalaya? *(Ganges, Indus, Brahmaputra.)*

5. Was ist das Karakorum? *(Eine Gebirgskette im Grenzland zwischen Pakistan und China. Hier liegt der zweitgrößte Gipfel der Welt, der K2, auch Mount Godwin Austen genannt.)*

6. Wie kam der K2 zu seinem Namen? *(Er heißt K2, weil er 1856 als zweiter im Karakorum vermessen wurde.)*

7. Was ist der „Pamir“? *(Die dritte Gebirgskette der Region, die von den Eingeborenen den Namen „Dach der Welt“ erhielt. Das ist nicht richtig, da die höchsten Berge im Pamir nur über 7.000 m [höchste Erhebung ist der Kungur mit 7.719 m], aber unter 8.000 m liegen. Der Pamir zieht sich hin über die Länder Tadschikistan, China, Afghanistan und Kirgisien.)*

8. Was ist ein „Yak“? *(Das Yak [= Grunzochse] ist ein langhaariges Wildrind, das vor allem im Tibet durch Züchtung als Haustier entwickelt wurde, als Lasttier dient und Milch und Fleisch liefert.)*

Möwen

1. Was sind Möwen? *(Bekannte Küstenvögel mit 43 Arten.)*

2. Wie groß und wie alt werden Möwen? *(Möwen werden taubengroß, durchschnittlich rd. 30 cm, aber auch bis zu 80 cm groß. In Freiheit wird die Möwe 36 Jahre, in Gefangenschaft bis zu 40 Jahre alt.)*

3. Welche Möwenart ist bei uns am meisten verbreitet? *(Die sog. Lachmöwe. Sie heißt so, weil sie ihr Nest gern in den lachenreichen Uferregionen von Binnengewässern baut.)*

4. Kommen Möwen in den Tropen vor? *(Nein, sie leben fast nur in den klimatisch gemäßigten Zonen.)*

5. Was macht die Möwe mit dem vielen Salz, das sie zu sich nimmt? *(Möwen haben große Salzdrüsen im Kopf, die ihren Salzhaushalt regulieren. Das überflüssige Salz wird über diese Drüsen ausgeschieden und fließt über spezielle Furchen des Schnabels ab.)*

Albrecht Dürer

1. Wer war Albrecht Dürer (1471-1528)? *(Einer der bekanntesten deutschen Maler, Zeichner, Kupferstecher und Kunsttheoretiker. Dürer wurde in Nürnberg geboren, wo er auch den größten Teil seines Lebens und seinen Lebensabend verbrachte.)*

2. Wohin führten Dürer seine Wanderschaften? *(Zuerst absolvierte er bei seinem Vater von 1483–1489 eine Goldschmiedelehre. Dann unternahm er die damals obligatorische Wanderschaft von 1490-1494, die ihn nach Straßburg und Basel führte. Später besuchte er zu Studienzwecken zweimal [1494/1495 und 1505-1507] Italien und 1520/1521 die Niederlande.)*

3. Worauf war Dürer spezialisiert? *(Dürer fertigte 350 Holzschnitte und rd. 100 Kupferstiche und Radierungen. Dürer hob die Radierung aus ihrer Funktion der Vorbereitung großer Gemälde heraus und entwickelte sie zum eigenständigen künstlerischen Ausdrucksmittel.)*

4. Wie vermarktete sich Dürer? *(Dürer war der Erste, der aus dem Handwerkerstand des mittelalterlichen Malers ausbrach, um als freier Künstler zu arbeiten. Obwohl Dürer eigentlich recht bekannt war, waren feste Aufträge verhältnismäßig selten. Dürer arbeitete schon früh auf dem Gebiet der Grafik, weil er hier nicht nur seine künstlerischen Ideen ungehindert entfalten konnte, vielmehr konnten Holzschnitte und Kupferstiche rascher hergestellt und beliebig oft gedruckt werden. Dürers Frau und zeitweilig sogar seine Mutter saßen in der Marktbude beim großen Heiltumsfest in Nürnberg, auf den Messen in Augsburg, Ingolstadt und Frankfurt und verkauften dort seine Bildfolgen.)*

5. Was sind Dürers bekannteste Werke? *(Sein Selbstbildnis [um 1500], die Kupferstiche „Adam und Eva“ [1504] und „Ritter, Tod und Teufel“ [1513], eine sehr realistische Kohlezeichnung seiner Mutter [1514], zwei Bildtafeln mit den vier Aposteln [1526] sowie zwei zum Gebet gefaltete Hände, die heute noch bei Todesanzeigen als Motiv verwandt werden. Seine betenden Hände haben es sogar auf den Grabstein von Andy Warhol geschafft.)*

6. Wer waren Dürers Zeitgenossen? *(☞Kolumbus, ☞Kopernikus, ☞Leonardo da Vinci, ☞Michelangelo, Tizian, ☞Raffael und ☞Luther.)*

Zunge

1. Was ist die Zunge? *(Ein Organ, das wichtigste Sinnesorgan für den Geschmack.)*

2. Womit ist die Oberfläche der Zunge besetzt? *(Mit den sog. „Papillen“.)*

3. Wo sitzen die Geschmacksnerven auf der Zunge? *(In Geschmacksknospen auf pilzförmigen Papillen auf der Oberfläche der Zunge. Mit zunehmendem Alter nimmt ihre Anzahl ab. Unsere Zunge kann nur unterscheiden zwischen süß, sauer, bitter und salzig. Neben diesen vier Grundempfindungen kommen unsere weiteren Geschmacksempfindungen aus dem Geruchssinn und der Oberflächenempfindlichkeit der Zunge, u.a. für Temperaturen.)*

4. Welche Farbe hat die Zunge, was kann man aus ihr schließen? *(Normalerweise rot bis rosa. Die Farbe verändert sich bei bestimmten Krankheiten und ist deshalb Diagnosemittel.)*

Schweine

1. Wie lange gibt es das Hausschwein (Ordnung der Paarhufer) als Nutztier schon? *(Es wird überall auf der Welt gehalten, am frühesten wahrscheinlich vor rd. 9.000 Jahren in China.)*

2. Wie viele Ferkel umfasst der Wurf einer Sau (Schweineweibchen)? *(Bis zu 12 Ferkel, die bei der Geburt ungefähr 1,5 kg wiegen. Bei Wildschweinen nennt man die Jungen „Frischlinge". Eine Sau kann pro Jahr etwa 22 Ferkel werfen.)*

2. Wie lange lebt ein Hausschwein bis zur Schlachtreife? *(Nur 8-10 Monate. Eine gute Muttersau lässt man durchschnittlich 7-8 Jahre leben. In dieser Zeit hat sie 12-16 Würfe. Das Hausschwein nimmt pro Tag 750 – 1000 Gramm zu. Schon nach 4,5 Monaten erlangt das Spanferkel Schlachtreife mit einem Gewicht von 50 kg. Nach 8-10 Monaten wiegt es über 100 kg. Die Futterkosten machen rd. 70 % des Verkaufserlöses eines Schweins aus.)*

3. Woraus und wie wird Schinken gemacht? *(Aus dem Muskelfleisch der Schenkel des Schweins. Vorderschinken ist deshalb der Schinken aus den Vorderbeinen des Schweins. Beim rohen wie beim gekochten Schinken wird das Schenkelfleisch zuerst in eine Salzlake gelegt [= „gepökelt“]. Hier bleibt es bis zu drei Wochen. Danach wird*

der Schinken geräuchert. Der gekochte Schinken wird nur 2-4 Stunden geräuchert, der übrige Schinken bleibt bis zu zwei Monaten in der Räucherkammer.)

4. Woraus wird die Schweinelende gewonnen? *(Aus dem mittleren Schweinerücken. Diese Partie enthält viel Fleisch ohne Fett und Knorpel.)*

5. Wo werden die meisten Schweine gehalten? *(Nach einer Umfrage Ende der achtziger Jahre gab es 349 Mio. Schweine in China, in der Sowjetunion 78 Mio., in den USA 56 Mio., in Brasilien 32 Mio. und in der BRD 23 Mio. Hausschweine.)*

6. Warum verwendet man Schweine zum Finden von Trüffeln? *(Trüffel sind eine Pilzart, die als Delikatesse gilt. Trüffel sind aber an der Erdoberfläche nicht sichtbar. Das Schwein hat einen ausgezeichneten Geruchssinn, mit dem es sein Fressen auch in der Erde sucht. Zum Erschnüffeln der Trüffel verwendet man weibliche Schweine, weil Trüffel einen ähnlichen Geruch wie ein männliches Schwein abgeben.)*

7. Was hat das Schwein mit dem sprichwörtlichen „unter aller Sau“ zu tun? *(Nichts: Im Jiddischen heißt „seo“ Maßstab. Eigentlich hieß die Redewendung also „unter jedem Maßstab“. Beim Eindeutschen geschah dann der Sinndreher.)*

8. Woher kommt der Begriff Eisbein? *(Unter Eisbein versteht man heute gekochten Schweinefuß. Der Röhrenknochen von Tieren hieß früher Eisknochen oder Eisbein, weil man ihn spaltete, glatt schliff und dann als Schlittschuhkufen einsetzte.)*

Polen

1. Was ist Polen? *(Eine Republik im östlichen Mitteleuropa. Westlicher Nachbar ist die BRD. Im Norden grenzt Polen an die Ostsee und Russland, im Osten an Litauen, Weißrussland und die Ukraine, im Süden an die Slowakei und die Tschechische Republik.)*

2. Wie groß ist Polen? *(312.685 km² [zum Vergleich: die BRD ist 357.000 km² groß].)*

3. Wie viele Menschen leben in Polen? *(38,2 Mio., von denen rd. 98 % Polen sind. Rund 12 Mio. Menschen polnischer Herkunft leben außerhalb von Polen, davon allein knapp 7 Mio. in den USA.)*

4. Wie heißt die Hauptstadt Polens? *(Warschau mit 1,7 Mio. Einwohnern. Weitere Großstädte sind Lódź mit 830.000, Krakau mit 750.000, Breslau mit 650.000, Posen, Danzig und Stettin. Das Gebiet um Warschau war schon seit dem 10. Jahrhundert besiedelt. Die Stadt wurde aber erst in der Mitte des 13. Jahrhunderts gegründet.*

1596 machte König Sigismund III. Warschau zu Polens Hauptstadt. Im 2. Weltkrieg wurden 85 % der Stadt zerstört.)

5. Welcher Religion gehören die meisten Polen an? *(Etwa 91 % der Polen sind Katholiken.)*

6. Welche Währung hat Polen? *(1 Zloty = 100 Groszy.)*

7. Welche großen Flüsse hat Polen? *(Fast alle Flüsse in Polen gehören zum Einzugsgebiet von Oder und Weichsel, die beide in die Ostsee münden.)*

8. Welche Bedeutung hat Polen für die ☞Juden? *(Als die Juden im 13./14. Jahrhundert in Westeuropa verfolgt wurden, flohen viele von ihnen nach Polen. Das führte zu einem überdurchschnittlichen Anteil von Juden in Polen. Nachdem die Deutschen 1939 Polen besetzt hatten, betrieben sie die Massenvernichtung von polnischen Juden in Konzentrationslagern. Als 1968 in Polen parallel zum sog. „Prager Frühling" Studentenunruhen gegen das herrschende kommunistische, pro-russische Regime aufkamen, startete die polnische Führung eine „antizionistische Kampagne" als Ablenkungsmanöver und entließ Hunderte von Juden in Politik, Partei, Universitäten und aus der Presse. Teilweise durften sie Polen nach Westen oder Israel verlassen.)*

9. Was versteht man unter den „drei polnischen Teilungen"? *(Die Verteilung Polens unter seinen Nachbarstaaten in der zweiten Hälfte des 18. Jahrhunderts: Bei der ersten Teilung 1772 machten Preußen und Österreich Russland einen Vorschlag zur Teilung Polens, den Russland auch annahm. Polen verlor dabei ein Drittel seiner Fläche. Bei der 2. Teilung 1793 reduzierten Preußen und Russland Polen noch einmal um 2/3 seiner restlichen Fläche. Bei der dritten Teilung 1795/1797 teilten Russland, Preußen und Österreich den verbliebenen Rest unter sich auf und Polen verschwand für fast 125 Jahre von der europäischen Landkarte. Erst 1918 wurde wieder eine selbständige polnische Republik ausgerufen [Deutschland und Österreich hatten den 1. Weltkrieg verloren, Russland hatte nach der Oktoberrevolution 1917 mit sich selbst genug zu tun und erkannte die Unabhängigkeit Polens an].)*

10. Welche Bedeutung hatte Polen für den 2. Weltkrieg? *(1932 schloss Polen mit der UdSSR, 1934 mit Deutschland einen Nichtangriffspakt ab. Die Abkommen sollten Polens Grenzen garantieren. Nach der Machtübernahme Hitlers in Deutschland und dessen Teilannektierung der Tschechoslowakei im März 1939 war Polen unübersehbar sein nächstes Ziel. Polen schloss deshalb noch direkt im Frühjahr 1939 mit Großbritannien und Frankreich Abkommen für den Fall eines Angriffs durch Deutschland. Deutschland fiel nach Aufkündigung des Nichtangriffspakts mit Polen am 28.04.1939 trotzdem nach einem Geheimabkommen mit Russland, das Polen unter diesen beiden Staaten aufteilte, am 01.09.1939 in Polen ein und löste damit den 2. Weltkrieg aus.)*

11. Welche Konzentrationslager betrieben die Deutschen in Polen während des 2. Weltkriegs? *(Auschwitz, Treblinka, Majdanek, Sobibor und viele andere. Auf polnischem*

Gebiet haben die Deutschen mindestens 2.350.000 Juden vergast oder anderweitig getötet [Quelle: DTV-Atlas der Weltgeschichte, 2000, S. 483].)

12. Was löste den Aufstand der Juden im Warschauer Ghetto im April 1943 aus? *(Die Deutschen transportierten von dort jeden Tag [!] 12.000 Juden in Konzentrationslager ab. Das führte zum Aufstand, den Waffen-SS und Polizei nach drei Wochen harter Kämpfe blutig niederschlugen.)*

13. Welche Grenzen bekam Polen nach dem 2. Weltkrieg? *(Russland nahm sich als Siegermacht ein Stück des östlichen Polens, in dem rund 12,5 Mio. Polen wohnten. Diese wurden in das neue Staatsgebiet Polens umgesiedelt [vertrieben]. Polen bekam dafür im Westen altes deutsche Staatsgebiet [Ober- und Niederschlesien, Danzig, Teile von Brandenburg, Pommern und Ostpreußen], in dem rd. 8,9 Mio. Menschen lebten, von denen 7 Mio. Deutsche waren. Diese flohen entweder vor der Roten Armee der Russen oder wurden nach Westen vertrieben.)*

14. Wann söhnten sich die Polen mit den Deutschen nach dem 2. Weltkrieg aus? *(Erst 1972 unter Kanzler Willy Brandt mit dem Deutsch-Polnischen-Vertrag, der Polen faktisch als westliche Grenze zu Deutschland die Oder-Neiße-Linie garantierte.)*

15. Was ist Solidarność? *(Der Name der größten polnischen Gewerkschaft nach erstmaliger Zulassung von Gewerkschaften in Polen 1980. Nach ihrer Zulassung schlossen sich ihr 85 % der Beschäftigten, rd. 10 Mio. an. Sie wurde zum Motor großer politischer Umwandlungen in Polen. Bereits 1981 wurde sie vom polnischen Ministerpräsidenten wieder aufgelöst und ihr Führer Lech Walesa für knapp ein Jahr inhaftiert. 1989 wurde sie wieder zugelassen und gewann als Partei 99 von 100 Sitzen im Senat, der zweiten Kammer des Parlaments, und alle 161 Sitze im Unterhaus [Sejm].)*

16. Welche Bedeutung hatte Lech Walesa für Polen? *(Er war er erste Führer der Gewerkschaft Solidarność, spielte bei ihrer Gründung und den Streiks der 70er und 80er Jahre eine führende Rolle und wurde schließlich 1990 mit fast 75 % der Stimmen Präsident Polens. Unter ihm bekam Polen 1992 eine neue Verfassung. 1983 [zu diesem Zeitpunkt war er noch kein Politiker; sondern Elektromonteur auf der Leninwerft in Danzig] erhielt er den Friedensnobelpreis, nachdem er von 1980 bis 1982 unter Hausarrest gestellt worden war. Seine politische Karriere endete im November 1995, als er nicht wieder zum Präsidenten gewählt wurde.)*

17. Welche Bedeutung spielte die Danziger Werft bei den Streiks in Polen? *(Sie war Ausgangspunkt und Motor der Streiks der unzufriedenen Arbeiter Polens. Nach der Öffnung Polens für eine freie Marktwirtschaft meldete die Danziger Werft schließlich Konkurs an und wurde im März 1997 geschlossen.)*

Wolfgang Amadeus Mozart

1. Wer war Wolfgang Amadeus Mozart (1756-1791)? *(Ein österreichischer Komponist. Eigentlich hieß er nie Amadeus. Bei seiner Taufe am 28.01.1756 erhielt Mozart die Namen Johannes Chrysostomus Wolfgangus Theophilus. Aus der griechischen Form Theophilus [zu deutsch: Gottlieb] wurde sein Vorname später in die französische Fassung Amadé übertragen, mit der er auch unterschrieb.)*

2. Wo wurde Mozart geboren? *(In Salzburg, wo heute noch sein Geburtshaus besichtigt werden kann. Salzburg war damals ein eigenständiger Staat. Streng genommen war Mozart damit kein Österreicher. Er selbst nannte sich „Teutscher".)*

3. In welchem Verzeichnis werden Mozarts Werke komplett angegeben? *(Im sog. Köchel-Verzeichnis [KV], nach dem Ritter von Köchel, der sämtliche Werke Mozarts 1862 in diesem Verzeichnis als Register veröffentlichte. Mozart selbst hatte auch ein Verzeichnis seiner Werke angelegt und jedes Stück mit den Anfangstakten angegeben. Da er sich ein riesendickes Verzeichnis gekauft hatte, sollte die Hälfte des Buches wegen seines frühen Todes leer bleiben.)*

4. Wie verbrachte Mozart seine Jugend? *(Mit drei Jahren spielte er Klavier. Bereits als Fünfjähriger verfasste Mozart erste Kompositionen. Er wurde schon mit sechs Jahren von seinem dominanten Vater [selbst Vizekapellmeister der Salzburger Bischöflichen Hofkapelle und sein musikalischer Lehrer] quer durch Europa auf Konzertreise mit seiner ebenfalls musikalisch sehr begabten Schwester Maria Anna [„Nannerl"] gejagt. Als Elfjähriger komponierte er seine erste Oper „Bastien et Bastienne". Mit 14 Jahren komponierte er in Mailand eine Oper und leitete ihre Aufführung. Sein überragendes Talent erlaubte ihm, in einem Guss Kompositionen zu verfassen, die keiner Änderung mehr bedurften. Dieses einzigartige Talent ist auch der Grund, warum Mozart trotz seines geringen Lebensalters [er wurde nur 35 Jahre alt] eine derartige Fülle von Werken hinterlassen hat.)*

5. Hat Mozart eine Schule besucht? *(Nein. Er hatte aber einen Manager [Leopold Mozart, der Sohn eines Augsburger Buchhändlers], der ihm Lesen, Schreiben, Rechnen und Sprachen [sogar Latein] beibrachte und sich um seine Allgemeinbildung kümmerte.)*

6. War Mozart hübsch? *(Eindeutig nein: Er war nur 1,50 m groß und eher unansehnlich. Auf dem kleinen Körper saß ein überproportional großer Kopf. Sein Gesicht hatte eine bleiche Farbe und war von Blatternarben gezeichnet. Zu allem Elend war seine Nase auch noch groß und breit, weshalb man in Wien vom „enorm benasten Herrn Mozart" sprach.)*

7. Wen heiratete Mozart? *(Constanze Weber, die Schwester seiner glücklosen Jugendliebe zu Aloysia Weber. Eine Constanze spielt auch die weibliche Hauptrolle in der*

Oper „Die Entführung aus dem Serail", die er im Jahr seiner Hochzeit komponierte. Mit ihr hatte er sechs Kinder, von denen jedoch nur zwei überlebten. Gerade vorbildlich war diese Ehe aber nicht: Constanze putzte sich gern und teuer raus und verbrachte in Mozarts letzten Jahren ausgedehnte Zeiten mit Kuren. Dabei setzte sie Mozart kräftig Hörner mit dem Hausfreund Franz Xaver Süßmayr [von ihm dürfte auch Mozarts zweiter Sohn Franz Xaver Wolfgang stammen] auf. Mozart litt darunter, finanziell wie privat, liebte seine Frau aber bis zum Schluss.)

8. Welches sind Mozarts bekannteste Werke? *(Mozart widmete sich vor allem Opern und Sinfonien. Seine bekanntesten Stücke sind die Opern „Die Entführung aus dem Serail" [1782], „Die Hochzeit des Figaro" [1786], „ Don Giovanni" [1787. Hier schrieb er die Ouvertüre in Prag zwei Nächte vor der Premiere, was das Orchester zwang, „prima vista" – also ohne Probe – zu spielen], „Cosi fan tutte" [= „So machen sie´s alle", 1790], „Die Zauberflöte" [1791], das Konzertstück „Eine kleine Nachtmusik" [1787] und das „Requiem", eine Totenmesse, vor dessen Vollendung [sein Schüler Süßmayr führte das Werk zu Ende] Mozart starb.)*

9. Konnte Mozart von seinen musikalischen Werken gut leben? *(Ja und nein: War man als Komponist früher bei einem „Herrn" angestellt und bezog ein Gehalt, war man zu Mozarts wesentlicher Zeit jetzt „freischaffender Künstler" in einem freien Markt. Nahm dieser Markt ein Stück nicht an, konnte der Musiker sehen, wo er blieb. Mozart machte sich bereits 1781 „selbständig", als ihn der Erzbischof von Salzburg, bei dem er 1772 seinen ersten festen Job als Konzertmeister erhalten hatte, nach seiner Meinung unwürdig behandelte. Mozart verließ deshalb Salzburg, überschätze aber nach allgemeiner Lesart seine Möglichkeiten und wurschtelte sich bis zu seinem Lebensende nur so durch. So erhielt z.B. ein Opernkomponist nur von der Bühne ein Honorar, für die er die Oper komponierte. Die anderen Bühnen zahlten für ihre Aufführungen an den Komponisten keinen Pfennig. Mozart half auch die Unterstützung der Freimaurerloge, der er seit 1784 angehörte, nichts. In Wirklichkeit hat er ganz gut verdient. 1784 betrug sein Einkommen nach den Angaben seiner Biografin Dorothea Leonhart nach heutiger Währung etwa 250.000 €. Selbst in seinem letzten Jahr brachte er es noch auf rund 150.000 €, lebte aber – dabei tatkräftig von seiner Frau Konstanze unterstützt – einfach zu aufwendig. Insbesondere verlor er viel Geld beim Kartenspiel Faro und beim Billard, zumal er ein lausiger Billardspieler war.)*

10. War Mozart arrogant? *(Schon: In einem Brief an seinen Vater schrieb er über den Kirchenmusiker Abbé Georg Joseph Vogler, dass dieser nur ein musikalischer Spaßmacher sei, der sich viel einbilde. „Es ist zum Totlachen, diesem Herrn zuzusehen. Er spielt auf der Orgel wie ein Kind im Dreck.")*

11. Wann und unter welchen Umständen starb Mozart? *(Er kränkelte früh: Seiner Liebe zum Alkohol [Er gab 120 Louisdor - rund 1.300 € - pro Monat dafür aus] verdankte er einen schlecht verheilten Schädelbruch, den er sich bei einem Sturz vom Pferd im Suff zuzog. Außerdem litt er unter einem mysteriösen Fieber, hinter dem Mozart eine gezielte Vergiftung vermutete. Wahrscheinlicher dürfte eine Geschlechtskrankheit die Ursache des Fiebers gewesen sein, da Mozart zahlreiche Liebschaften mit den Primadonnen seiner Opern hatte. Mozart starb am 05.12.1791 im Ergebnis an seiner*

Selbstmedikation [er nahm häufig Brech- und Abführmittel und die führten nach einem Aderlass zu einer toxischen Konzentration des Brechmittels] so früh und arm [seiner Frau hinterließ er 2.858 Gulden Schulden, was ungefähr 70.000 € entspricht], dass nicht einmal Geld für ein eigenes Grab da war. Bei seinem Tod waren nur seine Schwägerin Sophie und zwei Schüler bei ihm, bei seinem Begräbnis nur die Sargträger. Er wurde in einem Massengrab für Arme vor den Toren Wiens beigesetzt. Seine Frau Constanze besuchte den Friedhof erst 17 Jahre nach seinem Tod [da war das Grab schon nicht mehr vorhanden]. Als man ihn später in ein würdigeres Grab umbetten wollte, war sein Leichnam nicht mehr auffindbar.)

12. Wie bekannt ist Mozart? *(Keine Oper wird weltweit häufiger aufgeführt als die „Zauberflöte", 17 % der in Europa verkauften Klassik stammt von Mozart. Beethoven und Schubert folgen mit Abstand. Unter den weltweit bekanntesten Begriffen rangiert Mozart auf Platz zwei hinter Coca-Cola und vor Jesus Christus. Selbst in China ist sein Name bekannter als der des chinesischen Ministerpräsidenten. Überhaupt wird mit seinem Namen alles Mögliche erfolgreich vermarktet bis hin zum BH, bei dessen Öffnen die Serenade für Streicher „Eine kleine Nachtmusik" erklingt.)*

Muskulatur

1. Was sind Muskeln? *(Gewebe oder Organe bei Menschen und Tieren. Charakteristisches Merkmal der Muskeln ist, dass sie sich zusammenziehen können, regelmäßig auf einen Nervenreiz hin. Beim Mann machen die Muskeln rund 40 % seines Gewichtes aus, bei Frauen ist es etwas weniger.)*

2. Können wir alle unsere Muskeln steuern? *(Nein, die Muskulatur besteht aus willkürlichen Muskeln, die unserem Willen gehorchen [insbesondere der Bewegungsapparat], und den unwillkürlichen Muskeln, auf die wir keinen Einfluss haben [z.B. Herz und Magen-Darmtrakt].)*

3. Wie werden Muskeln benannt? *(Alle Muskeln sind in lateinischer Sprache benannt und bezeichnen meist Gestalt, Lage oder Funktion des Muskels. Der Bizeps z.B. heißt übersetzt „Kopf", weil er mit seinen beiden Köpfen am äußeren Ende des Schulterblattes entspringt, während sein Ansatz an der Speiche sitzt.)*

4. Was ist ein „Tonus"? *(Ist der Muskel trainiert, reagiert er schnell und kräftig auf einen Reiz. Diese innere Spannung nennt man „Tonus".)*

Phosphor

1. Was ist Phosphor? *(Ein reaktionsfreudiges chemisches Element, Nichtmetall, mit dem chemischen Zeichen P. Es hat seinen Schmelzpunkt bei 44,1° C [zum Vergleich: Wachs schmilzt erst bei 60° C], entzündet sich bei 34° C in der Luft von selbst und wird deshalb in Wasser aufbewahrt, wo es sich nicht auflöst. Es gibt weißen, roten und schwarzen Phosphor. In der Erdkruste kommt Phosphor als Element am elfthäufigsten vor, tritt aber nie von Natur aus rein auf.)*

2. Wie wurde Phosphor entdeckt? *(Auf der Suche nach der Herstellung von Gold im Labor filterte 1669 der Hamburger Alchimist Hennig Brandt in einem Destillierkolben aus Harn reinen Phosphor. Da dieser Stoff im Dunkeln leuchtete, gab ihm der Philosoph Leibniz den Namen Phosphor [aus dem Griechischen = „Lichtträger“].)*

3. Wofür verwendet man Phosphor? *(In der Streichholzindustrie wird roter Phosphor als Beschichtung der Reibeflächen der Streichholzschachteln verwendet. Phosphor wird weiter als Düngemittel, im Feuerschutz und für Medikamente sowie Insektizide eingesetzt.)*

Punische Kriege

1. Was bezeichnet man als die „Punischen Kriege“? *(Die drei Kriege zwischen ☞Karthago und Rom im 3. und 2. Jahrhundert v. Chr. Da die Römer die Karthager in Anlehnung an die ☞Phönizier „Punier“ nannten, wurden auch die Kriege so genannt.)*

2. Worum ging es beim 1. Punischen Krieg (264-241 v. Chr.)? *(Er war im Wesentlichen ein Krieg um Sizilien. Rom war eine Land-, Karthago eine Seemacht. Der Krieg sollte die Ausweitung der Macht Karthagos auf Sizilien stoppen, was den Römern auch gelang, da sie den Karthagern eine eigene starke Flotte entgegensetzten. Das gelang ihnen erst, als sie ein gestrandetes karthagisches Schiff erbeuteten. Sie bauten es nach und versahen es mit einer Enterbrücke. Mit diesen Schiffen vernichteten die Römer vor der Westküste 241 v. Chr. die gesamte karthagische Flotte. Am Ende des Krieges musste sich Karthago völlig aus Sizilien zurückziehen.)*

3. Worum ging es beim 2. Punischen Krieg (218-201 v. Chr.)? *(Beim 2. Punischen Krieg fiel ☞Hannibal über die Alpen in Italien ein, nachdem er Karthagos Machtposition in Spanien ausgebaut hatte. Trotz seines großartigen Sieges bei ☞Cannae verloren die Karthager auch diesen Krieg, da ihre Truppen in Italien keinen Nachschub aus Afrika erhielten. Als die Römer unter Scipio Karthago in Afrika angriffen, wurde Hannibal*

nach Hause zu Hilfe gerufen. 17 Jahre war er in Italien unbesiegt geblieben und verließ das Land trotzdem nicht als Sieger. 202 v. Chr. trafen Hannibal und Scipio südlich von Tunis aufeinander. Hannibal bot Scipio einen Frieden in den Grenzen vor dem zweiten punischen Krieg an, Scipio verlangte stattdessen die bedingungslose Kapitulation, die Hannibal ablehnte. Scipio schlug in der nachfolgenden Schlacht Hannibals Truppen vernichtend und erhielt dafür den Ehrennamen „Africanus". Am Ende des 2. Punischen Krieges musste Karthago an Rom Spanien und seine restlichen Mittelmeerinseln abtreten und einen Teil seines nordafrikanischen Besitzes aufgeben. Danach war Karthago keine Großmacht mehr.)

4. Wie ging der 3. Punische Krieg (149-146 v. Chr.) aus? *(Karthago bekam der Frieden gut. Es hatte keine Ausgaben für sein Militär und wurde rasch wieder zu einer Wirtschaftsmacht. Das ärgerte die Römer, deren Senator Marcus Porcius Cato der Ältere jede seiner Reden im Senat mit den Worten begann „iterum censeo Carthaginem esse delendam" [„Im übrigen stelle ich den Antrag, dass Karthago zerstört werden muss!"]. Das inzwischen militärisch haushoch überlegene Rom griff Karthago unter einem lächerlichen Vorwand an, belagerte drei Jahre lang die Stadt und machte sie nach seinem Sieg dem Erdboden gleich. Der römische Feldherr Scipio der Jüngere ließ auf den Boden der zerstörten Stadt Salz streuen, damit er für alle Zeiten unfruchtbar sei. Römische Priester verfluchten den Ort auf 100 Jahre. Auf dem Gebiet des Staates Karthago errichtete Rom die Provinz „Africa".)*

Eulen

1. Was sind Eulen? *(Eulen gehören zur Ordnung nachtaktiver Vögel. Sie sind auf der ganzen Erde verbreitet mit Ausnahme der Antarktis. In Deutschland stehen sie unter Naturschutz.)*

2. Wie groß werden Eulen? *(Am größten wird der Uhu mit rd. 70 cm, der Waldkauz wird ca. 40 cm groß. Insgesamt gibt es über 200 verschiedene Eulenarten.)*

3. Wovon ernähren sich Eulen? *(Als Jäger leben sie ausschließlich von lebenden Tieren, fressen also kein Aas.)*

4. Was ist an den Augen der Eulen besonders? *(Zunächst haben die Eulen im Gegensatz zu den anderen Vögeln nach vorn ausgerichtete Augen, sehen also wie der Mensch einen Gegenstand mit beiden Augen. Daneben verfügen die Eulen über enorm scharfe Augen. Das hat mehrere Gründe: Zum einen ist der Abstand zwischen Linse und Netzhaut größer als beim Menschen. Das auf der Netzhaut auftretende Bild ist deshalb größer. Innerhalb der Netzhaut hat die Eule zudem rd. 10.000 lichtempfindliche Zellen pro cm², während es beim Menschen nur etwa 2.000 sind. Weiter*

verfügt die Eule über eine sehr große Pupille, durch die also viel Licht eindringen kann, weshalb sie im Dunkeln deutlich besser sehen kann als ein Mensch.)

5. Die Eule kann selbst bei völliger Dunkelheit ihr Opfer orten. Wie schafft sie das, und warum hört ihr Opfer sie nicht kommen? *(Die Eule hat nicht nur ein exzellentes Gehör. Durch die Form des Eulenkopfes hört sie das Geräusch auf einem Ohr um den Bruchteil einer Sekunde früher als auf dem anderen. Dadurch kann sie die Position der Beute genau orten. Zudem fliegt die Eule praktisch geräuschlos. Da sie nachts auf Beutefang geht, sieht und hört ihr Opfer sie also nicht kommen.)*

6. Warum gelten Eulen als Symbol der Weisheit? *(Bei den antiken Griechen war die Eule das heilige Tier der Athena – der Göttin der Weisheit.)*

Tolstoi

1. Wer war Graf Lew Nikolajewitsch Tolstoi (1828-1910)? *(Ein berühmter russischer Schriftsteller. Seine Mutter starb, als er zwei Jahre, sein Vater, als er neun Jahre alt war. Er wurde danach in der Familie herumgereicht und studierte schließlich in Petersburg Jura, aber ohne Abschluss. Nach einem glücklosen Intermezzo als Freiwilliger bei der russischen Armee zog er sich 1861 auf das Gut seines Vaters zurück. Nach seiner Heirat 1862 [aus der Ehe gingen 12 Söhne und eine Tochter hervor] widmete er sich nur noch seiner dichterischen Arbeit.)*

2. Wie heißen Tolstois bekannteste Romane? *(„Krieg und Frieden“ [1868/69] und „Anna Karenina“ [1878].)*

3. Mit welcher Lebensweisheit Tolstois beginnt der Roman „Anna Karenina“? *(„Alle glücklichen Familien gleichen einander, jede unglückliche Familie ist unglücklich auf ihre eigene Art.“)*

4. Welche Lebensanschauung besaß Tolstoi? *(Tolstoi war für Gewaltlosigkeit, gegen den Krieg und kritisierte das gesellschaftliche Unrecht. Das setzte er auch in die Tat um, indem er die Kinder der Bauern seiner Ortschaft selbstlos unterrichtete und auch mit den Bauern zusammenarbeitete.)*

5. Worum geht es bei Tolstois Roman „Krieg und Frieden“? *(Es ist ein Geschichtsroman, der im Russland zur Zeit der ☞napoleonischen Kriege spielt. Den Rahmen bildet eine Familienchronik. Tolstoi setzt sich in seinem Werk mit den politischen und philosophischen Fragestellungen dieser Zeit auseinander, indem er den untergehenden russischen Feudalismus [vgl. ☞Lehnswesen] dem neuen europäischen Zeitalter der sozialen Umwälzungen gegenüberstellt.- Thomas Mann hat dieses Werk Tolstois als den besten historischen Roman der Weltliteratur bezeichnet.)*

Wale

1. Was ist ein Wal? *(Ein schwimmendes Säugetier.)*

2. Wie groß wird ein Wal? *(Er ist das größte lebende Tier. Der Blauwal wird bis zu 33 m lang und 130 Tonnen [t] schwer. Sein Speck wiegt 30 t [unter der Haut ist die Speckschicht bei manchen Walen bis zu 40 cm dick], sein Fleisch 60 t und ein Wirbel allein 250 kg. Der Elefant als größtes Landtier wiegt „nur" 4 t.)*

3. Wie lange gibt es schon Wale? *(Schon seit dem Paläozän, also seit rd. 60 Mio. Jahren.)*

4. Wie atmet ein Wal? *(Die Wale haben ein Nasenloch auf der Oberseite des Kopfes. Der Blauwal muss zum Atmen alle drei bis fünf Minuten an die Oberfläche, während der Zahnwal bis zu einer Stunde unter Wasser bleiben kann.)*

5. Warum kann der Wal länger tauchen als ein Mensch? *(Der Mensch kann zwar im Verhältnis zur Körpergröße doppelt so viel Luft aufnehmen wie ein Wal. Der atmet aber viel effektiver: Bei jedem Luftzug erneuert der Wal seinen Vorrat um 90 %, der Mensch nur um 20 %. Unter Wasser verlangsamt der Wal überdies seinen Herzschlag und geht damit ökonomischer mit seinem Luftvorrat um.)*

6. Welches Säugetier kann am tiefsten tauchen? *(Der Pottwal: Mit Echolot wurden 1.200 m gemessen. Dabei tauchte der Pottwal mit einer Geschwindigkeit von 170 m pro Minute ab und mit 140 m pro Minute auf.)*

7. Hat der Blauwal Zähne? *(Nein: Er hat stattdessen 300 bis 400 quergestellte Hornplatten im Maul, die „Barten" genannt werden. Zum Essen öffnet der Wal das Maul, saugt eine Menge Wasser an, drückt das Wasser dann durch Fasern am Rand seiner Barten ins Meer zurück, während die kleinen Meertiere [Krill genannt] hinter den Fasern im Maul bleiben und vom Wal zerkleinert geschluckt werden. Die Speiseröhre des Wales ist nämlich sehr eng: Gleichzeitig kann nur ein Hering hindurch.)*
8. Welche Arten von Walen gibt es außer dem Blauwal noch? *(Den Schnabeldelphin, den Pottwal [seinen Namen verdankt er norddeutschen Fischern, die seine Kopfform an einen Topf („Pott") erinnerte], den Mörderwal [Orcinus] und den Narwal. Insgesamt gibt es aber 80 Walarten. Der Mörderwal gehört zu den Zahnwalen, hat also 10 bis 22 große, messerscharfe Zähne und greift in Rudeln sogar Blauwale an.)*

9. Wie schnell schwimmt ein Wal? *(Der* ☞*Delphin kommt auf 60 km/h, der Blauwal auf bis zu 44 km/h.)*

10. Wie alt können Wale werden? *(Wale werden für Säugetiere erstaunlich alt: Der Grönlandwal kann ein Alter von mehr als 200 Jahren erreichen. Das bisher älteste be-*

kannte Walmännchen starb im Alter von 211 Jahren. Damit haben die Grönlandwale die höchste Lebenserwartung im Tierreich.)

11. Über welche Entfernung können sich Finnwale unterhalten? *(Über mehrere hundert Kilometer. Sie senden dazu Infraschallwellen.)*

12. Lebte der Wal schon immer im Wasser? *(Nein, er ist vom Land ins Meer gewechselt. Aus dieser Zeit hat er noch ein Andenken: Das Skelett seiner Vorderflosse hat Elle, Speiche und fünf Finger. Der Wal lebte wahrscheinlich vor 125 Mio. Jahren in der Kreidezeit auf der Erde als kleines insektenfressendes Raubtier mit der Schulterhöhe von Schäferhunden. Forscher glauben, dass Nahrungskonkurrenten die Wale ins Wasser drängten, von wo aus sie wie Krokodile zunächst noch Landtiere erlegten.)*

13. Was bezeichnet man als Walfang? *(Die kommerzielle Jagd auf Wale, um daraus, Walöl [Tran], Fischbein [wurde früher für Korsette verwendet], Fleisch und Nebenprodukte [z.B. Leim und Gelatine] zu gewinnen, die sich vielfältig verwenden lassen.)*

14. Wie alt ist der Walfang? *(Älteste Aufzeichnungen finden sich seit 875 n. Chr., aber schon 1500 v. Chr. muss Walfang betrieben worden sein, weil in Alaska in Ansiedlungen der Ureinwohner Walknochen gefunden wurden. In den USA erreichte der Walfang seinen Höhepunkt 1846, als 70.000 Menschen im Walfang arbeiteten. Der Niedergang des Walfangs kam, als der massive Walfang den Bestand der Wale dezimiert hatte und mit dem Petroleum ein billiges Ersatzmittel als Leuchtstoff auf den Markt kam. Amerika stellte den Walfang 1928 ein. 1986 wurde der kommerzielle Walfang vollständig ab 1988 verboten. Norwegen und Japan jagen aber faktisch weiter.)*

15. Welcher berühmte Roman handelt vom Walfang? *(„Moby Dick“ von Herman Melville, das den Kampf Kapitän Ahabs gegen einen gigantischen weißen Wal schildert. Das Buch wurde verfilmt mit Gregory Peck in der Hauptrolle.)*

16. Gab es Moby Dick wirklich? *(Ja: Vorbild des Romans war ein Pottwal namens „Mocha Dick“. Dieser Wal war grau mit einer weißen Narbe auf dem Kopf. Walfänger stießen auf ihn 1810 nahe der Insel Mocha vor der Küste Chiles und benannten ihn nach der Insel. 1859 wurde dieser Pottwal von schwedischen Walfängern erlegt.)*

Afghanistan

1. Was ist Afghanistan? *(Afghanistan ist eine Volksrepublik in Südwestasien. Es grenzt im Norden an Turkmenistan, Usbekistan und Tadschikistan, im Osten an China, Jammu and Kashmir und Pakistan, im Süden an Pakistan und im Westen an den Iran.)*

2. Wie groß ist Afghanistan? *(652.225 km^2 [zum Vergleich: die BRD ist 357.000 km^2 groß] mit rd. 28,5 Mio. Einwohnern, von denen 2,6 Mio. als Nomaden leben.)*

3. Wie heißt die Hauptstadt von Afghanistan? *(Kabul mit 1,5 Mio. Einwohnern. Die zweitgrößte Stadt ist Kandahar mit 225.500 Einwohnern.)*

4. Welche Religion ist in Afghanistan führend? *(Mehr als 99 % sind Muslime.)*

5. Was ist der „Hindukusch"? *(Das Hauptgebirgssystem des Landes. Seine mittlere Höhe beträgt 4.270 m; einige Gipfel ragen bis 7.690 m hoch.)*

6. Wann wurde Afghanistan von russischen Truppen besetzt? *(1979. Bei den folgenden Aufständen gegen das von Russland unterstützte Regime flohen mehr als 3 Mio. Einwohner aus Afghanistan, vor allem ins benachbarte Pakistan. Bis Mitte der achtziger Jahre stationierten die Russen rund 118.000 Soldaten in Afghanistan, brachten das Land aber nicht unter Kontrolle. Zwischen Mai 1988 und Februar 1989 zog die UdSSR ihre Streitkräfte wieder zurück.)*

7. Was ist der Khyberpass? *(Über diesen Pass führte bereits in der Antike die Handelsroute zwischen dem Nahen Osten und dem indischen Subkontinent. Schon immer fielen über diesen Pass die Eroberer [u. a. Dareios, ☞Alexander der Große und ☞Tamerlan] von Zentralasien nach Indien ein. Heute ist der Pass die wichtigste Landverbindung zwischen Afghanistan und Pakistan.)*

8. Was sind die „Taliban"? *(Das Wort „Taliban" bedeutet nichts anderes als „Koranschüler". Die Taliban rekrutieren ihre Angehörigen vor allem in den afghanischen Flüchtlingslagern in Pakistan und dort zumeist unter den Koranschülern. 1994 wurden die Taliban von den USA noch unterstützt und griffen in die Bürgerkriegskämpfe der sich befehdenden Mudjahedin ein. Im September 1996 gelang es ihnen sogar, Kabul einzunehmen, 1998 hatten sie rund 90 % des afghanischen Territoriums erobert. Nach der Machtergreifung riefen die Taliban einen strikt islamischen Staat aus mit drastischen Einschnitten in die Rechte der Frauen. Sie durften weder einen Beruf ausüben noch ärztlich versorgt werden. In der Öffentlichkeit waren sie zum Tragen eins Ganzkörperschleiers gezwungen, der so genannten „Burka". Mädchen wurde der Schulbesuch untersagt. Im November 2001 führten die USA einen Vergeltungsfeldzug gegen die Taliban, die sie als Unterschlupfgeber für das Terrornetzwerk al-Qaida , den Drahtzieher der Anschläge vom 11. September 2001 auf das World Trade Center vermuteten. Die Taliban kämpfen seitdem einen Guerillakrieg gegen die westlichen „Besatzer". Dabei finanzieren sich die Taliban wahrscheinlich über den Drogenhandel.)*

Erdgas

1. Was ist Erdgas? *(Ein Naturgas, das sich durch Zerfall organischer Substanzen unter Luftabschluss bildet. Es ist einer der wichtigsten Energielieferanten. Hauptbestandteil ist das Gas Methan mit einem Anteil von 80-90 %.)*

2. In welcher Tiefe kommt Erdgas vor? *(Regelmäßig oberhalb des ☞Erdöls in einer Tiefe von rund 2.500 m.)*

3. Wie lange wird Erdgas schon benutzt? *(Die Chinesen benutzten es schon vor rund 3.000 Jahren.)*

4. Wofür wird Erdgas verwendet? *(Vor allem als Brennstoff [es hat einen sehr hohen Heizwert und verbrennt praktisch rückstandsfrei], aber auch zur Herstellung von Ammoniak, synthetischem ☞Kautschuk, gehärteten Fetten und synthetischem Benzin. Bleibt es beim derzeitigen Verbrauch, sind die Erdgasvorräte ungefähr 2060 erschöpft.)*

5. Welche Länder sind die größten Erdgaslieferanten? *(Die GUS [1996: 673 Milliarden m^3] und die USA [1996: 573 Milliarden m^3]. Die größten europäischen Erdgaslieferanten sind Holland [97 Milliarden m^3] und Großbritannien [87 Milliarden m^3].)*

Tamerlan

1. Wer war Tamerlan (1336-1405)? *(Eigentlich hieß er Timur-i Läng, was sich zusammensetzte aus Timur [Eisen] und Läng [der Lahme]. Diesen Namen trug er, weil er mit dem rechten Bein wegen einer Kriegsverletzung hinkte. Tamerlan ist die europäisierte Version seines Namens. Er war – obwohl uns im Gegensatz zu ☞Dschingis Khan und ☞Alexander dem Großen weitgehend unbekannt - der Herrscher über das flächenmäßig wohl größte Reich der Weltgeschichte: Sein Reich erstreckte sich vom Mittelmeer [Anatolien = Ostteil der Türkei] bis nach Indien, im Norden bis an den Aralsee, im Süden längs des persischen Golfs. Als er auch China angriff, starb er auf diesem Feldzug.)*

2. War Tamerlan an die Macht als Königssohn gekommen? *(Nein: Sein Vater war nur ein kleiner Stammeshäuptling. Tamerlan arbeitete zunächst als Söldner muselmanischer Heerführer. Seine Erfolge und seine dabei gewonnene Macht brachten ihn auf die Idee, mit seinen Männern für sich selbst zu kämpfen und sich ein Reich zu er-*

obern. Da er kein Nachfahre ☞Dschingis Khans war, durfte er sich nicht „Khan“ nennen. Stattdessen führte er ab 1388 den Titel „Sultan“.)

3. Was war die Hauptstadt seines Weltreiches? *(Samarkant [liegt im heutigen Usbekistan, also im Gebiet der früheren Sowjetunion]. Hier liegt er auch begraben.)*

4. War Tamerlan ein milder Herrscher? *(Im Gegenteil: Als die Stadt Isfahan im heutigen Iran ihm bei seinem Eroberungsfeldzug länger Widerstand leistete, gab er nach dem Sieg seinen Soldaten den Befehl, ihm pro Soldat den Kopf eines Persers zu bringen. Seine Soldaten häuften rund 70.000 [!] Köpfe auf den Plätzen der Stadt auf. Wegen dieser Grausamkeit wagten viele Gegner keinen Widerstand mehr gegen Tamerlan.)*

5. Was waren die „Türme des Schreckens“? *(Tamerlan ließ in allen eroberten Städten Türme errichten, in denen diejenigen lebendig eingemauert wurden, die ihm Widerstand geleistet hatten.)*

Oliver Cromwell

1. Wer war Oliver Cromwell (1599-1658)? *(Ein englischer Staatsmann, der als 41-jähriger Mitglied des englischen Parlaments wurde, im Englischen Bürgerkrieg auf Seiten der Parlamentarier gegen das Königtum erfolgreich kämpfte und als „Lordprotector“ von 1653-1658 England trotz eines Parlamentes nahezu monarchisch regierte.)*

2. Welchen Einfluss hatte Cromwell auf Englands Geschichte? *(Er war verantwortlich für die Abschaffung der Monarchie 1649: Zunächst hatte König Karl I. den ersten Bürgerkrieg 1642 ausgelöst und geriet in die Gefangenschaft der Parlamentarier. Es gelang ihm jedoch zu fliehen und sich mit den Schotten [Karl I. war in Personalunion König von England, Schottland und Irland] gegen die Engländer zu verbünden und mit ihnen in England einzufallen. Dadurch brach der Bürgerkrieg erneut aus. Aber die Schotten lieferten den Parlamentariern 1647 Karl I. gegen ein Kopfgeld von 400.000 Pfund aus. Cromwell war wieder siegreich, ließ den König aber diesmal zum Tode verurteilen und hinrichten. Danach unterwarf er Irland in einem an Grausamkeit bis dahin unbekannten Vernichtungsfeldzug [die von Cromwell veranlasste Enteignung und Vertreibung katholischer Iren und ihre Ersetzung durch protestantische Engländer legte den Grundstein für den englisch-irischen Konflikt, der bis heute andauert] und darauf folgend Schottland, wo er nach seinem Sieg ebenfalls die Monarchie abschaffte und es zur Republik ernannte. England schloss er mit Irland und Schottland zusammen. Danach baute er die englische Flotte aus, bekämpfte erfolgreich die Niederlande und Spanien und führte England damit in eine Position als Weltmacht.)*

3. Wo liegt Cromwell begraben? *(Im Westminster Abbey in ☞London. Sein von ihm zum Nachfolger ernannter Sohn konnte die Macht nicht behaupten, was 1660 zur Wiederherstellung der Monarchie unter Karl II. führte. Der neue König ließ Cromwells Leichnam schänden.)*

Schweiz

1. Was ist die Schweiz? *(Ein Bundesstaat in Mitteleuropa. Sie grenzt im Norden an Deutschland, im Osten an Österreich und Liechtenstein, im Süden an Italien, im Westen an Frankreich.)*

2. Wie groß ist die Schweiz? *(41.285 km^2 [zum Vergleich: die BRD ist 357.000 km^2 groß] mit 7,4 Mio. Einwohnern.)*

3. Wie heißt die Hauptstadt der Schweiz? *(Bern mit rd. 120.000 Einwohnern. Die größte Stadt ist aber Zürich mit rd. 370.000 Einwohnern. Weitere bedeutende Städte sind Basel, Genf und Lausanne, von denen aber keine 200.000 als Einwohnerzahl erreicht.)*

4. Wie heißt die Währung der Schweiz? *(Ein Schweizer Franken = 100 Rappen.)*

5. Wie heißen die wichtigsten Landesteile der Schweiz? *(Alpen [60 %], Mittelland [23 %] und Jura [10 %].)*

6. Wie entstanden die Alpen? *(Die Alpen entstanden aus Spannungen der Erdrinde im Tertiär, die zur Auffaltung des Gebirges führten.)*

7. Was ist der höchste Punkt der Schweiz? *(Die Dufourspitze mit 4.634 m. Zum Vergleich: Die Zugspitze mit 2.962 m ist der höchste Berg Deutschlands.)*

8. Was ist das Mittelland? *(Als „Mittelland“ wird der breite, fruchtbare Landstreifen zwischen Jura und Alpen bezeichnet. Er beginnt mit einer Breite von 20 km am unteren Genfer See und endet mit einer Breite von 70 km am Bodensee. ¾ der Schweizer Bevölkerung wohnen im Mittelland.)*

9. Was ist der „Jura“? *(Der Schweizer Jura ist ein langgezogenes Falten-Mittelgebirge, das im Nord-Westen des Landes die natürliche und gleichzeitig politische Grenze zu Frankreich bildet. Der Name „Jura“ stammt aus dem Keltischen, wo er sich aus „Jor“ [= Wald] herausgebildet hat.)*

10. Was ist der „Föhn“? *(Der Föhn ist ein warmer Südwind, der beim Aufsteigen am südlichen Alpenkamm an Wärme und Feuchtigkeit verliert. An der Nordseite der Alpen*

fällt er dann rasch in die Täler, wobei er sich wieder erwärmt. Ohne diesen Föhn gäbe es im Gebirge keinen Frühling, denn der Wind aus dem Süden frisst den Winterschnee mit bis zu 60 cm Schneehöhe an einem Tag.)

11. Welche großen Flüsse fließen in der Schweiz? *(Rd. 375 km vom Rhein, ansonsten Aare, Rhône, Ticino und Inn.)*

12. Welche vier großen Seen liegen in der Schweiz oder an seiner Grenze? *(Genfer See [581 km^2/Schweizer Anteil 345 km^2], Bodensee [539 km^2/173 km^2], Neuenburger See (218 km^2, ganz in der Schweiz) und ☞Lago Maggiore [212 km^2/41 km^2].)*

13. Welche Sprachen werden in der Schweiz gesprochen? *(Die Schweiz hat vier Amtssprachen: Deutsch [65 % der Bevölkerung, wird als sog. Schwyzerdütsch gesprochen], Französisch [18 %], Italienisch [10 %] und Rätoromanisch [weniger als 1 %] - die restlichen Prozent verteilen sich auf anderssprachige Ausländer.)*

14. Woraus besteht der Bundesstaat Schweiz? *(Aus 20 Vollkantonen und sechs Halbkantonen.)*

15. Hat die Schweiz eine Armee? *(In der Schweiz gilt allgemeine Wehrpflicht für alle Männer zwischen dem 20. und 42. Lebensjahr. Die sich daraus ergebende Anzahl von rd. 400.000 Mann machen die Schweizer Armee personell zur größten in Westeuropa!)*

16. Was ist der „Rütli-Schwur"? *(Als sich 1291 die drei Urkantone Uri, Schwyz und Unterwalden zu einem „Ewigen Bund" zusammenschlossen, garantierten sie sich im „Rütli-Schwur" gegenseitige Unterstützung im Kampf gegen die Habsburger und für die örtliche Selbstverwaltung. Dieses erste innerschweizerische Bündnis wurde im Bundesbrief von 1291, der heute noch erhalten ist, schriftlich festgehalten. Auf diesen Bündnisschluss geht der schweizerische Nationalfeiertag am 01.08. zurück. Heute wird der „Rütli-Schwur" sprichwörtlich als Treueschwur gebraucht.)*

17. Die Schweiz ist für ihre neutrale Haltung berühmt, wie lange schon? *(Als die Schweiz noch Expansionsbestrebungen zeigte, verlor sie 1515 bei Moregano empfindlich im Kampf gegen Frankreich um italienische Gebiete. Seitdem betreibt die Schweiz eine Politik der Neutralität. Auf dem ☞Wiener Kongress 1815 wurde die Schweiz als souveräner Staat mit immerwährender Neutralität anerkannt, die sie auch in den beiden Weltkriegen im 20. Jahrhundert aufrechterhalten konnte.)*

18. Wie halten es die Schweizer mit den demokratischen Rechten der Frauen? *(Wirklich altertümlich: 1981 wurde ein Verfassungszusatz aufgenommen, der die rechtliche Gleichstellung von Mann und Frau in der Schweiz garantiert. Erst seit 1990 besteht landesweit das Frauenstimmrecht, wobei 1971 den Frauen erstmals das Stimmrecht bei Wahlen eingeräumt wurde neben dem Recht zur Kandidatur für Bundesämter. In Europa wurde nur in Portugal später [1974] das Frauenwahlrecht eingeführt.)*

Portugal

1. Was ist Portugal? *(Eine Republik im Südwesten Europas. Es grenzt im Westen an den Atlantik, ansonsten an Spanien. Auch die Azoren und Madeira gehören zu Portugal.)*

2. Wie kam Portugal zu seinem Namen? *(1095 übertrug König Alfons VI. von León seinem Schwiegersohn Heinrich von Burgund das Land zwischen den Flüssen Douro und Minho. Heinrich legte sich den Titel „Conde de Portucale" zu in Anlehnung an die Stadt Portus Cale, die an der Stelle der heutigen Stadt Porto lag.)*

3. Wie groß ist Portugal? *(Einschließlich der Azoren [2.247 km^2] und Madeira [2.247 km^2] 92.345 km² [zum Vergleich: die BRD ist 357.000 km^2 groß] mit rd. 10,5 Mio. Einwohnern [1998], von denen rd. 99 % Portugiesen sind. Portugal misst von Norden nach Süden rd. 560 km, in der West-Ost-Richtung aber höchstens rd. 220 km.)*

4. Wie heißt die Hauptstadt Portugals? *(Lissabon mit rd. 600.000 Einwohnern. Der Sage nach soll ☞Odysseus sie gegründet haben. In Wirklichkeit haben phönizische Seefahrer um 1200 v. Chr. an der Mündung des Tejo ein Fort errichtet. Von 711 bis 1147 beherrschten die Araber Lissabon. Zweitwichtigste Stadt ist Porto mit rd. 300.000 Einwohnern. Porto ist bekannt für den schweren, süßen Portwein.)*

5. Wie heißt die Währung Portugals? *(Escudo.)*

6. Wo liegen die Azoren? *(Rund 1.500 km westlich von Portugal im Atlantik.)*

7. Wie kamen die Azoren zu ihrem Namen? *(Gegen Ende des 13. Jahrhunderts landeten Seefahrer auf einigen Inseln der Inselgruppe der Azoren. Von diesen Inseln berichteten sie, dass sie dort viele „açores" [=Habichte] gesehen hätten. Das gab der Inselgruppe den Namen. Auf den Azoren liegt auch der höchste Punkt Portugals, der Vulkan Pico Alto mit 2.351 m.)*

8. Wo liegt Madeira? *(Im Atlantik rund 600 km westlich von der afrikanischen Küste Marokkos und rund 1000 km von Lissabon entfernt.)*

9. Wie kam Madeira zu seinem Namen? *(Die Insel Madeira ist gebirgig und bewaldet, was zum Namen führte: Im Portugiesischen bedeutet madeira Holz.)*

10. Wie hieß der berühmteste Seefahrer Portugals? *(Vasco da ☞Gama.)*

11. Woher kommt das Wort „Palaver"? *(Der Begriff für endloses Gerede stammt vom portugiesischen „palavra" [=Wort] ab. Im 18. Jahrhundert bezeichnete man damit die Gespräche zwischen portugiesischen Sklavenhändlern und afrikanischen Eingeborenen, die wegen der Sprachbarrieren kompliziert und langatmig waren.)*

12. Welche Bedeutung haben die Korkeichen in Portugal? *(Portugal deckt die Hälfte des Weltbedarfs an Kork. Jeder dritte Kronkorken stammt aus Portugal. Hintergrund für diese Verwendung ist, dass Kork u.a. wasser- und gasdicht ist.)*

Hethiter

1. Wer waren die Hethiter? *(Ein Volk, das ein Gebiet vom heutigen Anatolien [Türkei] bis nach Syrien beherrschte von ca. 2000 v. Chr. bis 1200 v. Chr.)*

2. Mit wem konkurrierten die Hethiter? *(Mit Ägypten [das sie in 13 Jahren Krieg nicht besiegen konnten, weshalb sie dort einen Friedensvertrag schlossen] und ☞Babylon [das sie besiegten und unterwarfen].)*

3. Was kennzeichnete die Hethiter im Unterschied zu den um sie lebenden Völkern? *(Zunächst vor allem ihre Waffen: Die Hethiter kämpften mit leichten, sehr beweglichen Streitwagen, die von Pferden gezogen wurden. Die Krieger selbst waren mit Pfeil und Bogen, Lanzen und doppelschneidigen Schwertern bewaffnet. Damit waren sie allen befeindeten Völkern ihrer Zeit überlegen. Hoch entwickelt waren aber auch ihre Gesetzgebung und Justiz: Todesstrafe und Verstümmelungen waren um sie herum üblich als Strafe. Die Hethiter hingegen verfolgten nicht das Prinzip der Rache und Vergeltung, sondern das der Wiedergutmachung.)*

4. In welcher Schrift schrieben die Hethiter? *(In Keil- und ☞Hieroglyphenschrift, u.a. auf Bleirollen. 1906 fand der deutsche Archäologe Winckler in der Nähe der alten hethitischen Hauptstadt Hattuscha praktisch die gesamten Archive des verschwundenen Hethiterreiches in Keilschrift. Diesem Archiv verdanken wir die Kunde über jenes Reich, das beim Aufkommen der Griechen als beherrschender Macht im östlichen Mittelmeerraum diesen schon wieder unbekannt war.)*

Myanmar (früher: Burma)

1. Was ist Myanmar? *(Myanmar ist eine Republik in Südostasien. Es grenzt im Norden an Tibet, im Osten an China, Laos und Thailand, im Süden an das Andamanische Meer und den Golf von Bengalen und im Westen an ☞Bangladesh und Indien. Myanmar ist überwiegend Agrarland.)*

2. Wie groß ist Myanmar? *(676.577 km^2 [zum Vergleich: die BRD ist 357.000 km^2 groß] mit rd. 47 Mio. Einwohnern.)*

3. Wie heißt die Hauptstadt von Myanmar? *(Yangon mit 4,5 Mio. Einwohnern. Die zweitgrößte Stadt ist Mandalay mit rd. 550.000 Einwohnern.)*

4. Wie heißt der größte Fluss von Myanmar? *(Der Irawadi mit 2092 km Länge ist der wichtigste Fluss, der mit einem Flussdelta bei Yangon in den Golf von Bengalen mündet. Parallel zu ihm fließt östlich der Saluen mit einer Gesamtlänge von rd. 2414 km [Quelle in Tibet], der in den Golf von Martaban mündet. Zum Vergleich: Der Rhein ist „nur" 1.320 km lang.)*

5. Welche Religion ist in Myanmar führend? *(Rund 90 % sind Buddhisten.)*

6. Seit wann ist Myanmar selbständig? *(Myanmar hieß früher Birma [englisch: Burma] und war 1886 nach dem 3. Britisch-Birmanesischen Krieg Provinz innerhalb Britisch-Indiens. 1948 erlangte Birma seine staatliche Unabhängigkeit. 1989 wurde das Land in Union von Myanmar umbenannt und die Hauptstadt Rangun in Yangon.)*

Barock

1. Was ist „Barock"? *(Der Barock [der Begriff stammt aus dem Portugiesischen „barocco" = „unregelmäßig, schief" und war zunächst abschätzig gemeint] ist eine Stilrichtung in Kunst und Architektur, die von 1590 – 1770 lief und deren Hochphase im 17. und 18. Jahrhundert lag. Sie folgte ☞Gotik und ☞Renaissance und wurde abgelöst von ☞Rokoko und Klassizismus. Kunstwerke des Barock wurden vor allem von kirchlichen und weltlichen Würdenträgern in Auftrag gegeben, sind also insbesondere als Kirchen und Schlösser, letztere von weitläufigen Parks umgeben, zu bewundern.)*

2. Was kennzeichnet den Barock als Stilrichtung? *(Vor allem kräftig ausladende, schwungvolle Formen. Die Grenze zwischen Architektur, Bildhauerei und Malerei ist fließend. Die Frauen werden eher üppig dargestellt, Männer kraftstrotzend. Der Barock liebt zudem die Öffnung des Raums in die Weite. Stilmittel dafür ist die Einsetzung einer Perspektive, die die Illusion von Räumlichkeit schafft. Die Figuren werden gestenreich dargestellt, sind aber maskenhaft geschönt [die Gesichter sind zart, blass, aber mit rosiger Hautfarbe]. Die Landschaftshintergründe wirken künstlich, was eine Abkehr vom Stil der Renaissance bedeutete. Die Bilder sind dynamisch mit starken Kontrasten bei den Farben.)*

3. Welche politische Bedeutung hatte der Barock? *(Kirche und Staat bedienten sich des Barocks zur Repräsentation, da das Prunkhafte dieser Stilrichtung zur Demonstration der Macht gegenüber dem Bürgertum geeignet schien. So entstanden die „Macht-*

porträts". Im Gegensatz dazu entwickelten sich in holländischen und deutschen Handelsstädten mit protestantischer Prägung eigene künstlerische Ausdrucksformen des Barock heraus, insbesondere Porträt-, Genre-, Stillleben- und Landschaftsmalerei.)

4. Was sind „Putten"? *(In keiner Barockkirche fehlen die kleinen Knabenengel, die sog. „Putten" [Einzahl: die Putte oder der Putto].)*

5. Wie heißt der bekannteste Brunnen, der in der Stilrichtung des Barock geschaffen wurde? *(Fontana die Fiumi [Vierströmebrunnen] von Bernini auf der Piazza Navona in ☞Rom.)*

6. Wie heißt der bekannteste Vertreter des flämischen Barock? *(Peter Paul Rubens [1577-1640], der für die üppigen Formen des weiblichen Körpers in seinen Bildern sprichwörtlich wurde. Sein bekanntester Schüler war Anthonis van Dyck.)*

7. Wie heißt der bekannteste Vertreter des niederländischen Barock? *(☞Rembrandt [1606-1669], der vor allem durch seine „Nachtwache" [Rijksmuseum, Amsterdam] berühmt wurde. Das ihm zunächst zugeschriebene Gemälde „Der Mann mit dem Goldhelm" stammt in Wirklichkeit von einem seiner Schüler.)*

8. Was ist der bekannteste Barockbau in Frankreich? *(Das Schloss von Versailles [1678]. Es ist die größte Schlossanlage Europas. Hier wurde 1871 Wilhelm I. von Preußen zum deutschen Kaiser ausgerufen und 1919 nach dem Ende des Ersten Weltkriegs der Friedensvertrag unterzeichnet.)*

9. Was sind die bekanntesten Barockbauten im deutschsprachigen Raum? *(Schloss Sanssouci in Potsdam, Dresdner Zwinger [Erweiterung des Dresdner Schlosses], Würzburger Residenz, Wiener Karlskirche, Schloss Schönbrunn in Wien.)*

Athen

1. Was ist Athen? *(Athen ist seit 1833 die Hauptstadt Griechenlands und mit rund 3 Mio. Einwohnern im Großraum Athen/Piräus gleichzeitig größte Stadt des Landes.)*

2. Wie kam Athen zu seinem Namen? *(Athens Anfänge liegen in einem mystischen Dunkeln: Der erste König der Stadt soll Kekrops gewesen sein, ein Wesen mit einem Schlangenleib und einem menschlichen Oberkörper. Unter seiner Herrschaft kam es zum sagenumwobenen Wettstreit zwischen der Göttin Athene und dem Meeresgott Poseidon um die Vorherrschaft in Attika [Landschaft auf der südöstlichen Halbinsel Mittelgriechenlands]. Athene gewann den Wettstreit und gab der Stadt, die sie unter ihren Schutz stellte, ihren Namen.)*

3. Wann wurde Athen gegründet? *(Ca. 1400 v. Chr.)*

4. Wer war Drakon? *(Als in Athen der Adel nach Belieben regierte, begehrte das Volk auf und verlangte, dass das bis dahin ungeschrieben geltende Recht aufgezeichnet werde. Der Adel beauftragte damit 620 v. Chr. Drakon, einen Archonten [einer der vom Ältestenrat der Stadt ernannten höchsten Beamten]. Dieser war dem Adel sehr zu Gefallen, indem er die Gesetze zugunsten des Adels noch verschärfte. Auch geringfügige Vergehen wie Diebstahl oder „Faulheit" wurden unterschiedslos mit dem Tode bestraft. Der griechische Historiker Plutarch [50 – 125 n. Chr.] schrieb empört, Drakon habe seine Gesetzestexte „mit Blut und nicht mit Tinte" verfasst. Deshalb spricht man heute bei harten von „drakonischen" Gesetzen und Strafen. Später hob Solon diese Gesetze auf und schuf eine neue soziale Ordnung, bei der es keine Schuldknechtschaft mehr gab und alle zu gleichberechtigten Bürgern wurden.)*

5. Was führte der athenische Tyrann Peisistratos, der 560 v. Chr. an die Macht kam, u.a. ein? *(Die sog. „Panathenäen". Das waren Volksfeste mit Prozession und Wettspielen, die alle vier Jahre zu Ehren der Göttin Athene, der Schutzheiligen Athens, abgehalten wurden. Sie sind nicht zu verwechseln mit den Olympischen Spielen, die in der griechischen Stadt Olympia [auf dem Peloponnes] von 776 v. Chr. – 393 n. Chr. alle vier Jahre ausgetragen wurden.)*

6. Wann wurde in Athen erstmals das demokratische Prinzip der Gewaltenteilung eingeführt? *(Mit den Reformen des Kleistenes 509-507 v. Chr. Diese Reformen brachten gleiche Rechte vor dem Gesetz, Gewaltenteilung, Kontrolle der Macht und Ahndung von Gesetzesverstößen. Dieses Modell wird als „attische Demokratie" bezeichnet und gilt als Vorbild der modernen ☞Demokratie.)*

7. Wie hießen die beiden bekanntesten Philosophen Athens? *(☞Sokrates und ☞Platon. Sokrates [470-399 v. Chr.] wurde 399 v. Chr. zum Selbstmord durch Austrinken eines Giftbechers [Schierlingsbecher] gezwungen [eine der damaligen Hinrichtungsformen], weil er angeblich gottlos sei und die Jugend verderbe. Sokrates war mit Xanthippe verheiratet, die – allerdings wohl grundlos - als Inbegriff der zänkischen Ehefrau gilt.- Platon [428-348 v. Chr.] war Schüler des Sokrates und Lehrer des Philosophen ☞Aristoteles, der wiederum Lehrer ☞Alexander des Großen war. Platon gründete 387 v. Chr. eine Akademie in Athen und verfasste zahlreiche philosophische Abhandlungen, sämtlich in Dialogform.)*

8. Athen wurde von den Persern 480 v. Chr. und von den Römern 86 v. Chr. geplündert. Wie erging es Athen bei den ☞Kreuzzügen (1096-1270) und danach? *(Athen wurde erst französisches Feudalherzogtum. 1311 übernahmen dann die Katalanen die Macht, die wiederum von einer florentinischen Dynastie abgelöst wurden. 1458 n. Chr. eroberte das Osmanische Reich Athen wieder und machte aus dem Parthenon eine Moschee.)*

9. Blieb Athen durchgängig eine „Großstadt"? *(Nein: Der byzantinische Kaiser Justinian schloss 529 n. Chr. die berühmte Athener Philosophenschule. Das antike Athen wurde ausgeplündert und abgerissen. 1830 wohnten rund um die Tempelreste der Akro-*

polis nur noch rund viertausend türkische Händler und albanische Ziegenhirten. Als Griechenland aber 1832 die türkische Fremdherrschaft abgeschüttelt hatte, setzten sie auf den schnell zusammengezimmerten Thron ihres neuen Königreichs ausgerechnet einen Bayern, den Prinzen Otto von Wittelsbach. Da der den klassizistischen Idealen huldigte, machte er das damalige Kaff Athen zu seiner Hauptstadt und Athen blühte wieder auf.)

10. Wie heißt die Hafenstadt, die zu Athen (ca. 8 km entfernt) gehört und mit Athen ein Verwaltungsgebiet bildet? *(Piräus. Dort liegt der wichtigste Hafen Griechenlands. Hier haben fast alle der rund 800 griechischen Reeder ihre Niederlassungen, von denen sie die größte Handelsflotte der Welt führen.)*

11. Was ist das Wahrzeichen Athens? *(Die ☞Akropolis. Schon 1300 v. Chr. wurde auf der Akropolis ein mykenischer Königspalast errichtet.)*

12. Welche Bedeutung hat Athen für die Olympischen Spiele? *(In Athen fanden 1896 die ersten nachantiken Olympischen Spiele statt, allerdings im Rohbau des Stadions. Die Sportstätte wurde erst 1906 endgültig fertiggestellt.)*

13. Welche Verbindung besteht zwischen Athen und dem Begriff „Museum"? *(Schon zu Sokrates´ und Platons Zeiten gab es in Athen ein großes, von Bäumen gesäumtes Gebäude mit weiten Sälen, in denen auch Versammlungen abgehalten wurden. In einem Raum wurden die verschiedensten, wissenschaftlich interessanten Gegenstände aufbewahrt. Dieser Raum war den Musen [Musen sind die neun Töchter des Zeus, die er mit Mnemosyne hatte. Bei den Griechen waren alle Musen Schutzgöttinnen der geistigen und künstlerischen Wissenschaften sowie Berufe] geweiht und erhielt deshalb den Namen „Museion". Wir gebrauchen heute die lateinische Form „Museum".)*

14. Welches berühmte Museum steht in Athen? *(Athen hat eine Museumsmeile mit zahlreichen Museen. Das berühmteste Museum dürfte aber das Archäologische Nationalmuseum sein. Es beherbergt die weltweit größte Sammlung griechischer Kunstwerke aus allen Epochen. Berühmt ist z.B. die dort ausgestellte goldene „Agamemnon-Maske", die übrigens in Wirklichkeit gar nicht den mykenischen König Agamemnon abbildet, sondern einen viel älteren Fürsten, wie Wissenschaftler herausfanden.)*

15. Woher stammt „Eulen nach Athen tragen"? *(Die Formulierung wird sprichwörtlich verwendet, wenn man etwas Überflüssiges herbeischafft. Quelle ist das Stück „Die Vögel" des griechischen, klassischen Komödiendichters Aristophanes [445 – 386 v. Chr.]: In dem Stück fliegt eine Eule herbei, worauf jemand fragt: „Wer hat die Eule nach Athen gebracht?" Das brachte bei einer Aufführung einen Lacher, weil damals sehr viele Eulen in Athen lebten. In Athen wurde die Eule [eigentlich der Steinkauz] zum heiligen Tier der Stadtgöttin Athena, weil sie auf der Akropolis in großer Zahl nistete. Als Symbol der Athener war die Eule das Sinnbild der Weisheit und Wissenschaft. Daneben galt sie aber auch als Unglücksbote, Wetterprophet oder auch als Mittel zur Abwehr von Blitz und Hagel, das man als Abbildung am Scheunentor befestigte.)*

Nervensystem

1. Was ist das Nervensystem? *(Das Gesamtsystem der miteinander verbundenen Nervenzellen [Neuronen]. Der menschliche Körper hat rd. 10 Milliarden Nervenzellen.)*

2. Welche Funktion hat unser Nervensystem? *(Es dient vor allem zur Aufnahme und Weiterleitung von Reizen, zur Aktivierung der Muskeln und zur Koordinierung von Organfunktionen.)*

3. Was sind „Rezeptoren“? *(Sinneszellen, die Reize wahrnehmen. Die dabei anfallenden Informationen werden von den Neuronen mit einer Geschwindigkeit bis zu 350 km/h weitergeleitet.)*

4. Wie dick ist eine Nervenfaser? *(Zwischen einem tausendstel und 25 tausendstel mm.)*

5. Wie groß ist eine Nervenzelle? *(Zwischen vier tausendstel und 140 tausendstel mm.)*

6. Was gehört zum „Zentralnervensystem“? *(Das ☞Gehirn und das entlang der Wirbelsäule gelegene Rückenmark.)*

7. Was gehört zum peripheren Nervensystem? *(Die Hirnnerven [versorgen den Gesichtsschädel], die Rückenmarks- oder Spinalnerven [zuständig für alle Reizerscheinungen des übrigen Körpers] und das autonome Nervensystem [vermittelt Erregungen und Reaktionen zwischen verschiedenen Organen des Körpers, die autonom, also unwillkürlich, reagieren, wie z.B. Pupillen und Herzmuskel].)*

8. Was ist das „vegetative“ („autonome“) Nervensystem? *(Es besteht aus großen Faserkomplexen, die die inneren Organe, Herz, Atmung, Verdauungsorgane, Blutgefäßsystem und Drüsen anregen oder beruhigen, steuert also die unwillkürlichen Körperfunktionen. Auch die Pupillen werden vom vegetativen Nervensystem gesteuert.)*

9. In welche zwei Teilsysteme gliedert sich das autonome Nervensystem? *(In das sympathische und das parasympathische System. Die Nerven des sympathischen Systems sorgen durch ihre Reize für genügend Körperenergie, indem sie bei Bedarf z.B. die Luftwege erweitern, den Blutdruck steigern und Zucker von der Leber ins Blut leiten. Das parasympathische System reagiert gegenläufig, auch als Regulativ bei einer Übersteuerung des sympathischen Systems: Es verengt Atemwege, senkt den Blutdruck, vermindert die Zufuht von Zucker ins Blut und regt parallel die Verdauungsorgane an, um neue Energiestoffe für den Körper zu produzieren.)*

10. Was ist ein „Reflex“? *(Eine Reaktion des Körpers ohne Zutun des Gehirns. Grundsätzlich melden alle Neuronen ihre Informationen dem Gehirn. Bei Empfindung von*

Schmerz zieht der angeborene Reflex den betroffenen Körperteil aber schon aus der Gefahrenzone, bevor das Gehirn die Information als Schmerz erreicht.)

11. Was ist der Ischiasnerv? *(Der nervus ischiadicus ist ein Nerv, der bei Erkrankung [am häufigsten betroffen sind ältere Menschen und solche mit Bandscheibenbeschwerden] die unangenehmen Ischiasschmerzen [sog. „Hexenschuss“] verursacht. Der Nerv läuft vom Po vor allem über die Rückseite des Beins bis zur Ferse.)*

Kamele

1. Was sind Kamele? *(Tiere aus der Gattung der Paarhufer [jeder Fuß hat zwei Zehen]. Es gibt zwei Arten: Die zweihöckrigen Kamele [auch „Trampeltier“ genannt] und die einhöckrigen Dromedare. Beide Arten zeichnet aus, dass sie auch bei großer Hitze weite Strecken ohne zwischenzeitliche Aufnahme von Wasser zurücklegen können. Wenn das Kamel dann richtig Durst hat, ist es aber ein „Schnellsäufer“: Es trinkt in 10 Minuten eine Menge Wasser, die einem Drittel seines Körpergewichts entspricht. Beide Arten werden vor allem als Haustiere gehalten, entwickeln aber keine Zuneigung zu ihrem Herrn.)*

2. Wo kommen Kamele vor? *(In den Wüstenregionen Afrikas [hier vor allem die Dromedare] und Asiens [hier vor allem das Trampeltier].)*

3. In welchem Land gibt es die meisten Kamele? *(Mit Abstand im Sudan: Dort leben 3,2 Mio. Kamele. Es folgt Mauretanien mit rund 1,3 Mio. Kamelen.)*

4. Was hat das Kamel im Höcker? *(Der Höcker besteht aus Fettgewebe und ist für das Kamel Energiespeicher. Das Kamel speichert also kein Wasser im Höcker. Dass Kamele so lange ohne Wasser überleben können, liegt u.a. daran, dass sie erst bei 40 ° C anfangen zu schwitzen.)*

5. Wie alt werden Kamele? *(Trampeltiere etwa 25, Dromedare bis zu 50 Jahre.)*

6. Wofür werden Kamele (Trampeltiere), wofür Dromedare eingesetzt? *(Kamele werden vor allem als Lasttiere benutzt, da sie bis zu 450 kg tragen [deshalb auch die Bezeichnung „Schiff der Wüste“] und pro Tag bis zu 50 km zurücklegen können. Dromedare werden vor allem als Reittiere verwandt, da sie schneller sind und bis zu 150 km pro Tag bewältigen können; sie können bis zu 250 kg täglich bis zu 30 km tragen – und das drei Tage lang, ohne zu trinken.)*

Chinesische Mauer

1. Was ist die „Chinesische Mauer“? *(Eine langgezogene Befestigungsanlage an der ehemaligen Nord- und Nordwestgrenze Chinas.)*

2. Wie lang ist die chinesische Mauer? *(Rd. 2.400 km mit heute noch rund 20.000 erhaltenen Wachtürmen. Wegen ihrer Länge und Größe ist sie das einzige Bauwerk, das Astronauten mit bloßem Auge aus ihren Raumschiffen erkennen können. Der chinesische Name lautet „Wan li, Chang chang“, was „die lange Mauer von 10.000 Li“ bedeutet. Ein Li hat eine Länge von 539 m.)*

3. Wann und von wem wurde sie erbaut? *(Sie wurde während der Qin-Dynastie vor allem von 221-204 v. Chr. als Schutz gegen die Mongolenstürme gebaut.)*

4. Woraus wurde die Chinesische Mauer erbaut? *(Zunächst aus Lehm und Erde. Später wurden Steine als Baustoff verwandt. Die Mauer war ca. 8 m hoch und an der Oberkante 6 m breit.)*

5. Warum wurde die Mauer von zahlreichen Wachtürmen mit ebenen Beobachtungsterrassen bestückt? *(Alle 180 m kommt ein Wachturm mit einer Höhe von ca. 12 m. Zur Zeit der Ming-Dynastie war die Mauer mit kampfbereiten Soldaten besetzt, die von den Wachtürmen Lichtsignale mit großer Geschwindigkeit weiterleiteten.)*

6. Warum wird die Chinesische Mauer auch als „längster Friedhof der Welt“ bezeichnet? *(Beim Bau dieser Mauer wurden neben den Soldaten Tausende von Kriegsgefangenen und Zwangsarbeitern eingesetzt [alten Berichten zufolge soll ein Drittel der Bevölkerung in den Mauerbau einbezogen worden sein]. Die Witterung wechselte zwischen den Schneestürmen des Winters und den Sandstürmen des Sommers. Die Opfer an Menschenleben waren unermesslich [Schätzungen lauten auf 1 Mio. Menschen]. Ihre Leichen wurden einfach in die Mauer mit eingebaut.)*

Lunge

1. Was ist die Lunge? *(Ein aus zwei Teilen bestehendes, schwammiges Atmungsorgan im Außenraum der Brusthöhle. Die Lunge ist zwar relativ leicht, füllt aber rund 2/3 der Brustkorbhöhle aus. Sie hüllt das Herz wie ein Mantel ein. Die Lunge hat rd. 400 Millionen winzige Kammern [Lungenbläschen oder Alveolen genannt], in denen die Luft hin- und herpendelt.)*

2. Was sind die Bronchien? *(Beim Einatmen [der Mensch holt durchschnittlich 15- bis 20mal pro Minute Luft] strömt die Luft durch die Luftröhre über zwei Äste in die Lungenflügel. Diese Äste nennt man Bronchien.)*

3. Was geschieht beim Atmen? *(Ein gesunder Mann atmet mit einem Zug 3,3 bis 4,9, eine Frau zwei bis drei Liter Luft ein [dieses Volumen nennt man „Vitalkapazität"]. Dabei gelangt der Sauerstoff ins Blut und das Kohlendioxid [als Abfallprodukt der Nahrungsverwertung im Stoffwechsel] wird aus dem Blut entfernt und nach außen abgegeben [ausgeatmet].)*

4. Was sind die bekanntesten Lungenerkrankungen? *(☞Lungenentzündung [Pneumonia; von Bakterien oder Viren hervorgerufen] und Tuberkulose. Am häufigsten ist heute der Lungenkrebs, der wegen des Rauchens in den Industrienationen zu einer der wichtigsten Todesursachen geworden ist.)*

Telegraf

1. Wer war Samuel Morse? *(Der Erfinder des Morseapparates und des Morsealphabets. Morse war Maler und Amateur-Physiker. Er kam auf die Idee, Buchstaben und Zahlen durch eine Folge von Punkten und Strichen, bzw. kurzen und langen Tönen darzustellen, was durch Stromstöße übertragbar gemacht wurde. Das Produkt dieser Übermittlung nennt man Telegramm [= „Ferngeschriebenes"]. Das erste Telegramm wurde am 24.05.1844 zwischen Washington und Baltimore übermittelt.)*

2. Wer erfand die drahtlose Telegrafie? *(Der Italiener Marconi. Ihm gelang es am 12.12.1905, das „s" des Morsealphabets von Wales nach Neufundland durch elektromagnetische Wellen zu übertragen.)*

Paracelsus

1. Wer war Paracelsus (1493-1541)? *(Philippus Aureolus Theophrastus Paracelsus Bombastus von Hohenheim war der berühmteste Arzt Deutschlands seiner Zeit. Sein Vater war Arzt und Metallurge.)*

2. Paracelsus war Professor der Medizin in Basel, wurde aber später aus der Stadt geworfen, warum? *(Man war in Basel schon nicht begeistert davon, dass Paracelsus in deutscher Sprache lehrte, obwohl Latein üblich war, was Paracelsus aber nicht genug*

beherrschte. Sein Rauswurf hatte aber einen anderen Grund: Paracelsus hatte auf Zahlung eines Arzthonorars geklagt und verloren. Der jähzornige Paracelsus schlug darüber einen solchen Lärm, dass ihn der Rat der Stadt kurzerhand der Stadt verwies.)

3. Paracelsus´ Feinde prägten für ihn den Begriff „Quacksalber", warum? *(Paracelsus setzte bei seinen Kuren Quecksilberpräparate ein, für seine Zeit ungeheuerlich. Er sah die Lebensvorgänge nämlich als chemische Prozesse an, weshalb er die Krankheiten auch mit chemischen Mitteln bekämpfte. Damit wurde er zum Wegbereiter der chemischen Industrie.)*

4. Wie starb Paracelsus? *(Darum ranken sich viele Gerüchte. Wahrscheinlich wurde der streitsüchtige Paracelsus während eines Gelages auf den Kopf geschlagen und starb an der Verletzung.)*

Anden

1. Was sind die Anden? *(Ein langgezogene Gebirgskette [die längste der Welt] an der gesamten Westseite Südamerikas. Hier befinden sich auch die höchsten tätigen Vulkane der Welt, darunter der Cotopaxi mit 5897 m.)*

2. Wie lang sind die Anden? *(Rd. 7.500 km bei einer maximalen Breite von 700 km.)*

3. Sind die Anden hoch? *(Ja: Viele Gipfel erreichen eine Höhe von mehr als 6000 m, höchster Berg ist der Aconcagua mit 6959 m. Zum Vergleich: Der höchste Berg in West-Europa ist der Mont Blanc mit 4.807 m in den Alpen an der Grenze zwischen Frankreich und Italien.)*

4. Wie sind die Anden entstanden? *(Südamerika wurde vor rd. 150 Mio. Jahren als Kontinent nach Westen „abgetrieben". Dabei stieß er im Pazifik an seinem Westrand auf eine untermeerige Schwelle aus hartem Fels, weshalb sich der Westrand des Kontinents langsam auffaltete.)*

5. Wo liegen Vulkane, was ist der „Ring of Fire"? *(Vulkane liegen grundsätzlich an Schwächezonen der Erdkruste, an denen durch das Gegeneinanderdrücken von Gesteinsplatten so viel Druck und Hitze entsteht, dass das Gestein schmilzt. Etwa 2/3 der aktiven Oberflächenvulkane befinden sich rings um den Pazifischen Ozean und werden deshalb „Ring of Fire" genannt.)*

6. Was ist der Titicacasee? *(Ein See auf dem Gipfel eines Berges in 3812 m Höhe [zum Vergleich: der Großglockner ist 3798 m hoch]. Der See wird mit Schiffen befahren und liegt auf der Grenze zwischen Peru und Bolivien.)*

Pyramiden in Ägypten

1. Welchem Zweck dienten Pyramiden in Ägypten? *(Sie waren Grabstätten für Könige, die später Pharaonen hießen: Die alten Ägypter glaubten, dass die Könige Bindeglied zwischen ihrer Welt und der der Götter seien. Der Tod versetzte den König in den Kreis der Götter, zu dem er nach seinem Tod als Falke emporflog. Im Jenseits lebte der König nicht nur als Seele weiter, vielmehr konnte die Seele dort in den Körper zurückkehren. Deshalb musste der Körper als Mumie erhalten bleiben und geschützt werden. Die Gräber der Könige waren deshalb nur eine andere Form der Paläste. Nahrung und andere Dinge des täglichen Lebens wurden den Pharaonen mitgegeben, in geringerem Umfang auch den höheren Priestern und Beamten.)*

2. Woraus wurden die Pyramiden gebaut? *(Die ersten Pyramiden waren einfache Erdhügel, später verwandte man Lehmziegel aus Nilschlamm.)*

3. Was ist die ☞ „Cheops-Pyramide“? *(Die Cheops-Pyramide steht bei Gise nahe der Stadt Kairo und ist die mittlere und höchste von drei Pyramiden [die anderen beiden sind den Pharaonen Mykerinos und Chephren gewidmet. Alle drei bildeten früher eines der sog. ☞Sieben Weltwunder. Heute gilt nur noch die Cheops-Pyramide als eines der Sieben Weltwunder.]. Sie war ursprünglich 146,6 m und ist heute noch rd. 137 m hoch und damit die höchste Pyramide der Welt. Bei quadratischem Grundriss misst die Seitenlänge unten ca. 230 m. Es wurden ca. 2.300.000 Steinblöcke verbaut mit einem Gesamtgewicht von rd. 6.400.000 t. Die Bauzeit betrug rund 23 Jahre [2551-2528 v. Chr.].)*

4. Was ist ein „Sarkophag“? *(Als „Sarkophag“ bezeichnet man die reich mit Gold und Edelsteinen verzierten Särge, in denen die Pharaonen zur letzten Ruhe gebettet wurden.)*

5. Was sind ☞„Hieroglyphen“? *(Hieroglyphen bedeutet übersetzt „heilige Schriftzeichen". Man bezeichnet damit eine Bilderschrift, die besonders im alten Ägypten üblich war. In den Pyramiden geben sie Anweisungen für die Reise ins Totenreich, Warnungen, Lobpreisungen auf den Verstorbenen und Verhaltensregeln.)*

6. Wovon wurden die Pyramiden abgelöst? *(Etwa im 7. Jahrhundert v. Chr. wurden die Pyramiden von den Felsengräbern im Tal der Könige abgelöst.)*

7. Was unterscheidet die Pyramiden Mittelamerikas von den Pyramiden Ägyptens? *(Die Ägypter bauten die Pyramiden mit geraden Kanten und geraden Flächen. Bei ihnen dienten sie als Grabmäler. Die Pyramiden der Indianer in Mittelamerika sind stufig gebaut und haben Treppenaufgänge. Sie waren „Götterberge", auf denen den Göttern geopfert wurde. Nur von der Mayapyramide in Palenque ist bekannt, dass sie auch eine Grabkammer hatte.)*

8. Bauten nur Sklaven die ägyptischen Pyramiden? *(Nein: Es gab eine Art staatlicher Arbeitsverpflichtung, die vor allem während der Überschwemmungsmonate bestand. Das war sehr praktisch, weil in dieser Zeit Arbeitskräfte brachlagen und das Baumaterial bequem per Schiff transportiert werden konnte. Da die Arbeitsleistung gegen Entgelt erbracht wurde [Abrechnungen darüber sind erhalten], bedeutete der Pyramidenbau die soziale Absicherung eines großen Teils der Bevölkerung.)*

Alaska

1. Was ist Alaska? *(Der 49. [seit 1959] und größte Staat im äußersten Nordwesten der USA. Mit einer Fläche von 1.518.775 km² ist er doppelt so groß wie Texas [zweitgrößter Staat der USA] und umfasst rund 1/6 des gesamten Staatsgebietes der USA.)*

2. Gehörte Alaska schon immer zu den USA? *(Nein, früher gehörte Alaska zu Russland, dem es die USA 1867 für 7,2 Mio. Dollar abkauften. Damals hatte Alaska 30.000 Einwohner, vor allem ☞Eskimos und Indianer.)*

3. Was löste die größere Besiedlung Alaskas aus? *(1897 wurde in Yukon auf kanadischem Gebiet ☞Gold gefunden. Das brachte auch für Alaska Goldsucher zu Tausenden, wobei vor allem in Fairbanks und Hot Springs Gold gefunden wurde.)*

4. Was sind die wichtigsten Bodenschätze Alaskas? *(Alaska ist reich an ☞Erdöl- und ☞Erdgasvorkommen, die heute die wichtigste Einnahmequelle dieses Bundesstaates darstellen.)*

6. Welcher Wirtschaftszweig ist neben dem Abbau der Bodenschätze in Alaska wichtig? *(Vor allem der Fischfang [Lachs, Kabeljau, Heilbutt und Hering]. Wegen seines Waldreichtums ist aber auch der Verkauf von Holz eine Wirtschaftssäule.)*

Himmelskörper

1. Was ist ein „Planet“? *(„Planet“ heiß wörtlich „Wandelstern“. Er ist also ein Himmelskörper, der am Himmel wandert, was schon die Astronomen der Antike beobachteten. Mit etwas Geduld kann man schon nach wenigen Tagen feststellen, dass die Planeten ihren Platz am Himmel verändert haben durch ihre Eigenbewegung.)*

2. Was unterscheidet einen Planeten von einem Mond? *(Ein Planet kreist um die ☞Sonne, ein Mond als natürlicher Satellit um einen Planeten.)*

3. Was ist ein „Fixstern“? *(„Fix“ heißt „fest“. Der Fixstern wird so bezeichnet, weil er aus unserer Sicht am Himmel festgenagelt scheint. Auch die Fixsterne bewegen sich. Sie sind von uns – anders als die Planeten – aber so weit entfernt, dass wir ihre Bewegung erst nach Jahrhunderten feststellen.)*

4. Was ist ein „Stern“? *(„Sterne“ sind jene Sonnen, die eigenes Licht aussenden, während Planeten nur das Licht ihrer Sonne reflektieren.)*

5. Warum leuchtet ein Stern? *(Ein Stern entsteht, indem sich eine Gaswolke im All durch ihre Drehbewegung verdichtet. Im Inneren dieser Wolke entsteht ein immer größer werdender Druck, der die Temperatur enorm ansteigen lässt, bis Atomreaktionen in Gang kommen. Das Wasserstoffgas verwandelt sich in Helium, die Temperatur steigt auf 10 bis 20 Mio.° C, der Himmelskörper leuchtet. In diesem Stadium befindet sich unsere Sonne.)*

6. Was ist eine „Nova“? *(Die Temperaturen in einer Sonne steigen über Milliarden Jahre auf bis zu 100 Mio.° C an. Ist das Helium erschöpft, steigt die Temperatur weiter an, und es kommt zu gewaltigen Explosionen. Sterne in diesem Stadium leuchten besonders hell, ihr Ende ist aber nah. In dieser Phase bezeichnet man den Stern als „Nova“.)*

7. Was ist eine „Galaxis“? *(„Galaxis“ ist das Fremdwort für Milchstraße. Zu unserer Milchstraße gehören die Sonne, die Planeten, Sterne und rund 100 Milliarden Fixsterne. Der Durchmesser beträgt 100.000 Lichtjahre. Außerhalb unseres Milchstraßensystems hat man bereits rund 2 Millionen Galaxien entdeckt. Die Milchstraße fällt mit einer Geschwindigkeit von 402 km pro Sekunde aufs Zentrum einen Galaxienhaufens im Sternbild Jungfrau zu. Aber keine Sorge: In den nächsten Jahrmilliarden sind keine größeren galaktischen Zusammenstöße zu befürchten.)*

8. Woher hat die „Milchstraße“ ihren Namen? *(Das hängt mit der griechischen Mythologie zusammen. Schon die Griechen sahen das Band von Millionen von Sternen. Nach ihren Sagen stammte Herakles [☞Mythologie im alten Griechenland] aus einem Seitensprung des Zeus mit der mykenischen Alkmene. Zeus schob das Kind seiner Gattin Hera unter, wo sein Spross so stark an der Mutterbrust saugte, dass die Milch in weitem Strahl herausschoss und sich vom Olymp aus mitten über den Himel ergoss.)*

9. Was bezeichnet man in der Astronomie als „Nebel“? *(Als „Nebel“ bezeichnet man schwach leuchtende Himmelsobjekte, die eine flächenhafte Ausdehnung haben, und die Dunkelnebel, die sich wie dunkle Schatten von dem sternenreichen Hintergrund abheben. Ein Teil der Nebel besteht aus Gas, das von heißen Sternen zum Leuchten gebracht wird. Es gibt aber auch Nebel aus kosmischem Staub, der nur das Licht von Sternen reflektiert. „Dunkelnebel“ reflektieren kein Licht, sondern absorbieren es, weshalb sie wie ein „Loch“ im Himmel wirken.)*

10. Was sind „Kometen“, wann und warum leuchtet ihr Schweif? *(Kometen sind nicht selbst leuchtende Himmelskörper, die aus einer in eine nebelartige Hülle eingebetteten Ansammlung von festen Steinen bestehen. Nähert sich der Komet der Sonne, bewirken der Strahlungsdruck der Sonne und elektrische Kräfte, dass Kern und Hülle des Kometen Gase ausstoßen, die einen leuchtenden Schweif bilden. Gleichzeitig werden die Gasatome und –moleküle des Kerns durch die Sonneneinwirkung zum Leuchten gebracht.)*

11. Was sind „Meteore“ und „Meteoriten“? *(Als „Meteore“ bezeichnet man planetarische Kleinkörper, die mit Geschwindigkeiten bis zu 72 km/sec in die Erdatmosphäre eindringen und dort verglühen in Höhen zwischen 120 und 30 km. „Meteoriten“ sind Bruchstücke von Meteoren, die nicht vollständig verglüht sind, sondern auf die Erde gelangten [jährlich durchschnittlich 2.000 Stück]. Der größte sichergestellte Meteorit fiel 1920 in Südafrika auf die Erde und wog rund 60 Tonnen.)*

12. Was steckt hinter einer „Sternschnuppe“? *(Die meisten Meteoriten sind nicht größer als ein Sandkorn. Beim Eintauchen in die Erdatmosphäre verglühen sie völlig und wir sehen nur einen feinen leuchtenden Strich.)*

13. Warum ist uns etwas „schnuppe“? *(Als „Schnuppe“ bezeichnete man früher das verkohlte Ende eines Kerzendochts – also etwas völlig Wertloses. Auch die Sternschnuppen kamen so zu ihrem Namen, da sie der wertlose Rest eines verglühenden Steinbrockens sind.)*

14. Was ist ein „Astrologe“ und was hat er mit dem Wort „Strolch“ zu tun? *(„Astrologe“ ist ein Fremdwort griechischen Usprungs und bedeutet wörtlich übersetzt „Sternenkundiger“. Heute versteht man darunter jemanden, der das Schicksal eines Menschen aus der Stellung der Sterne bei seiner Geburt ableitet.- Das Wort „Strolch“ kommt von den Astrologen und damit hat es folgende Bewandtnis: Im 2. Jahrhundert trieben es clevere Scharlatane in diesem Beruf so bunt, dass alle Astrologen aus Rom ausgewiesen wurden. Als sie im 16./17. Jahrhundert mit den Landsknechtheeren durch Europa zogen, war ihr Ruf restlos ruiniert. Die humanistisch ungebildeten Haudegen machten dann – wie man bei Grimmelshausen nachlesen kann – aus dem italienischen Wort „astrologo“ den „Strolch“.)*

Eichen

1. Was sind Eichen? *(Eichen sind Bäume aus der Familie der Buchengewächse.)*

2. Die Eiche steht sprichwörtlich für Stärke und Dauerhaftigkeit, warum? *(Eichenholz ist außerordentlich hart und fest. Zudem sind Eichenbäume so tief im Boden verwurzelt, dass selbst starke Stürme sie nicht zu entwurzeln vermögen. Eichen werden sehr alt, weshalb ihr Holz mit 120 Jahren am besten ist, obwohl der Baum älter wird.)*

3. Wie alt werden Eichen, kann man das an den Jahresringen ablesen? *(Eichen werden wohl mehr als 1000 Jahre alt. Man kann das Alter aber an den Jahresringen nur bedingt ablesen. Die Eichen hören mit ihrem Wachstum nämlich schon deutlich vor ihrem Absterben auf.)*

4. Warum kann man das Alter von Bäumen an Jahresringen ablesen? *(Bäume wachsen im Frühjahr am schnellsten. Dann dehnen sich die dünnwandigen Zellen in der wassertransportierenden Schicht aus. Sie bilden im Querschnitt des Baums einen hellen Ring. Im Spätsommer verringert sich die Wachstumsgeschwindigkeit. Dann werden die Zellen kleiner und dünnwandiger und bilden einen dunklen Ring. Heller und dunkler Ring zusammen stellen einen Jahresring dar.)*

5. Wieviele Eichenarten gibt es? *(Rund 500. Allen gemeinsam ist die Eichel als Baumfrucht.)*

6. Warum eignet sich Eichenholz so gut für Fässer zum Reifen von Cognac, Weinbrand und Whisky? *(Nicht nur, weil es sehr hart ist. Es hat auch einen sehr hohen Gehalt an Gerbsäure, der es widerstandsfähig gegen Feuchtigkeit macht.)*

7. Wofür wird Eichenholz noch verwendet? *(Für Holzfurniere, Parkettböden und auch für die beste Holzkohle.)*

8. Woraus wird Kork gemacht, welche Eigenschaften hat er? *(Kork wird aus der mehrere cm dicken Borke der Korkeiche gefertigt. Die Borke bildet sich nach dem Abschälen wieder neu. Alle 8-10 Jahre kann eine Korkeiche geschält werden, insgesamt etwa 15- bis 20-mal. Kork ist leichter als Wasser, ein guter Isolator und lässt sich etwas zusammendrücken. Deshalb verwendet man Kork für Flaschenkorken, Schwimmwesten, Platten zur Isolierung und als Korkmehl zur Herstellung von Linoleum. Die Haupterzeugerländer von Kork sind die Mittelmeerländer, wo die Korkeiche am häufigsten angebaut wird. Dabei deckt Portugal die Hälfte des Weltbedarfs an Kork. Jeder dritte Flaschenkorken stammt aus Portugal.)*

9. Welches Tier sorgt für die Verbreitung des Samens der Eiche? *(Der Eichelhäher. Er begräbt die Eicheln als Nahrungsvorrat an verschiedenen Orten, vergisst aber fast die Hälfte davon. Dadurch können sie keimen.)*

10. Warum verlieren Bäume ihre Blätter? *(Laubbäume wie die Eiche haben Blätter mit großer Oberfläche, über die durch Verdunstung große Mengen Feuchtigkeit abgegeben werden. Wenn der Boden friert, ist die Wasserversorgung durch die Wurzeln unterbrochen. Der Baum muss jetzt mit seinen Wasservorräten auskommen und wirft die Blätter als Großverbraucher von Wasser ab. Wenn sich die ersten Vorzeichen des*

Winters melden, bildet der Baum am Ansatz der Blattstile bereits Trennungsgewebe, die das Blatt von der Wasserversorgung abschneiden und absterben lassen.)

Philipp II. von Spanien

1. Wer war Philipp II. von Spanien (1527-1598)? *(Er war der Sohn Karls V., der abdankte und ihm 1556 den Königsthron Spaniens überließ. Unter seiner Herrschaft war Spanien am mächtigsten, sein Staatsgebiet am größten.)*

2. Philipp II. war viermal verheiratet, obwohl er strengst katholisch war. Wie kam es dazu? *(Philipp II. stammt aus einer ☞habsburgischen Linie, deren Wahlspruch war, nicht durch Kriege, sondern durch kluges Heiraten [„Tu felix, Austria, nube!" – dieser Spruch wird dem ungarischen König Matthias I. Corvinus in der deutschen Fassung „Kriege mögen andere führen, du, glückliches Österreich, heirate!" zugeschrieben] das Reich zu vergrößern. So heiratete Philipp II. als erstes seine Cousine, Maria von Portugal. Diese starb kurz nach der Geburt ihres Sohnes Don Carlos [auf ihn bezieht sich ☞Schillers Drama „Don Carlos"] 1545 [Bei Schiller kommt Don Carlos übrigens viel zu gut weg: Der historische Don Carlos war eher ein Psychopath, der aus Machtgier seinen Vater umbringen wollte und in der Haft an Brechdurchfall krepierte, als er nach einem Fressgelage große Mengen Eiswasser in sich hineinschüttete, nachdem er eine scharf gewürzte Rebhuhnpastete gegessen hatte]. Aus politischen Gründen heiratete er danach 1554 Maria I. Tudor von England, die ebenfalls verstarb. Auch seiner dritten Frau, Elisabeth von Valois [Tochter des französischen Königs Heinrich II.] brachte er kein Glück [nach Schillers Drama „Don Carlos" war Elisabeth eigentlich mit seinem Sohn Don Carlos verlobt. Das war einer der Gründe, warum sich der Sohn gegen den Vater verschwor]. Er heiratete sie 1559, sie starb 1568. Unverdrossen ging er 1570 in die vierte Ehe, diesmal mit Anna von Österreich. Aus dieser Ehe ging der Thronfolger Philipp III. hervor.)*

3. Philipp II. war strenger Katholik und bekämpfte die Protestanten massiv, weshalb er als Vorkämpfer der Gegenreformation bezeichnet wird. Wo äußerte sich das am deutlichsten? *(In den Niederlanden, das von 1568-1648 um seine Unabhängigkeit von Spanien kämpfte. Als Karl V. Philipp II. den Thron übergab, kam es zur Eskalation mit den Niederlanden. Philipp II. war gebürtiger Spanier und hatte mit der nördlichen Provinz Niederlande [war ohne territoriale Verbindung mit Spanien eine „Außenstation"] wenig im Sinn, insbesondere belegte er das Gebiet mit drakonischen [zum Begriff ☞Athen] Steuern. Diese tyrannische Herrschaft löste den Unabhängigkeitskrieg aus. Philipp II. schickte den Spanier Fernando Alvarez de Toledo, den Herzog von Alba, in die Niederlande, um für Ordnung zu sorgen. Der griff mit blutiger Härte durch und machte sich mit restriktiver Politik und Inquisition [Prozess gegen protestantische „Ketzer" durch von der Kirche bestellte Richter] sechs Jahre lang Feinde, was zum offenen Aufstand führte. Albas „Blutrat" verurteilte etwa 18.000 Menschen, ließ sie hin-*

richten und ihr Hab und Gut beschlagnahmen. Wegen des niederländischen Aufstandes berief Philipp II. den Herzog von Alba 1573 zurück. Protestanten sowie Mauren [spanische Bezeichnung für die Araber] wurden unter Philipp II. von der Inquisition unbarmherzig verfolgt und die spanischen Juden vertrieben. Durch all das und die laufenden Kriege wurde während seiner Regierungszeit dreimal der Staatsbankrott erklärt.)

4. Bei Philipps II. Amtsantritt war Toledo spanischer Regierungssitz. Beließ es Philipp II. dabei? *(Nein, er baute in ☞Madrid den Escorial, einen düsteren Klosterpalast, und verlegte 1584 seinen Sitz dorthin. Im Escorial starb er auch 1598.)*

5. Zu Philipps Zeiten war Spanien mit der Armada zu Beginn eine Seemacht. Blieb es unter ihm dabei? *(Zunächst war Philipps II. Halbbruder Don Juan de Austria in der Seeschlacht von ☞Lepanto gegen die islamischen Türken erfolgreich. Als sich Philipp II. aber mit der Flotte Englands anlegte, setzte es eine empfindliche Niederlage: 1588 zerstörten die Engländer in einer neuntätigen Seeschlacht die spanische Armada, was die Vormachtstellung der Spanier beendete [die „Armada" war die Bezeichnung der spanischen Flotte. Eigentlich war sie der englischen Flotte haushoch überlegen. Die englischen Schiffe waren aber schneller und verfügten über weitreichende Kanonen, deren Feuer die Armada auseinandertrieb. Sie geriet dabei in einen Sturm, der sie zum größten Teil vernichtete]. Mit dem Niedergang der spanischen Armada begann auch der Niedergang Spaniens als Weltmacht.)*

Kohlendioxid

1. Was ist Kohlendioxid? *(Eine chemische Verbindung [geruchsloses Gas] aus einem Atom Kohlenstoff und zwei Atomen Sauerstoff mit der chemischen Bezeichnung CO_2. In der Luft ist Kohlendioxid mit 0,03 Volumenprozent enthalten. In chemisch gebundener Form ist Kohlendioxid z.B. in Kalkstein und Kreide enthalten.)*

2. Ist Kohlendioxid schwerer als Luft? *(Ja, es ist ca. 1,5 mal so schwer wie Luft und lässt sich deshalb in ein Glas gießen.)*

3. Brennt Kohlendioxid? *(Nein, im Gegenteil: Kohlendioxid erstickt das Feuer, weshalb es auch als Inhalt von Feuerlöschern verwandt wird. Dabei wird durch Druckverminderung das Gas flüssig gemacht. Ein Teil der entstehenden Flüssigkeit verdampft so schnell, dass der Rest durch die sich bildende Kälte erstarrt. Diesen Kohlensäureschnee verwendet man dann als Feuerlöschmittel und als Trockeneis.)*

4. Welche Bedeutung hat Kohlendioxid für unsere Atmung? *(Es reguliert die Atmung. Steigt der Kohlendioxidgehalt im Blut an, wird unser Atemzentrum im Gehirn gereizt.*

Deshalb wird bei künstlicher Beatmung dem Sauerstoff oder der normalen Luft Kohlendioxid zugesetzt, um die Atmungsreflexe zu aktivieren.)

Arktis

1. Was bezeichnet man als Arktis? *(Das Land- und Meergebiet um den Nordpol.)*

2. Was bedeutet „Arktis“? *(In der Arktis leben Bären. Arktos ist das griechische Wort für Bär.)*

3. Wem „gehört“ die Arktis? *(Sie ist in Sektoren aufgeteilt, die von Russland [42 %], Kanada [22 %], den USA [12 %], Norwegen [9 %] und Dänemark [15 % - über den dänischen Besitz Grönland] beansprucht werden.)*

4. Was bezeichnet man als „Polarkreise“, was ist eine „Polarnacht“, was eine „Mitternachtssonne“? *(Jene Teile der Erdkugel, die sich zwischen 66° 33´ geografischer Breite und den Polen mit 90° Breite befinden. Das Gebiet nördlich des Äquators wird Arktis [„Nördlicher Polarkreis“], das südlich des Äquators Antarktis [„Südlicher Polarkreis“] bezeichnet. Die Polarkreise markieren die Gebiete, in denen mindestens an einem Tag im Winter die ☞Sonne nicht aufgeht [sog. „Polarnacht“. Sie ist umso länger, je weiter nördlich man ist. Am Pol dauert sie 6 Monate.] und mindestens an einem Tag im Sommer nicht untergeht [sog. „Polartag“ oder „Mitternachtssonne“])*

5. Ist es in der Arktis oder der Antarktis kälter? *(In der Antarktis: Dort wurden –89,2° C gemessen, in der Arktis „nur“ –69,8° C.)*

6. Ist der Nordpol der kälteste Ort der Erde? *(Nein: Die kälteste Temperatur wurde am 01.07.1983 in der Antarktis in Wostok gemessen: -89,2° C.)*

7. Über welche Bodenschätze verfügt die Arktis? *(Die Arktis ist reich an Bodenschätzen, vor allem an ☞Erdöl und ☞Erdgas, Eisenerz, ☞Kohle, ☞Uran, Diamanten und ☞Gold.)*

8. Welcher Mensch erreichte zuerst den Nordpol? *(Am 06.04.1909 der amerikanische Forscher Robert Edwin ☞Peary.)*

9. Gibt es nur einen Nordpol? *(Nein: Der geographische Nordpol bildet den nördlichsten Punkt der Erdachse. Der magnetische Nordpol, nach dem sich unsere Kompasse richten, liegt etwas abseits von ihm.)*

Vipern

1. Was sind Vipern? *(Eine Familie von Giftschlangen, die auf der ganzen Welt verbreitet ist. Die meisten Vipern gibt es in Afrika.)*

2. Was kennzeichnet eine Viper? *(Ein Paar langer, hohler Giftzähne im vorderen Drittel des Oberkiefers. Die Giftzähne liegen normalerweise im Maul der Schlange. Erst wenn sie das Maul aufreißt, werden auch die Giftzähne senkrecht gestellt.)*

3. Welche Viper gibt es in Mitteleuropa, auch in Deutschland? *(Die Kreuzotter, die 60 – 75 cm lang wird. Man erkennt sie u.a. an ihrem auffallenden Zickzackmuster. Sie ist die einzige weiter verbreitete Giftschlange in Deutschland.)*

4. Kann man vom Biss einer Kreuzotter sterben? *(Ein Kind ja, ein ausgewachsener Mensch regelmäßig nein.)*

5. Was sind die natürlichen Feinde der Kreuzotter? *(Vor allem Igel und Greifvögel. Auch die Hauskatze kann wegen ihrer Schnelligkeit eine Viper fangen und töten.)*

Finnland

1. Was ist Finnland? *(Eine Republik im Nordosten Europas, die eine lange Ostgrenze zu Russland hat, im Norden an Norwegen und im Nordwesten an Schweden grenzt. Finnlands Gesamtfläche beträgt 338.145 km^2 [zum Vergleich: die BRD ist 357.000 km^2 groß], wovon 33.551 km^2 Binnengewässer sind [Finnland hat 187.888 Seen, von denen der Saimaa-See mit 1.460 km^2 der größte ist. Der Bodensee ist zum Vergleich „nur“ 305 km^2 groß]. Drei Viertel des Landes werden von riesigen Nadelwäldern eingenommen. Zieht man dann noch die Gewässerflächen ab, bleiben nur rund 8 % der Landesfläche für einen Anbau übrig. Gleichwohl ist die Landwirtschaft ein wichtiger Erwerbszweig der Finnen.)*

2. Wie heißt die Hauptstadt von Finnland? *(Helsinki mit rd. 550.000 Einwohnern, gleichzeitig größte Stadt Finnlands. Finnland hat nur etwa 5,2 Mio. [1998] Einwohner, womit rund jeder Zehnte in der Hauptstadt wohnt. Espo mit 216.000 und Tampere mit rd. 198.000 sowie Turku [die älteste Stadt Finnlands, deren Existenz schon seit 1154 urkundlich belegt ist. Heute Zentrum des finnischen Schiffsbaus, zumal der Hafen auch im Winter eisfrei ist.] mit rd. 170.000 Einwohnern sind die weiteren wichtigsten Städte. Helsinki ist der wichtigste Hafen Finnlands, der im Winter mit Eisbrechern eisfrei gehalten wird. Die Stadt wurde 1550 vom Schwedenkönig Gustav Wasa 7 km weiter*

nördlich gegründet, dann aber 1640 an die heutige Stelle verlegt und blieb zunächst ein kleiner Hafen mit 4.000 Einwohnern. Eine Feuersbrunst zerstörte 1808 Helsinkis Bausubstanz zu zwei Dritteln. Bereits ein Jahr später fiel Finnland an Russland und der dort herrschende Zar Alexander I. beschloss, Helsinki anstelle der bisherigen Hauptstadt Turku zur Metropole zu machen, weil es einfach näher bei St. Petersburg lag und sich die bisherige Haupstadt Turku zu sehr in Schwedens Reichweite befand. Die Stadt liegt auf einer Halbinsel und mehreren kleinen Inseln am finnischen Meerbusen, einem Ostseearm. Da Helsinki 1818 durch einen Brand fast vollständig niederbrannte und nach und nach wieder aufgebaut wurde, ist praktisch kein Gebäude älter als 200 Jahre.)

3. Welche Sprache sprechen die Finnen? *(Offizielle Landessprachen sind Schwedisch [das hat historische Gründe, da Schweden und Finnland früher ein Königreich unter schwedischer Führung bildeten] und Finnisch. Die ☞Lappen sprechen Lappisch, einen finnischen Dialekt.)*

4. Seit wann ist Finnland unabhängig? *(Das Land wurde um 1000 v. Chr. von einer Einwanderungswelle aus dem Gebiet zwischen Wolga und Ural überzogen, die die Urbevölkerung nach Norden zurückdrängte. Ab dem 9. Jahrhundert gewannen die Schweden Einfluss auf das Land, das sie im 11. Jahrhundert christianisierten und im 13. Jahrhundert zu einem Teil Schwedens erklärten. 1809 musste Schweden zugunsten Russlands auf Finnland verzichten. Nach der russischen Oktoberrevolution übernahm der finnische Landtag die Regierungsgewalt und erklärte das Land 1917 für souverän. Im finnischen Bürgerkrieg 1918 wurden die russischen Besatzer mit deutscher Unterstützung geschlagen. 1919 wurde die finnische Republik konstituiert und 1920 von Russland anerkannt.)*

5. Welche Religion ist in Finnland führend? *(90 % der Bevölkerung sind evangelisch.)*

6. Wie heißt die finnische Währung? *(Euro.)*

7. Was prägt den finnischen Außenhandel? *(Bedingt durch den Waldreichtum Finnlands der Handel mit Papier, Zellstoff und Holz. Da Finnland nur geringe Bodenschätze hat, wird umgekehrt der Import vor allem von der Einfuhr von ☞Erdöl und ☞Kohle bestimmt. Im Übrigen deckt Finnland seinen Energiebedarf vor allem durch Wärme- und Kernkraftwerke.)*

8. Woher kommt die Firma Nokia? *(Nokia entstand 1865 als Papierfabrik und ist heute ein weltweit bekannter und global operierender Konzern aus Finnland. Für viele ist der Name des in Espoo ansässigen Unternehmens praktisch ein Synonym für Handy. Weltweit beschäftigt Nokia rund 60.000 Menschen und hielt 2003 einen Anteil von 40 % an den weltweit benutzten Handys.)*

9. Wie hält es der Finne mit den Gewerkschaften? *(Mit einer gewerkschaftlich organisierten Arbeiterquote von 71 % ist Finnland mit Abstand „Europameister" [zum Vergleich: in Deutschland beträgt die Quote – fallend – 32 %]. Die Finnen haben mit 37,5 Urlaubstagen auch den längsten Urlaub in Europa, mit 1716 Stunden Arbeitszeit aber*

mehr als die Deutschen [die Deutschen sind „Europameister" bei der geringsten Zahl an Arbeitsstunden p.a.= 1667].)

10. Was ist ein Molotow-Cocktail und wie kam er zu seinem Namen? *(Der Molotow-Cocktail wurde im Zweiten Weltkrieg bekannt, als sowjetische Soldaten mit Alkohol oder Benzin gefüllte Flaschen, in denen ein Docht oder Stofffetzen brannte, gegen deutsche Panzer schleuderten. Dort zersplitterte die Flasche, das Feuer setzte den Inhalt in Brand und die brennende Flüssigkeit drang durch Fugen und Lüftungsschlitze in den Panzer. Erfunden haben aber nicht die Russen diese billige Anti-Panzer-Waffe, vielmehr waren sie das erste Ziel der Molotow-Cocktails während des Finnisch-Sowjetischen Winterkriegs 1939/1940, als sich die Finnen gegen die sowjetischen Invasoren erbittert zur Wehr setzten. Die Finnen gaben diesem Cocktail seinen Namen nach dem damaligen sowjetischen Außenminister Molotow, den sie für einen Kriegstreiber hielten.)*

Kohle

1. Was ist Kohle? *(Ein fester Brennstoff [Sedimentgestein], der pflanzlichen Ursprungs ist. Kohle wird erst seit dem Ende der ☞Barockzeit verheizt.)*

2. Wie hat sich Kohle gebildet? *(Besonders in der Karbonzeit [vor ca. 345 – 280 Mio. Jahren] gab es auf der Erde eine reiche Sumpfvegetation. Sie starb ab, wurde von Wasser bedeckt und bildete Torfmoore [Torf wurde früher als Brennstoff benutzt]. Darauf lagerten sich dann Sand und Schlamm ab. Der Druck dieser Schichten, die Bewegungen der Erdkruste und ☞vulkanische Hitze lösten den Entstehungsprozess der Kohle aus.)*

3. Was ist der Unterschied zwischen Braunkohle und Steinkohle? *(Steinkohle enthält mehr Kohlenstoff und hat deshalb einen höheren Heizwert [den höchsten Heizwert hat Anthrazit]. Braunkohle ist Zwischenstadium bei der Entstehung von Steinkohle, die bei weiterer Verfestigung entsteht. Während Braunkohle meist im Tagebau gewonnen wird, wird Kohle aus Gruben abgebaut.)*

4. Wie entsteht „saurer Regen"? *(Bei der Verbrennung von Kohle bilden Schwefel und Stickstoff Oxide, die zur Bildung von „saurem Regen" beitragen.)*

5. Wo sind die größten Kohlereserven auf der Welt? *(Ende der 80-er Jahre betrugen die Reserven 1,2 Billionen Tonnen. Davon entfallen 43 % auf China, auf die USA 17 %, die ehemalige UdSSR 12 %, Südafrika 5 % und Australien 4 %.)*

6. Was wird aus Kohle gemacht? *(Kohle ist Ausgangsstoff zahlloser Produkte: u. a.: Teer, Anilinfarben, Kunststoffe, Kunstfasern, Medikamente, Lacke, Sprengstoffe,*

Schallplatten, Waschmittel, Verpackungsfolien, synthetischer ☞Kautschuk, Filme [im Kern gilt die gleiche Palette wie bei ☞Erdöl].)

Libanon

1. Was ist der Libanon? *(Eine Republik in Vorderasien [sog. „Naher Osten“]. Im Norden grenzt der Libanon an Syrien, im Süden und Südosten an Israel, im Westen ans Mittelmeer. Libanon hat eine Fläche von 10.452 m^2 [zum Vergleich: die BRD ist 357.000 km^2 groß] und ist damit kleinstes Land des Nahen Ostens. Der Libanon hat rd. 3,8 Mio. Einwohner [1998].)*

2. Wie kam der Libanon zu seinem Namen? *(Der Libanon bekam seinen Namen von der Bergkette Libanon, die das gesamte Land über 160 km von Norden nach Süden beherrscht.)*

3. Wie heißt die Hauptstadt des Libanon? *(Beirut mit rd. 2 Mio. Einwohnern [1996]. Beirut erhielt seine Namen vom römischen Feldherrn Agrippa, der es nach seiner Lieblingstochter Julia Augusta Beritis benannte.)*

4. Welche Sprache wird im Libanon gesprochen? *(Arabisch.)*

5. Welche Religion ist im Libanon führend? *(60-65 % sind Muslime, der Rest sind im Wesentlichen Christen.)*

6. Was hat Libanon mit den ☞Phöniziern zu tun? *(Das Phönizische Reich hatte sein Hauptgebiet im heutigen Libanon. Es beherrschte in seiner Blütezeit zwischen 1200 und 900 v. Chr. das gesamte Mittelmeer, bevor es von den Assyrern erobert wurde.)*

7. Wie kam der Libanon zu seiner heutigen Form? *(Nach dem 1. Weltkrieg wurde der Libanon mit seinem heutigen Gebiet aus der türkischen Hoheitssphäre ausgegliedert und ☞Frankreich als Völkerbundmandat zuerkannt. 1943 erhielt der Libanon seine Unabhängigkeit.)*

8. Welche Bedeutung hatte der Süd-Libanon für die „PLO" (= „Palestine Liberation Organization")? *(Nachdem Jordanien 1970 die Palästinenser des Landes verwiesen hatte, wurde der Südlibanon Hauptoperationsgebiet der Palästinenser. Deshalb griff Israel immer wieder palästinensische Stellungen im Südlibanon militärisch an, insbesondere bei Vergeltungsaktionen. Im Bürgerkrieg von 1975 – 1990 wurden die Palästinenser fast vollständig aus dem Libanon vertrieben. In das Machtvakuum im Südlibanon stießen die proiranischen Hisbollah-Milizen nach, die nun von dort aus Israel bekämpfen, weshalb Israel jetzt sie bombardiert.)*

Sparta

1. Was war Sparta? *(Eine Stadt im antiken Griechenland [im Süden des Peloponnes], die als Stadtstaat unter der Bezeichnung Lakedaimon um 500 – 338 v. Chr. zu den führenden Mächten der Antike im Großraum Griechenlands gehörte, bis dahin ☞Athen im Griff hatte, dann aber von einem Bündnis der Athener besiegt wurde. Heute ist Sparta eine Ortschaft mit rund 13.000 Einwohnern.)*

2. Wer war Lykurg? *(Der Gesetzgeber, der Sparta im 8. Jahrhundert v. Chr. seine Staatsform gab. Lykurg hielt rein gar nichts von ☞Demokratie, wie er einem Mitbürger zu verstehen gab: „Wer, mein Freund, übt bei dir daheim die Herrschaft aus? Deine Kinder oder du selbst?")*

3. Was ist „Diarchie"? *(Eine Form des Doppelkönigtums. Sie war die spartanische Herrschaftsform. Nach der Regierungsreform des Lykurg waren ihre Rechte jedoch beschränkt auf den alleinigen Oberbefehl über die Truppen im Kriegsfall und auf priesterliche Funktionen bei religiösen Feiern.)*

4. Wenn eine Erziehung hart oder eine Behausung karg ist, nennt man sie „spartanisch", warum? *(Sparta war ein Kriegsstaat und legte größten Wert darauf, die härtesten Soldaten zu haben. Schon mit dem siebten Lebensjahr [die schwächsten Kinder wurden gar nicht erst aufgezogen, sondern in einer Schlucht des Taygetosgebirge ausgesetzt, wo sie verhungerten] begann die militärische Erziehung mit dem Ziel, unter härtesten Bedingungen zu überleben. Bei den Spartanern waren die Soldaten eine eigene Kaste, die nur für das Kriegshandwerk lebte und von Renten der nachgeordneten Kasten versorgt wurde. Sie lebten von morgens bis abends zusammen [ihre Frauen und Kinder sahen sie kaum] und bekamen pro Tag eine Mahlzeit, deren Hauptgericht eine schwarze Suppe aus dem Fleisch und Blut des Wildschweins, nur mit Essig und Salz gewürzt, war. Die Knaben badeten täglich – auch im Winter – in einem Fluss, um sich abzuhärten. Die ihnen gegebene Kost war so karg, dass sie davon kaum satt werden konnten. Speisen und Feldfrüchte „durften" sie stehlen, wurden aber ausgepeitscht, wenn sie sich dabei erwischen ließen, weil sie sich hatten erwischen lassen. Jährlich einmal wurden die Knaben im Tempel blutig gepeitscht und durften dabei weder einen Laut von sich geben noch eine Miene verziehen.)*

5. Die Heloten waren die Sklaven der Spartaner, die sie mit einer Geheimpolizei überwachten. Bei dem geringsten Anzeichen von Aufsässigkeit griffen die Spartaner brutal gegen sie durch und „dezimierten" sie. Was bedeutete das „Dezimieren"? *(Die Spartaner richteten einfach jeden Zehnten [decem = lateinisch: zehn] hin.)*

6. Zu den berühmtesten Spartanern gehört Leonidas, warum? (*Wegen der Schlacht bei den Thermopylen, der Entscheidungsschlacht 480 v. Chr. im 2. Perserzug. Die Thermopylen [griechisch thermopylai = warme Tore] sind ein enger Küstenpass in Mittelgriechenland, durch den die einzige leicht passierbare Straße von Nord- nach Mittel-*

griechenland führte. Hier [am schmalen Küstenstreifen] gewannen die ☞Perser unter ihrem König Xerxes gegen die vom Spartanerkönig Leonidas geführten Griechen, zogen nach Athen weiter und zerstörten es. Der Überlieferung nach forderte Xerxes bei den Thermopylen den Leonidas auf, sich zu ergeben und die Waffen abzuliefern. Leonidas antwortete einfach: „Hole sie dir!". Xerxes antwortete: „Wir sind so zahlreich, dass unsere Pfeile die Sonne verdunkeln werden." Das stimmte, weil rund 170.000 Perser nur rund 7.000 Griechen gegenüberstanden. Leonidas soll geantwortet haben: „Umso besser: Dann können wir im Schatten kämpfen!" Die Griechen verloren, weil Ephialtes, ein Thessalier, den Persern einen Pfad über die Berge verriet, der es ihnen ermöglichte, die Griechen von hinten zu überfallen. Bei den Thermopylen wurde ein Gedenkstein an die Schlacht errichtet mit der Aufschrift: „Wanderer, kommst du nach Sparta, verkündige dort, du habest uns hier liegen sehen, wie das Gesetz es befahl." [Übersetzung nach Schiller].)

7. Was ist eine „lakonische" Antwort? *(„Lakonier" war ein anderes Wort für „Spartaner". Wurde ein Knabe etwas gefragt, hatte er möglichst kurz und knapp [= lakonisch] zu antworten. Viel reden oder gar schwätzen, war streng verboten. Eine „lakonische" Antwort ist dementsprechend kurz und treffend ohne zusätzliche Erläuterung.)*

Luigi Galvani

1. Wer war Luigi Galvani (1737-1798)? *(Ein Arzt und Professor der Anatomie an der Universität Bologna.)*

2. Welche Entdeckung machte Galvani berühmt? *(Die von ihm so bezeichnete „tierische Elektrizität": Ein toter Frosch zeigte Zuckungen, wenn man die Nervenstränge mit einem leitenden Körper berührte. Galvani nahm dazu einen Zirkel, dessen Spitzen aus verschiedenen Metalllegierungen bestanden. Aus den Zuckungen schloss Galvani, dass alle tierischen Körper – auch die toten – eine elektrische Ladung enthalten. Darüber schrieb Galvani das aufsehenerregende Buch „Über die elektrischen Kräfte in den Muskelbewegungen". Tatsächlich war es aber so, dass zwei verschiedene Metalle elektrische Energie hervorbringen, wenn sie durch eine Säure Kontakt bekommen, wie Galvanis erbitterter wissenschaftlicher Gegner Alessandro Volta 1799 schlüssig bewies. Nach diesem Prinzip werden heute Trockenbatterien gefertigt.)*

3. Was bezeichnet man als „Galvanisieren"? *(Das Beschichten von Oberflächen durch elektrolytische Abscheidung. Damit werden z.B. Oberflächen zum Korrosionsschutz verbessert.)*

Ungarn

1. Was ist Ungarn? *(Eine Republik im Südosten Mitteleuropas, die im Norden an die Slowakei, im Nordosten an die Ukraine, im Osten an Rumänien, im Süden an die Föderative Republik Jugoslawien, an Kroatien und Slowenien, und im Westen an Österreich grenzt. Ungarns Gesamtfläche beträgt 93.030 km² [zum Vergleich: die BRD ist 357.000 km² groß]. Ungarn hat rd. 10,1 Mio. Einwohner [1998]. Von der Bevölkerung leben 65 % in Städten. 97 % der Einwohner sind Magyaren [ungarische Stämme, die aus den finnougrischen und türkischen Besiedlungsstämmen hervorgingen].)*

2. Wie heißt die Hauptstadt von Ungarn? *(Budapest mit rd. 1,9 Mio. Einwohnern [1998], gleichzeitig größte Stadt Ungarns. Budapest besteht eigentlich aus zwei Städten, Buda [zu Deutsch: Ofen] und Pest, die durch die Donau getrennt sind. Sie wurden 1872 zu einer Stadt vereinigt, wobei auch noch Obuda einbezogen wurde. Die zweitgrößte Stadt [Debrecen] hat schon nur noch rd. 220.000 Einwohner.)*

3. Was ist der Plattensee, der im Westen Ungarns liegt? *(Der mit 591 km² größte Binnensee Mitteleuropas, der nur 2-11 m tief und beliebtes Fremdenverkehrsziel ist. Der Fischfang im Plattensee [Balaton] ist ein wichtiger regionaler Wirtschaftszweig in Ungarn. Auch in der Donau, dem größten Strom in Ungarn, wird Fischfang betrieben. Die Donau ist gleichzeitig eine der wichtigsten Verkehrsadern Ungarns.)*

4. Welche Religion ist in Ungarn führend? *(Rund 2/3 der Bevölkerung sind katholisch, 1/4 evangelisch.)*

5. Was ist die „Puszta"? *(Eine von Feuchtwäldern durchsetzte Waldsteppe, die leider weitgehend verschwunden ist.)*

6. Einen scharfen Gulasch nennt man „Szegediner Gulasch", warum? *(Die ungarische Stadt Szeged [rd. 180.000 Einwohner] ist Umschlagplatz [liegt am Fluss Theiß] landwirtschaftlicher Erzeugnisse. Dazu gehört auch ungarisches Paprika. Szeged wird auch die „Hauptstadt des Paprikas" genannt, weil hier Paprika aus Paprikaschoten gewonnen wird. In Ungarn werden vor allem Tomaten, Paprika und Zwiebeln angebaut. 52 % der Gesamtfläche Ungarns werden landwirtschaftlich genutzt.)*

7. Was ist ein „Tokajer"? *(In der Region um Tokaj liegen Weinbaugebiete, aus denen der auf der ganzen Welt bekannte Wein „Tokajer" stammt.)*

8. Wie heißt die ungarische Währung? *(1 Forint = 100 Filler.)*

9. Wann war der ungarische Volksaufstand gegen den russischen Einfluss? *(1956. In Russland war Nikita Chruschtschow an der Macht, dessen „Entstalinisierung" zu etwas mehr Liberalität in Ungarn führte, was die Opposition zu einer Demonstration 1956 gegen die Pflichtfächer „Russisch" und ☞ „Marxismus-Leninismus" auf die*

Straße brachte. Die Arbeiter schlossen sich den Demonstrationen an, was zur Ablösung des Präsidenten Hegedüs durch Nagy führte. Dieser kündigte die Abschaffung des Einparteiensystems und die Abhaltung freier Wahlen an. Daraufhin griff die Sowjetunion Anfang November 1956 ein und schlug den Volksaufstand mit ihren Truppen und Panzern blutig nieder. Hunderte Ungarn wurden direkt hingerichtet, Tausende wurden verhaftet, 200.000 flohen nach Österreich. Nagy wurde in einem Geheimprozess zum Tode verurteilt und hingerichtet. Bis 1958 wurden Tausende in die UdSSR deportiert. Der von den Russen dabei auf den politischen Thron gehobene Kádár wurde 1988, als Gorbatschow in Russland Präsident war, auf einem Parteitag mit dem gesamten Politbüro abgesetzt. Nagy wurde offiziell rehabilitiert und feierlich beigesetzt. Der Name Volksrepublik Ungarn wurde in Republik Ungarn geändert.)

10. Lohnte sich für Ungarn die Öffnung nach Westen? *(Auf jeden Fall. Ungarn begann als erstes Land des ehemaligen Ostblocks mit dem Verkauf staatlicher Betriebe und schaffte ein hervorragendes Klima für wirtschaftliche Investitionen. Deshalb floss bis 1993 die Hälfte aller Investitionen aus dem Ausland in den ehemaligen Ostblock nach Ungarn, das damit eine Privatwirtschaft aufbauen konnte. Russland hatte mit Ungarn die Vereinbarung, seine Schulden durch Warenlieferungen tilgen zu dürfen, und beglich 1993 seine rund 1,8 Milliarden US-Dollar Schulden an Ungarn zu aller Überraschung mit der Lieferung von 28 Kampfflugzeugen der Marke MIG-29!)*

11. Woher kommt der Ausdruck „Tolpatsch"? *(Er kommt vom ungarischen Wort „talpas" und bedeutet „breitfüßig". Talpas hießen die Soldaten der ungarischen Infanterie. Als sie mit den Deutschen in den Krieg zogen, machten die daraus „Tolpatsch", was für Menschen stand, die unverständlich sprechen oder handeln.)*

Friedrich von Schiller

1. Wer war (Johann, Christoph) Friedrich von Schiller (10.11.1759-09.05.1805)? *(Einer der grossen deutschen Dichter.)*

2. Wie verbrachte Schiller seine Jugend? *(Schiller wurde in Marbach am Neckar geboren. Als er 13 Jahre alt war, nahm ihn sein Herzog Karl Eugen von Württemberg, einer der despotischsten deutschen Herrscher jener Zeit, seinen Eltern weg, um ihn auf einer Militärakademie als Offizier und Beamten ausbilden zu lassen. Hier war Schiller vom 13. bis zum 21. Lebensjahr regelrecht eingesperrt. 1773 (also mit 14!) nahm er zunächst das Jurastudium auf, wechselte dann aber 1775 zum medizinischen Studium. Im zweiten Anlauf gelang ihm dort 1780 die Promotion. Noch im Alter von 21 Jahren schloss er sich dem Stuttgarter Regiment als Feldarzt an.)*

3. Wie hieß Schillers erstes Drama? *(„Die Räuber". Geprägt von seiner Ablehnung gegen die erlittene Obrigkeit und seiner Begeisterung für das Gedankengut der Aufklä-*

rung ist dies Drama Ausdruck seiner Antipathie gegen jegliche Autorität und seines absoluten Freiheitswillens. Das Drama wurde vom Mannheimer Nationaltheater zur Aufführung angenommen und war ein voller Erfolg. Schiller hatte sich dahin ohne offiziellen Urlaub aus Stuttgart verdrückt. Als er dies ein zweites Mal unternahm, bekam er vom Herzog 14 Tage Arrest, den Befehl, „nichts Literarisches mehr zu schreiben" und „den Verkehr mit Ausländern zu unterlassen" [Mannheim gehörte zur Pfalz und war damit „Ausland"]. Daraufhin floh Schiller nach Mannheim. Dort schrieb er sein zweites Drama „Die Verschwörung des Fiesko", das aber vom Theater zur Aufführung zunächst nicht angenommen wurde [später wurde es dort doch noch aufgeführt, war aber ein Fiasko], was Schiller in arge finanzielle Bedrängnis brachte.)

4. Wie entstanden Schillers nächste Erfolge „Kabale und Liebe" (1784)? *(Der mittellose Schiller wurde von Frau von Wolzogen auf deren Gut Bauerbach bei Meiningen aufgenommen, wo er ein halbes Jahr verbrachte und „Kabale und Liebe" [der ursprüngliche Titel lautete „Luise Millerin", wurde aber auf Anraten seiner Freunde geändert] schrieb. „Kabale und Liebe" wurde zwar wieder begeistert aufgenommen, brachte ihm aber letztlich doch kein Glück: Die Schauspieler des Theaters stellten sich gegen ihn, und sein Vertrag wurde nicht verlängert, was ihn erneut in finanzielle Nöte stürzte.)*

5. Im Anschluss daran vollendete Schiller 1787 den „Don Carlos". Worum ging es, was löste das Werk bei Schiller aus? *(Mit dem „Don Carlos" schuf Schiller sein erstes großes klassisches Drama, das er in Jamben [Versform] schrieb. Berühmt ist daraus der Satz „Gebt Gedankenfreiheit, Sire!" [Aufforderund des Marquis Posa an ☞Philipp II. von Spanien]. Das Drama behandelt das Schicksal des spanischen Thronfolgers [Infanten] Prinz Don Carlos, der vergeblich gegen die starren Zwänge des spanischen Königshauses als Machtstaat für bürgerliche Freiheit rebelliert und von seinem Vater der Inquisition übergeben wird, als er bereit ist, sich an die Spitze der Rebellion der Niederländer gegen Spanien zu stellen [☞Verdi schrieb danach 1867 eine Oper]. Bei allen historischen Stoffen ging es Schiller um den Weg des Menschen zu freier Selbstverwirklichung. Obwohl das Drama ein großer Erfolg wurde, zog Schiller den Schluss, dass seine Bildung unzulänglich sei, und begann, seinen Horizont durch geschichtliche Studien zu erweitern.)*

6. Wie kam Schiller zur (ehrenamtlichen) Geschichtsprofessur in Weimar? *(Schiller setzte seine geschichtlichen Studien im Buch „Geschichte des Abfalls der Niederlande" um [logische Fortsetzung des „Don Carlos", da unter ☞Philipp II. von Spanien die Niederlande seit 1568 um ihre Unabhängigkeit kämpften, die sie erst 1648 errangen]. Die Abhandlung [natürlich stand wieder Schillers Lieblingsthema, der Kampf um die Freiheit im Mittelpunkt. Schiller war glühender Anhänger der Thesen Rousseaus und Voltaires, die das Naturrecht der Völker auf Befreiung von Unterdrückung propagierten. 1792 ernannte ihn die Französische Republik deshalb zu ihrem Ehrenbürger] war so gut, dass die Weimarer Regierung ihm daraufhin die Geschichtsprofessur in Weimar antrug, die Schiller annahm. Mit 30 Jahren hielt er im Mai 1789 seine Antrittsvorlesung [„Was heißt und zu welchem Ende studiert man Universalgeschichte?" – begeistert aufgenommen]. Schiller schrieb 1790-1792 auch drei Bände zum ☞30-jährigen Krieg.)*

7. Welche bekannten Werke sind ebenfalls von Schiller? *(Schiller verfasste die Dramen „Wallenstein“ [1800], „Maria Stuart“ [1800], „Die Jungfrau von Orleans“ [1801], „Die Braut von Messina“ [1803] und den „Wilhelm Tell“ [1804]. Auch seine Gedichte „Das Lied von der Glocke“, „Der Ring des Polykrates“, „Die Kraniche des Ibikus“, „Der Taucher“ und „Die Bürgschaft“ sind sehr bekannt. Sein bekanntestes Gedicht ist aber wohl die Ode „An die Freude“, die von ☞Beethoven vertont wurde.)*

8. Was hat Schiller mit der Spruchweisheit „Die Axt im Haus ersetzt den Zimmermann“ zu tun? *(Es ist ein Stelle aus Wilhelm Tell. Dieser hat ein Hoftor repariert, das nach seiner Meinung nun ewig hält, und verkündet deshalb: „Jetzt mein ich, hält das Tor auf Jahr und Tag. Die Axt im Haus ersetzt den Zimmermann.“)*

9. Warum kennt man seine „Pappenheimer“? *(Das geht auf Schiller zurück: In seinem „Wallenstein“ lobt die Hauptfigur das Regiment des Gottfried H. Pappenheim für dessen Treue und Mut. Heute sprechen wir von einem Menschen als Pappenheimer, wenn wir seine Stärken und Schwächen genau zu kennen glauben.)*

10. Was hat Schiller mit der Spruchweisheit „Gefährlich ist´s den Leu zu wecken!“ zu tun? *(Der Leu steht dichterisch für den Löwen. Schiller textete im Gedicht „Die Glocke“: „Gefährlich ist´s, den Leu zu wecken, / Verderblich ist des Tigers Zahn, / Jedoch der Schrecklichste der Schrecken, / Das ist der Mensch in seinem Wahn.“)*

11. Wie kam Schiller 1791 zu einer dreijährigen Pension (später um zwei Jahre verlängert) von 1000 Talern aus Dänemark? *(Schiller war inzwischen über die Grenzen Deutschlands hinaus bekannt, was auch für seinen angeschlagenen Gesundheitszustand galt. Eine 1791 erlittene ☞Lungenentzündung meldete sich jährlich wieder und setzte Schiller immer wieder sehr zu. Das führte dazu, dass in Dänemark seine Verehrer auf eine falsche Nachricht eine Totenfeier für ihn hielten. Als sie hörten, dass er zwar noch lebte, aber in finanziellen Nöten, setzten sie unter Führung des dänischen Finanzministers die zunächst dreijährige Pension aus. Das gab Schiller die Möglichkeit zur dritten Stufe seiner Selbstbildung: Er studierte ausgiebig die Philosophie Kants und verfasste eine Reihe philosophischer Schriften.)*

12. Kannte Schiller ☞Goethe? *(Ja, sie waren gut befreundet [beide lebten in Weimar] und schrieben zusammen die „Xenien“ [ironisch: „Gastgeschenke“], eine Kritik an ihrer Zeit. Beide ermunterten sich zu ihren größten dichterischen Werken. Goethe führte an dem von ihm geleiteten Weimarer Hoftheater Schillers neue Stücke urauf. Als Schiller an einer erneuten Lungenentzündung, die er sich im Theater geholt hatte, gestorben war, sagte der zu diesem Zeitpunkt ebenfalls kranke Goethe, mit seinem Tod habe er „die Hälfte seines Daseins verloren“. Später lobte er die „erhabene Natur“ Schillers: „Nichts zieht den Flug seiner Gedanken herab; was in ihm an großen Ansichten lebt, geht immer frei heraus ohne Rücksicht und ohne Bedenken. Das war ein rechter Mensch, und so sollte man auch sein.“ Schiller und Goethe liegen in der Weimarer Fürstengruft begraben.)*

13. Was verbindet Beethoven mit Schiller? *(Schiller dichtete die „Ode an die Freiheit", die Beethoven später in der 9. Sinfonie vertonte.)*

Nashörner

1. Was sind Nashörner? *(Nashörner gehören zur Familie der „Unpaarhufer" [Huftiere mit ungerader Zehenzahl. Nashörner haben drei Zehen] und haben ein oder zwei Hörner auf der Nase. Die Haut der Nashörner ist grau oder braun. Die lateinische Bezeichnung lautet „Rhinoceros". Nashörner sind neben den Elefanten die größten Landsäugetiere.)*

2. Woraus ist das Horn des Nashorns? *(Die Hörner stehen beim Nashorn nicht in Verbindung mit dem Knochen, sondern bestehen aus verhornter Oberhaut. Trotzdem sind diese Hörner außerordentlich hart und fest.)*

3. Wie groß werden Nashörner? *(Am größten wird das in Afrika lebende Breitmaulnashorn. Es wird zwei Meter hoch und bis zu 4,5 m lang. Auch das kleinere Spitzmaulnashorn [verbreitetste Art der Nashörner] lebt in Afrika. Nashörner können über zwei Tonnen wiegen.)*

4. Wie schnell rennt ein Nashorn? *(Trotz ihrer Größe und ihrem massigen Körper laufen Nashörner bis zu 45 km/h schnell.)*

5. Gibt es nur in Afrika Nashörner? *(Nein. In Asien sind das Panzernashorn [es leben nur noch wenige Hundert in Nordindien und Nepal], das Sumatranashorn [kleinstes Nashorn] und das Java-Nashorn beheimatet.)*

6. Warum gehören Nashörner zu den bedrohten Tierarten? *(Hartnäckig hält sich der völlig unberechtigte Aberglaube, dass man aus dem Horn der Nashörner heilkräftige Arzneien und Aphrodisiaka gewinnen könne. Da Nashörner immer seltener werden, werden immer horrendere Summen für diese „Heilmittel" gezahlt. 1998 gab es in Afrika noch 11.000 und in Asien rund 2.500 Nashörner.)*

Schweden

1. Was ist Schweden? *(Eine parlamentarische Monarchie in Nordeuropa, die im Norden und Westen an Norwegen und im Nordosten an Finnland grenzt. Schwedens Ge-*

samtfläche beträgt 450.295 km² [zum Vergleich: die BRD ist 357.000 km² groß], womit Schweden das viertgrößte Land Europas ist.)

2. Wie heißt die Hauptstadt von Schweden? *(Stockholm mit rd. 760.000 Einwohnern, gleichzeitig größte Stadt Schwedens. Der Name der Hauptstadt bedeutet so viel wie „Inseln im Sund" und spielt auf die außergewöhnliche Lage der Stadt an: Sie erstreckt sich über drei große Inseln, zahlreiche kleinere Inseln und einen Teil des gegenüberliegenden Festlands. Die nächstgrößten Städte sind Göteborg mit 450.000 und Malmö mit 250.000 Einwohnern. Schweden hat nur etwa 9 Mio. [1998] Einwohner. Die Lebenserwartung der Schweden zählt zu den höchsten auf der Welt.)*

3. Welche Religion ist in Schweden führend? *(95 % der Bevölkerung sind evangelisch.)*

4. Wie heißt die schwedische Währung? *(Schwedische Krone = 100 Ören.)*

5. Welche auf dem Boden lebenden Tiere sind in Schweden am verbreitetsten? *(Rehe, Elche, Hirsche und [im Norden] Rentiere. In den Wäldern leben Bären, Wölfe und Luchse sowie der Vielfraß [eine Marderart].)*

6. Schweden ist berühmt für seinen Sozialstaat, warum? *(Alle Bürger bekommen Renten und finanzielle Unterstützung bei Arbeitsunfähigkeit. Die Arbeitslosenversicherung wird von den Gewerkschaften verwaltet. Es gibt in Schweden noch eine Fülle weiterer Sozialleistungen. Das gut ausgebaute Sozialsystem wird über sehr hohe Steuern finanziert.)*

7. Welche international angesehenen Preise werden in Schweden vergeben? *(Die Nobelpreise [benannt nach dem Stifter Alfred ☞Nobel]: Nobelpreise werden vergeben in den Fächern Chemie, Physik, Medizin, Literatur, Wirtschaftswissenschaften. Der Friedensnobelpreis wird von einem Parlamentsausschuss vergeben.)*

8. Welche Bedeutung hat Schweden für die Pressefreiheit? *(Schweden war 1766 das erste Land, in dem die Pressefreiheit eingeführt wurde.)*

9. Was ist in Schweden der „Ombudsmann"? *(In Schweden gibt es vier Ombudsmänner, die vom Reichstag für vier Jahre gewählt werden. Sie kontrollieren Gerichte und Verwaltungsbeamte bei Beachtung und Anwendung der Gesetze. Dazu können sie z.B. selbst Untersuchungen anordnen.)*

10. Ist Schweden sehr waldreich? *(Ja: 59,3 % des Landes sind mit Wald bedeckt. Schweden ist der größte Holzproduzent weltweit.)*

11. Wer war Gustav Wasa? *(Ein schwedischer Rebell gegen die dänische Unterdrückung Schwedens. Nach dem Erfolg seiner Rebellion in einer Schlacht wurde er 1523 zum König von Schweden gekrönt. In dieser Zeit wurde das ☞Luthertum zur Staatsreligion.)*

12. Wer war Jean-Baptiste Bernadotte? *(1810 garantierte Schweden einen pronapoleonischen Kurs und bekam den französischen General Bernadotte als Thronfolger [der kinderlose König Karl XIII. ernannte ihn dazu und adoptierte ihn]. Bernadotte brach seinen Treueeid gegen Frankreich und kämpfte von 1813-1814 an der Seite der Koalition gegen ☞Napoleon, u.a. beim Russlandfeldzug Napoleons [darum geht es auch in dem historischen Roman „Desireé“]. 1818 bestieg Bernadotte als Karl XIV. Johann den Thron und regierte bis 1844. Seit dem Feldzug gegen Napoleon hat Schweden keinen Krieg mehr geführt, war also auch während der beiden Weltkriege im 20. Jahrhundert neutral.)*

13. Wie verhält sich Schweden zur Europäischen Union? *(Schweden wurde nach einem positiven Referendum im eigenen Land 1995 in die EU aufgenommen. Die schwedische Regierung entschied sich aber 1997 gegen die Teilnahme an der dritten Stufe der Europäischen Wirtschafts- und Währungsunion.)*

14. Warum sagt man mit anerkennendem Unterton „alter Schwede“? *(Nach dem ☞30-jährigen Krieg hatte der Große Kurfürst erfahrene ältere schwedische Soldaten als Ausbilder anwerben lassen. Da sie sich sehr gut auf militärischen Drill verstanden, wurden sie meist als Unteroffiziere eingesetzt. Unter den Soldaten nannte man diese Schleifer „die alten Schweden“.)*

15. Woher kommt die schwedische Automarke Saab? *(Saab ist die Abkürzung für „Svenska Aeroplan Aktie Bolaget“ [= „Schwedische Flugzeug Aktiengesellschaft“]. Tatsächlich baute diese Gesellschaft von 1937 bis 1946 nur Flugzeuge, erst dann kamen Autos hinzu.)*

16. Woher hat die schwedische Firma „IKEA“ ihren Namen? *(Der Unternehmensgründer Ingvar Kamprad hängte an die Initialen seines Namens die Anfangsbuchstaben seiner beiden Heimatorte Hof Elmtaryd in der Nähe des Dorfes Agunnaryd. Kamprad gehört mit einem Vermögen von 13 Mrd. $ zu den reichsten Männern der Welt. Zunächst verkaufte er als Teenager Streichhölzer. Dann kamen Kugelschreiber, Weihnachtsschmuck und Saatgut hinzu. 1947 nahm er die ersten Möbel ins Programm auf. Da der Absatz dabei enorm gut war, konzentrierte sich Kamprad ab 1951 voll darauf. Als ein Mitarbeiter die Beine eines Tisches abschraubte, um ihn besser transportieren zu können, wurde IKEA als Selbstbau-System geboren: Fortan legte IKEA alle Möbel flach für den Transport.)*

Renaissance

1. Was ist die „Renaissance“? *(Die Renaissance [französisch = „Wiedergeburt“] ist eine Epoche in Europa, die der ☞Gotik folgte und eine Hinwendung zur Kunst und Kultur der Antike kennzeichnet. Obwohl die Renaissance in Italien bereits im 14. Jahrhun-*

dert einsetzte und ganz Europa im 16. Jahrhundert erfasste, wurde der Begriff „Renaissance“ erst 1855 vom französischen Historiker Jules Michelet geprägt. Zuvor hatte der italienische Kunstschriftsteller Giorgio Vasari schon um 1550 „rinascimento“ als Wort für die Wiederaufnahme antiker Formen verwandt.)

2. Von wann bis wann ging die Epoche der Renaissance? *(Die Renaissance setzte Ende des Mittelalters ein: Von 1420 – 1490 lief die Frührenaissance, von 1490 – 1520 die Hochrenaissance und von 1520/30 - 1600 die Spätrenaissance, die auch Manierismus genannt wird.)*

3. Was war das Erziehungsziel der Renaissance? *(Das Studium antiker Literatur, Geschichte und Philosophie sollte die Menschen freier und gebildeter machen, der Körper durch Training vervollkommnet werden. Die Renaissance war also den Idealen des ☞Humanismus verpflichtet. Aus dem Drang zur Forschung resultierte, dass der Mensch als Individuum mit herausgebildeter Mimik und Physis real dargestellt wurde. Gleiches gilt für die Wiedergabe des Raums, der plastisch erscheint. Deshalb gehören zur Malerei der Renaissance auch Naturstudien, also Landschaftsmalereien ebenso wie Stillleben.)*

4. Wer waren die bekanntesten Förderer der Renaissance? *(Die Medici aus Florenz und die Dogen aus Venedig.)*

5. Wer waren die bekanntesten Dichter der Renaissance? *(William ☞Shakespeare in England, Francesco Peirarca in Italien und François Rabelais in Frankreich.)*

6. Was waren die Stilmerkmale der Renaissance in der Baukunst? *(Während gotische Bauten vertikal [in die Höhe strebend] angelegt waren, bevorzugt die Renaissance horizontale Linien. Sie greift Formen der römischen Antike auf: Säulen, Rundbögen und gerade Fensterabschlüsse. Die Renaissance entwickelte den Zentralbau, der von einer halbkugelförmigen Kuppel gekrönt wird [Florentiner Dom und ☞Petersdom in Rom]. In Deutschland gehört das Bremer Rathaus [Umbau des spätgotischen Bauwerks] zu den schönsten Bauwerken der Renaissance.)*

7. Wer war der bekannteste Maler der Renaissance? *(☞Leonardo da Vinci und Boticelli in Italien. In Deutschland war ☞Dürer der berühmteste Vertreter der Renaissance.)*

8. Was ist „Sfumato“? *(Sfumato ist eine von Leonardo da Vinci perfektionierte Stilrichtung eines Helldunkels, womit er zarte Übergänge von Licht und Schatten erreichte. Hintergrund ist ein natürliches Phänomen: Die Staubteilchen in der Luft lassen Dinge in der Ferne unschärfer erkennen. Dieses Phänomen nennt man Luftperspektive. Leonardo entwickelte deshalb die Technik, den Hintergrund eines Bildes als atmosphärischen Dunstschleier ungenau und verschwommen in kalten Farben darzustellen.)*

9. In welche Kunstrichtung ging die Spät-Renaissance über? *(In den ☞Barock.)*

Fridtjof Nansen

1. Wer war Fridtjof Nansen (1861-1930)? *(Ein norwegischer Polarforscher. Nansen hatte eigentlich Zoologie studiert, beschäftigte sich aber hauptsächlich mit Plänen zur Erforschung des Polargebietes.)*

2. Erreichte Nansen mit seinem Schiff „Fram" (= „Vorwärts", steht heute auf der Museumsinsel Bygdøj in Oslo) den Nordpol? *(Nein, er kam 1895 „nur" bis 86° 14´ Nord [nur 400 km vom Nordpol entfernt], dem zu seiner Zeit nördlichsten erreichten Punkt. Das Schiff verließ Hansen zusammen mit Frederic Hjalmar Johansen am 14.03.1985 und brach zu seiner Schlittenfahrt Richtung Norden auf. Die Reise war bei bis zu -45° C aber so beschwerlich, dass Nansen schließlich den Rückweg antrat. Mit der Fram brach aber Roald ☞Amundsen 1910 in die ☞Antarktis auf und erreichte als erster Mensch den Südpol.)*

3. Nansen war neben seinen Forschungen humanitär aktiv. Erhielt er dafür einen Preis? *(Ja, den Friedensnobelpreis [1922]: Nansen war 1918 Kommissar des Völkerbundes geworden und hatte nach dem ersten Weltkrieg die Heimführung von [u.a deutschen] Kriegsgefangenen aus Russland organisiert. Von 1921 bis 1923 leitete er die Rotkreuz-Hungerhilfe an der Wolga und in der Südukraine. Hierfür erhielt er den Friedensnobelpreis.)*

4. Wer erreichte als erster Mensch den Nordpol? *(Robert ☞Peary.)*

Byzantinisches Reich

1. Was war das „Byzantinische Reich"? *(Die abendländische Bezeichnung für die östliche Bezeichnung des Römischen Kaiserreiches und des daraus entstandenen Staates bis zur Eroberung durch die Osmanen 1453, womit das Byzantinische Reich endete.)*

2. Wonach wurde das Byzantinische Reich benannt? *(Nach seiner Hauptstadt Byzanz [gegründet von dorischen Siedlern aus Megara [griechische Stadt am Saronischen Golf], die den Ort nach ihrem Führer Byzas Byzantion tauften], die 330 n. Chr. zu Ehren des Kaisers Konstantin in ☞Konstantinopel und im 20. Jahrhundert in Istanbul umbenannt wurde.)*

3. Warum wählte Kaiser Konstantin Byzanz zu seiner Hauptstadt? *(Eigentlich hatte Konstantin am Ort des alten ☞Troja seine neue Hauptstadt etablieren wollen. Die*

Stadt war schon soweit fertig, dass nur noch die Stadttore hätten eingehängt werden müssen. Wegen eines Traumes brach Konstantin die Arbeiten von heute auf morgen ab und begann in Byzanz neu. Byzanz lag strategisch hervorragend: Vom Land konnte die Stadt nur von einer Seite angegriffen werden, von den anderen drei Seiten war Byzanz nur durch eine Flotte zu attackieren. Die wandernden Barbaren, deren Angriffe man am ehesten befürchten musste, hatten aber keine Schiffe. Im übrigen erkor Konstantin bewusst eine andere Stadt als Rom zur Hauptstadt, weil er Rom als Brutstätte von Verrat misstraute. Byzanz hatte aber Ähnliches zu bieten wie Rom, hatte also z.B. auch ein Hippodrom, in dem wie im römischen Circus Maximus Wagenrennen abgehalten wurden.)

4. Unter welchem Kaiser war das Byzantinische Reich am mächtigsten? *(Unter der Regierungszeit Kaiser Justinians [527-565 n. Chr.] umfasste das Byzantinische Reich [nach heutiger Bezeichnung:] Italien, die Balkanstaaten, Griechenland, die Türkei, den kompletten Vorderen Orient, Ägypten, Nordafrika und die südöstliche Spitze von Spanien, also praktisch den Mittelmeerraum und die südlich an das Schwarze Meer angrenzenden Gebiete.)*

Lungenentzündung

1. Was bezeichnet man als „Lungenentzündung"? *(„Lungenentzündung" [Pneumonie] ist die Sammelbezeichnung für akut oder chronisch entzündliche Prozesse des ☞Lungengewebes, die durch unterschiedliche Ursachen [z.B. bakterielle, Pilz- oder Virusinfektionen] ausgelöst werden.)*

2. Wie viele Arten von Lungenentzündungen gibt es? *(Im Wesentlichen drei: Die gefährlichste ist die sog. echte [gemeine] oder lobäre Lungenentzündung. Sie wurde vom deutschen Arzt Albert Fraenkel entdeckt, der in Mund und Rachen seiner Patienten einen bakteriellen Erreger [Streptococcus Pneumoniae] entdeckte. Diese Lungenentzündung beginnt meist ohne Vorboten mit hohem Fieber [es bleibt bei 39° C], Husten und Schüttelfrost. Bevor es ☞Antibiotika gab, war sie die häufigste Todesursache bei Erwachsenen. Die weniger gefährliche Viruspneumonie wird durch verschiedene ☞Viren verursacht. Hier wird der Patient meist ohne ärztliche Hilfe wieder gesund. Bei der Bronchopneumonie tritt die Erkrankung häufig als Begleiterscheinung einer anderen längeren Krankheit auf. Sie wird meist ausgelöst durch Keime, die sich in den Luftwegen befinden.)*

3. Wie werden Lungenentzündungen bekämpft? *(Da Viren gewöhnlich nicht auf Antibiotika ansprechen, sind nur die bakteriellen Lungenentzündungen direkt wirksam mit Antibiotika zu bekämpfen.)*

4. Ist eine Lungenentzündung für einen Aids-Patienten gefährlich? *(Lungenentzündungen, die von dem normalerweise harmlosen Protozon [=mikroskopisch kleines, nur aus einer einzigen Zelle bestehendes tierisches Lebewesen] Pneumocystis carinii hervorgerufen werden, sind die häufigste Todesursache bei Aids-Patienten.)*

Der 100-jährige Krieg

1. Was bezeichnet man als „Hundertjährigen Krieg"? *(Den von 1337-1453 dauernden Krieg zwischen England und Frankreich. Er war also eigentlich 116 Jahre lang, wurde aber von zahlreichen, oft lang andauernden Waffenstillstandsperioden unterbrochen.)*

2. Wie kam es zu diesem Krieg? *(Der englische König Eduard III. stammte mütterlicherseits von dem französischen König Philipp dem Schönen ab. Deshalb erhob er Anspruch auf den französischen Thron nach dem Tod Karls VI. Die Franzosen zogen ihm jedoch Karls Cousin Philipp vor, da das „Salische Gesetz" Frauen und ihre Nachkommen von der Thronfolge ausschloss. Daraufhin ließ sich Eduard III. zum König von Frankreich ausrufen, nahm in sein Wappen die französischen Lilien auf und erklärte Frankreich den Krieg.)*

3. Wie ging der Krieg aus? *(Zu Beginn des Krieges gehörte England von Frankreich nur ein Küstenstreifen am Atlantik mit der Stadt Bordeaux. England gewann dank seiner Bogenschützen die ersten Kämpfe, insbesondere die Schlacht bei Poitiers [1356]. Das löste durch die Schrecken des Krieges und Hungersnöte im Volk Aufstände aus, die in einer chaotische Lage mündeten. Die englischen Truppen konnten sich in dem verwüsteten Land nicht mehr ernähren und zogen sich in die Heimat zurück. Nach kurzem Frieden ging der Krieg weiter und England gewann die nächste große Schlacht bei Azincourt [1415]. In dieser desolaten Situation setzte sich das französische Bauernmädchen Jeanne d' Arc [„Die Jungfrau von Orleans"] an die Spitze der französischen Truppen und errang erste Siege, die den Franzosen das verlorene Selbstvertrauen zurückgaben. Jeanne d' Arc wurde zwar von den Burgundern gefangengenommen und an die Engländer ausgeliefert, die sie als Hexe verbrannten. Die französischen Truppen kämpften aber weiter, und die Engländer verließ schlagartig das Kriegsglück. Sie gewannen keine Schlacht mehr und behielten am Kriegsende nur noch Calais auf dem Kontinent.)*

4. Welche Folgen hatte der 100-jährige Krieg für Eduard III.? *(Er hatte sich mit dem Krieg finanziell mächtig überhoben. Als er 1339 ein Darlehn von sieben Mio. Pfund nicht zurückzahlen konnte, wurde er unter Konkursverwaltung gestellt. Er war damit der erste Monarch, der Pleite machte.)*

Albanien

1. Was ist Albanien? *(Eine Republik in Südosteuropa. Albanien grenzt an die Föderative Republik Jugoslawien, Makedonien, Griechenland und das Adriatische Meer. Albanien ist mit einer Staatsfläche von 28.748 km^2 [zum Vergleich: die BRD ist 357.000 km^2 groß] eines der kleinsten europäischen Länder und das ärmste [mehr als die Hälfte der Bevölkerung ist arbeitslos]. Albanien hat rund 3,1 Mio. Einwohner [1998], von denen rund 98 % Albaner sind. Viele Albaner leben im Ausland: Einige Hunderttausend in Griechenland, aber fast 2 Mio. in den Ländern des früheren Jugoslawien, vor allem in Serbien im Kosovo [dort leben rund 1,5 Mio. Albaner].)*

2. Wie kam Albanien zu seinem Namen? *(Seit dem 11. Jahrhundert n. Chr. [da war Albanien Teil des ☞Byzantinischen Reiches] nannte man die Bevölkerung „Albaner“ [die Serben nannten sie „Arbansi“]. Sie selber nannten sich „Skipetaren“ [= „Die Söhne des Adlers“]. Deshalb ist in der Flagge eine Doppeladler. Als Ismail Kemal Bei in Valona am 28.11.1912 die Unabhängigkeit proklamierte, nannte er das Land Albanien. Auf der Londoner Botschafterkonferenz am 27.07.1913 wurden Albaniens Grenzen festgesetzt. Dabei verlor Albanien mehr als die Hälfte seiner ursprünglichen Landesfläche, darunter auch den Kosovo [deshalb wird Tirana auch beschuldigt, im Kosovo die „Befreiungsarmee des Kosovo“, die „UCK“, zu unterstützen] sowie rund 40 % seiner Bevölkerung.)*

3. Wie heißt die Hauptstadt Albaniens? *(Tirana mit rd. 270.000 Einwohnern, die gleichzeitig größte Stadt des Landes ist. Außer Tirana gibt es in Albanien keine Großstadt.)*

4. Wie hielt es Albanien in den 60-er Jahren mit der Religion? *(Die Regierung untersagte 1967 jede Religionsausübung und erklärte Albanien zum „ersten atheistischen Staat der Welt“. Dieses Religionsverbot wurde erst 1990 wieder aufgehoben. Seitdem bekennen sich 65 bis 70 % der Bevölkerung zum Islam, konkret dem sunnitischen Zweig. Weitere 18 % der Albaner sind Katholiken, weitere 10 % orthodoxe Christen.)*

5. Wie heißt die Währung Albaniens? *(1 Lek = 100 Qindarka.)*

6. Welche Sprache sprechen die Albaner? *(Albanisch. Dabei handelt es sich um eine indoeuropäische Sprache, die nicht mit anderen Sprachgruppen verwandt ist.)*

7. Wann wurde Albanien selbständig? *(Erst 1912 konnte sich Albanien von der Herrschaft der Türken befreien.)*

8. Wann nahm Albanien diplomatische Beziehungen zur BRD auf? *(Relativ spät: 1987.)*

Australien

1. Was ist Australien? *(Ein Inselkontinent auf der südlichen Erdhalbkugel. Mit Tasmanien und den übrigen vorgelagerten Inseln hat Australien eine Gesamtfläche von 7.682.300 km^2. Australien hat ca. 20,1 Mio. Einwohner. 90 % der Bevölkerung wohnen auf nur 3 % der Landesfläche. Regierungsoberhaupt ist der australische Premierminister.)*

2. Wie viele Bundesstaaten hat Australien? *(Sechs: New South Wales, Queensland, South Australia, Tasmanien, Victoria und Western Australia. Daneben hat Australien noch zwei Bundesgebiete: Australien Capital Territory und Northern Territory.)*

3. Wie heißt die Währung Australiens? *(1 Australischer Dollar = 100 Cent.)*

4. Welche Sprache spricht man in Australien? *(Englisch.)*

5. Wie heißt die Hauptstadt Australiens? *(Canberra mit 310.000 [1993] Einwohnern. Größte Stadt ist aber Sydney [richtete 2000 die Olympischen Spiele aus] mit 3,72 Mio. Einwohnern. Sydney ist das bedeutendste Finanz- und Handelszentrum dieses Kontinents und besitzt auch den wichtigsten Hafen. Weitere bedeutende Städte sind Melbourne [3,2 Mio. Einwohner], Brisbane [1,4 Mio.], Perth [1,2 Mio.] und Adelaide [1,1 Mio.].)*

6. Wie kam es dazu, dass Canberra die Hauptstadt Australiens wurde? *(Als die Hauptstadtfrage anstand, waren Sydney und Melbourne schon die größten und bedeutendsten Städte Australiens. Sie konnten sich aber nicht darüber einigen, wer von ihnen nun die Hauptstadt werden sollte. Deshalb beschloss man, eine neue Hauptstadt zu erbauen. Sie wurde ab 1913 nach den Plänen des Chicagoer Architekten Walter B. Griffin als Gartenstadt für 25.000 Einwohner errichtet. 1927 wurde Canberra fertiggestellt und dann auch offiziell Hauptstadt Australiens.)*

7. Wie ist die australische Wirtschaft strukturiert? *(Sie gleicht eigentlich der Wirtschaftstruktur eines Entwicklungslandes, da Australien überwiegend Urprodukte [Weizen [auf rund 45 % der kultivierten Fläche wird Weizen angebaut], Fleisch, Milchprodukte, Wolle [über 25 % des jährlichen Weltproduktionsaufkommens], ☞Kohle, ☞Erdöl, ☞Ergas, Erze, Diamanten [im Kimberleygebirge wurden 1979 riesige Diamantenfelder gefunden. Australien stieg mit einem Anteil von 36 % zum größten Diamanten-Lieferanten der Welt auf] exportiert [wichtigster Handelspartner ist Japan] und vor allem Fertigungserzeugnisse unterschiedlichster Art importiert. Australiens Handelsbilanz ist dabei aber negativ.)*

8. Wie kam Australien zu seinem Namen? *(Im späten Mittelalter nahm man immer noch an, dass auf der südlichen Seite der Erdkugel eine große Landmasse sein müsse, um Europa und Asien auf der nördlichen Halbkugel auszubalancieren. Geografen*

bezeichneten nach dem griechischen Astronomen Claudius ☞Ptolemäus [100 – 160 n. Chr.] dieses Land als „Terra Australis Incognita" [= „unbekanntes Südland"] und zeichneten es auf Weltkarten als große, kugelförmige Masse ein, die [zufällig] ungefähr die geografische Lage von Australien traf. In der Mitte des 17. Jahrhunderts erforschte der Holländer Abel Janszoon Tasman die nach ihm benannte Insel Tasmanien, die an der Südspitze Australiens liegt, und Australien selbst, das die Ankömmlinge „Neu-Holland" nannten. Tasman nahm den Kontinent aber nicht formell für Holland in Anspruch. Deshalb konnte der englische Kapitän James ☞Cook am 23.08.1770 die Gegend um Botany Bay [in der Nähe von Sydney] an der Ostküste für die englische Krone offiziell in Besitz nehmen. James Cook wird deshalb als „erster Australier“ in den Geschichtsbüchern Australiens dargestellt. 1801-1803 umrundete erstmals der englische Marineoffizier Matthew Flinders Australien komplett und wies damit nach, dass es ein Kontinent war. Auf seine Empfehlung hin wurde der Name Neu-Holland aufgegeben und „Australien“ 1817 offiziell die Bezeichnung des Kontinents.)

9. Wie kam es zur Gründung von Sydney? *(Philipp von Portsmouth traf am 18.01.1788 in Botany Bay ein, hielt den Ort aber für ungünstig. Er segelte deshalb Richtung Norden, wo er einen der besten natürlichen Häfen der Welt entdeckte: Sydney. Am 26.01.1788 [wird heute noch als Australien-Tag gefeiert] wurde dort die erste dauerhafte europäische Siedlung gegründet, die ihren Namen nach dem britischen Innenminister Lord Sydney erhielt, der für die Kolonisierungspläne zuständig war.)*

10. Welche Bedeutung hatte der Ausgang des amerikanischen Unabhängigkeitskrieges für Australien? *(Die Amerikaner jagten die Briten 1781 aus dem Land. Bis dahin hatte sich die britische Justiz ihrer Zuchthäusler einfach dadurch entledigt, dass man sie über den Atlantik nach Amerika verschiffte. Nun besann man sich auf die fernen Kolonien und schickte ab 1788 die Sträflinge nach Australien, das deshalb zu Beginn mehr eine große Sträflingskolonie war. Diese Sträflinge besiedelten dann aber zu einem wesentlichen Teil das Land. Deshalb nennen die Australier ihr Land auch den „weißen Kontinent“, weil er von Weißen besiedelt wurde.)*

11. Was ist das „Große Barrierriff“? *(Das aus Korallen bestehende Riff ist die weltweit größte Struktur, die von Lebewesen gebildet wurde. Das Riff ist 2.012 km lang und zieht sich entlang der Ostküste des Bundesstaates Queensland bis nach Bundaberg im Süden. Das Riff wurde zum Weltnaturerbe ernannt.)*

12. Was ist das „Outback“? *(Als „Outback“ [engl. für „Hinterland“] bezeichnen die weißen Australier das weitgehend unbesiedelte Landesinnere.)*

13. Ist das Landesinnere Australiens fruchtbar? *(Nein, zwei Drittel der Landoberfläche sind Wüsten oder Halbwüsten. Weil dort die Verdunstungsrate sehr hoch ist, sind die natürlichen Seen im Landesinneren zu Salzpfannen und Salzseen geworden.)*

14. Welche Bedeutung hat der Eukalyptus für Australien? *(In Australien gibt es mehr als 600 Arten des Eukalyptus, der 90 % des Wald bildenden Bestandes ausmacht. Manche Pflanzen sind nur strauchgroß, wieder andere gehören mit mehr als 100 Metern*

zu den höchsten Bäumen überhaupt. Die häufigen Busch- und Waldbrände in den Trockengebieten Australiens machen dem immergrünen Eukalyptus nur wenig aus; manche Arten benötigen diese Brände sogar, um sich auszubreiten.)

15. Was ist „Ayers Rock"? *(„Ayers Rock" ist der europäische Name des roten Felsens Uluru [= „Schattiger Platz" in der Sprache der Aborigines], des größten Monolithen der Welt. Er liegt mitten [deshalb „Nabel Australiens"] in Australien im Outback, ist 600 Mio. Jahre alt, besteht aus Sandstein, ist 335 m hoch im Verhältnis zur Umgebung und leuchtet je nach dem Stand der ☞Sonne von rot bis pink. Da der Regen am Felsen herunterläuft, ist seine direkte Umgebung grün. Seit 1985 ist Ayers Rock wieder im Besitz der Ureinwohner. Die australische Regierung übereignete ihn samt dem ihn umgebenden großen Nationalpark nach einem Gerichtsentscheid dem Aborigine-Stamm der Anangu. Die Anangu wurden allerdings verpflichtet, den Park für 100 Jahre an den Australian National Park and Wild Life Service zu verpachten. Seitdem trägt der Ayers Rock offiziell wieder seinen ursprünglichen Namen: Uluru = „Schatten spendender Platz".)*

16. Was sind die „Aborigines"? *(Sie sind die ursprünglichen Bewohner des Kontinents und wanderten vor 60.000 bis 40.000 Jahren von Asien nach Australien aus. Zu dieser Zeit bestand zwischen Asien und Australien noch eine fast durchgehende Landbrücke, weil der Meeresspiegel niedrig war. Sie stellen heute aber nur noch 1,5 % der Bevölkerung. Die Aborigines tragen ihren Namen [vom Lateinischen „ab origine" = „von Anfang an"] zu Recht, da die Europäer erst vor rund 200 Jahren den 5. Kontinent in Besitz nahmen. Die Aborigines waren da aber kulturell noch auf dem Stand der Steinzeit. Ihre wichtigsten Werkzeuge waren Speere, Blasrohre und Bumerangs. Trotz ihrer sehr einfachen Lebensweise entwickelten sie eine komplexe Sozialstruktur, die auf Selbstlosigkeit und pflichtbewusster Erfüllung sozialer und religiöser Verpflichtungen aufbaute. Besitz war für den sozialen Status nicht bedeutend. Als 1788 die erste europäische Siedlung entstand, dürfte es in Australien zwischen 300.000 und 1 Mio. Aborigines gegeben haben. Sie wurden von den Europäern teilweise mit Gewalt vertrieben, teilweise starben sie aber auch an den Krankheiten, die die Europäer eingeschleppt hatten. Die weißen Invasoren gaben 1805 die „Schwarzen" zum Abschuss frei. Das führte innerhalb von 100 Jahren zur Ermordung von rund 500.000 Ureinwohnern. Der überlebende Rest wurde in unwirtschaftliche Gebiete abgedrängt. Um 1900 gab es nur noch rund 120.000 Aborigines. Evolutionsgeschichtlich gehören die Aborigines aber zu den Europiden, was die weißen Australier eher mürrisch zur Kenntnis nehmen. Sie bezeichnen die Eingeborenen immer noch als „coon", was „Nigger" bedeutet. Der Begriff ist auch heute noch in der australischen Alltagssprache gebräuchlich. Bei der Volkszählung 1991 wurden nur noch 238.492 Aborigines registriert. Ihre Religion wird als Totemismus bezeichnet: Es ist der Glaube an den gemeinsamen Ursprung und die Seelenverwandtschaft zwischen den Menschen und der gesamten belebten und unbelebten Natur.)*

17. Ist der Bumerang eine australische Erfindung? *(Nein: Bumerangs gab es schon im alten Ägypten.)*

18. Welche Tierart ist in Australien am häufigsten anzutreffen? *(Das europäische Kaninchen kam 1788 mit dem ersten Sträflingstransport nach Australien und verbreitete sich mit rasanter Geschwindigkeit, da es keinen natürlichen Feind hatte. Anfang des 20. Jahrhunderts schätzte man die Zahl der Kaninchen, die sich zur Landplage entwickelt hatten, in Australien auf 500 Millionen! Man bekämpfte sie deshalb mit dem Myxomatosevirus, was zunächst wirkte. Dann wurden die Kaninchen gegen den Virus aber immun, weshalb es heute schon wieder rund 300 Millionen Kaninchen gibt. Die Kaninchen sind mitverantwortlich für die Versteppung des Landesinneren, da sie alles wegfressen.)*

19. Welches Tier verbindet man am ehesten mit Australien? *(Das Känguru. In Australien gibt es mehr Kängerus als Einwohner. Es gibt fast 60 Känguruarten, von denen das kleinste hasengroß ist, während die größten bis zu 2 m hoch sind, 6 m weit springen und bis zu 50 km schnell laufen können. Mit Australien verbindet man als Symboltier auch den Koalabär [ebenfalls ein Beuteltier], der aber schon vom Aussterben bedroht ist.)*

20. Welches Tier verschläft den größten Teil seines Lebens? *(Der Koalabär. Er wird bis zu 15 Jahre alt, verpennt davon aber den größten Teil, da er bis zu 18 Stunden täglich mit Schlafen verbringt. In den restlichen sechs Stunden vertilgt er bis zu einem Kilo Eukalyptus-Blätter. Der Koalabär ist übrigens ein Beuteltier, das eng mit den Känguruhs verwandt ist, also gerade kein Bär.)*

21. Australien ist für seine Schafzucht berühmt. Gibt es in Australien mehr Schafe als Einwohner? *(Ja: Australien hat den weltweit größten Schafbestand. Auf 19,7 Mio. Einwohner kommen 98 Mio. Schafe.)*

22. Welche Bedeutung hat für die Australier, dass sie in der Nähe der Antarktis leben? *(Da seit 30 Jahren das Ozonloch über der Antarktis ständig zunimmt, sind die Australier der gefährlichen ungefilterten UV-Strahlung massiv ausgesetzt. Deshalb hat Australien die höchste Hautkrebsrate der Welt: Fast zwei Drittel aller weißen Australier sind stark hautkrebsgefährdet.)*

23. Gibt es in Australien Krokodile? *(Ja, sogar sehr große: In den Sumpf- und Mündungsgebieten an der Nordküste lebt das sieben Meter lang werdende Leistenkrokodil. Im Binnenland ist das drei Meter lang werdende Australienkrokodil anzutreffen.)*

24. Werden die Würmer in Australien besonders groß? *(Ja, hier leben mit 3,7 m die längsten Würmer der Welt.)*

Beethoven

1. Wer war Ludwig van Beethoven (1770-1827)? *(Ein deutscher Komponist, der zu den Vertretern der „Wiener Klassik" [neben ☞Mozart und Haydn] gehörte.)*

2. Wo wurde Beethoven geboren, wo verbrachte er den größten Teil seines Lebens? *(Geboren wurde er in Bonn, wo er auch aufwuchs und zunächst von seinem Vater unterrichtet wurde. Als der dem Alkohol verfiel, unterstützte Beethoven, der bereits mit 13 Jahren bei Hof eine Anstellung als Organist und Violinspieler hatte, seine Familie. Um bei Mozart zu lernen, ging er nach Wien, kehrte jedoch nach nur kurzer Zeit als dessen Schüler wegen des herannahenden Todes seiner Mutter nach Bonn zurück. Als er 1792 nach Wien [jetzt für den Rest seines Lebens] zurückkehrte, war Mozart bereits 1791 verstorben, weshalb er jetzt bei Haydn zur Schule ging. Als die französischen Revolutionsheere 1794 dem Kurfürstentum Köln ein Ende machten, womit Beethoven auch seine Stelle als Hofmusiker verlor, blieb er den Rest seines Lebens in Wien.)*

3. Wie stand Beethoven zu ☞Napoleon? *(Zunächst verehrte er ihn als Republikaner [dazu stand er ganz offen, ohne dass es ihm schadete] glühend und schrieb die Sinfonie „Eroica", die er nach Bonaparte nennen wollte [Ursprünglicher Text des Widmungsblattes: „Sinfonia grande intitolata Bonaparte del Sigre. Louis van Beethoven"]. Als er aber hörte, dass der sich zum Kaiser der Franzosen hatte ausrufen lassen, zerriss er das Widmungsblatt und benannte die Sinfonie um.)*

4. Was für ein Mensch war Beethoven? *(Er war ausgesprochen selbstherrlich, rücksichtslos, immer beleidigend offen und gab selbst seinen Gönnern zu verstehen: „Ich, das Genie, bin es, der sich zu euch herablässt." Weil er es sich offenkundig leisten konnte [und wollte], lief er in schmutzigen Kleidern herum, frisierte sich nicht und lebte in Wohnungen, in denen er eigentlich keinen empfangen konnte. Zwischen schmutzigem Geschirr gab er den feinen Damen der Gesellschaft hier Klavierunterricht. Vielleicht wegen dieser Art blieb Beethoven Junggeselle [in seinem Nachlass fand man drei leidenschaftliche Briefe an eine „unsterbliche Geliebte", weiß aber nicht, an wen sie gerichtet waren].)*

5. Wie heißen Beethovens größte Werke? *(„Missa Solemnis" [Feierliche Messe, 1822], 9 Sinfonien, darunter die 3. [„Eroica", 1804], 5. [„Schicksalssinfonie", 1807] und 9. [nach dem Text „Ode an die Freude" von Schiller, 1823], 35 Klaviersonaten, darunter die „Mondscheinsonate" [1802], die „Appassionata" [1804] und die „Hammerklaviersonate" [1818] sowie die Oper [er schrieb nur eine] „Fidelio".)*

6. Schrieb Beethoven das Klavierstück „Für Elise" tatsächlich für eine Elise? *(Nein: Beethoven hatte eine Sauklaue. Er war in Wirklichkeit in Therese, die Tochter eines Wiener Arztes verknallt, der er das Stück auch widmete. Seine notorisch unlesbare Handschrift wurde aber als „Elise" interpretiert – und dabei blieb es dann auch.)*

7. War seine Oper „Fidelio“ ein Erfolg? *(Bei ihrer ersten Aufführung 1805, die Beethoven selbst dirigierte: Nein! Das hatte aber wohl historische Gründe: Nur eine Woche vorher hatten die Franzosen Wien besetzt und es herrschte eine bedrückte Stimmung in der Stadt. Neun Jahre später wurde der „Fidelio“ anlässlich des ☞Wiener Kongresses wieder aufgeführt. Diesmal saßen der Kaiser von Österreich, der Zar von Russland und der preußische König in den Logen, und der Beifall war so stürmisch, dass selbst der schon fast taube Beethoven ihn wahrnahm.)*

8. Welches körperliche Gebrechen, das für ihn eine Katastrophe war, ereilte Beethoven in frühen Jahren? *(1795/96 traten bei ihm erste Anzeichen eines Gehörleidens auf, 1814 trat er zum letzten Mal öffentlich auf, spätestens 1818 war er völlig taub und verständigte sich mit seinen Gesprächspartnern über ein „Konversationsheft“, in das sie wechselnd schrieben. Die „Missa solemnis“, die 9. Sinfonie und die letzten Streichquartette komponierte er also schon taub. Mit der fortschreitenden Taubheit wurde Beethoven immer kränklicher und starb schließlich an einem Leberleiden.)*

9. Wie war Beethovens Beerdigung? *(Im Gegensatz zu seinem früheren Lehrer Mozart, der in Wien fast unbemerkt verscharrt wurde, folgten 20.000 Menschen Beethovens Sarg. Militär musste den Zug ordnen. ☞Grillparzer hatte die Grabrede verfasst: „Ein Künstler war er, aber auch ein Mensch, ein Mensch in jedem, im höchsten Sinne des Wortes ...“)*

10. Was hat Beethoven mit der Spieldauer einer CD zu tun? *(1982 entwickelten der europäische Konzern Philips und der japanische Multi Sony zeitgleich und zunächst unabhängig voneinander den neuen Tonträger. Als es geschafft war, einigten sie sich als Standard auf einen Durchmesser von 12 cm und eine Spieldauer von 74 Minuten. Hintergrund war, dass es nur bei dieser Spieldauer möglich war, Beethovens Neunte Symphonie auf eine CD zu pressen [für eine LP war das Stück immer zu lang gewesen]. Der weltberühmte Dirigent und Beethoven-Liebhaber Herbert von Karajan machte sich bei Philips für die 74 Minuten stark. Bei Sony war der damalige Vize-Präsident ausgebildeter Opernsänger, Hobby-Dirigent und ebenfalls Beethoven-Fan. So einigten sich Philips und Sony auf die Spieldauer von 74 Minuten, genau die Länge der damals längsten vorliegenden Fassung der Neunten Symphonie. Zur ersten klassischen CD wurde dann aber eine Aufnahme von Chopin-Walzern mit Claudio Arrau.)*

Vatikanstadt

1. Was ist die Vatikanstadt? *(Der kleinste unabhängige Staat der Erde. Befestigungsmauern aus dem 16. und 17. Jahrhundert umgeben die Stadt. Oberhoheit ist der Papst. Staatsform ist „Wahlmonarchie“.)*

2. Warum heißt die Vatikanstadt so? *(Ihren Namen verdankt sie dem römischen Hügel Monte Vaticano, auf dem die Peterskirche im 9. Jahrhundert erbaut wurde.)*

3. Wie groß ist die Vatikanstadt? *(Nur 440.000 m^2.)*

4. Seit wann ist die Vatikanstadt selbständig? *(Seit 1929 durch die „Lateranverträge“ zwischen dem Heiligen Stuhl und dem italienischen Staat, der damals von Mussolini regiert wurde. Diese Verträge regelten die Souveränität des Papstes über das Gebiet der Vatikanstadt, einiger Enklaven und der Sommerresidenz des Papstes in Castel Gandolfo. Schon 337 n. Chr. hatte Kaiser Konstantin der Kirche ein Gebiet als Basis ihrer Autorität überlassen [sog. „Konstantinische Schenkung“].)*

5. Was ist das bekannteste Bauwerk in der Vatikanstadt? *(Der ☞Petersdom.)*

6. Was ist die „Schweizergarde“? *(Sie ist zuständig für die innere Sicherheit, die Bewachung der Tore der Vatikanstadt und den Schutz des Papstes. Ihre Uniformen sollen von ☞Michelangelo entworfen worden sein. Der Petersplatz, der von Bernini gestaltet wurde, wird aber von der italienischen Polizei kontrolliert.)*

7. Welche Bedingungen muss man erfüllen, um in der päpstlichen Schweizergarde dienen zu dürfen? *(Papst Julius II. stellt die Schweizergarde 1506 auf. Der Tag der Vereidigung der neuen Rekruten ist jeweils der 6. Mai als Jahrestag des Sacco di Roma von 1527, an dem 147 Gardisten bei der Verteidigung des Vatikans starben. Heute ist Aufnahmebedingung für Rekruten, dass sie die schweizerische Staatsbürgerschaft haben, mindestens 1,74 m groß sind und ledig. 2003 wurde der erste Farbige aufgenommen, ein schweizer Bürger indischer Abstammung).*

8. Welche Währung gilt in der Vatikanstadt? *(Die italienische Währung.)*

9. Wie viele Einwohner hat die Vatikanstadt? *(Etwa 850 [1997].)*

10. Starben alle Päpste in Ehren? *(Mitnichten: Früher trieben es die Päpste schon recht unfromm. Johannes XII. [937-964] machte aus dem Vatikan ein Bordell und wurde von einem eifersüchtigen Ehemann erschlagen. Paul II. [1417-1471] erregte sich am Folterschmerz von nackten Männern. Er starb beim homosexuellen Sex. Leo X. [1475-1521], der „Papst Lüstern“, verbrachte sein Leben dermaßen konzentriert mit Wein, Weib und Gesang, dass er an Syphilis einging.)*

Seidenspinnerei

1. Was ist ein „Seidenspinner“? *(Eine Schmetterlingsart, die in warmen Regionen lebt und deren Raupen Seide spinnen.)*

2. Welche Seidenraupen sind am bekanntesten? *(Die Maulbeer-Seidenspinner. Seidenraupen, die mit Maulbeerblättern gefüttert werden, produzieren die hochwertigste Seide.)*

3. Wie alt ist die Seidenspinnerei? *(Die Frau des chinesischen Kaisers Huang Ti soll schon 2640 v. Chr. die Kunst der Seidenspinnerei und Seidengewebeherstellung erfunden haben.)*

4. Was ist ein „Kokon“? *(Nach ihrer letzten Häutung hören die Seidenraupen auf zu fressen. Dann baut ihnen der Seidenzüchter ein Dickicht aus dünnen Zweigen, in denen sich die Raupen verpuppen. Die Raupe zieht dabei um sich herum aus einem Faden eine feste Hülle, die sie umschließt, den Kokon, ein Seidenraupengespinst.)*

5. Was macht der Seidenraupenzüchter mit dem Kokon? *(Würde der Züchter nichts unternehmen, würde aus der Raupe ein dicker Schmetterling werden, der den Kokon verlässt und dabei zerstört, womit er für eine kommerzielle Nutzung unbrauchbar würde. Die Züchter lassen deshalb nur einen Teil der Raupen als Schmetterlinge schlüpfen, um Nachwuchs zu züchten. Dabei legt ein Seidenspinner-Weibchen bis zu 650 Eier. Die anderen Kokons werden in Heißluftöfen gelegt, wo sie die Raupen abtöten. Der Kokon bleibt erhalten und wird in heißes Wasser gelegt, wo sich die Klebstoffe zwischen den Fäden auflösen. Ein Kokon hat solche Seidenfäden mit einer Länge von 300 bis 900 m, die wie bei der Wolle dann auf Knäuel aufgewickelt werden.)*

Magellan

1. Wer war Fernão de Magalhães (spanisch: Fernando de Magellan. 1480 - 1521)? *(Ein portugiesischer Seefahrer und Entdecker, der als erster Europäer den Pazifik überquerte, als erster die Welt umsegelte [1519-1521. Das Ende der Fahrt erreichte er aber nicht, da er im März 1521 bei den Philippinen und Marianen im Kampf mit Eingeborenen für die Rechte eines Häuptlings ums Leben kam.] und damit den Beweis erbrachte, dass die Erde eine Kugel ist. Außerdem erkannte man dadurch, dass ☞Kolumbus nicht einen Seeweg nach Asien, sondern mit Amerika einen eigenen Kontinent entdeckt hatte.)*

2. Für welchen König ging Magellan mit welchem Ziel auf seine Weltreise? *(Als Portugiese hatte Magellan zuerst versucht, die Unterstützung des portugiesischen Königs Emanuel zu erhalten, wo er aber abblitzte. Deshalb legte er die portugiesische Staatsangehörigkeit ab. Der spanische König Karl V. aber gab ihm fünf Schiffe mit 234 Mann Besatzung [Hauptschiff war die „Santiago“. Allein die „Victoria“ kam mit 15 Weißen und drei Malaien letztlich nach Spanien zurück, hatte aber 300 Zentner Gewürze an Bord, die die gesamte Investition Karls V. an Wert überstiegen] und sicherte ihm 20 % des Gewinns aus der Expedition zu. Ziel der Reise war, die kostbaren Gewürze von den Molukken über eine Westroute [die Ostroute wurde von den Portugiesen beherrscht] zu erreichen. Gewürze hatten damals in Europa einen enormen Wert: Die Gewürznelke beispielsweise kostete auf den Molukken 4 Dukaten je Tonne, in Kalkutta [Indien] zahlte man dafür 100 Dukaten, in ☞London kostete die Tonne 400 Dukaten.)*

3. Was ist die „Magellanstraße“? *(Die schiffbare Durchfahrt zwischen der Südspitze Amerikas und Feuerland. Sie wurde nach Magellan benannt. Die Durchfahrt war schon gespenstig: 600 km zwischen hohen Felsen. Der Steuermann der „San Antonio“ sperrte sogar seinen Kapitän ein und kehrte um.)*

4. Wie kam „Feuerland" an der Südspitze Chiles zu seinem Namen? *(Eigentlich heißt es „Land der Feuer“ [= „Tierra del Fuego"]. So nannte Magellan die Inselgruppe, als er 1520 hier vorbeikam. Er glaubte nämlich, ☞Vulkanfeuer zu sehen. In Wirklichkeit handelte es sich aber nur um Brände, die die Inselbewohner auf den Felsklippen angezündet hatten.)*

5. Wie kam der Pazifik zu seinem Namen? *(Der Pazifik wurde von Magellan so benannt, weil während seiner Überfahrt in den Jahren 1520/1521 ruhige See herrschte.)*

Flechten

1. Was sind Flechten? *(Zwei verschiedene Pflanzen, die zusammenleben, nämlich Alge und ☞Pilz, wie 1869 der deutsche Botaniker Schwendener entdeckte.)*

2. Welche Aufgaben haben Pilz und Alge in dieser Symbiose (aus dem Griechischen = „Zusammenleben“. Symbiose ist das Zusammenleben von mehreren Lebewesen – Tiere, Pflanzen oder Tier und Pflanze – zu gegenseitigem Nutzen)? *(Die Alge, die Chlorophyll besitzt, erzeugt durch Photosynthese [= Aufbau chemischer Verbindungen durch Lichteinwirkung] Nahrung, während der Pilz aus dem Wasser Nährstoffe aufnimmt, der ganzen Pflanze eine feste Gestalt gibt und sie vor dem Austrocknen schützt.)*

3. Sind Flechten „zäh"? *(Ja: Sie sind die zähesten Lebewesen, die es auf der Erde gibt. Sie existieren nicht nur auf Felsen selbst oberhalb der Schneegrenze [wo kein anderes Lebewesen mehr existieren kann], sondern auch auf Metall und sogar Glas.)*

4. Wie viele Arten von Flechten gibt es? *(Etwas mehr als 15.000 Flechtenarten hat man bislang beschrieben.)*

5. Was haben Flechten mit dem biblischen „Manna" zu tun? *(Das in der Bibel beschriebene Manna [nach der Bibel fiel Manna vom Himmel, als die Israeliten nach ihrem Auszug aus Ägypten durch die Wüste marschierten] war wahrscheinlich eine Flechtenart, die in der Wüste lebt und nur ganz schwach am Untergrund haftet, weshalb der Wind sie wegwehen kann.)*

Madagaskar

1. Was ist Madagaskar? *(Eine [seit 1960 von Frankreich unabhängige] Republik im Indischen Ozean, östlich vom Süden Afrikas [dazwischen liegt die Straße von Mosambik]. Madagaskar ist die viertgrößte Insel der Welt mit einer Fläche von 587.041 km^2 [zum Vergleich: die BRD ist 357.000 km^2 groß], hat 18 Mio. Einwohner [1998] und gehört zu den ärmsten Ländern der Welt mit traditionell negativer Handelsbilanz. 78 % der Bevölkerung arbeiten in der Landwirtschaft.)*

2. Wie heißt die Währung Madagaskars? *(1 Madagaskar-Franc = 100 Centimes.)*

3. Welche Sprache spricht man in Madagaskar? *(Französisch und Madagassisch.)*

4. Wie heißt die Hauptstadt Madagaskars? *(Antananarivo [= „Stadt der tausend Krieger" nach dem Palast für 12.000 Krieger, den die Königin Ranavolo I. 1840 an dieser Stelle bauen ließ], zugleich größte Stadt des Landes mit rd. 1 Mio. Einwohnern.)*

5. Was hat Vanille mit Madagaskar zu tun? *(80 % der auf dem Weltmarkt verkauften Vanille stammt aus Madagaskar. Das den markanten Duft verbreitende Vanillin kommt in zahlreichen Orchideenarten vor, am intensivsten in der Vanilla planifolia. Diese Pflanze stammt aus Südamerika, wo sie die Azteken vaynilla nannten und damit ihre Schokoladengetränke aromatisierten. Die Spanier brachten die ersten Schoten von dort 1510 nach Spanien und versuchten, sie in anderen tropischen Regionen außerhalb Südamerikas zu kultivieren, was aber zunächst nicht gelang. Erst im 19. Jahrhundert entdeckte man dann, dass nur eine spezielle südamerikanische Bienenart zur Bestäubung geeignet ist. Nun fand man eine Methode der künstlichen Bestäubung, und damit wurde Madagaskar zum Hauptlieferanten auf der Welt.)*

Persien

1. Was ist Persien? *(Die antike Bezeichnung für das Perserreich, das in Vorderasien lag. Namensgeber war eine Region im Süden des heutigen Iran, die als Persis oder Parsa bezeichnet wurde. Seit 1934 heißt das Land offiziell Iran.)*

2. Wer gründete das Perserreich? *(Kyros II.: 559 v. Chr. bestieg er als Vasall des Mederkönigs Astyages den Thron, bekämpfte seinen Herrn und machte sich 550 zum Herrn des medischen Reiches. 546 besiegte er Krösus von Lydien und unterwarf die griechischen Städte in Kleinasien. 539 eroberte er Babylon und erlaubte den Juden die Rückkehr nach Palästina sowie freie Religionsausübung.)*

3. Wann war die Blütezeit des antiken Persien? *(Unter der Regentschaft Darius I., des Großen, der 521 v. Chr. an die Macht kam. Unter ihm umfasste das persische Reich die heutige Türkei, den Nahen Osten hinunter bis einschließlich Ägypten, zum Osten hin Syrien, ☞Babylon, das persische Stammland zwischen dem Kaspischen Meer im Norden und dem Persischen Golf im Süden bis zu den Grenzen des heutigen Indien. Er starb 486, als er einen zweiten Feldzug gegen die Griechen vorbereitete, die in der Schlacht von Marathon gegen die Perser gewonnen hatten.)*

4. Wo liegt Darius begraben? *(In einem Felsengrab in der Nähe von Persepolis. Die Gräber der persischen Könige sind als Kreuze in die Felswand gemeißelt. Um das Grab des Darius sind 28 Giganten dargestellt, die symbolisch die Provinzen des Königreichs darstellen. Darunter steht die Inschrift: „Betrachte das Bild derer, die meinen Thron tragen, und du wirst erkennen, wie groß die Zahl der Länder ist, die Darius, der König der Könige, beherrscht.")*

5. Wer war Krösus (595-547 v. Chr.)? *(Krösus war der wegen seines Reichtums [er hat fast ganz Kleinasien unterworfen und wurde durch Tribute und Bodenschätze unermesslich reich] berühmte letzte König der Lyder, den der persische König Kyros II. besiegte und sich sein Reich einverleibte [es war übrigens ein leichter Sieg: Die Pferde der Lyder scheuten vor den Kamelen der Perser und zerstörten ihre Schlachtordnung]. Kyros II. brachte gegen die Gepflogenheiten seiner Zeit Krösus nicht um, sondern nahm ihn als Berater und Freund an seinen Hof.)*

6. Was waren die berühmtesten Paläste der Perser? *(der Palast von Susa und Persepolis.)*

7. Was machte den Palast von Susa berühmt? *(Den Bau des Palastes begann König Darius I., der Vater von Xerxes I., der ihn fertigstellte. Wie riesig und prächtig dieser Palast war, kann man einem Zitat aus dem Alten Testament im Buch Esther entnehmen: Der König machte „ein Mal allem Volk, das im Schloss Susa war... 7 Tage lang im Hofe des Gartens im Hause des Königs... Die Bänke waren golden und silbern auf Pflaster von grünem, weißem, gelbem und schwarzem Marmor. Und das Getränk*

trug man in goldenen Gefäßen." Grundsätzlich bauten die persischen Architekten aber nicht mit Marmor, sondern mit Ziegeln, die sie oft mit farbenprächtigen Emaillearbeiten verzierten. Als ☞Alexander der Große Susa 331 v. Chr. eroberte, benötigte er 10.000 Maulesel, um nur einen Teil der riesigen Reichtümer abzutransportieren.)

8. Was war Persepolis? *(Noch prächtiger als Susa war Persepolis (= „Perserstadt)", das König Darius I. zwischen 520 und 515 v. Chr. gründete. Alexander der Große eroberte 330 v. Chr. die Stadt und brannte sie völlig nieder. Darius I. hatte – wie das damals üblich war – den Palast auf einem künstlichen Hügel errichten lassen, der 13 m hoch war. Der Palast des König Darius I. stand auf einem 92 x 76 m großen Platz und öffnete sich zu einem Innenhof von 55 x 16 Metern. Dabei war der bedeutendste Raum dieses Palastes der riesige „Saal der hundert Säulen". Seine Decke bestand aus Zedern- und Zypressenholz und wurde von hundert 11 m hohen Marmorsäulen getragen, die in 10 Reihen angeordnet waren. In einem anderen Palast des Königs Xerxes hatten die Säulen des Audienzsaales sogar eine Höhe von 19 m.)*

9. Was führte zum Untergang des persischen Reichs? *(Persien lag sehr lange mit den Griechen in den ☞Perserkriegen zu Felde und konnte sie nie entscheidend schlagen. 333 v. Chr. besiegte schließlich der Grieche ☞Alexander der Große die Perser unter Darius III. in der Schlacht bei Issos [Merkvers: „3-3-3 bei Issos Keilerei"] und gliederte das Perserreich in sein Reich ein.)*

10. Was hat Persien mit der Post zu tun? *(Die Post ist eine Erfindung der alten Perser. Nach einer Botenpost entwickelten sie eine Pferdepost mit Stationen zum Pferdewechsel, die von den Bewohnern der Umgebung unterhalten werden musste. Die Ägypter übernahmen das System und bauten es zur Schnellpost aus. 111 v. Chr. verfügte das Postamt von Oxyrhynchos über 44 Briefträger und einen Kamelreiter.)*

11. Was heißt „schachmatt" wörtlich übersetzt? *(Das Wort ist persischen Ursprungs: „Schach" ist das Wort für Kaiser oder König, im Persischen heißt er Schah. „Mhat" heißt auf Arabisch „gestorben". Deshalb heißt „schachmatt" wörtlich übersetzt: „Der König ist tot". Das Schachspiel stammt aber nicht aus Persien, sondern entstand vermutlich im ersten Jahrhundert in Indien. 500 Jahre später wurde es in Persien bekannt. Die Araber brachten das Spiel um 900 nach Spanien. Die heute gültigen Regeln entstanden im 16. Jahrhundert. Die Spielstärke eines Schachspielers wird nach einem System ermittelt, das der amerikanische Physiker Arpad Elo entwickelte: Ein routinierter Freizeitspieler bringt es auf eine Elo-Zahl von etwa 1600. Der weltbeste Schachspieler kam auf 2809, wird aber vom Schachcomputer „Deep Fritz" mit etwa 3000 Elo bereits übertroffen. „Deep Fritz" hat seit 2002 kein Duell mehr gegen einen Menschen verloren.)*

Viren

1. Was sind Viren? *(Viren [vom Lateinischen virus = Gift] sind organische Einheiten, die Krankheitserreger enthalten. Der Begriff Virus wurde in den Neunziger Jahren des 19. Jahrhunderts geprägt, als der russische Wissenschaftler Dimitrij I. Iwanowsky 1892 mikroskopisch kleine Teilchen entdeckte, die kleiner als Bakterien waren. Der holländische Botaniker Martinus W. Beijerinck nannte sie 1898 erstmals „Viren".)*

2. Wie groß ist ein Virus? *(Die kleinsten Viren sind nur 20 Nanometer [= millionstel Millimeter] lang.)*

3. Wie vermehren sich Viren? *(Viren besitzen nicht die nötigen Enzyme und Stoffwechselprodukte, um sich selbständig zu vermehren. Der Virus dringt deshalb in eine Wirtszelle ein, von der er sich ernährt. Nur in einer lebenden Zelle kann er wachsen und sich vermehren. Auf diese Weise können sich aus einem infizierenden Virus Tausende neuer Viruszellen entwickeln.)*

4. Welche sind die bekanntesten Viruserkrankungen? *(Erkältung, Grippe, Masern, ☞Mumps, Kinderlähmung, Fieberbläschen [herpes simplex], Windpocken, Gürtelrose [herpes zoster], Hepatitis, AIDS und in zwei Fällen Krebs. 1968 starben durch die sog. Hongkong-Grippe etwa 700.000 Menschen. Von Viruserkrankungen sind aber nicht nur Menschen und Tiere [z.B. Maul- und Klauenseuche, Hühnerpest] betroffen, sondern auch Pflanzen, z.B. Rüben und ☞Kartoffeln.)*

5. Wie behandelt man Viruserkrankungen? *(Viruserkrankungen kann man sinnvoll nur durch Schutzimpfungen [z.B. gegen Grippe, Masern, Röteln, Pocken] vorbeugen, da Viren im Gegensatz zu Bakterien nicht auf ☞Antibiotika ansprechen. Ist die Krankheit ausgebrochen, lässt sich der Virus nur schwer mit Arzneimitteln bekämpfen, da die meisten Arzneimittel, die Viren erfolgreich bekämpfen könnten, auch die Zellen zerstören.).*

Kopernikus

1. Wer war Nikolaus Kopernikus (1473-1543)? *(Ein polnischer Astronom, der das heliozentrische Weltsystem [die Sonne befindet sich im Zentrum des Weltalls, die Erde dreht sich einmal am Tag um ihre Achse und einmal pro Jahr um die Sonne] aufstellte. Kopernikus hatte bei der Lektüre alter griechischer Schriften von Aristarch [3. Jahrhundert v. Chr.; man hatte diese Thesen nicht weiterverfolgt, weil sie in Widerspruch standen zu den Lehren des Aristoteles, der im Mittelalter als unfehlbar galt,*

und dem Dogma der Kirche, wonach die Erde im Mittelpunkt des Weltalls stehe] dieses Weltsystem gefunden und mit Beobachtungen des Himmels nachvollzogen. Im Gegensatz zu ihm stand das geozentrische Weltsystem des ☞Ptolemäus, bei dem die Erde im Mittelpunkt des Weltalls steht, um die sich u.a. die Sonne dreht. Als Kopernikus geboren wurde, glaubte man dementsprechend noch, die Welt sei eine Scheibe und Mittelpunkt des Weltalls.)

2. War Kopernikus gebildet? *(Ja, sogar sehr: Er hat an der Uni Krakau Theologie, Mathematik, Astronomie, Jura [dort promovierte er zum Kirchenrecht] und Medizin studiert.)*

3. Wie heißt Kopernikus´ bekanntestes Werk? *(„De revolutionibus orbium coelestium" [„Von den Umläufen der Himmelskörper"]. Aus Angst, wegen seiner Thesen ausgelacht zu werden, stimmte Kopernikus 1542 erst kurz vor seinem Tod der Drucklegung zu. Erst auf dem Sterbebett erreichte ihn das erste gedruckte Exemplar seines Lebenswerkes. Nach seinem Tod verbreitete zuerst Giordano Bruno seine Thesen und landete prompt auf dem Scheiterhaufen der Inquisition. Obwohl Kopernikus das Buch dem Papst widmete, kam es 1616 [im Rahmen der Auseinandersetzung der Kirche mit Galilei] auf den Index der vom Vatikan verbotenen Bücher [und wurde erst 1835 vom Index gestrichen]. Die Protestanten hatten sich übrigens noch schneller gegen die Thesen des Kopernikus gestellt. So rief ☞Luther aus: „Der Narr will mir die ganze Kunst Astronomia umkehren! Aber wie die Heilige Schrift zeigt, hieß Josua die Sonne still stehen und nicht die Erde." ☞Kepler und ☞Galilei [1564-1642, der als erster durch ein Fernrohr den Himmel beobachtete] bestätigten und korrigierten [die Planeten bewegen sich in elliptischen, nicht in kreisförmigen Bahnen um die Sonne] sein Weltbild.)*

Gorilla

1. Was ist ein Gorilla? *(Ein Menschenaffe [dementsprechend Säugetier], der in den afrikanischen Wäldern im Bereich des Äquators lebt, vor allem in den afrikanischen Staaten an der Westküste. Er wird ca. 30 Jahre alt. Der Gorilla gehört zu den akut vom Aussterben bedrohten Tierarten.)*

2. Wie groß wird ein Gorilla? *(Er wird bis zu 1,85 m groß, das Weibchen ca. 30 cm kleiner [wobei das Weibchen nur etwa halb so viel wie ein Männchen wiegt].)*

3. Der Gorilla bewegt sich im Wesentlichen auf allen Vieren fort. Warum geht er nicht aufrecht wie der Mensch? *(Dem Gorilla fehlen die für eine dauernd aufrechte Haltung erforderlichen Krümmungen der Wirbelsäule.)*

4. Ist der Gorilla ein Einzelgänger? *(Nein: Er ist ein Herdentier, das sich in Gruppen von durchschnittlich 5-15, max. 30 Tieren zusammenschließt. Diese Gruppe besteht regelmäßig aus einem alten Silberrückenmännchen [so genannt wegen der grauen Haare auf dem Rücken], ein bis zwei untergeordneten Männchen, ein paar Weibchen und den Jungtieren, von denen die jungen Männchen von der Herde ausgeschlossen werden, wenn sie erwachsen sind. Die Herde benötigt der Gorilla nicht eigentlich zum Schutz, da er außer dem Leoparden keine natürlichen Feinde hat.)*

5. Wo übernachtet der Gorilla? *(Tagsüber suchen die Gorillas Futter [da das ihre ausschließliche Beschäftigung ist, hat sich ihre Intelligenz nie sonderlich weiterentwickelt], abends bauen sie ein improvisiertes Lager. Die Weibchen übernachten mit den Jungen in Bäumen auf Plattformen, die Männchen am Boden neben dem Stamm [wahrscheinlich sind sie zu schwer für ein Übernachten auf dem Baum].)*

Mumps

1. Was ist „Mumps“? *(Mumps [auch „Ziegenpeter“ genannt] ist eine Kinderkrankheit [medizinische Bezeichnung Parototis epidemica], die von einem ☞Virus ausgelöst wird. Mumps führt zu einer Schwellung der Speicheldrüsen, in denen sich das Virus festsetzt und vermehrt. Am häufigsten bekommen Kinder im Alter zwischen fünf und neun Jahren diese Krankheit. Durch Einführung der Vorsorgeimpfung in den sechziger Jahren ist die Zahl der Erkrankungen deutlich gesenkt worden.)*

2. Woran erkennt man Mumps? *(Die Symptome von Mumps zeigen sich nicht sofort nach der Ansteckung, sondern erst nach rund drei Wochen [sog. Inkubationszeit = Zeit zwischen Übertragung und Ausbruch einer Krankheit]. Meist ist das erste Zeichen eine Druckempfindlichkeit am Kiefer genau unter den Ohrläppchen. Es folgt eine Schwellung unter und vor beiden Ohren. Zum Schluss sind beide Gesichtshälften geschwollen. In der Regel kommen Fieber oder erhöhte Temperatur hinzu.)*

3. Wie behandelt man Mumps? *(Da es eine ☞Viruserkrankung ist, helfen ☞Antibiotika nicht. Der Patient kommt gut ohne Behandlung aus und wird von allein gesund.)*

4. Kann man zweimal im Leben Mumps bekommen? *(Nein: Nach einmaliger Infektion ist man gegen diese Krankheit immun.)*

5. Ist Mumps für Erwachsene gefährlich? *(Wird ein Erwachsener von Mumps befallen, führt das in rund 20 % der Fälle zu einer Hodenentzündung, die in wenigen Fällen zur Unfruchtbarkeit führen kann.)*

Zuckerrohr

1. Was ist Zuckerrohr? *(Ein sog. Süßgras, das eine Höhe von drei bis sechs Metern erreicht, wobei die Stängel bis zu fünf Zentimeter dick werden. Anders als bei den meisten Gräsern ist das Zuckerrohr aber innen mit einem saftreichen, süßen Mark gefüllt.)*

2. Was gewinnt man aus Zuckerrohr? *(Aus dem Rohr der Pflanze wird Zucker gewonnen. Nach der Blüte wird das Zuckerrohr geschlagen und von seinen Blättern befreit. Durch Zerquetschen der Stangen wird der Saft aus der Pflanze gepresst [als Rückstand bleibt Zellulose]. Die graubraune Flüssigkeit wird mehrfach gereinigt, gekocht und eingedickt. Beim weißen, raffinierten Zucker wird der braune Farbstoff mit Knochenkohle entfernt.)*

3. Wo wird Zuckerrohr angebaut? *(Weltweit in tropischen und subtropischen Ländern, vor allem in Brasilien, Kuba, Indien, China und den USA.)*

4. Wo kommt das Zuckerrohr her? *(Zuckerrohr stammt aus Südostasien und gelangte bereits rd. 500 v. Chr. nach Indien und Südchina. ☞Alexander der Große kam schon 325 v. Chr. bei seinen Feldzügen mit dem Süßstoff in Indien in Berührung, es dauerte aber bis rd. 500 n. Chr., bis Zuckerrohr in ☞Persien und noch einmal rund 100 Jahre, bis es in Ägypten angebaut wurde. Die ☞Araber brachten es bei ihren Eroberungen über Nordafrika nach Europa. In Spanien wurde es um 755 n. Chr. angebaut und gelangte über die portugiesischen und spanischen Seefahrer ins tropische Amerika und auf die Westindischen Inseln, weshalb Brasilien und Kuba die größten Erzeugerländer für Zucker wurden.)*

5. Zu welcher organischen Gruppe gehört Zucker? *(Zucker ist ein Kohlenhydrat [besteht also aus Kohlenstoff, Wasserstoff und Sauerstoff] und in der Ernährung deshalb eine ausgezeichnete Energiequelle.)*

6. Woher kommt der Grog? *(Grog wird aus Zuckerrohr gebrannt. Schon in der Kolonialzeit wurde auf Grenada Zuckerrohr angebaut und wahrscheinlich seit dem 17. Jh. Rum gebrannt. Besonders bekannt war der „Georgius Rex Old Grenada", ein Name, der auch auf den Schnapsfässern stand. Die daraus resultierende Abkürzung GROG könnte namensgebend für die Mischung aus Rum, heißem Wasser und Zucker gewesen sein. Nach anderen Quellen hängt der Name zusammen mit dem englischen Admiral Edward Vernon: Er wurde von den Matrosen nur „Old Grog" genannt, da er stets einen Mantel aus grobem Stoff trug, der „grogram" genannt wurde. 1740 erließ er die Anordnung, die Rumrationen der Mannschaften mit Wasser zu verdünnen. Verächtlich nannten die alten Seebären dieses Getränk „Grog.")*

Blei

1. Was ist Blei? *(Blei [chemisches Symbol Pb vom lateinischen plumbum] ist ein chemisches bläulich graues Element, das zu den Schwermetallen gehört.)*

2. Welche Eigenschaften hat Blei? *(Es hat ein hohes spezifisches Gewicht, ist weich, dehnbar und leitet elektrischen Strom und Wärme schlecht. An der Luft oxidiert Blei. Dicke Bleiplatten absorbieren [= nehmen in sich auf, ohne sie wieder abzugeben] radioaktive Strahlen. Für den menschlichen Organismus ist Blei in allen Formen sehr giftig.)*

3. Bei wie viel Grad schmilzt Blei, bei wie viel siedet es? *(Es schmilzt bei 328° C [zum Vergleich: ☞Eisen schmilzt erst bei 1535° C] und siedet bei 1740° C [Eisen bei 2750° C].)*

4. Wofür verwendet man Blei? *(Als Leitungsrohr [durch die Oxidation wird das Bleirohr sehr dauerhaft. Im Römischen Reich wurde Blei schon als Wasserleitungsrohr eingesetzt, teilweise bis heute erhalten], beim Ummanteln von Elektrokabeln, als Teil von Batterien, als Lötmetall und Letternmetall [beim Buchdruck], als Material für Schrotkugeln, beim Zoll als Bleiplombe. Bleiplatten benutzt man zum Strahlenschutz bei Röntgenräumen, Bleischürzen zum Schutz der Patienten beim Röntgen.)*

5. Wo wird Blei am häufigsten erzeugt? *(Die größten Förderländer sind USA, Russland, Großbritannien, Deutschland, Japan und Frankreich. Dabei wird Blei, das in der Natur nur sehr selten gediegen [= rein ohne Beimengungen] vorkommt, regelmäßig aus Bleiglanz [chemisch Bleisulfid], das rd. 65 % Blei enthält, gewonnen durch „Röstung“.)*

Ecuador

1. Was ist Ecuador? *(Eine Republik im Nordwesten Südamerikas, die im Norden an Kolumbien, im Osten und Süden an Peru und im Westen an den Pazifik grenzt. Ecuador hat mit den zu Ecuador gehörenden Galápagos-Inseln [eine etwa 1.000 km vor der Küste gelegene Gruppe von 13 größeren und 17 kleineren Inseln, die ihren Namen den Riesenschildkröten verdanken, die dort früher lebten; „galápago“ ist nämlich das spanische Wort für Schildkröte] eine Gesamtfläche von 272.045 km^2 und ca. 13,4 Mio. Einwohner [1998]. 40 % der Gesamtfläche sind bewaldet. Ecuador ist übri-*

gens das einzige Land, dessen Name auf seine geografische Lage zurückgeht: Es liegt genau auf dem Äquator.)

2. Wann wurde Ecuador unabhängig? *(Die Spanier nahmen das Land unter Pizarro ab 1532 in Besitz. 1809 begann der Aufstand gegen die Spanier und führte 1822 zum Erfolg mit Eingliederung in eine großkolumbianische Republik. 1830 wurde Ecuador dann unabhängig.)*

3. Wie heißt die Währung Ecuadors? *(1 Sucre = 100 Centavos.)*

4. Welche Sprache spricht man in Ecuador? *(Amtssprache ist Spanisch, in den ländlichen Gebieten wird aber von den Indianern Ketschua gesprochen, die Sprache der Inka.)*

5. Welche Religion ist in Ecuador führend? *(Seit 1863 ist der Katholizismus Staatsreligion, weshalb heute 90 % der Bevölkerung katholisch sind.)*

6. Wie heißt die Hauptstadt Ecuadors? *(Quito, das früher Sitz der ☞Inkakönige [heute sind 90 % der Bevölkerung Indianer und Mestizen] war, mit 1,4 Mio. [1995] Einwohnern. Größte Stadt ist aber die Hafenstadt Guayaquil mit 1,18 Mio. Einwohnern.)*

7. Womit treibt Ecuador Handel? *(Vor allem exportiert Ecuador ☞Erdöl [wurde im Amazonasbecken entdeckt], ☞Kakao, ☞Kaffee und ☞Bananen [Ecuador ist der weltweit größte Bananenproduzent].)*

8. Welche Tiere leben in Ecuador? *(Ecuador ist die Heimat vieler Tiere, u.a. der Jaguare, Bären, Pumas, Geparden, Krokodile, Schlangen, Tapire, Hirsche, Lamas und Kondore.)*

9. Wie heißt der höchste Berg Ecuadors? *(Es ist der Chimborasso mit 6.272 m. Bekannter dürfte der Cotopaxi mit seinen 5.896 sein, der höchste aktive Vulkan der Erde [Ecuador hat mehrere Dutzend Vulkane, die fast alle noch aktiv sind]. Der Cimborasso-Gipfel ist der Punkt der Erde, der am weitesten entfernt ist vom Mittelpunkt der Erde. Hintergrund ist, dass dort der Erddurchmesser am größten ist, also auch größer als beim Mount Everst.)*

10. Was hat der Panama-Hut mit Ecuador zu tun? *(Dieser Strohhut begann seinen Triumphzug mit dem Bau des Panama-Kanals im Jahre 1914. Zunächst trugen ihn die Bauarbeiter, dann die Ingenieure. Mit der Verbreitung wurde auch die Verarbeitung immer besser. Diese Kopfbedeckung wird jedoch gar nicht in Panama, sondern in Ecuador gefertigt, wo sich drei Orte darauf spezialisiert haben. Der Hut wird aus den getrockneten Blättern der Carludovica palmata geflochten und zwar seit 400 Jahren. Über eine Mio. Hüte gehen aus Ecuador jährlich in den Export, vor allem nach Nordamerika und Europa.)*

Banane

1. Was ist eine Banane? *(Eine Staudenfrucht, die botanisch zu den Beeren gehört.)*

2. Was macht die Banane für die Erzeugerländer interessant? *(Zunächst der einfache Anbau: Der eigentliche Stängel der Banane verläuft unterirdisch. Was wir überirdisch sehen und für einen Baumstamm halten, ist in Wirklichkeit nur ein Scheinstängel, der aus umeinander gelegten Blattscheiden besteht und nur ein einziges Mal Früchte trägt, während der Wurzelstock jedes Jahr Schösslinge aus dem Boden sprießen lässt. Die Schösslinge wachsen so schnell, dass die Früchte bereits in 10 Monaten geerntet werden können. Daneben ist eine Bananenpflanze sehr ertragreich: Sie bringt jeweils einen hängenden Blütenstand mit ca. ein Meter Länge von bis zu 20 kg mit rund 200 Bananen hervor. Weiter ist die Frucht sehr transportgeeignet, da sie im unreifen Zustand geerntet wird und während des Transports und der Lagerung ausreift.)*

3. Was macht die Banane zum Verzehr interessant? *(Nicht nur das aromatische Fruchtfleisch. Die Banane ist mit einem Anteil von 21 % reich an Kohlehydraten [Zucker, wegen dieser schnellen Wirkung bei Spitzensportlern deshalb als Pausensnack beliebt]. Die Bananenschale hält die Frucht geschützt.)*

4. Wo kommt die Banane, die heute vor allem in Ecuador und Brasilien zum Export angebaut wird, eigentlich her? *(Aus Südostasien und Indonesien. Die Spanier brachten sie im 16. Jahrhundert nach Südamerika, wo sie ausgezeichnet gedieh. Haupterzeugerländer sind heute Ecuador, Brasilien, Indien und die Philippinen.)*

5. Wie kam die Banane zu ihrem Namen? *(Wegen ihrer Form gaben ihr die Araber den Namen. Bananen wachsen an den Stämmen wie Finger aus der Hand. Finger heißt auf Arabisch „Banan“.)*

6. Welches Obst wird auf der Welt am meisten konsumiert? *(Die Banane. Der Weltverbrauch liegt jährlich bei 40 Mio. Tonnen.)*

7. Warum ist die Banane krumm? *(Pflanzen orientieren sich dorthin, wo sie das meiste Licht bekommen. Die Bananenfrucht wächst seitlich aus der Staude heraus und muss sich deshalb dem Licht entgegenkrümmen.)*

8. Welche Wirkung hat eine reife Banane auf Bienen? *(Sie macht sie sehr aggressiv. Reife Bananen setzen nämlich einen Geruch frei, der einer von Bienen produzierten Notstandssubstanz sehr ähnlich ist.)*

Calvin

1. Wer war Johannes Calvin (1509-1564)? *(Johannes Calvin [eigentlicher Name: Jean Cauvin] war Kirchenreformator als Anhänger der reformierten Tradition des Christentums. Heute sind rund 40 Mio. der Protestanten Anhänger der calvinistischen Lehre.)*

2. Was brachte den Franzosen Calvin dazu, aus Frankreich in die Schweiz zu fliehen, wie verhielt er sich dort? *(Calvin studierte [Theologie, Literatur und Jura] u.a. in ☞Paris an der Sorbonne. Dort verband ihn eine Freundschaft mit dem Rektor Nikolaus Cop. Als der sich 1535 im katholischen Frankreich zu ☞Luthers Thesen bekannte, flohen beide vorsichtshalber aus Frankreich, nachdem Calvin sogar ins Gefängnis gekommen war. Calvin ging in die Schweiz, zunächst nach Basel, das ihm als protestantische Stadt Schutz bot. Calvin legte dort seine Thesen schriftlich nieder, was ihm ein Angebot Genfer Pastoren eintrug, dort ein Lehramt anzunehmen. Das nahm Calvin an und erreichte bald hohes Ansehen und Macht in der Stadt, bei der es fertigbrachte, den Staat in enge Abhängigkeit von der Kirche zu bringen. Da er allerdings sehr despotisch war [anders als Luther wollte er notfalls mit Gewalt allen seine religiösen Ansichten aufzwingen und führte polizeiliche Kontrollen und Strafen ein] und die Genfer Bürger sich nicht bevormunden lassen wollten, wiesen sie ihn 1538 aus der Stadt, die Genfer Regierung holte ihn aber 1541 zurück [weil sich eine strenggläubige Stadt leichter regieren ließ].)*

3. Was unterscheidet die Reformatoren Luther und Calvin? *(Während Luther die Kirche dem Staat unterordnete, tat Calvin das Gegenteil.)*

4. Was verfügte Calvin in Genf zur Einhaltung der religiösen Gesetze? *(Einmal jährlich musste sich eine Familie von einem Pastor besuchen lassen, der ihre Moral überprüfte. Er verbot alle weltlichen Feste, Glücks- und Kartenspiele. Auf Ehebruch und Gotteslästerung stand die Todesstrafe [zu diesen Delikten fanden jährlich 100 Prozesse statt, mindestens zwölfmal wurde die Todesstrafe verhängt, ebenso oft der Bannfluch ausgesprochen]. Calvin schaffte Altar, Orgel, Bilder und Kerzen ab.)*

5. Welche positiven Einfluss hatte Calvin auf das tägliche Leben in Genf? *(Er gründete Krankenhäuser, baute ein Abwassersystem, engagierte sich in der Wohlfahrt und förderte neue Wirtschaftszweige. Außerdem ermunterte er dazu, die Messen in der Landessprache zu halten.)*

6. Welchen Einfluss hatten Calvins Lehren auf die westliche Welt? *(Aus seinen Lehren entwickelte sich in den USA, England und Schottland der Puritanismus, der das Leistungsdenken der westlichen Welt wesentlich geprägt hat.)*

Cäsar

1. Wer war Gaius, Julius Cäsar (100-44 v. Chr.)? *(Cäsar war ein römischer Staatsmann und Feldherr.)*

2. Wo begann Cäsars Karriere? *(Nach dem Militärdienst [81-79] studierte er auf Rhodos Rhetorik [76-73]. Die Rhetorikschule auf Rhodos genoss im Altertum einen ausgezeichneten Ruf. Danach begann seine politische Laufbahn als hoher Verwaltungsbeamter in Rom und Spanien, wo er es 61 v. Chr. bis zum Provinzstatthalter von Südspanien brachte.)*

3. Cäsar sagte 69 v. Chr. beim Überqueren der Alpen zu einem Soldaten, der auf die Ärmlichkeit eines Dorfes hinwies mit der Verwunderung darüber, dass da trotzdem einer sei, der stolz sei, Führer dieses Dorfes zu sein: „Ich möchte lieber hier der Erste sein, als in Rom der Zweite." Warum wird Cäsar so oft mit diesem Ausspruch zitiert? *(Das Zitat ist Beleg dafür, dass Cäsar nicht an einer gemeinsamen Führung, etwa als Zweiter, des Römischen Reichs interessiert war, sondern nur an einer alleinigen Führungsposition.)*

4. Wie erlangte Cäsar die Macht in Rom? *(59 wurde Cäsar als Konsul Herr in Rom. Nachdem er als Prokonsul 58-51 in den Gallischen Kriegen siegreich war, genoss er höchstes Ansehen in Rom, sehr zum Missfallen des Pompejus, mit dem und Marcus Licinus Crassus Cäsar ein Triumvirat [Herrschaft von drei Männern] bildete. 49 v. Chr. verlangte der Senat auf Betreiben des Pompejus [Crassus war inzwischen verstorben], dass Cäsar sein Heer [elf Legionen je 6.000 Soldaten] entlasse und allein nach Rom komme, wo ihn ein Prozess wegen Amtsmissbrauchs erwarten sollte. Cäsar, der sich seit 50 v. Chr. in Ravenna aufhielt, gehorchte nicht, sondern überschritt im Januar 49 mit den Worten „alea iacta est" [„der Würfel ist gefallen", das Originalzitat sprach Cäsar aber auf Griechisch] den Rubikon, den Grenzfluss zwischen Gallia Cisalpina [Oberitalien] und Italien, mit seiner ihm treu ergebenen XIII. Legion und begann einen Bürgerkrieg. Innerhalb von zwei Monaten eroberte er ganz Italien und unterwarf Spanien sowie Sizilien. Noch 48 besiegte er Pompejus, setzte 47 in Ägypten Kleopatra als Königin ein, schlug in Kleinasien [heutige westliche Türkei] einen Aufstand nieder – und war damit Alleinherrscher. Seine Rückkehr nach Rom geriet zum Triumphzug, wo er im Februar 44 auf Lebenszeit zum Diktator gewählt wurde [die Verleihung der Königswürde lehnte er aber ab].)*

5. Hatte Cäsar Kinder? *(Ja, mit Kleopatra hatte er einen unehelichen Sohn, Cäsarion. Mit ihr war er aber nie verheiratet. Zuerst hatte Cäsar 84 v. Chr. Cornelia geheiratet, die 69 v. Chr. starb. Danach heiratete er Pompeia, von der er sich 62 v. Chr. trennte, um dann 59 v. Chr. Calpurnia zu heiraten. Alle Ehen blieben kinderlos. Cäsarion wurde von Octavianus umgebracht, nachdem er Kleopatra besiegt und diese sich selbst umgebracht hatte.)*

6. Warum wurde Cäsar (in den Iden des März = 15.03.44 v. Chr.) ermordet? *(Der republikanischen Senatsopposition stank Cäsars uneingeschränkte Machtposition und die beginnende göttliche Verehrung seiner Position mächtig. Sie schlossen sich mit 60 Mann zu einer Verschwörung zusammen. Obwohl Cäsars Frau Calpurnia Cäsar bat, nicht in die Senatssitzung zu gehen [sie hatte geträumt, er würde dort ermordet], ging Cäsar doch, wurde dort im Saal des Pompeiustheaters sofort umringt und von den Senatoren unter Anführung durch Brutus und Cassius mit 23 Dolchstichen getötet. Als er unter den Verschwörern auch Brutus sah, den er wie einen Sohn liebte, soll er ihm auf Griechisch [nicht auf Latein, wie meist geschildert wird] zugerufen haben: „Auch du, Brutus?“- Wie der römische Historiker Sueton [geb. um 70 n. Chr.] nachwies, überlebte kaum einer von Cäsars Mördern ihn um mehr als drei Jahre, und niemand von ihnen starb eines natürlichen Todes.)*

7. Wer beerbte Cäsar in der Macht? *(Der ehelich kinderlose Cäsar hatte vor seinem Tod noch seinen Großneffen Gaius Octavianus testamentarisch adoptiert. Dieser wurde später unter dem Beinamen ☞Augustus berühmt, nachdem er über einen 17-jährigen Bürgerkrieg 27. v. Chr. die Macht an sich gerissen hatte.)*

8. Welchen Titel tragen die beiden berühmten Werke Cäsars? *(„De bello Gallico” [über den Gallischen Krieg] und „De bello civile“ [über den Bürgerkrieg].)*

9. Was hat Cäsar mit unserem ☞Kalender zu tun? *(Er führte den Julianischen Kalender mit 12 Monaten, Schaltjahren und Kalendertagen ein. Der Juli ist ihm zu Ehren so benannt. Cäsar leitete den Kalender vom Sonnenjahr der Ägypter mit 365 ¼ Tagen ab.)*

Rembrandt

1. Wer war Rembrandt (1606-1669)? *(Rembrandt [eigentlich Rembrandt Harmenszoon van Rijn] war ein niederländischer Maler und wohl der bedeutendste seines Landes. Rembrandt ist nur sein Vorname. Unter diesem Namen wurde er allerdings bekannt, weil er die Bilder nur mit seinem Vornamen signierte)*

2. In welcher Kunstrichtung malte Rembrandt? *(Im ☞Barockstil. Er prägte eine Technik der Hell-Dunkel-Malerei, die seine Werke charakterisiert. Außerdem fertigte er Gruppenbildnisse, bei denen die Figuren nicht – wie früher – als Porträts nebeneinander gereiht wurden, sondern in natürlicher Anordnung.)*

3. Wie kam Rembrandt zur Malerei? *(Rembrandt wurde als zweitjüngster Sohn von neun Kindern eines wohlhabenden Müllers in der holländischen Universitätsstadt Leiden geboren. Dort besuchte er die Lateinschule und anschließend mit 14 Jahren die*

die Universität. Seine Ausbildung zum Maler erfuhr er in Leiden und Amsterdam, wohin er 1631 übersiedelte und später auch völlig verarmt starb.)

4. Was verschaffte Rembrandt lukrative Aufträge des Hofes von Oranien? *(Als 16-Jähriger schloss Rembrandt eine Ateliergemeinschaft mit Jan Lievens in Leiden. Dort besuchte sie 1628 Constantijn Huygens, der Sekretär des Prinzen Frederik Hendrick von Oranien. Dieser Sekretär ist gleichzeitig Dichter, Musiker, Künstler und Sprachgelehrter und deshalb bei Hof sehr angesehen. Er ist von Rembrandts Werken begeistert. Seine Euphorie bringt Rembrandt viele Aufträge vom Hof ein. Da Rembrandt ungeschickt auftrat, eine große Arroganz an den Tag legte und seinen Kunden endlos lange Lieferzeiten zumutete, verscherzte er sich schließlich mit allen vermögenden Auftraggebern.)*

5. Wo in Amsterdam wohnte Rembrandt? *(In der Jodenbreestraat, wo heute sein Museum steht. Dieses Haus stopfte er mit Antiquitäten und Kuriositäten voll. Dazu nahm er auch Kredite auf, die er nicht zurückzahlen konnte. Beim Kauf des Hauses 1639 konnte er nicht einmal die Anzahlung von 1.200 Gulden zahlen. Zum Glück kaufte ihm der Prinz von Oranien zwei Passionsbilder zu einem stolzen Preis ab, womit Rembrandt die Anzahlung leistete. Das Haus blieb aber vom ersten Tag an überschuldet.)*

6. War Rembrandt verheiratet? *(Ja, sogar zweimal. Seine erste Frau [Saskia von Uylenburch, die er 1634 heiratete] war als reiche Waise eine gute Partie, öffnete ihm die Türen zur gehobenen Gesellschaft, was ihm eine solvente Kundschaft eintrug, und schenkte ihm 1641 als viertes [die ersten drei Kinder überlebten nur die ersten Wochen nach der Geburt] Kind seinen Sohn Titus, der als einziger älter wurde, ohne jedoch Rembrandt zu überleben. Mit ihr lebte er in Saus und Braus, bis sie 1642 im Alter von 29 Jahren starb. Nach Saskias Tod holte Rembrandt als Amme die Witwe Geertghe Dircx ins Haus, die bald erst sein Modell und dann seine Geliebte wurde. Als er zusätzlich noch ein 23-jähriges Dienstmädchen ins Haus holt, bahnt sich eine Katastrophe an: Rembrandt wurde der Amme überdrüssig und schob sie ab. Die rief aber die Amsterdamer „Ehekrachkammer" an, berief sich zu Recht auf ein Eheversprechen Rembrandts und erstritt damit eine jährliche Rente von 200 Gulden. Der nachtragende Rembrandt schaffte es später, sie ins Gefängnis von Gouda zu bringen, weil sie gegen ein Urteil Schmuck von Saskia aus Not ins Pfandhaus gebracht hatte. Ungerührt lebte Rembrandt ab 1647 mit seiner Haushälterin Hendrickje Stoffels zusammen, die ihm eine uneheliche Tochter schenkte und die er sehr oft porträtierte. Heiraten konnte er sie nicht, weil er sonst einen Teil von Sakias Erbe an deren Familie hätte zurückzahlen müssen. Rembrandt änderte seinen Lebensstil nicht und wirtschaftliche Missgriffe [vor allem seine Kunstsammelleidenschaft] trieben ihn in den Ruin. Rembrandt musste 1656 Konkurs anmelden und zusehen, wie der gesamte Familienbesitz 1657/1658 zwangsversteigert wurde. Rembrandt wurde finanziell und formal entmündigt. Er verpflichtete sich, alle Einnahmen an Hendrickje und Titus zu verpfänden und lebte fortan als deren Untermieter und Berater. So lebte er von Mäzenen unterstützt zurückgezogen in bescheidenen Verhältnissen und musste weitere Schicksalsschläge wegstecken: 1663 den Tod Hendrickjes an Pest und 1668*

den Tod seines Sohnes Titus durch Schwindsucht. Der wirtschaftliche Ruin trieb ihn aber auch an den unbeachteten Rand der Gesellschaft.)

7. Wann wurde Rembrandt wiederentdeckt? *(Erst um 1850 wurde er „wiederentdeckt" mit einer Hinterlassenschaft von rund 600 Gemälden, 1200 Zeichnungen und 300 Radierungen, bei denen allerdings nach neueren Erkenntnissen wohl nur der kleinere Teil tatsächlich von ihm stammt. So war es Rembrandts Eigenheit, dass er unter Bilder bei einem besonders begabten Schüler einfach sein eigenes Signum setzte und sie für einen horrenden Preis verkaufte. Seit 1968 sorgt eine kleine holländische Expertengruppe unter dem Namen „Rembrandt Research Project" durch Untersuchungen dafür, dass die ihm zugeordneten Bilder immer weniger werden. Heute gehen Experten davon aus, dass es weltweit nur etwa 280 echte Rembrandts gibt.)*

8. Wo liegt Rembrandt begraben? *(Er lebte zum Schluss allein, entmündigt, im schmutzigen Jordan-Viertel, dem ärmsten Viertel von Amsterdam. Da er völlig mittellos starb, wurde er in einem nicht bekannten Mietgrab in der Westerkerk in Amsterdam beigesetzt.)*

9. Welche sind Rembrandts berühmteste Werke? *(Das Bild „Die anatomische Vorlesung des Dr. Nicolaes Tulp" [1632], das die Amsterdamer Chirurgen bei ihm bestellt hatten und ihm Erfolg in der Gesellschaft eintrug, die „Nachtwache" [1642], die ein Gruppenbild in Licht und Dunkel erfasste [Seinen heutigen Namen verdankt das Bild allerdings einem Irrtum: Eigentlich hieß es „Schützenstück" und zeigte die Schützen beim Ausmarsch. Das Bild hatte die Amsterdamer Bürgerwehr 1640 für den Festsaal ihres Hauptquartiers mit einem Maß von 4 x 4,75 Metern bestellt, das die Schützenkompanie des Kapitäns Frans Banning Kocq darstellen sollte. Hierfür war ein Honorar von 1.600 Gulden vereinbart. Jeder der 16 Auftraggeber zahlte einen Anteil, der sich nach seiner Platzierung im Bild richtete. Da es ohnehin dunkel gehalten war und im Laufe der Zeit am Kamin des Amsterdamer Rathauses, wo es lange Jahre hing, noch nachdunkelte, erhielt es den Namen „Die Nachtwache". Posse am Rande: Die Amsterdamer Bürgerwehr lehnte das Bild mit der Begründung ab, man sehe sie wegen der Maltechnik nicht gut genug, und bestellte es bei einem anderem Künstler neu. Damit begann Rembrandts wirtschaftlicher Abstieg, weil seine Maltechnik immer mehr abgelehnt wurde], der „Mann mit dem Goldhelm" [1651, von dem inzwischen aber bekannt ist, dass es in Wirklichkeit von einem Schüler Rembrandts gemalt wurde], „Moses zertrümmert die Gesetzestafeln" [1659], „Die Blendung Samsons" [1636], „De Staalmeesters" [1661/62], „Lesender Titus" [1665], „Familienbild" [1668] und zahlreiche Porträts, auch mehr als 100 Selbstporträts [Anm: Die Zahlenangaben schwanken sehr stark in den Darstellungen zu Rembrandt, weil die Zahl der ihm angedichteten Werk enorm ist].)*

10. Welches Motiv malte Rembrandt am häufigsten? *(Sich selbst: Rund 80 Selbstbildnisse sind von ihm erhalten. Er malte sich mit Grimassen in physiognomischen Studien, verkleidet oder in repräsentativer Haltung nach berühmten Vorbildern.)*

Gewürze

1. Wie kamen die Gewürze nach Europa? *(Die Kreuzfahrer weckten in Europa die Begeisterung für ausländische Gewürze. Im Mittelalter besaß man nämlich nur geringe Möglichkeiten, Speisen zu konservieren, weshalb sie zum Frühjahr hin immer fader schmeckten. Zu dieser Zeit kamen fast alle Gewürze aus dem Orient, und keiner in Europa wusste so recht, wo sie eigentlich genau herkamen. Arabische Händler brachten sie nämlich mit, verkauften sie in Genua und Venedig an die dortigen Kaufleute, und die verkauften sie mit horrenden Aufschlägen in Europa weiter. Natürlich war jeder darauf bedacht, seine Quellen geheimzuhalten, um sich das gute Geschäft zu bewahren. Die Herrscher von Spanien und Portugal neideten den beiden immer reicher werden italienischen Hafenstädten ihren Reichtum, wollten selbst an dem Geschäft mit den Gewürzen partizipieren und schickten deshalb Schiffe aus, um den Seeweg zu den gewürzproduzierenden Ländern zu finden. Spanien fuhr mit ☞Kolumbus nach Westen und konzentrierte sich dann auf Amerika, Portugal nach Osten um die Südspitze Afrikas herum. Portugal schaffte mit Vasco da ☞Gama 1495 die Landung an der Malabarküste Indiens, wo er Gewürze in reichem Maße vorfand. 17 Jahre später fanden die Portugiesen dann den Weg zu den sagenumwobenen Gewürzinseln, den Molukken.)*

2. Aus welchem Teil der Pflanzen werden die Gewürze gewonnen? *(Das ist sehr unterschiedlich: Bei Vanille, Pfeffer, Paprika und Kardamon ist es die Frucht, beim Ingwer der Wurzelstock, bei Muskat, Anis und Senf der Samen, bei der Nelke die Blütenknospe und beim Safran die Blütennarbe.)*

3. Woraus wird Curry gemacht? *(Curry besteht nicht aus einem Gewürzextrakt, der aus einer Pflanze gezogen würde, sondern ist eine Mischung aus mehreren verschiedenen Gewürzen. Ein besonders gute Currymischung besteht durchschnittlich aus rund 30 Bestandteilen, darunter Pfeffer, Ingwer, Koriander und Kümmel. Die Schärfe des Curry wird durch die Menge und Qualität des beigefügten Pfeffers bestimmt.)*

4. Werden auch Medikamente gewürzt? *(Ja: Um den unangenehmen oder bitteren Geschmack von Medikamenten zu überdecken, werden Gewürze wie Anis, Pfefferminz, Zimt, Kardamon und Ingwer untergemischt.)*

5. Kommen schwarzer und weißer Pfeffer von unterschiedlichen Pfefferpflanzen? *(Nein: Unreife, getrocknete Früchte mit der Fruchtschicht ergeben den schwarzen Pfeffer, reif geerntete und von der Fruchtschicht befreite Samen liefern den weißen Pfeffer.)*

6. Gibt es eine Maßeinheit für Schärfe bei Gewürzen? *(Ja, sie heißt Scoville nach dem Pharmawissenschaftler Wilbur Scoville. Sie beruht darauf, wie viel Wasser einem Stoff zugesetzt werden muss, damit man die Schärfe nicht mehr schmeckt. In Essig eingelegte Pepperoni haben nur 10-100, Tabascosoße hingegen 3500 Scoville.)*

7. Was hilft bei zu viel eingenommenen scharfen Gewürzen? *(Nicht Wasser. Das den Brand simulierende Alkaloid Capsaicin ist nämlich nicht wasser-, aber fettlöslich: Also Milch trinken oder Butter auf der Zunge zergehen lassen!)*

Hammurabi

1. Wer war Hammurabi (auch Hammurapi, 1760-1686 v. Chr.)? *(Ein babylonischer König.)*

2. Was machte Hammurabi berühmt? *(Zuerst betätigte sich Hammurabi nach seiner Thronbesteigung 1728 erfolgreich als Feldherr, unterwarf die Länder um sich herum und schuf damit das mächtige altbabylonische Reich mit Babylon als Hauptstadt. Nach diesen militärischen Erfolgen ging Hammurabi aber nicht auf weiteren Landgewinn aus, sondern sicherte den Frieden in seinem Land. Als er nach 42-jähriger Regierungszeit starb, hinterließ er ein gut organisiertes, starkes Reich. Richtig berühmt in der Nachwelt wurde Hammurabi aber als Gesetzgeber.)*

3. Was regelte Hammurabi als Gesetzgeber? *(Hammurabi schuf als Erster im Altertum ein in sich geschlossenes Gesetzeswerk [sog. „Kodex Hammurabi"] mit 282 Artikeln, das öffentliches und privates Recht enthielt. Bekannt wurde seine Gesetzessammlung durch eine 2,25 m hohe Säule [sog. Stele], die vor dem Marduk-Tempel in Babylon aufgestellt gewesen war, damit jeder sie lesen konnte [sie stand dort mindestens tausend Jahre lang, bevor sie nach Susa gebracht wurde. Diese Säule wurde 1902 bei Ausgrabungen entdeckt, nach Frankreich verschifft und steht heute im Louvre in ☞Paris]. Sein Rechtssystem regelte u.a. Gewährleistungen in für die damalige Zeit typischer Weise: Art. 229: Wenn ein Architekt ein Haus baut, das später infolge eines Herstellungsfehlers einstürzt und den Tod des Besitzers verursacht, muss der Architekt getötet werden. Art. 230: Wenn dabei der Sohn des Besitzers den Tod findet, muss der Sohn des Architekten getötet werden. Weiter regelte der Kodex des Hammurabi, dass einem unfähigen Chirurgen beide Hände abgeschnitten werden sollten.)*

4. Schrieb Hammurabi Briefe? *(Ja, sogar reichlich, vor allem enthielten sie Weisungen. Hammurabi schrieb sie in Keilschrift auf kleine ca. 10 x 6 cm große Tontafeln. Diese Tontafeln kamen dann in einen „Umschlag": Sie wurden in eine dünne Tonschicht gelegt, die gebrannt wurde. Der Empfänger zerbrach dann diese äußere Schicht und konnte den Brief lesen, womit das Briefgeheimnis hergestellt wurde.)*

Koptische Kirche

1. Was ist die „Koptische Kirche“? *(Die christliche Kirche Ägyptens. Sie stellen dort aber nur eine sehr kleine religiöse Minderheit dar.)*

2. Was bedeutet „koptisch“? *(„Koptisch“ kennzeichnet den nationalen Bezug dieser Religionsgemeinschaft. Ägypter heißt auf arabisch qubtī. Kopten sind also in der arabischen Bezeichnung Ägypter.)*

3. Wo ist der Sitz des Patriarchen der koptischen Kirche? *(Heute Kairo, früher Alexandria.)*

4. Wie kam es zur Abspaltung der koptischen Kirche von der katholischen Kirche? *(Die koptische Kirche gehörte ursprünglich zur Ostkirche, wurde aber bei der Synode [=Kirchenversammlung] von Chalkedon [am Bosporus] aus der orthodoxen [= „rechtgläubigen“], katholischen [= „alle Christen der Erde umfassenden“] Kirche ausgeschlossen, weil sie statt der katholischen Lehre [Christus war Gott und Mensch = „Zweinaturenlehre“] den Monophysitismus vertrat, wonach alles Menschliche Christi in seinem göttlichen Wesen aufging [= „Einnaturlehre“].)*

5. Was unterscheidet die koptische Kirche in der Religionsausübung von der katholischen? *(Die koptische Kirche hat wie die katholische sieben Sakramente, die Taufe wird aber mit der Firmung gefeiert. Beim Abendmahl empfängt der koptische Christ nicht nur das Brot, sondern auch den Wein. Die „Salbung“ erfolgt nicht nur im Todesfall, sondern auch zum Schutz gegen Krankheit oder zur Entlastung von einer Schuld.)*

6. Wie sieht das koptische Kreuz aus? *(Anders als das Kreuz der Katholiken und Protestanten ist es quadratisch angeordnet. Es soll nicht an das Kreuz erinnern, an dem Christus starb, sondern entstand aus dem „Henkelkreuz“, einem Symbol des Glücks im ewigen Leben, das man in alten ägyptischen Grabstätten findet.)*

Cicero

1. Wer war Marcus Tullius Cicero (106-43 v. Chr.)? *(Ein römischer Staatsmann, Philosoph und Schriftsteller, der insbesondere als Redner [58 Reden von ihm sind überliefert] berühmt wurde. Er gilt als der eigentliche Schöpfer des klassischen Lateins, ist für die Bewahrung und Auseinandersetzung mit der griechischen Philosophie bekannt. Wie Cicero in seinem Werk „Orator“ [„Redner“] ausführte, hielt er die fundierte*

Kenntnis der Philosophie, der Rechtswissenschaft und der Geschichte für die wesentliche Voraussetzung einer guten Redekunst vor Gericht und in der Politik.)

2. Was machte Cicero als Redner berühmt? *(Er entstammte dem Ritterstand und war wirklich unerschrocken, wie es einem Ritter gebührte: 80 v. Chr. verteidigte er mit Erfolg den Roscius, der angeklagt war, seine Vater ermordet zu haben. Hinter der Anklage steckte der gefürchtetste Freigelassene Sullas, der zu diesem Zeitpunkt Diktator in Rom war, ein Halsabschneider namens Chrysogonus. Keiner wagte die Verteidigung des Roscius – außer Cicero. Seine Verteidigungsrede war so brillant, dass Roscius freigesprochen wurde. Richtig bekannt als Redner wurde er aber erst 70 v. Chr. durch seine Verfolgung des Verres, der in Sizilien mit grausamen Erpressungen und Beschlagnahmen ein riesiges Vermögen zusammengeschachert hatte. Verres hatte sich mit Hortensius den damals berühmtesten Redner Roms zum Verteidiger genommen. Cicero brachte aber so schlagende Beweise gegen Verres vor, das dieser aufgab und ins Exil ging. Das brachte Cicero endgültig den Durchbruch als Redner und Politiker.)*

3. Wo erlernte Cicero die Redekunst (Rhetorik)? *(Er studierte erst in Rom Recht und Rhetorik und besuchte später die im Altertum bekannte Rhetorik-Schule auf Rhodos, wo er seine Studien abschloss. Von Rhodos kehrte er erst nach dem Tod Sullas nach Rom zurück.)*

4. Wer war nach seinen Reden Ciceros sonst bekanntester Gegner? *(Cicero war mit 43 Jahren 63 v. Chr. zum Konsul gewählt worden. In seiner Amtszeit zettelte sein Mitbewerber um das Konsulsamt Lucius Sergius Catilina eine gefährliche Verschwörung an, um mit Gewalt die Macht an sich zu reißen. Cicero entlarvte den Verschwörer und prangerte ihn offen im Senat an, woraufhin Catilina Rom verlassen musste. Dessen fünf Mitverschwörer ließ Cicero nach einem Senatsbeschluss ohne Gerichtsverhandlung hinrichten [was gegen geltendes Recht verstieß]. Ciceros erbitterter persönlicher Feind, der Volkstribun Clodius, nutzte diesen Fehler Ciceros, um ein rückwirkendes Gesetz zu erlassen, das Cicero dafür ins Exil verbannte.)*

5. Wie kam Cicero mit ☞Cäsar klar? *(Gar nicht gut: 49 v. Chr. versuchte Cicero, zwischen Senat, Cäsar und Pompeius zu vermitteln, um den drohenden Bürgerkrieg zu vermeiden. Das scheiterte, und Cicero schlug sich auf die Seite des Pompeius, der aber 48 v. Chr. gegen Cäsar verlor. Cäsar begnadigte ihn erst ein Jahr später, weshalb Cicero erst im September 48 v. Chr. nach Rom zurückkehren konnte. Cicero, glühender Anhänger einer republikanischen Staatsform, wurde zum kompromisslosen Gegner Cäsars, der für ein diktatorisches Staatssystem stand. Nach Cäsars Tod 44 v. Chr. betrat Cicero wieder die politische Bühne und griff dort Marcus Antonius, den treusten Anhänger Cäsars, an, da er ganz auf Oktavian [den späteren Kaiser ☞Augustus] setzte. Cicero verfolgte Marcus Antonius mit seinen insgesamt 14 „Philippischen Reden" [angelehnt an die Philippiken des Demostenes gegen ☞Philipp II. von Makedonien] und machte ihn sich damit zum unversöhnlichen Gegner. Oktavian bildete aber mit Marcus Antonius und Lepidus ein Triumvirat, und das gab Marcus Antonius die Möglichkeit, Cicero durch seine Häscher gefangen zu nehmen und zu ermorden. Seinen Kopf und seine Hände stellte man im Forum aus.)*

Esel

1. Was ist ein Esel? *(Der Esel ist ein Unpaarhufer, der von der biologischen Systematik zur Familie der Pferde gehört.)*

2. Der Esel ist ein „Nutztier". Was nutzt man von ihm? *(Der Esel gibt Milch, Fleisch [der Wildesel wird wegen dieses Fleisches gejagt, weil es schmackhafter als Hirschfleisch ist] und Fell [wegen dessen Festigkeit vor allem bei Trommeln verwandt].)*

3. Wo kommt der Esel her? *(Er stammt aus einer Unterart des afrikanischen Wildesels und wurde schon vor 5000 Jahren gezüchtet. Schon im alten Ägypten war der Esel ein übliches Haustier. Heute gibt es die meisten Esel in der Volksrepublik ☞China.)*

4. Warum benutzt man das Wort „Esel" als Schimpfwort? *(Der Esel, auch der Hausesel, ist zwischendurch immer wieder störrisch. Diese Eigenschaft führte zum Schimpfwort. Dumm ist der Esel aber gerade nicht.)*

5. Warum sprechen wir von einer „Eselsbrücke"? *(Der Begriff wurde aus dem römischen „pons asinorum" [Eselsbrücke] übernommen. Da Esel extrem wasserscheu sind, musste der Bauer für den kleinsten Bach eine Brücke bauen, wollte er mit dem Esel hinüber. Schon im Mittelalter gebrauchten die Lehrer den Begriff Eselsbrücke, wenn es darum ging, Schülern eine „Lernbrücke" zu bauen. Die bekanntesten Eselsbrücken sind Merkverse wie „3-3-3 bei Issos Keilerei" [Datum einer großen Schlacht ☞Alexander des Großen], „7-5-3 kroch Rom aus dem Ei" [Gründungsdatum ☞Roms] und aus der Physik „Ist das Mädchen brav, bleibt der Bauch konkav. Hat es aber Sex, ist er bald konvex.")*

Mykene

1. Was ist Mykene? *(Eine griechische Stadt der Antike im Nordosten des Peloponnes. Mykene war im 2. Jahrtausend v. Chr. ein Machtzentrum der ägäischen Kultur.)*

2. Wie hieß der bekannteste König Mykenes? *(Agamemnon. Er war nach ☞Homer der Heerführer der griechischen Truppen gegen ☞Troja. Eine in Mykene gefundene Goldmaske wurde als sein Abbild interpretiert und wird heute im Athener Nationalmuseum aufbewahrt. Inzwischen weiß man aber, dass sie ihn nicht darstellt. Der Krieg gegen Troja dürfte [zumindest auch] machtpolitische Gründe gehabt haben. Nachdem die Mykener mit Knossos auf Kreta einen mächtigen Konkurrenten vernichtet hatten, blieb als ernsthafter Gegner um die Vormachtstellung im Mittelmeer nur*

noch Troja übrig. Die kriegerische Auseinandersetzung war deshalb logisch. Nach der Vernichtung Trojas [dafür waren im 13. und 12. Jahrhundert v. Chr. mehrere Feldzüge nötig] war Mykene von 1440 – 1100 v. Chr. das mächtigste politische Zentrum in der Ägäis.)

3. Wer grub Mykene aus? *(1876 und 1878 der deutsche Kaufmann und Archäologe Heinrich Schliemann [er grub auch Troja aus], der sich genau an die Schilderungen Homers hielt und prompt fündig wurde.)*

4. Welche berühmten Bauwerke wurden in Mykene ausgegraben? *(Mykene ist als Burg ausgestaltet. Das Haupttor zur Burg bildet das berühmte „Löwentor" [über dem Durchgang in die Burg flankieren zwei Löwen eine Säule, die vermutlich ein Bildnis der „Großen Mutter", der Schutzgöttin der Stadt trug]. In der Burg wurden mehrere imposante Kuppelgräber gefunden, von denen die berühmteste die in einen Felshang gegrabene Grabkammer des Atreus mit einem Schatzhaus [dort fand man auch die Goldmaske, die man Agamemnon zuordnete] ist.)*

5. Wie kam es zum Untergang Mykenes? *(Die Mykener hatten Waffen aus Bronze. Als die mit Eisenwaffen ausgerüsteten Dorer einfielen, hatten die Mykener keine Chance, wurden überrannt und völlig vernichtet.)*

Paraguay

1. Was ist Paraguay? *(Eine Republik in Südamerika, die im Norden und Nordwesten an Bolivien, im Osten an Brasilien und im Süden und Südwesten an Argentinien grenzt, also ein Binnenland ohne Küstenanschluss ist. Paraguay hat eine Gesamtfläche von 406.752 km^2 und ca. 6,0 Mio. Einwohner [1998]. 95 % der Bevölkerung sind Mestizen, also Menschen weißer [vor allem spanischer] und indianischer Abstammung. Staatsoberhaupt und Regierungschef ist der Präsident, der nur für fünf Jahre wählbar ist. Er ist gleichzeitig Oberbefehlshaber der Streitkräfte, ernennt die Mitglieder der Regierung und des Obersten Gerichtshofes.)*

2. Woher hat Paraguay seinen Namen? *(Namensgeber ist der Fluss Paraguay, der größte Fluss des Landes, der Paraguay von Norden nach Süden teilt, und einen Hauptverkehrsweg darstellt. Westlich dieses Stroms liegt das Tiefland, östlich das Bergland. Zweitwichtigster Fluss ist der Paraná, der die Grenze zu Brasilien und Argentinien bildet.)*

3. Wann wurde Paraguay unabhängig? *(Die Spanier nahmen das Land im 16. Jahrhundert in Besitz und verwalteten es bis 1620 zusammen mit dem heutigen Argentinien. 1810 erklärte Argentinien seine Unabhängigkeit von Spanien, Paraguay folgte am 14.Mai 1811.)*

4. Wie heißt die Währung Paraguays? *(1Guaraní [kollektiver Name der Urbevölkerung] = 100 Centimos.)*

5. Welche Sprache spricht man in Paraguay? *(Amtssprachen sind Spanisch und Guaraní, eine traditionelle Sprache.)*

6. Welche Religion ist in Paraguay führend? *(Der Katholizismus ist Staatsreligion, weshalb heute rund 95 % der Bevölkerung katholisch sind. Es gilt aber Religionsfreiheit.)*

7. Wie heißt die Hauptstadt Paraguays? *(Asunción mit 630.000 Einwohnern. 1537 kamen spanische Abenteurer auf der Suche nach Gold ins Land und gründeten am Paraguay ein Fort, das sie Nuestra Señora Santa María de la Asunción nannten.)*

8. Womit treibt Paraguay Handel? *(Paraguay hat als wichtigsten Wirtschaftszweig die Landwirtschaft, in der rund 39 % der Bevölkerung arbeiten. Haupanbauprodukte sind Sojabohnen, Maniok, Baumwolle, Zuckerrohr, Getreide und Tabak. Deshalb exportiert Paraguay vor allem Baumwolle, Sojabohnen, Holz und Fleischprodukte. Importiert werden vor allem Erdöl, Maschinen, Fahrzeuge und Metallwaren.)*

9. Wie deckt Paraguay seinen Bedarf an elektrischer Energie? *(Zu 99,88 % durch Wasserkraftwerke.)*

Milch

1. Was ist Milch? *(Eine weißliche Flüssigkeit, die von weiblichen Säugetieren zur Ernährung des Nachwuchses abgesondert wird.)*

2 Woraus besteht Milch? *(Milch gehört zu den seltenen Lebensmitteln, die ziemlich alles beinhalten, was der Mensch zur Aufrechterhaltung aller Funktionen seines Körpers benötigt. Das sind folgende Stoffe: Wasser, Salze, Zucker, Fette, Eiweißstoffe und ☞Vitamine. 1 Liter besteht zu 900 g aus Wasser, zu 46 g aus Milchzucker, zu 35 g aus Fett, zu 30 g aus Kasein, zu 5 g aus Salzen und enthält die Vitamine A, B, C, D, E, F und H.)*

3. Kann man die Milch direkt nach dem Melken von der Kuh trinken? *(Besser nicht: Die Originalmilch ist voll von Keimen [Krankheitserregern] und Verunreinigungen. Bei der Verarbeitung zu Trinkmilch wird die Milch durch Zentrifugieren von Schmutzteilchen befreit und danach kurz auf 71 - 74° C erhitzt, wobei über 99 % aller ursprünglichen Bakterien getötet werden, darunter alle krankheitserregenden. Dieses Verfahren geht auf ☞Pasteur zurück, weshalb die pasteurisierte Milch nach ihm benannt wird.)*

4. Was ist der Unterschied zwischen Vollmilch, Magermilch und entrahmter Milch? *(Der Fettgehalt: Wird Milch in einer Zentrifuge geschleudert, wird Fett von der Vollmilch getrennt. Dieses Fett [Sahne] schöpft man ab und es bleibt entrahmte Milch [Magermilch] übrig. Wird nur ein Teil des Fetts entnommen, verbleibt teilentrahmte Milch [fettarme Milch]. Milch ist übrigens das am stärksten überwachte Nahrungsmittel.)*

5. Wie entsteht Butter? *(Butter gewinnt man durch Schlagen von gekühlter Sahne durch Verklumpen der Fettklümpchen. Dabei fällt Buttermilch als Nebenprodukt an.)*

6. Was ist „Homogenisieren" von Milch? *(Fett ist in der Milch in kleinen Tröpfchen vorhanden, die sich mit der Zeit vereinigen und dann als Rahm auf der Milch schwimmen. Um das zu verhindern, wird die Milch homogenisiert, d.h. die Fetttröpfchen werden unter hohem Druck durch feine Düsen gepresst, die das Fett so sehr zerkleinern, dass es nicht mehr verklumpt, sondern in der Milch schweben bleibt.)*

Gletscher

1. Was ist ein Gletscher? *(Ein Eisstrom oder Eisfeld in Polargebieten oder im Hochgebirge.)*

2. Wie entsteht ein Gletscher? *(Gletscher entstehen oberhalb der Schneegrenze, wo mehr Schnee fällt, als pro Jahr wieder abtaut. Durch wiederholtes Tauen und wieder Gefrieren wird der Schnee zum bläulichen Gletschereis. Gletscher haben im Gebirge Eisschichten von mehreren Hundert Metern, in der Antarktis von einigen Kilometern.)*

3. Bleibt ein Gletscher an seinem Ort? *(Nein: Er wandert in die tiefer liegende Region. Der Rhonegletscher wandert pro Jahr ca. 100 m, die Gletscher im Himalaja ca. 1.500 m und in Grönland bis zu 10 km pro Jahr.)*

4. Wie entsteht eine Gletscherspalte? *(Schiebt sich der Gletscher bei seiner Wanderung über einen stark gerundeten Untergrund, bricht an der Oberfläche das Eis auf, als wenn man ein Buch aufschlüge, und bildet eine Spalte mit zu 30 m Tiefe. Beim Weiterwandern schließt sich die Spalte wieder, wenn der Untergrund wieder eben wird.)*

5. Was bedeuten Gletscher für die Klimaforschung? *(Sie sind Indikatoren für Klimaveränderungen. Durch den Treibhauseffekt [Erwärmung der Erdatmosphäre durch Schadstoffe] hat sich das Abschmelzen der Gletscher beschleunigt.)*

6. Was ist eine „Moräne"? *(Der Begriff kommt aus dem Französischen [moraine] und bedeutet „Geröll". Gemeint ist der vom Gletscher mitgezogene und abgelagerte Gesteinsschutt.)*

Placebo

1. Was ist ein „Placebo"? *(Aus dem Lateinischen: „Ich werde gefallen": Einem echten Arzneimittel in Aussehen, Geschmack u.ä. gleichendes, unwirksames Scheinmedikament. Untersuchungen haben ergeben, dass bittere Pillen am besten, blaue und grüne beruhigend, braune am besten als Abführmittel und gelbe, orange und rote aufputschend wirken.)*

2. Woher kommt die Bezeichnung „Placebo"? *(In der heutigen Bedeutung leitet sich Placebo aus dem 116. Psalm ab, der im Mittelalter zur Totenliturgie gehörte. Er wurde bei Beerdigungen von gemieteten Trauersängern [die also nicht wirklich trauerten] gesungen, die deswegen Placebo-Sänger genannt wurden. 1803 tauchte das Wort dann erstmals in einer medizinischen Publikation auf.)*

Martin Luther

1. Wer war Martin Luther (1483-1546)? *(Martin Luther war ein Theologieprofessor an der Wittenberger [Sachsen] Universität, der als Reformator den Protestantismus einleitete.)*

2. Wie fand Luther zur Theologie? *(Auf Wunsch seines Vaters sollte er eigentlich Jura studieren. Als bei einem Gewitter aber ein Blitz neben ihm einschlug, gelobte er, Mönch zu werden.)*

3. Zu Luthers Zeit florierte der „Ablasshandel". Worum ging es dabei? *(Nach katholischer Lehre besitzt die Kirche einen Schatz an guten Taten ihrer Heiligen. Der Papst ist befugt, über diesen Schatz zu verfügen, ihn also an andere zu verkaufen. Als die Kirche, insbesondere zur Finanzierung des Baus des Petersdoms, größere Geldmengen benötigte, verkaufte sie sogenannte Ablassurkunden gegen Geld. Durch den Kauf der Urkunden erlangte der Sünder eine Vergebung seiner Sünden, ohne dass er sich für sie im Fegefeuer erst reinigen musste. Ab 1517 verkauften Prediger auch in Deutschland Ablassurkunden, mit denen man nicht nur eigene Sünden der Vergangenheit [auch die von Vorfahren], sondern sogar auf Vorrat für die Zukunft ablösen konnte.)*

4. Wie kam es zur Konfrontation Luthers mit der katholischen Kirche? *(Luther vertrat den Standpunkt, dass allein die Barmherzigkeit Gottes und der Glaube an die Heilsbotschaft die Begnadigung des Sünders bewirke. Deshalb sah er einzig die Bibel als Richtschnur für christliches Handeln an und nicht die Lehrtradition der Kirche. Die ka-*

tholische Kirche griff er deshalb an, weil sie mit der Propaganda ihres Ablasspredigers J. Tetzel [„Wenn das Geld im Kasten klingt, die Seele in den Himmel springt."] Ablassbriefe verkaufte [Kuriosität am Rande: Als Luther 1510/1511 im Auftrag des Ordens nach Rom reiste, kaufte er dort selbst auch einen Ablassbrief]. Außerdem stellte er den zentralen Glaubenssatz der katholischen Kirche in Frage, wonach die Kirche die zwingend notwendige Vermittlerin zwischen Mensch und Gott darstelle. Luther veröffentlichte am 31.10.1517 seine 95 Thesen [u.a. „Der Papst hat keine Gewalt über das Fegefeuer."] gegen die Bußpraxis der katholischen Kirche [ob er sie wirklich an die Schlosskirche zu Wittenberg angeschlagen hat, ist nicht sicher], um einen wissenschaftlichen Disput auszulösen. Die Kirche forderte Luther bei diesen Disputationen auf, seine Thesen zu widerrufen, der stattdessen einen draufsetzte und die Unfehlbarkeit der Päpste und Konzilien bezweifelte, ja sogar den Papst mit dem Antichristen identifizierte. Das führte zum Bruch mit dem Papst, der Luther am 03.01.1521 exkommunizierte und ein Jahr drauf ächtete. Dem folgte die Ächtung [sie bedeutete, dass ihn jedermann ungestraft töten durfte] durch den deutschen Kaiser Karl V. auf dem Reichstag zu Worms am 17. und 18.04.1521. Hier sprach Luther nach seiner Weigerung, seine Thesen zu widerrufen am Schluss die Worte: „Ich kann nicht anders, hier stehe ich, Gott helfe mir, Amen!". Da ihm vor dem Reichstag freies Geleit garantiert worden war, konnte er von dort ungeschoren abreisen, aber damit begann zugleich der Zeitpunkt, ab dem er ungestraft getötet werden durfte. Die Reichsacht gegen ihn blieb aber ohne Erfolg, da sein Landesfürst Friedrich III. ihn am 04.05.1521 vorsichtshalber entführen ließ und ihm auf der Wartburg Asyl gab. Luther ließ sich einen Bart wachsen, kleidete sich als Ritter und lebte fortan auf der Wartburg als „Junker Jörg".)

5. War Luther verheiratet? *(1524 legte Luther die Mönchskutte ab und heiratete 1525 die ehemalige Nonne Katharina von Bora im bewussten Gegensatz zu Zölibat und Mönchsgelübde. Zu dieser Ehe kam Luther recht kurios: Seine Lehre drang auch zu den Klöstern. Ostern 1523 flohen 12 Nonnen, in Heringsfässern versteckt, aus einem Kloster. In Wittenberg fanden sie Unterschlupf und Luther besorgte den Frauen Ehemänner. Nur Katharina blieb übrig, die deshalb vorschlug, Luther selbst zu heiraten. Luther wurde überrumpelt und willigte ein. Mit ihr hatte er sechs Kinder, von denen allerdings drei früh starben.)*

6. Wie lebte Luther fortan? *(Seine Frau hatte es nicht leicht: Sein Einkommen war karg, er aber freigiebig, das Haus stets voller Gäste. Um finanziell über die Runden zu kommen, nahmen sie Studenten als Pensionsgäste auf. In seinen letzten 15 Jahren litt er unter schlechter Gesundheit und wurde ein rechter Stinkstiefel, grob und zunehmend gereizt.)*

7. Wie kam es zur evangelischen Kirche? *(Luther organisierte 1525-1530 die sächsische Landeskirche neu mit einem evangelischen Gesangsbuch und der Übersetzung der gesamten Bibel. Predigt und Kirchenlied wurden das Kernstück des Gottesdienstes. Hessen folgte Sachsens Beispiel. Ob die Bürger katholisch oder evangelisch wurden, hing letztlich vom jeweiligen Landesfürsten ab. Die endgültige Spaltung der Kirche wurde durch die „Augsburger Konfession", die Luthers Freund Melanchthon 1530 auf dem Augsburger Reichstag verfasste, vollzogen.)*

8. Warum erhielten die Anhänger der evangelischen Kirche die Bezeichnung „Protestanten“? *(1529 protestierten die evangelischen Stände [sechs Fürsten und vierzehn Reichsstädte] gegen einen für sie ungünstigen Reichstagsbeschluss. Sie und andere Anhänger der Reformation erhielten danach den Namen „Protestanten“.)*

9. Welche Bedeutung hatte Luther für die Verbreitung des Neuen Testaments? *(Luther, der als Theologe die alten Sprachen studiert hatte, übersetzte das Neue Testament aus dem Hebräischen und Griechischen in eine volksnahe ostmitteldeutsche Hochsprache. Der Titel lautete „Biblia, das ist die ganze Heilige Schrift, deutsch“. Das Werk erschien 1534 und verbreitete sich sehr schnell. Mit diesem Werk beeinflusste Luther nachhaltig die Entwicklung einer einheitlichen deutschen Sprache.)*

10. Woher kommt das Wort „Beruf“? *(Das Wort geht auf Luther zurück: Er übersetzte das griechische Wort „klesis“ und das lateinische Wort „vocatio“ mit „Berufung“. Nach Luthers Lehre ruft Gott einen Menschen in sein Amt auf der Welt. Daraus wurde später „Beruf“ als Oberbegriff für die Haupttätigkeit der Menschen.)*

Termiten

1. Was sind Termiten? *(Insekten, die verarbeitetes Holz, z.B. Möbel oder ganze Häuser, schädigen können.)*

2. Wo leben Termiten? *(Überwiegend in tropischen Ländern, aber auch in Nord- und Südamerika sowie Südeuropa. Sie sind die einzige Insektenart, die in Mitteleuropa nicht vetreten ist.)*

3. Sind Termiten „soziale Tiere“? *(Ja: Ähnlich wie ☞Ameisen [die ihre natürlichen Feinde sind und jede Termite fressen, die sie erbeuten können] und Bienen bilden sie Staaten, in denen zwischen 100 und 1.000.000 Tiere leben in Bauten, die bis zu sechs Meter hoch sein können mit einer Grundfläche von bis zu 15 m Umfang. Die meisten Termitennester befinden sich aber unter dem Erdboden. Eine Art Kamin kanalisiert die warme Luft im Nest nach draußen und hält die Temperatur im Nest kühl. Es gibt drei Hauptkasten: Geschlechtstiere [Nur sie sind geschlechtsreif und haben Flügel. In den meisten Termitenstaaten gibt es davon nur ein Paar.], Soldaten und Arbeiter. Wie manche Ameisensorten kultivieren sie Schimmelpilze.)*

4. Was geschieht mit einer Termite, die sich mit Nahrungsvorrat verlaufen hat? *(Sie stirbt, da sie allein nicht überleben kann. Ihr einziger Lebenszweck ist, für und mit ihrer Stammkolonie zu arbeiten. Das gleiche gilt für Ameisen und Bienen.)*

5. Haben die Termiten auch eine Königin? *(Ja: Sie wird bis zu 10 cm groß und hat so viele Eier, das sie sich im Nest nicht mehr bewegen kann. Bei manchen Arten legt die Königin bis zu 30.000 Eier am Tag, 15 Jahre lang. Der König weicht nicht von ihrer Seite und besamt die Eier, die sie alle paar Sekunden legt.)*

6. Warum ist erstaunlich, dass Termiten so perfekt ihre Hügel bauen? *(Weil sie blind sind!)*

7. Was macht den Holzbefall durch Termiten so gefährlich? *(Sie fressen im Inneren des Holzes Gänge, um an Nahrung zu gelangen, weshalb letztlich nur noch die Hülle des Holzes übrigbleibt.)*

8. Wie bekämpft man Termiten? *(Die meisten Arbeitertermiten können nur in feuchter Umgebung leben. Das beste Mittel gegen Termiten ist deshalb, trockene Luft in ihren Bau zu leiten.)*

9. Wurde Termiten schon mal der Prozess gemacht? *(Ja: 1713 trieben Termiten eine Franziskanerabtei in Brasilien zur Verzweiflung, da sie nicht nur Nahrungsmittel und Möbel, sondern auch die Klostermauern vertilgten. Die Mönche baten beim Bischof um Exkommunikation der Termiten. Es folgte ein Prozess, in dem ein Anwalt für die nicht erschienenen Termiten bestellt wurde. Der rühmte nicht nur den außerordentlichen Fleiß der Angeklagten, sondern führte auch ins Feld, sie seien schon länger als die Mönche auf dem Land ansässig gewesen. Das Gericht entschied nach einem endlosen Prozess, dass die Mönche den Termiten ein eigenes Stück Land geben sollten. Das Urteil wurde dem Termitenhügel laut vorgelesen. Nach der Niederschrift eines Mönches hierüber kamen die Termiten prompt aus dem Hügel und marschieten zu ihrem neuen Zuhause.)*

Peloponnesischer Krieg

1. Wann war der Peloponnesische Krieg? *(Er fand von 431 bis 404 v. Chr. im heutigen Griechenland statt, benannt nach der südgriechischen Halbinsel Peloponnes.)*

2. Worum ging es beim Peloponnesischen Krieg? *(Es war der Kampf der ☞Athener mit dem Attischen Seebund auf der einen Seite gegen die ☞Spartaner mit dem Peloponnesischen Bund unter Führung Spartas auf der anderen Seite um die Vorherrschaft in Griechenland.)*

3. Wer gewann den Krieg? *(Sparta: Die Spartaner fielen 431 v. Chr. mit ihrem überlegenen Landheer in Attika [südliches griechisches Festland mit Athen als Hauptstadt] ein und verwüsteten alles, was im Weg lag. Die Athener unter Perikles verschanzten sich hinter ihren Mauern und griffen mit ihrer überlegenen Flotte Städte auf dem Pe-*

loponnes an, die mit Sparta verbündet waren. Als alles günstig für die Athener aussah, kam mit einer Besatzung eines aus Ägypten stammenden Schiffs die Pest über Athen, was die Kampfhandlungen zum Stillstand brachte. Kaum war die Pest abgeklungen, griffen die Athener erneut an, aber ihr Führer Perikles wurde von der Pest eingeholt und starb 429 an ihr. Kleon übernahm die Führung und war zunächst in Feldzügen erfolgreich. Doch die Spartaner griffen überraschend in Nordgriechenland Chalkidike an, das Athen als Seemacht die Herrschaft über die Ägäis garantierte. Es kam bei Amphipolis zu einer direkten Schlacht mit einem blutigen Gemetzel, bei dem beide Heerführer den Tod fanden. Darauf schlossen die kriegführenden Parteien 421 zunächst Frieden. In Athen strebte aber der junge Alkibiades nach Kriegsruhm und forderte die Athener mit glühenden Reden erfolgreich auf, den Krieg mit Sparta in Sizilien wieder aufzunehmen. Mit einer Flotte von rund 260 Schiffen machte er sich dorthin auf, um Syrakus zu belagern, das mit Sparta verbündet war. Kaum angekommen wurde er aber nach Athen zurückgerufen, da er sich eines Religionsfrevels schuldig gemacht haben sollte. Alkibiades schwante nichts Gutes und so trat er lieber kurzerhand zu den Spartanern über. Während die Athener Syrakus belagerten, kamen die Spartaner der Stadt zu Hilfe und schlugen die Athener vernichtend. Sie mussten sich ergeben. Nun griffen die Spartaner mit ☞persischer Unterstützung Athen selbst an, das 404 v. Chr. endlich unterlag. Die Stadtmauern von Athen und Piräus mussten zerstört werden und Athen wurde in einen Bündnisvertrag mit Sparta gezwungen. Der attische Seebund wurde aufgelöst und in Athen die Oligarchie [„Herrschaft der Dreißig Tyrannen"] eingeführt.)

4. Wie hieß der griechische Chronist, der vom Peloponnesischen Krieg berichtete? *(Thukydides.)*

Monaco

1. Was ist Monaco? *(Ein kleines [nach dem Vatikanstaat der zweitkleinste Staat Europas], unabhängiges Fürstentum im Südosten von Frankreich [östlich von Nizza], das im Süden an das Mittelmeer grenzt und im übrigen von Frankreich umschlossen wird. Monaco hat nur eine Grundfläche von 1,95 km^2. Von den rund 33.000 Einwohnern sind nur etwa 20 % Monegassen, die meisten sind Franzosen. Die Einbürgerung ist dem Fürsten vorbehalten und auf 30 Personen pro Jahr beschränkt.)*

2. Wofür ist Monaco berühmt? *(Zum einen ist Monaco ein Steuerparadies [niedriger Steuersatz], zum anderen hat es ein weltbekanntes Spielkasino.)*

3. Welche Sprache spricht man in Monaco? *(Amtssprache ist Französisch.)*

4. Mit welcher Währung zahlt man in Monaco? *(Offizielles Zahlungsmittel ist der Französische Franc.)*

5. Welche Religion ist in Monaco führend? *(Rund 90 % der Bevölkerung sind katholisch.)*

6. Wer sind die „Grimaldis“? *(Die Grimaldis sind die Herrschaftsfamilie in Monaco, die ursprünglich aus Genua stammt. Seit 700 Jahren wird der Thron per Erbfolge übergeben. Davor war Monaco eine griechische Ansiedlung, später römischer Besitz.)*

7. Wovon lebt Monaco? *(Vor allem vom Tourismus, den vier Spielbanken [von denen das berühmteste das Kasino von Monte Carlo ist, das 1863 eröffnet wurde] und den Briefmarken.)*

8. Ist Monaco für immer ein souveräner Staat? *(Nein: In einem Vertrag von 1918 ist festgelegt, dass Monaco Frankreich angegliedert wird, wenn der regierende Grimaldi-Fürst stirbt, ohne einen männlichen Erben zu hinterlassen. Deshalb ist man in Monaco auch so froh, dass Papst Johannes Paul II. 1993 ein Dekret erließ, das die drei Kinder von Prinzessin Caroline für ehelich erklärte und damit zur Thronfolge zuließ.)*

9. Welches ist das am dichtesten bevölkerte Land der Erde? *(Monaco mit 16.000 Einwohnern pro km^2.)*

Andorra

1. Was ist Andorra? *(Ein parlamentarisches Fürstentum, das in den Pyrenäen auf der Grenze zwischen Frankreich und Spanien liegt. Es steht unter der gemeinsamen Schutzherrschaft des Bischofs von Urgel [Spanien] und des Präsidenten der Französischen Republik [diese Schutzherrschaft geht auf einen Vertrag von 938 zurück]. Mit einer Gesamtfläche von 468 km^2 gehört es zu den kleinsten Staaten der Welt. Von den rund 72.300 Einwohnern, von denen rund 21.000 in der Hauptstadt Andorra la Vella [„die Alte“] leben, sind nur weniger als 29 % Einheimische, also katalanischen Ursprungs, während dort etwa 50 % Spanier wohnen, aber nur etwa 8 % Franzosen.)*

2. Welche Sprache spricht man in Andorra? *(Amtssprachen sind Spanisch und Französisch.)*

3. Welche Religion ist in Andorra führend? *(Fast die gesamte Bevölkerung ist streng katholisch. Ehescheidungen sind nicht erlaubt.)*

4. Wovon lebt Andorra? *(Vor allem vom Tourismus.)*

5. Mit welcher Währung zahlt man in Andorra? *(Offizielle Zahlungsmittel sind der Französische Franc und die Spanische Peseta.)*

Liechtenstein

1. Was ist Liechtenstein? *(Ein unabhängiges Fürstentum [konstitutionelle Erbmonarchie], das im Osten an Österreich und im Süden und Westen an die Schweiz grenzt. Mit einer Staatsfläche von 160 km^2 gehört es zu den kleinsten Staaten der Welt. Liechtenstein hat ca. 34.000 Einwohner, von denen etwa 1/3 Ausländer [vor allem Schweizer, Österreicher und Deutsche] sind. Rund 5.000 der Einwohner leben in Vaduz. Die Schweiz vertritt seit 1924 die außenpolitischen Interessen von Liechtenstein, nachdem sich Liechtenstein 1921 wirtschaftlich und fiskalisch der Schweiz angeschlossen hat. Die Frauen haben erst seit 1984 das Wahlrecht.)*

2. Welche Sprache spricht man in Liechtenstein? *(Amtssprache ist Deutsch.)*

3. Welche Religion ist in Liechtenstein führend? *(81 % der Bevölkerung sind katholisch.)*

4. Wovon lebt Liechtenstein? *(Von ausländischen Investitionen, die durch Steuervergünstigungen und das Bankengeheimnis angelockt wurden.)*

5. Mit welcher Währung zahlt man in Liechtenstein? *(Offizielles Zahlungsmittel ist der Schweizer Franken [= 100 Rappen].)*

Fluor

1. Was ist Fluor? *(Fluor [lateinisch fluor = das Fließen] ist ein chemisches Element [chemisches Zeichen: F, Schmelzpunkt bei –223° C, Siedepunkt bei –188° C], gasförmig, stark ätzend mit korrodierender Wirkung, das einen durchdringenden, stechenden Geruch hat. Es wurde 1886 erstmals rein dargestellt vom französischen Chemiker Moissan.)*

2. Fluor ist ein „Halogen“. Was bedeutet das? *(Fluor bildet in Verbindung mit Metallen Salze [Halogen stammt aus dem Griechischen und bedeutet „Salz bildend“].)*

3. Wozu wird Fluor benutzt? *(Fluor wird vor allem in Verbindungen genutzt: Die Fluorkohlenwasserstoffe [FCKW] sind geruchlose und ungiftige Flüssigkeiten oder Gase, die als Kältemittel in Kühlschränken und Klimaanlagen verwendet werden und bis vor einigen Jahren in Spraydosen als Treibmittel eingesetzt wurden. Etwa seit 1974 ist bekannt, dass die FCKW in die Stratosphäre gelangen und dort die Ozonschicht der Erdatmosphäre zerstören, also das Ozonloch vergrößern. Wegen seiner ätzenden*

Eigenschaft verwendet man in Wasser gelöstes Fluor [sog. Flusssäure] auch zur Ätzung von ☞Glas. Außerdem gewinnt man aus Fluorsäure auch Betäubungsmittel [Anästhetika].)

4. Was ist Teflon? *(Teflon ist ein Kunststoff auf der Basis eines Fluorkohlenstoffes, der wegen seiner Widerstandsfähigkeit in der Automobilindustrie und zum Beschichten von Bratpfannen und Küchengeräten benutzt wird. Er fiel bei der Weltraumforschung als Abfallprodukt ab.)*

Chlor

1. Was ist Chlor? *(Chlor [griechisch chloros = gelbgrün] ist ein chemisches Element [chemisches Zeichen: Cl, Schmelzpunkt bei –101,5° C, Siedepunkt bei –34° C], gasförmig, gelbgrün gefärbt, das einen stechenden Geruch hat. Es wurde 1774 erstmals rein dargestellt vom schwedischen Chemiker Scheele. Chlor gehört zu den Halogenen [vgl. ☞Fluor].)*

2. Wozu wird Chlor benutzt? *(Chlor wird zum Bleichen von Papierzellstoff und anderen organischen Materialien genutzt. Wegen seiner keimtötenden Wirkung verwendet man es auch zum Desinfizieren von Wasser [Trinkwasser, Schwimmbäder]. Auch im PVC-Bodenbelag [Polyvinylchlorid] ist Chlor verarbeitet. Im ☞1. Weltkrieg war Chlor die erste Substanz, die bei der Herstellung von Kampfgas eingesetzt wurde. Kaliumchlorid ist ein wichtiges Düngemittel, Chlorsilber wird in der Fotografie viel gebraucht.)*

3. Wie wird Chlor gewonnen? *(Chlor kommt in der Natur regelmäßig nicht rein vor. Es wird insbesondere aus der Elektrolyse von geschmolzenem oder gelöstem Kochsalz gewonnen.)*

Jod

1. Was ist Jod? *(Jod [griechisch ioeides = veilchenfarben] ist ein chemisches Element [chemisches Zeichen: I, Schmelzpunkt bei 113,6° C, Siedepunkt bei 185° C], das bei Zimmertemperatur metallisch schimmernde Plättchen bildet. Jod gehört zu den Halogenen [vgl. ☞Fluor].)*

2. Wozu wird Jod benutzt? *(Jod wird in der Medizin als fäulnisverhinderndes Mittel zur Desinfektion von Wunden sowie bei der Herstellung von Farbstoffen und Tinten verwendet. Bei Menschen führt Jodmangel zu Wachstumsstörungen oder Kropfbildung.)*

3. Wie wird Jod gewonnen? *(Jod wird vor allem aus Meerwasser und Chilesalpeter gewonnen.)*

Fichte

1. Was ist eine Fichte? *(Die Fichte [wissenschaftlicher Name: Picea abies] ist ein Zapfen tragendes Nadelholz.)*

2. Welche Arten von Fichten kommen in Europa vor? *(Die Gemeine Fichte – auch Rottanne genannt – und die Serbische Fichte.)*

3. Wie wächst die Fichte? *(Die Fichte ist sehr anspruchslos: Sie braucht wenig Wärme und wurzelt selbst auf steinigem Boden, weil sie sog. Brettwurzeln hat, die nicht tief in den Boden reichen, sondern sich unter der Erdoberfläche zur Seite hin ausbreiten. Werden Fichten auf lockerem Boden angepflanzt, finden sie keinen guten Halt und können einem Sturm nicht standhalten, sondern fallen um, was man als „Windbruch" bezeichnet. Fichten werden bis zu 600 Jahre alt und dabei bis zu 60 m hoch. Fichte und ☞Tanne sind schnellwachsende Nadelhölzer.)*

4. Wofür verwendet man das Holz der Fichte? *(Fichtenholz wird gern als Feuer- und Bauholz genutzt und deshalb von Förstern auf großen Flächen als „Brotbaum" angepflanzt.)*

5. Lässt sich Fichtenholz leicht verarbeiten? *(Fichtenholz ist hell, fast geruchlos, relativ weich, leicht und dicht und deshalb leicht zu verarbeiten. Neben der Möbelherstellung kommt es auch als Resonanzboden bei Klavieren und Orgeln zum Einsatz. Außerdem verwendet man es als Grundstoff bei der Papierindustrie.)*

6. Woher kommt der Name der Prozessionraupe, die in den Fichten leben? *(Vom Gänsemarsch der Raupen: Am Ende des Winters verlassen diese Raupen alle hintereinander die Fichte, auf der sie sich ernährt haben. Sie graben sich dann im Boden ein und erscheinen einige Monate später als Schmetterlinge wieder.)*

Tanne

1. Was ist eine Tanne? *(Die Tanne ist wie die ☞Fichte ein Zapfen tragendes Nadelholz.)*

2. Welche Arten von Tannen kommen in Europa vor? *(Anders als bei der Fichte gibt es auf der nördlichen Halbkugel rund 50 Tannenarten, von denen in Mitteleuropa nur die Weißtanne [wissenschaftlicher Name: Albies alba] heimisch ist, die bis zu 65 m hoch wird. In Nordamerika wächst die Riesentanne im Gebiet zwischen Montana und der Pazifikküste. Sie wird sogar bis zu 90 m hoch.)*

3. Wie wächst die Tanne? *(Die Tanne ist ein Pfahlwurzler, hat also wie die Kiefer eine lange, kräftige Wurzel, die in die Tiefe geht, wird also vom Windbruch kaum betroffen. Auch die Tanne wird bis zu 600 Jahre alt, bringt es aber „nur" auf rd. 50 m Höhe.)*

4. Wofür verwendet man das Holz der Tanne? *(Ebenso wie das Holz der Fichte. Da die Fichte aber im Ganzen besser zu verarbeiten ist, kommt sie deutlich mehr zum Einsatz.)*

5. Wie unterscheidet man Fichten und Tannen voneinander? *(Am leichtesten durch die Zapfen: Fichtenzapfen hängen an den Zweigen nach unten und fallen später im Ganzen ab. Tannenzapfen stehen aufrecht und werfen ihre Schuppen ab, während der Tannenzapfen am Ast bleibt, also nicht abfällt. Die Fichtennadeln stehen einzeln auf kleinen Höckern des Astes, sind vierkantig und spitz, während die Tannennadeln flacher und breiter sind als die Fichtennadeln und am Ende nicht spitz auslaufen.)*

Bering

1. Wer war Vitus Bering (1680-1741)? *(Vitus Bering war ein dänischer Seefahrer, nach dem die Meeresstraße zwischen Alaska und Sibirien als Beringstraße benannt wurde.)*

2. Hat Bering als erster die Meerestrasse zwischen Alaska und Sibirien entdeckt? *(Nein: Die Meerenge wurde zuerst 1648 vom russischen Seefahrer Semyon Ivanov Dezhnyov entdeckt. Bering erforschte sie erst 1728 weiter.)*

3. Wie kam Bering zu seiner Forschungsreise? *(Bering war eigentlich Däne, ging schon früh zur See, fand aber die Handelsschifffahrt zu langweilig. Deshalb trat er 1704 in russische Dienste und stieg in der Flotte rasch auf. Dadurch wurde der Zar Peter der Große, ein Freund der Seefahrt, auf ihn aufmerksam und beauftragte ihn 1724 kurz*

vor seinem Tod [1725] damit, zu erkunden, ob die Kontinente Asien und Amerika über eine Landbrücke zusammenhingen.)

4. Wie lange brauchte Bering für seine erste Forschungsfahrt? *(Bering zog im Januar 1725 von Petersburg los und erreichte mit seiner Ausrüstung nach sechs Monaten die Pazifikküste bei Ochotsk. Dort wurden zwei Schiffe gebaut, die „Fortuna" und die „St. Gabriel", die Ende 1727 in See stachen. Die Schiffe segelten zur Halbinsel Kamschatka und folgten auf deren Ostseite der Küste Richtung Norden, bis sie vom 10.-15.08.1728 die Meerenge durchfuhren. Dahinter lag Treibeis, weshalb sie zurückkehrten. Fünf Jahre nach seiner Abreise kehrte Bering nach Russland zurück und berichtete der inzwischen regierenden Zarin Anna, dass die beiden Kontinente nicht zusammenhängen.)*

5. Wie starb Bering? *(Nach dem Erfolg der ersten Forschungsfahrt wurde er mit einer zweiten beauftragt, diesmal mit 500 Mann. Wieder wurden zwei Schiffe gebaut, die „St. Peter" und die „St. Paul". Bering fuhr auf der „St. Peter" und wurde im Sturm von der „St. Paul" getrennt. Beide Schiffe erreichten – ohne sich je wieder zu treffen – auf unterschiedlichen Routen Nordamerika. Bering wurde auf der Rückfahrt auf den Aleuten vom arktischen Winter überrascht und war von der stürmischen und beschwerlichen Fahrt so geschwächt und ausgezehrt, dass er sich von seiner Mannschaft ins Freie tragen ließ, um zu sterben. Die Insel, auf der er starb, wurde zu seinem Gedenken nach ihm benannt.)*

6. Wie breit ist die Beringstraße (Abstand zwischen den Kaps)? *(Ca. 64 km. Dazwischen liegen die beiden Diomeden-Inseln, zwischen denen die Internationale Datumsgrenze verläuft.)*

7. War zwischen Amerika und Asien schon immer die Beringstraße? *(Nein: Im Pleistozän gab es dort eine Landbrücke, über die Nordamerika aus Asien besiedelt wurde.)*

Rumänien

1. Was ist Rumänien? *(Rumänien ist eine Republik in Südosteuropa. Sie grenzt im Norden an die Ukraine, im Osten an Moldawien, im Südosten an das Schwarze Meer, im Süden an Bulgarien, im Südwesten an Serbien und im Westen an Ungarn. Rumänien ist 238.391 km² groß [zum Vergleich: die BRD ist 357.000 km^2 groß]. Rumänien hat ungefähr 21,7 Mio. Einwohner.)*

2. Wie heißt die Hauptstadt Rumäniens? *(Bukarest mit rund 2 Mio. Einwohnern.)*

3. Welche Landschaften prägen Rumänien? *(Kernraum Rumäniens ist das Siebenbürgische Hochland, das von den Karpaten [Gebirge im südöstlichen Mitteleuropa, das*

zum großen Alpen-Himalaya-Gebirgssystem gehört] umgeben wird. Zu Bulgarien hin liegt ein großes Tiefland, die Walachei.)

4. Wie heißt der wichtigste Fluss Rumäniens? *(Es ist die Donau [insgesamt ca. 2850 km lang], die einen Teil der Grenze zu Serbien und den größten Teil der Grenze zu Bulgarien darstellt [zum Vergleich: Der Rhein ist 1320 km lang].)*

5. Welche Religion ist in Rumänien am verbreitetsten? *(Es ist die rumänisch-orthodoxe Kirche, der rund 87 % der Rumänen angehören.)*

6. Welche Sprache wird in Rumänien gesprochen? *(Rumänisch, das zu den romanischen Sprachen gehört. Es ist entstanden aus einer Mischung von Latein und dakischen Dialekten.)*

7. Ist Rumänien ein reiches Land? *(Nein: Rumänien gehört zu den ärmsten Ländern der Welt, obwohl die Bedingungen für die Landwirtschaft günstig sind und Rumänien reich an Bodenschätzen ist. Rumänien ist eines der bedeutendsten Förderländer für ☞Erdöl und Erdgas in Europa und besitzt darüber hinaus Lagerstätten an Steinkohle und ☞Eisenerz und verfügt über Vorkommen von Braunkohle. In den Karpaten befinden sich darüber hinaus große Salzlagerstätten.)*

8. Wie heißt die Währung Rumäniens? *(Leu [Mehrzahl: Lei] = 100 Bani)*

9. Wer sind die wichtigsten Handelspartner Rumäniens? *(Rumäniens Handelsbilanz ist notorisch negativ. Die bedeutendsten Handelspartner Rumäniens sind Deutschland, Italien, Russland und Frankreich.)*

10. Wie alt ist Rumänien? *(Rumänien wird in der Geschichtsschreibung erstmals als der größere Teil der römischen Provinz Dakien (Dazien) erwähnt, die um 106 n. Chr. von Kaiser Trajan erobert wurde. Später zogen auch im Wege der Völkerwanderung viele Stämme durch Rumänien (Gothen, Hunnen, Slaven und Bulgaren), wobei die Rumänen aber ihre lateinische Sprache und Identität bewahrten. Durch Mischehen mit slawischen Stämmen entstand dann schließlich eine eigene ethnische Gruppe, die Walachen. In der Folgezeit etablierten sich auf dem heutigen rumänischen Gebiet insbesondere die Fürstentümer Moldau [Moldawien] und Walachei, die im 16. Jahrhundert unter die türkische Herrschaft gerieten, die drei Jahrhunderte andauerte. Ab Mitte des 18. Jahrhunderts kämpften die Russen mit den Türken um die Vorherrschaft in Rumänien. Erst 1861 wurden die Fürstentümer Walachei und Moldau [darauf geht die heutige Nationalflagge mit den Farben Blau, Gelb und Rot zurück: Rot und Gelb waren die Wappenfarben der Walachei, Rot und Blau die von Moldawien. Der neue Staat Moldawien hat dieselbe Farbanordnung in seiner Flagge, zusätzlich im Mittelstück einen Adler auf dem Wappenschild der Walachei] vereint und vom türkischen Sultan als autonomes Fürstentum Rumänien anerkannt. 1881 ernannte sich Rumänien selbst zum Königtum.)*

11. Wie erging es Rumänien im ersten Weltkrieg? *(Zunächst verhielt sich Rumänien neutral, griff dann mit wechselhaftem Erfolg gegen die österreichisch-deutschen Ar-*

meen in den Krieg ein, wurde zunächst geschlagen und besetzte dann aber nach dem Sieg der Alliierten im November 1918 erneut Siebenbürgen und andere Gebiete. Nach den Friedensverhandlungen hatte Rumänien sein Staatsgebiet mehr als verdoppelt.)

12. Wie erging es Rumänien im zweiten Weltkrieg? *(Beim zweiten Weltkrieg stellte sich Rumänien 1941 an die Seite Deutschlands im Krieg gegen Russland und erklärte im Dezember 1941 den USA den Krieg. Im Frühling 1944 rückten Truppen der Roten Armee nach Bessarabien, die Bukowina und weit in rumänisches Territorium vor. Das führte in Rumänien zum Umsturz und der Kapitulation am 23.08.1944.)*

13. Zu welchem Lager gehörte Rumänien nach dem zweiten Weltkrieg? *(Rumänien stand stark unter dem Einfluss der Sowjetunion und wurde von dort militärisch in den Warschauer Pakt und wirtschaftlich in den Comecon (Council for mutual economic assistenc) eingegliedert. Rumänien nahm aber im Ostblock immer eine Sonderstellung ein: Zunächst versuchte Rumänien 1964, Peking und Moskau zu versöhnen, was nicht gelang. Dann setzte sich Rumänien für den Abzug der sowjetischen Truppen aus der DDR, aus Polen und aus Ungarn ein. Schließlich forderte Rumänien dazu auf, Warschauer Pakt und Nato aufzulösen, und beteiligte sich nicht mehr an Manövern des Warschauer Paktes. In den siebziger und achtziger Jahren öffnete sich Rumänien weiter dem Westen, obwohl im Inneren eine strenge orthodox-kommunistische Linie beibehalten wurde.)*

14. Wer war Ceauşescu? *(Er wurde 1965 Parteisekretär und 1967 Vorsitzender des Staatsrates. Bis zu seinem Sturz am 22.12.1989 lenkte er die Geschicke des Landes. Als der Ostblock 1989 durch die liberalen politischen Äußerungen Gorbatschows ins Wanken geriet, wurde auch in Rumänien regierungsfeindlich demonstriert. Ceauşescu schlug diese Demonstrationen brutal nieder, wurde ihrer aber nicht Herr. Dann stellte sich die Armee auf die Seite der Demonstranten und Ceausescu floh am 22.12.1989 mit seiner Frau Elena aus Bukarest. Sie wurden jedoch auf der Flucht verhaftet und nach einem geheimen Gerichtsverfahren direkt am 25.12.1989 hingerichtet.)*

15. Zu welchen Bündnissystemen gehört Rumänien heute? (EU und NATO.)

16. Was ist Siebenbürgen (auch Transsilvanien genannt)? *(Eine Tallandschaft, die von den Karpaten umschlossen wird im Herzen Rumäniens.)*

17. Wer war Graf Dracula? *(Eine schaurige Figur aus Gruselgeschichten, die historisch auf die blutrünstige Herrschaft von Hospodar (rumänisch: Fürst) Vlad Dracul und seinem grausamen Sohn Vlad Ţepeş zurückgeht, der im 15. Jahrhundert regierte und den Beinamen „der Pfähler“ trug. 1477 starb Dracul in einer Schlacht gegen die Türken. 1931 wurde sein Grab in der Nähe von Bukarest geöffnet und war – leer! Die Vampirfigur schuf Bram Stoker mit seinem Roman „Dracula“ 1897. Roman Polanski parodierte 1966 das Vampirthema mit seinem Film „Tanz der Vampire“.)*

Antarktis

1. Was ist die „Antarktis“? *(Im weiteren Sinne die um den Südpol gelegenen Landgebiete, im engeren Sinne der rd. 12,4 Mio. km² große Südpolarkontinent [Antarktika], der auch als „sechster Kontinent“ bezeichnet wird.)*

2. Was unterscheidet Nordpol und Südpol äußerlich? *(Während der Nordpol ausschließlich auf Eismassen aufgebaut ist, liegt der Südpol auf einer Festlandsmasse.)*

3. Gibt es viel Eis in der Antarktis? *(Und ob! Der antarktische Kontinent wird von einer bis zu 4000 m dicken Inland-Eismasse überzogen, die rd. 95 % der Oberfläche bedeckt und die größte zusammenhängende Eismasse der Welt darstellt. Über 80 % der Trinkwasserreserven der Welt liegen hier!)*

4. Was ist der höchste Punkt der Antarktis? *(Das Vinson-Massiv mit 5.140 m. In der Westantarktis gibt es sogar zwei tätige Vulkane, von denen der Mount Erebus mit 3.794 m der höhere ist.)*

5. Liegt der kälteste Punkt der Welt in der ☞Arktis oder Antarktis? *(In der Antarktis: Die kälteste Temperatur auf der Erde wurde 1983 mit –89,2 °C bei der Station Vostock in der Ostantarktis gemessen. Auf der nördlichen Halbkugel bildet das Gebiet um den Nordpol mit –69,8 °C übrigens nicht den kältesten Punkt, der vielmehr in Sibirien gemessen wurde.)*

6. Gibt es am Südpol wie am Nordpol das Phänomen der Polarnacht und des Polartages? *(Ja: In der Polarnacht geht die Sonne 24 Stunden nicht auf, am Polartag 24 Stunden nicht unter. Am Südpol dauern Polartag und Polarnacht jeweils sechs Monate.)*

7. Welche Tiere leben in der Antarktis? *(Der bekannteste Bewohner der Antarktis ist der Pinguin, ein flugunfähiger Vogel. Der Pinguin [das Männchen ist für das Brüten zuständig] kann das Ei nicht auf das Eis legen. Daher ruht es während der Brutphase [63 Tage] auf seinen Füßen und wird von einer dicken herabhängenden Bauchfalte gut gewärmt. Das Leben in den Meeren um ihn herum ist sehr reich an Plankton. Darunter versteht man eine Vielzahl kleiner Meerestiere und –pflanzen, die im Meer schweben und mit seinen Strömungen verdriften [abgetrieben werden]. Unter den Planktontieren sind vor allem kleine Krebse ebenso zahlreich wie wichtig. Die größeren im Meer lebenden Tiere der Antarktis sind direkt oder indirekt vom Plankton in ihrer Ernährung abhängig. Das gilt insbesondere für die ☞Wale, von denen in der Antarktis der Blauwal, der Pottwal und der Mörderwal leben. In der Antarktis gibt es sechs Arten von Robben, insbesondere den patagonischen Seebär und die südliche Elefantenrobbe, bei der die Männchen über sechs m lang und 3 – 5 Tonnen schwer werden können. Neben verschiedenen Möwensorten ist in der Antarktis auch der Albatros zu Hause. Er galt den Seeleuten, die vor der Eröffnung des Panama-Kanals*

die gefährliche Südspitze Südamerikas umfahren mussten, als Schutzgeist, dem auf keinen Fall ein Leid angetan werden durfte.)

8. Gibt es in der Antarktis eine Pflanzenwelt? *(Nein.)*

9. Wer erreichte zuerst den Südpol? *(Am 14.12.1911 der Norweger ☞Roald Amundsen. Parallel versuchte der Brite Robert Scott, den Südpol zu erreichen. Amundsen war aber in der Planung professioneller und kam auf die entscheidende Idee, die Schlitten von Hunden ziehen zu lassen, während Scott auf dem schwierigsten Teil die Schlitten von seinen Männern ziehen ließ. Er kam deshalb erst am 18.01.1912 am Südpol an. Scott und seine gesamte Mannschaft starben auf dem Rückweg, während die Norweger erfolgreich zu ihrer Basis zurückkehrten.)*

10. Gibt es in der Antarktis Bodenschätze? *(Ja, sogar reichlich: Man ist auf Kohlelager gestoßen, die Beweis dafür sind, dass die Antarktis früher ein mildes Klima mit Baumbewuchs hatte. Außerdem fand man Eisenerze, ☞Gold, ☞Silber, ☞Kupfer, Mangan und ☞Uran. Wegen der riesigen Eismassen lohnt sich der Abbau aber (noch) nicht. Das 1991 von 25 Staaten und 1998 schließlich auch von Japan unterzeichnete Madrider Protokoll zum Schutz der Antarktis verbietet auf 50 Jahre jegliche Nutzung der Bodenschätze. Ein Abkommen von 1959 verbot schon jegliche militärischen Stützpunkte und suspendierte alle territorialen Ansprüche.)*

1. Weltkrieg

1. Von wann bis wann ging der 1. Weltkrieg? *(Von 1914 bis 1918.)*

2. Welchen politischen Hintergrund hatte der 1. Weltkrieg? *(Der Krieg brach in einer Zeit aus, die durch Hochimperialismus [=Bestreben der Großmächte um politische und wirtschaftliche Aufteilung der Welt], übersteigerten Nationalismus, Rivalitäten und internationale Krisen gekennzeichnet war. Unterschiedliche Interessen auf dem Balkan lösten den 1. [1912/1913] und 2. Balkankrieg [1913] aus: Der 1. Balkankrieg wurde von Serbien, Bulgarien [diese beiden schlossen zuerst auf Ermunterung Russlands den 1. Balkanbund gegen eine österreichische Ausdehnung bei einer fälligen Aufteilung der europäischen Türkei], Griechenland und Montenegro [diese beiden schlossen sich dem Balkanbund an] gegen die Türkei geführt und gewonnen. Über die Aufteilung der Beute, die im Mai 1913 im Frieden von ☞London festgelegt wurde [die Türkei verlor alle Gebiete westlich der heutigen westlichen Staatsgrenze], entstand Streit, der zum 2. Balkankrieg führte: Bulgarien griff Serbien an, dem Rumänien, Griechenland, Montenegro und die Türkei zu Hilfe kamen. Bulgarien verlor und musste im Frieden von Bukarest 1913 u.a. Mazedonien rausrücken. Mit dem, was sich als neue politische Landschaft nach den Balkankriegen ergab, war keiner zufrieden. Der Balkan wurde zum „Pulverfass Europas“.)*

3. Wie hatte sich Deutschland in Europa vor dem 1. Weltkrieg selbst ausgegrenzt? *(Seit 1898 bis 1912 betrieb Deutschland aggressiv den Ausbau seiner Flotte, was England verärgern und beängstigen musste. 1912 lehnte Deutschland erneut ein Bündnisabkommen mit England ab, wodurch sich England von Deutschlands Flottenpolitik [die deutsche Flotte kam im 1. Weltkrieg dann aber nur bei der Seeschlacht am Skagerrak überhaupt zum Einsatz] bedroht fühlen musste. Frankreich wurde von Deutschland brüskiert durch eine Machtdemonstration in Nordafrika: 1911 entsandte Deutschland das Kriegsschiff „Panter" [deshalb wird diese Aktion als „Pantersprung" bezeichnet] nach Marokko, um deutsche Interessen gegen französische Kolonialpolitik zu demonstrieren. Russland wurde von Österreich-Ungarn bei den Balkankriegen verärgert, weil es sich eingemischt hatte zugunsten Bulgariens, mit dessen Gegner Serbien Russland befreundet war. Das schlug auf Deutschland durch, da es Österreich-Ungarns festester Bündnispartner war. Zudem propagierte Deutschland sich selbst aggressiv als kommende Weltmacht, indem Kaiser Wilhelm II. formulierte: „Weltpolitik als Aufgabe, Weltmacht als Ziel, Flotte als Instrument!" Damit stellte sich Wilhelm II. in Widerspruch zum von ihm entlassenen ☞Bismarck, der Deutschland in der Außendarstellung als gleich stark zu den anderen Nationen etabliert hatte.)*

4. Wie kam es zur ersten Kriegserklärung, welche wesentlichen folgten? *(Der österreichische Thronfolger Erzherzog Franz Ferdinand und seine Frau wurden am 28.06. 1914 im serbischen Sarajewo von einem südslawischen Nationalisten ermordet. Österreich-Ungarn versicherte sich rasch der deutschen Rückendeckung, stellte Serbien ein scharfes Ultimatum, das abgelehnt wurde, und ließ am 28.07.1914 die Kriegserklärung an Serbien folgen. Daraufhin ergriff Russland Partei für Serbien und machte am 30.07.1914 generalmobil. Deutschland reagierte hastig mit diplomatischen und militärischen Schritten und erklärte Russland am 01.08.1914 und Frankreich am 03.08.1914 den Krieg. Als Deutschland am 03./04.08.1914 in Belgien einmarschierte, um Frankreich aus dem Norden anzugreifen und einzuschließen [sog. „Schlieffenplan" von 1905/1906, nach dem Generalstabschef Alfred von Schlieffen [1833-1913] benannt], griff England sofort mit einem Ultimatum ein, das einer Kriegserklärung gleichkam.)*

5. Wie bezeichnete man die gegnerischen Bündnisse im 1. Weltkrieg? *(Als „Mittelmächte" bezeichnete man die Achse Deutschland, Österreich-Ungarn, Türkei und Bulgarien, als „Alliierte" oder „Entente" Russland, Frankreich, England, Japan, Italien, USA. Im Verlauf des Krieges traten international zahlreiche Staaten den Bündnissen mit Kriegserklärungen bei [z.B. sogar Haiti noch im Juli 1918 auf Seiten der Entente].)*

6. Was löste den entscheidenden Kriegsbeitritt der USA aus? *(Die USA standen seit Kriegsbeginn hinter den Alliierten, ohne aber in den Krieg selbst einzutreten. Im September 1914 hatte Deutschland mit seinen U-Booten drei britische Kreuzer versenkt, was zum U-Boot-Krieg zwischen Deutschland und England führte. Am 22.02.1915 gab Deutschland den Befehl zum U-Boot-Handelskrieg, mit dem verschärft bewaffnete Handelsschiffe angegriffen wurden. Dabei kam es zur Versenkung der amerikanischen Schiffe „Lusitania" am 07.05.1915 [der amerikanische Präsident Wilson war gewarnt worden, ließ die Versenkung aber geschehen, um Amerika den Kriegseintritt*

als angegriffenem Staat zu ermöglichen] und der „Arabic“ am 19.08.1915. Auf amerikanische Protestnoten reagierte Deutschland nicht wie verlangt, sondern erklärte am 01.02.1917 den uneingeschränkten U-Boot-Krieg. Da Deutschland mit dem „Zimmermann-Telegramm“ am 19.01.1917 auch noch versuchte hatte, Mexiko zum Kriegs-eintritt gegen die USA zu bewegen, informierte Wilson nach der Veröffentlichung des Telegramms durch die Engländer am 02.04.1917 den amerikanischen Senat und erklärte Deutschland am 06.04.1917 den Krieg.)

7. Wie verlief der Krieg an der „Ostfront“? *(Hier kämpften die Deutschen und ihre Verbündeten erfolgreich, was auch auf die instabile politische Lage in Russland zurückzuführen war [Deutschland unterstützte die russische Revolution]. Um einen weiteren feindlichen Vormarsch zu beenden, schloss Russland mit den Mittelmächten am 03.03.1918 den Frieden von Brest-Litowsk, was Deutschland ermöglichte, seine Truppen von dieser Front abzuziehen und an anderen Fronten einzusetzen. Mit dem Frieden von Versailles wurde dieser für Russland ungünstige Friedensvertrag aber wieder annulliert.)*

8. Wie verlief der Krieg an der „Balkanfront“? *(Hier waren die deutsch-österreichisch-ungarisch-bulgarischen Truppen erst erfolgreich. Sie schlugen hintereinander Serbien, Montenegro, Albanien und Rumänien. England baute seit Oktober 1915 von Saloniki [Griechenland] aus aber erfolgreich eine neue Front auf, unter deren Druck Bulgarien schließlich zusammenbrach und am 29.09.1918 mit den Alliierten einen Waffenstillstand schloss. Der Zusammenbruch dieser Balkanfront machte die militärische Niederlage der Mittelmächte offenkundig.)*

9. Wie verlief der Krieg an der „Italienfront“? *(Italien kämpfte relativ glücklos und wurde nur von den Truppen der Entente vor dem Zusammenbruch bewahrt. Die Front wurde mit dem Waffenstillstand vom 04.11.1918 beendet.)*

10. Wie erging es der Türkei? *(Türkische Angriffe gegen Ägypten und im Kaukasus scheiterten. Umgekehrt scheiterten die alliierten Landeversuche bei Gallipoli. Die Briten eroberten 1917 Bagdad zurück und besetzten bis zum Herbst 1918 Palästina. Am 30.10.1918 schloss die Türkei den Waffenstillstand von Mudros.)*

11. Wie verlief der Krieg an der für Deutschland wesentlichen „Westfront“? *(Der eigentliche Plan, die französische Armee großräumig aus Belgien einmarschierend zu umfassen und einzuschließen, scheiterte in der Marneschlacht [05.-12.09.1914]. Aus einem Bewegungskrieg wurde im November 1914 ein Stellungskrieg, der diese Front vom Meer bis zur Schweizer Grenze kennzeichnen sollte. An die Stelle von Entscheidungsschlachten trat ein Zermürbungskrieg mit gelegentlichen Stellungsverbesserungen und Durchbruchsversuchen. Im April/Mai 1915 setzten die Militärs erstmals Giftgas ein. 1916 kam es vom Februar bis Dezember zur Schlacht um Verdun, die wegen ebenso katastrophaler wie völlig sinnloser Verluste auf beiden Seiten [die Deutschen verloren 337.000, die Franzosen 377.000 Mann] schließlich abgebrochen wurde. Ab Februar/März 1917 befanden sich die Deutschen auf dem Rückzug, eine deutsche Frühjahrsoffensive im März/Juli 1918 brachte keinen entscheidenden Durchbruch und*

so erklärte die deutsche Oberste Heeresleitung bei einer Konferenz am 14.08.1918 im Hauptquartier von Spa die Fortführung des Krieges für aussichtslos.)

12. Wie kam Deutschland zum Friedensschluss mit den Alliierten? *(Nach Erkennen der Aussichtslosigkeit einer Fortführung des Krieges wandte sich Deutschland am 03./04.10.1918 mit einem Waffenstillstandsangebot an den amerikanischen Präsidenten Wilson, der schon am 22.01.1917 einen „Frieden ohne Sieg" proklamiert hatte. Wilson hatte am 08.01.1918 für ein Kriegsende „Vierzehn Punkte" verkündet, u.a. Abschaffung der Geheimdiplomatie, Freiheit der Meere, Freiheit der Weltwirtschaft, Rüstungsbeschränkung, Regelung der kolonialen Ansprüche, Räumung Russlands durch die Mittelmächte, freie autonome Entwicklung für die Völker der Donaumonarchie, Unabhängigkeit der Türkei, Öffnung der Meerengen, Gründung eines Völkerbundes. Deutschlands Waffenstillstandsangebot griff die 14 Punkte auf. Amerika verlangte in seinen Antwortnoten vom 08.-23.10.1918 die Beendigung des U-Boot-Krieges, die Räumung der besetzten Gebiete und demokratische Vertreter als Bevollmächtigte. Wilhelm II. erklärte am 09.11.1918 deshalb notgedrungen seinen Thronverzicht. Daraufhin führten Erzberger [Führer der deutschen Zentrumspartei] und der französische Marschall [=General] Foch für die Alliierten ab dem 08.11.1918 Verhandlungen über einen Waffenstillstand, der am 11.11.1918 in Compiègne geschlossen wurde. Dieser Waffenstillstand machte das Deutsche Reich wehrlos, weil es sein schweres Kriegsmaterial und seine U-Boote ausliefern musste, und erfolgte auf der Basis der 14 Punkte mit folgender Maßgabe: Räumung der besetzten Westgebiete und des linken Rheinufers, Aufhebung der Friedensschlüsse von Brest-Litowsk und Bukarest, Auslieferung u.a. des schweren Kriegsmaterials und der U-Boote, Aufbauleistungen in den besetzten Gebieten. 1919 folgten die Friedensverträge in den „Pariser Vorortverträgen": Am 07.05.1919 händigten die Alliierten den Deutschen die Friedensbedingungen aus und verweigerten ihnen mündliche Verhandlungen darüber. Deutsche Änderungswünsche wurden fast ausnahmslos zurückgewiesen und die Unterzeichnung ultimativ verlangt. Um einem Einmarsch vorzubeugen, unterzeichneten die Deutschen Müller [Außenminister] und Bell [Kolonial- und Verkehrsminister] für Deutschland am 28.06.1919 im Spiegelsaal des Schlosses zu Versailles [daher der Name „Versailler Vertrag"] den Friedensvertrag, der am 10.01.1920 in Kraft trat. Anm.: Beim deutsch-französischen Krieg 1870/71 hatten die Franzosen ebenfalls in Versailles mit den Deutschen einen Vorfrieden schließen müssen, mit dem Frankreich auf Elsass-Lothringen verzichtete und sich zur Zahlung einer Kriegsentschädigung von 5 Milliarden Francs verpflichtete.)*

13. Was beinhaltete der Vertrag von Versailles? *(Der Vertrag umfasst 440 Artikel, u.a.: Teil I: Völkerbundsatzung und Verwaltung deutscher Kolonien. Teil II und III: Deutschland trat u.a. Elsass-Lothringen, Posen und das Memelgebiet ab. Danzig wurde Freie Stadt. Das Saargebiet wurde 15 Jahre unter Völkerbundverwaltung gestellt, die Kohlengruben fielen an Frankreich [insgesamt verlor Deutschland durch den Vertrag knapp ein Siebtel seiner Staatsfläche]. Teil IV und V: Deutschland verzichtete auf seine Rechte im Ausland und auf die Kolonien. Überwachung der deutschen Abrüstung durch alliierte Kommissionen, Auslieferung des gesamten Kriegsmaterials, deutsches Berufsheer nur noch mit 100.000 Mann Stärke. Teil VII: Auslieferung der Kriegsverbrecher [Wilhelm II. soll vor Gericht gestellt werden]. Teil VIII: Begründung der Wie-*

dergutmachungen [Reparationen] durch die Feststellung der Kriegsschuld [Deutschland und seine Verbündeten sind die Urheber aller Verluste und Schäden der Alliierten und zum Ersatz verpflichtet], Festsetzung der Reparationen [die deutsche Schulden wurden 1920 auf 269 Milliarden Goldmark festgesetzt, zahlbar in 42 Jahresraten], Deutschland musste an die Siegermächte Sachlieferungen leisten [alle Handelsschiffe ab 1.600 BRT, ein Viertel seiner Fischfangflotte, Vieh, Kohle, Benzol, Lokomotiven, Eisenbahnwagen, Maschinen, Unterseekabel u.a.]. Der Vertrag wurde in Deutschland als Demütigung empfunden und bereitete einem innenpolitischen Klima den Boden, das den 2. Weltkrieg auslöste.)

14. Was bezeichnet man als „Dolchstoßlegende"? *(Nach dem 1. Weltkrieg verbreitete sich die Darstellung, dass der deutsche Zusammenbruch nicht aus militärischen und wirtschaftlichen Gründen erfolgt sei, sondern weil ein Teil der Heimatbevölkerung dem im Feld unbesiegten deutschen Heer in den Rücken gefallen sei. Die Wendung „Dolchstoß" geht auf ein Gespräch des englischen Generals Malcolm mit dem deutschen Generalquartiermeister Ludendorff Mitte November 1918 zurück, in dem dieser von der mangelhaften Haltung der Reichsregierung und des Volkes in der Heimat sprach und auf die Frage des Engländers „Sie meinen also, dass Sie von rückwärts erdolcht wurden?" lebhaft zustimmte. Das Schlagwort „Dolchstoß" wurde in Deutschland von den Rechtsparteien und vor allem den Nationalsozialisten nach dem 1. Weltkrieg benutzt, weshalb die Alliierten nach dem 2. Weltkrieg darauf bestanden, dass die Kapitulationsurkunde von verantwortlichen deutschen militärischen Befehlshabern unterzeichnet wurde.)*

15. Wie viele Opfer kostete der 1. Weltkrieg? *(Auf Seiten der Alliierten kämpften 42,9 Mio., auf Seiten der Mittelmächte 24,2 Mio. Soldaten. Rd. 10 Mio. Soldaten fielen, darunter 1,8 Mio. deutsche.)*

16. Welche internationale Bedeutung hatte der 1. Weltkrieg? *(Der 1. Weltkrieg veränderte das Macht- und Staatengefüge in Europa gewaltig. Zwei Vielvölkerstaaten [Österreich-Ungarn und das Osmanische Reich] wurden aufgelöst. Russland verlor seine nichtrussischen Westgebiete, zahlreiche neue Staaten entstanden. Die Monarchie verschwand in Deutschland, Österreich-Ungarn, Russland und dem Osmanischen Reich. Der 1. Weltkrieg führte außerdem zur bolschewistischen Revolution in Russland und zum Eintritt der USA in die Weltpolitik.)*

17. Woher kommt die Bezeichnung „08/15" für Durchschnitt? *(Ende des 19. Jahrhunderts war im deutschen Heer ein Maschinengewehr eingeführt worden, das zunächst 82 kg wog. 1908 reduzierte man durch eine Veränderung des Gestells das Gewicht auf 57 kg und 1915 noch einmal auf 20 kg. 08/15 war also zunächst nur das Kürzel für das 1915 geänderte Maschinengewehr aus dem Jahre 1908. Schon ab 1920 wurde das Kürzel im heutigen Sinne gebraucht.)*

Wilhelm Tell

1. Wer war Wilhelm Tell? *(Ein Schweizer Freiheitsheld, der im 14. Jahrhundert sein Land von der österreichischen Herrschaft befreite. Ob er wirklich gelebt hat, ist nicht erwiesen.)*

2. Was ist der historische Hintergrund, um den sich die Tell-Sage rankt? *(Albrecht, Herzog von Österreich, war von 1298-1308 deutscher König. Von der Schweiz besaß er als Graf von ☞Habsburg einen großen Teil, wollte es aber ganz unter seine Herrschaft bringen. Deshalb ließ er seine königlichen Vögte über die reichsfreien Waldgebiete Uri, Schwyz und Unterwalden eine immer strengere Herrschaft ausüben. Der Vogt Geßler trieb es in Uri und Schwyz besonders arg, weshalb sich dort geheimer Widerstand gegen ihn gruppierte.)*

3. Was war der „Rütlischwur"? *(Als sich 1291 die drei Urkantone Uri, Schwyz und Unterwalden zu einem „Ewigen Bund" zusammenschlossen, garantierten sie sich im „Rütli-Schwur" gegenseitige Unterstützung im Kampf gegen die Habsburger und für die örtliche Selbstverwaltung. Wortlaut: „Wir wollen sein ein einzig Volk von Brüdern, in keiner Not uns trennen und Gefahr. Wir wollen frei sein, wie die Väter waren. Eher den Tod! Als in der Knechtschaft leben. Wir wollen trauen auf den höchsten Gott. Und uns nicht fürchten vor der Macht der Menschen." Heute wird der „Rütli-Schwur" sprichwörtlich als Treueschwur gebraucht.)*

4. Wofür ist Tell berühmt? *(Der Vogt Geßler hatte einen österreichischen Herzogshut auf eine Stange setzen lassen mit der Anordnung, dass jeder Vorübergehende den Hut grüßen müsse. Tell kam mit seinem Sohn Walter vorbei, übersah den Hut und wurde prompt verhaftet. Geßler erklärte, Tell habe damit seine aufrührerische Gesinnung offenbart und müsse mit seinem Sohn sterben. Er könne sich und seinen Sohn aber retten, wenn er seinem Sohn mit der Armbrust einen Apfel vom Kopf herunterschieße. Tell traf und wurde von Geßler gefragt, warum er dabei zwei Pfeile aus dem Köcher gezogen habe. Tell ließ sich zuerst das Leben versprechen und erklärte dann, dass der zweite Pfeil für Geßler bestimmt gewesen sei, falls der erste den Sohn getroffen hätte. Geßler ließ ihn daraufhin in Fesseln legen, um ihn auf seine Burg in Küssnacht bringen zu lassen. Er habe ihm nur das Leben, nicht aber die Freiheit garantiert. Auf der Überfahrt mit dem Schiff kam ein plötzlicher Sturm auf, und Geßler versprach Tell, der als guter Steuermann bekannt war, die Freiheit, wenn er alle retten würde. Tell übernahm das Steuer, lenkte das Schiff dabei aber so nah ans Ufer, dass er mit der Armbrust auf eine vorstehende Felsplatte springen und fliehen konnte. Vor Küssnacht lauerte er Geßler in einem Hohlweg, der „Hohle Gasse" genannt wurde, auf und erschoss ihn mit einem Pfeil. Kurz darauf erhob sich das Volk und stürmte die Zwingburgen der Vögte.)*

5. Wodurch wurde Tells Geschichte bekannt? *(Durch ☞Schillers Drama „Wilhelm Tell" [1804] und Rossinis Oper „Guglielmo Tell" [1829].)*

Giraffe

1. Was ist eine Giraffe? *(Die Giraffe ist ein Säugetier, das wie das ☞Kamel zur Ordnung der Paarhufer gehört und ein Wiederkäuer ist. Zur Familie der Giraffen gehört als weiteres Mitglied nur noch das Okapi.)*

2. Was bedeutet das Wort Giraffe? *(Das Wort stammt aus dem Arabischen, wo „zarafah“ liebenswert oder reizend bedeutet.)*

3. Wo leben Giraffen? *(In Mittelafrika südlich der Sahara. Sie leben nicht in Wäldern, sondern nur in Savannen oder offenem Gelände, wo sie sich von den Blättern an den Bäumen [vor allem Akazien] ernähren.)*

4. Wie groß wird eine Giraffe? *(Die Giraffe ist von allen Landtieren das mit der größten Körperhöhe: Das Männchen wird bis zu 5,3 m groß, wobei der Hals über 1,8 m lang werden kann, obwohl er nur sieben Wirbel hat. Bei der Giraffe ist deshalb die Herzwand 8 cm dick, da das Herz das Blut 3 m hoch zum Kopf und 3 m nach unten zu den Hufen pumpen muss.)*

5. Was passiert, wenn eine Giraffe sich hinlegt? *(Sie stirbt. Selbst bei der Geburt des Nachwuchses legt sich die Giraffe deshalb nicht hin: Das Neugeborene fällt aus zwei Metern Höhe auf den Boden.)*

6. Wie schnell ist eine Giraffe? *(Obwohl die Giraffen sehr staksig wirken und durchschnittlich 800 kg schwer sind, erreichen sie beim Laufen eine Geschwindigkeit von bis zu 56 km/h.)*

7. Wie alt wird eine Giraffe? *(In Freiheit bis zu 26 Jahre, in Gefangenschaft bis zu 36 Jahre.)*

8. Wie sieht´s bei der Giraffe mit dem Nachwuchs aus? *(Rund 15 Monate nach der Paarung bringt das Giraffenweibchen ein einziges Kalb zur Welt, das ca. 1,7 m hoch ist und schon nach 20 Minuten auf seinen Beinen stehen kann. Nach vier Jahren ist der Nachwuchs geschlechtsreif.)*

9. Wie lange kann eine Giraffe ohne Trinken auskommen? *(Länger als einen Monat.)*

Rokoko

1. Was ist das „Rokoko“? *(Ein Kunst- und Lebensstil der Zeit von 1720 – etwa 1780. Das Rokoko kam in der Spätzeit des ☞Barocks auf, wechselte dabei von dessem kraftvollen Schwung zu einer reizvollen Verspieltheit und leitet zum nachfolgenden Klassizismus über.)*

2. Woher kommt die Bezeichnung „Rokoko“? *(Der Begriff geht auf eine Darstellung der griechischen Göttin Aphrodite zurück. Ein berühmtes italienisches Gemälde aus dem 15. Jahrhundert zeigte Aphrodite, wie sie in einer Muschel aus dem Meere auftauchend steht. Diese Muschel wurde zum wichtigsten Schmuckmotiv der Zeit, die der Frauenschönheit und Galanterie huldigte. Die höfische Kunst Frankreichs sprach deshalb vom „style rocaille“ [rocaille = Muschelwerk], woraus sich der Begriff Rokoko entwickelte.)*

3. Woran erkennt man den Stil des Rokoko? *(Zu den klassischen Zierformen im Rokoko gehören schwellende Muschelbildungen und aufschäumende Wellen in Baukunst und Malerei. Im Kunsthandwerk erkennt man das Rokoko im Unterschied zum schweren Prunk des Barock an Zierlichkeit und Eleganz. Geschirr wurde im Rokoko bevorzugt aus Porzellan gefertigt, z.B. aus der Manufaktur bei Meißen in der Nähe von Dresden.)*

Mittelmeer

1. Was ist das Mittelmeer? *(Das Mittelmeer ist ein Binnenmeer zwischen Europa, Asien und Afrika und Nebenmeer des Atlantischen Ozeans.)*

2. Wie groß ist das Mittelmeer? *(Es ist rund 3,02 Mio. km^2 groß.)*

3. Was bildet die Verbindung zwischen Atlantischem Ozean und Mittelmeer? *(Die „Straße von Gibraltar“ zwischen Spanien und Marokko. Diese Meerenge ist nur 14 km breit.)*

4. Welche Bedeutung hat die Straße von Gibraltar für die Wassertemperatur des Mittelmeers? *(Da die Straße von Gibraltar nur zwischen 160 m auf der Atlantikseite und 890 m auf der Mittelmeerseite tief ist, können sich die tiefen kalten Wasserschichten des Atlantik nicht mit den Wasserschichten des Mittelmeers vermischen. Aus dem Mittelmeer strömt als untere Schicht das salzhaltigere und damit schwerere Wasser*

in den Atlantik und bildet damit eine Barriere für das kalte Wasser des Atlantiks. Deshalb ist das Mittelmeer mit bis zu 25° C an der Oberfläche wärmer als der Atlantik, der durchschnittlich 15° C als Oberflächentemperatur aufweist.)

5. Wie alt ist das Mittelmeer? *(Das Mittelmeer entstand vor rund 200 Mio. Jahren, als der Urkontinent Pangäa auseinanderbrach. Zwischen die zwei neuen Großkontinente Laurasia [Nordamerika und Eurasien] und Gondwanaland [Südamerika, Afrika, Antarktis, Australien und Indien] schob sich das Tethysmeer. Dieses teilte sich später u.a in Atlantik und Mittelmeer, da sich vor rund sechs Mio. Jahren der Meeresboden bei Gibraltar so weit hob, dass das Mittelmeer vom Atlantik abgeschnitten wurde. In der Folge trocknete das Mittelmeer komplett aus, weil die Zuflüsse den Schwund durch Verdunstung nicht ausgleichen konnten. Erst 500.000 Jahre später senkte sich die Straße von Gibraltar wieder und ließ damit das Wasser des Atlantiks in das Mittelmeer zurückströmen.)*

6. Wie tief ist das Mittelmeer? *(Die tiefste Stelle bildet der Matapan-Graben südlich des Peloponnes [Griechenland] mit 5.120 m.)*

7. Wie ist die „Wasserbilanz" des Mittelmeers? *(Durchschnittlich verdunsten im Mittelmeer 116.000 m^3 pro Sekunde. Die Flüsse in das Mittelmeer sind mit Ausnahme des Nil nicht besonders wasserreich und führen nur 7.300 m^3 pro Sekunde zu. 31.000 m^3 kommen pro Sekunde durch Niederschläge hinzu. Durch den ☞Suezkanal kommt praktisch nichts zusätzlich ins Mittelmeer. Ergiebiger ist das Schwarze Meer, in das Donau und Don, zwei wasserreiche Ströme münden. Von dort kommen pro Sekunde 6.000 m^3 ins Mittelmeer. Das riesige Defizit wird fast komplett vom Atlantik aufgefüllt: Während über die untere Meeresschicht pro Sekunde 1.680.000 m^3 in den Atlantik fließen, strömen auf der oberen Schicht pro Sekunde 1.750.000 m^3 zurück, was pro Sekunde einem Zugang von 70.000 m^3 entspricht.)*

Weimarer Republik

1. Was bezeichnet man als „Weimarer Republik"? *(Zweierlei: Zum einen das Deutsche Reich in seiner durch die Weimarer Reichsverfassung von 1919 geprägten Staats- und Regierungsform. Zum anderen den Abschnitt deutscher Geschichte von 1919-1933. Die Dauer der Weimarer Republik zählt man nur bis zur Bildung der Regierung Hitlers am 30.01.1933, obwohl die Weimarer Verfassung formal, wenn auch gestutzt bis 1945 gültig blieb.)*

2. Welchem Umstand verdankt die Weimarer Republik ihren Namen? *(Sie ist benannt nach dem ersten Tagungsort der verfassungsgebenden deutschen Nationalversammlung. Die Tagung lief dort vom 06.02.1919 bis 30.09.1919, anschließend bis zum 21.05.1920 in Berlin.)*

3. Wer unterzeichnete die Verfassung am 31.07.1919? *(Der sozialdemokratische Reichspräsident Friedrich Ebert. Am 11.08.1919 trat sie in Kraft.)*

4. Welches Regierungssystem hatte die Weimarer Reichsverfassung zum Gegenstand? *(Sie war demokratisch-parlamentarisch, der heutigen bundesrepublikanischen Verfassung durchaus ähnlich: Das Volk wählte für vier Jahre direkt den Reichstag [dem Bundestag vergleichbar] mit zwischen 459 und 647 Abgeordneten, der wiederum den Reichskanzler [dem Bundeskanzler vergleichbar] wählte. Außerdem wählte das Volk direkt für sieben Jahre den Reichspräsidenten [dem Bundespräsidenten vergleichbar]. Daneben gab es den Reichsrat [dem Bundesrat vergleichbar], der mit dem Reichstag für die Verabschiedung von Gesetzen zuständig war [heute vergleichbar mit den zustimmungspflichtigen Gesetzen]. Der Reichspräsident war Oberbefehlshaber der Reichswehr.)*

5. Was belastete die Weimarer Republik? *(Die von den Siegermächten des ☞1. Weltkriegs Deutschland auferlegten Reparationen waren von Deutschland kaum aufzubringen. Die Inflationsrate trieb rasant nach oben. Das rief divergierende politische Kräfte auf den Markt: Anhänger der Monarchie, internationalistische Sozialisten und letztlich auch die National-Sozialisten.)*

6. Wie verhielt sich Frankreich während der Weimarer Republik? *(Frankreich heizte das politisch explosive Klima in Deutschland noch an, indem es zusammen mit belgischen Truppen im Januar 1923 das Ruhrgebiet besetzte, weil Deutschland nicht in der Lage war, die fälligen Reparationszahlungen zu leisten [Ende 1922 waren 1,5 Milliarden Goldmark fällig, 24 Mio. fehlten]. Die Reichsregierung rief daraufhin zum passiven Widerstand auf [„Ruhrkampf"], was für Deutschland so ruinös war, dass die Aktion im Herbst 1923 abgebrochen werden musste. Der Ruhrkampf veranlasste die deutsche Regierung dazu, einfach neues Geld zu drucken, was die Inflation galoppieren ließ. Ende 1923 waren 320 Trillionen Mark im Umlauf und die Währung brach zusammen. Frankreich räumte das Rheinland endgültig erst am 30.06.1930.)*

7. Was beinhaltete der „Rapallo-Vertrag" vom 16.04.1922? *(Er war ein deutsch-sowjetisches Abkommen über die Wiederaufnahme von diplomatischen und wirtschaftlichen Beziehungen. Beide Nationen verzichteten auf die Erstattung der Kriegskosten. Dieser Vertrag beendete die Isolierung beider Staaten.)*

8. Worum ging es beim „Pakt von Locarno"? *(Es handelte sich um eine Gesamtheit von Verträgen, die am 16.10.1925 in Locarno [Schweizer Stadt am Nordufer des Lago Maggiore] paraphiert und am 01.12.1925 in ☞London unterzeichnet wurden. Im Wesentlichen ging es darum, dass Deutschland, Frankreich und Belgien sich verpflichteten, den territorialen status quo an ihren Grenzen nicht zu verändern, während die deutschen Grenzen zu Polen und der Tschechoslowakei nicht ausdrücklich bestätigt wurden, und die Entmilitarisierung des Rheinlands anzuerkennen. Dieser Pakt führte zu einer Annäherung zwischen Frankreich und Deutschland und ermöglichte Deutschlands Beitritt zum Völkerbund 1926. Hitler kündigte am 07.03.1936 den Pakt einseitig mit seinem Einmarsch ins Ruhrgebiet.)*

9. Was war der „Dawes-Plan"? *(Als Dawes-Plan [benannt nach dem Initiator, dem US-amerikanischen Bankier und Politiker] wird das im August 1924 in London geschlossene Abkommen bezeichnet, wonach Deutschland seine Reparationsleistungen abhängig von seiner Zahlungsfähigkeit zu erbringen hatte. Als Sicherheit für die Einhaltung verpfändete Deutschland die Deutsche Reichsbahn. Deutschland erhielt eine Anleihe von 800 Mio. Goldmark und konnte damit seine Währungsumstellung bewerkstelligen. Der Dawes-Plan war Auslöser eines wirtschaftlichen Aufschwungs in Deutschland, da nun ausländisches Geld von Investoren nach Deutschland floss.)*

10. Welche Bedeutung hatte der ☞New Yorker Börsenkrach vom 23.10.1929 für die Weimarer Republik? *(Der New Yorker Börsenkrach leitete eine wirtschaftliche Talfahrt in den USA und weltweit ein. Die deutsche Wirtschaft arbeitete wegen des Dawes-Plans maßgeblich mit amerikanischem Kapital und wurde deshalb von diesem Debakel besonders hart getroffen. Die amerikanischen Gelder wurden aus Deutschland abgezogen und lösten dort eine Wirtschaftskrise aus, die 1931 zu einem Bankenkrach in Deutschland und Massenarbeitslosigkeit führte. Der Reichskanzler Brüning versuchte, mit Deflationsmaßnahmen gegen die Krise anzukämpfen, was die sozialen Spannungen verschärfte und in Deutschland die „nationale Rechte" unter Hitler zur Massenbewegung erstarken ließ.)*

11. Warum waren die politischen Verhältnisse während der Weimarer Republik so instabil? *(Das Parteiwesen war in Splittergruppen zerteilt. Das Verhältniswahlrecht brachte eine Unzahl von Parteien ins Parlament, da es die heutige 5%-Hürde als Zulassungsvoraussetzung nicht gab. Das führte im Parlament zu ständig neuen Koalitionen und damit korrespondierenden Regierungswechseln [vom 10.11.1918 bis zum 30.01.1933 sage und schreibe 22mal]. In der Weimarar Republik fanden achtmal Wahlen zum Reichstag statt. Auch beim letzten Reichstag errang die NSDAP Hitlers mit 288 von 647 Sitzen im Reichstag nicht die absolute Mehrheit.)*

12. Warum wurde Hitler am 30.01.1933 zum Reichskanzler ernannt? *(Die Wirtschaftskrise hatte in Deutschland zu innenpolitischen Spannungen geführt, was eine Polarisierung zwischen linken und rechten Parteien auslöste, die sich blutige Straßenschlachten lieferten. Deutschland stand bedrohlich kurz vor einem Bürgerkrieg. Die dominierenden Eliten sahen einen Ausweg vor dem Bürgerkrieg nur noch in der Beteiligung Hitlers an der Macht, den sie von führenden Persönlichkeiten des Geldadels, der Industrie und des Militärs beraten lassen und damit für ihre Interessen einspannen wollten. Hitler schaltete die konservativen Kräfte jedoch postwendend aus und baute den Staat nach seinen Vorstellungen um.)*

Farne

1. Was sind Farne? *(Farne sind Pflanzen, die zwischen den Moosen und den Blütenpflanzen eingeordnet werden.)*

2. Wie viele Arten von Farnen gibt es? *(Schätzungen lauten auf 6.000 bis 15.000 Arten.)*

3. Wie „alt“ sind die Farne? *(Sie wuchsen schon vor rund 300 Millionen Jahren in der Steinkohlen- oder Karbonzeit. Damals waren fast alle Pflanzen Farne oder mit ihnen verwandte Arten. Es gab ganze Wälder von Farnen, da die Farne auch als große Bäume vorkamen. Gemeinsam war allen Farnen, dass sie keine leuchtenden Blüten hatten.)*

4. Wie vermehren sich Farne? *(Im Gegensatz zu Blütenpflanzen, die sich durch Samen vermehren, vermehren sich Farne wie Moose durch Sporen. Diese Sporen entstehen direkt an der Unterseite der Blätter. Dort bilden sie Spornkapseln, die bei Reife aufplatzen und zahlreiche Sporen zu Boden fallen lassen. Fallen diese Sporen auf eine feuchte Umgebung, bilden sie Keime, schlagen Wurzeln und bilden neue Blätter.)*

5. Wo kommen Farne vor? *(In allen tropischen und gemäßigten Zonen, vor allem aber in den feuchten Tropen. Die meisten Farne sind klein, in den Tropen gibt es aber auch Farnbäume, die bis zu 25 m hoch werden. Farne kommen aber auch in steinigen Gegenden vor, wo sie in Spalten und Rissen von Felsblöcken und Felswänden auftreten.)*

Karl Marx

1. Wer war Karl Heinrich Marx (1818-1883)? *(Marx war ein deutscher Philosoph und Nationalökonom, der den nach ihm benannten Marxismus mit Engels begründete. Der Begriff „Marxismus“ trat später an die Stelle des von Marx geschaffenen „wissenschaftlichen Sozialismus“.)*

2. Hieß Karl Marx immer so? *(Nein: Er war Sohn [drittes von neun Kindern] einer jüdischen Familie und hieß zunächst Marx Levi, sein alter jüdischer Familienname war Mardochai. Sein Vater, ein Jurist, trat aber 1824 zum Protestantismus über und ließ gleich die ganze Familie taufen. Das trug Marx seinen endgültigen Namen ein.)*

3. Was studierte Marx? *(Marx studierte in Bonn zunächst wie sein Vater [der war erst Anwalt, später Justizrat] Jura, später noch Philosophie und Geschichte in Berlin und*

Jena. Seinen Doktor baute er 1841 „in absentia“ in Philosophie zum Thema „Die Differenz der demokritischen und epikureischen Naturphilosophie“. Marx hatte eigentlich eine Universitätslaufbahn einschlagen wollen, fiel durch seine Anhängerschaft für Hegels revolutionäre Ideen und deren politische Weiterentwicklung aber in Ungnade.)

4. Was sind die wesentlichen Stationen in seinem Leben? *(Als ihm die Universitätskarriere versagt blieb, ging er 1842 nach Köln und wurde Redakteur bei der „Rheinischen Zeitung“. 1843 heiratet er die adelige Beamtentochter Jenny von Westphalen, mit der er bereits sieben Jahre verlobt war. Ende 1843 musste er diesen Posten wegen seines Radikalismus aufgeben und zog nach ☞Paris um. Hier freundete er sich mit Engels an und arbeitete mit ihm zusammen. 1845 wurde Marx aus Paris ausgewiesen und zog nach Brüssel um [1845-1848], wohin ihm Engels [er unterstütze Marx und seine Familie das ganze Leben lang finanziell] folgte. Mit ihm verfasste er 1847 dort das „Kommunistische Manifest“. Kaum war es erschienen, brachen überall in Europa Revolutionen aus und Marx wurde aus Belgien ausgewiesen. Er ging zunächst zurück nach Paris und von dort 1848 nach Köln, wo er Chefredakteur der von ihm gegründeten „Neuen Rheinischen Zeitung“ wurde. Ein Jahr später verbot man die Zeitung, verhaftete Marx und wies ihn 1849 aus Deutschland aus. Marx zog nun nach ☞London, wo er bis zu seinem Tod in ärmlichen Verhältnissen lebte. Engels half ihm immer wieder finanziell, auch in einer prekären privaten Situation: Marx war nicht gerade ein Mustergatte, hatte mit seiner Haushälterin Helene Demuth ein Verhältnis. Das blieb nicht ohne Folgen. Engels erkannte als treuer Freund die Vaterschaft für den unehelichen Frederick an. Erst nach dem Tod aller Beteiligten wurde Frederick über seinen wahren Vater aufgeklärt. Marx Leben war ansonsten privat ein einziger Leidensweg: Er hatte sechs Kinder, von denen nur die drei Töchter Eleanor, Jenny und Laura das Erwachsenenalter erreichten. Als auch noch seine Frau 1881 an Krebs depressiv starb, verlor er den Lebenswillen und starb am 14.03.1883.)*

5. Wie lauten die beiden bekanntesten Werke von Marx? *(„Das kommunistische Manifest“ [1848] und „Das Kapital“ [Drei Bände: 1867, 1885 bis 1894].)*

6. Worum ging es im „Kommunistischen Manifest“? *(Marx und Engels hatten sich dem im London ansässigen Bund der Kommunisten angeschlossen. Dieser Bund gab den Auftrag zu einer Arbeit anlässlich der Gründung der Kommunistischen Liga. Dementsprechend enthält dies Werk [vollständiger Titel: „Manifest der Kommunistischen Partei“] von 1847/1848 eine radikale Kritik an der bürgerlichen Wirtschafts- und Gesellschaftsordnung und ruft das internationale Proletariat zum Klassenkampf auf. Das Werk sagt die proletarische Revolution als zwangsläufiges Fazit [Determinismus] eines gesetzmäßig verlaufenden Geschichtsprozesses [deshalb werden Marx´ Thesen auch als „Historischer Materialismus“ bezeichnet] voraus.)*

7. Mit welchen Worten beginnt, mit welchen endet das „Kommunistische Manifest“? *(Es beginnt mit den Worten: „Ein Gespenst geht um in Europa – das Gespenst des Kommunismus.“ Es endet mit den Worten: „Mögen die herrschenden Klassen vor einer kommunistischen Revolution zittern. Die Proletarier haben nichts in ihr zu verlieren als ihre Ketten. Sie haben eine Welt zu gewinnen. Proletarier aller Länder verei-*

nigt euch!" Dieser letzte Satz wurde zum Schlachtruf einer weltweiten Bewegung, die eine Umwälzung der Weltpolitik zur Folge hatte, vor allem in Russland und China.)

8. Was behandelt Marx in „Das Kapital"? *(Marx kam nur zur Fertigstellung des 1. Bandes seines Hauptwerkes. Dort analysierte Marx die materiellen Grundlagen der bürgerlichen Gesellschaft. Seine These war, dass das Kapital immer mehr nach Produktivitäts- und Gewinnoptimierung strebt, durch die wachsende Rationalisierung aber immer weniger Arbeiter benötigt werden, deren Einkommen jedoch Konsumvoraussetzung ist. Wirtschaftskrisen dokumentieren zyklisch das Ungleichgewicht zwischen Produktion und Absatzfähigkeit. In der Summe sei eine Konzentration von Kapital bei gleichzeitiger Verelendung der Arbeiterklasse in der bürgerlichen Gesellschaftsform unvermeidbar und nur durch eine Revolution der Arbeiterklasse überwindbar.)*

9. Was bezeichnet man als „Marxismus"? *(Der Marxismus bezeichnet eine Lehre, die die Lebensinteressen der Arbeiterklasse [Proletariat] wissenschaftlich zum Ausdruck brachte. Ziel war die Befreiung der Arbeiterklasse, die Marx von der herrschenden Klasse der Besitzenden [Kapitalisten, Bourgeoisie] ausgebeutet sah. Die unterdrückten Arbeiter sollten sich nach seiner Theorie in einer sozialen Revolution gegen den Kapitalismus erheben, die politische Macht ergreifen und einen Staat bilden, in dem alle Menschen gleichgestellt seien [„klassenlose Gesellschaft"].)*

10. Auf welche Kurzformel brachte Marx den Unterschied zwischen Kapitalismus, Sozialismus und Kommunismus? *(Kapitalismus = Jedem nach seiner Macht [Denkansatz von Protagoras], Sozialismus = Jedem nach seiner Leistung [Denkansatz von Thomas von Aquin], Kommunismus = Jedem nach seinem Bedürfnis [Denkansatz von Epikur – Kein Zufall, zu ihm hatte Marx promoviert.].*

Irak

1. Was ist der Irak? *(Der Irak ist ein formell republikanischer Staat im Vorderen Orient, der im Norden an die Türkei, im Westen an Syrien, Jordanien und Saudi-Arabien, im Süden an den Persischen Golf und Kuwait und im Osten an den Iran grenzt. Der Irak hat eine Fläche von 438.317 km^2 [zum Vergleich: die BRD ist 357.000 km^2 groß].)*

2. Woher kommt der Name „Irak"? *(Im 7. Jahrhundert fielen muselmanische ☞Araber in ☞Mesopotamien ein. Diese Araber stammten von der Halbinsel Arabien und gaben dem Land den Namen „Iraq-al-Arabi" [das arabische Wort „Iraq" bedeutet „Böschung"].)*

3. Wie viele Einwohner hat der Irak? *(ca. 27,1 Mio. Menschen leben im Irak. Die Bevölkerung hat sich von 1970 bis 1994 verdoppelt.)*

4. Wie heißt die Hauptstadt des Irak, wie viele Einwohner hat sie? *(Bagdad mit ca. 4,89 Mio. Einwohnern, womit die Stadt nach Teheran die zweitgrößte in Vorderasien ist. Bagdad hat vier Universitäten, viele Museen und ist wie Paris in Frankreich der Straßen- und Eisenbahnknotenpunkt. Die Goldene Moschee mit den Grabmälern zweier Imame ist ein bedeutender schiitischer Wallfahrtsort. Bagdad wurde 762 vom Kalifen Mansur unter dem Namen Medinet as-Salaam [=Stadt des Friedens] gegründet. 1917 wurde sie von britischen Truppen eingenommen und 1920 die Hauptstadt des Irak.)*

5. Welche Bedeutung hat das Militär im Irak? *(Der Irak hat eine Armee mit rd. 390.000 Soldaten und in der Vergangenheit seine Petrodollars zu einem empfindlichen Teil in den Ausbau seiner Militärmacht gesteckt. Durch den zweiten Golfkrieg wurde seine Militärmacht aber deutlich geschwächt.)*

6. Wie ist der Urbanisierungsgrad im Irak? *(Mehr als 20 % wohnen in der Hauptstadt Bagdad, 75 % der Bevölkerung in Städten. Zweitgrößte Stadt ist Sulaimaniya im Nordosten Iraks mit rd. 1,3 Mio. Einwohnern.)*

7. Welche Religion ist im Irak am stärksten vertreten? *(Der ☞Islam, der Staatsreligion ist. Die Verfassung gewährt aber Religionsfreiheit. Die Muslime stellen 97 % der Gläubigen, wovon 60-65 % Schiiten und 32-37 % Sunniten sind. Die irakische Führungselite besteht aber aus Sunniten, was immer wieder zu Spannungen mit den vor allem im Süden des Irak konzentrierten Schiiten führt. Mit Kerbela und Nedjef befinden sich die bedeutendsten schiitischen Wallfahrtsorte im Irak.)*

8. Welche Währung gilt im Irak? *(1 Irak-Dinar=1000 Fils)*

9. Wie alt ist die Geschichte des Irak? *(Die Aufzeichnungen über Mesopotamien gehen bis in die Zeit 3000 v. Chr. zurück.)*

10. Wer beherrschte den Irak bis zu seiner völligen Selbständigkeit 1932? *(Am Anfang herrschten die Sumerer und Semiten [Hammurabi], die das Land Babylonien nannten nach der Hauptstadt ☞Babylon. 1000 v. Chr. eroberten die Assyrer das Gebiet, gründeten ein neues Reich und machten Ninive zur Hauptstadt. 600 v. Chr. eroberten die Babylonier das Gebiet zurück und bauten ihr Reich unter Nebukadnezar mit Syrien und Palästina aus. 539 v. Chr. besetzten die Perser unter Kyros das Land. Es folgten unterschiedliche Herrscher, bis im 7. Jahrhundert die muselmanischen Araber einfielen. Sie zwangen dem Land ihre Sprache und Religion auf, im 10. Jahrhundert wurde Arabisch die offizielle Landessprache. Im 13. Jahrhundert vertrieben Mongolenhorden die Araber, beherrschten das Land drei Jahrhunderte lang und trieben das Volk in Armut. Im 16. Jahrhundert besetzten die Perser das Land. Sie wurden wiederum von den Türken bekämpft, die alle Länder des Vorderen Orient erobern wollten. Im 17. Jahrhundert errangen die Türken die Oberhand und machten den Irak bis zum ☞1. Weltkrieg zur türkischen Provinz. Im 1. Weltkrieg begann England mit der Eroberung des irakischen Gebiets und besetzte es schließlich 1918 völlig. Wegen zahlreicher Aufstände sah sich England 1921 gezwungen, dem Land eine eigene*

Regierung zuzubilligen. Die Feindseligkeiten hielten aber an, weshalb England 1932 den Irak schließlich in die völlige Unabhängigkeit entließ.)

11. War der Irak seit 1932 wirklich frei von England? *(Nein: England behielt sich beträchtliche wirtschaftliche und militärische Rechte vor. Insbesondere blieb die Irakische Ölgesellschaft im westlichen Besitz. Erst 1972 verstaatlichte der Irak die Gesellschaft und bekam damit die Einnahmen aus dem Ölgeschäft.)*

12. Welche Bedeutung hat Irak für den internationalen Ölmarkt? *(Nach Saudi-Arabien [1996: 35,7 Mrd. Tonnen=25,8 % der nachgewiesenen publizierten Ölreserven der Welt] hatte der Irak das zweitgrößte Vorkommen mit 13,4 Mrd. Tonnen [1993]. Das benachbarte Kuwait hatte 1996 mit 13,3 Mrd. Tonnen rd. 10 % des Weltbestandes an Ölreserven. Wesentliche Teile der Erdöllager befinden sich im von Kurden besiedelten Nordosten Iraks.)*

13. Wie hoch ist die Alphabetisierung im Irak? *(Sie liegt nur bei 57 %. Seit 1978 besteht allgemeine Schulpflicht vom 6. bis 11. Lebensjahr. 45 % der irakischen Bevölkerung sind unter 15 Jahren alt.)*

14. Welche Bedeutung hat die Baath-Partei im Irak? *(Sie kam mit dem Militärputsch 1968 an die Macht. Die Baath-Partei [Baath bedeutet im Arabischen „Wiedergeburt"] ist eigentlich eine überregionale panarabische, sozialistisch ausgerichtete Partei, die im April 1947 in Damaskus gegründet wurde. 1966 spaltete sich das syrische Regionalkommando ab. Seitdem ist der gesamtarabische Charakter der Partei in Frage gestellt. Zwar ist die Baath-Partei in Syrien und im Irak die maßgebende Regierungspartei, die Parteien sind sich untereinander aber nicht grün und konkurrieren politisch und ideologisch.)*

15. Wann kam Saddam Hussein an die Macht? *(Am 16.07.1979. Er ist Staatspräsident und nach der Verfassung gleichzeitig Staatsoberhaupt, Regierungschef, Oberbefehlshaber der Streitkräfte und Vorsitzender des Revolutionären Kommandorats [höchstes Staatsorgan mit Gesetzgebungs- und Vollzugsbefugnis].)*

16. Wann war der erste Golfkrieg (zwischen Irak und Iran)? *(Vom 22.09.1980 – 20.08.1988. Hussein kündigte den irakisch-iranischen Grenzvertrag im Bereich des Schatt el-Arab [südirakisches Sumpfgebiet] und griff den Iran an. Seine Invasion lief sich aber bald fest. Der Irak setzte in diesem Krieg Giftgas ein, das er von westlichen Nationen bezogen hatte. Die ☞UNO befand den Irak 1986 für schuldig an diesem Krieg. Der Krieg kostete den Irak 250.000 Menschenleben und endete 1988 mit einem Waffenstillstand. Das Pro-Kopf-Einkommen p.a. sank im Irak während des Krieges von 3020 US-Dollar auf 2000 US-Dollar.)*

17. Welche Bedeutung haben die Kurden im Irak? *(Im Irak leben rund 4 Mio. Kurden [zwischen 15 und 20 % der Bevölkerung], die rd. 15 Mio. Arabern gegenüberstehen und von der Regierung verfolgt werden. Die Kurden leben vor allem im bergigen Nordosten des Landes. Seit 1961 hat die irakische Regierung mit Aufständen der Kurden zu kämpfen. In einem Waffenstillstandsabkommen sicherte der Irak den Kur-*

den die Unabhängigkeit zu. Im Gebiet der Kurden liegen aber ergiebige Erdölfördergebiete, um deren Rechte es prompt Streit gab, weshalb die irakische Regierung ihr Versprechen nicht einlöste. Nach dem Ende des ersten Golfkrieges setzten irakische Truppen 1988 chemische Waffen gegen die Kurden ein, die sich in Bergfestungen verschanzt hatten. Die Autonomiebestrebungen der Kurden gehen auf den Friedensvertrag von Sèvres [1920] zwischen den Alliierten und der Türkei nach dem 1. Weltkrieg zurück, in dem den Kurden ein autonomer Staat in Aussicht gestellt wurde. Der Irak ist heute das vorrangige Ziel kurdischer Autonomiebestrebungen.)

18. Wann war der zweite Golfkrieg (zwischen Irak und Kuwait)? *(Vom 17.01.-28.02.1991. Der Irak hatte unter Berufung auf umstrittene historische Ansprüche am 08.08.1990 Kuwait annektiert und am 18.08.1990 zur 19. Provinz erklärt. Kuwait war nach dem ersten Golfkrieg der Hauptgläubiger des Irak wegen dessen Kriegsschulden geworden. Das schwerreiche Emirat hätte die angeschlagene irakische Staatskasse sanieren können. Der UN-Sicherheitsrat forderte den Irak vergeblich zur Räumung von Kuwait auf und gab dann einer alliierten Streitmacht unter Führung der USA das Mandat, Kuwait zu befreien. Diesen zweiten Golfkrieg verlor der Irak innerhalb von nur sechs Wochen. Auf Seiten des Irak starben 100.000 Soldaten und 10.000 Zivilisten, auf Seiten der Alliierten zunächst nur 343 Soldaten. Hunderte starben später am „Golfkrieg-Syndrom“: Bei der Vernichtung irakischer Biowaffen und Nervengasdepots bekamen fast 100.000 alliierte Soldaten Giftgaskontakte: Lähmungen, Krämpfe, Gehirntumore, Gedächtnisverluste und Depressionen waren die Folge. Die US-Regierung schweigt sich zu diesem Thema aus. Die Wirkung des zweiten Golfkriegs auf die irakische Wirtschaft war verheerend. Das Pro-Kopf-Einkommen fiel 1993 auf 485 US-Dollar. 1986 arbeiteten noch 40 % der Bevölkerung in der Landwirtschaft. Durch das Embargo nach dem Golfkrieg konnten weder Landmaschinen noch Dünger und Saatgut wie bisher bezogen werden. Der Anteil der Erwerbstätigen in der Landwirtschaft sank auf 18 %. Hatte der Irak 1979 aus dem Erdölexport noch 26 Milliarden US-Dollar [=99 % des Ausfuhrwertes] erwirtschaftet, ist ihm der Export seit 1991 verboten. Über Jordanien und den Iran gelingt dem Irak aber in gewissem Umfang ein illegaler Export seines Erdöls.)*

19. Wie verhielten sich Kurden und Schiiten nach dem verlorenen zweiten Golfkrieg? *(Beide legten im März 1991 einen Aufstand hin. In beiden Fällen schlug der Irak die Aufstände blutig nieder. Die UN stellte im Irak große Bestände an chemischen Waffen und ausführungsreife Pläne für den Bau von Kernwaffen fest. Darauf beschloss der UN-Sicherheitsrat im Oktober 1991, die irakische Rüstungsindustrie einer ständigen internationalen Kontrolle zu unterwerfen. Zum Schutz der Kurden wurde im April 1991 im Norden des Irak nördlich des 36. Breitengrades, zum Schutz der Schiiten im August 1992 im Süden südlich des 33. Breitengrades eine Schutz- und Flugverbotszone eingerichtet. Im November 1993 legte die Internationale Atomenergiebehörde [IAEO] einen Bericht vor, wonach das Kernwaffenprogramm im Irak entweder vollständig zerstört oder zumindest neutralisiert sei. Im Juni 1994 stellte die UNO fest, dass der Irak über keine chemischen Kampfstoffe mehr verfüge.)*

Kurden

1. Wen bezeichnet man als Kurden? *(Als Kurden bezeichnet man ein Volk mit eigener Sprache [Kurdisch, das zur indo-europäischen Sprachfamilie gehört] in einem zusammenhängenden, überwiegend gebirgigen Gebiet Vorderasiens, die meist Moslems sind (80 % sind Sunniten). Ihr Siedlungsgebiet bezeichnen die Kurden als Kurdistan. Dieses Gebiet umfasst den Südosten der Türkei den Nordosten des Irak, den Nordosten Syriens, den Westen des Iran und einen schmalen Streifen im Südosten Armeniens. In Kurdistan bilden die Kurden keine Minderheit, sondern die Mehrheit.)*

2. Wie groß ist das von den Kurden besiedelte Gebiet? *(Ca. 500.000 km² [zum Vergleich: die BRD ist 357.000 km² groß].)*

3. Woher kommt der Name „Kurden"? *(Das Gebiet, in dem die Kurden in vorislamischer Zeit lebten, wurde von den Griechen „Kurdons" von den Assyrern „Kardo" und von den Armeniern Kordoin genannt. Daraus leitet sich das Wort ab. Der ☞Islam ist für die Kurden, wie auch für andere ethnische Gruppen die Gemeinschaft („Umma"), die einen Zusammenhang bot, der nicht auf ethnischer Zugehörigkeit, sondern auf dem Glauben beruhte.)*

4. Wie viele Kurden gibt es? *(Das kurdische Volk umfasst ca. 25. Mio Menschen, womit sie weltweit das größte Volk ohne eigenen Staat sind. In den Staatsgrenzen der Türkei leben zwischen ca. 13 Mio., im Iran ca. 5 Mio., im Irak ca. 3,5 Mio. und in Syrien ca. 1 Mio. Kurden. Der wesentliche Rest der Kurden lebt in Armenien und Syrien.)*

5. Sprechen die Kurden arabisch? *(Nein: Die Kurden haben eine eigene Sprache, die zu den indogermanischen Sprachen gehört. Mit dem ☞Arabischen und dem Türkischen ist Kurdisch nicht verwandt.)*

6. Seit wann lässt sich das kurdische Volk nachweisen? *(Unter den Historikern besteht weitgehend Einvernehmen, dass die Meder, die 612 v. Chr. das assyrische Reich besiegten und auf deren Gebiet ein neues Reich errichteten, die Vorläufer des kurdischen Volkes sind. Die Meder vermischten sich dann mit der ursprünglichen Bevölkerung. Erst zu Beginn der Islamisierung entstand aber dann eine selbständige ethnische Gruppe, die Kurden.)*

7. War das kurdische Reich früher selbständig? *(Ja, diese Selbständigkeit dauerte an, bis im Jahre 1639 nach einer Serie von Kriegen zwischen dem osmanischen und dem persischen Reich die kriegführenden Staaten Kurdistan in einem Vertrag kurzerhand untereinander aufteilten. Durch diese Kriege im 16. und 17. Jahrhundert fielen fast ¾ Kurdistans unter osmanische Herrschaft.)*

8. Haben die Kurden einen Anspruch auf einen eigenen Staat? *(Im Friedensvertrag von Sèvres vom 10.08.1920 wurde der kurdischen Delegation in den § 62, 36 und 46 ein*

unabhängiger Staat versprochen. Die Siegermächte des ☞1. Weltkrieges stimmten einem kurdischen Staat zu, um die Türkei zu teilen. Die Türkei widersetzte sich unter Mustafa Kemal diesen Plänen erfolgreich, was letztlich darin mündete, dass die europäischen Mächte im Vertrag von Lausanne vom 24.07.1923 die Türkei in jenen Grenzen anerkannten, die bis heute bestehen. Damit war der Traum von einem eigenen unabhängigen kurdischen Staat beendet.)

9. Wie erging es den Kurden in der Türkei? *(Als ☞Perser und Osmanen im Jahr 1638 Kurdistan im Vertrag von Kasri Schirin zwischen sich aufteilten, haben sie die Kurden danach auf ihren Gebieten kriegerisch bekämpft, um sie zu vernichten. Beide Länder stellten aber die Existenz des kurdischen Volkes nicht in Frage. Als die Republik Türkei gegründet wurde, nahmen an der ersten Sitzung der Großen Nationalversammlung in Ankara ca. 70 kurdische Abgeordnete teil, die auch offiziell als „Abgeordnete Kurdistans" bezeichnet wurden im Rahmen der Verträge. In Lausanne erklärte der türkische Vertreter Ismet Pascha: „Kurden und Türken stellen die eigentlichen Bestandteile der Republik Türkei dar. Kurden sind keine Minderheit, sondern eine Nation; die Regierung in Ankara ist sowohl die Regierung der Türken als auch der Kurden". Kaum war jedoch der Vertrag von Lausanne unterschrieben, wurde die kurdische Sprache in Erziehungs- und Pressewesen verboten. Von Kurden zu sprechen und die Unterdrückung zu kritisieren, galt als schwerwiegendes Vergehen und wurde massiv bestraft. Die Aufstände der Kurden gegen ihre Unterdrückung wurden stets blutig niedergeschlagen. Seit 1979 regiert die Türkei Kurdistan mit Kriegsrecht und Ausnahmezustand. In der Türkei wurden die Worte Kurde und Kurdistan aus Schulbüchern, Lexika und Landkarten getilgt. Die öffentliche Verwendung der kurdischen Sprache war verboten. Gleiches galt für kurdische Kulturvereine und politische kurdische Parteien. Kurdische Schulen wurden in der Türkei nicht zugelassen, kurdische Zeitungen, Zeitschriften und Bücher waren verboten, kurdische Familien- und Ortsnamen wurden türkifiziert. Auf Druck der Europäischen Union hat das türkische Parlament am 03.08.2002 beschlossen, die kurdische Sprache bzw. ihre Dialekte, deren Gebrauch bereits seit Anfang der 90er Jahre nicht mehr generell verboten war, auch im Radio, Fernsehen und Bildungsbereich zu legalisieren. Kurdischunterricht ist aber nur an Privatschulen erlaubt. 1991 hat die erste kurdische Abgeordnete in der Geschichte der Türkei, Leyla Zana, bei ihrer Vereidigung ihr Haar mit den rot-gelb-grünen Farben Kurdistans gebunden und die Vereidigungsformel ergänzt um die auf kurdisch gesprochenen Worte "Brüderlichkeit und Schwesterlichkeit zwischen dem türkischen und kurdischen Volk". Dies sorgte im Parlament für einen beispiellosen Eklat, 1994 wurde die Immunität Leyla Zanas aufgehoben und sie wurde zu 15 Jahren Haft verurteilt, die sie bis heute absitzt. Dem Bericht einer Untersuchungskommission des türkischen Parlamentes von 1998 zur Folge wurden insgesamt 3.428 Dörfer zerstört und 3 Mio. Kurden zu Flüchtlingen. Im kurdischen Gebiet der Türkei wurden seit 1979 2.200 von 5.000 Schulen und 740 und 850 Gesundheitsstationen geschlossen.)*

10. Was ist die „PKK"? *(Eine kurdische Organisation in der Türkei. Die PKK [=Arbeiterpartei Kurdistans] kämpft für Autonomie und Selbstverwaltung in der Türkei, aber auch im Iran und Irak. Da sie dabei auch Terroranschläge verübt und ihren*

Kampf teilweise auf deutschem Boden austrug, ist sie in Deutschland 1993 verboten worden.)

11. Wie erging es den Kurden im Irak? *(Im Irak [Süd-Kurdistan] wenden sich die Kurden nach Ende des ersten Weltkrieges ebenfalls gegen die Unterdrückung. Diese Aufstände der Kurden wurden außer von der Türkei und dem Iran auch von den Franzosen und Engländern, die Syrien und Irak unter ihrem Mandat hatten, bekämpft. Die Engländer haben den nationalen Aufstand der Kurden im Irak zunächst mit ihren eigenen Kräften niedergeschlagen. Auf ihre Aufstände hin erhielten die Kurden bestimmte kulturelle Rechte (Schulen, Universitäten, Radiosendungen). 1970 einigten sich die Kurden mit der Regierung in Bagdad auf einer Autonomie. Da Bagdad die Absprache nicht einhielt, begann 1975 der Krieg von neuem und dauerte bis 1991 an. Um die Iraner von einer Unterstützung der Kurden abzuhalten, machte Saddam dem Iran gegenüber Gebietskonzessionen und schlug danach den kurdischen Aufstand nieder. Als er damit fertig war, begann er den ersten Golfkrieg gegen den Iran, um die Gebiete zurückzuerobern. In den 80-er Jahren wurde im Irak ein beispielloser Vernichtungsfeldzug gegen die Kurden geführt. 1988 – während es ersten Golfkrieges – wurde die kurdische Stadt Halabja mit Giftgas bombardiert. Über 5.000 Frauen und Kinder starben an den Folgen des Giftgases. Insgesamt 4.500 Dörfer, rund 90 % der ländlichen Region, wurden damals völlig zerstört.)*

12. Wie erging es den Kurden im Iran? *(Der Iran unterdrückt die Kurden ebenfalls. Nach dem zweiten Weltkrieg riefen die Kurden dort die kurdische Republik Mahabad aus. Die Regierung in Teheran schaffte diese Republik jedoch mit politischer Unterstützung von England und Amerika wieder ab. Seit 1979 leisten die Kurden bewaffneten Widerstand gegen die iranische Regierung, die unter Khomeini den heiligen Krieg gegen die Kurden verkündet hatte. Hintergrund ist, dass die Kurden zu den sunnitischen Moslems gehören, während die Iraner im Wesentlichen schiitische Moslems sind. Khomeini ließ die sunnitischen Moscheen zerstören und die jugendlichen Kurden in Schulen umerziehen. Bis heute dauern diese Verhältnisse so an. Gleichwohl geht der Iran heute mit den Kurden noch am tolerantesten um.)*

13. Wie erging es den Kurden in Syrien? *(In Syrien bilden die Kurden ca. 10 % der Gesamtbevölkerung. Mit der Machtübernahme durch die panarabische Baath-Partei 1963 begann die Verfolgung der Kurden. Sie fand ihren Ausdruck in einer Sondervolkszählung, bei der schon 1962 fast 120.000 Kurden zu Ausländern erklärt und damit aller Bürgerrechte beraubt wurden. Heute beträgt die Zahl der ausgebürgerten syrischen Kurden etwa 200.000. Sie können keinen Pass beantragen, ihre Kinder nicht registrieren und einschulen lassen, nicht legal heiraten und bekommen keine Anstellung im Staatsdienst. Auch in Syrien wurden wie in der Türkei kurdische Dorf-, Berg- und Flussnamen durch arabische ersetzt.)*

14. Verfügt das Gebiet der Kurden über Bodenschätze? *(Auf kurdischen Gebiet liegt eine Fülle von Bodenschätzen, Kurdistan gehört von den Bodenschätzen her zu reichsten Gebieten der Welt. Die klimatischen Bedingungen sind nicht nur sehr geeignet für die Landwirtschaft. Vielmehr liegen dort auch reiche Erdölvorkommen und Mineralstoffe. Ein großer Teil der Erdölquellen des Irak befindet sich in Kurdistan. Auch ein Teil der*

wichtigen Erdölquellen des Iran liegt in Kurdistan. Gleiches gilt für syrische Erdölquellen. Im Altertum und Mittelalter lag Kurdistan auf der Handelsstraße zwischen Fernost und Europa [Seiden- und Gewürz-Straße]. Von seinen Bodenschätzen hatte Kurdistan allerdings nie etwas, weil die Mittel nie in die Region zurückgeführt wurden, sondern stets außer Landes flossen.)

15. Welchen Stand haben die Frauen bei den Kurden? *(Sie genießen erheblich mehr Freiheiten als in den anderen islamischen Gesellschaften: Sie tragen keinen Schleier und können hohe Stammes- und politische Ämter bekleiden. In den Schulen werden Jungen und Mädchen zusammen unterrichtet.)*

16. Warum kämpfen die Kurden so erfolglos um ihre Autonomie? *(Zunächst ist Kurdistan geographisch denkbar ungünstig gelegen: Es ist von gegnerischen Mächten eingeschlossen und hat weder einen Zugang zum Meer noch über das Festland nach außen. Daneben ergreift kein international bedeutsames Land nachhaltig Partei für die Kurden, weil es sich damit automatisch gleichzeitig gegen die Türkei, Irak, Iran und Syrien stellen müsste.)*

Orangenbaum

1. Was ist ein Orangenbaum? *(Ein Rautengewächs, an dem Orangen wachsen. Botanisch gesehen ist die Orange eine Beere.)*

2. Wie groß wird ein Orangenbaum? *(Er kann 18-20 m hoch werden.)*

3. Wie alt wird ein Orangenbaum? *(Er kann 100 Jahre alt werden, wird aber in Plantagen meist nach 30-40 Jahren ersetzt, da seine Fruchtausbeute dann uninteressant wird. Mit 20 Jahren trägt er am meisten.)*

4. Was macht die Orange so wertvoll? *(Ihr hoher Vitamin C-Anteil, den wir vor allem im Winter dringend benötigen. Nach der Zitrone hat die Orange den höchsten Vitamin C-Anteil.)*

5. Die Orange ist eine Zitrusfrucht, wer noch? *(Zitronen, Grapefruit, Bitterorange, Mandarinen und Clementinen.)*

6. Aus welcher Kreuzung stammt die Klementine? *(Aus einer Orange und einer Mandarine.)*

7. Woher kommt der Orangenbaum? *(Wohl aus Südchina, wo er schon im 2. Jahrtausend v. Chr. abgebaut wurde. Die ☞Araber brachten ihn schon im 8. Jahrhundert v. Chr. nach Westasien, wo er in ☞Babylon in den ☞Hängenden Gärten der Semiramis*

vorgekommen sein soll. Seit dem 12. Jahrhundert wird der Orangenbaum im östlichen Mittelmeer angebaut.)

8. Woher hat die „Apfelsine" ihren Namen? *(Aus dem Holländischen: „Appelsien" heißt „Apfel aus China".)*

9. Wer sind die Haupterzeugerländer der Orangen? *(Brasilien [mit Abstand führend], USA, China. In Spanien beschränkt man sich fast ausschließlich auf den Anbau der Sevilla-Orangen, aus denen Marmelade hergestellt wird.)*

10. Nutzen wir von der Orange nur die Frucht? *(Nein: Aus den wohlriechenden weißen Blüten werden Parfümduftstoffe und Geschmackstoffe für Sirup und Liköre gewonnen. Schale und Fruchtfleisch werden zur Herstellung von Orangenmarmelade genutzt. In Süditalien und Sizilien baut man die Bergamotte an, um aus dem Öl in ihrer Schale Parfümstoffe zu gewinnen.)*

11. Wann erntet man Orangen? *(Anders als die ☞Bananen, die nachreifen, kann man Orangen nur reif ernten. Man kann sie auch nicht bei tiefen Temperaturen lagern, da sie bei plötzlicher Abkühlung ihr Aroma verlieren.)*

Otto I., der Große

1. Wer war Otto I., der Große (23.11.912 - 07.05.973)? *(Ein deutscher Kaiser.)*

2. Über welches Gebiet herrschte Otto I., der Große? *(Von Norddeutschland bis Italien. Im Westen grenzte sein Herrschaftsgebiet an das Königreich Frankreich, im Osten an mehrere Reiche, u.a. an Ungarn. Nach ☞Karl dem Großen gelang es wieder einem Deutschen, ein so großes Gebiet unter seine Macht zu bringen. Deshalb wurde es später „Heiliges Römisches Reich Deutscher Nation" genannt.)*

3. Wie sicherte Otto seine Macht? *(Er setzte Verwandte und Bischöfe an die Schaltstellen der Macht. Bischöfe hatten den Vorteil, dass sie keinen Nachwuchs bekommen durften; bei ihrem Tod fielen ihre Ländereien immer an die Krone zurück.)*

4. Wie erlangte Otto die Herrschaft über Italien? *(Adelheid, die Witwe des Königs Lothar von Italien, rief ihn zu Hilfe, weil Berengar II. ihr Königreich besetzt hatte. Otto bezwang Berengar, ohne dass der einen Widerstand riskiert hätte, und überließ ihm die Verwaltung seines neuen Königreichs. Otto nutzte die Gunst der Stunde, machte Adelheid erfolgreich einen Heiratsantrag, und damit gehörte Italien zu seinem Reich.)*

5. Worum ging es bei der Schlacht auf dem Lechfeld bei Augsburg? *(Als Otto gerade anfing, seine neue Herrschaft bis nach Italien zu genießen, fielen ungarische Horden*

von der Donau her in Deutschland ein. Otto vertraute Berengar, der sich ihm unterworfen und den Treueid geschworen hatte, seinen Thron an, zog gegen die Ungarn zu Felde und schlug sie 955 in einer blutigen Schlacht auf dem Lechfeld bei Augsburg. Berengar hatte in der Zwischenzeit in Italien als unabhängiger König geherrscht und versuchte gerade, den Kirchenstaat zu erobern. Papst Johannes II. rief Otto zu Hilfe, der auch kam und nun von den italienischen Fürsten und Prälaten offiziell die Königswürde von Italien angeboten bekam, die er dankend annahm.)

6. Wie verhielt sich der Papst, der Otto zum Kaiser gekrönt hatte, zu ihm? *(Nachdem sich Otto Italien einverleibt hatte, erhob er Anspruch auf die Kaiserkrone. Gegen die üblichen Sicherheitsversprechen Ottos krönte ihn am 02.02.962 Papst Johannes XII., der umgekehrt Otto den Treueid leisten musste. Dem Papst schmeckte aber die kaiserliche Bevormundung nicht, und so brach er den Treueid. Er unterschätzte aber die Macht Ottos, der ihn absetzen und durch einen anderen Papst ersetzen ließ. Erst danach erlangte Otto wirklich die Macht über Italien.)*

Antilopen

1. Was sind Antilopen? *(Eine formen- und artenreiche Gruppe von vierbeinigen Pflanzenfressern, die zu den Säugetieren gehören.)*

2. Wo leben die Antilopen? *(Die meisten leben in Afrika, einige Arten in Asien und eine in Osteuropa.)*

3. Werden Antilopen groß? *(Die Elen-Antilope ist die größte und gleicht einem Rind. Die kleinste Antilope ist das Bates´ Böckchen, das nur wenig größer ist als ein Hase.)*

4. Was bedeutet „Antilope“? *(Die Bezeichnung kommt von dem mittelgriechischen Wort anthólōps [= „Blumenauge“], wo er der Name eines Fabeltieres war.)*

5. Was sind Gazellen? *(Gazellen sind eine Gruppe kleiner, für ihre Schnelligkeit berühmter Antilopen.)*

Griechenland

1. Was ist Griechenland? *(Griechenland ist eine Republik in Südosteuropa. Es grenzt im Nordwesten an Albanien, im Norden an Makedonien und Bulgarien, im Nordosten an die Türkei, im Osten an das Ägäische Meer, im Süden an das ☞Mittelmeer und im Westen an das Ionische Meer. Die Gesamtfläche des Landes beträgt 131.625 km² [zum Vergleich: die BRD ist 357.000 km² groß]. Ein Fünftel der Fläche entfällt auf die griechischen Inseln. Griechenland hat rund 11,21 Mio. Einwohner, von denen ca. 98 % Griechen sind.)*

2. Wie heißt die Hauptstadt von Griechenland? *(☞Athen mit rund 3 Mio. Einwohnern.)*

3. Wie heißt die südliche Halbinsel Griechenlands? *(Peloponnes, die mit dem übrigen Festland durch die Landbrücke von Korinth verbunden ist.)*

4. Wie heißt der höchste Berg Griechenlands? *(Olymp mit 2917 m. Er galt in der Antike als Sitz der Götter.)*

5. Wie heißt der längste Fluss Griechenlands? *(Es ist mit 297 km der Aliakmon [zum Vergleich: Der Rhein ist 1320 km lang].)*

6. Wie heißt der Hafen Athens? *(Piräus. Diese Hafenstadt bildet mit rund 180.000 Einwohnern eine zusammenhängende Stadt mit Athen.)*

7. Was stellt die griechische Flagge dar? *(Das weiße Kreuz auf blauem Grund oben links symbolisiert die Verbundenheit mit dem christlichen Glauben in Abgrenzung zum Islam unter der türkischen Fremdherrschaft. Die neun abwechselnd blauen und weißen horizontalen Streifen stehen für die neun Silben des Kampfrufes während des Unabhängigkeitskrieges: „Eleutheria i Thanatos!“ [„Freiheit oder Tod!“].)*

8. Welche Religion ist in Griechenland am verbreitetsten? *(Rund 97 % der Bewohner gehören der ☞griechisch-orthodoxen Kirche an. Das Christentum wurde in Griechenland durch den Apostel Paulus verbreitet, der in Philippi, Thessalonike, Athen, Korinth und anderen Städten die ersten christlichen Gemeinden gründete.)*

9. Wie heißen die berühmtesten Museen in Athen? *(Das Archäologische Nationalmuseum, das Byzantinische Museum und das ☞Akropolis-Museum.)*

10. Wie heißt die griechische Währung? *(Früher Drachme, heute Euro.)*

11. Womit treibt Griechenland Handel? *(Griechenland importiert vor allem Konsumgüter, Maschinen, Fahrzeuge, ☞Erdöl und Erdölprodukte. Seine wichtigsten Exportgüter sind Obst und Gemüse, Oliven und Olivenöl, Textilien, Getränke (vor allem ☞Wein),*

Tabak, ☞Eisen und Stahl. Die griechische Handelsflotte gehört zu den größten der Welt. Wichtigster Handelspartner ist Deutschland.)

12. Wie erging es Griechenland in der Antike? *(Zum Ende der Bronzezeit (um 1.500 bis 1.200 v. Chr.) wurde die kretische [☞minoische] Kultur allmählich von den Stämmen des Festlandes angenommen. Danach etablierte sich auf dem Festland ☞Mykene als Herrschaftszentrum. Der von ☞Homer beschriebene ☞Trojanische Krieg begann etwa um 1.200 v. Chr. Während des 13. und 12 Jahrhunderts v. Chr. fielen die Dorer in das Gebiet ein und besiedelten den Peloponnes und Kreta. Da sich das Volk rasch vermehrte, kam es zu einer Kolonisationsbewegung. In deren Zusammenhang wurden zahlreiche Kolonien gegründet bis hin zum heutigen Marseille in Frankreich. Vor allem aber besiedelten die Griechen Süditalien. Dort waren dermaßen viele Griechen, dass dieses Gebiet später unter dem Namen Magna Graecia (lateinisch: Großgriechenland) bekannt wurde. Im 2. Jahrhundert v. Chr. wurde Griechenland von den Römern eingenommen. Ab dem 7. Jahrhundert v. Chr. etablierten sich Stadtstaaten, vor allem Athen und Theben in Mittelgriechenland sowie Argos, Korinth und Sparta auf dem Peloponnes. Athen und Sparta kämpften fast 30 Jahre [431-404 v. Chr.] um die Vorherrschaft, Theben und Sparta neun Jahre lang [371-362].)*

13. Griechenland heißt in der Landessprache Hellas und die Griechen dementsprechend Hellenen. Worauf geht der Name zurück? *(Nach Homer nannte sich ein kleiner, im Süden Tessaliens lebender Stamm Helenen. Auch die Dorer bezeichneten das Land, in das sie eingewandert waren, als Hellas. Die spätere Bezeichnung Griechen geht auf die Römer zurück. Sie nahmen zuerst mit einem Stamm aus dem Gebiet des Epirus Kontakt auf, dem sie den Namen Graecia gaben.)*

14. Welche Bedeutung hatte die Zeit der griechischen Tyrannen (um 650 bis 500 v. Chr.) für Griechenland? *(In dieser Zeit nahm die hellenische Kultur einen großen Aufschwung. Die Bezeichnung Tyrann bedeutete im Übrigen nur, dass die politische Macht auf illegale Weise erlangt wurde. Der Begriff beinhaltet hingegen bei den Griechen nicht den Missbrauch der Macht. Die meisten Tyrannen jener Zeit waren durchaus weise und volksfreundlich.)*

15. Was war Delphi? *(Delphi war ein Heiligtum mit einem Apoll geweihten Orakel. Es wurde damit zur größten griechischen Kultstätte. Der Ort Delphi wurde bei den Griechen als „Nabel der Welt“ angesehen.)*

16. Was ist Athos? *(Der Athos [= „heiliger Berg“] ist eine Mönchsrepublik auf einer Halbinsel im Norden Griechenlands. Er unterliegt zwar der griechischen Obrigkeit, ist aber in Bezug auf seine innere Verwaltung selbständig. In ☞byzantinischer Zeit lebten hier 30.000 Mönche, heute sind es nur noch rund 2.000. Frauen ist der Zutritt untersagt.)*

17. Welche Bedeutung hatten die ☞Olympischen Spiele in Griechenland? *(Die Olympischen Spiele gehörten zu religiösen Kultfeiern in Griechenland. Sie gewannen eine so große Bedeutung, dass die Griechen ihre historische Zeitrechnung mit der ersten Olympiade 776 v. Chr. ansetzten.)*

18. Was waren die ☞Perserkriege? *(Es handelt sich um mehrere Kriege zwischen den Griechen und den ☞Persern 500/490 bis 479 v. Chr., von denen die Griechen den ersten bei Marathon gewannen. Im zweiten Perserkrieg gewannen die Perser zwar 480 v. Chr. die Schlacht bei den Thermopylen und brannten Athen nieder. Anschließend verloren sie aber 479 v. Chr. die Seeschlacht bei Salamis [Insel vor Athen] und zogen sich nach Asien zurück, womit sich Athen zu einer wichtigen Seemacht entwickeln konnte.)*

19. Wer war ☞Alexander der Große? *(Alexander der Große war der Sohn des makedonischen Königs ☞Philipps II. Alexander der Große kam 336 v. Chr. an die Macht und starb 323 v. Chr. Unter ihm war der Machtbereich Griechenlands am größten.)*

20. Wie ist das Verhältnis zwischen Griechenland und der Türkei? *(Das Verhältnis war stets angespannt. Griechenland geriet im 15. Jahrhundert unter türkische Herrschaft. 1821 erhoben sich die Griechen gegen die Fremdherrschaft. Ohne Unterstützung von Großbritannien, Frankreich und Russland hätte Griechenland keine Chance gehabt. So erlangte es aber 1830 die Unabhängigkeit. 1913 wurde Kreta, 1947 Rhodos an Griechenland angeschlossen. Die militärisch deutlich mächtigere Türkei hat Griechenland in den neunziger Jahren wiederholt militärische Aktionen angedroht, wenn die Regierung in Athen die Hoheitsgewässer um die Inseln in der Ägäis von sechs auf zwölf Seemeilen erweitern würde. Die internationale Seerechtskonvention von 1994 billigt Griechenland dieses Recht zwar zu. Diese Konvention ist von der türkischen Regierung aber nicht unterzeichnet worden. Mit der Ausweitung der Hoheitsgewässer reicht das griechische Staatsgebiet insbesondere in Gebiete mit neu entdeckten untermeerischen Erdölvorkommen.)*

21. Wer hat als Erster Sirtaki getanzt? *(Man sollte glauben, der Sirtaki sei ein uralter Volkstanz der Griechen. Tatsächlich wurde er aber erst 1964 für den Film „Alexis Sorbas“ erfunden, da für den Hauptdarsteller Antony Quinn die Schrittfolgen der traditionellen griechischen Volkstänze zu kompliziert waren. Der Sirtaki lehnt sich aber immerhin an die alten Tänze wie Sirtos und Hassapiko an.)*

22. Was ist Retsina? *(Der Retsina ist ein griechischer Weißwein [seltener ein Roséwein], dem vor oder während der Gärung das Harz der Aleppokiefer zugesetzt wird. Das verleiht ihm einen typischen Geschmack.)*

23. Woher kommt der Begriff „Banause“? *(Aus dem alten Griechenland. Dort trugen diejenigen Handwerker den Namen Banause, die ohne Sklaven arbeiten mussten. Deshalb hatten sie weniger Zeit für Kunst, Philosophie und andere schöngeistige Dinge.)*

Metternich

1. Wer war Klemens Wenzel Nepumuk Lothar Fürst von Metternich (15.05.1773 bis 11.06.1859)? *(Metternich war ein österreichischer Politiker, der zu Zeiten ☞Napoleons die Außenpolitik Österreichs maßgeblich beeinflusste.)*

2. Welche Karriere machte Metternich? *(Er studierte zunächst Jura in Straßburg und Mainz, als die ☞Französische Revolution ausbrach, die er abscheulich fand. Er arbeitete dann zunächst in der Kanzlei seines Vaters, der aus einem alten rheinischen Adelsgeschlecht stammte, und wurde in Brüssel Statthalter der österreichischen Niederlande. Die Franzosen vertrieben ihn mit seinem Vater von dort nach Wien. 1801 wurde er kaiserlicher Gesandter in Dresden, 1803 in Berlin.)*

3. Wie war das Verhältnis Metternichs zu Napoleon? *(Nachdem Napoleon Russen und Österreicher 1805 besiegt und dem deutschen Kaiserreich ein Ende gemacht hatte, erbat er sich den damals 33 jährigen Metternich als kaiserlich-österreichischen Botschafter nach ☞Paris. In Paris knüpfte Metternich eine freundschaftliche Beziehung zum damaligen Außenminister Napoleons, Talleyrand. Als Österreich 1809 erneut gegen Napoleon verloren hatte, wurde Metternich österreichischer Außenminister und arrangierte die Heirat Napoleons mit der ältesten Tochter des Kaisers Franz I., Marie Louise, vermied es aber trotzdem, Österreich in das Lager Napoleons zu manövrieren, sondern hielt Österreich neutral. Erst als im Sommer 1813 klar wurde, dass Frankreich gleich stark war wie seine Gegner Russland und Preußen und damit Österreich mit seiner politischen Entscheidung den Ausschlag geben würde, schloss er das kriegsentscheidende Bündnis mit Russland, Preußen und England. Das führte dann zur Niederlage Napoleons.)*

4. Wie verhielt sich Metternich bei dem ☞Wiener Kongress 1814/1815? *(Der Wiener Kongress regelte die Kräfteverhältnisse in Europa nach der Niederlage Napoleons. Metternich war Gastgeber und revanchierte sich bei Talleyrand damit, dass Frankreich bei der Neuverteilung glimpflich davonkam. Das entsprach Metternichs System einer Erhaltung der „Balance der Kräfte" in Europa, worin er sein Lebenswerk sah. Dieses System verfolgte später erfolgreich auch ☞Bismarck.)*

5. Wie verbrachte Metternich seinen Lebensabend? *(Metternich war jeder demokratischen Strömung abgeneigt und hatte in Österreich einer allmächtigen Polizei, einer kleinlichen Zensur und einem engmaschigen Spitzelnetz seine Unterstützung gegeben. Als Folge der französischen Revolution schwemmte aber über Europa ein Liberalismus, der letztlich Metternichs Ende war. Er musste 1848 abdanken und floh nach England, später nach Belgien. Erst 1851 kehrte er nach Wien zurück, konnte aber kein politisches Amt mehr bekleiden und starb dort am 11.06.1859.)*

Sezessionskrieg in Amerika

1. Was war der Sezessionskrieg in Amerika? *(Ein Bürgerkrieg in Amerika, der vom 12.04.1861 bis zum 09.04.1865 andauerte.)*

2. Wer waren die Parteien dieses Bürgerkrieges? *(Es war der Krieg zwischen den Nord- und Südstaaten Amerikas.)*

3. Warum hieß dieser Bürgerkrieg „Sezessionskrieg“? *(Als erster Südstaat erklärte South Carolina im Dezember 1860 den Austritt aus der Union der Vereinigten Staaten. Diesen Abfall nannte man „Sezession“.)*

4. Wie nannten sich die Bündnisse des Krieges? *(Die Nordstaaten blieben bei der alten Bezeichnung, nannten sich also Unionsstaaten. Die Südstaaten schlossen sich zusammen zu den „Konföderierten Staaten von Amerika“.)*

5. Wie kam es zum Ausbruch des Bürgerkrieges? *(Die Südstaaten gaben den Befehl, die Flaggen der Union, also der Vereinigten Staaten, einzuholen. Alle Kasernen und Militäranlagen des Südens gehorchten bis auf die Garnison in Fort Sumter, die im Hafen von Charlston lag. Die Konföderierten belagerten daraufhin das Fort und hofften auf eine schnelle Aufgabe. Die Belagerten gaben aber nicht auf, woraufhin die Südstaaten das Fort mit Kanonen beschossen. Das war der Anfang des amerikanischen Bürgerkrieges.)*

6. Was war der wirtschaftliche Hintergrund des Bürgerkrieges? *(Hintergrund des Bürgerkrieges war das wirtschaftliche Ungleichgewicht zwischen den Nord- und Südstaaten. Die Südstaaten waren überwiegend agrarisch strukturiert und exportierten ☞Baumwolle, Tabak und Zuckerrohr in den Norden sowie nach Europa. In den Nordstaaten befand sich die Industrie, die die Rohstoffe des Südens verarbeitete und dementsprechend auch wieder an den Süden verkaufte. Außerdem war im Norden das „Geld“, was u. a. daran lag, dass der Süden bei dieser Art des Wirtschaftskreislaufes den Norden immer reicher machte. In den Südstaaten war die ☞Sklaverei erlaubt, in den Nordstaaten hingegen mehrten sich die politischen Strömungen, die die Sklaverei abschaffen wollten.)*

7. Wie viele Opfer kostete dieser Bürgerkrieg? *(Der Norden beklagte 360.000 Tote, der Süden etwa 260.000 Tote.)*

8. Wer war zum damaligen Zeitpunkt Präsident in Amerika? *(Zunächst einmal Abraham ☞Lincoln, der 1860 zum Präsidenten gewählt wurde. Er war Republikaner. Die republikanische Partei war damals noch relativ jung und hatte wegen ihres Programms, das jede Ausdehnung der Sklaverei unterbinden wollte, enormen Zulauf. Bei der ersten Wahl, an der die republikanische Partei teilnahm, verlor sie nur knapp. Bei der zweiten Präsidentschaftswahl waren die Demokraten zerstritten: Die Südstaaten und*

die Nordstaaten nannten dabei jeweils einen Präsidentschaftskandidaten. Diese Spaltung der Demokraten führte zwangsläufig zu Lincolns Wahlsieg.)

9. Wie war der Kriegsverlauf? *(Nach dem Angriff auf Fort Sumter forderte Lincoln die Truppen zur Niederschlagung der Rebellion auf. Daraufhin traten weitere US-Bundesstaaten aus der Union aus und schlossen sich der Konföderation an. Damit umfasste die Konföderation 11 Bundesstaaten mit 9 Mio. Einwohnern. Die Nordstaaten waren deutlich stärker besiedelt und hatten auch zahlenmäßig eine große Überlegenheit. Der Süden hatte in General R. G. Lee einen exzellenten Oberbefehlshaber, der auch die ersten Schlachten gewann. Im Verlauf des Krieges bekam er mit General U. S. Grant aber einen ebenbürtigen Gegner. Nachdem die Südstaaten die wichtige Schlacht bei Gettysburg und einen Tag später bei Vicksburg verloren, hatten die Unionsstaaten das gesamte Mississippi-Tal unter ihrer Kontrolle. Im gleichen Jahr im November gewannen die Truppen von Grant die Schlacht von Chattanooga, wo der wichtigste Eisenknotenpunkt für den Nachschub des Südens lag. Damit war der Krieg praktisch entschieden. Am 09.04.1865 kapitulierte General Lee.)*

10. Verkündete Lincoln im Sezessionskrieg die Sklavenbefreiung für alle Einzelstaaten? *(Nein: Lincoln hatte direkt zu Beginn des Krieges klargemacht, dass einziges Ziel dieses Krieges sein könne, die Union zu erhalten. In den Grenzgebieten zur Konföderation hin gab es in den Unionsstaaten durchaus Sklaverei, weshalb sich der US-Präsident taktisch verhielt und mit einem Erlass vom September 1862 die Sklaven nur für „immer frei" in den Staaten erklärte, die zum 01. Januar 1863 sich immer noch an der Rebellion gegen den Norden beteiligten. Diese Einschränkung der Sklavenbefreiung auf die im Krieg befindlichen Südstaaten erklärte Lincoln damit, dass er so die Produktivkräfte der Südstaaten schwächen und das Kriegsende damit beschleunigen würde. Lincoln nahm aber nicht nur die Nordstaaten von dieser Proklamation aus, sondern auch bestimmte Gebiete in den Südstaaten, vor allem solche, die an der Grenze zu den Unionsstaaten lagen. Nach Kriegsende erlangten fast 4 Mio. Schwarze die Freiheit.)*

Nilpferd

1. Was ist ein Nilpferd? *(Das Nilpferd, das auch als Flusspferd bezeichnet wird, ist ein Säugetier, das zur Ordnung der Paarhufer gehört und ein Wirbeltier ist.)*

2. Ist das Nilpferd ein Pferd? *(Nein, das Nilpferd gehört vielmehr zu einer Unterordnung der Schweine. Das Nilpferd sieht zwar dick aus, ist aber nicht wirklich fett, sondern muskulös. Es wäre deshalb ein guter Fleischlieferant, was aber daran scheitert, dass man das Nilpferd nicht einmal in Halbgefangenschaft halten kann.)*

3. Wo leben die Nilpferde? *(Sie leben heute nur noch in den Tropengebieten Afrikas. Bis zur mittleren Eiszeit lebten Flusspferde sogar im Rheintal, bis zum Ende der Eiszeit in Südeuropa.)*

4. Sind die Nilpferde tagsüber oder nachts aktiver? *(Die Nilpferde werden nachts aktiv und suchen sich dann ihre Nahrung, vor allem Gras. Bei Tagesanbruch kehren die Flusspferde zu ihren Wohngewässern zurück und verdauen die zwischen 2 bis 3 Zentner Gras, die sich im Magen angesammelt haben.)*

5. Kann das Nilpferd gut schwimmen? *(Ja, das Nilpferd ist ein guter Schwimmer, der auch gegen die Strömung schwimmen kann. Außerdem kann das Nilpferd bis zu 25 Minuten unter Wasser zubringen und geht deshalb oft auf dem Grund des Gewässers, anstatt zu schwimmen.)*

6. Wie groß und schwer wird ein Nilpferd? *(Ein Nilpferd wird bis zu 5 m lang, 1,65 m hoch und wiegt bis zu 4500 kg.)*

7. Warum kriegt das Nilpferd beim Tauchen kein Wasser in seine großen Nasenlöcher? *(Die Nasenlöcher sind mit großen Klappen ausgestattet, die sich beim Tauchen automatisch schließen.)*

8. Wie lautet der wissenschaftliche Name des Nilpferdes? *(Hippopotamus amphibius. Der zweite Teil des Namens ist der Artname: Amphibius kommt aus dem Griechischen und bedeutet „beidlebend", also zu Wasser und zu Land. Der Gattungsname Hippopotamus heißt wörtlich „Flusspferd", was hingegen falsch ist.)*

9. Dürfen sich Nilpferde im Zoo frei fortpflanzen? *(Nein: Ließe man der Natur freien Lauf, wäre das Becken rasch zu klein. Deshalb bekommen die Nilpferdweibchen in Zoos die Pille zu Verhütung, da die Pille vom System her bei allen Säugetieren wirkt. Beim Nilpferd ist die Pille aber rund 120 Gramm schwer.)*

Wasserstoff

1. Was ist Wasserstoff? *(Ein chemisches Element mit dem chemischen Zeichen H (Hydrogenium = Wassererzeuger.)*

2. Welche Eigenschaften hat Wasserstoff? *(Wasserstoff ist ein Gas, das farb-, geruchlos und unsichtbar ist. Wasserstoff ist 14,4 Mal leichter als Luft. Sein Siedepunkt liegt bei –252,8 ° C, sein Schmelzpunkt bei –259,3 ° C.)*

3. Welche Ordnungszahl hat Wasserstoff im Periodensystem? *(Die 1, weil das Atom aus einem einzigen Proton besteht, um das ein Elektron kreist.)*

4. Wer „entdeckte“ den Wasserstoff? *(☞Paracelsus vermutete schon zu Beginn des 16. Jahrhunderts die Existenz von Wasserstoff, konnte das Gas aber nicht darstellen. 1766 gelang das dem englischen Chemiker Cavendish. Den Namen Hydrogen bekam das neue Element von ☞Lavoisier. Er gab ihm den Namen Wassererzeuger, weil das Element zusammen mit Sauerstoff Wasser bildet.)*

5. Wie viel Wasserstoff enthält der menschliche Körper? *(Wasserstoff macht rund 60 % der Atome im menschlichen Körper aus.)*

6. Kommt Wasserstoff im Weltall häufig vor? *(Wasserstoff ist das häufigste Element im Weltall. Das Universum setzt sich zu 92,7 % aus Wasserstoff und zu 7,2 % aus Helium zusammen. Im menschlichen Körper hat Wasserstoff einen Anteil von 60,6 %.)*

7. Wird Wasserstoff in der Raumfahrt benutzt? *(Ja, und zwar als Antriebsmittel. Wasserstoff enthält pro Kilo so viel Energie wie 3,5 kg Öl.)*

8. Warum wird bei Schweißgeräten mit Wasserstoff gearbeitet? *(Wasserstoff dient dabei als Heizgas für die Flamme. Diese Flamme brennt mit einer sehr hohen Temperatur und eignet sich deshalb für das Schweißen.)*

9. Was bezeichnet man als „Knallgas“? *(Wenn eine Mischung von Wasserstoff mit Luft oder Sauerstoff gezündet wird, erfolgt eine explosionsartige Reaktion, die im Chemieunterricht gern vorgeführt wird. Diese Mischung bezeichnet man als Knallgas.)*

Hinduismus

1. Der Hinduismus gehört zu den Weltreligionen. Weltreligionen sind die religiösen Gruppen, die weltweit die meisten Anhänger haben. Welche fünf Religionen gehören zu den Weltreligionen? *(Am verbreitetsten ist das Christentum mit rund 2 Mrd. Anhängern. An zweiter Stelle folgt der ☞Islam mit 1 Mrd. Moslems, die vorwiegend im mittleren Osten und in Nord- und Westafrika leben. An dritter Stelle liegen die Hindus mit 750 Mio., vor allem in Südostasien. Allein in ☞Indien leben rund 650 Mio. Hindus. An vierter Stelle liegt der Buddhismus mit 300 Mio. Anhängern. Zum ☞Judentum bekennen sich ungefähr 14,5 Mio. Menschen.)*

2. Ist der Hinduismus „nur“ eine Religion? *(Nein, sondern auch ein System von Riten und Kultformen. Bei einem Kind wird mit vier Monaten der „erste Ausgang aus dem Haus“ begangen, mit sechs Monaten erhält es die erste feste Nahrung, mit drei Jahren werden ihm zum ersten mal die Haare geschnitten.)*

3. Woher kommt die Bezeichnung Hinduismus? *(Das Wort Hindu ist vom Namen des Flusses Indus abgeleitet, der im Nordosten Indiens beheimatet ist. Im Sanskrit heißt er „Sindhu". Die Perser machten daraus „Hindu" und bezeichneten damit all jene, die hinter dem Indus lebten. Später bezogen die Briten als Kolonialherren über Indien den Begriff Hindu auf die Religion. Diese Verknüpfung des Hinduismus mit der nationalen Identität Indiens verschärfte die Spannungen zwischen Hindus und Muslimen und führte schließlich dazu, dass England sein Kolonialgebiet bei der Entlassung in die Souveränität vorsorglich in das hinduistische Indien und das muslimische Pakistan aufteilte.)*

4. Wie heißen die heiligen Schriften der Hindus? *(Am wichtigsten ist die im Sanskrit, einer altindischen Gelehrtensprache, verfasste Schriftensammlung Veda [= „das Wissen"]. Die ältesten Teile der Veda sind um 1500 v. Chr. entstanden.)*

5. Welche Bedeutung hat der Ganges für die Hindus? *(Der Ganges, der im Nordosten des Landes fließt und in den Golf von Bengalen [Teil des Indischen Ozenas] mündet, ist für die Hindus heilig. Benares, eine Stadt am Ganges ist ein Wallfahrtsort der Hindus. Dort tauchen sie in den Ganges ein und trinken von seinem Wasser, das reinigende Kräfte für die Hindus besitzen soll. Viele Hindus kommen auch hierher, um dort am Ufer des Ganges zu sterben. Ihre Leichen werden am Ufer verbrannt und die Asche in den Ganges gestreut. Nur Asketen und Kinder unter zwei Jahren werden nicht verbrannt. Wer den fast 58 km langen Pilgerweg um Benares herum zurücklegt [dafür braucht man sechs Tage, weil viele Tempel und Schreine aufgesucht werden müssen], ist von allen Sünden befreit.)*

6. Bezeichnen die Inder ihre Religion auch als Hinduismus? *(Nein, sie nennen ihre Religion Sanatana dharma [= „ewiges Gesetz"]. Mit dharma, dem Gesetz, ist die heilige Ordnung der Welt gemeint.)*

7. Welche Bedeutung haben die Kasten im Hinduismus? *(Das dharma bestimmt, dass jeder Hindu bei seiner Geburt einer bestimmten Kaste [das aus dem Portugiesischen stammende Wort Kaste heißt im Indischen „Varna"] angehört. Es gibt vier Kasten: Brahmanen [Priester], Krieger, Bauern und Handwerker. Die einzelnen Kasten haben wiederum ein sehr kompliziertes System von zwei- bis dreitausend Unterkasten. Im Gegensatz dazu sind im Buddhismus alle Menschen gleich.)*

8. Wie kam es nach dem Hinduismus zur Entstehung der Kasten? *(Sie sollen am Tag der Weltschöpfung aus dem Körper des Gottes Pradschapati entstanden sein: Die Priester entsprangen seinem Mund, die Krieger [zu ihnen gehören auch die Könige] seinen Schultern, die Ackerbauern und Gewerbetreibenden seinen Beinen und die dienenden Berufe seinen Füßen.)*

9. Gehören die Parias, die „Unberührbaren" auch zu einer Kaste? *(Nein, sie stehen außerhalb des Kastensystems. Mahatma Gandhi setzte sich für die Parias ein, indem er ihnen den Namen Harijans gab, was „Kinder Gottes" bedeutet. 1927 verbrannte der Paria Ambedkar [er wurde später Mitautor der indischen Verfassung] das hinduistische Gesetz des Manu, wonach einem Paria, der die Veden hörte, geschmolzenes*

Blei in die Ohren gegossen werden solle, und trat gemeinsam mit fast zwei Millionen Parias zum [kastenfreien] Buddhismus über.)

10. Was bedeutet im Hinduismus „Karma"? *(„Karma" ist ein altindisches Wort, das man mit „Tat" übersetzen könnte. Die Taten eines Menschen entscheiden über sein Schicksal, nicht nur das laufende Leben, sondern auch, in welcher Form der Hindu wiedergeboren wird.)*

11. Wie gestaltet sich die Wiedergeburt eines Menschen im Hinduismus? *(Das hängt von seinem Karma ab: Zunächst erhält seine Seele umhüllt von einem unsichtbaren feinen Leib eine neue Existenz. Das geht umso schneller wie der Mensch gute Taten zu Lebzeiten verbracht hat. Andernfalls muss er bis zu mehreren tausend Jahren als Gespenst umherwandern [bei ganz bösen Menschen kommen Aufenthalte in den Höllen hinzu] und ernährt sich dabei von Totenopfern seiner überlebenden Verwandten. Mit der Wiedergeburt sind alle Taten seines letzten Lebens automatisch abgegolten. Erst wenn die Seele vollständig geläutert ist, geht sie in das Nirvana [Sanskrit: „Erlöschen" = völlige, selige Ruhe] ein und wird vom Kreislauf der Wiedergeburt befreit.)*

12. Wird man nach dem Hinduismus immer als Mensch wiedergeboren? *(Nein, alle Lebensformen sind denkbar. Deshalb verzichtet der Hindu nach Möglichkeit auf den Verzehr von Tieren, da in ihnen eine Seele wohnt, die in einem früheren Leben vielleicht einem Menschen gehörte. Kühe dürfen nicht getötet werden.)*

13. Was ist ein „Guru"? *(Ein „Guru" ist ein religiöser Lehrer oder Meister, der in den heiligen Schriften bewandert ist. Er erklärt den Gläubigen das dharma und gibt Ratschläge zum rechten Lebenswandel. Je nach Kastenzugehörigkeit wird ein junger Hindu zwischen seinem 8. und 24. Lebensjahr einem Guru zugewiesen, dem er bis zu seiner Heirat zu dienen und dafür zu sorgen hat, dass sein Feuer nicht ausgeht. Das heilige Feuer gehört in jedes Haus und darf nie verlöschen.)*

14. Welche Bedeutung hat Yoga im Hinduismus? *(Yoga ist einer von mindestens vier Wegen, die zur Erlösung führen. Yoga bedeutet „Vereinigung mit Gott". Mit täglichem Fasten, Atemübungen, wiederholtem Sprechen bestimmter Wortet befreit der Yogin seinen Geist von allen körperlichen Zwängen und dem Karma, damit also sich auch aus dem Kreislauf der Wiedergeburt.)*

15. Kann man zum Hinduismus übertreten? *(Nein, Hindu wird man nur durch Geburt in eine Kaste.)*

16. Wird man bei den Hindus „getauft"? *(Es gibt eine ähnliche Zeremonie, die „Ritus der Geburt" genannt wird. Dabei wird dem Kind mit einem goldenen Löffel mit Butter vermischter Honig eingeflößt.)*

17. Wie heißen die bekanntesten Götter im Hinduismus? *(Am bedeutendsten sind Vishnu [wichtigster Gott des Volkes], der das Prinzip der Welterhaltung verkörpert, und Shiva, der für die schöpferischen und zerstörerischen Kräfte des Alls steht. Hinzu kommt*

noch Brahma [mächtigster Gott der Priesterkaste], der Baumeister der Welt, der aber nur das Vorhandene ordnet nach ihm vorgeschriebenen Gesetzen.)

18. Wer ist Krishna? *(Die Götter im Hinduismus können auf der Erde in menschlicher Gestalt erscheinen. Die bekanntesten Erscheinungen Vishnus in Menschengestalt sind Rama und Krishna, wovon in den Veden berichtet wird. Dort unterhält sich der Held Arjuna mit Krishna über die Pflichten des Lebens.)*

Bulgarien

1. Was ist Bulgarien? *(Bulgarien ist eine Republik im Südosten Europas. Sie grenzt im Norden an Rumänien, im Osten an das Schwarze Meer, im Süden an die Türkei und Griechenland, im Westen an Serbien und Makedonien. Serbien hat eine Gesamtfläche von 11.094 km² [zum Vergleich: die BRD ist 357.000 km^2 groß].)*

2. Wie heißt die Hauptstadt Bulgariens? *(Sofia mit ca. 1,2 Mio. Einwohnern. Zu den herausragendsten Bauwerken Bulgariens gehört die Georgskirche in Sofia.)*

3. Was ist der Balkan? *(Eine Kurzbezeichnung für die Balkanhalbinsel. „Balkan" ist das türkische Wort für „bewaldetes Gebirge". Die Bulgaren selbst nennen das Gebirge „Stara planina [= „alte Berge"]; den Begriff Balkan lehnen sie ab, da er in Westeuropa manchmal negativ besetzt ist. Das Balkangebirge reicht im Westen bis nach Serbien und im Osten bis zum Schwarzen Meer. Im Mittelstück ist der Balkan mit 2376 m am höchsten.)*

4. Wie heißt der wichtigste Fluss Bulgariens? *(Es ist die Donau [Gesamtlänge ca. 2850 km], deren bulgarischer Anteil ungefähr 520 km misst.)*

5. Wie viele Einwohner hat Bulgarien? *(7,8 Mio. (1998))*

6. Welche Sprache spricht man in Bulgarien? *(Bulgarisch, das zum südlichen Zweig der slawischen Sprachen gehört und von über 90 % der Bevölkerung gesprochen wird. Von den Minderheiten ist Türkisch am weitesten als Sprache in Bulgarien verbreitet.)*

7. Welche Religion ist in Bulgarien am verbreitetsten? *(Unter der kommunistischen Herrschaft wurde der Atheismus gefördert. Mit dem Zusammenbrechen des kommunistischen Systems Ende der achtziger Jahre wurde die Kirchenpolitik gelockert. Mittlerweile bekennt sich die Mehrheit der Bevölkerung zur orthodoxen Kirche Bulgariens.)*

8. Welche Währung gilt in Bulgarien? *(Lew = 100 Stótinki)*

9. Wie ist die Handelsbilanz Bulgariens? *(Den größten Teil des Außenhandels betreibt Bulgarien mit den Republiken der ehemaligen UDSSR und anderen osteuropäischen Staaten. Die wichtigsten Westeuropäischen Handelspartner sind Italien, Griechenland und Deutschland. Die Handelsbilanz Bulgariens ist aber negativ.)*

10. Wie lange gibt es Bulgarien schon? *(Auf dem Gebiet des heutigen Bulgarien siedelten nachweislich als erste die Thraker um 1000 v. Chr. Sie wurden im 5. Jahrhundert v. Chr. dem makedonischen Reich angegliedert. Gegen Ende des 7. Jahrhunderts n. Chr. wurden die slawischen Stämme im Gebiet des heutigen Bulgariens von den turktartarischen Protobulgaren [einem Volk türkischen Ursprungs] unterworfen, die von Kahn Asparuch angeführt wurden. Er gründete 679 das erste bulgarische Reich, das 681 von Byzanz anerkannt wurde. Ende des 9. Jahrhunderts wurde Bulgarien eine der mächtigsten Nationen Osteuropas. Zu Bulgarien gehörten damals auch weite Teile Griechenlands, ☞Byzanz und Serbien.)*

11. Wie erging es Bulgarien im ersten Weltkrieg? *(Im vor dem ersten Weltkrieg stattfindenden ersten Balkankrieg [1912 bis 1913] gewann Bulgarien mit Serbien, Montenegro und Griechenland gegen die Türkei. Streitigkeiten über die Verteilungsmasse lösten den zweiten Balkankrieg aus, bei dem Bulgarien herbe Gebietsverluste hinnehmen musste. Im sich dann anschließenden ersten Weltkrieg schlug sich Bulgarien 1915 auf die Seite der Mittelmächte. Deshalb verlor Bulgarien nach Abschluss des Friedensvertrages zum ersten Weltkrieg einen Großteil der Gebiete, die es durch die Balkankriege gewonnen hatte und alle Eroberungen aus dem ersten Weltkrieg.)*

12. Wie erging es Bulgarien im zweiten Weltkrieg? *(Auch bei diesem Weltkrieg trat Bulgarien [1941] den Achsenmächten um Deutschland bei. Auch das ging schief. Am 05.09.1944 erklärte die UDSSR Bulgarien den Krieg und marschierte mit ihrer Roten Armee drei Tage später in Bulgarien ein. Am 28.10.1944 unterzeichnete die bulgarische Regierung einen Waffenstillstand und erklärte umgekehrt Deutschland den Krieg. Gleichzeitig wurde Bulgarien in einen kommunistischen Staat umgewandelt.)*

13. Wie verhielt sich Bulgarien nach dem zweiten Weltkrieg? *(Bulgarien stand unter starkem Einfluss der UDSSR, mit der es einen Freundschafts- und Beistandspakt abschloss [1948], dem Warschauer Pakt beitrat [1955] und dem Rat für gegenseitige Wirtschaftshilfe [Comecon] ebenfalls sich anschloss. Die Kontrolle durch die UDSSR hielt bis 1989 an.)*

14. Wer war Tudor Schiwkow? *(Er war der maßgebliche Herrscher in Bulgarien nach dem zweiten Weltkrieg. 1954 wurde er Generalsekretär der kommunistischen Partei, von 1964 bis 1971 Ministerpräsident des Landes und von 1971 bis 1989 bulgarisches Staatsoberhaupt. Er führte auch eine Kampagne zur Assimilierung der türkischen Minderheit, die er zwang, slawische Namen anzunehmen, wobei er ihnen gleichzeitig das Sprechen der türkischen Sprache verbot. Ende 1989 wurde Schiwkow von oppositionellen Kräften, die sich allerdings an den Reformbewegungen der Sowjetunion orientierten, zum Rücktritt gezwungen. Mit dem Zusammenbruch des Comecon verlor Bulgarien seine traditionellen Märkte, wovon sich die Wirtschaft Bul-*

gariens nicht erholt hat. Akut regiert in Bulgarien die sozialistische Partei Bulgariens, die Nachfolgepartei der früheren kommunistischen Partei ist.

Edward Jenner

1. Wer war Edward Jenner? *(Er ist der Erfinder der Pockenschutzimpfung)*

2. Warum ist eine Pockenerkrankung so gefährlich? *(Eine Pockenerkrankung war früher so gefährlich, weil sie zum Tode führte. Im 16. Jahrhundert wüteten in Europa sechs schwere Pockenepidemien, deren Folgen noch verheerender waren als die Pestepidemien. Diese Pockenepidemien hatten in einem einzigen Jahr 500.000 Opfer sterben lassen. Die Gefährlichkeit der Pocken lag daran, dass die Krankheit ungemein ansteckend ist. Es genügt, wenn man die Kleider oder einen Körperteil eines Pockenkranken berührt, um angesteckt zu werden. Die Krankheit bricht dann binnen 10 bis 15 Tagen nach der Ansteckung aus.)*

3. Wie funktioniert die Pockenschutzimpfung? *(Schon seit frühester Zeit wusste man, dass ein Mensch gegen Pocken immun ist, wenn er einmal von der Pockenkrankheit genesen ist. Schon im 6. Jahrhundert n. Chr. infizierten die Chinesen ihre Kinder, indem sie ihnen Kleider von Menschen anzogen, die an einer nicht tödlichen Pockenerkrankung gelitten hatten. Dadurch wurden diese Kinder automatisch immun. Das Prinzip der Pockenimpfung besteht also darin, einen Menschen mit einer harmlosen Pockenkrankheit zu infizieren. Dazu verwendet man Kuh-Pocken. Sie sind eine gutartige Erkrankung in der Umgebung des Euters, die sich zwar auf Menschen übertragen kann, aber stets harmlos verläuft und keine Narben hinterlässt.)*

4. Wie kam Jenner zur Entdeckung der Pockenschutzimpfung durch Infizierung mit Kuh-Pocken? *(Schon vor Jenner impfte man in Europa gegen die Pocken. Eingeführt wurde in Europa die Impfung durch Lady Mary Wortley Montagu, die Frau des englischen Gesandten in Konstantinopel, zu Beginn des 18. Jahrhunderts. Sie selbst hatte ihre Schönheit durch eine Pockenerkrankung verloren und sah zufällig, wie türkische Ärzte gegen Pocken impften. Deshalb ließ sie dort auch ihren sechsjährigen Sohn impfen. Nach England zurückgekehrt, machte sie dort das türkische Verfahren der Pockenschutzimpfung publik. Bei dieser Impfung entnahm man aber noch die Flüssigkeit aus den Pusteln von Pockenkranken. Das Verfahren war dementsprechend relativ gefährlich, weil mindestens vier von 300 Geimpften dabei starben. Jenner war englischer Landarzt und hatte als Student ein Mädchen vom Lande sagen hören, es könne nicht mehr an den Pocken erkranken, da es schon die Kuh-Pocken gehabt habe. Jenner experimentierte daraufhin mit Impfungen, deren Flüssigkeit aus Kuh-Pocken gewonnen wurde. Sämtliche Krankheitsverläufe verliefen harmlos und führten zur Immunität gegen Pocken. Jenner schickte dem amerikanischen Präsidenten Jefferson das Serum, und der ließ sich mit seiner ganzen Familie sofort damit impfen. Ab*

Beginn des 19. Jahrhunderts wurde die Pockenschutzimpfung Pflicht in vielen Ländern, ab Mitte des 19. Jahrhunderts wurde sie in fast allen Staaten der Erde eingeführt.)

Gottfried Keller

1. Wer war Gottfried Keller? *(Ein schweizer Dichter, der vom 19.07.1819 bis zum 15.07.1890 lebte.)*

2. Wie heißen die bekanntesten Werke Gottfried Kellers? *(Der Roman „Der grüne Heinrich“ und die Novellen „Die Leute von Seldwyla“. Unter diesen Novellen befindet sich auch das bekannte Stück „Kleider machen Leute“.)*

3. Wie lebte Gottfried Keller? *(Gottfried Keller wuchs als Sohn eines Drechslermeisters auf, der aber ein künstlerischer und bildungshungriger Mann war. Mit 15 wurde Keller wegen eines recht harmlosen Klassenaufruhrs als Sündenbock von der Schule gewiesen. Da er sich zum Künstler berufen fühlte, wollte er zuerst Maler werden und ging zu einem Landschaftsmaler in die Lehre. Schließlich realisierte Keller mit 23 Jahren, dass er nicht genügend Begabung für einen Maler hätte, und fing an, Gedichte zu schreiben. Sein erster Gedichtband wurde 1846 veröffentlicht und brachte ihm überraschende Anerkennung. Insbesondere gewährte ihm die Zürcher Regierung ein Stipendium zur Weiterbildung. Keller studierte daraufhin 1848/49 an der Universität Heidelberg Geschichte und Literatur. Von 1850 bis 1855 schrieb er an seinem Roman „Der grüne Heinrich“, in dem er mit dichterischer Freiheit von seiner eigenen Jugend erzählte. Die vier Bände wurden rasch als Meisterwerk deutscher Erzählkunst erkannt und brachten ihm bescheidene Berühmtheit. Als er dann noch „Die Leute von Seldwyla“ veröffentlichte, verstärkte sich sein Ruhm. Keller kehrte 1855 nach Zürich zurück und wurde dort mit offenen Armen empfangen. Insbesondere wurde er zum Staatsschreiber [entspricht heute dem Chef der Staatskanzlei] ernannt und war im Staatsdienst gut besoldet. 1876 nahm Keller seinen Abschied und widmete sich wieder der Dichtung. Dabei verfasste er den politischen Roman „Martin Salander“.)*

Moleküle

1. Was ist ein Molekül? *(Molekül ist die Bezeichnung für die kleinste Einheit einer chemischen Verbindung, die noch die charakteristischen Eigenschaften dieser Verbindung aufweist. Dementsprechend lässt sich ein Molekül nur noch in Atome zerteilen.)*

2. Wie gibt man ein Molekül an? *(Moleküle werden als Summenformel ihrer Atome angegeben: Ein Wassermolekül setzt sich zusammen aus zwei Waserstoffatomen und einem Sauerstoffatom = H_2O.)*

3. Wie groß ist ein Molekül? *(Die Größe des Moleküls ist abhängig von der Anzahl der Atome und ihrer Anordnung. Bei normalen Molekülen liegt sie bei zwischen 10^{-8} und 10^{-7} cm. [100 - 1.000 Pikometer].*

4. Woher kommt die Bezeichnung „Molekül"? *(Sie stammt vom deutschen Arzt und Philosophen Daniel Sennert. Er leitete 1618 den Begriff von dem lateinischen Wort moles [= Masse, Klumpen] ab. Zu seiner Zeit gab es aber noch keine Unterscheidung zwischen Atom und Molekül. 1805 entwickelte John Dalton ein Atommodell und schränkte dabei den Begriff „Molekül" auf die kleinsten Teilchen von Verbindungen ein.)*

5. Wer entdeckte die molekulare Zusammensetzung der Materie? *(Sie wurde von dem Franzosen Antoine Laurent de ☞Lavoisier [1743-1794] und dem Italiener Avogadro [1776-1856] erkannt. Auch Avogadro verwandte hier die Bezeichnung „Molekül" im Sinne „kleine Masse".)*

Auge

1. Was ist das menschliche Auge? *(Ein Sinnesorgan im Kopf, das Bilder wahrnimmt und an das Gehirn weitermeldet. Das menschliche Auge ist eine Ausstülpung aus dem Zwischenhirn und deshalb Teil des zentralen Nervensystems.)*

2. Wo im Auge sehen wir? *(Wir nehmen im Inneren de Auges auf der Netzhaut die Reize wahr, die dort durch die Pupille als Sehloch auftreffen. Auf der Netzhaut befinden sich etwa 120 Mio. Stäbchen, die dem Hell-Dunkel-[Schwarz-Weiß-]Sehen, und ca. 6 Mio. Zapfen, die dem Farbensehen dienen. Die Dichte beläuft sich auf ca. 400.000 Zellen je mm^2. Auf der Netzhaut werden also die Lichtstrahlen registriert, die von den lichtundurchlässigen Gegenständen reflektiert werden. Stäbchen und Zapfen setzen Lichteinfälle in Nervenimpulse um.)*

3. Wie oft schließen wir die Augenlieder? *(Die Augenlider schließen sich von selbst rund alle sechs Sekunden. Dies geschieht aber so schnell, dass die Sicht davon nicht beeinträchtigt wird.)*

4. Welche Muskeln sind beim Menschen am aktivsten? *(Die sechs Muskeln des Auges. Wir bewegen sie bis zu 100.000 Mal am Tag.)*

5. Welche Funktion hat die Pupille? *(Sie stellt eine Öffnung dar, durch die die Lichtstrahlen zur Netzhaut gelangen. Die Pupille steuert über das autonome ☞Nervensystem die Menge des Lichteinfalls, weitet sich bei Dunkelheit und verengt sich bei Helligkeit. Daneben hat sich gezeigt, dass die Pupille auch parallel zu unserer Sympathie reagiert: Beim Ansehen eines uns sympathischen Menschen weiten sich unsere Pupillen, während sie sich verengen, wenn wir jemanden nicht mögen oder negativ empfinden.)*

6. Wenn wir jemanden ansehen, entscheiden wir blitzschnell, ob wir diesen Menschen attraktiv finden oder nicht. Wie schnell genau? *(Wir nehmen uns für diese Entscheidung gerade mal 0,15 Sekunden Zeit. Männer suchen in diesen Sekundenbruchteilen bei Frauen unbewusst nach Merkmalen, die Jugendlichkeit und Fruchtbarkeit signalisieren. Frauen suchen in dieser Zeit beim Mann nach Kennzeichen für gute Gesundheit, Status, Charakter und Beschützerqualitäten. Ganz archaisch bevorzugen Frauen beim Mann einen schmalen Po [Zeichen für einen schnellen Läufer = guten Jäger] und breite Schultern [kann schwere Beute tragen und Angreifer schlagen = guter Beschützer].)*

7. Was passiert, wenn wir jemanden im „ersten Augenblick" sympathisch finden? *(Unser Auge gibt die bildliche Information an das Gehirn weiter. Dort werden alle Informationen nach dem simplen Raster „gut oder schlecht für mich" bewertet. Das läuft komplett an unserem Bewusstsein vorbei. Klassifiziert das Gehirn als attraktiv, schüttet es eine Extraportion Dopamin aus, einen hocheffektiven Neuromodulator. Die Hirnforscher sprechen von einem „zerebralen Belohnungssystem". Wir empfinden eine Welle des Wohlgefühls, wenn wir uns im Zentrum der Aufmerksamkeit eines attraktiven Menschen wähnen.)*

8. Wodurch entsteht die Augenfarbe? *(Sie hängt von der Pigmentierung der Regenbogenhaut [Iris] ab, die hinter der Hornhaut auf der Linse aufliegt, konkret vom Gehalt an braunem Pigment. Hellblonde Menschen haben keine Regenbogenhautpigmente. Die trübe Iris reflektiert deshalb kurzwellige [blaue] Strahlen besser als die langwelligen, weshalb die Iris dunkelblau erscheint. Mit zunehmender Pigmentierung der Iris wechselt die Augenfarbe von Hellblau, grünlich Grau, Hellbraun zu Dunkelbraun.)*

9. Haben Neugeborene schon ihre endgültige Augenfarbe? *(Nein: Neugeborene haben stets violette bis blaugrüne Augenfarben. Die endgültige Augenfarbe bildet sich bis zum Ende des zweiten Lebensjahres heraus. Das liegt an dem Melanin, einem Farbstoff, der die Augenfarbe bestimmt. Der Mensch fängt erst kurz vor der Geburt an, diesen Farbstoff zu bilden. Je nach Melaninproduktion bleiben die Augen blau, werden grün oder sogar braun.)*

10. Wie weinen wir? *(Zwischen den Augen liegen neben der Nasenwurzel Tränensäcke, die über Tränengänge Tränenflüssigkeit absondern. Dort liegen auch Tränendrüsen, die die Flüssigkeit produzieren und normalerweise pro Tag ca. 1 g in den Bindehautsack abgeben, von wo sie auf der Oberfläche des Augapfels verteilt werden.)*

11. Warum sieht man im Alter schlechter? *(Es liegt an der Linse, die hinter der Regenbogenhaut liegt. Sie ist sehr elastisch und sorgt dafür, dass der unterschiedliche Lichteinfall genau passend auf Stäbchen und Zapfen gerichtet wird: Wir sehen scharf. Mit dem Alter nimmt die Elastizität der Linse ab, die Feineinstellung funktioniert nicht mehr und muss durch vorgesetzte gläserne Linsen, also Brillen, ausgeglichen werden.)*

12. Was ist ein „grauer Star"? *(Eine Augenerkrankung: Durch eine Trübung der Linse wird die Sehschärfe gemindert. Zunächst blendet das Tageslicht mehr durch eine Streuung, im Spätstadium verbleibt dem Erkrankten nur noch eine Hell-Dunkel-Wahrnehmung.)*

13. Was bezeichnet man als „REM" (= Rapid-Eye-Movement = schnelle Augenbewegung) – Schlaf? *(Unser Schlaf durchläuft im Wesentlichen zwei Phasen: Ungefähr 45 Minuten nach dem Einschlafen kommt die REM-Phase mit schnellen Augenbewegungen. Sie dauert ca. 10 Minuten. Danach folgt ein Wechsel zwischen Tiefschlaf und REM-Phasen. Vor allem während der REM-Phasen träumen wir, wobei unsere Muskulatur völlig erschlafft. Das soll der Grund dafür sein, dass wir oft träumen, in gefährlichen Situationen nicht fliehen zu können.)*

14. Warum macht Blitzlicht auf Fotos die Augen rot? *(Das vom Blitz ausgesandte Licht wird von der Netzhaut des Auges reflektiert und zurück in Richtung Kamera gestrahlt. Da die Netzhaut sehr gut durchblutet ist, geben die roten Augen auf den Fotos das Blut der Netzhaut wieder.)*

15. Welche erotischen Signale sendet das Auge aus? *(Wenn uns jemand sexuell gefällt, weiten sich bei seinem Anblick unsere Pupillen. Die italienischen Kurtisanen haben früher dieses Signal künstlich herbeigeführt, indem sie sich belladonna, einen atropinhaltigen Extrakt der Tollkirsche, in die Augen träufelten. Wer am anderen interessiert ist, hebt unwillkürlich die Augenbrauen etwas nach oben, was die Augen größer wirken lässt und den Eindruck verstärkt. Die Signale werden von unserem Unterbewusstsein wahrgenommen. Man spricht deshalb von „nonverbaler Kommunikation".)*

16. Wie viele Augen hat eine Libelle? *(28.000!)*

17. Kann der Adler wirklich so gut sehen? *(Wir alle kennen die Redewendung aus Indianergeschichten: Kann ein Mann Dinge schon von weitem gut sehen, erhält er den Namen „Adlerauge". In der Tat sind die Sehfähigkeiten des Adlers phantastisch: Er sieht ungefähr siebenmal so scharf wie ein Mensch und vor allem wesentlich weiter. Seine Augen sind so groß, dass sie sich im Inneren des Kopfes sogar berühren. Die Netzhaut des Adlers hat siebenmal so viele lichtempfindliche Zellen wie die unsrige. Könnten Adler lesen, würden sie Buchstaben in einem Text noch aus mehr als 100 m Entfernung entziffern können.)*

18. Warum leuchten die Augen der Katze im Dunkeln? *(Katzen haben eine Zellschicht im Auge, das sogenannte „Tapetum lucidum" [=Leuchttapete], die das Licht reflektiert.*

Menschen besitzen diese Zellschicht nicht. Durch diese Zellschicht sieht die Katze alles doppelt so hell wie ein Mensch.)

Sri Lanka

1. Was ist Sri Lanka? *(Die demokratische sozialistische Republik Sri Lanka ist ein Inselstaat, der vor der südöstlichen Küste Indiens im Indischen Ozean liegt. Das Land hat eine Fläche von 65.610 km² [zum Vergleich: die BRD ist 357.000 km² groß]. Sri Lanka hat ca 19,9 Mio. Einwohner. Der Name Sri Lanka bedeutet „glückliches Lanka", wobei Lanka ein Wort aus dem Sanskrit ist. Bis 1972 hieß der Staat Ceylon.)*

2. Wie heißt die Hauptstadt von Sri Lanka? *(Colombo mit 640.000 Einwohnern. Nächstgrößte Stadt ist Dehiwala-Mount Lavinia mit 196.000 Einwohnern. Colombo wurde 1518 von portugiesischen Kaufleuten gegründet, die die Stadt nach Kolumbus benannten. Heute ist Colombo der wichtigste Hafen der Insel.)*

3. Welche Sprache wird auf Sri Lanka gesprochen? *(Amtssprachen sind Singalesisch und Tamil.)*

4. Welche Religion ist auf Sri Lanka vorherrschend? *(Der Buddhismus, dem 68 % der Bevölkerung angehören. Zweitstärkste Religionsgruppe sind die Hindus mit 16 % gefolgt von Christen und Moslems mit jeweils 8 %.)*

5. Wie heißt die Währung auf Sri Lanka? *(Sri-Lanka-Rupie = 100 Sri Lanka Cents.)*

6. Wann wurde Sri Lanka selbständig? *(Am 04.02.1948. 1919 hatte sich als Widerstand gegen die britische Fremdherrschaft der „Ceylon National Congress" gebildet [mit gleicher Zielrichtung hatte sich 1888 in Indien der „Indische Nationalkongress" konstituiert].)*

7. Welchen Hintergrund hat der Konflikt zwischen den Singalesen (rund ¾ der Bevölkerung) und den Tamilen (rund 20 % der Bevölkerung)? *(Beide Rassen stammen aus Indien, die Singalesen aus Nord-Indien, die Tamilen aus Süd-Indien. Sie sprechen unterschiedliche Sprachen, die beide vom Indischen abstammen. Die meisten Singalesen sind Buddhisten, die meisten Tamilen Hindus [beide haben aber ein Kastensystem]. Der Ursprung des Konfliktes liegt lange zurück: Ceylon wurde 500 bis 480 v. Chr. vom nordindischen Herrscher Vijaya unterworfen. Seine Nachkommen setzten die singalesische Herrschaft im ganzen Land durch. Um 200 v.Chr. fielen Tamilen aus Süd-Indien auf der Insel ein und eroberten den größten Teil. Die Tamilen wurden aber vom späteren König Dutthagamani [161-137 v. Chr.] wieder vertrieben. 993 eroberten Tamilen die Hauptstadt, dehnten ihre Macht über das Anuradhapura-Reich aus und lösten die Spaltung Ceylons in zwei, später in drei Königreiche aus. In der*

Zeit des Kolonialismus übernahmen die Portugiesen im Jahre 1505 die Macht [sie nannten die Insel „Cilão"], denen die Holländer ab 1658 folgten. 1796 eroberte die britische Ostindien-Kompanie Sri Lanka. 1802 übernahm die britische Kronkolonie die Macht und behielt sie bis 1948. Sie nannte die Insel Ceylon. Unter der britischen Kolonialherrschaft wurden indische Tamilien aus Madras für die Arbeit auf den Plantagen im singalesischen Gebirgsland ins Land geholt. Die Jaffna-Tamilen machen 12,5 % der Gesamtbevölkerung aus, sind im Mittelalter aus Südindien eingewandert und wohnen vorwiegend an an der Ostküste und im Norden der Insel. Die „indischen Tamilen" [5,5 %] wurden von den Briten geholt und leben im zentralen Bergland. Als Ceylon in die Unabhängigkeit entlassen wurde, verloren diese Tamilen ihre Staatsbürgerrechte und wurden staatenlos. Der neue selbständige Staat schaffte 1956 Englisch als Staatssprache ab und setzte Singalesisch als einzige Amtssprache an die Stelle, was die Tamilen als Anfang ihrer Unterdrückung einstuften und massiv zu ethnischen Spannungen führte. Während die Singalesen einen einheitlichen Staat erhalten wollen, den sie zahlenmäßig beherrschen, streben die Tamilen für die nördlichen und östlichen Provinzen, wo sie die Mehrheit haben, einen selbständigen Tamilenstaat „Eelam" an [Im 13. Jahrhundert hatten die Tamilen schon einmal den Norden erobert, das Gebiet für 250 Jahre beherrscht und ihr Reich „Eelam" genannt]. Beide Volksgruppen behaupten, als erste Sri Lanka besiedelt zu haben, woraus sie ihren Anspruch auf ein Heimatrecht ableiten. 1964 und 1974 schlossen Indien und Sri Lanka Pakte, mit denen die Hälfte der Tamilen nach Indien repatriiert wurden. Anfang der 80-er Jahre nahmen die Auseinandersetzungen bürgerkriegsähnlichen Charakter an. Als die Tamilen im Juli 1983 13 Regierungssoldaten in der Tamilenhochburg Jaffna getötet hatten, massakrierten Singalesen im Süden des Landes rund 400 Tamilen und veranlassten Tausende, in den Norden oder nach Indien zu fliehen. Daraufhin bildete sich eine Vielzahl von paramilitärischen Gruppen bei den Tamilen, die unter dem Oberbegriff „Tiger" einen Feldzug gegen die singalesische Regierung führen. Zur Beschwichtigung des Konflikts wurde Tamil 1988 als zweite Amtssprache eingeführt. 1998 verübten die Tamil Tigers im Zahntempel von Kandy einen Selbstmordanschlag, der 16 Menschenleben kostete. Daraufhin lehnte das Parlament eine Verfassungsreform ab, die den Tamilen mehr Autonomie hatte geben sollen. Bis Ende 2002 forderte dieser Bürgerkrieg über 65.000 Todesopfer.)

8. Was ist der „Adams-Peak"? *(Ein Berg mit 2243 m Höhe auf Sri Lanka, der nach Adam benannt wurde. Adam soll nach der Vertreibung aus dem Paradies auf diesem Berg gestanden haben, wo sich ein überdimensionaler, 1,50 m langer Fußabdruck findet, die natürliche Folge von Wind und Regen. Er soll dort 1000 Jahre stehend dem verlorengegangenen Paradies nachgetrauert haben. Marco Polo berichtete schon von diesem Berg in seinem Reisebericht mit der Passage: "Nach den Berichten der Bewohner befindet sich auf dem Gipfel ein Standbild unseres Urvaters Adam. Das sagen auch die Sarazenen, aber die Buddhisten behaupten, dass es sich um das Standbilds von Ser Gamo Borgani [Buddha] handle." Glaubt man Marco Polo, haben ihm die Sarazenen, also die muslimischen Bewohner der Insel, berichtet, Adam habe nach der Vertreibung aus dem Paradies hier Zuflucht gesucht. Die Buddhisten glauben, es handle sich um Buddhas Fußabdruck, der dort vom Gipfel in den Himmel aufgestiegen sei. Die Hindus halten die Vertiefung für die Fußspur ihres Gottes Shiva.)*

9. Was ist die „Adams-Brücke“? *(Eine 87 km lange Kette von sieben Inseln zwischen dem indischen Festland und der Insel Sri Lanka, über die heute eine Bahnfähre als Verbindung zwischen den Staaten führt. Früher gehörte Sri Lanka zum indischen Festland, von dem es sich langsam löste. Den Rest der früheren Landverbindung bildet die „Adams Brücke“.)*

10. Welche Bedeutung hat der Buddhismus für Sri Lanka? *(Sri Lanka sieht sich als Land der Lehre Buddhas. Die Lehre Buddhas hat nur auf Sri Lanka in ihrer spezifischen, kaum abgewandelten Form überlebt. Das Land ist voll von buddhistischen Kultbauten [Dagobas], die gut erhalten und restauriert sind. Hochburg ist Anuradhapura, wo ein Ableger des Bodhi-Baumes [unter ihm soll Buddha die Erleuchtung erfahren haben. Bodhi = Erleuchtung. Buddha = der Erleuchtete] verehrt wird, das über 1500 Jahre Hauptstadt, geistiger Mittelpunkt der singalesischen Kultur und religiöses Zentrum des Buddhismus war. Die Inselchronik beginnt mit den Worten Buddhas: „ In Lanka, oh Herr der Götter, wird meine Religion sein. Deshalb beschütze Vijaya den Königssohn, seine Geflogsleute und Lanka.“ Auf Sri Lanka befinden sich die größten buddhistischen Bauwerke der Welt. Beim See Kala Wala steht die Kolossalfigur des Aukana-Buddha aus dem 5./6. Jahrhundert. Im Tempel von Kandy wird eine buddhistische Reliquie verehrt, nämlich ein Zahn, von dem man glaubt, dass er nach der Verbrennung Buddhas gerettet wurde. Dieser Zahn wird in diesem Tempel in einem Goldkästchen aufbewahrt und verehrt. Auf Sri Lanka gilt aber Religionsfreiheit und die anderen Religionen werden grundsätzlich toleriert.)*

11. Was bedeuten die Hakenkreuze über den Eingängen von Hindutempeln und Privathäusern? *(Sie haben nichts mit dem deutschen Nationalsozialismus zu tun, sondern sind unter der Bezeichnung Swastika ein seit Jahrtausenden in Teilen Asiens verwandtes Symbol für Glück.)*

12. Was zeigt das Wappen von Sri Lanka? *(Das seit 1972 gültige Wappen zeigt im Zentrum einen Schwert tragenden Löwen [Symbol des alten Königreichs von Kandy, auf Sri Lanka, aber inzwischen ausgerottet], der von vier Lotusblütenblättern umgeben wird und einem aus einer Schüssel hervorquellenden Kranz aus Reisähren. Neben der Schüssel sind Sonne und Mond abgebildet, buddhistische Sinnbilder für Langlebigkeit. Der Löwe geht zurück auf König Vijaya, dessen Familie der Legende nach von einem Löwen [„sinha“] abstammte, was zur Volksbezeichnung Singalesen und zum Löwensymbol in Flagge und Wappen führte.)*

13. Wie ist das Klima auf Sri Lanka? *(Sri Lanka liegt nur 650 km nördlich des Äquators, damit in der Tropenzone und ist von den südostasiatischen Monsunen geprägt, die ein feuchtwarmes Klima auslösen. Von November bis Januar beträgt die relative Luftfeuchtigkeit nachmittags 78 %.)*

14. Wovon ist die Wirtschaft Sri Lankas geprägt? *(Das Land lebt im Wesentlichen vom Reisanbau, der Plantagenwirtschaft, neuerdings auch von Textilausfuhren und Tourismus. 33 % der Erwerbstätigen arbeiten in der Landwirtschaft. Traditionelle Agrarexportprodukte sind Tee, Kautschuk und Kokosnüsse. 46 % der landwirtschaftlichen*

Nutzfläche werden für den Reisanbau eingesetzt, der nicht zum Export, sondern für die Ernährung der eigenen Bevölkerung genutzt wird. Schon in der Zeit vor Christus verfügte das Land über ein ausgeklügeltes Stauteich-System, bei dem der Monsunregen in Mulden aufgefangen und für den Reisanbau fruchtbar gemacht wurde. Sri Lanka ist der drittgrößte Teeproduzent und liegt bei der Kautschukerzeugung an siebter Stelle. Nur beim Zimt, der auf der Insel seine Heimat hat, ist Sri Lanka führender Weltmarktlieferant.)

Madrid

1. Was ist Madrid? *(Madrid ist die Hauptstadt Spaniens mit ungefähr 3 Mio. Einwohnern [1994], 5 Mio. Einwohner wohnen im Ballungsraum. Madrid ist damit vor Barcelona mit ca. 2 Mio. Einwohnern die größte Stadt der iberischen Halbinsel.)*

2. Wie heißt das bekannteste Museum in Madrid? *(Von den 52 wichtigsten Museen der Stadt ist das von Karl III. veranlasste Museo del Prado das bekannteste Museum. Der Prado ist seit 1868 das Nationalmuseum, das 1819 als königliches Museum für Malerei und Bildhauerkunst eröffnet wurde. Der Prado enthält eine der bedeutendsten Gemäldesammlungen der Welt. Unter den mehr als 5.000 Meisterwerken finden sich Arbeiten von Tizian, ☞Rubens, van Dyck, El Greco, Velázquez, Goya und Murillo. Es sind Kunstwerke aus allen Ländern und Stilepochen dort vertreten.)*

3. Welche Bedeutung hat Madrid für den ☞Islam? *(In Madrid befindet sich das größte islamische Kulturzentrum der westlichen Welt. Es wurde von Saudi-Arabien gestiftet und 1990 eröffnet.)*

4. Wo in Spanien liegt Madrid? *(Es liegt praktisch im Zentrum der iberischen Halbinsel. Wie in Frankreich laufen sternförmig alle großen Eisenbahnlinien und Autobahnen auf die Hauptstadt zu.)*

5. Wie heißen die berühmtesten Plätze in Madrid? *(Der Plaza Mayor wurde 1617 bis 1619 unter Philipp III. [ihm ist auch das Reiterstandbild auf dem Platz gewidmet] erbaut und bildete den ersten Mittelpunkt von Madrid. Die Platzanlage der Puerta del Sol entwickelte sich zum zweiten Mittelpunkt von Madrid und gilt als Punkt, von dem alle Entfernungen von Madrid aus gemessen werden. Auf dem Plaza de la Cibeles befindet sich der Kybele-Brunnen [Hier thront die griechische Göttin der Fruchtbarkeit und Liebe, Kybele, auf einem von zwei wasserspeienden Löwen gezogenen Wagen], der ein Wahrzeichen von Madrid darstellt. Im Nordwesten der Stadt wurde die Plaza de Espana mit dem ☞Cervantes-Denkmal [1928] angelegt. Dort befinden sich eine Statue des Dichters sowie seiner literarischen Schöpfungen Don Quijote und Sancho Pansa.)*

6. Wie alt ist Madrid? *(Schon in der Jungsteinzeit war das Gelände besiedelt. Hier gründete der Emir Mohammed I. [852 bis 886] eine befestigte Stadt mit Alcázar [arabisches Wort für „Burg". In Spanien gängige Bezeichnung für maurische Festungsanlagen], einer auf einem Kanat-System [=System unterirdischer Stollen mit leichtem Gefälle, die das Grund- und Sickerwasser sammeln und ohne Hebevorrichtung an die Oberfläche leiten, wo es zur Bewässerung der Felder und Versorgung der Bevölkerung mit Wasser dient] basierenden Wasserversorgung und einer angeschlossenen Vega [=bewässertes, fruchtbares Land]. Diese Stadt wurde Madjrit [„Stadt der vielen unterirdischen Kanäle"] genannt. Dieses arabische Kanat-System versorgte Madrid nebst Vega bis 1855 ausschließlich [1902 lieferte es noch über drei Millionen Liter Wasser täglich]. 5161 verlegte Philipp II. den Königshof von Toledo nach Madrid, da er in der Nähe in El Escorial erbaute. 606 wurde Madrid unter Philipp III. offizielle Hauptstadt Spaniens und des gesamten spanischen Weltreiches. Im spanischen Bürgerkrieg erlitt die Stadt schwere Schäden am historischen Baubestand, bis die republikanische Regierung am 25.03.1939 sich den Truppen Francos geschlagen geben musste. Im spanischen Bürgerkrieg [November 1936 bis März 1939] wurde Madrid 2 ½ Jahre lang belagert. Am 01.04.1939 marschierte der siegreiche Franco in die Stadt ein.)*

7. Für welche Bibliothek ist Madrid bekannt? *(Für die Nationalbibliothek. Hier finden sich fast 2 Mio. Druckbände, darunter nicht weniger als 800 Ausgaben des „Don Quijote" in allen Sprachen und aus den verschiedensten Zeiten.)*

8. Wie ist das Klima in Madrid? *(Madrid liegt auf einer flachwelligen Hochebene, die von den Spaniern „meseta" [Tisch] genannt wird, 655 Meter über dem Meer. Damit ist Madrid die höchstgelegene Hauptstadt Europas. Weil nur niedrige Berge um Madrid gelegen sind, ist das Klima in Madrid nicht sonderlich angenehm. Ein altes madrilener Sprichwort behauptet, dass die dünne Luft der Hauptstadt einen Menschen umbringe, aber eine Kerze nicht erlöschen lasse. Im Winter ist Madrid durchschnittlich – 4° C kalt, im Sommer bis zu 43° C heiß mit einer Durchschnittstemperatur im Juli und August von 25° C.)*

9. Warum wurde Madrid die neue Hauptstadt Spaniens? *(Philipp II. hatte nach einem sehr heftigen Krach mit seinen Ratsherren Toledo [liegt ca. 70 km südlich von Madrid] verlassen und zog mit seinem gesamten Hofstaat nach Madrid. Daraufhin erstarrte Toledo in einem Dornröschenschlaf.)*

Luxemburg

1. Was ist Luxemburg? *(Das Großherzogtum Luxemburg [Grand-Duché de Luxembourg] ist ein Staat mit konstitutioneller Erbmonarchie in Westeuropa. Es grenzt im Osten an die BRD, im Westen an Belgien und im Süden an Frankreich.)*

2. Wie groß ist Luxemburg? *(2.586 km² [zum Vergleich: die BRD ist 357.000 km² groß] mit ca. 452.100. Einwohnern.)*

3. Wie heißt die Hauptstadt von Luxemburg? *(Luxemburg [auch Lëtzebuerg oder Lützelburg] mit ca. 80.000 Einwohnern. Die Stadt liegt heute dort, wo früher die Burg Lucilinburch stand, die auch Lützelburg genannt wurde.)*

4. Was prägt die Wirtschaft Luxemburgs? *(Luxemburg ist ein bedeutendes Finanzzentrum [222 Banken, davon 72 deutsche, Sitz der Europäischen Investitionsbank]. Nach der Schweiz hat Luxemburg das zweithöchste Pro-Kopf-Einkommen Europas und keine Staatsverschuldung.)*

5. Welche Sprachen spricht man in Luxemburg? *(Offizielle Amtssprachen sind Französisch [gleichzeitig Gesetzes- und Gerichtssprache], Deutsch und Luxemburgisch [auch Lëtzebuergisch]. Hochdeutsch ist neben Französisch die Bildungssprache.)*

6. Was ist „Gutland“? *(Gutland [Bon Pays] ist die Bezeichnung des Südens Luxemburgs. Dies Gebiet ist fruchtbar und Sitz der wesentlichen Industrie des Landes. Hierhin erstrecken sich die lothringischen Eisenerzvorkommen, die in modernen Bergwerken abgebaut werden. Sie haben zum Aufbau einer Schwerindustrie geführt [noch heute macht sie 30 % der Industrieproduktion aus]. Gefördert wird diese Entwicklung dadurch, dass die Mosel die Südostgrenze des Landes darstellt. Die Mosel wiederum ist durch Kanalisierung mit dem Ruhrgebiet verbunden.)*

7. Was sind die Ardennen? *(Die Ardennen sind der westliche Flügel des Rheinischen Schiefergebirges, das sich über Belgien, Frankreich und Luxemburg erstreckt. Von den Ardennen liegt ein Plateau im Norden Luxemburgs.)*

8. Was bedeutet „Benelux“? *(Es ist die Abkürzung für Belgien-Nederlande-Luxemburg. Die drei Länder hatten sich 1947 zu einer Zollunion zusammengeschlossen, die sie „Benelux-Zollunion“ nannten, daher der Name.)*

9. Wie alt ist Luxemburg? *(Im 2. Jahrhundert v. Chr. wurde das Gebiet von den keltischen Treverern besiedelt. Nachdem es mehrere Jahrhunderte unter römischer Herrschaft stand, besetzten es bei der Völkerwanderung die Germanen, womit es letztlich im Reich Karls des Großen landete. 963 beginnt die eigentliche Geschichte des Landes, als Graf Siegfried die Festung Lützelburg an der Stelle der heutigen Hauptstadt erbaute. Seit 1354 war die alte Grafschaft nun ein Herzogtum und geriet wegen ihrer geographischen Lage abwechselnd unter burgundische, österreichische, spanische und französische Herrschaft. Auf dem Wiener Kongress 1815 wurde Luxemburg zwar zu einem deutschen Bundesstaat erhoben, aber dem König der Niederlande als Entschädigung für Gebietsverluste zugeteilt. Seit der Londoner Konferenz von 1867 ist Luxemburg neutral und unabhängig.)*

Hunde

1. Seit wann ist der Hund ein Haustier? *(Seit rund 12.000 Jahren. In der Steinzeit war der Hund das erste und lange Zeit einzige Haustier des Menschen.)*

2. Warum eignete sich der Hund als Haustier? *(Die Stammform aller europäischen Hunderassen ist der Wolf. Wölfe leben in Rudeln und ordnen sich dort dem Leitwolf unter. Deshalb war es für die Hunde nach der Zähmung keine große Umstellung, den Menschen als neues „Leittier“ anzuerkennen. Der Mensch braucht praktisch nur den Alpha-Wolf zu mimen.)*

3. Woher hat der Bernhardiner seinen Namen? *(Der Bernhardiner ist eine Hunderasse, die als Lebensretter abgerichtet vor allem zum Einsatz in den Schweizer Alpen kommt. Seinen Namen verdankt er einem Hospiz auf dem Großen Sankt Bernhard, einem Pass in den Schweizer Alpen. Die Mönche dieses Klosters hielten diese Hunde und bildeten sie zur Lebensrettung aus, wozu sie wegen ihres ausgezeichneten Geruchssinns sehr geeignet sind.)*

4. Welcher Hund rennt am schnellsten? *(Der Windhund, der es auf eine Geschwindigkeit von mehr als 60 km/h bringt.)*

5. Wer gehört sonst noch zur Familie der Hunde? *(Wolf, Fuchs, Schakal, Kojote [Nordamerika] und Waldhund [er lebt in Mittel- und Südamerika].)*

6. Was kennzeichnet den Schakal? *(Er lebt in Familienverbänden, deren Mitglieder eng zusammenhalten. Männchen und Weibchen ziehen die Jungen gemeinsam auf und bleiben ein Leben lang zusammen. Ansonsten dringt der Schakal gern nachts in Gehöfte ein und erlegt Kleinvieh, bedient sich aber auch am Aas. Deshalb gilt der Schakal in Fabeln als feige und verschlagen.)*

7. Wer ist der verbreitetste Hund? *(Der deutsche Schäferhund, der als Gebrauchs- und Schutzhund [als Wach-, aber auch als Blindenhund] Dienste leistet.)*

8. Warum setzt man den Hund als Spürhund ein? *(Wegen seiner guten Nase. Ein trainierter Schäferhund kann selbst einer zwei Tage alten Spur folgen. Er riecht sogar, wie weit der Vorsprung des Verfolgten ist. Stößt der Hund von der Seite auf eine Spur, kann er sogar ihre Richtung riechen: Der Duft einer Spur setzt sich nämlich aus rund 20 verschiedenen Gerüchen zusammen, die sich unterschiedlich schnell verflüchtigen. Aus den flüchtigsten Düften leitet der Hund die Richtung ab. Der Hund riecht auch, ob ein Mensch vor ihm Angst hat, selbst wenn der sich stark stellt.)*

9. Welches Tier riecht deutlich besser als ein Hund? *(Den Weltrekord im Riechen hält der Aal. Wenn man einen Fingerhut voll Rosenduftöl mit der 58-fachen Wassermenge des Bodensees verdünnt, riecht der Aal das Rosenduftöl immer noch heraus.)*

10. Warum riecht der Mensch im Verhältnis zum Hund so schlecht? *(Die menschliche Nase ist mehr ein Luftvorwärmer. Während der Schäferhund 220 Mio. Riechsinneszellen hat, verfügt der Mensch gerade mal über 5 Mio. Seine Riechschleimhaut [die bei ihm noch dazu tief im Inneren der Nase liegt] ist nur 5 cm^2 groß, beim Schäferhund jedoch 150 cm^2. In der Summe riecht der Schäferhund 1 Million mal besser als der Mensch.)*

11. Woher stammt die Redewendung „auf den Hund gekommen"? *(Früher bewahrten die Menschen ihre Habseligkeiten in Truhen auf. Auf dem Boden der Truhen waren meist Schutzsymbole eingraviert, oft ein Hund, der symbolisch auf die Schätze aufpassen sollte. Hatte jemand alles verloren, was man in Truhen aufbewahren sollte, war er bis „auf den Hund gekommen".)*

12. Was ist ein „pawlowscher Hund"? *(Der russische Verhaltensforscher Iwan Pawlow [1849-1936] arbeitete gern mit einem Hund. Für Hunde ist typisch, dass sie beim Anblick von Nahrung Speichel produzieren, um die für die Verdauung erforderliche Menge beim Fressen auszulösen. Pawlow läutete immer mit einem Glöckchen, wenn sein Hund einen Knochen zu sehen bekam. Nach kurzer Zeit produzierte der Hund bereits Speichel, wenn er das Glöckchen hörte. Pawlow wies damit nach, dass Reflexe antrainierbar sind.)*

Christentum

1. Was ist das Christentum? *(Eine Weltreligion: Am verbreitetsten ist das Christentum mit rund 2 Mrd. Anhängern. An zweiter Stelle folgt der ☞Islam mit 1 Mrd. Moslems, die vorwiegend im mittleren Osten und in Nord- und Westafrika leben. An dritter Stelle liegen die ☞Hindus mit 750 Mio., vor allem in Südostasien. Allein in Indien leben rund 650 Mio. Hindus. An vierter Stelle liegt der ☞Buddhismus mit 300 Mio. Anhängern. Zum ☞Judentum bekennen sich ungefähr 14,5 Mio. Menschen.)*

2. Was heißt „Christus"? *(„Christus" ist kein Eigenname. Das Christentum hat seine Wurzeln im Judentum. Die Juden [Sie trugen ihren Namen entsprechend dem Stamm Juda und dem Königreich Judäa, das von den Römern besetzt und beherrscht wurde] hofften darauf, dass ihr Gott eines Tages jemanden auf die Erde schicke, der sie von allem Bösen befreie und Frieden auf die Erde bringe. Auf Hebräisch, der Sprache der Juden, heißt dieser Erlöser [„Gesalbter"] „Maschiah" oder „Messias", auf Griechisch „Christos". Diejenigen, die Jesus folgten, sagten „Jesus ist der Christus". Deshalb nannte man sie „Christen" und die Religion „Christentum".)*

3. Wann und wo wurde Jesus geboren? *(Ungefähr 6-7 v. Chr. in Bethlehem [Bethlehem lag in Judäa etwas südlich von Jerusalem auf der Straße dorthin]. Die westliche Zeit-*

rechnung setzt deshalb genau genommen um ca. sieben Jahre zu spät an. Dass Jesus tatsächlich gelebt hat, steht historisch außer Zweifel.)

4. Welche Reliquien, die mit Jesus´ Geburt zusammenhängen, befinden sich im Dom zu Aachen? *(Kaiser Karl der Große erwarb für diesen Dom das Unterkleid, das Maria bei der Geburt Jesus´ getragen haben soll, und eine Windel von ihm. Diese Reliquien werden alle sieben Jahre den Wallfahreren gezeigt.)*

5. Jesus soll nach seiner Geburt von den weisen Heiligen Drei Königen Kaspar, Melchior und Balthasar besucht worden sein, die ihm Gaben brachten. Welche Bedeutung haben diese Könige und ihre Geschenke, war der dritte König wirklich schwarz? *(In der Bibel steht weder, dass sie drei noch Könige waren. Auch ihre Namen findet man nicht in der Bibel. Sie tauchen nur in den Legenden auf, dort aber sehr ausführlich. Angeblich kamen sie aus dem Orient. Kaspar kommt vom persischen „Kansbar“ und bedeutet „Schatzmeister“. Melchior ist hebräisch und steht für „König des Lichts“. Balthasar kommt aus dem Akkadischen und heißt „Bel erhalte den König“. Kaspar war der jüngste und wurde erst im Mittelalter als Mohr dargestellt. Die Geschenke haben Symbolcharakter: Gold für den König, Weihrauch für den Gottessohn und Myrrhe zum Einbalsamieren des Toten.)*

6. Was haben die Heiligen Drei Könige mit dem Kölner Dom zu tun? *(Als das christliche Pilgertum aufkam, verwahrte man die Gebeine von Heiligen in Kirchen als Pilgerstätten auf. Im 5. Jahrhundert wurden Gebeine der Heiligen Drei Könige nach Mailand gebracht, von wo sie im 12. Jahrhundert nach Deutschland gelangten. Heute liegen sie im Dreikönigsschrein des Kölner Doms.)*

7. Gab es den Stern von Bethlehem, der die Heiligen Drei Könige zum Stall von Bethlehem geführt haben soll, wirklich? *(7 v. Chr. trafen Jupiter und Saturn optisch so am Himmel zusammen, dass sie für die Menschen auf der Erde kurzzeitig zu einem einzigen strahlenden Stern verschmolzen.)*

8. Wie kam es zu dem Brauch, dass die „Sternsinger“ am 6. Januar singend von Tür zu Tür marschieren, an die Tür „C + M + B + das aktuelle Jahr“ schreiben und vom Besuchten eine kleine Gabe erhalten? *(Im 16. Jahrhundert zogen die Schüler von Haustür zu Haustür, um ihr Schulgeld als Almosen zu sammeln. Genervte Bürger konnten sich von ihrem Gesang freikaufen. Später wurde diese Sitte mit der Geschichte von den Weisen aus dem Morgenland verknüpft. „C + M + B“ steht übrigens nicht für Caspar, Melchior, Balthasar, also die Namen der Heiligen Drei Könige, sondern für „Christus mansionem benedicat“ [„Christus segne dieses Haus“].)*

9. Seit wann feiern die Christen das Weihnachtsfest im Dezember? *(Erst seit 274. Da man das genaue Geburtsdatum nicht kannte, legten Gelehrte es auf den 25. Dezember [Tag der Wintersonnenwende], wobei die Nacht vom 24. dazuzählte. Das hatte auch politische Gründe: Am 25.12. fand das höchste heidnische Fest statt, das „Fest der unbesiegbaren Sonne“. Dieses Fest hatte Kaiser Aurelian gestiftet nach seinem Sieg über die schöne und stolze Königin Zenobia von Palmyra in Syrien. Sie hatte über Syrien, Babylonien, Arabien, Ägypten und Teile der heutigen Türkei geherrscht.*

Aurelian spannte sie in goldenen Ketten vor seinen Triumphwagen, mit dem er durch Rom fuhr und sich feiern ließ. Martin ☞Luther zog die Feier auf den 24. Dezember vor, um mit einer Messe „hinüberzufeiern". Tatsächlich ist extrem unwahrscheinlich, dass Jesus im Dezember geboren wurde: Seine Geburtsmonat dürfte eher der September gewesen sein: Die Volkszählung durch Augustus [vgl. Lukas 2,1] ergäbe im Dezember keinen Sinn, weil da alle Überlandstraßen verschlammt waren. Jeder vernünftige römische Kaiser hätte die Volkszählung nach der Ernte vor dem Einsetzen des Winters durchgeführt. Außerdem wachten die Hirten bei den Herden [Lukas, 2,8], also im Freien. Das war dort nur von April bis September üblich. Also liegt die vernünftige Schnittstelle für Jesu Geburt im September.)

10. Gibt es in den christlichen Ländern überall am 24.12. die Geschenke? *(Nein: In Russland kommt die Schneefrau [„Sneguroschka"] am 31.12., in Spanien gibt es die Geschenke für die Kinder sogar erst durch die Heiligen Drei Könige, also am 06.01.)*

11. Warum singen wir „Stille Nacht, heilige Nacht"? *(In der Weihnachtsnacht 1818 fiel im österreichischen Oberndorf in der Nikolauskirche die Orgel aus. Der Hilfspriester Josef Mohr bangte um die musikalische Begleitung seiner Weihnachtsmesse und bat seinen Freund Franz Xaver Gruber um Hilfe. Der komponierte dem Kirchenchor in wenigen Stunden die weltberühmt gewordene Melodie. Als Text diente ein Gedicht, das der Hilfspriester Mohr verfasst hatte. Erst sieben Jahre später entdeckte ein Orgelbauer das schon vergessene Notenblatt und schenkte es einer Tiroler Sängerfamilie. Die sang das Lied fortan jedes Jahr und dadurch ging es schließlich um die Welt.)*

12. Welche Bedeutung haben das „Alte" und das „Neue Testament"? *(Beide Teile zusammen bilden die Bibel. Das Alte Testament teilen sich Juden und Christen als Heiliges Buch. Nur das Neue Testament befasst sich mit dem Leben Jesu.)*

13. Warum heißen das „Alte" und das „Neue Testament" so? *(Der erste Begriff soll an den „Alten Bund" erinnern, den Gott nur mit dem Volk Israel geschlossen hatte. Durch Jesus Christus offenbarte Gott dann aber einen „Neuen Bund", an dem alle Menschen teilhaben können sollten.)*

14. Wie alt ist die Bibel? *(Die ältesten Teile der Bibel stammen aus der Zeit des Propheten Moses im 13. Jahrhundert v. Chr. Erst ab 900 v. Chr. wurden die Überlieferungen aufgezeichnet.)*

15. In welchem Teil der Bibel stehen die „10 Gebote"? *(Im Alten Testament. Moses soll sie von Gott erhalten haben. Deshalb gelten die 10 Gebote für Juden und Christen gleichermaßen.)*

16. Woher hat die Bibel ihre Bezeichnung? *(Das griechische Wort Bibel heißt ganz einfach „Buch". Ursprünglich hatte man damit das Schreibmaterial bezeichnet, das aus der Stadt Byblos stammte. Im Plural hießen die Papyrusblätter ta biblia. Im 5. Jahrhundert wurde daraus der Begriff Bibel.)*

17. Welches Land führt auf seiner Fahne die Bibel? *(Die Dominikanische Republik.)*

18. Was sind die „Evangelien“? *(Als „Evangelien“ [= „gute Botschaften“] bezeichnet man die Berichte über das Leben Jesu und der ersten Gemeinden. Zusammen mit den Briefen, die zwischen den ersten Gemeinden geschrieben wurden, bilden die Evangelien das „Neue Testament“. Im „Neuen Testament“ gibt es vier Evangelien, die von Johannes, Matthäus, Markus und Lukas [keiner von ihnen hatte Jesus kennen gelernt]. Die drei letztgenannten Evangelien entstanden um 70 n. Chr., weshalb sie auch synoptische Evangelien heißen, das Evangelium des Johannes etwas später [ca. 110 n. Chr.].)*

19. Wo wuchs Jesus auf, hatte er eine Ausbildung? *(Jesus wuchs in Nazareth in Galiläa [wo er den Großteil seines Lebens verbrachte] auf und erlernte zumindest den Beruf des Zimmermanns. Als er ungefähr 30 Jahre alt war, zog er als Wanderprediger durch Palästina.)*

20. Hatte Jesus Geschwister? *(Das ist ein Streitpunkt zwischer katholischer und evangelischer Kirche. Bei Mattäus 12, Vers 46, heißt es: „Jesus, deine Brüder sind draußen.“ Da die Katholiken bei Maria eine „unbefleckte Empfängnis“, also Jungfräulichkeit unterstellen, passt es nicht in ihr Glaubensschema. Deshalb interpretieren sie die Stelle mit Brüdern im übertragenen Sinne. Für die Protestanten hingegen ist die Stelle Beleg, dass Jesus echte Brüder hatte. Dafür sprechen Forschungen des Neutestamentariers Ugo Vanni von der Gregorianischen Universität Rom: Danach hatte Jesus zumindest einen älteren Bruder Jakobus aus der ersten Ehe seines Vaters Joseph. Dieser Jakobus hat das „Protevangelium des Jakobus“ verfasst und diese Zeit sehr ausführlich beschrieben. Danach war Joseph kein einfacher Handwerker, sondern ein erfolgreicher Baumeister, der Jesus auf eine höhere Schule schickte, wo er drei Sprachen lernte, nämlich Aramäisch, Griechisch und Hebräisch.)*

21. War Jesus verheiratet? *(Wohl nein. Viel spricht aber dafür, dass Maria Magdalena seine Lebensgefährtin war. Sie ging mit ihm den Leidensweg nach Golgatha und sah ihn sterben, bewachte sein Höhlengrab, und ihr erschien Jesus nach seinem Tod zuerst [Johannes 20, 11-18]. Später floh sie mit anderen Christen übers Meer nach Marseille. Wichtiger aber ist, dass sie eine Tochter gebar, der sie den Namen Sarah [hebräisch = Fürstin] gab. Jesus stand ihr während der Zeit vor der Geburt des Kindes definitiv am nächsten. Für eine Verbindung zwischen Jesus und Maria Magdalena sprechen auch mehrere Passagen in den apokryphen [=nicht von der Kirche anerkannten] Evangelien: So heißt es im „Philippus-Evangelium“ [entstanden 160 n. Chr.], Jesus habe Maria Magdalena mehr geliebt als seine Jünger und sie häufig auf den Mund geküsst. Papst Gregor I. bezeichnete 591 in einer Predigt Maria von Magdala als Prostituierte, indem er sie mit der Sünderin identifizierte, die Jesus die Füße wusch [Lukas 7, 36-50]. Das war jedoch eine Verwechslung, die von der Kirche 1969 offiziell für falsch erklärt wurde.)*

22. Wo lag Galiläa? *(Galiläa war ein Gebiet, das sich westlich vom See Genezareth Richtung Mittelmeer erstreckte und ca. 100 km nördlich von Jerusalem sein Zentrum*

hatte. Es stand nicht unter römischer Herrschaft, sondern unter der des Herodes Antipas.)

23. Wer waren die Samariter, für die Jesus nach den Evangelien viel Sympathie empfand? *(Sie waren die Bewohner Samarias, das zwischen Judäa und Galiläa lag. Die Juden, die Jerusalem besuchen wollten, mieden Samaria, weil die Samariter als religiös und kulturell minderwertig galten. Von daher verwundert die Sympathie Jesu für die Samariter etwas.)*

24. Wann wurde Jesus gekreuzigt? *(Ca. 30 n. Chr., also im Alter von ca. 37 Jahren.)*

25. Warum wurde Jesus gekreuzigt? *(Da die Juden auf den Messias warteten, der sie vom römischen Joch befreien sollte, und sich Jesus als „Messias“ bezeichnete, fürchtete Pilatus, der römische Statthalter in Jerusalem, Jesus könnte einen Aufstand auslösen. Deshalb wurde Jesus vorsorglich vor Gericht gestellt und gekreuzigt.)*

26. Wer war Pontius Pilatus? *(Er war der römische Statthalter von Judäa und Richter über Jesus. Er konnte zwar nichts Böses an Jesus finden, verurteilte ihn aber auf Druck der jüdischen Priesterschaft zum Tod am Kreuz. Seine Zweifel wurden sprichwörtlich: Er nahm Wasser, wusch sich die Hände vor dem Volk und sprach: „Ich bin unschuldig an seinem Blut!“ Deshalb redet man heute vom „seine Hände in Unschuld waschen“. Pilatus bereicherte sich später am Tempel und ließ sich auf Staatskosten eine Wasserleitung legen. Der römische Kaiser bekam davon Wind und verbannte Pilatus nach Südfrankreich. Dort nahm er sich 39 n. Chr. das Leben.)*

27. Wer verriet Jesus an die Hohepriester, die ihn kreuzigen lassen wollen? *(Judas, ein Jünger Jesu, verriet ihn für 30 Silberlinge: „Welchen ich küssen werde, der ist´s; den ergreift!“ Später erkannte er sein Unrecht, warf die 30 Silberlinge in den Tempel und erhängte sich. Der Strick riss aber, und so stürzte er auf einem scharfen Felsbrocken zu Tode.)*

28. Was bedeutet das „Kar“ in Karfreitag? *(„Kar“ stammt aus dem Althochdeutschen „Kara“ und steht für „Kummer“.)*

29. Was feiern die Christen mit Ostern? *(Drei Tage nach dem Tod Jesu am Kreuz wollte eine Frau die Leiche waschen und ölen, wie es damals Sitte war. Das Grab war jedoch leer. Jesus erschien ihr und in den nächsten Tagen auch seinen Jüngern. Deshalb feiern die Christen Ostern als Fest der Auferstehung Jesu. Der Begriff „Ostern“ hat aber keinen christlichen Ursprung: Im Althochdeutschen war ōstarun der Name eines heidnischen Frühlingsfestes und einer heidnischen Frühlingsgöttin.)*

30. Warum bringt bei uns der Osterhase den Kindern Eier und Süßes? *(Hase und Eier waren schon im Altertum Symbole für Fruchtbarkeit. Deshalb passten sie gut zum Osterfest, das ursprünglich ein Frühlingsfest war. In Italien bringt übrigens die Ostertaube und in Australien der Kaninchennasenbeutler [„Osterbilly“] den Kindern Süßes.)*

31. Was ist das „Jüngste Gericht“? *(Nach christlichem Glauben kommt irgendwann das Ende der Welt. Dann stehen alle Toten wieder auf [ihre unsterblichen Seelen] und das „Jüngste Gericht“ findet statt, das über die Taten jedes Menschen urteilt.)*

32. Was bedeutet „Apostel“? *(„Apostel“ kommt aus dem Griechischen und bedeutet „Sendbote“. Gemeint sind die Jünger, die Jesus aussandte, um allen Menschen von Ihm zu berichten. Zu den bekanntesten Aposteln gehören Petrus, Matthäus und Paulus.)*

33. Starben die Apostel einen friedlichen Tod? *(Das war die Ausnahme: Petrus wurde in Rom unter Nero gekreuzigt – kopfunter, weil er aus Demut nicht so sterben wollte wie Christus. Andreas wurde ans [schräge Andreas-]Kreuz geschlagen [nach ihm wurde u.a. das Verkehrsschild Andreaskreuz benannt]. Jakobus der Ältere wurde enthauptet, Jakobus der Jüngere vom Tempel gestürzt, Thomas und Matthäus mit dem Schwert, Judas Thaddäus mit der Keule erschlagen, Philippus gekreuzigt, Simon der Zelot zersägt und Bartholomäus zogen die Henker die Haut ab. Nur Johannes, der auf die griechische Insel Patmos verbannt wurde, wo er die Apokalypse [letztes Buch der Bibel] schrieb, starb um 100/101 im hohen Alter.)*

34. Warum hat der Fisch im Christentum so einen hohen Symbolwert? *(Das hängt mit dem griechischen Wort für Fisch, konkret seinen Buchstaben zusammen: Fisch heißt auf Griechisch Ichtys, woraus die Christen folgende Formel ableiteten: I [Jesus], Ch [Christos], T [Theou = Gottes], Y [Hyios = Sohn], S [Sohtär = der Retter].)*

35. Was ist „Mission“? *(Mission ist das Bemühen, Menschen zum Christentum zu bekehren.)*

36. Wie kam es zur Spaltung der christlichen Kirchen 1045 n. Chr.? *(Die christliche Kirche hatte zunächst zwei Hauptsitze, nämlich in Rom und ☞Byzanz [heutiges Istanbul]. Diese Kirchen entfremdeten sich, u.a. weil Rom die Anbetung von Ikonen, die in Byzanz üblich war, kategorisch als Götzendienst ablehnte. Nach der Eroberung von Byzanz durch die Moslems 1453 verlegten die orthodoxen Christen ihren Sitz nach Moskau. Heutiges Oberhaupt der orthodoxen Christen ist dementsprechend der Patriarch in Moskau. Die orthodoxen Christen leben vor allem in Osteuropa, den Balkanstaaten, Griechenland, Russland, Finnland und den USA. Weltweit bekennen sich zur orthodoxen Kirche rund 400 Millionen Gläubige.)*

37. Was ist die Reformation? *(In Mitteleuropa kam es im 16. Jahrhundert zur Spaltung der Christen in katholische und evangelische [so bezeichnet wegen ihrer strikten Ausrichtung an den Evangelien] Kirche. Hintergrund war die Kritik von Reformatoren, die katholische Kirche habe sich zu weit von der Lehre Jesu entfernt. Die wichtigsten Reformatoren waren ☞Luther und ☞Calvin. Luther prangerte den Reichtum der Kirche an, obwohl Jesus Armut gepredigt hatte, und sprach der Kirche das Recht ab, Sünden zu vergeben [insbesondere durch käufliche Ablassbriefe], da nach der Bibel nur Gott dem Menschen seine Sünden im Gebet mit Gott erlassen könne.)*

38. Welche Sakramente kennen die katholische und evangelische Kirche? *(Die katholische Kirche kennt sieben Sakramente: Taufe, Abendmahl, Buße, Firmung, Ehe, Priesterweihe und Krankensalbung. Die evangelische Kirche anerkennt nur die ersten beiden Sakramente, da nur sie sich aus der Bibel ergeben. Bei der katholischen Kirche ist der Geistliche zur Ehelosigkeit und sexueller Abstinenz verpflichtet [sog. Zölibat], bei der evangelischen Kirche gibt es den Zölibat nicht.)*

39. Warum heißen die Angehörigen der evangelischen Kirche auch „Protestanten"? *(Der Begriff geht auf ihren Ursprung zurück. Eine Gruppe von Reformern, die evangelischen Reichsstände, protestierten 1529 öffentlich vor dem Reichsstag in Speyer gegen ein Reformverbot der katholischen Kirche. Deshalb nannte man sie „Protestanten".)*

40. Warum dürfen evangelische Jugendliche erst mit 14 Jahren die Konfirmation erhalten? *(Unter den Anfang des 16. Jahrhunderts von der katholischen Kirche erbarmungslos verfolgten Protestanten war Verschwiegenheit über ihre religiösen Anschauungen oberstes Gebot. Deshalb wurden Jugendliche erst mit 14 Jahren in die Glaubensgemienschaft aufgenommen. Dieses Alter entspricht noch heute dem der Konfirmation.)*

41. Was bedeutet „katholische" Kirche? *(Die katholische Kirche erhebt für sich den Anspruch, die allumfassende [griechisch: katholikos] christliche Kirche zu sein, die allen offensteht. Der Katholizismus ist die weltweit verbreitetste christliche Glaubensgemeinschaft. Es gibt weltweit 650 Mio. Katholiken, vor allem in Europa und Südamerika.)*

42. Warum feiern die Christen in ihren Messen das „Abendmahl"? *(Das Abendmahl soll an das letzte Essen erinnern, das Jesus am Abend vor seiner Gefangennahme und Hinrichtung mit seinen Jüngern zu sich nahm. Bei diesem Mahl verteilte er an sie das Brot mit der Erklärung „Das ist mein Leib" und den Wein mit den Worten „Das ist mein Blut, das vergossen wird zur Vergebung der Schuld". Mit dem Nachfeiern des Abendmahls versinnbildlichen die Christen ihren Glauben an den Opfertod Jesu zur Vergebung der von Adam und Eva begangenen Sünden, die nach christlichem und jüdischem Glauben den Menschen von Geburt an anhaften.)*

43. Wie dokumentieren alle christlichen Kirchen die Zugehörigkeit ihrer Gläubigen? *(Durch die Taufe.)*

44. Auf wen geht die Redewendung „ora et labora" („bete und arbeite!") zurück? *(Auf den heiligen Benedikt, der um 480 in Nursia in Umbrien geboren wurde. Er ist der Gründer des abendländischen Mönchstums. Von ihm stammen die Regeln, dass der Mönch sich Gott hinzugeben hat und beständig im Kloster bleiben soll. Er legte aber auch fest, dass die Mönche die Jugend im Lesen, Schreiben und Rechnen ebenso unterweisen sollen wie im Christentum und der Handarbeit. Der Überlieferung nach versuchten die Mönche des Klosters Vicovaro bei Rom, Benedict zu vergiften. Als dieser aber den tödlichen Trank segnete, zersprang das Glas. Das klösterliche Mönchstum bezeichnet man als „koinobitisch" im Gegensatz zum „eremitischen"*

Mönchstum, bei dem der Mönch allein die Einsamkeit sucht. Der Begriff „Eremit" leitet sich vom griechischen Wort für Wüste ab, da der Mönch Antonius der Große [251-356 n. Chr.] in Ägypten in die Wüste zog, um dort als Asket Gott zu verehren.)

45. Residierte der Papst immer in Rom? *(Nein: Das Papsttum verlor im 14. Jahrhundert an Geltung, als der 1378 gekürte Papst Urban VI. mit außerordentlicher Härte Reformen durchsetzen wollte. Man sagte ihm Zeichen von Wahnsinn nach, weshalb ein Teil der Kardinäle Clemens VII. zum Gegenpapst wählte. Ihn zwang der französische König Philipp der Schöne zum Übersiedeln nach Avignon, was aber zunächst zu zwei Päpsten führte, die sich wechselseitig mit einem Bann belegten. 1409 residierte dann noch ein dritter Papst in Pisa. Erst die einstimmige Wahl Martins VI. auf dem Konzil in Konstanz brachte 1417 eine Lösung. Danach wurde der Papstsitz nach Rom zurückverlegt. Diese vorübergehende Spaltung der Westkirche bezeichnet man als Schisma.)*

46. Was ist das „Konklave"? *(Erstmals 1241 wurden die Kardinäle bei der Papstwahl eingeschlossen. Das nannte man fortan Konklave [aus dem Lateinischen = verschlossener Raum]. Heute wird der Begriff Konklave auch als Synonym für die Papstwahl selbst benutzt. Das Konklave beginnt frühestens 15, spätestens 20 Tage nach dem Tod des letzten Papstes. Wahlberechtigt sind alle Kardinäle, die noch nicht 80 Jahre alt sind. Maximal 120 Kardinäle werden zur Papstwahl zugelassen. Gewählt wird solange, bis ein Kandidat zwei Drittel der Stimmen auf sich vereinigt.)*

47. Wer war der Heilige Nikolaus (280-ca. 342 n. Chr.)? *(St. Nikolaus, der im Westen den Schutzheiligen des Weihnachtsfestes darstellt, hat eine viel höhere Bedeutung bei den orthodoxen Christen, insbesondere den Russen, deren Schutzpatron er ist: Nikolaus war im 4. Jahrhundert Erzbischof von Myra in der Türkei. Das Wort Nikolaus kommt aus dem Griechischen und bedeutet Sieg und Volk, Sieger aus dem Volk. Er soll nicht nur Kranke geheilt und Schiffbrüchige gerettet, sondern sogar tote Kinder zum Leben wiedererweckt haben. Deshalb gibt es vor allem in Russland zahlreiche Ikonen, die Nikolaus und seine zahlreiche Wundertaten preisen.)*

48. Wo liegt der Heilige Nikolaus begraben? *(Zuerst wurde er in Myra begraben. Um 1000 n. Chr. brachen griechisch-stämmige Italiener den Sarg auf, um seine Gebeine vor den Muslimen zu retten. Seitdem liegt er im Dom von Bari begraben.)*

49. Wie kam es zu Knecht Ruprecht? *(Nach dem Konzil von Trient Ende des 16. Jahrhunderts kam folgender Brauch auf: Nikolaus besucht Familien und führt an der Kette einen Dämonen mit, der für die Strafen zuständig ist. Dieser Dämon hieß Precht, ein alter Name für den Teufel. Daraus wurde Knecht Ruprecht. In der Schweiz heißt er „Schmutzli", in Holland „Zwaarte Piet".)*

50. Warum werden am 6. Dezember Kinder an „St. Nikolaus" beschenkt? *(Das Datum geht darauf zurück, dass der Heilige Nikolaus am 6.12. starb. Der Brauch des Beschenkens der Kinder hat einen anderen Hintergrund. Im 8. Jahrhundert setzte in Rom die Verehrung des Nikolaus ein. 1087 stahlen Piraten seine Gebeine, die nach Bari [Unteritalien] gelangten. Damit erfuhr seine Verehrung im Abendland einen un-*

geheuren Aufschwung. Daraus entstand im 10. Jahrhundert der Brauch, die Kinder am 6.12. zu beschenken. Grundlage war ein in Klosterschulen verbreitetes Spiel: Dort durfte sich ein Schüler einen Tag als Bischof verkleiden und die anderen bescheren. Da Nikolaus Schutzheiliger der Kinder [außerdem u.a. auch der Jungfrauen, Seefahrer, Schnapsbrenner, Apotheker und Rechtsanwälte] war, bot er sich als Bezugsperson dieser Feier an. Als Schutzpatron der Kinder drängte er sich auf, da er drei herumziehende Schüler, die von einem Wirt ermordet und in einem Fass eingepökelt worden waren, wieder zum Leben erweckt haben soll.)

51. Warum schenkt der Nikolaus den Kindern Äpfel, Nüsse und Mandeln? *(Die Äpfel sind Symbol der Sünde und Erlösung. Nüsse schenkt uns Gott, wir müssen sie aber selber knacken. Mandeln stehen für den Heiligenschein.)*

52. Wie heißt der Weihnachtsmann in den angelsächsischen Ländern? *(Santa Claus. Der rote Dress hat keinen christlichen Ursprung, sondern ist eine Idee von Coca Cola.)*

53. Was ist die „via dolorosa“? *(Ein Weg, der jedes Jahr Karfreitag in Jerusalem mit einer Trauerprozession begangen wird. Er führt vom Haus des Pontius Pilatus bis zur Schädelstätte Golgatha, wo Jesus ans Kreuz geschlagen wurde.)*

54. Wer lebt auf dem Berg Athos? *(Der Berg Athos liegt im Norden Griechenlands auf der Halbinsel Chalkidike. Auf dem Berg Athos entstand eine Mönchsrepublik mit 20 Klöstern verschiedener orthodoxer Strömungen. 17 Klöster sind griechisch, eins serbisch, eins russisch und eins bulgarisch. Heute leben auf dem Berg Athos rund 2000 Mönche, aber keine Frauen, nicht einmal weibliche Tiere.)*

55. Woher kommt der Rosenkranz? *(Die Gebetskette ist bei den Katholiken sowie der anglikanischen und orthodoxen Kirche Hilfsmittel bei einem meditativen Marien-Gebet. Die Kette gleitet beim Gebet durch die Hände. Ursprünglich stammt der Rosenkranz aus dem Buddhismus: Hier bediente man sich schon im 1. Jahrhundert v. Chr. der „Japa mala“, einer Perlenschnur. Orientalische Händler brachten sie nach Westen, wo sie im Islam als Tasbih populär wurde. Erst um 1208 führte der heilige Dominikus sie in die christliche Kirche ein mit Hagebuttenfrüchten als Perlen.)*

56. Warum liest man jemandem „die Leviten“? *(Umgangssprachlich redet man vom „Levitenlesen“, wenn man einen anderen zurechtweist. Die Redewendung hat einen biblischen Hintergrund: Im Alten Testament heißt das dritte Buch Mose auch „Leviticus“, da es Vorschriften für die Priester [Leviten] enthält. Im 8. Jahrhundert ermahnte der Bischof und Nachfolger des Bonifatius, der heilige Chrodegang von Metz, seine Geistlichen zu einem besseren Leben. Hierfür nahm er sich das dritte Buch Mose zur Vorlage, ließ Kapitel daraus vorlesen und kommentierte sie dann wortgewaltig von der Kanzel, was meist in Strafpredigten mündete. So kam es zur Redensart „Jemandem die Leviten lesen“.)*

57. Woher kommt „alle Jubeljahre“? *(Das Wort Jubel geht zurück auf das hebräische Wort Jovel = Widderhorn, was eine Art Posaune war. Moses ordnete an, dass in Is-*

rael alle 50 Jahre alle Gefangenen freigelassen und alle Schulden erlassen werden sollten. Der Beginn dieser Ausnahmejahre sollte mit dem Klang der Jovels verkündet werden. Die Juden gaben diesen Brauch 70 n. Chr. auf. Der katholische Papst Bonifatius VIII. erinnerte sich aus Geldmangel daran und führte ihn im Christentum wieder ein, indem er das Jahr 1300 n. Chr. zum „Jubeljahr" erhob: Wer in diesem Jahr nach Rom pilgerte, bekam alle Sünden erlassen. Diese Aktion war ein Riesenerfolg, da in dem Jahr zwei Millionen Pilger nach Rom kamen und dort Geld ausgaben. Das veranlasste die nächsten Päpste, daraus eine feste Einrichtung zu machen, erst alle 50, dann alle 33 und seit 1470 alle 25 Jahre. Dabei blieb es bis auf wenige Ausnahmen. So erklärte Papst Johannes Paul II. 2000 wegen des Eintritts in das nächste Jahrtausend zum großen Jubeljahr, obwohl eigentlich erst 2008 wieder eins fällig gewesen wäre. Das nächste Jubeljahr steht damit [vorläufig] 2025 an.)

Bären

1. Was sind Bären? *(Bären sind Säugetiere und gehören zur Ordnung der Raubtiere. Sie sind Allesfresser [Omnivoren]. Heute leben Bären vor allem in Nord- und Osteuropa, Asien sowie Nord- und Südamerika.)*

2. Wie sieht ein Bär bei der Geburt aus? *(Er ist nur so groß wie eine Ratte und blind. Erst nach zwei Monaten kann der Jungbär der Mutter aus der Höhle ins Freie folgen. Mit einem Jahr führt er ein selbständiges Leben.)*

3. Wie alt werden Bären? *(Zwischen 25 und 30 Jahre.)*

4. Welches Sinnesorgan ist beim Bären gut ausgeprägt? *(Der Bär kann zwar schlecht sehen und hören, dafür hat er aber eine gute Nase.)*

5. Ist der Bär neugierig? *(Ja, das ist eine ihn prägende Eigenschaft. Trifft der Bär auf einen ihm fremden Gegenstand, muss er ihn untersuchen und beschnüffeln.)*

6. Wer ist schneller: Der Bär oder der Mensch? *(Der Bär. Seine ruhige Gangart täuscht. Jeder größere Bär kann ohne Mühe einen fliehenden Menschen einholen.)*

7. Wer ist der größte Bär? *(Der Eisbär. Er ist mit den Kodiakbären in Alaska das größte heute lebende Landraubtier. Das Eisbärmännchen kommt auf eine Körperlänge von bis zu 250 cm bei einer Schulterhöhe von 150 cm. Das Gewicht eines ausgewachsenen Männchens erreicht bis zu 500 kg. Der Tiger hingegen wiegt nur etwa 170 kg und der Löwe rund 150 kg.)*

8. Wo kommt der Eisbär vor? *(Nur im Nordpolargebiet und entlang der Nord- und Ostküsten der Insel Grönland. Er kommt auch an den arktischen Küsten Nordamerikas*

und Asiens vor und lässt sich auf Eisschollen manchmal bis nach Island und Nord-Norwegen über das Meer treiben. Im südlichen Eismeer und in der Antarktis kommt der Eisbär überhaupt nicht vor. Das dürfte einer der Gründe sein, warum die Pinguine in der Antarktis so zutraulich sind und keine Furcht zeigen. Die Robben, die das Hauptbeutetier des Eisbären sind, sind da viel scheuer.)

9. Welche Farbe hat das Fell des Eisbären? *(Die meisten Landtiere der arktischen Gebiete tragen nur im Winterhalbjahr ein weißes Fell. Der Eisbär hingegen bleibt das ganze Jahr hindurch weiß und gleicht sich auf diese Weise der Farbe des Treibeises an, auf dem oder in dessen Nähe er lebt. Das verschafft ihm nicht nur einen natürlichen Schutz, sondern ermöglicht ihm, von seinen Opfern extrem spät wahrgenommen zu werden. Dabei sind die Haare des Fells des Eisbären in Wirklichkeit farblos wie Wasser. Das Fell wirkt nur weiß, weil sich das Licht in ihm bricht. Die Haut des Bären unter dem Fell ist sogar tiefschwarz. Deshalb kann sie Sonnenstrahlen besser absorbieren, was für den Bären überlebensnotwendig ist. Nur weil sie auf diese Weise die Wärme der Sonne optimal nutzen, fühlen sich Bären sogar bei -35 °C noch wohl.)*

10. Wie pflanzen sich Eisbären fort? *(Eisbären paaren sich im April. Das ist nämlich die einzige Zeit des Jahres, in der erwachsene Eisbären überhaupt zusammenleben. Im Januar oder Februar baut das Weibchen eine Schneehöhle neben der Küste mit einer geräumigen Kammer am Ende. In diesem Versteck wirft sie ihre Jungen. Dabei sind die Neugeborenen verhältnismäßig klein, nur etwas größer als eine Ratte und zwei Wochen lang blind und völlig hilflos. Bis der kleine Eisbär einen Monat alt ist, bleibt die Mutter komplett bei ihm und versorgt ihr Junges, ohne selber Nahrung zu sich zu nehmen. Die Jungbären bleiben etwa ein Jahr bei der Mutter und lernen von ihr die Jagd auf Beutetiere.)*

11. Wovon ernährt sich der Eisbär? *(Der Eisbär ernährt sich vorwiegend von Fleisch, weil pflanzliche Nahrung in den öden Eiswüsten, die er bewohnt, sehr selten ist. Sein Hauptbeutetier ist die Robbe. Bei der Jagd auf sie verhält sich der Eisbär sehr geschickt. Wenn sich die Robbe auf dem Eis von der Fischjagd ausruht, gleitet er vorsichtig ins Meer und schwimmt unauffällig zu ihr hin, wobei er nur seine Nasenspitze aus dem Wasser herausragen lässt. Da für die Robbe das Wasser der einzige Zufluchtsort ist, ist sie für den Eisbären ein praktisch wehrloses Opfer, wenn er sie von dort heraus angreift.)*

12. Halten Bären einen Winterschlaf? *(Wie der Braunbär und der Grizzlybär hält auch der Eisbär keinen Winterschlaf, sondern nur eine Winterruhe. Dazu baut er sich eine Schneehöhle für eine kurze Überwinterungszeit, um Schneestürmen zu entgehen oder ein großes Beutetier zu verzehren und zu verdauen.)*

13. Welches Tier verschläft den größten Teil seines Lebens? *(Der Koalabär. Er wird bis zu 15 Jahre alt, verpennt davon aber den größten Teil, da er bis zu 18 Stunden täglich mit Schlafen verbringt. In den restlichen sechs Stunden vertilgt er bis zu einem Kilo Eukalyptus-Blätter. Der Koalabär ist übrigens ein Beuteltier, das eng mit den Känguruhs verwandt ist, also gerade kein Bär.)*

14. Wie hält es der Bär in der Eiseskälte aus, ohne zu erfrieren? *(In seinem dichten, dicken Fell ist Luft eingeschlossen [seine Haare sind innen hohl], die ihn gegen Kälte isoliert. Hinzu kommt unter der Haut eine dicke Fettschicht, die ebenfalls isolierende Wirkung hat.)*

15. Warum heißt der Braunbär im nordwestlichen Nordamerika „Grizzly"? *(Der Name kommt aus dem Englischen [grizzled = grauhaarig] und geht auf seine weißen und grauhaarigen Haarspitzen zurück.)*

16. Trägt der Waschbär seinen Namen zu Recht? *(Nein, eigentlich müsste er Tastbär heißen. Der Waschbär hat einen ausgezeichneten Tastsinn und kann mit seinen Pfoten prüfen, ob eine Beere weich und reif ist. Weil der Waschbär in Gefangenschaft die ihm servierte Nahrung zumeist ans Wasser trägt und dort im Wasser zwischen den Pfoten hin und her bewegt, nahm man an, dass er seine Nahrung wäscht. Heute geht man davon aus, dass das „Waschen" eine Ersatzhandlung für die fehlende Nahrungssuche im Wasser ist, da der Waschbär in freier Wildnis sein Essen nicht wäscht.)*

17. Was ist ein „Berserker"? *(Das Wort „Berserker" kommt aus dem Altnordischen und bedeutet wörtlich „Bärenhemdiger". In der alten skandinavischen Literatur ist er ein in ein Bärenfell gehüllter Elitekrieger, der in Wut ungewöhnliche Kräfte entwickelt.)*

18. Woher stammt der „Bärendienst", der sprichwörtlich dafür steht, dass man jemandem einen Gefallen tun will, was aber gründlich schief geht? *(Aus einer Fabel: In ihr schlief ein Einsiedler mit einem Bären in einer Höhle. Da Mücken den Schlaf des Einsiedlers störten, jagte der Bär die Mücken, schlug mit seiner Pranke aber nicht nur die Mücken tot, sondern versetzte auch seinem Herrn dabei einen tödlichen Schlag.)*

19. Was macht ein Bär, wenn er Zahnschmerzen hat? *(Solche Bären wurden beobachtet, dass sie Weidenrinde kauen. Diese Rinde enthält schmerzlindernde Acetylsalicylsäure, die auch in unseren Medikamenten zur Schmerzlinderung [z.B. Aspirin] vorkommt.)*

Hühner

1. Wie lange werden Hühner schon vom Menschen als Haushuhn gezüchtet? *(Im Industal wurden bereits 3000 v. Chr. Hühner [sog. Bankivahahn – gallus gallus] gezüchtet. Über Persien und Ägypten kam die Hühnerzucht im 4. Jahrhundert nach Europa. Weltweit werden heute ca. 8.000 Mio. Hühner gehalten.)*

2. Wie alt kann ein Huhn werden? *(Wenn es vom Menschen nicht vorher verspeist wird, sechs bis sieben Jahre.)*

3. Wie kann man Hühner und Hähne auseinanderhalten? *(Der Hahn hat ein farbenfroheres Gefieder, größere Schwanzfedern und einen Kamm auf dem Kopf, der aufrecht steht.)*

4. Warum stäuben sich Hühner auf dem Hof mit Sand ein? *(Sie befreien sich damit von Ungeziefer.)*

5. Warum picken Hühner neben der Nahrung auch Sand und kleine Steine auf? *(Weil das Huhn die Körner nicht zerbeißen kann, die es aufpickt. Es hat nämlich im Schnabel keine Zähne. Die Verdauung läuft durch drei Taschen im Huhninneren. Im Muskeldarm reiben die kleinen Steine und Sand die Schale der Körner auf.)*

6. Wie dick ist die Schale eines Hühnereis? *(Nur 0,2 – 0,3 mm. Sie besteht zu 98 % aus Kalziumkarbonat. Die Schale hat zahllose winzige Poren, durch die der Embryo Luft zum Atmen erhält. Das Hühnerei hat Maße von durchschnittlich 6 x 4 cm, während ein Straußenei bis zu 20 cm lang sein kann.)*

7. Welche Bedeutung haben die zwei gedrehten Eiweißstränge, die am Eidotter hängen (sog. „Hagelschnüre")? *(Sie halten den Dotter in der Mitte des Eis, da ihre Enden gegenüberliegend an der Eischale anhaften.)*

8. Wozu dient das Eigelb? *(Das Eigelb enthält Fette, von denen sich der Embryo ernährt.)*

9. Wie viele Eier legt ein Huhn pro Jahr? *(Zwischen 150 und 300 Eier.)*

10. Wie schnell entwickelt sich ein geschlüpftes Küken? *(Schon wenige Stunden nach dem Schlüpfen läuft es herum und pickt Futter.)*

11. Wie manipuliert der Mensch das Legeverhalten der Hühner? *(Die normale Legezeit geht von Februar bis November. Je kürzer die Tage werden, umso geringer ist der Legetrieb. Behält das Huhn sein Ei, brütet es das Ei aus und legt in der Zeit kein neues. Verliert das Huhn sein Nest oder das Ei, legt es ein neues Ei, um seinen Bruttrieb zu befriedigen. Da der Mensch dem Huhn das Ei nach dem Legen sofort wegnimmt, kann das Huhn seinen Bruttrieb nie erfüllen und legt ein Ei nach dem anderen. Auch das Jahreszeitgefühl des Huhns wird vom Menschen überlistet, indem er es in Ställen hält, die 14 Stunden am Tag hell sind. Nach 14 Monaten hört aber auch das fleißigste Huhn mit dem Eierlegen auf. Dann braucht es eine Verschnaufpause, weil es sonst keine zweite Legeperiode gibt.)*

12. Warum verbrannte man 1474 in Basel öffentlich einen Hahn mit einem Ei? *(1474 fand in Basel ein öffentlicher Prozeß gegen einen Hahn statt, weil Zeugen behaupteten, er habe ein Ei [wenn auch eines ohne Dotter] gelegt. Das Gericht unterstellte, der Hahn sei vom Teufel umarmt worden, weil er nur so ein Ei habe legen können. Das Urteil*

lautete auf öffentliche Verbrennung des Hahns mit dem Ei – wie eine Hexe. 1710 legte ein Franzose – für den Hahn zu spät – eine Untersuchung über den Prozess vor mit der Feststellung, dotterlose Eier seien nichts weiter als die gelegentliche Fehlprodukte alter Hennen.)

Aktien

1. Was sind „Aktien"? *(Aktien sind Wertpapiere, die ihrem Inhaber [Aktionär] durch Übernahme eines Anteils am Grundkapital der Aktiengesellschaft [AG] die damit erworbenen Rechte an der AG verbriefen.)*

2. Was sind „Dividenden"? *(Die Dividende ist der auf eine einzelne Aktie entfallende Anteil am Bilanzgewinn der AG, den der Aktionär erhält.)*

3. Was ist die „Börse"? *(Der Platz, an dem Aktien und andere Wertpapiere kommerziell gehandelt werden. Die Börse fing an mit dem Handel mit Wechseln auf öffentlichen Plätzen. Die erste europäische Börse erhielt ihren Namen von einem solchen Marktplatz in Brügge vor dem Haus der Kaufmannsfamilie van der Burse, wo sich Kaufleute zu Geschäftszwecken trafen. Das war im 16. Jahrhundert.)*

4. Wann und wo wurde die erste Aktiengesellschaft der Welt gegründet? *(Die erste AG der Welt war die 1602 in Holland gegründete Niederländische Ostindische Kompanie.)*

5. Welches deutsche Unternehmen gab die erste deutsche Aktie aus? *(Die „Bengalische Kompanie von Emden" in 1753. Das brachte dem Unternehmen aber kein Glück: Friedrich II., der damals regierte, präferierte die Konkurrenz, die „Asiatische Kompanie", und verbot seinen Untertanen kurzerhand, sich an der Emdener Firma zu beteiligen. Als dann auch noch deren Schiffe untergingen, war sie pleite.)*

6. Was ist der „Dow Jones Index"? *(Ein Aktienindex, der vollständig „Dow Jones Industrial Average" heißt. Er funktioniert denkbar einfach: Es ist der Durchschnitt von 30 an der New Yorker Börse gehandelten und kapitalstarken Industrieaktien. Dieser Index gilt als Indikator, ob die Aktien allgemein im Kurs steigen oder fallen, woraus Tendenzen für die Entwicklung der Wirtschaft abgeleitet werden.)*

7. Woher kommt die Bezeichnung „Dow-Jones" für den Index? *(Von seinen Erfindern, den Börsenberichterstattern Charles Henry Dow und Edward Davis Jones. Sie kamen auf die Idee, die Tendenz der Börse an ausgewählten Aktien festzumachen. Ihr erster Dow Jones rechnete mit den elf wichtigsten Aktien, neun Eisenbahngesellschaften, einer Telegrafenfirma und einer Dampfschiffgesellschaft. Die Eisenbahnge-*

sellschaften bekamen später einen eigenen Index. 1897 entstand dann der bis heute gültige Dow Jones Index aus 30 Aktien.)

8. Was ist der „DAX"? *(DAX ist die Abkürzung für „Deutscher Aktienindex", der 1988 entwickelt wurde. Nach dem amerikanischen Vorbild umfasst er 30 deutsche Standardwerte, deren Auswahl und Gewichtung einmal jährlich aktualisiert werden. An der Frankfurter Börse wird der DAX im Minutentakt ermittelt.)*

9. Was ist der „Geschäftsklima-Index"? *(Das Münchner Institut für Wirtschaftsforschung [kurz „ifo" genannt] befragt seit Mitte des 20. Jahrhunderts Monat für Monat 7.000 deutsche Unternehmen, wie es ihnen geht und wie bei ihnen wohl das nächste Halbjahr aussehen wird. Seit 1975 wird das Umfrageergebnis an die Wirtschaftspresse weitergegeben. Der mitgeteilte Index wird dabei folgendermaßen errechnet: Die Antworten werden in Relation zu einem konjunkturneutralen Jahr [Wirtschaftsjahr mit 2 % Wachstum gilt als konjunkturneutral, z.B. also das Jahr 2000] gesetzt. Die Abweichung zu den Antworten des konjunkturneutralen Jahres [Durchschnitt = 100] geben dann den „Geschäftsklima-Index". Obwohl es sich um rein subjektive Einschätzungen der befragten Unternehmen hat, hat die Veröffentlichung enorme Auswirkungen auf Aktienkurse: Kippt der „Geschäftsklima-Index" nämlich in einen negativen Index, fällt der DAX im darauffolgenden Halbjahr um durchschnittlich 5 %.)*

Bahamas

1. Was sind die Bahamas? *(Ein Inselstaat im Pazifik, der sich in einem Bogen von rund 1200 km vor der Ostküste Floridas bis nach Haiti erstreckt. Der Staat hat rund 700 Inseln, von denen aber nur 22 bewohnt sind. Die Bahamas gehören zu einem unterseeischen Gebirge, das sich zwischen Florida, Kuba und Haiti erstreckt. Deshalb misst der höchste Punkt der Bahamas nur 63 m.)*

2. Wie groß sind die Bahamas? *(Rund 13.878 km^2 [Zum Vergleich: Die BRD ist 357.000 km^2 groß] mit 300.000 Einwohnern.)*

3. Wie heißt die Hauptstadt der Bahamas? *(Nassau mit 172.000 Einwohnern, das auf der eher kleinen Insel New Providence Island neben der größten Insel Andros liegt, aber am dichtesten besiedelt ist. Dort sind auch der große Flughafen des Landes und der einzige Hafen des Archipels beheimatet.)*

4. Was ist der Hauptwirtschaftszweig der Bahamas? *(Der Tourismus, wobei 85 % der Urlauber aus den USA kommen. Im Fremdenverkehr arbeiten 2/3 der Bevölkerung und erwirtschaften damit 70 % des Bruttosozialproduktes. Der Tourismus wird begünstigt von dem sehr angenehmen Klima mit Temperaturen auch im Winter zwi-*

schen 22 und 28° C, aber auch von kristallklarem Wasser mit einem Paradies für Taucher.)

5. Wie hoch sind die Steuern auf den Bahamas? *(Auf den Bahamas gibt es weder Einkommen- noch Kapital- oder Vermögensteuer. Das zieht ausländische Banken und Firmen an.)*

6. Seit wann sind die Bahamas selbständig? *(England gab den Bahamas 1964 die innere Autonomie und 1973 die Unabhängigkeit. Die Bahamas gehören gleichwohl zum Commonwealth.)*

7. Was hat Kolumbus mit den Bahamas zu tun? *(Kolumbus betrat am 12.10.1492 die zu den Bahamas gehörende Insel San Salvador und leitete damit die Entdeckung Amerikas ein. Die Spanier benutzten die Bahamas nur als Reservoir für Sklavenarbeit, indem sie die indianischen Einheimischen zur Zwangsarbeit nach Kuba und Haiti verschleppten. Deshalb fanden die Engländer die Inseln im 17. Jahrhundert menschenleer vor und nahmen sie in Besitz. Heute sind 85 % der Bevölkerung Schwarze und Mulatten, Nachkommen der von den Engländern aus Afrika eingeführten Sklaven.)*

8. Wer war „Blackbeard“? *(Die Inseln Eleuthera und New Providence waren im 17. Jahrhundert Piratenhochburgen. Einer dieser Piraten war Edward Teach, der wegen seines langen, schwarzen Bartes aber nur als Blackbeard bekannt war. Er befuhr mit seinem 40-Kanonen-Schiff „Queen Anne's Revenge“ ab 1716 das Karibische Meer. Da er mit dem Gouverneur von North Carolina bisweilen seine Beute teilte, ließen ihn die Briten zunächst in Ruhe. Schließlich erwischte ihn am 22.11.1718 aber dann doch ein britisches Schiff, dessen Kapitän Blackbeard tötete und seinen Kopf zur Abschreckung am Bug aufspießen ließ. Wo Blackbeard seinen sagenhaften Schatz verborgen hatte, verriet er aber nicht.)*

Richard Wagner

1. Wer war Richard Wagner (1813-1883)? *(Ein deutscher Opernkomponist, Dramatiker, Dirigent und Regisseur. Wagner verstand die Oper als „Gesamtkunstwerk“, bei dem alle Bühnenkünste zu einer Einheit verschmelzen müssten. Deshalb schrieb er auch die Textbücher seiner Stücke selbst.)*

2. Wie lebte Wagner? *(Wagner der am 22.05.1813 in Leipzig geboren wurde, versuchte schon mit 13 Jahren, eine Tragödie zu schreiben. Nach dem Besuch der Schule in Leipzig studierte er dort Musik. Danach schlug er sich zunächst als Chordirektor und Kapellmeister in Opernhäusern der Provinz durch. 1839 floh er hoch verschuldet von Riga nach ☞London. Als er von London nach ☞Paris umzog, erlebte er auf der Kanalüberfahrt einen schweren Sturm, der ihn zum „Fliegenden Holländer“, seiner ers-*

ten romantischen Oper inspirierte. In Paris blieb er bis 1842 und schlug sich mehr recht als schlecht durch. Erst im Oktober 1842 gelang ihm mit der Oper „Rienzi" in Dresden der Durchbruch, was ihm eine Stelle als Königlicher Hofkapellmeister eintrug. Da Wagner 1848 in den revolutionären Maiaufstand verwickelt war, wurde er steckbrieflich gesucht und musste nach Zürich fliehen. Hier schuf er die gefühlvolle Oper „Tristan und Isolde". Da der verheiratete Wagner in Zürich eine Liebschaft mit der Frau seines Gastgebers Wesendonck anfing, kam es zu erheblichen Spannungen, weshalb er Zürich wieder verlassen musste. Also ging er erneut auf Wanderschaft, u.a. nach Paris, wo er die Oper „Tannhäuser und der Sängerkrieg auf der Wartburg" herausbrachte, die nach einem nationalistischen Skandal wieder abgesetzt wurde. Als er finanziell ziemlich am Ende war, rief ihn sein Bewunderer König Ludwig II. nach München. Wegen einer Teilamnestie in Deutschland im Jahre 1860 konnte Wagner zurückkehren. Nachdem seine erste Frau 1866 verstorben war, heiratete er 1870 die Tochter des Komponisten Franz Liszt, Cosima von Bülow, die für ihn ihren Mann verließ. Insgesamt muss man feststellen, dass Wagner gegenüber seiner Familie und seinen Förderern ausgesprochen rücksichtslos war.)

3. Wie kam es zum Festspielhaus in Bayreuth? *(Wagner hatte schon früh eine Denkschrift über die Erneuerung der deutschen Theaterkunst verfasst und wollte die Bewunderung Ludwigs II. nutzen, seine Pläne von einem deutschen Nationaltheater in München zu verwirklichen. Das überspannte die finanziellen Möglichkeiten Bayerns aber bei weitem, und so erzwangen seine Gegner 1866 seine Ausweisung. Wagner fand erneut in der Schweiz Zuflucht, wo er die „Meistersinger von Nürnberg", seine einzige heitere Oper vollendete und große Teile der „Ring-Trilogie" verfasste. Die Reichsgründung in Deutschland 1871 brachte dem Gedanken an ein deutsches Nationaltheater neuen Auftrieb. „Wagner-Vereine" sammelten dafür Geld und Wagner kehrte 1872 nach Bayreuth in Bayern zurück. 1876 wurde dort das Festspielhaus mit der Uraufführung des „Ring der Nibelungen" [mit dem Vorspiel „Das Rheingold" und den Hauptteilen „Die Walküre", „Siegfried" sowie „Götterdämmerung"] eingeweiht.)*

4. Wann finden die Festspiele in Bayreuth statt? *(Jährlich von Juli bis August. Es werden dabei ausschließlich Wagner-Opern aufgeführt. Die Leitung der Festspiele liegt bis heute ausschließlich bei den Nachkommen Wagners.)*

5. Welche Themen verfolgen Wagners Opern? *(Sie sind den Sagen des germanischen Kulturkreises entnommen. Wie ein roter Faden zieht sich durch seine Opern der Gedanke, dass Schuld Erlösung durch Liebe findet.)*

6. Wie heißen die weiteren berühmten Opern Wagners? *(„Lohengrin" und „Parsifal".)*

7. Wie ging man in Israel mit Wagners Werken um? *(Wagners Grundhaltung war deutsch-national und antisemitisch. So verfasste er 1850 das abschätzige Pamphlet „Das Judenthum in der Musik". Die Nazis unter Hitler vereinnahmten folgerichtig Wagner für ihre ideologische Ausrichtung. Deshalb war er in Israel verpönt und seine Werke bis 2000 verboten.)*

Zwingli

1. Wer war Ulrich Zwingli (1484-1531)? *(Ein Reformator der deutschen Schweiz.)*

2. Wie lebte Zwingli? *(Nach seinem Theologiestudium arbeitete er zunächst als Pfarrer in Einsiedeln, danach als Leutpriester im Großmünster von Zürich. Inspiriert vom rationalen ☞Humanismus des Erasmus von Rotterdam und dem Protest ☞Luthers gegen den Papst, wandte auch er sich gegen kirchliche Anordnungen, insbesondere gegen das Fastengebot und das Priesterzölibat [„Der alleinige Weg zur Seligkeit ist Christus. Heilige und Fegfeuer, Fasten und Wallfahrten, Möncherei und Ablässe braucht´s nicht zur Seligkeit."]. Seine 1522 heimliche geschlossene Ehe machte er 1524 publik. Wegen seines großen Einflusses auf den Zürcher Rat als kirchliche Obrigkeit gelang es ihm, in der deutschen Schweiz eine reformierte Staatskirche aufzubauen mit einer eigenen Kirchenordnung. Sie beinhaltete eine Abkehr vom katholischen Kirchenprunk zu Schlichtheit. Kernstück des Gottesdienstes wurde eine auf Deutsch gehaltene Predigt, begleitet von Gebeten und Gemeindegesang. Messe, Bilder, Reliquien, Beichte, Orgeln, Musik, Firmung und letzte Ölung schaffte er ab.)*

3. Wie kam Zwingli zu seinen reformatorischen Plänen? *(Zwingli war bei den Mailänder Feldzügen [1515] als Feldprediger mitmarschiert. Die Erfahrungen aus den Feldzügen entwickelten bei ihm eine tiefe Abneigung gegen das Söldnerunwesen jener Zeit. Später erkrankte er an der Pest, überlebte sie aber. Als er dann noch die Schriften Luthers kennenlernte, entwickelte er seine eigenen reformatorischen Pläne.)*

4. Wie ging Zwingli mit Andersdenkenden um? *(Nicht gerade zimperlich. Als er sich mit den Wiedertäufern, die früher seine treusten Anhänger waren, über die Rolle des Staates als christliche Obrigkeit zerstritt, ließ er kurzerhand ihren Anführer Konrad Gabriel verbrennen. Auch mit Luther konnte er sich nicht auf eine Linie verständigen. Bei seinem Versuch, die letzten fünf katholischen Urkantone mit militärischer Gewalt zu reformieren, fiel er in der Schlacht bei Kappel 1531 als Feldprediger.)*

5. Wer trat sein geistiges Erbe in der Schweiz an? *(Seine Anhänger schlossen sich 1549 mit den Anhängern ☞Calvins zusammen und bildeten mit ihnen die Reformierte Kirche, die großen Einfluss in den angelsächsischen Ländern gewinnen sollte.)*

Etrusker

1. Wer waren die Etrusker? *(Ein Volksstamm, der im 9. oder 8. Jahrhundert v. Chr. von Mitteleuropa oder Lydien [Türkei] nach Norditalien auswanderte und vor allem dort lebte.)*

2. Was hat der Name Toskana mit den Etruskern zu tun? *(Die Römer nannten die Etrusker Tusci. Daraus wurde später der Namen der Region, in der sie vor allem gelebt hatten.)*

3. Wie lebten die Etrusker? *(Sie waren sehr reich, da sie im gesamten Mittelmeer Handel trieben, vor allem mit der Ausbeute von Eisen- und Kupferminen auf Elba. Bei feierlichen Anlässen schritten dem in einen purpurroten Mantel gekleidetem Staatsoberhaupt zwölf Liktoren [Diener höherer Beamten] voraus, die als Amtszeichen ein Rutenbündel trugen, aus dem ein zweischneidiges Beil ragte. Die Römer übernahmen diesen Brauch später.)*

4. Wann war die Blütezeit der Etrusker? *(Im 7. und 6. Jahrhundert v. Chr. waren sie am mächtigsten und beherrschten Norditalien sowie die Westküste Mittelitaliens einschließlich Rom.)*

5. Wann ging das Reich der Etrusker unter? *(Ihr Niedergang begann im 5. Jahrhundert v. Chr.: Da sie nie eine große Militärmacht etabliert hatten, verloren sie 479 v. Chr. in einer Seeschlacht gegen griechische Kolonisten [Syrakusaner] ihre gesamte Flotte. Anfang des 4. Jahrhunderts v. Chr. überrollten gallische Stämme Norditalien. Die Römer vertrieben die Etrusker 509 aus ihrem Bereich, sodass die Etrusker nun zwischen die Feuer gerieten. Als ihr Gebiet immer schmaler wurde, verbündeten sie sich im 3. Jahrhundert v. Chr. mit den Galliern gegen die Römer, was dann ihren endgültigen Untergang bedeutete.)*

6. Welche Bedeutung haben die Etrusker für unser Alphabet? *(Das Alphabet der Griechen kam über die Etrusker zu den Römern und von dort als römisches Alphabet letztlich zu uns.)*

7. Was haben die Etrusker mit dem Begriff „Faschismus" zu tun? *(Bei feierlichen Anlässen gingen dem Stadtoberhaupt zwölf Liktoren [Diener höherer Beamter] voraus, die als Amtszeichen ein Rutenbündel trugen, aus dem ein zweischneidiges Beil herausragte. Dieses Rutenbündel hieß bei den Römern, die es als Machtsymbol übernahmen, „fasces". Als Mussolini [1922-1945] in Italien ein diktatorisches System anstrebte, griff er das Rutenbündel als Symbol des antiken römischen Weltreichs auf und gab seiner politischen Bewegung danach die Bezeichnung „Faschisten". Seitdem steht der Begriff für ein nationalistisches, antimarxistisches, diktatorisches System.)*

Lessing

1. Wer war Gotthold Ephraim Lessing (22.01.1729-15.02.1781)? *(Lessing war ein berühmter deutscher Schriftsteller [Dramen, Gedichte, Fabeln] und Literatur- und Theaterkritiker aus der Zeit der Aufklärung [Unter Aufklärung im engeren Sinne versteht man die zwischen 1720 und 1785 in Deutschland vorherrschende Literatur- und Geistesrichtung, die durch Vernunft und verstandesmäßiges [rationales] Denken einen neuen Weg zur selbständigen Welterfassung anstrebte]. Er stammte aus einem protestantischen Pfarrhaus und studierte Theologie [das Studium brach er 1748 ab], Philologie [Sprach- und Literaturwissenschaft], Medizin und Philosophie in Leipzig [1746-1748] und Wittenberg [1751/52]. 1748 nahm er eine Stelle als Redakteur der „Vossischen Zeitung“ an, ab 1752 lebte er mehr schlecht als recht als freier Autor. Finanziell besser ging es ihm dann als Sekretär bei Grafen von Tauentzien von 1760-1765. 1767 verbesserte er sich auf eine gut dotierte Stelle als Dramaturg und Kritiker am Hamburger Nationaltheater. Ab 1770 bis zu seinem Tode war er Bibliothekar des Herzogs von Braunschweig in Wolfenbüttel.)*

2. Wie heißen Lessings berühmteste Werke? *(Mit „Miss Sara Sampson“ [1755] und „Emilia Galotti“ [1772] wurde er zum Begründer des bürgerlichen Trauerspiels, zum Erneuerer des deutschen Dramas, wobei er ☞Shakespeare als Autor zum Vorbild hatte. Mit „Minna von Barnhelm“ machte er 1767 einen Ausflug in die Komödie. Am bekanntesten und ausgereiftesten ist aber seine Ringparabel „Nathan der Weise“ [1779], mit dem Lessing als erster einen Juden als positiven Charakter auf die Bühne brachte. Hier propagiert Lessing die Gleichberechtigung und Duldung der drei großen Religionen ☞Christentum, ☞Judentum und ☞Islam, was er geschickt dadurch unterstreicht, indem er die drei Vertreter der Religionen in diesem Stück gleichermaßen tolerant darstellt. Danach sind alle Konfessionen nur unterschiedliche geschichtliche Formen eines allen gemeinsamen menschlichen Strebens nach Vollkommenheit.)*

3. Was charakterisiert Lessings Werke? *(Lessings Stücke sind geprägt vom Zeitalter der Aufklärung, der er sich verbunden fühlte. So stand er ein für die Aufklärung des Verstandes, Erziehung zur Mündigkeit, kritische Bildung und Toleranz.)*

4. Welche Wirkung hatte Lessing auf die Zensurfreiheit? *(Lessing führte mit dem Hamburger Hauptpastor Johann Goeze über die deistischen Reimarus-Fragmente eine heftige literarisch-theologische Fehde. Das führte zur Aufhebung der Zensurfreiheit, die von 1774-1778 gegolten hatte, und trug Lessing das Verbot ein, diese Kontroverse fortzuführen. Lessing wollte das Thema aber noch nicht verlassen und schrieb deshalb 1779 den Nathan, weil auf seinen Stücken keine Zensur lag.)*

5. War Lessing verheiratet? *(Ja, aber nur kurz: Mit Eva König war er seit 1771 verlobt, verfügte jedoch erst im Oktober 1776 über die finanziellen Mittel, um sie zu heiraten.*

Eva starb aber schon im Januar 1778 nach der Geburt ihres Sohnes, der die Mutter nur um wenige Tage überlebte.)

Krokodile

1. Was sind Krokodile? *(Krokodile sind eine Ordnung aus der Klasse der Reptilien [Kriechtiere]. Sie sind die einzigen noch lebenden Vertreter der Archosauerier, zu denen auch die Dinosaurier zählten. So war der Phobosuchus [wörtlich übersetzt: „Schreckens-Krokodil"] 13-15 m lang und machte wahrscheinlich Jagd auf pflanzenfressende Saurier. Phobosuchus-Schädel sind in vielen paläontologischen Museen zu bewundern.)*

2. Wo auf der Welt gibt es Krokodile? *(In den Tropengebieten der ganzen Welt. Die meisten Arten leben im Süßwasser, nur einige auch im Brack- oder Meerwasser [z.B. das Leistenkrokodil, das in Flussmündungen lebt]. Die Krokodile Amerikas nennt man Alligatoren. Die Kaimane Mittel- und Südamerikas sind ebenfalls Krokodile.)*

3. Wovon ernähren sich Krokodile? *(Sie sind reine Fleischfresser. Sie fressen alles, was im Wasser lebt oder ans Wasser zum Trinken kommt, wenn sie es überwältigen können. Den Opfern an Land schlagen sie mit einem starken Schwanzschlag die Beine weg und ergreifen sie blitzschnell, bevor sie sich wieder erheben können. Danach schleppt das Krokodil sein Opfer ins Wasser, wobei es sich mehrfach um die eigene Achse dreht, damit sein Opfer nicht aufstehen und sich verteidigen kann.)*

4. Kann ein Krokodil kauen? *(Nein: Seine Zähne sind kegelförmig und nur zum Ergreifen und Festhalten der Beute geeignet. Deshalb verschlingt das Krokodil seine Nahrung im Ganzen oder in großen Stücken.)*

5. Welche Bedeutung haben die Krokodile für den Haushalt der Natur? *(Da Krokodile auch Aasfresser sind, verhindern sie die Verseuchung der Flüsse und Seen durch verendete Tiere. Weil sie häufig kranke und schwache Tiere reißen, sind sie ein Glied in der Kette der natürlichen Auslese.)*

6. Wie groß wird ein Krokodil? *(Sie werden mehr als sieben Meter lang. Eine Besonderheit der Krokodile ist, dass sie ihr ganzes Leben lang wachsen.)*

7. Wie alt wird ein Krokodil? *(Bis zu 100 Jahre alt.)*

8. Wie pflanzen sich Krokodile fort? *(Nach der Begattung legt das Krokodilweibchen bis zu Hundert hartschalige Eier [groß wie Hühner- bis zu Gänseeiern], die sie zumeist [so das Nilkrokodil] am Ufer eingräbt. Das Leistenkrokodil baut aus Pflanzenmaterial ein Nest, das die Eier einerseits vor der sengenden Sonne schützt, andererseits wie*

ein Komposthaufen durch bakterielle Zersetzung eine Brutwärme produziert. Die Mutter bewacht danach bis zum Schlüpfen [nach 11 – 14 Wochen] das Gelege, wobei die Jungen schon kurz vor dem Schlüpfen deutlich hörbar quäken. Daraufhin wühlt die Mutter das Ei frei, nimmt die schlüpfenden Jungen einzeln ins Maul und trägt sie alle zusammen ins Wasser. Die ersten 8 Wochen leben die Jungen in Ufernähe und werden von den Eltern gemeinsam bewacht.)

9. Verbreiten sich die Krokodile stark? *(Heute sind praktisch alle Krokodilarten in ihrem Bestand stark gefährdet, da ihre Haut für die Herstellung von Bekleidung, Schuhen, Taschen, Gürteln u.s.w. sehr begehrt ist. Deshalb hat sie das Washingtoner Artenschutzabkommen unter Schutz gestellt.)*

10. Wer putzt dem Krokodil die Zähne? *(Ein Vogel namens Krokodilswächter. Er lebt mit dem Krokodil in einer Symbiose [= Zusammenleben von mehreren Lebewesen zu gemeinsamem Nutzen]. Dabei springt er dem Krokodil ins geöffnete Maul und befreit es von Beuteresten, Parasiten und Blutegeln, die sich zwischen den Zähnen oder am Zahnfleisch festgesetzt haben.)*

11. Weinen Krokodile „Krokodilstränen“? *(Es sieht nur so aus: Weil das Krokodil aus purer Fressgier mitunter größere Fleischbrocken verschlingt, als eigentlich in seinen Rachen passen, muss es beim Herunterwürgen so heftig nach Luft schnappen, dass es ihm das Wasser in die Augen treibt. In früheren Jahrhunderten interpretierte man die Krokodilstränen dahingehend, dass das Krokodil seine Opfer beweine. Daraus wurden die sprichwörtlichen „Krokodilstränen“ für Tränen, die falsches Mitleid bekunden sollen.)*

Nil

1. Was ist der Nil? *(Der längste Strom Afrikas, der ins Mittelmeer mündet.)*

2. Wie lang ist der Nil? *(Mit 6671 km Länge ist er vor Mississippi/Missouri [ca. 6420 km lang] der längste Fluss der Erde.)*

3. Wo entspringt der Nil? *(Quellfluss ist der Kagera in Ruanda. Er fließt in den Victoria-See und von dort als Victoria-Nil in den Albert-See. Als Bahr el-Dschebel läuft er weiter durch Sümpfe, Moraste und eine Hochebene, um dann als weitere Zuflüsse von Bahr el-Ghasal und Sobat gespeist zu werden. Ab diesem Punkt im Sudan heißt er Weißer Nil. Bei Khartum strömen Weißer und Blauer Nil, der deutlich wasserreicher ist, zusammen und fließen gemeinsam als Nil bis zum Mittelmeer.)*

4. Wie groß ist das Nildelta, über das der Nil ins Mittelmeer mündet? *(Rund 20 km hinter Kairo und 160 km vor der Küste verzweigt sich der Nil in ein riesiges Delta, eine*

der größten Flussmündungen der Welt. Seine größte Breite beträgt über 250 km, seine Fläche umfasst rund 24.000 km^2. Der Begriff Delta ist aus dem griechischen Alphabet entlehnt nach dem dortigen Buchstaben D [Δ], der die Form eines Dreiecks hat. Von den vielen Deltaflüssen sind jedoch nur zwei schiffbar, die bei Damiette und Rosette.)

5. Wie viel Wasser führt der Nil? *(Durchschnittlich 2.000 m^3 pro Sekunde.)*

6. Wie groß ist das Einzugsgebiet des Nils? *(Ca. 2.870.000 km^2 [zum Vergleich: die BRD ist 357.000 km^2 groß]. Fast 10 % der Fläche Afrikas wird vom Nil bewässert. Im Niltal, das ca. 35.500 km^2 groß ist und dessen Breite zwischen 1 und 20 km schwankt, leben mehr als 45 Mio. Menschen, in den wüstenartigen Gebieten Ägyptens auf rund 950.000 km^2 hingegen nur rund 1 Mio.)*

7. Welche Bedeutung hat das Hochwasser des Nils? *(Der Nil führt in den Monaten Juni bis September Hochwasser, das durch Staudämme und ein Netzwerk von Kanalisationen so reguliert ist, dass eine Dauerbewässerung möglich wird. Das beschert der Region zwei bis drei Ernten pro Jahr. Dabei lädt der Nil fruchtbaren Schlamm von den vulkanischen Gebirgen Äthiopiens ab. Diese Jahr für Jahr abgelagerte Humusschicht ist inzwischen rund sechs Meter dick.)*

8. Wie heißt der bekannteste Staudamm des Nils? *(Der Assuan-Staudamm, mit dessen Bau 1902 das erste Mal begonnen wurde. Inzwischen wurde er zweimal erhöht. Dadurch wurde die Anbaufläche erheblich erweitert und das Land durch Generatoren mit elektrischer Energie versorgt.)*

9. Was war im alten Ägypten ein „Nilometer"? *(Ein Messinstrument, mit dem man den Grad der Nilüberschwemmung maß, wenn der Nil in sein Flussbett zurückgekehrt war. Über die an den Ufern abgelagerte Schlammmenge des Nils rechnete man die zu erwartende Ernte und die Höhe der Abgabe an Nahrungsmitteln hoch.)*

Maria Theresia

1. Wer war Maria Theresia (1717-1780)? *(Sie war ab 1740 für 40 Jahre die Herrscherin über das Habsburger Reich, in dem sie Herzogin von Österreich und Königin über Ungarn sowie Böhmen und Mähren wurde.)*

2. Wie konnte Maria Theresia als Frau an eine solche Machtposition gelangen? *(Ihr Vater Karl VI. hatte bereits 1713 aus Sorge um die Thronfolge die Pragmatische Sanktion erlassen, nach der auch seine älteste Tochter zur Thronfolge berechtigt sein sollte, falls er keinen männlichen Erben hinterließe. Karl VI. hoffte auf einen Sohn, der ihm aber versagt sein sollte. Vorsorglich war Maria Theresia standesgemäß erzogen*

worden: Sie hatte Latein, Italienisch, Spanisch, Französisch und Deutsch gelernt. Daneben war sie in Mathematik, Geschichte, Religion, Tanzen, Reiten, weiblichen Handarbeiten und Kunst unterrichtet worden.)

3. War Maria Theresia verheiratet? *(Ja, mit dem Herzog Franz Stephan von Lothringen. Beide heirateten 1736 prunkvoll. Als der seit 1742 regierende deutsche Kaiser Karl Albrecht von Bayern 1745 starb, wurde Franz Stephan zum deutschen Kaiser gewählt [dieses Amt war nur Männern vorbehalten]. Franz Stephan starb 1756, womit sein Sohn Joseph II. die Kaiserwürde übernahm. Als Franz Stephan starb, verschenkte Maria Theresia all ihre Kleider und ihren Schmuck und trug bis zu ihrem Tod nur noch Witwenkleid und Witwenhaube.)*

4. Hatte Maria Theresia Kinder? *(Der glücklichen Ehe entstammten 16 Kinder, von denen jedoch nur zehn nicht im Kindesalter starben. Eine Tochter war Marie-Antoinette, die als Gemahlin des französischen Königs Ludwig XVI. während der ☞Französischen Revolution auf der Guillotine endete.)*

5. Wer war Maria Theresias erbittertster Feind? *(☞Friedrich II. von Preußen, der zur gleichen Zeit an die Macht kam. Er forderte sie sofort zur freiwilligen Abtrennung eines Teils von Schlesien auf, was Maria Theresia ablehnte. Direkt noch in 1740 fiel Friedrich II. in Schlesien ein. Das ermunterte Bayern, Franzosen und Spanier, sich Teile des Habsburger Reiches anzueignen. Maria Theresia verhielt sich politisch sehr geschickt: Sie versprach den Ungarn eine gewisse Autonomie im Reich, was dort wahre Begeisterungsstürme hervorrief. Die Ungarn stellten ihr ein großes Heer zur Verfügung. Das bayrisch-französische Heer, das in Österreich und Böhmen eingefallen war, wurde von ihnen zurückgeschlagen und ganz Bayern erobert. Um an der Front im Norden Ruhe zu haben, schloss sie mit Friedrich II. im Juni 1742 den Frieden von Breslau und gab fast ganz Schlesien an Preußen ab. Nun hatten ihre Truppen freie Bahn und eroberten in kurzer Zeit auch Böhmen zurück. 1748 wurde der Österreichische Erbfolgekrieg beendet durch den Frieden von Aachen, der die pragmatische Sanktion anerkannte, Preußen aber endgültig Schlesien einbrachte, womit Preußen zur europäischen Großmacht aufstieg. Maria Theresia versuchte später, Preußen das Gebiet von Schlesien wieder zu entreißen. Nach den Schlesischen Kriegen von 1740-42, 1744 und 1756-1763 blieb es aber dabei, dass Preußen letztlich ganz Schlesien behielt.)*

6. Welche Reformen leitete Maria Theresia in ihrem Herrschaftsbereich ein? *(Mit der Theresianischen Staatsreform schuf sie bis 1749 einen einheitlich regierten Gesamtstaat mit einer für das ganze Reich zuständigen Militärverwaltung. Mit der Justizreform vereinheitlichte sie das Rechtssystem im Reich mit einem neuen Zivilgesetzbuch [Codex Theresianus] und einem 1770 eingeführten Strafgesetzbuch [Nemesis Theresiana. Nemesis war der Name einer griechischen Göttin, die als Personifikation von Vergeltung, Strafe sowie Missbilligung unverdienten Glücks und menschlicher Überheblichkeit, sog. Hybris, galt.]. Weiter richtete sie die Schulpflicht und ein Volksschulwesen ein, in dem in der Muttersprache unterrichtet wurde. Außerdem schaffte sie Folter, Zensur, Frondienst und weitgehend die Leibeigenschaft ab.)*

Platon

1. Wer war Platon (427 – 347 v. Chr.)? *(Ein griechischer Philosoph.)*

2. Woher kommt der Begriff „Philosoph"? *(Der griechische Philosoph ☞Pythagoras, Mathematiker und Astronom aus Samos, lehnte als erster aus reiner Bescheidenheit den Titel eines „Weisen" mit der Begründung ab, dass eine solche Bezeichnung, nur Gott allein zustehe. Ein Mensch dürfe sich höchstens „Freund der Weisheit" nennen. Das ist die sprachliche Wurzel des Begriffes „Philosoph".)*

3. Wer war der Lehrer Platons, der ihn wesentlich prägte? *(☞Sokrates, den er 420 kennen lernte und bis zu dessen Tod 399 treu blieb. Bis heute ist unklar, ob die von Platon niedergeschriebenen Dialoge des Sokrates nicht in Wirklichkeit ausschließlich oder doch größtenteils von Platon erdacht wurden.)*

4. War Platon sein eigentlicher Name? *(Nein: Platon hieß eigentlich Aristokles und stammte aus einer der vornehmsten und reichsten Familien Athens, dem Königsgeschlecht des Kodros. Deshalb erhielt er eine umfassende Ausbildung in allen Fächern, die damals gelehrt wurden. Zum Spitznamen Plato kam er durch seinen Turnlehrer. Platon war ein ausgezeichneter Turner und Ringer, der an vielen Wettkämpfen teilnahm. Weil er so kräftig und breitschultrig [griechisch: platys] war, nannte ihn sein Sportlehrer Platon.)*

5. Aus welchen Verhältnissen stammte Platon? *(Platons früh verstorbener Vater Ariston leitete seine Herkunft von einem königlichen Stamm ab, der seinerseits wieder behauptete, auf den Gott Poseidon zurückzugehen. Platons Mutter Periktione kam aus einer Familie, die schon zu den Zeiten Solons bekannt war und auch von Solon selbst und anderen Autoren gepriesen wurde.)*

6. Wo lebte Platon? *(Zunächst in Athen. Als Sokrates 399 v. Chr. hingerichtet worden war, verzichtete Platon angewidert auf eine politische Karriere und ging für kurze Zeit nach Megara zu Euklid [Der Euklid von Megara, der von 450-370 v. Chr. lebte, war Philosoph, nicht zu verwechseln mit dem Mathematiker ☞Euklid, der in Platons Akademie ausgebildet wurde]. Später besuchte er die Pythagoreer in Unteritalien und ging auch an den Hof Dionysios in Syrakus. Im Wesentlichen lebte er aber in Athen, wo er auch starb.)*

7. Wie erging es Platon am Hof des Dionysos? *(Erst rief dieser Platon an seinen Hof, weil er den Glanz eines Musenhofes anstrebte. Die ersten Gespräche waren durchaus fruchtbar, und Platon hoffte sehr, dass Dionysos seine politischen Ideen, seine Vorstellungen von einem idealen Staat in die Praxis umsetzen werde. Dazu gehörte die These, dass es in der menschlichen Gesellschaft keinen Fortschritt gebe, wenn nicht die Philosophie Grundlage der Politik sei, bzw. wenn nicht die Politiker gleichzeitig Philosophen seien. Das machte Dionysios aber misstrauisch und beide zerstrit-*

ten sich. Nach einem Streit mit Dionysos verließ Platon Syrakus auf einem Schiff, das der Tyrann heimlich in eine Stadt umdirigierte, die mit Athen im Krieg lag. So wurde Platon als Kriegsbeute betrachtet. Man brachte ihn auf den Sklavenmarkt nach Ägina [Insel vor Athen], wo er zum Glück von Annikeris, einem anderen Schüler des Sokrates, freigekauft wurde. Später versuchte es Platon bei Dionysios dem Jüngeren noch einmal. Auch das ging schief: Bei seiner ersten Reise konnte er ihn nicht überzeugen, musste aber versprechen, noch einmal zu kommen. Bei der zweiten Reise überwarf er sich mit Dionysios, der ihn daraufhin in dauernde Haft nahm. Nur durch den Einsatz des Pythagoreers Archytas und anderer Freunde wurde er aus der Haft befreit.)

8. Welche Verbindung besteht zwischen Platon und dem Begriff „Akademie“? *(In Athen stand damals ein mächtiges Gebäude mit vielen Sälen, die man u.a. für Versammlungen nutzte. 387 v. Chr. gründete Platon in dem großen Garten, der sich um das Gebäude erstreckte, eine eigene Schule. Diesen Garten nannte man Akademeia nach Akademos, einem griechischen Heros [Held und Halbgott]. So wurde der Name des Gartens zum Synonym für die Schule. Platon unterrichtete in seiner Akademie rund 20 Jahre lang. Nach seinem Tod bestand diese Schule unter der Bezeichnung Akademeia noch viele Hundert Jahre lang fort.)*

9. Wie unterrichtete Platon in seiner Schule? *(So, wie er es von Sokrates [sein Schüler war er bis zu dessen Hinrichtung acht Jahre lang] gelernt hatte: Durch geschicktes Fragen brachte er seine Schüler zum selbständigen Denken und Sprechen [sog. sokratische Dialektik].)*

10. Was sind Platons bekannteste Werke? *(Die „Apologie“ [„Verteidigungsrede“ des Sokrates], „Politeia“ [„Der Staat“, 10 Bände], aus der Reifezeit, in der die Ideenlehre zum Kernstück seines abgerundeten Systems der Erkenntnislehre, Metaphysik, Psychologie, Ethik, Politik und Ästhetik wird, die Werke „Symposion“ [„Gastmahl“], „Phaidon“, „Phaidros“, später noch u.a. „Politikos“, „Timaios“ und „Nomoi“ [„Gesetze“]. Platon legte in vielen seiner Werke Sokrates in den Mund, was eigentlich sein Gedankengut war.)*

11. Worum geht es in Platons berühmtem Werk „Phaidon“? *(Dieses Werk enthält eine Sammlung der Dialoge, die am Tag vor dem Trank aus dem Schierlingsbecher stattgefunden haben. Die äußeren Gegebenheiten werden von Historikern nicht bezweifelt. Ob es allerdings wirklich um die Gedanken des Sokrates ging oder ob Platon eine günstige Gelegenheit nutzte, sie ihm in den Mund zu legen, ist bis heute offen. Während Sokrates nämlich vorwiegend auf der Straße Jünger um sich sammelte und damit meinungsbildend wirkte, zog Platon die Form des schriftlich fixierten Gespräches vor. Dabei hatte Platon durchaus aus dem Schicksal von Sokrates gelernt: Was er schriftlich publizierte, hatte einen kontrollierbaren Inhalt, womit man ihm – anders als Sokrates – keine Äußerungen unterschieben konnte, die zu einer Anklage geführt hätten. Und das, was er dem toten Sokrates in den Mund legte, war Geschichte und bereits durch das Urteil hinreichend verdammt. Damit konnte er nicht selbst Zielscheibe eines Gerichtsverfahrens werden.)*

12. Was wollte Platon mit seinem berühmten Höhlengleichnis im 7. Buch der Politeia vermitteln? *(Kernstück der Lehren Platons war seine Ideenlehre: Schon Sokrates hatte gelehrt, dass der Begriff das einzige sei, was kontinuierlich feststehe. Zu jedem Allgemeinbegriff gebe es ein entsprechendes Objekt. Diese Objekte bezeichnete Platon als Ideen [im Griechischen war das gleichbedeutend mit „Bilder"]. Jeder Gegenstand, den der Mensch wahrnimmt, folgt aus einer Idee, deren Ausprägung als Einzelstück er ist. Diesen theoretischen Ansatz versuchte Platon mit dem Höhlengleichnis zu veranschaulichen: Wenn Menschen in einer Höhle gefangen säßen und man entfachte in ihrem Rücken ein Feuer und trüge zwischen ihnen und dem Feuer Gegenstände hin und her, so würden die Menschen diese Gegenstände nur als Schatten an der Höhlenwand wahrnehmen. Sie würden die Schatten aber für den Gegenstand selbst halten und versuchen, ihn zu erforschen. Nur wenn der Mensch die Höhle verlässt, kann er die Gegenstände selbst wirklich sehen, also das, was hinter den Dingen seiner Wahrnehmung steht.)*

13. Was sah Platon als die vier Kardinaltugenden an? *(Mäßigkeit, Tapferkeit, Weisheit und Gerechtigkeit.)*

14. Wie sah Platon den Idealstaat? *(Dieser Staat sollte drei Stände haben, den Erwerbsstand, Wächter und Regenten. Neben diesem Idealstaat entwarf Platon das Bild des bestmöglichen Staates, der statt vieler Reformen einfach dadurch entstehen sollte, dass der Beste mit Einsicht zum Regenten bestimmt werden solle [Philosophenkönig].)*

15. Wurde Platon mit seiner Akademie reich? *(Sicher nein: Vielmehr opferte er dieser Akademie den größten Teil seines ererbten Vermögens. Als er mit 81 Jahren starb, waren zwar die Verhältnisse der Akademie bestens geordnet und ihr auch ein eigenes Grundstück gesichert. Platon selbst waren aber nur noch neben einigen Forderungen und Wertgegenständen zwei Liegenschaften und insgesamt fünf Sklaven übrig geblieben.)*

Türkenkriege

1. Wann waren die Türkenkriege? *(Schon zur Zeit ☞Karls des Großen war die Ostgrenze unsicher und Ziel einfallender Nomadenstämme. Ab dem 11. Jahrhundert begannen die Einfälle der Türken. Im 14. Jahrhundert fassten sie in Europa Fuß und gewannen an Macht. Im 15. Jahrhundert fielen sie dann regelmäßig in den Osten des Reiches ein, zogen sich aber nach der Verwüstung des Landes immer wieder zurück.)*

2. Was waren die „Janitscharen“? *(Eine Elitetruppe, die die Türken aus jungen Christensklaven gebildet hatten. Sie waren von Jugend an mit unerbittlichem, militärischem Drill erzogen worden und wurden zum Schrecken des Abendlandes.)*

3. Wann wurde Wien von den Türken belagert? *(1520 kam Sultan Suleiman II., der Große bei den Türken an die Macht, der die Schwäche Mitteleuropas erkannte und nutzen wollte. Er fiel in Ungarn ein, schlug deren Armee, hatte damit freien Weg nach Wien und stand 1529 vor den Toren der Stadt. Die Stadt verteidigte sich heldenhaft und erreichte den Winter. Die türkische Armee litt inzwischen unter Nachschubschwierigkeiten und brach schließlich die Belagerung ab. Schon 1532 machten sich die Türken aber wieder auf den Weg nach Wien. Diesmal bissen sie sich an der kleinen ungarischen Stadt Güns fest, deren Belagerung sie so viel Zeit kostete, dass inzwischen ein Reichsheer eingetroffen war, mit dem sich Suleiman lieber nicht messen wollte. Aber die Türken besetzten ganz Mittelungarn und waren eine permanente Gefahr. 1606 schlossen Wiener Diplomaten mit Ungarn eine Verständigung, der sich die Türken anschlossen. Erst 1663 wurde dem Reich von ☞Konstantinopel wieder der Krieg erklärt. Am 14. Juli 1683 traf das türkische Heer vor Wien mit rund 100.000 Mann unter dem Oberbefehl Kara Mustaphas ein. In Wien waren nur 12.000 Mann zur Verteidigung der 60.000 Menschen Bevölkerung. Zwei Monate bestürmten die Türken vergeblich Wien, da traf am 12. September 1683 die Ersatzarmee mit 65.000 Mann ein, die gegen Mittag zur Überraschung der Türken an deren linken Flügel auftauchte. Die Überraschung geriet zur Panik, die Türken flohen Hals über Kopf.)*

4. Wann endeten die Türkenkriege? *(1697 schlug Prinz ☞Eugen die Türken bei Zenta vernichtend. Das löste 1699 den Frieden von Karlowitz aus: Die Türken verzichteten auf ganz Ungarn und Siebenbürgen mit Ausnahme des Banats. Der Großteil von Slawonien und Kroatien fiel an Österreich, Teile der Ukraine und Podolien wurden an Polen zurückgegeben.)*

Kepler

1. Wer war Johannes Kepler (1571-1630)? *(Ein deutscher Astronom.)*

2. Was machte Kepler berühmt? *(Die sog. Kepler´schen Gesetze. Das erste Gesetz besagt, dass sich die Planeten nicht auf Kreisbahnen, sondern auf Ellipsen um die Sonne bewegen. Einen Ellipsenschwerpunkt bildet die Sonne. Das zweite Gesetz besagt, dass die Geschwindigkeit eines Planeten umso höher ist, je näher er sich an der Sonne befindet [Dementsprechend schwankt die Geschwindigkeit der Erde zwischen 29,3 km und 30,3 km/Sek.]. Das dritte Gesetz besagt, dass die Umlaufzeiten der Planeten sich wie die dritten Potenzen ihrer mittleren Entfernung von der Sonne verhalten.)*

3. Wie lebte Kepler? *(Nach der Schule studierte Kepler an der Uni Tübingen. Sein Mathematikprofessor Mästlin machte ihn mit den Lehren des ☞Kopernikus bekannt, der das geozentrische Weltsystem des ☞Ptolemäus durch ein heliozentrisches System [☞Sonne als Mittelpunkt der Planeten] ersetzt hatte. Kepler wurde begeisterter Anhänger des Kopernikus und entdeckte seine Liebe zur Astronomie. Er war zunächst von 1594-1600 Lehrer für Mathematik in Graz. 1601 wurde er in Prag kaiserlicher Mathematiker und Hofastronom. 1628 arbeitete er für Wallenstein in Sagan. Als der seine Gehaltszusagen nicht einhielt, fuhr Kepler 1630 nach Regensburg, um beim Reichstag sein Recht geltend zu machen. Gebeutelt von finanzieller Not, dem Tod seiner Kinder und der Anklage seiner Mutter als Hexe starb er in Regensburg, nachdem er schon auf dem Weg dorthin erkrankt war.)*

Leonardo da Vinci

1. Wer war Leonardo da Vinci (1452 – 1519)? *(Leonardo da Vinci war ein berühmter italienischer Maler, Bildhauer, Architekt und Erfinder aus der Epoche der ☞Renaissance.)*

2. Wie fand Leonardo zur Kunst? *(Leonardo war der uneheliche Sohn eines florentinischen Notars und eines Bauernmädchens aus Vinci, wo Leonardo auch geboren wurde. Deshalb wuchs er zunächst im Haushalt seiner Mutter auf. Als er aber fünf Jahre alt wurde, wollte seine Mutter heiraten, und so brachte man ihn ins väterliche Haus nach Florenz. Dort verlief seine Jugend zunächst unspektakulär, bis sein Vater, der Leonardos Begabung erkannte, ihn 1466 in die Werkstatt des berühmten Malers und Bildhauers Andrea del Verrocchio [einer der berühmtesten Künstler seiner Zeit] schickte. Dort wurde er mit 20 Jahren in die Malergilde aufgenommen, also als ausgelernter Künstler anerkannt. Als Verrochio das erste Werk seines Lehrlings sah, einen Engel von zarter und übernatürlicher Schönheit, schwor er spontan, nie wieder selbst einen Pinsel in die Hand zu nehmen. Nun war Verrocchio aber nicht nur einfach ein Maler, vielmehr besaß er vielseitige Kenntnisse in praktischer Naturwissenschaft. Das regte Leonardo sehr an, weshalb er im weiteren Verlauf seines Lebens nicht nur malte, sondern sich auch den Naturwissenschaften und Erfindungen widmete. Mit der aktiven Begeisterung für alle damals bekannten Wissenschaftsbereiche entwickelte er sich zum von der Renaissance entwickelten Ideal des „Universalmenschen" [„uomo universale"]. Leonardo war in seinem Umfeld sehr beliebt: Er spielte perfekt die Laute und betätigte sich als Geschichtenerzähler, Zauberer und Theatermacher. So verzieh man ihm immer wieder, dass er seine Aufträge extrem zögerlich erledigte.)*

3. Blieb Leonardo in Florenz? *(Nein, Leonardo wurde langsam berühmt. 1480 arbeitete er im Dienst des Sultans von Ägypten. 1482 ging er nach Mailand an den Fürstenhof der Sforza, wo er sich als Hofkünstler beworben hatte. Dort betätigte er sich als Brü-*

ckenbauer, Festungsbrecher, Seekriegsingenieur, Konstrukteur von Geschützen, Schleudern und Kampfwagen, als Erbauer von Wasserleitungen und ganz allgemein als Architekt. Mehr nebenbei arbeitete er auch als Maler, Bildhauer und Erzgießer. Der Schwerpunkt seiner Tätigkeit lag aber deshalb außerhalb der Kunst, weil ganz Oberitalien damals Kriegsgebiet war und deshalb Kanonen mehr gefragt waren als Bilder. So ist aus jener Zeit zunächst einmal nur berühmt das von ihm 1495 geschaffene „Letzte Abendmahl", das allerdings später nahezu unterging. Er hatte es nämlich auf die Wände im Kloster Santa Maria delle Grazie gemalt. Diese Wände waren aber feucht, so dass die Farbe abblätterte. Hinzu kamen Überschwemmungen und schließlich benutzten auch noch Napoleons Soldaten das Refektorium als Pferdestall. Auch hier ließ sich Leonardo reichlich Zeit. Er malte von 1495 bis 1498 an dem Bild. Manchmal kam er nach tagelanger Pause in die Kirche, stieg auf das Malergerüst, versetzte einer der Figuren ein oder zwei Pinselstriche – und verschwand wieder.)

4. Welche Statue sollte Leonardo zu Ehren Francesco Sforzas bauen? *(Francesco Sforza [der Vater des Lodovico Sforza, in dessen Diensten Leonardo stand] zu Ehren sollte Leonardo eine 7,20 m hohe Reiterstatue aus einem Guss schaffen. Sie sollte 80 Tonnen schwer sein und alle bisherigen Reiterstandbilder in den Schatten stellen. Leonardo ließ sich mal wieder so viel Zeit [16 Jahre zeichnete, modellierte sowie konstruierte er und erschuf auch noch ein neues Verfahren zum Bronzeguss], dass ihm Lodovico fast den Auftrag entzogen hätte. 1483 stellte er schließlich das riesige Tonmodell fertig, für das er uneingeschränkte Bewunderung erntete. Es kam aber nicht mehr zum Guss der Statue: Die Franzosen waren in Italien einmarschiert, weshalb Lodovico die für die Statue gesammelte Bronze für Kanonen einschmelzen ließ. Das Tonmodell fiel 1499 johlenden französischen Bogenschützen als Zielscheibe zum Opfer. Innerhalb weniger Minuten zerfiel es zu Staub.)*

5. Blieb Leonardo dann in Mailand? *(Nein: Im Winter 1499 musste er Mailand verlassen, da die Franzosen durch die Lombardei zogen, die Gegend brandschatzten und auch Mailand belagerten. So kehrte Leonardo nach Florenz zurück, wo er auch bis 1506 blieb. In diesem Jahr ging er auf Einladung der Franzosen wieder nach Mailand zurück und setzte seine Studien fort.)*

6. Was ist die „Mona Lisa", wen stellt das Gemälde dar? (*Zu den berühmtesten Gemälden des Louvre gehört die „Mona Lisa" von Leonardo da Vinci, die übrigens gerade nicht die Person Mona Lisa [sie war die Gemahlin seines Freundes Giocondo aus Florenz] abbildet, sondern die Herzogin Isabella von Aragonien. Insoweit handelte es sich um ein Versehen, weil man das Bild mit einem anderen Bild da Vincis verwechselte, das er tatsächlich von einer Mona Lisa malte. Dieses Bild ist verschollen und zeigte ausdrucksvolle Augenbrauen [wie der italienische Kunsthistoriker Giorgio Vasari 30 Jahre nach da Vincis Tod berichtete], die bei der „Mona Lisa" im Louvre aber eindeutig fehlen. Da Vasari aber von einem wunderschönen Porträt berichtete, hielt man das Porträt der Herzogin fälschlich für das der Mona Lisa. Dieses Bild hatte der Auftraggeber schon im März 1503 bezahlt – erhielt es aber nie: Leonardo arbeitete mehr als zehn Jahre an dem Bild und nahm es auf seinen Reisen mit, schließlich auch mit nach Frankreich. Bis zu seinem Tod trennte er sich nicht von dem Bild.)*

7. Warum heißt das Bild „Mona Lisa“? *(Leonardo nannte das Bild ursprünglich „La Gioconda“, da sein [anderes] Bild Lisa, die Frau des Auftraggebers Francesco del Giocondo abbildete. Der Da-Vinci-Biograf Giorgio Vasari nannte das Bild dann „Mona Lisa“, wobei Mona die volkstümliche Abkürzung für Madonna [= Frau] war.)*

8. Was ist „Sfumato“? *(Sfumato ist eine von Leonardo perfektionierte Stilrichtung eines Helldunkels, womit er zarte Übergänge von Licht und Schatten erreichte. Hintergrund ist ein natürliches Phänomen: Die Staubteilchen in der Luft lassen Dinge in der Ferne unschärfer erkennen. Dieses Phänomen nennt man Luftperspektive. Leonardo entwickelte deshalb die Technik, den Hintergrund eines Bildes als atmosphärischen Dunstschleier ungenau und verschwommen in kalten Farben darzustellen.)*

9. Betätigte sich Leonardo mehr als Maler oder mehr als Wissenschaftler? *(Eindeutig mehr als Wissenschaftler. Leonardo war ein begeisterter Forscher der Naturwissenschaften und legte all sein Wissen, das er bei seinen Forschungen erwarb, auf Blättern nieder, von denen es insgesamt über 10.000 gibt. Bei seinen Entwürfen von Erfindungen setzte er nicht nur Materialien voraus, die es damals noch gar nicht gab. Vielmehr entwarf er auch Technologien, die erst 400 Jahre später tatsächlich entwickelt wurden. Da Leonardo nicht als Spinner verschrien werden wollte, behielt er die Blätter für sich, wobei er deren Text auch noch in schwer entzifferbarer Spiegelschrift verfasst hatte. Als Grund dafür wird vermutet, dass er als Linkshänder die Tinte auf dem Manuskript nicht verschmieren wollte.)*

10. Welche Entdeckungen und Erfindungen machte Leonardo? *(Die Zahl seiner Forschungen ist gewaltig, herausragend sind aber: Die Entwicklung eines Schiffs, das von Schaufelrädern angetrieben wird, eines Feuerzeugs, eines Schleusenkanals, eines Hafenbaggers, eines Maschinengewehrs, die Bestimmung des Alters der Bäume durch Jahresringe, die Erfindung eines Taucheranzugs, eines Fallschirms, eines Hubschraubers, eines Barometers und einer Flugmaschine. Außerdem vermutete Leonardo gegen die damals gültige Lehre, dass die Sonne im Mittelpunkt unseres Sternsystems stehe.)*

11. Hat Leonardo viele Bilder gemalt? *(Angefangen hat er viele, nur fertiggestellt wenige: Lediglich acht abgeschlossene Gemälde Leonardos sind überliefert, die mit Sicherheit von ihm stammen. Seine über viele Jahre geführten Aufzeichnungen sind verwirrend, ja chaotisch: 6.000 Blätter mit Notizen und rund 100.000 manchmal winzige Skizzen zu allen möglichen Themen sind erhalten. Man geht aber davon aus, dass rund 80 % seiner Notizblätter verloren gegangen sind.)*

12. Malte Leonardo seine Wandgemälde als Fresko, wie das damals üblich war? *(Nein: Er malte auf einem Untergrund aus Pech und Harz, den er trocken werden ließ. Durch diesen Trick konnte er Tempera-Farben verwenden und somit eine besonders hohe Leuchtkraft erreichen. Die Fresko-Malerei, die das Auftragen von Farben auf den frischen, noch feuchten Putz vorsah, kam für Leonardo nicht in Betracht, weil er dafür viel zu langsam und meditativ arbeitete. Deshalb musste Leonardo einfach eine andere Technik erfinden, um überhaupt seine Gemälde fertig zu kriegen.)*

13. War Leonardo ein Freund der armen Bevölkerung? *(Glattes Nein: Als im Sommer 1484 in Mailand die Pest ausbrach, unterbreitete Leonardo dem Herrscher von Mailand einen radikalen Plan: Das städtische Ballungsgebiet solle an einen Fluss verlagert werden. Dann würde das strömende Wasser die Abfälle wegschwemmen und die Menschen von dem „pestilenzialischen Geruch" befreien. Ihm schwebte dabei eine doppelstöckige Stadt vor: Unten sollten die Armen leben, oben die Reichen. Die Pferdewagen sollten nur unten fahren, während es oben blitzsauber zu sein habe, damit diese Etage einzig dem Lustwandeln der Vornehmen dienen könne. Der Herrscher von Mailand reagierte auf diesen Vorschlag nicht.)*

14. Leonardos Proportionenlehre, in der ein Mann mit ausgestreckten Armen in einer geometrischen Figur aus Kreis und Quadrat steht, ist weltberühmt. Wie kam es zu diesem Bild? *(Schon seit Jahrhunderten vor Leonardo versuchten sich die bildenden Künstler in der Proportionenlehre des römischen Architekten Vitruv [ca. 80 bis 20 v. Chr.]. Dessen Lehre zu Folge ist ein menschlicher Körper dann vollkommen, wenn er mit gespreizten Armen und Beinen in die perfekten geometrischen Figuren Kreis und Quadrat passt. Dieser „Vitruv-Mann" musste sich allerdings gehörig strecken, um mit Fuß- und Zehenspitzen die Ecken des Quadrats zu erreichen. Deshalb hat er auf den vielen alten Gemälden übergroße Hände und einen überlangen Oberkörper. Nach Vitruv sollte der Nabel im geometrischen Mittelpunkt angesiedelt sein. Da Vinci versuchte sich auch daran, orientierte sich aber an den von ihm akribisch ermittelten tatsächlichen Maßen des Menschen. Gleichwohl gelang es ihm, um seine Proportionsfigur dann doch noch Kreis und Quadrat zu schlagen. Das ging aber darauf zurück, dass er den Vitruv-Mann von der Spreizhaltung auf die Füße stellte. Dann klappte es mit einer zutreffenden Proportion.)*

15. War Leonardo verheiratet? *(Nein, er war homosexuell. Bereits 1476 wurde Leonardo anonym beschuldigt, mit drei weiteren Männern einen 17-jährigen Jungen vergewaltigt zu haben. Die Anklage wurde zwar aus Mangel an Beweisen nach zwei Monaten fallen gelassen, aber Leonardos Ruf war ruiniert. Am 22. Juli 1490 nahm er den zehnjährigen Gian Giacomo Caprotto bei sich auf. Er nannte ihn Salaì – nach einem Dämon im Heldenepos eines Renaissance-Dichters. Wahrscheinlich war Leonardo fasziniert von Salaìs kräftigen blonden Locken und seinen gleichwohl sanften Gesichtszügen. Saleì wurde sein Diener, sein Schüler, sein Modell und schließlich sein Geliebter. Die charakterlichen Eigenschaften Saleìs waren weniger als mäßig: Leonardo notierte über ihn: „Dieb, Lügner, Dickkopf, Vielfraß." Gleichwohl behielt er Salaì sein Leben lang bei sich und vermachte ihm sein wichtigstes Gemälde: Die „Mona Lisa".)*

16. Wo verbrachte Leonardo seinen Lebensabend? *(Man sollte denken, in Italien, was aber nicht richtig ist: Leonardo ging 1513 nach Rom zu Papst Leo X., wo er die Trockenlegung der Pontinischen Sümpfe plante. Nun hatte er insoweit Pech, als zur damaligen Zeit auch ☞Raffael und ☞Michelangelo in Rom weilten, die ihm vom Papst vorgezogen wurden. Der durchaus selbstbewusste Leonardo war darüber sehr verärgert. 1515 war er bei dem Einzug des französischen Königs Franz I. in Mailand zugegen und blieb in dessen Nähe. Folgerichtig nahm er die Einladung des französi-*

schen Königs an, sein Hofmaler zu werden, zog nach Frankreich um und brachte die letzten Jahre seines Lebens auf dem kleinen Schloss Cloux bei Amboise zu. Dort starb er, nachdem seine rechte Hand fortschreitende Lähmungserscheinungen zeigte, am 02. Mai 1519 einsam, da er nie eine Familie gegründet hatte.)

17. Kann man Leonardos Grab besuchen? *(Nein: Er wurde in der Kirche St. Florentin in Amboise bestattet. Diese Kirche wurde aber während der ☞Französischen Revolution zerstört und das Grab gleich mit.)*

18. Der amerikanische Schriftsteller Dan Brown verfasste mit dem „The Da Vinci Code. Sakrileg" einen Weltbestseller, der 2005 für 93 Mio. Dollar verfilmt wurde. Was bedeutet das Wort „Sakrileg"? *(Der Begriff kommt aus dem Lateinischen [sacrilegium] und steht zunächst für „Tempelraub". Unter Sakrileg versteht man in verschiedenen Religionen die Entweihung heiligen Bodens oder heiliger Gegenstände durch Raub, Schändung oder Missbrauch. Als Sakrileg bezeichnet man aber auch den Angriff auf geweihte Personen und die geltende Lehre. Im letzteren Sinne ist der Begriff bei Dan Brown verwandt, dessen Buch von der These lebt, Jesus sei mit Maria Magdalena liiert, wenn nicht sogar verheiratet gewesen und habe mit ihr ein Kind gehabt, was die katholische Kirche mit aller Macht zu verheimlichen versuche. Hintergrund ist, dass Konstantin der Große [Regierungszeit 306-337], der als erster christlicher Kaiser in die Geschichte einging, 325 ein Konzil in Nicäa einberief, um einige Streitfragen der christlichen Lehre zu klären. Strittig war damals u.a., ob Jesus nun ein Mensch oder Gott sei. Konstantin ließ die Bischöfe einfach darüber abstimmen, und die entschieden sich mit knapper Mehrheit für den Status als Gott. Danach war für die Kirche undenkbar, dass Jesus auch wie ein ganz normaler Mensch mit Frau und Kind gelebt haben könnte.)*

Iran

1. Was ist der Iran? *(Die islamische Republik Iran ist ein Staat in Vorderasien. Der Iran hat eine Fläche von 1.648.000 km²)*

2. Wie heißt die Hauptstadt des Iran? *(Teheran, das mit 6,8 Mio. Einwohnern die größte Stadt Vorderasiens darstellt. Der größte Teppichhandelsplatz der Welt liegt hier. In Teheran fand während des ☞2. Weltkrieges vom 28.11.-01.12.1943 die erste gemeinsame Konferenz von Roosevelt [USA], Churchill [Großbritannien] und Stalin [Russland] statt, bei der die Alliierten folgenschwere Absprachen trafen: Stalin wurde eine zweite Front in Europa gegen Deutschland zugesichert durch eine Invasion der westlichen Alliierten [1944 durch die Invasion in der Normandie erledigt], russische und westalliierte Maßnahmen wurden koordiniert, die spätere Aufteilung Deutschlands und Polens [mit einer Westverlagerung deren Staatsgebietes] wurde festgelegt.)*

3. Wie viele Einwohner hat der Iran? *(Ca. 67,5 Mio. Einwohner, von denen 50 % ☞Perser, 20 % Aseri, 8 % ☞Kurden sind. Außerdem wohnen im Iran auch ☞Araber und Turkmenen. Die Verfassung sichert den einzelnen Bevölkerungsgruppen gleiche Rechte zu. Das gilt auch für ethnische Minderheiten. Mehr als die Hälfte der Bevölkerung ist jünger als 15 Jahre. Die achtjährige Schulpflicht umfasst das siebte bis vierzehnte Lebensjahr. Gleichwohl liegt die Analphabeten-Quote bei rund 40 %. Die Anwesenheit von Menschen lässt sich im Iran bereits etwa 5.000 v. Chr. nachweisen.)*

4. Wie heißt der höchste Punkt im Iran? *(Demawend mit 5.604 Metern.)*

5. Welche Sprache spricht man im Iran? *(Amtssprache ist Persisch [Farsi].)*

6. Welche Religion herrscht im Iran? *(Dem ☞Islam gehören 99 % der Bevölkerung an. Herrschend ist der schiitische Zweig, zu dem sich 90 % bekennen. Der Islam wurde im 7. Jahrhundert durch die arabischen Heere in den Iran getragen, die das Gebiet eroberten.)*

7. Wie heißt die Währung des Iran? *(Ein Rial = 100 Dinars.)*

8. Was sind die Ruinen von Persepolis? *(Die prächtigste Stadt des alten Perserreichs war Persepolis [=Stadt der Perser], die von König Darius I. zwischen 520 und 515 v. Chr. im heutigen Iran gegründet wurde. Ein anderer Name für Persepolis war „Parsa", was „Festung der Perser" bedeutete. 330 v. Chr. wurde die Stadt von ☞Alexander dem Großen erobert und niedergebrannt. Heute stellen die Ruinen von Persepolis das besterhaltene antike Monument Vorderasiens dar. Darius baute seinen Palast wie damals üblich auf der obersten Terrasse eines künstlichen Hügels, der 20 m hoch war. 106 Stufen führten hinauf. Der bedeutendste Raum des Palastes war der riesige „Saal der hundert Säulen" mit einer Grundfläche von 70 x 70 m. 100 Marmorsäulen, bis zu 25 m hoch, trugen ein Dach aus Zedern- und Zypressenholz. Das Geld für den Prachtbau bekam Darius herein, indem er alle 20 Provinzen seines Reiches mit einer festen Jahresabgabe belegte, was ungefähr 38.000 kg Silber und Gold pro Jahr ausmachte. Die Ruinen von Persepolis wurden von der UNESCO zum Weltkulturerbe erklärt.)*

9. Was ist die Wüste Lut? *(Eine Binnen-Wüste im Iran aus einem ca. 1.000 km langen und ca. 200 – 400 km breiten Gürtel, der mit Schutt, Flugsand und Salzton überdeckte Flächen beherbergt. Die Wüste Lut ist eine der extremsten, heißesten Wüsten der Erde. Rund 55 % der Fläche des Iran besteht aus Wüste.)*

10. Wie bezeichnet man die Herrschaftsform im Iran? *(Es ist eine autoritäre Republik mit theokratischer Spitze, das geistliche Oberhaupt ist also gleichzeitig Staatspräsident. Diese Staatsform gilt im Iran seit dem Februar 1979, als die islamische Revolution die 2500-jährige persische Monarchie stürzte und an seine Stelle eine islamische Republik als „Gottesstaat" auf Erden setzte. Der Staatspräsident wird für vier Jahre gewählt, wobei einmalige Wiederwahl möglich ist.)*

11. Wer war Ayatollah Chomeini (1902 – 1989)? *(Der Ayatolla Ruhollah Musawi Chomeini führte die islamische Revolution an und wurde dann nach der Revolution erstes Staatsoberhaupt in der islamischen Republik. Er legte die Staatsführung strikt nach der islamischen Religion aus und versprach der Bevölkerung nicht nur das Heil im Jenseits, sondern auch Glück im Diesseits. Er gab dem Land eine Verfassung, die von 80 ausgesuchten Theologen zusammengestellt wurde. Nach dieser Verfassung obliegt die Leitung des Landes dem „kundigsten, gerechtesten, tugendhaftesten, mutigsten Rechtsgelehrten, der seiner Zeit bewusst ist." Der höchste [„Faqih"] ist der Imam, also der religiöse und politische Führer. Er ist der absolute Herr über Leben und Tod der Bevölkerung. Chomeini ordnete die Bildung klerikaler Gerichte an. Außerdem existiert ein System von Tisas [Vergeltung], das im Wesentlichen auf Schnellverfahren beruht.)*

12. Was ist die Scharia? *(Die Scharia ist die islamische Rechtsordnung. Sie beinhaltet ein Verbot von Alkohol, Musik und Glücksspiel, regelt die Todesstrafe für Ehebruch und Homosexualität, ein altertümliches Vergeltungsrecht (Auge um Auge, Zahn um Zahn), die Armensteuer und das Zinsverbot. Die Islamisierung ist aber auch erkennbar an den Kleidervorschriften für Frauen. Dazu gehört ein Schador oder langer Mantel, weite Hosen, ein den Kopf bis zum Hals bedeckendes Kopftuch. Wer die Normen nicht beachtet, muss mit Auspeitschungen rechnen, günstigstenfalls mit Geldstrafen. Seit Ende des Golfkrieges ist die klassische persische Musik übrigens wieder zugelassen.)*

13. *Wie stark sind die Streitkräfte des Iran? (Die gesamte Stärke der Wehrpflichtarmee beträgt 400.000 Mann. Davon entfallen 250.000 Mann auf die Elitetruppen der Revolutionsgarden. Etwa 15 % der Staatsausgaben werden für das Militär ausgegeben.)*

14. Woher kommt der Name „Iran"? *(Der Name „Iran" ist zurückzuführen auf das altpersische Wort „Arynam", was „Land der Aria" bedeutet. Die Bezeichnung Iran führt das Land seit 1935. Ursprünglich kommen die Iraner aus den südrussischen Steppen. Von dort gingen sie ca. 1.500 v. Chr. in den Raum des heutigen Iran und besiedelten das iranische Hochland. Aus ihrer Sprache entwickelte sich das heutige Persisch, das „Farsi" genannt wird. Die Schrift ist aber die arabische Schrift. Die persisch sprechenden Iraner bilden rund die Hälfte der Bevölkerung. Die Aseri, die türkisch sprechenden Bewohner der Nordwestprovinz Aserbaidschan, streben seit Jahren eine Autonomie an. Sie stellen mit 20 % der Gesamtbevölkerung die weitaus größte Minderheit im Iran dar. Der Islam ist Staatsreligion, weshalb 99 % der Iraner Muslime sind. Davon gehören 90 % zur 12. Schia, sind also Schiiten, den Rest bilden die Sunniten.)*

15. Wodurch wird die Wirtschaft des Iran geprägt? *(40 % der iranischen Bevölkerung leben auf dem Land, weshalb die Landwirtschaft Grundlage der iranischen Wirtschaft ist, obwohl nur rund 10 % der Gesamtfläche des Landes für den Anbau genutzt werden. Das liegt vor allem an der fehlenden Bewässerungsmöglichkeit. Bewässerung erfolgt im Wesentlichen durch die Kanaten, also unterirdische Wasserkanäle, die wie ☞Aquädukte funktionieren. Seit 1970 versucht man, sie durch elektrisch betriebene Tiefbrunnen zu ergänzen. Die landwirtschaftlichen Erträge reichen aber nicht zur*

Versorgung der Bevölkerung aus. Deswegen werden vom Iran Lebensmittel im großen Umfang importiert. Ansonsten lebt die iranische Wirtschaft im Wesentlichen von der Erdölindustrie, die 1951 verstaatlicht wurde. Der Iran verfügt über ca. 11 % der gesamten bekannten Erdölreserven der Welt. Ende der 90er Jahre war der Iran weltweit der viertgrößte Ölerzeuger. Beim Erdgas verfügt der Iran über die zweitgrößten Reserven der Erde, liegt mit der Fördermenge aber nur an 12. Stelle. Ansonsten ist der Iran bekannt für seine Teppiche, Kaviar und Pistazien. Bei den Datteln liegt der Iran mit seiner Erntemenge weltweit auf Platz 1 und stellt 17 % der Weltproduktion. Die ältesten erhaltenen Teppiche stammen zwar aus Anatolien [Türkei] und können auf das 13. Jahrhundert datiert werden. Von den berühmtesten Teppichen sind aber zahlreiche auch iranischen Ursprungs. Die wichtigsten Handelspartner des Iran sind Japan, Deutschland und Italien.)

16. Aus welcher Sprache stammt das Wort „Kaviar“? *(Das Wort kommt von dem iranischen „Cahv-Jar“ [= „Kuchen der Freude“]. Ein iranischer Volksstamm nannte so die kostbaren Eier verschiedener Stör-Arten. Gebräuchlich ist heute auch „Schwarzes Gold“, was treffend ist, wenn man bedenkt, dass der Rogen des Beluga-Störs das teuerste Lebensmittel der Welt ist. 300 € und mehr zahlt man in Deutschland für 100 g, Tendenz steigend, da der Stör vom Aussterben bedroht ist. Deshalb hat der Gouverneur der Wolga-Region Astrachan, wo rund 95 % des Weltmarktbedarfs verarbeitet werden, 2005 den Handel mit Rogen verboten. Die USA, der weltweit größte Absatzmarkt, haben im Oktober 2005 unterstützend einen Importstop für Beluga-Kaviar erlassen.)*

17. Worum ging es beim 1. Golfkrieg? *(Der 1. Golfkrieg dauerte vom 22.09.1980 – 20.08.1988. Hussein kündigte den irakisch-iranischen Grenzvertrag im Bereich des Schatt el-Arab [südirakisches Sumpfgebiet] und griff den Iran an. Seine Invasion lief sich aber bald fest. Der Irak setzte in diesem Krieg Giftgas ein, das er von westlichen Nationen bezogen hatte. Die ☞UNO befand den Irak 1986 für schuldig an diesem Krieg, der 1988 mit einem Waffenstillstand endete.)*

18. Was ist Charg? *(Charg ist eine Insel im Persischen Golf, über das der Iran den größten Teil seines Rohöls zum Export verschifft. Die Insel ist der größte Erdölexporthafen der Welt.)*

Affen

1. Was sind Affen? *(Affen sind Säugetiere, die dem Menschen in Körperbau und Verhalten am meisten ähneln. Affen stellen mit den Halbaffen die Ordnung der Primaten [Herrentiere] dar.)*

2. Wann haben sich die Affen entwickelt? *(Vor rund 35 Mio. Jahren haben sich die Affen von den Halbaffen entwicklungsmäßig getrennt, aber mit diesen in der weiteren Evolution zunächst eine Phase echten Baumlebens durchgemacht.)*

3. Was ist beim Menschen von dem Baumleben seiner Vorgänger übriggeblieben? *(Menschen und Affen haben frühkindliche Greifreflexe an Händen und Füßen, die sich aus dem früheren Baumleben erklären: Bei der Flucht wie auch bei der Fortbewegung in den Bäumen musste sich das Junge reflexartig im Fell der Mutter sicher anklammern können.)*

4. Was kennzeichnet den Übergang vom Tier zum Menschen beim Affen? *(Der Übergang zur ständigen Zweibeinigkeit kennzeichnet den Übergang vom Tier zum Menschen. Die frühesten Vertreter dieser Entwicklung lebten vor 4 – 5 Mio. Jahren in Ostafrika. Dass Menschen und Affen gemeinsame Vorfahren haben, ist inzwischen anerkannt. So sind z.B. die Erbanlagen von Menschen und Schimpansen zu 98 % identisch.)*

5. Welche Affen bezeichnet man als Menschenaffen? *(Es gibt zwei Familien von Menschenaffen: Die Gibbons und die großen Menschenaffen. Zu letzteren gehören Gorillas, Orang-Utan, Schimpansen und Bonobos. Menschenaffen unterscheiden sich von den übrigen Affen dadurch, dass sie keinen Schwanz haben. Sie können Probleme lösen und geben ihr Wissen an ihre Jungen weiter.)*

6. Welche Bedeutung hat bei den Affen, dass mit Ausnahme des Bonobo die Begattung stets nur durch Aufreiten stattfindet? *(Diese Art dokumentiert die männliche Überlegenheit. Das ranghöhere Männchen besteigt aber nicht nur die Weibchen, sondern auch rangniedrigere Männchen in einem gleichgeschlechtlichen Sozialkontakt. Als Unterwerfungshandlung bietet sich das unterlegene Männchen dem ranghöheren auf diesem Wege auch zu sexuellem Kontakt an.)*

7. Welcher Affe ist den Menschen genetisch am nächsten? *(Der Schimpanse: 99 % seiner DNA stimmen mit der des Menschen überein. Der danach nächste Verwandte des Menschen ist die Spitzmaus, deren DNA zu 95 % gleich ist.)*

8. Woher kommt das Wort „Schimpanse“? *(Es kommt von den Bantu aus Afrika: Sie nannten diese Affenart „Tshiluba kivili-chimpenze“, was übersetzt „Schein-Mensch“ bedeutet.)*

9. Wo treten Affen auf? *(In den wärmeren Regionen der alten und neuen Welt [außer in Australien]. Man unterscheidet Neuwelt- oder Breitnasenaffen in Mittel- und Südamerika von den Altwelt- oder Schmalnasenaffen in Afrika und Asien.)*

10. Wie alt wird ein Affe? *(Über zehn bis etwa vierzig Jahre, in Obhut von Menschen auch älter.)*

11. Woher stammt das Sinnbild der drei Affen, die nichts sehen, hören und sagen? *(Dieses Sinnbild geht zurück auf ein mittelalterliches Sprichwort: „Audi, vide, tace, si tu*

vis vivere pace [zu Deutsch: Höre, sieh und schweige, wenn du in Frieden leben willst.] Dass drei Affen das Sprichwort verkörpern, hat seinen Ursprung in Japan. Das Sprichwort ist dort ungefähr gleichlautend mit „nicht sehend, nicht hörend, nicht sprechend". Dabei steht das Wort „zaru" im Japanischen für „nicht". Das kann man leicht verwechseln mit dem japanischen Wort „saru" für Affe. Deshalb wurden aus der dreimaligen Verneinung auch drei Affen.)

Iwan der Schreckliche

1. Wer war „Iwan der Schreckliche"? *(Iwan IV. Wassiljewitsch, mit dem Beinamen „der Schreckliche" [Die russische Bezeichnung lautete „Grosnyi", was eigentlich der „Gestrenge", der „Furcht Gebietende" bedeutet.], war einer der größten Zaren Russlands. Er lebte von 1530 - 1584.)*

2. Wie kam Iwan zur Bezeichnung „der Schreckliche"? *(Einerseits war Iwan ein ebenso kluger wie gebildeter und religiöser Mann, der ausländische Handwerker und Gelehrte ins Land holte und Reformen durchführte, wobei er 1550 ein Gesetzbuch erließ. Andererseits war er aber auch jähzornig und grausam. Mit drei Jahren verlor er den Vater [was ihn formal auf den Thron brachte], mit acht die Mutter. In der Folgezeit wurde er von Bojaren, adligen Großgrundbesitzern, die über große Macht in Russland verfügten, aufgezogen. Sie zwangen ihn auch, schon als Kind bei Folterungen und Hinrichtungen von Staatsfeinden zugegen zu sein. Mit 14 Jahren übernahm Iwan dann die Regierung und ließ als erstes einen Bojaren von scharfen Hunden zerfleischen. Bis 1550 ließ Iwan allein 400 Bojaren hinrichten. Ebenso grausam reagierte Iwan auf Versuche, sich gegen ihn aufzulehnen. Als die Stadt Nowgorod sich unabhängig machen wollte, ließ er die Stadt völlig zerstören und viele Tausende ihrer Einwohner töten. Im Jähzorn schlug er 1581 seinen Sohn so brutal, dass der Knabe an den Verletzungen starb.)*

3. Welche Bedeutung hatte Iwan für die Bezeichnung „Zar"? *(Vor Iwan hatten sich die russischen Herrscher „Großfürsten" genannt. Iwan nahm als erster den Titel Zar an, zu dem er sich am 16.01.1547 krönen ließ. Bis dahin hatte man in Russland die Herrscher der großen antiken Reiche Zaren [nach dem römischen Wort „Caesar"] genannt.)*

4. Welche Bedeutung hatte „Iwan der Schreckliche" für Russland? *(Seine militärischen Anstrengungen brachten Russland den wirtschaftlichen Ruin und stürzten das Land in eine politische und soziale Krise, aus der es sich erst Jahrzehnte später erholte. Dabei war Iwan bei seinen Feldzügen zur Erweiterung des russischen Reiches nach Osten durchaus erfolgreich, auch wenn er 1571 die Zerstörung Moskaus durch die Tartaren hinnehmen musste. Seine Versuche, einen Zugang zur Ostsee zu erstreiten scheiterten aber.)*

Die Quäker

1. Wen bezeichnet man als Quäker? *(Eine religiöse Gemeinschaft der Friedenskirchen, die dem Christentum verbunden ist. Die deutsche Bezeichnung, die der in England seit 1652 gebräuchlichen Bezeichnung „society of Friends“ folgt, lautet „Religiöse Gesellschaft der Freunde“ in Anlehnung an Johannes 15,15. Ihr Hauptziel ist, den persönlichen Glauben in konkretes Handeln umzusetzen. Auch wenn sie dem Christentum verbunden sind, lehnen sie doch alle christlichen Dogmen und Rituale ab. Sie feiern also keine Sakramente wie Taufe und Abendmahl.)*

2. Woher haben die Quäker ihren Namen? *(Ursprünglich war „Quäker“ als Spottname gedacht: Die Andacht der Quäker findet ohne Geistlichen statt. Dabei kommt es vor, dass die Gläubigen im stillen Gebet in Ekstase fallen und zittern. Im Englischen steht „to quake“ für zittern, beben.)*

3. Wer gründete die Bewegung der Quäker? *(George Fox [1624-1691] in England. Als er 1643 in einem Wirtshaus zwei zechende Geistliche sah, wandte er sich von der offiziellen Kirche ab und ging auf Wanderschaft. Dabei sagte ihm eine innere Stimme: „Es gibt einen, nämlich Christum Jesum, der zu deiner Gemütsverfassung sprechen kann“. Fox schloss daraus, dass jeder Mensch den Glauben von innen heraus erfahren muss und kann. Dazu prägte er den für die Quäker bezeichnenden Begriff des „inneren Lichtes“.)*

4. Wie wurde die Bewegung der Quäker in England aufgenommen? *(Zunächst verbreiteten sich die Quäker in England rasch, gerieten aber postwendend mit Politik und Kirche in Konflikt, da sie Gewalt und Krieg ebenso ablehnten wie die übliche Form des Gottesdienstes, Geistliche und die Kirche als Institution. Bis 1667 wurden mehr als 13.000 Quäker verhaftet, von denen viele in den Gefängnissen verhungerten und misshandelt wurden. Erst 1689 wurde den Quäkern in England Religionsfreiheit eingeräumt.)*

5. Wer war William Penn (1644-1718)? *(Penn schloss sich 1668 den Quäkern an. Als sein Vater 1676 starb, hinterließ er William nicht nur ein beträchtliches Vermögen, sondern auch eine offene Forderung gegen die englische Krone. Da sich Williams Vater als Admiral große Verdienste erworben hatte, übertrug Karl II. nun William, der wegen der Verfolgung der Quäker in England eine Alternative suchte, zum Ausgleich der Schulden ein Gebiet in Nordamerika westlich des Delaware-Flusses, das so groß wie England war, und nannte es „Pennsylvania“. Dort gründete Penn einen Staat nach den Prinzipien der Quäker, die jede Form von Gewalt, Krieg und Diskriminierung ablehnten. Sogar mit den Indianern konnte dort ein Freundschaftsvertrag geschlossen werden.)*

6. Welche hohe Auszeichnung erhielt die Bewegung der Quäker? *(Am 10.12.1947 erhielten die amerikanische und englische Gemeinschaft den Friedensnobelpreis u.a.*

für die „Quäker-Speisungen" der Not leidenden Bevölkerungen nach den Weltkriegen.)

7. Wie verbreitet sind die Quäker auf der Welt? *(Von den 1997 weltweit rund 250.000 Quäkern leben rund 80.000 in den USA, rund 50.000 in Kenia und rund 20.000 in Großbritannien.)*

Sokrates

1. Wer war Sokrates (ca. 469 – 399 v. Chr.)? *(Mit ☞Platon einer der berühmtesten Philosophen Griechenlands.)*

2. Wie lebte Sokrates? *(Er war der Sohn eines Bildhauers und einer Hebamme, weshalb er sich in Anspielung darauf auch gern als „Vertreter geistiger Geburtshilfe" bezeichnete. Zunächst arbeitete auch er als Bildhauer. Dann aber sah er die aus seiner Sicht entarteten Lehren der Sophisten als Gefahr für das Gemeinwesen an und machte sich zum Lebensziel, deren Lehren zu bekämpfen und an ihre Stelle eine wissenschaftliche Ethik zu setzen. Deshalb verbrachte er sein ganzes Leben in Armut, um sich ganz den Problemen der Seele des Menschen widmen zu können.)*

3. Was an der sophistischen Lehre bekämpfte Sokrates? *(Die Sophisten [damals Lehrer in Philosophie und trickreicher - nicht unbedingt moralischer - Rhetorik] vertraten die These, dass der Mensch als EINZELNER „das Maß aller Dinge" sei. Dafür stand insbesondere Protagoras [480 – 410 v. Chr.], dessen These „Der Mensch ist das Maß aller Dinge, der Seienden, dass sie sind, der Nicht-Seienden, dass sie nicht sind" in der Philosophie als Homomensura-Satz [homo = Mensch, mensura = Maß] bekannt ist. Diese These musste zur Folge haben, dass sich keine allgemeingültigen Vorstellungen vom ethisch Guten und Bösen entwickeln konnten. Sokrates hingegen war überzeugt, dass in allen Menschen als Wesenskern eine sittliche Natur gleich angelegt ist, es also einen allgemeingültigen, objektiven Begriff von Gut und Böse geben muss. Deshalb griff Sokrates den Homomensura-Satz mit einem anderen Zungenschlag auf: Der Mensch als GATTUNG ist das Maß aller Dinge! Die Aufforderung Sokrates´, sich selbst zu erkennen, lautete auf Griechisch „γνωϑι σεαυτόν" und stand bereits als Inschrift im Apollo-Tempel in Delphi.)*

4. Trat Sokrates als öffentlicher Redner auf? *(Nein: Wenn man den Berichten seiner Schüler trauen darf, verwickelte er im Alltag Mitbürger in Gespräche, sprach eher alltägliche Themen an und leitete dann geschickt zu dem über, was er vermitteln wollte. Dabei führte er seinen Gesprächspartner so, dass dieser selbst durch den logischen Fluss des Dialogs zu der von Sokrates vertretenen These fand, sie also als Produkt seiner eigenen Gedanken erfuhr. Das entsprach der Denkweise des Sokrates, dass die Erkenntnis des Guten jedem Menschen aus sich heraus möglich sei. Diese aus-*

gesprochen erfolgreiche Gesprächsführung wird als „sokratische Dialektik“ bezeichnet.)

5. Welche Schriften hat Sokrates hinterlassen? *(Keine: Seine Lehren wurden von seinen Schülern ☞Platon und Xenphon sowie von ☞Aristoteles überliefert.)*

6. Wer war Xanthippe? *(Xanthippe war die Frau des Sokrates. Da Xenophon [430 – ca. 355 v. Chr.] auch über Sokrates´ Leben berichtete und dabei Xanthippe beiläufig als streitsüchtig bezeichnete, hatte sie fortan den Ruf als zanksüchtig weg und wurde damit zur Anekdote, allerdings zu Unrecht: Historisch begründet war der Vorwurf nämlich nicht. Bei Platon findet sich kein einziger Hinweis in diese Richtung. Xanthippe hatte sich übrigens durch einen Vorfall den Ruf als „Zankhippe“ eingefangen, bei dem sie durchaus im Recht war: Der mit Sokrates befreundete Xenophon, der nicht nur Philosoph, sondern auch Geschichtsschreiber und Verfasser durchaus praktischer Bücher war, wollte und durfte als Zivilist am Zug des Kyros des Jüngeren gegen dessen Bruder, den Perserkönig Artaxerxes II. Mnemon teilnehmen. Der Feldzug begann 401 v. Chr. Sokrates fand das toll und wollte auch mit, stieß wegen seines Alters [immerhin war er schon 68 Jahre alt] bei Xanthippe aber auf keine Gegenliebe für diesen riskanten Ausflug. Also schlug er der zu Recht lamentierenden Gattin vor, das Orakel von Delphi entscheiden zu lassen. Xanthippe willigte im Vertrauen auf den einzig möglichen Spruch des Orakels ein, hatte die Rechnung aber ohne den listigen Sokrates gemacht: Der stellte seine Frage in einer doppelten Verneinung, womit der Spruch des Orakels automatisch zum „Ja“ auf seine Frage wurde. So konnte Sokrates gegen die berechtigte Empörung von Xanthippe beim Feldzug nach Kleinasien mitmachen. Dieser Feldzug sollte sich übrigens aber zum Desaster entwickeln, wie man in Xenophons Werk „Anabasis“ nachlesen kann.- Sokrates stichelte indirekt gegen seine Frau mit der Aufforderung: „Heirate! Ist es eine gute Frau, wirst du glücklich. Ist es eine böse, wirst du Philosoph.“ Mit Xanthippe hatte Sokrates drei Söhne, von denen bei seinem Tode zwei noch minderjährig waren.)*

7. Wie hatte das Orakel von Delphi Sokrates öffentlich eingestuft? *(Auf die Frage nach dem weisesten Mann antwortete das Orakel, niemand sei weiser als Sokrates. Er beanspruchte das dann mit der Begründung, er sei tatsächlich weiser als die anderen, weil er wenigstens klar erkenne, dass er nichts wisse [„Ich weiß, dass ich nichts weiß!“].)*

8. Wie sah Sokrates aus? *(Ein unansehnlicher Kauz mit Stupsnase, wulstigen Lippen und einem Schmerbauch, ungepflegt, barfuss und mit struppigem Bart. So hat man ihn zeitgenössisch geschildert.)*

9. War Sokrates ein Weichling? *(Nein: Er hat an drei Feldzügen teilgenommen. Im ersten hat er dem Alkibiades [bedeutender Staatsmann und Feldherr Athens] das Leben gerettet [431]. Da war Sokrates schon fast 40 Jahre alt, aber ein starker, wendiger und tapferer Soldat. Da Sokrates durchaus angesehen war, hatte man ihn 406 sogar zum Purytanen gewählt. Das bedeutete, dass er im „Rat der 500“ eine leitende Stellung einnehmen durfte.)*

10. Wie starb Sokrates? *(Wegen seiner unbequemen Art hatte sich Sokrates viele Feinde gemacht. Die klagten ihn schließlich an, dass er nicht an die Staatsgötter glaube und die Jugend verderbe. In dem Prozess, den Platon ausführlich in seinem Werk „Apologia" beschreibt [Sokrates kommt glänzend weg, aber seine Richter interessierte das herzlich wenig], wurde Sokrates zum Tode verurteilt. Fünfhundert Männer, die vom Volk gewählt waren, entschieden in geheimer Abstimmung, ob der Angeklagte schuldig war oder nicht und welche Strafe zu verhängen war. Obwohl er nach seiner Verurteilung noch hätte fliehen können, trank Sokrates den mit Schierling gefüllten Becher und starb den ausgeurteilten Gift-Tod. Zu fliehen hätte nicht zu seiner Gesetzestreue gepasst.)*

11. Wie verlief der Prozess gegen Sokrates? *(Der Prozess gegen Sokrates war kein religiöser, sondern ein politischer Prozess. Der pfiffige Sokrates hatte gegen sich selbst eine Geldstrafe beantragt, besaß aber nichts. Seine Schüler und Freunde hatten gegenüber dem Gericht sogar für die Entrichtung der angebotenen Geldbuße gebürgt. Das Gericht allerdings wollte Sokrates sterben sehen und verurteilte ihn zum Tod. Nach der Verurteilung entwickelte Sokrates in einem letzten Gespräch über das Leben nach dem Tod seine „Ideenlehre", das Kernstück der platonischen Weltsicht.)*

12. Hat Sokrates bei der Abstimmung über seinen Urteilsspruch haushoch verloren? *(Nein, seine Verteidigungsrede hatte manchen Richter nachdenklich gemacht. Die Abstimmung schloss nur mit einer Mehrheit von 30 Stimmen der insgesamt 501 Geschworenen. Beim Strafvorschlag [Die Ankläger hatten die Todesstrafe beantragt] verhielt sich Sokrates fast provokant: Er beantragte nicht etwa statt der Todesstrafe die damals durchaus übliche Verbannung. Vielmehr erbat er statt jeder Strafe eine hohe Ehrung, die sonst nur den Olympia-Siegern und siegreichen Feldherren zuteil wurde, nämlich lebenslange Speisung im „Prytaneion" [also im Hause des Obersten Staatsrats]. Erst am Schluss seiner Rede gab er an, auch einer Geldstrafe zuzustimmen. Darüber waren die Geschworenen offenkundig so sauer, dass sie erst recht auf die Todesstrafe erkannten. Bei dieser Abstimmung war die Stimmenzahl größer als vorher beim Schuldspruch.)*

13. Wie lief das Verfahren bei einer Anklage im alten Athen? *(Das kann man sehr schön bei Platon in dem Werk „Apologie" nachlesen. Der Prozess gliederte sich in drei Teile: Im ersten verteidigt sich Sokrates gegen die Anklage. Im zweiten geht er auf den Urteilsspruch ein und macht, wie es im Verfahren vorgesehen war, einen Gegenvorschlag zum Strafantrag der Ankläger. Im dritten Prozessabschnitt hat der zum Tode verurteilte Sokrates das Schlusswort.)*

14. War es für Sokrates Gegner risikolos, ihn anzuklagen? *(Keineswegs: Im alten Athen stand eine erfolglose Anklage selbst unter Strafe. Das zeigt, wie sicher sich seine Gegner waren, ihn dranzukriegen.)*

Olympische Spiele

1. Was waren die Olympischen Spiele im Altertum? *(Von 776 v. Chr. – 393 n. Chr. fanden die antiken Festspiele in Olympia in der Landschaft Elis auf dem Peloponnes in Griechenland statt. Sie waren die bedeutendsten Spiele der hellenistischen Welt. Im Altertum wurden nie mehr als 14 Wettkämpfe durchgeführt, die sich auf fünf Tage verteilten. Während der Festspiele herrschte „Gottesfriede“: Alle kriegerischen Auseinandersetzungen ruhten.)*

2. Wer durfte bei den Olympischen Spielen im Altertum teilnehmen? *(Zunächst nur freie Griechen, nach der Besetzung durch die Römer 146 v. Chr. auch Nichtgriechen. Frauen waren weder zum Wettkampf noch als Zuschauer zugelassen. Für alle Teilnehmer war für den Wettkampf die Vorbereitungszeit einheitlich auf 30 Tage vorgeschrieben.)*

3. Welche Bedeutung hatte das Ringen bei den Olympischen Spielen der Antike? *(In der Antike [auch schon zuvor in Ägypten] war das Ringen sehr populär. 708 v. Chr. wurde das Ringen sogar als Abschluss des Fünfkampfs in das Programm der antiken Olympischen Spiele aufgenommen. In diesem griechischen Ringkampf wurde ursprünglich nur im Stand gerungen. Verloren hatte der Kämpfer, der ohne körperschädigende Griffe dreimal zu Boden gebracht worden war.)*

4. Was erhielt der Sieger bei den Olympischen Spielen im Altertum? *(Der Siegespreis bestand in einem Ölzweig vom heiligen Ölbaum neben dem Zeustempel in Olympia. Die Sieger erhielten in ihrer Heimat später weitere Preise, auch sehr wertvolle, z.B. Steuerfreiheit auf Lebenszeit in Athen.)*

5. Wer war der berühmteste Wettkämpfer im Altertum? *(Milon von Kroton, der es schaffte, von 540 – 516 v. Chr. sechs Mal als Ringer ungeschlagen zu bleiben. Angeblich soll er pro Tag 17 kg Fleisch und Brot sowie [nach heutigem Maß] 14 Flaschen Wein getrunken haben. Er scheint eine olympische Leber gehabt zu haben...)*

6. Wie oft wurde der römische Kaiser Nero Olympiasieger? *(Der Besuch des Kaisers Nero in Olympia stellte einen peinlichen Tiefpunkt in der Geschichte der Sportstätte dar. Der Olympische Rat durchbrach zunächst einmal die traditionelle 4-Jahres-Folge, um Nero 67 nach Christus seine „eigenen“ Spiele bieten zu können. Nero bestach die Kampfrichter und seine Gegner. Deshalb brachte er es 67 n. Chr. auf sechs Olympiasiege. Für ihn wurde hemmungslos manipuliert: Als neue Disziplinen wurden Gesang, Zither- und Tragödienspiel eingeführt, die Nero selbstverständlich gewann. Auch bei den drei Wagenrennen, an denen er teilnahm, triumphierte er. Bei einem der Rennen fiel er vom Wagen, wurde aber trotzdem zum Sieger aufgerufen, nachdem man alle anderen Teilnehmer kurzerhand disqualifiziert hatte.)*

7. Warum endeten die Olympischen Spielen im Altertum? *(Nachdem sie 393 n. Chr. das letzte Mal ausgerichtet worden waren, verbot sie der römische Kaiser Theodosius als heidnischen Kult.)*

8. Wie kam es zur neuen Austragung der Olympischen Spiele in der Neuzeit? *(Als deutsche Forscher in Olympia die alten Wettkampfstätten ausgruben, brachte das Pierre de Coubertain [1863-1937] auf die Idee, die Olympischen Spiele wieder auszutragen. Deshalb wurde am 23.06.1894 in Paris auf dem „Internationalen Leibeserzieherischen Kongress", zu dem Coubertain eingeladen hatte, beschlossen, Vertreter aller Länder alle vier Jahre beim sportlichen Wettkampf zu vereinen.)*

9. Wie kam es zu den Sportarten bei den ersten Olympischen Spielen 1896? *(Coubertain hatte zum ersten Olympischen Komitee u.a. Deutsche, Franzosen und Briten eingeladen. Sie bestanden auf den Sportarten, in denen sie stark waren: Die Deutschen auf Turnen, die Franzosen auf Fechten, Reiten und Tennis und die Briten auf Rudern [Bei den Olympischen Spielen 1900 in Paris wurde diese Disziplin unter „Rettungswerk" geführt] und Leichtathletik.)*

10. Welche Ehrung erfuhr Coubertain für seine Verdienste um die Olympischen Spiele? *(Coubertain gründete 1894 ein Internationales Olympisches Komitee, dessen Generalsekretär er wurde. Von 1896 bis 1925 war er dessen Präsident. 1912 erhielt er deshalb für eine „Ode an den Sport" die olympische Goldmedaille für Literatur. Coubertain führte übrigens das Diskuswerfen, den Marathonlauf und den modernen Fünfkampf als olympische Disziplinen ein.)*

11. Entspricht beim Marathonlauf die olympische Distanz von 42,195 km der historischen Distanz? *(Nein: Die historische Distanz vom Schlachtort Marathon nach Athen ist ca. 40 km lang. Bei den Olympischen Spielen in London 1908 wollte die Königsfamilie die Läufer vom Schloss Windsor aus starten und vor der Königsloge im Olympiastadion einlaufen sehen. Das waren genau 42,195 km. Seitdem blieb es bei dieser Distanzdefinition. 2004 findet der Marathonlauf ausnahmsweise auf der historischen Strecke statt.)*

12. Wie viele Sportler und Nationen nahmen bei den ersten Olympischen Spielen der Neuzeit 1896 in Athen teil? *(In 10 Sportarten traten 245 Wettkämpfer aus 14 Staaten an. 2000 waren es 28 Sportarten mit 10.651 Wettkämpfern aus 199 Nationen.)*

13. Sind die Olympischen Spiele der Neuzeit ein Wettkampf der Nationen? *(Das sollte man meinen, wenn man bei den Olympischen Spielen den täglichen Medaillenspiegel sieht. Die Olympischen Spiele sind aber gerade kein Nationenkampf, sondern ein Wettkampf der Athleten in Einzel- und Mannschaftswettbewerben. Deshalb werden die Olympischen Spiele auch nicht an ein Land, sondern immer nur an eine Stadt vergeben. Erst seit 1906 laufen die Sportler bei der Eröffnung nach Nationen ein. Seit 1956 kommen sie aber bunt gemischt zur Abschlussfeier.)*

14. Seit wann gibt es Olympische Winterspiele? *(Seit 1924. Die ersten fanden in Chamonix-Mont-Blanc mit 16 Wettbewerben und 258 Athleten aus 16 Staaten statt. 1998 waren es schon 68 Wettbewerbe mit 2.339 Athleten aus 72 Staaten.)*

15. Dürfen Berufssportler an den Olympischen Spielen teilnehmen? *(Früher nein, seit 1988 ja, wenn sie die in der Charta [Regel 45] des Internationalen Olympischen Komitees [IOK] festgelegten Regeln einhalten, also u.a. auf Werbung und Geldpreise während der Olympischen Spiele verzichten [Davor und danach ist o.k...]. Beim Fußball allerdings dürfen in einem Team nur drei Spieler älter als 23 Jahre sein. Für Nurmi kam die Neuerung zu spät: Er wurde 1932 von den Spielen in Los Angeles ausgeschlossen, da er ein Profi sei [Bei den Olympischen Spielen 1920 hatte er 3, 1924 dann 5 [beachtlich war, dass er 1924 in nur einer Stunde die Wettkämpfe über 1500 und 5000 m gewann] und 1928 noch mal eine Goldmedaille gewonnen]. Finnland vergaß seinen Helden nicht und ließ ihn bei den Olympischen Spielen 1952 in Helsinki das olympische Feuer entzünden.- Im Altertum war man nicht so kleinlich. Ab dem 3. Jahrhundert v.Chr. nahmen praktisch nur Berufssportler teil.)*

16. Gab es bei den Olympischen Spielen immer schon Gold – Silber – Bronze? *(Nein: Erst ab 1904 gab es diese Medaillen. Bis dahin bekam der Erste Silber und der Zweite Kupfer und einen Lorbeerkranz.)*

17. Seit wann wird das olympische Feuer aus Griechenland zum Veranstaltungsort getragen? *(Seit den Olympischen Spielen 1936 in Berlin.)*

18. Seit wann nahm Russland an den Olympischen Spielen teil? *(Erst seit 1952. Bis dahin hatte Russland die Teilnahme abgelehnt, da es die Spiele als „bürgerlich“ qualifizierte. Russland bestand aber 1952 auf einem eigenen olympischen Dorf, damit seine Sportler nicht zu Kontakten mit den „kapitalistischen“ Sportlern kommen konnten. Es wurden die ersten und einzigen Olympischen Spiele, bei denen Deutschland keine Goldmedaille erringen sollte.)*

19. Was ist ein „Olympionike“? *(Nike ist die griechische Göttin des Sieges. Olympionike ist deshalb die Bezeichnung für einen Olympiasieger.)*

20. Wer brachte es über mehrere Olympische Spielen auf die meisten Goldmedaillen? *(Der Amerikaner Ray C. Ewry mit 10 Goldmedaillen, was wirklich bewundernswert ist: Wegen Kinderlähmung hatte er erst mit 20 Jahren richtig zu gehen gelernt. 1912 war er im Hoch-, Weit- und Dreisprung aus dem Stand nicht zu schlagen.)*

21. Wer waren nach ihm die erfolgreichsten Athleten bei den Olympischen Spielen der Neuzeit? *(Die Russin Latynina mit 9 Gold-, 5 Silber- und 4 Bronzemedaillen im Turnen, Nurmi aus Finnland mit 9 Gold- und 3 Silbermedaillen in der Leichtathletik.)*

Die Sieben Weltwunder

1. Was bezeichnet man als die „Sieben Weltwunder“? *(Zu den sog. Sieben Weltwundern gehören 1. Die ☞Cheops-Pyramide, 2. Die ☞Hängenden Gärten der Semiramis, 3. Die ☞Zeus-Statue in Olympia, 4. Der ☞Tempel der Artemis, 5. Das ☞Grabmal des Mausolos, 6. Der ☞Koloss von Rhodos und 7. Der ☞Leuchtturm von Alexandria.)*

2. Von wem stammt die älteste, schriftliche Schilderung dieser Sieben Weltwunder? *(Sie stammt vom Schriftsteller Antipatros von Sidon [phönizische Hafenstadt, heute im Libanon] aus dem 2. Jahrhundert v.Chr.)*

3. Warum nahm Antipatros die ☞Akropolis von Athen nicht in die Liste auf? *(Mit der Schilderung der Sieben Weltwunder hatte Antipatros so etwas wie einen Reiseführer für seine Mitbürger schreiben wollen. Die Akropolis brauchte er da nicht aufzuzählen, weil die sowieso allen bekannt war.)*

4. Warum nahm Antipatros den Turm zu Babel nicht in die Liste auf? *(Er nahm nur das auf, was noch erhalten war. Der Turm zu Babel war zu Antipatros´ Zeit aber bereits verfallen, also keine Sehenswürdigkeit mehr.)*

5. Haben wir die Liste des Antipatros 1:1 übernommen? *(Nein: Antipatros hatte auf seiner Liste auch die Mauern von ☞Babylon, die man später durch den Leuchtturm von Alexandria ersetzte. Man wollte die Liste aber nicht aufstocken, weil die Zahl sieben in allen großen Weltreligionen als heilig gilt.)*

Cheops-Pyramide

1. Was ist die „Cheops-Pyramide“? *(Die Cheops-Pyramide steht bei Gizeh nahe der Stadt Kairo und ist die mittlere und höchste von drei Pyramiden [die anderen beiden sind den Pharaonen Mykerinos und Chephren gewidmet. Alle drei bildeten früher eines der sog. ☞Sieben Weltwunder. Heute gilt nur noch die Cheops-Pyramide als eines der Sieben Weltwunder.]. Sie war ursprünglich 146,6 m und ist heute noch rd. 137 m hoch und damit die höchste Pyramide der Welt. Bei quadratischem Grundriss misst die Seitenlänge unten ca. 230 m. Es wurden ca. 2.300.000 Steinblöcke verbaut mit einem Gesamtgewicht von rd. 6.400.000 t. Die Bauzeit betrug rund 23 Jahre. Drei Monate pro Jahr ruhte die Feldarbeit, wenn der Nil von Juli bis September über die Ufer trat. In diesem Zeitraum war jeder Ägypter zur Arbeit am Bau der Pyramide verpflichtet.)*

2. Wem verdankt die Cheops-Pyramide ihren Namen? *(Ihrem Erbauer, dem ägyptischen König Cheops, der von 2551- 2528 v. Chr. regierte.)*

3. Ist Cheops der ägyptische Name des Königs? *(Nein, sondern die griechische Version des ägyptischen Namens Chufu [auch Khufu].)*

4. Warum ist das Innere der Cheops-Pyramide so verwinkelt und schwer durchschaubar? *(Das hat mehrere Gründe: Zum einen wurde der Plan zu dieser Pyramide während der Bauzeit zweimal verändert. Durch die Vergrößerungen verlagerten sich auch die Grabkammern. Oft wird auch angenommen, man habe Grabräuber durch falsche Kammern, blinde Gänge und Irrwege täuschen wollen. Das ist aber unwahrscheinlich: Die Unsitte der Schändung und Beraubung der Pharaonengräber kam nämlich erst 400 Jahre später auf als Folge von religiösen und sozialen Spannungen.)*

5. Warum mumifizierten die Ägypter die Toten? *(Weil nur ein unversehrter, also mumifizierter Körper die Unterwelt erreichen konnte. Die Mumifizierung war ein heiliges Ritual: Über die vorhandenen Körperöffnungen wurden die inneren Organe entfernt, der Körper mit Natronsalz abgerieben und dann komplett bandagiert.)*

6. Warum ist die Cheops-Pyramide nicht im Sand versunken? *(Da die Cheops-Pyramide insgesamt 6.400.000 Tonnen schwer ist, musste ein stabiler Untergrund gefunden werden. Die Erbauer fanden diesen Untergrund südlich von Kairo auf einem Vorsprung des Wüstenplateaus, also einen felsigen Untergrund.)*

7. Wie schafften es die Erbauer der Pyramide, dass sie auf dem Untergrund genau waagerecht steht? *(Sie hoben um den Bauplatz einen Wall aus und fluteten ihn. Die Wasserlinie wurde gekennzeichnet und danach auf dieser Linie das Plateau völlig eben hergerichtet. Allein daran arbeiteten 4.000 Menschen rund 10 Jahre lang. Ihre Perfektion ist beachtlich: Die horizontale Abweichung der Pyramide beträgt heute weniger als 2 cm. Die Seiten der Pyramide sind ebenfalls mit einer winzigen Abweichung exakt nach den vier Himmelsrichtungen ausgelegt.)*

8. Wir kennen die Cheops-Pyramide nur als Kegel, dessen einzelne Quaderkanten wie Stufen von unten nach oben führen. Sah die Cheops-Pyramide früher auch so aus? *(Nein: Nachdem die Cheops-Pyramide mit den Quadern fertiggestellt war, wurden die vier dreieckigen Außenseiten verkleidet mit Platten aus weißem Kalkstein. Diese Platten waren so passgenau gefertigt worden, dass nicht einmal ein Messer in die Zwischenfugen passte. Die Pyramiden strahlten deshalb in einem herrlichen Weiß und boten beim Sonnenuntergang ein Schauspiel, weil es so aussah, als wenn die Pyramiden im Inneren ein Licht trügen.)*

9. Welche Bedeutung hatte die vergoldete Spitze der Pyramide? *(Nach ägyptischem Glauben hat der Mensch ein „Ka", eine Art zweites Ich, das den Körper beim Tod verlässt und sich frei zwischen Diesseits und Jenseits bewegen kann. Nur dieses „Ka" war in der Lage, auf der Außenhaut der Pyramide die Spitze zu erklimmen. Dort war-*

tete der Sonnengott Re, der Vater jedes Pharaos, um den toten König zur Reise in die Unsterblichkeit abzuholen.)

10. Vor den drei Pyramiden steht eine steinerne Sphinx. Was stellt sie dar, welche Bedeutung hat sie? *(Die 20 m hohe und 57 m lange Sphinx stellt einen liegenden Löwen mit Menschenkopf dar. Wahrscheinlich war es ein Abbild des Königs Cheops. Die Sphinx wird als Wächter für die hinter ihr liegende Totenstadt gedacht gewesen sein. Das Antlitz der Sphinx ist nach Osten gerichtet, um den Morgen zu begrüßen.)*

11. Was will man ausdrücken, wenn man heute jemanden als „Sphinx" bezeichnet? *(Heute versteht man unter einer Sphinx einen rätselhaften, undurchschaubaren Menschen. Dahinter steckt die Sphinx aus der griechischen ☞Mythologie, die den Vorüberkommenden Rätsel aufgab und sie verschlang, wenn sie das Rätsel nicht lösen konnten.)*

Die Hängenden Gärten der Semiramis

1. Was sind die Hängenden Gärten der Semiramis? *(Die Hängenden Gärten der Semiramis gelten nach der Liste des Antipatros als 2. der ☞Sieben Weltwunder. Sie sind nicht mehr erhalten, sollen sich aber in Babylon – dem Babel des Alten Testamentes – befunden haben. Babylon war die 1. Weltstadt der Menschheit. Sie dürfte sich in der Nähe des Euphrat befunden haben, da man zur Bewässerung auf einen starken Wasservorrat angewiesen war.)*

2. Wer baute die Hängenden Gärten der Semiramis? *(Nebukadnezar II. [605 – 562 v. Chr.] baute sie als Geschenk an seine Frau, eine persische Prinzessin namens Amytis. Anders als die anderen sechs Weltwunder war sie deshalb kein Monument für Macht und Ruhm, sondern ein Symbol der Liebe.)*

3. Wurden die hängenden Gärten für die Königin Semiramis errichtet? *(Oft ist zu lesen, dass Semiramis der Name von Nebukadnezars Frau gewesen sei. Das ist aber eher unwahrscheinlich. Semiramis war vielmehr eine sagenhafte babylonisch-assyrische Königin, die rund 250 Jahre vor dem Bau der Hängenden Gärten der Semiramis lebte. Es gibt auch keinerlei Hinweise darauf, dass Nebukadnezars Frau zufällig den gleichen Namen getragen hätte. Die persische Prinzessin sehnte sich in der Wüste Babylons vielmehr nach der üppigen Flora ihrer Heimat Media. Dafür baute Nebukadnezar die Gärten, die wohl terrassenförmig angelegt wurden, um der Prinzessin eine Bergwelt vorzugaukeln.)*

4. Was wurde auf den Hängenden Gärten angebaut? *(Diese Hängenden Gärten waren der erste botanische Garten. Nebukadnezar hatte seinen Soldaten nämlich den Befehl gegeben, alles auszugraben und nach Babylon zu schaffen, was sie bei ihren*

Feldzügen im Ausland an unbekannten Pflanzen sahen. Dadurch entstand ein in seiner Vielfalt kaum zu übertreffender Garten in Babylon.)

5. Woher kommen die Wörter „Garten“ und „Paradies“? *(Das Wort Garten kommt aus dem Griechischen, wo „Gortos“ für einen heimischen Nutzgarten steht. Als die Griechen die Hängenden Gärten der Semiramis sahen, schien ihnen das Wort unangebracht. Sie bildeten daher aus einem altpersischen Ausdruck das Wort „Paradeisos“ für grüne Oasen in der Wüste. Daraus wurde bei uns das Wort Paradies.)*

6. Wie groß waren die Hängenden Gärten der Semiramis? *(Die Hängenden Gärten waren über sieben Terrassen angelegt, von denen sich jede Terrasse ca. 5 m über die darunter liegende erhob. Jede Terrasse war ca. 5,50 m lang und 1,40 m breit.)*

Zeus-Statue in Olympia

1. Die Zeus-Statue in Olympia gilt als das dritte der ☞Sieben Weltwunder. Was war an ihr so besonders? *(Der berühmte Bildhauer Phidias [lebte im 5. Jahrhundert v. Chr.] von ☞Athen hatte in der Cella [Innenraum] des Tempels von Olympia auf dem Peloponnes die Zeus-Statue erbaut. Diese Figur war 12 m hoch und reich mit Gold und Elfenbein verkleidet, wobei der Thronsessel aus reinem Elfenbein bestand.)*

2. Von welchem Geld wurde die Zeus-Statue gebaut? *(Etwa 470 v.Chr. wurden alle Griechen zu Spenden aufgerufen, egal ob arm oder reich. Für den Tempel des Zeus in Olympia, der größer und prächtiger als irgendwo sonst in Griechenland sein sollte, kamen Spenden aus ganz Griechenland herein. Aus diesen Spenden wurde der Tempel gebaut, 456 v.Chr. fertiggestellt und eingeweiht.)*

3. War die Zeus-Statue sehr wertvoll? *(Ja: Alleine die Goldauflage wog 200 kg, was nach heutigem Preis ca. 4 Mio. € ausmachen würde.)*

4. Auf der rechten offenen Hand des Zeus stand die geflügelte Siegesgöttin Nike. Welche Bedeutung hat sie für die christliche Kunst? *(Die christliche Kunst ließ sich von der Darstellung der Siegesgöttin Nike inspirieren und übernahm sie als Engel.)*

5. Warum steht die Zeus-Statue ausgerechnet bei Olympia? *(Das hängt mit der ☞griechischen Mythologie zusammen. Danach kam es zwischen Zeus und seinem Vater Kronos zum Kampf, den Zeus gewann. Er stürzte seinen Vater in den Tartaros, die antike Hölle. Zum Gedenken an seinen Sieg ordnete Zeus die Wettspiele von Olympia an. Den Ort wählte er mit Bedacht, hatte sein Vater doch auf einem Hügel oberhalb von Olympia gewohnt. Ein Olympiasieger erhielt damals einen Ölzweig um die Stirn gelegt, den ein Junge von dem Ölbaum schnitt, den angeblich Herakles, ein*

Sohn des Zeus, gepflanzt haben sollte. Damit sollte deutlich gemacht werden, dass dieser Preis nicht von Menschen, sondern vom Göttervater selbst verliehen wurde.)

6. Was wurde aus der Zeus-Statue? *(Sicher ist, dass sie bei einem Erdbeben im 2. Jahrhundert n.Chr. schwer beschädigt wurde. Ob sie dann um 350 n.Chr. von Plünderern zerstört oder aber 475 n.Chr. nach Konstantinopel geschafft wurde und dort einem Brand zum Opfer fiel, ist bis heute ungeklärt.)*

7. Der Fries am Ostgiebel des Zeus-Tempels zeigt zwei Figuren, die mit ihren Viergespannen zu einem Wagenrennen antreten. Was hat es damit auf sich? *(Die beiden Figuren sind Pelops und Oinomaos, Gestalten aus der griechischen Mythologie. Danach soll Poseidon dem Pelops einen Flügelwagen geschenkt haben, damit er den Oinomaos, einen Sohn des Kriegsgottes Ares, im Kampf um die Hand der Tochter des Ares [Hippodameia] schlagen könne. Hippodameia hatte ebenfalls ein Auge auf Pelops geworfen, und so bestach sie einen Sohn des Hermes, am Wagen ihres Vaters, den Oinomaos lenken sollte, die Pflöcke, die die Räder halten sollten, durch Wachs zu ersetzen. Oinomaos fand bei dem Wagenrennen deshalb den Tod. Pelops aber wurde König von Elis, einem Gebiet im Nordwesten des Peloponnes, der also dem Pelops seinen Namen verdankt [Peloponnes = Insel des Pelops].)*

8. Wie erging es dem Erbauer Phidias? *(Sein weiteres Schicksal liegt genau so im Dunkeln wie der Verbleib der Zeus-Statue. Die Historiker streiten sich, ob er nach einer Verurteilung wegen Unterschlagung von Gold und Elfenbein im Gefängnis von Athen [dort hatte er ebenfalls ein goldelfenbeinernes Standbild der Pallas Athene auf dem Parthenon der Akropolis geschaffen] endete oder nach Elis fliehen konnte und dort starb.)*

Der Tempel der Artemis

1. Was war der Tempel der Artemis? *(Der Tempel der Artemis ist das 4. der ☞Sieben Weltwunder. Er stand in Ephesos, in Kleinasien [heutige Türkei].)*

2. Wer ist Artemis? *(In der ☞griechischen Mythologie ist Artemis eine Tochter des Zeus und die Zwillingsschwester des Apoll. Ursprünglich handelte es sich um eine altasiatische Naturgottheit, die als Göttin mit vielen Brüsten verehrt wurde. Die Griechen übernahmen diesen Kult, setzten das Götterbild aber fortan mit ihrer Artemis gleich. Artemis ist die jungfräuliche Göttin des Mondes und eine Jägerin, die Hüterin der Städte, der Frauen und der jungen Tiere.)*

3. Wie kam es zum ersten Bau des Tempels der Artemis? *(Der erste Artemis-Tempel war noch relativ klein, konkret eine Einfriedung, in der ein heiliger Baum stand. In diesem Baum wiederum befand sich ein Abbild der asiatischen Version der Artemis.*

Den Griechen reichte diese kleine Weihestätte für eine so hochrangige Göttin jedoch nicht. Für den Bau des Tempels war es ein Glück, dass Ephesos im Jahre 560 v.Chr. von dem unermesslich reichen Lyder-König Krösus erobert wurde. Mit seiner Hilfe wurde der fantastische Tempel der Artemis gebaut, der zum prächtigsten Heiligtum der Griechen werden sollte. Dieser Tempel war 51 m breit und 105 m lang. Das Dach wurde von 127 Marmorsäulen zu je 18 m Höhe getragen. Das entspricht heute einem sechsstöckigen Haus.)

4. Wie kam es 356 v.Chr. zur ersten Zerstörung des Artemis-Tempels? *(Ein Mann schlich sich nachts mit einer Fackel in den Tempel und setzte ihn in Brand. Da in dem Tempel ölgetränkte Holztüren eingebaut waren und das Dach auch aus Holz bestand, brannte der Tempel komplett ab. Die fassungslosen Richter fragten den Brandstifter, warum er dieses wunderschöne Bauwerk denn zerstört habe. Der antwortete darauf, dass er seinen Namen für die Nachwelt unvergesslich machen wollte. Daraufhin wurde sein Name in Ephesos nie mehr genannt, um ihm diesen Triumph zu versagen. Tatsächlich kennt man seinen Namen. Er hieß Herostratos.)*

5. Warum bauten die Einwohner von Ephesos die niedergebrannte Tempelanlage wieder auf? *(In Schutt und Asche des niedergebrannten alten Tempels fanden sie die Statue der Artemis, die fast unversehrt war. Sie stuften dies als Wunder ein und betrachteten den Fund als göttlichen Auftrag, den Tempel wieder zu errichten, nur noch größer und prächtiger. Der Tempel wurde jetzt auf einem Grundriss von 65 x 125 Metern erbaut und wieder 127 Säulen errichtet, die das Dach trugen, das diesmal aus Stein war.)*

6. Warum durfte sich ☞Alexander der Große nicht an den Kosten des Neubaus des Tempels beteiligen? *(Alexander der Große kam bei seinem Feldzug auch in Ephesos vorbei und sah den im Wiederaufbau befindlichen Artemis-Tempel. Er bot den Ephesern an, nicht nur mit Rat und Tat, sondern auch mit Geld zu helfen. Da Alexander der Große aber Makedonier war und damit kein Grieche, galt er für die Griechen als Barbar. Barbar war in der damaligen Denkweise jeder, dessen Heimatsprache nicht Griechisch war. Um den als jähzornig bekannten Alexander aber nicht zu verärgern, erklärten die Epheser ihm, dass er ebenfalls ein Gott sei und es deshalb unziemlich wäre, wenn ein Gott einer Göttin einen Tempel baue. Alexander war geschmeichelt und zog von dannen.)*

7. Wie kam es schließlich zum Verfall des Artemis-Tempels? *(Zunächst nahmen die Römer 133 v.Chr. Ephesos ein und erklärten es zur Hauptstadt der neuen römischen Provinz Asia. Artemis wurde kurzerhand umbenannt in die römische Jagdgöttin Diana, und Ephesus blühte als Stadt auf. 262 n.Chr. zogen Goten durch Kleinasien und plünderten und zerstörten teilweise den Tempel. Der römische Kaiser Theodosius I. erhob dann 380 n.Chr. das ☞Christentum zur Staatsreligion und ordnete die Schließung aller heidnischen Tempel an. Das traf auch das Artemision, das fortan zum Steinbruch wurde, aus dem sich jeder bediente, wenn er irgendwo ein Haus baute. Deshalb ist heute von dem Artemis-Tempel praktisch nichts mehr übrig.)*

Grabmal des Mausolos

1. Was war das Grabmal des Mausolos? *(Das Grabmal des Mausolos war das 5. der ☞Sieben Weltwunder. Es lag ungefähr 110 Kilometer südlich von Ephesos, wo heute die türkische Kleinstadt Bodrum liegt. Früher hieß die Stadt Halikarnassos. Bei dem Grabmal handelt es sich um das des karischen Königs Mausolos.)*

2. Wer war Mausolos? *(Kleinasien stand damals unter der Herrschaft der ☞Perser, die unter Kyros II. 546 v.Chr. die Gegend erobert hatten. Das Perserreich war inzwischen so groß geworden, dass man es nicht mehr zentral regieren konnte. Deshalb teilten die persischen Könige ihr Weltreich in eine Anzahl kleinerer Reiche mit Königen ein. Diese Könige nannte man Satrapen [Statthalter, wörtlich „der das Reich Schützende"]. Einer dieser Satrapen war Hekatomnos, der die Hauptstadt seines Königreiches von Mylasa nach Halikarnassos verlegen wollte. Dazu hatte er schon mit umfangreichen Bauarbeiten angefangen, um das Hafenstädtchen auszubauen. Vor dem Umzug dorthin starb er. Deshalb bestieg sein ältester Sohn Mausolos 377 v.Chr. den Thron. Mausolos baute die Stadt dann komplett aus und plante direkt beim Ausbau der Stadt zwischen dem Marktplatz in der Stadtmitte und dem Tempel zu Ehren des Kriegsgottes Ares sein eigenes Grabmal, das seinen Namen für alle Zukunft in Erinnerung halten sollte.)*

3. Wurde das Grabmal des Mausolos von einheimischen Architekten gebaut? *(Nein: Damals war es chic, die Griechen bauen zu lassen. Deshalb machte Mausolos aus der Angelegenheit ein Preisausschreiben, an dem fast alle bekannten griechischen Baumeister teilnahmen. Satyros und Pytheos erhielten schließlich den Zuschlag zum Bau.)*

4. Wie groß war das Grabmal? *(Das Grabmal war so berühmt wegen seiner Größe. Der Grundriss betrug 33 x 39 Meter, das Grabmal selbst war 42 Meter hoch, entspricht also einem 14-stöckigen Gebäude.)*

5. Was war das architektonisch Neue an dem Grabmal des Mausolos? *(In der griechischen Architektur schöpfte ein Gebäude seine Bewunderung grundsätzlich aus der Ausbreitung in der Waagerechten. Das Grabmal des Mausolos hingegen strebte in die Höhe. Damit war dieses Bauwerk eine Mischung aus griechischer, ägyptischer und persischer Bauweise, die später von fast allen Kulturen übernommen wurde. Entsprach ein Grabmal dieser Bauweise, bezeichnete man es später als Mausoleum.)*

6. Erlebte Mausolos die Fertigstellung seines Grabmales? *(Nein: Er starb 353 v.Chr., weshalb seine Frau Artemisia das Bauwerk weiter baute. Um sich bei der Gelegenheit selbst ein Denkmal zu setzen, setzte sie auf die Spitze des Grabmals einen vierspännigen Wagen [Quadriga], der nicht nur von einem Wagenlenker, sondern von zwei Personen, nämlich von ihr und Mausolos, gelenkt wurde. Damit wäre Mausolos*

sicherlich nicht einverstanden gewesen. Auch Artemisia erlebte die Vollendung des Grabmales aber nicht, sondern starb zwei Jahre nach ihrem Mann, der gleichzeitig ihr Bruder war. Nun gab es theoretisch keinen Auftraggeber mehr. Die Bildhauer, Architekten und anderen Kunsthandwerker, die an dem Bau bislang gearbeitet hatten, ergriffen aber jetzt selbst die Initiative und führten das Grabmal zu Ende.)

7. Wie ging das Grabmal des Mausolos unter? *(Im 12. Jahrhundert n. Chr. stürzten große Teile des Grabmals bei einem Erdbeben in sich zusammen. 300 Jahre später benutzten die Kreuzritter die Ruine als Steinbruch für Befestigungsanlagen gegen die anrückenden Türken. Bei dieser Gelegenheit wurde das Mausoleum bis auf den Boden abgetragen.)*

Der Koloss von Rhodos

1. Wer war der Koloss von Rhodos? *(Der Koloss von Rhodos war das 6. der 7 Weltwunder der Antike. Die Statue war ca. 36 Meter hoch und stellte den Sonnengott Helios dar.)*

2. Wie kam es zur Errichtung des Koloss von Rhodos? *(Demetrios [König von Phrygien und Lykien in Kleinasien] hatte versucht, Rhodos zu erobern. Alle Angriffe scheiterten aber an der Mauer um Stadt und Hafen. Das brachte Demetrios auf die Idee, einen ungeheuren Belagerungsturm zu bauen, der die fantastische Höhe von rund 30 Metern hatte. Er bestand aus Eichenholz auf Rädern mit 9 Stockwerken, die mit Rammböcken und Katapulten versehen waren. Gleich beim ersten Anschieben hatte das Kriegsgerät Erfolg. Es rammte ein tiefes Loch in die Stadtmauer. Dabei ließen es die Angreifer aber bewenden und wollten den Angriff erst am nächsten Tag fortsetzen. Die Bewohner von Rhodos fielen in der Stadt auf die Knie und beteten zu ihrem Schutzherrn Helios um Hilfe. Dabei schworen sie, ihm ein Standbild zu errichten, wenn er ihnen aus der Bedrängnis helfe. Helios riet ihnen, direkt hinter der Stadtmauer vor dem Belagerungsturm einen tiefen Graben auszuheben und ihn zu tarnen. So geschah es. Als die Angreifer am nächsten Tag den Turm, der Helepolis [die Städtezertrümmerin] genannt wurde, weiter nach vorne schoben, senkte sich der Turm mit den Vorderrädern in die Grube, fiel nach vorne und wurde bewegungsunfähig. Das Loch, das er in die Mauer gerissen hatte, verschloss der Turm nun ausgerechnet selbst. Entnervt gab Demetrios die Belagerung auf und schloss mit Rhodos einen Friedensvertrag. Nun waren die Rhoder bei ihrem Schutzgott im Wort und bauten den Koloss von Rhodos, der dem Gelöbnis folgend größer sein musste als Helepolis.)*

3. Warum war Helios der Schutzgott der Rhoder? *(Das hat seinen Hintergrund in der ☞griechischen Mythologie: Als der Göttervater Zeus die Erde unter den Göttern aufteilte, war Helios, der Sonnengott, zufällig nicht dabei. Er war nämlich gerade mit*

seinem goldenen Viergespann auf der alltäglichen Fahrt über das Himmelszelt. Nun forderte Helios natürlich auch etwas von seinem Vater, und zwar eine Insel, die er noch unter Wasser hatte langsam emporsteigen sehen. Diese Insel war Rhodos, und Zeus schenkte sie Helios.)

4. Wurde der Erbauer des Koloss von Rhodos damit glücklich? *(Nein: Die Rhoder lösten zwar ihren Schwur ein, legten bei der Gelegenheit aber auch den Bildhauer herein. Chares von Lindos erhielt zunächst den Auftrag für eine 18 Meter hohe Statue, zu dem die Rhoder mit ihm einen Festpreis für Arbeitslohn und Material ausmachten. Danach bestellten sie bei ihm eine doppelt so große Statue und vereinbarten gleichzeitig die Verdoppelung des Preises. Da hatte Chares nicht aufgepasst, weil bei dieser Größenordnung der Preis eigentlich das Achtfache hätte sein müssen [Höhe x Breite x Tiefe]. Deshalb ging Chares an dem Auftrag bankrott und nahm sich das Leben.)*

5. Wo stand der Koloss von Rhodos? *(Früher glaubte man, der Koloss habe mit gespreizten Beinen über der Hafeneinfahrt gestanden. Heute weiß man, dass das sehr unwahrscheinlich ist. Er stand wohl in der Stadt mit dem Gesicht nach Osten gerichtet, weil das die Richtung war, in der Helios seine tägliche Fahrt über die Himmelskuppel begann.)*

6. Wie ging der Koloss zugrunde? *(Er stand nur rund 66 Jahre. Bei einem Erdbeben im Jahre 224 v. Chr. brach er an den Knien ab und stürzte um, wobei er mehrere Häuser zerstörte. Da nach einem Orakel Rhodos in furchtbares Unglück stürzen würde, wenn die Statue wieder aufgebaut würde, ließ man sie fast 900 Jahre lang genauso liegen, wie sie gefallen war. Als die Araber 653 n. Chr. die Insel eroberten, waren sie nicht so pietätvoll. Sie rissen der Statue die Bronzeschicht ab und brachten sie nach Mesopotamien, wo sie eingeschmolzen wurde.)*

Der Leuchtturm von Alexandria

1. Was war der Leuchtturm von Alexandria? *(Er war das 7. der ☞Sieben Weltwunder. Ursprünglich hatte Antipatros, der die Sieben Weltwunder festgelegt hatte, die Mauern von Babylon als 2. Wunder definiert. Später entschied man sich dazu, die Mauern wegzulassen und den Leuchtturm von Alexandria als 7. Weltwunder zu benennen. Dieser Leuchtturm stand in Alexandria an der Nilmündung und war 130 m hoch.)*

2. Wie kam es zum Bau des Leuchtturms von Alexandria? *(Alexander der Große hatte 332 v. Chr. Ägypten erobert und sich in der alten Hauptstadt Memphis zum Pharao krönen lassen. Ein Jahr später gründete er an der westlichsten Stelle des Nildeltas eine neue Stadt, die er nach sich selbst Alexandria benannte. Das war ganz generell*

eine Marotte von Alexander dem Großen, dass er mehrere Städte mit dem Namen Alexandria parallel zu seinen Feldzügen gründete. Der Ort im Nildelta war aber gut gewählt und mit einem Orakel abgestimmt. Tatsächlich prosperierte die Stadt und wurde zu einem bedeutenden Handelsplatz und Hafen. Berühmt wurde später insbesondere die Bibliothek von Alexandria, die auf 700.000 Papyrus-Rollen das gesamte Wissen des Altertums festgehalten hatte. Alexander hat nicht nur den Plan der Stadt selbst entworfen, sondern auch angeordnet, auf der Alexandria vorgelagerten Insel Pharos einen Leuchtturm zu bauen, wie es ihn größer und höher bislang noch nicht gegeben hatte.)

3. Erlebte Alexander der Große die Fertigstellung des Leuchtturms? *(Nein, genaugenommen hat er nicht einmal den Bau mitgekriegt. Alexander der Große starb 323 v. Chr., und erst 23 Jahre später wurde mit dem Bau des Turmes begonnen. Der Turm hatte eine Höhe von 130 m. Auf seiner Spitze stand eine Statue des Zeus oder des Meeresgottes Poseidon, der auf das Meer hinausschaute.)*

4. Womit machte der Leuchtturm Licht? *(Der Turm enthielt im obersten Geschoss einen starke Lichtanlage, in der Baumharz und Öl verbrannt wurden. Holz war viel zu teuer, weil man es importieren musste und deshalb nur für den Häuser- und Schiffbau verwendete. Dabei wurde das Licht über einen Hohlspiegel gebündelt und reflektiert.)*

5. Wann ging der Leuchtturm unter? *(Um 1100 n.Chr. stürzte der Leuchtturm bei einem Erdbeben in sich zusammen. Die Araber versuchten, ihn wieder neu aufzubauen, schafften es aber nicht.)*

Gotik

1. Was ist Gotik? *(Als Gotik bezeichnet man eine selbstständige Stilepoche der abendländischen Kunst. Diese Kunstrichtung herrschte in Europa von Beginn des 12. Jahrhunderts bis ungefähr zum Endes des 15. Jahrhunderts.)*

2. Was kennzeichnet die gotische Baukunst? (*Die gotische Baukunst ist insbesondere bei großen Kirchen noch erhalten. Am bekanntesten sind Notre-Dame-de-Paris [Bauzeit 1163-1245. Notre-Dame steht im Französischen für Maria, die Mutter Gottes], der Kölner Dom [begonnen 1248, fertiggestellt im 19.Jahrhundert] und der Dom in Mailand [Bauzeit 1386-1418]. Allen Bauwerken ist der Spitzbogen und eine Doppelturmfassade gemeinsam. Typisch für die gotischen Bauwerke war, dass die Pfeiler zur Höhe strebten. Die Türme der gotischen Kirchen wurden sehr hoch angelegt. Ihr Bau dauerte teilweise Jahrhunderte. Das Ulmer Münster war mit seinen 162 Metern Höhe bis zu Errichtung des Eifelturmes 1889 das höchste Bauwerk der Erde. Charakteristisch für gotische Kirchen sind auch die Kreuzblumen als schmückende Bekrönung der Türme. Die Kirchen werden nicht mehr unterteilt in mehrere kleinere*

Räume, sondern in ein großes Hauptschiff mit schmalen Längstrakten. Kennzeichnend für gotische Kirchen ist auch, dass sie statt einer Wandmalerei eine Glasmalerei integrierten.)

3. Woher kommt der Ausdruck „Gotik“? *(Ursprünglich wollte man damit den „Stil der Barbaren“ kennzeichnen. Die Goten hatten das Ende des Römischen Reiches besiegelt. Als nun die Dome des späten Mittelalters mit riesenhaften Abmessungen und furchterregend groß gebaut wurden, wurden sie deshalb als „gotisch“ bezeichnet. Die Größe der Kirchen war wirklich enorm: Das Ulmer Münster z. B. bietet Platz für 30.000 Personen. Beim Bau des Ulmer Münsters hatte die Stadt gerade einmal 20.000 Einwohner. Da die riesigen Bauten häufig die finanziellen Mittel der Gemeinden überstiegen, gab es zahllose Kirchen, deren Bau abgebrochen wurde.)*

Grillparzer

1. Wer war Franz Grillparzer (1791 – 1872)? *(Grillparzer ist einer der größten österreichischen Dramatiker.)*

2. Was sind Grillparzers bekannteste Werke? *(„Sappho“, „Das goldene Vlies“, „Des Meeres und der Liebe Wellen“, „Weh dem, der lügt“ [dessen Aufführung 1838 ein Misserfolg wurde, weshalb sich Grillparzer aus der Öffentlichkeit zurückzog].)*

3. Wie verlief Grillparzers Leben? *(Grillparzers Vater war ein Bauerssohn, der es aufgrund seiner Intelligenz zum Anwalt gebracht hatte. Eigentlich ging es der Familie ganz gut, bis eine Wirtschaftskrise und der Tod des Vaters 1809 die Familie an den Rand der Armut brachten. Da Franz das älteste der vier Kinder war, gab er Nachhilfestunden und brachte seine Familie durch. Daneben beendete er sein Jura- und Philosophiestudium. Danach wechselte Grillparzer in die Verwaltung und wurde der niederösterreichischen Zollbehörde zugeteilt. Aus Sicherheitsdenken heraus blieb Grillparzer sein Leben lang Beamter. 1819 beging seine Mutter Selbstmord. 1821 lernte er Katharina Fröhlich kennen, die er trotz lebenslanger Verlobung nicht heiratete. 1872 veröffentlichte er Gedichte, darunter eine Vielzahl von Liebesgedichten an Katharina.)*

4. Was verband Grillparzer mit Ludwig van ☞Beethoven? *(Sie waren gute Freunde, weshalb Grillparzer auch die Grabrede bei Beethovens Beerdigung hielt.)*

Kemal Atatürk

1. Wer war Kemal Atatürk (1880 – 1938)? *(Kemal Atatürk war der erste Präsident der türkischen Republik, die am 29.10.1923 von der Nationalversammlung ausgerufen wurde.)*

2. War Kemal Atatürk sein richtiger Name? *(Nein: eigentlich hieß er Mustafa Pascha. Der junge Mustafa war nicht nur fleißig, sondern mathematisch hochbegabt. Einer seiner Lehrer war davon so begeistert, dass er ihm den Spitznamen „Kemal", was „Vollkommenheit" bedeutet, gab. Diesen Spitznamen behielt Mustafa bis zu seinem Lebensende bei. Bis 1934 hieß er deshalb Mustafa Kemal Pascha. Den Beinamen „Atatürk", was „Vater der Türken" bedeutet, bekam er 1934 wegen seiner Verdienste um die Türkei.)*

3. Wie verlief das Leben von Atatürk? *(Er wurde 1880 im damals türkischen Saloniki [heute in Griechenland] in einer relativ armen Familie geboren. Als es 1911 zwischen der Türkei und Italien in Nordafrika zum Krieg kam, meldete sich Kemal freiwillig zur Armee und war dabei so erfolgreich, dass er 1913 zum Oberst befördert wurde. Im ☞1. Weltkrieg stellte sich die Türkei auf die Seite Deutschlands und Österreich-Ungarns. In diesem Krieg errang er 1915 bei Gallipoli einen glänzenden Sieg über die Briten. 1916 und 1917 konnte er das Eindringen der Russen in die nördliche Türkei verhindern. Ab 1918 bemühte er sich vergeblich, die Eroberung Palästinas durch britische Streitkräfte zu verhindern. Da die Türkei den Krieg verloren hatte, verlor sie nicht nur weite Gebiete und einen Teil ihrer Unabhängigkeit. Der türkische Sultan nahm vielmehr Friedensbedingungen an, die Kemal für viel zu hart hielt. Kemal organisierte den politischen Widerstand, rief die Mitglieder des ehemaligen Parlamentes zusammen, die seiner Meinung waren, und ließ sich zum Vorsitzenden einer neuen Nationalversammlung wählen. Die Griechen glaubten, dass die Türkei schwach genug sei, um sie anzugreifen, und hofften, große Gebiete am Ägäischen Meer besetzen zu können. Das wiederum einte die Türken, die Kemal zum obersten Befehlshaber ernannten. Er vertrieb 1922 die Griechen endgültig vom türkischen Festland und setzte bei der Lausanner Konferenz, die den griechisch-türkischen Krieg beendete, durch, dass die Türkei große Teile der Gebiete zurückerhielt, die sie nach dem ersten Weltkrieg verloren hatte.)*

4. Was strebte Atatürk für die Türkei an? *(Kemal Atatürk war bemüht, durch Reformen die altmodische Türkei in ein modernes, westliches Industrieland zu verwandeln. Als Erstes schaffte er die Herrschaft der Sultane und die alte muslimische Einrichtung des Kalifates ab. Er befreite die Frauen aus dem Harem und verbot den Gesichtsschleier. Daneben installierte er ein allgemeines Bildungssystem und verlegte die Hauptstadt von Istanbul nach Ankara. Das Land nahm seine Reformen an und dankte es Atatürk damit, dass er dreimal als Präsident wiedergewählt wurde.)*

Carl Friedrich Gauss

1. Wer war Carl Friedrich Gauss (1777 – 1855)? *(Er ist der berühmteste deutsche Mathematiker und wird zu den drei Großen der Mathematik gezählt. Die anderen beiden sind ☞Archimedes und ☞Newton.)*

2. Auf welchen Gebieten betätigte sich Gauss? *(Er war nicht nur ein exzellenter Mathematiker, sondern auch Astronom, Erd- und Landvermesser sowie Physiker. Auf allen Gebieten leistete Gauss Großartiges. Zur Mathematik kam Gauss, als er 1796 morgens plötzlich die Konstruierbarkeit eines regelmäßigen Siebzehnecks mit Zirkel und Lineal erkannte. Dieses Problem war seit der Antike noch von keinem gelöst worden.)*

3. Welche Werke stammen von Gauss? *(Sein bedeutendstes mathematisches Werk veröffentlichte er unter dem Titel „Disquisitiones Arithmeticae" (Untersuchungen zur Arithmetik. Darin dokumentierte Gauss seinen Genius als Zahlentheoretiker. In diesem Buch nehmen seine Untersuchungen zu den Eigenschaften der Primzahlen einen großen Raum ein. Das brachte ihm 1807 eine Professur an der Universität Göttingen und gleichzeitig das Direktorat der Sternwarte ein. In der Astronomie ist sein bekanntestes Werk das 1809 veröffentlichte Hauptwerk „Theorie der Bewegung der Himmelskörper". Daraufhin übertrug ihm 1816 der König von Hannover die Landvermessung des Königreiches. Danach widmete sich Gauss der Physik. Hier erforschte Gauss mit Weber den Erdmagnetismus. Zu seinen wichtigsten physikalischen Leistungen gehört hier die Bestimmung einer magnetischen Maßeinheit. Daneben erfand er einen elektromagnetischen Telegraphen, der aber technisch nicht weiterentwickelt wurde.)*

4. Wie würdigte der König von Hannover nach dem Tod von Gauss dessen Leben? *(Er gab eine Medaille heraus, die Gauss mit der Inschrift „Mathematicorum princeps" [„Fürst der Mathematik"] abbildete.)*

2. Weltkrieg

1. Von wann bis wann ging der 2. Weltkrieg? *(Vom 1. September 1939 [Angriff auf Polen] bis zur bedingungslosen Kapitulation der deutschen Wehrmacht am 07.05.1945 im amerikanischen Hauptquartier Eisenhowers in Reims. Im Pazifik endete der 2. Weltkrieg mit der Kapitulation der Japaner am 02.09.1945.)*

2. Wie waren die demokratischen Strukturen in Europa vor dem 2. Weltkrieg? *(Das internationale politische Leben zwischen dem 1. und 2. Weltkrieg wurde geprägt von Europa und Nordamerika. Großbritannien und die USA standen für Demokratie, während alle wesentlichen anderen europäischen Staaten einschließlich Russland von autoritären Regimen geführt wurden.)*

3. Wie entwickelte sich Deutschland in den Jahren vor dem 2. Weltkrieg? *(Deutschland war von einer Zeit des wirtschaftlichen Aufschwungs geprägt, der das Selbstbewusstsein der Deutschen und Hitlers Machtstellung stärkte. Die deutsche Wirtschaftskraft setzte auch Mittel für den Aufbau einer neuen, modernen und schlagkräftigen Wehrmacht frei. Damit meldete sich Deutschland wieder zurück zu einem maßgeblichen Machtfaktor in Europa.)*

4. Wie begann die Ausdehnung des Deutschen Reichs vor Beginn des 2. Weltkriegs? *(Gemäß dem Versailler Vertrag vom 28.06.1919 war das Saarland 15 Jahre unter Völkerbundsverwaltung gestellt worden. Am 01.03.1935 stimmten die Saarländer über ihre politische Zuordnung ab, entschieden sich für das Deutsche Reich und wurden am gleichen Tag dorthin wieder eingegliedert.)*

5. Was bedeutete der deutsche Einmarsch in die Rheinlandzone am 07.03.1936? *(Der Vertrag von Locarno von 1925 zwischen Deutschland, Frankreich, Großbritannien, Italien und Belgien beinhaltete, dass Deutschland die nach dem 1. Weltkrieg von den Alliierten festgesetzte Westgrenze als unverletzlich akzeptierte und das linksrheinische Gebiet des Deutschen Reichs [„Rheinlandzone"] entmilitarisiert hielt [was Frankreich, Belgien und die Niederlande vor Überraschungsangriffen sicherte]. Im März 1936 kündigte Deutschland den Locarno-Vertrag, marschierte in der Rheinlandzone ein und beendete damit die Ordnung von Versailles. Hitler hatte zuvor 1934 mit Polen einen Nichtangriffspakt geschlossen und im Juni 1935 mit Großbritannien ein Flottenabkommen getroffen, wonach die deutsche Flotte nur 35 % der britischen Flotte groß sein durfte. Die Besetzung der Rheinlandzone war eine Machtdemonstration Deutschlands, dass es keine militärischen Sanktionen der anderen europäischen Nationen mehr fürchtete. Dieser politische Erfolg ermunterte Hitler, die „Eroberung neuen Lebensraums" zum vordringlichen Ziel der NS-Außenpolitik zu erklären. Im November 1937 enthüllt er bei der Führerkonferenz seine Kriegspläne zur Erreichung seines Zieles. Hitler begann nun konsequent damit, Deutschlands Wirtschaftskraft und Größe auf diesen Krieg auszurichten.)*

6. Wie fand der Anschluss Österreichs 1938 an das Deutsche Reich statt? *(Österreich war vor dem Anschluss an das Deutsche Reich instabil: Die provisorische österreichische National-Versammlung hatte zunächst 1918 „Deutsch-Österreich" zur Republik und zum „Bestandteil der Deutschen Republik" erklärt. 1920 trat Österreich dem Völkerbund bei. Das wirtschaftlich angeschlagene Österreich benötigte aber internationale Kredite, erhielt sie 1922 auch unter Garantie des Völkerbundes und musste sich im Gegenzug verpflichten, 20 Jahre auf den Anschluss an Deutschland zu verzichten. 1932 wurde die Völkerbundanleihe verlängert gegen den Verzicht auf einen Anschluss an das Deutsche Reich bis 1952. Es folgten politische Unruhen in Österreich, die u.a. von Deutschland und Frankreich unterstützt wurden. Deutschland pro-*

tegierte massiv die nationalsozialistischen Bestrebungen in Österreich, blockierte mit einem Ultimatum vom 11.03.1938 eine Volksabstimmung, löste damit die Bildung einer national-sozialistischen Regierung aus und marschierte am 13.03.1938 in Österreich ein. Damit war Österreich an das Deutsche Reich angeschlossen. Hitler ließ sich den Anschluss Österreichs im April 1938 durch Abhaltung einer Volksabstimmung in Österreich bestätigen.)

7. Wie verfuhr Hitler danach mit der Tschechoslowakei? *(Nach dem Anschluss Österreichs ragte die Hälfte der Tschechoslowakei in das Deutsche Reich hinein. Die Tschechoslowakei hatte ihre Grenzbefestigungen gegen Deutschland errichtet, konnte aber nach dem Anschluss Österreichs problemlos von dort aus angegriffen werden. Hitler beanspruchte zunächst die deutschstämmigen Randgebiete der Tschechoslowakei [sog. „Sudetenland“, das nach dem 1. Weltkrieg Teil der neu gegründeten Tschechoslowakei geworden war], die ihm am 29.09.1938 bei der Konferenz in München zugesprochen wurden. Damit war rund 1/3 dieser Landzunge an das Deutsche Reich gefallen. Hitler beruhigte England mit der deutsch-englischen Nichtangriffserklärung vom 30.09.1938 und Frankreich mit der deutsch-französischen Erklärung vom 06.12.1938, mit der die deutsch-französische Grenze endgültig anerkannt wurde. Obwohl Hitler zur Beschwichtigung des wachsenden Misstrauens der anderen Großmächte am 26.09.1938 erklärte, die Abtretung des Sudetenlandes sei seine letzte Forderung gewesen, gab er am 21.10.1938 den Geheimbefehl zur „Erledigung der Resttschechei“, marschierte am 15.03.1939 in der Tschechoslowakei ein und spaltete die Landzunge nach Deutschland hinein ab, indem er auf diesem Gebiet die Reichsprotektorate Böhmen und Mähren errichtete und am 23.03.1939 mit dem Deutschen Reich vereinigte. Diese Landgewinne trugen Hitler eine ungeheure Popularität im Deutschen Reich ein. Die Tschechoslowakei vergaß nicht, dass die Sudetendeutschen den Anschluss an Hitlerdeutschland verlangt und damit die Zerschlagung der Tschechoslowakei eingeläutet hatten. Nach dem 2. Weltkrieg wurden von der Tschechoslowakei 2 Mio. Sudetendeutsche aus ihrem Gebiet vertrieben.)*

8. Wie kam es zur Eroberung Polens („Fall Weiß“) durch Deutschland, welche Bedeutung hatte das für den 2. Weltkrieg? *(Bereits im Frühjahr 1939 hatte Hitler seiner Wehrmacht die Order gegeben, sich auf einen Angriff gegen Polen im Herbst 1939 einzustellen. Um sich gegen ein russisches Eingreifen zu schützen, schloss Hitler mit Russland am 23.08.1939 einen Nichtangriffspakt [sog. „Hitler-Stalin-Pakt“]. In einem geheimen Zusatzabkommen vom gleichen Tage regelten beide Staaten für Polen und das Baltikum ihre Interessenssphären. Noch am gleichen Tag setzte Hitler für den Angriff auf Polen den 26.08.1939 fest. Einen Tag vorher schlossen Polen und England aber einen Beistandspakt, und der Angriff wurde deshalb verschoben. Polen machte am 30.08.1939 mobil und wurde am 01.09.1939 um 4.45 von Deutschland angegriffen. Deutschland behauptete vor der Weltöffentlichkeit, Polen habe den deutschen Sender Gleiwitz angegriffen, und rechtfertigte damit seinen Angriff. Tatsächlich waren die Schüsse auf den Sender von der deutschen SS abgefeuert worden, die zum Beweis für Kampfhandlungen Leichen von KZ-Häftlingen zurückließ. England und Frankreich ließen sich aber nicht täuschen und forderten Deutschland zum 03.09.1939 ultimativ auf, seine Truppen hinter die Reichsgrenze zurückzuziehen, und erklärten den Krieg nach Ablauf der Frist. Deutschland ignorierte das Ulti-*

matum und fuhr mit der Eroberung Polens fort. Am 17.09.1939 drangen dann auch die Russen in Polen ein, um das Gebiet zu besetzen, das ihnen im Vertrag mit Deutschland vom 23.08.1939 zugesichert worden war. Die Deutschen nahmen am 27.09.1939 die Festung Warschau nach harten Kämpfen ein, womit der Polenfeldzug beendet war. Am 28.09.1939 schlossen Russland und Deutschland einen Grenz- und Freundschaftsvertrag, der die Gebietsgewinne zwischen ihnen manifestieren sollte. Hitler hatte den Polenfeldzug nicht als Beginn des 2. Weltkriegs geplant; er sollte es aber werden, da England seine Beistandsverpflichtung gegenüber Polen letztlich einlöste. Die kurze Dauer des Polenfeldzugs löste später die Bezeichnung „Blitzkrieg" aus.)

9. Welche Bedeutung hatte der Osten für Hitler? *(Nachdem Hitler mit einem ersten Putsch 1923 gescheitert war, ging er zu einer Legalitätstaktik über, um über Wahlen an die Macht zu kommen. Dazu schrieb er 1925/1926 eine Programmschrift, die zunächst „Viereinhalb Jahre Kampf gegen Lüge, Dummheit und Feigheit" hieß und später in „Mein Kampf" umgetitelt wurde. Dort schrieb er schon: „Die Außenpolitik des völkischen Staates hat die Existenz der durch den Staat zusammengefassten Rasse sicherzustellen." Drei Tage nach seiner Amtseinführung, am 03.02.1933, teilte er seiner Generalität sein außenpolitisches Hauptziel mit: „Eroberung neuen Lebensraumes im Osten und dessen rücksichtslose Germanisierung.")*

10. Welche Eroberungen durch Deutschland folgten dem Polenfeldzug in den sog. „Blitzkriegen"? *(Die kriegerische Auseinandersetzung mit Frankreich und England war letztlich abzusehen, nachdem England am 12.10.1939 eine deutsches Verhandlungsangebot vom 06.10.1939 abgelehnt hatte. Deutschland bemühte sich deshalb, seine Ausgangsposition zu verbessern. Um die Vorherrschaft in der Ostsee zu erhalten, besetzten die Deutschen am 09.04.1940 zunächst Dänemark, das sich kampflos in sein Schicksal fügte, und direkt danach [09.04.-10.06.1940] Norwegen [„Weserübung"].)*

11. Wie verlief der Westfeldzug („Fall Gelb")? *(Der Westfeldzug begann mit Blitzkriegen gegen Holland und Belgien, die jeweils binnen Tagen im Mai 1940 gewonnen wurden. Ebenfalls im Mai 1940 begann der Angriff auf Frankreich. Die französische Nordarmee geriet in eine deutsche Umklammerung und die Briten mussten sich am 26.05.1940 nach Dünkirchen zurückziehen. Deutschland hielt den Panzerangriff auf Dünkirchen aber an und ermöglichte den Engländern und Franzosen damit, alle 335.000 Soldaten nach England auszuschiffen. Hitler hoffte – auch mit dieser Geste - immer noch, mit den Engländern eine separate Regelung treffen zu können, was sich als folgenschwerer Irrtum erweisen sollte. Die französischen Soldaten kapitulierten am 14.06.1940. Am gleichen Tag wurde Paris kampflos besetzt. Eine deutsche Delegation übergab an der Stelle der Unterzeichnung des Waffenstillstandes von 1918, im Wald bei Compiègne und in demselben Eisenbahnwaggon, die deutschen Bedingungen, die am 22.06.1940 von der französischen Regierung unterzeichnet wurden: Der nordwestliche Teil Frankreichs mit Kanal- und Atlantikküste kam in deutsche Hand, Restfrankreich durfte sich eine eigene Verwaltung geben, die in Vichy ihren Sitz hatte. Der französische General de Gaulle rief parallel in London ein „National-*

komitee der Freien Franzosen“ aus, das von der englischen Regierung anerkannt wurde.)

12. Wie ging der Seekrieg aus? *(Die englische Flotte war zu Kriegsbeginn rund dreimal so stark wie die deutsche Flotte, die sich zunächst auf den Kampf gegen feindliche Versorgungswege konzentrierte. Die Kriegsmarine unterstützte erfolgreich die Besetzung Dänemarks und Norwegens, erlitt dabei aber so heftige Verluste, dass sie beim Frankreichfeldzug, insbesondere bei Dünkirchen keine starke Hilfe bieten konnte. Den Überwasserkrieg gewannen die Alliierten über die Dauer des 2. Weltkriegs fast zwangsläufig. Den U-Boot-Krieg konnten die Deutschen lange dominieren, bis den Alliierten 1943 die Ortung der U-Boote per Radar gelang. Zerstörer der Alliierten begleiteten fortan die Konvois und versenkten ab 1943 die deutschen U-Boote fast nach Belieben. Damit war der Seekrieg für Deutschland praktisch schon 1944 verloren.)*

13. Wie verlief der Krieg in Afrika? *(Durch den Kriegsbeitritt Italiens entstand in Afrika ein Kriegsschauplatz, da Italien nach seiner Kriegserklärung am 10.06.1940 englische und französische Kolonien angriff. Hitler akzeptierte das italienische Beistandsersuchen und bildete Anfang 1941 ein Afrikakorps unter der Leitung des Generals Rommel. Da die Engländer einen Teil ihrer Truppen nach Griechenland verlegt hatten, trafen die deutschen Truppen in Afrika zunächst auf wenig Gegenwehr. Die deutschen Anfangserfolge ließen sich aber langfristig nicht halten, zumal die Engländer unter General Montgomery immer mehr eine Materialüberlegenheit gewannen und von den Amerikanern mit einer Invasion in Algerien und Marokko durch General Eisenhower unterstützt wurden. Am 13.05.1943 unterzeichnete der deutsche Generaloberst von Arnim schließlich die Kapitulation des deutschen Afrikakorps, drei Tage später kapitulieren die Italiener, womit 252.000 italienische und deutsche Soldaten auf afrikanischem Boden den Weg in die Gefangenschaft antraten.)*

14. Welchen Hergang nahm der Krieg auf dem Balkan? *(Der Balkankrieg begann am 28.10.1940 mit dem italienischen Feldzug gegen Griechenland von Albanien aus, das Mussolini Italien zwangsweise angegliedert hatte. Der Schuss ging nach hinten los: Britische Trägerflugzeuge schwächten am 11./12.111940 die italienische Flotte und die Griechen besetzen ein Drittel Albaniens. Gemäß ihrer Garantiezusage an Griechenland bauten die Engländer auf Kreta britische Stützpunkte. Anfang April 1941 griffen deutsche Verbände ein, besiegten und besetzten zunächst Jugoslawien und danach ganz Griechenland bis zum 01.06.1941 [Eroberung von Kreta]. Damit hatte Hitler England vom Kontinent vertrieben, die russischen Interessen im Balkan an Bulgarien unterlaufen und die rumänischen Erdölgebiete für Deutschland geschützt. Als sich die deutschen Truppen am 25.08.1944 aus Griechenland zurückziehen, bricht die deutsche Besetzung des Balkans sukzessive zusammen.)*

15. Wann und warum erklärte Deutschland den USA den Krieg? *(Am 11.12.1941. Die USA hatten seit Kriegsbeginn Großbritannien unterstützt. Im März 1941 wurde in den USA das Leih- und Pachtgesetz [Lend Lease Act] erlassen, das die USA ermächtigte, an die Kriegsgegner Deutschlands Kriegsgerät ohne Bezahlung zu liefern. Seit August 1941 besprachen sich der britische und amerikanische Generalstab gemein-*

sam. Als dann Japan am 07.12.1941 den amerikanischen Pazifik-Stützpunkt Pearl Harbor überfiel, erklärten die USA am 08.12.1941 Japan den Krieg. Deutschland und Italien besaßen seit 1940 einen Dreimächtepakt und seit 1942 ein Militärbündnis mit Japan und erklärten deshalb am 11.12.1941 den USA den Krieg. Das ermöglichte den USA, selbst in den Krieg einzusteigen.)

16. Wie verlief der Luftkrieg? *(Zunächst konnte Deutschland vor allem in den Blitzkriegen mit seiner Luftwaffe Erfolge feiern. Insbesondere die deutschen „Stukas" waren den feindlichen Flugzeugen regelmäßig überlegen. Bei der 1940-1941 geführten „Luftschlacht um England" verließ Deutschland als Verlierer das Feld. Die Alliierten hatten eine überlegene Produktion angekurbelt und das Radar entwickelt. Sie bauten auch deutlich mehr Langstreckenbomber und Langstreckenjäger als die Deutschen. Deutschland verlor die Luftschlacht um England binnen sechs Wochen im August und September 1940, nachdem es im Juli 1940 erste Luftangriffe auf England geflogen hatte. Im Juni 1941 beendete Deutschland seine Luftangriffe auf England. Zu Beginn des Luftkrieges hatte Deutschland 1050 Flugzeuge in vorderster Front und 500 in Reserve. Die Engländer hatten nur 625 Flugzeuge und weitere 230 in Reserve. Beide Seiten bauten permanent Flugzeuge nach. Auf Seiten der Engländer und ihrer Verbündeten fielen 414 Piloten, was 1/3 der Flieger ausmachte. Die deutsche Luftwaffe aber verlor 2265 Flugzeuge und beklagte 3363 Gefallene, 2641 Vermisste und Gefangene und 2117 Verwundete. Wegen der geringen Reichweite mussten die deutschen Bombergeschwader immer wieder zu verlustreichen, weil schutzlosen Einsätzen starten. Von diesem Aderlass sollte sich die deutsche Luftwaffe nie wieder erholen. Nachdem Deutschland diesen Luftkrieg faktisch verloren hatte, griffen ab 1942 britische und amerikanische Flugzeuge mit Brand- und Sprengbomben nicht nur militärische Ziele, sondern auch Wohnviertel deutscher Städte an. So erfolgte am 30./31.05. 1942 der „1000-Bomber-Angriff" [Harris plante das Vorhaben unter dem Decknamen „Millennium"] auf Köln. Ab Juni 1943 griffen dann auch amerikanische Bomber Ziele im Deutschen Reich an. Seit Mitte 1944 hatten die Alliierten die uneingeschränkte Lufthoheit über Deutschland, konnten sich aber schon seit 1943 Luftangriffe tagsüber leisten. Am 13./14.02.1945 erfolgte ein Terrorangriff auf das mit Flüchtlingen überfüllte Dresden. Genauso sinnlos war die Bombardierung des bis dahin unzerstörten Potsdams am 14.04.1945.)*

17. Was geschah bei der Bombardierung von Dresden? *(Der britische Luftmarschall Arthur Harris [1892-1984], der den Beinamen „Bomber-Harris" erhielt, setzte im Februar 1945 die Angriffe auf Dresden durch. Er propagierte eine flächendeckende Städtevernichtung, um die Bevölkerung zu demoralisieren. Am 13.02.1945 flogen 773 britische Lancaster-Bomber die erste Welle. Am 14.02.1945 unternahmen die Amerikaner die nächsten beiden Angriffe mit 527 Maschinen. Die Alliierten warfen insgesamt 7.069,7 Tonnen an Minen, Spreng- und Brand-Bomben ab. Zuerst regneten Sprengbomben [bis 500 kg pro Stück], die die Häuser abdeckten, Wände und Fenster zerstörten. Es folgten bis zu 15 kg schwere Brandbomben, die die Häuser wie Kamine ausbrennen ließen. Die Bevölkerung verkochte dadurch zu einem Teil im Löschwasser der Schutzkeller. Der Feuersturm errreichte in der brennenden Stadt eine Temperatur von 1.500 °C. Von den 28.410 Häusern Dresdens wurden 24.866 zerstört. Wie viele Menschen damals starben, ist höchst umstritten. Die meisten Historiker gehen*

heute von 35.000 Toten aus, was schon im Hinblick auf die Bombenmenge deutlich zu niedrig gegriffen sein dürfte. Anfang März 1945 schätzte man die Zahl der Toten mit 25.000, korrigierte die Zahl später aber auf 250.000. Wenn man bedenkt, dass Dresden bereits 1933 rund 650.000 Einwohner zählte und sich am 13./14.02.1945 historisch unstreitig allein 500.000 schlesische Flüchtlinge sowie Zangsarbeiter und Soldaten auf dem Rückzug in Dresden befanden, im Zentrum 12 km² total und weitere 15 km² schwerst beschädigt wurden, erscheinen die maximal geschätzten 250.000 jedenfalls nicht unwahrscheinlich.)

18. Wie verlief der Krieg gegen Russland („Unternehmen Barbarossa")? *(Hitler hatte zwar mit Russland am 23.08.1939 einen Nichtangriffspakt geschlossen, konnte aber sein Propagandaziel vom „Lebensraum im Osten" nur durch eine Eroberung Russlands realisieren, weshalb Hitler den Russlandfeldzug ausdrücklich als „Vernichtungskrieg" in Auftrag gab. Russland war andererseits militärisch Deutschland zahlenmäßig weit überlegen. England arbeitete im 2. Weltkrieg verstärkt mit den USA zusammen und durfte hoffen, dass sich Russland noch auf die Seite der Alliierten schlagen werde. In dieser Situation entschloss sich Hitler, bis 1943 Russland und England zu besiegen, wobei mit Russland 1941 angefangen werden sollte, um dann 1942 England auf mehreren Fronten anzugreifen. Von seinen Erfolgen in den Blitzkriegen verwöhnt, glaubte Hitler an einen schnellen Sieg gegen Russland und bereitete den Krieg als Sommerfeldzug vor [Am 18.12.1940 gab Hitler den Befehl zum „Fall Barbarossa", mit dem Russland „in einem schnellen Feldzug" niedergeworfen werden sollte]. Das sollte fatale Folgen haben, als die deutschen Truppen in einen extrem harten russischen Winter gerieten. Deutschland griff Russland ohne Ankündigung am 22.06.1941 an. Verbände aus Rumänien, der Slowakei, Finnland, Ungarn und Italien wurden in den Angriff einbezogen. 3,2 Mio. deutsche Soldaten standen zu Beginn 4,7 Mio. russischen Soldaten gegenüber. Deutschland kam am Anfang dieses Feldzugs zunächst gut voran, konnte die russische Armee aber nie entscheidend schwächen. Am 15.11.1941 begann der Angriff auf Moskau, der aber im plötzlichen und heftigen Wintereinbruch im verminten Gebiet vor Moskau stecken blieb. Russland hatte inzwischen mit Japan eine Verständigung erzielt [Neutralitätsabkommen vom 13.04.1941] und konnte deshalb starke und frische Verbände nach Moskau verlegen, da es keinen Zweifrontenkrieg mehr zu befürchten hatte. Am 12.07.1941 kam es zum britisch-russischen Bündnis gegen Deutschland, dem am 14.08.1941 ein Militär-Abkommen mit den USA und ein Abkommen mit der polnischen Exilregierung folgten. Der Winter 1941/42 brachte für die falsch ausgerüsteten deutschen Truppen – auch durch Erfrierungen – an allen Frontabschnitten herbe Verluste. Deutschland realisierte, dass Russland nicht in einem Blitzkrieg zu erobern war. Am 05.12.1941 begann die russische Winteroffensive, die die Deutschen zum Rückzug zwang. Hitler entließ am 16.12.1941 von Brauchitsch und übernahm selbst die Oberste Heeresleitung. Deutschland startete im Sommer 1942 eine Offensive, konnte auch Erfolge verzeichnen, schaffte es aber nicht, die US-Militärlieferungen an die UdSSR zu unterbrechen. Anfang September 1942 drang die 6. deutsche Armee mit rund 280.000 Soldaten in Stalingrad ein und eroberte bis zum 18.11.1942 ca. 90 % der Stadt. Die Stadt wurde zur Falle der deutschen Wehrmacht. Am 22.11.1941 wurden die deutschen Truppen in der Stadt eingeschlossen. Mit der Zurückwerfung deutscher Truppen im Nachschubgebiet fielen Flughäfen weg, über die die Truppen in Stalingrad*

per Luftbrücke versorgt wurden. Den Russen gelang es, die Stadt in zwei Kessel aufzuspalten. Der erste Kessel kapitulierte unter General Paulus am 31.01., der zweite am 02.02.1943. Von den eingekesselten Soldaten fielen 150.000, 90.000 gerieten in Gefangenschaft, von denen nur 6.000 nach Deutschland zurückkehren sollten.)

19. Wer rief Deutschland zum „Totalen Krieg" auf? *(Goebbels am 18.02.1943 in einer Rede im Berliner Sportpalast. Deutschland hatte die Kapitulation der 6. Armee in Stalingrad schwer geschockt. Die bevorstehende militärische Niederlage Deutschlands im 2. Weltkrieg demoralisierte die Bevölkerung. Goebbels Brandrede mit dem Ausruf „Wollt Ihr den totalen Krieg?", auf den die Zuhörer mit einem frenetischen „Ja!" antworteten, versuchte noch ein letztes Mal, alle Reserven der Bevölkerung gegen die Alliierten zu mobilisieren. Tatsächlich herrschte zu diesem Zeitpunkt in Deutschland schon der totale Krieg, weil jede Nacht deutsche Städte unter den Bomberangriffen der Briten in Schutt und Asche sanken.)*

20. Was beschlossen die Alliierten auf der Konferenz von Teheran vom 28.11.-01.12.1943 zwischen Roosevelt, Stalin und Churchill? *(Die Aufteilung Deutschlands nach dem 2. Weltkrieg. Da Stalin Landgewinne beanspruchte, Polen zwischen Deutschland und Russland lag und den Krieg nicht als Verlierer beschließen sollte, stellte sich das Problem, wie man den Gebietsverlust von Polen an Russland politisch rechtfertigen sollte. Stalin verdeutlichte seine Wunschvorstellung mit drei Streichhölzern, die das Gebiet Polens darstellen sollten. Er nahm rechts (Osten) eins weg und legte es links (Westen) wieder an. So wurde dann auch verfahren: Polen musste Teile seines Staatsgebietes im Osten an Russland abgeben und erhielt dafür im Westen Teile des deutschen Staatsgebietes. Russland und Polen setzten diese Gebietsverschiebungen später radikal durch, indem sie die einheimische Bevölkerung enteigneten, verschleppten und vertrieben und eigene Bevölkerung an deren Stelle ansiedelten.)*

21. Was war der „D-Day"? *(Der „D-Day" [Abkürzung für „Decision-Day" = „Tag der Entscheidung"] war der 06.06.1944, an dem die Alliierten auf dem von Deutschland bis dahin kontrollierten westeuropäischen Festland in der Normandie landeten. Die Alliierten griffen mit 6.991 Schiffen, 12.837 Flugzeugen und rund 200.000 Soldaten an. Um 6.30 erreichten die ersten Landungsboote den Küstenstreifen, nachdem die Flugzeuge zunächst die Küste bombardiert hatten. Da es aber sehr wolkig war, hatten die Piloten Angst, eigene Soldaten mit den Bomben zu treffen, und warfen sie möglichst spät ab, womit der Großteil im Hinterland detonierte. Deshalb liefen die Landungstruppen in ein mörderisches Maschinengewehrfeuer der deutschen Truppen, deren Waffen vom Bombardement kaum getroffen worden waren. Ein Strandabschnitt, der „Omaha-Beach" genannt wurde, wurde dadurch zum Massengrab für die anstürmenden amerikanischen Soldaten, die zu Tausenden im Kugelhagel der Deutschen starben. 16 Tage später begannen die Russen an der Ostfront ihre Offensive.)*

22. Wann und wie kam es zur deutschen Kapitulation? *(Nach dem D-Day rollten die Alliierten die von Deutschland und seinen Verbündeten besetzten Gebieten erfolgreich auf. Ihre militärische Überlegenheit war erdrückend. Deutschland berief 1944 alle 16-*

bis 60-Jährigen zu den Waffen zum „Deutschen Volkssturm". Der Siegeszug der Alliierten war damit aber nicht aufzuhalten. Hitler hatte sich seit dem 16.01.1945 im Bunker der Reichskanzlei in Berlin verschanzt. Wegen der Aussichtslosigkeit der Deutschen nahm Himmler hinter Hitlers Rücken Kontakt zu den Alliierten auf und bot ihnen am 23.04.1945 eine Teilkapitulation an, die aber abgelehnt wurde. Am gleichen Tag bot Göring Hitler an, die Führung des Reiches zu übernehmen. Hitler reagierte, indem er Himmler und Göring aus der NSDAP ausschloss und aller Ämter enthob. Am 30.04.1945 beging Hitler Selbstmord. Danach ging alles sehr schnell: Am 04.05.1945 kapitulierten die deutschen Streitkräfte in Holland, Nordwestdeutschland, Dänemark und Norwegen, am 07.05. 1945 unterzeichnete die Deutsche Wehrmacht in Eisenhowers Hauptquartier in Reims die „bedingungslose Kapitulation" [wegen der schlechten Erfahrung mit der Kapitulation durch deutsche Politiker nach dem 1. Weltkrieg bestanden die Alliierten auf einer Kapitulation durch die militärische Führung] und am 08.05.1945 wurde die Kapitulation im sowjetischen Hauptquartier in Berlin wiederholt. Die Gesamtkapitulation trat am 09.05.1945 in Kraft.)

23. Erlebte Hitler die deutsche Kapitulation? *(Nein: Er brachte sich mit einem Kopfschuss am 30.04.1945 selbst um. Morgens um 2.30 Uhr hatten ihm Feldmarschall Keitel und General Jodl gefunkt, dass Berlin nicht länger zu halten sei. Eva Braun, die er erst ein paar Tage zuvor geheiratet hatte, brachte sich am gleichen Tag mit ihm mit Zyankali um. Goebbels [der übrigens zur deutschen Romantik promoviert hatte] und seine Frau Magda brachten am Abend des 01.05.1945 ihre fünf Kinder Helga, Helmut, Hedda, Hilde und Holde mit Zyankalikapseln um. Danach ließen sie sich von einem SS-Mann im Garten erschießen.)*

24. Endete der 2. Weltkrieg mit der Kapitulation der Deutschen? *(Nein: Der Krieg mit Japan im Pazifik lief noch weiter. Nachdem die Alliierten in der Seeschlacht bei den Midway-Inseln [03.-07.06.1942] die japanische Flotte, die dabei vier Flugzeugträger verlor, entscheidend geschlagen hatte, errangen die USA 1943 die Lufthoheit über Japan. Ihre Gegenoffensive begann nach der Schlacht bei den Midway-Inseln. Am 19.02.1945 landeten die USA in Japan. Um Japan zur Kapitulation zu zwingen, warfen die USA am 06.08.1945 die erste Atombombe auf Hiroshima und eine zweite am 09.08.1945 auf Nagasaki. Darauf kapitulierte Japan am 02.09.1945, was den 2. Weltkrieg beendete.)*

25. Wie lange dauerte der Krieg zwischen Russland und Japan? *(Nur sehr kurz, konkret vom 08.08.-02.09.1945. Bereits im November 1936 hatte Japan mit Deutschland den „Antikominternpakt" gegen gemeinsame Gegner, u.a. Russland, geschlossen. Um sich wechselseitig einen Zweifrontenkrieg zu ersparen, schlossen Russland und Japan am 13.04.1941 einen Neutralitätspakt. Eigentlich hatten die Alliierten nach Kriegsbeginn auf der Konferenz in Moskau vom 19.-30.10.1943 den Kriegseintritt Russlands gegen Japan besprochen. Russland scheute aber eine zweite Front und wartete die Kapitulation Deutschlands ab. Nach dem Abwurf der Atombombe auf Hiroshima am 06.08.1945 erklärte Russland am 08.08.1945 Japan pro forma den Krieg gegen die Zusage der Alliierten, sich dafür nach Kriegsende ganz Sachalin [japanische Insel vor der russischen Küste] und die Kurilen [nördlichste japanische Inselkette] einverleiben zu dürfen. Die Zusage wurde nach der Kapitulation Japans von den*

anderen Alliierten auch eingelöst. Im Friedensvertrag mit Japan in 1951 wurden dessen Grenzen auf den Stand von 1854 zurückgesetzt. Erst 1956 beendete die Moskauer Erklärung den sowjetisch-japanischen Kriegszustand.)

26. Wie viele Opfer kostete der 2. Weltkrieg? *(In der Zivilbevölkerung hatten die Russen 7 Mio., die Chinesen 5,4 Mio., die Polen 4,2 Mio. und die Deutschen 3,8 Mio. Tote zu beklagen. An Soldaten starben 13,6 Mio. Russen, 6,4 Mio. Chinesen, 4 Mio. Deutsche und 1,2 Mio. Japaner. Großbritannien verlor „nur" 326.000 und die USA „nur" 259.000 Soldaten.)*

27. Was waren die „Nürnberger Prozesse"? *(Schon während des 2. Weltkriegs hatten die Alliierten beschlossen, als Siegermächte einen Internationalen Militärgerichtshof einzusetzen, um vor ihm nationalsozialistische Verbrechen zu ahnden. Da dieser Gerichtshof in Nürnberg eingerichtet wurde, nennt man das Verfahren die „Nürnberger Prozesse". Zunächst wurde am 18.10.1945 Anklage gegen ursprünglich 24 „Hauptkriegsverbrecher" erhoben. Dieser Hauptprozess dauerte vom 20.11.1945 – 01.10.1946 und endete mit der Verhängung von 12 Todesurteilen gegen hohe NS-Funktionäre und Militärs, 7 Urteilen zu Haftstrafen und 3 Freisprüchen. In den Nürnberger Folgeprozessen wurden 177 Personen aus Politik, Militär und Wirtschaft angeklagt. Im Vordergrund standen Straftaten durch die Judenverfolgung in der Hitlerzeit.)*

28. Was war der „Marshall-Plan"? *(Der Marshall-Plan bezeichnet ein Wiederaufbauprogramm für Europa nach dem Ende des 2. Weltkriegs. Auf Initiative des US-Außenministers George Marshall in seiner Rede vom 05.06.1947 erließen die USA am 03.04.1948 das Auslandshilfegesetz ERP [Abkürzung für „European Recovery Program" = „Europäisches Wiederaufbauprogramm"]. Dahinter stand die aus den Folgen des 1. Weltkriegs gewonnene Erfahrung, dass politische Stabilität in Mitteleuropa durch wirtschaftliche Stabilität gefördert werde [Daraus entstand die Truman-Doktrin, jedem Land zum Erhalt seiner Unabhängigkeit wirtschaftliche und militärische Hilfe zu gewähren]. Da der Ostblock am Marshall-Plan nicht teilnehmen wollte [Die UdSSR bezeichnete ihn als „Dollar-Imperialismus" und verbot den Ostblockstaaten die Teilnahme], konzentrierten die USA ihre Wirtschaftshilfen auf Westeuropa, dem sie bis 1952 Werte von 13 Milliarden Dollar zur Verfügung stellten. Die BRD erhielt insgesamt rund 3,3 Milliarden Dollar, von denen sie bis 1978 vertragsgemäß 1,1 Milliarden Dollar zurückzahlte. Den restlichen Gegenwert stellte die BRD gemäß dem Abkommen über die wirtschaftliche Zusammenarbeit mit den USA vom 15.12.1949 in ein selbständiges Sondervermögen des Bundes ein, das die Kreditanstalt für Wiederaufbau und die Deutsche Ausgleichsbank verwalten. Aus diesem Sondervermögen werden bis heute Kredite insbesondere an kleinere und mittlere Unternehmen, vor allem zur Existenzgründung vergeben.)*

29. Woher kommt der Begriff „Jeep"? *(Der Begriff entstand im 2. Weltkrieg. Die amerikanischen Soldaten hatten geländegängige Fahrzeuge für den „allgemeinen Einsatz" [englisch: „general purpose"]. Aus dem G [sprich: Dschi] und dem P entstand das neue Wort „Jeep". Seit 1950 ist der Begriff als Markenname geschützt.)*

30. Woher kommt die Abkürzung „GI“ für amerikanische Soldaten? *(Ursprünglich steht die Abkürzung für „Government issue“, also für die staatlich gelieferte Ausrüstung [to issue = ausrüsten] für die Soldaten. Im 2. Weltkrieg wurde daraus die Abkürzung für einfache Soldaten [dem deutschen Gefreiten vergleichbar].)*

Anglikanische Kirche

1. Was ist die Anglikanische Kirche? *(Die Anglikanische Kirche, die auch Kirche von England [The Church of England] genannt wird, ist eine unabhängige christlich ausgerichtete Kirche, die Staatskirche von England.)*

2. Wie kam es zur Anglikanischen Kirche? *(Der englische König Heinrich VIII. [1509-1547] war verheiratet, bekam von seiner ersten Frau zwar sechs Kinder, aber keinen Sohn als Thronfolger. Da er unbedingt einen Sohn haben wollte, verliebte er sich in Anne Boleyn und bat den Papst über den englischen Kardinal Wolsey um Zustimmung zu seiner Scheidung. Der lehnte ab. Daraufhin schmiss Heinrich VIII. Wolsey raus, rief das Reformationsparlament ein, ließ die anglikanische Kirche gründen und wurde ihr Oberhaupt.)*

3. Wer steht an der Spitze der Anglikanischen Kirche? *(Der Erzbischof von Canterbury.)*

4. Wie ist die Lehre der Anglikanischen Kirche? *(Da sie christlich orientiert ist, vertrat sie zunächst praktisch die Lehre der römisch-katholischen Kirche. Dann fand eine Hinwendung zur Reformation statt, die zur Unabhängigkeit der Anglikanischen Kirche führte. Auf dieser Basis erhielt sie 1563 in 39 Artikeln ihre heute noch gültige Lehrgrundlage. Diese Grundlagen wurden 1888 von Bischöfen auf einer Konferenz wie folgt formuliert: Die Bibel als Lehrgrundlage, das Glaubensbekenntnis von Nicäa als das alte, allgemein anerkannte Bekenntnis der katholischen Kirche, die evangelischen Sakramente der Taufe und des Abendmahls [nut diese Sakramente wurden von Christus selbst eingesetzt], das Amt der Bischöfe, die in der Nachfolge der Apostel stehen [succession].)*

5. Wie verhält sich die Anglikanische Kirche zur britischen Regierung? *(Die Anglikanische Kirche ist eine Staatskirche. Deshalb muss die kirchliche Gesetzgebung [einschließlich Gottesdienst] vom Parlament gebilligt werden. Umgekehrt entsendet die Anglikanische Kirche Regierungsvertreter in das Englische Oberhaus [House of Lords].)*

6. Wie viele Angehörige hat die Anglikanische Kirche weltweit? *(Sie hat rund 55 Mio. Mitglieder.)*

Immanuel Kant

1. Wer war Immanuel Kant (1724-1804)? *(Kant gehört zu den bedeutendsten deutschen Philosophen)*

2. Kant war der Begründer des „Kategorischen Imperativs". Welche These steckt dahinter? *(Hinter dem „Kategorischen Imperativ" steckt Kants Formel für das Sittengesetz: „Handle so, dass die Maxime deines Willens jederzeit zugleich als Prinzip einer allgemeinen Gesetzgebung gelten könnte." Kant wollte damit zum Ausdruck bringen, dass jeder Mensch die Prinzipien seines Handels so formulieren müsse, dass sie als allgemein gültiges Prinzip für alle Menschen verbindlich sein könnten. Auf der gleichen Linie liegt das auf Konfuzius zurückgehende deutsche Sprichwort „Was du nicht willst, das man dir tu, das füg auch keinem andern zu.")*

3. War Kant im damals kriegerischen Preußen ein Militarist oder ein Pazifist? *(Er war erklärter Pazifist. Er plädierte gegen stehende Heere und warb für den möglichen Weltfrieden mit der Idee einer Weltrepublik. 120 Jahre später wurde der Völkerbund gegründet, aus dem die späteren Vereinten Nationen hervorgehen sollten, die sich dann diesem Ziel verschrieben.)*

4. Wie hielt es Kant mit der Religion? *(Die Französische Revolution 1789 begrüßte Kant, vor allem trat er nachdrücklich für das Ende von Glaubensregelungen ein. Das fand Preußens König Friedrich Wilhelm II. überhaupt nicht lustig und verbot ihm die Behandlung religiöser Themen gänzlich.)*

5. War Kant verheiratet? *(Nein. Kant formulierte das einmal so: „Als ich der Frauen bedurfte, konnte ich sie mir nicht leisten; und als ich sie mir leisten konnte, bedurfte ich ihrer nicht mehr.")*

6. Welchen Ideen war Kant verpflichtet? *(Kant ging davon aus, dass jeder Mensch ein natürliches Streben nach etwas Abschließendem, Unbedingtem in sich trage. Die höchsten theoretischen Ideen waren nach seiner Meinung Seele, Welt und Gott. Die höchsten praktischen Ideen waren Unsterblichkeit, Freiheit und absolute Persönlichkeit. Daraus resultiert auch der kategorische Imperativ. Philosophisch wird er zum Kritizismus gezählt.)*

7. Wie lebte Kant? *(Kant wurde am 22.04.1724 in Königsberg in Ostpreußen geboren. Königsberg war damals ein bedeutendes politisches und kulturelles Zentrum mit einer angesehenen Universität. Kant war sehr heimatverbunden, verließ Königsberg nur selten, Ostpreußen überhaupt nicht. Kant lehnte wiederholt Berufungen in andere Städte ab, selbst, wenn sie mit den dreifachen Bezügen warben. So fanden seine großen Abenteuer in seinem Kopf statt. Sein Vater war ein Sattler, seine Mutter wohl gebildeter. Kants Eltern hatten elf Kinder, von denen allerdings nur zwei Söhne und drei Töchter ein höheres Lebensalter erreichten. Da Kant als Kind und Jugendlicher*

recht schwächlich war, wollten ihm seine Eltern das Erlernen eines Handwerks nicht zumuten und einen Theologen aus ihm machen. 1740 begann Kant als Sechzehnjähriger an der Universität in Königsberg Theologie, Philosophie und Mathematik zu studieren. Als sein Vater 1746 starb, musste Kant das Studium aus Geldmangel aufgeben und nahm Hauslehrerstellen an, um die Familie durchzubringen. 1755 promovierte er [Titel der Dissertation: „Über das Feuer"] und wurde im gleichen Jahr Privatdozent der Weltweisheit an der Königsberger Universität. Er dozierte in Logik, Mathematik, philosophische Religionslehre, Ethik und Pädagogik, Naturrecht und Metaphysik, vor allem aber Erdkunde und Menschenkunde. Dabei erhielt er keine staatlichen Bezüge, sondern lebte von dem, was ihm seine Studenten zahlten. Erst 1770, also als schon Sechsundvierzigjähriger, wurde er staatlich bezahlter Professor für Logik und Metaphysik. Kant hielt schon morgens, nach sehr frühem Aufstehen, seine Vorlesungen. Danach begab er sich in ein Kaffeehaus, wo er Billard spielte, Tee trank, plauderte und Zeitungen las. Bis ins hohe Alter aß Kant in Gesellschaft, getreu seinem Grundsatz „allein essen ist für einen philosophierenden Gelehrten ungesund". Eigentlich erst sehr spät als Siebenundfünfzigjähriger veröffentlichte er sein philosophisches Hauptwerk „Kritik der reinen Vernunft" [Philosophie des Erkennens]. Die danach maßgeblichen Werke „Kritik der praktischen Vernunft" [Philosophie des Wollens] und „Kritik der Urteilskraft" [Philosophie des Fühlens] folgten sieben, bzw. neun Jahre später. Mit 59 Jahren konnte er sich ein Haus mit Hörsaal für 70 Zuhörer leisten. In den letzten Jahren häuften sich Symptome von Alzheimer. Nachdem Kant 1803 einen Schlagfall erlitten hatte, starb er am 12.02.1804 mit achtzig Jahren. Seine letzten Worte waren: „Es ist gut.")

8. Mit welchem Zitat wird Kant auf einer Gedenktafel beim Königsberger Schloss geehrt? *(Dort steht zu lesen: „Zwei Dinge erfüllen das Gemüt mit immer neuer und zunehmender Bewunderung und Ehrfurcht, je öfter und anhaltender sich das Nachdenken damit beschäftigt: Der bestirnte Himmel über mir und das moralische Gesetz in mir".)*

9. Wie heißt Königsberg heute? *(Heute heißt es Kaliningrad, da es in Russland liegt.)*

Rom

1. Was ist Rom? *(Rom ist seit 1870 die Hauptstadt Italiens mit ungefähr 3 Mio. Einwohnern. Es liegt ziemlich in der Mitte Italiens, 28 km von der Westküste und dem Hafen Ostia entfernt.)*

2. Wie alt ist Rom? *(Rom wurde ungefähr 800 v. Chr. gegründet, womit der Merkvers „7-5-3 kroch Rom aus dem Ei" historisch nicht ganz falsch ist. Der Merkvers geht auf den römischen Geschichtsschreiber Livius zurück, nach dem Romulus um 753 v. Chr. Rom gegründet haben soll. Rom wurde auf sieben Hügeln erbaut, zuerst aber*

nur auf vieren davon. Der bekannteste Hügel ist der im Zentrum Roms liegende Kapitol, auf dessen südlichem Gipfel der Jupitertempel stand. Er war der Mittelpunkt der Römischen Welt. Die gesamte Stadtgeschichte hindurch war auf dem Kapitol auch das Kapitol [Campidoglio], der Sitz der Stadtregierung. Nach dem Hinauswachsen über den Mauerring des Servius Tullius liegt Rom heute nicht mehr auf sieben, sondern auf zwölf Hügeln.)

3. Warum hieß bei den Römern der Marktplatz „forum“? *(Nachdem die Römer die Hügel mit kleinen Dörfern besiedelt hatten, wurde die Senke dazwischen außerhalb der Dörfer zum Versammlungs- und Marktplatz. Das lateinische Wort für draußen heißt „foris“, und so erhielt der Platz den Namen, den er bis heute behielt.)*

4. Wie kam es dazu, dass Romulus Rom gründete? *(Jupiter hatte geweissagt, dass die Trojaner die Völker Italiens bezwingen würden und der Trojaner Aeneas ihr Herrscher werden solle. Die Herrschaft des trojanischen Geschlechts werde 300 Jahre dauern, bis eine Priesterin dem Kriegsgott Mars Zwillinge gebären werde. Einer der beiden Brüder werde eine Stadt bauen, die nach ihm Rom heißen werde. So kam es dann auch: Der böse König von Alba hatte seine Neffen Romulus und Remus zwar im Tiber ausgesetzt. Die Strömung trieb sie aber ans andere Ufer, wo sie von einer Wölfin gesäugt wurden. Als Romulus groß war, gründete er die Stadt Rom [Romulus und Remus hatten durch Beobachtung der Vögel entschieden, dass Romulus der Gründer Roms sein sollte. Als Romulus einen Mauerring als Grenze baute, sprang Remus lachend darüber. Das erzürnte Romulus so, dass er seinen Bruder Remus erschlug.], die aber prompt unter Frauenmangel litt. Deshalb lud Romulus die benachbarten Sabiner zu einem Fest ein, bei dem die Römer die Frauen der Sabiner entführten [Vorlage für Franz Schönthans Lustspiel „Der Raub der Sabinerinnen“, 1858]. Historisch richtig ist, dass sich Römer und Sabiner bald nach Roms Gründung verbündeten.)*

5. Wie hießen die bekanntesten Herrscher Roms? *(☞Cäsar und ☞Augustus.)*

6. Wie heißen die besterhaltenen Triumphbögen in Rom? *(Zu nennen ist zunächst der Titusbogen. Der römische Kaiser Domitian errichtete ihn 81 n. Chr. zu Ehren seines Bruders Titus und seines Vaters Vespasian dafür, dass sie Jerusalem erobert hatten. Das war in Rom damals so üblich: Errang ein Herrscher einen großen Sieg, zog er mit großem Beifall in Rom ein und setzte sich selbst ein Denkmal. Gut erhalten ist auch der Triumphbogen des Kaisers Septimus Severus. Er wurde 203 n. Chr. aus Anlass des 10. Jahrestages des Amtsantritts dieses Kaisers errichtet und berichtet von seinen Siegen in Parthien [heute Iran] und Arabien. Weiter ist noch der Konstantinsbogen zu nennen, der 315 n. Chr. eingeweiht wurde und Konstantins Sieg über seinen Mitkaiser Maxentius feiert.)*

7. Wie heißen Roms berühmteste Brunnen? *(Fontana dei Quattro Fiumi, Fontana di Trevi, Fontana delle Naiadi, die Springbrunnen auf dem Piazza San Pietro [Petersplatz vor dem ☞Petersdom], Fontana del Tritone auf der Piazza Barberini und der Brunnen der Piazza della Bocca della Verità.)*

8. Was stellt der von einem Obelisken (er stand ursprünglich im Circus Maxentius in der Via Appia) überragte Brunnen Fontana dei Quattro Fiumi (= Vierströmebrunnen) dar? *(Die vier männlichen Figuren des von Bernini 1651 für Papst Innozenz X. geschaffenen Brunnens verkörpern die Hauptflüsse der damals bekannten vier Kontinente: Den Ganges aus Asien, den Nil aus Afrika [das verhüllte Haupt des Nils symbolisiert den damals unbekannten Ursprung des Nils], den Rio de la Plata aus Amerika und die Donau aus Europa. Der Brunnen steht auf dem Piazza Navona, wo früher eine Zirkusanlage war. Finanziert wurde der Brunnen mit einer sehr unpopulären Sondersteuer u.a. auf Brot.)*

9. Was stellt der Trevibrunnen dar und wodurch wurde er berühmt? *(Der 1762 fertig gewordene Brunnen ist der größte und berühmteste Roms. Er zeigt Neptun flankiert von zwei Tritonen [in der griechischen Mythologie Söhne des Poseidon, dargestellt mit männlichem Oberkörper und Fischunterleib]. Einer der Tritonen versucht ein feuriges „Seepferd" zu bändigen, der andere führt ein recht ruhiges Pferd. Das soll die gegensätzlichen Temperamente des Meeres symbolisieren. Der Legende nach kommt jeder nach Rom zurück, der eine Münze in diesen Brunnen wirft.- Durch Fellinis Film „La Dolce Vita" [Eine Satire über das Rom der 1950er Jahre] mit Marcello Mastroianni und Anita Ekberg in den Hauptrollen wurde der Brunnen weltberühmt: Anita Ekberg badete [angezogen] erotisch in dem Brunnen. Heute ist verboten, im Wasser des Brunnens auch nur zu plantschen.)*

10. Wie heißt Roms berühmtester Platz? *(Nach dem Petersplatz, der zur ☞Vatikanstadt gehört, ist es der Piazza di Spagna [Spanischer Platz] am Fuß der Spanischen Treppe. Der Platz ist stets voll von Menschen, Einheimischen wie Touristen. Im 17. Jahrhundert hatte der spanische Botschafter beim Heiligen Stuhl hier seine Residenz. Deshalb war das Areal um die Botschaft herum spanisches Hoheitsgebiet. Das nahmen die Spanier auch sehr ernst: Hielt sich jemand unbefugt auf dem Platz auf, wurde er festgenommen und zur Strafe in die spanische Armee verpflichtet. Auf dem Platz ist die Fontana della Barcaccia der letzte prunkvolle Barockbrunnen, der in Rom gebaut wurde.)*

11. Was ist die „Spanische Treppe"? *(Die Spanische Treppe wurde 1735 in Rom gebaut und führt von der von den Franzosen erbauten Kirche Trinità dei Monti hinab zum Spanischen Platz. Die großzügige Treppenanlage ist stets von Besuchern frequentiert, die sich dort auch zum Ausruhen hinsetzen. Essen auf der Treppe ist übrigens nicht erlaubt.)*

12. Wie heißt Roms berühmtestes Amphitheater? *(☞Kolosseum.)*

13. Welche Säulenarten gab es im alten Rom? *(Vor allem drei: Die dorischen Säulen mit glattem Schaft, der oben nur mit geringer Verzierung auslief. Die ionische Säule hat Längsrillen und schließt oben mit einem Kapitell ab, das rund ausläuft. Die korinthische Säule hat ebenfalls Längsrillen am Schaft. Ihr Kapitell ist aber reich verziert mit Ornamenten, insbesondere Blumen. Beim Kolosseum stehen im Erdgeschoss dorische, im ersten Obergeschoss ionische und im zweiten Obergeschoss korinthische Säulen.)*

14. Woran erinnert das Denkmal für Vittorio Emanuele? *(Das Denkmal, das auch als Il Vittoriano bekannt ist, erinnert an den ersten König des vereinten Italiens. Es wurde 1885 begonnen und 1911 fertiggestellt. Im Inneren des Denkmals befindet sich ein Museum, das vom Risorgimento, dem Befreiungskampf Italiens berichtet.)*

15. Was ist das Pantheon? *(Das Pantheon, ursprünglich ein der „Gesamtheit der Götter“ geweihter Tempel, war danach eine Kirche und ist heute ein Wahrzeichen Roms. Der an eine rechteckige Säulenvorhalle anknüpfende Rundbau, dessen Durchmesser und Höhe 43,3 m beträgt, hat eine Kuppel, an deren Spitze eine Öffnung [okulus] den einzigen Lichteinfall beherbergt. In den Nischen des Innenraumes befinden sich die Gräber berühmter Römer, u.a. von Raffael und den Königen des modernen Italiens.)*

16. Was ist die „Engelsburg“ (Castel Sant´ Angelo)? *(Sie ist eine große runde Burg in Rom, die ihren Namen nach dem Erzengel Michael erhielt, der die Spitze des Daches krönt. Ursprünglich hatte Kaiser Hadrian 139 n. Chr. hier ein Mausoleum errichtet. Sie war Teil der Aurelianischen Mauer, diente im Mittelalter als Zitadelle und Gefängnis und in der ☞Renaissance auch als Wohnsitz der Päpste, wenn die Zeiten politisch instabil waren.)*

17. Gibt es in Rom eine Pyramide? *(Ja: Caius Cestius [ein reicher Praetor, der 12 v. Chr. verstarb] baute sich eine Pyramide als Grabmal. Nur wegen dieser 36 m hohen, auffälligen Pyramide ging Cestius in die Geschichte ein. Interessant ist, dass diese Grabpyramide außen mit weißem Marmor verkleidet ist wie die ☞Cheops-Pyramide, bei der der Marmor früher auch die Außenhaut der Pyramide bildete, heute aber nicht mehr vorhanden ist.)*

18. War Rom als Stadt durchgehend groß? *(Nein: Unter Kaiser Trajan [98-117 v. Chr.] erreichte das Römische Reich seine größte Ausdehnung. Roms Einwohnerzahl erreichte im zweiten nachchristlichen Jahrhundert die Millionengrenze. Nach der Verlegung der kaiserlichen Residenz von Rom nach Konstantinopel und der Eroberung der Stadt durch die Goten und Wandalen im fünften Jahrhundert kam die Stadt aber herunter auf knapp 30.000 Einwohner.)*

19. Wurde Rom im 2. Weltkrieg schwer geschädigt? *(Zum Glück nein: Die deutschen Truppen hatten Rom besetzt, verteidigten es dann aber nicht. Dadurch erlitt die Stadt keine größeren Kriegsschäden.)*

20. Wie heißt der Flughafen Roms? *(Leonardo da Vinci. Er liegt an der Küste.)*

Peter I., der Große

1. Wer war Peter I., der Große *(09.06.1672 – 08.12.1725)? (Peter I. der Große war russischer Zar [seit 1862] und Kaiser [seit 1721].)*

2. Wie kam Peter der Große an die Macht? *(Als Zar Feodor der III. 1682 kinderlos starb, hinterließ er als mögliche Thronfolger einen schwachsinnigen Bruder namens Iwan, der im Alter von 15 Jahren starb, und einen 10-jährigen Halbbruder namens Peter. Zunächst ergriff jedoch deren 26-jährige Schwester Sophia die Macht. Mit Unterstützung der Strelitzen, der gut ausgebildeten Leibwache des Zaren, besetzte sie den Kreml, ließ Peters Angehörige und Anhänger töten und rief danach Iwan als ersten und Peter als zweiten Zaren aus. Danach regierte sie in Wirklichkeit selbst für die beiden unmündigen Zaren. Als Sophia sieben Jahre lang geherrscht hatte, wagte der inzwischen 17 Jahre alte Peter 1689 einen Staatsstreich, setzte seine Schwester ab und verbannte sie ins Kloster. Von da ab regierte Peter der Große.)*

3. War Peter gebildet? *(Jedenfalls war er sehr wissbegierig, insbesondere im Hinblick auf die Seefahrt. So lernte er von holländischen Matrosen in der Nähe Moskaus die Kunst des Schiffbaus. Von seinem Erzieher, einem holländischen Zimmermann namens Frans Timmermann lernte er Arithmetik, Geometrie und die Kunst des Festungsbaus. Zu seinen Freunden gehörte auch der schottische Offizier Gordon, von dem Peter seine liebste Freizeitbeschäftigung erlernte, das Herstellen von Feuerwerkskörpern. Ihn und einen Schweizer ernannte Peter zu Admirälen, obwohl sie kaum je zur See gefahren waren. Den von ihm weiter sehr geschätzten Pastetenbäcker Alexander Menschikow machte er erst zu einem hohen Offizier und schließlich sogar zu einem Fürsten.)*

4. Blieb Peter der Große nur in Russland? *(Nein: Peter wurde vielmehr dafür berühmt, dass er zahlreiche Auslandsreisen unternahm. Nachdem seine Mutter 1694 und sein Bruder Iwan 1696 gestorben waren, trat Peter der Große nun endgültig als Herrscher auf. Ein Jahr später beschloss er, die westliche Welt kennen zu lernen, und unternahm eine lange Reise, die ihn durch Deutschland, die Niederlande, England und Österreich führte. Dabei studierte er vor allem Schiffbau, Seefahrt, Geschützwesen, Festungsbau und sogar die Zahnchirurgie. Er besuchte aber auch Theater, Museen, Manufakturen und Hospitäler. Da er inkognito als Zimmermann auf einer holländischen Werft arbeitete, wurde daraus die Vorlage für Albert Lortzings komische Oper „Zar und Zimmermann“.)*

5. War Peter der Große bei seinen Gastgebern beliebt? *(Eher nein: Peter der Große konnte nicht mit Messer und Gabel essen. Als er den prächtigen Palast des Admirals John Evelyn in Deptford verlassen hatte, der ihm von der englischen Krone übergangsweise als Wohnsitz überlassen worden war, waren seine Gastgeber entsetzt, da die russischen Gäste alles mutwillig zerstört hatten, was nicht niet- und nagelfest war.)*

6. Welchen Einfluss hatten Peters Reisen auf die Entwicklung in Russland? *(Peter der Große empfand Russland als rückständig und beschloss, es nach westlichem Vorbild zu modernisieren. In diesem Zusammenhang ordnete er auch an, dass die Bärte gestutzt würden müssten. Nach traditioneller russischer Religion war der Bart aber Bestandteil des „Ebenbildes Gottes“ und gehörte damit unabdingbar zum russischen Mann. Diese Anordnung löste also Entsetzen aus und führte letztlich 1698 zum Aufstand der Strelitzen. Peter schlug hart und grausam zu: Zu Hunderten wurden die Rebellen nach Folterungen, an denen sich Peter der Große auch selbst beteiligte, hingerichtet.)*

7. Hatte Peter der Große eine eigene Familie? *(Ja: Peter hatte schon mit 16 Jahren geheiratet, kümmerte sich aber herzlich wenig um seine Frau, da er die Gesellschaft seiner Freunde vorzog. Aus dieser Ehe stammte Peters Sohn Alexej. Auf diesen Zarewitsch [= Sohn des Zaren] hatten die Gegner der Reform große Hoffnungen gesetzt. Alexej starb aber 1718 nach grausamen Folterungen, wobei unklar ist, ob er dabei nicht durch die Hand seines eigenen Vaters starb.)*

8. Wie starb Peter der Große? *(Im Alter befiel den Zaren eine unheilbare Krankheit, an der er am 08.02.1725 starb.)*

9. Was hat Petersburg mit Peter dem Großen zu tun? *(Wegen seiner Liebe zum Meer hatte Peter an der Ostsee eine neue Hauptstadt erbauen lassen, das prächtige Sankt Petersburg. Es sollte sein „Fenster zum Westen“ sein.)*

10. Was ist die „Eremitage“ in Petersburg? *(Im 18. Jahrhundert bezeichnete man als Eremitage eine Klause, die in Form einer künstlichen Grotte angelegt wurde, bevorzugt an Fürstenhöfen. Die Eremitage in Petersburg ist die im ehemaligen Winterpalast untergebrachte, bedeutendste Kunstsammlung Russlands, die von ☞Katharina II. der Großen begründet wurde.)*

11. Welche Bedeutung hatte Peter für Russland? *(Er hat Russland weit nach vorne gebracht. Zum einen dadurch, dass er Russland zum Westen öffnete. Er hat aber auch die Verwaltung neu geordnet, sehr viel für das Bildungs- und Unterrichtswesen getan, Museen und wissenschaftliche Akademien gegründet und eine starke Armee geschaffen, die Russland zur Weltmacht aufsteigen lassen sollten. Daneben hat Peter auch die erste russische Zeitung herausgebracht und die Einführung des julianischen Kalenders veranlasst.)*

12. Wer folgte Peter dem Großen auf den Zarenthron? *(Nach dem Tode seines Sohnes Alexej erließ Peter der Große 1722 eine neue Thronfolgeordnung, die es dem russischen Herrscher unter Umgehung der Blutsverwandtschaft erlaubte, seinen Nachfolger selbst zu bestimmen. Peter versäumte es allerdings, seinen Thronfolger rechtzeitig zu bestimmen. Dadurch kam seine zweite Frau Martha Skawronskaja, genannt Katharina I., auf den Thron.)*

Dänemark

1. Was ist Dänemark? *(Dänemark ist ein nordeuropäischer Staat mit der offiziellen Bezeichnung Königreich Dänemark. Regierungsform ist eine parlamentarische Monarchie. Dänemark hat eine Fläche von 43.094 km^2 [zum Vergleich: die BRD ist 357.000 km^2 groß. Dänemark ist damit ungefähr so groß wie die Schweiz mit 41.288 km^2.], wobei die Färöer-Inseln und Grönland nicht mitgezählt werden. Landessprache ist Dänisch. Außenbesitzungen Dänemarks mit Selbstverwaltung sind Grönland und die 22 Färöer-Inseln im Atlantik, die – anders als Dänemark – beide nicht der EU angehören.)*

2. Wie heißt die Hauptstadt von Dänemark? *(Kopenhagen, in dem rund jeder vierte Däne lebt. Kopenhagen hieß früher schlicht „Havn", wurde wegen seiner wirtschaftlichen Bedeutung als Umschlagplatz aber bald „Købmandens Havn", also „Kaufmannshafen" genannt. Daraus wurde dann das heutige København. Der Hafen ist der größte in ganz Skandinavien. Kopenhagen hat 471.300 Einwohner, wobei in der Hauptstadtregion 1.739.500 Menschen leben.)*

3. Was ist das Wahrzeichen Kopenhagens? *(Die „Kleine Meerjungfrau", die im Hafen von Kopenhagen auf einem Stein sitzt. Sie wurde geformt nach einer Märchengestalt Hans Christian Andersens.)*

4. Wie viele Einwohner hat Dänemark? *(Dänemark hat eine Bevölkerung von 5,4 Mio. Einwohnern.)*

5. Welche Religion ist in Dänemark am verbreitetsten? *(88 % der Bevölkerung sind Protestanten.)*

6. Was ist der höchste Punkt Dänemarks? *(Der Yding Skovhoj mit 173 Metern. Das zeigt, wie flach Dänemark landschaftlich ist.)*

7. Was ist das Folketing? *(Das Folketing ist der Name des dänischen Parlamentes.)*

8. Wie weit braucht man von jedem Punkt in Dänemark bis zur Küste? *(Maximal 50 km.)*

9. Was beherrscht die Wirtschaft in Dänemark? *(Dänemark ist vorwiegend Agrarland. Das Land produziert deutlich mehr, als es zur Versorgung der eigenen Bevölkerung braucht. Deshalb ist Dänemark schon seit Jahrzehnten einer der bedeutendsten Exporteure für Agrarprodukte wie Butter, Käse, Eier, Fleisch, Schinken und Speck. Außerdem ist Dänemark der führende Fischereistaat der EU. 63 % der Fläche Dänemarks werden landwirtschaftlich genutzt, 12 % des Landes sind mit Wald bedeckt. Dänemark gilt übrigens weltweit als größter Weihnachtsbaum-Exporteur.)*

10. Wie ist Dänemark entstanden? *(Dänemark entstand in der letzten Eiszeit. Damals wurden Festland und Inseln durch gewaltige Gletscher geformt, die bis weit nach Mitteldeutschland vorstießen und sich vor etwa 14.000 Jahren wieder zurückzogen, als das Klima in Europa wärmer wurde. Bei diesem Gletscherrückgang, der sich über ca. 4.000 Jahre hinzog, wurden gewaltige, von den Gletschern transportierte Geschiebemassen am Eingang zur Ostsee abgelagert.)*

11. Ist der dänische König in seiner Religion frei? *(Nein. Die Königswürde ist in Dänemark zwar erblich, der König muss aber dem lutherischen Glauben angehören.)*

12. Wie kam Dänemark zu seinem Namen? *(Wohl um die Mitte des ersten Jahrhunderts n. Chr. eroberten von Süden her germanische „Dänen“ [Ihr Name taucht erstmals um 550 in historischen Quellen auf] die Inselgebiete und dann größte Teile Jütlands. Sie gaben dem Land den Namen.)*

13. Wie erging es Dänemark im zweiten Weltkrieg? *(Dänemark hatte zwar 1939 mit Deutschland einen Nichtangriffspakt geschlossen, wurde gleichwohl aber am 09.04.1940 von deutschen Truppen besetzt. Die dänische Flotte versenkte sich daraufhin selbst. Weil Dänemark Deutschland im zweiten Weltkrieg nicht unterstützte, wurde es beim Kriegsende als Alliierter der Siegermächte anerkannt. Dänemark beteiligte sich dann an der Besetzung Deutschlands. Dabei gab es in Dänemark Bestrebungen, Teile Schleswigs zu annektieren. Das scheiterte aber am Widerstand des Folketing.)*

14. Ist Dänemark atomwaffenfrei? *(Offiziell ist Dänemark ein atomwaffenfreies Territorium. 1957 hat aber der damalige Regierungschef Hansen in einem geheimen Schreiben, das erst 1995 der Öffentlichkeit bekannt wurde, der USA die Lagerung von Nuklearwaffen auf ihrer grönländischen Militärbasis „Thule“ und das Überfliegen dieser Region mit atomwaffenbestückten Flugzeugen gestattet. 1968 stürzte dort ein amerikanisches Militärflugzeug [B-52] mit vier Wasserstoffbomben an Bord in der Nähe des Stützpunktes ab und verseuchte das Gebiet um die Unglücksstelle schwer radioaktiv. Erst 1995 kam es zu einem Beschluss, den noch lebenden 300 bis 400 Betroffenen eine Abfindung zu zahlen.)*

15. Was zeigt die Staatsflagge Dänemarks? *(Ein liegendes weißes Kreuz auf rotem Hintergrund. Sie ist wohl die älteste Nationalflagge der Welt. Der Legende nach stammt die Flagge aus einem Kreuzzug der Dänen unter König Waldemar gegen die heidnischen Esten. Als die Esten am Tag des heiligen Viti, dem 15.06.1219 plötzlich angriffen, gerieten die Dänen zunächst in Bedrängnis. Da schwebte vom Himmel eine blutrote Flagge mit weißem Kreuz auf das Schlachtfeld herab. Die bereits auf dem Rückzug befindlichen Dänen fingen die Fahne auf, kehrten mit dem Ruf „Zum Sieg unter dem Zeichen des Kreuzes“ zurück und gewannen schließlich die Schlacht gegen die Esten.)*

16. Was sind Skagerrak und Kattegat? *(Es handelt sich um die Meerengen an der Nordseite Dänemarks. Das Meerenge im Norden zwischen Dänemark und Norwegen wird*

Skagerrak [hier fand am 31.05./01.06.1916 die einzige große Seeschlacht im 1. Weltkrieg zwischen der deutschen und englischen Flotte statt], die Meerenge im Nordosten zwischen Dänemark und Schweden Kattegat genannt.)

17. Was ist das „Tivoli"? *(Am 15.08.1843 öffnete in Kopenhagen das Tivoli, der erste große Vergnügungspark Europas. Bei der Entscheidung für diesen Vergnügungspark soll sich der damalige dänische König Christian VIII. von dem Motto haben leiten lassen: „Wer sich amüsiert, der politisiert nicht!".)*

18. Wo kommt das LEGO her? *(In Billund auf Jütland [dänisches Festland] begann 1932 Ole Kirk Christiansen mit der Fertigung von Holzspielzeug, das er LEGO nannte. LEGO ist ein Kunstwort, zusammengesetzt aus „leg" und „godt", was „spielen" und „gut" bedeutet. 1968 wurde in Billund das Legoland eröffnet, in dem es neben gigantischen Bauten aus Lego auch Karussells, Achterbahnen und andere Spielattraktionen gibt.)*

19. Was ist das Smörrebröd? *(Das Smörrebröd ist der wahrscheinlich bekannteste Beitrag der dänischen Küche. Übersetzt bedeutet das Wort einfach „Butterbrot". Smörrebröd ist allerdings eine Kreation mit opulent belegten Brotscheiben und in Dänemark ein Beruf mit eigenem Ausbildungsweg. Es gibt ganze Festmähler, die vom ersten bis zum letzten Gang ausschließlich aus Smörrebröd bestehen. Bei dem Belag ist praktisch alles erlaubt. Die Bandbreite reicht vom Hering über Lachs bis hin zu Schweinerippchen mit Kartoffelscheiben und Tatar mit Kapern.)*

Hasen und Kaninchen

1. Was sind Hasen und Kaninchen? (*Früher sortierte man die Kaninchen wie die Hasen [der Name kommt aus dem Althochdeutschen und heißt eigentlich „der Graue„] bei den Nagetieren ein. Heute bilden sie biologisch eine eigene Ordnung.)*

2. Wie alt werden Hasen und Kaninchen? *(Bis zu 10 Jahren.)*

3. Wie schnell kann ein Hase laufen? *(Auf der Flucht bis zu 80 km/h.)*

4. Wo kommen unsere Hasen und Kaninchen her? (*Sie stammen nicht aus Europa, sondern aus Nordafrika und kamen über Südeuropa nach Mitteleuropa. Schon im 1. Jahrhundert n.Chr. hielten sich die Römer Hauskaninchen. Unter Hadrian gab es sogar Münzen für Spanien mit Kaninchen-Darstellungen.)*

5. Wie schwer werden Kaninchen? *(Man züchtet verschiedene Rassen, teils als Pelzlieferanten, teils wegen des schmackhaften Fleisches. Das deutsche Riesenkaninchen und der Feldhase werden bis zu 70 cm lang. Das Riesenkaninchen liefert Fleisch und*

Fell und ist mit 5,5 bis 7,0 kg Gewicht das schwerste Kaninchen. Seine Ohren werden bis zu 20 cm lang.)

6. Wie viele Junge kann ein Kaninchen-Weibchen bekommen? *(Kaninchen-Weibchen haben 4-12 Junge in jedem Wurf und können in einem Jahr bis zu 30 Junge zur Welt bringen. Die jungen Kaninchen werden nackt, blind und deshalb hilflos geboren. Erst nach 3 Wochen können sie ihr unterirdisches Nest verlassen.)*

7. Was passiert mit den Zähnen des Kaninchens beim Nagen? *(Die Kaninchen haben scharfe Schneidezähne, die Nagezähne. Damit nagen sie permanent Gras und andere Pflanzen ab. Durch dieses Nagen werden die Zähne zwar abgenutzt. Das ist für Kaninchen aber nicht dramatisch, weil die Zähne bei ihnen ständig nachwachsen.)*

8. Warum bewegen Hasen und Kaninchen dauernd die Nase? *(Hasen und Kaninchen verfügen mit ihrer Nase im Tierreich mit zu den höchstentwickelten Sinnesorganen. Ihre Nase hat 100 Mio. Nervenzellen. Über die Atmung regeln Hasen, die zwischen 30- bis 60-mal pro Minute atmen, ihre Körpertemperatur. Die Nase ist für Hase und Kaninchen aber noch aus einem anderen Grund lebensnotwendig: Gegen ihre Feinde können sie sich nur durch Flucht retten. Deshalb schnuppern sie mit ihrer hochsensiblen Nase permanent ihre Umgebung ab. Das Putzen der Nase erfolgt bei ihnen, um das Sinnesorgan laufend reinzuhalten und die Sinne zu schärfen.)*

9. Was ist Myxomatose? *(Kaninchen würden sich wegen des extremen Nachwuchses geradezu explosionsartig vermehren, gäbe es nicht die Myxomatose. Sie ist eine Viruskrankheit bei Wild- und Hauskaninchen. Das Virus verbreitet sich in allen Organen des Kaninchens. Der Tod tritt dann durch Entkräftung ein.)*

Deutscher Ritterorden

1. Was war der Deutsche Ritterorden? *(Der Deutsche Ritterorden entstand 1190. Der deutsche Anführer des dritten ☞Kreuzzuges, Kaiser Friedrich Barbarossa, war auf dem Weg ins Heilige Land an der Südküste Kleinasiens ertrunken. Sein Heer setzte den Marsch aber fort und lag jetzt vor Akkon. Bevor es zum Sturm auf die Stadt ansetzen konnte, brach eine Seuche aus, die das gesamte Heer zu vernichten drohte. Bremer und Lübecker Kaufleute kamen zur Hilfe, holten Segel von ihren Schiffen, bauten daraus Zelte und pflegten die Kranken. Im Gegenzug bekamen die Kaufleute eine feste Unterkunft und nannten sich fortan „Brüder vom Hause des Sankt-Marien-Hospitals der Deutschen zu Jerusalem“. Damit war der Deutsche Ritterorden entstanden. Die Ordensbrüder trugen einen weißen Mantel mit einem schwarzen Kreuz [im Gegensatz dazu trugen die Teilnehmer an den Kreuzzügen ein rotes Kreuz auf weißem Grund]. Nicht nur die Krankenpflege und der Schutz der Pilger war ihr Ziel, sondern auch der Kampf gegen die „Ungläubigen“.)*

2. Hatte der Deutsche Ritterorden ein eigenes Gebiet? *(Ja: Zunächst erwarb der Deutsche Orden Besitz im Mittelmeerraum, in Palästina, Syrien, Griechenland, Sizilien, Apulien, Spanien und Frankreich. Schließlich rief der polnische Herzog Konrad von Masowien den Deutschen Ritterorden gegen das heidnische Volk der Pruzzen in Ostpreußen zu Hilfe. Sofort beschloss der Deutsche Ritterorden, dort einen eigenen Staat zu gründen, und ließ sich vorab von Kaiser und Papst den Besitz der zu erobernden Gebiete verbriefen. Zunächst zogen nur sieben Ordensritter an die Weichsel und verschanzten sich dort am Ostufer. Bald entstand hier die erste Ordensburg, der man nach einer Kreuzfahrerburg in Palästina den Namen Toron [Thorn] gab. Von dieser Burg aus begann die Eroberung des Preußenlandes. Da Kreuzfahrer aus Deutschland und Polen dem Orden permanent zur Hilfe kamen, konnte der Orden Jahr für Jahr weiter vorstoßen. Nach jedem Feldzug legten die Ordensritter eine neue Burg an. Gleichzeitig wurde das eroberte Gebiet mit deutschen Bauern besiedelt, die meist von Lübeck auf dem Seeweg über Elbing nach Preußen kamen. Als es dann noch gelang, einen Aufstand der Pruzzen blutig niederzuschlagen, war die Herrschaft in dem inzwischen recht großen Gebiet so weit gefestigt, dass der Führer des Ordens [sog. „Hochmeister", der auf Lebenszeit gewählt wurde] im Jahr 1309 seine Residenz von Venedig nach Marienburg an der Nogat in Preußen verlegte.)*

3. Wie wurde der Ordensstaat geführt? *(Zunächst war der Ordensstaat, konkret die Regierung des Ordens, recht beliebt. Über 100 Jahre wurden östlich der Weichsel 93 Städte und über 1.000 Dörfer gegründet. Die meisten Siedler kamen aus Deutschland. Anders als in ihrer Heimat konnten sie im Ordensstaat als freie Männer leben und es zu einem bescheidenen Wohlstand bringen. Die einheimischen Pruzzen hingegen waren schlechter gestellt, mussten die Burgen und Straßen bauen und dem Orden Kriegsdienst leisten.)*

4. War der Deutsche Ritterorden reich? *(In seiner Blütephase ja. Alle Bauern mussten dem Orden Abgaben leisten, zumeist Getreide. Was nicht im Ordensstaat benötigt wurde, wurde von Marienburg aus exportiert. Die Exporterlöse blieben beim Orden, der damit immer reicher wurde. Da der Orden wie ein Mönchsorden geführt wurde, durften die Oberen aber nicht nach privatem Gewinn streben. So wurde der Überschuss weitgehend wieder in den Ausbau des Landes gesteckt.)*

5. Wie kam es zum Zerfall des Ritterordens? *(Der Orden verärgerte die Bevölkerung, als er nicht nur das einträgliche Bernsteingeschäft, sondern den gesamten Getreidehandel an sich zog und auf eigene Rechnung betrieb. Die Städte des Ordensstaates bekamen also Konkurrenz vom Orden selbst. Die Unzufriedenen sammelten sich und schlossen sich im sogenannten „Eidechsenbund" gegen den Orden zusammen. Der Eidechsenbund nahm dann Kontakt auf mit dem Polenkönig Jagiello, dem die Ausdehnung des Ordensstaates schon lange ein Dorn im Auge war. Jagiello wiederum verständigte sich vorsorglich mit dem Großfürsten Witold von Litauen. Polen und Litauen umklammerten den Ordensstaat. Beide Fürsten brachen dann im Sommer 1410 mit 20.000 Mann in Ostpreußen ein. Bei Tannenberg kam es zur Entscheidungsschlacht, bei der der Orden nur 12.000 Mann aufbringen konnte und die Schlacht verlor. Jagiello versuchte dann zwei Monate lang, die Marienburg zu er-*

stürmen, was ihm aber nicht gelang. Der Ordensstaat musste jedoch sehr viel Geld aufwenden, um die Gefangenen aus der Schlacht bei Tannenberg auszulösen. Also erhöhte er die Steuern, was den Widerstand im Ordensstaat gegen die Herrschaft des Ordens nur noch mehr verschärfte. Deshalb schlossen sich Adel und Städte im Preußischen Bund gegen den Deutschen Ritterorden zusammen. Es kam zum Machtkampf, bei dem die Aufständischen den Polenkönig Kasimir IV. zur Hilfe riefen, der darauf nur gewartet hatte. Nach 13 Kriegsjahren verlor der Ritterorden den Kampf, weil er seine Söldner nicht mehr bezahlen konnte. Die gesamte Westhälfte des Ordensstaates fiel an Polen. Der Hochmeister zog nach Königsberg, war aber mit dem restlichen Gebiet ein Lehnsmann des Polenkönigs geworden. Damit hatte der Ordensstaat seine weltliche Macht praktisch verloren.)

6. Wie erging es dem Orden nach seiner Niederlage gegen Polen? *(Der Orden behauptete noch den Besitz seiner Ordensgüter in Deutschland und beteiligte sich im 17. Jahrhundert an den Türkenkriegen. Im Jahre 1809 löste Napoleon den Deutschen Ritterorden auf. Nach dem politischen Ende Napoleons nahm Österreich den Orden aber unter seinen Schutz und garantierte ihm seine Besitzungen. Das führte dazu, dass bis 1918 stets ein österreichischer Erzherzog Hochmeister wurde.)*

7. Gibt es den Deutschen Ritterorden jetzt noch? *(Ja. Er hat seinen Hauptsitz heute in Wien.)*

Franz Schubert

1. Wer war Franz Peter Schubert (1797-1828)? *(Schubert war ein österreichischer Komponist.)*

2. Wie verbrachte Schubert seine Jugend? *(Er war der Sohn eines Fahrschullehrers, der aus Schlesien eingewandert war. 1808 wurde Schubert in das berühmte „Konvikt der K. u. K.-Hof-Sängerknaben" in Wien aufgenommen. Dort erhielt Schubert eine gründliche musikalische Ausbildung und lernte die Werke Mozarts und Haydns kennen. Dort war er auch 1. Geiger im Konviktorchester. Im Oktober 1813 musste er das Konvikt verlassen, weil er in den Stimmbruch gekommen war. Deshalb kehrte er in sein Elternhaus zurück. Dort war der Vater nicht gerade begeistert darüber, dass Schubert Komponist werden wollte. Um dem Militärdienst auszuweichen, wurde Schubert seinem Vater zuliebe 1814 Schulgehilfe in Lichtental [gehört heute zu Wien]. Das machte ihm jedoch keinen Spaß, und nach einem heftigen Streit mit seinem Vater verließ er 1817 die Schule, sein Elternhaus und lebte fortan bei Freunden, die ihn auch unterstützten.)*

3. Konnte Schubert von seinen Kompositionen leben? *(Nach dem Bruch mit seinem Elternhaus erhielt Schubert 1818 eine Stellung beim Fürsten Esterhazy, die er jedoch*

nicht lange halten konnte. Seine Kompositionen wurden zwar bekannt, brachten ihm auch Ruhm, aber nicht nennenswert Geld. Auf Fremde wirkte er oft unbeholfen und scheu, während er in seinem Freundeskreis durchaus gesellig im Vordergrund stand. Wenn Schubert einmal etwas verdient hatte, zog er gern mit seinen Freunden lautstark singend von Wirtshaus zu Wirtshaus. Deshalb waren er und seine Freunde bald polizeibekannt, denn es setzte auch Strafen wegen „nächtlichen Lärmens und Singens". So litt Schubert oft materielle Not. In großer Armut starb er am 19.11.1828 in der Wohnung seines besten Freundes Hüttenbrenner an Hunger-Typhus.)

4. Was sind Schuberts bekannteste Werke? *(Schubert war ein fleißiger Komponist. Er schuf mehr als 600 Lieder, darunter die großen Zyklen „Die schöne Müllerin", „Die Winterreise" und „Schwanengesang". Neben Opern [wenig erfolgreich und heute praktisch vergessen], Sinfonien und Messen brachte er es auch auf 180 Kirchenkompositionen, 15 Streichquartette und das große Streichquintett in C-Dur, das „Forellen-Quintett". Auch Polonäsen und Märsche gehörten zu seinem Repertoire. Von Goethe war er begeistert und vertonte über 60 von dessen Gedichten. Goethe hingegen ignorierte ihn.)*

Tunesien

1. Was ist Tunesien? *(Eine Republik in Nordafrika. Tunesien grenzt im Westen an Algerien, im Norden und der oberen östlichen Hälfte an das Mittelmeer und im Osten an Libyen. Tunesien hat eine Staatsfläche von 163.610 km² [zum Vergleich: die BRD ist 357.000 km² groß]. Das Land hat rund 10,1 Mio. Einwohner.)*

2. Was bedeutet der Name „Tunesien"? *(Ursprünglich hieß das Land Ifriquiya, was auf das griechische aphrike [= „unkalt"] zurückgeht. Daraus wurden Afrika und die Bezeichnung des ganzen Kontinents. Später wurde Tunesien nach seiner Hauptstadt Tunis benannt. Tunis stammt aus der Berbersprache, in der tunus so viel bedeutet wie „Herberge" oder „die Nacht verbringen".)*

3. Wie heißt die Hauptstadt Tunesiens? *(Tunis. Tunis hat mit Vororten rund 1,2 Mio. Einwohner. Die Stadt wurde vermutlich bereits im 9. Jahrhundert v. Chr. von den ☞Phöniziern gegründet. Ihr Aufstieg begann aber erst nach der Zerstörung des benachbarten ☞Karthago. Die zweitgrößte Stadt Tunesiens ist Sfax, in dem mit Vororten rund 600.000 Einwohner leben. Der Großraum Tunis ist die bedeutendste Wirtschaftsregion des Landes. Hier leben nicht nur 30 % der Gesamtbevölkerung. Vielmehr wird hier auch über die Hälfte des Nationaleinkommens erwirtschaftet.)*

4. Welche Religion ist in Tunesien führend? *(99 % der Bevölkerung bekennen sich zum Islam. Die Verfassung schriebt zwar den sunnitischen Islam als Staatsreligion vor, gewährt aber Religionsfreiheit.)*

5. Wie heißt die Währung Tunesiens? *(Tunesischer Dinar = 1.000 Millimes.)*

6. Welche Sprache sprechen die Tunesier? *(Arabisch.)*

7. Wann wurde Tunesien selbständig? *(Ungefähr wo heute Tunis liegt, gründeten die Phönizier vor rund 3.000 Jahren als erste eine Handelsniederlassung, die den Namen „Karthago" erhielt. Deshalb befindet sich heute auf dem Wappen Tunesiens noch eine karthagische Galeere. Als Rom, das 60 Jahre später gegründet wurde, noch eine Kleinst-Siedlung war, hatte sich Karthago schon zur wichtigsten Stadt der Phönizier im Maghreb entwickelt. Am Ende der ☞punischen Kriege zerstörte Rom 146 v. Chr. Karthago völlig. Danach kolonisierten die Römer das Land und ☞Cäsar baute am früheren Standort Karthagos eine neue Stadt auf. Der Einfluss Roms war so groß, dass die Bewohner des Landes damals vollständig romanisiert wurden und später überwiegend den christlichen Glauben annahmen. Die Römer hatten dem Gebiet die Bezeichnung Provinz „Africa" gegeben. 429 n. Chr. fielen die Wandalen ein und machten Tunis zum Mittelpunkt ihres Reiches. Nach der Eingliederung in das Byzantinische Reich 533 eroberten etwa 650 bis 698 die ☞Araber das Gebiet und so wurde Ende des siebten Jahrhunderts der ☞Islam übernommen. Nachdem im 12. Jahrhundert unter den Almohaden der ganze Maghreb vereinigt worden war, begründete der Gouverneur von Tunis Ende des 13. Jahrhunderts ein eigenes Reich und damit die Dynastie der Hafsiden, die Tunesien bis in die Mitte des 16. Jahrhunderts beherrschten, bis die Spanier 1535 die Hoheit errangen. Danach geriet das Gebiet 1574 unter türkische Herrschaft, bis die Franzosen in Absprache mit den Briten 1881 das Land besetzten. Im ☞2. Weltkrieg wurde Tunesien zunächst von der deutschen Armee besetzt, ein halbes Jahr später aber von den Briten befreit, die Ende des Krieges wieder den Franzosen das Protektorat überließen. Im Jahr 1956 entließ Frankreich dann Tunesien aus dem Protektorat in die Unabhängigkeit.)*

8. Gehört Tunesien zu den ärmsten Ländern Afrikas? *(Nein: Im Gegenteil. Tunesien gehört zwar statistisch zu den reichsten Ländern Afrikas. Die breite Masse der Bevölkerung hat aber nichts davon. Für ausländische Investoren ist Tunesien insbesondere als Niedrig-Lohn-Land interessant. Die Tourismus-Branche gehört zum wichtigsten Wirtschaftszweig. Sie bringt ein Fünftel der gesamten Deviseneinnahmen des Landes ein.)*

9. Welche beiden Länder außer Tunesien gehören zum Maghreb? *(Marokko und Algerien. Im Gegensatz zu den anderen beiden Ländern führte die Arabisierung der ursprünglich berberischen Bevölkerung in Tunesien dazu, dass heute kaum noch Berber mit eigenen Dialekten in Tunesien leben. Maghreb bedeutet auf Arabisch „Westen", weil er den westlichsten Teil der arabisch-muslimischen Welt darstellt. In der ursprünglichen Bedeutung war das Gebiet westlich von Ägypten gemeint. Im weiteren Sinne gehören auch Libyen, Mauretanien und die Westsahara zum Maghreb.)*

10. Welche heilige Stadt des Islam befindet sich in Tunesien? *(Die viertheilige Stadt des Islam nach Mekka, Medina und Jerusalem ist Kairouan in Tunesien. Die Stadt weist über hundert heilige Stätten des Islam aus und ist nach dieser Glaubensrichtung*

konservativ ausgerichtet. Das merkt man nicht nur an der Kleiderordnung, sondern auch am völligen Fehlen eines Nachtlebens. Während die anderen Städte Tunesiens auf römische oder tunische Siedlungen zurückgehen, ist Kairouan eine rein arabische Gründung. Von hier aus wurde die Islamisierung Nordafrikas betrieben).

11. Wer sind die Berber? *(Das Wort „Berber“ kommt vom arabischen barbarī, was „barbarisch“, „unzivilisiert“ bedeutet und vom lateinischen barbarus stammt. Für die Römer waren alle Völker, die nicht der römischen oder griechischen Zivilisation angehörten, „Barbaren“ [Auch Rhabarber hat den gleichen Wortstamm: Rha steht für den alten Namen der Wolga. An ihrer Mündung wurde die „fremdländische Wurzel“ angebaut]. Der Berber nennt sich selbst Amaẓigh [= „freier, edler Mann“]. Die Berber waren die älteste in Nordwestafrika lebende Bevölkerung, bis sie von den Arabern unterworfen wurden. Früher lebten die Berber von den Kanarischen Inseln bis zur Oase Siwa in West-Ägypten. Heute leben die rund 10 Mio. Berber nur noch im Gebiet des Atlasgebirges, vor allem in Marokko und Algerien. Die Berber-Schrift wird heute fast nur noch von den ☞Tuareg benutzt und geht auf das Alphabet der ☞Phönizier zurück.)*

12. Welche Gebirgskette prägt den Norden Tunesiens? *(Ausläufer der Atlas-Kette, wobei dieser Teil des Atlas-Gebirges mit 1.500 m aber nicht so hoch ist wie der Rest in den anderen Ländern.)*

13. Zwischen den Steppen in der Mitte des Landes und den Wüsten im Süden liegen große Schotts. Der größte Schott ist der el Djerid mit 7.700 km^2 in Tunesien. Was sind Schotts? *(Schotts sind im Maghreb die Bezeichnung für abflusslose Salzpfannen und Salztonebenen, die sich in der Regenzeit zu Salzsümpfen verwandeln. Je nach Jahreszeit trocknen sie mehr oder weniger aus, so dass ihre Größe ständig wechselt.)*

David

1. Wer war David? *(David war von ca. 1004/1003 bis 965/964 v. Chr. ein König Israels. Sein Name ist das hebräische Wort für „Geliebter“ oder „Liebling“.)*

2. Wofür wurde David berühmt? *(Für seinen Sieg über Goliath. Er war als Waffenträger an den Hof König Sauls [erster König der Israeliten] gerufen und dort bei den Kämpfen gegen die Philister eingesetzt worden. Auf deren Seite kämpfte der Riese Goliath. Als keiner gegen ihn antreten wollte, fasste sich David ein Herz und stellte sich zum Kampf gegen den übermächtigten Gegner. Der wohl gerüstete Goliath marschierte auf David los. Dieser schoss mit einer Schleuder auf ihn und traf ihn mit einem Stein an der Stirn. Der Riese sank betäubt zu Boden. David rannte schnell zu ihm, zog ihm das Schwert aus der Scheide und hieb ihm damit den Kopf ab. Das*

machte David bei den Israeliten zwar berühmt und beliebt, trug ihm aber auch die Eifersucht König Sauls ein, der ihn fortan mit schwierigsten militärischen Aufgaben betraute. Für den Sieg in einem scheinbar aussichtlosen militärischen Unterfangen versprach er ihm seine älteste Tochter Merab zur Frau, gab ihm nach seinem Sieg aber die jüngste Tochter Michal. Fortan verfolgte er David. Schließlich suchte David bei den Philistern Schutz vor Saul.)

3. Wie wurde David König der Israeliten? *(Das war lange vorherbestimmt: Als Saul ungehorsam gegen Gott war, schickte dieser in seinem Zorn den Richter Samuel nach Bethlehem zum Bauern Isai, wo er ihm den Nachfolger Sauls bestimmen werde. Samuel salbte David, den jüngsten der acht Söhne Isais, zum König Israels, schwieg sich aber über die Bedeutung der Salbung aus. Als David später vor Saul geflohen war, kam es auf dem Gebirge Gilboa zu einem Zusammenstoß Sauls mit den Philistern. Saul erkannte, dass er die Schlacht nicht gewinnen konnte, und brachte sich ca. 1004 v. Chr. mit seinem Schwert um, um nicht in die Hände der Philister zu fallen. Nachdem Saul und dessen Sohn Prinz Jonathan gestorben waren, wurde David zunächst König von Juda in Hebron, nach der Ermordung des weiteren Sohns Sauls, Eschbaal, auch König des israelitischen Nordens.)*

4. War David ein mächtiger König? *(David war militärisch äußerst erfolgreich: Er unterwarf die Philister, und gliederte viele Gebiete in sein Reich ein, u.a. Ostjordanien und einen Teil der phönizischen Küste. Sein Reich umfasste schließlich ein riesiges Gebiet vom Euphrat bis zum Roten Meer. Nie war das israelische Reich größer als unter ihm.)*

5. Welche Bedeutung hatte David für Jerusalem? *(David machte es zur Hauptstadt seines Reiches und ließ dort einen prächtigen Palast bauen. Um Jerusalem darüber hinaus zum religiösen Mittelpunkt der Israeliten zu erheben, wurde auch die Bundeslade [bedeutendstes Heiligtum der Israeliten] dorthin gebracht.)*

6. Lebte David glücklich bis zu seinem Tod? *(Nein, nachdem er gegen die Gebote Gottes verstoßen hatte, ging es steil bergab: David hatte sich in Bathseba verguckt, die aber mit Urias verheiratet war. David ließ also Urias im Kampf umkommen und nahm dann Bathseba zur Frau [aus dieser Ehe stammt ☞Salomo, der ihm auf den Thron folgen sollte]. Von da an kam ein Unglück nach dem anderen: Zuerst zettelte sein Sohn Absalom eine Verschwörung gegen David an, die fehlschlug. Auf der Flucht verfing sich Absalom mit seinen Haaren in den Ästen eines Baumes und wurde von seinen Verfolgern erschlagen. In den letzten Jahren von Davids Herrschaft kamen eine Hungersnot und die Pest über sein Volk. David starb im Alter von 75 Jahren.)*

Salomo

1. Wer war Salomo? *(Salomo war von ca. 965/964 bis 926 v. Chr. ein König Israels. Sein Name ist das hebräische Wort für „der Friedliche".)*

2. Warum wird Salomo auch Salomon genannt? *(Papst Damasus I. ließ im 4. Jahrhundert Hieronymus eine lateinische Bibelübersetzung anfertigen. Dabei wurden für das Alte Testament aus dem Hebräischen und Aramäischen übersetzt, für das Neue Testament altlateinische mit griechischen Testversionen abgeglichen. Die Fassung wurde 1546 auf dem Konzil von Trient für allgemein verbindlich erklärt, was zur Bezeichnung „Vulgata" [= „allgemein gebräuchliche Fassung"] führte. In dieser Vulgata wird Salomo als Salomon bezeichnet, womit sich diese Version seines Namens verbreitete.)*

3. Wofür wurde Salomo berühmt? *(Für das sog. „salomonische Urteil" [heute sprichwörtlich für jedes weise Urteil]: Als zwei Frauen um die Mutterschaft für ein Kind stritten, befahl Salomo, das Kind zu teilen und jeder Frau eine Hälfte zu geben. Die falsche Mutter verriet sich dabei durch ihre Zustimmung zu dem Schiedsurteil.)*

4. Wie wurde Salomo zum König der Israeliten? *(Salomo war der Lieblingssohn ☞Davids aus dessen zweiter Ehe mit Bathseba. Deshalb bestimmte ihn David vor seinem Tod zu seinem Nachfolger. Die Einsetzung zum König erfolgte aber nur durch Intrigen seiner Mutter und des Propheten Nathan gegen die legitimen Thronansprüche seines älteren Halbbruders Adonija.)*

5. War Salomo ein mächtiger König? *(Salomo baute das von David geschaffene Großreich nicht aus, konnte seinen Bestand aber im Wesentlichen sichern. Er war auch berühmt für seine großartige Hofhaltung in herrlichen Palastbauten [für sich und seine Frau, eine Tochter des ägyptischen Pharao, ließ er einen prächtigen Palast bauen]. Salomo baute auch den Tempel in Jerusalem [180.000 Mann sollen daran sieben Jahre gearbeitet haben], womit die Stadt endgültig zum religiösen Zentrum der Israeliten wurde. Dieser Tempel wurde 587 v. Chr. von Nebukadnezar zerstört.)*

6. Was verbindet Salomo mit der Königin von Saba? *(Die kluge Königin von Saba [arabische Stadt] kam mit Geschenken zu Salomo, wollte den wegen seiner Weisheit berühmten König aber prüfen. Also stellte sie ihn mit mehreren Rätseln auf die Probe, die Salomo aber glänzend bestand.)*

7. Was geschah mit dem israelischen Reich nach dem Tod Salomos? *(Reichtum und Macht des Volkes Israel schwanden schnell dahin: Innere Streitereien und Einfälle fremder Völker schwächten das Reich nachhaltig, das schließlich in zwei Reiche zerfiel: Juda mit der Hauptstadt Samaria und Israel. Israel wurde 722 v. Chr. von den Assyrern erobert, Juda vom ☞babylonischen König Nebukadnezar 587 v. Chr. vernichtet.)*

Zypern

1. Was ist Zypern? *(Zypern ist eine Inselrepublik im Mittelmeer, die [obwohl sie südlich des asiatischen Teils der Türkei liegt] zu Europa gehört. Zypern hat eine Fläche von 9.251 km^2 [zum Vergleich: die BRD ist 357.000 km^2 groß] und eine Bevölkerung von rund 928.000 Einwohnern.)*

2. Seit wann ist Zypern unabhängig? *(Zypern ist seit Tausenden von Jahren Spielball der im Mittelmeerraum gerade mächtigsten Kulturen gewesen. Zunächst beherrschten ab 1500 v. Chr. die Ägypter die Insel. Es folgten die Griechen, dann 1050 v. Chr. die Assyrer. Nach ihnen kamen wieder die Ägypter und ab 525 v. Chr. die ☞Perser. 333 v. Chr. schloss sich die Insel dem Reich ☞Alexander des Großen an. 58 v. Chr. eroberten die Römer die Insel, die wiederum von 395 – 1184 vom ☞Byzantinischen Reich abgelöst wurden. Während der ☞Kreuzzüge eroberte Richard I. ☞Löwenherz 1191 die Insel und verkaufte sie postwendend an den Tempelorden. Nach einem Aufstand gegen die Templer fiel das Land an Löwenherz zurück, der es nun als Lehen an die französische Dynastie Lusignan gab. Dort blieb die Insel dann 300 Jahre und fiel 1489 durch Heirat an die Seegroßmacht Venedig. 1570 besetzte die Türkei Zypern und konnte es 300 Jahre halten. Es kam jedoch stets zu Konflikten mit den griechischen Einwohnern, da die türkischen Beamten wegen Ausbeutung und der Zwangsansiedlung anatolischer Bauern verhasst waren. 1878 gelangte Zypern aufgrund eines Abkommens zwischen Großbritannien und dem Osmanischen Reich [dem darin militärischer Schutz gegen die Expansionspolitik Russlands garantiert wurde] unter ein britisches Protektorat. Zu Beginn des ersten Weltkrieges annektierte Großbritannien die Insel und ernannte sie 1925 zur britischen Kronkolonie. Die permanenten Interessenskonflikte zwischen Großbritannien, Griechenland und der Türkei konnten erst 1959 durch das Londoner Abkommen beigelegt werden, in dem Zypern die Unabhängigkeit zugesichert wurde, die 1960 in Kraft trat.)*

3. Wie kam es zur Teilung Zyperns in den türkischen Norden und den griechischen Süden? *(Als das erste Staatsoberhaupt Zyperns, der Erzbischof Makarios [1913-1977. Die Briten hatten ihn wegen Unterstützung des Terrorismus 1956 auf die Seychellen verbannt, 1957 aber seine Rückkehr nach Zypern geduldet], 1963 eine Verfassungsänderung zugunsten der griechischen Bevölkerung anstrebte, kam es zu Straßenschlachten und schließlich zur Teilung der Hauptstadt Nicosia in den türkischen Norden und den griechischen Süden. 1974 erfolgte ein Putsch griechischer Offiziere gegen Erzbischof Makarios, die die zweite türkische Invasion in der Geschichte Zyperns auslöste. Die Türkei intervenierte, um einen Anschluss der Insel an Griechenland zu verhindern. Dabei besetzte die Türkei den Nordteil Zyperns, der knapp 40 % der Gesamtfläche ausmacht. Anfang 1975 wurde im Norden ein türkisch-zypriotischer Teilstaat errichtet und 1983 die „Türkische Republik Nordzypern" ausgerufen, die international aber nur von der Türkei anerkannt wird. Nach Schätzungen halten sich im Norden Zyperns durchschnittlich 30.000 türkische Soldaten auf. Die Zahl der Umsiedler aus den verarmten Regionen Ostanatoliens nach Zypern erreicht zwischen*

50.000 und 85.000. Das führt aber auch im zypriotischen Norden zu Spannungen zwischen den alteingesessenen türkischen Zyprioten und den neuen Landsleuten.)

4. Wie heißt die Hauptstadt von Zypern? *(Nicosia. Nicosia hat heute insgesamt rund 200.000 Einwohner. Im griechischen Süden leben drei Viertel der Einwohner und ein Viertel im türkischen Norden. Die Stadt ist schon ca. 3000 v. Chr. gegründet worden.)*

5. Welche Sprache wird auf Zypern gesprochen? *(Da Zypern in zwei Landesteile gespalten ist, wird im türkisch beherrschten Norden türkisch gesprochen, während im Süden vorwiegend griechisch gesprochen wird. Gemäß den Bevölkerungsanteilen sind 76 % orthodoxe Christen und 19 % Moslems.)*

6. Wie heißt die zypriotische Währung? *(Im Süden Zypern-Pfund, im Norden Türkisches Pfund.)*

7. Woher hat Zypern seinen Namen? *(Zypern gehört zu den ältesten Kulturstätten der Erde mit einer mindestens 8.000-jährigen Geschichte. Während der Erimi-Kultur wurde zwischen 3000 und 2300 v. Chr. auf der Insel ☞Kupfer entdeckt, wodurch sich Zypern zu einem wichtigen Handelsplatz im östlichen Mittelmeer entwickelte. Kupfer heißt auf lateinisch cuprum. Man weiß bis heute nicht genau, ob das Metall der Insel den Namen gegeben hat oder umgekehrt das Kupfer nach der Insel benannt worden ist.)*

8. Welche Beziehung besteht zwischen Zypern und der griechischen Göttin Aphrodite? *(Nach der griechischen Mythologie soll der Geburtsort der Aphrodite in der Bucht von Petra tou Romiou in der Nähe von Paphos [Stadt an der Westküste Zyperns] liegen. An diesem Felsen soll die Liebesgöttin dem Schaum des Meeres entstiegen sein. Über Jahrhunderte weg gab es deshalb auf Zypern einen Aphrodite-Kult, der im Volksglauben in den Marienkult überging, nachdem die Insel zum Christentum gewechselt war.)*

Robert Scott

1. Wer war Robert Scott (1868 – 1912)? *(Scott war ein britischer Polarforscher.)*

2. Wie kam es dazu, dass Scott zum Polarforscher wurde? *(Die Londoner „Royal Geographical Society“ [Königliche Geographische Gesellschaft] traf sich 1899, um den Leiter der für die Jahre 1901 bis 1904 geplanten „National Antarctic Expedition“ zu bestimmen, eine mit staatlichen Mitteln finanzierte Antarktis-Expedition. Die Wahl fiel auf Robert Scott, der sich als Kommandant einer Torpedoboot-Flottille im Ärmelkanal durch Mut, Besonnenheit und Klugheit ausgezeichnet hatte.)*

3. Wie verlief Scotts erste Expedition in die Antarktis? *(Die war erfolgreich: Scott befuhr mit der Discovery [= „Entdeckung"] die Antarktis. Dort nahm er umfangreiche Vermessungen vor und stieß mehrfach ins Innere der gewaltigen Eiswüste vor. Dabei erreichte er eine Breite von 82°-17′, kam also dem Südpol näher als jeder andere Mensch zuvor. Als Scott 1904 nach England zurückkehrte, wurde er begeistert empfangen und zum Kapitän befördert. Scott heiratete und wurde Vater eines Kindes. Da war seine Welt noch in Ordnung.)*

4. Wie verlief Scotts zweite Expedition? *(1910 wurde Scott zum Leiter einer groß angelegten Expedition bestimmt, deren Ziel die Antarktis war. Diesmal brach die Expedition mit dem Schiff „Terra Nova" [= „Neues Land"] auf mit dem Ziel, den Südpol zu erreichen. Scott hatte Vorkehrungen getroffen für die eigentliche Südpolexpedition, indem er ein großes Lebensmitteldepot angelegt hatte, das als Ausgangspunkt des Vorstoßes zum Südpol dienen sollte. Als er dann in sein Winterquartier zurückkehrte, erhielt er die für ihn fast unglaubliche Nachricht, dass 300 Meilen entfernt Roald ☞Amundsens Schiff „Fram" vor Anker gegangen sei. Sofort war klar, dass Amundsen das gleiche Ziel hatte, nämlich als Erster den Südpol zu erreichen. Am 01.11.1911 begann der antarktische Frühling, und Scott machte sich mit acht Gefährten auf den Weg zum Südpol. Zunächst kam er dem Südpol rasch näher, aber dann verschlechterte sich das Wetter von Tag zu Tag. Hunde und Pferde, die die Schlitten hatten ziehen sollen, gingen in den Schneestürmen ein, und die Männer mussten die Schlitten selber ziehen. Vier der Männer kehrten zum Ausgangslager zurück, weil die Nahrungsvorräte nicht für alle reichten, während fünf unter der Führung von Scott weiter Richtung Südpol marschierten. Als sie dort endlich am 18.01.1912 ankamen, mussten sie erleben, dass bereits eine Flagge dort aufgepflanzt war. Amundsen hatte den Wettlauf zum Südpol gewonnen, den er schon am 14.12.1911 erreicht hatte. Das war aber nicht das Ende der Leiden von Scott. Nur drei Männer schafften es bis 17 Kilometer an das Ausgangslager heran. Dann wurden sie von einem Schneesturm gestoppt und starben in ihrem Zelt. Scott führte bis zum Schluss ein Tagebuch, in das er am 29.03.1912 eintrug: „Der Sturm dauert an. Ich glaube nicht, dass wir noch auf eine Wende zum Besseren hoffen dürfen. Wir werden bis zuletzt aushalten, aber natürlich werden wir schwächer, und das Ende kann nicht mehr weit sein. Es ist schade, aber ich glaube nicht, dass ich noch weiter schreiben kann. Nehmt euch um Gottes Willen unserer Familien an!")*

Diabetes

1. Was ist Diabetes? *(Diabetes ist eine krankhaft vermehrte Ausscheidung von Harn, aber auch als Abkürzung für Diabetes mellitus gebräuchlich, das medizinische Fremdwort für Zuckerkrankheit.)*

2. Was bedeutet „Diabetes" wörtlich? *(Die Bezeichnung stammt aus dem Griechischen und steht für „Leitungsrohr", da schon den alten Griechen die Krankheit bekannt war. Weil Zuckerkranke durch großen Durst und erhebliche Mengen Urin, die sie deshalb ausschieden, auffielen, kam es zum Begriff Diabetes. „Mellitus" kommt vom lateinischen „honigsüß", da durch den erhöhten Zuckergehalt der Harn süßlich schmeckt. Daneben gibt es noch die diabetes insipidus [= geschmackloser Durchfluss]. Hierbei wird durch eine Hormonstörung freies Wasser im Übermaß über die Niere ausgeschieden [bis zum 20-fachen des Normalen].)*

3. Wann tritt Diabetes mellitus auf? *(Er tritt dann auf, wenn die Bauchspeicheldrüse nicht mehr richtig funktioniert. In der Bauchspeicheldrüse befinden sich Zellhäufchen, die „Langerhanssche Inseln" genannt werden. Sie produzieren Insulin. Bei Diabetes mellitus erzeugen diese „Inseln" entweder zu wenig oder gar kein Insulin mehr. Diabetes mellitus mit Bluthochdruck erzeugt mehrfach höhere Risiken zu Schlaganfällen.)*

4. Wofür braucht unser Körper Insulin? *(Das in der Bauchspeicheldrüse entstandene Insulin ergießt sich unmittelbar in die Blutgefäße und gelangt so zum Gewebe jedes Körperteils. Dort steuert das Insulin den Abbau des Zuckers in Glukose [Traubenzucker], reguliert also die Menge, die im Blut bleibt, bzw. an die Gewebezellen abgegeben wird. Wenn nicht ausreichend Insulin vorhanden ist, verringert sich sowohl die gespeicherte wie die in Energie umgesetzte Glukosemenge. Dem Blut wird immer weniger Zucker entnommen – der Blutzuckerspiegel steigt. Der normale Stand dieses Spiegels liegt bei ca. 80 mg Blutzucker auf 100 Milliliter Blut. Verdoppelt sich der Blutzuckerspiegel, können die Nieren ihre Funktion nicht mehr erfüllen und Zucker wird im Urin ausgeschieden. Dabei benötigt der Diabetiker große Harnmengen, um den Blutzucker auszuschwemmen. Dadurch entsteht sein großer Durst. Da der Diabetiker den Zucker nicht verwerten kann, verliert er an Gewicht trotz manchmal überreichlicher Ernährung.)*

5. Was ist der Unterschied zwischen dem Typ-1- und dem Typ-2-Diabetiker? *(Beim Typ-1-Diabetiker sind die insulinproduzierenden Zellen zerstört. Die Krankheit beginnt meist mit schwerem Krankheitsgefühl, plötzlichem Leistungsabfall, vermehrtem Durst, Wasserlassen und starker Gewichtsabnahme. Dieser Diabetiker muss ohne therapeutische Alternative lebenslang Insulin gespritzt bekommen. Beim Typ-2-Diabetiker produziert die Bauchspeicheldrüse nicht genügend Insulin. Auslösende Faktoren sind Übergewicht, zu energie- und zu fettreiche Ernährung und Bewegungsmangel. Hier kann mit Umstellung der Ernährung, Nikotinverzicht, geringem Alkoholkonsum und Sport therapiert werden. Oft kann durch Normalisierung des Gewichtes wieder ein normaler Blutzuckerspiegel erreicht werden.)*

Gregor Johann Mendel

1. Wer war Gregor Johan Mendel (1822-1884)? *(Mendel war ein bedeutender Naturwissenschaftler, der die Vererbungsgesetze entdeckte, die nach ihm die „Mendelschen Gesetze" genannt werden.)*

2. Wie kam Mendel zur Naturwissenschaft? *(Mendel war der Sohn eines armen Bauern aus Ostmähren. Das Studium, das er sich sehnlichst wünschte, war für seine Eltern nicht finanzierbar. Wie viele andere in seiner Zeit ging Mendel deshalb ins Kloster, um studieren zu können. Zuerst studierte er in Brünn Theologie und erhielt 1847 die Priesterweihe. Da er als Augustinermönch auch außerhalb des Klosters arbeiten durfte, wurde er Hilfslehrer am Gymnasium in Znaim. Weil er sich dabei sehr geschickt bewährte, erlaubte der Orden ihm 1851 das Studium der Naturwissenschaften in Wien. So wurde Mendel 1854 Lehrer für Naturgeschichte und Physik an der Oberrealschule in Brünn.)*

3. Wie kam Johann Mendel zum Vornamen Gregor? *(Als 1868 der Abt des Augustinerstifts in Brünn starb, wählten die Mönche Mendel zu seinem Nachfolger. Mendel schlug das Amt nicht aus und nahm als Abt den Vornamen Gregor an.)*

4. Wie lauten die Mendelschen Gesetze? *(Mendel führte im Klostergarten Versuche mit Gartenerbsen durch, die es rot und weiß blühend gab. Die Generationen seiner Versuchsreihe unterteilte er in P [= lateinisch: parentes = Eltern], F [= lateinisch filia = Tochter] und F nach unten im Stammbaum F1, F2 u.s.w. Dabei stellte er folgende Gesetzmäßigkeiten fest: 1.) Gleichförmigkeits- oder Uniformitätsregel: Bei reinerbigen [nicht dominanten = intermediären] Stammformen sind die Nachkommen in der 1. Generation [F1] äußerlich alle gleich. Beim dominanten Erbgang setzt sich der dominante Teil durch und F 1 gleicht ausschließlich ihm. 2.) Spaltungsregel: In der 2. Generation [F2] tauchen die Stammformen im dominanten Erbgang im Verhältnis 3:1 und im intermediären Erbgang im Verhältnis 1:2:1 auf. 3.) Unabhängigkeitsregel: Bei Kreuzungen von Stammformen, die sich durch mehrere Erbeigenschaften unterscheiden, vererben sich die einzelnen Eigenschaften unabhängig voneinander.)*

5. Wie wurden Mendels Gesetze bekannt? *(Mendel hatte 1865 in zwei Vorträgen in Brünn von seinen Forschungsergebnissen berichtet, die 1866 in den „Verhandlungen des Naturforschenden Vereins zu Brünn" veröffentlicht wurden. Leider wurde aber kein Sachverständiger darauf aufmerksam. Da Mendel ab 1868 als Abt voll eingespannt war, kam er auch nicht mehr dazu, sich seinen Forschungen wie früher zu widmen. 16 Jahre nach seinem Tod, also 1900 entdeckten drei Forscher unabhängig voneinander, ohne seine Arbeiten zu kennen, die grundlegenden Vererbungsgesetze neu. Nun kam Mendels Veröffentlichung wieder zum Vorschein und man ließ ihm den verdienten Ruhm, indem man die Gesetze nach ihm benannte.)*

Nigeria

1. Was ist Nigeria? *(Ein Küstenstaat in Mittelafrika in Äquatornähe, der 1960 von Großbritannien in die Unabhängigkeit entlassen wurde. Nigeria hat eine Fläche von 923.768 km² [zum Vergleich: die BRD ist 357.000 km² groß]. Das Land hat seinen Namen vom Fluss Niger, von dessen Gesamtlänge von 4.184 km immerhin 1170 km durch Nigeria fließen [zum Vergleich: der Rhein ist insgesamt „nur" 1320 km lang, von denen 865 km in der BRD fließen], auf dessen Staatsgebiet sich auch die Mündung in den Atlantik befindet. Zweitwichtigster Fluss ist der Benue, der im Landesinnern in den Niger mündet.)*

2. Wie heißt die Hauptstadt Nigerias? *(Abuja, das erst Ende der 70er Jahre gegründet wurde. Früher war die Küstenstadt Lagos – mit rund 10 Mio. Einwohnern die größte Stadt des Landes – die Hauptstadt Nigerias. Abuja mit heute 170.000 Einwohnern wurde absichtlich als Standort gewählt, weil es im Landesinneren liegt und keiner der großen Stämme Anspruch auf das Gebiet erhebt.)*

3. Wie viele Einwohner hat Nigeria? *(Ca. 156,5 Mio. Einwohner, womit Nigeria das bevölkerungsreichste Land Afrikas ist. Dabei ist Nigeria geprägt von drei rivalisierenden Gruppen: Den Haussa im Norden [21,3 %], den Yoruba im Südwesten, vor allem den Millionenstädten Lagos und Ibadan [21,3 %] und den Igbo [Ibo] im Südosten [18 %]. Insgesamt gibt es in Nigeria rund 250 Völker, Ethnien und Stämme. In Nigeria ist das Nationalbewusstsein wenig ausgeprägt. Vielmehr beherrschen Stammes-Loyalitäten [Tribulismus] das Denken und soziale Leben.)*

4. Welche Sprache spricht man in Nigeria? *(Englisch ist Staatssprache. Daneben gibt es Sudan- und Bantusprachen.)*

5. Welche Religion herrscht in Nigeria? *(50 % der Einwohner sind Muslime, 40 % Christen.)*

6. Welche Krankheiten sind in Nigeria verbreitet? *(Vor allem ist Nigeria bekannt für die Verbreitung tödlicher Tropenkrankheiten wie Malaria, Durchfallerkrankungen, Tuberkulose, Meningitis und Aids mit einer hohen Ansteckungsrate: Anfang des 21. Jahrhunderts waren rd. 3 Mio. HIV-infiziert. Medizinische Probleme bereitet auch die international angeprangerte Beschneidung von Mädchen.)*

7. Was ist Biafra? *(Biafra ist ein großer Landesteil Nigerias westlich des Nigers bis zur Grenze Kameruns. Die hier wohnenden Igbo erklärten 1967 ihre Unabhängigkeit unter der Landesbezeichnung „Biafra". Regierungstruppen marschierten daraufhin in Biafra ein. In dem überaus grausamen Bürgerkrieg starben durch Massaker und Hungersnöte mehr als 2 Mio. Einwohner. Biafra kapitulierte im Januar 1970.)*

8. Was ist Nigerias Hauptausfuhrprodukt? *(Nigeria ist das größte Erdölförderland Afrikas mit 102.710.000 t [Libyen folgt mit rd. 73.000.000 t]. Die Erdölvorräte befinden sich im Nigerdelta und werden voraussichtlich erst 2020 erschöpft sein. Sie machen 96 % der Exporterlöse und 64 % der Staatseinnahmen aus. Die Einnahmen sacken der Staat und Erdölkonzerne ein, während die dort siedelnde Bevölkerung unter der Umweltzerstörung leidet und verarmt ist. Deshalb kam es seit Beginn der 90er Jahre wiederholt zu blutigen Konflikten zwischen Einheimischen Ölkonzernen, die von Regierungstruppen unterstützt werden. Trotz des Ölbooms in den 80er Jahren gehört Nigeria heute zu den ärmsten Ländern der Welt.)*

Elisabeth I.

1. Wer war Elisabeth I. (1533-1603)? *(Elisabeth I. war eine der bedeutendsten englischen Königinnen, die von 1558 – 1603 regierte.)*

2. Wie verlief ihre Jugend? *(Elisabeth wurde am 07.09.1533 als Tochter Heinrichs VIII. und seiner zweiten Frau Anna Boleyn geboren. Heinrich VIII. war darüber aber nicht glücklich, da er sich einen Sohn als Thronfolger zur Fortsetzung der Tudor-Dynastie wünschte. Als Anna dann noch einen toten Sohn gebar, ließ Heinrich VIII. sie wegen einer erfundenen Beschuldigung hinrichten. Elisabeth ließ er zwar am Leben, erklärte sie aber für unehelich. Das trug Elisabeth eine recht traurige Jugend ein. Sie wurde aber nach königlichem Standard bestens ausgebildet. Da sie sehr intelligent und sprachbegabt war, lernte sie Latein, Griechisch, Französisch, Spanisch und Italienisch.)*

3. Kam Elisabeth I. gleich nach dem Tod Heinrich VIII. 1547 auf den Thron? *(Nein: Zunächst war der erst zehnjährige Eduard VI. aus Heinrichs dritter Ehe mit Jane Seymour in der Thronfolge dran. Er „regierte“ aber nur sechs Jahre. Ihm folgte Maria aus Heinrichs erster Ehe mit der Spanierin Katharina von Aragonien. Da man Elisabeth verdächtigte, sie habe mit Hilfe der Protestanten die katholische Maria stürzen wollen, um selbst an die Macht zu kommen, landete sie im Gefängnis. Nur ihrer Klugheit und Geistesgegenwart verdankte sie es, dass sie mehrmals nur mit knapper Not dem Tod entging. Als dann aber 1558 Maria kinderlos starb, bestieg Elisabeth mit 25 Jahren den englischen Thron, da Heinrich VIII. die Thronfolge so geregelt hatte, dass sein letztes überlebendes Kind König werden sollte.)*

4. Welchen Schimpfnamen gab die Bevölkerung Elisabeths Schwester Maria? *(Maria war mit dem späteren spanischen König Philipp II. verheiratet, der als Katholik die Protestanten verfolgte. Maria, die die Kirchenspaltung durch ihren Vater nie verwunden hatte, war Katholikin geblieben und wollte England zur katholischen Kirche zurückbringen. Sie ließ 288 Protestanten auf dem Scheiterhaufen verbrennen. Das brachte ihr den Schimpfnamen „Bloody Mary“ ein.)*

5. Was brachte Elisabeth I. als Königin ihrem Land? *(Elisabeth I. war für ihr Land ein Segen. Sie führte England aus relativer Bedeutungslosigkeit zu einer Großmacht, hielt Frankreich und Spanien in Schach. Als ☞Philipp II. sie mit der Armada, der als unschlagbar geltenden spanischen Flotte, angriff, schlug sie ihn im Ärmelkanal. Unter ihrer Regentschaft hatte das Volk Brot und Arbeit. England wurde reich und mächtig. Die Kunst in England [z.B. ☞Shakespeare] erreichte unter ihr eine Blüte wie nie zuvor.)*

6. War Elisabeth I. verheiratet? *(Nein, obwohl das Parlament sie immer wieder zu einer Heirat drängte, damit sie einen Erben zur Welt brächte. Ohne Erben musste der Thron an ihre Cousine Maria Stuart, die Königin von Schottland fallen. Sie aber verhandelte, wie es ihre Art war, mit dem Parlament: Wenn das Parlament ihr die Finanzen für eine Vergrößerung der Flotte bewillige, würde sie sich das mit der Heirat überlegen. Tatsächlich spielte sie aber nur mit den zahlreichen Bewerbern, unter denen auch Philipp II. war, der aus Verärgerung über das lange Warten dann die Tochter Heinrichs II. von Frankreich heiratete.)*

7. Wie war Elisabeth I. als Frau? *(Elisabeth I. war eine typische Frau, die es liebte, wenn man ihr den Hof machte. Sie hatte auch eine Vorliebe für Schmuck und schöne Kleider, von denen sie 3.000 gehabt haben soll. Unermüdlich nahm sie an Jagden, Bällen und Festlichkeiten teil, bei denen sie nicht totzukriegen war. Dabei war sie hübsch und pflegte ihre Schönheit bis ins hohe Alter, auch mit falschen Haaren. Andererseits war sie launenhaft und immer unberechenbar.)*

8. Wer folgte Elisabeth I. auf den Thron? *(Eigentlich wäre die katholische Maria Stuart, die Königin von Schottland, als Urenkelin Heinrichs VII. in der Thronfolge nach ihr dran gewesen. Maria war aber 1568 von Schottland nach England geflohen und hatte dort katholische Verschwörungen gegen Elisabeth I. unterstützt. Das flog aber auf, und so ließ Elisabeth I. sie nach langem Zögern hinrichten. Dadurch wurde Marias Sohn Jakob IV. der Nächste in der Thronfolge und folgte Elisabeth I. nach ihrem Tod 1603 auf den Thron nach.)*

Rudolf Diesel

1. Wer war Rudolf Diesel (1858 – 1913)? *(Rudolf Diesel war der Erfinder des Diesel-Motors.)*

2. Wie lebte Rudolf Diesel? *(Diesel wurde am 18.03.1858 in Paris geboren. Er stammt aus einer alten deutschen Handwerker-Familie. Die Ereignisse des Revolutionsjahres 1848 trieben seinen Vater, der wie der Großvater Buchbinder war, auf Wanderschaft. Dabei landete er schließlich 1850 in Paris, wo er später eine kleine Fabrik für Leder-*

waren betrieb. In dieser Fabrik arbeitete Rudolf Diesel, wobei er sich vor allem für Mechanik interessierte. Häufig besuchte er deshalb das berühmte Technische Museum von Paris, das „Conservatoire des Arts et Métiers", das in der Nähe seines Elternhauses lag. Als seine Familie nach dem deutsch-französischen Krieg von 1870 nach London übersiedelte, bot ihm das Museum „Science Museum" unvergleichliche Eindrücke. Da nun aber die Familie Diesel in Armut lebte, wurde Rudolf zu seinem Onkel nach Augsburg geschickt. Dort ging er zur Schule und schloss 1875 das Studium an der Technischen Hochschule in München an, wo er später das beste Examen seit der Gründung der Hochschule ablegte.)

3. Wann entwickelte Diesel den nach ihm benannten Motor? *(Von 1893-97 in Zusammenarbeit mit der Maschinenfabrik Augsburg und der Firma F. Krupp. Ab 1908 beteiligte er sich an der Entwicklung von ersten Kleinstdieselmotoren sowie Dieselmotoren für Lastwagen, Lokomotiven und Schiffen.)*

4. Wie funktioniert ein Dieselmotor? *(Der Dieselmotor ist ein Verbrennungsmotor. Im Zylinder wird nur Luft durch den Kolben so hoch verdichtet und dadurch erhitzt, dass sich der von einer Einspritzpumpe geförderte und durch die Einspritzdüse eingespritzte Dieselkraftstoff selbst entzündet. Dadurch steigen Druck und Temperatur im Brennraum, der Kolben wird nach unten getrieben und leistet Arbeit.)*

5. Brachte Diesel die Erfindung des Dieselmotors Ruhm und Reichtum? *(Ersteres ja, letzteres nein: 1897 war er auf der Höhe seines Ruhmes angelangt. Überarbeitung, Krankheit und Streit mit anderen Erfindern, die ihm sein Patent streitig zu machen suchten, raubten ihm den Lebensnerv. Ein Spekulant verführte den bereits Schwerkranken zu einer Fehlanlage seines Vermögens. 1912 erlebt Diesel noch die großen Erfolge der mit dem Dieselmotor angetriebenen Ozeanschiffe. Als er auf einer Reise nach Amerika als berühmter Mann gefeiert wurde, war er finanziell aber bereits ruiniert. Am Abend des 29.09.1913 fuhr er mit einem Schiff von Antwerpen nach Harwich in England, um in Ipswich an der Einweihung einer neuen Fabrik für Dieselmotoren teilzunehmen. Am nächsten Morgen war er nicht mehr zu finden. Alles spricht dafür, dass Diesel freiwillig den Tod im Meer gesucht hat.)*

6. Wann wurde der Benzinmotor erfunden? *(1862 durch N. A. Otto, was zur Bezeichnung Otto-Motor führte.)*

Schafe

1. Was ist ein Schaf? *(Ein bis zu 150 kg schweres Säugetier, das ein reiner Pflanzenfresser ist.)*

2. Schafe sind „Paarhufer“. Was bedeutet das? *(Dass das Schaf an jedem Fuß eine gerade Zahl von Zehen hat.)*

3. Warum haben Schafe Salz so gern? *(Das Salz macht dem Schaf Appetit. Nebenbei bewirkt Salz, dass das Fell glänzend bleibt.)*

4. Schafe sind „Wiederkäuer“. Was bedeutet das? *(Wiederkäuer sind einige Tiere, die sich von Gras ernähren, wie z.B. Schafe, Rinder, Kamele, Ziegen, Rehe und Giraffen. Sie schlingen das Gras nach dem Ausrupfen nur kurz angekaut herunter und speichern es im Pansen, dem größten ihrer vier Magenteile, wo es vorverdaut wird. Wenn die Schafe ausruhen, gelangt das Gras in den zweiten Magenteil, wo es zu kleinen Nahrungsballen geformt wird. Von dort wird es wieder ins Maul hinaufgewürgt. Erst jetzt kaut das Schaf das Gras gründlich, zermahlt es und schluckt es wieder herunter.)*

5. Wie viel Wolle gibt ein Schaf pro Jahr? *(Ca. 4 – 5 kg.)*

6. Wie viel Milch gibt ein Schaf pro Jahr? *(Das Ostfriesische Milchschaf bringt es auf 550 – 700 kg Milch.)*

7. Wie alt wird ein Schaf? *(Zwischen 10 und 15 Jahre; Hausschafe werden durchschnittlich 8-10 Jahre alt.)*

8. Wie lange hält der Mensch schon Schafe? *(Das Hausschaf wurde schon vor rund 9.000 Jahren in der Jungsteinzeit domestiziert [= gezähmt und gezüchtet], da es dem Menschen Milch, Käse, Wolle, Pelz, Fett und Fleisch gab. Heute gibt es überall auf der Welt Schafe.)*

9. Was ist ein Mufflon? *(Eine Unterart des Orientalischen Wildschafs, das heute auch in Europa beheimatet ist. Kennzeichnend sind seine sehr starken, schneckenartig gewundenen Hörner mit deutlich erkennbaren Jahresringen.)*

10. Wie viele Schafe gibt es auf der Welt? *(1996 waren es rund 1,048 Mrd., davon die meisten in China [127,3 Mio.] und Australien [126,3 Mio.]. In Europa züchtet Großbritannien mit 28,8 Mio. die meisten Schafe, während Deutschland 1996 nur 2,44 Mio. Schafe hielt.)*

Norwegen

1. Was ist Norwegen? *(Ein Königreich [parlamentarische Erbmonarchie] im Westen Nordeuropas. Norwegen hat eine Staatsfläche von 323.758 km², und ist damit unge-*

fähr so groß wie die BRD mit 357.000 km². Im Osten grenzt Norwegen an Schweden, im Norden an Finnland und an seiner nordöstlichsten Stelle an Russland.)

2. Wie heißt die Hauptstadt Norwegens? *(Oslo mit rund 540.000 Einwohnern. Die Stadt wurde 1048 von König Harald III. gegründet und fiel 1624 einem Brand zum Opfer. Der dänische König Christian IV. ließ sie neu aufbauen und nannte sie nach sich Christiana. 1814 wurde sie zur Hauptstadt und zum 01.01.1925 wieder in Oslo rückbenannt.)*

3. Was ist Stavanger? *(Eine norwegische Stadt mit rund 100.000 Einwohnern an der Südwestküste Norwegens. Sie ist das Zentrum der Erdölindustrie, seit 300 km vor der Küste Erdöl gefunden und seit 1976 exportiert wurde. Norwegen gehört zu den wichtigsten Erdöl- und Erdgasförderländern Europas.)*

4. Was ist Hammerfest? *(Hammerfest, das auf der Insel Kvalö vor der norwegischen Küste liegt, ist mit rund 6.000 Einwohnern die nördlichste Stadt Europas mit 71° nördlicher Breite. Die Stadt musste 1890 nach einem großen Brand wieder neu aufgebaut werden. Der Hafen ist das ganze Jahr über wegen des Golfstroms eisfrei.)*

5. Wie viele Einwohner hat Norwegen? *(Ca. 4,6 Mio. Einwohner. Rund 75 % der Bevölkerung wohnen an der Küste oder in den Städten. Ein Teil Norwegens gehört zu ☞Lappland. Auf norwegischem Gebiet wohnen rund 21.000 Lappen, die traditionell als Fischer und Rentierzüchter leben.)*

6. Welche Sprache spricht man in Norwegen? *(Norwegisch.)*

7. Welche Religion ist in Norwegen führend? *(88 % der Bevölkerung sind Protestanten.)*

8. Wie heißt die Währung Norwegens? *(Norwegische Krone.)*

9. Wie lange ist Norwegen schon besiedelt? *(Norwegen ist das älteste Kulturland Europas. Bereits in der Jungsteinzeit ca. 3000 v. Chr. war es besiedelt.)*

10. Seit wann ist Norwegen unabhängig? *(Von norwegischem Gebiet starteten die Normannen vom 9. bis 11. Jahrhundert ihre gefürchteten Kriegszüge nach England, Island, Grönland und sogar nach Nordamerika. Das schwächte sie aber im eigenen Land. So gelang es den Dänen im 11. und 12. Jahrhundert mehrfach, Norwegen zu besetzen und dort das Christentum einzuführen. Norwegen wurde für Jahrhunderte dänische Provinz. Die Dänen führten die Reformation ein und setzten Dänisch als Landessprache durch. Durch die dänische Niederlage in den napoleonischen Kriegen 1814 fiel Norwegen 1814 an Schweden, konnte jedoch die Verfassung behalten, die es sich gerade gegeben hatte. Erst 1905 erlangte Norwegen seine politische Unabhängigkeit.)*

11. Wie heißt das norwegische Parlament? *(Das norwegische Einkammerparlament mit 165 für vier Jahre gewählten Abgeordneten heißt Storting.)*

12. Warum ist praktisch die ganze Küste Norwegens eisfrei? *(Norwegen wird vom Golfstrom maritim geheizt. Er sorgt dafür, dass selbst im Winter auf den nördlichsten Inseln Norwegens noch Schafe weiden können. In den nordöstlichsten Teil Norwegens kommt der Golfstrom nicht mehr. Hier misst man im Winter Temperaturen bis zu -50° C.)*

13. Was ist der Golfstrom? *(Der Golfstrom ist eine starke Meeresströmung, die die Verbindung zwischen dem Floridastrom und dem Nordatlantischen Strom darstellt. Das Wasser des Golfstroms ist sehr warm. Deshalb erwärmt der Golfstrom die Luft über sich und damit auch die angrenzenden Regionen. Der größte Teil des warmen Golfstrom-Wassers strömt im Westatlantik nach Süden und wird dort vom Nordatlantischen Strom aufgenommen, der das warme Wasser nach West- und Nordeuropa trägt. Deshalb liegt dort die Temperatur rund 28 ° C höher, als sie nach der geographischen Breite zu erwarten wäre.)*

14. Norwegen ist für seine Fjorde berühmt. Was ist ein Fjord? *(Ein sehr tief eingeschnittenes Tal mit steilen Wänden, das von Gletschern der Eiszeit wie ein Trog ausgehobelt wurde. Fjorde sind also untergegangene Flusstäler. Nach dem Ende der Eiszeit drang das Meer ein. Fjorde sind in der Regel langgestreckt. Die meisten Fjorde gibt es in Norwegen [Fjord ist ein norwegisches Wort]. Der größte Fjord von Norwegen erstreckt sich 204 km ins Landesinnere und ist bis zu 1.308 m tief!)*

15. Was ist die Polarnacht? *(Im nordöstlichsten Teil Norwegens [Polarzone] herrscht in der Finnmark [Hochebene von geringer Höhe, die von Lappen bewohnt wird] zwei Monate im Winter nahezu völlige Dunkelheit und im Sommer umgekehrt zwei Monate lang jeden Tag 24 Stunden Helligkeit [sog. Mitternachtssonne].)*

Mongolen

1. Was sind Mongolen? *(Als Mongolen bezeichnet man ein in Asien beheimatetes Volk, dessen Kerngebiet heute die Innere Mongolei, die zur Volksrepublik China gehört, und die selbständige Äußere Mongolei darstellen. Die selbständige Mongolei ist 1.566.500 km^2 groß [zum Vergleich: die BRD misst 357.000 km^2], hat aber nur rund 2,2 Mio. Einwohner. Rund 2,8 Mio. Mongolen wohnen in China. Insgesamt gibt es rund 7,5 Mio. Mongolen.)*

2. Wie sehen Mongolen aus? *(Typisch für Mongolen sind breite Gesichter, platte Nasen, Schlitzaugen, sonnenverbrannte Haut und ein gedrungener Körper.)*

3. Welche Bedeutung hat der Begriff „Mongole“? *(Wörtlich übersetzt bedeutet Mongol und Mongku „die Tapferen“.)*

4. Wer war der berühmteste Mongole? *(☞Dschingis Khan, der von 1162 oder 1167 bis 1227 lebte.)*

5. Wie kamen die Mongolen zu ihrer Bezeichnung als Volk? *(Um 1196 schwang sich Temudschin [der spätere Dschingis Khan] zum Fürsten des Stammes Mongchol auf, der dann dem ganzen Volk den Namen Mongolen gab.)*

6. Welche Temperaturen herrschen in der Mongolei? *(Im Sommer bis +35°, im Winter bis -40°.)*

7. Was ist eine „Jurte“? *(Als Jurte wird ein mongolisches, bienenkorbartiges, rundes Zelt bezeichnet. Da die Mongolen mit ihren Herden [Pferde, Jaks, Kamele, Ziegen und Schafe] ziehen, also in großer Zahl Nomaden sind, errichten sie leicht auf- und abbaubare Zelte. Diese Zelte sind aus Filz [gepresste Haare oder Wolle] erbaut, gründlich bearbeitet und widerstandsfähig gemacht. Dadurch isolieren sie sogar besser als Ziegelbauten. Diese Zelte lassen sich in rund 90 Minuten von den Mongolen aufbauen.)*

8. Was ist ein Jak? *(Ein Jak ist ein gezähmtes Wildrind mit dichtem Fell. Vielfach wird es auch als Zugtier von den Mongolen eingesetzt. Die Mongolen essen nicht nur Jak-, sondern auch Pferde-, Hunde- und Rattenfleisch gern. Die Jakmilch wird zu Käse verarbeitet.)*

9. Wie bereiten die Mongolen ihr Lieblingsgetränk Tee zu? *(Sie kochen ihn mit Butter und Kumyß [=Stuten- oder Kamelmilch, die man in Schläuchen zum Gären gebracht hat]. Dabei wird der Tee mit Milch, Butter und Salz gekocht. Kumyß ist ein stark alkoholisches Getränk [Milchwein], das ähnlich wie Bier schmeckt und auch schäumt.)*

10. Was war das Reich der „Goldenen Horde"? *(1223 fielen die Mongolen unter Dschingis Khan in die russischen Fürstentümer nördlich des Schwarzen Meeres ein. 1240 nahmen sie unter Batu Khan [Enkel des Dschingis Khan] Kiew ein und gründeten das Reich der „Goldenen Horde" [so genannt wegen der goldenen Deckplatten des Herrscherzeltes], das praktisch unabhängig vom Mongolenreich war, mit der Hauptstadt Sarei. Russland war fortan unter dieser Herrschaft, bis Iwan der III. 1480 die Herrschaft der Mongolen beendete und einen russischen Zentralstaat gründete.)*

Ägypten

1. Was ist Ägypten? *(Ägypten ist gemäß der Verfassung aus dem Jahre 1971 eine präsidiale Republik im Nordosten Afrikas am Mittelmeer. Der für sechs Jahre gewählte, sehr mächtige Präsident lenkt seit 1981 das Land mit Notstandsgesetzen. Ägypten hat eine Fläche von 1.001.449 km² [zum Vergleich: die BRD ist 357.000 km² groß].)*

2. Wie heißt die Hauptstadt von Ägypten? *(Kairo. Groß-Kairo hat heute ungefähr 16 Mio. Einwohner und ist damit die größte Stadt im Nahen Osten und gleichzeitig die Metropole Afrikas. In den ärmeren Stadtteilen Kairos leben mehr als 100.000 Menschen auf einem einzigen Quadratkilometer. 10-köpfige Familien, die sich mit nur einem Raum begnügen, sind keine Seltenheit. Die Stadtregion Kairo wächst täglich um ca. 1.000 Zuwanderer. In der Altstadt ist das Wahrzeichen die Ende des 12. Jahrhunderts errichtete Zitadelle, die aus den Steinen der Pyramiden von Gizeh erbaut wurde. Zweitgrößte Stadt ist Alexandria mit ca. 3,2 Mio., drittgrößte Stadt Gizeh mit 2,2 Mio. Einwohnern.)*

3. Wie kam es zur Entstehung von Kairo? *(969 wurde am nordöstlichen Stadtrand des heutigen Kairo in freiem Gelände ein Quadrat von 1.100 m Seitenlänge abgesteckt. Die Astrologen Gohars trafen sich, um den günstigsten Moment für den Beginn der Eröffnungszeremonie zu bestimmen. Dazu wurden an Seilen Glocken aufgehängt, die als Signal für die Arbeiter geläutet werden sollten, sobald sich die Astrologen auf einen günstigen Zeitpunkt geeinigt hätten. Ein Rabe setzte sich jedoch auf die Seile, löste das Glockengeläut aus, und sofort gingen die Arbeiter ans Werk. Die Astrologen hielten den Zeitpunkt zwar nicht für glücklich – es war aber zu spät. Die Stadt erhielt den Namen Al Qahirah, was im Arabischen die „Siegreiche" bedeutet. Innerhalb der Mauern legte Gohar dann auch den Grundstein zur Al-Azhar [Arabisch: „Die Prächtige"]-Moschee.)*

4. Wie viele Einwohner hat Ägypten? *(Ca. 70 Mio.)*

5. Wie heißt die Währung in Ägypten? *(1 Ägyptisches Pfund [LE] = 100 Piaster.)*

6. Welche Religion ist in Ägypten am stärksten vertreten? *(90 % der Ägypter sind sunnitische Muslime, christliche Kopten bilden die zweitgrößte Religionsgruppe. Ägyptens Gesetzgebung orientiert sich an den Prinzipien der Scharia, dem islamischen Recht.)*

7. Was zeigt das Staatswappen Ägyptens? *(Den Saladinadler: Er ist das Wappentier einiger Staaten im islamischen Kulturraum. Das Wappen soll bereits Sultan Saladin [1138-1193] im Kampf gegen die Kreuzritter geführt haben. Saladin war ein sunnitischer Muslim und erklärter Gegner der Schiiten. Im Abendland war Saladin hoch angesehen, was ihm eine tragende Rolle in ☞Lessings „Nathan der Weise" eintrug.)*

8. In welche historischen Reiche teilt man Ägypten ein? *(Die Könige des „Alten Reiches" [2640 bis 2160 v. Chr.] erbauten die drei großen Pyramiden von Gizeh. Aus dieser Zeit stammt der Beginn der Errichtung von monumentalen Steinbauten. Der König wurde als Sohn des Sonnengottes verehrt. Pharao Mentohtep einte das Land und begründete das „Mittlere Reich" [2040 – 1650 vor Christus]. In dieser Zeit war die Kultstätte des Osiris in Abydos religiöser Mittelpunkt. Ahmose schuf das neue Reich [1551 – 1070 vor Christus]. Während des „Neuen Reichs" dehnte Ägypten durch Eroberungen sein Herrschaftsgebiet zeitweise bis zum Euphrat aus. In dieser Zeit führte Echnaton um 1359 den alleinigen Gott Aton ein und begründet damit den ersten Monotheismus in der Geschichte der Menschheit. Im „Neuen Reich" herrschten au-*

ßerdem die Königin Hatschepsut und die Könige Amenophis III., ☞Tut-Ench-Amun, welcher Echnatons Schwiegersohn war, sowie Ramses.)

9. Wie kam es zur Entzifferung der Hieroglyphen? *(1798 landete ein französisches Heer unter ☞Napoleons Führung in Ägypten. Napoleon wollte über die Herrschaft Ägyptens Englands Vormachtstellung im Mittelmeer und Indien durchbrechen, hatte aber auch einhundertfünfundsiebzig Gelehrte dabei, die die Kulturschätze des alten Ägyptens erkunden und erforschen sollten. Die militärische Expedition scheiterte zwar nach drei Jahren, dafür war aber eine enorme wissenschaftliche Ausbeute angefallen. Darunter war der „Stein von Rosette", auf dem der gleiche Text zuerst in Hieroglyphenschrift, dann in demotischer Schrift und schließlich in griechischer Schrift aufgetragen war. Über die bekannte griechische Schrift konnte man die anderen beiden Texte erschließen. Das gelang in 23jähriger Arbeit dem Franzosen Jean-Francois Champillion. Der Stein von Rosette ist heute im Britischen Museum in ☞London zu besichtigen.)*

10. Welche sind die bedeutendsten Zeugnisse der altägyptischen Geschichte? *(Die ☞Cheops-Pyramide und die Pyramiden seines Sohnes Chepren sowie seines Enkels Mykerinos nebst der Sphinx in Gizeh, der Luxor-Tempel mit der Kolossal-Statue Ramses II., der Tempel der Königin Hatschepsut [1504-1483 v.Chr.] im einstigen Theben, der Amuntempel in Karnak und der Tempel von Abu Simbel am Nassersee, der wegen des Anstiegs des Sees nach oben versetzt wurde. Der Nasser-See von 1971 vergrößerte die landwirtschaftliche Nutzfläche um 1/7, die Erntefläche sogar um 1/5, da nun überall zwei- bis dreimal pro Jahr geerntet werden kann. Der Assuan-Staudamm stellt Wasser für eine Bewässerungsfläche von über 800.000 ha bereit.)*

11. Wann geriet Ägypten unter griechische Herrschaft? *(☞Alexander der Große eroberte 332 v. Chr. Ägypten. Nach seinem Tod zerfiel sein Reich und in Ägypten schwang sich 305 v. Chr. sein Nachfolger Ptolemaios I. auf den Königsthron. Die letzte Ptolemäerin war Kleopatra, die vom römischen Kaiser Oktavian 30 v. Chr. zum Selbstmord gezwungen wurde, nachdem er Alexandria erobert hatte.)*

12. Wann eroberten die Römer Ägypten? *(Sie eroberten es 30 v. Chr. und machten das Nilland zur „Kornkammer Roms". Bis 395 n.Chr. blieb Ägypten unter römischer Herrschaft. Ägypten importiert heute 70 % seines Getreidebedarfs.)*

13. Wann eroberten die Araber Ägypten? *(Sie eroberten es 639. Seit diesem Zeitpunkt begann die Islamisierung Ägyptens.)*

14. Welcher Kanal auf ägyptischem Staatsgebiet verbindet das Mittelmeer mit dem Golf von Suez, an den sich das Rote Meer anschließt? *(Der ☞Suez-Kanal.)*

15. Wie viel vom Staatsgebiet Ägyptens ist von Wüste bedeckt? *(Ägypten ist zu 96 % von Wüste bedeckt. Die Libysche Wüste liegt westlich des Nils und nimmt 75 % der Landesfläche ein. Östlich vom Nil liegt die Arabische Wüste, die 21 % der Landesfläche umfasst. Auf den restlichen 4 % - das entspricht in etwa der Größe Baden-*

Württembergs – drängen sich über 64 Mio. Menschen [in Baden-Württemberg leben rund 10 Mio. Einwohner].)

16. Wie heißt der Hauptfluss Ägyptens? *(☞Nil, der der längste Strom der Erde ist. Mit einer Bevölkerungsdichte von 1.040 Einwohnern je km² ist das Niltal eines der am dichtesten besiedelten Gebiete der Erde.)*

17. Welche Rolle spielte Ägypten im Nahostkonflikt? *(Ägypten trug eigentlich immer die Hauptlast im Konflikt der arabischen Staaten mit Israel. 1948 gab es den Palästina-krieg, 1956 den Suez-Krieg, 1967 den 6-Tage-Krieg und zuletzt 1973 den Oktober-Krieg. Danach beschloss die Regierung, dass die innere Entwicklung Ägyptens nicht länger geopfert werden sollte für permanent steigende Militärausgaben. Ägypten schloss deshalb Frieden mit Israel und erhielt 1982 das letzte Teilgebiet der im 6-Tage-Krieg von Israel besetzten Sinai-Halbinsel zurück.)*

18. Wovon ist Ägypten der weltweit größte Produzent? *(Von hochwertiger, langstapeliger Baumwolle.)*

19. Welche Bedeutung spielt Ägypten für die Erdölindustrie? *(Ägypten liegt mit seiner Fördermenge nur an 17. Stelle weltweit. Die meisten Erdölfelder liegen am und im Golf von Suez.)*

20. Wofür steht Camp David? *(Der amerikanische Präsident Jimmy Carter vereinbarte 1978 in Camp David in den USA Rahmenbedingungen für einen ägyptisch-israelischen Friedensvertrag, den die Beteiligen [Sadat auf ägyptischer, Begin auf israelischer Seite] im März 1979 schlossen gegen den heftigen Widerstand Syriens, Lybiens, Algeriens, des Iraks sowie der PLO. Sadat und Begin erhielten für ihre Friedensbemühungen 1978 den Friedensnobelpreis. Der Friedensvertrag führte zum Ausschluss Ägyptens in der Arabischen Liga, brachte aber Ägypten die Halbinsel Sinai bis 1982 ganz zurück. Der an diesem Vertrag beteiligte ägyptische Präsident Sadat wurde bei einer Militärparade im Oktober 1981 von islamischen Extremisten ermordet.)*

21. Ägypten liegt am Roten Meer. Warum heißt das Rote Meer so? *(Das Rote Meer hat eine Oberflächentemperatur ganzjährig zwischen 26 und 30 Grad. Selbst die Temperaturen in 150 m Tiefe liegen nur geringfügig darunter. Auch in 40 m Wassertiefe herrscht noch gute Sicht, weshalb das Rote Meer ein Paradies für Schnorchler und Taucher ist, zumal das Meer bewunderungswürdige Korallenriffe und reichhaltiges Fischleben verzeichnet. Dort tummeln sich auch Hammerhaie und Schwertwale sowie die ungefährlichen Blauwale und Walhaie. Für die Bezeichnung des Roten Meeres sind jedoch seine kleinsten Bewohner verantwortlich, die in Kolonien lebenden Cyanobakterien. Sie treten von Zeit zu Zeit gehäuft auf und verleihen dem Wasser durch ihre roten Sedimente die namengebende Färbung).*

22. Woher kommt das Mühle-Spiel? *(Die ältesten Hinweise auf das Mühle-Spiel kommen aus dem alten Theben, wo auf den Dachplatten eines Tempels von Sethos I. [1304 bis 1290 v. Chr.] verschiedene Spielpläne zu finden sind. Sowohl eine Dreier- als*

auch eine Neuner-Mühle sind dort in den Stein gemeißelt. Wie genau die Ägypter Mühle spielten, ist allerdings nicht bekannt.)

23. Zu den UNESCO-Welterben gehört auch das Wadi al-Hitan. Was ist die Besonderheit daran? *(Das Wadi al-Hitan [= „Tal der Wale"] ist ein Trockental in der ☞Sahara, in dem unter anderem zahlreiche fossile Überreste von einer ausgestorbenen Unterordnung der ☞Wale gefunden wurden, die den Übergang der Tiere vom Landbewohner zum Meeressäuger belegen. Vor rund 40 Mio. Jahren war die Sahara noch von einem flachen Meer bedeckt.)*

Schopenhauer

1. Wer war Arthur Schopenhauer (1788-1860)? *(Schopenhauer ist einer der bekanntesten deutschen Philosophen der Richtung Idealismus, dort des irrationalistisch-voluntaristischen Idealismus.)*

2. Welche Thesen vertrat Schopenhauer? *(Schopenhauer war Anhänger ☞Kants, also des Kritizismus. Kant hatte sich gefragt, was das „Ding an sich" sei. Schopenhauer beantwortete diese Frage mit einer eigenen Ideenlehre, die letztlich den Menschen, konkret seinen Willen als Ding an sich bezeichnet: In seinem Hauptwerk „Die Welt als Wille und Vorstellung" von 1819 [2. Auflage 1847] prägte er seinen zentralen Satz: „Die Welt ist meine Vorstellung". Damit wollte Schopenhauer Folgendes ausdrücken: Jedes Wesen hat als Kern den Willen. Der Körper des Menschen ist der sich dem Verstand in den Formen von Raum und Zeit darstellende Wille. Jedes andere Ding in der Natur ist nichts anderes als eine Objektivation des „blinden, vernunftlosen, chaotischen Weltwillens". Im menschlichen Intellekt entzündet sich dieser blinde Wille eine Laterne, um die Welt zu erleuchten und sich in der Welt besser behaupten zu können. Nur durch seinen Intellekt erkennt der Mensch, dass die Welt nur eine Vorstellung ist.)*

3. Welche praktische Empfehlung leitete Schopenhauer aus seinen Thesen ab? *(Der Kern des menschlichen Daseins sei „sich selbst zerfleischender Wille". Deshalb sei das ganze Leben Leiden. Der Wille sei nämlich immer unbefriedigt und dadurch mit allen Graden der Unlust verbunden. Also erhob Schopenhauer das Mitleid zum ethischen Prinzip als emotionale Richtschnur für alles moralische Handeln. Der Mensch müsse erkennen, dass eigenes und fremdes Leid letztlich identisch sei. Aus dem Leid könne der Mensch nur ausbrechen, indem er alle Bedürfnisse des Lebens zum Schweigen bringe. Deshalb sei der Asket ein Heiliger, der den Weg gefunden habe zur Erlösung im „Nirwana", der ewigen, sich gleich bleibenden Ruhe. Auch die Kunst führe vorübergehend aus dem Jammertal des Leides heraus. Wie Kant ging Schopenhauer davon aus, dass die Kunst die Begierden des Menschen ruhigstelle.)*

4. Welcher Religion war Schopenhauer verbunden? *(Schopenhauer beschäftigte sich sein Leben lang mit dem ☞Buddhismus, der seine Gedanken stark beeinflusste. So führte er die philosophischen Ideen aus den indischen Veden und Upanishaden in die westliche Kultur ein. Ansonsten war Schopenhauer aus tiefster Überzeugung Atheist.)*

5. Wie lebte Schopenhauer? *(Er wurde 1788 in Danzig als Sohn eines Kaufmanns und einer Schriftstellerin geboren. Sein Vater wollte, dass er Kaufmann werde, aber Schopenhauer studierte in Göttingen zuerst Medizin, dann Philosophie. Danach wechselte er an die Universität in Berlin, wo er Schüler von Fichte und Schleiermacher wurde. Nach dem Studium lebte er zunächst als Privatgelehrter in Weimar und Dresden. Das konnte er sich leisten, da er nach dem Tod seines Vaters durch die Erbschaft finanziell abgesichert war. Seit 1820 lehrte er als Privatdozent an der Universität von Berlin, aber nicht mit dem Erfolg seines Kollegen Hegel [die beiden konnten sich nicht leiden]. Als in Berlin 1831 eine Choleraepidemie ausbrach, verließ er die Stadt und nahm gleichzeitig Abschied von seiner akademischen Lehrtätigkeit. Ab 1833 lebte er wieder als Privatgelehrter in Frankfurt, wo er 1860 auch starb. Die Fachphilosophie nahm ihn kaum zur Kenntnis, er verachtete sie umgekehrt als „Katheder-Philosophie“.)*

Tumor

1. Was ist ein Tumor? *(Die Bezeichnung Tumor kommt aus dem Lateinischen und bedeutet wörtlich „Schwellung“. In der Medizin versteht man darunter insbesondere eine Gewebswucherung.)*

2. Wie entsteht ein Tumor? *(Ein Tumor entsteht durch Wucherung körpereigener Zellen, die nicht in den regulären Verband der normalen Zellen eingegliedert sind.)*

3. Welche Arten Tumore unterscheidet man? *(Man trennt Tumore insbesondere in gutartige [„benigne“] und bösartige [„maligne“] Arten.)*

4. Welche Eigenschaften hat ein gutartiger Tumor? *(Er wächst langsam, ist von den Zellen seiner Umgebung scharf abgegrenzt und bildet keine Metastasen. Seine Zellen sind dem Ursprungsgewebe sehr ähnlich. Nur in Ausnahmefällen [z.B. als Hirntumor] ist dieser Tumor lebensgefährlich, kann aber zum bösartigen Tumor entarten.)*

5. Welche Eigenschaften hat ein bösartiger Tumor? *(Diese Tumorart infiltriert und zerstört das umliegende Gewebe. Sie ist Ausgangspunkt für Metastasen und führt zum Tod, wenn sie nicht rechtzeitig erkannt und behandelt wird. Auch nach der Behandlung kann es zu Rückfällen kommen, weil die Behandlung selten alle bösartigen Tumorzellen vernichtet.)*

6. Was sind Metastasen? *(Metastasen [vom griechischen metastasis = an einen anderen Ort versetzen] sind Tochtergeschwülste bösartiger Tumorzellen. Sie entwickeln sich um das bösartige Muttergewebe herum, werden aber auch über die ☞Blutbahn oder das ☞Lymphsystem [Gewebswasser] in gesunde Organe verschleppt und bilden dort neue Herde.)*

7. Was ist ein „Tumormarker"? *(Der Tumormarker ist eine in Körperflüssigkeiten [vor allem im Blut] nachweisbare Substanz, deren Konzentration eine Diagnose über den Grad der Bösartigkeit eines Tumors ermöglicht.)*

8. Was ist ein Karzinom? *(Als Karzinom bezeichnet man einen bösartigen Tumor, der ein inneres Organ [z.B. ☞Leber, Magen, ☞Gallenblase] befallen hat.)*

9. Was sind Cytostatika? *(Cytostatika sind krebshemmende Medikamente, die allerdings nur das Weiterwachsen von Tumorzellen verhindern.)*

10. Ist Krebs ansteckend? *(Nein.)*

11. Ist Krebs vererblich? *(Eine gewisse Anlage zur Krebsbildung ist zwar erblich, nicht jedoch der Krebs selbst.)*

12. Welche Stoffe fördern die Bildung von bösartigen Tumoren? *(Teerstoffe im Tabak, Röntgenstrahlen, Radioaktivität [in Japan starben Hunderttausende nach dem Abwurf der Atombomben 1945 über Hiroshima und Nagasaki an Krebs], Autoabgase und ultraviolettes Licht.)*

Erasmus von Rotterdam

1. Wer war Erasmus von Rotterdam? *(1466–1536?) (Er war ein niederländischer Humanist und Theologe, daneben auch ein bedeutender Philologe [Sprachwissenschaftler].)*

2. Was bezeichnet man als ☞Humanismus? *(Ein auf dem Bildungsideal der griechisch-römischen Antike fußendes Denken und Handeln. Im Vordergrund steht das Streben nach einer echten Menschlichkeit im Bewusstsein der Würde des Menschen.)*

3. Wie lebte Erasmus von Rotterdam? *(Zunächst wuchs er als illegitimer Priestersohn auf und verlor mit 14 Jahren beide Eltern. Man steckte ihn im Alter von neun Jahren in das Augustinerkloster Steyn bei Gouda. 1492 erhielt er die Priesterweihe. Danach trat er in den Dienst des Bischofs von Cambrai, der ihn zum Theologiestudium nach ☞Paris schickte. Dort blieb Erasmus von 1495–1499. Seit 1496 nannte er sich Erasmus Desiderius. Es schloss sich ein einjähriger Englandaufenthalt an. In Italien*

lebte er von 1506–1509 und legte dort 1506 seine Promotion ab. Von 1509–1514 lebte er in ☞London im Hause seines Freundes Thomas Morus [Morus wurde von Heinrich VIII. hingerichtet, da er dessen Vorrang vor dem Papst als Oberhaupt der Kirche von England nicht anerkennen wollte].)

4. Wie hielt es Erasmus mit der Religion? *(Erasmus war Humanist durch und durch. Mit seinen Schriften stellte er sich gegen alle intellektualistischen Begriffsspielereien, pries die Menschlichkeit und ein natürliches Selbstgefühl. Dabei kritisierte er Adel, Kaufleute, Fürsten, vor allem die Kriegführenden, Mönche und auch Professoren der Pariser Universität Sorbonne. Deshalb rückte man Erasmus in die Nähe ☞Luthers, wogegen Erasmus sich aber wehrte, weil er Luther viel zu radikal fand. Da sich Erasmus von keiner Konfession vereinnahmen ließ, waren die praktisch auch alle gegen ihn. Die Päpste verboten 1559 und 1590 seine Schriften. In einer lebensnahen Moralphilosophie verteidigte Erasmus auch den Bildungsanspruch der Frauen.)*

5. Welchen Titel trägt Erasmus´ bekanntestes Werk? *(„Lob der Torheit“, das er mit Morus´ Unterstützung 1509 veröffentlichte. In diesem Buch griff er vor allem die Mönchsorden und ihr Verständnis von Andacht an. An deren Stelle setzte er ein Grundvertrauen in den menschlichen Intellekt mit seiner Fähigkeit, Gott zu erkennen und zu preisen. 1516 veröffentlichte er die erste griechische Druckausgabe des Neuen Testaments, die zur Basis für Luthers Bibelübersetzung wurde.)*

6. Welche Bedeutung hatte Erasmus als Sprachforscher? *(Er reformierte die Aussprache des klassischen Griechisch. Da man nicht mehr wusste, wie der Buchstabe η ausgesprochen worden war, legte Erasmus fest, er sei „i“ und nicht „e“ auszusprechen. Diese Anordnung von ihm ist bis heute gültig.)*

7. Wo starb Erasmus? *(Zeit seines Lebens reiste Erasmus viel herum und korrespondierte mit 500 der einflussreichsten Persönlichkeiten in Europa. Etliche Universitäten boten ihm Stellen an, doch er lehnte alle ab. Er reiste weiter durch die Lande. Gestorben ist er in Basel in der Schweiz.)*

Grundgesetze der Chemie

1. Was besagt das Gesetz von der Erhaltung der Masse? *(Es besagt, dass bei einer chemischen Reaktion keine Masse verloren geht und keine hinzukommt. Der französische Chemiker ☞Lavoisier benutzte ein Gerät, das ihm erlaubte, in einem abgeschlossenen Raum Stoffe zu verbrennen. Das Gewicht vor und nach der Verbrennung war identisch. Deshalb schrieb Lavoisier nach vielen Versuchen 1785: „Man kann den Grundsatz aufstellen, dass bei jeder Operation die Menge vor und nach der Operation gleich ist.“)*

2. Was besagt das Gesetz von den konstanten Proportionen? *(Nach Lavoisiers Tod forschte sein Landsmann Joseph Louis Proust weiter an den Geheimnissen der Chemie. Ihn interessierte die Frage, wie ist die Verteilung der Masse vor und nach einer Reaktion. Dazu wog er Phosphor ab, verbrannte ihn in einem abgeschlossenen Gerät und wog das entstandene Oxid. Das Verhältnis von Phosphor und Sauerstoff war stets 3:4. Daraus leitete Proust ab: Die Proportionen [Verhältnisse] einer Verbindung sind konstant. Verbindungen enthalten ihre Elemente in einem bestimmten Verhältnis. Die Zahl der Atome ist vor und nach der Reaktion gleich. Was sich geändert hat, ist nur ihre Anordnung.)*

3. Was besagt das Gesetz von den multiplen Proportionen? *(Bildet ein Element A mit einem Element B mehr als eine Verbindung, dann stehen diese Massen von B, die sich mit der gleichen Masse von A verbinden, im Verhältnis einfacher, ganzer Zahlen.)*

4. Was besagt das Gesetz von der Erhaltung der Energie? *(Nur das kann an Energie abgegeben werden, was vorher an Energie vorhanden ist. Die gespeicherte Energie in Atomen wird als „chemische Energie“ bezeichnet. Sie lässt sich in Wärme-, Licht oder Bewegungsenergie überführen, wie z.B. die freiwerdende chemische Energie des Benzins unsere Autos antreibt.)*

5. Was besagt das Massenwirkungsgesetz? *(Auch die allerkleinste Substanzmenge besteht aus unzähligen Atomen. Wenn die Teilchen miteinander reagieren sollen, müssen sich ihre Körper berühren. Bei Gas z.B. steigt die Reaktionswilligkeit mit der Erhöhung der Temperatur. Die Menge der einzelnen Molekülsorten bezeichnet man als Konzentration. Das Massenwirkungsgesetz besagt: Bei einer chemischen Reaktion steht die Konzentration der Ausgangsstoffe in einem absolut konstanten Verhältnis zu der Konzentration der Endstoffe.)*

Sigmund Freud

1. Wer war Sigmund Freud (1856-1939)? *(Sigmund Freud war ein Wiener Arzt, der als Begründer der Psychoanalyse bekannt geworden ist.)*

2. Hatte Freud Familie? *(Freud heiratete 1886, ein Jahr nach seiner Niederlassung als Privatdozent in Wien. Seine Frau Martha gebar ihm insgesamt sechs Kinder. Freuds jüngste Tochter Anna, die 1895 zur Welt kam, wurde auf dem Spezialgebiet der Kinderpsychologie Fortsetzerin des Freud'schen Lebenswerkes. Ein Sohn wurde Rechtsanwalt, einer Ingenieur, einer Architekt.)*

3. Welcher Erkenntnis folgt die Psychoanalyse? *(Die menschliche Seele operiert auf zwei Ebenen, einer bewussten und einer unbewussten. Revolutionär war, was Freud*

über den Raum des Unbewussten herausfand. Freud gab dabei dem „Unbewussten" den Namen. Zum ersten Mal drang Freud 1900 mit dem Buch „Die Traumdeutung" 1900 tief in den Bereich der Erforschung des Unterbewussten vor. Freud wurde häufig fehlinterpretiert und es bezog sich jeder mit den auch abstrusesten Theorien auf ihn. Dabei hatte nicht jeder, der sein Ragout am starken Feuer des Freud'schen Geistes kochte, überhaupt begriffen, dass es Freud als Arzt in erster Linie darum ging, Hilfe zu bringen.)

4. Beruhte Freuds Traumdeutung nur auf der Analyse fremder Träume? *(Nein: Freud war vom Tod seines Vaters traumatisiert. Aus seinen lebhaften Träumen kam Freud zu dem Schluss, dass die Liebe zu seinem Vater mit Scham- und Schuldgefühlen vermischt war. Dabei erkannte er, dass ein Teil seiner Beziehung zu seinem Vater sich um die Konkurrenz um die Zuneigung der Mutter drehte. Dieser Ansatz wurde die Grundlage für das, was Freud den „Ödipus-Komplex" [☞Mythologie im alten Griechenland] nannte. Das verband Freud mit der These, bestimmte frühe Kindheitserlebnisse würden vom Ich ins Unterbewusste „verdrängt". Typischerweise handelte es sich dabei um Erfahrungen, von denen das Kind annimmt, sie riefen bei den Erwachsenen Missfallen hervor, und die an die sexuelle Identität in Bezug zu einem der beiden Elternteile gebunden sind.)*

5. Wie kam Freud darauf, Sexualität als Quelle psychischer Erkrankungen zu erkennen? *(Freud studierte bei Jean-Marie Charcot in Paris an der Salpétrière die Methode, den Patienten in der Hypnose mit Hilfe dieser ersten aller psychotherapeutischen Methoden zu heilen. Charcot war 60 Jahre alt und die führende Autorität auf dem Gebiet der Hysterie. Im Gespräch über die Neurose einer jungen Frau sagte Charcot zu Freud: „Sexualität liegt immer zugrunde." Dieser Satz prägte sich bei Freud ein. Das Bahnbrechende an Freuds Arbeit war, dass er sich auch mit der langen Strecke vorpubertärer Sexualität beschäftigte und nachwies, dass sich die entscheidenden Erlebnisse dieser Phase auf Charakter und Verhalten des Erwachsenen auswirken.)*

6. Welche Theorien entwickelte Freud zur Psychoanalyse? *(Viele psychische Erkrankungen haben ihre Wurzeln in seelischen Konflikten. Diese Konflikte werden im Unterbewusstsein ausgetragen. Sie sind höchstwahrscheinlich in frühester Kindheit entstanden, seither aber „verdrängt" worden. Man heilt die Krankheit, indem man ihre Wurzeln bloßlegt, also dem Kranken den Konflikt in der „Analyse" bewusst macht.)*

7. Wie führte Freud die Psychoanalyse praktisch durch? *(Abweichend von den bisherigen Techniken ließ Freud den Patienten frei und ungezwungen–sprunghaft alle Einfälle, Gedanken und Erinnerungen aussprechen. Dieses „freie Assoziieren" entwickelte er zur Grundlage der psychoanalytischen Behandlung. Damit ersetzte Freud die Hypnose durch die Analyse.)*

8. Was entdeckte Freud bei Kokain? *(Freud betrieb zunächst hirnanatomische Forschungen und entdeckte als erster die schmerzbetäubende Wirkung von Kokain. Als Freud ein Stipendium erhielt, um in der Pariser Salpetrière bei dem berühmten französischen Nervenarzt Charcot zu arbeiten, führte der Augenarzt Koller diese Arbeiten fort.)*

9. Wo lebte Freud? *(Freud wurde 1856 in Freiberg [Mähren] geboren. Mit seiner Familie zog er 1860 nach Wien um. Dort studierte Freud Medizin und arbeitete dann zunächst am Physiologischen Institut der Universität Wien. Danach war er seit 1885 als Dozent für Neuropathologie tätig war und seit 1902 als Professor. In Wien eröffnete er auch eine psychiatrische Praxis. Nach Hitlers Einmarsch in Österreich emigrierte der 82-jährige Freud nach längerem Drängen seiner Freunde 1938 nach London, da er Jude war. Da die Weltpresse mit Hitler-Deutschland inzwischen zu Recht sehr kritisch umging, verlangte die Gestapo von Freud eine schriftliche Bestätigung darüber, dass ihm kein Haar gekrümmt worden sei. Darauf hin schrieb Freud auf das ihm gereichte Blatt Papier: „Ich kann die Gestapo jedermann bestens empfehlen.“ In London erfuhr Freud dann, dass man seine Schriften auf dem Wiener Platz öffentlich verbrannt hatte. Das kommentierte Freud sarkastisch mit „Die Welt macht also doch langsam Fortschritte. Vor 300 Jahren hätte man mich noch mit verbrannt.“ In London starb er am 23.09.1939.)*

10. Welche Vereinigung gründete Freud 1907? *(Die internationale „Psychoanalytische Vereinigung“. Ihr Presseorgan war „Imago“. Zu den bedeutendsten Mitgliedern gehörten A. Adler [Individualpsychologe], C.G. Jung [Tiefenpsychologe] und Stekel [Traumforschung].)*

11. Was ist ein „Freud´scher Versprecher“? *(Bei einem Freud´schen Versprecher handelt es sich vordergründig um einen Versprecher, wobei dessen Inhalt aber dem entspricht, was der Sprechende auch tatsächlich meint. Als Beispiel hierfür hat Freud in seinem 1916 erschienenen Buch „Vorlesungen zur Einführung in die Psychoanalyse“ angeführt: „Der Doktor hat gesagt, mein Mann braucht keine Diät, er kann essen und trinken, was ich will.“)*

Algerien

1. Was ist Algerien? *(Die demokratische Volksrepublik Algerien ist ein Staat in Nordwest-Afrika zwischen Marokko und Tunesien. Algerien hat eine Fläche von 2.381.741 km² [zum Vergleich: die BRD ist 357.000 km^2 groß] [zum Vergleich: die BRD ist 357.000 km^2 groß]. Damit ist Algerien nach dem Sudan das zweitgrößte Land Afrikas. Von der Zahl der Einwohner her steht Algerien aber erst an siebter Stelle in Afrika. Die Nord-Süd-Ausdehnung vom Mittelmeer bis zur Grenze zu Mali und Niger beträgt rund 2.000 km, die West-Ost-Ausdehnung von der marokkanischen bis zur tunesischen und libyschen Grenze rund 1.000 km.)*

2. Wie heißt die Hauptstadt Algeriens? *(Algier [Al-Jaza'ir ist die arabische Bezeichnung und bedeutet einfach „die Inseln“. Der Name bezieht sich auf zwei kleine vor der Altstadt von Algier liegende Inseln.]. Wie viele andere Städte Nordafrikas ist auch Algier*

aus einer ursprünglich römischen Siedlung entstanden. Algier hat rund 1,7 Mio. Einwohner. Die nächstgrößten Städte sind Oran und Constantine.)

3. Wann wurde Algerien selbständig? *(Die einheimischen Berber hatten schon im dritten und zweiten Jahrtausend vor Christus eine hochentwickelte Kultur mit einer eigenen Schrift, die von den ☞Tuareg noch heute in leicht veränderter Form verwendet wird. Ab dem 12. Jahrhundert vor Christus gründeten die ☞Phönizier an der heutigen algerischen Mittelmeerküste Handelskolonien, die später unter die Herrschaft ☞Karthagos kamen. Nachdem die Römer Karthago 146 vor Christus zerstört und die numidischen Königreiche unterworfen hatten, kamen die Städte und das Hinterland zur römischen Provinz [46 v. Chr.]. Unter den Römern erlebte dieses Gebiet eine Blütezeit. Den Römern folgten 430 erst die Wandalen, später die ☞Byzantiner, die dann schließlich 647 von der Invasion der ☞Araber überrannt wurden. Ab 1519 kam Algerien unter türkische Oberherrschaft und wurde später endgültig Teil des Osmanischen Reiches. Die Türken machten dann Algier zur Hauptstadt des von ihnen beherrschten Algerien und legten die Grenzen des Landes nach Osten und Westen fest. Ab 1816 begannen Franzosen und Engländer, Strafexpeditionen gegen türkische Korsaren in Algerien durchzuführen. Schließlich landete 1830 eine französische Armee mit 37.000 Mann westlich von Algier und besetztet in wenigen Wochen die wesentlichen Städte. Als die Franzosen begannen, ihren Machtbereich auszuweiten, organisierte der Emir Abd Al-Kader [1808 – 1883] den bewaffneten Widerstand und führte einen „Heiligen Krieg“ gegen die Franzosen. Er unterlag aber schlussendlich 1847 den Franzosen. Diese begannen mit der Kolonisierung Algeriens und manifestierten ihren Besitzanspruch in der Verfassung von 1848, das Algerien zum „französischen Territorium“ erklärte, also zu einem Teil des Mutterlandes Frankreich. Zwischen 1880 und 1920 brachten die Franzosen durch mehrere militärische Expeditionen die gesamte algerische Sahara gegen den Widerstand der Tuareg unter ihre Kontrolle. Ab 1930 lebten in Algerien schließlich rund eine Mio. Europäer, von denen aber nur die Hälfte französischer Herkunft war. Am 01. November 1954 kam es zu einem Aufstand gegen die Fremdherrschaft, der schließlich in das Unabhängigkeitsabkommen von Evian im März 1962 mündete. Im Juli 1962 errang Algerien dann endgültig seine Unabhängigkeit.)*

4. Leben noch viele Europäer in Algerien? *(Von den 1930 in Algerien lebenden eine Mio. Europäern verblieben nach Erlangung der Unabhängigkeit in 1962 nur etwa 5.000 europäische Altsiedler in Algerien. Es wanderten jedoch seit 1962 rund 50.000 Franzosen in Algerien ein. Diese Europäer leben zumeist in den Städten. Im Ausland, vor allem in Frankreich, leben und arbeiten etwa 2 Mio. Algerier.)*

5. Wie viele Einwohner hat Algerien? *(Rund 32,6 Mio.)*

6. Welche Religion ist in Algerien führend? *(99 % der Bevölkerung sind sunnitische Moslems. Der ☞Islam ist die Staatsreligion. Die christlichen Kirchen haben den rechtlichen Status von Vereinen. In Algerien leben 26.000 katholische Christen und nur eine Handvoll Protestanten. Die jüdische Gemeinde hat keinen rechtlichen Status und rund 1.000 Mitglieder. Von den ehemals 140.000 Juden (1950) wanderten unmittelbar nach Erlangung der Unabhängigkeit 135.000 nach Frankreich und Israel aus.)*

7. Was sind die wichtigsten Exportgüter Algeriens? *(Algerien exportiert vor allem Erdöl und Erdgas sowie Eisenerze, Obst und Frühgemüse. Die bedeutenden Erdölfelder liegen im Inland. Ca. 95 % der jährlichen Export-Einkünfte entfallen auf die Ausfuhr von Erdöl und Erdgas. Algerien ist nach Nigeria und Libyen drittgrößter afrikanischer Erdölproduzent und hat weltweit den 15. Rang. Beim Erdgas liegt Algerien weltweit an 5. Stelle mit seiner Fördermenge. Zentrale Bedeutung für den Erdgastransport hat die 1982 eröffnete Trans-Med-Pipeline, die jährlich bis zu 16 Mrd. m^3 Erdgas von Hassi R´Mel über Kap Bone [Tunesien] durch das Mittelmeer nach Sizilien über 1.070 km transportiert und in das europäische Erdgasleitungsnetz einspeist.)*

8. Was sind Schotts? *(Südlich vom parallel zum ☞Mittelmeer verlaufenden Tell-Atlas-Gebirge vor dem Sahara-Atlas liegt das Hochland der Schotts. Schotts sind abflusslose Salzpfannen und Salztonebenen, die sich in der Regenzeit in Salzsümpfe verwandeln.)*

Ölbaum

1. Was ist ein Ölbaum? *(Der Ölbaum ist eine Pflanze, die insbesondere wegen der Oliven in den südlichen Ländern sehr beliebt ist. Der Ölbaum gehört zu den immergrünen Pflanzen.)*

2. Seit wann wird der Ölbaum schon kultiviert angebaut? *(Die Heimat des wilden Ölbaums ist wahrscheinlich Kleinasien. Auf der griechischen Insel Kreta wurde er nachweislich schon um 3.500 v. Chr. angepflanzt und nur wenig später auf dem griechischen Festland.)*

3. Was macht den Ölbaum so interessant? *(Der Ölbaum ist ausgesprochen anspruchslos, weil er auf kargem Boden wächst, der sich für den Anbau von sonstigen Nutzpflanzen nicht eignet. Er gedeiht allerdings nur in warmen Ländern. Die Kälte des mitteleuropäischen Winters verträgt er nicht.)*

4. Wie hoch wird ein Ölbaum? *(Die Kulturform des Ölbaums wird meist 5 bis 10 m, selten 15 m hoch.)*

5. *Wie alt werden Ölbäume? (Der Ölbaum wächst sehr langsam und kann 500 bis 1.000 Jahre alt werden. Die ersten Früchte [Oliven] hat der Ölbaum etwa nach 15 Jahren. Von da an trägt er mehrere Jahrhunderte hindurch. Sein Holz ist hart und schwer. Weil der Ölbaum so lange braucht, bis er Früchte trägt, war in den Kriegen der Antike verbreitet, dass man in den Dörfern der Besiegten die Ölbäume fällte.)*

6. Wann werden Oliven geerntet? *(In den Mittelmeerländern werden die Oliven von September bis November geerntet. Die für den Verzehr vorgesehenen, also besonders großen Olivenfrüchte, pflückt man unreif. Die Oliven, aus denen Öl gewonnen werden soll, lässt man hingegen am Baum reifen. Mit fortschreitender Reife wechselt die Farbe der Olive von grün zu violett bis schwarz. Bei ein und demselben Baum kann die jährliche Ernte zwischen 5 und 50 kg und mehr schwanken. Sehr gute Bäume liefern bis zu 150 kg Oliven pro Jahr.)*

7. Wie erhält man Olivenöl? *(Das beste Olivenöl - das helle und klare Jungfernöl - gewinnt man durch das leichte Auspressen ausgesuchter, vollreifer Früchte bei niedrigen Temperaturen. Das beste Olivenöl überhaupt ergibt die uralte Methode des Auspressens mit der Hand.)*

Blinddarmoperation

1. Was ist der Blinddarm? *(Der Blinddarm ist ein inneres Organ, das in der rechten unteren Bauchhöhle zwischen Nabel und Leistenbeuge liegt.)*

2. Warum heißt der Blinddarm so? *(Der Blinddarm hat seinen Namen, weil er „blind“ endet, also nicht nach außen oder in ein anderes Organ mündet. Er besteht aus einem dicken, sackartigen Darmrohr, an dessen Ende der Wurmfortsatz [Appendix] sitzt, der durchschnittlich etwa 8 cm lang und 1 cm dick ist. Dieser Wurmfortsatz hat beim Menschen keine Funktion mehr zu erfüllen.)*

3. Was entzündet sich bei einer Blinddarmerkrankung? *(Bei einer Blinddarmerkrankung entzündet sich nicht der eigentliche Blinddarm, sondern der Wurmfortsatz. Dies geschieht dadurch, dass Krankheitserreger [z.B. Kot oder Würmer] auf dem Blutwege dorthin gelangen, sich dort festsetzen und vermehren. Diese Entzündung nennt man fachsprachlich Appendizitis. Dabei steht in der Medizin die Endung „–itis“ immer für Entzündung. Eine Bronchitis bezeichnet z. B. die Entzündung der Bronchien.)*

4. Welche Formen der Appendizitis gibt es? *(Die leichteren Fälle der Entzündung werden als chronische Appendizitis bezeichnet. Hier genügt eine medikamentöse Behandlung. Wird die Entzündung hingegen heftiger, weil sich die Bakterien in dem Wurmfortsatz und auch in das umgebende Gewebe hinein ausbreiten, spricht man von akuter Appendizitis. Bei dieser ist eine schnelle Operation geboten. Dabei wird der Appendix chirurgisch entfernt. Dazu nimmt der Arzt eine Appendektomie vor [vom griechischen „ektos“ = heraus und „temnein“ = schneiden]. Dieser chirurgische Eingriff ist nicht schwierig und dauert in unkomplizierten Fällen nur rund 15 Minuten. Bei akuter Blinddarmentzündung sind heute in ausgewählten Fällen auch endoskopische Operationen möglich, bei denen die Operation mit medizinischem Kleinstwerkzeug im Bauch selbst durchgeführt wird.)*

5. Woran erkennt man eine Blinddarmentzündung? *(Zu dem klassischen Erscheinungsbild gehören Bauchschmerzen, die zunehmend im rechten Unterbauch empfunden werden, Appetitlosigkeit, Übelkeit, Erbrechen und Druckschmerz im Bereich des Appendix. Dabei hat der Patient nur wenig bis mäßiges Fieber. Typisch ist aber ein deutlicher Temperaturunterschied zwischen der unter der Achsel und der im After gemessenen Temperatur. Die Verdauung wird erst mit ausgeprägter Bauchfellentzündung gestört.)*

6. Welche Bedeutung hat die Blinddarmoperation für einen Mediziner? *(Wer Facharzt für Chirurgie werden will, muss in Deutschland 20 erfolgreiche Blinddarmoperationen vorweisen können. Dabei erfolgt gut ein Drittel aller Blinddarmoperationen auf einen blinden Alarm. Das wird aber hingenommen, da das Operationsrisiko so gering ist.)*

Kuba

1. Was ist Kuba? *(Die Republik Kuba ist ein Inselstaat zwischen dem Golf von Mexiko und dem Atlantischem Ozean vor der Südküste Floridas. Kuba hat eine Fläche von 110.860 km^2 [Zum Vergleich: die BRD ist 357.000 km^2 groß].)*

2. Wie heißt die Hauptstadt Kubas? *(Havanna. Kolumbus hatte 1492 Kuba für die spanische Krone in Besitz genommen. Diego de Velazquez wurde bereits 1512 beauftragt, die Insel für Spanien systematisch zu kolonisieren. Dazu gründete er einige Städte, unter anderem Batabanó, das heutige Havana [La Habana]. In der Hauptstadt leben 2,2 Mio. Menschen.)*

3. Welche Sprache spricht man auf Kuba? *(Spanisch.)*

4. Wie viele Einwohner hat Kuba? *(11,3 Mio.)*

5. Wie ist Kuba politisch ausgerichtet? *(Kuba war und ist der erste sozialistische Staat in Amerika. Seine Verfassung fußt auf der 1959 durch die Revolution eingeleiteten Entwicklung. Sie wurde 1976 nach dem Muster osteuropäischer, sozialistischer „Volksdemokratien" verabschiedet. Der Unterschied zu diesen Demokratieformen ist aber hier die Vereinigung der gesamten Exekutivgewalt in der Person von Fidel Castro Ruz, der 1926 geboren wurde. Er ist gleichzeitig Staatsoberhaupt, Regierungschef, Generalsekretär der Einheitspartei und Oberbefehlshaber der Streitkräfte. Die kommunistische Partei Kubas [PCC] ist die einzige zugelassene Partei in Kuba.)*

6. Wie groß ist der Einfluss der USA auf Kuba? *(Ursprünglich war Kuba der Vorposten Spaniens für die Eroberung des amerikanischen Kontinents. Mit der Verlagerung der spanischen Interessen auf das amerikanische Festland wurde der US-amerikanische*

Einfluss auf Kuba immer stärker. 1898 intervenierten die USA auf Kuba militärisch. In der Folgezeit kam es zu starken Kapitalinvestitionen und Landerwerben durch US-Amerikaner. Das Land entwickelte sich immer mehr zur karibischen Zuckerinsel. Daraus erwuchsen soziale Konflikte, weil die Kluft zwischen arm und reich stetig größer wurde. Vor der Revolution im Jahre 1959 entfielen über 71 % der landwirtschaftlichen Nutzfläche Kubas auf Großbetriebe. Die 28 größten Gesellschaften besaßen dabei mit 2 Mio. Hektar Land 83 % der gesamten Anbaufläche von Zuckerrohr. 70 % der über 800.000 Landarbeiter galten als landlos. Durch die kubanische Revolution wurden die Amerikaner aus dem Land geworfen, behielten aber ihren Stützpunkt in der Bucht von Guatanamo. Da Kuba vor der Haustür der USA liegt und die USA über die sozialistische Regierungsform und den Einfluss Russlands auf Kuba nie glücklich waren, haben die USA mehrfach versucht, die Gegner Castros bei Versuchen zu unterstützen, ihn zu stürzen.)

7. Was ist Guatanamo Bay? (*Die Bucht von Guatanamo liegt an der Südostspitze des Landes. 1903 zwangen die USA Kuba, ihnen diese Bucht mit einem Gelände von 117 km² als Flottenstützpunkt für 99 Jahre abzutreten. 1934 wurde dieser Vertrag erneuert. Kuba protestiert seit 1959 gegen diesen Vertrag und fordert die Rückgabe der Bucht. Die USA bestehen aber auf Einhaltung des Vertrages, zahlen jedes Jahr 4.085 $ Pacht und internieren auf dem Stützpunkt Gefangene aus ausländischen Krisengebieten unter Bedingungen, die gegen amerikanisches Verfassungsrecht verstoßen.)*

8. Wer war Ernesto Che Guevara? (*Che Guevara kämpfte an der Seite Castros bei der kubanischen Revolution. Er wurde 1928 in Argentinien geboren. Guevara ging 1954 nach Mexiko, wo er Fidel Castro und dessen Bruder kennen lernte. An ihrem Kampf gegen den kubanischen Herrscher General Batista y Zaldívar beteiligte er sich als Guerillaführer maßgeblich. Nachdem Castro die Macht übernommen hatte, machte er Guevera zum Präsidenten der kubanischen Nationalbank [1959-1961], später zum Industrieminister [1961-1965]. In diesen Funktionen war er wesentlich an der Sozialisierung Kubas beteiligt. 1966 versuchte er, in Bolivien eine revolutionäre Bewegung und eine Guerillaorganisation aufzubauen. Dabei wurde er 1967 erschossen. Guevera war eine Leitfigur für Befreiungsbewegungen [insbesondere in der Dritten Welt] und – u.a. wegen seines markanten Aussehens – eines der Idole der Studentenbewegungen von 1968.)*

9. Was war die „Kubakrise"? *(Im Rahmen des Kalten Krieges mit Russland, das Einfluss in Kuba gewann, befahl der damalige amerikanische Präsident John F. Kennedy im April 1961 zur Unterstützung der Exilkubaner die Invasion in der Schweinebucht an der Südwestküste Kubas, die aber misslang. Kennedy war blamiert, und die Russen begannen 1962, auf Kuba sowjetische Raketen zu stationieren. Kennedy intervenierte und verlangte ultimativ den Abzug der Raketen. Es kam zur sog. „Kubakrise". Kennedy verhängte eine Seeblockade über Kuba, und die Welt stand vor einem atomar geführten 3. Weltkrieg. In letzter Sekunde lenkte am 28.10.1962 Chruschtschow als damaliger sowjetischer Präsident ein und zog die russischen Raketen von Kuba ab.)*

10. Was ist das Hauptexportgut der Kubaner? *(Kuba ist nach Brasilien und Indien der drittgrößte Rohrzuckerproduzent der Welt, gemessen am Welthandelsanteil bei Rohr-*

zucker sogar die Nummer 1. Dabei ist die kubanische Wirtschaft fast als Monokultur auf den Anbau von Rohrzucker angelegt. Von Kuba stammen aber auch die bekannten Havanna-Tabake. Die durchschnittliche Jahresernte davon beträgt derzeit 30 bis 40 Mio. kg.)

11. Was ist der Salsa? *(Eine auf Kuba entwickelte Musikrichtung, die Elemente von Rock und Jazz vereinigt. Salsa ist die spanische Abkürzung für salsa picanta [= scharfe Soße]. Im engeren Sinne ist Salsa seit etwa 1970 die vor allem auf volkstümlicher kubanischer Volksmusik basierende Musik der Puertoricaner in New York.)*

12. Wie erging es der kubanischen Urbevölkerung, als Amerika von den Spaniern entdeckt wurde? (*Dreckig: Als die Spanier auf Kuba landeten, lebten auf der Insel ca. 100.000 Ackerbau treibende Insel-Aruaken [auch Tainios genannt] sowie kleine andere Stämme. Innerhalb weniger Jahrzehnte fiel die Urbevölkerung der Zwangsarbeit und den von den Spaniern mitgebrachten Krankheiten zum Opfer. Das veranlasste die spanische Krone bereits 1513, Negersklaven aus Südafrika nach Kuba zu importieren. Bis in die 70er Jahre des 19. Jahrhunderts überwog deshalb in Kuba der schwarze Bevölkerungsanteil. Nach der Befreiung der Sklaven setzte dann eine verstärkte Einwanderung aus Europa, vor allem aus Spanien ein. Deshalb sind heute 70 % der Gesamtbevölkerung europäischer Abstammung. Darum gilt Kuba unter den Großen Antillen als die „weiße Insel“*.)

Heinrich Heine

1. Wer war Heinrich Heine (geboren 1797 in der Bolkerstraße in Düsseldorf – gestorben 1856 in Paris)? *(Heine war ein deutscher Dichter und Publizist. Als Sohn eines jüdischen Tuchhändlers hieß er zunächst Harry [so genannt nach einem englischen Geschäftsfreund seines Vaters] Heine, wurde 1825 aber christlich getauft und erhielt dann als Vornamen Heinrich. Er studierte zunächst in Bonn, dann in Göttingen [wo er wegen eines Duellvergehens ausgeschlossen wurde] und schließlich bis 1823 in Berlin Jura, schloss das Studium dann aber letztlich wieder in Göttingen mit dem Dr. jur. ab. Nur als Mediziner oder Juristen hatten damals Juden in Preußen akademische Berufsaussichten. Deshalb trat Heine auch zum christlichen Glauben über. 1826 reiste er nach England, 1828 nach Italien. Im April 1831 ging er als Korrespondent der „Allgemeinen Zeitung“ [Augsburg] nach Paris, wo er abgesehen von zwei Reisen nach Deutschland in 1843 und 1844 bis zu seinem Tod lebte. Ab 1848 lag Heine in seiner „Matratzengruft“ und siechte langsam an einem Rückenmarkleiden dahin. Als „Matratzengruft“ bezeichnete er seine Pariser Wohnung mit Blick auf die Champs-Elysées. Dort ließ er sich an schönen Tagen auf den Balkon tragen. Heine ging davon aus, sich als Student an Syphilis angesteckt zu haben. Da dürfte er sich geirrt haben. Heine hat nämlich seit Beginn der Erkrankung die Symptome aufgezeichnet. Die für eine beginnende Syphilis typischen Geschwüre und Hautausschläge tauchen*

in seinen Berichten nicht auf. Er dürfte eher an der erst 1880 beschriebenen ALS [amyotrophe Lateralsklerose, eine Degeneration des zentralen Nervensystems] erkrankt sein.)

2. War Heine direkt als Dichter erfolgreich? *(Nein: Nach seiner Schulbildung auf einem katholischen Lyzeum versuchte er 1815 eine Banklehre in Frankfurt, versagte dort aber. 1817 trat er in die Bank seines Onkels in Hamburg ein und wurde dort in die Gesellschaft eingeführt. Ein Kommissionsgeschäft, das sein Onkel ihm 1818 einrichtete, richtete er aber innerhalb eines Jahres zugrunde. Dieser Onkel bemühte sich aber weiter um ihn und ermöglichte ihm dann das Jura-Studium. Heines Dichterkunst stand der Onkel aber negativ gegenüber. Sein Kommentar war: „Wenn mein Neffe hätte gelernt machen Geschäfte, hätte er nicht gebraucht schreiben Gedichte!“)*

3. Was machte Heine als Autor bekannt? *(Heine stand in einer aggressiven, ja teilweise revolutionären Haltung gegenüber Staat und Kirche und pflegte freundschaftliche Kontakte zu Karl Marx in Paris, mit dem er auch einen Briefwechsel führte. Seine Lyrik war wegen ihrer schönen Sprachgewandtheit weltberühmt und wurde in praktisch alle Kultursprachen übersetzt. Insbesondere im osteuropäischen Raum wurde Heine sehr populär. Umgekehrt war er bei den Deutsch-Nationalen und vor allem unter den Nationalsozialisten als Dichter verfemt, während er bei den Emigranten zur Identifikationsfigur wurde. 1835 verbot der deutsche Bundestag seine Schriften. In der BRD wurde Heine erste nach 1968 berühmter und beliebt.)*

4. Welche Werke machten Heine berühmt? *(Seine dramatischen Versuche [„William Ratcliff“ und „Almansor“] waren Flops. Mit einem Schlag berühmt wurde Heine, als 1826 seine „Reisebilder“ erschienen. Sie enthielten die „Harz-Reise“. Dieses Werk machte Heines Begabung transparent: Auf der einen Seite schrieb er tief empfundene, klingende Verse, auf der anderen Seite war er ein ebenso geistreicher wie treffsicherer Berichterstatter. Ein Jahr darauf erschien das „Buch der Lieder“, eine Sammlung seiner veröffentlichten Gedichte. Dieses Buch gilt als Meisterwerk der Lyrik. Seine bekanntesten Verse sind das „Loreley-Lied“, die „Nachtgedanken“ und „Deutschland. Ein Wintermärchen“.)*

5. Wen setzte Heine zu seinem Erben ein? *(Ab 1841 war er mit der 18 Jahre jüngeren Créscence Eugenie [„Mathilde“] verheiratet, die er als Bauernmädchen in einem Schuhladen kennen lernte. Heine setzte seine Frau zur Alleinerbin ein, aber mit der Bedingung, dass sie wieder heiraten müsste. Als Grund für die überraschende Klausel gab er an: „Damit wenigstens ein Mann auf der ganzen Welt meinen Tod aufrichtig bedauert.“)*

6. Was waren Heines letzte Worte an seine Frau Mathilde? *(„Gott wird mir verzeihen, das ist sein Beruf.“)*

7. Wo liegt Heine begraben? *(Heine liegt auf dem kleinen Montmartre-Friedhof begraben. Auch heute noch ist das Grab Zeichen seiner internationalen Beliebtheit, wie man an den Zeichen des Gedenkens erkennen kann: Visitenkarten nach französischer, Steine nach jüdischer und Blumen nach deutscher Sitte.)*

Indonesien

1. Was ist Indonesien? *(Indonesien ist eine Republik in Südostasien. Die Staatsfläche beläuft sich auf 1.919.317 km² [einschließlich Irian Jaya und Osttimor]. Diese Fläche setzt sich aus 13.677 Inseln zusammen, die zum großen Teil von Gebirgsketten durchzogen sind. Damit ist Indonesien der größte insulare Staat der Welt. Die Einwohner nennen ihr Land deshalb „Tanah Air" [= „Erde und Wasser"]. Indonesien erstreckt sich als Archipel über 4.800 km zwischen dem Indischen Ozean und dem Pazifischen Ozean. Die größten Inseln sind von West nach Ost Sumatra, Java, Borneo, Sulawesi, Timor, die Molukken und Irian Jaya [Westpapua].)*

2. Wie groß ist das Staatsgebiet von Indonesien? *(Das eigentliche Staatsgebiet erstreckt sich über 7 Mio. km² und ist damit fast so groß wie Australien. Die Landfläche macht allerdings nur knapp 2 Mio. km² aus. Gemessen daran ist Indonesien der fünftgrößte Staat Asiens [ohne Russland], wobei Indonesien wegen seiner enormen Ost-West-Ausdehnung drei Zeitzonen mit jeweils einer Stunde Unterschied hat.)*

3. Wie heißt die Hauptstadt von Indonesien? *(Jakarta auf der Insel Java. 1890 lebten dort 105.000 Menschen. Bis heute ist die Einwohnerzahl jedoch aufgrund der hohen Geburtenrate und der starken Zuwanderung vom Land auf 9,6 Mio. Menschen angestiegen.)*

4. Wie viele Einwohner hat Indonesien? *(219,31 Mio.)*

5. Welche Sprache spricht man auf Indonesien? *(Offiziell Bahasa Indonesia. Indonesien ist aber ein Vielvölkerstaat mit mehr als 250 Volksgruppen und ebenso vielen Sprachen.)*

6. Wie ist in Indonesien die religiöse Ausrichtung der Bevölkerung? *(87 % der Bevölkerung sind sunnitische Muslime [damit leben in Indonesien mit 175 Mio. die meisten Muslime in einem Land], 9 % sind Christen, 2 % sind Hindus und 1 % Buddhisten. 2000 wurde Aceh [vom Tsunami 2004 massiv zerstört] die erste Provinz mit Scharia, dem islamischen Recht.)*

7. Was ist der höchste Punkt von Indonesien? *(Der Puncak Jaya mit 5.030 m.)*

8. Wie heißt die Währung von Indonesien? *(Rupiah.)*

9. Was sind die Hauptexportgüter von Indonesien? *(☞Erdöl und ☞Erdgas, Edelhölzer, Kautschuk, ☞Kaffee, Palmöl, Zinn, Tabak, ☞Tee, Kopra und Gewürze. Indonesien gehört zu den größten Erdölexporteuren der Welt und ist Mitglied der OPEC.)*

10. Seit wann ist Indonesien unabhängig? *(Um 3000 vor Christus kamen erste Siedler vom Festland Südasiens nach Indonesien. Später wurde Indonesien Bestandteil hin-*

duistisch-buddhistisch geprägter Großreiche zwischen dem 7. und 15. Jahrhundert. Zwischen dem 14. und 16. Jahrhundert erfolgte eine weitreichende Islamisierung, von der nur das bis heute hinduistisch geprägte Bali sowie küstenferne Regionen unberührt blieben. Nachdem die Europäer 1497/98 den Seeweg um Südafrika entdeckt hatten, kamen als erstes die Portugiesen nach Indonesien und kontrollierten innerhalb kürzester Zeit große Teile des Handels. Im Wettlauf um die begehrten Gewürze der östlichen Inseln, der Molukken, kam es zu einem Ringen zwischen Portugiesen und Holländern. Von 1602 an bestimmten die Holländer mit der Gründung der Vereinigten Ostindischen Kompanie [VOC] über 300 Jahre lang die politische und wirtschaftliche Entwicklung dieser Region. Dabei verkündeten sie auch das Christentum. Um die Jahrhundertwende zum 20. Jahrhundert formierten sich dann aber die Nationalisten, die schließlich unter dem Ingenieur Achmed Sukarno [1901 – 1970] an der Spitze am 17.08.1945 die Unabhängigkeit proklamierten und die Republik ausriefen. Nach militärischen Auseinandersetzungen in einem Guerillakrieg billigten die Niederländer am 27. Dezember 1949 Indonesien schließlich die staatliche Souveränität zu. Die Grenzen der Republik folgen aber immer noch dem einstigen Herrschaftsbereich der niederländischen Kolonialverwaltung.)

11. Wie entstand Indonesien geologisch? *(Indonesien hatte früher eine Landverbindung nach Asien und Australien. Erst in der mittleren Steinzeit, also vor nicht mehr als 10.000 Jahren, bildete sich der Archipel in den Umrissen heraus, wie wir ihn heute auf den Landkarten sehen können. Vorausgegangen war ein über Millionen von Jahren währender geologischer Prozess, mit dem sich die Inselgruppe vom Festland entfernte.)*

12. Ist Indonesien eine geologisch ruhige Zone? *(Nein. Indonesien liegt auf einer brüchigen Nahtstelle der Erde. Zwischen Birma und Neuguinea durchzieht eine ☞Vulkankette den indonesischen Archipel, der aus 300 „Feuerbergen" [„Gunung Api", wie sie indonesischer Sprache heißen] besteht, von denen rund 50 % während der letzten 150 Jahre auch ausgebrochen sind. Insbesondere der Krakatau kam zu trauriger Berühmtheit. Seine Eruption im August 1883 kostete mehr als 36.000 Menschen das Leben und richtete schwerste Verwüstungen an. Die bei seinem Ausbruch ausgelöste Rauchentwicklung konnte rund um die Erde beobachtet werden. Heute gelten noch 70 Vulkane in Indonesien als aktiv. Damit ist ein Drittel aller Vulkane der Erde auf indonesischem Gebiet zu finden. Rund ein Viertel der Oberfläche von Indonesien besteht aus vulkanischem Material.)*

Fugger

1. Wer waren die Fugger? *(Die Fugger waren eine Augsburger Kaufmannsfamilie, die im 15.-17. Jahrhundert das bedeutendste Bank- und Handelshaus in Europa betrieb. Dabei waren sie die Bankiers der Päpste und des Kaisers. Daneben bauten die Fug-*

ger 1519 in Augsburg die „Fuggerei“, eine Siedlung für Bedürftige, die älteste Sozialsiedlung auf deutschem Boden. Gegen Ende des 16. Jahrhunderts geriet das Unternehmen an den Rand des Ruins, da es hohe Verluste bei mehreren spanischen Staatsbankrotten erlitt. Daraufhin zog sich die Familie auf ihre Güter zurück.)

2. Wer war Jacob II. Fugger (1459-1525)? *(Jacob wurde 1459 als zehntes von elf Kindern geboren und sollte eigentlich in den Dienst der Kirche treten. Als aber außer Georg und Ulrich alle seine Brüder starben, wurde Jacob aufgefordert, in das Handelshaus seiner Familie einzutreten. Nachdem er in Ungarn ein Vermögen im Bergbau verdient hatte, übernahm er nach dem Tod seiner letzten beiden Brüder die Leitung des Handelshauses. Schließlich erhielt er den Beinahmen „der Reiche“, da er der größte und reichste Wirtschaftsführer seiner Zeit war und mehr Geld als die Medici besaß. Jacob errichtete ein Kupfermonopol in Europa, indem er die meisten Kupferbergwerke in Spanien, Tirol, Kärnten und Ungarn aufkaufte. Schon seit 1485 hatte er sich vorher als Leiter der Innsbrucker Faktorei seines Hauses in das Silbergeschäft Tirols und in das Finanzwesen dieses Landes eingeschaltet. Seit 1505 beteiligte er sich am ostindischen Gewürzhandel. Er war nicht nur Bankier der Päpste, in deren Wahl er sich mehrfach einmischte, und der römischen Kurie, sondern auch der Kaiser Maximilian I. und Karl V. Der Habsburger Maximilian wollte sich nach einem Heereszug nach Rom durch das feindliche Venedig vom Papst in voller Pracht zum Kaiser krönen lassen, musste sein Vorhaben aber abbrechen, weil Jakob ihm kein Geld für den Krieg bewilligte. Stattdessen wurde er in Trient in einer ärmlichen Zeremonie von einem Vertreter des Papstes gekrönt. Daneben war Jakob am Ablasshandel von 1517 finanziell beteiligt. Das entsprach seiner feindlichen Einstellung zum „lutherischen Irrsal“ und seiner kategorischen Treue zur katholischen Kirche. Auch die Wahl Karls I. von Spanien zum König des heiligen römischen Reiches Karl V. wurde von ihm 1519 finanziert, u.a. mit rund 850.000 Dukaten an Bestechungsgeldern. Durch ihn wurden die Fugger die größte europäische Bankzentrale ihrer Zeit. Jacob starb 1525.)*

3. Wer war Anton Fugger (1493-1560)? *(Er war der Neffe Jacobs II., der ihn testamentarisch als Leiter des Familienunternehmens einsetzte. Dementsprechend führte er dessen Geschäftspolitik seit 1525 fort. Auch er finanzierte Kaiser Karl V., der ihm dafür 1530 den Reichsgrafenstand gewährte. Philipp II. von Spanien gewährte er 1556/1557 Kredite. Unter seiner Führung dehnten die Fugger mit kaiserlicher Hilfe ihren Handel zeitweilig bis nach Zentral- und Südamerika aus. Nachdem er mit hohem finanziellen Aufwand eine Verschwörung der deutschen Fürsten gegen Karl V. 1552 abgewendet hatte, zog sich Anton Fugger aber immer mehr aus dem Großhandel und den Finanzierungsgeschäften zurück. Nun konzentrierte er sich mehr auf den Grunderwerb. Bei seinem Tod 1560 hinterließ er neben einem beträchtlichen Barvermögen [6 Mio. Goldkronen=Gulden, was damals annähernd 10 % des Volkseinkommens des Heiligen Römischen Reichs Deutscher Nation entsprach] einen immensen Landbesitz.)*

4. Was löste den Niedergang der Fugger aus? *(Das Vermögen der Fugger bestand vor allem aus Schuldscheinen, insbesondere der Habsburger. Als deren Reichtum und damit ihre Macht schwand, weigerten sich die Nachkommen Karls V. vermehrt, ihre*

Schulden bei den Fuggern zu bezahlen. Mit dem Niedergang der Habsburger endete so auch das Vermögen und die Macht der Fugger.)

Löwe

1. Was ist ein Löwe? *(Der Löwe ist ein insbesondere in Afrika südlich der Sahara und in einem kleinen Gebiet in Nordwest-Indien vorkommendes Raubtier, das zur Familie der Katzen [felidae] gehört.)*

2. Wie kam der Löwe zu seinem furchterregenden Ruf? *(Die Antwort dürfte darin liegen, dass der Löwe das größte reine Raubtier war, welches den Menschen der frühesten Hochkulturen in Ägypten, Mesopotamien, Persien und den Mittelmeerländern bekannt war. In Europa sind die Löwen schon lange ausgerottet. Löwen lassen sich aber von allen Großkatzen am leichtesten zähmen. Dabei sind durchaus Fälle bekannt, in denen ausgewachsene Löwen als Haustiere gehalten werden wie Haushunde.)*

3. Worin unterscheidet sich das Löwenmännchen signifikant vom Weibchen? *(Nur das Männchen hat eine Mähne. Bei allen anderen Katzen haben Männchen und Weibchen das gleiche Aussehen.)*

4. Wie lebt ein Löwe? *(Löwen leben in kleinen Gruppen, die manchmal einer Familie mit Jungen entsprechen, manchmal aber auch aus mehreren Männchen bestehen. Im Allgemeinen treten sie in Gruppen zu 4 – 5 Tieren, maximal mit 15 Weibchen auf. Tagsüber ruhen die Löwen bevorzugt im Schatten. Die Löwen sind nämlich nachtaktiv, weil sie nachts auf Beutejagd gehen. Da die Löwinnen schneller sind als die Männchen, ist bei den Löwen die Jagd Frauensache. Sie töten ihre Opfer durch einen Kehlbiss.)*

5. Was jagt der Löwe? *(Löwen jagen hauptsächlich Huftiere, dabei große Tiere, insbesondere Zebras und Antilopen. Auch Giraffen, junge Elefanten und Nashörner sind seine Beute. Dabei ist der Löwe in der Lage, kurze Strecken extrem schnell zu laufen. Das Tempo kann er jedoch nicht halten. Schnellfüßige Huftiere können ihm also entkommen, wenn sie rechtzeitig gewarnt werden.)*

6. Wie viele Löwen umfasst ein Wurf? *(Eine Löwin wirft auf einmal meist zwei oder drei Junge, es hat aber auch schon Würfe bis zu sechs Jungen gegeben. Bis zum Alter von sechs Monaten wird das Löwenbaby von seiner Mutter oder einer anderen Löwin des Rudels gesäugt. Bereits mit drei Monaten beginnen die Jungen, Fleisch zu fressen.)*

7. Wie alt wird ein Löwe? *(Etwa 15 Jahre.)*

8. Wie groß ist ein Löwe? *(Vom Kopf bis zum Rumpf 1,4 bis zu 2 m.)*

Libyen

1. Was ist Libyen? *(Libyen ist ein Staat [Volksrepublik auf islamischer Grundlage seit 1977] in Nordafrika, der im Westen an Tunesien und Algerien, im Süden an den Niger sowie den Tschad und im Osten an den Sudan und Ägypten grenzt. Das Land hat eine Fläche von 1.759.540 km² [zum Vergleich: die BRD ist 357.000 km² groß] und ist damit der viertgrößte Staat Afrikas.)*

2. Seit wann ist Libyen bevölkert? *(Zumindest seit rund 3000 v. Chr., wie Felsenbilder mit hellhäutigen Hirten und Bauern belegen. Etwa ebenso alt ist der Name „Libu“ für die örtliche Bevölkerung.)*

3. Wie heißt die Hauptstadt von Libyen? *(Tripolis [=„Drei Städte“] mit 1,7 Mio. Einwohnern.)*

4. Wie kam es zur Entstehung von Tripolis? *(Die Stadt wurde von den Phöniziern gegründet und blieb bis kurz nach der Zerstörung Karthagos unter ihrer Herrschaft. Danach besetzten die Römer Tripolis. Im späten 17. Jahrhundert war Tripolis eine Piratenfestung unter einem faktisch unabhängigen osmanischen Pascha. Deshalb zerstörten die Engländer und Franzosen Tripolis mehrfach.)*

5. Wie viele Einwohner hat Libyen? *(Ca. 6 Mio. Den größten Teil stellt mit rund 97 % eine libysch-berberische Mischbevölkerung. Die größten Minderheiten stellen die reinen Berber und die fast ausschließlich im Südwesten Libyens an der Grenze zu Algerien lebenden ☛ Tuareg. 75 % der Einwohner leben in dem 10 km breiten Küstenstreifen am Mittelmeer. Rund 50 % der Bevölkerung sind unter 15 Jahren.)*

6. Wie heißt die Währung in Libyen? *(1 Libyscher Dinar = 1.000 Dirham.)*

7. Welche Religion ist in Libyen am stärksten vertreten? *(97 % der Bevölkerung sind sunnitische Muslime wie die meisten Muslime in Afrika. Gleichwohl orientiert sich Libyens Gesetzgebung nicht an den Prinzipien der Scharia [islamisches Recht], da dies wegen Unvereinbarkeit mit dem angestrebten sozialen Wandel abgelehnt wird. Die früher vor allem in Tripolis lebenden Juden wanderten nach Ausschreitungen 1948 und 1967 nach Israel und Europa aus.)*

8. Wann wurde Libyen selbständig? *(Bis zu seinem Status als unabhängige Monarchie 1951 stand Libyen fast seine gesamte Geschichte unter fremder Herrschaft. Nach den Phöniziern und den Römern [sie bauten das Land mit Bewässerungssystemen*

zur Kornkammer Roms aus] kamen 632 die ☞Araber. Im 16. Jahrhundert eroberten die Türken das Land. Nachdem die Italiener, die seit 1878 einen kolonialen Anspruch auf das Gebiet erhoben, 1911 die Türken geschlagen hatten, versuchten sie Libyen zu besetzen, erfuhren aber erbitterten Widerstand, den sie erst 1932 endgültig brechen konnten. Ein großer Teil der Bevölkerung kam dabei um. Im ☞2. Weltkrieg war Libyen Schauplatz des Kampfes zwischen der britischen Armee und dem deutschen Afrikakorps unter Rommel. Nach dem 2. Weltkrieg verwalteten England und Frankreich das Land, bis die UNO 1949 die Dekolonisierung Libyens beschloss und es 1951 in die Unabhängigkeit entließ.)

9. Wann übernahm Muammer al-Gaddhafi (*1942) die Macht? *(Er stürzte am 01.09.1969 den König Mohammed Idris I. el Senussi. Deshalb ist der 01.09. auch der Nationalfeiertag. 1970 mussten Briten und US-Amerikaner ihre Militärstützpunkte räumen, Juden und Italiener wurden enteignet. Ab 1972 formulierte Gaddhafi in seinem „Grünen Buch" die „Dritte Universale Theorie" [neben Kapitalismus und Kommunismus], die eine direkte Einbindung des Volkes in die Politik vorsah. Zum Exportschlager wurde diese Theorie aber nicht, da die Volkskomitees zu radikalen und brutalen Beschlüssen neigten.)*

10. Wie groß ist die libysche Armee? *(Sie hat rund 65.000 Mann, von denen allein 22.000 der Luftwaffe angehören.)*

11. Was ist das Besondere an Libyens Flagge? *(Sie ist die einzige Flagge der Welt, die einfarbig [grün] ist. Die grüne Farbe steht für die grüne Revolution, die Staatschef Gaddhafi propagiert.)*

12. Welche Bedeutung hatte das Berliner Lokal „La Belle" für Libyen? *(Das La Belle war ein bei US-Armeeangehörigen beliebtes Lokal. Im April 1986 wurde darauf ein Bombenanschlag verübt. Die US-Regierung vermutete dahinter eine libysche Beteiligung und bombardierte mit einem Vergeltungsschlag ihrer Luftwaffe am 15.04.1986 Tripolis und Banghasi. Dabei starben 37 Menschen.)*

13. Was war das Lockerbie-Attentat? *(Am 21.12.1988 geschah ein Bombenanschlag auf ein Passagierflugzeug der amerikanischen Fluggesellschaft PanAm über dem schottischen Ort Lockerbie. Dabei kamen alle 259 Insassen des Flugzeugs und 11 Einwohner der Kleinstadt ums Leben. 1991 ergingen in den USA und Großbritannien Haftbefehle gegen zwei Libyer, deren Auslieferung Gaddhafi verweigerte. Daraufhin verhängte die UNO 1992 ein Waffen- und Luftverkehrsembargo. Schließlich überstellte Libyen 1999 einem UN-Vertreter die beiden Männer. Am 31.01.2001 wurde einer der Libyer schuldig befunden und erhielt eine lebenslängliche Haftstrafe. Der andere Libyer wurde freigesprochen. Libyen übernahm 2003 offiziell die Verantwortung für den Anschlag und entschädigte die Hinterbliebenen mit 2,7 Mrd. $. Daraufhin wurden im April 2004 die von den USA verhängten Sanktionen zum größten Teil aufgehoben.)*

14. Wie viel vom Staatsgebiet Libyens ist von Wüste bedeckt? *(Libyen ist zu 90 % von Wüste bedeckt. Dort leben aber nur etwa 10 % der Bevölkerung.)*

15. Welche Bedeutung spielt Libyen für die Erdölindustrie? *(Libyen hat mit 29,5 Mrd. Barrel [= 42 Gallonen = 158,987 dm^3] die größten Erdölvorräte Afrikas. Hauptfördergebiet ist das Syrte-Becken mit seinen rund 200-300 km von der Mittelmeerküste entfernten Ölfeldern. Die Erdölindustrie trug Anfang des 21. Jahrhunderts 25 % zum Bruttoinlandsprodukt bei.)*

Eisbär

1. Welche Farbe hat das Fell des Eisbären (Ursus maritimus)? *(Die meisten Landtiere der arktischen Gebiete tragen nur im Winterhalbjahr ein weißes Fell. Der Eisbär hingegen bleibt das ganze Jahr hindurch weiß und gleicht sich auf diese Weise der Farbe des Treibeises an, auf dem oder in dessen Nähe er lebt. Das verschafft ihm nicht nur einen natürlichen Schutz, sondern ermöglicht ihm, von seinen Opfern extrem spät wahrgenommen zu werden. Dabei sind die Haare des Fells des Eisbären nicht wirklich weiß, sondern farblos. Sie wirken nur durch die Lichtreflexion weiß. Die Haare des bären sind hohl, sodass die Wärme gespeichert wird. Die Haut des Bären unter dem Fell ist sogar schwarz.)*

2. Wie groß wird ein Eisbär? *(Der Eisbär ist mit den Kodiakbären in Alaska das größte heute lebende Landraubtier. Das Eisbärmännchen kommt auf eine Körperlänge von bis zu 250 cm bei einer Schulterhöhe von 150 cm. Das Gewicht eines ausgewachsenen Männchens erreicht bis zu 500 kg. Der Tiger hingegen wiegt nur etwa 170 kg und der Löwe rund 150 kg.)*

3. Wie alt wird ein Eisbär? *(25 – 30 Jahre.)*

4. Wo kommt der Eisbär vor? *(Nur im Nordpolargebiet und entlang der Nord- und Ostküsten der Insel Grönland. Er kommt auch an den arktischen Küsten Nordamerikas und Asiens vor und lässt sich auf Eisschollen manchmal bis nach Island und Nord-Norwegen über das Meer treiben. Im südlichen Eismeer und in der Antarktis kommt der Eisbär überhaupt nicht vor. Das dürfte einer der Gründe sein, warum die Pinguine in der Antarktis so zutraulich sind und keine Furcht zeigen. Die Robben, die das Hauptbeutetier des Eisbären sind, sind da viel scheuer.)*

5. Wie pflanzen sich Eisbären fort? *(Eisbären paaren sich im April. Das ist nämlich die einzige Zeit des Jahres, in der erwachsene Eisbären überhaupt zusammenleben. Im Januar oder Februar baut das Weibchen eine Schneehöhle neben der Küste mit einer geräumigen Kammer am Ende. In diesem Versteck wirft sie ihre Jungen. Dabei sind die Neugeborenen verhältnismäßig klein, nur etwas größer als eine Ratte und zwei Wochen lang blind und völlig hilflos. Bis der kleine Eisbär einen Monat alt ist, bleibt die Mutter komplett bei ihm und versorgt ihr Junges, ohne selber Nahrung zu*

sich zu nehmen. Die Jungbären bleiben etwa ein Jahr bei der Mutter und lernen von ihr die Jagd auf Beutetiere.)

6. Wovon ernährt sich der Eisbär? *(Der Eisbär ernährt sich vorwiegend von Fleisch, weil pflanzliche Nahrung in den öden Eiswüsten, die er bewohnt, sehr selten ist. Seine Hauptbeutetiere sind Seehunde, eine Robbenart. Bei der Jagd auf sie verhält sich der Eisbär sehr geschickt. Wenn sich die Robbe auf dem Eis von der Fischjagd ausruht, gleitet er vorsichtig ins Meer und schwimmt unauffällig zu ihr hin, wobei er nur seine Nasenspitze aus dem Wasser herausragen lässt. Da für die Robbe das Wasser der einzige Zufluchtsort ist, ist sie für den Eisbären ein praktisch wehrloses Opfer, wenn er sie von dort heraus angreift.)*

7. Halten Bären einen Winterschlaf? *(Wie der Braunbär und der Grizzlybär hält auch der Eisbär keinen Winterschlaf, sondern nur eine Winterruhe. Dazu baut er sich eine Schneehöhle für eine kurze Überwinterungszeit, um Schneestürmen zu entgehen oder ein großes Beutetier zu verzehren und zu verdauen.)*

Tropischer Regenwald

1. Was ist der tropische Regenwald? *(Ein dichter Grüngürtel, der sich über Nord- und Mittelamerika zieht, über Mittelafrika, die Philippinen und Australien mit den angrenzenden Gebieten. Der Regenwald ist also grundsätzlich [mit Ausnahme der Andenregion Südamerikas und der Passat-Monsun-Zone in Afrika] nur in den tropischen Klimazonen beiderseits des Äquators zwischen 10° südlicher und 10° nördlicher Breite anzutreffen.)*

2. Aus welchen drei Schichten besteht der tropische Regenwald? *(Aus der dunklen und schwülen Unterschicht, die aus Sträuchern und Kräutern besteht, dem Laubdach, das eine ununterbrochene Schicht zwischen 20 und 40 Metern über dem Erdboden bildet und die Zweige und das Blattwerk der meisten Bäume umfasst, sowie schließlich die Kronen der vereinzelt das niedrige Dickicht überragenden Bäume, die bis zu 70 Meter hoch werden können.)*

3. Warum heißen die „Tropen“ so? *(Der Begriff geht zurück auf das griechische Wort tropos, das [Sonnen-]Wende bedeutet. Die „Tropen“ bezeichnen im engeren Sinne die Gebiete, die sich zwischen dem nördlich und südlich vom Äquator liegenden Wendekreis der Sonne [23° 26´ nördlicher und südlicher Breite] befinden. Dieser Gürtel umfasst etwa 40 % der Erdoberfläche. Im weiteren Sinne versteht man unter „Tropen“ die Gebiete, in denen tropisches Klima herrscht. Die tropischen Klimazonen reichen bis jeweils zum 30. Breitengrad nördlich und südlich des Äquators.)*

4. Welche Jahreszeit herrscht in den Regenwäldern? *(Immer die gleiche Jahreszeit: Sommer, nur die Regenmenge wechselt in dieser Region.)*

5. Was passiert mit dem Laub im Regenwald? (*Es gibt praktisch keinen Laubfall, da es keinen Herbst und Winter gibt. Die abgefallenen Blätter, morsche Äste und die Stämme und Stümpfe umgefallener Bäume werden entsorgt von einem Heer von Würmern, Insekten mit ihren Larven und vor allem den Termiten, die totes Holz fressen und verdauen können. Wichtig sind auch die Pilze, die in dem feucht-heißen Klima des tropischen Regenwaldes sehr gut gedeihen können. Ihre meist unsichtbaren Pilzfäden dringen in jede Ritze der toten Pflanzenteile ein, zersetzen diese und ernähren die Pilze von den durch die Zersetzung entstehenden Stoffen.)*

6. Ist der Tropenwald artenreich? *(Ja: Mit Ausnahme der Korallen-Riffe besitzen die tropischen Regenwälder die größte Artendichte bei Flora und Fauna.)*

7. Der Bambus ist ein typisches Gewächs des Tropenwaldes. Wie schnell wächst er dort? *(Er wird an einem Tag bis zu 30 cm größer.)*

8. Welche Gefahr bedeutet der Mensch für den Tropenwald? *(Der Mensch ist der größte Zerstörer und Feind des tropischen Regenwaldes, da er ihn häufig rodet, um Früchte wie Bananen, Mais und Reis anzubauen. Wenn aber der Boden (Humusschicht) des Regenwaldes der sengenden Sonne und den wolkenbruchartigen Regenfällen ausgesetzt wird, wird er zerstört. Der Regen wäscht die fruchtbaren Bestandteile aus, und das Wasser schwemmt sie fort. Die gerodeten Flächen werden nur dann nicht schnell zu Steppen oder Wüsten, wenn sie sorgfältig bepflanzt, gedüngt und bewässert werden).*

9. Wie viel von der Erde ist vom tropischen Regenwald bedeckt? *(1950 waren es noch ca. 11 %. Bis 1980 waren davon 50 % durch menschliche Einwirkung zerstört. Jährlich gehen 125.000 km^2 Tropenwald verloren [entspricht der Fläche von Bremen].)*

10. Welche wertvollen Hölzer wachsen im tropischen Regenwald? *(Teak, Mahagoni und Ebenholz).*

Island

1. Was ist Island? *(Island ist ein Inselstaat mit der Staatsform einer Republik in Nordeuropa zwischen Schottland und Grönland mit einer Fläche von 103.000 km^2 [zum Vergleich: Die BRD ist 357.000 m^2 groß].)*

2. Wie kam Island zu seinem Namen? *(865 landete der Norweger Flóki im Nordwesten der Insel, die ihm zu unwirtlich und eisig erschien. Deshalb nannte er die Insel Island [=Eisland]. Er blieb nur einen Winter und zog dann weiter.)*

3. Wie heißt die Hauptstadt von Island? *(Reykjavík. Im Großraum dieser Hauptstadt leben rund 160.000 Einwohner von Island. Die Stadt wurde 874 von zwei anlandenden Wikingerhäuptlingen gegründet.)*

4. Wie viele Einwohner hat Island? *(Rund 291.000. Mit einer Bevölkerungsdichte von 2,6 Einwohnern je m^2 ist Island das am dünnsten besiedelte Land Europas. Etwa 80 % der Landesfläche sind unbewohnt.)*

5. Welche Sprache spricht man in Island? *(Isländisch, das mit dem Altnorwegischen eng verwandt ist. Diese Sprache ist seit Jahrhunderten kaum verändert worden. Selbst neue technische Begriffe werden aus alten isländischen Ausdrücken abgeleitet.)*

6. Welche Religion ist in Island führend? *(92 % der Bevölkerung gehören der lutherischen Kirche an.)*

7. Seit wann ist Island unabhängig? *(Die eigentliche Besiedlung Islands erfolgte zwischen 870 und 874 mit der Inbesitznahme durch den Norweger Ingólfur Arnarson, dem sich 400 Sippen anschlossen. Im Jahr 930 entstand in Þingvellir [=Versammlungsebenen, seit 1928 Nationalpark, seit 2004 Unesco-Welterbe] das Althing, die erste demokratische Volksversammlung der Welt, die den unabhängigen isländischen Freistaat ausrief. Island behielt aber seine Freiheit nur bis 1262. Danach wurde es erst von Norwegen, ab 1380 von Dänemark beherrscht. 1918 gab Dänemark dem Streben Islands nach Unabhängigkeit zwar nach. Island blieb aber mit Dänemark in Personalunion verbunden. Im Zweiten Weltkrieg kündigte die isländische Regierung dann die Union mit Dänemark auf und verkündete am 17.06.1944 auf der historischen Stätte Þingvellir die selbstständige Republik Island. Seit diesem Zeitpunkt ist Island endgültig unabhängig.)*

8. Was bestimmt die Wirtschaft Islands? *(Nur rund 1 % der Vulkaninsel ist kultiviert, 20 % sind Naturweiden, der Rest ist im Naturzustand belassen. Da Island außer der Wasserkraft und der geothermischen Energie keine nennenswerten Bodenschätze besitzt, lebt das Land vor allem vom Fischfang. Ca. 20 % der Arbeitskräfte arbeiten im Fischfang. Drei Viertel seiner Exporterträge erwirtschaftet Island durch seine Fischindustrie. Es entwickelt sich aber auch immer mehr der Tourismus als Wirtschaftszweig. Inzwischen besuchen zwischen 150.000 und 180.000 Naturliebhaber die Insel mit ihren eigentlich sehr hohen Lebenshaltungskosten jährlich.)*

9. Worum ging es bei den beiden „Kabeljaukriegen“? *(Island weitete 1972 seine Hoheitsgewässer erst auf eine 50-, dann 1975 auf eine 200-Meilen-Zone aus, womit es die wirtschaftlich nutzbare Fläche rund um die Insel auf 758.000 km^2 erweiterte, was zu Konflikten vor allem mit England führte. Seit 1976 besteht aber eine Vereinbarung, nach der ausländische Fangflotten nicht innerhalb der 200 Seemeilen-Zone Is-*

lands fischen dürfen. Auch deshalb ist Island weltweit nach Norwegen der zweitgrößte Fischfänger von Kabeljau. Um den Bestand der lebensnotwendigen Fischvorkommen zu sichern, gibt Island jedes Jahr für sein Fanggebiet Quoten aus.- Seit 1982 regelt Art. 57 der Seerechtskonvention, dass jedes Land für sich eine Fischereizone von 200 Seemeilen Tiefe beanspruchen kann. Alle großen Nationen haben davon Gebrauch gemacht.)

10. Was ist der höchste Punkt auf Island? *(Der Hvannadalshnúkur mit 2.119 m.)*

11. Was kennzeichnet die Landesnatur Islands? *(Island liegt auf einer großen Erdspalte, die den Mittelatlantischen Rücken durchzieht. Dieser geologische Untergrund Islands [aus geologischer Sicht zählt Island mit seinen 15-20 Mio. Jahren zu den jüngsten Regionen der Welt] kommt bis heute nicht zur Ruhe, da Island eine Vulkaninsel ist. Das prägt bis heute das Landschaftsbild. Früher bildete Island mit Schottland eine zusammenhängende Landmasse. Beide stehen auf dem gleichen Festlandsockel. Island hat 600 Thermalquellen, die als natürliche Warmwasserheizung genutzt werden. Besondere Touristenattraktion sind die großen ☞Geysire [erstmals wurde diese Bezeichnung 1294 vom Bischof Brynjólfur Sveinsson bei der Beschreibung des isländischen Großen Geysirs in Haukadalur verwandt], die bis maximal 60 Meter hoch Heißwasserfontänen in regelmäßigen Abständen in die Luft schleudern. Andererseits sind immer noch über 11 % der Landfläche unter fünf Eiskappen begraben.)*

12. Was ist der Vatnajökull? *(Er ist der größte Gletscher Islands, der eine Fläche von 8.442 km² bedeckt. Unter ihm befindet sich der Vulkan Bárðarbunga, der zuletzt im September 1996 ausbrach.)*

13. Wo befinden sich die größten Wasserfälle Europas? *(In Island: Im Hochland, das rund 75 % der Oberfläche Islands ausmacht, stürzen die Flüsse in großen Wasserflächen herab. Der größte europaweit ist der Dettifoss, der rund 40 km nordöstlich von Mývatn liegt. Seine Wassermassen stürzen 44 m tief auf einer Breite von 100 m.)*

14. Was ist die „Edda"? *(Die Edda ist eine Heldenlied- und Gedichtsammlung Islands. Diese Sammlung wurde von Snorri Sturluson niedergeschrieben, der alles zusammenfasste, was er über den Glauben und die Götter seiner Vorfahren wusste. Die Saga [wörtlich: „Berichte"], die überwiegend aus dem 13. Jahrhundert stammen und früher als genaue Wiedergabe der historischen Tatsachen angesehen wurden, dürften eine spannende Mischung halb erfundener Berichte über historische Persönlichkeiten und Ereignisse sein. Insbesondere wird von Familien berichtet, die zur Zeit der Besiedlung Islands lebten, und deren Zwistigkeiten.)*

15. Wie sind die klimatischen Verhältnisse auf Island? *(Island bedeutet „Eisland", weil selbst im Sommer die mittlere Tagestemperatur kaum über 10 °C steigt. Die Gletscher nehmen rund 1/8 der Landesfläche ein. Die Nordküste Islands ist kälter, weil die kalte Strömung von Grönland große Treibeismassen an die Nordküste spült. Die Südküste hingegen wird von den Ausläufern des warmen Golfstroms berührt, was die polare Kälte mildert.)*

16. Was ist das Besondere an Islands Telefonbuch? *(Es ist nach Vornamen sortiert. Nur der Präsident und der Bischof werden mit Nachnamen geführt.)*

17. Woher kommt der Begriff „Steak"? *(Er kommt aus dem Altisländischen. Dort stand das Wort „steik" für „Braten". Damals bezeichnete man damit Fleischstücke, die auf einen Spieß geschoben und über das Feuer gehalten wurden. Heute spricht man korrekt nur von einem Steak, wenn es aus der Lende oder der Hüfte eines Rindes stammt.)*

Presbyterianer

1. Was sind die Presbyterianer? *(Die Presbyterianer [von presbyteros = griech.: „Der Ältere"] gehören zu einer reformierten Kirchengemeinde, in der der Unterschied zwischen Klerus und Laien grundsätzlich und praktisch aufgehoben ist. Unter der Alleinherrschaft Christi sind sämtliche Gemeindemitglieder gleichberechtigt. Sie wählen die Ältesten, die mit einem biblischen Ausdruck Presbyter genannt werden. Das Amt dieses Presbyters ist das einzige kirchliche Amt, das der Presbyterianismus kennt.)*

2. Worauf geht die Bewegung der Presbyterianer zurück? *(In der Kirche des Mittelalters unterschied man [wie in der katholischen Kirche heute] die Priesterschaft [Klerus] von den Laien [Volk]. Unter den geweihten Priestern gibt es wiederum eine eigene Rangordnung, an deren Spitze der Papst steht. Nur geweihte Priester können die Sakramente spenden. Martin Luther hatte diese Lehre von einem besonderen „geistlichen" Stand bekämpft mit der These, alle Christen seien „geistlichen Standes". Demnach konnte nach seiner Theorie jeder getaufte Christ „priesterliche Tätigkeiten" ausüben. Christus selbst sei der Mittler zwischen Gott und den Menschen. Aus diesem Ideengut ging die Lehre der Presbyterianer hervor.)*

3. Wo entstand die presbyterianische Kirche zuerst? *(Johann ☞Calvin hatte die Eigenständigkeit der Kirche verlangt. Seine Genfer Kirchenordnung kannte, wie man es von den ältesten Gemeinden annahm, nur vier Ämter: Pastoren [für Predigt und Seelsorge], Doktoren [als Lehrer], Presbyter [als Älteste, die über die Kirchenzucht zu wachen hatten] und Diakone [zur Armenpflege]. Calvins schottischer Schüler John Knox trug diese Lehren nach Schottland [1560] und gab der schottischen Kirche eine presbyterianische Ordnung, die sie bis heute beibehielt. Unter den schottischen Kirchen ist die presbyterianische „Kirche von Schottland" die weitaus stärkste.)*

4. Wie viele Mitglieder haben die presbyterianischen Kirchen? *(Rund 4 Mio. Menschen, von denen allein 3,3 Mio. zur United Presbyterian Church of North America gehören. Die meisten Mitglieder in Amerika haben aber die Methodisten und Baptisten, die verschiedenen Kirchen angehören.)*

Österreich

1. Was ist Österreich? *(Die Republik Österreich ist ein mitteleuropäischer Staat, der im Westen an Liechtenstein und die Schweiz, im Norden an Deutschland und die Tschechische Republik, im Osten an die Slowakei und Ungarn sowie im Süden an Slowenien und Italien grenzt. Österreich hat eine Grundfläche von 83.858 km² [zum Vergleich: Die BRD ist 357.000 m² groß].)*

2. Wie heißt die Hauptstadt von Österreich? *(Wien, das rund 1,6 Mio. Einwohner hat. Seit 1921 ist Wien auch ein eigenes Bundesland. Da Wien früher der Mittelpunkt des Habsburger Reiches war, hat die Stadt für das heutige Staatsgebiet von Österreich einen überdurchschnittlichen Bevölkerungsanteil, weil rund jeder fünfte Österreicher in Wien wohnt. Die zweitgrößte Stadt Graz hat nur 240.000 Einwohner.))*

3. Was ist das Wahrzeichen von Wien? *(Der Stephansdom, Österreichs bedeutendstes gotisches Baudenkmal. Mit 136 m besitzt die Kirche einen der höchsten Kirchtürme der Welt. Er wurde von 1359 bis 1433 erbaut.)*

4. Für welche Reitschule ist Wien berühmt? *(Für die Spanische Reitschule. Hier führen Reiter in historischen Kostümen die berühmten Lipizzaner-Hengste vor. Diese Reitschule wurde im 16. Jahrhundert von Kaiser Maximilian II. gegründet, der das Züchten spanischer Pferde in Österreich einführte.)*

5. Welcher berühmte Kongress fand in Wien statt? *(Der ☞Wiener Kongress, der nach dem Sturz ☞Napoleons das Europa des 19. Jahrhunderts neu ordnete.)*

6. Wie viele Einwohner hat Österreich? *(Rund 8 Mio.)*

7. Das österreichische Staatswappen ziert ein schwarzer Adler. Was trägt er in seinen Fängen? *(Man sollte es kaum glauben: Hammer und Sichel! Von den Fängen hängt auch eine zerrissene Eisenkette herab, die 1945 eingefügt wurde zur Erinnerung an die Wiedererlangung der Unabhängigkeit von Deutschland.)*

8. Welche Religion ist in Österreich führend? *(Das Christentum: 78 % der Bevölkerung sind Katholiken, 5 % Protestanten)*

9. Was ist der höchste Punkt Österreichs? *(Der Großglockner mit 3.798 m. In Deutschland ist die Zugspitze mit 2.962 m der höchste Berg.)*

10. Welcher Landschaftstyp prägt Österreich? *(Österreich ist ein Gebirgsland. 2/3 der Staatsfläche werden von Gebirge eingenommen.)*

11. Welche Bedeutung hat die Forstwirtschaft in Österreich? *(Nach Finnland und Schweden ist Österreich das waldreichste Land Europas. Knapp 42 % der Gesamt-*

fläche sind als Wald ausgewiesen. Über 80 % der Waldfläche werden zur Holzgewinnung genutzt, woraus sich ein hoher Exportanteil ergibt.)

12. Welcher europäische Strom beherrscht Österreich? *(Die Donau. Hydrographisch gehören 96 % des Staatsgebiets zum Einzugsbereich der Donau, an der auch Wien liegt.)*

13. Wer waren die Habsburger? *(In der Schlacht auf dem Marchfeld 1278 verlor König Ottokar II. von Böhmen gegen den deutschen König Rudolf I. von Habsburg [1218 bis 1291] Leben und Besitz. Rudolf I. von Habsburg übertrug Österreich und die Steiermark seinen Söhnen. Das aus dem Aargau in der Schweiz stammende Geschlecht setzte sich in der Folge in den Donau- und Alpenländern fest und begründete eine Herrschaft für mehr als 600 Jahre. Die habsburgischen Besitzungen bildeten später einen Teil des Heiligen Römischen Reiches Deutscher Nation. 1438 wurde Albrecht II. von Habsburg [1397 bis 1439] sogar zum deutschen Kaiser gewählt. Fortan blieb die Kaiserkrone mit einer nur dreijährigen Unterbrechung im Besitz des Hauses Habsburg.)*

14. Erweiterten die Habsburger ihren Herrschaftsbereich vor allem durch Kriege? *(Nein: Die Habsburger sind berühmt für ihre geschickte Heirats- und Erbpolitik, vor allem im 15. und 16. Jahrhundert [„Tu felix, Austria, nube!" – dieser Spruch wird dem ungarischen König Matthias I. Corvinus in der deutschen Fassung „Kriege mögen andere führen, du, glückliches Österreich, heirate!“ zugeschrieben]. Durch Heirat fielen an die Habsburger Burgund, die Niederlande, Kastilien und Aragon [der größte Teil des damaligen Spaniens], Böhmen, Mähren, Schlesien und der von den Türken nicht besetzte Teil Ungarns. Der auf diesem Weg entstandene gewaltige Besitz, den Kaiser Karl V. [1500 bis 1558] vereinigte, wurde nach seiner Abdankung in eine spanische und eine österreichische Linie aufgeteilt.)*

15. Wie heißt die berühmteste Kaiserin Österreichs? *(☞Maria Theresia, die von 1717 bis 1780 lebte.)*

16. Welche Bedeutung spielte Österreich für den ☞1.Weltkrieg? *(Als der österreichische Thronfolger Franz Ferdinand am 28.06.1914 im serbischen Sarajewo ermordet wurde, erklärte Österreich am 28.07.1914 Serbien den Krieg. Das löste wegen Bündnisabsprachen eine Kettenreaktion aus, die in den 1. Weltkrieg mündete.)*

17. Wie viele Bundesländer hat Österreich? *(Neun, von Westen nach Osten: Vorarlberg, Tirol, Salzburg, Kärnten, Oberösterreich, Steiermark, Niederösterreich, Wien, Burgenland.*

18. An der Ostgrenze Österreichs liegt der Neusiedler See, der zum größten Teil auf österreichischem, zu einem kleineren Teil auf ungarischem Staatsgebiet liegt. Was ist das Besondere an diesem See? *(Der Neusiedler See ist ein sehr flacher, leicht salzhaltiger Steppensee. Seine Tiefe beträgt nur zwischen 0,50 und 1,50 m, weshalb man ihn komplett zu Fuß durchlaufen kann. Der See kann auch schon mal austrock-*

nen, was in den Jahren 1855 bis 1868 auch passiert ist. Mit einem österreichischen Anteil von 135 km² ist er gleichzeitig der größte See Österreichs.)

19. *Was ist ein „Kaiserschmarrn“? (Eine beliebte österreichische Nachspeise oder auch Hauptspeise, die weit über die Grenzen Österreichs bekannt ist. Die Speise besteht aus Teig mit in Rum getränkten Rosinen, unter die Eiweiß gehoben wird. Das Gericht wird in locker aufgetürmten Stücken serviert, dick mit Puderzucker bestreut. In Österreich wird zum Kaiserschmarrn Kompott serviert.)*

Schlangen

1. Was sind Schlangen? *(Schlangen bilden in der Biologie eine eigene Familie aus Tieren, die sehr schlank und beinlos sind mit schuppiger Haut. Man unterscheidet heute ca. 2.700 Schlangenarten.)*

2. Für Schlangen ist typisch, dass sie ihre Zunge dauernd aus dem Maul züngeln lassen und zurückziehen. Welchen Hintergrund hat das? *(Die Zunge ist für die Schlange ein wichtiges Sinnesorgan, mit dem sie die Luft auf Geruchs- und Geschmacksstoffe abprüft. So finden Männchen die Weibchen anhand deren Geruchsspur. Die Schlange spürt damit aber auch ihre Beutetiere auf. Die Geruchsstoffe werden in einem chemischen Organ im Gaumendach von der Schlange automatisch analysiert. Die Zunge ist für die Schlangen deshalb so wichtig, weil bis auf die Königskobra alle Schlangen fast blind sind.)*

3. Wie groß werden Schlangen? *(Die kleinsten Schlangen haben auf einer Hand Platz, die größten Netzpythons werden bis zu 10 m lang.)*

4. Wie heißen die bekanntesten Giftschlangen? *(Kobra, Klapperschlange und Kreuzotter. Die Wasserschlangen gehören zu den giftigsten auf der Erde.)*

5. Sind Giftschlangen die gefährlichsten Tiere der Welt? *(Nein: Auf Platz 1 steht die Malaria-Mücke mit durchschnittlich 2 Mio. verursachten Toten pro Jahr. Auf Platz 2 folgen die Giftschlangen mit rund 40.000 Toten pro Jahr, wobei allein die in Afrika und Indien lebende Sandrasselotter 10.000 Menschen jährlich den Tod bringt. Auf den weiteren Plätzen: 3. Pärchenegel [Auslöser einer Tropenkrankheit]: 20.000 Tote; 4. Skorpione: 5.000 Tote; 5. Krokodile: 1.000 Tote; 6. Flusspferde: 100 Tote; 7. Giftspinnen: 60 Tote; 8. Seewespe [eine giftige Qualle vor der Küste Australiens]: 50 Tote; 9. Tiger: 30 Tote – und last not least fast unscheinbar auf Platz 10: Haie mit 10 Toten pro Jahr.)*

6. Woran erkennt man eine Kobra? *(Die Kobra [der Name kommt vom lateinischen colubra = Schlange], die in Afrika und Asien lebt, ist leicht zu erkennen am Aufrichten*

ihres Vorderkörpers und am Spreizen ihres Halsschildes. Sie kommt in den wärmeren Gebieten Asiens und Afrikas vor, wird bis zu 5,5 m [Königskobra, die sich vor allem von anderen Schlangen ernährt] lang [damit längste Giftschlange] und bis zu 30 Jahren alt. Die Wirbelsäule der Kobra enthält bis zu 400 Knochen. Die gemeine Kobra Indiens wird meist Brillenschlange genannt, weil sie auf dem Rücken ihres Halsschildes oder als Farbring um beide Augen eine Zeichnung trägt, die einer Brille ähnelt. Weiter östlich in Malaysia und Indonesien ist die Kobra schwarz gefärbt ohne Brillenzeichnung. Die Giftschlange, die die ägyptische Königin Kleopatra im Jahre 30 v. Chr. zu ihrem Selbstmord benutzte, war wahrscheinlich die heute noch vorkommende ägyptische Kobra.)

7. Ist der Biss einer Kobra tödlich? *(Der Biss einer Kobra ist zwar ernst zu nehmen, aber ein großer Prozentsatz aller Gebissenen erholt sich ohne Behandlung wieder, zumindest ohne ärztliche Hilfe. Das Opfer der Kobra wird durch das Gift gelähmt, wobei dessen Gewebe zersetzt wird, was der Schlange beim Verdauen hilft. Alkohol ist bei Schlangenbissen übrigens entgegen weitläufiger Meinung geradezu schädlich und vermindert die Aussichten des Opfers auf Heilung. Ein Mensch stirbt normalerweise nach einem Schlangenbiss nach sechs Stunden, weil der Biss das Atemzentrum im Gehirn lähmt. Ein Giftbiss einer Schlange führt deshalb also nie sofort zum Tod.)*

8. Was kennzeichnet die Klapperschlange? *(Die Klapperschlange [von ihr gibt es 27 Arten, die in Amerika leben] häutet sich drei- bis viermal pro Jahr. Am Schwanzrest bleiben davon lose zusammenhängende, hohle Schuppen übrig. Um Eindringlinge zu vertreiben, erzeugt die Klapperschlange mit dem Schwanzende ein rasselndes Geräusch [der Schwanz schwingt dabei bis zu 50-mal pro Minute], das sie wegen ihrer Taubheit selbst aber nicht hören kann. Sie wird 40 cm bis 2,5 m lang. Mit zwei besonderen Gruben am Kopf kann die Klapperschlange die Körperwärme eines warmblütigen Tieres auch im Dunkeln orten und ihre Beute töten.)*

9. Welche Giftschlange kommt in Europa vor? *(Die 50 bis 80 cm lange Kreuzotter ist die einzige Giftschlange Nord- [bis zum Polarkreis] und Mitteleuropas [bis nach Eurasien] mit weiter Verbreitung und häufigem Vorkommen. Sie lebt überwiegend in der Heide, in Mooren und in lichten Wäldern. Sie ist zu erkennen an dem Zickzack-Band auf ihrem Rücken, das aber nicht zwingend ist. An sich ist die Kreuzotter ein sehr nützliches Tier, da sie hauptsächlich Mäuse vertilgt. In Gegenden, wo man die Kreuzotter systematisch ausrottete, hat man sich deshalb regelmäßig Mäuseplagen eingefangen. Der Biss der Kreuzotter ist zwar giftig, für den Menschen aber nur selten tödlich.)*

10. Was sind die bekanntesten Boaschlangen? *(Die Anakonda, eine Wasserschlange in Südamerika, die bis zu 9 m lang wird, und die Boa constrictor, die in Nordargentinien bis Mexiko zu Lande lebt und bis zu 4 m lang wird. Beide Schlangen erwürgen ihre Opfer.)*

11. Wie fressen Schlangen ihre Opfer? *(Schlangen sind Fleischfresser. Sie können ihre Beute nicht zerbeißen. Deshalb fressen sie sie im Ganzen mit dem Kopf voran.*

Schlangen töten ihre Opfer vor dem Fressen entweder, indem sie sie mit ihren Körperschlingen ersticken, oder, indem sie sie mit ihrem Giftbiss töten. Da der Kiefer der Schlangen sehr elastisch ist, können sie das Maul sehr weit öffnen. Weil Schlangen nur selten fressen, kommen sie wochenlang ohne Beute aus.)

12. Wie kommen Schlangen zur Welt? *(Aus der Paarung der Eltern [sie treffen sich nur zur Paarung] entsteht ein Ei. Nur wenige Schlangeneltern kümmern sich um dieses Ei. Das Schlangenbaby hat einen spitzen Eizahn, mit dem es die zähe, lederartige Schale beim Schlüpfen durchbrechen kann. Dieser Zahn fällt einige Tage nach dem Schlüpfen ab. Anders als ein Vogelküken kann das Schlangenbaby noch einige Tage im aufgebrochenen Ei verbringen.)*

13. Warum häuten sich Schlangen? *(Schlangen wachsen ihr ganzes Leben lang. Ihre Haut wächst aber nicht mit. Deshalb muss eine Schlange sich häuten, um Platz zu machen für die sich darunter bildende neue Haut.)*

14. Wenn in Indien ein Schlangenbeschwörer Giftschlangen aus einem Schlangenkorb hervorlockt, reagieren da die Schlangen auf die Musik? *(Nein. Schlangen sind grundsätzlich taub. Bei genauem Hinsehen wird man feststellen, dass der Schlangenbeschwörer, der dazu bevorzugt Kobras [ihnen werden vorsorglich die Zähne ausgebrochen oder die Mundspalten zugenäht] benutzt, zu Beginn der Vorführung an den Korb stößt. Diese Erschütterung wird von den Schlangen wahrgenommen. Nicht einmal die Schallwellen der Flöte in der Luft können sie wahrnehmen, da sie kein äußeres Ohr haben. Der Schlangenbeschwörer schaukelt mit dem Oberkörper vorwärts und rückwärts und mit der Flöte auf und nieder. Diese Angriffs- und Verteidigungsbewegungen sind es, auf die die Schlangen reagieren und denen sie folgen.)*

15. Wie gewinnt man ein Serum gegen Schlangengift? *(Die einzige Hilfe bei Giftschlangenbissen besteht in der Injektion eines Schlangenserums. Ein solches Serum wird herkömmlich hergestellt, indem man Schlangengifte sammelt und sie anderen Tieren einspritzt, meist Pferden. Diese werden nach und nach immun gegen die Schlangengifte. Man erhöht die Dosis so lange, bis die Pferde vollkommen immunisiert sind. Dann entnimmt man den Pferden eine gewisse Menge Blut, entfernt daraus alle festen Stoffe und erhält auf diesem Wege ein Serum. Wenn ein solches Serum in die Vene eines Menschen gespritzt wird, der von einer Giftschlange gebissen wurde, wird das Gift automatisch neutralisiert. Für jede Giftschlangenart ist ein besonderes Schlangenserum erforderlich.)*

Tabakpflanze

1. Was ist eine Tabakpflanze? *(Die Tabakpflanze gehört zu den Nachtschattengewächsen. Ihre Blätter werden zur Herstellung von Rauchwaren verwendet.)*

2. Wie kam der Tabak nach Europa? *(Als der spanische Eroberer Hernando ☞Cortez 1519 das Reich der Azteken in Mexiko eroberte, überreichte ihm der aztekische König Montezuma zahlreiche wertvolle Geschenke, um ihn zum Rückzug zu bewegen. Unter diesen Geschenken befanden sich auch große Mengen getrockneter Blätter der Tabakpflanze. Cortez sandte die Geschenke an den Königshof nach Spanien, wo allerdings Schmuck und Edelsteine die zentrale Beachtung fanden und nicht so sehr die Blätter. Später hörte man, dass die Blätter von den Indianern auch als Heilmittel eingesetzt würden. Daraufhin erforschte der Franzose Jean Nicot, nach dem später das Nikotin [= Hauptalkaloid der Tabakpflanze] benannt wurde, die Tabakpflanze. Er fand bei der therapeutischen Anwendung der Blätter einige Behauptungen bestätigt. Heute ist jedoch die Bedeutung des Tabaks in der Heilkunde gering.)*

3. Wie hoch wird die Tabakpflanze? *(Die Tabakpflanze ist ein krautiges Gewächs, das 1,5 bis 3 m hoch werden kann. Dabei besitzt die Tabakpflanze sehr große Blätter, die viele Drüsen enthalten.)*

4. Wonach bezeichnet man die Tabakblätter? *(Die Tabakblätter werden bei einem bestimmten Reifegrad von unten nach oben vom Stängel abgepflückt, oft auf Schnüre aufgereiht und zum Trocknen aufgehängt oder ausgebreitet. Die Trocknung erfolgt entweder durch die Luft oder durch die Sonne. Nach dem Stand am Spross haben die Blätter verschiedene Handelsbezeichnungen: Die Blätter direkt über dem Erdboden heißen Grumpen, darüber stehen die Sandblätter. Es folgen Mittel- und Hauptgut, und oberhalb der Blütenstände reift das Obergut.)*

5. Wie wird Tabak verarbeitet? *(Die Tabakwarenfabriken feuchten zunächst die Blätter wieder an und schichten sie in klimatisierten Räumen zu Haufen auf. Dabei machen die Blätter eine Gärung durch, die Fermentation, die den Rauchgeschmack des Tabaks günstig beeinflusst. Erst dann und nach erneuter Trocknung kann der Tabak zu den Endprodukten verarbeitet werden.)*

6. Ist Tabak giftig? *(Die Tabakblätter enthalten das Alkaloid Nikotin, einen auf die Nerven wirkenden Giftstoff, der insbesondere die Blutgefäße verengt, was zu einer schlechten Durchblutung führt. Das Nikotin steht grundsätzlich an Giftigkeit der Blausäure gleich. Die eigentlich tödliche Wirkung tritt deshalb nicht ein, weil von dem Nikotin nur ein Teil in den Körper gelangt und der Körper sich durch Übung in einem gewissen Ausmaß an Nikotin gewöhnen kann. Bestimmte Erkrankungen allerdings gehen fast zwangsläufig auf Tabakgenuss zurück. So ist der Lungenkrebs fast ausschließlich eine Raucherkrankheit.)*

7. Welche Länder sind weltweit die größten Tabak-Erzeuger? *(Mit weitem Abstand an erster Stelle die Volksrepublik China [1996: 2,324 Mio. t], gefolgt von den Vereinigten Staaten [1996: 710.000 Mio. t] und Indien [1996: 512.000 t]. Hauptexporteur sind aber die USA mit 478.000 t in 1995. China war 1995 mit 145.100 t weltweit nur viertgrößter Exporteur.)*

Tschechische Republik

1. Was ist die Tschechische Republik? *(Die Tschechische Republik ist ein mitteleuropäischer Staat mit einer Fläche von 78.866 qkm.)*

2. Wie viele Einwohner hat die Tschechische Republik? *(10,2 Mio.)*

3. Was sind die Hauptflüsse der Tschechischen Republik? *(Moldau und Elbe.)*

4. Was ist der höchste Punkt der Tschechischen Republik? *(Die Schneekoppe mit 1.603 Metern.)*

5. Welche Großlandschaften prägen das Landschaftsbild der Tschechei? *(Böhmen und Mähren, wobei Böhmen das Kernland im Westen der Republik ist.)*

6. Welche Religion ist in der Tschechei führend? *(Der größte Teil der Bevölkerung gehört der römisch-katholischen Kirche an.)*

7. Wie heißt die Hauptstadt der Tschechei? (*Prag mit 1,2 Mio. Einwohnern.)*

8. Wo gründete Karl IV. die erste Universität Mitteleuropas? *(In Prag die Karls-Universität im Jahre 1348.)*

9. In welchen beiden großen Kunstwerken spielt Prag eine Rolle? *(In Prag verkauft der legendäre Dr. Faust seine Seele. In Prag komponierte Mozart später seine Oper „Die Zauberflöte". 1618 löste der zweite Prager Fenstersturz den 30-jährigen Krieg aus.)*

10. Was war der Prager Frühling? *(1968 gingen die Tschechen in Prag auf die Straße, um für ihre Unabhängigkeit zu protestieren. Dieser „Prager Frühling" wurde von russischen Panzern brutal niedergeschlagen. 1989 drängten die Massen wieder auf den Wenzelplatz, als das kommunistische Regime abdankte und die Tschechoslowakei zur Demokratie zurückkehrte.)*

11. Welche Bevölkerungsgruppen wohnen in der Tschechei? *(95 % der Bewohner sind Tschechen, 3 % Slowaken, 0,6 % Polen und 0,5 % Deutsche. 1930 lag der Anteil der Deutschen bei 29,2 %. 2,5 Millionen Deutsche wurden 1945 bis 1946 aus ihrer Heimat in Tschechien vertrieben.)*

12. Vorläufer von Tschechien war die Tschechoslowakei. Wann wurde sie gegründet? *(Die ehemaligen Kronländer Böhmen, Mähren und Schlesien gehörten 1620 bis 1918 zu Österreich-Ungarn. Mit dem Ende des 2. Weltkrieges entstand die Tschechoslowakei, die allerdings vom nationalsozialistischen Deutschland 1938/1939 zerschlagen wurde. In diesem Zusammenhang entstand das vom Deutschen Reich abhängige Protektorat Böhmen und Mähren [1939-1945], während das nach dem Münchener*

Abkommen von 1938 an Deutschland abgetretene Sudetenland deutsches Reichsgau wurde von 1938-1945. Nach dem 2. Weltkrieg schlossen sich die tschechischen Länder zur Tschechoslowakei zusammen und erlangten 1989/1990 die Unabhängigkeit von Russland. Am 20.07.1992 kam es zu einer Vereinbarung über die Trennung der Teilrepubliken. Aus der Auflösung der Tschechoslowakei am 01.01.1993 gingen dann Tschechien und die Slowakei hervor.)

Deutschland, Geschichte bis 1878

1. Wann beginnt die Geschichte Deutschlands? *(Die Entstehung des Deutschen Reiches erfolgte nicht auf einen Schlag, sondern ist das Ergebnis eines langen Entwicklungsprozesses. In der Zeit um Christi Geburt gab es auf dem heutigen deutschen Gebiet zahlreiche germanische Kleinstämme, die sich bis zum dritten Jahrhundert zu größeren Stammesverbänden zusammenschlossen, zum Beispiel die Franken, Sachsen und Alemannen. Unter ☞Karl dem Großen waren diese deutschen Stämme mit anderen Völkerschaften in dessen Reichsverbund vereinigt. Als die Enkel Karls des Großen das fränkische Reich unter sich teilten, erhielt Ludwig der Deutsche das Land östlich des Rheins und der Aare als „Reich der Ostfranken". 880 war dann mit dem Erwerb auch der Westhälfte Lothringens im Wesentlichen die bis 1648 gültige Grenze zwischen Frankreich und Deutschland definiert. Aber erst seit Beginn des 11. Jahrhunderts ist in Deutschland neben der fränkischen Tradition zunehmend ein deutsches Bewusstsein zu erkennen. Erst gegen Ende des 11. Jahrhunderts unter Heinrich dem IV. wurde es üblich, das Land als „Reich der Deutschen" und seine Bewohner als „Deutsche" zu bezeichnen. Seit 1080 ist der Name „das Deutsche Land" belegt und endgültig seit dem 16. Jahrhundert bürgerte sich der Begriff „Deutschland" ein.)*

2. Wer waren die ☞Salier, Staufer, Welfen, Nassauer, Wittelsbacher und Hohenzollern? *(Die Namen bezeichnen Herrschaftshäuser, die die wichtigsten Könige und Kaiser in Deutschland stellten.)*

3. Was war die Goldene Bulle (1356)? *(Die Goldene Bulle war das bedeutendste Reichsgesetz des Mittelalters und legte das Wahlverfahren der Kurfürsten endgültig fest. Es orientierte sich nicht mehr an geblütsrechtlichen, sondern bevorzugt an machtpolitischen Vorstellungen.)*

4. Wann wurde die erste deutsche Universität gegründet? *(Die erste deutsche Universität wurde von Karl dem IV. 1348 in Prag gegründet. Auf heutigem deutschem Gebiet ist die älteste Universität die von Heidelberg, die 1386 gegründet wurde. Kurz danach wurde in Köln 1388 die Universität gegründet).*

5. Wer löste mit seinen Thesen die Glaubenskriege im Mittelalter auf deutschem Gebiet aus? *(☞Martin Luther.)*

6. Welches war der längste Krieg auf deutschem Boden? *(Der ☞30-jährige Krieg von 1618 bis 1648, als dessen Folge die Bevölkerungszahl auf nahezu die Hälfte des Vorkriegsstandes sank.)*

7. Was regelte der Reichsdeputationshauptschluss vom 25.02.1803? *(Mit ihm wurden die politischen und rechtlichen Grundlagen des „alten Reiches" aufgelöst. Das führte zu einer Säkularisierung in deutsche Kleinstaaten und Fürstentümer. Aufgrund starken Machteinflusses von Napoleon schlossen sich 16 süd- und westdeutsche Staaten am 12.07.1806 in Paris unter französischem Protektorat zum Rheinbund zusammen, dem bis 1811 weitere 20 deutsche Staaten beitraten. Sie erklärten sich für souverän und traten am 01.08.1806 aus dem Heiligen Römischen Reich aus.)*

8. Was war der Deutsche Bund? *(Der Wiener Kongress von 1814/15 ordnete das europäische Staatensystem neu. Dazu gehörte auch eine Neugliederung und verfassungsmäßige Ordnung für Deutschland. Die Einzelstaaten [37 Fürstentümer und 4 freie Städte] wurden als souverän anerkannt und schlossen sich zu einem losen Staatenbund, dem Deutschen Bund, zusammen. Die Souveränität der Fürsten galt aber nicht gegenüber dem Deutschen Bund, an dessen Mehrheitsentscheidungen sie gebunden waren. Damit war jedoch die erwachte nationale Einheitsbewegung nicht befriedigt. Die Entwicklung mündete schließlich am 01.01.1834 in den Deutschen Zollverein, der dem größten Teil Deutschlands die wirtschaftliche Einheit gab, ohne allerdings Österreich einzubeziehen.)*

9. Was geschah bei der Frankfurter Nationalversammlung? *(In dieser Versammlung, die am 18.05.1848 in der Frankfurter Paulskirche eröffnet wurde, wurde eine liberale Reichsverfassung beschlossen. Sie sollte an die Stelle des Deutschen Bundes einen gesamtdeutschen Bundesstaat setzen. Außerdem wurde König Friedrich-Wilhelm IV. von Preußen zum „Kaiser der Deutschen" am 28.03.1849 gewählt. Der schlug jedoch am 03.04.1849 überraschend die Kaiserkrone aus, und die beiden deutschen Großmächte Preußen und Österreich lehnten ebenso wie die größeren Mittelstaaten die Reichsverfassung ab. Damit war die deutsche Revolution von 1848 endgültig gescheitert. Die konstitutionellen Überlegungen, insbesondere das „Gesetz über die Grundrechte des Deutschen Volkes" vom 20./21.12.1848 fand Eingang in unser heutiges Grundgesetz.)*

10. Wann kam es zur Gründung des Deutschen Reiches? *(Nach dem Sieg der deutschen Staaten unter der Führung Preußens über Frankreich im Deutsch-Französischen Krieg 1870/71 wurde am 18.01.1871 im Schloss zu Versailles König Wilhelm I. von Preußen auf Initiative ☞Bismarcks zum „Deutschen Kaiser" proklamiert. Damit wurde die eigentliche Reichsgründung als ein Bund der deutschen Fürsten und Hansestädte vollzogen. Die dazu erforderliche Reichsverfassung wurde am 16.04.1871 in Kraft gesetzt. Sie stellte eine Erweiterung der Verfassung des Norddeutschen Bundes dar.)*

11. Welche Bedeutung hatte das 1878 beschlossene „Sozialisten-Gesetz“? *(Für dieses Gesetz zeichnete Bismarck verantwortlich. Hintergrund waren zwei Attentate auf Kaiser Wilhelm I., die man den Sozialisten zu Unrecht in die Schuhe schob. Mit dem auf zweieinhalb Jahre angelegten Gesetz [es wurde bis 1890 regelmäßig verlängert] bekämpfte Bismarck die Organisation der 1875 gegründeten Sozialistischen Arbeiterpartei Deutschlands unter der Führung A. Debels mit einem Versammlungs-, Organisations- und Publikationsverbot. Um den Sozialisten den Wind aus den Segeln zu nehmen, initiierte Bismarck eine Sozialgesetzgebung mit einem vorbildlichen Sozialversicherungswerk [1883 bis 1889]).*

Robben

1. Was sind Robben? *(Robben sind Säugetiere mit rund 30 Arten, die aber mehr im Wasser als auf dem Land leben. Zu dieser Gruppe der Säugetiere gehören auch die Wale und die Seekühe. Der älteste Fund einer Robbe datiert aus dem Miozän [vor rund 20 Mio. Jahren].)*

2. Wo leben Robben? *(Robben leben praktisch in allen Gewässern der Welt, vor allem aber in allen kälteren Meeresgebieten, insbesondere im nördlichen Pazifik und Atlantik.)*

3. Warum leben Robben vor allem in den kälteren Meeresgebieten? *(In den kälteren Meeresgebieten ist der Fischreichtum am höchsten.)*

4. Wie groß und schwer werden Robben? *(Bei den Robben wird das Männchen ungefähr doppelt so groß und schwer wie das Weibchen. Das Männchen wird bis zu 6,5 m lang und 3-5 Tonnen schwer.)*

5. Pflanzen sich Robben im Meer oder auf dem Land fort? *(Robben können sich nur auf dem Land fortpflanzen. Im Wasser ist es ihnen unmöglich. Deshalb gehen die Robben auch mindestens einmal im Jahr an Land. Dabei sind die Robben polygam: Ein Robbenbulle hat meist 15-20 Weibchen.)*

6. Ist die Robbe sesshaft? *(Obwohl sich die Wanderungen der Robben während des Winters über Hunderte bis Tausende von Kilometern erstrecken, kehren die meisten Tiere doch Jahr für Jahr an denselben Platz einer Bucht und auf den Tag genau im Frühsommer zurück. Zu diesem Zeitpunkt sind sie wegen des Lärms, den sie dabei veranstalten, für Robbenschlächter eine leichte Beute.)*

7. Warum sind die Robben für Robbenschlächter eine so attraktive Beute? *(Der Robbenpelz [Seal] ist sehr begehrt.)*

8. Sind Robben gute Schwimmer? *(Ja: Robben können nicht nur sehr schnell schwimmen, sondern sind dabei unter Wasser extrem wendig, was ihnen hilft, ihren größeren Fressfeinden [Haien, Orkas und Eisbären] zu entkommen. Einige Robbenarten können mehr als 70 Minuten unter Wasser bleiben.)*

Thomas von Aquin

1. Wer war Thomas von Aquin (1225-1274)? *(Thomas von Aquin war ein Dominikanermönch und Kirchengelehrter, der 1322 von Papst Johannes XXII. heilig gesprochen wurde.)*

2. Wie kam Thomas von Aquin ins Kloster? *(Thomas von Aquin stammte aus einer adligen Familie in Nordsizilien und wurde dementsprechend von frühester Kindheit an bestens ausgebildet. So kam er mit fünf Jahren bereits in die Obhut der Mönche des Benediktinerklosters Montecassino, wo er bis zur Vollendung seines zehnten Lebensjahres blieb. 1239 ging Thomas nach Neapel, um das Studium der freien Kunst zu erlernen. Hier kam er mit den Lehren des griechischen Philosophen Aristoteles in Berührung, für den er sich sofort begeisterte. Mit 15 Jahren beschloss er, in ein Kloster einzutreten. Das versuchte seine Familie mit aller Macht zu verhindern. Der Orden schickte Thomas daraufhin erst nach Rom und dann nach Bologna. Auf diesem Weg wurde er von seinen Brüdern überfallen und zunächst von seiner Familie festgehalten. Da er sich von seinem Entschluss, in ein Kloster einzutreten, aber nicht abbringen ließ, wurde er von seiner Familie 1245 freigelassen. Im gleichen Jahr empfing Thomas von Aquin die Weihen und gehörte von da ab dem zu Beginn des 13. Jahrhunderts gestifteten Dominikanerorden an.)*

3. Wie verlief das Leben des Thomas von Aquin weiter? *(Über den Orden studierte er zunächst Theologie und Philosophie in Neapel, wobei er später in Köln Schüler des scholastischen [Scholastik bezeichnet den Denkansatz, das Christentum logisch zu erklären] Albertus Magnus [der galt in seiner Zeit als der umfassendste Gelehrte des Mittelalters, was ihm den Ehrennamen „doctor universalis“ eintrug] wurde, der seinerseits der aristotelischen Philosophie zum Durchbruch verhalf. In diesem Zusammenhang weilte er drei Jahre in Paris und Köln, wo er durch gute Leistungen dermaßen auf sich aufmerksam machte, dass er ab 1252 erst in Paris, dann in Köln und später auch in seiner Heimat als Professor lehren konnte. 1261 wurde ein Lehrstuhl für Theologie an der Hochschule der päpstlichen Kurie geschaffen, deren erster Inhaber Thomas von Aquin auf Ernennung des damaligen Papstes Urban IV. wurde. 1272 leitete er das Generalstudium in Neapel.)*

4. Welches Werk machte Thomas von Aquin berühmt? *(Thomas von Aquin hat eine große Zahl von Schriften hinterlassen. Sein Hauptwerk allerdings ist sein ☞Aristoteles-Kommentar „Summa de veritate fidei catholicae contra gentiles“ [1269-1289],*

kurz: „Summa contra gentiles“ [„Die Summe wider die Heiden“]. Aristoteles galt damals als heidnischer Philosoph, genoss aber gleichwohl großes Ansehen. An den Universitäten studierte man damals die Schriften des Aristoteles aber nicht unmittelbar, sondern mit Hilfe des Kommentars des arabischen Philosophen Averroës. Dessen Auslegung der aristotelischen Thesen stand jedoch im Widerspruch zu grundlegenden Lehren der christlichen Kirche. Diesen Konflikt überwand Thomas von Aquin, in dem er einen neuen, mit der christlichen Lehre übereinstimmenden Kommentar verfasste, der sich rasch an allen abendländischen Universitäten durchsetzte. Damit versöhnte er die Kirche mit Aristoteles. Danach wurden die Gedanken des griechischen Philosophen erst in vollem Umfang im Abendland bekannt. Da Aristoteles auf einer strikten Logik in seiner Philosophie aufbaute, schloss Thomas von Aquin sich diesem Denkansatz der „Scholastik“ an. Weiter sind bekannt seine „Summa theologica“ [1267-1273], in der alle Glaubenssätze der christlichen Kirchen seiner Zeit zusammengestellt und erklärt sind. Mit diesem Werk wies Thomas von Aquin nach, dass Vernunft und Offenbarung nach christlicher Lehre durchaus vereinbar seien. Hier publizierte er auch seine „Fünf Beweise zur Existenz Gottes“, die von den heutigen Philosophen aber sämtlich verworfen werden. Leider schaffte er es nicht mehr, dieses Buch zu vollenden, weil er davor starb. Gleichwohl ist dieses Buch bis heute eines der wichtigsten Bücher der katholischen Lehre. Für seine philosophischen Leistungen erhielt Thomas von Aquin den Ehrennamen „Fürst der Philosophen“ [„princeps philosophorum“].)

5. Wie wird man in der katholischen Kirche ein Heiliger? *(In den ersten drei Jahrhunderten nach Christi Geburt bestimmte noch das Volk, wer heilig gesprochen werden sollte. Dabei wählten sie zumeist Menschen, die im Zuge der Christenverfolgung für ihren Glauben gestorben waren, sog. Martyrer. Nun bedeutet heilig zu sein nach katholischer Lehre, dass man nach dem Tod keine Sünden büßen und auch nicht auf das Jüngste Gericht warten muss, bei dem Gott über alle Menschen urteilt. Die Heiligen treten stattdessen gleich nach ihrem Tod in den Himmel ein. Dort können Sie bei Christus oder Gott Fürsprache für die noch lebenden Menschen halten. Ab dem 6. Jahrhundert wurden nur noch mit Genehmigung eines Bischofs neue Heilige ernannt, ab dem 10. Jahrhundert behielten sich die Päpste das Recht der Heiligsprechung vor. Alle vom Papst bestätigten Heiligen wurden seit diesem Zeitpunkt in ein besonderes Verzeichnis eingetragen, das „Martyrologium Romanum“.)*

6. War Thomas von Aquin in seiner Zeit als Gelehrter anerkannt? *(Und ob: Als Schüler des Albertus Magnus wohnte er drei Jahre lang in Paris und Köln. Dabei zeichnete er sich so aus, dass er ab 1252 in Paris, dann in Köln und später auch in seiner Heimat als Professor lehren konnte. Als 1261 ein Lehrstuhl für Theologie an der Hochschule der päpstlichen Kurie geschaffen wurde, ernannte Papst Urban IV. den jungen Thomas von Aquin zum ersten Inhaber dieses Lehrstuhls.)*

7. Wie starb Thomas von Aquin? *(1274 wurde er von Papst Gregor X. zur Teilnahme an einem ökumenischen Konzil in Lyon eingeladen. Auf dem Weg dahin erkrankte er und wurde auf seinen Wunsch hin in das Zisterzienserkloster in Bossanova in Campanien gebracht. Dort starb er am 09.03.1274, keine 50 Jahre alt. Leo XIII. erklärte 1879 die Lehren des Thomas von Aquin zur Richtschnur der katholischen Theologie.)*

8. Welcher berühmte Satz stammt von Thomas von Aquin? (*„Cogito, ergo sum“ [„Ich denke, also bin ich“]. Mit dieser Feststellung löste Thomas von Aquin das Problem vieler Philosophen seit der Antike, einen Beweis dafür zu finden, dass der Mensch überhaupt existiert, also nicht alles einfach nur eine Einbildung ist [☞Platon].)*

Israel

1. Was ist Israel? *(Israel ist ein Staat in Vorderasien an der Südostküste des Mittelmeers. Nachbarstaaten sind Libanon im Norden, Syrien im Nordosten, Jordanien im Osten und Ägypten im Südwesten. Mit 22.145 km² [ohne besetzte Gebiete] ist Israel halb so groß wie die Schweiz. Israel hält aber noch das Westjordanland [seit 1995 Autonomie-Abkommen], den Gaza-Streifen [seit 1994 palästinensische Teilautonomie] und Teile der Golan-Höhen [insbesondere auf syrischem Gebiet] besetzt.)*

2. Wie viele Einwohner hat Israel? *(Ca. 6,6 Mio. Davon sind ca. 3 Mio. seit 1948 eingewandert, allein fast eine Mio. aus Russland.)*

3. Was zeigt die israelische Staatsflagge? *(Sie ist weiß mit blauen Streifen oben und unten [wie der jüdische Gebetsmantel] mit dem blauen Davidsstern in der Mitte.)*

4. Welche Sprache wird in Israel gesprochen? *(Ca. 60 % der Einwohner sprechen Hebräisch, rund 20 % Arabisch. Diese Sprachen haben viele Gemeinsamkeiten: Sie gehören zu den semitischen Sprachen und werden von rechts nach links geschrieben. Der Rest der Bevölkerung spricht vor allem Russisch, da heute etwa jeder zehnte Jude aus der früheren UdSSR stammt.)*

5. Wie heißt die Hauptstadt von Israel? *(Jerusalem, das mit rund 700.000 Einwohnern aber nicht die größte Stadt Israels ist. Größte Stadt ist Tel Aviv mit 1,2 Mio. Einwohnern. 30 % der Einwohner Jerusalems sind Nichtjuden. Die Stadt gilt gleichzeitig Juden, Christen und Muslimen als heilige Stadt, weshalb sie seit Jahrhunderten umkämpft ist. Heute ist der wichtigste Wirtschaftszweig Jerusalems der Tourismus. Die Stadt wird erstmals um 1850 v. Chr. in ägyptischen Quellen genannt als kanaanäische Gründung mit Namen Urusalim.)*

6. Welche Bedeutung hat der Tempelberg in Jerusalem? *(Er gilt Juden, Christen und Muslimen als heilig: Für die Juden ist er ihre heiligste Stätte, da hier vor gut 3000 Jahren der erste Tempel errichtet wurde, der im Abstand von 500 Jahren zweimal vernichtet wurde. Übrig geblieben ist ein Rest der westlichen Stützmauer, die sog. „Klagemauer“, an die die Juden ihre Gebete richten. Die Muslime bauten eine von Kaiser Justinian im 6. Jahrhundert errichtete Basilika in die die El-Aksa-Moschee um. Zusätzlich entstand dort 691 ein weiteres islamisches Heiligtum, der Felsendom. Für*

die Muslime ist der Hügel nach Mekka und Medina die drittheiligste Stätte: Hier soll Mohammed während einer Traumreise in den Himmel aufgestiegen sein.]

7. Seit wann ist Israel selbständig? *(Am 15.05.1948 erlosch das britische Mandat über Palästina. Unter Berufung auf den Teilungsbeschluss der UNO vom 29.11.1947 rief Ben Gurion am 14.05.1948 in Tel Aviv den unabhängigen Staat Israel aus, der 77 % Palästinas umfasst.)*

8. Was ist Palästina? *(Palästina war seit Jahrhunderten Teil des Osmanischen Reichs, bis es 1917 von den Briten erobert und als Mandatsgebiet übernommen wurde. Als sich Israel, Jordanien und Ägypten 1948/49 das frühere Palästina scheibchenweise einverleibten, reduzierte sich Palästina auf einen geografischen Begriff, der das Gebiet zwischen Mittelmeer und Jordanien bezeichnet. Am 01.08.1988 trat Jordanien das Westjordanland [das von Israel besetzt war] offiziell an die Palästinenser ab, die am 15.11.1988 einen eigenen Staat auf diesem Territorium und dem Gazastreifen ausriefen. 2005 räumten die Israelis den Gazastreifen, den sie 1994 mit Teilen des Westjordanlands [insbesondere den Städten Jericho, Hebron, Bethlehem und Ramallha] den Palästinensern als autonome Gebiete zugestanden hatten. Israel verzögert seitdem die vollständige Erfüllung der Verträge mit den Palästinensern, übergibt die versprochenen Gebiete also gerade nicht komplett.)*

9. Seit wann lebten Juden in Palästina? *(Um 2000 v. Chr. verließen semitische Volksgruppen Mesopotamien und wanderten nach Palästina aus. Der Bibel zufolge wurden sie von Abraham in das ihnen von Gott verheißene Land Kanaan geführt. Gegen 1700 v. Chr. zogen die Juden nach Ägypten weiter. Von dort führten sie Moses und sein Bruder Aaron 1300 v. Chr. zurück nach Palästina. 1000 v. Chr. schlug ☞David in einem legendären Kampf den Philister Goliath und machte Jerusalem zur Hauptstadt. König Nebukadnezar schliff 587 v. Chr. Jerusalem und führte die Juden in die babylonische Gefangenschaft. König Kyros beendete 538 v. Chr. das Exil der Israeliten. Sie kehrten nach Jerusalem zurück und errichteten den zweiten Tempel. 1516 n. Chr. eroberten die Türken Palästina, das unter ihnen zur Bedeutungslosigkeit verkam.)*

10. Wie heißt das israelische Parlament? *(Knesset. Bei diesem Einkammer-Parlament liegt die Legislative. Die 120 Abgeordneten werden für vier Jahre in allgemeinen Wahlen bestimmt.)*

11. Wie groß sind die Streitkräfte Israels? *(Israel hat eine Wehrpflichtarmee von 167.000 Soldaten. Der Grundwehrdienst dauert bei Männern 3 Jahre, bei Frauen 19 Monate. Hinzu kommen 31 bis 38 Reservediensttage pro Jahr. Wenn Israel mobil macht, erhöht sich die Truppenstärke binnen 24 Stunden um 370.000 Personen. Dabei kommt neben dem Heer mit 133.000 Mann der Luftwaffe mit 37.000 Soldaten eine besondere Bedeutung zu. So verfügt die Luftwaffe über 750 Kampfflugzeuge. International wird davon ausgegangen, dass die beiden von Deutschland an Israel gelieferten U-Boote von Israel nachträglich mit Atombomben bestückt worden sind.)*

12. Welche Religion herrscht in Israel vor? *(Rund 80 % der Bevölkerung sind Juden, rund 15 % Muslime. Im Gazastreifen und Westjordanland leben 100.000 jüdische Siedler neben rund 2 Mio. Palästinensern.)*

13. War Israel vom Start weg so stark von Juden besiedelt? *(Nein: Bis zum Ersten Weltkrieg wanderten nur rund 50.000 bis 70.000 Juden nach Palästina ein. Unter dem britischen Mandat [1919 bis 1948] wuchs die Zahl auf 500.000 an, wobei die Einwanderer insbesondere aus Mittel- und Ost-Europa kamen. Alle vor der Staatsgründung eingewanderten Juden werden Vatikim genannt, alle danach eingewanderten Olim.)*

14. Was sind Kibbuzim und Moshavim? *(Es handelt sich um bestimmte israelische Siedlungstypen. Dabei ist der Kibbuz [hebräisch = Gemeinschaft; davon gibt es 270 in Israel mit 129.300 Einwohnern] bekannter als der Moshavim, obwohl es davon 410 mit 155.700 Einwohnern gibt. In beiden Siedlungsformen wird vorwiegend Landwirtschaft betrieben. Diese Landwirtschaft konzentriert sich auf die schmale, klimabegünstigte Küstenebene und die feuchteren, nördlichen Landesteile. Israel kann damit 75 % seines Eigenbedarfs an Nahrungsmitteln decken. Der Kibbuz entstand bereits im Rahmen der jüdischen Einwanderung nach Palästina ab 1908/09 und wurde nach der Staatsgründung 1948 als Element der Siedlungspolitik beibehalten.)*

15. Mit welchem Wirtschaftsteil hat Israel einen Anteil am Welthandel von 50 %? *(In Israel gibt es rund 650 Diamantschleifereien, in denen 52 % aller Rohdiamanten der Erde geschliffen werden. Deshalb ist Israel mit einem Anteil am Welthandel von 50 % der größte Exporteur geschliffener Diamanten. Die Diamantenbörse von Ramat Gan ist einer der größten Diamant-Handelsplätze der Welt.)*

16. Was bezeichnet man als „Nahostkonflikt"? *(Den Konflikt zwischen Israel und den arabischen Staaten sowie der Palästinensischen Befreiungsorganisation [PLO] mit seinen regionalen und weltpolitischen Interessenverflechtungen.)*

17. Was ist die Vorgeschichte des Nahostkonflikts? *(Schon vor der Gründung der Zionistischen Weltorganisation 1897 durch den österreichischen Schriftsteller Theodor Herzl, der in seinem Buch „Der Judenstaat" eine „öffentlich-rechtlich gesicherte Heimstätte in Palästina" forderte, begann gegen 1882 die Einwanderung verfolgter russischer Juden in das zum Osmanischen Reich gehörende Palästina. Bis 1914 wuchs die Zahl der jüdischen Einwohner von 24.000 auf 85.000, während die dort ansässige arabisch-palästinensische Bevölkerung parallel von 426.000 auf 600.000 anwuchs. Daraus resultierten bereits blutige Auseinandersetzungen zwischen Juden und Arabern. Großbritannien, das nach dem 1. Weltkrieg das Erbe des Osmanischen Reiches in Palästina antreten wollte, versuchte, sich mit beiden Parteien gut zu stellen, und versprach einerseits der arabischen Nationalbewegung das Gebiet Palästina, andererseits aber auch der zionistischen Bewegung, wobei insoweit nur die Gründung einer „Heimstätte" für das jüdische Volk zugesagt wurde, nicht jedoch ein jüdischer Staat. Nach dem 1. Weltkrieg stieg die Zahl jüdischer Einwanderer weiter an. Es kamen zwischen 1919 und 1939 weitere 352.000 jüdische Einwanderer. Nun stiegen die Spannungen zwischen Juden und Arabern weiter an, die blutigen Übergriffe mehrten sich. Großbritannien war mit der Entwicklung überfordert und schlug*

den Konfliktparteien vor, jeweils eigene Selbstverwaltungsorgane in einem von der UNO in einem Teilungsplan definierten Gebiet aufzubauen. Die Araber verwarfen diesen Vorschlag, während die Juden ihn aufgriffen und zunächst neben politischen, kulturellen und wirtschaftlichen heimlich auch militärische Strukturen aufbauten. Aus diesen Strukturen erwuchs später der Staat Israel. Als die Briten am 14.05.1948 ihre Truppen aus Palästina abzogen, verkündete Ben Gurion gegen den Widerstand der Araber den unabhängigen jüdischen Staat Israel. Das führte zum ersten arabisch-israelischen Krieg [sog. Palästinakrieg] vom 15.05.1948-15.01.1949, der in Israel als Unabhängigkeitskrieg gilt. Mit dem Kriegsergebnis schuf sich das siegreiche Israel ein Staatsgebiet, das über den UNO-Teilungsplan von 1947 hinausging. Es folgte der Suezkrieg [2. israelisch-arabischer Krieg] vom 29.10.-08.11.1956, den Israel als Präventivkrieg gegen Ägypten führte und mit britischer und französischer Unterstützung gewann. Israel entwickelte sich zur Besatzungsmacht, was 1964 die Gründung der Palästinensischen Befreiungsorganisation [PLO] auslöste, die fortan Israel mit Untergrundkämpfern angriff. Die Spannungen entluden sich im Sechstagekrieg [3. israelisch-arabischer Krieg] vom 05.-10.06.1967, den Israel ebenfalls als Präventivkrieg gegen Ägypten, Jordanien und Syrien führte. Israel eroberte dabei das Westjordanland [einschließlich Ost-Jerusalem], die Sinaihalbinsel, den Gazastreifen und die syrischen Golanhöhen. Diese besetzten Gebiete waren dreimal so groß wie das eigene Staatsgebiet. Die von der UNO ausgesprochene Rückzugsaufforderung wurde von Israel ignoriert. Das löste schließlich den Jom-Kippur-Krieg [4. israelisch-arabischer Krieg] vom 06.-22./25.10.1973 aus, der von Ägypten und Syrien gegen Israel begonnen wurde. Nach anfangs schweren Verlusten konnte Israel dann aber weitere Gebiete der Angreifer besetzen. Durch Vermittlung des amerikanischen Präsidenten Carter kam es zur Aussöhnung zwischen Ägypten und Israel, das daraufhin im April 1982 die Sinaihalbinsel räumte. Da aus dem Libanon immer wieder Angriffe aus Israel erfolgten, kam es im Juni 1982 zum Libanonfeldzug Israels gegen Stützpunkte der PLO, der sich im Juli/August 2006 wiederholen sollte, diesmal gegen Stützpunkte der Hisbollah. Nachdem Jordanien am 31.07.1988 zugunsten der PLO auf das Westjordanland verzichtet hatte, rief die PLO am 15.11.1988 in Algier [Algerien] in den von Israel besetzten Gebieten einen unabhängigen Palästinenserstaat aus mit Arafat als Präsident. Dieser Staat wurde jedoch international nicht anerkannt.)

18. Was ist die „Intifada“? *(Die Intifada [arabisch = „(Staub) von sich abschütteln, sich erheben“] ist das Synonym für den Aufstand der palästinensischen Araber im Gazastreifen, in Ost-Jerusalem und im Westjordanland gegen die israelische Besatzungsmacht. Der Aufstand begann am 08.12.1987 im Gazastreifen mit dem Ziel der Errichtung eines eigenen Palästinenserstaates. Mit dem Autonomieabkommen vom 04.05.1994 wurde die Intifada eingeschränkt.)*

19. Hat die PLO das Existenzrecht Israels anerkannt? *(Ja: Nachdem die Knesset am 20.01.1993 das Verbot jeglichen Kontakts zur PLO aufgehoben und damit direkte Verhandlungen mit der Führung der PLO zugelassen hatte, erkannte die PLO am 09.09.1993 das Existenzrecht Israels an. Im Gegenzug erkannte Israel am 10.09.1993 die PLO als rechtmäßige Vertreterin des palästinensischen Volkes an.)*

20. Was ist der Mossad? *(Der Mossad ist der israelische Geheimdienst, der zu den besten der Welt gezählt wird, aber auch nicht gerade zimperlich auftritt. So wurde er bekannt für spektakuläre Attentate [ein eigenes Kommando brachte die Araber um, die 1972 bei der Olympiade in München israelische Sportler getötet hatte] und Agentenoperationen [u.a. 1960 durch die Entführung Eichmanns nach Israel. Eichmann hatte im Hitler-Deutschland den Transport von Juden in Vernichtungslager organisiert und war aus amerikanischer Gefangenschaft 1946 nach Argentinien entkommen. Dort spürte ihn der Mossad auf und entführte ihn nach Israel, wo er 1961 zum Tode verurteilt wurde.)*

21. Welche Bedeutung hat Wasser für Israel? *(Wasser ist der Lebensnerv Israels. Schon beim Sechstagekrieg spielte Wasser eine Teilrolle. Gerüchten zufolge planten damals Syrien und Jordanien den Oberlauf des Jordan umzuleiten, was für Israels Wasserversorgung eine Katastrophe gewesen wäre. Noch heute vermuten die Araber, dass Israel die Golanhöhen, den Südlibanon und das Westjordanland wegen der dortigen Wasservorräte nicht räumen wolle. Tatsächlich bezieht Israel 1/3 seines Wasserbedarfs aus den besetzten Gebieten, denen damit 85 % ihrer Vorräte verloren gehen.)*

22. Was ist die Negev? *(Die Wüste Negev nimmt die ganze südliche Hälfte Israels ein. Hier wohnen jedoch nur 10 % der Bevölkerung. Der hebräische Name bedeutet „ausgetrocknet“ oder „die Trockene“.)*

23. Was ist das Besondere am Toten Meer? *(Das Tote Meer, das auf der Grenze zwischen Israel und Jordanien liegt, ist Teil des fünf Mio. Jahre alten Syrisch-Afrikanischen Grabens. Es ist 85 km lang und bis 17 km breit. Im tiefsten Abschnitt liegt es exakt 394 m unter dem Meeresspiegel, was zugleich den tiefsten Punkt der Erdoberfläche bildet. Das Tote Meer ist das salz- und mineralreichste Gewässer der Welt. Jeder Liter enthält fast 30 % Salz und Mineralien, mehr als das Zehnfache des üblichen Meerwassers. Bekannt ist das Tote Meer dafür, dass man in ihm baden kann, ohne unterzugehen. Das Wasser ist weich, ölig und so warm wie in der Badewanne.)*

24. Was macht Jericho einzigartig? *(Jericho ist mit 250 m unter dem Meeresspiegel die tiefstgelegene Stadt der Welt und mit rund 9000 Jahren gleichzeitig die älteste bekannte. Die Bibel berichtet von ihrer Eroberung durch die Israeliten, die die Mauern der Stadt mit Trompetenschall zum Einsturz brachten. 1993 wurde die Stadt gemäß dem Gaza-Jericho-Abkommen unter die Verwaltung der palästinensischen Autonomiebehörde gestellt.)*

Saudi-Arabien

1. Was ist Saudi-Arabien? *(Saudi-Arabien ist ein Staat auf der Arabischen Halbinsel [davon nimmt Saudi-Arabien über 70 % ein], der im Norden an Ägypten, Jordanien, den Irak und Kuwait angrenzt, im Westen an Bahrain, Katar und den Vereinigten Arabischen Emiraten sowie im Süden an Jemen und im Südosten an den Oman. Saudi-Arabien hat eine Fläche von 2,15 Mio. km². [Zum Vergleich: Die BRD ist 357.000 km² groß].)*

2. Wie heißt die Hauptstadt von Saudi-Arabien? *(Riad mit rund 4 Mio. Einwohnern. 65 % der Bevölkerung von Riad sind unter 25 Jahren alt.)*

3. Wie viele Einwohner hat Saudi-Arabien? *(23,7 Mio.)*

4. Welche Sprache wird in Saudi-Arabien gesprochen? *(Arabisch.)*

5. Wie verteilt sich die Bevölkerung in Saudi-Arabien? *(72 % der Bevölkerung sind als Staatsangehörige Araber, die Übrigen sind Gastarbeiter aus arabischen Staaten, vor allem Ägypten, Palästina und Jemen sowie aus Süd- und Ostasien.)*

6. Wie hoch ist die Analphabetenquote in Saudi-Arabien? *(Obwohl das Land sehr reich ist, besteht keine allgemeine Schulpflicht. Der Unterricht ist unentgeltlich und wird getrennt nach Geschlechtern, beginnend mit dem siebten Lebensjahr, durchgeführt. Die Analphabetenquote liegt deshalb bei rund 37 %.)*

7. Welche bedeutenden islamischen Heiligtümer liegen auf dem Staatsgebiet von Saudi-Arabien? *(Mekka und Medina. Jährlich pilgern bis zu 2 Mio. Wallfahrer nach Mekka, das mit 550.000 Einwohnern nach der Hauptstadt Riad mit knapp 2 Mio. Einwohnern und dem Handelszentrum Djidda mit 1,8 Mio. die drittgrößte Stadt des Königreiches ist. Mekka ist bis heute den „Ungläubigen“ verschlossen.)*

8. Ist das Königreich Saudi-Arabien fortschrittlich? *(Im Gegenteil: Das Königreich ist das konservativste Land der Region und das einzige der Welt, das mit „Saud“ den Namen seiner Herrschaftsfamilie im Staatsnamen trägt.)*

9. Wie hält es Saudi-Arabien mit demokratischen Rechten? *(Auch da ist Saudi-Arabien sehr „konservativ“: Parteien und Gewerkschaften sind nicht zugelassen. Staatsoberhaupt, oberster Inhaber der Exekutive und Legislative sowie nominell geistliches Oberhaupt ist der König).*

10. Worauf steht in Saudi-Arabien die Todesstrafe? *(Sie wird verhängt bei Mord, Vergewaltigung, Sodomie, bewaffnetem Raub, Sabotage, Drogenhandel, Ehebruch sowie bei Glaubensdelikten).*

11. Welche Haupteinnahmen hat Saudi-Arabien? *(Unter den Wüsten im Osten Saudi-Arabiens liegt ein schier unerschöpflicher Öl-Ozean. Saudi-Arabien ist heute der weltweit wichtigste Produzent von Erdöl. In Saudi-Arabien befinden sich die größten festländischen und untermeerischen Ölfelder der Erde. Man schätzt, dass bislang aber erst rund 60 % der möglichen Vorräte bekannt sind in Saudi-Arabien. Die saudischen Ölprinzen waren aber nicht in der Lage, das „schwarze Gold" allein zu bergen. Deshalb wurden Gastarbeiter ins Land geholt. Heute haben fast 50 % der Bewohner des Königreiches keinen saudischen Pass. Für Arbeiten, die ein hohes technisches Knowhow voraussetzen, wurden rund 100.000 Nordamerikaner, Japaner und Europäer ins Land geholt.)*

12. Wie hält es Saudi-Arabien mit dem Tourismus? *(Obwohl fast 8 Mio. Menschen jährlich die Staatsgrenzen überschreiten und zusätzlich 1 Mio. muslimische Pilger nach Mekka und Medina kommen, erteilt Saudi-Arabien Touristen keine Einreisegenehmigung. Die heiligen Stätten Mekka und Medina sind Nichtmuslimen gänzlich verschlossen. Es gibt aber Bestrebungen, die Einreiserestriktionen in Saudi-Arabien abzubauen.)*

Alphabetisches Kapitelverzeichnis